DIREITOS DE AUTOR
E LIBERDADE DE INFORMAÇÃO

ALEXANDRE LIBÓRIO DIAS PEREIRA
Professor da Faculdade de Direito da Universidade de Coimbra

DIREITOS DE AUTOR
E LIBERDADE DE INFORMAÇÃO

ALMEDINA

DIREITOS DE AUTOR E LIBERDADE DE INFORMAÇÃO

AUTOR
ALEXANDRE LIBÓRIO DIAS PEREIRA

EDITOR
EDIÇÕES ALMEDINA, SA
Av. Fernão Magalhães, n.º 584, 5.º Andar
3000-174 Coimbra
Tel.: 239 851 904
Fax: 239 851 901
www.almedina.net
editora@almedina.net

PRÉ-IMPRESSÃO | IMPRESSÃO | ACABAMENTO
G.C. – GRÁFICA DE COIMBRA, LDA.
Palheira – Assafarge
3001-453 Coimbra
producao@graficadecoimbra.pt

Outubro, 2008

DEPÓSITO LEGAL
283141/08

Os dados e as opiniões inseridos na presente publicação
são da exclusiva responsabilidade do(s) seu(s) autor(es).

Toda a reprodução desta obra, por fotocópia ou outro qualquer
processo, sem prévia autorização escrita do Editor, é ilícita
e passível de procedimento judicial contra o infractor.

Biblioteca Nacional de Portugal – Catalogação na Publicação

PEREIRA, Alexandre Libório Dias

Direitos de autor e liberdade de informação.
(Teses de doutoramento)
ISBN 978-972-40-3642-7

CDU 347
     342

À memória dos meus Avós

e do nosso Paulo

Aos meus Pais e Irmãos

À minha mulher e aos nossos filhos
Eurico, Joana e Alexandre

APRESENTAÇÃO

"Direitos de Autor e Liberdade de Informação" corresponde à Dissertação de Doutoramento em Direito, na especialidade de Ciências Jurídico-Empresariais, apresentada à Faculdade de Direito da Universidade de Coimbra em Janeiro de 2007. Publica-se agora, pontualmente revista e actualizada até Maio último, tendo em conta sobretudo as relevantes novidades legislativas e jurisprudenciais e alguma bibliografia mais recente.

Nesta obra propomos um modelo de fundamentação dos direitos de autor, que procura conciliá-los com as exigências da liberdade de informação, entendida como *punctum cruxis* das liberdades fundamentais da comunicação e da concorrência mercantil, num quadro jurídico que tem como principais sujeitos os criadores intelectuais, as empresas da informação e comunicação, e o público.

A primeira parte da obra é sobre a liberdade de informação no espírito dos direitos de autor, i.e. nas suas dimensões históricas, teoréticas, sistemáticas e prospectivas. A segunda parte versa sobre a liberdade de informação no corpo dos direitos de autor, percorrendo tópicos como a noção de obras literárias e artísticas (1), autoria e titularidade de direitos (2), direitos morais, direitos económicos e contratos (3), limites, excepções e concorrência (4), gestão de direitos e protecções técnicas (5), e medidas de aplicação efectiva dos direitos de autor enquanto direitos de propriedade intelectual (6).

A divisão da tese nestas duas partes é simbólica. Munidos de uma teorização histórica e sistematicamente contextualizada da propriedade intelectual e considerando a sua evolução prospectiva segundo a "lógica empresarial", dissertamos sobre a legislação vigente e a jurisprudência relevante em diálogo crítico com a doutrina, procurando desentranhar a liberdade de informação nos e dos direitos de autor. Especial atenção é dada às fontes comunitárias e às fontes do direito comparado e internacional, tanto legislativas como jurisprudenciais, tendo em conta o processo de harmonização comunitária e de internacionalização deste ramo do direito, que estudamos num contexto de concorrência e colisão de direitos fundamentais da comunicação quer nos media tradicionais (e.g. imprensa e radiodifusão) quer no domínio do software e da Internet, i.e. programas de computador, bases de dados e comunicações electrónicas em rede.

Como disse Nietzsche: "Escreve com o teu sangue, e descobrirás que o sangue é o espírito"... Ora, foi uma grande honra defender esta Tese nas provas públicas realizadas no dia 31 de Março de 2008 na Sala dos Capelos perante um Júri composto pelos Exmos. Senhores Professores Doutores António dos Santos Justo (que presidiu em representação do Magnífico Reitor da Universidade de Coimbra), José de Oliveira Ascensão, Rui Manuel Pinto Duarte, José Joaquim Gomes Canotilho, Jorge Ferreira Sinde Monteiro, António Joaquim de Matos Pinto Monteiro, João Calvão da Silva, Fernando José Couto Pinto Bronze e, ainda, João Paulo Fernandes Remédio Marques. Elaborada na Faculdade de Direito da Universidade de Coimbra sob orientação do Exmo. Senhor Professor Doutor António Joaquim de Matos Pinto Monteiro, na sequência do Mestrado e da frequência dos Seminários do 1.º Programa de Doutoramento da FDUC, esta dissertação beneficiou também de viagens de estudo, nomeadamente ao Instituto de Direito da Informação da Universidade de Amesterdão e à Faculdade de Direito de Waseda (Tóquio), com subsídios da Fundação Calouste Gulbenkian. De grande valia revelou-se ainda o impulso que recebemos, em diversos momentos, de vários Mestres e Colegas, e a estimulante curiosidade dos nossos Alunos. A todos, cordialmente penhorados, as nossas gratas saudações.

Para terminar, gostaria de partilhar o mérito desta obra não apenas com a nossa Escola Portuguesa de Ciências Jurídicas mas também com a minha Família, por todo o apoio e compreensão que me deram ao longo do caminho percorrido. Muito Obrigado!

Coimbra, Setembro de 2008

O Autor

SUMÁRIOS

INTRODUÇÃO
1. Colocação do problema (objecto, método e sequência)
2. Actualidade e interesse do tema

PARTE I – A LIBERDADE DE INFORMAÇÃO NO ESPÍRITO DOS DIREITOS DE AUTOR

§ 1. DIMENSÕES HISTÓRICAS DOS DIREITOS DE AUTOR

1. Vestígios dos direitos de autor na Antiguidade e na Idade Média
   1.1. Das origens do plágio à "invenção chinesa da Europa moderna" através da imprensa
   1.2. Dos privilégios de edição aos direitos de autor

2. Dos privilégios de impressão e venda de livros à propriedade literária e artística
   2.1. A história da protecção legal dos direitos de autor em Portugal
      a) Os privilégios de impressão e venda de livros
      b) As Constituições oitocentistas, Almeida Garrett e a Lei de 18 de Julho de 1851
      c) A inclusão dos direitos de autor no Código de Seabra e o Decreto n.º 13725, de 27 de Maio de 1927 (regime da propriedade literária, científica e artística)
      d) O Código do Direito de Autor, aprovado pelo Decreto-Lei n.º 46980, de 27 de Abril de 1966
      e) A Constituição de 1976 e o novo Código do Direito de Autor e dos Direitos Conexos (1985)
      f) A legislação extravagante e a transposição das directivas comunitárias
      g) Alargamento e aprofundamento da protecção dos direitos de autor
      h) Resenha bibliográfica

2.2. A evolução histórica no direito comparado (França, Reino Unido, Alemanha, e EUA)
   a) A história dos direitos de autor em França
      i. Dos privilégios comerciais às leis revolucionárias
      ii. Das leis da propriedade literária e artística ao código da propriedade intelectual
   b) A origem e evolução dos direitos de autor (copyright) no Reino Unido
      i. Os privilégios dos *Stationers*
      ii. A Lei da Rainha Ana (Act of Anne, 1710: "An Act for the encouragement of learning, by vesting the copies of printed books in the authors, or purchasers, of such copies, during the times therein mentioned")
      iii. O caso Millar v. Taylor (1769)
      iv. A concepção mercantilista do copyright
      v. O Copyright Act de 1956 e o Copyright, Designs and Patents Act de 1988
   c) A formação histórica e filosófica do direito de autor na Alemanha (Urheberrecht)
      i. Os privilégios de impressão
      ii. As fundações filosóficas do Urheberrecht
      iii. A consagração do modelo monista na Lei de 1965 (UrhG)
   d) A história dos direitos de autor (copyright) nos Estados Unidos da América
      i. A herança britânica do copyright norte-americano
      ii. O primeiro US Copyright Act (1790)
      iii. O segundo US Copyright Act (1976)
      iv. O Digital Millennium Copyright Act (1998)

3. Síntese conclusiva do § 1

§ 2. DIMENSÕES TEÓRICAS

1. A concepção dos direitos de autor como direitos de propriedade no direito comunitário e no direito comparado
   1.1. A propriedade como forma jurídica do princípio do elevado nível de protecção dos direitos de autor no direito comunitário
   1.2. A vexata quaestio dos direitos de autor como propriedade
      a) O postulado jusnaturalista do direito de autor continental
      b) A natureza híbrida do direito de autor
      c) A situação no direito brasileiro

2. Os direitos de autor como direitos de propriedade e/ou personalidade na doutrina tradicional, no Código Civil e na jurisprudência

2.1. As perspectivas clássicas
2.2. A teoria alternativa dos direitos de monopólio
2.3. Posição adoptada no plano dogmático
   a) *O argumento da corporalidade do objecto dos* iura in re
   b) *O argumento do paradoxo de uma* plena in re potestas *imperfeita*
      i. O tipo ideal de propriedade
      ii. A elasticidade do direito de propriedade
      iii. A função social e os limites internos da propriedade intelectual
      iv. Um caso de fronteira: a protecção dos segredos de negócios
   c) *O argumento ontológico da natureza das coisas*
      i. A insusceptibilidade de apropriação individual das coisas incorpóreas
      ii. A possível coisificação de bens incorpóreos, incluindo bens da personalidade
      iii. Obras literárias e artísticas, *res communes omnium, res nullius,* e o valor normativo do argumento ontológico
2.4. O ancoramento dos direitos de autor na liberdade de criação cultural, sem prejuízo do seu valor como direitos exclusivos de exploração económica

3. Acolhimento da doutrina alternativa no plano funcional
   3.1. O argumento do direito natural como pressuposto e limite dos direitos de autor
      a) *O "trabalho criativo" como "bem supremo" e a* Überzeugungskraft *da ideia de propriedade intelectual*
      b) *A denúncia da "visão romântica da autoria" na narrativa iluminista*
   3.2. O relevo dos argumentos funcionais na configuração do regime dos direitos de autor
      a) *Sentido e limites da análise económica dos direitos de autor*
         i. A teoria económica como *big-brother* dos direitos de autor?
         ii. Méritos da teoria económica
      b) *A teoria dos monopólios legais no copyright norte-americano*
         i. A obra como bem (economicamente) livre
         ii. Ficções e falácias do copyright
         iii. Os utilizadores finais como titulares de direitos na lei do copyright
         iv. O copyright como privilégio comercial e a "sombra do autor"
         v. Apreciação crítica (alguns paradoxos)
      c) *A compreensão dos direitos de autor como privilégios comerciais para uma teoria da justiça informativa da propriedade intelectual*
         i. Enquadramento histórico e filosófico
         ii. A propriedade intelectual como soberania privada sobre bens públicos
         iii. A propriedade como instrumento fungível de uma teoria da justiça da informação
         iv. A desconstrução do «credo proprietarista» na teorização da propriedade intelectual
         v. Apreciação crítica

d) Uma perspectiva sobre o papel dos direitos de autor no futuro da sociedade da informação
   i. As concepções da propriedade no direito norte-americano e a lei do copyright
   ii. As funções dos direitos de autor na sociedade da informação e a recusa do determinismo tecnológico
   iii. Apreciação crítica
3.3. Balanço das propostas "funcionalistas" e refutação da teoria dos direitos de autor como puro privilégio comercial atribuído por lei
   a) A teoria do copyright como puro privilégio comercial
      i. A alegada irrelevância normativa da criação intelectual como título de apropriação
      ii. A falaciosa "irrealidade" do argumento instrumental
      iii. Crítica à rebeldia jurisprudencial por negação de protecção às obras funcionais
      iv. O *functional copyright* como instrumento de concorrência entre ordens jurídicas
   b) Crítica à ausência de fundamento ético da concepção estritamente mercantilista
3.4. Das raízes personalistas dos direitos de autor à propriedade mercantil
   a) Obras literárias e artísticas e os limites de objectivação dos direitos de autor
   b) Direito exclusivo de utilização e limites funcionais de protecção dos direitos de autor
   c) Sentido e limites das medidas técnicas de protecção e de gestão de direitos
   d) De direito exclusivo a pretensão remuneratória?
   e) A autoria criadora como título legítimo de apropriação jurídica e os limites de atribuição
   f) Os limites de teorização e as opções de política legislativa

4. Síntese conclusiva do § 2

§ 3. DIMENSÕES SISTEMÁTICAS

1. A localização dos direitos de autor na ordem constitucional
   1.1. Liberdade de criação cultural e propriedade privada: os direitos de autor como direitos fundamentais
      a) A Constituição e os instrumentos internacionais
         i. O alargamento da garantia da propriedade privada à propriedade intelectual
         ii. Enquadramento dos direitos conexos na liberdade de criação cultural?

  b) A propriedade intelectual na jurisprudência constitucional
  c) A concorrência de direitos fundamentais na "constituição da informação"
 1.2. A interpretação dos direitos de autor em conformidade com a Constituição e os princípios do direito internacional
  a) A interpretação da constituição como elemento da interpretação dos direitos de autor
   i. A contextualização constitucional dos direitos de autor
   ii. A multifuncionalidade das liberdades de comunicação
  b) A possível eficácia horizontal dos direitos fundamentais
   i. A "resistência" do direito privado
   ii. As liberdades de comunicação como elemento de ordem pública nas relações privadas
   iii. Direitos de autor e outros direitos fundamentais
   iv. A concordância prática entre a "proibição do excesso" e a "proibição da insuficiência"
   v. Eficácia imediata dos direitos fundamentais nas relações entre sujeitos de direito privado?
 1.3. Constitucionalização do domínio público da informação e do serviço público da Net

2. Os direitos de autor no ordenamento privado (civil e comercial)
 2.1. Aplicação subsidiária do Código Civil aos direitos de propriedade intelectual
  a) Compra e venda e transmissão de direitos de autor; locação e autorização de exploração
  b) Tutela possessória do editor
   i. Edição e locação de coisa incorpórea
   ii. Os poderes de facto sobre coisas incorpóreas
   iii. Ubiquidade, monopólio e direito real
  c) Enquadramento das licenças de software nos tipos contratuais
   i. Licenças de software "feito à medida" (ou adaptado) e a jurisprudência portuguesa sobre encomenda de obra intelectual
   ii. Licenças de software "tal e qual" e a jurisprudência portuguesa sobre direitos do utilizador e sistemas informáticos
 2.2. Autores, artistas e empresas no Código Comercial
  a) A comercialidade das empresas do sector
  b) A não comercialidade dos actos dos autores
  c) Os autores e artistas como possíveis empresas (em sentido subjectivo)

3. Os direitos de autor na ordem jurídica comunitária
 3.1. A integração jurisprudencial dos direitos de autor no Tratado de Roma enquanto propriedade comercial

a) A integração jurisprudencial dos direitos de autor no Tratado de Roma
   b) Princípios da jurisprudência comunitária sobre direitos de autor
3.2. O acervo comunitário dos direitos de autor e o princípio do elevado nível de protecção da propriedade intelectual
3.3. Compressão do princípio da territorialidade
   a) O princípio do país de origem no comércio electrónico
   b) O "livre trânsito" dos serviços da sociedade da informação no mercado interno
3.4. Um Código da Propriedade Intelectual para a Europa?
   a) O problema da base legal
   b) Sentido e limites de uma codificação europeia dos direitos de autor
      i. O nivelamento "por cima"
      ii. Breve reflexão sobre um CPIE
3.5. *Droit d'auteur* e *copyright*: o alegado «fosso» entre o direito de autor continental e o copyright britânico e a harmonização comunitária dos direitos de autor
   a) Modelos dogmáticos ou "estereótipos raciais"?
      i. Princípio do criador v. princípio da protecção do investimento
      ii. As interfaces comunitárias entre o *copyright* e o *droit d'auteur*
   b) Marcas de contraste entre o Urheberrecht e o copyright e as "pontes de harmonização"
      i. *Works* vs. obras literárias e artísticas e prestações artísticas, técnicas e empresariais
      ii. Autores, criadores intelectuais e titulares de direitos
      iii. A natureza sensível dos direitos morais
3.6. A superação do abismo entre o *Urheberrecht* e o *Copyright*: o *droit d'auteur* latino e a matriz do direito comunitário de autor
   a) O direito de autor comunitário como tertium genus entre o Urheberrecht e o copyright
   b) A adequação dos direitos de autor às exigências do mercado interno
      i. A funcionalização dos direitos de autor ao mercado interno da informação
      ii. A funcionalização dos direitos de autor aos interesses da sociedade da informação
   c) A hibridação dos direitos de autor
   d) A filiação do direito de autor português no modelo dualista do droit d'auteur *continental*
      i. Obras literárias e artísticas
      ii. Autores e titulares de direitos
      iii. Disponibilidade dos direitos de autor
      iv. Direitos morais
      v. A matriz latina dos direitos de autor em Portugal

3.7. Limites do direito comunitário da propriedade intelectual
   a) Sentido e limites da harmonização comunitária através de directivas
      i. Sistema de poderes atribuídos e relação entre o direito comunitário e o direito interno
      ii. Limites da eficácia das directivas
      iii. Limites do cânone da interpretação em conformidade com a directiva
      iv. A responsabilidade dos Estados-membros por não cumprimento do direito comunitário
   b) A blindagem interpretativa das directivas: Bruxelas locuta, causa finita?
      i. O preâmbulo como "interpretação autêntica"?
      ii. A *praxis* do Tribunal de Justiça
      iii. O valor dos preâmbulos das directivas como problema em aberto
      iv. Exemplos de questões preambulares
      – *O requisito da originalidade de programas de computador e bases de dados*
      – *A exclusão de compilações de fixações de execuções musicais da noção de bases de dados*
      – *O direito de citação e as bases de dados electrónicas*
      – *Os direitos morais dos criadores de programas de computador e bases de dados*
      – *Os direitos mínimos do utilizador de software*
      – *Cópia de segurança de programas de computador e reprodução para uso privado*
      – *Esgotamento do direito de distribuição no comércio electrónico directo*
      – *Actos excluídos do exclusivo de reprodução*
      – *Os direitos de autor como direitos de propriedade*
      – *O alargamento do prazo de protecção segundo a regra dos 70 anos post mortem auctoris*
      – *As excepções aos direitos de autor no ambiente digital*
      – *O manual de instruções da compensação pela liberdade de reprodução*
      – *Exemplos de questões preambulares sobre comércio electrónico*

4. Os direitos de autor no ordenamento internacional do comércio
   4.1. Da Convenção de Berna ao Acordo ADPIC
      a) Os direitos de autor como privilégios comerciais?
         i. O problema moral dos direitos de autor no comércio internacional
         ii. Das taxas aduaneiras dos Estados às rendas (royalties) privadas das empresas?

b) Interesses do comércio e interesse público na «balança dos três pratos»
      i. A "caça às excepções"
      ii. A (des)harmonização das excepções e limites no direito comunitário
      iii. A liberdade de navegação na Internet
   c) Direito da OMC e direito comunitário
   4.2. A introdução de uma cláusula de fair use no direito de autor europeu?
      a) A cláusula geral de fair use no direito norte-americano e as exigências de segurança e certeza nos direitos de autor
         i. Um sistema aberto e móvel de excepções?
         ii. Caracterização do *fair use*
         iii. A fluidez e indeterminação do *fair use*
         iv. A preservação do *fair use* no ambiente digital
      b) Rigidez e flexibilidade na regra dos três passos

5. Síntese conclusiva do § 3

§ 4. DIMENSÕES PROSPECTIVAS

1. Da omnipotência à irrelevância dos direitos de autor?
   1.1. Direitos de autor e interesse público
      a) O «imperialismo» da propriedade intelectual
      b) A preservação das liberdades fundamentais da comunicação
      c) De Locke aos Creative Commons
   1.2. Copyleft e Free Software: o software como «discurso livre»
      a) Os movimentos software livre e fonte aberta
      b) As licenças GPL
      c) O código-fonte aberto como exigência (constitucional) de transparência

2. Os direitos de autor no contexto da «ciberespacialização jurídica»
   2.1. A alegada auto-suficiência do ciberespaço (alternativas tecnocráticas)
      a) A soberania dos tecnólogos no ciberespaço
      b) A alegada impotência do Estado enquanto centro de normalização das comunicações
      c) A pós-modernidade do ciberespaço
   2.2. A urgência de descodificação do problema
      a) Do "estado de natureza" do ciberespaço às reacções dos juristas
         i. "Anarquia em linha" e "wood-stock electrónico"
         ii. As diferentes reacções dos juristas
      b) Modelos complementares de regulação

2.3. A «constitucionalização» do ciberespaço
   a) *O escrutínio da conformidade dos códigos informáticos com a Constituição*
   b) *A índole dúctil do direito privado e o ambiente ciberespacial*
      i. Nova economia, novas empresas, e *migração da economia tradicional para o ambiente electrónico*
      ii. Tipos de comércio electrónico (directo e indirecto, B2B e B2C)
2.4. A falácia tecnocrática
   a) *A liberdade da Internet e os outros meios de comunicação (imprensa, rádio e televisão)*
   b) *A sociedade da informação como zona de soberania da União Europeia?*
2.5. Um direito mundial para a Internet?
   a) *Interoperabilidade dos sistemas jurídicos e concorrência mercantil das ordens jurídicas nacionais*
   b) *Mercado livre, padrões mínimos e propriedade global*
2.6. Do «universum» ao «multiversum»?
   a) *Da pirâmide normativa à produção multi-polar em rede?*
   b) *A defesa da intervenção impositiva do direito estadual na regulação do ciberespaço*
   c) *Um modelo híbrido de regulação do ciberespaço*

3. A «europeização» do direito ciberespacial
   3.1. O acervo comunitário do direito da sociedade da informação
      a) *Dos trabalhos preparatórios ao amplo leque de directivas e outros instrumentos*
      b) *Definições básicas do direito ciberespacial europeu*
      c) *As soluções multifacetadas da directiva sobre comércio electrónico*
      d) *As soluções da lei portuguesa do comércio electrónico*
         i. A administrativização do direito electrónico
         ii. Remédios provisórios de solução de litígios
   3.2. A europeização da jurisdição no ciberespaço
      a) *"Metamorfose" do direito internacional privado?*
         i. Os limites do princípio da territorialidade no ciberespaço
         ii. A ubiquidade das comunicações electrónicas em rede e as regras de conflitos do Código do Direito de Autor
      b) *O problema da competência judiciária internacional*
      c) *O Regulamento 44/2001*
         i. A regra geral (*forum defensoris*)
         ii. Responsabilidade extracontratual (*forum delicti commissi*): fragmentação dos fora?

iii. Responsabilidade contratual no comércio electrónico directo e indirecto
iv. Pactos atributivos de jurisdição e a protecção da parte mais fraca
v. Competências exclusivas (o caso dos nomes de domínio)

4. Síntese conclusiva do § 4

PARTE II – A LIBERDADE DE INFORMAÇÃO NO CORPO DOS DIREITOS DE AUTOR

§ 5. DA OBRA LITERÁRIA OU ARTÍSTICA COMO OBJECTO DE DIREITOS DE AUTOR

1. Noção legal e catálogo aberto de obras
    1.1. A obra literária ou artística como conceito normativo indeterminado
        a) Determinação de arte e literatura segundo "as ideias correntes"
        b) Catálogo de exemplos de obras literárias e artísticas
    1.2. A exteriorização e a originalidade como requisitos de protecção
        a) Exteriorização (a obra como forma literária ou artística sensorialmente apreensível)
            i. A criação como puro acto material
            ii. A (in)exigência de fixação
        b) Originalidade (sentido positivo e sentido negativo)
            i. A originalidade como fruto da liberdade de criação cultural
            ii. A liberdade das ideias como limite do objecto de protecção
            iii. A forma de expressão interna
            iv. A irrelevância do mérito estético ou qualitativo e da natureza utilitária ou funcional das obras
            v. Criatividade e "suor na testa"
    1.3. Concretização jurisprudencial
        a) A criação como facto constitutivo e objecto dos direitos de autor
        b) Casos de obras não protegidas
        c) Casos de obras protegidas
        d) A determinação do objecto de protecção para efeitos de determinação da infracção
        e) A aplicação (cumulativa ou subsidiária) do instituto da concorrência desleal

2. Os programas de computador e as bases de dados como obras protegidas por direitos de autor
    2.1. As directivas sobre programas de computador (91/250) e bases de dados (96/6)

a) O software como possível objecto de direitos de autor
   i. A inclusão do material preparatório de concepção
   ii. O efeito restritivo do requisito da originalidade na protecção do software
   iii. O método «abstracção-filtragem-comparação» da jurisprudência norte-americana
b) As bases de dados como possíveis objectos de direitos de autor
   i. Noção e elementos da base de dados
   ii. A estrutura formal criativa da base de dados como objecto de direitos de autor
c) A originalidade minimalista
   i. Software de autoria e software gerado por computador
   ii. A insuficiência do "suor na testa" na compilação de bases de dados
   iii. A originalidade como "reflexo" da personalidade do criador intelectual
2.2. Os programas de computador e as bases de dados como objecto de direitos de autor no direito português
   a) A (duvidosa) técnica legislativa
   b) Delimitação do objecto e requisitos de protecção

3. Prestações artísticas, prestações empresariais e investimentos substanciais
   3.1. Origem, objecto e tipologia dos direitos conexos
      a) A razão de ser dos direitos conexos
      b) A "lista fechada" dos direitos conexos e as situações "atípicas"
      c) Direitos conexos e concorrência desleal
      d) A relação com os direitos de autor
      e) A tendencial «homogeneização» entre direitos de autor e direitos conexos
   3.2. Os investimentos substanciais na produção de bases de dados
      a) O valor económico da informação e a protecção do investimento
      b) A repressão da concorrência desleal como escopo principal do direito sui generis
      c) A fluidez do objecto do direito sui generis ("investimento substancial")
      d) A doutrina das infra-estruturas essenciais
      e) Criação e obtenção de dados (Fixtures Marketing v. Veikkaus)
      f) O direito especial do fabricante no DL 122/2000
      g) Motores de pesquisa, hiperligações e direito sui generis
   3.3. A protecção das bases de dados do sector público
      a) Os direitos de autor sobre informação do sector público
      b) A informação do sector público como possível objecto do direito especial do produtor de bases de dados
      c) Domínio público e liberdade de informação

4. Síntese conclusiva do § 5

§ 6. AUTORIA E TITULARIDADE DE DIREITOS DE AUTOR

1. A unidade autoria/titularidade de direitos
   1.1. A correcção de normas legais contrárias ao princípio da autoria
      a) Autoria, monismo e dualismo
      b) A criação intelectual como título de apropriação jurídica das obras literárias ou artísticas
   1.2. Cessão legal e transmissão contratual dos direitos patrimoniais

2. Autoria singular, autoria plural e obras colectivas
   2.1. Obra em colaboração
      a) Conexão de obras
      b) Obras cinematográficas e audiovisuais
   2.2. Obra colectiva
      a) A obra colectiva como critério de atribuição legal de direitos (cessio legis)
      b) A discussão no direito comparado

3. Autoria e titularidade de direitos de autor na jurisprudência portuguesa
   3.1. Criadores intelectuais e colaboradores técnicos ou executantes
   3.2. As exigências formais de atribuição negocial de direitos
      a) Requisitos formais de validade da transmissão de direitos
      b) Exigências formais na encomenda de obra intelectual
   3.3. Autores de obras cinematográficas e afins
   3.4. A cessão legal dos direitos económicos à empresa na obra colectiva

4. Autores e titulares de direitos nas directivas comunitárias
   4.1. A autoria como ponto de referência da titularidade de direitos
   4.2. Os regimes especiais dos programas de computador e das bases de dados
   4.3. Autores e titulares de direitos de autor sobre programas de computador e bases de dados no direito interno
      a) As regras especiais dos diplomas avulsos
      b) Concretização jurisprudencial

5. Síntese conclusiva do § 6

§ 7. DIREITOS MORAIS

1. Os direitos morais no Código do Direito de Autor e na jurisprudência
   1.1. O "laço pessoal" entre a obra e o seu criador
      a) Identificação e designação de autoria
      b) A protecção da honra e reputação do autor (i.e. da personalidade) como razão de ser do direito moral

c) A natureza sensível dos actos de modificação
   d) A renúncia à paternidade de obra modificada sem consentimento do autor
   1.2. A unidade do direito moral de autor
   1.3. O reconhecimento dos direitos morais na jurisprudência
2. Os direitos morais nas directivas comunitárias e nos diplomas internos do software e das bases de dados
   2.1. O "silêncio eloquente" do legislador comunitário
      a) A caracterização do objecto específico dos direitos de autor no acórdão Phil Collins
      b) Os direitos morais dos criadores de software e bases de dados
   2.2. Os actos de modificação e a conformidade das directivas com a Convenção de Berna
      a) O leque de direitos morais na Convenção de Berna
      b) A inclusão dos actos de modificação no exclusivo económico
      c) A aparente diferença entre o direito dos países latinos e o direito alemão
   2.3. Os direitos morais dos criadores de programas de computador e de bases de dados na legislação interna
      a) Amputação do direito moral dos criadores de software e bases de dados?
      b) O papel da jurisprudência e o possível recurso aos meios de tutela do direito de personalidade
3. Direitos morais e domínio público
   3.1. A imprescritibilidade legal do direito moral
   3.2. A ficção da perpetuidade do direito moral
4. Síntese conclusiva do § 7

§ 8. DIREITOS ECONÓMICOS

1. Os direitos económicos no Código do Direito de Autor
   1.1. Monismo ou dualismo?
      a) A disponibilidade dos direitos económicos ou patrimoniais
         i. Transmissão de direitos e autorização de utilização
         ii. A transmissibilidade dos direitos económicos como traço distintivo do modelo dualista
      b) As pretensões compensatórias equitativas
      c) Posição adoptada
   1.2. A propriedade no exclusivo de exploração económica
      a) O catálogo aberto de formas de utilização exclusiva

b) As obras literárias e artísticas como valores de exploração económica
c) Modelos de ordenação das formas de utilização
  i. A tipologia germânica (exploração corpórea e exploração incorpórea)
  ii. A tipologia francesa (reprodução e representação, e a transformação)
  iii. A tipologia da Directiva 2001/29 (reprodução, distribuição e comunicação ao público)
  iv. Para uma tipologia dos direitos económicos
d) Exclusividade de destinação e autonomia das utilizações

2. O catálogo fechado de direitos económicos nas directivas comunitárias
  2.1. A técnica da tipificação taxativa dos direitos atribuídos (catálogo fechado)
    a) Reprodução
      i. Um conceito amplo nas leis do *copyright*
      ii. Um conceito restrito nas leis do *droit d'auteur*
      iii. Um conceito amplo nas directivas comunitárias
      iv. Reproduções indirectas e transformação
      v. O «livre trânsito» das "reproduções tecnicamente necessárias"
      vi. As hiperligações
    b) Comunicação ao público e controlo de acesso
      i. Qualificação do direito de colocação em rede à disposição do público
      ii. Inexistência legal de distribuição electrónica?
    c) Distribuição de exemplares e esgotamento comunitário do controlo da revenda
      i. A teorização do esgotamento (doutrina *first sale*, *Erschöpfungslehre*)
      ii. A consagração jurisprudencial do esgotamento no direito comunitário
      iii. Sentido e limites do esgotamento do exclusivo de distribuição
      iv. Outros limites do esgotamento
      v. A consagração do exclusivo de distribuição (e do seu esgotamento) na lei portuguesa
    d) Direitos de aluguer e comodato público
      i. Actos de aluguer e comodato (público)
      ii. Licença legal de comodato público e remuneração
      iii. A condenação da isenção geral estabelecida pela lei portuguesa
      iv. Outros aspectos duvidosos
      v. O favorecimento do produtor
      vi. Apreciação crítica
    e) O direito sui generis de extracção e reutilização
      i. Os actos de extracção e reutilização
      ii. Aproximação aos conceitos de direitos de autor
      iii. A fluidez do direito *sui generis* e os monopólios sobre informação
      iv. O poder de controlo sobre os utilizadores

2.2. Os direitos exclusivos de exploração económica de programas de computador e de bases de dados na lei portuguesa
   a) Programas de computador
   b) Bases de dados

3. Excepções e limites aos direitos económicos
   3.1. O recorte negativo dos direitos exclusivos
      a) A esfera pública do mercado e a liberdade de uso privado
         i. O critério do *intuitus personae*
         ii. A ténue linha divisória entre uso privado e uso reservado no ambiente em rede
         iii. O círculo apertado do uso privado e utilização em locais abertos ao público
      b) Limites de interesse geral
         i. Os valores constitucionais na balança dos direitos de autor
         ii. Limites decorrentes das liberdades de informação e de expressão, de ensino e aprendizagem, e de criação cultural
      c) Natureza dos limites aos direitos de autor
         i. Perspectivas em confronto
         ii. A utilização para efeitos de paródia
         iii. Direito à informação contida em bases de dados de acesso reservado
      d) Licenças contratuais, protecções técnicas e imperatividade dos limites
         i. A preservação dos limites aos direitos de autor
         ii. O nascimento da propriedade tecnodigital
   3.2. Excepções e limites aos direitos exclusivos na Directiva 2001/29
      a) Orientação geral
         i. Excepções e limites *à la carte*
         ii. Compressão dos limites em aberto no direito internacional
      b) Direitos de autor "a duas velocidades"
         i. "Reproduções tecnicamente necessárias" e esgotamento do exclusivo de distribuição
         ii. Ambiente analógico, ambiente digital e a "balança dos três passos"
      c) Utilização livre, cópia privada e compensação equitativa
      d) A cláusula geral de controlo judicial
         i. Arquivos, bibliotecas e ensino à distância
         ii. Discursos políticos e afins
   3.3. Sentido e limites dos direitos económicos na jurisprudência portuguesa
      a) O problema da comunicação de obra (incluindo obra radiodifundida) em locais abertos ao público
      b) O problema da reprodução para uso privado
      c) Autorizações de utilização (edição, produção fonográfica)

d) *Utilização em espectáculos públicos de obras musicais por intérprete/
   /autor*
   e) *Utilização livre para fins de informação e ensino*
3.4. Os limites aos direitos exclusivos sobre programas de computador e bases de dados nas directivas e na legislação interna
   a) *Direitos imperativos dos utilizadores de programas de computador*
      i. Utilização, correcção de erros e cópia de apoio
      ii. Estudo do programa e descompilação
      iii. Interoperabilidade, concorrência e clones funcionais
      iv. A decisão *Microsoft*
   b) *Direitos mínimos do utilizador de bases de dados e utilização livre*
      i. Direitos de autor
      ii. Direito *sui generis*
      iii. A possível aproximação do direito sui generis ao direito conexo do produtor de fonogramas e/ou videogramas
      iv. Abusos de posição dominante
      v. A conformidade da exigência de reciprocidade material com os tratados internacionais
   c) *Utilização livre e direitos mínimos do utente de programas de computador e bases de dados nos DLs 252/94 e 122/2000*
      i. Direitos do utilizador legítimo
      ii. Utilizações livres
      iii. Limites ao direito especial do fabricante de bases de dados
3.5. Sentido e limites da protecção do software na jurisprudência
   a) *Protecção dos programas de computador ao abrigo dos direitos de autor*
   b) *Comercialização e utilização económica de software*
      i. Empresas de comercialização de material informático e prestação de serviços informáticos
      ii. Utilização de software no exercício de actividades económicas dentro e fora do sector da informática
      iii. Reprodução de software (permanente ou temporária) em vários equipamentos
      iv. Subsistência da licença de software em caso de furto de equipamentos
      v. Licença de modificação e aperfeiçoamento do código
3.6. Limites temporais, domínio público e acesso à informação do sector público
   a) *A harmonização do prazo de protecção pela Directiva 93/98 (agora 2006/16)*
      i. A regra geral dos 70 anos *post mortem auctoris*
      ii. Casos especiais
   b) *O prazo de protecção na legislação portuguesa*
      i. Regra geral

  ii. Casos especiais
  iii. Programas de computador e bases de dados
 c) *Protecção especial da publicação ou divulgação de obras do domínio público: um novo direito conexo?*
 d) *Bases de dados e direito de acesso à informação do sector público*
  i. A informação do sector público como recurso económico da sociedade da informação
  ii. O problema da exploração da informação do sector público
  iii. Limites ao direito de acesso e à exploração (infra-estruturas essenciais e princípio da diversidade)
  iv. Acesso a documentos da Administração Pública
  v. Acesso a documentos incorporados em arquivos

4. Síntese conclusiva do § 8

§ 9. PROTECÇÕES TÉCNICAS E GESTÃO ELECTRÓNICA DE DIREITOS

1. As protecções técnicas como prolongamento natural dos direitos exclusivos?
 1.1. As protecções técnicas entre os *secondary infringements* e a concorrência desleal
 1.2. As protecções jurídico-tecnológicas na DMCA ("tecnological adjuncts")
  a) *Protecções técnicas de controlo de reprodução e de controlo de acesso*
  b) *Excepções à proibição de contornar as protecções técnicas*
   i. A consagração do direito de acesso
   ii. Crítica à limitação do *fair use*
  c) *Concretização jurisprudencial*

2. As protecções técnicas nas directivas comunitárias e na legislação interna
 2.1. Da "protecção periférica" na Directiva 91/250 à "protecção nuclear" na Directiva 2001/29
  a) *As regras suaves de protecção jurídico-tecnológica do software*
  b) *As regras duras da protecção jurídico-tecnológica dos direitos de autor na sociedade da informação*
  c) *A proibição geral de neutralização das protecções técnicas*
   i. Eficácia das protecções técnicas
   ii. Proibição da exploração comercial de actividades relacionadas com a neutralização
  d) *Da protecção tecnológica dos direitos previstos por lei à protecção jurídica da protecção tecnológica qua tale?*
   i. A neutralização das excepções aos direitos de autor através das protecções técnicas?

ii. A (in)constitucionalidade da «propriedade tecnodigital» absoluta
iii. O possível recurso à acção directa para o exercício de excepções impedido por protecções técnicas
e) *A proibição de neutralização das protecções técnicas como terceiro círculo de protecção dos direitos de autor*
   i. Um direito de controlo de acesso?
   ii. Direitos de autor, serviços de acesso condicional e interoperabilidade
f) *Natureza dos limites aos direitos de autor e protecções técnicas*
   i. Medidas obrigatórias para excepções facultativas
   ii. Direitos de utilização livre
2.2. A protecção jurídico-tecnológica no Código do Direito de Autor
   a) *Protecção jurídica das medidas tecnológicas*
      i. Direitos de autor e acesso reservado
      ii. Um direito moral de tapagem técnica das obras?
      iii. Protecção jurídico-tecnológica dos direitos de autor e protecção dos serviços de acesso condicional
      iv. O direito de controlar o acesso à obra
      v. Sanções
   b) *Limites à protecção jurídico-tecnológica*
      i. Invalidade das cláusulas contratuais
      ii. Imperatividade anti-tecnológica de utilizações livres
      iii. Depósito legal de códigos de acesso
      iv. Direito de acesso aos códigos?
      v. As utilizações livres como direitos dos utilizadores
      vi. Limites dos direitos dos utilizadores
2.3. Perspectivas no direito norte-americano

3. Gestão electrónica dos direitos de autor
   3.1. Gestão individual e gestão colectiva dos direitos de autor
      a) *Das vantagens da gestão colectiva aos privilégios de gestão*
      b) *O impacto da gestão colectiva no direito exclusivo*
      c) *Sistemas técnicos, gestão colectiva e empresas de conteúdos*
      d) *Da gestão colectiva à gestão electrónica dos direitos de autor?*
      e) *Gestão colectiva e concorrência*
   3.2. Protecção jurídica das informações para gestão de direitos
      a) *A gestão de direitos no ambiente em rede*
      b) *A protecção das informações para gestão de direitos nos Tratados da OMPI (1996) e na norte-americana DMCA*
      c) *A protecção das informações para gestão de direitos na Directiva 2001/29 e no Código do Direito de Autor*
      d) *Gestão técnica de direitos e reserva da vida privada*
         i. Informações para gestão de direitos e informação relativa aos utilizadores

ii. Salvaguardas técnicas da vida privada dos utilizadores
iii. Defesa directa de direitos por meios técnicos?
iv. A injunção contra os ISP

4. Síntese conclusiva do § 9

§ 10. APLICAÇÃO EFECTIVA DOS DIREITOS E CÓPIA PRIVADA

1. O respeito pela propriedade intelectual segundo a Directiva 2004/48
   1.1. Aplicação das medidas de protecção dos direitos de propriedade intelectual aos consumidores finais?
      a) *"Consumidor pirata"* e consumidor de boa fé
      b) *Oponibilidade* erga omnes *da propriedade intelectual?*
      c) *Alargamento das medidas de aplicação efectiva dos direitos de propriedade intelectual à concorrência desleal*
   1.2. As características específicas de cada direito de propriedade intelectual
      a) *A inclusão dos consumidores no círculo de destinatários da propriedade intelectual*
      b) *Ressalva de outras medidas de protecção e das excepções aos direitos*
   1.3. O direito comunitário da propriedade intelectual e o Acordo ADPIC
      a) *A Directiva 2004/48 como resposta para a recepção não uniforme pelos Estados-membros das medidas de aplicação efectiva dos direitos previstas no Acordo ADPIC*
      b) *A competência do TJCE para interpretar as disposições do Acordo ADPIC*
   1.4. Liberdade de cópia privada e aplicação efectiva dos direitos de autor

2. O problema da liberdade de reprodução para uso privado
   2.1. O conflito de interesses
      a) *A cópia privada na perspectiva dos titulares de direitos*
         i. *Napster, Grokster* e outros sistemas de livre partilha de ficheiros
         ii. Críticas e aplausos à jurisprudência *Naspter*
      b) *A cópia privada na perspectiva do utilizador final e do sector dos produtos electrónicos*
      c) *Um kafkiano panóptico ciberespacial dos direitos de autor?*
         i. Agentes electrónicos de monitorização dos computadores ligados em rede (*spy-ware*)
         ii. A insuficiente protecção da vida privada dos utilizadores
   2.2. A liberdade de cópia privada na Directiva 2001/29 e no Código do Direito de Autor
      a) *Condições da liberdade de reprodução para uso privado na Directiva 2001/29*

b) *A cópia privada no Código do Direito de Autor*
   i. Antes e depois da Lei 50/2004
   ii. A "socialização" dos direitos de autor
   iii. O direito de acesso aos códigos pelos beneficiários de excepções
c) *Direito imperativo à cópia privada?*
   i. A construção de pontes entre os direitos de autor e a protecção do consumidor
   ii. A imperatividade contratual e tecnológica das excepções
   iii. A possível limitação do número de cópias pelo titular de direitos
   iv. Oscilações jurisprudenciais sobre a liberdade de cópia privada no direito comparado
d) *Evolução legislativa no direito comparado*
   i. A liberdade de cópia privada no novo direito alemão (lei "segundo cesto" dos direitos de autor na sociedade da informação, de 10 de Setembro de 2003)
   ii. A liberdade de cópia privada no novo direito espanhol (Lei 23/2006, de 7 de Julho)
   iii. A liberdade de cópia privada no novo direito francês (lei n.º 2006-961, de 1 de Agosto de 2006)
   iv. A defesa da liberdade de cópia privada na literatura norte-americana
e) *A cópia privada como direito imperativo do utilizador na lei portuguesa*

2.3. A compensação equitativa pela reprodução
   a) *Origem e evolução das soluções de compensação pela reprodução no direito comparado*
      i. A jurisprudência do BGH e a consagração da compensação na lei alemã
      ii. A liberdade de *time-shifting* no direito norte-americano e o sistema compensatório
      iii. O direito a remuneração pela cópia privada na legislação francesa
      iv. A compensação equitativa na lei espanhola da propriedade intelectual
   b) *A compensação pela reprodução no direito português (do Código à regulamentação)*
      i. A jurisprudência constitucional sobre a natureza da compensação
      ii. Aspectos do regime da compensação
      iii. A isenção dos equipamentos (e de vários suportes) de fixação e reprodução digitais como benefício fiscal?
      iv. O regime provisório da Directiva 2001/29 e perspectivas de harmonização futura

3. Síntese conclusiva do § 10

Conclusão Final

SIGLAS E ABREVIATURAS

ABPI – Revista da Associação Brasileira da Propriedade Intelectual
Ac. – Acórdão
ADPIC/TRIPS – Acordo sobre Aspectos dos Direitos de Propriedade Intelectual Relacionados com o Comércio
AfP – Archiv für Presserecht
AI – ARS IURIS
AIDA – Annali Italiani del Diritto d'Autore della Cultura e dello Spettacolo
AJCL – American Journal of Comparative Law (The)
AMI – Tijdschrift voor auteurs–, media– & informatierecht
A&M – Auteurs & Médias
Art. – Artigo
BCE – Boletim de Ciências Económicas (Faculdade de Direito da Universidade de Coimbra)
BFD – Boletim da Faculdade de Direito da Universidade de Coimbra
BGB – Bürgerliches Gesetzbuch
BGH – Bundesgerichtshof
BMJ – Boletim do Ministério da Justiça
BTLJ – Berkeley Technology Law Journal
BUJ – Boston University Journal of Science and Technology Law
CAE – Cardozo Arts & Entertainment Law Journal
CaLR – California Law Review
CC – Código Civil
CCom – Código Comercial
CDA – Código do Direito de Autor e dos Direitos Conexos
CDFU – Carta dos Direitos Fundamentais da União Europeia
CE – Coimbra Editora
CEDH – Convenção Europeia dos Direitos do Homem, *rectius* Convenção Europeia de Salvaguarda dos Direitos do Homem e das Liberdades Fundamentais (1950)
ChLR – Chicago Law Review
CI – Contratto e Impresa

CJ – Colectânea de Jurisprudência
CJ/STJ – Colectânea de Jurisprudência (Acórdãos do Supremo Tribunal de Justiça)
CJLA – Columbia Journal of Law & the Arts
CJTL – Columbia Journal of Transnational Law
CLJ – Cambridge Law Journal (The)
Comm/Ent – Hasting Communications and Entertainment Law Journal
CMLR – Common Market Law Review
Col. – Colectânea da Jurisprudência (TJCE)
CoLR – Columbia Law Review
Convenção de Berna – Convenção de Berna para a Protecção das Obras Literárias e Artísticas, de 9 de Setembro de 1886
Convenção de Paris – Convenção de Paris para a Propriedade Industrial (CUP), de 20 de Março de 1883
Convenção de Roma – Convenção Internacional para a Protecção dos Artistas Intérpretes ou Executantes, dos Produtores de Fonogramas e dos Organismos de Radiodifusão
CPI – Código da Propriedade Industrial
CRP – Constituição da República Portuguesa
CR – Computerrecht (Zeitschrift für die Praxis des Rechts der Informationtechnologien)
CRi – Computer Law Review International (A Journal of Information Law and Technology)
CUP – Cambridge University Press
Dit – Droit de l'informatique et des télécoms
DI – Direito Industrial (APDI/FDUL)
Dir – O Direito
DJ – Direito e Justiça (Revista da Faculdade de Direito da Universidade Católica Portuguesa)
DR – Diário da República
DSI – Direito da Sociedade da Informação (APDI/FDUL)
DUDH – Declaração Universal dos Direitos do Homem (1948)
EDC – Estudos de Direito do Consumidor (CDC/FDUC)
EIPR – European Intellectual Property Review
ELJ – European Law Journal
ERPL – European Review of Private Law
FCB – Fundação Calouste Gulbenkian
FIP – Fordham Intellectual Property, Media & Entertainment Law Journal
FLR – Florida Law Review
GLJ – Georgia Law Journal
GRUR – Gewerblicher Rechtsschutz und Urheberrecht
GRUR Int. – Gewerblicher Rechtsschutz und Urheberrecht – Internationaler Teil

GYIL – German Yearbook of International Law
HJLT – Harvard Journal of Law & Technology
HLR – Harvard Law Review
HUP – Harvard University Press (Cambridge Mass.)
IDEA – The Journal of Law and Technology
IER – Intellectuele Eigendom & Reclamerecht
IIC – International Review of Intellectual Property and Competition Law
INCM – Imprensa Nacional-Casa da Moeda
IRL – International Review of Law, Computers & Technology
IVIR – Institute for Information Law, Universiteit van Amsterdam
JAVI – Juridische aspecten van internet (Juridisch Tijdschrift voor Internet en E-business)
JCIL – Journal of Computer & Information Law
JCS – Journal of the Copyright Society of the USA
JIPL – Journal of Intellectual Property Law
JLS – Journal of Legal Studies
JMJ – John Marshall Journal of Computer&Information Law
JPTO – Journal of the Patent & Trademark Office Society
Jus – Rivista di Scienze Giuridiche
JZ – Juristen-Zeitung
KLI – Kluwer Law International
Medialex – Revue de droit de la communication / Zeitschrift für Koomunikationsrecht
MichLR – Michigan Law Review
MinLR – Minnesota Law Review
MMR – MultiMedia und Recht (Zeitschrift für Informations–, Telekommunikations– und Medienrecht)
NJW – Neue Juristische Wochenschrift
NJW-CoR – Neue Juristische Wochenschrift – Computer Report
NYUP – New York University Press
OMC – Organização Mundial do Comércio
OMPI – Organização Mundial da Propriedade Intelectual
OUP – Oxford University Press
PIDCP – Pacto Internacional sobre os Direitos Civis e Políticos
PL – Patents & Licensing, Japan
RCT – Rutgers Computer & Technology Law Journal
RDI – Rivista di Diritto Industriale
RDM – Revista de Derecho Mercantil
RDV – Recht der Datenverarbeitung
RDTI – Revue du Droit des Technologies de l'Information
RFDL – Revista da Faculdade de Direito da Universidade de Lisboa

RFDP – Revista da Faculdade de Direito da Universidade do Porto
RHI – Revista de História das Ideias (Faculdade de Letras da Universidade de Coimbra)
RIDA – Revue Internationale du Droit d'Auteur
RIDC – Revue Internationale du Droit Comparé
RLJ – Revista de Legislação e Jurisprudência
ROA – Revista da Ordem dos Advogados
RWU – Roger Williams University Law Review
SCC – Santa Clara Computer & High Technology Law Journal
SCLR – South California Law Review
SI – STVDIA IVRIDICA (BFD)
SLR – Stanford Law Review
SLU – Saint Louis University Law Journal
STJ – Supremo Tribunal de Justiça
TC – Tribunal Constitucional
TeLR – Texas Law Review
TJCE – Tribunal de Justiça das Comunidades Europeias
Tratados OMPI – Tratados da Organização Mundial da Propriedade Intelectual adoptados em Dezembro de 1996 pela Conferência Diplomática de Genebra, em Genebra, sobre Direito de Autor e sobre Prestações e Fonogramas
TuLR – Tulane Law Review
Ubiquité – Révue Ubiquité (Droit des technologies de l'information)
UBIP – University of Baltimore Intellectual Property Law Journal
UCE – Universidade Católica Editora
UCLA/ELR – UCLA Entertainment Law Review
UCP – The University of Chicago Press
UDLR – University of Dayton Law Review
UFITA – Archiv für Urheber– und Medienrecht
UrhG – Urheberrechtsgesetz
USC – United States Code
UWG – Gesetz gegen den unlauteren Wettbewerb
VJLT – Vanderbilt Journal of Law & Technology
VLR – Virginia Law Review
WaLR – Washington Law Review
WiLR – Wisconsin Law Review
WRP – Wettbewerb in Recht und Praxis
YLJ – Yale Law Journal (The)
ZUM – Zeitschrift für Urheber– und Medienrecht

Sítios de Legislação e Jurisprudência:
dre.pt, dgsi.pt, eur-lex.europa.eu/pt

INTRODUÇÃO

"Toda a informação armazenada fica também esclerosada e isolada e, por isso, Wiener (*Cybernetic or the Control and Communication in the Animal and the Machine*, 1948) formulou o princípio da circulação, que transforma a informação num processo, de cuja paralisação decorreria a decadência social, porque a informação é o cimento da sociedade. A conversão da informação em mercadoria armazenada com fins lucrativos é sinónimo de degradação e de enfraquecimento da corrente contínua, que deve irrigar a sociedade."

MIGUEL BAPTISTA PEREIRA, *Filosofia da Comunicação*, 65

1. Colocação do problema: objecto, método e sequência

É sensível a relação entre os direitos de autor e a liberdade de informação. Por um lado, os direitos de autor traduzem-se numa forma jurídica de apropriação exclusiva de informação expressa em formas originais da literatura e da arte, protegendo os frutos gerados no exercício da liberdade de criação cultural. Por outro lado, a liberdade de informação, pelo seu valor económico, político e cultural, estabelece limites a essa apropriação, tanto em matéria de objecto de protecção como no que respeita ao conteúdo dos direitos de exploração económica exclusiva das criações literárias e artísticas.

Este estudo procura dar um contributo para clarificar os termos dessa relação. Na primeira parte, ensaiamos compreender a liberdade de informação no espírito dos direitos de autor a partir das suas dimensões históricas, teoréticas e sistemáticas. Afirmando essa liberdade como dimensão do espírito dos direitos de autor, analisamos na segunda parte o corpo destes direitos, de modo a saber se está devidamente animado por esse valor ou, pelo contrário, se contém elementos asfixiantes, que devem ser justificadamente corrigidos.

1. No plano histórico, a passagem dos antigos privilégios de impressão aos direitos dos criadores intelectuais corresponde a uma mudança de paradigma do direito, que encontra na pessoa humana, enquanto ser criador (*homo creator*), o seu centro de gravidade. Ao mesmo tempo, porém, afirma-se uma noção de domínio público, em virtude dos limites da protecção, quer quanto objecto, quer quanto ao conteúdo, e em especial à duração temporal.

Num contexto revolucionário de proclamação de direitos naturais do homem oponíveis *erga omnes*, surge naturalmente a teorização dos direitos de autor como direitos de propriedade e/ou de personalidade. Esta teorização é posta em causa pela teoria alternativa dos direitos de monopólio, que parte da natureza das obras literárias ou artísticas como bens públicos para afirmar a impossibilidade da sua apropriação exclusiva. Para esta perspectiva, os direitos de autor não são direitos naturais mas antes exclusivos de exploração económica concedidos pelo Estado.

Sem renunciarmos à teorização dogmática dos direitos de autor como direitos de propriedade e personalidade, acolhemos todavia alguns argumentos da teoria alternativa no plano funcional. Para o efeito, acompanharemos de perto algumas obras que afirmam a existência de direitos dos utilizadores nas leis do *copyright* (1), destacam a importância de uma teoria da justiça da informação na propriedade intelectual enquanto forma de soberania privada sobre bens públicos (2), e apontam funções de interesse público aos direitos de autor na sociedade da informação para além da protecção dos interesses dos titulares de direitos (3).

Refutando a teoria do *copyright* como simples privilégio comercial, procuramos estabelecer uma concordância prática entre os argumentos tradicionais que justificam a criação intelectual enquanto título de apropriação exclusiva de obras literárias e artísticas, por um lado, e os argumentos instrumentais ou funcionais que procuram salvaguardar zonas de liberdade, por outro. No fundo, adoptamos uma teoria dualista ao nível da fundamentação teórica dos direitos de autor.

2. Nesta ordem de ideias, procedemos seguidamente ao estudo das dimensões sistemáticas, começando pela localização dos direitos de autor na ordem constitucional. A constituição ancora a protecção legal dos direitos de autor na liberdade de criação cultural. Ao mesmo tempo, quer na doutrina quer na jurisprudência, é consensual a protecção dos direitos de autor ao abrigo da garantia da propriedade privada, considerada um direito fundamental de natureza análoga para efeitos do regime dos direitos, liberdades e garantias.

A tensão já presente nas dimensões históricas e teoréticas faz-se agora sentir com maior intensidade. Por um lado, a constituição, de acordo com o direito internacionalmente convencionado, consagra um conjunto de liberdades e direitos fundamentais da comunicação. Por outro lado, os direitos de autor são protegidos como direitos de propriedade e, nessa medida, como restrições a essas liberdades fundamentais da comunicação, nomeadamente a liberdade de criação cultural, que não opera *ex nihilo*. Pode até falar-se no "paradoxo original" da protecção legal dos direitos de autor ao abrigo da liberdade de criação cultural.

Seja como for, apelamos ao cânone da interpretação em conformidade com a constituição de modo a alcançar uma concordância prática entre a "proibição do excesso" e a "proibição da insuficiência", tendo em conta também os instrumentos internacionais dos direitos humanos. Partindo de uma ideia de "multifuncionalidade" das liberdades de comunicação, afirmamos a possível eficácia horizontal dos direitos fundamentais da comunicação, enquanto elementos de ordem pública nas relações privadas, sem desconsiderar a "resistência" do direito privado. Além disso, apoiamos a constitucionalização do domínio público da informação e do serviço público da Net. Trata-se, aliás, de cumprir o projecto da modernidade, no que respeita às liberdades fundamentais da comunicação, em especial a liberdade de informação que é, verdadeiramente, o seu *punctum cruxis*.

Destacamos, por outro lado, a importância do enquadramento dos direitos de autor no ordenamento civil, em que surgem como direitos de propriedade intelectual juntamente com a propriedade industrial. Se a propriedade dos direitos de autor não deve ter como padrão único a propriedade tradicional das coisas corpóreas, em virtude do seu posicionamento na constelação constitucional, tal não significa que o Código Civil e as outras leis do direito privado (e.g. Código Comercial) sejam secundárias para os direitos de autor.

Pelo contrário, afirmamos, em termos de ordenação sistemática, uma relação de especialidade entre as leis dos direitos de autor e o Código Civil. Procuramos ilustrar a importância desta proposta de ordenação em alguns domínios, como sejam a qualificação dos contratos de direitos de autor (e.g. transmissão de direitos, autorização de utilização e encomenda de obra intelectual) de acordo com a tipologia do direito civil (e.g. compra e venda, locação, empreitada), incluindo no domínio dos contratos de software. Além disso, defendemos a possibilidade de o editor socorrer-se dos meios de tutela possessória para defender o seu direito pessoal de gozo.

Por outro lado, chamamos a atenção para a qualificação mercantil das empresas que actuam neste sector (e.g. editores, televisões, produtores fonográficos ou videográficos), bem como para a qualificação dos autores e artistas como empresas para efeitos do direito da concorrência, incluindo a concorrência desleal.

3. Nas dimensões sistemáticas dos direitos de autor é cada vez mais importante o seu enquadramento na ordem jurídica comunitária. Apesar de o Tratado de Roma não mencionar os direitos de autor, o Tribunal de Justiça integrou-os no direito comunitário por via da sua assimilação à "propriedade comercial", sujeitando-os às exigências do mercado interno em termos de não discriminação, liberdade de circulação de bens e liberdade de concorrência. Posteriormente, os direitos de autor e conexos foram objecto de diversos instrumentos de harmonização comunitária, compondo um acervo comunitário regido pelo princípio do elevado nível de protecção.

O alargamento e aprofundamento da harmonização comunitária dos direitos de autor têm conduzido a um grau significativo de compressão da territorialidade destes direitos, embora sejam ressalvados do princípio do país de origem em matéria de serviços da sociedade da informação, segundo a directiva sobre comércio electrónico, sem prejuízo do "livre trânsito" no mercado interno decorrente da exclusão de certos actos de reprodução e do esgotamento comunitário do direito de distribuição. Aliás, discute-se se o Tratado que estabelece uma Constituição para a Europa não será a base que faltava para uma futura codificação europeia da propriedade intelectual, ao menos no campo dos direitos de autor, à semelhança do processo de federalização deste domínio jurídico no direito norte-americano.

Não obstante, antecipam-se grandes resistências a uma tal codificação. Para alguns, o «fosso» existente entre os sistemas de *droit d'auteur* dos países continentais de *Civil Law* e os sistemas de *copyright* dos países anglo-saxónicos de *Common Law* seria tão profundo que, quando muito, só se poderia construir pontes entre os dois sistemas. Já ao nível de conceitos básicos como obras e prestações, autores e titulares de direitos, direitos morais e liberdade contratual, as diferenças de raiz dos dois sistemas permaneceriam intactas. Neste contexto, perguntamos se o modelo dualista dos países latinos de *droit d'auteur*, incluindo Portugal, não poderá fornecer, justamente, a matriz para um direito comunitário de autor, que permita superar, enquanto *tertium genus*, as diferenças radicais entre o *copyright* britânico e o *Urheberrecht* germânico.

Sem prejuízo do debate académico em torno de uma possível codificação europeia dos direitos de autor – à semelhança do que sucede em outros domínios –, deve reconhecer-se que o sistema de poderes atribuídos do direito comunitário limita consideravelmente essa possibilidade. Não é por acaso que, no âmbito dos direitos de autor, a harmonização comunitária tem sido levada a cabo por via de directivas, as quais têm limites de eficácia que não podem ser contornados através do cânone da interpretação em conformidade com a directiva, sem prejuízo da responsabilidade dos Estados-membros por não cumprimento do direito comunitário.

De todo o modo, pode também perguntar-se se, ainda que sem a forma de código, os direitos de autor não já principalmente direito comunitário. Tanto mais quanto se considerar a "blindagem interpretativa das directivas" através dos preâmbulos, que para muitos fornecem a "interpretação autêntica" do texto legal, sendo essa, de resto, a *praxis* do Tribunal de Justiça. Porém, parece-nos que esse é um problema em aberto. A importância do que fica dito ilustra-se através de uma série de exemplos de questões, para as quais os "manuais de instruções" dos preâmbulos das directivas fornecem respostas.

Ainda nas dimensões sistemáticas, procedemos ao enquadramento dos direitos de autor no ordenamento internacional do comércio. A internacionalização dos direitos de autor, que remonta ao século XIX (Convenção de Berna), conheceu um passo significativo com o Acordo ADPIC/TRIPS enquanto direito da OMC. Este acordo parece conceber os direitos de autor, juntamente com outros direitos de propriedade intelectual, como meros privilégios comerciais, eclipsando os direitos morais de autor e substituindo as taxas aduaneiras dos Estados pelas *royalties* privadas das empresas.

Além disso, coloca o interesse público dos Estados, ao nível da consagração de excepções ao exclusivo de exploração económica, na "balança dos três pratos", subordinando-o aos interesses do comércio mundial. De todo o modo, o direito comunitário estabelece uma zona de liberdade, que não deverá ser cerceada pelo direito da OMC. É significativo, neste ponto, o papel do Tribunal de Justiça, que estará a funcionar como "guardião" do direito comunitário contra a invasão do direito da OMC.

A nível internacional, questiona-se também a compatibilidade da cláusula de *fair use* do direito norte-americano com as exigências de segurança e certeza jurídicas dos direitos de autor, que na Europa seriam acauteladas mediante listas, alegadamente taxativas, de excepções permitidas. Não obstante, a subordinação das excepções à regra dos três passos, enquanto critério de interpretação concretizadora, poderá levar à introdução no direito continental de uma figura análoga à cláusula de *fair use*, no sentido de um sistema aberto, flexível e móvel, ainda que fluído, permitindo uma maior equidade na prática dos direitos de autor.

4. Concluímos a primeira parte deste estudo com a análise das dimensões prospectivas dos direitos de autor no contexto da «ciberespacialização jurídica». Perguntamos se, de uma situação de omnipotência gerada pela mundialização da propriedade intelectual, não passaremos rapidamente para um estado de irrelevância destes direitos. Por um lado, a tecnologia promete um sistema alternativo de protecção e gestão de informação, que poderá remeter os direitos de autor para as relíquias da história do direito. Por outro lado, são cada vez mais fortes os movimentos que propugnam direitos de autor colectivos, no sentido da liberdade de informação e de expressão, incluindo no domínio da informática, apelando-se à liberdade do software enquanto "discurso livre" e à abertura do código-fonte como exigência de transparência das regras.

Além disso, a «ciberespacialização» jurídica questiona a "sobrevivência" do direito *qua tale*. As alternativas tecnocráticas postularam a soberania dos «tecnólogos» no ciberespaço, alegando a obsolescência dos meios normativos tradicionais de fonte estadual. Pretendia-se, também, preservar o "estado de natureza" do ciberespaço contra a sua colonização (e corrupção) pelos códigos legais.

A reacção dos juristas oscilou entre o "nada de novo debaixo do sol" e a afirmação do estado "patético" das leis e dos tribunais. Em especial, chamou-se a atenção para o valor dos "códigos técnicos" como normas, no sentido de sujeitar aqueles aos valores que presidem a estas. Sem prejuízo de modelos complementares de regulação, que passem por códigos de conduta e meios alternativos de resolução de litígios, defende-se um ciberespaço não deixado entregue à justiça privada dos que o dominam tecnologicamente, sustentando-se, pelo contrário, a regulação ciberespacial com base nos parâmetros constitucionais, para acautelar nomeadamente as liberdades fundamentais da comunicação.

Aliás, de uma situação de aparente *vacuum* jurídico, depressa se passou para um estado de hiper-regulação. O direito comunitário mostra que o ciberespaço é já objecto de uma complexa teia regulatória, com feições hipertextuais. De resto, o legislador comunitário terá afirmado a sociedade da informação como uma zona de soberania comunitária, que precede e limita a intervenção isolada dos Estados-membros. Além disso, o acervo comunitário da sociedade da informação surge como um candidato forte a servir de base a um direito mundial da Internet, ao menos ao nível do estabelecimento de coordenadas básicas que permitam a interoperabilidade de sistemas jurídicos e impeçam uma concorrência mercantil das ordens jurídicas segundo uma lógica de nivelamento por baixo.

O mercado e os seus agentes não deverão poder, com a sua "mão invisível", apagar do quadro jurídico os instrumentos internacionais em matéria de direitos do homem, que devem ser tidos em conta numa regulação mundial do ciberespaço. Apesar de terem sido elaborados antes da Internet, tal não significa que tenham perdido a sua validade nem a sua utilidade enquanto "faróis do direito", incluindo no domínio do direito privado das empresas, em que situamos os direitos de autor – à semelhança do Repertório da Legislação Comunitária que enquadra os direitos de autor, enquanto formas de propriedade intelectual, na rubrica "Direito das empresas" (17.10), juntamente com o direito das sociedades, as práticas comerciais e outras normas económicas e comerciais (http://eur-lex.europa.eu/pt/repert/index_17.htm).

Não obstante a "multiversidade" do direito ciberespacial, o direito comunitário afirma uma nova centralidade, ainda que limitada, pelo menos por enquanto, a dimensões mercantis das comunicações electrónicas em rede (comércio electrónico). A prestação de serviços da sociedade da informação no mercado interno é subordinada ao princípio do país de origem. Mesmo em certos domínios ressalvados, como os direitos de autor e outras formas de propriedade intelectual, a harmonização comunitária estabelece um "livre trânsito" para a circulação em rede das obras no mercado único electrónico.

Além disso, o direito comunitário procura resolver questões relativas à competência judiciária internacional, e a directiva sobre comércio electrónico estabelece um leque de soluções multifacetadas, que passam por códigos de conduta, meios alternativos de resolução de conflitos e acções judiciais. Sem prejuízo do recurso a estas vias, a lei portuguesa acentua a tendência para a «administrativização» do direito electrónico, conferindo inclusivamente a entidades administrativas poderes especiais em matéria de solução provisória de litígios.

Não obstante a centralidade ciberespacial do direito comunitário, sustentamos que este deve respeitar as definições básicas do Estado de direito democrático tal como configuradas pelo direito constitucional. No "código--fonte" constitucional encontramos a liberdade de informação e a reserva da vida privada, juntamente com a liberdade de criação cultural e a protecção dos interesses morais e materiais dos criadores intelectuais. A instituição de direitos de autor bem como de monopólios sobre investimentos em produção de bases de dados, em termos absolutos ou sem excepções, não obstante oriundos da fonte comunitária, deve respeitar essas definições básicas, em nome das quais os tribunais nacionais poderão desconsiderar as normas internas que transponham tais medidas comunitárias, ainda que sejam consideradas válidas à luz do ordenamento comunitário em resposta a pedidos de decisão prejudicial.

Assim, *as dimensões prospectivas não nos fazem abandonar o tema, cedendo aos cantos da tecnocracia ou de um legislador comunitário todo previdente e providente*. Antes pelo contrário, a «ciberespacialização» dos direitos de autor acentua a actualidade e interesse do problema da relação entre os direitos de autor e a liberdade de informação, aguçando a nossa investigação crítica em relação a cada tópico que elegemos para análise do corpo dos direitos de autor na segunda parte.

Procuramos saber, em especial, de que modo a liberdade de informação estabelece limites ao objecto de protecção dos direitos de autor e se tem algumas implicações ao nível da determinação da autoria e da titularidade de direitos. Consideramos também a relação da liberdade de informação com os direitos morais de autor e, sobretudo, com os direitos económicos. Trata-se de apurar o sentido e limites do exclusivo de exploração económica e, com base nisso, compreender o significado das protecções técnicas e da aplicação efectiva dos direitos, procurando preservar a liberdade de informação, enquanto *punctum cruxis* das liberdades fundamentais da comunicação.

No fundo, trata-se de elaborar uma doutrina de interpretação das leis dos direitos de autor, em especial na sociedade da informação, na certeza de que sem uma *doutrina* "será o reino confuso do palpite, do arbítrio, do sentimento anárquico ou da intuição irreflectida".[1]

2. Actualidade e interesse do tema

1. Historicamente, as leis dos direitos de autor procuram um equilíbrio entre os direitos de autor e a liberdade de informação. Recentemente, porém, o pêndulo parece inclinar-se só para um lado, servindo os direitos de autor de justificação a um eclipse quase completo da liberdade de informação no ambiente digital. Para o "grande mal" que os computadores e as redes seriam para os direitos de autor, encontrou-se o "grande remédio" de «absolutizar» estes direitos segundo as possibilidades da técnica.

O problema tornou-se ainda mais sensível já que, a propósito da protecção dos direitos de autor na chamada «sociedade da informação», se instituíram novas formas jurídicas de apropriação de informação. É o caso

---

[1] MANUEL DE ANDRADE 1978, 24.

do direito *sui generis* do produtor de bases de dados, que eleva a protecção do investimento a fundamento bastante de instituição de direitos exclusivos e absolutos de exploração económica de informação.

Já antes a protecção do investimento tinha justificado a atribuição de direitos conexos aos direitos de autor, nomeadamente os direitos dos produtores de fonogramas e videogramas ou dos organismos de radiodifusão (e, em alguns países, ainda que atipicamente, a protecção dos promotores de espectáculos públicos). Só que, justamente por serem vizinhos, os direitos conexos estavam sujeitos aos limites que a liberdade de informação impunha aos direitos de autor. Ora, o direito *sui generis* foi inserido no quadro dos direitos de autor, mas sem manter com este quaisquer relações de vizinhança, nomeadamente não se subordinando às mesmas exigências que a liberdade de informação coloca aos direitos de autor.

O direito *sui generis* surge assim não apenas como um corpo estranho ou *Alien*, mas sobretudo como um agente nocivo à liberdade de informação. Em termos tais que nos obrigam a questionar a sua constitucionalidade e a chamar a atenção para a especial necessidade de interpretar o seu regime legal em conformidade com os princípios e regras constitucionais. Com efeito, o direito *sui generis* põe em cheque a presunção de constitucionalidade e de razoabilidade de que gozam as normas legais em vigor (Código Civil, art. 9.º, 3).

2. A sensibilidade do problema aumenta se considerarmos que o direito *sui generis* (e outros derivados dos direitos de autor) é fruto da criação legislativa comunitária. Questionar a constitucionalidade do direito *sui generis* implica pôr em causa normas do direito comunitário. Não obstante e sem prejuízo de eventuais pedidos prejudiciais à jurisprudência comunitária, somos de entender que os tribunais deverão ter em conta o comando constitucional que proíbe a aplicação de normas que violam normas constitucionais e os princípios consignados na constituição (CRP, art. 204.º, 277.º)[2], incluindo normas e princípios fundamentais (*ius cogens*) do direito internacional geral ou comum (arts. 8.º, 1 e 2).

Ora, a liberdade de informação é um princípio fundamental do direito internacional (DUDH, CEDH), devendo ser considerado um princípio fundamental do Estado de direito democrático.[3] Isto significa que a presunção

---

[2] GOMES CANOTILHO/VITAL MOREIRA 2007, 383 ("Os tribunais têm constitucionalmente o direito e o dever de fiscalização da constitucionalidade das leis, *desaplicando-as*, caso estejam em contradição com as normas constitucionais (art. 204.º).").

[3] FECHNER 1999, 350 ("Im Rahmen einer freiheitlichen Rechtsordnung könne eine die Informationsfreiheit sichernde Bestimmung bzw. Auslegung schon iherem Wesen nach

de constitucionalidade de que gozam as normas comunitárias cede quando tais normas ofendem princípios do Estado de direito democrático (CRP, art. 8.º), pelo que não deverão ser consideradas pelos tribunais, sem prejuízo de caber recurso de tais decisões para o Tribunal Constitucional (CRP, art. 280.º, 1-a). De resto, poderá solicitar-se ao Tribunal Europeu dos Direitos do Homem a conformidade de tais normas com a CEDH. Não pode também desconsiderar-se o valor da liberdade de informação no domínio da concorrência económica, tendo em conta o valor do mercado como "lugar ideal da intercomunicação produtiva".[4]

A gravidade do problema levou a que a questão tivesse sido já colocada nos seguintes termos: "A transformação da informação em pura mercadoria viola os princípios constitucionais."[5]

Com efeito, a liberdade de informação é um valor demasiado sério para ser deixado à mera "cosmética interpretativa". Nem sempre é possível, por via da interpretação, salvar a conformidade das leis com a constituição[6], nem "a «correcção do direito incorrecto» pode ir ao ponto de «criar direito legal»[7], sob pena de a interpretação servir perversamente de «dispositivo de branqueamento» de normas inconstitucionais.

Não queremos com isto dizer que os direitos de autor e, em especial, os direitos *sui generis* criados pelo legislador comunitário são totalmente contrários às exigências constitucionais do Estado de direito democrático. Ou seja, não está em causa arguir uma inconstitucionalidade "em bloco" dos novos regimes legais. Trata-se, apenas, de, assumindo o papel de intérpretes constitucionais[8], chamar a atenção para o perigo de a liberdade de informação ser eclipsada no novo mundo dos direitos de autor (em sentido amplo), fazendo "ressoar uma campainha".

3. O caminho que vamos percorrer divide-se em duas partes, de acordo com a dicotomia espírito/corpo, algo à semelhança das grandezas e dos elementos tradicionais da interpretação.

Na primeira parte, procuramos compreender a liberdade de informação no espírito dos direitos de autor ao nível das suas dimensões históricas,

---

keinen Ausnahmecharakter haben. Es handle sich um ein für die freiheitliche Demokratie konstituirendes Grundprinzip, das seiner Natur nach jeden Ausnahmecharakters entbehre.").

[4] ORLANDO DE CARVALHO 1997b, 6.
[5] OLIVEIRA ASCENSÃO 2001a, 1212.
[6] CASTANHEIRA NEVES 1993, 195-6; Bronze 2006a, 644 (n. 118).
[7] GOMES CANOTILHO 1982, 295.
[8] HÄBERLE 1997, 13, 41.

sistemáticas e teoréticas, sondando ainda as suas dimensões prospectivas. Na segunda parte, estudamos o corpo dos direitos de autor, por via da análise dos regimes legais, nomeadamente o Código do Direito de Autor, a legislação extravagante que em torno dele gravita e as directivas comunitárias relevantes. O estudo do corpo legal dos direitos de autor é feito em diálogo com a doutrina e com especial atenção à conformação jurisprudencial dos comandos legais.

Não obstante a consideração pelos regimes legais e pela experiência jurisprudencial, damos aqui primazia à teoria sobre a prática, ousando também alcançar com a nossa construção alguma "beleza artística (*elegantia iuris*)", na expressão de Franceso Ferrara.[9] No plano em que nos situamos, pretendemos elaborar uma teoria que guie a prática, ao invés de se limitar a reflecti-la, sem que isso implique qualquer desconsideração pela *praxis*, na qual aliás mergulharemos profundamente, em especial ao nível da análise da jurisprudência relevante.

Trata-se apenas de afirmar que tanto a letra da lei como a casuística jurisprudencial não são intransponíveis. Todavia, sob pena de cairmos no misticismo jurídico[10], pressupomos balizas argumentativas ao nível da construção teórica, em especial os princípios convencionais do direito internacional geral ou comum. Embora seja um "terreno movediço", este conjunto de princípios fornece os pressupostos e os limites de uma teorização dos direitos de autor que satisfaça as exigências da liberdade de informação.

As teorizações clássicas dos direitos de autor oscilam entre o «credo proprietarista» e o «credo personalista», que estão na base quer de concepções monistas, quer de concepções dualistas ou do direito duplo. Apesar das diferenças, o «credo de raiz» destas perspectivas projecta-se numa concepção tendencialmente absolutista dos direitos de autor, no sentido de desconsiderar a presença de outros valores nas leis dos direitos de autor que não sejam os dos criadores e/ou dos titulares de direitos.

Outra é a perspectiva da teoria dos direitos intelectuais ou de exclusivo, monopólio ou clientela, incluindo a teoria dos direitos sobre bens imateriais. Para estas correntes, o ponto de partida é a liberdade de comércio e de informação, que os direitos de autor restringem. Isto significa que enquanto para as teorizações baseadas nos «credos» proprietarista ou personalista a justificação dos direitos de autor é natural, para as correntes alternativas o que é natural é justamente a liberdade de comércio e de

---

[9] FERRARA 1978, 181.
[10] BREWER 1993, 933-4.

informação, carecendo os direitos de autor de justificação adequada enquanto restrição a essas liberdades fundamentais.

Este estudo procura também estabelecer uma síntese entre estas duas perspectivas. Por um lado, acolhe certos princípios clássicos dos direitos de autor, em especial o princípio da autoria, com consequências significativas em matéria, nomeadamente, de atribuição de direitos. Por outro lado, ao invés de absolutizar a autoria *erga omnes,* concebe-a em contexto, procurando a sua optimização com outros valores e fundamentos do sistema, *maxime* a liberdade de informação, enquanto *no trespassing* da apropriação por via de direitos de autor.

A análise dos regimes legais revela que a situação actual dos direitos de autor é de um regime "a duas velocidades": no ambiente analógico e no ambiente digital ou, melhor dito, com protecções técnicas e sem protecções técnicas. Os direitos de autor no ambiente digital com protecções técnicas são configurados em termos de um domínio praticamente absoluto, sem excepções e com novos vizinhos que não se fundamentam em qualquer contributo criativo. O criador destes novos direitos de autor é o legislador comunitário. Mas os Estados-membros começam a reagir, ainda que procurando respeitar os apertados limites das directivas, em especial a Directiva 2001/29 sobre direitos de autor na sociedade da informação. Neste ponto, a lei portuguesa (Lei 50/2004, 24/8) terá antecipado algumas opções que seriam tomadas mais recentemente pelas leis de Espanha (Lei 23/2006, 7/7) e de França (lei n.º 2006-961, 1/8/2006).

4. Para terminar esta breve introdução, impõe-se uma advertência, para dizer que utilizamos um método simplificado de citação, referindo o autor, o ano (e eventual seriação), e a página da obra (e.g. Guibault 2004b, 9). Respeitando a nossa tradição, identificamos os autores portugueses e espanhóis através dos dois últimos apelidos, quando utilizados (e.g. Oliveira Ascensão 2005a, 348), salvo em casos excepcionais (e.g. Manuel de Andrade, Orlando de Carvalho). Este método permite uma leitura mais rápida do texto, sem prejuízo da identificação dos autores e das obras na bibliografia. As referências de jurisprudência, incluindo o local de publicação, são normalmente indicadas em texto; na falta dessa indicação, a jurisprudência foi consultada nos sítios oficiais da Internet, o mesmo valendo para a legislação (dre.pt / dgsi.pt / eur-lex.europa.eu/pt). De resto, a nossa é já a anunciada *República Electrónica*, pelo que nos parece correcto e adequado este método simplificado de citação, que utilizamos de igual modo para a legislação, incluindo as directivas comunitárias (e.g. Directiva 2001/29).

Por outro lado, procurámos escrever um texto tão escorreito e claro quanto a nossa arte nos permite. Privilegiámos, por isso, o texto, enquanto local próprio da "intertextualidade". Optámos também, sempre que adequado, por remeter para outros trabalhos em que desenvolvemos temáticas aqui abordadas. Esta é uma obra de resultados, que pressupõe todo um longo caminho de investigação, embora ostente sobretudo a bibliografia mais recente.

Não obstante, que nos seja permitido terminar esta Introdução com Camões e Descartes:

"Nem me falta na vida honesto estudo,
Com longa experiência misturado,
Nem engenho, que aqui vereis presente,
Cousas que juntas se acham raramente."[11]

"Todavia, pode ser que me engane e talvez não passe de um pouco de cobre e de vidro o que tomo por ouro e diamantes. Sei quão sujeitos estamos a enganar-nos no que nos toca, e quão suspeitos nos devem também ser os juízos dos nossos amigos, quando a nosso favor."[12]

---

[11] CAMÕES, *Os Lusíadas*, Canto X, 374.
[12] DESCARTES, *Discurso do Método*, 41.

PARTE I
A LIBERDADE DE INFORMAÇÃO
NO ESPÍRITO DOS DIREITOS DE AUTOR

§ 1. DIMENSÕES HISTÓRICAS

> "In the age of the printing press, it was unfeasible for an ordinary reader to copy a book. Copying a book required a printing press, and ordinary readers did not have one. (...) So when the public traded to publishers the freedom to copy books, they were selling something which they 'could not use'. Trading something you cannot use for something useful and helpful is always good deal."
>
> RICHARD STALLMAN, *Movimento Software Livre*

1. Vestígios dos direitos de autor na Antiguidade e na Idade Média

A arqueologia dos direitos de autor remonta à condenação dos plagiadores em Alexandria, segundo o Tratado de Vitrúvio. Nas obras de Cícero referem-se direitos conflituantes sobre o mesmo livro entre Cícero e o livreiro Dórus e apontam-se também passagens do Digesta relativas ao furto de manuscritos, considerados como bens diferentes dos outros bens furtados (Dig. Liv. XLI, tomo 1, 65, Liv. XLVII, tomos 2, 14 e § 17).[13] De resto, as coisas incorpóreas eram já conhecidas dos romanos, distinguindo-se nas *Institutiones*, de Justiniano, as *res corporales, quae tangi possunt*, das *res incorporales, quae non tangi possunt; quae sola mente concipiuntur*.[14]

1.1. *Das origens do plágio à "invenção chinesa da Europa moderna" através da imprensa*

É do latim que vem a palavra plágio, como designação comum da violação dos direitos de autor.[15] Em rigor, a *Lex Fabia ex plagiariis* não era sobre direitos de autor, mas antes sobre o roubo de escravas grávidas, valendo *mutatis mutandis* para as crias de animais roubados.[16]

---

[13] FROHNE 2004, 399-402; DOCK 1974, 127; REBELLO 1994, 20-30.
[14] CABRAL DE MONCADA 1995, 397.
[15] HOEREN 2002, 47.
[16] ASCARELLI 1960, 683; REHBINDER 2001, 7-8.

Não obstante, a *ratio* da *Lex Fabia ex plagiariis* serviria de fundamento a uma decisão do Rei Irlandês Dermott, em plena Idade Média, que condenou Columba por apropriação ilícita da colectânea de salmos do seu antigo professor, Abbot Finnion, em virtude de Columba ter feito uma cópia dessa colectânea sem autorização do seu professor. Nas palavras do Rei Dermott: "To every cow her calf, and consequently to every book its copy."[17]

Com o Renascimento, surgiriam os primeiros privilégios de impressão. Em causa estava a utilização de uma nova e poderosa tecnologia: a imprensa de Gutenberg. A invenção da imprensa é atribuída aos chineses (c. 600 d.c.). Todavia, os seus caracteres hieróglifos não facilitaram a expansão da imprensa na China e no mundo oriental em geral. Na Europa, a utilização do alfabeto fenício terá sido um factor determinante do êxito da imprensa. Fala-se por isso, com propriedade, na "invenção chinesa da Europa moderna".[18]

Ora, a tecnologia dos caracteres móveis de impressão, aplicada ao alfabeto fenício, tornou possível a reprodução de obras e a difusão de informação a uma escala até então desconhecida. "Entre a publicação do primeiro livro impresso segundo o novo método (o saltério de Mainz de 1457) até 1500 terão sido produzidos nas prensas europeias cerca de 15 milhões de exemplares, numa média diária de 1300 livros".[19]

A cópia de livros deixou de ser feita manualmente, para passar a ser realizada maquinalmente. A imprensa está na base da indústria e do comércio de livros, ao mesmo tempo que potencia a divulgação de – e o acesso a – informação e conhecimento. Ora, tendo em conta quer o valor económico da imprensa enquanto factor gerador de riqueza, quer o seu valor político enquanto instrumento de disseminação de informação e de novos pensamentos que poderiam abalar a ordem natural do cosmos e da sociedade – pense-se no abjuramento de Galileu ou na publicação da Bíblia em alemão[20] –, os soberanos reservaram para si o exclusivo da utilização desta tecnologia, subordinando a sua exploração à obtenção prévia de privilégio de impressão e venda de livros. "As autoridades políticas e religiosas desde cedo procuraram subordinar a imprensa aos seus próprios desígnios, dessa forma minimizando o seu poder de articulação do poder crítico. (....) Uma parte significativa da censura tinha em vista inclusivamente combater a *pirataria literária* cuja ocorrência resultava no prejuízo daqueles."[21]

---

[17] GROVES 1991, 11.
[18] LEVINSON 1998, 47.
[19] BEBIANO 1999, 473.
[20] DIAS PEREIRA 1999a, 501-2, e 2003a, 21-2.
[21] JÓNATAS MACHADO 2002, 40-2.

De resto, a própria noção de legalidade, tal como saída da revolução das luzes, está intimamente ligada à imprensa, acentuando-se também a importância da imprensa como factor da Reforma e para a afirmação do kantiano princípio transcendental da publicidade.[22]

1.2. Dos privilégios de edição aos direitos de autor

Em 1495, o Senado veneziano concedeu um privilégio ao impressor Aldo Manuzio para uma edição de obras de Aristóteles, pelo que o "direito de autor começou por não ser dos autores mas dos livreiros."[23]

Ao mesmo tempo, pode encontrar-se no pedido de concessão de privilégio apresentado por Galileu a origem da moderna propriedade intelectual. Galileu fundamentou o seu requerimento de concessão de um privilégio à Signoria de Veneza de modo a evitar, "'daß diese Erfindung, die mein Eigentum ist, die von mir großer Mühe und vielen Kosten gefunden wurde, einem jeden freigegeben wird.'"[24]

O direito de autor como propriedade dos criadores sobre as obras literárias foi legalmente consagrado pela primeira vez em Inglaterra pela Lei da Rainha Ana (1709/10) que estabeleceu o *copyright* "para o encorajamento da aprendizagem". A concepção anglo-saxónica do *copyright* como *property right*, justificado como instrumento adequado de promoção do interesse público da promoção da aprendizagem[25], foi retomada no preâmbulo da lei sobre o *copyright* do Estado de Massachussets de 1783, ainda que agora no sentido da auto-legitimação da propriedade intelectual. Escrevia-se, então, que "não há propriedade mais particular, mais legítima do homem do que aquela que é produzida pelo trabalho do seu intelecto".

Dois anos passados sobre a Revolução Francesa, e a consequente abolição dos privilégios, incluindo o "privilégio de imprimir e vender as obras", deve-se a Le Chapelier, em 1791, a referência à protecção da criação do espírito como: "La plus sacrée, la plus légitime, la plus inattaquable et, si je peux parler ainsi, la plus personnelle de toutes les propriétés, est l'ouvrage, fruit de la pensée d'un écrivain". Esta concepção estaria na base das chamadas leis revolucionárias francesas de 1791 e de 1793. Entre nós, Almeida Garrett, já em oitocentos, referia-se ao direito de autor como "a

---

[22] Id. ibid., 48, 54.
[23] ALMEIDA SANTOS 1953, 88.
[24] HUBMANN/GÖTTING 1998, 20.
[25] DAVIES 2002, 4.

mais indefesa, porém... a mais nobre, e a mais inquestionável de todas as propriedades, a que se cria pela inteligência, e pelo espírito imortal do homem". Estes trechos mostram também como a história dos direitos de autor serve de exemplo da "reconstituição analógica" da *praxis* e do direito.[26]

2. Dos privilégios de impressão e venda de livros à propriedade literária e artística

2.1. A história da protecção legal dos direitos de autor em Portugal

Os direitos de autor, enquanto tais, existem na ordem jurídica portuguesa há pouco mais de século e meio, por força das Revoluções Liberais de oitocentos. Enquanto direitos exclusivos de exploração económica, os direitos de autor são herdeiros dos privilégios de impressão e de venda de livros que se praticavam no Antigo Regime, no contexto da "estadualização" ou regulação pública do comércio.[27] Tracemos sumariamente um percurso histórico da protecção legal dos direitos de autor em Portugal.[28]

a) Os privilégios de impressão e venda de livros

Estes privilégios eram concessões do poder régio destinadas a permitir a utilização da imprensa, i.e. a tecnologia de impressão mediante caracteres móveis, para efeitos de produção de cópias de livros (até então realizadas apenas manualmente) e sua comercialização. Por via dos privilégios, o poder régio obtinha tributos e, além disso, controlava a divulgação de informação através dos livros.

A tradução do livro Marco Polo (Lisboa, 1502), de Valentim Fernandes, terá sido o primeiro privilégio concedido em Portugal. Esse livro ostenta na folha de rosto "sob o privilégio del Rey nosso Senhor, que nenhum faça a impressão deste livro, ne lo venda em todollos se 'regnos' senhorios sem licença de Valentim Ferndandez sopena contenda na carta do seu privilegio." Mais tarde, a 20 de Fevereiro de 1537, por Alvará, D. João III outorga a Baltazar Dias um privilégio para imprimir e vender as suas obras (de que é autor).

---

[26] BRONZE 2006a, 195-6.
[27] FIGUEIREDO MARCOS 2001, 655s.
[28] BIBLIOTECA NACIONAL 1994, 13-7.

b) **As Constituições oitocentistas, Almeida Garrett e a Lei de 18 de Julho de 1851**

A passagem dos privilégios de impressão e comércio à propriedade literária e artística dos autores começou por ser obra do constitucionalismo português, com as Constituições oitocentistas. Muito por influência do expansivo direito francês, os direitos de autor, enquanto direitos dos criadores intelectuais, só foram instituídos no direito português após as revoluções liberais.

A Carta Constitucional de 1826 refere os direitos dos inventores no art. 145.º, § 24, reconhecendo aos inventores "a propriedade das suas descobertas ou das suas produções". A Constituição de 1838 acrescenta os direitos dos escritores, consagrando-os como direitos naturais e não como instrumentos de promoção da aprendizagem e do progresso das artes utilitárias. Nos termos do art. 23.º, § 4, da Constituição de 1838: "Garante-se aos inventores a propriedade das suas descobertas e aos escritores a de seus escritos, pelo tempo e na forma que a lei determinar." Em conformidade, no ensino do direito era já incluído o "Direito das Artes Uteis e das Bellas Artes".[29]

Almeida Garrett foi o principal mentor da consagração legal dos direitos de autor em Portugal, à semelhança de Pierre-Auguste Caron de Beaumarchais em França.[30] De modo a concretizar o comando constitucional, o "pai" do direito de autor português apresentou um projecto de lei às Cortes, a 18 de Abril de 1839, discutido em 1840 e aprovado em 1841, "mas nunca convertido em lei devido à oposição do Senado e da Rainha."[31]

A Lei de 18 de Julho de 1851 foi a primeira lei portuguesa da propriedade literária. De algum modo, a aprovação desta lei destinou-se a estabelecer no direito português direitos que Portugal se comprometera a respeitar por força da Convenção celebrada com a França (12/4/1851), tendo posteriormente celebrado Convenções sobre propriedade literária com outros países, nomeadamente com a Santa Sé (1860), a Bélgica (1880) e a Espanha (1881).

A propriedade literária estava na base do sector da indústria e comércio de livros e outras publicações, bem como dos espectáculos públicos, com crescente importância económica, social e cultural. Escusado será dizer que ao tempo não existia grafonola, rádio, televisão, vídeo e muito menos Internet.

---

[29] VICENTE FERRER 1883, 50 (§ 47).
[30] REBELLO 1999, 11.

Ao significado económico dessas actividades juntou-se a qualificação como comerciais das empresas do sector, nos termos do art. 230.º do nosso Código Comercial (aprovado pela Carta de Lei de 28 de Junho de 1888), designadamente promotores de espectáculos públicos, editores e livreiros (4.º e 5.º), com exclusão do autor que editar, publicar ou vender as suas obras (§ 3.º).

c) *A inclusão dos direitos de autor no Código de Seabra e o Decreto n.º 13725, de 27 de Maio de 1927 (regime da propriedade literária, científica e artística)*

Posteriormente, a Lei 1851 foi substituída pelo Código Civil de Seabra (arts. 570.º a 612.º), o qual todavia suscitaria viva contestação, sobretudo de Alexandre Herculano, em razão de estabelecer a perpetuidade da propriedade literária e artística.

Além disso, a importância económica do *sistema* dos direitos de autor é bem ilustrada e satirizada pela "fantasia"[32] de Eça de Queiroz na '*A Capital*: "– Mas não é isso – disse Artur impaciente. – Eu não vou para o deboche! É para estudar, para trabalhar. / Rabecaz cruzou formidavelmente os braços, berrou do alto da sua experiência: / – Trabalhar! Mas em que quer o senhor trabalhar? Nas redacções está tudo atulhado. A maior parte escreve de graça... Fazer vintém pela versalhada, isto até faz rir os mortos! E o amigo não sabe fazer mais nada. Eu conheço Lisboa, homem. Se você escrevesse dramas... / – Com um drama, hem? / – Isso sim, isso é melhor que ser director geral! / Explicou-lhe o sistema de *direitos de autor*. Ele fazia uma peça ou uma màgicazinha catita, em cinco actos: em dia de enchente, com o tanto por cento, eram cinco ou seis libras na algibeirinha! / – E depois, menino, estando-se de dentro com as actrizes, com as pequenas dos coros, apanha-se do bom, e *grátis*... / – Não me tinha lembrado – murmurou Artur impressionado. / – Pois pense nisso – disse Rabecaz muito sério. – É de chupeta!"[33]...

Em 1911, já no regime republicano, deu-se a adesão de Portugal à Convenção de Berna. Em vista da exigência desta Convenção e dos progressos dos novos meios tecnológicos de utilização de obras literárias e

---

[31] Biblioteca Nacional 1994, 16.

[32] Figueiredo Marcos 2005, 21-2 (acrescentando, mais adiante: "A fantasia não habita na clausura dos códigos, nem suporta que lhe criem amarras literárias. Muito menos que o deprimam com o jogo doutrinal das autoridades." – 65).

[33] Eça de Queiroz, *A Capital*, 129.

artísticas, seria adoptado o Decreto n.º 13725, de 27 de Maio de 1927, que aprovou um novo regime legal dos direitos de autor, em cujos trabalhos preparatórios se destacam Júlio Dantas e Cunha Gonçalves. Autonomizou--se o regime legal dos direitos de autor do Código Civil, embora se tenha retomado a perpetuidade da protecção. Além disso, estabeleceu-se a necessidade de publicação como requisito de protecção e abrangeram-se as faculdades de representação e exposição nos direitos protegidos.

d) *O Código do Direito de Autor, aprovado pelo Decreto-Lei n.º 46980, de 27 de Abril de 1966*

Ao Decreto de 1927 sucedeu o Decreto-Lei n.º 46980, de 27 de Abril de 1966, que codificou o regime legal dos direitos de autor, aprovando o (primeiro) Código do Direito de Autor, no quadro das reformas legislativas em curso, em especial no domínio do direito privado, de que é expressão maior o Código Civil do mesmo ano. O CDA ressalvou todavia os artigos 11.º e 65.º a 68.º da lei de 1927. A lei dos direitos de autor de 1966 teve por base um projecto já de 1953, o qual se apoiava na Convenção de Berna, na Lei italiana de 1941 e no projecto Escarra que estaria na base da lei francesa de 1957.

e) *A Constituição de 1976 e o Código do Direito de Autor e dos Direitos Conexos (1985)*

A Constituição de 1976 enquadrou os direitos de autor na liberdade de criação cultural. Neste período foram aprovados, para ratificação ou adesão, vários instrumentos internacionais, nomeadamente: a Convenção que institui a OMPI (DL 9/75, 14/1), o Acto de Paris da Convenção de Berna (DL 73/78, 26/7), a Convenção Universal (DL 140-A/79, 26/12) e, mais tarde, a Convenção de Roma (Resolução da AR 61/99).

O Código de 1966 manteve-se em vigor até 1985, ano em que foi aprovado o novo Código do Direito de Autor e dos Direitos Conexos, pelo DL 63/85, 14/3, e imediatamente alterado pela Lei 45/85, 17/9, e mais tarde, pela Lei 114/91, 3/9. Posteriormente, de modo a transpor directivas comunitárias, foi alterado pelos DL 332/97 e 334/97, ambos de 27/11 (aluguer e comodato e prazo de protecção), pela Lei 50/2004, 24/8 (direitos de autor na sociedade da informação), e pela Lei 24/2006, 30/6 (direito de sequência). O projecto de transposição da Directiva 2004/48 sobre medidas de protecção dos direitos de propriedade intelectual prevê nova alteração ao Código de 1985 – o que agora se consumou através da Lei 16//2008, 1/4.

f) A legislação extravagante e a transposição das directivas comunitárias

Em torno do Código gravitam diversos diplomas, o que naturalmente decorre dos limites da codificação: depósito legal (DL 74/82, 3/3), Gabinete e Conselho Nacional do Direito de Autor (DL 57/97, 18/3), defesa de obras caídas no domínio público (DL 150/82, 29/4), classificação de videogramas (DL 306/85, 29/7), protecção dos produtores de fonogramas contra a reprodução não autorizada destes e contra a distribuição ao público ou importação de cópias não autorizadas (L 41/80, 12/8), protecção de videogramas (DL 39/88, 6/2, alterado pelos DL 350/93, 7/10, e 315/95, 28/11), exploração de videogramas (DL 227/89, 8/7, alterado pelo DL 315/95, de 28/11), regime da compensação pela reprodução livre prevista no art. 82.º do CDA (Lei 62/98, 1/9, alterado pela Lei 50/2004, 24/8), e regime das entidades de gestão colectiva (Lei 83/2001, 3/8).

De todo o modo, tem sido prática uma certa tendência para a fragmentação do regime legal dos direitos de autor. Essa fragmentação, ao menos no plano formal da técnica legislativa, corresponde sobretudo à via seguida na transposição de directivas que adaptam este instituto a problemas colocados pelas novas tecnologias. É o que se passa, nomeadamente, com os regimes especiais de protecção dos programas de computador (DL 252/94, 20/10), radiodifusão por satélite e retransmissão por cabo (DL 333/97, 27/11), e protecção de bases de dados (DL 122/2000, 4/7).

Efectivamente, à partida, nada obstava à inclusão destas matérias no Código, ainda que com previsão de regras especiais. Essa seria, em nossa opinião, a melhor técnica legislativa. Mas assim não o entendeu o legislador, que decidiu adoptar instrumentos de legislação avulsa. A sua opção presta-se a reparos no que respeita à qualidade da produção legislativa. Reparos esses que sobem de tom quando se introduzem alterações no Código, deixando ao mesmo tempo regimes e normas soltas nos diplomas de alteração. Como exemplos que ilustram esta situação refiram-se também o DL 332/97, 27/11, sobre direitos de aluguer e comodato (também alterado pela Lei 16/2008), e o DL 334/97, 27/11, sobre prazo de protecção.

g) Alargamento e aprofundamento da protecção dos direitos de autor

A história do direito de autor não é apenas a história da sua adaptação aos desafios colocados pelas novas tecnologias. Pode também definir-se como a história do alargamento e do aprofundamento da protecção dos direitos de autor. Mais recentemente, o alargamento e aprofundamento da protecção dos direitos de autor resultam, sobretudo, das directivas comunitárias, que adaptam estes direitos aos "problemas que apresenta a nova realidade tecnodigital".[34]

O prazo de protecção ilustra bem o que se diz. Começou por ser a regra dos 30 anos *post mortem auctoris* (Lei de 1851). Depois passou para os 50 anos (Código de Seabra alterado, 1867). Com o Decreto de 1927 estabeleceu-se a propriedade literária perpétua para os autores de obras falecidos a partir de 1 de Janeiro de 1872. O primeiro Código do Direito de Autor (1966) estabeleceu os mínimos da Convenção de Berna (50 anos *post mortem auctoris*), salvo para as obras de protecção perpétua ao abrigo da lei anterior, só caindo no domínio público a 31 de Dezembro de 1991 (art. 30.º – mas este regime especial foi abolido pela Lei 192/79, 13/7). O DL 193/80, 25/9, chegou a estabelecer um regime de domínio público remunerado, mas seria revogado pelo DL 150/82, 29/4. Actualmente, por força do direito comunitário, o prazo de protecção segue a regra geral dos 70 anos *post mortem auctoris*.

h) Resenha bibliográfica

Até há pouco tempo, os direitos de autor não foram objecto de muitas publicações, embora o tema fosse incluído no ensino do direito (e.g. Vicente Ferrer Neto Paiva, *Philosophia do Direito*, Tomo 1.º *Direito Natural*, 6ª ed., Coimbra, 1883; Manuel de Andrade, *Teoria Geral da Relação Jurídica*, reimp., Coimbra, 1966). Ao abrigo das primeiras leis, destacam-se os trabalhos de Júlio Dantas (*A Propriedade Intelectual*, Lisboa, 1917), Visconde de Carnaxide (António Baptista de Sousa, *Tratado da Propriedade Literária e Artística: Direito Interno, Comparado e Internacional*, Porto, 1918), João Tello de Magalhães Colaço (*Um plágio famoso*, Boletim da Faculdade de Direito, VI, Coimbra, 1920/1921, 115-142), Pedro Pitta (*O domínio público na legislação portuguesa, reguladora da propriedade literária*, Lisboa, 1932), Luiz Francisco Rebello (*Natureza jurídica dos direitos de autor*, Jornal do Foro, 88/1949, Lisboa, 172-184), António de Almeida Santos (*Ensaio sobre o Direito de Autor*, Boletim da Faculdade de Direito, XI, Suplemento, Coimbra, 1953) e António Maria Pereira (*O Direito de Autor e a sua duração*, ROA 1962, 60-76). Durante a vigência do Código de 1966, refiram-se os trabalhos de Moreira da Silva (*Código do Direito de Autor*, Atlântida, Coimbra, 1966), José de Oliveira Ascensão (e.g. *Projecto de uma lei sobre direitos conexos ao Direito de Autor*, ROA 38, 1978, 597-632), Nogueira Serens (*A propósito de uma edição de textos legais*,

---

[34] ROCHA DE SOUZA 2006, 316.

RDES 1980, 155), e Maria Clara Lopes (*O Direito de Autor*, Boletim da Ordem dos Advogados, 18/1983, 13-15).

O Código de 1985 marca o início de um interesse mais alargado pelo instituto, multiplicando-se as publicações sobre o tema, incluindo diversas dissertações académicas, ainda que com núcleos temáticos e problemáticos distintos (e.g., inserindo os direitos de autor no estudo do direito geral de personalidade, Rabindranath Capelo de Sousa, *O direito geral de personalidade*, Coimbra, 1995; referindo os direitos de autor na problemática constitucional da liberdade de expressão, Jónatas Machado, *Liberdade de Expressão*, Coimbra, 2002). Para além da obra de referência de José de Oliveira Ascensão (*Direito Civil – Direito de Autor e Direitos Conexos*, Coimbra, 1992, acompanhada por largas dezenas de artigos anteriores e posteriores), destacam-se os trabalhos de Luiz Francisco Rebello (*Código do Direito de Autor e dos Direitos Conexos. Anotado*, Lisboa, 1985, 2ª ed. 2002; *Alterações ao Código do Direito de Autor e dos Direitos Conexos*, Lisboa, 1992; *Garret, Herculano e a Propriedade Literária*, Lisboa, 1999), Margarida Almeida Rocha (*Novas Tecnologias de Comunicação e Direito de Autor*, Lisboa, 1986), Alberto Sá e Mello (*O direito pessoal de autor no ordenamento jurídico português*, Lisboa, 1989), Pedro Cordeiro (*Comentário às Alterações do Código do Direito de Autor e dos Direitos Conexos*, Lisboa, 1992; *Radiodifusão e Direito de Autor*, Coimbra, 2004), António de Macedo Vitorino (e.g. *A eficácia dos contratos de direito de autor (Contributo para uma teoria geral da natureza jurídica das transmissões, onerações e autorizações de exploração das obras intelectuais)*, Coimbra, 1995), José Alberto Coelho Vieira (*Pluralidade de autores, pluralidade de obras e criação de obra protegida pelo direito de autor*, Lisboa, 1993; *A estrutura do direito de autor no ordenamento jurídico português*, Lisboa, 1992; *A protecção dos programas de computador pelo direito de autor*, Lisboa, 2005), Jorge Miranda e Miguel Pedrosa Machado (*Constitucionalidade da protecção penal dos direitos de autor e da propriedade industrial*, Lisboa, 1995).

Na bibliografia posterior ao Código de 1985 refiram-se também diversas obras colectivas *(e.g. Direito de Autor: gestão prática e judiciária*, Seminário organizado pelo Centro de Estudos Judiciários e pela Sociedade Portuguesa de Autores, Porto 1988, 2.ª ed., Lisboa, 1989; *Comunicação Pública de Emissões de Rádio e Televisão*, coord. L. Francisco Rebello, Lisboa, 1993; *Num Novo Mundo do Direito de Autor?*, I, II, Lisboa, 1994; *Direito de autor em Portugal: um percurso histórico*, Biblioteca Nacional, Lisboa, 1994; *Direito Comunitário de Autor, e jurisprudência comunitária mais significativa*, Ministério da Justiça – Gabinete de Direito Europeu, Lisboa 1997; *Gestão Colectiva do Direito de Autor e Direitos Conexos no*

Ambiente Digital: Situação e Perspectivas, Lisboa, 2001; *Estudos de Direito da Comunicação*, dir. A. Pinto Monteiro, IJC/FDUC, Coimbra, 2002) e vários artigos de revista, incluindo pareceres e anotações de jurisprudência de Ferrer Correia e Henrique Mesquita (*Anotação ao acórdão do Supremo Tribunal de Justiça de 3 de Novembro de 1983*, ROA 1985, 129-158), Antunes Varela (*Parecer sobre a prestação de obra intelectual*, ROA 1985, 159), João Calvão da Silva (*Direitos de autor, cláusula penal e sanção compulsória: anotação a um Acordão do S.T.J. de 3 de Novembro de 1983*, ROA 1987, 129), Ferrer Correia e Almeno de Sá (*Direito de autor e comunicação pública de emissões de rádio e televisão*, Boletim da Faculdade de Direito, 1994, 1), bem como outros estudos de António Maria Pereira (*O Direito de Autor na Publicidade*, ROA 51, 1991, 87-99), Nuno Gonçalves (*A União Europeia – A propriedade intelectual e a sociedade da informação*, ABPI 57/2002, 29-32), Carlos Olavo (*A incorporação dos tratados na ordem jurídica interna e a hierarquia entre os tratados e a lei – situação dos principais acordos atuais, notadamente o acordo TRIPs*, in XXIII Seminário Nacional da Propriedade Intelectual: O Redesenho dos Direitos Intelectuais no Contexto do Comércio Mundial, ABPI, Anais 2003, 145-149) e de João Paulo Remédio Marques (*Propriedade Intelectual e Interesse Público*, Boletim da Faculdade de Direito 2003, 293-354).

A actualidade e interesse do tema são também impulsionados pelo fenómeno da integração comunitária e do novo paradigma tecnológico, sendo a passagem do ambiente analógico para o ambiente digital marcada por um direito de autor europeizado. São as questões da protecção jurídica dos programas de computador, das bases de dados e, de um modo mais geral, dos direitos de autor na Internet, que têm sido objecto de resposta a nível comunitário. Para além de bibliografia já referida, faça-se também menção a alguns trabalhos, que ilustram este crescente interesse pelo tema, nomeadamente Miguel Moura e Silva (*Protecção de programas de computador na Comunidade Europeia*, Direito e Justiça 1993, 253), Pedro Cordeiro (*A lei portuguesa do «software»*, ROA 1994, 713), Maria Eduarda Gonçalves (*Direito da Informação*, Coimbra, 1994), Manuel Lopes Rocha (*Direito da Informática. Legislação e Deontologia*, Lisboa, 1994; *Direito no Ciberespaço (seguido de um glossário de termos e abreviaturas)*, Lisboa, 1996); c/ Pedro Cordeiro, *A protecção jurídica do software*, 2.ª ed., Lisboa, 1995), Maria Victoria Rocha (*Multimédia e Direito de Autor: Alguns Problemas*, in ADIDA 1996, 1997, 175), Rui Saavedra (*A protecção jurídica do software e a Internet*, Lisboa, 1998), Patrícia Akester (*O direito de autor e os desafios da tecnologia digital*, Cascais, 2004), A.G. Lourenço Martins, J. A. Garcia Marques e Pedro Simões Dias (*Cyberlaw em Portugal – O Direito das tecnologias da informação e comunicação*, 2004), M. Lopes Rocha, Henrique Carreiro, Ana Margarida Marques, André Lencastre Bernardo (*Guia da Lei do Direito de Autor na Sociedade da Informação (Lei 50/2004, de 24 de Agosto), Anotada e Comentada*, 2005), Cláudia Trabuco (*O direito de reprodução de obras literárias e artísticas no ambiente digital*, Coimbra, 2006), Dário Moura Vicente (e.g. *Direito de Autor e medidas tecnológicas de protecção*, in *Direito Comparado: Perspectivas Luso-Americanas*, Coimbra, 2006, 161-185) e Alberto Sá e Mello (*Contratos do Direito de Autor*, Almedina, 2008).

Finalmente, embora não pretenda ser exaustiva, esta resenha bibliográfica não ficaria completa sem uma referência aos trabalhos que têm sido impulsionados pelo ensino pós-graduado dos direitos de autor e da informática no Instituto Jurídico da Comunicação (FDUC), com destaque para as Lições de Luiz Francisco Rebello (*Introdução ao Direito de Autor*, I, Lisboa, 1994) e de Garcia Marques e Lourenço Martins (*Direito da Informática*, Coimbra, 2000 – 2ª ed. 2006, em especial a Parte III sobre Protecção de Novas Realidades, da responsabilidade de Lourenço Martins), e na Associação Portuguesa de Direito Intelectual (FDUL), merecendo especial referência, para além dos volumes sobre *Direito Industrial*, os seis volumes já publicados entre 1999 e 2006, com a orientação de José de Oliveira Ascensão, sobre *Direito da Sociedade da Informação*, em que os direitos de autor representam uma parte significativa.

Da nossa parte, temos procurado contribuir para o estudo dos direitos de autor com diversos trabalhos publicados no Boletim da Faculdade de Direito de Coimbra, na Revista da Ordem dos Advogados, no Direito da Sociedade da Informação, em outras publicações periódicas e obras colectivas, tendo por base a nossa investigação de mestrado *Informática, direito de autor e propriedade tecnodigital*, publicada em 2001. A presente dissertação continua e aprofunda esta linha de investigação, versando sobre a problemática relação entre os direitos de autor e a liberdade de informação, dando também especial atenção à jurisprudência portuguesa neste domínio.

Uma breve referência para a literatura em língua portuguesa sobre direitos de autor. Para além de alguns trabalhos sobre a situação de Macau, nomeadamente de José de Oliveira Ascensão (*A situação da propriedade intelectual em Macau*, Revista da Faculdade de Direito da Universidade de Lisboa, XLII, 2/2001, 691-734) e Gonçalo Cabral (*A localização do Direito de Autor*, in Boletim da Faculdade de Direito, Universidade de Macau, n.º 7, 121), interessa destacar a crescente bibliografia brasileira, nomeadamente as obras de Newton Silveira (*Propriedade intelectual e a nova Lei de Propriedade (Lei n.º 9.279 de 14.05.96)*, Saraiva, 1996; *A propriedade inte-*

lectual e as novas leis autorais, 2.ª ed., Saraiva, São Paulo, 1998), Marcelo Dias Varela (*Propriedade intelectual de setores emergentes (de acordo com a Lei n.º 9279, de 14.05.96)*, Atlas, 1996), Paulo Sergio Lins (*Direito autoral*, Brochura, 1997), Jose de Oliveira Ascensão (*Direito Autoral*, 2ª ed., Encadernado, 1997), Jose Carlos Costa Netto (*Direito autoral no Brasil. Nova Lei Brasileira de Direitos Autorais 9610*, Brochura, 1998), Eliane Abrão (*Direitos de autor e direitos conexos*, São Paulo, 2002), Denis Borges Barbosa (*Propriedade Intelectual: Direitos autorais, direitos conexos e software*, Rio de Janeiro, 2003), Maristela Basso (*O Direito Internacional da Propriedade Intelectual*, Livraria do Advogado, Porto Alegre, 2000), Carlos Alberto Bittar (*Direito de Autor*, 4.ª ed., Forense Universitária, São Paulo, 2002), Plínio Cabral (*A nova lei de direitos autorais*, Sagra Luzzatto, Porto Alegre, 1998; *Revolução tecnológica e direito autoral*, Sagra Luzzatto, São Paulo, 1998), Alexandre Coutinho Ferrari (*Protecção jurídica do software*, Novatec, São Paulo, 2003), Henrique Gandelman (*De Gutemberg à Internet: Direitos Autorais na Era Digital*, Record, Rio de Janeiro, 1997), Bruno Jorge Hammes (*O direito de propriedade intelectual*, 3.ª ed., Unisinos, São Leopoldo, 2002), Elisabeth Dias Kanthack Pereira (*Protecção jurídica do software no Brasil*, Juruá, Curitiba, 2001), Leonardo Macedo Poli (*Direitos de autor e Software*, Del Rey, Belo Horizonte, 2003), Aires José Rover (*Os pa®adoxos da p®otecção à p®opriedade intelectu©tual*, in Kaminski (org.), *Internet Legal*, 173-178; Org., *Direito e Informática*, Manole, São Paulo, 2004), Manoel J. Pereira dos Santos (*O Direito Autoral na Internet*, Greco, in Marco Aurélio / Martins, Ives Gandra da Silva (coord.), *Direito e Internet: Relações jurídicas na sociedade informatizada*, Editora Revista dos Tribunais, São Paulo, 2001, 137-162), Marcos Wachowicz (*Propriedade Intelectual do Software & Revolução da Tecnologia da Informação*, 1.ª ed., 2.ª tiragem, Juruá, Curitiba, 2005; *Os elementos que integram a noção jurídica do software*, in Kaminski (org.), *Internet Legal: O Direito da Tecnologia da Informação*, Juruá, Curitiba, Juruá, 2004, 131; coord., *Propriedade Intelectual & Internet*, Juruá, Curitiba, 2002). A estas monografias juntam-se diversos artigos de revista, nomeadamente de Gama Cerqueira (*Fundamentos do Direito de Autor*, Revista da Universidade Católica de S. Paulo, 1956, II, 491; *O direito de autor como direito de propriedade*, Revista da Universidade Católica de S. Paulo, 1957, vol. 13, 288), Carlos Fernando Mathias de Souza (*O direito de autor: um direito de propriedade?*, Revista Brasileira de Direito Comparado, n.º 17, 1999, 105-112), e, na Revista da Associação Brasileira da Propriedade Intelectual (ABPI), Denis Borges Barbosa (*Bases constitucionais da propriedade intelectual*, ABPI 59/2002, 16-39), Victor Drummond (*O sampling e o direito moral de autor na indicação de autoria*, ABPI 59/2002, 67-69), Roberto Castelo (*A inserção da propriedade intelectual na nova ordem económica*) e Manoel Gonçalves Ferreira Filho (*A propriedade intelectual e o desenvolvimento tecnológico sob o prisma da Constituição Brasileira*), ambos in XXII Seminário Nacional da Propriedade Intelectual (*A Inserção da Propriedade Intelectual no Mundo Económico*, ABPI Anais 2002, 10-11, 25-30), Manoel J. Pereira dos Santos (*A protecção autoral do website*, in ABPI 57/2002, 3-9), Nadia de Araújo (*A internacionalização dos tratados internacionais no direito brasileiro e o caso do TRIPs*, ABPI 62/2003, 3-14) e Helenara Braga Avancini (*Breves considerações acerca do paradoxo da sociedade da informação e os limites dos direitos autorais*, ABPI 63/2003, 16-20); Clóvis Silveira (*Patentes de métodos em Internet*, ABPI 64/2003, 55-62; *Bancos de dados originais e não-originais*, ABPI 69/2004, 31-35), Tercio Sampaio Ferraz Junior (*A reforma do Código Civil e a propriedade intelectual*, in XXIII Seminário Nacional da Propriedade Intelectual: O Redesenho dos Direitos Intelectuais no Contexto do Comércio Mundial, ABPI, Anais 2003, 115-117); Pablo de Camargo Cerdeira e Pedro de Paranaguá Moniz (*Copyleft e software livre: opção pela razão – eficiências tecnológica, económica e social*, ABPI 71/2004, 15-29), e Antonio Carlos Souza de Abrantes (*Desmestificando as patentes de software*, ABPI 73/2004, 9-23).

2.2. A evolução histórica no direito comparado

Na sua origem e evolução, os direitos de autor em Portugal acompanham a situação de outros países europeus, embora tenham sido sempre especialmente tributários, desde a sua consagração pelo constitucionalismo oitocentista até ao Código de 1985, do direito francês.

Não obstante, a influência do direito francês tem vindo a ceder terreno ao processo de europeização do direito de autor resultante das directivas comunitárias. Estas directivas são soluções de compromisso entre as tradições jurídicas dos Estados-membros. Nesse sentido, as directivas comunitárias não são a projecção à escala europeia do direito de autor francês, mas antes instrumentos de harmonização que acolhem soluções oriundas de países com diferentes concepções de direitos de autor. É o caso, desde logo, do direito de autor alemão (*Urheberrecht*), que projecta a matriz personalista do *droit d'auteur* num sistema monista baseado no princípio dogmático do criador.[35] No outro extremo encontra-se o *Copyright* britânico, i.e. a

---

[35] SCHRICKER/*SCHRICKER* 1999, 11; WANDTKE/BULLINGER/*WANDTKE* 2006, 7.

concepção anglo-saxónica do *copyright*. Interessa, por isso, ter presentes os direitos de autor destes dois países como referências privilegiadas do direito comparado, tanto mais que surgem frequentemente como os pólos de tensão ao nível das medidas de harmonização comunitária.

Finalmente, os Estados Unidos da América (EUA) são um país com uma rica tradição em matéria de direitos de autor (*copyright*). A conjugação da sua herança britânica com a comunhão do espírito revolucionário francês, confere um sentido muito próprio a esta experiência dos direitos de autor.[36] Ao contrário do Canadá, muito marcado pela civilização do direito de autor[37], o direito norte-americano estadunidense conserva a matriz britânica de *Common Law*. Por outro lado, a influência do *copyright* dos EUA no direito de autor português pode fazer-se sentir indirectamente, na medida em que se trata de um país com especial relevo ao nível da elaboração dos instrumentos internacionais sobre direitos de autor aos quais Portugal e a União Europeia estão ligados.

Apesar de terem "resistido" durante muito tempo a aderirem à Convenção de Berna, estiveram na primeira linha da elaboração do Acordo ADPIC, que incorpora a referida Convenção (salvo a protecção do direito moral de autor) e outras Convenções internacionais no domínio da propriedade intelectual. Donde decorre que os EUA terão certamente feito valer os seus pontos de vista nos referidos acordos internacionais, pelo que o direito português acaba por ser influenciado pela perspectiva dos EUA ao receber o direito internacional directamente ou através do direito comunitário. Justifica-se, por isso, que privilegiemos o *copyright* dos EUA como referência do direito comparado extra-muros comunitários, tendo em conta de igual modo a evolução histórica dos direitos de autor neste país.

a) A história dos direitos de autor em França

i. Dos privilégios comerciais às leis revolucionárias

Em França, a propriedade literária e artística sucedeu aos privilégios de impressão e comércio de livros. O primeiro privilégio terá sido concedido em 1507 por Luís XII.[38] Os privilégios de impressão eram concedidos pelo Rei, como licenças de exploração da imprensa relativamente a determinadas obras (a maior parte delas "já" caídas no domínio público) e de comercialização dos livros impressos.

---

[36] GINSBURG 1994, 131-158.
[37] GENDREAU 2000, 101s.
[38] BELLEFONDS 2002, 2 («le premier privilège connu est celui accordé en 1507 par Louis XII»).

Os direitos de autor instituídos pelas leis revolucionárias foram decalcados dos privilégios. A Assembleia Constituinte de 4 de Agosto de 1789 decretou a abolição de todos os privilégios. Numa situação de vazio legal e de proclamação universal dos direitos do homem e do cidadão, surgiram os direitos de autor enquanto direitos dos criadores de obras literárias e artísticas (e.g. escritores, compositores, pintores). Tendo em conta a Lei da Rainha Ana de Inglaterra (1710), a propriedade literária e artística foi instituída pelas leis revolucionárias francesas de 19 de Janeiro de 1791, e de 19 de Julho de 1793. Destacar-se-ia o advogado Loius d'Héricourt, defendendo a devolução da propriedade aos autores findo o privilégio, que não deveria ser perpétuo. A Lei de 1793 alargou a Lei de 1791 a todas as obras e estabelece os direitos disponíveis de reprodução e distribuição, consagrando no artigo 1.º o direito de vender, fazer vender, e distribuir as suas obras: "os autores de escritos de todo o género, os compositores de música, os pintores, os desenhadores que gravam quadros ou desenhos, gozarão, durante toda a sua vida, do direito exclusivo de vender, promover a venda, distribuir as suas obras no território da República e de ceder a respectiva propriedade, no todo ou em parte" (art. 1.º).[39]

Mas, ainda antes da Revolução Francesa (1789), regista-se, no domínio das obras musicais, uma decisão do Conselho do Rei de 1786 nos termos da qual os livreiros só poderiam beneficiar dos privilégios se os compositores lhos tivessem cedido.[40] Não obstante, os direitos dos compositores dependiam ainda da "graça real", ao invés de corresponderem a um direito natural, tal como seria proclamado pelas leis revolucionárias.

ii. Das leis da propriedade literária e artística ao código da propriedade intelectual

Estas leis estiveram em vigor quase dois séculos, até serem substituídas pela lei de 11 de Março de 1957 e posteriormente pela lei de 3 de Julho de 1985. Finalmente, o regime legal do direito de autor foi integrado no Código da propriedade intelectual (a parte legislativa adoptada a 1 de Julho de 1992 e a parte regulamentar a 10 de Abril de 1995). Este Código unificou os regimes legais da propriedade intelectual (direitos de autor e propriedade industrial), consagrando a concepção do direito de autor como propriedade incorpórea exclusiva e oponível a todos (CPI, art. L 111-1: « L'auteur jouit sur son œuvre d'un droit de propriété incorporelle exclusif et opposable à

---

[39] Id. ibid., 2-3.
[40] COLOMBET 1999, 4.

tous»). Mais recentemente o regime legal dos direitos de autor foi modificado pela lei n.º 2006-961, de 1 de Agosto de 2006, em transposição da Directiva 2001/29.

A evolução do direito de autor francês é também marcada pelo papel da jurisprudência, nomeadamente no que respeita aos requisitos de protecção. Esta jurisprudência está, aliás, na base da lei de 11 de Março de 1902, que estabelece o princípio segundo o qual a obra será protegida qualquer que seja o seu mérito ou a sua função, i.e. a protecção das obras não depende de apreciações de ordem estética, e da lei de 29 de Maio de 1925, que consagra o princípio de que o único facto constitutivo da protecção legal é a criação da obra. Entre outras medidas legislativas, de referir também a lei de 20 de Maio de 1920, que instituiu o direito de sequência (*droit de suite*).[41] Em termos de prazo de protecção, começou por ser de 10 anos p.m.a., passando para os 20 anos p.m.a. em 1810, e atingindo os 50 anos p.m.a. em 1886, ano de celebração da Convenção de Berna. Actualmente, por força da harmonização comunitária, segue a regra geral dos 70 anos p.m.a.

Consideremos seguidamente o percurso histórico da protecção legal dos direitos de autor no Reino Unido e na Alemanha.

b) *A origem e evolução dos direitos de autor* (copyright) *no Reino Unido*

O *copyright* "nasceu" modernamente no Reino Unido. Herdeiro dos privilégios dos *Stationers,* seria instituído através da Lei da Rainha Ana (*Act of Anne,* 1709/10), tendo a jurisprudência jogado um papel significativo na sua construção (e.g. *Millar v. Taylor,* 1769). Actualmente, vigora o *Copyright, Designs and Patents Act* de 1988, que sucedeu ao *Copyright Act* de 1956.[42]

i. Os privilégios dos *Stationers*

No Reino Unido, a origem do *copyright* remonta aos privilégios régios de exploração da imprensa concedidos aos chamados *Stationers.* Mais tarde, a *Carta Mary* de 1557 tornou os *Stationers* numa *Company* com o monopólio da actividade de imprensa, de modo a que a explorassem no quadro da censura, mantendo as massas sob controlo num tempo de profundas

---

[41] Id. ibid., 6.
[42] Cfr. ELLINS 1997, 35-58; tb. DIAS PEREIRA 1998a, 801-8, CORNISH/LLEWELYN 2003, 345-71, SHERMAN/BENTLY 1999.

convulsões religiosas. Durante um século os *Stationers* serviram-se do instrumento do *copyright* mediante aliança com a administração estadual, consolidando a sua capacidade geradora de lucro na indústria da imprensa. Porém, este monopólio foi ameaçado em virtude do *Licensing Act*, uma vez que terceiros não Membros da *Company* poderiam também imprimir licitamente livros.

Em virtude desta "liberalização" da actividade de imprensa, os *Stationers* procuraram um novo fundamento legal para o controlo do seu monopólio. A justificação da protecção das obras seria a propriedade literária do autor como fruto do seu trabalho criador (Locke, Warburton, Blackstone, Drone), sendo as petições dos *Stationers* ao Parlamento atendidas na Lei da Rainha Ana para o encorajamento da aprendizagem.

    ii. A Lei da Rainha Ana (*Act of Anne, 1710*: "*An Act for the encouragement of learning, by vesting the copies of printed books in the authors, or purchasers, of such copies, during the times therein mentioned*")

A Lei da Rainha Ana consagrou pela primeira vez a possibilidade de aquisição pelos autores do *copyright* sobre as suas obras, acautelando, ao mesmo tempo, interesses dos editores. No quadro de um novo objectivo do Estado, definido como o encorajamento da aprendizagem, a Lei da Rainha Ana assegurou protecção pelo *copyright* a todos aqueles que investissem na produção de obras intelectuais, independentemente de se tratar de criações do espírito ou de contribuições materiais. O *copyright* serviria, assim, como estímulo, em termos semelhantes, para as prestações dos autores e dos editores.

Não obstante, o domínio dos *Stationers* acabaria por se impor sobre os direitos dos autores, especialmente através de uma regra transitória nos termos da qual os livros publicados antes da Lei de 1710 (*Act of Anne*) beneficiariam de um prazo de protecção superior ao das restantes obras. Porém, com o decurso deste prazo de protecção (1731) a impressão dos referidos livros passou a ser feita, também, pelos editores da Escócia e da Província. Em resposta, os *Stationers* definiram uma nova estratégia de protecção contra a concorrência de modo a vencer a chamada *battle of booksellers*.

Para o efeito, a protecção dos autores seria recolocada como pano de fundo. Os *Stationers* formularam então a teoria do *copyright* perpétuo como direito natural segundo o *Common Law* relativamente a obras publicadas. Todavia, o Parlamento não acolheu esta teoria. O que levou os *Stationers* a procurar meios alternativos para consagrar o *copyright* perpétuo segundo o *Common Law*.

iii. O caso *Millar v. Taylor* (1769)

O que viria a suceder no caso *Millar v. Taylor* (1769), no qual a jurisprudência inglesa estabeleceu o *copyright* como direito de autor em sentido próprio. Porém, na sequência do processo *Donaldson v. Beckett* (1774), a lei estabeleceu limites temporais ao *copyright*, limitando o monopólio dos *Stationers*.

Para o fim deste monopólio concorreu também a longa tradição de os grupos de pressão reclamarem protecção dos seus interesses junto do legislador, que viram aprovadas diversas leis destinadas a proteger os seus interesses, gerando-se, ao fim de algumas décadas de *copyright* a pedido, um "mosaico" de leis. Na discussão travada entre os grupos de pressão relativamente à questão da adequada extensão da duração de protecção do *copyright* nos trabalhos preparatórios do *copyright* Act de 1842, o legislador britânico interessou-se, sobretudo, pela protecção das obras como bens mercantis, em razão do seu grande significado na vida económica, não apenas no contexto nacional, mas também no plano internacional.

iv. A concepção mercantilista do *copyright*

Não obstante a génese moderna dos direitos de autor, enquanto tais, na experiência britânica, a obra é aí protegida sobretudo pelo seu valor de mercado[43], isto é, como mercadoria, constituindo o *copyright* o instrumento jurídico de protecção dos investidores (autores e editores) contra agressões aos seus investimentos de natureza espiritual ou material. O *copyright* é um puro direito de propriedade (*property right*), servindo tradicionalmente apenas os interesses patrimoniais, sem ter em consideração interesses pessoais, ficando a protecção da personalidade do autor reservada aos expedientes gerais de *Common Law*.

A relação material e espiritual dos autores com as suas obras termina com a transmissão do *copyright* ao editor em contrapartida por uma maior ou menor compensação. Os autores, como todos os demais indivíduos com autonomia privada, estão inseridos numa sociedade assente no princípio do liberalismo económico, em que a liberdade contratual (*freedom of contract*) constitui historicamente "a medida de todas as coisas" para os participantes no mercado. Os autores não seriam vistos como pessoas com especial valor e necessidade de protecção. À medida que o progresso técnico foi colocando exigências de protecção de novas formas de investimento na produção de

---

[43] DAVIS 2005, 91 ("copyright law in the UK has continued to be more often justified on grounds of commercial utility.").

obras, o legislador britânico concedeu protecção pelo *copyright*, primeiro aos produtores de fonogramas, e mais tarde também aos produtores de filmes e aos organismos de radiodifusão.

v. *Do Copyright Act de 1956 ao Copyright, Designs and Patents Act de 1988*

No *Copyright Act* de 1956 operou-se uma separação estrutural entre os direitos dos autores relativamente às suas obras literárias, dramáticas, musicais e artísticas, na Parte I, e os direitos dos produtores de fonogramas, filmes e radiodifusão e às configurações tipográficas dos editores, na Parte II. Os primeiros eram os direitos dos autores sobre obras originais, e os segundos os direitos dos produtores relativamente a certos objectos. Apesar de os grupos de pressão terem encontrado, em regra, um lugar nesta lei, em virtude da concessão do *copyright* a título da protecção do investimento, havia um grupo – os artistas intérpretes e executantes, cuja primeira medida legal de protecção foi o *Dramatic and Musical Performers' Protection Act* de 1925 – que só mais tarde seria acolhido no *copyright*. Em virtude da sua "configuração labiríntica" e da sua "conceptualização assistemática", além da sua inadequação aos novos desenvolvimentos tecnológicos e às obrigações decorrentes da adesão ao Acto de Paris (1971) da Convenção de Berna, a Lei de 1956 foi posteriormente revogada pelo *Copyright, Designs and Patents* de 1988.

c) *A formação histórica e filosófica do direito de autor na Alemanha* (Urheberrecht)

Na Alemanha, o direito de autor também sucedeu aos privilégios de impressão. Baseado na reflexão filosófica, o *Urheberrecht* formou-se através de um modelo monista, que protege incindivelmente os interesses morais e patrimoniais do autor, e que está consagrado na Lei de 1965 (UrhG).[44]

i. Os privilégios de impressão

À semelhança do sucedido com o *copyright* no Reino Unido e com o *droit d'auteur* na França, na origem do *Urheberrecht* estiveram os privi-

---

[44] ELLINS 1997, 58-84; DIAS PEREIRA 1998a, 804-8; tb. SCHRICKER/VOGEL 1999, 29-42.

légios de impressão (*Druckprivileg*). A história moderna do *Urheberrecht* é marcada pela passagem dos privilégios de impressão ao direito dos criadores intelectuais.[45]

Na idade dos privilégios, a utilização da imprensa, devida a Gutenberg (1445), dependia de um privilégio, cuja concessão era reservada a certas instâncias (por ex., o Kaiser e a Igreja) com soberania nos territórios das diversas *Landen* germânicas, e com base em vários fundamentos do que era o bem comum, como a promoção da indústria e a censura.

Com a revolução da impressão de livros resultante das novas formas de produção em meados do século dezoito, os beneficiários de privilégios viram o seu capital de impressão não suficientemente protegido contra os perigos dali resultantes, procurando uma solução que regulasse as relações supra-territoriais do exercício da imprensa e pudesse tornar economicamente rentáveis os seus investimentos. Nesse sentido, os editores posicionaram-se como "motor de propulsão" do debate sobre a ilicitude da reimpressão de livros, em sintonia com o pensamento filosófico do último terço do século dezoito. Com efeito, esta problemática foi atendida por juristas e filósofos, formando-se uma "visão das coisas" no sentido da proibição da reimpressão independentemente do valor regional dos privilégios. Os argumentos principais contra a reimpressão de livros surgiriam com o "desabrochar" do direito natural no final de seiscentos.

O "espírito do tempo" apontou para a substituição do sistema de privilégios por um conceito adequado às exigências práticas e conforme à nova noção de liberdade económica. Manifestar-se-ia, então, a ideia da propriedade espiritual do autor fundada no direito natural (Fichte), a qual serviria também como apoio de construção para a fundamentação dos direitos do editor, uma vez que o seu reconhecimento pelos editores seria ditado por razões económicas. Não obstante, a pessoa do autor constituir-se-ia verdadeiramente como o "ponto de referência fundamental" do pensamento da propriedade espiritual.

Com o passar do tempo, os princípios fundamentais da teoria da propriedade espiritual foram consolidados pelos textos legais dos diversos Estados germânicos. Apesar de no início os direitos do autor surgirem apenas como anexo aos direitos do editor, formou-se progressivamente a compreensão do autor como figura central do *Urheberrecht*.

---

[45] GIESEKE 1995 (*"Vom Privileg zum Urheberrecht"*).

ii. As fundações filosóficas do *Urheberrecht*

O problema da reimpressão transfronteiriça dos livros ainda não seria resolvido, uma vez que as *Landesgesetze*, à semelhança dos privilégios, não tinham quaisquer efeitos fora das fronteiras nacionais. No início do século dezanove as empresas de impressão reclamaram uma regulamentação germânica global para a problemática da reimpressão. Antes de ser adoptada, no último terço do século dezanove, uma legislação unitária sobre direitos de autor (1870), vários pensadores empenharam-se na configuração dogmática da essência e conteúdo do *Urheberrecht*.

Deve-se a Immanuel Kant (*Von der Unrechtmäßigkeit des Büchernachdrucks*, 1785) a fundamentação personalista do direito de autor, no sentido de que não seria um *ius in re* mas antes um direito inato, inerente à própria pessoa do autor, que lhe permitiria proibir terceiros de falarem em público por si sem a sua autorização. A concepção do direito de autor como direito de personalidade teria o seu maior defensor em Otto von Gierke, mas não explicava a importância económica dos direitos de autor no comércio jurídico.

Diversamente, Hegel formularia a teoria da propriedade espiritual compreendendo o direito de autor como um puro direito patrimonial e ilimitadamente alienável: "Das Eigenthümliche an der geistigen Produktion." (Georg Wilhelm Friedrich Hegel, *Grundlinien der Philosophie des rechts*, 1821, § 68, 69). Todavia, esta concepção descurava os interesses pessoais do autor.

Em superação surgiu a teoria dualista dos direitos sobre bens imateriais (Kohler), que entendia os direitos patrimoniais e pessoais do autor como dois direitos autónomos e independentes. Porém, contra a separação entre os interesses pessoais e patrimoniais do autor, os autores da teoria monista (e.g. De Boor) defendiam que o direito de autor deveria ser visto como um direito unitário com função dupla.

iii. A consagração do modelo monista na Lei de 1965 (*UrhG*)

A partir de várias investigações foi convencionado um modelo único, centrado no acto de criação do autor, considerando de igual modo os seus interesses patrimoniais e pessoais. Seguidamente, o *Urheberrecht* esteve sempre no centro das atenções da discussão académica e foi cultivado quer no quadro dos trabalhos de reforma que resultariam na *Literatururhebergesetz* e na *Verlagsgesetz* de 1901, bem como na *Kunsturhebergesetz* de 1907, quer nas décadas seguintes. Além disso, o direito de autor deste novo tempo foi cunhado por um princípio de protecção dos económica e socialmente mais fracos, ou princípio do Estado Social (*Sozialstaatsprinzip*). Este princípio justificou o reforço legal da protecção dos autores na reforma de 2002 do direito de autor alemão, mormente no que respeita a um direito fundamental a obter "remuneração equitativa" pelas suas criações, entendido como *Kernpunkt* ou *cornerstone* desta reforma.[46]

Em suma, com o decurso do tempo construiu-se um modelo filosófico fundamental, no sentido da distinção da protecção do autor da protecção dos editores, e do posicionamento do autor como ponto de referência primária do *Urheberrecht*. Assim, o quadro de regulamentação legal devia centrar-se no autor e conceder aos seus parceiros negociais apenas os direitos que derivassem da figura central do *Urheberrecht*, ou seja, o autor. Tarefa do direito de autor seria, portanto, dignificar em especial medida a actividade espiritual criadora dos autores na literatura e na arte. Nesse sentido, só as obras do espírito efectivamente criadoras é que poderiam gozar do *Urheberrecht*.

Desta premissa decorria, ainda, que o direito de autor, enquanto tal, só estaria ao serviço do criador de obras intelectuais, ao passo que certas prestações de natureza material, técnica, organizatória ou artística, que servissem de mediação das obras de espírito ao público, poderiam encontrar reconhecimento e protecção apenas fora do âmbito próprio do *Urheberrecht*. Ou seja, a colocação do princípio do criador (*Schöpferprinzip*) como alicerce do direito de autor tornou claro que o *Urheberrecht* apenas podia corresponder a uma personalidade criadora e apenas a ela estava reservado. Segundo este modelo, os exploradores e mediadores das obras criadas pelos autores apenas podiam obter direitos de exploração, a título derivado, dos autores. Depois, as prestações e investimentos dos exploradores e mediadores de obras criadas pelos autores poderiam ser protegidas apenas através de direitos distintos do *Urheberrecht*. Além disso, em ordem à concretização do princípio do Estado social, o autor devia ser protegido nas suas relações contratuais com os exploradores das suas obras, dado ser a parte mais fraca em comparação com os seus parceiros contratuais.

Em suma, como expressão deste processo histórico de formação do *Urheberrecht*, a Lei de 1965 (*Gesetz über Urheberrecht und verwandte Schutzrechte*, UrhG), consagrando a teoria monista defendida por Eugen Ulmer, concedeu ao autor protecção aos seus interesses patrimoniais e morais, enquanto "unidade incindível".[47] Nessa medida, estabelece o § 29(1)

---

[46] SCHRICKER 2002, 798; GUTSCHE 2003, 366; DIETZ 2005, 23 ("You can call that paternalism, but that does not really hurt me; copyright protection (authors' rights protection) as a whole is an inherently paternalistic concept if one understands it also in the sense of promotion of creativity at the source where the works are born." – 26).

[47] ELLINS 1997, 72.

UrhG que o direito de autor não é transferível (*Das Urheberrecht is nicht übertragbar*). Este postulado não foi alterado pela lei de reforço da posição contratual dos autores e artistas (*Gesetz zur Stärkung der vertraglichen Stellung von Urhebern und ausübenden Künstlern*), de 22 de Março de 2002, nem pela lei do direito de autor na sociedade da informação (*Gesetz zur Regelung des Urheberrechts in der Informationsgesellschaft*), de 10 de Setembro de 2003.[48]

d) A história dos direitos de autor (copyright) nos Estados Unidos da América

Como marcos do percurso histórico dos direitos de autor nos Estados Unidos da América destacam-se a *herança britânica do copyright, o primeiro Copyright Act* (1790) *e o segundo Copyright Act* (1976*)*, que colocou na forma de lei diversas doutrinas do *copyright* elaboradas pelo direito jurisprudencial tendo em conta a cláusula constitucional que confere poder ao Congresso para promover o progresso da ciência e das artes úteis por via da garantia aos autores e inventores por períodos limitados do direito exclusivo aos seus escritos e às suas invenções (Art. 1, § 8, cl. 8).[49] No percurso histórico deste país merece também destaque o *Digital Millennium Copyright Act* (1998), que adapta o *copyright* ao ambiente digital.

i. A herança britânica do *copyright* norte-americano

Tendo em conta a "descendência" do direito dos EUA em relação ao direito anglo-saxónico, as origens do *copyright* remontam ao direito dos editores na experiência jurídica inglesa. Tratou-se, como vimos, do privilégio da Companhia dos *Stationers*, que servia também fins de censura. Pensando na estrutura da sociedade, organizada em classes, isso funcionava como uma espécie de licença para o exercício de uma actividade profissional, como sucede hoje com as chamadas profissões regulamentadas e certas actividades económicas cujo exercício carece de autorização administrativa. O *Stationer* que registava uma cópia do livro ficava com o exclusivo perpétuo de o publicar, não importando como a tinha obtido. Originalmente, o *copyright* tinha a ver com a produção e venda de livros, e não com criações de autores. Por outro lado, a companhia dos *Stationers* tinha o

---

[48] WANDTKE/BULLINGER/*WANDTKE/GRUNERT* 2006, 376-7.
[49] PATTERSON/LINDBERG 1991, 19s.

poder de auto-regulação, incluindo um poder disciplinar autónomo dos tribunais de *common law*. O *copyright* seria assim gerado pela indústria e não pelo *Common Law*.[50]

Todavia, em virtude de os regulamentos privados dos *Stationers* só vincularem os membros da Companhia, estes lutaram constantemente pela obtenção de leis públicas que protegessem o seu *copyright* privado por via da criminalização da actividade de imprimir livros em violação dos direitos dos *Stationers*. A luta contra a crítica, derivada nomeadamente da propagação da doutrina luterana através da imprensa, justificaria a natureza pública de tais leis, que serviriam fins de censura. A Carta Real de 1557 (dispondo que só os *Stationers* podiam imprimir e vender livros e fiscalizar violações do monopólio com o poder de destruir livros ilegais) e o *Licencing Act* (que revigorou o decreto de 1637) estabeleceram o *copyright* dos *Stationers*.[51]

O poder dos *Stationers* seria gradualmente ocupado pelos *Congers*, um pequeno grupo de vendedores de livros que tinham concentrado a maior parte dos *copyright*s. Eram especialmente agressivos na defesa dos seus monopólios, o que terá levado o Parlamento a recusar a renovação do *Licensing Act*. Perante isto, lembraram-se dos autores e disseram que estes eram proprietários das obras por força da criação. Afirmava-se, então, a teoria da criação/apropriação devida a John Locke.

Daí ao *Statute of Anne* (*"An act for the encouragement of learning, by vesting the copies of printed books in the authors or purchasers of such copies, during the times therein mentioned"*) foi um pequeno passo. Terá sido em 1710 ou 1709, porque na altura o calendário inglês começava em 25 de Março, apesar de entre 1 de Janeiro e 24 de Março alguns escritores usarem os dois anos. Embora se destinasse aos autores, o *copyright* acabava nas mãos dos editores, já que estes só publicavam livros mediante transmissão dos direitos e sem publicação não havia direitos de autor. O direito de autor nasceu assim como um "trade-regulation concept".[52] A protecção era por 14 anos, renováveis se o autor ainda estivesse vivo. Na prática, o *copyright* introduziu concorrência no sector, já que permitiu o acesso ao mercado a novas empresas. No tempo dos *Stationers*, o *copyright* era perpétuo. E só as obras que passassem o crivo da censura eram publicadas. Os livreiros criaram o *copyright* para eles próprios (auto-regulação). A Lei da Rainha Ana deu estes direitos aos autores mas permitiu a sua transmissão aos livreiros.

---

[50] Id. ibid., 19-23.

[51] Id. ibid., 23-7 ("In many respects the stationers' copyright can be regarded as the grandsire of today's corporate copyright." – 26).

[52] Id. ibid., 28.

Não obstante, deve-se à Lei da Rainha Ana a criação do domínio público, ora porque só há direito de autor se houver criação de obra original, ora porque a protecção é concedida por tempo limitado. Além disso, apenas certos direitos são concedidos: imprimir, publicar e vender. Não obstante, os *Stationers* beneficiaram de uma extensão do privilégio por mais 21 anos (até 1731), pelo que a "liberalização" daquela lei não produziu efeitos imediatos.[53]

A *Battle of the Booksellers* dos 40 anos produziria duas decisões, em tribunais de *common law*, que reformulariam o *Statute of Anne*. No caso *Millar v. Taylor* é afirmada a teoria do *copyright* como direito natural ("the natural right of a person in the property he or she creates"), através da protecção da obra antes da sua publicação. O conceito de «common law *copyright*» surgiria assim pelas penas de Justice Aston ("I do not know, nor can I comprehend any property more emphatically a man's own, nay, more incapable of being mistaken, than his literary works.") e de Lord Mansfield ("it is just, that an author should reap the pecuniary profits of his own ingenuity and labour. (...) It is fit he should not only choose the time, but the manner of publication"). Todavia, logo na sua origem, o conceito não foi consensual, tal como resulta da *dissenting opinion* de Justice Yates: "one cannot have a property "in the style and ideas of his work" at common law".[54]

No caso *Donaldon v. Beckett* (1774) afirma-se a dicotomia *common law* e *statute law*. Pelo *common law* reconhece-se aos autores um direito natural, perpétuo e transferível, i.e. a propriedade da obra. Mas, acrescenta-se que o *Statute* limitou esse direito, desde logo em termos de duração da protecção. A exigência de perfeição cósmica satisfazer-se-ia com o direito natural, atenta a natureza das coisas e a ordem natural. As exigências mundanas seriam cumpridas pelo *statute law*, que colocaria limitações ao *common law* copyright, desde logo em matéria de duração da protecção.

De resto, o duro discurso de Lord Camden contra a natureza perpétua do *copyright* é bem elucidativo das fortes reservas à concepção do *copyright* como direito natural no horizonte anglo-saxónico: "I speak not for the scribblers for bread, who teaze the press with their wretched productions; fourteen years is too long a privilege for their perishable trash. It was not for gain that Bacon, Newton, Milton, Locke, instructed and delighted the world (...). All our learning will be locked upon in the hands of the Tonsons and the Lintons of the age, who will set what price upon it their avarice chuses to demand, till the public become as much their slaves, as their own

---

[53] Id. ibid., 27-31.
[54] Id. ibid., 35.

hackney compilers are."⁵⁵ A actualidade destas considerações é por demais evidente, em vista do prolongamento da duração geral de protecção para os 70 anos *post mortem auctoris*.

ii. O primeiro *US Copyright Act* (1790)

A primeira lei federal de direitos de autor dos EUA foi aprovada em 1790, parecendo consagar o *copyright* como direito de autor ("author's right") no sentido da Lei da Rainha Ana. Todavia, a autorização constitucional para adopção de leis de propriedade intelectual subordinaria as leis do *copyright* a três objectivos fundamentais: a promoção da aprendizagem (1), a preservação do domínio público (2), e o encorajamento da criação e distribuição de obras em benefício do progresso (3): "The Congress shall have power ... to Promote the Progress of Science and useful Arts, by securing for limited Times to Authors and Inventors the exclusive Right to their respective Writings and Discoveries." (Art. 1, § 8, cl. 8.).⁵⁶

Isto significa que, nos EUA, o *copyright* surgiu fundamentalmente como um conceito funcional, estando ao serviço da promoção do acesso do público às obras. No fundo, estaria em causa o pacto fundador da barganha constitucional. Na dicotomia comunidade/indivíduo, o *copyright* promovia antes de mais a aprendizagem e a liberdade de circulação de informação. Além disso, a primeira lei norte-americana serviu claramente fins comunitários e nacionais, bastando referir que até 1890 só protegia os autores americanos ou residentes nesse país – passando posteriormente de "pirata" a "águia"⁵⁷. Todavia, a exclusão dos editores do círculo de titulares de direitos é entendida como a "constitucionalização da ficção do *copyright* como direito de autor."⁵⁸

Sucintamente, o *copyright* Act de 1790 apresentava as seguintes linhas fundamentais.⁵⁹ Primeira, a protecção limitada aos direitos concedidos (caso *Baker v. Selden*, 1879), quer quanto ao objecto de protecção (por ex., inicialmente as composições musicais eram excluídas e o *copyright* não protege sistemas ou o conteúdo ideativo-funcional, só a expressão – tal como posteriormente codificado na sec. 102(b) da lei de 1976), quer quanto aos direitos conferidos. Segunda, o *copyright* era um monopólio concedido por lei e não um direito natural (caso *Wheaton v. Peters*, 1834). Terceira,

---

[55] Id. ibid., 46.
[56] Id. ibid., 47-52.
[57] SEVILLE 2007, 407.
[58] PATTERSON/LINDBERG 1991, 54.
[59] Id. ibid., 56-73.

o princípio do mercado, isto é, o *copyright* protege a exploração mercantil das obras. Quarta, a liberdade de *fair use* ou uso equitativo razoável (*Folsom v. Marsh*, 1841), enquanto uso concorrencial ("fair-competitive-use doctrine"), já não pessoal ou privado, porque referido apenas aos poderes concedidos pelo *copyright* ("copy, print, reprint, vend") – substituto da *fair abridgement doctrine*. Quinta, o acesso público às obras (resultante da exigência de publicação para atribuição de direitos). Sexta, a liberdade de uso privado (pessoal). Sétima, o princípio do interesse público em virtude de o *copyright* servir primeiro o interesse geral e secundariamente o interesse do autor (princípio este reafirmado pelo *case law* do Supremo Tribunal: *Harper & Row Publishers, Inc. v. Nation Enterprises*, 1985; *Sony Corp. v. Universal City Studios*, 1984; *Twentieth Century Music Corp. v. Aiken*, 1975; *Mazer v. Stein*, 1954).

Um exemplo desta perspectiva do *copyright* como monopólio legal seria a elaboração da *first sale doctrine*, e da teoria da *exhaustion of the right to distribute (Harrison v. Maynard, Merrill & Co.*, 2d Cir. 1894: "The exclusive right to vend the particular copy no longer remains in the owner of the *copyright* by the *copyright* statutes" – esta regra foi posteriormente codificada no 17 USC § 109). Em virtude da doutrina da primeira venda e do esgotamento do direito de distribuir, o titular de direitos não poderia controlar o mercado dos livros usados. De igual modo, não poderia controlar o uso privado, que seria livre, tal como afirmado pela jurisprudência (*Stover v. Lathrop*, Colorado 1888: "the effect of a *copyright* is not to prevent any reasonable use of the book which is sold. I go to a book-store, and I buy a book which has been *copyright*ed. I may use that book for reference, study, reading, lending, copying passages from it at my will. I may not duplicate that book, and thus put it upon the market, for in so doing I would infringe the *copyright*. But merely taking extracts from it, merely using it, in no manner infringes the *copyright*.").[60]

Contudo, apesar de o séc. XIX consagrar a concepção do *copyright* como monopólio, o séc. XX traria consigo a conversão do *copyright* em propriedade com o *copyright* Act de 1909. Isto ficaria a dever-se, em larga medida, a decisões judiciais, que deixaram sem protecção legítimos interesses dos autores em virtude do sistema de monopólio. Por exemplo, no caso *White Smith Music Pub. Co. V. Apollo Co.* (1908), decidiu o Supremo Tribunal dos EUA que a conversão das composições musicais em rolos perfurados para a pianola não violava o *copyright*. O mesmo se passava com a tradução de obras estrangeiras e sua publicação nos EUA.[61]

---

[60] Id. ibid., 72.
[61] Id. ibid., 74-8.

Assistiu-se, nesta fase, a um movimento de *copyright* "a pedido": a legislatura foi chamada a dar satisfação a casos que a jurisprudência não podia atender por causa da lei aplicável. A tendência para o *copyright* a pedido teria aliás raízes já no anterior sistema. Por exemplo, a lei de 1831 terá sido alterada em 1865 de modo a proteger as fotografias pelo *copyright* por causa do fotógrafo da Guerra Civil, Mathew Brady.[62]

Neste país assistia-se, então, a uma verdadeira revolução tecnológica. Basta pensar que Edison foi o inventor do disco (fonograma) e do filme (videograma). Nesta tendência de *copyright* a pedido a lei de 1909 criou, *inter alia*, uma licença obrigatória para as gravações musicais. Além disso, o direito de copiar ("right to copy") foi introduzido na Lei de 1909, semeando a doutrina de que o direito de copiar uma obra é exclusivo e absoluto. Esta lei criou também a ficção da autoria nos trabalhos por encomenda, ficcionando o "dono da obra" como autor, que está na base do moderno *copyright* empresarial ou "corporate *copyright*". Não obstante, a constitucionalidade da "work-for-hire doctrine" é posta em causa, embora se reconheça que se trata de um instrumento deveras conveniente para as empresas.[63]

iii. O segundo *US Copyright Act* (1976)

Em 1976 foi aprovada a nova lei do *copyright* (US *copyright* Act of 1976), que trouxe algumas alterações de fundo.[64]

Para começar, é abolido o *common-law* copyright. O direito existe agora com a fixação da obra num meio tangível de expressão, enquanto antes o *common law* copyright não protegia a obra depois da publicação, e o *statutory* copyright não a protegia antes da publicação. Alterou-se assim o conceito de protecção do *copyright* ("original work of authorship fixed in a tangible medium of expression").

Depois, é criado o *copyright* electrónico ao lado do *copyright* da imprensa, e estabelece-se a ficção de que a obra radiodifundida é fixada no momento em que é transmitida e de que a execução é equivalente à publicação. Isto significa o abandono da jurisprudência inglesa firmada no caso *Macklin v. Richardson*, Amb. 1770, segundo a qual a representação da obra não constituía publicação, porque a obra não tinha sido registada.

Por outro lado, procede-se à codificação da doutrina do *fair use*, enunciando-se diversos factores de apreciação no caso concreto, a saber: o objectivo e o carácter da utilização, nomeadamente se se trata de uso de

---

[62] Id. ibid., 78.
[63] Id. ibid., 81-9.
[64] Id. ibid., 80-106.

natureza comercial ou para fins não lucrativos de ensino (1); a natureza da obra protegida (2); a quantidade e substancialidade da porção utilizada em relação à obra protegida como um todo (3); e o efeito da utilização no mercado potencial ou valor da obra protegida (4).

Todavia, por via desta doutrina, os consumidores teriam sido incluídos no círculo de possíveis infractores do *copyright*, contrariando a doutrina da liberdade de uso pessoal estabelecida no precedente *Folsom v. Marsh*. A relevância dos consumidores ao nível da utilização de obras protegidas pelo *copyright* traduzir-se-ia na imposição de uma taxa de utilização de informação publicada, questionando-se, todavia, a constitucionalidade da pretensão de estender o *copyright* ao uso pessoal dos consumidores relativamente a obras publicadas.[65]

Finalmente, pergunta-se se a lei de 1976 resolveu a questão da natureza do direito de autor a favor da teoria dos direitos de monopólio. Nos EUA, a dicotomia direito natural de propriedade (*common law*) *versus* monopólio de exploração (*statutory law*) teria passado para a dicotomia *State Law / Federal Law*. Ao eliminar a dicotomia federal/estadual, por via da reserva da regulação do *copyright* pelo direito federal, a lei de 1976 teria erradicado a teoria do *common law* copyright, em favor da teoria dos direitos de monopólio. Numa palavra: "The clearest case of preemption is common law *copyright*."[66]

Ao mesmo tempo, porém, a nova lei consagrou um fundamento para o *copyright* como direito de autor através da consagração do direito de pôr termo a transmissões contratuais do *copyright*, ainda que excluído no âmbito dos trabalhos feitos por encomenda, a base do "corporate *copyright*" (USC § 203).[67]

iv. O *Digital Millennium Copyright Act* (1998)

Posteriormente, o US Copyright Act de 1976 sofreu alterações por diversas vezes. Especial destaque vai, mais recentemente, para a *Digital Millennium Copyright Act* (DMCA), de 28 de Outubro de 1998, que incorpora os Tratados da Organização Mundial da Propriedade Intelectual adoptados em Dezembro de 1996 pela Conferência Diplomática de Genebra, em Genebra, i.e. o Tratado sobre Direito de Autor e o Tratado sobre Prestações e Fonogramas.[68]

---

[65] Id. ibid, 104-5.
[66] MILLER/DAVIS 2000, 416.
[67] PATTERSON/LINDBERG 1991, 169.
[68] Sobre a DMCA, e.g. GINSBURG 1999a, 142; em língua portuguesa, DIAS PEREIRA 1999a, 502-21.

A DMCA estabelece a protecção jurídica contra a neutralização de medidas tecnológicas de protecção e a integridade da informação para gestão dos direitos de autor. Além disso, entre outros aspectos, a DMCA estabelece regras detalhadas sobre a responsabilidade dos prestadores de serviços em linha e prevê certas excepções à proibição da neutralização de medidas tecnológicas em benefício de arquivos, bibliotecas e instituições de ensino não lucrativas. Adiante, esta lei será considerada mais em pormenor.

3. Síntese conclusiva do § 1

A análise das dimensões históricas dos direitos de autor mostra que a relação entre estes direitos e a liberdade de informação foi sempre sensível, desde a sua origem. Enquanto privilégios de impressão e comercialização de livros, estes direitos eram utilizados como instrumento de censura política e cultural e como forma de monopólio económico. Só os livros que passassem o crivo da censura podiam ser publicados e só os titulares dos privilégios tinham autorização para os publicar. Enquanto instrumento de difusão de informação e de criação de riqueza, a imprensa era uma tecnologia cuja utilização dependia de autorização dos soberanos. A impressão de livros que contivessem informação susceptível de abalar a ordem natural do cosmos e da sociedade seria controlada *a priori*, através da censura. Esse era o preço a pagar pelos titulares dos privilégios de impressão que pretendessem beneficiar do monopólio comercial.

Com a abolição dos privilégios por força das revoluções liberais, nasceram os direitos de autor propriamente ditos, enquanto direitos dos criadores de obras literárias e artísticas. Há todavia uma diferença de fundo a salientar no que respeita à génese moderna dos direitos de autor no horizonte anglo-saxónico e nos países continentais.

O *copyright* britânico foi formulado pela Lei da Rainha Ana em inícios do século XVIII enquanto instrumento útil de promoção da aprendizagem. À nascença, a razão de ser dos direitos de autor como *copyright* foi a sua utilidade enquanto instrumento de promoção da aprendizagem. É também significativo que o *copyright* tenha sido estabelecido por um período de 14 anos durante a vida do autor, em benefício do domínio público da cultura. A natureza instrumental e temporária do *copyright* seria posteriormente reiterada pela constituição norte-americana de 1787, que confere ao Congresso poder de conceder direitos exclusivos aos autores de escritos enquanto forma de promover o progresso das ciências e das artes úteis.

Outra é a via seguida pelo direito de autor continental (*droit d'auteur*). A justificação dos direitos de autor vai radicar primordialmente no direito natural, enquanto forma de protecção dos frutos literários e artísticos criados pelos autores no exercício da sua liberdade de criação cultural. Filosoficamente, é nova a ideia do ser humano enquanto ser criador.[69] A criação deixa de ser um exclusivo da divindade para passar a ser obra humana. Neste contexto, não obstante a feição personalista das construções teóricas, o conceito de propriedade surge como o instrumento que melhor exprime e acautela *erga omnes* os interesses individuais dos criadores intelectuais. Esta propriedade tem um sentido profundamente revolucionário, no sentido de que não depende de concessão do Estado e a ele se impõe, enquanto sua condição de possibilidade.

A concepção jusnaturalista dos direitos de autor, se bem que não estranha ao pensamento anglo-saxónico (e.g. Locke), está na origem de uma discursividade estranha a exigências de liberdade de informação. No sentido de que as limitações aos direitos de autor surgem alegadamente como imposições externas por interesses alheios ao autor-proprietário. O ancoramento dos direitos de autor na "sagrada propriedade" teria por consequência que só as limitações justificadas por interesse público poderiam ser atendidas e na medida em que o titular de direitos obtivesse uma compensação adequada.

Assim, enquanto o *copyright* anglo-saxónico é colocado, de raiz, ao serviço do interesse público, o *droit d'auteur* continental afirma-se como um direito natural que se impõe a esse interesse público e que se destina a servir, em primeira linha, os interesses individuais dos autores.

Só que a liberdade de informação, enquanto liberdade-base de outras liberdades fundamentais no campo político, económico e cultural, vai afirmar-se como um limite ao poder de apropriação conferido pelos direitos de autor, impedindo que este se construa como um *Ersatz* à censura. Numa palavra, se as revoluções liberais postulam que o respeito pela propriedade, incluindo os direitos de autor, é condição de possibilidade do Estado, o mesmo vale para a liberdade de informação.

É esta tensão entre direitos de autor e liberdade de informação que vai presidir à evolução legislativa e jurisprudencial dos direitos de autor. Por um lado, ao surgimento de cada tecnologia que permite novas formas de utilização de obras literárias ou artísticas os direitos de autor vão responder tendencialmente no sentido do alargamento do exclusivo a essas novas possibilidades. Ao mesmo tempo, a liberdade de informação lança o seu olhar vigilante e crítico sobre cada pretensão expansionista dos titulares de

---

[69] Em termos mais gerais, "o homem moderno como que 'matou Job': não tinha, nem reconhecia, repetimos, qualquer ordem exterior e anterior a si mesmo (...) já que rompeu com todas as ordens pressupostas que anteriormente se afirmavam." BRONZE 2006a, 333.

direitos, de modo a impedir que os direitos de autor sejam indevidamente utilizados como instrumento de apropriação de bens do domínio público.

A este propósito é especialmente significativa a jurisprudência norte-americana, na linha da sua herança britânica, que historicamente procurou estabelecer um equilíbrio entre as pretensões individualistas dos titulares de direitos, no sentido de mais propriedade, e as pretensões colectivas do público, no sentido de mais liberdade. Com efeito, a jurisprudência, ao determinar concretamente o objecto e o conteúdo de protecção do *copyright*, terá sido norteada pelo "farol constitucional", que fundamenta estes direitos exclusivos enquanto instrumento de promoção das ciências e das artes. Um tal "farol" nem sempre terá iluminado a jurisprudência dos países de *droit d'auteur*, tradicionalmente mais centrados na protecção dos interesses individuais dos autores e dos titulares de direitos, que passaram a ocupar o lugar do "soberano absoluto".

Seguidamente, nas dimensões teoréticas e sistemáticas, vamos procurar encontrar um meio termo ou ponto de equilíbrio entre estas duas tendências conflituantes. No pressuposto de que os direitos de autor não podem anular a liberdade de informação, assim como a liberdade de informação não justifica o eclipse dos direitos de autor.

§ 2. DIMENSÕES TEORÉTICAS

"É o ser que tem o *logos*: tem a linguagem, tem a distância perante o que directamente aflui, é livre na escolha do bem e livre para o saber verdadeiro – pode inclusive rir. No seu mais íntimo fundamento é um 'ser teórico'."

GADAMER, *Lob der Theorie*, 1983

As dimensões históricas e teoréticas comportam o risco de moldar a interpretação das leis a uma compreensão presa a tais dimensões tradicionais, com prejuízo dos novos sentidos consagrados pelos regimes legais em vigor. Não obstante, as dimensões históricas e teoréticas servem para compreender os problemas independentemente das respostas legais, fornecendo mais do que uma "aproximação" ao problema.

Os direitos de autor não surgem por gestação espontânea nem para o intérprete, nem para o legislador, que também neste domínio são confrontados com um "sempre já".[70] Isso significa que, não obstante toda a liberdade de que este dispõe para moldar os regimes legais, de acordo com as conveniências e a oportunidade de cada momento, há parâmetros que deverá respeitar. Esses parâmetros, num regime constitucional como o nosso, terão, em princípio, expressão na Constituição.

Porém, como não é certo que todo o direito esteja em acto ou em potência contido no texto constitucional – que de resto é fragmentário e poroso, bastando pensar que a própria constituição, sem prejuízo do seu "papel de instrumento de mudança social"[71], estabelece o primado dos princípios comuns do direito internacional como *ius cogens*, sem os definir exaustivamente, numa via aberta de "internacionalização do direito constitucional" e de "constitucionalização do direito internacional" gravitando em torno da democracia e dos direitos humanos[72] –, é necessário indagar esses

---

[70] BRONZE 2006a, 103 (*"immer schon"*).

[71] GOMES CANOTIHO 2006a, 1437; STRECK 2005, 305 (adepto "ainda" da "constituição dirigente" como suporte normativo do projecto de modernidade).

[72] UERPMANN 2001, 565 ("Internationales Verfassungsrechte ist nicht Wunschtraum, sondern Realität." – 573), CANELAS DE CASTRO 2007, 759s (ter-se-ia já "cruzado" o "Cabo"

parâmetros nas dimensões históricas e teoréticas, i.e. nas "meta-narrativas" dos direitos de autor, para desse modo melhor compreender a sua inserção sistemática, desde logo, na constelação constitucional. Isto aplica-se também aos direitos de autor abrangidos por disposições comunitárias. Na verdade, que significará o facto de os direitos de autor terem sido integrados jurisprudencialmente no Tratado de Roma enquanto propriedade comercial e de serem agora previstos na Carta dos Direitos Fundamentais da União como direito de propriedade (intelectual)?

> "I do not know, nor can I comprehend any property more emphatically a man's own, nay, more incapable of being mistaken, than his literary works."
> (Justice Aston, caso *Millar v. Taylor*, 1769)

1. A concepção dos direitos de autor como direitos de propriedade no direito comunitário e no direito comparado

1.1. *A propriedade como forma jurídica do princípio do elevado nível de protecção dos direitos de autor no direito comunitário*

A regulação dos direitos de autor pelo direito comunitário orienta-se pelo princípio do elevado nível de protecção. Por exemplo, a Directiva 2004/48 visa assegurar o pleno respeito pela propriedade intelectual nos termos do n.º 2 do artigo 17.º da Carta dos Direitos Fundamentais da União Europeia (cons. 32), mediante "um nível elevado de protecção da propriedade intelectual equivalente e homogéneo no mercado interno" (cons. 10).

De igual modo, como já antes referido no preâmbulo da Directiva 2001/29: "Qualquer harmonização do direito de autor e direitos conexos deve basear-se num elevado nível de protecção, uma vez que tais direitos são fundamentais para a criação intelectual", localizando-se a propriedade intelectual no quadro do direito de propriedade: "A propriedade intelectual é pois reconhecida como parte integrante da propriedade" (cons. 9).

A fundamentação do elevado nível de protecção e o ancoramento dos direitos de autor no direito de propriedade remonta aos estudos preparatórios, entendendo-se que "o nível tradicionalmente elevado da protecção do direito de autor na Europa deverá ser mantido e mesmo desenvolvido a nível

---

na "rota de um estado de direito (nacional) para um estado internacional de direito" – 823); mais céptico, HALTERN 2003, 511 ("The state loves only itself." – 557); sobre a questão, e.g. FASSBENDER 1998, 529, WALTER 2001, 170, COTTIER/HERTIG 2003, 261.

europeu e internacional, reflectindo assim o facto de o objecto em causa ser a propriedade, que é garantida pela constituição em muitos países."[73] A Carta dos Direitos Fundamentais da União consagra a protecção da propriedade intelectual no quadro do direito de propriedade (CDFU, art. 17.º, 2; TCE, art. II-77.º, 2).

Assim, o direito comunitário toma partido sobre o problema da natureza jurídica do direito de autor (e dos direitos conexos), tratando-os unitariamente sob o designativo propriedade intelectual e considerando que esta deve, pelas referidas razões, integrar o direito de propriedade.

Mas, será esta perspectiva determinante para a solução do problema?

1.2. A vexata quaestio *dos direitos de autor como propriedade*

O problema da natureza jurídica dos direitos de autor é uma questão que divide muito a doutrina e que provoca oscilações na jurisprudência. Por exemplo, em França, a *Cour de cassation*, na sua decisão de 16 de Agosto de 1880, entendeu que "la propriété littéraire et artistique, essentiellement mobilière, a les mêmes caractères et doit avoir le même sort que tout autre genre de propriété, moins la limitation que l'intérêt public a fait porter à sa durée." Quase oito anos mais tarde, na decisão de 25 de Julho de 1888, o mesmo Tribunal francês sustentou que: "Les droits d'auteur et le monopole qu'ils confèrent, désignés d'ordinaire sous la dénomination de propriété littéraire, ne constituent pas, à proprement parler, une propriété, ils confèrent seulement aux personnes qui en sont investies le privilège exclusif d'une exploitation commerciale temporaire".[74]

a) O postulado jusnaturalista do direito de autor continental

Um dos países em que o direito de autor é protegido constitucionalmente como propriedade é a Alemanha (GG, art. 14.º), sendo também protegido como direito de personalidade, segundo a teoria monista, nos termos da qual a protecção dos dois grupos de interesses (patrimoniais e morais) não se deixa separar, sendo antes efectuada através de um direito unitário.[75]

Apesar do silêncio da letra da lei fundamental de 1949 em matéria de direitos de autor – ao contrário da cláusula explícita da Constituição de Weimar de 1919 (art. 158) –, o BGH abrangeu os direitos patrimoniais na

---

[73] COM(96) 568 final, 8.
[74] STROWEL 1993, 94-5.
[75] ULMER 1980, 114; DELP 1993, 19.

garantia constitucional da propriedade privada (art. 14.º) e a doutrina é consensual no sentido da protecção dos direitos de personalidade de autor ao abrigo da garantia constitucional da dignidade da pessoa humana (art. 1.º, 1) e do direito ao livre desenvolvimento da personalidade (art. 2.º, 1).[76]

Entende-se tradicionalmente que "a superação da teoria dos privilégios pela teoria da propriedade intelectual" é o "o processo intelectual mais significativo" na compreensão histórica do direito de autor, sendo a protecção constitucional do *Urheberrecht* como propriedade um "direito natural" decorrente da "natureza das coisas": "A teoria da propriedade intelectual (...) funda o direito de autor na natureza das coisas".[77]

O direito natural desempenha nesta ordem de ideias a função de "sacralização do direito de autor"[78], afirmando-se o "postulado jusnaturalista da propriedade intelectual do autor sobre a sua obra nos países da Europa continental".[79] De notar, todavia, que a jurisprudência passou a afirmar a protecção constitucional do *Urheberrecht* como direito de propriedade não com base no direito natural, mas antes na própria Lei Fundamental.[80]

De resto, a teoria da propriedade intelectual está longe de ser consensual. Mesmo para Savigny as leis dos direitos de autor seriam apenas extensões dos privilégios e não expressão de direitos naturais.[81] Segundo a construção pandectística, a propriedade recairia apenas sobre objectos corpóreos, tal como formulado por Puchta no seu *Cursus der Institutionen*.[82] Em conformidade, o Código Civil Alemão consagrou a célebre noção legal de coisa, nos termos da qual *coisas no sentido da lei são apenas objectos corpóreos* (BGB, § 90). Esta noção física de coisa é entendida no sentido de não abranger, nomeadamente, os programas de computador, embora já inclua a energia eléctrica.[83]

Contudo, a noção legal de coisa do BGB, que influenciaria outras codificações – nomeadamente, o Código Civil Português de 1966 – foi criticada

---

[76] SCHRICKER/*SCHRICKER* 1999, 7-8; FECHNER 1999, 183-4; WANDTKE/BULLINGER/*WANDTKE* 2006, 7; DIETZ 2006, 4-5.

[77] ULMER 1980, 105-6.

[78] STROWEL 1993, 3 ("La sacralisation du droit d'auteur est assurée par son rattachement au droit naturel.").

[79] SCHRICKER/*SCHRICKER* 1999, 7.

[80] LEINEMANN 1998, 56.

[81] WÄDLE 1996, 280.

[82] "Wenn auch bei uns das Wort Eigentum von Vielen für alles, was uns irgenwie gehört, gebraucht wird, so hat man doch in der juristischen Sprache dieser vagen Anwendung sich zu enthalten." – *apud* HÜBNER 1997, 167, 173.

[83] PALANDT 1997, 57.

pela nova Pandectística, que destacou a distinção do direito romano entre *res corporales* e *res incorporales*, tendo informado o Código Civil austríaco de 1810, revisto pela segunda pandectística, que por coisa em sentido jurídico abrange tudo "o que é diferente da pessoa e serve para uso dos homens" (*was von der Person unterschieden ist und zum Gebrauch der Menschen dient*, § 285 ABGB) – à semelhança da noção de Martinis: *omne ens a persona distinctum, quod nobis praestare usum potest*.[84]

Mais recentemente a noção restritiva de coisa do BGB tem sido alvo de renovadas críticas em razão da sua inadequação às novas exigências da globalização[85], defendendo-se a alteração do conceito de *Sach* no sentido de abranger os *intangible goods* para desse modo a lei alemã respeitar o comando comunitário de não levantar obstáculos aos contratos por meios electrónicos.[86] Não obstante, a noção legal manteve-se inalterada na recente revisão do BGB.

Em suma, apesar de neste país os direitos de autor e conexos serem constitucionalmente protegidos como direitos de propriedade, já semelhante qualificação no direito privado encontra resistência na doutrina, em razão do conceito legal de coisa, fundado numa certa natureza das coisas.

b) A natureza híbrida do direito de autor

Resultará da harmonização comunitária a conversão geral dos direitos de autor ao modelo do *copyright* anglo-saxónico? À excepção do direito inglês, em que o *copyright* está legalmente qualificado como propriedade (CDPA 1998, sec. 1(1)) e o tema se considera "estéril"[87], nos outros Estados-membros o problema está longe de resolvido, existindo muitas teorias sobre a natureza jurídica dos direitos de autor.[88]

Sumariamente, para além dos enquadramentos jurídico-filosóficos de Locke, Kant ou Hegel, as teorias principais sobre a natureza jurídica dos direitos de autor são as seguintes: a teoria da propriedade intelectual de Pouillet (*Traité théorique et pratique de la propriété littéraire et artistique*, 1879), Eaton Drone (*A Treatise on the Law of Property in Intellectual*

---

[84] *Positiones de lege naturali*, 1772, apud HÜBNER 1997, 170-1.

[85] WÄDLE 1996, 13 ("Heute, wo die Globalisierung wirtschaftlicher Prozesse mit Händen zu greifen ist, ist eine solche Kritik sowohl aus praktischen als auch und erst recht aus theoretischen Gründen schlechterdings unhaltbar.").

[86] SCHMITT 2003, 161-3.

[87] PHILIPS/FIRTH 2001, 129 ("This issue is quite sterile so far as English law is concerned").

[88] ALMEIDA SANTOS 1953, 83s.

Productions, Boston, 1879), e Rudolf Klostermann (*Das geistige Eigenthum an Schriften, Kunstwerken und Erfindungen, nach Preussischen und internationalem Rechte*, Berlin, 1867/1869); a teoria personalista ou do direito de personalidade de Gierke (*Deutsches Privatrecht*, I, 1895); a tese do *Doppelrecht* (real e pessoal) de Joseph Kohler (*Die Idee des geistigen Eigentums*, AcP 82/1894, 141-242, *Urheberrecht an Schriftwerken*, 1907); a teoria dos direitos intelectuais ou direitos de exclusivo de Edmound Picard (*Le Droit pur*, 1899), a teoria do monopólio de Ernest Roguin (*La règle de droit*, 1899) e a concepção dos direitos de clientela, também chamados intelectuais, de Roubier (*Rdc* 1935, 285), desenvolvidos por Desbois (*Le droit d'auteur*, 1950); a teoria dos direitos sobre bens imateriais de Greco (*I diritti sui beni immaterialli*, 1948); as teses dualistas de Piola Caselli (*Trattato del diritto di autore e del contratto di edizione*, 2., 1927), Plaisant (*Propriété littéraire et artistique*, 1954), De Sanctis (*La nature juridique du droit d'auteur*, 1962) e Le Tarnec (*Manuel de la propriété littéraire et aristique*, 2ed. 1966) e o conceito dos "direitos paralelos" de Savatier (*Métamorphoses*, 1959); o monismo germânico de De Boor e de Ulmer (*Urheber– und Verlgasrecht*, 1951), com a abertura à "propriedade espiritual" (*geistiges Eigentum*) de Heinrich Hubmann (*Das Recht des schopferischen Geistes*, 1954); a teoria da propriedade-criação de Pierre Recht (*Le droit d'auteur, une nouvelle forme de propriété (Histoire et théorie)*, Paris, LGDJ, 1969, 145 – "le droit d'auteur est donc un droit unique et ce droit est un droit de propriété » – 145), de que é adepto Alain Strowel (*Droit d'auteur et copyright*, 663-4), sendo a teoria dominante na doutrina helvética que sustenta que a noção de propriedade intelectual exprime adequadamente o domínio sobre bens imateriais, quer quanto aos poderes do titular que protegem interesses materiais e ideais, quer quanto à sua pretensão de conservar a obra só para si ou de a partilhar com outros (Allois Troller, *Immaterialgüterrecht – Patentrecht, Markenrecht, Muster– und Modellrecht, Urheberrecht, Wettbewerbsrecht*, I, 3. Aufl., Helbing, Basel, 1983-1985, 90, 103, 112; neste país, a Lei Federal sobre Direito de Autor e Direitos Conexos de 9 de Outubro de 1992 (*Bundesgesetz über das Urheberrecht und verwandte Schutzrechte, Urheberrechtsgesetz – URG*) consagra a terminologia propriedade intelectual: "Wer Rechte verwendet... braucht eine Bewilligung des Bundesamtes für geistiges Eigentum." – Art. 41. URG).[89]

---

[89] Para mais referências, DIAS PEREIRA 2001a, 116-8.

No direito de autor continental é recorrente a afirmação da natureza híbrida do direito autor, um misto de propriedade e de personalidade, em razão da sua dupla dimensão patrimonial e pessoal. A matriz deste entendimento é a teoria monista germânica inspirada na metáfora ulmeriana da árvore de cujo tronco sairiam dois ramos (os interesses materiais e imateriais: a tutela constitucional do direito de autor como propriedade e expressão de liberdade de criação da pessoa humana). Em suma, tratar-se-ia de "um direito único de face dupla, ou, mais ajustadamente, de um direito misto."[90] Esta concepção evoluiu no sentido da teoria do "direito de autor como um *direito unitário* e mais do que isso, como um direito de *troncalidade*".[91]

Em França, a qualificação dos direitos morais como direitos de personalidade parece consensual, estabelecendo a lei a noção de propriedade incorpórea relativamente aos direitos patrimonais. Idêntica solução é consagrada pelo direito espanhol, entendendo-se que o relevo dos direitos patrimoniais justica a designação da lei (propriedade intelectual), em vez de direitos de autor, e que são verdadeiros direitos de propriedade.[92] Sem prejuízo da concepção dualista[93], entende-se que "a maioria, senão a quase unanimidade, dos especialistas da matéria não hesitam em ver nestes direitos direitos de propriedade. E isto pela simples razão de que eles têm todos os seus traços."[94]

Todavia, a concepção dualista não é unânime e a teoria dos direitos de monopólio também tem os seus adeptos, na esteira de Desbois.[95] Aliás, na Bélgica, a lei relativa ao direito de autor e aos direitos vizinhos (3/6/1994), terá consagrado um "texto híbrido", que parece acolher a figura dos direitos intelectuais ou de monopólio.[96]

Este olhar pelo direito comparado mostra que o entendimento do legislador comunitário não é inteiramente pacífico, podendo gerar resistências

---

[90] ALMEIDA SANTOS 1953, 154 (contra a teoria do monopólio e pronunciando-se "abertamente pela supremacia do direito moral", enquanto direito de personalidade – 91, 157, 183).
[91] GOMES CANOTILHO 2005, 60 (com apoio na literatura germânica).
[92] RODRIGUEZ-CANO/*RODRIGUEZ-CANO* 1997, 24.
[93] BELLEFONDS 2002, 3 (« Ces explications *unitaires* (droit de propriété / droit de personnalité) sont aujourd'hui abandonnées au profit d'une approche *dualiste*. »).
[94] VIVANT 1997, 15; RAYNARD 1990, 670 ("un droit réel, et un droit de propriété").
[95] BONET/*SIRINELLI* 2002, 99 (« le monopole accordé au créateur puis à ses ayants droit consiste dans un 'privilège exclusif d'une exploitation commerciale temporarie' et non dans un droit de propriété au sens du code civil. »); GAUTIER 2001, 36-7; BERTRAND 2003, 27; DUSOLLIER 2005, 322-4 (adepta das teses de PICARD, DABIN, ROUBIER, no sentido de o exclusivo abranger apenas as utilidades mercantis).
[96] BERENBOOM 1997, 38; DUSOLLIER 2005, 117.

por parte dos Estados-membros. Será correcto, no direito português, enquadrar os direitos de autor e conexos no direito de propriedade? E qual será a situação no Brasil, o maior país da língua de Camões e do "pensamento jurídico luso-brasileiro"[97]?

   c) *A situação no direito brasileiro*

   É significativo que, no Brasil, ao contrário do Código Civil de 1916, que estabelecia a protecção do direito autoral como propriedade literária ou artística, o novo Código Civil de 2002 não estabeleça referência ao direito autoral. O que é entendido por uns como renúncia à teoria da propriedade[98], embora outros entendam que, sem prejuízo da sua autonomia, é "inafastável a inclusão desses direitos no campo patrimonial e na esfera dos direitos reais".[99]

   A Constituição brasileira é terminologicamente neutra nesta matéria, estabelecendo apenas que aos "autores pertence o direito exclusivo de utilização, publicação ou reprodução de suas obras, transmissível aos herdeiros pelo tempo que a lei fixar" (art. 5.º, n. XXVII). Isso não obsta a que se defenda que "a propriedade intelectual é, sem dúvida, um direito humano fundamental, por natureza e não apenas por formalização constitucional. Enquadra-se indubitavelmente no campo do direito de propriedade, ou seja, do direito de cada um ao que é seu (...) porque produto legítimo de seu trabalho e inteligência."[100]

   Todavia, enquanto uns afirmam o direito de autor como "propriedade especial" à luz da Constituição[101], outros abandonam a teorização dogmática destes direitos, optando por uma abordagem de cunho mais pragmático e funcional, no sentido de que o "direito autoral é protegido porque o legislador o determina, e ele assim o faz porque acredita ser conveniente tal protecção, que, a seu ver, constitui incentivo ao desenvolvimento das artes e das ciências."[102]

   De todo o modo, quem cultiva autonomamente este instituto, embora não enjeite o seu enquadramento na figura da propriedade intelectual, tende a inclinar-se para a "natureza dupla de um mesmo direito de autor", com

---

[97] FERREIRA DA CUNHA 2006b.
[98] BARROS MONTEIRO 2003, 447.
[99] SALVO VENOSA 2005, 631 ("É, sem dúvida, espécie de propriedade e muito mais." – 632).
[100] GONÇALVES FERREIRA FILHO 2002, 28.
[101] PEREIRA DOS SANTOS 2006, 122.
[102] SÍLVIO RODRIGUES 2003, 244-5.

base no entendimento de que este direito "não pode, pura e simplesmente, ser equiparado a um direito de propriedade como não é apenas um direito personalíssimo."[103]

2. Os direitos de autor como direitos de propriedade e/ou personalidade na doutrina tradicional, no Código Civil e na jurisprudência

Várias são as teorias sobre a natureza jurídica dos direitos de autor que se encontram na ciência jurídica portuguesa.

A constituição garante o direito de propriedade (art. 62.º), mas nenhuma indicação dá sobre a protecção dos direitos de autor como propriedade. É no preceito sobre "liberdade de criação cultural" que se localizam os direitos de autor (art. 42.º, 2), em conformidade com a Declaração Universal dos Direitos do Homem de 1948, que reconhece a todos o "direito à protecção dos interesses materiais e morais correspondentes às produções cinematográficas, literárias ou artísticas de que são autores" (art. 27.º, 2). Isto permite afirmar que "o direito do autor à protecção dos seus interesses morais e materiais é por isso um verdadeiro direito humano".[104]

Todavia, uma coisa é a protecção dos direitos de autor enquanto expressão da liberdade de criação cultural, outra coisa é a natureza dessa protecção, e nada na Constituição impõe que seja de tipo propriedade. A doutrina constitucional[105] acolhe a via da propriedade intelectual, já antes consagrada no Código Civil, e a jurisprudência confirma-a (TC, Ac. 491/ /2002, 26/10, Ac. 374/2003, 15/7, Ac. 139/2004, 10/3, e Ac. 273/2004, 20/4). Sendo os "direitos de autor" previstos no Código Civil como uma forma de propriedade intelectual sujeita a legislação especial, a "protecção legal dos direitos de autor" prevista na constituição traduzir-se-á na atribuição de uma forma especial de propriedade sobre criações culturais de pessoas humanas geradas no exercício daquela liberdade fundamental.

Mas, será correcta a qualificação do Código Civil? Ou será que a noção de propriedade privada da constituição não coincide com a noção de propriedade do direito privado?

Depende do que se entende por direitos de propriedade e por direitos de personalidade saber se o direito de autor é um direito de propriedade, um direito de personalidade, um direito misto ou uma geminação dos dois

---

[103] HAMMES 1998, 42.
[104] DIETZ 2005, 21.
[105] E.G. GOMES CANOTILHO/VITAL MOREIRA 2007, 622, 800.

direitos (propriedade + personalidade). Depois, à partida também não está excluída a possibilidade de se tratar de direitos mais próximos dos direitos de crédito, e por isso mesmo surgem as teses que sustentam que a natureza do direito de autor é incompatível com a recondução ao esquema tradicional dos direitos reais e dos direitos pessoais, constituindo antes um *tertium genus*, uma figura autónoma no quadro da dogmática jurídica: é a teoria dos direitos de monopólio ou de exclusivo, sob a denominação direitos intelectuais.

2.1. *As perspectivas clássicas*

A doutrina clássica da natureza real do direito de autor (de que a propriedade é a expressão máxima) terá estado na base da terminologia "propriedade intelectual" adoptada pelo Código Civil (art. 1303.º).[106] Uma variante deste entendimento é a doutrina da natureza híbrida ou dos direitos geminados (propriedade e personalidade).[107] De todo o modo, a ideia principal é a de que "estas matérias (direitos de autor e propriedade intelectual) estão previstas no Código Civil, art. 1303.º, sob o designativo «propriedade intelectual», disposição que, de acordo com a tradição latina, reconhece os bens em jogo como objecto de uma autêntica propriedade."[108]

Da parte da jurisprudência comum, não é muito frequente tomar partido sobre a questão da natureza jurídica dos direitos de autor, nomeadamente saber se são direitos reais, direitos de personalidade ou direitos de monopólio. Não obstante, em dois acórdãos distintos, a Relação de Lisboa emitiu posições diversas. Assim, no acórdão de 9 de Junho de 1981 (CJ 1981, III, 62-3), relativo a um caso que opôs a Livraria Bertrand às Publicações Universais Delfos, estando em causa a publicação por esta última do *Tratado de Economia Marxista* sem autorização da primeira, a Relação de Lisboa sustentou que o direito de autor é "correspondente a um direito de propriedade, transmissível por mero efeito do contrato", no sentido de ser um "direito de natureza paralela a um direito real".

Mais recentemente, no acórdão de 2 de Julho de 2002 (CJ 2002, IV, 63-6), num caso em que estava em causa a protecção dos direitos de autor

---

[106] PIRES DE LIMA/ANTUNES VARELA 1987, 75-7; FERRER CORREIA 1973, 360 ("direito real (absoluto)" nas marcas), 1981, 24; MACEDO VITORINO 1992, 506; COUTINHO DE ABREU 2006, 172, 239-40, 385 (para as firmas e denominações, estabelecimentos, e marcas).

[107] MANUEL DE ANDRADE 1970, 249; ORLANDO DE CARVALHO 1977, 205 (n. 4), e 1994, 543; CAPELO DE SOUSA 1995, 239 (n. 532), 558, 578-9, 616 (n. 33); SANTOS JUSTO 2006, 49 (o direito moral como direito de personalidade); PUPO CORREIA 2005, 303.

[108] ORLANDO DE CARVALHO 1977, 93, n. 121.

de um *freelancer* do "Diário de Notícias", a Relação de Lisboa afirmou que "a protecção do direito moral constitui a verdadeira essência do direito de autor, o carácter eminentemente pessoal da criação literária, artística ou científica, da «paternidade» atribuída ao seu criador."

Assim, enquanto o primeiro acórdão segue a teoria do direito de autor como direito de propriedade ou, pelo menos, de "direito de natureza paralela a um direito real", já no segundo prevaleceu o entendimento de que a "essência" do direito de autor radica no direito moral, isto é, no seu conteúdo pessoal.

Sem tomar partido sobre a questão da natureza jurídica do direito de autor, que aliás parece confundir com a propriedade industrial, a Relação de Lisboa pronunciou-se mais recentemente, no acórdão de 7 de Junho de 2006, no sentido de que a "Constituição da República Portuguesa consagra o direito de autor como direito fundamental" (art. 42.º), sem todavia especificar a sua natureza real, pessoal ou outra.

2.2. A teoria alternativa dos direitos de monopólio

A natureza real dos direitos de autor foi refutada pela teoria alternativa dos direitos de exclusivo ou de monopólio ("direitos intelectuais") protagonizada por Oliveira Ascensão. Embora aceite a protecção dos direitos de autor ao abrigo da garantia constitucional da propriedade privada (art. 62.º), esta teoria alternativa propõe a figura dos direitos de exclusivo ou de monopólio como uma quarta categoria autónoma de direitos subjectivos, em razão de se tratar de uma forma de atribuição cuja fisionomia, apurada pelo seu conteúdo, seria irredutível aos direitos reais, pessoais e obrigacionais.[109] Na base desta teorização alternativa encontramos o *argumento ontológico* da impossibilidade de apropriação exclusiva de obras literárias e artísticas, ou seja, da *natureza das coisas*, tal como entendida por influência da pandectística clássica, que imporia a restrição dos direitos reais às coisas corpóreas.[110]

A doutrina alternativa recusa "o conforto de qualquer prévia qualificação" da lei e concebe a ordem jurídica como uma ordem de "coisas apropriadas" e de "actividades livres", sendo livres, por natureza, as coisas que

---

[109] OLIVEIRA ASCENSÃO 1992, 673-8, 2000a, 39, e 2002a, 93-4; tb. REBELLO 1994, 24, 55, TRABUCO 2006, 99; para a "propriedade industrial", OHEN MENDES 1984, 102, SOUSA E SILVA 2001, 453-4, CARLOS OLAVO 2005, 53-7.

[110] MENEZES CORDEIRO 1993, 192-3; HÖRSTER 2003, 240.

constituem objecto do direito de autor. "O direito de autor e os direitos conexos constituem, na verdade, monopólios de utilização e exploração económica, respectivamente de obras intelectuais e de certas prestações de artistas e outros sujeitos, que restringem a liberdade de comércio e o acesso público aos bens culturais e à informação."[111]

Ao invés de um direito sobre a obra, o direito de autor caracterizar-se--ia pela reserva legal à actuação do autor de certas actividades relativas à obra. Ou seja, a obra poderia ser objecto de direitos, mas não de propriedade, já que não permitiria um domínio exclusivo. Seria apenas "concessão do Estado".[112] Tendo em conta a dicotomia entre objecto mediato e objecto imediato do direito, a obra seria apenas o "ponto de referência dos poderes que se atribuem a um sujeito". O objecto mediato do direito de autor seria a obra e o seu objecto imediato o leque de actividades que compõem o exclusivo de exploração económica.

Assim, o direito de autor não teria natureza real porque, para além de abranger apenas a universalidade de poderes de exploração económica relativos à coisa, não recairia sobre ela. O gozo público da obra não resultaria de mera tolerância do titular do direito, uma vez que "o que é restrito e demarcado são as utilizações que se reservam ao titular do direito de autor". Além disso, não adiantaria "nada falar em propriedade, pois o recurso ao conceito não é justificado por um regime unitário". Quanto aos direitos morais, sustenta-se que as faculdades de natureza pessoal do direito de autor não são compreendidas num direito de personalidade, sem prejuízo de melhor opinião dos cultores deste direito.[113]

2.3. Posição adoptada no plano dogmático

Terá a teoria alternativa invertido o ónus da argumentação, no sentido de invalidar a letra da lei que designa os direitos de autor como propriedade intelectual?

Da nossa parte, entendemos que, no plano dogmático, não é necessário corrigir a terminologia propriedade intelectual em favor da teorização alternativa destes direitos. Ou seja, utilizamos a expressão propriedade intelectual com o sentido amplo que o art. 1303.º do Código Civil lhe imprime,

---

[111] MOURA VICENTE 2005, 166.
[112] BAPTISTA MACHADO 1984, 383-5; LIPSTEIN 2005, 599 ("By its nature an immaterial property right is not a right in a movable or an immovable but an exclusive privilege of a temporary kind conceded by local public law, the creation of a statute.").
[113] OLIVEIRA ASCENSÃO 1992, 669-85.

alargando-o até para abranger os direitos conexos aos direitos de autor. Mesmo os que têm dúvidas sobre a possibilidade de "uma dogmática comum dos direitos sobre coisas corpóreas e dos direitos sobre tais criações" (do âmbito literário, científico e artístico, e do âmbito industrial), considerando em todo o caso a sua exposição "didacticamente desaconselhável", sustentam connosco que do "art. 1302.º não é legítimo retirar que o direito de propriedade só pode ter por objecto coisas corpóreas. (...) Dos arts. 1302.º e 1303.º também não se pode retirar que os direitos de autor e a propriedade industrial não são direitos de propriedade".[114]

Tal como prevista no Código Civil (no quadro das disposições gerais sobre a propriedade), a propriedade intelectual integra os "direitos de autor e a "propriedade industrial", cujo regime remete para "legislação especial", sem prejuízo da aplicação subsidiária do Código. Quando o Código Civil foi aprovado essa "legislação especial" estava vertida em dois diplomas: o Código do Direito de Autor, aprovado pelo DL 46 980, 27/4/1966, e o Código da Propriedade Industrial, aprovado pelo DL 30 679, 24/8/1940. Consagrava-se, portanto, o dualismo tradicional de oitocentos, instituído, a nível internacional, pela Convenção de Paris para a Propriedade Industrial (CUP), de 20 de Março de 1883, e pela Convenção de Berna para a Protecção das Obras Literárias e Artísticas, de 9 de Setembro de 1886.

Apesar de termos a lei e a doutrina tradicional a nosso favor, a consideração que merece a doutrina alternativa justifica uma refutação sumária dos seus argumentos no plano dogmático. Essa refutação já se revela mais difícil no plano funcional dos direitos de autor, onde dá um contributo relevante, em razão da índole ou natureza mercantil dos direitos de autor e de outras formas de propriedade intelectual. Foi, de resto, a índole mercantil destes direitos que justificou o seu enquadramento no Tratado de Roma, estando na base do programa comunitário de harmonização da propriedade intelectual.

a) O argumento da corporalidade do objecto dos iura in re

A teoria alternativa assenta no postulado da corporalidade do objecto dos direitos reais. Todavia, apesar de o direito de propriedade regulado no Código Civil só poder ter por objecto coisas corpóreas, estas, bem como as coisas incorpóreas, podem ser objecto de outros direitos de propriedade regulados em legislação especial, sejam os direitos de propriedade intelectual (direitos de autor e propriedade industrial), seja o domínio do Estado e de outras pessoas colectivas públicas.

---

[114] PINTO DUARTE 2004, 29-30.

Nos termos do art. 1302.º do Código Civil: "Só as coisas corpóreas, móveis ou imóveis, podem ser objecto do direito de propriedade regulado neste código." Do seu enquadramento sistemático e teor literal resulta que esta norma define o objecto do direito de propriedade regulado no Código Civil, no sentido de abranger apenas as coisas corpóreas, isto é, as *res quae tangi possunt*. A corporalidade do objecto seria, portanto, elemento essencial do direito de propriedade regulado no Código Civil, o qual, todavia, admite outros regimes de propriedade fora do Código, que poderão ter por objecto coisas incorpóreas, i.e. *res quae sola mente concipiuntur*.

Ora, a doutrina do direito privado reconhece a existência jurídica de coisas incorpóreas em relação, nomeadamente, aos bens imateriais que constituem objecto dos direitos de propriedade intelectual: os *"bens imateriais*, objecto dos direitos de autor ou de propriedade industrial (...) são *coisas incorpóreas"*.[115] Para além da "propriedade intelectual" (art. 1303.º), o Código refere ainda o domínio público, i.e. o "domínio do Estado e de outras pessoas colectivas públicas" (art. 1304.º).

b) O argumento do paradoxo de uma plena in re potestas *imperfeita*

O direito de propriedade regulado no Código Civil é, subjectivamente, um *ius excluendi omnes alios* – ou seja, oponível *erga omnes* –, e, objectivamente, uma *plena in re potestas*, abrangendo as faculdades de *utendi, fruendi et abutendi*, dentro dos limites da lei.[116] É isto que resulta da caracterização do conteúdo do direito de propriedade: "O proprietário goza de modo pleno e exclusivo dos direitos de uso, fruição e disposição das coisas que lhe pertencem, dentro dos limites da lei e com observância das restrições por ela impostas" (art. 1305.º).

i. O tipo ideal de propriedade

A teoria alternativa defende que esta definição vale não apenas para a propriedade regulada no Código Civil mas também para os direitos de propriedade regulados em legislação especial. Ainda que se conceda não ser o argumento ontológico determinante – o que não sucede –, mesmo então só poderia falar-se em propriedade, a propósito dos direitos assim chamados em legislação especial, se o conteúdo destes obedecesse ao formato perfeito da plena *in re potestas*.

---

[115] Mota Pinto (A.Pinto Monteiro/P.Mota Pinto) 2005, 341; tb. Menezes Cordeiro 2002, 108-9, Pais de Vanconcelos 2005, 218.

[116] Pires de Lima/Antunes Varela 1987, 93; Oliveira Ascensão 2000a, 449.

A favor deste entendimento jogaria não apenas a localização sistemática do art. 1305.º mas também a estabilidade dogmática de um conceito de propriedade que assim se alcançaria. Ou seja, o direito de propriedade regulado no Código, apesar de só ter por objecto coisas corpóreas, constituiria o "tipo normativo" da propriedade, contendo as características típicas do conteúdo deste direito, independentemente da natureza do seu objecto. Por isso, seria necessário analisar, caso a caso, os regimes da chamada propriedade intelectual, em ordem a apurar quais as situações que satisfazem, ou não, esses requisitos.[117]

Por outras palavras, a natureza corpórea da coisa não constituiria elemento essencial do direito de propriedade em geral, uma vez que a lei admitira a propriedade sobre coisas incorpóreas. Todavia, por mediação desse operador unitário, seria possível excluir da propriedade intelectual direitos intelectuais cujo *licere* definido na legislação especial dos direitos de autor e da propriedade industrial não contivesse os poderes típicos da propriedade consagrados no art. 1305.º do Código Civil.

Todavia, este método inverte os termos do problema, ao sujeitar a análise do *corpus iuris* a um pré-conceito sistemático já superado, embora tenha sido tomado, "regressivamente, como modelo da nova regulamentação dos direitos reais".[118]

Ora, a teoria alternativa parte de um pré-entendimento fechado de propriedade enquanto premissa maior imutável, reduzindo o exercício de qualificação dos direitos de autor e conexos como propriedade a uma operação estritamente lógica. Só que a propriedade não é uma mera categoria lógica, mas antes um operador de valor, no sentido de que traduz uma opção de fundo da comunidade cuja modelação, em cada domínio, é tarefa fundamentalmente legislativa.

ii. A elasticidade do direito de propriedade

O Código Civil não impôs um conceito de propriedade universalmente válido em todos os domínios. A abertura e eventual índole fragmentária da noção de propriedade que assim se permite será mais um exemplo do "carácter 'aberto' e fragmentário do sistema interno", no sentido de que este "não é em si fechado, mas antes um sistema 'aberto', sendo possíveis as modificações quer na maneira do jogo de concordância dos princípios, do

---

[117] VIVANT 1997, 23.
[118] ORLANDO DE CARVALHO 1977, 94, n. 121 (considerando, aliás, que "foi uma grave leviandade ter-se restringido o âmbito da propriedade civil às coisas corpóreas" – 200, em nota).

seu alcance e recíproca limitação, quer no encontro de novos princípios; seja com fundamento em alterações da legislação, seja com fundamento em novos conhecimentos da ciência jurídica ou modificações da jurisprudência."[119]

O Código Civil não impôs um conceito de propriedade em virtude da elasticidade que a sua moderna função social lhe exige. "O Código não define o direito de propriedade. [...] Definir, por outro lado, a propriedade pelo seu conteúdo, isto é, pelos poderes que a lei confere ao respectivo titular sobre a coisa, tal como o fizeram os jurisconsultos romanos através do *jus utendi*, do *jus fruendi* e do *jus abutendi*, conduz a soluções que nem sempre são exactas, dada a *elasticidade* daquele direito e a função social que as leis modernas lhe atribuem [...]. É tal o poder de compressão e de expansão deste direito, que, não havendo nas legislações modernas senão um tipo de propriedade, esta pode revestir as mais diversas modalidades."[120]

Isto comprova-se, desde logo, pela adopção da doutrina da propriedade pública (já sustentada na vigência do Código de Seabra), nos termos da qual o domínio das coisas pertencentes ao Estado e a outras pessoas colectivas públicas pode consistir num direito de propriedade (a propriedade pública), que, todavia, não se identifica com a propriedade privada regulada no Código Civil, quer quanto ao objecto quer quanto ao conteúdo, para além de não abranger toda a dominialidade. Por um lado, a propriedade pública pode ter como objecto não apenas coisas corpóreas, mas também coisas incorpóreas. Por outro lado, o conteúdo da propriedade pública está limitado "internamente" pelos fins próprios do poder público[121].[122]

iii. A função social e os limites internos da propriedade intelectual

A consideração dos "limites internos", decorrentes dos fins específicos das formas especiais de propriedade reguladas fora do Código Civil, é de crescente importância relativamente aos bens culturais que se encontrem no domínio público, sustentando-se que a função social da propriedade pública sobre obras caídas no domínio público se traduz, especialmente, num direito de acesso para fins de gozo comum.[123] De igual modo, a função social da

---

[119] LARENZ/CANARIS 1996, 314-5.
[120] PIRES DE LIMA/ANTUNES VARELA 1987, 74-5.
[121] AFONSO QUEIRÓ 1959, 5, 8, 12-15. Propendendo para uma concepção unitária do domínio público, MENEZES CORDEIRO 2002, 52 (com enquadramento histórico-teórico e análise dos regimes legais do domínio público – 35-88).
[122] Sobre a teoria germânica da "propriedade modificada", GONÇALVES MONIZ 2005, 329-30 (centrando a dominialidade pública nos bens corpóreos, embora incluindo os do domínio público cultural – 101s, 257 s).
[123] CORNU 1996, 495; v.tb. GUZZ 1976, 375-83, BORGES BARBOSA 2005, 117.

propriedade intelectual coloca limites ao exclusivo de exploração económica. Enquanto forma de propriedade, os direitos de autor estão sujeitos ao princípio da função social (*Sozialbindung*)[124], que é um princípio geral do direito[125] e que ilumina o instituto do abuso de direito[126] – havendo até quem justifique a propriedade privada pela sua função social.[127]

Estes limites operam a vários níveis do direito de autor, quer quanto ao seu objecto (e.g. a preservação da liberdade das ideias protegendo-se apenas formas originais de expressão literária ou artística, já não ideias ou princípios), quer quanto ao seu conteúdo (e.g. a liberdade de reprodução para fins privados e de utilização para fins de interesse geral, nomeadamente informação, ensino, ou arquivo), incluindo o prazo de duração do exclusivo (actualmente elevado à regra dos 70 anos *post mortem auctoris*).

Além disso, a função social da propriedade intelectual justifica a imposição de limites à liberdade contratual e à utilização de protecções tecnológicas, para impedir a neutralização por via contratual ou tecnológica dos seus fins de interesse geral, que poderão até consubstanciar direitos subjectivos dos utilizadores finais.

Esta consideração refere-se ao plano funcional dos direitos de autor e de outras formas de propriedade intelectual, no qual a doutrina alternativa dá um contributo muito significativo, sem prejuízo, todavia, da sua refutação no plano dogmático. De resto, as medidas técnicas de protecção e gestão mostram que os direitos de autor abrangem faculdades análogas aos direitos de demarcação e de tapagem, em termos que comprometem a alegada liberdade de gozo intelectual, resultante da natureza das coisas: «Si toutes possibilités d'accéder matériellement à l'œuvre sont techniquement entravées, la jouissance intellectuelle de l'œuvre ne sera plus libre.»[128]

Por outro lado, os direitos de autor parecem prevalecer sobre a propriedade alheia de coisas corpóreas, já que, como casos de especificação, são previstos a escrita, a pintura, o desenho, a fotografia, a impressão, a gravura e outros actos semelhantes, feitos com utilização de materiais alheios (Código Civil, art. 1338.º). Todavia, esta regra não pode ser entendida em

---

[124] ORLANDO GOMES 1989, 423-37; LUBBERGER 1995, 275; MELICHAR 1996, 101-11; LEINEMANN 1998, 164 (notando que apesar da *Sozialbindung* a tendência é para o reforço dos direitos de autor).
[125] ZIPPELIUS 1994, 234.
[126] Porém, COUTINHO DE ABREU 1999, 32s.
[127] FERREIRA DA CUNHA 2005, 322 ("a propriedade pode tornar-se um roubo, quando se afasta da sua finalidade, dos seus fins sociais, que são como que intrínsecos" – 345); v. NOGUEIRA DE BRITO 2008.
[128] DUSOLLIER 2005, 150.

termos absolutos, sob pena de a coberto dos direitos de autor se justificar inclusivamente a eventual prática de crimes de dano.

Note-se, ainda, que uma curiosidade pouco feliz do novo Código da Propriedade Industrial (DL 36/2003, 5/3) é o facto de ter suprimido a referência à "função social" da propriedade industrial, referindo apenas: "A propriedade industrial desempenha a função de garantir a lealdade da concorrência, pela atribuição de direitos privativos sobre os diversos processos técnicos de produção e desenvolvimento de riqueza" (art. 1.º). Mas daqui não se pode retirar que a propriedade industrial deixa de estar vinculada, tanto na sua existência quanto no seu exercício, à função social da propriedade, embora seja um sinal da tendência absolutista das novas leis da propriedade intelectual.

iv. Um caso de fronteira: a protecção dos segredos de negócios

A protecção legal dos segredos de negócios, não obstante prevista no Acordo ADPIC como uma das categorias de propriedade intelectual (art. 1.º, 2, e secção 7, art. 39.º – protecção de informações não divulgadas), não corresponde ao "tipo normativo" da propriedade do Código Civil. O referido Acordo internacional estabelece que, com vista à protecção efectiva contra a concorrência desleal, são protegidas as informações não divulgadas, no sentido de as pessoas singulares e colectivas terem a possibilidade de impedir que informações legalmente sob o seu controlo sejam divulgadas, adquiridas ou utilizadas por terceiros sem o seu consentimento de uma forma contrária às práticas comerciais desleais, considerando-se como tal as práticas de ruptura de contrato, o abuso de confiança e a incitação à infracção, incluindo a aquisição de informações não divulgadas por parte de terceiros que tinham conhecimento de que a referida aquisição envolvia tais práticas ou demonstraram grave negligência ao ignorá-lo. A protecção estabelecida pressupõe, por um lado, a prática de actos de concorrência que se traduzem em práticas comerciais desleais, e, por outro, o segredo das informações nos termos aí previstos.

Em vista desta obrigação internacional, o novo Código da Propriedade Industrial (DL 36/2003, 5/3) estabelece a protecção autónoma das informações não divulgadas enquanto segredos de negócios de concorrentes, contra actos de aquisição, utilização ou divulgação sem o consentimento do concorrente (art. 318.º). Para beneficiar de protecção, essas informações deverão: ser *secretas*, no sentido de não serem geralmente conhecidas ou facilmente acessíveis, na sua globalidade ou na configuração e ligação exactas dos seus elementos constitutivos, para pessoas dos círculos que lidam normalmente com o tipo de informações em questão (a); *ter valor comercial* pelo facto de serem secretas (b); e terem sido objecto de diligências consideráveis, atendendo às circunstâncias, por parte da pessoa que detém legalmente o controlo das informações, no sentido de as *manter secretas* (c).

O Código da Propriedade Industrial não refere que as informações têm que estar *legalmente* sob controlo dos seus detentores, nem especifica os tipos de práticas comerciais desleais previstos no acordo internacional. Isto é importante se pensarmos, por exemplo, que as regras de descompilação dos programas de computador justificam a licitude da obtenção e utilização das informações tecnológicas imbuídas no programa para fins de interoperabilidade, não podendo o titular dos direitos contornar o imperativo da interoperabilidade por via contratual e/ou da concorrência desleal.

De todo o modo, a protecção dos segredos de negócios não é oponível *erga omnes*, já que pressupõe a prática de um acto de concorrência desleal, isto é, de um acto de concorrência contrário às normas e usos honestos de qualquer ramo de actividade económica, nos termos da cláusula geral da concorrência prevista no art. 317.º.[129] Segundo a recente jurisprudência do STJ sobre concorrência desleal por violação de segredos (Ac. 20/9/2005), esta dá-se quando o "agente, utilizando segredo alheio, parte para a concorrência, não com as próprias capacidades, mas à custa de uma ilegítima e indevida intromissão e utilização de elementos reservados da empresa alheia, havendo, por conseguinte, um aproveitamento da prestação alheia contrária às normas e aos usos honestos."

A prática de um acto de concorrência desleal é requisito da protecção dos segredos mercantis, tal como resulta da remissão operada pelo art. 318.º para o art. 317.º. Esta solução não é universal, bastando pensar que, no vizinho direito espanhol, a protecção dos segredos, embora inserida na disciplina da concorrência desleal, não exigirá um acto de concorrência.[130]

Não obstante, no direito português, o instituto da concorrência desleal é de âmbito restrito, já que pressupõe a prática de actos de concorrência, a qual se afere por referência a um sector de actividade ou mercado relevante.[131] "O acto de concorrência desleal é, antes de mais, um acto de concorrência", o que exige "proximidade" de actividades ou "sector de mercado".[132] Este critério corresponde, de resto, à jurisprudência constante dos tribunais portugueses (STJ, Ac. 21/2/1969, BMJ n.º 184/1969, Ac. 20/ /12/1990, BMJ 402/1991, 567, Ac. 31/1/1991; RP, Ac. 12/1/1998; RC, Ac. 23/11/1999, e Ac. 12/11/2001). Como o STJ decidiu no acórdão de 11 de

---

[129] OLIVEIRA ASCENSÃO 2007a, 123.
[130] ILLESCAS ORTIZ 2002, 678.
[131] OLIVEIRA ASCENSÃO 2002f, 113-4.
[132] CARLOS OLAVO 2005, 252, 259, 262.

Fevereiro de 2003: "Para se poder falar em concorrência desleal é essencial que sejam idênticas ou afins as actividades económicas prosseguidas por dois ou mais agentes económicos" (CJ/STJ 2003, I, 93-6; v.tb. Ac. RL 16/1//2007: "Entre duas empresas de ramos completamente diferentes não poderá haver concorrência, pois uma não tirará clientela à outra. Só existe concorrência desleal quando existe concorrência."). Pode assim, na concorrência desleal, falar-se também de um princípio da especialidade, à semelhança do regime geral das marcas.[133]

Todavia, não são protegidos apenas os segredos comerciais ou industriais, já que se abrangem os segredos de negócios de qualquer ramo de actividade económica. Isto significa que, apesar de a concorrência desleal não se aplicar a actividades políticas e culturais, já serão abrangidas as actividades dos empresários não comerciantes e dos profissionais liberais. De todo o modo, para beneficiarem de protecção, os segredos de negócios de actividades económicas deverão ter valor comercial, o que poderá não suceder relativamente a algumas profissões liberais, nomeadamente a advocacia, pelo menos na parte respeitante à representação de clientes e sua defesa em tribunal. Mas já poderá ser válido, por exemplo, no sector bancário: "Se o núcleo bancário mais duro (...) vive já sob o signo da informação, muito mais isso sucede com a restante actividade do banqueiro." [134] Por outro lado, refira-se que, talvez por razões de protecção da confidencialidade da informação empresarial, o Código das Sociedades Comerciais, alterado pelo DL 76-A/2006, 29/3, prevê a possibilidade de os estatutos proibirem a efectivação do direito mínimo à informação mediante correio electrónico ou sítio na Internet (art. 288.º, 4) e a divulgação de informações preparatórias da Assembleia Geral no sítio da Internet (art. 289.º, 4).

Poderia supor-se que o Acordo ADPIC alarga a protecção de informações não divulgadas a situações de não concorrência, no caso de dados necessariamente comunicados aos poderes públicos ou organismos públicos para fins de aprovação da comercialização de produtos farmacêuticos ou de produtos químicos para a agricultura que utilizem novas entidades químicas, já que se refere a protecção desses dados contra qualquer utilização comercial desleal sem referência à concorrência (art. 39.º, 3).

---

[133] E.G. SOUSA E SILVA 1998, 377s; CORTE-REAL CRUZ 2001, 99 ("O conteúdo do direito à marca não se reconduz pois à tutela de um sinal abstractamente considerado, mas sim dum sinal em correlação com determinados produtos ou serviços concretos. Nisto consiste o chamado *princípio da especialidade* da marca.").
[134] MENEZES CORDEIRO 2006, 284.

Todavia, o âmbito de protecção destes dados é também delimitado pelo propósito de assegurar a protecção efectiva contra a concorrência desleal, conforme previsto no art. 10.°*bis* da Convenção de Paris revista (1967). Pelo que a relevância jurídica da utilização comercial desleal desses dados pressupõe ainda a prática de actos de concorrência e, desde logo, a existência de concorrentes. Ora, os poderes públicos ou organismos públicos não são, enquanto tais, concorrentes, pelo que não lhes seria oponível, nessa medida, a "propriedade intelectual" dos segredos de negócios, embora sobre os organismos públicos impendam deveres de respeito e confidencialidade desses segredos, nomeadamente na lei de acesso aos documentos da administração.

Não obstante, isto permite sustentar que a chamada "propriedade intelectual" sobre segredos de negócios não é oponível *erga omnes*, já que pressupõe, tal como prevista no Código da Propriedade Industrial, um acto de concorrência. Podia, assim, negar-se a natureza real à protecção dos segredos de negócios, por não atribuir um direito absoluto *tout court*, embora também se questione que a oponibilidade *erga omnes* seja elemento essencial do direito real, ou que este seja um direito absoluto, tendo em conta os seus limites legais.[135] Com efeito, "se a propriedade é um direito absoluto, que se enfraquece pela imposição de restrições legais e regulamentares, já não é absoluto".[136]

De todo o modo, os segredos de negócios gozam de economicidade e individualidade próprias para serem considerados coisa. Por isso, não se resumem a uma mera actividade de comunicação, já que o conjunto de informações que o compõem tem um valor económico autónomo. Além disso, os segredos de negócios, em especial o saber-fazer – "ou tecnologia, no sentido de conhecimentos não patenteados e/ou não patenteáveis de carácter científico, técnico ou empírico aplicados na prática empresarial, incluindo os 'segredos da indústria ou comércio'"[137] –, são concebidos como possível objecto de relações jurídicas e "elementos ou meios empresariais"[138], pelo que não fará sentido dizer que são bens, por natureza, insusceptíveis de apropriação individual.

Basta pensar que nos negócios sobre empresas (trespasse, locação) a entrega da empresa faz-se através de um acto real, nomeadamente através da sua imissão na posse do adquirente, mediante, *inter alia*, a revelação

---

[135] OLIVEIRA ASCENSÃO 1962, 27, 271-2.
[136] SILVA PEREIRA 2005, 90 (criticando o paradoxo da definição de propriedade do código civil napoleónico).
[137] COUTINHO DE ABREU 2006, 215.
[138] Id. ibid., 216; Id. 1996, 45-52.

dos segredos de empresa, a mediação do saber-fazer, a comunicação de fontes de referência e de avaliação, ou a introdução da clientela (*Geschäftsgeheimnisse*).[139] Numa palavra, "a comunicação destas diversas informações [saber-fazer] permite a imissão do adquirente na posse do estabelecimento"[140] ou da empresa, entendida como objecto imaterial complexo[141] ou "*unkörperliche höhere Werteinheit*"[142]. A importância destes valores da empresa é de tal ordem, que se sustenta que esta pode subsistir apenas com base em sinais externos que a identificam e um mínimo de organização interna que lhe permita retomar os negócios.[143] Nesta ordem de ideias, destacámos já o relevo do saber-fazer no quadro dos acordos de franquia, caracterizando-os como licenças de exploração de empresa.[144] Um bom exemplo desta concepção de empresa e do valor do saber-fazer é oferecido pelo Código Comercial de Macau.[145]

Seja como for, interessa destacar, por agora, que o saber-fazer, incluindo os segredos de negócios, não deve ser considerado como *res extra-commercium*.

Todavia, será importante saber se não se trata de informações do domínio público. Ou melhor, até que ponto poderão ser protegidas como segredos de negócios informações não protegidas por outros direitos da propriedade intelectual, nomeadamente os direitos de autor e os direitos de patente? Os direitos de autor não protegem ideias, processos, sistemas, métodos operacionais, conceitos, princípios ou descobertas (Código do Direito de Autor, art. 1.º, 2). Por seu turno, os direitos de patente não protegem, *inter alia*, métodos matemáticos nem princípios e métodos de actividades intelectuais no domínio de actividades económicas, incluindo apresentações de informação (Código da Propriedade Industrial, art. 52.º, 1). Ora, qual é o estatuto destas informações excluídas do objecto dos direitos de autor e de patente? Trata-se de *res nullius*, que podem ser apropriadas por via da protecção dos segredos de negócios, ou antes de *res extra commercium* que pertencem ao domínio público?

---

[139] CANARIS 2000, 174-5; BAUMBACH/HEFERMEHL 1996, 1036-7; HUBMANN/GÖTTING 1998, 368-9; SCHMIDT 1999, 142-7, 159-61.
[140] COUTINHO DE ABREU 2006, 291, n. 236.
[141] FORKEL 1989, 537.
[142] BAUMACH/HEFERMEHL 1996, 88.
[143] FERRER CORREIA 1981, 22.
[144] DIAS PEREIRA 1997, 254s. No direito societário, enquanto bem susceptível de avaliação pecuniária, o saber-fazer poderá valer como entrada em espécie. Sobre a problemática, ref. PEDRO MAIA/ELISABETE RAMOS/SOVERAL MARTINS/TARSO DOMINGUES 2008, 157-8.
[145] DIAS PEREIRA 2004i, 10-1, 22; FAN/PEREIRA 2005, 37, 55.

Da nossa parte, inclinamo-nos para o entendimento segundo o qual a protecção dos segredos de negócios não pode contornar a preservação do domínio público das ideias. Ou seja, o recurso à concorrência desleal não pode servir para gerar uma forma de apropriação indirecta do domínio público[146], contornando os requisitos de atribuição dos direitos exclusivos. Nesta ordem de ideias, não nos parece de aplaudir o acórdão de 24 de Setembro de 1996, da Relação do Porto, o qual, depois de afirmar que a "concorrência desleal goza de autonomia face aos direitos privativos", concluiu que, "apesar de um invento ter já caído no domínio público, por caducidade do registo da respectiva patente, a cópia do produto inventado e sua colocação no mercado violam aquele princípio da concorrência desleal". Isto significaria, na prática, desconsiderar por completo os limites de apropriação de bens intelectuais, deixando entrar pela "janela" da concorrência desleal o que o sistema de direitos privativos deitou fora pela "porta".

Por todas estas razões, parece-nos que a protecção dos segredos de negócios deverá ser, fundamentalmente, protecção de saber-fazer, tal como este é caracterizado nos termos dos regulamentos comunitários sobre transferência de tecnologia (e.g. Regulamento 772/2004, da Comissão, de 27 de Abril de 2004). Isto significa que nem todas as informações confidenciais das empresas constituem saber-fazer para efeitos de protecção no quadro da propriedade intelectual e da concorrência desleal, sem prejuízo de protecção por outros meios.

A qualificação do saber-fazer (ou "situações de facto com valor económico") como objecto de direitos reais é negada mesmo pela doutrina que defende a protecção da empresa pelo direito de propriedade.[147] No direito comparado, tal qualificação também está longe de ser consensual. Enquanto uns negam a tutela geral mediante um direito absoluto dos segredos enquanto tais (Ascarelli), outros sustentam a protecção do saber-fazer (secreto) através de um direito de exclusivo "imperfeito" (Troller). No direito alemão, apesar de a jurisprudência superior (BGH) qualificar esta figura como um direito de exclusão, a doutrina que nega o *Recht am Unternehmen*, seja como direito subjectivo absoluto, seja como direito especial (§ 823 I BGB), considera que se trata aqui de uma forma de protecção jurídico-empresarial dos segredos de empresa, apelando, recorrentemente, a um critério de ponderação de interesses (Baumach/Hefermehl). No *Common Law*, aceita-se que o saber-fazer tecnológico, pelo menos no que respeita aos segredos de

---

[146] BERTRAND 2003, 30.
[147] ORLANDO DE CARVALHO 1977, 189, e em nota; COUTINHO DE ABREU 2006, 291.

comércio e indústria, poderá ser tratado como uma forma de propriedade intelectual, uns abertamente (Bainbridge), outros com reservas (Cornish). Nos EUA, a "doutrina dos segredos de comércio" aproxima esta figura do "direito da moralidade comercial", embora alguns pareçam inclinar-se para a concepção do direito exclusivo de propriedade intelectual, tal como o fez o Supremo Tribunal dos EUA no caso *Ruckelshaus v. Monsanto* (1984), afirmando a natureza jurídica do *trade secret* como direito de propriedade, pois que é "produto do trabalho e do engenho de um indivíduo"; ou, na formulação do caso *In re Iowa Freedom of Information Council* (2d. Cir. 1984): "Trade secrets are a peculiar kind of property. Their only value consists in their being kept secret. If they are disclosed or revealed, they are destroyed."[148]

Seja como for, a protecção dos segredos de negócios no âmbito da concorrência desleal significa que a oponibilidade do direito exclusivo é limitada aos concorrentes que actuam no sector de actividade (ou mercado relevante) do titular dos segredos. Por isso, quando muito, poderia falar-se numa «propriedade concorrencial», se se convencionar uma noção jurídica de propriedade com essa elasticidade. O ponto suscita-nos dúvidas, já que a protecção dos segredos se localiza no quadro da disciplina da concorrência desleal, a qual resulta do *numerus clausus* dos direitos da propriedade intelectual.[149] Ao contrário da concorrência desleal, os direitos de propriedade intelectual, pelo menos no domínio das actividades económicas, são oponíveis *erga omnes*, mesmo contra não concorrentes, i.e. ainda que não esteja em causa a disputa de um mercado principal ou secundário. Ao invés, a localização da protecção dos segredos no campo da concorrência desleal implica a limitação da sua oponibilidade dentro desse círculo.[150]

Pode dizer-se que, à semelhança dos direitos de propriedade intelectual, a protecção dos segredos através da concorrência desleal confere poderes oponíveis contra todos (*erga omnes*) os concorrentes, já que não pressupõe nem resulta de acordos *inter partes*. A menos que se entenda que os concorrentes estão tácita ou implicitamente vinculados por deveres de lealdade decorrentes das normas e usos honestos do respectivo sector económico. No domínio penal, sustentou-se já que o bem jurídico tutelado pela disciplina da concorrência desleal seria a própria "lealdade mercantil".[151]

---

[148] C/ ref. DIAS PEREIRA 2002a, 475-6; M.G. FIGUEIREDO DIAS 1995, 37s.
[149] FEZER/HAUSMANN/OBERGFELL 2005, 17, 41.
[150] OLIVEIRA ASCENSÃO 2002f, 468.
[151] FARIA COSTA 2003b, 38-9 (colocando todavia reservas à sua tutela penal).

A ser assim, a protecção dos segredos teria o seu fundamento não em qualquer direito exclusivo, ainda que de oponibilidade limitada à concorrência, mas antes nessas normas e usos honestos, enquanto fonte de deveres de lealdade *inter partes* ainda que sem vínculos negociais, à semelhança dos códigos deontológicos das profissões regulamentadas. Independentemente de direitos exclusivos, os concorrentes estariam em relação pelo simples facto de disputarem um determinado mercado, devendo por conseguinte observar as normas e usos honestos dessa disputa. Esta seria, em suma, a razão de ser da protecção dos segredos de negócios.

Note-se, todavia, que a protecção da concorrência desleal não é imune às exigências da liberdade de concorrência. Por exemplo, um dos objectivos da nova lei alemã da concorrência desleal (*Gesetz gegen den unlauteren Wettbewerb*), de 3 de Julho de 2004, terá sido o melhoramento da transparência do mercado, incorporando diversos deveres de informação impostos por directivas comunitárias em vários domínios.[152] Por outro lado, o facto de a concorrência geral ser formulada mediante uma cláusula geral (§ 3), ilustrada por um catálogo de exemplos (§ 4) e com certas proibições específicas (§§ 5-7)[153], não significa que a concorrência desleal seja uma "porta aberta" para o alargamento casuístico dos direitos exclusivos, devendo ser concretizada em conformidade com as exigências do direito constitucional e subordinada ao respeito pelos direitos humanos.[154] No Reino Unido, a Lei dos Direitos Humanos (*Human Rights Act* 1998), que incorporou a CEDH, é apontada no sentido da tendencial subordinação dos segredos às exigências do interesse público da liberdade de informação.[155]

Ora, se "o segredo é alma do negócio", a "alma do direito" não se limita ao mundo dos negócios.[156] Pelo que a protecção dos segredos de negócios, para além de ser limitada à concorrência e pelas exigências da concorrência, poderá ceder também perante outros valores fundamentais, como as liberdades de informação e expressão, aprendizagem e ensino, ou criação cultural.

---

[152] FEZER/HAUSMANN/OBERGFELL 2005, 20.
[153] HARTE-BAVENDAMM/HENNING-BODEWIG 2004, 34-5.
[154] Id. ibid., 40.
[155] DAVIS 2005, 318 (referindo o caso *Spycatcher*).
[156] CABRAL DE MONCADA 1966, 307 ("Um Estado que declaradamente confessasse só prestar culto a interesses materiais, qual simples sociedade comercial, sem um mínimo de preocupação com outros valores mais altos, mesmo que menos sinceramente proclamados, segundo as conveniências de qualquer ideologia, seria tão difícil de conceber como uma religião que declarasse professar o ateísmo ou uma arte que declarasse estar só ao serviço de puros interesses comerciais do público.").

c) *O argumento ontológico da natureza das coisas*

A base da teoria alternativa é o argumento ontológico da natureza das coisas, em perspectiva física. Só os bens corpóreos seriam, por natureza, passíveis de apropriação física, em termos de um poder directo e imediato sobre a coisa, fundamento de um *ius excluendi omnes alios*. Além disso, a corporalidade do objecto seria condição da plena *in re potestas*, no sentido de serem reservadas ao proprietário todas as utilidades da coisa (*utendi, fruendi e abutendi*). Ora, ao invés disso, as criações do espírito humano, pela natureza das coisas, constituiriam bens insusceptíveis de apropriação individual, sendo livres as suas utilidades primárias.

i. A insusceptibilidade de apropriação individual das coisas incorpóreas

Todavia, este entendimento da natureza das coisas toma como certo o que é discutível.[157] Já Isay defendia (*Rechtnorm und Entscheidung*, 81) que "não há nenhuma 'natureza das coisas' de que se possam extrair normas de direito".[158]

Além disso, no plano do direito positivo, suscita-se a questão de saber se os objectos da propriedade intelectual são coisas fora do comércio, isto é, coisas que não podem ser objecto de direitos privados, tais como as que se encontram no domínio público e as que são, por sua natureza, insusceptíveis de apropriação individual (Código Civil, art. 202.º, 2), por exemplo "a luz ou o calor solar ou o ar atmosférico (…) as estrelas, incluindo o próprio sol, em si mesmo, os planetas, etc.".[159] Trata-se de saber, afinal, se a propriedade intelectual não é uma forma de direitos privados, por força da natureza dos seus objectos, que são legalmente qualificadas como coisas incorpóreas, nomeadamente as obras literárias e artísticas (CDA, art. 10.º, 1).

Para começar, se assim fosse – i.e. se as obras fossem, por sua natureza, insusceptíveis de apropriação individual –, não seria razoável o Código Civil estabelecer a propriedade intelectual como forma de direitos privados. Ou seja, não seria razoável estabelecer estes direitos e, ao mesmo tempo, considerar os seus objectos coisas fora do comércio. Critica-se por isso o requisito da insusceptibilidade de apropriação individual. Aliás, a própria noção legal de coisa do Código Civil (art. 202.º, 1) é desprovida de rigor científico sendo por isso geralmente desconsiderada pela doutrina.[160]

---

[157] ENGISH, 387; ZIPPELIUS 1994, 97-8.
[158] Cfr. ORLANDO DE CARVALHO 1967, 799, n. 191.
[159] MANUEL DE ANDRADE 1970, 259-260.
[160] C/ ref. DIAS PEREIRA 2001a, 134-41; cfr. SANTOS JUSTO 2007, 121.

ii. A possível coisificação de bens incorpóreos, incluindo bens da personalidade

Apesar da sua fórmula infeliz, a noção legal de coisa permite considerar como tal todas as coisas não corpóreas que podem ser objecto de relações jurídicas, tais como bens da personalidade, para além dos direitos e dos bens imateriais previstos e regulados nos regimes especiais da propriedade intelectual. Esse é o sentido que propomos recuperar da doutrina tradicional, que considera certos bens da personalidade como coisas incorpóreas.[161]

A coisificação de certos bens da personalidade não significa necessariamente a sua redução a objectos de direitos de propriedade: "Das Persönlichkeitsrecht ist kein Herrschaftsrecht wie das Eigentum".[162] Por isso, não acolhemos a teoria dos direitos de propriedade sobre aspectos da personalidade que se pratica no *Common Law* e, apesar de o Código Civil conferir tutela aquiliana ao crédito ou bom nome das pessoas jurídicas (art. 484.°), temos sérias dúvidas quanto à proposta de um direito geral de personalidade de protecção funcional das pessoas jurídicas.[163]

No direito anglo-saxónico, ao lado do chamado *right of privacy*, de natureza pessoal e intransmissível, afirmou-se a categoria do *right of publicity*, isto é, o direito exclusivo e disponível de controlar o aproveitamento do valor comercial das características da personalidade. Em suma, o *"Right of Publicity* é um direito de propriedade transferível".[164] Tal como a jurisprudência norte-americana estabeleceu no caso *Estate of Elvis Presley v Russen* (1981), o *right of publicity* significa "o direito de um indivíduo, especialmente uma figura pública ou uma celebridade, controlar o valor comercial e a exploração do seu nome e imagem ou aparência, e de impedir os outros de se apropriarem injustamente deste valor para seu benefício comercial."[165]

De todo o modo, estando em causa a protecção da integridade de cada um e não apenas informação[166], será algo impróprio recorrer à propriedade para albergar todos os direitos privativos, incluindo os *iura in se ipsum* sobre informação pessoal. Mas o legislador parece não se impressionar com isso. Na lei da informação genética pessoal e informação de saúde (Lei

---

[161] MANUEL DE ANDRADE 1970, 248-9.
[162] BAUMACH/HEFERMEHL 1996, 103.
[163] KAU 1989, 91.
[164] GÖTTING 1995a, 191.
[165] DAVIES/NAFFINE 2001, 126; v. tb. MCCARTHY 2001, BEVERLEY-SMITH 2002.
[166] BULMAN 2003, 118 ("people must be able to control their personal information because it is ultimately at stake is not this information alone, but the integrity of the self.").

12/2005, 26/1), dispõe que "a informação de saúde, incluindo os dados clínicos registados, resultantes de análises e outros exames subsidiários, intervenções e diagnósticos, é propriedade da pessoa" (art. 3.º, 1).

Este recurso à propriedade sobre a informação pessoal de saúde poderia servir de justificação a uma propriedade sobre a imagem pública. Seja como for, no que respeita ao direito à imagem pública, parece-nos que a figura do *right of publicity*, enquanto direito de propriedade sobre certos bens da personalidade contraria, a nosso ver, os limites de disponibilidade dos direitos pessoais. O mesmo vale para formas de apropriação indirecta da informação pessoal, por exemplo através do direito especial do fabricante de bases de dados, podendo até consistir numa violação de direitos do homem.[167]

Aliás, o problema coloca-se, de um modo geral, relativamente a todos os sinais distintivos constituídos por nomes de pessoas. Nestes casos, os sinais distintivos não constituem objectos puros da propriedade industrial, por suscitarem problemas de natureza atinente ao direito geral de personalidade, ou seja, à protecção da pessoa no "son *être* et *devenir*".[168] Pense-se, por exemplo, no caso das chamadas "marcas patronímicas", isto é, marcas constituídas pelo nome de pessoas. Não obstante constituírem bens imateriais capazes de fruição económica, encontram-se incidivelmente ligados à pessoa, afectando, desde logo, a tutela do seu direito especial de personalidade: o direito ao nome.

Ora, apesar de o titular da marca gozar sobre esta de um "direito real (absoluto)"[169] – no sentido de que será oponível a todos os que utilizem a marca em actividades económicas, ainda que não concorrentes –, já na marca patronímica, em termos semelhantes aos da firma, são afectados valores ligados à protecção do direito de personalidade. Essa protecção obsta à pura reificação da personalidade, na medida em que esta seja incompatível com a *dignitas humana* que o "*ius in se ipsum* radical" do "livre desenvolvimento da personalidade" tutela.[170]

Note-se, todavia, que o consentimento da pessoa exclui a ilicitude do acto lesivo dos seus direitos de personalidade na medida em que esse consentimento não seja contrário a uma proibição legal ou aos bons costumes (art. 340.º, 1 e 2). De um modo geral, os negócios que têm por objecto a limitação consentida de direitos de personalidade não são, necessariamente, ofensivos aos bons costumes, nem prosseguem, de igual modo, um fim

---

[167] CORBETT 2006, 83.
[168] ORLANDO DE CARVALHO 1973, 11.
[169] FERRER CORREIA 1973, 360.
[170] ORLANDO DE CARVALHO 1981, 180.

contrário à lei, à ordem pública ou aos bons costumes.[171] Mas isso não significa que possam ser objecto de negócios translativos de direitos "absolutos" como em última análise caracterizará a propriedade.[172]

Nos sinais distintivos patronímicos, como as firmas-nome, deve entender-se que não se trata de um puro direito de personalidade, mas antes de um direito sobre bem imaterial[173], cuja natureza real, embora sustentável[174], não deverá, em última análise, impedir a tutela dos interesses pessoais do titular do nome. Eventualmente será de considerar a aplicação neste domínio em termos análogos de figuras dos direitos de autor, como o direito de retirada.

iii. Obras literárias e artísticas, *res communes omnium*, *res nullius*, e o valor normativo do argumento ontológico

A análise precedente permite compreender que o entendimento de que as obras literárias e artísticas são insusceptíveis de apropriação individual contrasta, no mínimo, com o consenso doutrinal em matéria de objecto de relações jurídicas. Com efeito, apesar das divergências que existem na doutrina sobre os elementos que compõem o quadro de objectos de direitos privados, os bens imateriais que constituem objecto dos direitos de propriedade intelectual são aí consensualmente integrados enquanto coisas incorpóreas.

Isto significa que as obras literárias e artísticas e outros objectos dos direitos de autor e conexos não são, por natureza, *res communes omnium*, nem *res nullius*. O argumento ontológico da "natureza das coisas" inspirar-se-á, certamente, na arqueologia da Escola Histórica do Direito, sistematizada pela primeira pandectística germânica, e projecta-se numa pré-compreensão da propriedade prejudicada pela natureza corpórea da *res*, que informa o respectivo conceito jurídico enquanto elemento essencial (*ratio essendi*). Contudo, da fonte legislativa foram lançados dados que colocam o ónus da argumentação sobre quem quiser elidir a solução do legislador, que se presume razoável.

O legislador terá decidido atribuir, em certos casos, direitos especiais de propriedade sobre determinadas coisas incorpóreas. A especialidade dos

---

[171] Id. ibid., 183-5.

[172] Recorde-se PINHEIRO-FERREIRA, 898 ("Todos sabem que o direito de propriedade, intendido no sentido mais lato, significa o direito da livre disposição do objecto de que se tracta.").

[173] CANARIS 2000, 218-9, 249.

[174] COUTINHO DE ABREU 2006, 172.

direitos de propriedade intelectual decorre da especial natureza das coisas sobre as quais incide: a sua imaterialidade ou incorporalidade. Ou seja, ao invés de as submeter ao formato tradicional da propriedade, o legislador instituiu regimes jurídicos *análogos à natureza das coisas* que regulou.[175]

Esta natureza não é incompatível com o direito de propriedade, embora justifique especificidades de regime. Numa palavra, acolhemos o argumento ontológico, não como um impedimento absoluto à instituição de direitos de propriedade sobre coisas incorpóreas, mas antes como uma condicionante da configuração jurídica do respectivo regime.

Neste sentido, a propriedade intelectual constitui uma nova "série de tipos" ("Typenreihen")[176] de direitos de propriedade, cuja diferença e autonomia o legislador terá respeitado, não apenas em termos de ordenação sistemática, mas também em matéria de regime aplicável. Primeiro, dispôs que o direito de propriedade regulado no Código Civil só pode ter por objecto as coisas corpóreas. Segundo, regulou os direitos de propriedade intelectual em "legislação especial". Terceiro, estatuiu que as disposições do Código Civil são subsidiariamente aplicáveis a estes direitos quando se harmonizem com a sua natureza e não contrariem o regime para eles especialmente estabelecido.

No fundo, é o próprio Código Civil que reconhece a natureza especial dos direitos de propriedade intelectual, que todavia não é considerada razão suficiente para justificar o seu afastamento do quadro dos direitos de propriedade.

2.4. *O ancoramento dos direitos de autor na liberdade de criação cultural, sem prejuízo do seu valor como direitos exclusivos de exploração económica*

A propriedade intelectual não se confunde com, nem resulta da mera adição dos princípios e das regras dos "direitos de autor" e da propriedade industrial, somando-lhes os regimes especiais que gravitam em torno dos respectivos Códigos. Ao utilizar a expressão propriedade intelectual, o legislador não está a remeter o intérprete, nem para uma colectânea de legislação

---

[175] DIAS PEREIRA 2001a, 157.

[176] LARENZ/CANARIS 1996, 298. Para uma concepção serial de sistema, BRONZE 1993, 195; VIEHWEG 1995, 114 ("'System' may mean nothing but a combination that makes up a whole in a certain sense. Even a merely enumerative (e.g. alphabetical) combination of the viewpoints suitable in a certain field is a system, namely a *serial system*.").

desconexa e fragmentária, nem para dois direitos codificados com indexação de respectivos diplomas avulsos. Antes pelo contrário, o direito português consagrou, em termos relativamente pioneiros, uma categoria autónoma, com identidade e unidade suficientes para figurar a *se stante* no quadro dogmático do direito privado. Para ilustrar figurativamente esta concepção propõe-se a figura do "arquipélago" de direitos de propriedade intelectual, marcados por uma "filosofia comum", segundo "uma abordagem, liberta de pressupostos (...) que apreenda o fenómeno da criação do espírito na sua unidade".[177]

Com efeito, os direitos de propriedade intelectual são informados por uma específica intenção de justiça, decorrente do valor comunitário constitucionalmente consagrado na liberdade de criação cultural (art. 42.º), que integra o direito ao livre desenvolvimento da personalidade.[178] Os bens protegidos no quadro da propriedade intelectual são "criações do espírito", i.e. frutos da "liberdade de criação cultural".

Nessa medida, ao invés da dicotomia tradicional[179], juntamo-nos aos que sustentam a unidade funcional dos direitos de propriedade intelectual com base na identidade comum, quer da natureza incorpórea do objecto – que é reconduzível genericamente a informação: "informação técnico-industrial" nas patentes e afins, "informação comercial" nas marcas e semelhantes, e "informação estético-industrial" nos direitos de autor e conexos[180] –, quer do fim de promoção da liberdade de criação cultural que os anima relativamente aos direitos atribuídos sobre criações intelectuais.[181]

Não obstante, a prossecução deste fim último faz-se no contexto de uma economia de mercado, que opera em termos de concorrência empresarial e em respeito pelos direitos dos consumidores. Vale isto por dizer que os objectos dos direitos de propriedade intelectual são bens capazes de fruição económica no mercado, ou seja, são bens mercantis. Pelo que, enquanto exclusivos de concorrência[182], estes direitos são especialmente sensíveis às exigências da concorrência mercantil.

Nesta outra dimensão, tal como Lehmann enunciou a teoria dos *property rights* no campo da propriedade intelectual, por referência à teoria das recompensas de Adam Smith, trata-se de "restrições temporárias e espe-

---

[177] VIVANT 1995, 415-8, e 1997, 23.
[178] P. MOTA PINTO 1999, 207.
[179] OLIVEIRA ASCENSÃO 1988, 401.
[180] GÓMEZ SEGADE 2000, 9.
[181] Cfr. DIAS PEREIRA 2001a, 178-9.
[182] GROSHEIDE 1994, 299.

cíficas à concorrência que, a longo prazo, servem para melhorar o bem estar de um sistema de economia de mercado: são restrições da concorrência criadas artificialmente para promover a concorrência e a produção de bens especialmente desejados pela sociedade."[183]

De resto, é forte a tendência para a aproximação dos direitos de autor à propriedade industrial, diluindo-se, de algum modo, a tradicional dicotomia entre arte e técnica. Basta pensar, nomeadamente, na equiparação, no âmbito da propriedade intelectual, dos programas de computador aos textos literários. Deve reconhecer-se uma dimensão artística à técnica e uma dimensão técnica à arte[184], mas, de todo o modo, isso não significa equiparar as diferentes obras do espírito humano para efeitos de protecção legal.

3. Acolhimento da doutrina alternativa no plano funcional

"The life of the law has not been logic, it has been experience"
(Holmes, *The Common Law*, 1881)

3.1. *O argumento do direito natural como pressuposto e limite dos direitos de autor*

A teoria da propriedade intelectual encontra o seu fundamento na capacidade criadora e inventiva do engenho humano, afirmando-se, no período do iluminismo, como um direito natural. "Com novos fundamentos a protecção jurídica das criações espirituais foi elaborada através da teoria do direito natural (*Naturrechtslehre*) e da filosofia das luzes (*Philosophie der Aufklärung*). O indivíduo, cuja força criadora e inventiva conduziu neste tempo a descobertas e novidades transformadoras nas ciências da natureza e da técnica, foi de ora avante colocado no lugar central. Junto dos inventores, filósofos e juristas firmou-se a convicção de uma propriedade natural (*natürlichen Eigentum*) sobre os produtos criados pelo espírito humano."[185]

a) O "trabalho criativo" como "bem supremo" e a Überzeugungskraft *da ideia de propriedade intelectual*

O pensamento utilitarista anglo-saxónico elevou o trabalho ao "maior dos bens": "'O trabalho, pai da riqueza: o trabalho, o maior dos bens...',

---
[183] LEHMANN 1983, 356.
[184] DIAS PEREIRA 2002a, 485.
[185] HUBMANN/GÖTTING 1998, 20.

escrevia Bentham".[186] Deve-se ao pensamento de Locke o princípio segundo o qual, enquanto exercício da liberdade, o trabalho seria fundamento da propriedade[187], com base no princípio de justiça *suum cuique tribuere*, isto é, "atribuir [...] a cada um o que é seu [...] 'atribuir' *algo* ou *propriedade* ou *posse* ou *propriedade* e *posse* duma coisa"[188]. De resto, a consideração da propriedade como elemento natural da economia encontra-se já na obra aristotélica: "Os elementos da casa são o homem e a propriedade".[189]

Na sua origem, o argumento do direito natural serviu, com proveito, o propósito de estabelecer um quadro de protecção jurídica dos engenhos do espírito humano em benefício dos autores. Todavia, o alargamento e aprofundamento do nível de protecção, associando-se ao facto de os seus principais beneficiários serem as empresas comerciais que operam no mercado dos bens culturais, têm suscitado uma reacção forte por parte dos estudiosos da propriedade intelectual. Fala-se na "apropriação do direito de autor pela empresa" e apela-se à reconsideração do tema "desde a raiz".[190]

Ao ponto de se entender que o problema não é a falta de protecção, mas antes o seu excesso. Este excesso resultaria do fundamento jusnaturalista da propriedade intelectual, no sentido de tornar natural cada reforço de protecção. Com efeito, face ao fundamento tradicional do direito natural, não seria a protecção que deveria ser justificada, mas antes a sua restrição, como se a propriedade intelectual fosse naturalmente um direito absoluto e perpétuo. A *Überzeugungskraft* da ideia de propriedade intelectual de que falava Hubmann, inverte o ónus da argumentação, no sentido de tornar natural a sua protecção e artificial a sua restrição.

b) A denúncia da "visão romântica da autoria" na narrativa iluminista

Contra a visão jusnaturalista dos direitos de autor têm surgido novas propostas, em especial na literatura norte-americana. Denuncia-se a narrativa das "linguagens do iluminismo" e da "visão romântica da autoria", que teriam por função legitimar o "autor imperial" e a "ideologia da autoria" em favor dos privilégios comerciais das empresas de software e de biotecnologia.[191]

---

[186] ANA LEONOR PEREIRA 1990, 175.
[187] HUGHES 1988, 287; OSÓRIO DE CASTRO 2000.
[188] SEBASTIÃO CRUZ 1984, 14-5.
[189] ARISTÓTELES 2004, 37.
[190] OLIVEIRA ASCENSÃO 1994, 1053, 1055.
[191] BOYLE 1996, xiii ("The true irony comes when we find that large companies can use the idea of the independent entrepreneurial creator to justify intellectual property rights *so* expansive that they make it much harder for future independent creators actually to create.").

Em alternativa propõe-se, entre outros aspectos de regime, uma duração do *copyright* de 20 anos (1), ampla liberdade de *fair use* para jornalismo, ensino e paródia (2), protecção do software por direito *sui generis* com liberdade de interoperabilidade (3), sujeição das variedades vegetais a um imposto de 10% distribuído em partes iguais pelas comunidades indígenas e por um fundo para promover a diversidade biológica (4), e sujeição dos direitos de propriedade intelectual a uma auditoria sobre os seus efeitos promocionais ou inibidores da inovação, bem como aos seus efeitos monopolísticos e anti-competitivos (5).[192]

Esta perspectiva entronca na teoria crítica do direito e situa-se no plano da reflexão filosófica e política. Adiante serão consideradas outras abordagens de matriz instrumental ou funcional.

3.2. *O relevo dos argumentos funcionais na configuração do regime dos direitos de autor*

Da nossa parte, entendemos que o direito natural dos criadores não é fundamento bastante da propriedade intelectual, antes deve conjugar-se com argumentos de índole funcional ou instrumental. Neste ponto, reconhecemos e destacamos o contributo da teoria alternativa à propriedade intelectual, sem todavia abdicarmos desta última, pois não temos por esgotado o poder de convicção da ideia de propriedade intelectual: "Die «Überzeugungskraft der Idee vom Geistigen Eigentum» (Hubmann) ist noch lange nicht erschöpft."[193]

Os argumentos de índole funcional ou instrumental justificam a propriedade intelectual se e na medida em que esta contribua para o desenvolvimento de valores comunitários essenciais, ou seja, a propriedade intelectual existirá se e na medida em que sirva adequadamente o interesse geral, já não apenas para satisfazer interesses e pretensões dos autores e dos exploradores das suas criações intelectuais. Este enfoque justifica-se tanto mais quanto se considerar que a propriedade intelectual está a viver um tempo de "explosão fantástica"[194], sobretudo pela mão do legislador comunitário.

Actualmente, o debate centra-se na necessidade de um enfoque dos direitos de autor que atenda aos seus efeitos económicos e sociais, partindo do princípio da *não neutralidade* dos direitos intelectuais[195] e de que o

---

[192] Id. ibid., *passim*.
[193] WÄDLE 1996, 13.
[194] VIVANT 2004, 393.
[195] OLIVEIRA ASCENSÃO 2006a, 165.

debate académico não deve demitir-se de participar na discussão das grandes opções de política legislativa.[196]

A concepção funcional dos direitos de autor é uma componente fundamental da tradição dos países anglo-saxónicos. A Lei da Rainha Ana de Inglaterra (1710) começou por colocar esta primeira lei moderna do *copyright* ao serviço da promoção da aprendizagem: "An act for the encouragement of learning, by vesting the copies of printed books in the authors or purchasers of such copies, during the times therein mentioned." A fórmula é retomada pela Constituição Americana: "The Congress shall have power ... to Promote the Progress of Science and useful Arts, by securing for limited Times to Authors and Inventors the exclusive Right to their respective Writings and Discoveries" (Art. 1, § 8, cl. 8.).

Em vista da função constitucional que o justifica, o *copyright* é analisado enquanto instrumento de regulação económica, social e cultural, justificando-se as suas soluções pelas vantagens e desvantagens que produza, numa lógica custo/benefício tributária da análise económica do direito. Nesta ordem de ideias, destaca-se a importância da análise económica ao nível da adopção de novas leis ou alteração das existentes e, também, ao nível da interpretação.[197]

a) Sentido e limites da análise económica dos direitos de autor

Da nossa parte, concordamos com essa abordagem, sem todavia diluir o direito na análise económica. Numa palavra: "A análise económica do direito, a que não seremos nós a negar interesse, poderá constituir, pensamos, uma ciência auxiliar do direito, mas não *tout court* ciência do direito".[198] É um método importante, mas "não basta".[199]

Até porque a análise económica não é uma via única, antes uma rede de teorizações, com opiniões para todos os gostos.[200] Ao ponto de os direitos de autor poderem ser pura e simplesmente abolidos, a fazer fé numa certa análise económica do *copyright*, a qual, à pergunta do que se ganharia com a abolição do *copyright* nos livros, responde: preços mais baixos e

---

[196] HUGHES 1999, 923.
[197] SAMUELSON 2001, 417, e 2004, 11; v.tb. GRANSTRAND 2003, KOELMAN 2004, 629-33; HEIDE 2004, 67-86; EINHORN 2004.
[198] SINDE MONTEIRO 1981, 249.
[199] WANDTKE/BULLINGER/*WANDTKE* 2006, 5.
[200] ALMEIDA GARRETT 2002, 373s; COTTER 2004, 342 ("It is also equally important to remember what economics can (maybe) tell us and what it cannot, lest we put too much faith in a particular version of economic reasoning.").

distribuição mais ampla (1), eliminação dos custos de transacção resultantes da necessidade de obter autorizações de edição (2), limitação do poder de mercado dos editores (3)...[201]

Em suma, os direitos de autor poderiam ser custos de transacção ilegítimos contrários ao mercado de livre concorrência, ressalvando-se todavia não estar em causa sustentar a abolição dos direitos de propriedade intelectual.[202]

i. A teoria económica como *big-brother* dos direitos de autor?

Somos sensíveis a estas abordagens e nelas procuramos encontrar ferramentas de auxílio à tarefa interpretativa. O direito natural dos criadores poderá justificar a apropriação jurídica das obras originais, mas pouco mais. A medida da originalidade, o âmbito do objecto de protecção, a titularidade (derivada) dos direitos e o seu conteúdo positivo, bem como os respectivos limites, tudo isto são questões de regime para as quais o dogma da autoria criadora, só por si, já não tem resposta suficiente. Isto não significa o abandono desse dogma, que permanece como pressuposto e limite dos regimes legais (e.g. em matéria de reconhecimento de direitos morais e de atribuição originária dos direitos).

Mas, daí a reconhecer à teoria económica o papel de "big brother" dos direitos de autor[203] vai um passo que não damos – se quisermos evitar o possível "desterro do sentido humano do direito".[204] De resto, há muito que entre nós se denunciou a sujeição do logos jurídico ao estrito logos economicista, considerando-se os "essencialismos económicos verdadeiros juridicismos perifrásticos ou de jogo oculto."[205] Esta afirmação não podia vir mais a propósito no domínio que tratamos, sendo de extrema actualidade e pertinência.

ii. Méritos da teoria económica

Todavia, dentro das amplas margens que se abrem entre o pressuposto e o limite, pensamos que os argumentos decisivos serão já de índole funcional ou instrumental. Poderá até, sem se ceder a "nenhuma funcionalização

---

[201] LANDES/POSNER 1989, 325; POSNER 1998, 391.
[202] LANDES/POSNER 2003, 9 ("The economic case for abolishing intellectual property rights has not been made.").
[203] TRABUCO 2006, 193, n. 202 (atribuindo à teoria económica, com RICHARD WATT, o papel de um "*big brother role for* copyright").
[204] ALMEIDA COSTA 2008, 145.
[205] ORLANDO DE CARVALHO 1967, 815.

do direito"²⁰⁶, defender-se que "a instância de controle, «o Leitbild» decisório, tem de decorrer da função que o Direito desempenha".²⁰⁷

Não vamos tão longe. Interessa-nos apenas reconhecer que, em termos de pensamento jurídico, a análise económica, enquanto corrente do "funcionalismo"²⁰⁸, poderá fornecer contributos importantes, nomeadamente por não estar subordinada às "tecnicidades jurídicas" (*legal technicalities*) que por vezes dificultam a compreensão da *policy* que anima os regimes legais.²⁰⁹ Neste sentido, concebendo-se o *copyright* como uma importante forma de regulação económica, aponta-se um papel cada vez mais relevante à análise económica ao nível da configuração do regime legal do *copyright* e da sua interpretação.²¹⁰ Em causa está um mercado que representará cerca de 3% do PIB mundial, cabendo metade às indústrias editoriais.²¹¹

Ora, a teoria alternativa tem o mérito de chamar a atenção para os argumentos da análise económica, numa perspectiva de realismo jurídico.²¹² O pensamento económico tem desde logo o mérito de mostrar que a informação e o conhecimento são bens não sujeitos à rivalidade do consumo²¹³ e de chamar a atenção para a necessidade de manter formas fundamentais do conhecimento, como teoremas matemáticos, fora do sistema da propriedade intelectual.²¹⁴ Estes bens, pelo seu valor universal, deveriam permanecer como valores inapropriáveis, sendo a eficiência da sua produção e a equidade da sua utilização baseadas em acções colectivas.²¹⁵

A análise económica traz também à evidência certos paradoxos do aumento da duração de protecção, que se considera desnecessário para além de cerceador da liberdade de criação cultural e de outras liberdades humanas fundamentais exigidas num regime democrático. Nesse sentido, deveria

---

[206] Id. 1996, 11.

[207] Id. 1997a, 85.

[208] CASTANHEIRA NEVES 1993, 289; 2006 e 2007, *passim*.

[209] LANDES/POSNER 2003, 10 ("There are more distinctions in law than there are meaningful differences." – 420); tb. SAG 2006, 249 ("Economic analysis is particularly useful in that it allows us to simplify complex problems to see the larger picture and to abstract from specific situations to more general principles.").

[210] SAMUELSON 2004, 20-1.

[211] HAMMES 1998, 33.

[212] EECHOUD 2003, 167 ("The economic and moral interests of the right owner (justice argument), are weighed against the general interest in an optimal production and dissemination of information goods (utilitarian or instrumental argument).").

[213] ARROW 1999, 5s; STIGLITZ 1999, 309 ("Knowledge is nonrivalrous.").

[214] STIGLITZ 1999, 320 ("basic research and many other fundamental forms of knowledge are not, and almost certainly should not be, protected by an intellectual property regime.").

[215] Id. ibid., 321 ("The efficient production and equitable use of global knowledge require collective action.").

hesitar-se tanto em abolir a protecção do *copyright* como em alargá-la ou reforçá-la.[216] O horizonte temporal da protecção deveria durar apenas pelo prazo necessário ao retorno do investimento do editor, que não excederia entre 15 a 20 anos, mesmo no que respeita às mais complexas enciclopédias.[217]

Em conformidade, defende-se um sistema alternativo de duração renovável em substituição do actual sistema de um período muito longo de protecção (70 anos p.m.a.), introduzido pela Lei *Sonny Bono (Copyright Term Extension Act*, 1998) e que teve como efeito, nomeadamente, impedir a queda no domínio público do *Mickey Mouse*.[218] Não obstante todas as críticas – nomeadamente por ser paradoxal o alargamento do prazo com o objectivo de incentivar a criação de obras relativamente ao reforço da protecção das obras já existentes[219] –, esta lei foi julgada conforme com a constituição norte-americana na decisão muito polémica do caso *Eldred v. Ashscroft* (15/1/2003), embora também haja quem concorde com a decisão de que o Congresso não excedeu os termos da autorização constitucional de legislar sobre direitos de autor.[220]

Não obstante a sua relevância enquanto ferramenta de "afinamento" da protecção legal, a análise económica acaba por não estar em contradição com as perspectivas de índole jusnaturalista, que concluem que, assim como o direito de autor surgiu como expressão do direito natural, também os limites fazem parte da natureza do direito de autor, destacando-se, porém, a importância da previsão legal ao nível da definição desses limites.[221]

Vamos deter-nos, seguidamente, na análise de algumas propostas que privilegiam uma abordagem aos direitos de autor centrada nos efeitos económicos e sociais e nos fins que lhes dão propósito. Trata-se de estudos oriundos do horizonte anglo-saxónico do *copyright*, que combatem a teoria do direito de autor como propriedade em favor da concepção dos monopólios ou privilégios comerciais, não obstante a análise económica apontar a equivalência entre a propriedade intelectual e a propriedade física.[222] Pela sua importância e actualidade, justifica-se seguir de perto as suas propostas, sem deixar de lhes apontar algumas considerações críticas.

---

[216] BREYER 1970, 307 ("the evidence now suggests that, although we should hesitate to abolish copyright protection, we should equally hesitate to extend or strengthen it.").

[217] LANDES/POSNER 1989, 329.

[218] LANDES/POSNER 2003, 210s.

[219] HEALD 2005, 491 ("One cannot provide an incentive to create a work that already exists.").

[220] DALLon 2006, 307-59.

[221] DAMSTEDT 2003, 1179.

[222] LANDES/POSNER 2003, 421 ("The basic economics of property applies equally to intellectual property and to physical property.").

b) *A teoria dos monopólios legais no copyright norte-americano*

Na obra *The Nature of Copyright: A Law of Users' Rights* (1991), Patterson e Lindberg propõem-se compreender os *copyright Fundamentals* que animam a lei norte-americana do *copyright* (US Copyright Act of 1976), tendo em conta o papel destes direitos na vida americana. O título da obra indicia a orientação preconizada pelos Autores, no sentido de a lei do *copyright* não atribuir apenas direitos aos autores mas também aos utilizadores e ao público em geral. Para esta perspectiva, o fundamento constitucional de promoção da aprendizagem está subjacente à autorização de aprovação de leis de direitos de autor, exigindo um modelo jurídico do tipo dos monopólios legais, ao invés da propriedade absoluta. A lei dos direitos de autor serviria para regular os direitos não apenas dos autores mas também dos distribuidores e, em especial, dos consumidores.

Com esta abordagem pretendem os autores contrariar as concepções dominantes mas falaciosas que caracterizam o *copyright* como um direito tão só dos autores.[223] Ao invés da interpretação mais favorável aos interesses dos titulares de direitos decorrente da concepção "proprietarista", defendem uma interpretação restritiva dos poderes concedidos pela lei, dada a natureza de direitos de monopólio consignada no *copyright*. Esta orientação tem conquistado alguns adeptos mesmo entre os cultores do *droit d'auteur*.[224]

i. A obra como bem (economicamente) livre

Nesta perspectiva, a lei de 1976 teria resolvido a questão da natureza do direito de autor a favor da teoria dos direitos de monopólio. Nos EUA, a dicotomia direito natural de propriedade (*common law*) *versus* monopólio de exploração (*statutory law*) teria passado para a dicotomia State Law / Federal Law. Ao eliminar a dicotomia federal/estadual, por via da reserva da regulação do *copyright* pelo direito federal, a lei de 1976 teria erradicado a teoria do *common law copyright*, em favor da teoria dos direitos de monopólio.[225] Ao mesmo tempo, porém, a nova lei consagrou um fundamento para o *copyright* como direito de autor através da consagração do direito de pôr termo a transmissões contratuais do *copyright*, ainda que excluído no âmbito dos trabalhos feitos por encomenda, a base do "corporate *copyright*" (USC § 203).

---

[223] PATTERSON/LINDBERG 1991, 11 ("If such fallacies go unchallenged long enough, they are likely to become a substitute for the truth.").

[224] BERTAND 2003, 27 («Les droits exclusifs doivent être accordés et interprétés 'restrictivement'»).

[225] PATTERSON/LINDBERG 1991, 118.

Por outro lado, um argumento da maior importância nesta linha discursiva é a distinção entre utilização do *copyright* e utilização da obra. Para o *copyright* seria indiferente a utilização da obra. Esta seria, por natureza, livre e assim deveria continuar, desde logo para salvaguardar a liberdade de expressão. Na perspectiva dos autores, o *copyright* seria informado por esta liberdade, que deveria ser considerada pelo legislador ao nível da elaboração dos novos regimes legais, limitando assim a índole "proprietarista" do copyright.[226]

Em virtude da garantia constitucional da liberdade de expressão, o *copyright* não poderia ser usado para fins de censura. De igual modo, embora entendam que a lei de 1976 estabeleceu uma base para a teoria dos direitos morais na legislação americana, defendem que a utilização destes direitos não deveria servir para proibir a criatividade e a liberdade de expressão, incluindo a paródia e a sátira.[227] Este último aspecto tem sido especialmente destacado, entendendo-se que os americanos dificilmente aceitariam uma lei que retirasse aos autores ou artistas o direito de utilizar significativamente uma obra protegida para "fazer troça" dela.[228]

ii. Ficções e falácias do *copyright*

Os autores chamam a atenção para o papel das ficções e falácias no direito de autor. Falaciosas ficções seriam, desde logo, o alargamento da noção de autor para abranger os empregadores, incluindo empresas, ou a concessão em 1865 de *copyright* aos fotógrafos considerando-os autores de escritos. Estes seriam exemplos de ficções legais, isto é, de regras jurídicas que como proposições de facto seriam falsas. Ora, justamente, a lei do *copyright* seria pródiga em ficções e falácias.[229]

Desde logo, a falácia de que o objectivo principal do *copyright* é beneficiar o autor, quando na verdade o objectivo primeiro, segundo a Constituição, é beneficiar o público. Depois, a falácia de que o *copyright* é propriedade privada do autor, quando se trataria antes de regulação de monopólios. A maior ficção do *copyright* – a de que o empregador é autor

---

[226] Id. ibid, 132 ("Any legal instrument that enables one to control the flow of information poses censorship dangers.").

[227] Id. Ibid., 176; v.tb. GOLDSTEIN 1970, 983.

[228] HEALD 2005, 497 ("the right to borrow heavily from a copyrighted work in order to make fun of it.").

[229] PATTERSON/LINDBERG 1991, 135-7 ("Copyright fallacies, of course, can be used as premises to generate and regenerate other copyright fallacies, often characterized by incestuous reasoning." – 141).

– ter-se-ia justificado por razões de conveniência de renovação da protecção relativamente a obras colectivas como enciclopédias e afins. Não obstante, na perspectiva dos autores, representaria uma entorse inconstitucional.

Uma outra falácia estaria ínsita no amplo direito de copiar consagrado pela lei de 1976. O *copyright* assenta no direito de copiar. Porém, na opinião dos autores, o direito de copiar seria um direito dependente, destinado a permitir aos titulares de direitos o exercício dos outros direitos, tal como a distribuição e a transformação.

Enquanto poder dependente ou instrumental, o direito de copiar deixaria de fora, desde logo, o controlo da cópia privada. De outro modo, a eliminação do direito de cópia privada permitiria aos titulares de direitos cobrarem preços monopolistas e além disso faria com que o mercado do *copyright* entrasse nas casas dos cidadãos, nas escolas e nas empresas e administrações através da imposição de uma taxa aos utilizadores.[230]

No fundo, os autores propõem um regresso às origens do *copyright*, enquanto monopólio privado de imprimir e vender livros. A disciplina do *copyright* seria, por conseguinte, uma disciplina de regulação do mercado das obras literárias e artísticas, dirigida em primeira linha aos agentes deste mercado, nomeadamente os editores e os produtores. Nesse sentido, sendo a protecção do *copyright* obtida à custa da liberdade de aprendizagem, de expressão e de outros valores fundamentais da comunidade, não existiria qualquer direito natural que *a priori* reservasse aos titulares do *copyright* todas e quaisquer novas formas de exploração económica das obras protegidas pelo *copyright*. De igual modo, este direito não seria extensível a mercados secundários de exploração das obras, enquanto não fossem expressamente previstos na lei.[231]

Assim, enquanto instrumento de regulação da concorrência no mercado das obras literárias e artísticas, o *copyright* justificar-se-ia apenas relativamente a actos de pirataria, valendo portanto um critério de interpretação restritiva no que toca aos direitos concedidos pelo *copyright*. Como requisito de protecção estaria a exigência de originalidade das obras, a justificar a concessão do monopólio.

A não verificação desse requisito, como julgado no caso *Feist Publications, Inc. v. Rural Telephone Service Co., Inc.* (1991) a propósito da pretensão de proteger pelo *copyright* uma directoria de números de telefone, impediria desde logo que o objecto ingressasse no círculo de protecção

---

[230] Id. ibid., 153, 157-8.
[231] Id. ibid., 187 ("The fact that copyright owners *can* obtain additional profits by creating a secondary market does not mean that they are or should be allowed by law to do so.").

atribuído pelo *copyright*. E ainda que se verificando o requisito da originalidade, a protecção seria restrita aos actos tipificados na lei do *copyright*, restando quanto aos demais o apelo à doutrina da "misappropriation rationale of (common law) unfair competition", estabelecida no caso *International News Service v. Associated Press* (1918), que pressupõe a prática de actos de concorrência mercantil.

De resto, o próprio requisito da originalidade comportaria uma outra falácia do *copyright*. Contra o entendimento tradicional de que o *copyright* se destina a promover a criação de obras originais, sustentam os autores que a criação deste requisito serviu, em primeira linha, para impedir que obras já caídas no domínio público ingressassem novamente na esfera do monopólio do *copyright*.[232] Por outras palavras, o requisito da originalidade servia não como condição de atribuição do prémio do *copyright* mas para proteger o domínio público cultural, impedindo que as obras já caídas no domínio público fossem novamente protegidas pelo *copyright*.

iii. Os utilizadores finais como titulares de direitos na lei do *copyright*

Para além de definir os actos reservados em exclusivo ao titular de direitos, a lei do *copyright* não se esgotaria na atribuição de um monopólio mercantil destinado a proteger os titulares de direitos na concorrência. Uma outra dimensão da lei do *copyright* é chamada para primeiro plano. Consiste em defender que a lei do *copyright* atribui direitos não apenas aos autores e editores, mas também aos utilizadores das obras, ora no que respeita ao uso privado ora no que toca a utilizações de concorrentes consideradas lícitas ao abrigo da doutrina do *fair use*.

Relativamente ao uso privado, tratar-se-ia de uma dimensão negativa do *copyright*, no sentido de que não seria abrangido no seu círculo de reserva exclusiva. Por outras palavras, o uso privado seria livre, não podendo ser condicionado pelo titular de *copyright*. O uso privado estaria ao serviço da aprendizagem ou entretenimento do utilizador, que seria livre de partilhar a obra com colegas e amigos, na medida em que não procurasse obter lucros. Enquanto tal, o uso privado não estaria sequer sujeito a apreciação no domínio da doutrina do *fair use*, já que não se trataria de actos de concorrência. Isto é, não sendo o utilizador final concorrente do titular do *copyright*, usufruiria por conseguinte da liberdade de uso privado.[233]

---

[232] Id. ibid., 192s ("The creation requirement as a condition for copyright was not designed to encourage the creations of works (...) but to protect works already in the public domain from falling back under the copyright monopoly." – 208).

[233] Id. ibid., 93-4.

Depois, na doutrina de *fair use* encontram mais um paradoxo do *copyright*, traduzido na ideia de que quanto menor o interesse científico das obras maior a protecção de que beneficiam. Isto porque a doutrina do *fair use* vai exigir um maior sacrifício aos titulares de direitos sobre obras científicas, em razão do seu mais elevado préstimo para a liberdade de aprendizagem e de educação e consequentemente para o interesse público ao serviço do qual a Constituição coloca a lei do *copyright*.[234]

A ideia central segundo a qual a lei do *copyright* atribui direitos não apenas aos autores mas também aos utilizadores derivaria da própria natureza do *copyright*. Recusando a teoria do *copyright* como direito, defendem ao invés a tese do *copyright* como privilégio: "the grant of *copyright* by Congress is not a right but a privilege".[235] Privilégio esse que estaria em primeira linha ao serviço do interesse público consubstanciado na liberdade de aprendizagem e na liberdade de expressão.

Criticam, por isso, a jurisprudência que procura construir um direito de autor que confere poder absoluto sobre as obras ao titular de direito, servindo de exemplo o caso *Sony Corp. v. Universal City Studios, Inc.* (1983). Esta jurisprudência estaria a construir um direito absoluto a partir de um privilégio. Sendo que no círculo de destinatários da proibição desse direito – ou pelo menos no seu círculo de relevância jurídica – estariam a ser incluídos cada vez mais os consumidores finais.[236] Isto é, o público em geral, e o utilizador final em particular, não teriam quaisquer direitos de utilização da obra, ficando portanto reservado em exclusivo ao titular de direitos o poder de definir as condições dessa utilização, quer por via contratual quer por meios tecnológicos.

Assim, a jurisprudência estaria a interpretar restritivamente a doutrina do *fair use*, em benefício dos titulares de *copyright*, contra os interesses e direitos constitucionalmente protegidos do público. Em especial, a nova lei de 1976 teria estendido a doutrina do *fair use* a todas as categorias de obras, pelo que seria incorrecto da parte da jurisprudência interpretar restritivamente essa doutrina à luz da jurisprudência anterior à nova lei.[237]

---

[234] Id. ibid., 210-1 ("A paradox results: the less the value of the work to society, the greater the copyright protection it receives").

[235] Id. ibid., 236.

[236] Id. ibid., 221-2 ("they want copyright to protect the work not only against the competitor but also against the customer.").

[237] Id. ibid., 222 ("law is a matter of statute as well as judicial decision, and reason commands that new statutes be interpreted in light of the language they contain rather than prior precedent decided under discarded language." – 227).

No fundo, os autores defendem que a jurisprudência deveria obediência às novas directrizes estabelecidas pela lei, ao invés de se manter fiel às construções jurisprudenciais precedentes, sob pena de subversão do novo regime legal do *copyright*.

iv. O *copyright* como privilégio comercial e a "sombra do autor"

A defesa da teoria da natureza do *copyright* enquanto privilégio ou monopólio, ao invés de direito natural de propriedade, não obsta ao reconhecimento de matizes próprias da teoria do direito de autor europeu continental. Com efeito, apesar da proposta de regresso às origens do *copyright* em matéria de conteúdo dos direitos patrimoniais, é interessante notar a desfesa de categorias muito típicas da concepção do direito de autor enquanto direito natural. Um aspecto que evidencia bem este ponto é a defesa da titularidade originária do direito de autor mesmo no caso de obras criadas por encomenda.

Patterson e Lindberg afirmam claramente a natureza derivada dos direitos dos editores e mesmo das empresas no caso de obras criadas no âmbito de relações laborais ou por encomenda. É dizer que a titularidade do *copyright* pertence originariamente ao(s) criador(es) das obras, a qual pode todavia ser transmitida, por via contratual ou legal.[238] Aliás, a origem da teoria dos direitos morais poderia encontrar-se nos primórdios do *copyright* no Reino Unido, em especial na opinião do Lord Mansfield emitida no caso *Millar v. Taylor* (1769): "The author may not only be deprived of any profit, but lose the expense he has been at. He is no more master of the use of his own name. He has no control over the correctness of his own work. He can not prevent additions. He can not retract errors. He can not amend; or cancel a faulty edition. Any one may print, pirate, and perpetuate the imperfections, to the disgrace and against the will of the author; may propagate sentiments under his name, which he disapproves, repents and is ashamed of. He can exercise no discretion as to manner in which, or the persons by whom his work shall be published."[239]

Esta consideração pelos interesses morais, logo presente aquando da moderna formulação jurisprudencial do *copyright* no Reino Unido, mostra que, para Patterson e Lindberg, o princípio da autoria no sentido ora da

---

[238] Id. ibid., 182 ("All of the publisher's rights of copyright thus are derivative in nature, even those of the corporate copyright. The only difference between the author's copyright and the corporate copyright is that the former is acquired by contract, the latter by law.").

[239] Id. ibid., 231.

atribuição originária do *copyright* ao criador da obra ora da protecção dos seus interesses morais quanto à paternidade e integridade da obra, não seria inconsistente nem incompatível com a concepção de monopólio ou privilégio, embora historicamente tivesse sido relegada para segundo plano senão mesmo omitida na regulação do *copyright* enquanto obstáculo aos interesses do comércio.

E esta é justamente uma outra dimensão do *copyright* que os Autores pretendem trazer para primeiro plano. Não apenas para promover a conformidade da lei norte-americana com a Convenção de Berna, tal como revista no Acto de Paris de 1971, mas também para incluir directamente os criadores intelectuais no círculo de beneficiários da lei do *copyright*. Como base de construção da doutrina dos direitos morais na lei do *copyright* dos EUA apontam o direito de cessação (ou terminação), isto é, o direito inalienável que a lei reconheceu aos autores de porem fim à transmissão contratual do *copyright*.[240] Esse será, de resto, o (único) direito moral previsto, em termos gerais, na lei norte-americana.[241]

Patterson e Lindberg propõem uma concepção tripartida de beneficiários do *copyright*. Ao lado dos exploradores das obras (nomeadamente editores e produtores) colocam os utilizadores finais e os criadores intelectuais. A cada uma destas categorias de titulares de direitos no âmbito subjectivo de protecção do *copyright* teria a lei de 1976 atribuído direitos específicos consoante os respectivos interesses: direitos morais para os criadores, direitos de exploração mercantil para as empresas, e direitos de aprendizagem para os utilizadores ("moral rights for the author, marketing rights for the entrepreneur, and learning rights for the user"). Em especial, no que respeita aos utilizadores, a protecção dos seus direitos seria fundamental em vista da promoção do interesse público consubstanciado na liberdade de aprendizagem e na liberdade de expressão. Sujeitar a liberdade de aprendizagem ao poder de controlo das empresas seria inibir o ser humano daquilo que o distingue fundamentalmente de outras espécies vivas.[242]

Além do mais, os autores defendem a natureza do *copyright* como privilégio, em virtude de esta ser a compreensão mais adequada à valoração constitucional do *copyright* e sua ponderação com outros valores igualmente protegidos pela Constituição, nomeadamente o discurso livre (*free speech*).

---

[240] Id. ibid., 413.

[241] MILLER/DAVIS 2000, 428-9 ("the copyright termination right – being non-transferable even by agreement – seems the only United States right that can be characterized as a moral right.").

[242] PATTERSON/LINDBERG 1991, 229, 238.

Nesse sentido, lançam um apelo à jurisprudência para que interprete a nova lei à luz da "copyright clause" da Constituição, que integra valores de liberdade de expressão.[243]

v. Apreciação crítica (alguns paradoxos)

O alargamento do *copyright* ao ambiente digital torna claro o interesse desta obra. Como escreve Robert Kastenmeier no seu prefácio: "This is a book that needed to be written and now needs to be read". São cada vez mais as vozes que se insurgem contra o alargamento das fronteiras do *copyright*, a propósito da necessidade da sua adaptação ao novo ambiente tecnológico da informática e das redes. Compreender o *copyright* em contexto, é isso que propõem Patterson e Lindberg, nesta importante obra de referência.

Em especial, o contexto histórico do *copyright* serve para relativizar alguns preconceitos de abordagem que por vezes se afirmam mais como *tabus discursivos* do que propriamente como argumentos racionais. Um desses preconceitos é justamente o que considera que a lei do *copyright* só cuida dos interesses dos autores e dos demais titulares de direitos. E é justamente esse preconceito que esta obra se propõe desmontar. Não tanto porque na origem não tenha sido essa a função do *copyright* – cuidar dos interesses da indústria e do comércio livreiro –, mas justamente porque as leis evoluem e com elas novas constelações de valores são afirmadas.

Os autores demonstram bem a existência de muitas ficções falaciosas na lei do *copyright* e denunciam a tendência para o "raciocínio incestuoso", no sentido de extrair ficções de outras ficções, que assim degeneram em falácias. De resto, boa parte da sua argumentação no sentido de um *copyright* constitucionalmente contextualizado, tem sido seguida por muitos estudiosos dos direitos de autor, quer na América quer na Europa, que criticam justamente a tendência expansiva do *copyright*. Daí que tomemos esta obra como marco de uma discursividade que se centra em abordagens de índole funcional e instrumental.

Isso não obsta, todavia, a que se apontem alguns paradoxos à sua linha argumentativa. Desde logo, a defesa da teoria do *copyright* como monopólio ou privilégio não bate muito certo com a sustentação de um princípio da autoria no sentido da atribuição originária do *copyright* ao criador intelectual. Dizem que a concepção do *copyright* como direito de autor (no sentido

---

[243] Id. ibid., 240 ("Courts need to bear in mind that the copyright act must be continually interpreted in light of the copyright clause, and that the copyright clause embodies free-speech values – values that are as important as they are fragile.").

europeu continental) é uma ficção, mas consideram inconstitucional a regra que atribui o *copyright* à empresa nos casos das obras criadas no âmbito de relações laborais e por encomenda ("work for hire doctrine"). A eliminação desta regra tem, aliás, mais defensores.[244]

Todavia, isto é algo paradoxal com o entendimento de que o direito de autor é uma ficção. Enquanto monopólio livremente disponível pela legislatura, a atribuição originária do *copyright* a entidade diversa do criador seria irrelevante de um prisma constitucional. Como articular a defesa do princípio da autoria com o entendimento segundo o qual "o *copyright* como direito de autor era e continua a ser uma ficção"?

Talvez, no fundo, os autores sejam tributários da concepção do *copyright* como direito de autor (Ray Patterson, *Copyright and Author' Rights: A Look at History*, 1968). Procuram explicitar essa concepção na lei americana, embora insistindo na teoria dos direitos de monopólio ou privilégio. Veja-se também o que defendem em matéria de direitos morais, ao considerarem que ao consagrar o direito inalienável de terminar transmissões contratuais de direitos a lei de 1976 estabeleceu uma boa base para a construção jurisprudencial de direitos morais. Ora, justamente, como articular os direitos morais com o *copyright* enquanto monopólio? Surgem os direitos morais aí como mero apêndice? Ou será que, afinal, tal como destacado logo pelo Lord Mansfield no caso *Millar v. Taylor* (1769), os direitos morais são inerentes ao direito de autor, embora possam colocar obstáculos ao interesse mercantil de exploração das obras que tradicionalmente anima o *copyright*?

Um outro reparo a que se presta a argumentação de Patterson e Lindberg é o facto de fazerem a apologia da liberdade de uso privado, na condição de passar no teste da razoabilidade do preço praticado no mercado das obras, e de por conseguinte a cópia privada não poder fornecer um "equivalente funcional" ao mercado razoável. Com efeito, a liberdade de uso privado não seria ilimitada, propondo-se o seguinte critério de uso privado, enquanto utilização livre: "*An individual's use of a copyrighted work for his or her own private use is a personal use, not subject to fair-use restraints. Such use includes use by copying, provided that the copy is neither for public distribution or sale to others nor a functional substitute for a copyrighted work currently available on the market at a reasonable price.*"[245]

Se, efectivamente, o conceito de *copyright* que propugnam o restringe aos actos de concorrência, configurando-se portanto como um monopólio

---

[244] HALBERT 1999, 158 ("The 'work made for hire' doctrine should be eliminated").
[245] PATTERSON/LINDBERG 1991, 194.

mercantil, parece contraditório condicionar a liberdade de uso privado a exigências desse mesmo mercado. Na verdade, o critério de liberdade de uso privado que propõem revela que este não é de todo indiferente a questões de mercado, pois que a cópia para uso privado para além de não poder ser distribuída a terceiros mediante venda ou aluguer, também não poderia ser um equivalente funcional de uma obra disponível no mercado mediante um preço razoável. Donde resulta que os autores não estão a defender a liberdade de uso privado, mas antes o controlo do preço praticado no mercado pelos titulares de direitos. O que, a ser assim, dificilmente poderá justificar a afirmação da liberdade de uso privado como um princípio estruturante do *copyright*, ao menos no sentido de que não se encontra sujeito a apreciações típicas da doutrina de *fair use*.

Um outro aspecto que nos merece algumas reservas prende-se com a afirmação de que o requisito da originalidade servirá fundamentalmente para impedir que as obras do domínio de público retornem ao monopólio do *copyright*. Esse será, certamente, um efeito do requisito da originalidade. Mas que não o justifica só por si, embora historicamente possa ter tido esse sentido. A obra que está no domínio público é livremente utilizável por todos, pelo que não pode ser objecto de direitos privativos. Nesse sentido, o requisito da originalidade serve de protecção ao domínio público. Mas, o próprio estatuto da obra em domínio público já obsta à sua apropriação pelo *copyright*, no sentido de que se a obra a todos pertence, não é possível a sua apropriação individual. Ou seja, quem se arrogasse direitos exclusivos sobre uma obra do domínio público veria a sua pretensão negada não apenas por falta de originalidade da obra que pretende proteger, mas desde logo por violação de direitos que a todos pertencem. É que o domínio público não deixa de ser domínio.

Estas observações críticas não retiram, nem pretendem retirar, mérito à obra de Patterson e Lindberg. Pelo contrário, é em vista desse mérito que a consideramos em pormenor. Trata-se, com efeito, de uma influente proposta de compreensão da propriedade intelectual pelo prisma dos seus efeitos económicos e fins sociais, no contexto dos valores constitucionais em que se inserem os direitos de autor. Filiando-se nesta linha de raciocínio e aprofundando-a está a obra que analisamos seguidamente.

c) *A compreensão dos direitos de autor como privilégios comerciais para uma teoria da justiça informativa da propriedade intelectual*

Na obra *Uma filosofia da propriedade intelectual* (1996), Peter Drahos questiona a qualificação tradicional da propriedade intelectual como direito de propriedade. Esta problematização dirige-se ao poder conferido pelos direitos de propriedade intelectual sobre objectos abstractos, dos quais muitas pessoas dependem (por ex., algoritmos de software e fórmulas de produtos farmacêuticos). O poder de domínio conferido por estes direitos traduzir-se-ia em formas de soberania privada, pelo que o autor defende uma concepção «instrumentalista» da propriedade intelectual contra a visão «proprietarista» deste ramo do direito, de modo a, numa perspectiva de justiça distributiva, estabelecer limites ao *princípio da acumulação de capital* num contexto de globalização das novas formas de domínio.[246]

Em especial, Drahos desmonta o credo «proprietarista» não apenas dos jusnaturalistas (Hume, *A Treatise on Human Nature*, 1739: "A man's property is some object related to him. This relation is not natural, but moral, and founded on justice"), mas também dos utilitaristas, por darem primazia à propriedade sobre outros direitos e interesses (Bentham, que recusava os direitos naturais, sustentava que "a state cannot grow rich except by an inviolable respect for property" e mais ainda que "property and law are born together, and die together" – *An Introduction to the Principles of Morals and Legislation*, 1780).[247] Além disso, Drahos sustenta a recolocação destes direitos no quadro dos privilégios ou monopólios, negando à propriedade a natureza de direito subjectivo, pelo menos no sentido de direito natural que se impõe ao próprio legislador.

De resto, já o jusnaturalismo se confrontava com a questão de saber como justificar a propriedade quando Deus deu a terra a todos os homens em comum. A questão torna-se especialmente delicada no domínio dos objectos abstractos sobre os quais incide a propriedade intelectual, uma vez que tais objectos não passariam de "ficções legais convenientes". A teoria tradicional da recompensa, nos termos da qual a propriedade intelectual seria um prémio à inovação e à criatividade, incentivando-as, justificaria a razão pela qual os agentes seriam motivados a investir em objectos abstractos. Por outro lado, a análise económica da propriedade intelectual, centrada numa abordagem custo-benefício, seria de grande préstimo ao nível da definição dos graus de protecção a conceder (por ex., a duração das patentes).

i. Enquadramento histórico e filosófico

Partindo da invenção das coisas incorpóreas no direito romano, Drahos procura saber de que modo atingem o direito de livre entrada no mercado do direito natural. Através de uma análise histórica da propriedade intelectual,

---

[246] DIAS PEREIRA 2004b, 915.
[247] DRAHOS 1996, 4.

conclui que na sua origem (*Acte of Anne* 1709, *Statute of Monopolies* 1602), estão razões de natureza instrumental, porquanto devendo os indivíduos das sociedades de então subsistir com base no seu trabalho e sendo assalariados os inventores e criadores, a justa remuneração do seu trabalho não poderia ir além de um "privilégio temporário". Tudo o que fosse além disso constituiria uma ameaça significativa à "liberdade negativa" dos outros, sobretudo nos domínios do comércio e do mercado, sendo os "direitos naturais de propriedade" sobre "objectos abstractos" incompatíveis com o direito ao livre comércio postulado no *Common Law*. A natureza instrumental da propriedade decorreria, assim, do *Ethos* comunitário vigente, apenas admitindo "privilégios temporários" na estrita medida do necessário à promoção do interesse público.[248]

Para o efeito, revisita o pensamento de Locke (com ênfase dada à relação entre propriedade e comunidade positiva e negativa), Hegel (destacando o papel da propriedade como instrumento de sobrevivência e de domínio dos indivíduos), e Marx (que deu relevo à importância do trabalho criativo para a sobrevivência do capitalismo).[249]

A obra de John Locke (*Two Treatises of Government*, 1690, V, II) teria o mérito de trazer à evidência que as escolhas sobre as formas de propriedade reflectiriam as opções sobre a natureza da comunidade, pelo que em matéria de propriedade intelectual o Autor opta pelos "intellectual commons" em favor de uma "comunidade positiva" (no sentido de que os bens pertencem a todos, por oposição a "comunidade negativa" em que não pertencem a ninguém e portanto estão disponíveis para apropriação – o representante principal desta última concepção seria Thomas Hobbes, *Leviathan*, 1651). A "comunidade positiva" permitiria a "fertilização cruzada" (Goldberg) indispensável à criatividade, enquanto a "comunidade negativa" aproveitaria sobretudo aos que tivessem mais capacidades tecnológicas de explorar os comuns. Pelo contrário, a privatização dos "intellectual commons" seria especialmente grave num mundo em que os factores de produção não são apenas o capital, os recursos naturais e o trabalho, mas antes e sobretudo o conhecimento (Drucker).

Da *Rechtsphilosophie* de Hegel (e da tese de Kant da obra criada como expressão da personalidade do autor, impondo nessa medida uma exigência de protecção dos direitos morais), conclui o Autor que "através da propriedade, a personalidade impõe-se a si mesma no seu mundo social imediato e na comunidade local. Através de um sistema global de direito da

---
[248] Id. ibid., 13-39.
[249] Id. ibid., 41-114.

propriedade intelectual, a personalidade tem o potencial de alcançar outros mundos sociais, outras comunidades. (...) A participação na cultura torna--se mais do que nunca dependente do pagamento de uma remuneração aos titulares de propriedade intelectual".[250]

Finalmente, para Marx a propriedade era a ideia chave da ideologia dominante, consistindo numa forma de alienação que se traduziria num instrumento de classe utilizado pela classe dirigente com vista à protecção dos seus interesses. A propriedade seria a base sobre a qual se erigiriam as relações de produção, ou seja, de domínio social. Todavia, a maior utilidade da teoria de Marx residiria na sua análise da natureza mercantil do capitalismo no sentido de tudo reduzir a mercadorias de comércio. Pelo que a teoria da propriedade intelectual como forma de remuneração do proletariado criativo não passaria de um "conto de fadas".[251]

ii. A propriedade intelectual como soberania privada sobre bens públicos

Partindo desta contextualização filosófica, Drahos chama a atenção para os custos reais da propriedade intelectual, relacionando-a com o poder, no sentido de a compreender como mecanismo de soberania sobre objectos abstractos e como meio estratégico de criação de relações de dependência.[252]

Para o efeito, retoma o pensamento do liberalismo económico, no sentido de que os direitos de propriedade intelectual teriam um efeito no mercado semelhante às intervenções dos soberanos públicos, isto é, os direitos de propriedade intelectual consistiriam em poderes privados de soberania. Nesse sentido, estes direitos constituiriam uma séria ameaça ao mercado de concorrência perfeita, o qual, segundo a fórmula de Adam Smith, requeria a existência de "um número suficiente de concorrentes individuais, conhecimento do mercado e a proibição de conspirações contra o público".[253] Ora, existe uma tensão entre a propriedade intelectual e o mercado: por um lado, encoraja-se a concorrência; por outro, limita-se essa mesma concorrência impedindo-se a imitação através dos direitos de propriedade intelectual.

A teoria da recompensa, nos termos da qual os direitos de propriedade intelectual se destinam a incentivar a investigação premiando os frutos deste investimento, não daria resposta a este dilema. Por um lado, a "recompensa" seria uma forma de corrigir uma deficiência do mercado resultante dos

---

[250] Id. ibid., 88, 90.
[251] Id. ibid., 101.
[252] Id. ibid., 119-144.

free-riders, mostrando que a propriedade intelectual acautela interesses privados enquanto instrumento adequado à prossecução do interesse público (desenvolvimento da investigação e difusão pública do novo saber). Por outro lado, a "recompensa" seria, ela própria, geradora de distorções na concorrência: criando assimetrias informativas (e.g. protecção dos segredos de empresa), erguendo barreiras à liberdade de entrada no mercado e gerando custos de transacção.

Drahos destaca o conceito de propriedade enquanto instrumento ou mecanismo de poder dependente do direito. Sendo o poder um fenómeno difuso, a propriedade intelectual traduzir-se-ia numa forma de soberania privada sobre objectos abstractos. Estes objectos abstractos constituíram a estrutura central (*core structure*) de bens corpóreos, representando, nessa medida, uma forma de capital. Ou seja, a propriedade é entendida como um mecanismo de soberania que no caso da propriedade intelectual se aplica aos objectos abstractos, que consubstanciam uma forma de capital e enquanto tal uma fonte de poder. Sendo o poder extenso, possivelmente global, concentrar-se-á provavelmente nas mãos dos que, através das suas capacidades científicas e tecnológicas e recursos financeiros superiores, são capazes de capturar através do mecanismo da propriedade sobre objectos abstractos recursos relativamente aos quais existe dependência universal.[254]

iii. A propriedade como instrumento fungível de uma teoria da justiça da informação

Concebendo os objectos abstractos como bens primários, Drahos aplica a teoria da justiça de Rawls à propriedade intelectual. Esta teoria da justiça da informação baseia-se na premissa de que a informação (em sentido amplo, sendo os objectos abstractos uma sua espécie) é um bem primário, porventura o mais importante bem primário tendo em conta o seu papel na economia, no desenvolvimento do conhecimento e da cultura e o seu impacto em termos de poder económico. Trata-se, todavia, de um bem público não escasso, no sentido de não estar sujeito ao princípio da rivalidade do consumo já que um consumo não diminui nem impede outro consumo deste bem.[255] A escassez da informação seria resultado da lei ou, por exemplo, da utilização de tecnologias criptográficas, limitando o acesso à informação.

---

[253] Id. ibid., 120.

[254] Id. ibid., 145-169 ("Private sovereigns, like their collectivist counterparts, are likely to plan against competition rather than for it" – 163).

[255] ARROW 1999, 5-14; STIGLITZ 1999, 309 ("Knowledge is nonrivalrous.").

Ora, estando em causa um problema de justiça distributiva, Drahos adopta a teoria da justiça de John Rawls (1971), que baseia a justiça em acordos inter-subjectivos em vez de em asserções problemáticas de direitos naturais ou procedimentos complexos de apuramento da utilidade dos direitos de propriedade intelectual. Nesta perspectiva, a informação seria um bem primário quer para esfera política de liberdade quer para a esfera económica da sociedade civil. Enquanto bem primário, a informação deveria ser distribuída de igual modo por todos, pois que as desigualdades só seriam admitidas na medida em que favoreçam os menos avantajados. Por outro lado, o aumento das formas de propriedade não deveria dar-se às custas das liberdades políticas básicas. Com efeito, os direitos de propriedade, ao invés de direitos naturais, teriam um estatuto secundário instrumental. Nessa medida, Drahos sustenta que as partes na posição original acordariam na estrita limitação dos direitos de monopólio sobre informação, uma vez que estaria em causa a distribuição de um bem primário à formação de capital humano, condição essencial do desenvolvimento económico. Além disso, a existência de grupos internacionais não fundaria a existência de um grupo mundial ao qual se pudessem aplicar princípios globais de justiça, em razão da radical diferença e heterogeneidade dos participantes. Pelo que qualquer teoria da justiça que ignorasse a realidade factual da heterogeneidade estaria condenada a mais não ser do que "fantasia". Defende, por isso, a limitação da aplicação da teoria da justiça a unidades territoriais como o Estado-Nação, manifestando-se céptico em relação a expressões como "justiça mundial", que poderiam ser utilizadas como bandeiras da "cruzada intolerante e imperialística" de refazer o mundo.[256] De todo o modo, segundo uma perspectiva contratualista e construtivista da justiça, a propriedade não seria uma base da justiça, mas antes um seu instrumento.[257]

iv. A desconstrução do «credo proprietarista» na teorização da propriedade intelectual

Com isto, procura "desmontar" o «credo proprietarista» que se infiltrou na teorização dos direitos de propriedade intelectual e propugna a substituição do proprietarismo pelo instrumentalismo no sentido de conceber estes direitos como privilégios que importam deveres, fundando-se num empirismo naturalista guiado por um princípio de humanismo.[258]

---

[256] DRAHOS 1996, 184.
[257] Id. ibid., 171-197
[258] Id. ibid., 199-228.

Sem pretender atacar as teorias da justiça do *Common Law* que se fundam nos direitos naturais (de Locke a Nozick), Drahos questiona apenas a inserção dos direitos de propriedade dentro desse catálogo, sustentando que a propriedade não seria um "background right", mas antes apenas um "institutional right", segundo a dicotomia de Dworkin.

Na sua perspectiva, o instrumentalismo exigiria uma concepção robusta sobre o fim público e o papel da propriedade intelectual, substituindo a linguagem dos direitos de propriedade pela linguagem dos privilégios de monopólio, aos quais estariam associados conceitos de dever impostos por um conjunto de valores comunitários, a partir de um empirismo naturalístico sobre os custos e abusos reais destes direitos à escala mundial.

Ora, o processo de expansão dos direitos de propriedade intelectual sobre objectos abstractos estaria a devastar o espaço de liberdade negativa, tanto mais que a propriedade sobre esses objectos produz um efeito de domínio muito maior sobre os outros objectos do que os demais direitos negativos.[259] Propõe, assim, o regresso à linguagem dos privilégios públicos, colocando os direitos de propriedade intelectual ao lado de outros privilégios, como as isenções fiscais e os privilégios dos parlamentares.

O instrumentalismo filia-se na filosofia do pragmatismo jurídico (*law as tool*), no sentido de dirigir as suas preocupações mais aos efeitos económicos e sociais da propriedade do que às questões metafísicas, éticas ou epistemológicas. Ao invés de procurar a natureza essencial da propriedade, o instrumentalismo perspectiva-a enquanto mecanismo institucional que gera efeitos de soberania. Por isso, o instrumentalismo privilegia as abordagens económicas do direito, no sentido de calcular os custos sociais da protecção da propriedade intelectual. Todavia, o autor esclarece que o seu instrumentalismo não é estranho a valores morais, antes pelo contrário coloca a propriedade ao serviço desses valores, orientados por um humanismo mínimo, que cruza teorias da justiça distributiva com teorias económicas do crescimento, no sentido do melhoramento das condições e da experiência humanas.[260]

Ponto nevrálgico da tese de Drahos é a negação da propriedade como direito subjectivo. Para tal recorre à teoria pura do direito de Kelsen, que via na propriedade o "protótipo" do direito subjectivo, por oposição ao direito objectivo. Segundo o dualismo de oitocentos direitos subjectivos / direitos

---

[259] Id. ibid., 212 ("The analogy between intellectual property rights and other kinds of property rights is only superficial. (...) In the case of the abstract object, that dependence may be global rather than just territorial.")

[260] Id. ibid., 215.

objectivos, os direitos subjectivos existiriam por si, enquanto expressão de direitos naturais (função ideológica), e seriam servidos pelo direito objectivo. Todavia, para Kelsen, só deveriam existir os direitos atribuídos pela ordem jurídica, que seria livremente criada pelo Estado no exercício dos seus poderes de soberania sem constrangimentos dos direitos naturais. Reconhecendo as sérias e negativas implicações que esta abordagem suscita à liberdade individual, Drahos sustenta todavia que os direitos de propriedade intelectual colocam as mesmas implicações, enquanto privilégios inibidores da liberdade dos outros.

Em suma, o autor propõe que se desmonte o conceito de propriedade, no sentido de reconhecer a propriedade intelectual não como um direito subjectivo mas antes como uma forma de privilégio, que se encontra intrinsecamente ligado à noção de dever. Os deveres de privilégio seriam negativos e positivos. Primeiro, o titular do privilégio tem o dever de não o exercer de um modo contrário ao fim para que foi concedido. Segundo, cabe ao titular do privilégio maximizar a probabilidade de alcançar os fins para que foi criado esse privilégio.[261]

v. Apreciação crítica

A tese de Drahos é de grande alcance. Situa-se, é verdade, no plano da reflexão filosófica do direito e do debate político-ideológico. Negar a natureza de direito subjectivo à propriedade é, de algum modo, abalar um dos alicerces em que se fundam os sistemas jurídicos modernos dos países ocidentais ou ocidentalizados. Mas a questão não é despropositada, basta pensar que a nossa Constituição condiciona a aplicação do regime dos direitos, liberdades e garantias ao direito de propriedade privada à sua "natureza análoga" (art. 17.º). Ora, é largamente dominante, senão mesmo consensual, o entendimento de que a propriedade é um direito fundamental de natureza análoga aos direitos, liberdades e garantias.[262] E, mesmo que o não fosse, dificilmente se poderia negar a sua natureza de direito subjectivo. O que não significa que a definição do seu conteúdo não esteja na disponibilidade do poder legislativo.

E é justamente este o ponto que queremos destacar na tese de Drahos, até porque nele entronca a raiz do princípio da territorialidade dos direitos de propriedade intelectual. Com efeito, estes direitos existem se e na medida em que a legislação do Estado os preveja. São, por isso, direitos genetica-

---

[261] Id. ibid., 220-1.
[262] GOMES CANOTILHO/VITAL MOREIRA 2007, 374.

mente ligados ao território de cada Estado, afirmando-se como expressão da sua soberania. Ora, se a não consagração de direitos de protecção material e moral dos autores poderá ser ofensiva dos princípios do direito internacional geral ou comum – tendo em conta que a Declaração Universal dos Direitos do Homem estabelece o direito de todos à protecção dos interesses morais e materiais ligados a qualquer produção científica, literária ou artística da sua autoria (art. 27.º, 2) –, já a adopção da propriedade como forma de protecção não decorre necessariamente desses princípios, que permitem uma margem considerável de intervenção da vontade do legislador em termos de opção política. De resto, o referido instrumento de direito internacional estabelece, primeiro, que "toda a pessoa tem o direito de tomar parte livremente na vida cultural da comunidade, de fruir as artes e de participar no progresso científico e nos benefícios que deste resultam" (art. 27.º, 1).

Posta assim a questão logo se compreende que a opção entre a propriedade ou um direito alternativo é, fundamentalmente, um problema de escolha política. Assim como não nos parece que a natureza das coisas impeça a propriedade de bens imateriais (e.g. obras literárias), também não julgamos que a natureza das coisas imponha a opção pelo direito de propriedade enquanto única forma jurídica de protecção dos interesses morais e materiais ligados a qualquer produção científica, literária ou artística dos autores.

Daqui se pode retirar também que esse é um problema político-ideológico, que não cabe ao intérprete resolver. Se a forma de protecção escolhida pelo legislador não for absurda, aberrante ou irrazoável – e, *a priori*, nem a propriedade nem o monopólio o serão –, então nada mais resta ao jurista do que acatar a opção legislativa se quiser preservar a sua própria razoabilidade. O que não impede, todavia, que, independentemente da forma jurídica de protecção, o jurista tenha em conta os efeitos económicos e sociais dos regimes legais, de modo a sujeitar ao escrutínio da razoabilidade o resultado prático de cada regra, bem como a orientação que deverá seguir perante normas indeterminadas ou cláusulas gerais que não indicam directamente o caminho. Idêntico raciocínio vale para os casos omissos, no sentido de casos que não encontram no sistema pré-disposto regras cujas razões justificativas os possam assimilar. Vale isto por dizer que o espírito do sistema não está plenamente contido *a priori* na forma jurídica de protecção adoptada, antes pelo contrário se vai manifestando pelo confronto dos casos com as normas.

Ora, o grande mérito da obra de Drahos é chamar a atenção para o poder de domínio conferido pelos direitos de propriedade intelectual, que se traduzem em formas de soberania privada potencialmente global sobre objectos abstractos entendidos como bens primários. Nesse sentido, tem razão quando denuncia o credo da propriedade como «direito sagrado» e propugna uma concepção «instrumentalista» da propriedade intelectual que preserve o domínio público ("intellectual commons") contra a sua privatização, para, numa perspectiva de justiça distributiva, estabelecer limites ao princípio da acumulação de capital ou pelo menos uma repartição mais equitativa dos recursos de informação, num contexto de globalização das novas formas de domínio.[263]

Mais de resto, apesar de defender a teoria dos privilégios, o autor acaba por identificar propriedade e monopólio, concluindo que "todos os direitos de propriedade conferem monopólios".[264] É também significativo que já nada diga em matéria de direitos morais dos autores, que parece "sacrificar" no altar da justiça da informação que defende na sua filosofia da propriedade intelectual. No fundo, o autor acaba por legitimar um mínimo de exclusivo, sob o manto dos privilégios, que permita o livre comércio mundial sem o "estorvo" do direito moral dos criadores intelectuais.

Ora, neste ponto não podemos acompanhar o autor, já que a justiça da informação que propõe não justifica o eclipse do princípio fundamental do direito internacional que estabelece a protecção dos interesses morais dos criadores de obras literárias ou artísticas. A tese do autor situa-se num plano mais filosófico, onde se lhe deve reconhecer legitimidade para questionar todas as convenções, incluindo a Declaração Universal dos Direitos do Homem. Todavia, no plano da reflexão jurídica, há fronteiras que não podem ser ultrapassadas, sob pena de se cair no reino do "vale tudo", em que *tot sunt sententiae quot capita*.

Drahos não se limita a basear o seu instrumentalismo numa racionalidade meio-fim, uma vez que sustenta que os deveres existem independentemente de serem necessários para alcançar o fim do privilégio a que respeitam. Embora à partida não tenhamos objecções a uma teoria dos deveres naturais, já temos algumas dúvidas quanto à sua autonomia em relação a outros bens jurídicos. Os deveres, tal como os direitos, estão sempre ao serviço do entendimento que o ser humano tem de si próprio e da comunidade, incluindo o ambiente, em que se insere. Pelo que só nessa medida serão naturais, se a esta expressão quisermos atribuir algum préstimo jurídico: "Uma vez posto que a mente do julgador decida do princípio a aplicar

---

[263] KONDER COMPARATO 2008, 14 ("Hoje, ao contrário do que pensavam os economistas clássicos e o próprio Karl Marx, a tecnologia é incontestavelmente o principal fator de produção, muito acima da força-trabalho e dos bens materiais. Daí o fortalecimento generalizado da propriedade intelectual. / Ora, apropriar-se do saber tecnológico como instrumento para obtenção de lucros significa, em muitos casos, condenar ao atraso e à sujeição a maioria esmagadora da população mundial.").

[264] DRAHOS 1996, 146.

em nome do direito natural, ocioso é saber se o direito natural tem existência objectiva, estando por assim dizer *escrito nas coisas*, decorrendo da «*natureza das coisas*», como dizem muitos, sendo apenas *descoberto, encontrado* ou *reconhecido e declarado* pelo juiz, ou se será antes um produto do espírito, em face da realidade social ambiente, uma pauta que o espírito impõe às coisas, sendo portanto *criado* pelo juiz".[265]

Algo paradoxalmente, Drahos propõe uma teoria de deveres naturais, de contornos algo indefinidos, mas anula o direito dos autores à protecção dos seus interesses morais, que é, para nós, um direito natural universalmente convencionado.

Além disso, os mínimos de protecção que propõe servem apenas os países industrializados, deixando o domínio público da informação dos países menos desenvolvidos à mercê do poderio apropriador daqueles primeiros. Ora, se o autor opera a desconstrução do "romance da autoria", já o mesmo não faz em relação ao "romance do domínio público", que serviria, de igual modo, como pretexto para a expansão dos direitos de propriedade dos tecnológica e financeiramente mais poderosos.[266] A desconstrução do "romance do domínio público" diz que este serve para proteger o acesso livre a essa informação, sem considerar as pretensões morais e patrimoniais de outros. Pelo que, em vez do estatuto de *res nullius*, defende-se o estatuto de *res communis* para as obras do domínio público, no sentido de a sua utilização ser colocada ao serviço da humanidade, ao invés de ficar sujeita à livre apropriação, i.e. "pode ser usada mas não pode ser apropriada."[267]

Por essa razão, entende-se que deveria ser feito, quanto antes, um inventário do domínio público das ideias, onde quer que tivessem sido concebidas ou estivessem em vias de o ser, de modo a evitar a sua apropriação privada mediante a outorga indevida de direitos exclusivos.[268] Tanto mais que o Acordo ADPIC/TRIPS cobriu com o manto da propriedade os recursos de informação dos países ocidentais, mas terá deixado nos "commons" os recursos de informação do resto do mundo, tais como recursos genéticos e saber tradicional, que seriam livremente apropriáveis como *capital informacional*[269] pelos científica e tecnologicamente mais poderosos.

---

[265] Manuel de Andrade 1978, 86, em nota.
[266] Chander/Sunder 2004, 1356.
[267] Lourenço Martins 2006, 467. Choisy 2002, 276-7, defende que a obra em domínio público é uma coisa comum, no sentido do art. 714 do *code civil* (pelo que, estando a coisa comum fora do comércio, "le contrat afférent à l'exploitation d'une oeuvre du domaine public est nul en virtu de l'article 1128 C. civ." – 277).
[268] Sommer 2005, 170.
[269] Remédio Marques 2003a, 296.

Embora Drahos refira este problema, no quadro da dicotomia "negative commons" / "positive commons", a verdade é que a teoria da justiça da informação que propõe não pretende ser universal, o que lhe permite não tomar partido sobre o valor jurídico do "estado de natureza" dos recursos de informação dos países não ocidentais. Trata-se, por isso, de uma abordagem ainda *systemfreundlich*, à semelhança dos que entendem que o problema não é erradicar a propriedade intelectual, nem reforçá-la, mas antes "sintonizar" o sistema em termos que preservem a função de incentivo sem impedir a disseminação de informação.[270]

d) Uma perspectiva sobre o papel dos direitos de autor no futuro da sociedade da informação

Uma obra que se filia na compreensão funcional ou instrumental da propriedade intelectual é o trabalho de Pamela Samuelson *O papel dos direitos de autor no futuro da sociedade da informação* (1998), onde dirige uma crítica cerrada à legislação proposta pelo "NII White Paper".[271] De um modo geral, esta proposta legislativa seria mais centrada nos interesses e preocupações das indústrias de *copyright* estabelecidas do que em adoptar uma visão abrangente dos benefícios sociais e económicos de uma política de propriedade intelectual adequada à Era da informação, para além de reservar aos cidadãos o papel de meros consumidores dos produtos e serviços de informação que vão insuflar a economia da informação.

Destacamos alguns pontos focados pela autora, cuja obra tomamos como referência do pensamento jurídico norte-americano da costa-oeste em matéria de propriedade intelectual e novas tecnologias.

i. As concepções da propriedade no direito norte-americano e a lei do *copyright*

Samuelson propõe-se recuperar a compreensão dos direitos de autor como "propriedade" da ordem social segundo Gregory Alexander.[272] Este autor contesta a concepção tradicional da propriedade de qualquer coisa que é tida como meio de criação de riqueza individual, apontando a existência na literatura jurídica americana de uma visão alternativa e concorrente da

---

[270] GUIBAULT/HUGENHOLTZ 2006, 5 («fine-tuning the system»); tb. DREIER 2001, 296.
[271] IP&NII 1995 (*Appendices*).
[272] ALEXANDER 1997, 382 ("Treating property as a commodity means that the legal system assigns no substantive role to property other than the satisfaction of individual preferences. (...) The market, not the legal system, is the final arbiter of conflicts over values").

propriedade que co-existiu lado a lado com a concepção tradicional. Nessa visão alternativa a propriedade seria entendida como *propriety*, no sentido de mecanismo de criação e manutenção de uma sociedade adequadamente ordenada. No fundo, a discussão antiga sobre a propriedade corresponderia à actual discussão sobre a prioridade do mercado relativamente ao bem social. Segundo Alexander, os dois sentidos da propriedade co-existiriam na tradição jurídica estadunidense: ora como instrumento de satisfação das necessidades individuais dos cidadãos e de aumento da sua riqueza através da troca no mercado (tradição mercantilista da comodificação, tributária da análise económica do direito); ora como a fundação da ordem social adequada (a tradição de *propriety* de Jefferson). Apesar da dominância da perspectiva mercantilista (*value-free*), Alexander considera que isso não é o fim da história.

Este debate estaria no cerne da discussão actual sobre os direitos de autor. Na sua forma mais extrema, a concepção dos direitos de autor como mercadoria despojá-los-ia de qualquer função legítima que não fosse o estabelecimento de direitos de exclusivo em ordem a maximizar a liberdade de o titular exercer actividades geradoras de riqueza, considerando de igual modo que as medidas governamentais de delimitação destes direitos seriam ilegítimas na medida em que interferissem com a exploração normal dos direitos do titular ou prejudicassem os seus interesses. "O *saber* transforma-se em *mercadoria*. De *conhecimento* livre transforma-se em *bem* apropriável. (...) A mercantilização geral do Direito Intelectual é um facto."[273]

Neste sentido, a concepção dos direitos de autor como mercadoria consideraria os titulares de direitos como livres não apenas de adoptarem as medidas técnicas para proteger as suas obras contra acessos ou utilizações não autorizados, mas também de estipularem cláusulas contratuais que contornam limites de ordem pública impostos pelos princípios dos direitos de autor; ademais, esta abordagem atribuiria aos titulares de direitos protecção jurídica contra aqueles que procurassem contornar os sistemas técnicos de protecção adoptados para salvaguardar os seus direitos. Ao invés, a concepção dos direitos de autor como propriedade concentrar-se-ia nos propósitos sociais e culturais destes direitos. Para esta concepção, os direitos atribuídos legalmente aos autores seriam limitados por natureza e destinados a cumprir um objectivo social mais amplo. Por outro lado, se os titulares de direitos não cumprissem as suas obrigações sociais por meios tecnológicos ou contratuais, constituiria uma função legítima dos direitos de

---

[273] OLIVEIRA ASCENSÃO 2003a, 170.

autor impedir tal evasão, tal como alguns autores destacaram a propósito dos meios alternativos e substitutos aos direitos de autor.[274]

Na opinião da autora, os direitos de autor (*copyright*) seriam apenas um dos instrumentos da construção jurídica da sociedade da informação. Por exemplo, as medidas técnicas de protecção interessam não apenas aos titulares de direitos de autor mas também às empresas de serviços financeiros, que se preocupam com a confidencialidade das transmissões de informação nas transacções financeiras, utilizando para o efeito as mesmas tecnologias criptográficas que os titulares de direitos de autor usam para proteger as versões digitais dos seus filmes. A tecnologia criptográfica é ainda do interesse dos Estados, por razões de segurança nacional, e dos cidadãos que desejem proteger a privacidade das suas comunicações electrónicas. Numa palavra, a neutralização de medidas tecnológicas de protecção (e.g. envelopes criptográficos) seria um problema mais geral da sociedade da informação, e não apenas dos titulares de direitos de autor. Usar os direitos de autor para resolver esse problema geral seria tornar estes direitos no dispositivo de controlo de segurança das comunicações electrónicas, com custos, nomeadamente, em sede de privacidade dos utilizadores. Além disso, a ampla proibição das actividades de neutralização de sistemas técnicos de protecção poderia proscrever actividades legítimas como a descompilação de software para fins de interoperabilidade informática e a investigação da segurança criptográfica. Na perspectiva da Autora, o desafio real para a sociedade da informação estaria em configurar uma norma de política de informação que distinguisse as neutralizações legítimas das neutralizações ilegítimas dos sistemas técnicos de protecção.[275]

Um outro aspecto importante da proposta de Pamela Samuelson é a defesa da existência de princípios de política de informação nos direitos de autor, que seriam ignorados pela concepção dos direitos de autor como mercadoria. Por exemplo, uma das funções da doutrina do *fair use* seria promover o discurso livre e a crítica e os direitos de autor não protegeriam a informação e as ideias para, assim, fornecer aos outros autores matérias primas para criações posteriores e para promover a concorrência entre os autores e os seus produtos, tal como salientado no caso *Feist Pub., Inc. v. Rural Telephone Service Co.* (1991). Ora, estes valores de política de informação dos direitos de autor deveriam ser preservados na sociedade da informação.[276] Esta perspectiva tem conquistado muitos adeptos, mesmo no sistema continental do *droit d'auteur*.[277]

---

[274] GOLDSTEIN 1997, 868.
[275] SAMUELSON 1998, 10-3.
[276] Id. ibid., 14-5.
[277] E.G. HOEREN 2006, 24.

ii. As funções dos direitos de autor na sociedade da informação e a recusa do determinismo tecnológico

A autora apresenta uma perspectiva alternativa sobre o papel dos direitos de autor na sociedade da informação, nos termos da qual estes direitos deveriam prosseguir um escopo promocional ao nível da interoperabilidade informática (1), da concorrência no mercado virtual da informação digital (2), de facilitar novos modelos económicos (3), da autoria (4), da ciência, da investigação, da educação e do acesso público à informação (5), da esfera pública e do diálogo democrático (6), da preservação da herança cultural (7), e da regulamentação das derrogações contratuais e tecnológicas (8).

Primeiro, o princípio da interoperabilidade seria importante não apenas nas *interfaces* equipamentos-programas e programas-programas, mas também quanto ao modelo (aberto ou fechado) das redes e ao carácter interactivo dos dados que circulam através destas redes. Além disso, a interoperabilidade na WWW permitiria o crescimento do comércio electrónico e a interactividade de documentos em formato electrónico potenciada pela XML.[278]

Segundo, os direitos de autor seriam um instrumento de promoção da concorrência no mercado da informação digital se o direito de controlar obras derivadas fosse mantido sob apertada vigilância da doutrina *fair use*, tal como na jurisprudência relativa aos programas *add-on* (*Lewis Galoob Toys v. Nintendo of America*, 9th Cir. 1992: decisão de *fair use* relativamente a programa conhecido por *Game Genie*, que podia ser utilizado em conjunto com os cartuchos de jogo *Nintendo*, permitindo aos utilizadores alterar alguns aspectos da configuração dos jogos, tais como estender o número de vidas que algumas personagens podiam ter).[279] Este raciocínio seria de importância também em sede de sistemas de navegação e de indexação, motores de pesquisa e hiperligações na rede.[280]

Terceiro, os direitos de autor deveriam promover os novos modelos económicos da sociedade da informação que concorrem com os modelos comerciais clássicos (e.g. editoras e livrarias), não pela via dos serviços remunerados de acesso condicional (e.g. que teriam apenas nichos de mercado), mas antes tratando a informação como se o preço desta fosse livre, obtendo financiamento através da publicidade e promovendo as comunidades virtuais (e.g. *GeoCities*). Esta perspectiva apoia-se no entendimento de que o bem mais escasso no ambiente de comunicações electrónicas em rede

---

[278] SAMUELSON 1998, 24-5.
[279] Cfr. LEMLEY/MENELL/MERGES/SAMUELSON 2003, 110-4.
[280] SAMUELSON 1998, 28 ("Copyright law should not arbitrarily impede the development of the Web in this or other ways.").

não é a informação mas antes a atenção dos utilizadores, e aponta para uma certa flexibilização das regras da publicidade.[281]

Quarto, os direitos de autor poderiam desempenhar um papel de promoção da autoria consagrando: o direito de citação para fins de crítica e paródia, tal como aceite pela jurisprudência (*Campbell v. Acuff Rose Music, Inc.*, S. Ct. 1994), o direito de cópia para fins criativos, ou o direito dos criadores ao reconhecimento como autores da obra. No fundo, os autores seriam a "galinha dos ovos de ouro"[282] que sustenta boa parte das economias da informação, pelo que a promoção da autoria seria indispensável.

Quinto, a promoção da ciência, da investigação, da educação e do acesso público à informação é apontada por Samuelson como um dos aspectos mais importantes do papel dos direitos de autor na sociedade da informação, que se realiza através das excepções ou limitações ao exclusivo que permitem a livre partilha da informação, tal como excepções à comunicação pública de obras protegidas pelos direitos de autor em salas de aula e autorizações para as bibliotecas praticarem empréstimos entre si (§ 107-110). Considerando que estas excepções e limitações têm sido permitidas segundo os princípios da Convenção de Berna, a autora refere, todavia, que com o ressurgimento recente da concepção dos direitos de autor como mercadoria as excepções e limitações aos direitos de autor por razões de interesse público foram postas "debaixo de fogo". Iniciativas como bibliotecas digitais em linha poderiam ser impedidas pelos direitos de autor, assim se prejudicando o interesse público do acesso à informação, independentemente da capacidade de pagar dos utilizadores. Por isso, o legislador deveria também equacionar a criação de novas excepções e limites para fins como sejam a promoção do ensino à distância. Além disso, de modo a proteger a ciência, a investigação e a educação a curto prazo, o legislador deveria resistir a propostas de criação de novas formas de direitos de propriedade intelectual sobre o conteúdo de bases de dados, à semelhança do direito *sui generis* estabelecido pela directiva 96/9, adoptando antes uma protecção baseada em princípios de concorrência desleal.[283]

Sexto, em ordem a justificar a promoção da esfera pública e do diálogo democrático como objectivos da política dos direitos de autor na sociedade da informação, Samuelson refere que uma componente importante dos direitos de autor, ainda que por vezes subestimada, é a promoção do interesse geral no diálogo democrático, dando como exemplo a possibilidade

---

[281] Id. ibid., 30.
[282] Id. ibid., 32.
[283] Id. ibid., 34.

de os jornais e os meios de radiodifusão audiovisual citarem livremente obras protegidas pelos direitos de autor com vista a fazer comentários críticos sobre as ideias discutidas nestas obras, tal como previsto no art. 10.º da Convenção de Berna. Ora, de modo a preservar esses fins sociais dos direitos de autor, a lei deveria manter esses limites de interesse geral e impedir formas de propriedade intelectual sobre a informação do sector público, tanto mais que a justificação económica (*economic rationale*) da concessão de direitos de propriedade intelectual aos autores não seria válida em relação ao Estado (*government*).[284]

Sétimo, a preservação da herança cultural não deveria ser deixada ao mercado segundo uma concepção dos direitos de autor como mercadoria, antes pelo contrário deveria ser permitido aos arquivos reproduzir, em formato electrónico, obras protegidas pelos direitos de autor para efeitos de preservação. Refere, neste contexto, o projecto Arquivo Internet de Kahle Brewster, que se propõe arquivar a informação colocada na Internet numa base periódica, defendendo que este projecto poderia enquadrar-se, respeitadas certas condições, na doutrina *fair use* (§ 107), enquanto "solução para falhas de mercado".[285]

Oitavo, os direitos de autor jogariam ainda um papel de grande relevo ao nível da promoção do acesso à informação se não permitissem a "neutralização" dos seus fins de interesse geral por via de licenças contratuais e/ou por aplicação de medidas técnicas de protecção. Relativamente às primeiras, a utilização de licenças de adesão na comercialização em massa de produtos de informação traduzir-se-ia na instituição de direitos de autor por via contratual. Junta-se, por isso, aos que criticam a decisão do tribunal de recurso no caso *Pro-CD, Inc. v. Zeidenberg* (1996), que permitiu essa licença relativamente a informação do domínio público com o argumento de que os direitos contratuais seriam apenas vinculativos *inter partes*, em contraste com a validade *erga omnes* dos direitos de propriedade.

Quanto aos sistemas técnicos, os projectos de "propriedade digital" conduziriam à eclipse dos direitos de autor, por obsolescência, já que a informação passa a ser protegida não por ser original mas antes por estar codificada, sendo o seu acesso condicionado normalmente mediante pagamento e a sua utilização controlável numa base individual pelos titulares de direitos. Ora, apesar de esses sistemas serem considerados desejáveis em razão de potenciarem baixos custos de transacção e o florescimento de novos mercados para os conteúdos digitais, as tecnologias dos sistemas

---

[284] Id. ibid., 35.
[285] Id. ibid., 37.

seguros não deveriam traduzir-se num super-*copyright*, que impede todo e qualquer acesso público à informação tecnicamente protegida. Nesse sentido, os direitos de autor não deveriam ser utilizados para proibir completamente a neutralização das barreiras tecnológicas, referindo, com Julie Cohen, que, caso contrário, a mera codificação das obras atribuiria, como que "por magia", mais poderes contra o público em geral do que os concedidos pelos direitos de autor.[286]

A autora conclui com a afirmação de que a sociedade da informação é um "mito", querendo com isso dizer que, ao invés de se render a qualquer "determinismo tecnológico", o legislador é livre de formular uma visão sobre o tipo de sociedade da informação que pretenda criar, não constituindo os direitos de autor senão uma das várias políticas de informação de que poderá servir-se para o efeito.[287]

iii. Apreciação crítica

De um modo geral, concordamos com as teses da autora, cujo prisma de análise é de grande utilidade. Especialmente quando, deste lado do Atlântico, a directiva sobre direitos de autor na sociedade da informação (2001/29) instituiu já a admirável *propriedade tecnológica*, colocando, a propósito do direito de autor, todo o arsenal tecnológico e a respectiva protecção jurídica ao serviço do novo direito do fabricante de bases de dados. E com isto o direito de autor transforma-se num mero direito conexo ao direito do produtor, eclipsando-se a favor das indústrias da informação.[288] Em suma, "é o produtor, agora, quem ocupa directamente o primeiro plano. / E como tanto faz que haja ou não obras protegidas, (...) temos de reconhecer que, em tudo isto, não só o autor se apaga: apaga-se também o próprio direito de autor."[289]

Poderemos divergir da perspectiva marcadamente funcional e instrumental proposta pela autora.[290] Com efeito, os direitos de autor pareciam diluir-se num genérico direito da informação (ou das tecnologias da informação), sendo reduzidos a mero instrumento dos objectivos da política de informação. Aliás, tal entendimento fora já defendido na Europa, nomea-

---

[286] Id. ibid., 40.
[287] Id. ibid., 42.
[288] DIAS PEREIRA 2001a, 787.
[289] OLIVEIRA ASCENSÃO 1999a, 98; tb. REMÉDIO MARQUES 2005, 58-9. Por isso, não será por referência à literatura portuguesa que se dirá que "muita gente não tomou conta da nova abordagem radical na directiva" 96/9 (HOEREN 2006, 22).
[290] DIAS PEREIRA 2000a, 702-3.

damente por Pierre Catala, em termos de uma construção bifronte do direito da informação (os direitos privados sobre a informação, por um lado, e o direito público à informação, por outro), assente numa ampla concepção de informação.[291] Enquanto mero ramo do novo direito, que seria o direito da informação, os direitos de autor reduzir-se-iam a uma mera tecnologia social, fornecendo ao legislador instrumentos jurídicos de que este disporia livremente em ordem à construção da sociedade da informação que desejasse.

Não abdicamos de uma pré-compreensão tributária do modelo continental e humanista de *droit d'auteur*, que aliás informa os princípios gerais do direito internacional neste domínio, em termos de exporem à crítica o modelo estrito de *copyright*. Com efeito, apesar da adesão dos EUA à Convenção de Berna (Acto de Paris, 1971), a lei do *copyright* estadunidense continua a não reconhecer, em termos gerais, direitos morais aos criadores intelectuais de obras de autoria (afastando inclusivamente o art. 6 *bis* da Convenção, que não permite tal reserva), para além de admitir a aquisição originária de direitos por terceiros estranhos à criação (a figura dos *works made for hire*).

Seja como for, embora o modelo de *droit d'auteur* continue a imprimir uma autonomia de valor aos direitos de autor, enquanto pressuposto e limite dos regimes legais, deve reconhecer-se que no amplo espaço que medeia o princípio e a sua concretização interferem outras considerações de ordem sobretudo utilitária ou funcional. Estas considerações referem-se aos efeitos económicos e sociais das regras, bem como aos fins políticos prosseguidos através da lei enquanto expressão de soberania. Nesta dimensão a protecção da liberdade de criação cultural e das obras de autoria não tem o monopólio das preocupações de quem é chamado a estabelecer as regras, desde logo o legislador, já que outros valores comunitários são igualmente afectados por essas regras.

Servindo-nos de uma metáfora, o direito de autor não é uma "ilha isolada" na ordem jurídica, em termos de os seus valores "naturais" poderem anular ou prevalecer sobre quaisquer outros. Assim, embora tais "valores naturais" sirvam de pressuposto e de limite dos regimes legais, deve reconhecer-se ao legislador uma ampla margem de liberdade de moldar

---

[291] CATALA 1998, 224-44 ("l'article 1 du Droit de l'information pourrait toujours affirmer: 'Tout message communicable à autrui par un moyen quelconque constitue une information." – 229); tb. HOEREN 2006, 24, e já SINDE MONTEIRO 1989, 15 (a "informação, em sentido estrito ou próprio, é a exposição de uma dada situação de facto, verse ele sobre pessoas, coisas, ou qualquer outra relação. Diferentemente do conselho e da recomendação, esgota-se na comunicação de factos objectivos, estando ausente uma (expressa ou tácita) 'proposta de conduta'.").

esses regimes de acordo com os fins económicos e sociais que pretenda alcançar, nomeadamente a redução das assimetrias de informação[292], tendo em conta outros valores concorrentes tais como a liberdade de informação e de crítica, a promoção da ciência e da educação e do acesso à cultura, e a reserva da vida privada dos cidadãos postulados pelo enquadramento dos direitos de autor no contexto dos direitos humanos.[293] A margem de escolha política do nível de protecção justificará, aliás, a morosidade das instâncias comunitárias ao nível da adopção de medidas de harmonização.[294]

3.3. Balanço das propostas "funcionalistas" e refutação da teoria dos direitos de autor como puro privilégio comercial atribuído por lei

A detida análise das propostas precedentes sobre o significado e valor dos direitos de autor não afasta, em nossa opinião, a utilização da forma jurídica da propriedade enquanto instrumento de protecção dos interesses dos criadores intelectuais relativamente às suas obras literárias, artísticas ou científicas. De todo o modo, porque entendemos que o direito natural dos criadores não é fundamento bastante da propriedade intelectual, chamamos a atenção para os argumentos de índole funcional ou instrumental, e reconhecemos neste ponto o importante contributo da teorização alternativa à propriedade.

Os argumentos de índole funcional ou instrumental não afastam a propriedade intelectual se e na medida em que esta contribua para o desenvolvimento de valores comunitários essenciais, ou seja, a propriedade intelectual existirá se e na medida em que sirva adequadamente o interesse geral, já não apenas para satisfazer interesses e pretensões dos autores e dos exploradores das suas criações intelectuais. O relevo normativo destes argumentos afere-se em tópicos de regime como a medida da originalidade, o âmbito do objecto de protecção, a titularidade (derivada) dos direitos e o seu conteúdo positivo, bem como os respectivos limites.

Para estas questões de regime o princípio dogmático da autoria criadora, só por si, não dá resposta suficiente. O princípio dogmático da autoria

---

[292] STRAHILEVITZ 2006, 1849 ("By rendering private information public or public information private, the state can alter, sometimes radically, the mix of exclusion strategies that landowners employ." – 1898)

[293] TORREMANS 2004, 10.

[294] KEELING 2003, 26.

criadora fornece o pressuposto e os limites dos regimes legais (e.g. em matéria de reconhecimento de direitos morais e de atribuição originária dos direitos a terceiros). Enquanto princípio fundamental, tem uma função de fundamentação e de controlo.[295] Mas dentro do leque de possibilidades que ficam em aberto, os argumentos decisivos serão já de índole funcional ou instrumental. O mérito da teoria alternativa está justamente em chamar a atenção para estes argumentos, no sentido de os direitos de autor serem compreendidos em contexto, isto é, enquadrados no sistema de valores da ordem jurídica.

a) A teoria do copyright como puro privilégio comercial

Acolher, no plano funcional, os argumentos da teoria alternativa não implica renunciar à teoria clássica da propriedade nem conduz necessariamente a uma visão dura e estrita do *copyright* como privilégio comercial atribuído pela lei.

Uma abordagem desse tipo foi proposta por Weinreb, que sustenta uma concepção estritamente funcional do *copyright*.[296] Nesta perspectiva, o direito à liberdade, só por si, já justificaria a apropriação por via da criação intelectual. Contudo, o regime do monopólio de exploração mercantil não teria fundamento em qualquer direito natural, entendido como direito originário.

i. A alegada irrelevância normativa da criação intelectual como título de apropriação

Para o autor, a premissa de Locke, da propriedade como fruto da liberdade em actividades criativas, não seria normativamente relevante, uma vez que o *copyright* consistiria principalmente num exclusivo mercantil (monopólio) de restringir a disponibilidade de cópias de modo geral, nos termos prescritos pelo autor, sujeito apenas a um fim público prevalecente. Este poder seria atribuído pela lei do direito de autor, ao invés de derivar da liberdade de o autor criar ou não uma obra.

Nessa medida, o direito de autor propriamente dito não seria um "direito natural", mas antes um direito atribuído pela lei. A liberdade justificaria, portanto, o direito de criar ou não criar, e o direito de guardar a obra só para si ou de se separar dela. O *copyright* respeitaria essa liberdade, mas já não colheria nela fundamento no que respeita à circulação da obra, senão

---

[295] BRONZE 2006a, 662.
[296] WEINREB 1998, 1149s.

por força de convenção. "O argumento de que copiar uma obra é um aspecto da liberdade do autor não vai mais longe do que a sua liberdade de fazer o original ou não; isso não dita a natureza do regime."[297]

O autor põe em causa os fundamentos tradicionais do direito de autor e, para além deste "direito natural" do autor (que atribui à tradição europeia continental), trata ainda da concepção deste direito como meio de promoção da produção e disseminação de obras de autoria (que seria a concepção instrumental consagrada na Constituição dos EUA). Ora, na sua opinião, também esta justificação seria em termos semelhantes dependente de uma convenção que visaria explicar. Nesta ordem de ideias, faltando a justificação, a convenção ficaria desprovida de sentido, abrindo-se o caminho para a procura de um outro fundamento, senão mesmo a subsistência dos direitos de autor, enquanto forma de propriedade.

ii. A falaciosa "irrealidade" do argumento instrumental

Weinreb procura arredar a subsistência desta justificação tradicional mediante uma análise de casos relativos à protecção jurídica de programas de computador e de bases de dados. Conclui que, apesar de em certas decisões a jurisprudência ter negado protecção com base em teorias clássicas (*Lotus v. Borland; Feist v. Rural Tel.*), os autores não teriam deixado de criar e a ciência não teria deixado de progredir. Considera até existir "algo de bizarro na sugestão de que James Joyce ou Pablo Picasso poderiam ter sido estimulados para trabalhar de modo diferente através de um diferente padrão de incentivos económicos. Isso ilustra apenas quão abstracto e irreal é a abordagem." [298] A justificação tradicional basear-se-ia numa convenção muito enraizada: a atribuição de uma propriedade em ordem a criar os incentivos necessários à promoção da ciência, nos termos do argumento instrumental.

Tudo junto, conclui que, antes de mudar as convenções, deveriam ser alterados os critérios de decisão jurisprudencial. Com efeito, a razão de ser desta desprotecção seriam determinados princípios elaborados pela jurisprudência como a dicotomia ideia/expressão e factos/originalidade, agora consagrados na lei do *copyright* (§ 102b): "In no case does *copyright* protection for an original work of authorship extend to any idea, procedure, process,

---

[297] Id. ibid., 1229.
[298] Id. ibid., 1241; tb. MILLER/DAVIS 2000, 2 ("copyright was not necessary to inspire Shakespeare to write nor was the patent system necessary to encourage the first inventor of the wheel.").

system, method of operation, concept, principle, or discovery, regardless of the form in which it is described, explained, illustrated, or embodied in such work."

   iii. Crítica à rebeldia jurisprudencial por negação de protecção às obras funcionais

Ora, na opinião do autor, os tribunais deveriam respeitar a decisão legislativa de proteger os programas de computador e as bases de dados pelos direitos de autor. Em especial, deveriam ter em conta que, ao contrário de escritos tradicionais que comunicam informação e em claro contraste com as obras de imaginação, como a ficção e a poesia, os programas de computador e as bases de dados seriam obras de natureza funcional, sendo o seu valor expressivo reduzido, porque absorvido pela sua inerente funcionalidade. Assim, neste domínio, não se deveria excluir a protecção de funcionalidade, sob pena de os programas de computador e as outras obras funcionais protegidas pelo direito de autor não serem, na prática, protegidas, dada a sua natureza de obras funcionais. Nessa medida, qualquer coisa menos do que a cópia literal não deveria constituir infracção, o mesmo valendo para a cópia literal ou não literal de qualquer aspecto do programa que não fizesse só por si parte do código do programa.

O autor leva a sua argumentação ainda mais longe, apelando inclusivamente a uma intervenção legislativa que "discipline" a jurisprudência, se esta continuar a não respeitar o *telos* da decisão legislativa, por via da aplicação indiscriminada dos seus modelos de exclusão da funcionalidade e, agora, de não protecção de obras sem um mínimo de criatividade; o mesmo defende, *mutatis mutandis*, a propósito do recurso à doutrina *fair use*, que considera um exemplo de "penumbra" terminológica legal.[299]

Nesta perspectiva, o *copyright* não estaria a servir o fim constitucional de promover o progresso da ciência. Desde logo, a jurisprudência recusava protecção aos aspectos funcionais dos programas de computador não promovendo as novas formas de expressão criativa. E isto por duas razões. Por um lado, porque a concretização da dicotomia ideia/expressão (*Lotus v. Borland*) deixava de fora os aspectos mais importantes dos programas de computador (algoritmos, lógica, ou, de um modo geral, saber-fazer de programação informática). Por outro lado, a jurisprudência permitia a descompilação dos programas para fins de interoperabilidade, justificando com base no princípio de *fair use* a licitude da reprodução e da tradução do

---

[299] WEINREB 1998, 1223, 1250-4.

programa com vista à obtenção das necessárias informações, deixando a descoberto o que a protecção remanescente da expressão não funcional ainda protegia. Além disso, com base de novo na distinção entre forma de expressão e conteúdo ideativo, funcional e factual, a jurisprudência deixaria desprotegido este último se aquela não fosse original, por entender que o *copyright* não se destina a proteger factos e exige um "modicum of creativity" que não o mero "suor na testa" (*Feist v. Rural Tel.*).

Em vista disto, o autor dirige-se à entidade legislativa no sentido da eliminação da "penumbra" da terminologia legal, parecendo sugerir a limitação da dicotomia expressão/ideia para permitir a protecção de aspectos funcionais dos programas de computador e a protecção de bases de dados não originais; além disso, apela à intervenção legislativa no sentido da definição clara do princípio de *fair use*, senão mesmo à sua eliminação. Em suma, o autor defende a consagração de um regime *sui generis* em relação aos programas de computador e às bases de dados, regime esse que estaria "livre" de apreciação de elementos funcionais e de avaliações de *fair use*.

iv. O *functional copyright* como instrumento de concorrência entre ordens jurídicas

Esta proposta tem em vista o regime *sui generis* de protecção das bases de dados, cuja aplicação a "não europeus" fica sujeita à reciprocidade material ou a acordos especiais, colocando os produtores de bases de dados americanos em desvantagem concorrencial no mercado dos produtos e serviços de informação, tanto mais que uma proposta de direito *sui generis* não foi aprovada neste país (*Collections of Information Antipiracy Act*). Além disso, o autor tem em conta que a índole funcional do software não é compatível com a aplicação da dicotomia clássica ideia/expressão, sob pena de ausência de protecção. Retomando a contraposição entre livros e máquinas, sustenta que tratar os programas de computador como obras literárias em sentido clássico é transformar a prescrição legal num logro.[300]

A crítica de Weinreb à doutrina do *fair use* questiona o imperativo da interoperabilidade como uma máxima das comunicações electrónicas em rede. Isto prende-se com o problema da descompilação de programas de computador. Consagrada expressamente na Directiva 91/250 para fins de interoperabilidade entre sistemas informáticos, seria admitida em termos semelhantes pela jurisprudência estadunidense com base na doutrina *fair use*.

---

[300] Id. ibid., 1180.

Todavia, as medidas tecnológicas poderão impedir a realização desta operação e, desse modo, comprometer o imperativo da interoperabilidade que se visa prosseguir. Com efeito, a WWW só é possível porque há protocolos de acesso (*interfaces*) que permitem aos sistemas informáticos (equipamento e suportes lógicos) funcionarem em conjunto. Ora, se os titulares de direitos taparem os programas em termos que não permitem a descompilação, então a interoperabilidade sairá prejudicada.

Mas há ainda um outro aspecto que deverá ser realçado. O alargamento da protecção à expressão funcional traduzir-se-á num aumento exponencial das utilidades que se podem extrair do programa em termos de transformações ou do chamado direito à obra derivada. A jurisprudência norte-americana admite com base no *fair use* certas formas de interacção que modificam temporariamente o funcionamento de programas (v., por ex., caso *Lewis Gallob Toys v. Nintendo of America*, 1992). O mesmo vale, *mutatis mutandis*, para determinados modos de interacção de dados, como sejam o estabelecimento de ligações entre locais da rede (*linking*).

b) *Crítica à ausência de fundamento ético da concepção estritamente mercantilista*

É sintomático que, depois de ter "desmontado" as justificações tradicionais do direito de autor (o direito "natural" de autor e o entendimento do *copyright* como instrumento de promoção da criatividade), Weinreb acabe por remeter, numa óptica de realismo jurídico, para as origens históricas da propriedade intelectual, as quais indicariam com toda a probabilidade que o fundamento convencional tivesse pouco a ver com as justificações actuais, referindo que o monopólio do editor a partir do qual o direito de autor se desenvolveu estava ligado à censura, e apoiando-se para o efeito no entendimento segundo o qual o *copyright* foi um produto da censura, do monopólio, das práticas comerciais, e de mal entendimento (Patterson).

Esvaindo-se o fundamento humanista e cultural do direito de autor e esgotada a justificação económica oferecida pelo "argumento instrumental", esta referência às origens do *copyright* como alternativa possível, ao jeito de um retorno ao paradigma perdido, levar-nos-ia a concluir, irremediavelmente, pela submersão do direito de autor "pela teia de interesses empresariais" conducente à sua qualificação, já hoje, "como num direito dos privilégios das empresas de *copyright*".[301]

---

[301] OLIVEIRA ASCENSÃO 1994, 1056.

Com efeito, o direito de autor desenvolveu-se modernamente em resposta à invenção da imprensa, que facilitou a reprodução e consequente divulgação das obras literárias e artísticas a um público mais vasto, através da multiplicação de exemplares. À semelhança do que actualmente se passa com a exploração de actividades de radiodifusão televisiva, a utilização da imprensa era reservada ao poder soberano, o qual outorgava privilégios de impressão e venda de obras impressas. Eram os privilégios régios, que por graça real, se concediam aos súbditos. O privilégio, porém, não se destinava a proteger as obras, mas antes a permitir o exercício de uma actividade. Actividade essa que consistia na utilização da imprensa e na venda de livros impressos: "'os privilégios tinham como objecto o direito exclusivo de imprimir e publicar uma obra, e nada mais do que isso' (v. Gierke)."[302]

Na verdade, os privilégios régios não se destinavam a proteger as obras literárias e artísticas, mas antes a permitir aos impressores e editores a utilização da tecnologia dos caracteres móveis relativamente a determinadas obras. A isto não seria estranho não apenas a actividade mercantil que essa tecnologia potenciava, mas também o fluxo de informação que permitia gerar na comunidade, e que poderia afectar a "ordem natural" do cosmos e, consequentemente, da sociedade.[303]

O direito de autor propriamente dito surgiria modernamente com a liberalização da indústria da imprensa e do comércio de livros. Sendo livres as actividades de imprimir e vender livros, é concedida protecção aos autores, no sentido de tutelar os seus interesses individuais relativamente às suas obras e, ao mesmo tempo, promover a criação cultural.

Por isso, os direitos de autor desempenham funções e prosseguem escopos que não se reduzem ao valor de mercado das obras, seja para o autor, seja para a sociedade em geral. Analisar o problema só por aquele prisma é uma visão redutora que, curiosamente, ao mesmo tempo quer alargar direitos ditos quase sem valor. E, note-se, alargar a área de exclusivo à custa de limites a estes direitos justificados em nome do interesse geral.

Eliminar formas de utilização livre para fins de informação, de educação, de investigação científica, de crítica e de arquivo, algumas das quais são permitidas pela doutrina de *fair use*, é amputar ao direito de autor a sua função sócio-cultural fundamental e reduzir as obras ao estatuto de pura mercadoria. "O *saber* transforma-se em *mercadoria*. De *conhecimento* livre transforma-se em *bem* apropriável. (...) A mercantilização geral do Direito Intelectual é um facto."[304]

---

[302] REBELLO 1994, 31-2.
[303] DIAS PEREIRA 1999a, 501-2.
[304] OLIVEIRA ASCENSÃO 2003a, 170.

Ora, afinal de contas, se não é a protecção do autor nem a promoção da arte e da ciência que fundamentam os direitos de autor, em nome de que interesses é que se apela à intervenção legislativa para disciplinar a "rebelde" jurisprudência?

Esta perspectiva merece-nos, por isso, grandes reservas. Não se vislumbra uma fundamentação válida para os direitos de autor, e a alternativa do regresso às origens do *copyright* no sentido de puros privilégios comerciais, numa espécie de retorno ao paradigma perdido, é proposta apenas, ao que parece, à custa do interesse geral e dos criadores intelectuais.

3.4. *Das raízes personalistas dos direitos de autor à propriedade mercantil*

Não obstante a refutação da concepção dos direitos de autor (*copyright*) como puros privilégios comerciais, destacamos o importante papel que os argumentos de índole funcional e instrumental jogam ao nível de diversos aspectos de regime dos direitos de autor.

a) Obras literárias e artísticas e os limites de objectivação dos direitos de autor

Desde logo, quanto ao objecto de protecção, a noção legal de obra é uma categoria aberta capaz de englobar qualquer forma de expressão literária ou artística, ainda que não prevista no catálogo de exemplos que ilustram a noção legal. Ora, os argumentos de índole funcional chamam aqui a atenção para *limites de objectivação*, em termos que, se não excluem completamente a possibilidade de incluir os programas de computador, as bases de dados ou outras obras inominadas, exigem uma consideração escrupulosa não apenas dos requisitos positivos de protecção (e.g. a originalidade), mas também da dicotomia ideia/expressão, no sentido de impedir a apropriação privada, por via dos direitos de autor, de bens do domínio público, nomeadamente, ideias, processos, princípios, métodos ou conceitos (CDA, art. 1.º, 2).

b) Direito exclusivo de utilização e limites funcionais de protecção dos direitos de autor

Depois, quanto ao conteúdo patrimonial dos direitos de autor, apesar de a lei reservar ao titular de direitos toda e qualquer utilização da obra, formulando o exclusivo de utilização económica mediante uma cláusula geral, que abrange modos presentes e futuros de utilização, os argumentos funcionais chamam a atenção para o facto de a protecção se dirigir à obra enquanto fonte de receitas económicas por via de exploração mercantil. Nesse sentido, as grandes categorias do direito exclusivo de utilização, como sejam a reprodução, a distribuição, a comunicação ao público e a transformação, devem ser interpretadas não como direitos absolutos mas antes como formas de extrair proveitos económicos da exploração mercantil das obras protegidas.

Isto significa que a exploração normal da obra e os legítimos interesses do autor só podem ser prejudicados, no prisma económico, se a utilização da obra se situar no plano da exploração mercantil, directa ou indirecta, i.e. se o titular de direitos puder razoavelmente "fazer dinheiro" com essa utilização.[305] A legitimidade dos interesses do autor (e dos outros titulares de direitos) surge logo delimitada, no plano económico, pelo fim que preside ao exclusivo de utilização e que se traduz, fundamentalmente, num *exclusivo mercantil*. Isto significa, ainda, que o exclusivo de utilização sofre, desde logo, uma compressão funcional resultante da sua conjugação com outros valores do mercado, nomeadamente a liberdade de circulação de bens e de concorrência (e.g. a doutrina das infra-estruturas essenciais).

Por outro lado, os argumentos funcionais permitem compreender as formas de utilização livre não apenas como limites exógenos mas também como limites endógenos do próprio exclusivo de exploração. Nesse sentido, os limites para fins, nomeadamente, de informação, ciência, ensino, ou crítica, referem-se a actos que não integram a exploração normal da obra, que se traduz na sua utilização nos circuitos comerciais. Mesmo que a integrem, não a prejudicam necessariamente. E mesmo que a prejudiquem, será ainda necessário apurar a legitimidade dos interesses do autor, que é delimitada, no plano económico, pela natureza mercantil, directa ou indirecta, da exploração da obra. Além disso, os interesses legítimos do autor poderão ser satisfeitos através de uma compensação equitativa, que atenda ao prejuízo potencial da utilização livre na exploração normal da obra, que todavia continuará subtraída à reserva exclusiva do titular de direitos.

Este entendimento resulta da consideração dos argumentos funcionais em sede de concretização dos regimes legais. E parece-nos ser o que melhor compreende o sentido da regra introduzida pelo Acto de Estocolmo da revisão da Convenção de Berna (art. 9.º, 2), que agora se converteu em critério jurisprudencial de apreciação do caso concreto, por força da transposição da directiva sobre direitos de autor na sociedade da informação

---

[305] RICKETSON 1987, 482.

(CDA, art. 75.º, 4). De resto, enquanto critério de apreciação jurisprudencial e por força da transposição das directivas 91/250 e 96/9, a regra dos três passos tinha já sido consagrada nas leis sobre programas de computador (DL 252/94, art. 7.º, 4-b, em sede de utilização de informações obtidas por descompilação, se bem que a directiva referisse esse critério à descompilação em geral) e bases de dados (DL 122/2000, art. 10.º, 2, e art. 14.º, 2, relativo aos limites de utilização legítima).

O que propomos, basicamente, é que a propriedade intelectual em direitos de autor e conexos seja, no plano económico, compreendida como propriedade comercial ou, melhor dito, mercantil, já que nem todo o mercado é comércio em sentido estrito.[306] Sem prejuízo de compensações equitativas, a consideração dos argumentos funcionais da teoria alternativa permite excluir da esfera de reserva do titular de direitos todas as utilizações que não têm directa ou indirectamente natureza mercantil. De resto, mesmo a nível internacional, a Convenção relativa ao Cibercrime, adoptada pelo Conselho da Europa em 23 de Novembro de 2001, em Budapeste, prevê no art. 10 as ofensas relacionadas com violações dolosas aos direitos patrimoniais de autor e direitos conexos por meio de computadores e *para fins comerciais*.

Numa palavra, os direitos de autor não são uma propriedade que se imponha, por natureza, a todos. Valem, fundamentalmente, enquanto direitos de exclusivo, na esfera mercantil, ainda que não pressuponham a prática de actos de concorrência. São, por isso, no plano patrimonial, direitos de autorizar e de definir os termos da exploração mercantil das obras e de extrair proveitos económicos dessa exploração. Fora do mercado, nomeadamente na reserva de intimidade da vida privada, os direitos de autor não valem como direitos oponíveis *erga omnes*.

c) *Sentido e limites das medidas técnicas de protecção e de gestão de direitos*

Os argumentos funcionais permitem também compreender a afirmação de limites de reserva contratual e de exclusão técnica. No sentido de que os titulares de direitos de autor não poderão opor o seu exclusivo, nem reforçá--lo, por via de licenças contratuais de utilização ou mediante protecções técnicas, no que se refere às actividades não mercantis. É dizer que os limites dos direitos de autor podem ter natureza imperativa, prevalecendo quer sobre estipulações negociais quer sobre medidas técnicas de pro-

---

[306] COUTINHO DE ABREU 2006, 45.

tecção.[307] Aliás, as protecções técnicas podem ser usadas não apenas para restringir o acesso aos conteúdos protegidos e para suprimir utilizações livres, mas também para permitir justamente essas utilizações.[308]

O ponto é particularmente importante relativamente aos limites de duração do prazo de protecção. A regra geral está hoje na protecção durante a vida do autor mais 70 anos *post mortem auctoris*. Enquanto propriedade resolúvel (art. 1307.º do Código Civil), a protecção é temporária. Findo o prazo de protecção, a obra cai no domínio público, adquirindo o estatuto de *res extra-commercium*. Este estatuto não significa que a obra não possa ser objecto de relações jurídicas, como se fosse uma *res nullius*. O nosso entendimento do domínio público é outro, querendo significar que as obras não podem ser objecto de direitos privados, embora sejam objecto de domínio público.

Enquanto bens do domínio público, a exploração mercantil das obras literárias ou artísticas pode ser condicionada e até sujeita a remuneração. Nesse sentido poderá falar-se em domínio público remunerado, sendo tema objecto de renovado interesse.[309] Não obstante, essa exploração não poderá em princípio servir-se de licenças contratuais ou protecções técnicas que instituam, por via negocial ou tecnológica, direitos privados sobre as obras do domínio público.

d) De direito exclusivo a pretensão remuneratória?

Nada do que fica dito pode ser entendido como a negação, no plano dogmático, da teoria da propriedade dos direitos de autor. Trata-se, apenas, de considerar os argumentos funcionais, em razão do seu mérito para a adequada compreensão do sentido e limites do exclusivo de exploração económica.

Aliás, mesmo dentro da estrita exploração mercantil, o instituto da gestão colectiva mostra que os direitos de autor, uma vez colocadas as obras em circulação, são fundamentalmente direitos a remuneração, salvo em domínios específicos. E neste ponto é que verdadeiramente se põe em causa o exclusivo de exploração económica. Sem questionarmos o instituto da gestão colectiva, o que interessa destacar é o facto de que, na vida real dos direitos de autor, o exclusivo de exploração económica é, em largos domínios da exploração mercantil das obras literárias ou artísticas, exercido pelas entidades de gestão colectiva.

---

[307] DIAS PEREIRA 1999b, 271-3.
[308] BURK/COHEN 2001, 41-83; BECHTOLD 2003, 167.
[309] DIETZ 1998, 121, e 2000, 506.

Quando esse exercício se funda num mandato livremente acordado pelos autores e demais titulares de direitos, a questão não se coloca. Já quando esse mandato se impõe por via legal ou quando a gestão de certos direitos é legalmente atribuída às entidades de gestão colectiva, pode questionar-se, afinal, se o problema dos direitos de autor está verdadeiramente nos limites para fins de interesse geral e na cópia privada, ou antes pelo contrário nas entidades de gestão colectiva a quem são confiados por lei verdadeiros *privilégios de gestão*, que se traduzem na negação do exclusivo, senão mesmo na completa desfiguração da propriedade.

e) *A autoria criadora como título legítimo de apropriação jurídica e os limites de atribuição*

Quanto a este último ponto, os argumentos funcionais, só por si, já não dão resposta. Do ponto de vista da teoria alternativa, sendo os direitos de autor monopólios legais, tanto faz que a lei os atribua aos autores como às empresas, incluindo as entidades de gestão colectiva.

Dir-se-á que não temos "a coragem de reconhecer que o Direito de Autor já não é o direito da criação cultural", em virtude do fenómeno da "apropriação do direito de autor pela empresa. O autor está sendo eclipsado, quando não expropriado, por esta entidade absorvente. Está-o pelas entidades de gestão colectiva (...) pelas grandes empresas de *copyright*. (...) O que há de característico nesta evolução é que a tutela dessas empresas continua a rotular-se como tutela do autor."[310]

Sem prejuízo de se reconhecer a tendência para os direitos de autor serem apenas "valores de exploração" das empresas do sector – o que aliás justifica que o estudo aprofundado dos direitos de autor seja localizado no direito privado das empresas –, isso não significa que o poder normativo dos factos nos converta necessariamente ao *corporate copyright* como estrito privilégio mercantil. Pelo contrário, os direitos de autor devem ser entendidos como direitos da cultura[311] ou da criação cultural – e a possibilidade de criação reafirmada.[312]

Devemos, por conseguinte, ter presente o princípio dogmático da autoria criadora com uma "função de descarga"[313] não apenas formal mas sobretudo material. Dissemos que este princípio tem o valor de pressuposto

---

[310] OLIVEIRA ASCENSÃO 1994, 1053-5.
[311] Id. ibid., 1056-60.
[312] Sobre a reafirmação da possibilidade de criação no movimento artístico português Alternativa Zero, v. ISABEL NOGUEIRA 2008.
[313] ALEXY 2005, 260-1.

e de limite dos regimes legais, contra uma propriedade puramente funcional, o que torna criticável, por redutora, a protecção dos direitos de autor apenas no quadro do direito de propriedade segundo o art. 17.º da CDFU.[314]

Poderá parecer um anacronismo insistir no princípio da autoria num tempo de empresarialização dos direitos de autor, senão mesmo de "morte do autor".[315] Todavia, sem quixotismos, dizemos que atribuir originariamente o exclusivo de exploração económica à empresa que encomenda a obra ou para quem trabalha o autor é, do nosso ponto de vista, uma situação, mais do que excepcional, aberrante. Porque afronta o princípio fundamental dos direitos de autor neste nosso tempo.

Por isso dissemos que os argumentos funcionais são importantes, embora não possam guiar-nos até ao fim. Os argumentos funcionais justificam qualquer solução que o legislador adopte em nome da eficiência do sistema. Perspectivando a questão pelo prisma económico, dir-se-á que os direitos de autor devem poder ser livremente moldados pelo legislador também de acordo com a sua política comercial, enquanto instrumentos de promoção das chamadas indústrias da cultura, da informação e do entretenimento. Neste ponto, as exigências do comércio livre, ditadas por um "fundamentalismo de mercado"[316], significariam a eliminação ou redução dos custos de transacção que resultam da não atribuição originária às empresas do exclusivo de exploração bem como do reconhecimento de direitos morais.

Numa palavra, o dogma da autoria humana criadora seria um "estorvo" – para não dizer uma "castração"[317] –, ao crescimento económico, podendo até repercutir-se negativamente sobre os criadores individuais em particular e a criatividade comunitária em geral. Os interesses empresariais defendem os direitos de autor como privilégio comercial cuja expansibilidade quer sobre novos objectos, quer sobre novas formas de exploração incluindo as

---

[314] Dietz 2006, 7-8.

[315] Frohne 2004, 19-29 (citando, *inter alia*, Barthes: «le text est... un espace à dimensions multiples, où se marient et se contestent les écritures variées, dont aucune n'est originelle: le text est un tissue de citations, issues des mille foyers de la culture»; Federman: "*Plagiarisme is the basis of all works of art*, except, of course the first one, which is unknown." – 25; Heidegger: «*Es ist die Sprache, die spricht, nicht der Autor*» – 26).

[316] Cotter 2004, 309 ("'Market fundamentalism' might be defined as the idea that markets are *a priori* the solution to all problems without taking into account the defects that sometimes (....) beset markets.").

[317] Schroeder 1998, 550 ("Because costs are what keep us from fulfilling our desire by walling off the Symbolic of actual markets from the Real of perfect markets, transaction costs are a form of Castration.")

medidas técnicas, quer até quanto ao prazo de protecção, seria uma decorrência natural da protecção como propriedade.

No fundo, os direitos de autor seriam uma *propriedade privilegiada*. Chega-se mesmo a propor, no direito norte-americano, que o Presidente poderia reforçar a protecção legal dos direitos de autor (*copyright*) através da cláusula que lhe permite assinar instrumentos internacionais ("Treaty Power"), não obstante este reforço de protecção ser considerado contrário aos termos restritivos da cláusula constitucional que permite ao Congresso adoptar leis sobre *copyright*.[318]

f) Os limites de teorização e as opções de política legislativa

A análise precedente das propostas de compreensão dos direitos de autor mostrou que os direitos de autor também têm limites de teorização, no sentido de que qualquer das teses é defensável, tudo depende da elasticidade das categorias com que se trabalhe. Da nossa parte, a tese que sustentamos situa-se no plano jurídico e tem em conta os princípios constitucionais válidos neste domínio segundo os princípios gerais do direito internacional.

A este nível, quer a tese da propriedade quer a doutrina alternativa dos monopólios comerciais podem ser defendidas. Mesmo a aproximação da propriedade intelectual ao direito de propriedade, operada pela jurisprudência comunitária e consagrada na CDFU, é feita com a salvaguarda da função social dos direitos de autor. Isto significa que existe uma margem de opção que permite ao legislador escolher.

O nosso optou pela teoria da propriedade e, a nosso ver, com argumentos válidos. Desde logo, porque nos parece ser a teoria que melhor se adequa ao princípio da autoria humana criadora, no sentido da protecção dos interesses materiais e morais dos autores relativamente às obras que criam. A teoria alternativa dos direitos de monopólio deixa à discricionariedade do legislador, em última análise, a consideração desse pressuposto e limite dos direitos de autor. O que a nosso ver, salvo melhor juízo, não é aceitável.

Também a Directiva 2001/29 adopta a figura da propriedade, enquanto forma jurídica mais adequada à prossecução do elevado nível de protecção dos direitos de autor e conexos na sociedade da informação, e afirma-se como uma solução de continuidade com as tradições comuns dos Estados-

---

[318] NGUYEN 2006, 1117 ("Not only is the Treaty Power more expansive and subject to fewer constraints, but using it is also more consistent as a policy matter.").

-membros. Embora possa gerar resistências dos partidários da teoria alternativa dos monopólios, corresponde ao entendimento tradicional da doutrina clássica portuguesa, que obteve consagração no Código Civil de 1966.

No plano dogmático, não colocamos objecções à teoria da propriedade, que nos parece correcta a esse nível. Isso não impede o reconhecimento da importância dos argumentos de índole funcional fornecidos pela teoria alternativa dos direitos de monopólio, em termos de efeitos económicos e sociais práticos dos direitos de autor, e por isso analisámos com detalhe algumas propostas recentes oriundas do *copyright* anglo-saxónico.

Concluímos pela índole mercantil da propriedade dos direitos de autor, no sentido de compreender o sentido e limites do exclusivo de exploração económica e dos seus objectos possíveis numa perspectiva que, tendo o dogma da autoria criadora como pressuposto e limite dos regimes legais, os situa funcionalmente no mercado enquanto fonte de proveitos económicos. Isto significa, *a contrario*, que, sem prejuízo de compensações equitativas, será tendencialmente livre a utilização de obras protegidas em actividades principal ou exclusivamente culturais, educativas, ou políticas, na medida em que não sirvam, directa ou indirectamente, fins comerciais.

Os poderes que a lei reserva em exclusivo aos titulares de direitos exclusivos são, por conseguinte, poderes funcionalmente pré-ordenados à exploração mercantil, ou seja, os interesses que se abrigam no âmbito de protecção dos direitos de autor são, no plano económico, interesses de índole mercantil. É por estes interesses que a interpretação teleológica das normas legais se deve orientar. Uma vez colocada no mercado, a obra torna-se uma mercadoria e, sem prejuízo dos interesses morais dos autores, fica sujeita aos interesses mercantis. De entre os criadores literários, aponta-se Brecht como um defensor desta perspectiva.[319]

Assim, apesar de no plano dos princípios dogmáticos se aderir à teoria da propriedade, já o modo de funcionamento prático dos direitos de autor será configurado sobretudo pelos argumentos instrumentais da teoria alternativa dos monopólios. De todo o modo, o princípio da autoria criadora permanece sempre como pressuposto e limite dos regimes legais. O que terá relevo, desde logo, em matéria de atribuição originária dos direitos a outrem que não os criadores intelectuais, bem como na afirmação do conteúdo pessoal dos direitos de autor. Temos, portanto, um ponto de partida e um ponto de chegada, decorrentes de princípios constitucionais e do direito internacional, não ficando por isso à completa disponibilidade do legislador nem ao livre arbítrio do intérprete a configuração normativa dos direitos de autor.

---

[319] WANDTKE 2004, 47-72.

A configuração dos direitos de autor como propriedade (comercial) no direito comunitário não poderá eclipsar a protecção dos interesses morais e materiais dos criadores intelectuais. Ao lado do argumento económico da promoção da criação e difusão das obras, os direitos de autor assentam num imperativo civilizacional de reconhecimento e recompensa daqueles que enriquecem a herança cultural da humanidade, tal como o TJCE caracterizou o "objecto específico" e a "função essencial" da protecção dos direitos de autor nos casos *Phil Collins e Magill*.[320]

São estes, por conseguinte, os dois pilares do edifício normativo dos direitos de autor da contemporaneidade, que a nosso ver lhes permitem resistir às correntes pós-modernas que, inspiradas na teoria do autor-função de Michel Foucault (*Qu'est-ce qu'un auteur?*, 1969), toleram apenas um *copyright* livre das dimensões morais do autor individual em favor da liberdade de criação conjunta, anónima e impessoal. Independentemente de se poder ver nisto a grande sombra do Criador e o retorno aos "mestres anónimos" da Idade Média[321], interessa destacar que, mesmo as correntes mais radicais como a Fundação Software Livre, o movimento código-fonte aberto e os *Creative Commons,* todos eles não dispensam os direitos de autor, antes deles se servem como instrumento de defesa da liberdade de utilização e programação de software e, de um modo mais geral, da liberdade de criação cultural.

4. Síntese conclusiva do § 2

1. As dimensões teoréticas dos direitos de autor permitem compreender que não há apenas uma mas antes várias teorias sobre a concepção destes direitos. Parece até que o objecto de estudo estimula os intérpretes à elaboração de teorias originais.

As teorizações clássicas oscilam entre a fundamentação proprietarista (Locke, Hegel, Pouillet) e a fundamentação personalista (Kant, Otto v. Gierke). Estes «credos» estão na base tanto das concepções monistas (Ulmer, Recht) como das concepções dualistas ou do direito duplo (Kohler, Savatier, Orlando de Carvalho). Apesar das suas diferenças, estas abordagens têm em comum a legitimação de uma concepção tendencialmente absolutista dos direitos de autor, no sentido de relegar para segundo plano outros valores e interesses que não sejam os dos criadores e/ou dos titulares de direitos.

---

[320] KEELING 2003, 266-8.
[321] REHBINDER 2001, 8.

Outra é a perspectiva da teoria dos direitos intelectuais ou de exclusivo (Picard, Oliveira Ascensão), quer enquanto direitos de monopólio ou clientela (Roubier, Desbois), quer como direitos sobre bens imateriais (Ascarelli). Para esta corrente, o ponto de partida é a liberdade de comércio e de informação, constituindo os direitos de autor restrições a essas liberdades. Isto significa que, enquanto para as teorizações baseadas nos credos proprietarista ou personalista é natural a justificação dos direitos de autor enquanto direitos exclusivos, para as correntes alternativas o que é natural é antes a liberdade de comércio e de informação, carecendo os direitos de autor de justificação adequada enquanto restrição a essas liberdades fundamentais.[322]

Da nossa parte, procuramos estabelecer uma ponte entre estas duas perspectivas, elaborando uma teorização de síntese. Por um lado, acolhemos certos princípios clássicos dos direitos de autor, nomeadamente o princípio da autoria, com consequências significativas em matéria nomeadamente de atribuição de direitos. Por outro lado, ao invés da absolutização *erga omnes* da autoria procedemos à sua contextualização, procurando a sua optimização com outros valores fundamentais do sistema, *maxime* a liberdade de informação, enquanto *no trespassing* da apropriação por via de direitos de autor.

2. A concepção dos direitos de autor como propriedade corresponde à solução da lei portuguesa. Neste ponto, a via da propriedade seguida no direito comunitário não é um elemento estranho à tradição jurídica portuguesa, que todavia integra igualmente, de acordo com o modelo de *droit d'auteur*, uma componente fundamental de direitos de personalidade. Os direitos de autor são direitos "geminados", e a matriz dualista do nosso direito de autor justifica que se fale antes em direitos de autor: por um lado, direitos de propriedade, que se analisam no exclusivo de exploração económica; por outro lado, direitos de personalidade, que consistem em direitos morais de protecção da honra e reputação do autor em relação às suas obras literárias ou artísticas. Seria por isso conveniente que se utilizasse antes a terminologia direitos de autor (patrimoniais ou económicos e pessoais ou morais), o que permitiria evitar um conjunto de dificuldades suscitadas pela letra do Código do Direito de Autor ao referir-se indiferenciadamente a "direito de autor".

---

[322] Em termos semelhantes, para o direito das marcas, SOUSA E SILVA 2001, 453-4 ("o monopólio legalmente atribuído assenta na ideia, simples, de que o monopólio legalmente atribuído ao titular do direito, até por constituir uma excepção à regra da liberdade do comércio, deverá confinar-se ao mínimo indispensável ao desempenho da respectiva função.").

3. Apesar de nos mantermos fieis à concepção clássica, não desconsideramos a teorização alternativa dos direitos de autor como direitos de monopólio. No plano dogmático, os seus argumentos parecem-nos refutáveis (e.g. o paradoxo de uma *plena in re postestas* imperfeita e o argumento ontológico da natureza das coisas incorpóreas como bens insusceptíveis de apropriação individual). Todavia, no plano funcional, parece-nos que a teoria alternativa fornece argumentos úteis e válidos para uma teorização não redutora dos direitos de autor, que proteja o valor transcendental da liberdade de informação.

Considerámos, por isso, em detalhe, algumas propostas recentes oriundas do pensamento jurídico anglo-saxónico, em especial do direito norte-americano, que justamente chamam a atenção para a não absolutização dos direitos de autor, no sentido da preservação da liberdade de informação. Patterson e Lindberg interpretam a lei do *copyright* no sentido de atribuir direitos também aos utilizadores. Peter Drahos defende uma teoria da justiça da informação, que nega à propriedade intelectual o estatuto de direito natural que se imponha ao legislador podendo antes ser por ele moldada. Pamela Samuelson expõe uma perspectiva sobre o papel dos direitos de autor no futuro da sociedade da informação, defendendo também a sua natureza marcadamente funcional, enquanto instrumento de promoção da interoperabilidade informática e da concorrência no mercado electrónico, dos novos modelos económicos, da ciência, da investigação, do acesso público à informação, da esfera pública do diálogo democrático, da preservação da herança cultural, e a preservação destes fins sociais dos direitos de autor contra protecções técnicas e licenças contratuais de utilização.

A consideração destas perspectivas funcionalistas leva-nos a compreender os direitos de autor, no plano patrimonial, como formas de "propriedade mercantil", à semelhança do que justificaria a inclusão destes direitos no Tratado de Roma. Esta teorização dos direitos de autor não se rende, todavia, à perspectiva estritamente mercantilista, que os reduz a meros privilégios comerciais sem fundamento ético e de duvidosa utilidade económica.

No fundo, limitamo-nos a seguir o *mainstream* ou a *communis opinio* sobre estes direitos, ainda que de forma mitigada. Não abdicamos do princípio da autoria humana, enquanto fonte da criação cultural, mas, no outro prato da balança, colocamos a liberdade de informação, enquanto *fons fontium* da própria criação intelectual.

Propomos, por conseguinte, uma *teoria híbrida* dos direitos de autor. Trata-se de direitos híbridos, não apenas porque abrangem direitos patrimoniais ou económicos e direitos pessoais ou morais, mas também porque são permanentemente gerados por uma tensão entre exclusivo e liberdade.

Quanto ao objecto de protecção, incidem apenas sobre a forma de expressão, já não sobre as ideias ou princípios, que são livres. Quanto aos sujeitos, contra todos os "realismos", afirmamos plenamente o autor, enquanto pessoa humana, como titular originário dos direitos. Quanto ao conteúdo, trata-se, na esfera patrimonial, de direitos exclusivos de oponibilidade *erga omnes* não absoluta, já que limitada aos actos de utilização económica ou mercantil, directa ou indirecta. Preferimos falar, por isso, em "propriedade mercantil". A qual, todavia, não eclipsa o conteúdo moral dos direitos de autor, que são direitos de personalidade do criador intelectual. Ainda de referir que os direitos de autor são temporalmente limitados, no sentido de que decorrido o prazo de protecção as obras caem no domínio público, não enquanto *res nullius*, mas antes como *res communes omnios*, podendo a sua exploração ser objecto de remuneração.

4. A importância desta proposta de teorização será melhor compreendida mediante a análise dos regimes legais. Não obstante, importa referir que, apesar da índole mercantil dos direitos de autor, assim como os consumidores foram inseridos no círculo de beneficiários de um regime da concorrência desleal transmutado em disciplina das práticas comerciais desleais, também agora os consumidores são considerados destinatários dos direitos de autor. O consumidor, na medida em que pratique actos susceptíveis de prejudicarem a exploração económica ou comercial dos direitos de autor ficaria sujeito à aplicação das medidas de protecção destes direitos.

Se a cópia para uso pessoal ainda é tolerada, salvo no domínio dos programas de computador e das bases de dados electrónicas, o mesmo já não sucede com o utilizador de serviços de acesso condicional que envolvam direitos de autor (e.g. vídeo a pedido, pay-TV, etc.). A boa fé não é título bastante para se ser utilizador não autorizado desses serviços. Por seu turno, o consumidor final que não age de boa fé é equiparado ao "pirata", ficando sujeito às medidas previstas para as infracções mais gravosas aos direitos de autor.

Donde decorre que os direitos de autor são mais do que direitos de propriedade. A oponibilidade *erga omnes* do direito de propriedade é tradicionalmente relativa a uma coisa situada num determinado local e em certo momento. Pelo contrário, os direitos de autor são cada vez mais omnipresentes, em razão da ubiquidade das coisas incorpóreas. A escrita de um texto original confere o direito de impedir a sua exploração e utilização em qualquer parte do Mundo coberto pelas directivas comunitárias e pelo Acordo ADPIC.

Por outro lado, a lei colocou nas empresas de software e de bases de dados um poder de controlo global como talvez nunca tenha existido na

História da Humanidade. Se é ilegal utilizar programas de computador sem licença válida prévia, ainda que para fins estritamente pessoais, então o titular de direitos de autor pretenderá ter um título jurídico que lhe permita passar em revista, mediante agentes electrónicos, os computadores ligados à rede em busca de cópias ilegais e recorrer à acção directa por via, por ex., do bloqueio da cópia. De pouco valerá a boa fé do consumidor do programa, ao menos enquanto título aquisitivo de licença. O mesmo vale, *mutatis mutandis*, para as bases de dados electrónicas, em especial no ambiente em rede.

Neste ambiente, a propriedade absoluta recusa até a possibilidade de o utilizador final efectuar reproduções que dispensem novo acesso. Idealmente, o consumidor deverá fazer apenas meras reproduções transitórias, se possível efémeras, mas nem sequer temporárias. No pagamento por sessão, o utilizador não adquire senão o direito de visualização pelo período da sessão. No fundo, a lógica é idêntica à dos serviços de telecomunicações. Só que nestes o prestador de serviços não tem legitimidade para gravar o conteúdo das comunicações para efeitos de prova da utilização não autorizada dos serviços.

Os efeitos secundários da absolutização dos direitos de autor poderão ser devastadores, quer no campo da concorrência mercantil, quer em matéria de liberdades fundamentais dos cidadãos.[323] É muito preocupante que os direitos de autor, ao serviço dos interesses do comércio, prevaleçam *über alles*, invadindo a esfera de reserva da intimidade da vida privada e eclipsando a liberdade de informação.

A teorização que propomos tem em vista estes problemas. Sem se reduzir a dimensões de índole funcional, também não se atém apenas a argumentos de cariz dogmático. O estudo das dimensões sistemáticas permitirá compreender melhor a nossa proposta teórica, tanto no plano dogmático quanto no plano funcional.

---

[323] FERREIRA DA CUNHA 2006a, 649 ("Parece que a má aplicação das regras de copyright e de patentes, alguns *lobbies*, e certas multinacionais estarão a contribuir para o atrofiar da investigação, da difusão, e do acesso dos cidadãos à informação, à educação, à cultura.").

§ 3. DIMENSÕES SISTEMÁTICAS

"É improvável que alguém compreenda o que o outro quer dizer, tendo em conta o isolamento e a individualização da sua consciência. O sentido só se pode entender em função do contexto, e para cada um o contexto é, basicamente, o que a sua memória lhe faculta"
LUHMANN, *A improbabilidade da comunicação*, 1999

1. A localização dos direitos de autor na ordem constitucional

A Carta dos Direitos Fundamentais da União Europeia estabelece a protecção da propriedade intelectual no n.º 2 do artigo 17.º, relativo ao direito de propriedade. O Tratado que estabelece uma Constituição para a Europa (TCE) incorporou a Carta dos Direitos Fundamentais da União (Parte II), prevendo a protecção da propriedade intelectual no n.º 2 do Artigo II-77.º, relativo ao direito de propriedade.

Isto traz de novo para primeiro plano o problema do enquadramento constitucional da propriedade intelectual.[324] Os direitos de autor, enquanto propriedade intelectual, devem ser regulados como direitos de propriedade?

1.1. *Liberdade de criação cultural e propriedade privada: os direitos de autor como direitos fundamentais*

a) A Constituição e os instrumentos internacionais

A Constituição da República Portuguesa (CRP) prevê a "protecção legal dos direitos de autor" no âmbito da liberdade de criação cultural (art. 42.º). Ou seja, no plano constitucional, a protecção legal dos direitos de

---

[324] MAUNZ 1973, 107-15.

autor é considerada um instrumento necessário e adequado à liberdade de criação intelectual, artística e científica. Já quanto a saber se os direitos de autor fazem parte do direito de propriedade privada (art. 62.º), a Constituição não oferece directamente resposta.

O tratamento dos direitos de autor como propriedade também não resultava claramente do direito internacional. A Declaração Universal dos Direitos do Homem (DUDH) estabelece apenas o "direito à protecção dos interesses morais e materiais ligados a qualquer produção científica, literária ou artística da sua autoria" (art. 27.º, 2), juntamente com o "direito de tomar parte livremente na vida cultural da comunidade, de fruir das artes e de participar no progresso científico que deste resultam" (art. 27.º, 1).

Ora, a propriedade não é uma via única nem exclusiva para a satisfação do direito à protecção dos interesses morais e materiais dos criadores intelectuais.

Por seu turno, a Convenção Europeia de Salvaguarda dos Direitos do Homem e das Liberdades Fundamentais (*brevis causa*, Convenção Europeia dos Direitos do Homem – CEDH) não contém nenhuma referência aos direitos de autor. Aliás, o texto originário da CEDH também não continha nenhuma referência ao direito de propriedade, embora este direito tenha sido posteriormente consagrado no primeiro Protocolo adicional celebrado em Paris no dia 20 de Março de 1952 (art. 1.º).

Com base nisto e nos princípios constitucionais comuns dos Estados-membros, o TJCE afirmou o direito de propriedade como um direito fundamental.[325]

i. O alargamento da garantia da propriedade privada à propriedade intelectual

Apesar do silêncio da CEDH em matéria de direitos de autor, o TJCE considerou aplicável à propriedade intelectual o art. 1.º do primeiro Protocolo à CEDH, na decisão de 12 de Maio de 2005, de acordo com o entendimento geral da legislação e da jurisprudência dos Estados-membros.[326]

No caso *Tocai* (Proc. C-347/03), o TJCE considerou que, "à luz da jurisprudência do Tribunal de Justiça, o direito de propriedade faz parte dos princípios gerais do direito comunitário; a partir da sentença *Hauer*, de 13 de Dezembro de 1979 (Proc. 44/79, CJ 1979, 3727), o Tribunal afirmou claramente que 'no ordenamento jurídico comunitário o direito de pro-

---

[325] C/ ref. MAGALHÃES 2005, 977 e n. 31.
[326] GEIGER 2004a, 169.

priedade é tutelado no quadro dos princípios comuns às constituições dos Estados membros, recebidos no Protocolo adicional à Convenção europeia de protecção dos direitos do homem'. O enquadramento da propriedade intelectual no amplo género de bens no sentido do citado Protocolo significa que a sua tutela é garantida também no ordenamento comunitário." Todavia, o Tribunal acrescentou que "tal princípio não se configura como uma prerrogativa absoluta, mas antes deve ser tomado em consideração a sua função na sociedade".[327]

No direito alemão, em vista da necessidade de maior clareza da contextualização constitucional da propriedade intelectual, defende-se a consagração no texto constitucional – à semelhança do que previa a Constituição de Weimar – de um direito fundamental unitário de propriedade intelectual[328], embora haja quem proponha antes um preceito constitucional autónomo para tutela do direito de autor, com base na teoria monista da unidade incindível.[329]

No direito português, a protecção legal dos direitos de autor está constitucionalmente enquadrada na liberdade de criação cultural, embora a equiparação dos direitos de autor ao direito de propriedade corresponda ao entendimento geral[330] relativamente aos direitos patrimoniais, quer na doutrina quer na jurisprudência.

ii. Enquadramento dos direitos conexos na liberdade de criação cultural?

Todavia, pode questionar-se o enquadramento constitucional dos direitos conexos. A Constituição e o Código Civil utilizam a expressão direitos de autor, sem qualquer referência aos direitos conexos. Compreende-se que o Código Civil não tenha consagrado a figura dos direitos conexos, já que ao tempo da sua aprovação não eram estes direitos atribuídos na ordem jurídica portuguesa. Portugal não ratificara ainda a Convenção de Roma (1961), embora o diploma que aprovou o Código do Direito de Autor de 1966, pouco tempo antes do Código Civil, já desse conta desses direitos no preâmbulo, ainda que pela negativa: "Quanto às alterações técnicas [...]

---

[327] MASTROIANNI 2005, 15-6.
[328] FECHNER 1999, 502-5 ("Eine *Normierung* des geistigen Eigentums in einem eigenständigen Grundrecht z.B. als «Art. 14a» (oder in zweiter Linie als Art. 14 «Abs. 4») erscheint grundsätzlich möglich und wäre im Interesse der Rechtsklarheit und als Ausdruck eines allgemeinen akzeptierten, umfassenden Schutzes geistigen Eigentums wünschwert." – 519-20).
[329] DIETZ 2006, 8.
[330] GOMES CANOTILHO/VITAL MOREIRA 1991, 93, e 2007, 800; OLIVEIRA ASCENSÃO 1997, 182-3.

respeitam essencialmente a sectores limítrofes do direito de autor. Este último é sobretudo o caso dos chamados «direitos vizinhos do direito de autor», que foram objecto de convenção internacional assinada em Roma em 26 de Outubro de 1961 e devem ficar reservados para diploma autónomo" (§ 9).

No texto constitucional, mantém-se ainda a redacção originária "direitos de autor", não obstante todas as revisões entretanto operadas, muitas delas já depois da aprovação do Código do Direito de Autor e dos Direitos Conexos de 1985. Como interpretar o silêncio do legislador em matéria de ordenação da figura dos direitos conexos no *corpus iuris*? Serão uma terceira via de direitos sobre bens imateriais, a meio caminho entre o direito de autor e a propriedade industrial? Beneficiam da garantia constitucional da liberdade de criação cultural? É que os direitos conexos não se destinam a proteger bens gerados no exercício da liberdade de criação cultural como as obras tuteladas pelos direitos de autor, mas antes prestações artísticas e prestações técnicas e empresariais, como sejam, por exemplo, as dos produtores de fonogramas e de filmes e dos organismos de radiodifusão.

Por interpretação extensiva, poderão os direitos conexos ser integrados no preceito relativo à liberdade de criação cultural, na medida em que a actividade exercida pelos sujeitos destes direitos se situe na esfera de "irradiação do produto cultural". Segundo a doutrina constitucional, a liberdade de criação cultural abrange todas as formas de "mediação comunicativa", incluindo a utilização do produto da criação cultural geradora de valor económico.[331] Todavia, o ancoramento dos direitos conexos na liberdade de criação cultural não deve ser considerado tão forte ou intenso quanto a protecção dos direitos de autor.

b) A propriedade intelectual na jurisprudência constitucional

É constante a jurisprudência do Tribunal Constitucional, no sentido da inclusão dos direitos de autor, enquanto propriedade intelectual, no objecto da garantia constitucional da propriedade privada. No acórdão n.º 491/02 (Proc. n.º 310/99, Plenário, Relator – Cons. Paulo Mota Pinto), o TC decidiu, relativamente ao objecto da *garantia constitucional da propriedade privada*, que o artigo 62.º, n.º 1, da Constituição garante, «tanto o direito *de* propriedade – a propriedade *stricto sensu* e qualquer outro direito patrimonial – como o direito *à* propriedade, ou direito de acesso a *uma* propriedade». Resulta, assim, claro que o direito de propriedade a que se refere

---

[331] GOMES CANOTILHO/VITAL MOREIRA 2007, 621-2.

aquele artigo da Constituição não abrange apenas a *proprietas rerum*, os direitos reais menores, a propriedade intelectual e a propriedade industrial, mas também outros direitos que normalmente não são incluídos sob a designação de «propriedade», tais como, designadamente, os direitos de crédito e os "direitos sociais" – incluindo, portanto, partes sociais como as acções ou as quotas de sociedades."

Por outro lado, o TC reafirmou a sua jurisprudência constante no sentido de que a propriedade privada abrangida pelo art. 62.º da Constituição, "com a extensão assinalada, reveste a natureza *de direito fundamental de natureza análoga aos direitos, liberdades e garantias*. Nesse sentido pode ler-se, no já referido acórdão n.º 491/02, que, nesta parte, recorda a anterior jurisprudência do Tribunal: «*O Tribunal Constitucional tem, na verdade, salientado repetidamente, já desde 1984, que o direito de propriedade, garantido pela Constituição, é um direito de natureza análoga aos direitos, liberdades e garantias, beneficiando, nessa medida, nos termos do artigo 17.º da Constituição, da força jurídica conferida pelo artigo 18.º (...)*». Porém, ao mesmo tempo que considera extensível o regime dos direitos, liberdades e garantias aos direitos fundamentais análogos, como o direito de propriedade entendido no sentido amplo já assinalado, tem o Tribunal sempre alertado para o facto de que nem toda a legislação que lhe diga respeito goza do regime específico previsto para aqueles direitos, liberdades e garantias. Isto é, importa discernir, dentro do direito de propriedade privada, o núcleo ou conjunto de faculdades que revestem natureza análoga aos direitos, liberdades e garantias, uma vez que nem todas elas se podem considerar como tal", i.e. "se a 'garantia' constitucional da propriedade abrange, não apenas o direito de 'propriedade', no sentido técnico e preciso do conceito, mas qualquer direito patrimonial, há-de, porém, ser *em função de cada tipo de direito* dessa natureza que se pode apreciar o significado e o alcance, do ponto de vista daquela 'garantia', de uma determinada regulamentação que diga respeito ao mesmo direito" (Ac. n.º 273/04, Proc. n.º 506/03, 3ª Secção, Relator Cons. Gil Galvão, referindo, mais recentemente, os acórdãos n.º 491/02, 22/1/2003, e 374/03, 3/11/2003).

É de aplaudir esta jurisprudência do Tribunal Constitucional, que inclui a propriedade intelectual na garantia constitucional da propriedade privada, enquanto direito fundamental análogo e com conteúdo semelhante ao previsto na lei civil[332], ressalvando todavia a necessidade de determinação

---

[332] Id. ibid., 800; MIRANDA 2000, 151; VIEIRA DE ANDRADE 2004, 386; MIRANDA/MEDEIROS 2005, 145.

dessa analogia relativamente a cada tipo de direito. À semelhança da doutrina da "propriedade corporativa", elaborada pelo TC no acórdão n.º 491/02, também os direitos de autor e outras formas de propriedade intelectual não podem ser configurados simplesmente como uma "propriedade real" em sentido tradicional.[333]

Esta jurisprudência parece-nos conforme com os textos das convenções internacionais e oferece já um modelo de interpretação em conformidade com a CDFU e a jurisprudência do TJCE, que considera aplicável à propriedade intelectual, incluindo os direitos de autor, o 1.º Protocolo adicional à CEDH. Na prática, isto significa que os direitos de autor devem ser regulados como se fossem direitos de propriedade, mas não como uma "propriedade absoluta" em virtude nomeadamente da sua importante função social. Ou seja, não obstante os direitos de autor serem incluídos no catálogo de direitos fundamentais, o regime das restrições ao direito de propriedade não é automaticamente aplicável às restrições aos direitos de autor, embora estas devam ser também justificadas por outros valores constitucionais,[334] ainda que implícita ou não expressamente autorizadas pela constituição.[335]

c) *A concorrência de direitos fundamentais na "constituição da informação"*

Daí que, ao nível da configuração do exclusivo de exploração económica, tenhamos algumas reservas ao entendimento segundo o qual "o direito de propriedade intelectual, directamente protegido pelo regime dos direitos, liberdades e garantias goza de uma protecção constitucional mais intensa do que o direito de propriedade sobre as coisas (art. 62.º)."[336] A maior intensidade que se atribui à protecção constitucional da propriedade intelectual poderá legitimar as pretensões de absolutização destes direitos, desconsiderando tendencialmente os limites resultantes da sua colisão com outros direitos fundamentais ou bens constitucionalmente protegidos, que se apontam como os únicos limites a ter em conta por estar em causa um direito não sujeito à reserva de lei restritiva.[337]

---

[333] DIETZ 2006, 3-4 ("Die blobe Subsumption des Urheberrechts unter die allgemeine Eigentumsgarantie der Verfassung bietet zu wening konkrete Anhaltspunkte für die Bestimmung des Inhalts dieses Schutzes, insbesondere deswegen, weil nicht einmal das geschütze Subjekt klar bennant ist.").

[334] VIEIRA DE ANDRADE 2004, 308; GOMES CANOTILHO/VITAL MOREIRA 2007, 390.

[335] MIRANDA 2000, 331; GOMES CANOTILHO 2006a, 1276-7 (sufragando a posição de REIS NOVAIS 2003).

[336] GOMES CANOTILHO/VITAL MOREIRA 2007, 622.

[337] Id. ibid., 622-3.

§ 3. *Dimensões Sistemáticas* 175

Ora, deve ter-se em conta que os direitos de autor surgem, à partida, como restrições a esses outros valores constitucionais.[338] Está em causa, desde logo, a liberdade de informação consagrada constitucionalmente ao lado da liberdade de expressão (art. 37.º, 1), à semelhança dos instrumentos internacionais, nomeadamente a Declaração Universal dos Direitos do Homem (DUDH 1948, art. 19.º), a Convenção Europeia dos Direitos do Homem (CEDH 1950, art. 10.º), e o Pacto Internacional sobre os Direitos Civis e Políticos (PIDCP, art. 19.º), que se consideram abrangidos pela *cláusula geral de recepção automática* prevista no art. 8.º, 1, da constituição.[339] De resto, a subordinação do direito internacional público à constituição é defendida, na medida em que esta equipara aquele direito ao direito constitucional no campo dos direitos fundamentais.[340]

Se a liberdade de expressão constitui, na expressão de Stuart Mill, uma "necessidade para o bem-estar mental da humanidade (de que o outro bem-estar depende)"[341], a liberdade de informação, ao localizar-se constitucionalmente num "ponto de cruzamento de vários direitos fundamentais"[342], pode afirmar-se como um verdadeiro *punctum cruxis* das liberdades fundamentais da comunicação e até como uma condição prévia de outros direitos fundamentais.[343]

De resto, afirma-se a autonomia do direito de informação em relação à liberdade de expressão, integrando "três níveis": o direito de informar, o direito de se informar e o direito de ser informado.[344] Mais se afirma que os arts. 37.º a 40.º "integram uma ampla *constituição da informação*, que forma a base do regime jurídico desta".[345]

Ora, em nossa opinião, os direitos de autor e a própria liberdade de criação cultural deveriam ser também incluídos nessa *constituição da informação*, sob pena de esta surgir à partida limitada pelos efeitos restritivos

---

[338] FECHNER 1999, 350; OLIVEIRA ASCENSÃO 2007b, 5 ("o direito de autor é ele próprio excepcional, porque restringe a liberdade de expressão e outras liberdades fundamentais.").
[339] GOMES CANOTILHO/VITAL MOREIRA 2007, 254; FERREIRA DE ALMEIDA 2003, 70.
[340] GONÇALVES PEREIRA/FAUSTO QUADRO 2004, 387, 389; porém, ALVES CORREIA 2003, 87.
[341] STUART MILL 1976, 86.
[342] JÓNATAS MACHADO 2002, 472.
[343] ESCOBAR DE LA SERNA 1998, 55-6; FECHNER 1999, 350 ("Die Grundrechte des Art. 5 Abs. 1 GG (Informationsfreiheit) stehen ihrerseits unter dem Schrankenvorbehalt des Art. 5 Abs. 2 GG, der insbesondere die Vorschriften der allgemeinen Gesetze umfabt. Als solche Schranken sind auch die eigentumsrechtlichen Ausgestaltungen des Urheberrechts anzusehen."); OLIVEIRA ASCENSÃO 2007b, 5.
[344] GOMES CANOTILHO/VITAL MOREIRA 2007, 572.
[345] Id. ibid., 571.

gerados pelos direitos de autor (e sobretudo pelos direitos conexos e afins aos direitos de autor) no domínio da liberdade de informação.

Ao mesmo tempo, essa *constituição da informação* permitiria definir com maior clareza os limites da apropriação da informação por via dos direitos de autor e afins, estabelecendo limites senão imanentes pelo menos restrições, ainda que não expressamente autorizadas[346], ao exclusivo de exploração económica decorrentes dos valores constitucionais da liberdade de informação.

1.2. *A interpretação dos direitos de autor em conformidade com a Constituição e os princípios do direito internacional*

Se a interpretação em conformidade com a constituição é um cânone metodológico indiscutível[347] – resultando aliás da própria lei constitucional (art. 204.º) –, já todavia não é certo o seu *modus operandi* no domínio dos direitos de autor. Em causa está a dimensão procedimental do *logos* jurídico, que é apontada, enquanto garantia da sua racionalidade prática, como um elemento essencial do sistema jurídico, compreendido como um sistema tridimensional de regras, princípios e procedimentos.[348]

Todavia, os procedimentos também são regras, devendo, nessa medida, apoiar-se em princípios, concretizando-os, sob pena de se fazer tábua rasa dos valores e de se "infringir a condição de sinceridade da acção comunicativa."[349] Com efeito, numa visão puramente procedimental, "com estas formas (de argumentos) pode-se justificar qualquer proposição normativa e qualquer regra".[350]

a) A interpretação da constituição como elemento da interpretação dos direitos de autor

O que fica dito é tão mais importante, se tivermos em conta que o cânone da interpretação conforme com a constituição não responde ao pro-

---

[346] Id. ibid., 389-90.
[347] LARENZ 1983, 418; CASTANHEIRA NEVES 1993, 195; GOMES CANOTILHO 2006a, 1310-5; BRONZE 2006a, 644. Sobre o tema, e.g. ZENHA MARTINS 2003, 823s.
[348] ALEXY 1995, 228.
[349] HABERMAS 2002, 179. Recorde-se CÍCERO (2000, 23): "O fundamento da justiça reside (...) na boa-fé, isto é, na fidelidade e na verdade nos compromissos assumidos."
[350] ALEXY 1995, 203. O próprio imperativo kantiano é alvo desta crítica por parte de Kaufmann 1993, 504 ("kein inhaltlicher ethischer Grundsatz, sondern eine *Verfahrensregel* ist.").

blema da interpretação da própria Constituição, que também não é livre de interpretação. Por outras palavras, a interpretação da lei ordinária em conformidade com a constituição depende, desde logo, da interpretação que se fizer das normas constitucionais em causa.[351]

Ora, a nosso ver, a interpretação das disposições nacionais e comunitárias sobre direitos de autor deve ter em conta outros valores constitucionais, desde logo os que estão protegidos ao abrigo do direito internacional, nomeadamente a liberdade de informação e de expressão e a protecção da vida privada nos termos da DUDH e da CEDH (arts. 8.º e 10.º). O contrário seria "most unfortunate".[352] É a própria constituição que dispõe, no art. 16.º, que, para além de os direitos fundamentais nela consagrados não excluirem quaisquer outros constantes das leis e das regras aplicáveis de direito internacional (1), também os preceitos constitucionais e legais relativos aos direitos fundamentais devem ser interpretados e integrados de harmonia com a Declaração Universal dos Direitos do Homem (2). Trata-se do princípio da interpretação em conformidade com a DUDH.[353]

Não obstante, para além do conflito interno entre os direitos de autor e a liberdade de informação e de expressão aponta-se também um conflito externo não considerado pela narrativa oficial. Num caso de referência da jurisprudência norte-americana (*Harper & Row Publishers v. Nation Enterprises*, 1985), o Supremo Tribunal considerou que o *copyright* é o motor da liberdade de expressão (*the engine of free speech*). Ora, comenta-se esta metáfora comparando-se o papel dos direitos de autor à criação dos caminhos-de-ferro nos EUA, em que o Estado deu os terrenos e as empresas fizeram os caminhos-de-ferro, financiadas pelos adquirentes dos terrenos que se tornavam valiosos à medida da construção dos caminhos-de-ferro. Este esquema permitiu a conquista do Oeste. Todavia, é criticável a equiparação da liberdade de expressão à ocupação de terrenos.[354]

i. A contextualização constitucional dos direitos de autor

Da nossa parte, temos chamado a atenção para a necessidade de contextualização constitucional dos direitos de autor, acentuando de igual

---

[351] E.g. CRISTINA QUEIROZ 2000, GREENAWALT 2002, 289s, GOLDSWORTHY 2006.
[352] CORNISH/LLEWELYN 2003, 505.
[353] GOMES CANOTILHO/VITAL MOREIRA 2007, 367-8.
[354] BIRNHACK 2003, 297-8 ("literally speaking, property was the engine used to conquer the West, and metaphorically, property was the engine of the frontier. But this was achieved at the expense of the 'propertization' of the public domain, and not without speculators gaining their share at the expense of less-sophisticated setllers. Land is one thing, speech is quite another.").

modo a importante função social da propriedade intelectual, em especial dos direitos de autor, como justificação aos limites de protecção.[355] Nesta ordem de ideias, defende-se a necessidade de análise dos direitos de autor na perspectiva dos direitos fundamentais, apontando-se a prática jurisprudencial de utilização das normas constitucionais como *guidelines* de interpretação das leis dos direitos de autor.[356]

Sem estar em causa a "«panconstitucionalização» da vida da comunidade"[357], trata-se, no fundo, de sujeitar os direitos de autor, enquanto formas de propriedade intelectual, ao "parâmetro jurídico-constitucional", no sentido de afirmar "zonas de liberdade" endógenas, isto é, "*no interior* do regime dos exclusivos comerciais e industriais"[358], ainda que resultantes da ponderação com outros valores constitucionais, nomeadamente as liberdades pessoais de informação e de expressão, de aprendizagem, de criação cultural, a reserva da vida privada, e a liberdade de concorrência mercantil – falando-se, por isso, com propriedade, na "tensão social do direito de autor".[359]

O nosso entendimento sobre os direitos de autor não é incompatível com a aplicação efectiva dos seus limites inclusive por via do "Poder Judiciário na interpretação adotada na solução de litígios"[360], na medida em que a lei dos direitos de autor seja interpretada em conformidade com os princípios constitucionais, incluindo os princípios gerais do direito internacional comum[361], podendo dizer-se, com propriedade, que "o fato relevante deste século é que o Direito de Autor tornou-se o alvo mais recente da tensão constitucional, ou seja, da colisão de direitos fundamentais."[362]

De todo o modo, estando em causa normas comunitárias, não deve ser desconsiderado o procedimento de reenvio prejudicial, que impõe ouvir primeiro o Tribunal de Justiça. A decisão deste Tribunal é vinculante no que respeita à conformidade da norma em causa com o direito comunitário, mas já não relativamente à sua conformidade com a constituição interna, em matérias não cobertas pelo direito comunitário primário.

Nas palavras de Cardoso da Costa: "Só depois de percorrido este caminho (reenvio prejudicial), e na hipótese de através dele se não chegar a um resultado satisfatório, é que aquele primeiro tribunal deverá exercer,

---

[355] DIAS PEREIRA 2001a, 312 (n. 570), 357, 786.
[356] E.g. GEIGER 2004a, 121, 123 (n. 6).
[357] GOMES CANOTILHO 1982, 467.
[358] REMÉDIO MARQUES 2003a, 351-2.
[359] TRABUCO 2006, 466-7, e 2007, 40.
[360] ROCHA DE SOUZA 2006, 319-320.
[361] PEREIRA DOS SANTOS 2006, 128-33.
[362] Id. ibid., 131.

como *última ratio*, o seu irrenunciável poder de controlo, para impor, no âmbito da ordem jurídica portuguesa, a primazia desse radical básico de princípios (núcleo essencial, duro ou infungível) cuja inobservância verdadeiramente a «desfiguraria»."[363]

ii. A multifuncionalidade das liberdades de comunicação

Uma metódica constitucional correcta deve presidir ao debate sobre a constitucionalização da propriedade intelectual, em especial dos direitos de autor, reaberto pelo Tratado que estabelece uma Constituição para a Europa, que incorporou a Carta dos Direitos Fundamentais da União.[364]

Tal como a liberdade de expressão, os direitos de autor devem ser integrados, segundo a teoria da *multifuncionalidade* dos direitos fundamentais[365], numa "concepção multifuncional e multi-sistémica das liberdades de comunicação", no sentido de que "será (provavelmente) indesejável construir uma teoria unitária dos direitos fundamentais em análise partindo de um único valor ou princípio. (...) O imenso espaço hermenêutico aberto pelas diferentes doutrinas tem o mérito de possibilitar uma interpretação teleológica das liberdades de comunicação perfeitamente compatível com uma compreensão alargada do seu *Tatbestand*, minimizando os riscos de funcionalização das mesmas".[366]

A protecção legal dos direitos de autor insere-se no catálogo de direitos fundamentais, os quais jogam um "papel central no sistema jurídico"[367]. A concepção multifuncional e multisistémica das liberdades fundamentais da comunicação permite compreender adequadamente o enquadramento dos direitos de autor num contexto de *concorrência* e *colisão* de direitos fundamentais.

Neste contexto, os direitos de autor não têm, à partida, primazia sobre outros direitos fundamentais. Por exemplo, foi decidido recentemente, na jurisprudência britânica, que a reprodução em jornais de textos literários de teor político protegidos pelo *copyright* seria justificada enquanto exercício legítimo da liberdade de expressão consignada no art. 10.º da CEDH (*Ashdown v Telegraph Ltd*, 2002).[368]

---

[363] Cardoso da Costa 1998, 1377; porém, Gomes Canotilho/Vital Moreira 2007, 271.
[364] E.g. Geiger 2006a, 371; Pinto 2002, 209s; Dietz 2006, 1s.
[365] Gomes Canotilho 2006a, 1402; Sarlet 2004, 166.
[366] Jónatas Machado 2002, 288-291.
[367] Alexy 1993, 506 ("Con la tesis de la fundamentalidad formal y material se ha dicho que las normas iusfundamentales juegan un papel central en el sistema jurídico. Pero, todavía no se ha dicho cómo lo hacen y qué significa esto para la estructura del sistema jurídico.").
[368] Davis 2005, 136-8.

b) A possível eficácia horizontal dos direitos fundamentais

Está em causa também um problema de constitucionalização do direito privado, já considerado "um dos temas mais nobres da dogmática jurídica".[369] Na constituição portuguesa, as entidades privadas são equiparadas às entidades públicas para efeitos de regime dos direitos fundamentais (art. 18.º, 1), i.e. os direitos fundamentais vinculam também as entidades privadas "adquirindo assim eficácia geral, *erga omnes*... Os direitos fundamentais previstos neste artigo têm uma eficácia imediata perante entidades privadas".[370]

Todavia, a CDFU, à semelhança da solução germânica, limita o âmbito de vinculação do regime dos direitos fundamentais às entidades públicas, i.e. às instituições e outros organismos da União e dos Estados-membros quando procedam à aplicação do direito da União (art. II-51.º, 1).[371]

Pode antecipar-se, neste domínio, a importância do debate travado no direito germânico entre a teoria "monista" e a "teoria dualista"[372] sobre o *modus operandi* do alargamento da esfera de vinculação dos direitos fundamentais às relações entre particulares.[373] Destaca-se a jurisprudência do Tribunal Constitucional Federal da Alemanha no caso *Lüth* sobre a licitude de apelos ao boicote de um filme com fundamento na liberdade de opinião (por "efeito de irradiação"), considerada por um autor germânico (Diedrichsen) um "golpe de estado metodológico".[374]

Não obstante, a referida jurisprudência tem a seu favor os que sustentam que as normas de direitos fundamentais também têm influência nas relações entre cidadãos, em especial no domínio do direito civil, no qual o "efeito em relação a terceiros" ou "efeito horizontal" dos direitos fundamentais permite clarificar a importância destes direitos no sistema jurídico.[375]

Sendo esta uma problemática que se coloca na relação entre os direitos de autor e a liberdade de informação, vamos fazer uma referência ao modelo dogmático proposto por Canaris, que destaca não apenas a actualidade mas também a dimensão internacional ("internacionalidade") desta problemática.[376] Trata-se de um modelo segundo o qual os direitos fundamentais

---

[369] GOMES CANOTILHO 2004a, 192; tb. A. PINTO MONTEIRO/NEUNER/SARLET 2007 ("A relação entre direitos fundamentais e direito privado tornou-se, hoje, também no plano internacional, num tema jurídico chave.").
[370] GOMES CANOTILHO/VITAL MOREIRA 2007, 384-5.
[371] MOURA RAMOS 2001, 986.
[372] VIEIRA DE ANDRADE 2003, 275s.
[373] ALEXY 1994, 475s.
[374] Cfr. CANARIS 2003, 227-8, e 2006, 44s.
[375] ALEXY 1993, 507.
[376] CANARIS 2003, 224, e 2006, 20.

vigoram imediatamente em face das normas de direito privado e mediatamente nas relações entre sujeitos de direito privado, desempenhando funções de *proibições de intervenção* e de *imperativos de tutela*.[377] Na primeira situação essas funções seriam normais, enquanto na segunda situação ressalta a função dos direitos fundamentais como imperativos de tutela geradores de deveres de protecção, cujo não cumprimento poderia justificar o apelo à constituição com base na "proibição de insuficiência".

Poderíamos encontrar aqui a "'palavra-chave'"[378] do «enigma». No domínio em que nos movemos, este modelo poderá revelar-se especialmente adequado contra a possível "poluição das liberdades" fundamentais da comunicação resultante da utilização das novas tecnologias.[379]

i. A "resistência" do direito privado

No direito português, o debate segue a via inversa, no sentido da limitação do âmbito de aplicação da referida equiparação entre as entidades públicas e privadas em matéria de direitos fundamentais, em virtude das dúvidas sobre os termos da vinculação dos sujeitos de direito privado aos direitos fundamentais.[380]

Com efeito, não obstante a letra da constituição, a tese da eficácia horizontal "directa e geral" dos direitos fundamentais em relação a particulares não é pacífica entre nós. Mesmo sem se aderir à tese dominante na Alemanha (a teoria da *Drittwirkung* dos direitos fundamentais), defende-se a mediação dessa eficácia "com recurso às categorias jurídico-privadas", sob pena de "*substituição global do direito civil pelo direito constitucional*"[381], embora ressalvando "o núcleo dos direitos fundamentais".[382]

Entre os dois extremos, é defendida uma via *per mezzo* de soluções diferenciadoras: as normas constitucionais devem ser recebidas através de "portas de entrada" que são normas de direito privado, em especial cláusulas gerais e conceitos indeterminados (e.g. bons costumes, ordem pública),

---

[377] CANARIS 2006, 28 s, 36s, 56 s (indicando ser essa a posição dominante no direito alemão).

[378] Id. ibid., 58 (defendendo também que o juiz pode concretizar os direitos fundamentais com base no § 242 do BGB na ausência de norma de direito privado – 78).

[379] Cfr. SARLET 2004, 58 (citando PÉREZ LUÑO).

[380] E.g. SOUSA RIBEIRO 1998, 742; v.tb. SINDE MONTEIRO et al. 2004, VALE E REIS 2008, 78-102.

[381] P. MOTA PINTO 1999, 232-3.

[382] Id. ibid., 234-6 ("aquele domínio essencial, que se prende com a tutela da *dignidade humana*, em relação a cuja direcção igualmente para particulares não cremos que possam suscitar-se dúvidas.").

e a interpretação conforme aos direitos fundamentais; em casos excepcionais, deve afastar-se a norma privada por ser inconstitucional, ressalvando-se todavia que o direito geral de personalidade "tem o seu lugar no direito civil" e "não deve na sua aplicação ser 'sobrecarregado com considerações jurídico-constitucionais' (Münch)".[383]

Com mais ou menos nuances, poderá apontar-se ao direito civil alguma "resistência"[384] à máxima de Zenati, segundo a qual *notre Constitution c'est le code civil*".[385] Justificar-se-iam tais reticências para preservar a autonomia do direito privado e a própria autonomia privada[386], porventura acentuadas em sectores normativos tradicionalmente privilegiados como o direito comercial, que se acantonaria na *lex mercatoria* e nas normas e usos honestos do comércio contra uma "retórica normativa balofa"[387] dos defensores dos direitos fundamentais nas relações entre privados.

Como o disse Esser: "Que debemos, pues, pensar de las repetidas propuestas y ensayos de incluir en una codificación los princípios jurídicos nacionales o aunque sean los 'principios supremos del derecho'? Hemos de oponerles una franca repulsa. (...)El inventario programático de los 'derechos fundamentales' de una nación es incumbência del demagogo, y el jurista tiene sólo la ingrata misión de construir, trás estas imponentes fachadas, una barraca que resguarde quando menos lo que en derecho es realmente indispensable – en el bien entendido que su techo no será nunca impermeable."[388]

    ii. As liberdades de comunicação como elemento de ordem pública nas relações privadas

Contudo, tanto o direito civil como o direito comercial não são imunes às exigências constitucionais. De resto, os tribunais e todos os organismos que exercem poderes públicos estão sujeitos à constituição, devendo observá-la também quando são chamados a resolver litígios entre sujeitos privados.[389]

---

[383] Id. ibid., 237-9, 245.
[384] BARROSO 2005, 257.
[385] GOMES CANOTILHO 2004d, 86.
[386] MOTA PINTO (A. PINTO MONTEIRO/P. MOTA PINTO) 2005, 76; MENEZES CORDEIRO 2005a, 380-1; cfr. CANARIS 2006, 67.
[387] COUTINHO DE ABREU 2007, 299.
[388] ESSER 1961, 418-9.
[389] CANARIS 2003, 240; VIEIRA DE ANDRADE 2003, 279.

§ 3. Dimensões Sistemáticas

Além disso, se no campo das liberdades mercantis se reconhecem normas com efeito directo horizontal no Tratado da Comunidade Europeia, directamente aplicáveis pelos tribunais, então, por maioria de razão, o mesmo deverá valer para os direitos fundamentais, ainda que filtrados pelo arsenal do direito civil[390], em especial a noção de ordem pública que há muito faz parte do direito civil (e.g. arts. 81.º, 1, 280.º, 2, e 281.º, CC)[391] como limite imperativo à liberdade contratual (e.g. no domínio das cláusulas limitativas e de exclusão da responsabilidade contratual e de outras cláusulas de responsabilidade civil[392], incluindo nomeadamente a inderrogabilidade da responsabilidade do produtor nos termos legais[393]). De resto, a excepção de ordem pública impede a aplicação de preceitos da lei estrangeira indicados pela norma de conflitos, quando essa aplicação envolva ofensa dos princípios fundamentais da ordem pública internacional do Estado Português (CC, art. 22.º).[394]

Caberá desde logo ao legislador preencher a noção de ordem pública, no sentido de que "no nosso sistema, não deixa de caber em primeira linha ao legislador a regulação imperativa das relações privadas".[395] Todavia, a ordem pública não é um "cheque em branco" endossado pelo sistema jurídico ao puro arbítrio do poder estadual.[396] O direito privado respeita a ordem pública, com a ressalva porém de esta ser expressão de uma ordem constitucional civilizada, aferida à luz dos princípios jurídicos comuns das nações civilizadas, que serão mobilizáveis, em última instância, pelo argumento apagógico ou da *reductio ad absurdum*.[397]

---

[390] CANARIS 2003, 236, 240-1 ("os direitos fundamentais devem ser considerados na concretização das cláusulas gerais juscivilisticas", não por um mero "efeito de irradiação" considerado sem rigor dogmático, mas antes por "eficácia normal" por *probição de intervenção* ou *imperativo de tutela* do direito fundamental); Id. 2006, 48 (criticando a expressão "efeito de irradiação", por ser apenas "uma formulação metafórica extraída da linguagem coloquial", considerando-a uma "obscura doutrina" – 50).

[391] MOTA PINTO (A. PINTO MONTEIRO/P. MOTA PINTO) 2005, 75-6.

[392] A. PINTO MONTEIRO 1985, 409s, 1990a, 241, e 1990b, 5.

[393] CALVÃO DA SILVA 1999, 739 (considerando tais cláusulas "ineficazes para com a vítima").

[394] MOURA RAMOS 1994b (direito internacional privado e constituição).

[395] Cfr. VIEIRA DE ANDRADE 2003, 287.

[396] CANARIS 2006, 120; FALLON 2005, 1792 ("the minimal moral legitimacy of the Constitution does not guarantee the minimal moral legitimacy of every law passed or official action taken under the Constitution.").

[397] CASTANHEIRA NEVES 1993, 199 (recusando o poder constituinte como "titular ilimitado da axiologia transpositiva da consciência axiológico-jurídica" – 282); v.tb. MANNING 2003, 2388-90.

Segundo a *golden rule* formulada pelo juiz Parke no caso *Becke v. Smith* (1836): «It is a very useful rule in the construction of a statute to adhere to the ordinary meaning of the words used, and to the grammatical construction, unless that is at variance with the intention of the legislature to be collected from the statute itself, or leads to any manifest absurdity or repugnance, in which case the language may be varied or modified so as to avoid such inconvenience, but not further».[398] Por outro lado, a importância dos princípios universais dos direitos civilizados ao nível da formação do direito privado é há muito destacada[399], remontando no direito português pelo menos à Lei da Boa Razão.[400]

Assim, sem prejuízo de a constituição ser um factor de civilização, deve entender-se que esta precede e conforma aquela, pelo que não será "arrogância"[401] defender a *civilização do direito constitucional*[402] como a outra face da moeda da constitucionalização do direito civil ou privado. Também não está em causa substituir o "tirano do legislador pelos tiranetes dos juízes", na consagrada expressão de Antunes Varela[403], tanto mais que se reconhece que "o legislador sensato... pretenderá reagir, em certa medida, contra o seu tempo, elevando a lei à dignidade de causa operante, isto é, de coeficiente de transformação e progresso."[404]

Trata-se apenas de defender uma *constituição civilizada*, que permita, em sede de eficácia dos direitos e liberdades fundamentais da comunicação, encontrar "soluções diferenciadas" segundo uma "metódica da diferenciação"[405] orientada por um juízo de "concordância prática" entre valores constitucionais concorrentes, que atenda ao princípio da igualdade enquanto "elemento essencial da interpretação e concretização dos direitos fundamentais."[406] Pelo que o problema da eficácia horizontal dos direitos fundamentais se traduz, desde logo, num problema metodológico de interpretação constitucional[407], o que todavia não pode justificar um "contra-golpe de estado metodológico" no direito português.[408]

---

[398] Cfr. BRONZE 1975, 168-88.
[399] ESSER 1961, 415.
[400] E.g. GOMES DA SILVA 2006, 464s (analisando a Lei de 18 de Agosto de 1769).
[401] GOMES CANOTILHO 2004a, 191.
[402] SINDE MONTEIRO 2003, 5.
[403] Cfr. BRONZE 1975, 150.
[404] MANUEL DE ANDRADE 1978, 101.
[405] GOMES CANOTILHO 2006a, 1289-90.
[406] REIS NOVAIS 2003, 799.
[407] SINDE MONTEIRO 2003, 6-7; Id. et. al. 2004, 48; SINDE MONTEIRO/A.G. DIAS PEREIRA 2005, 732.
[408] VALE E REIS 2008, 98.

Ora, sob pena de o mercado e os interesses do comércio gozarem privilegiadamente de maior protecção jurídica do que as pessoas, ao menos quando estas não actuem no mercado, quer a "mão visível" do Estado[409] quer a "mão invisível" do mercado estão ambas sujeitas a exigências de ordem civilizacional, entre as quais se contam as liberdades fundamentais da comunicação.

iii. Direitos de autor e outros direitos fundamentais

Nesta ordem de ideias, o facto de os direitos de autor "serem direitos subjectivos privados não significa que deixem de ser *direitos fundamentais*, no plano constitucional positivo, e *direitos humanos*, no plano jusinternacional."[410] Por isso, enquanto leis restritivas de direitos, liberdades e garantias, as leis restritivas dos direitos de autor estariam sujeitas aos seguintes requisitos: a) "salvaguarda dos direitos de personalidade (direitos morais)"; b) "observância do princípio da proporcionalidade"; c) "exigência da salvaguarda do núcleo essencial"; d) "justa remuneração ou remuneração equitativa pelo sacrifício dos direitos de exclusivo".[411]

Da nossa parte, não temos reservas a esta metódica constitucional, desde logo ao nível da interpretação-concretização judicial dos direitos fundamentais.[412] Mas, neste ponto, deve ter-se em conta que os direitos de autor podem ser também "restrições agressivas" de outros direitos fundamentais, nomeadamente as liberdades fundamentais de informação e expressão, de aprendizagem e ensino, e de criação cultural, sem esquecer a reserva da vida privada nas comunicações electrónicas e a chamada "autodeterminação informacional" constitucionalmente garantidas (e.g. arts. 34.º e 35.º).[413] Isso não significa "transmutar 'restrições' ou 'limites' aos direitos de autor em liberdades"[414], mas antes identificar nessas restrições ou limites – diríamos mesmo excepções – outros valores que consubstanciam liberdades fundamentais da comunicação.

O problema pode colocar-se, em termos análogos, na tensão entre o direito de personalidade e a liberdade de criação artística, como mostra, nomeadamente, o caso *Mephisto* da jurisprudência constitucional germânica[415],

---

[409] Falando também no papel de "mão visível" do Estado, FERREIRA DA CUNHA 2006a, 651.
[410] GOMES CANOTILHO 2005, 63.
[411] Id. ibid., 66-7; Id. 2006a, 266-9, e Id./VITAL MOREIRA 2007, 388-96.
[412] Cfr. CANARIS 2006, 43, 130-1.
[413] GOMES CANOTILHO/VITAL MOREIRA 2007, 544, 551.
[414] GOMES CANOTILHO 2005, 59.
[415] CANARIS 2006, 51-2.

se bem que nesta situação estejam em confronto direitos e liberdades fundamentalmente pessoais. Já no caso *Blinkfüer*, tratava-se do conflito entre o direito de propriedade sobre imóvel e o direito do inquilino a receber programas radiofónicos e televisivos de emissões provenientes do seu país de origem mediante a instalação de uma antena parabólica no edifício.[416]

Ora, defender a interpretação restritiva da "perda legal" ou da limitação do exclusivo enquanto restrição de um direito fundamental[417] implica também a interpretação restritiva das liberdades fundamentais que dão sentido a essa restrição. O facto de estas liberdades fundamentais não virem, em primeira linha, à epifania nas leis dos direitos de autor, tal não significa que devam ser desconsideradas ou tidas em conta apenas na estrita medida da previsão legal. Pelo contrário, deve reconhecer-se nestas normas densificações das liberdades fundamentais da comunicação e força vinculante aos correspondentes direitos fundamentais conflituantes, *"mesmo que não haja imposição constitucional dirigida expressamente ao legislador."*[418]

Essas liberdades fundamentais devem continuar como alicerces válidos da arquitectura normativa da sociedade da informação e do comércio electrónico, ao invés de serem eclipsadas por direitos de exclusivo cada vez mais absolutos, segundo as possibilidades da técnica. Neste sentido afirma-se a subjectividade internacional do indivíduo enquanto titular de direitos consagrados nos instrumentos internacionais[419], e é forte a tendência actual no sentido da subjectivação dos direitos do utilizador por via do efeito horizontal dos preceitos da CEDH nas relações privadas, sustentando-se, contra a interpretação restritiva das excepções aos direitos de autor, a necessidade de interpretar os limites à luz dos direitos fundamentais, para garantir a adaptabilidade do sistema e a realização de todos os valores que informam os direitos de autor.[420]

iv. A concordância prática entre a "proibição do excesso" e a "proibição da insuficiência"

O "dever de protecção" das liberdades fundamentais limitadas pelos direitos de autor poderá justificar, em virtude do princípio da "proibição de insuficiência" (*Untermassverbot*)[421], a aplicação directa das normas cons-

---

[416] Id. ibid., 87.
[417] GOMES CANOTILHO 2005, 67.
[418] Id. 1982, 371.
[419] ESCOBAR DE LA SERNA 1998, 109-32.
[420] FECHNER 1999, 342s, 350; GEIGER 2004b, 818, n. 32 ("Eine solche Auslegung ist auch nicht zu fürchten.").
[421] Por todos, CANARIS 1984, 228.

titucionais que consagram essas liberdades[422] – *secundum, praeter* ou *contra legem* ordinária[423] –, embora se deva procurar primeiro disposições legais que as promovam[424], ainda que não ressalvadas nas leis dos direitos de autor.

Parece-nos que a constituição estabelece claramente um "dever de protecção" dessas liberdades fundamentais, nomeadamente a liberdade de informação, de acordo com os princípios gerais internacionalmente convencionados. No direito germânico fala-se, inclusivamente, no "direito fundamental de liberdade de informação, nos termos do artigo 5.º, n.º 1, frase 1, 1.º período da LF" (Lei Fundamental), que se considera sujeito ao "imperativo de tutela jurídico-constitucional."[425]

Ora, a questão que colocamos é saber se as leis dos direitos de autor acautelam de modo suficiente essa protecção, de modo a poder justificar-se o apelo a outras leis e, até, o recurso directo à constituição, em vista da *proibição de insuficiência*. Vejamos alguns exemplos.

A constituição estabelece o direito de acesso às fontes de informação (art. 38.º, 2-b)[426] e o Estatuto do Jornalista (Lei 1/99, 13/1, alterada pela Lei 64/2007, 6/11), que densifica a liberdade de expressão, informação e imprensa (CRP, art. 37.º), prevê o direito de acesso dos jornalistas a fontes oficiais de informação (art. 8.º) e, em especial, o direito de acesso a locais abertos ao público para fins de cobertura informativa (art. 9.º).

Ora, estes direitos deveriam valer, de igual modo, no ambiente em rede, não podendo os seus titulares ser impedidos, para o efeito, de entrar ou permanecer nesses locais c podendo utilizar os meios técnicos e humanos necessários ao desempenho da sua actividade (art. 10.º, 1). Considerando a distinção entre o "se" e o "como" da protecção[427], parece-nos que, sem prejuízo da intervenção, inclusive penal, contra os abusos do direito de liberdade de imprensa[428], estes direitos de acesso deveriam ser título legítimo de solicitação de códigos de acesso a bases de dados de acesso reservado. De igual modo, deverá ser atendido, *mutatis mutandis*, o direito a breves extractos, para fins informativos, previsto na Lei da Televisão (Lei 32/2003, art. 29.º, 1, agora Lei 27/2007, 30/7, art. 33.º; v.tb. Directiva 2007/65, art. 3.º-K, alterando a Directiva 89/552) e na Lei da Rádio (Lei 4/2001, 23/2, art. 36.º, 3).

---

[422] Cfr. MOTA PINTO (A. PINTO MONTEIRO/P. MOTA PINTO) 2005, 75.

[423] SOUSA RIBEIRO 1998, 738-9; defendendo que o recurso directo à constituição só é possível excepcionalmente *supplendi* ou *corrigendi causa*, NEUNER 2003, 268.

[424] CANARIS 2006, 122-3.

[425] Id. ibid., 87-8.

[426] GOMES CANOTLIHO/VITAL MOREIRA 2007, 583.

[427] CANARIS 2006, 102.

Não se trata de absolutizar o direito de informação à custa dos direitos de autor, mas apenas de encontrar uma harmonia "nas justas limitações que a um e outro se impõe".[429] Deste modo, os "sistemas multimédia beneficiarão da protecção constitucional e do regime dos direitos, liberdades e garantias enquanto instrumentos de transmissão de informação e de outros conteúdos intelectuais".[430]

Pense-se também na utilização de obras para fins de paródia ou caricatura, não consagrada expressamente no catálogo de utilizações livres, mas que, a nosso ver, deverá ser permitida enquanto dimensão do núcleo essencial da liberdade de expressão. "Numa sociedade livre... a arte deve afirmar-se e impor-se por si mesma, designadamente, perante afirmações críticas de particulares."[431]

Um outro exemplo poderá colher-se na liberdade de uso privado enquanto salvaguarda da reserva de vida privada, impedindo que a propósito dos direitos de autor os agentes electrónicos passem em revista a memória dos computadores pessoais ligados em rede em busca de cópias ilícitas. Defendemos esta liberdade de uso privado, sem prejuízo de, em contrapartida, se justificar o reforço das "formas de compensação económica pela 'desindividualização' e 'socialização' dos direitos patrimoniais de autor."[432]

v. Eficácia imediata dos direitos fundamentais nas relações entre sujeitos de direito privado?

Apesar de o modelo de Canaris tornar possível a conjugação das leis dos direitos de autor com outras leis que acautelam a liberdade de informação, poderá todavia não ser suficiente para acautelar os direitos fundamentais de comunicação conflituantes com os direitos de autor. Decorre isso de a esfera de destinatários dos direitos fundamentais ser limitada, em termos imediatos, às entidades públicas, o que se compreende à luz da letra da constituição alemã e do "pensamento sistemático" do Autor, já que, embora reconheça um importante papel à justiça do caso concreto[433], parece excluí-la da "essência do Direito".[434]

---

[428] FARIA COSTA 1998a, 46.
[429] HAMMES 1998, 210 ("Nenhum deles derroga o outro, nenhum deles é absoluto.").
[430] GOMES CANOTILHO/VITAL MOREIRA 2007, 592-3.
[431] CANARIS 2006, 104.
[432] GOMES CANOTILHO 2005, 64-5.
[433] Sumariamente, DIAS PEREIRA 2004a, 379, n. 8.
[434] CANARIS 1989, 25.

Deve reconhecer-se, não obstante, que a constituição portuguesa optou por seguir via diversa (art. 18.º): "Os preceitos constitucionais respeitantes aos direitos, liberdades e garantias são directamente aplicáveis e vinculam as entidades públicas e privadas." No direito português, o ponto de partida é diferente, já que os direitos fundamentais são constitucionalmente oponíveis *erga omnes*, públicos ou privados. "*Os direitos fundamentais previstos neste artigo têm uma eficácia imediata perante entidades privadas*."[435] Ou seja, não está em causa apenas nem um mero "efeito de irradiação" nem somente uma "obrigação de protecção".[436]

Deve antes reconhecer-se à constituição "força geradora" de direito privado.[437] Com efeito, o legislador constitucional terá alargado consideravelmente o leque de situações que no direito civil se reconduzem às figuras do abuso de direito (CC, art. 334.º) e, em especial, da colisão de direitos (CC, art. 335.º). Mas o alcance é ainda mais vasto, já que poderá estar a colocar à disposição dos sujeitos privados a possibilidade de recurso à acção directa (CC, art. 336.º), com eventuais consequências em termos de paz social.

Talvez por isso a constituição alemã não consagre a oponibilidade directa dos direitos fundamentais nas relações entre sujeitos de direito privado, sendo esta a via seguida pela CDFU. Contudo, isto não desqualifica a solução constitucional portuguesa como absurda. Antes pelo contrário. "A aplicabilidade directa transporta, em regra, *direitos subjectivos*, o que permite: (1) invocar as normas consagradoras de direitos, liberdades e garantias na *ausência de lei*; (2) invocar a invalidade dos actos normativos que, de forma directa, ou mediante interpretação, infrinjam os preceitos consagradores de direitos, liberdades e garantias, impondo-se, assim, na solução dos casos concretos, *contra a lei* e *em vez da lei*, ou contra *determinada interpretação da lei*."[438]

No campo em que nos situamos, as liberdades de expressão e informação, criação cultural, aprendizagem, etc, correspondem a dimensões nucleares da dignidade da pessoa humana e do Estado de direito democrático, ao

---

[435] GOMES CANOTILHO/VITAL MOREIRA 2007, 385; incisivamente, SINDE MONTEIRO et al. 2004, 48 ("In my point of view, the discussion in Germany on the horizontal effect of fundamental rights cannot be transposed one-to-one into the Portuguese system since the constitutional concepts are different. (...) If one tends to reduce that horizontal effect, he has to justify that limitation.").

[436] GOMES CANOTILHO/VITAL MOREIRA 2007, 386-7.

[437] MOTA PINTO (A. PINTO MONTEIRO/MOTA PINTO) 2005, 73; tb. A.G. DIAS PEREIRA 2006a, 150-1, com indicações bibliográficas sobre o tema (n. 25).

[438] GOMES CANOTILHO/VITAL MOREIRA 2007, 382-3.

menos no nosso hemisfério civilizacional.[439] Cada um deve ser livre de exercer e defender estes direitos contra todos, e não apenas contra o Estado. "Não basta, pois, limitar o poder político, é preciso assegurar o respeito das liberdades de cada pessoa pelas demais pessoas."[440]

Em suma, não está em causa apenas a "proibição de insuficiência" de protecção, como se os privados só pudessem exercer directamente as suas liberdades e defender os seus direitos contra terceiros, públicos ou privados, em situação de protecção estadual insuficiente.[441] Por isso, a constituição portuguesa é profundamente civilizada, no sentido de que as liberdades fundamentais da comunicação podem ser directamente realizadas e defendidas entre os sujeitos privados, sem mediação do Estado.

Embora seja correcta a construção de que os direitos fundamentais da comunicação impõem deveres de protecção ao Estado, já nos parece insuficiente dizer que essa protecção cabe apenas ao Estado, no sentido de retirar aos sujeitos de direito privado a possibilidade de actuarem directamente essas suas liberdades, enquanto direitos subjectivos privados, salvo em casos excepcionais de "proibição de insuficiência". Em última análise, esta via erige o Estado como um mediador omnipresente das relações entre sujeitos de direito privado, o que não corresponde à (boa) solução da constituição portuguesa, no sentido da eficácia directa dos direitos fundamentais nas relações entre sujeitos privados.[442]

Tendo em conta o tendencial absolutismo dos direitos de autor na sociedade da informação e a limitação da eficácia dos direitos fundamentais às entidades públicas prevista na CDFU (à semelhança da constituição germânica), é verdadeiramente inquietante que o valor civilizacional da constituição portuguesa possa ser um dia eclipsado por um qualquer TCE que retire aos cidadãos a possibilidade de actuarem directamente as suas

---

[439] Recorde-se KANT (2001a, 77): "No reino dos fins tudo tem ou um preço ou uma dignidade. Quando uma coisa tem um preço, pode-se pôr em vez dela qualquer outra como *equivalente*; mas quando uma coisa está acima de todo o preço, e portanto não permite equivalente, então tem ela dignidade."

[440] MIRANDA/MEDEIROS 2005, 157 (afirmando inclusive serem incompreensíveis a sociedade e a ordem jurídica nas quais o respeito da dignidade e da autonomia da pessoa "fosse procurado apenas nas relações com o Estado e deixasse de o ser nas relações das pessoas entre si.").

[441] Aceitando essa exigência de mediação na linha da jurisprudência constitucional germânica, FECHNER 1999, 187 s, 510 ("Hieraus ergibt sich zumindest eine mittelbare Drittwirkung auch insoweit, als sich die Auslegung zivilrechtlicher Gesetzesbestimmungen an dieser Wertordnung zu orientieren hat.").

[442] ABRANTES 2005, 131s (ressalvando porém que a eficácia "*directa* não é aplicação *automática*" – 134).

liberdades fundamentais da comunicação. Estas liberdades são demasiado importantes para a sua protecção ser deixada apenas ao cuidado do Estado. Porque, a julgar pela história, pode suceder o Estado perder o interesse em protegê-las... quiçá, desta vez, em nome do "valor sagrado" da propriedade intelectual e dos interesses dos seus titulares.[443]

Daqui se retira também que as liberdades fundamentais da comunicação são, desde logo, liberdades civis, estando inscritas como direitos subjectivos em normas objectivas, i.e. como objectivações normativas de direitos fundamentais da pessoa humana. Fala-se a propósito do "carácter duplo" das normas sobre direitos fundamentais, enquanto regras e princípios.[444]

Poderíamos acrescentar que, assim como os direitos fundamentais não terão surgido historicamente apenas contra o poder público[445], também as liberdades fundamentais da comunicação não são concessões do Estado, mas antes direitos básicos da pessoa humana no nosso actual contexto civilizacional, pois está em causa a pessoa no "son être et devenir"[446], i.e. na sua "autonomia prospectiva".[447]

Por isso dizemos que as liberdades fundamentais da comunicação começam por ser liberdades civis, que deverão ser reconhecidas e respeitadas, quer pelos poderes públicos quer pelos sujeitos privados, mesmo que a constituição não as preveja. Nesta ordem de ideias, as liberdades de criação cultural ou de expressão, por exemplo, são valores civilizacionais que precedem e conformam a própria constituição, podendo, nessa medida, ser actuadas directamente, independentemente da mediação do Estado, sem prejuízo de essa mediação poder ser justificada e estabelecida. Além disso, se é certo o papel da metodologia jurídica ao nível da determinação dos termos da vinculação das entidades privadas a estes direitos fundamentais[448], também nos parece que essa vinculação é metodologicamente insofismável.[449]

---

[443] O TCE foi entretanto abandonado e substituído pelo Tratado de Lisboa.
[444] ALEXY 1994, 122-3.
[445] LOUREIRO 1999, 263, n. 415.
[446] ORLANDO DE CARVALHO 1973, 11.
[447] A.G. DIAS PEREIRA 2004, 240, e 2006b, 249 (citando Dworkin).
[448] SINDE MONTEIRO 2003, 7 ("Em definitivo, é indiscutível que 'as entidades privadas' estão vinculadas aos 'preceitos constitucionais respeitantes aos direitos, liberdades e garantias'. Em que termos, caberá à metodologia jurídica decidir."); Id. et al. 2004, 48; SINDE MONTEIRO/A.G. DIAS PEREIRA 2005, 732.
[449] Considerando "estéril qualquer exaustiva hermenêutica da letra do n.º 1 do artigo 18.º com o objectivo de descortinar qualquer fraqueza ao nível da força jurídica (epígrafe do artigo) desses direitos", VALE E REIS 2008, 98.

1.3. Constitucionalização do domínio público da informação e do serviço público da Net

Não obstante e para além desta dimensão do problema, parece-nos que é chegado o tempo de o legislador constitucional atribuir ao Estado a tarefa da criação e manutenção de um serviço público de informação na Internet, tendo sido já considerado lacunoso o art. 38.º, 5, da Constituição, "no que se refere ao poderoso meio de comunicação social que a *Net* em si mesma representa".[450]

Nesta ordem de ideias, defende-se o alargamento da filosofia do serviço universal aos novos meios de comunicação e de informação[451], constituindo uma exigência da anunciada "república electrónica" que qualquer pessoa seja capaz de, por meios electrónicos, receber informação cívica, educacional, de saúde, e transmitir os seus votos, pontos de vista e ideias aos representantes eleitos bem como aos outros cidadãos.[452]

No campo específico dos direitos de autor, isso seria relevante, por exemplo, no acesso universal a obras da literatura portuguesa já caídas no domínio público. Pense-se na importância que isso teria ao nível do projecto constitucional de democratização da cultura (art. 73.º, 3), bem como enquanto motor propulsor do direito de fruição e criação cultural.[453] Aí estará um desafio à constitucionalização do "domínio público intelectual"[454], que corre o risco de ficar num estado de *negative commons* à mercê dos "pioneiros" que ao seu dispor têm já um arsenal jurídico-tecnológico de apropriação bastante considerável.

Trata-se de inserir os bens intelectuais no domínio público constitucional (art. 84.º), sujeitando-os ao mandamento segundo o qual "os bens dominiais não podem ser apropriados por entidades privadas"[455], sem prejuízo de parcerias entre o sector público e o sector privado, que são incentivadas, tendo em vista o projecto "Biblioteca Europeia", pela Recomendação da Comissão 2006/585, de 24 de Agosto de 2006, sobre a digitalização e a acessibilidade em linha de material cultural e a preservação digital (cons. 7). Esta Recomendação foi adoptada na sequência de iniciativas das instâncias comunitárias, com destaque para a Comunicação «i2010: Biblio-

---

[450] Faria Costa 2005, 141.
[451] M.E. Gonçalves 2003, 206-8.
[452] Grossman 1995, 205.
[453] Para uma análise económica da cultura enquanto base da política de democracia cultural, Neves Cruz 2006, 443s.
[454] Gomes Canotilho 2005, 70.
[455] Id./Vital Moreira 2007, 1002.

tecas Digitais», de 30 de Setembro de 2005[456], na qual a Comissão definiu a sua estratégia para a digitalização, a acessibilidade em linha e a preservação digital da memória colectiva da Europa, incluindo diverso "material cultural", nomeadamente material impresso (livros, periódicos, jornais), fotografias, objectos de museu, documentos de arquivos e material audiovisual.

Ora, no direito interno, a lei constitucional aponta a defesa e valorização do património cultural como tarefa do Estado (9.º-a), fundamento do direito de petição (52.º), e dever de todos (art. 78.º).[457] Boa parte do "domínio público intelectual" corresponde a obras e outros materiais já abrangidos pela Lei do Património Cultural (L 107/2001, 8/9), que poderá fornecer uma base a essa tarefa da constitucionalização do domínio público da informação.

Todavia, a conservação das obras intelectuais, enquanto tais, que fazem parte desse património, talvez justifique a não redução do património apenas aos "bens culturais materiais" [458] – "ou melhor, os bens culturais com suporte físico".[459] Sem prejuízo do valor do seu *corpus mechanicum* ou lastro corpóreo, os bens do património cultural valem, desde logo, como bens culturais. Pelo que a sua preservação e acessibilidade em linha deverão processar-se, de igual modo, por via da digitalização. Neste ponto, temos defendido a digitalização de obras, nomeadamente, da Biblioteca Joanina[460], o que muito facilitaria a investigação histórica do direito português, para além de preservar essa memória cultural. Trata-se também de afirmar, ao lado do princípio do Estado Social, o princípio do Estado Cultural.[461]

2. Os direitos de autor no ordenamento privado (civil e comercial)

A concepção do TJCE está de acordo com a solução estabelecida no Código Civil (CC) português. Juntamente com a propriedade industrial, a protecção legal dos direitos de autor é aí prevista como uma forma de propriedade intelectual (art. 48.º e 1303.º).

O Código Civil não identifica os direitos de autor e outras formas de propriedade intelectual com o direito de propriedade nele regulado. Remete

---

[456] COM(2005) 465 final.
[457] CASALTA NABAIS 2004, 91-2.
[458] Cfr. Id. ibid., 12-3.
[459] Id. 2006, 729.
[460] DIAS PEREIRA 2003a, 21s.
[461] FECHNER 1999, 359-60, 515 (*Kulturstaatsprinzip*).

os regimes da propriedade intelectual para legislação especial e estabelece que as disposições do Código Civil são subsidiariamente aplicáveis aos direitos de autor e à propriedade industrial quando se harmonizem com a natureza daqueles direitos e não contrariem o regime para eles especialmente estabelecido (art. 1303.º, 2).

Para além da relação de especialidade entre o regime legal dos direitos de autor e as normas do Código Civil, é necessário que estas se harmonizem com a natureza daqueles direitos, nomeadamente em sede de regimes contratuais.[462] Vale isto por dizer que, no direito civil, a colocação dos direitos de autor no quadro dos direitos de propriedade não gera efeitos automáticos de regime, não existindo uma relação de identidade entre a natureza da propriedade do Código Civil e a natureza dos direitos de autor. Esta diferença resulta, desde logo, da natureza do objecto: enquanto só as coisas corpóreas, móveis ou imóveis, podem ser objecto, directo ou indirecto, do direito de propriedade regulado no Código Civil (art. 1302.º), já os direitos de autor incidem sobre coisas incorpóreas.

Todavia, isto não significa que estes direitos não sejam também direitos de propriedade, a menos que se entenda que a natureza corpórea do objecto é elemento essencial de todo e qualquer direito de propriedade. Mas esse é um entendimento em vias de superação, mesmo no país do BGB, sustentando-se também que uma visão de conjunto sobre as semelhanças e diferenças entre a propriedade de coisas e os direitos da criação intelectual conduz à conclusão de que as semelhanças ao nível das características estruturais dos direitos de propriedade intelectual são tão fortes que faz sentido tratar estes direitos subjectivos como direitos de propriedade intelectual.[463]

Por outro lado, o Código Civil prevê os direitos de autor como um privilégio mobiliário especial, dispondo que o crédito do autor de obra intelectual, fundado em contrato de edição, tem privilégio sobre os exemplares da obra existentes em poder do editor (art. 742.º). Este privilégio mobiliário especial é graduado em quinto lugar (art. 747.º, 1-b), e embora o Código o refira apenas ao contrato de edição deve aplicar-se aos restantes contratos pelos quais o autor conceda autorização de exploração da sua obra.

Além disso, o Código Civil integra os direitos de autor, enquanto direitos patrimoniais privados, nos bens do casal, em regime de comunhão geral

---

[462] WANDTKE/BULLINGER/*WANDTKE/GRUNERT* 2006, 393.
[463] JÄNICH 2002, 380.

ou de adquiridos (arts. 1721.º, 1724.º-a), e 1733.º).[464] De todo o modo, cada cônjuge tem o direito de administração dos seus direitos de autor (art. 1678.º, 1-b) e pelas dívidas da sua exclusiva responsabilidade respondem também os direitos de autor do cônjuge devedor (art. 1696.º, 2-b).

2.1. Aplicação subsidiária do Código Civil aos direitos de propriedade intelectual

Em termos sistemáticos, a especialidade dos direitos de propriedade intelectual justifica que lhes sejam subsidiariamente aplicáveis as disposições do Código Civil, "quando se harmonizem com a natureza daqueles direitos e não contrariem o regime para eles especialmente estabelecido" (art. 1303.º, 2). A especial natureza dos direitos de propriedade intelectual decorre, desde logo, da incorporalidade do seu objecto, uma vez que estas coisas não se confundem com o *corpus mechanicum* em que virtualmente se expõem.

Assim, em termos de inter-conexão sistemática, os direitos de autor e a propriedade industrial constituem "legislação especial" em face do Código Civil, encontrando-se, portanto, numa relação de especialidade. O direito da propriedade intelectual constituirá direito (privado) especial face ao direito privado comum contido na lei civil, em termos semelhantes à relação entre o direito comercial e o direito civil.[465] De resto, a tese dos direitos de autor como um ramo autónomo do direito civil[466] parece estar a ceder terreno ao entendimento de que se trata antes de um dos "ramos especiais" do direito privado.[467]

A importância prática da aplicação subsidiária do Código aos direitos de propriedade intelectual pode ilustrar-se, por exemplo, com a aplicação dos regimes da compra e venda, da locação ou da empreitada em sede de contratos de direitos de autor[468], como a transmissão de direitos, a encomenda de obra, e a edição e distribuição de obras protegidas. Os contratos de

---

[464] PEREIRA COELHO/GUILHERME DE OLIVEIRA 2003, 466, 579, 593-4 (embora considerem que os "rendimentos (da propriedade intelectual) devem ser tratados como bens comuns", sustentam que, à semelhança do direito moral, "talvez este direito (patrimonial) deva considerar-se também como bem próprio" – 579).

[465] COUTINHO DE ABREU 2006, 28-9.

[466] OLIVEIRA ASCENSÃO 1992, 29-30; tb. REBELLO 1994, 57.

[467] OLIVEIRA ASCENSÃO 2005a, 348; tb. SANTOS JUSTO 2006, 253 (os direitos de autor como direito privado especial).

[468] Sobre estes contratos, SÁ E MELO 2008.

direitos de autor são assimiláveis aos tipos contratuais do Código Civil, que beneficiam por isso de uma presunção de adequação, i.e. na dúvida e na ausência de regra especial, os contratos de direitos de autor reger-se-ão pelos correspondentes regimes contratuais do Código Civil, à semelhança do entendimento geral na literatura germânica.[469]

Um outro exemplo será o princípio dos *numerus clausus*, que não permite a constituição, com carácter real, de restrições ao direito de propriedade ou de figuras parcelares deste direito senão nos casos previstos na lei (art. 1306.º, 1). Mas pense-se, também na tutela possessória, quer do autor, quer de outros titulares de direitos, reais ou pessoais, de gozo.

a) *Compra e venda e transmissão de direitos de autor; locação e autorização de exploração*

Tanto nas transmissões ou onerações parciais, como nas autorizações de utilização de obras protegidas pelo direito de autor, o objecto é limitado aos modos de utilização designados no acto, quer no que respeita ao processo de utilização, quer no que respeita às condições de tempo, lugar e preço (CDA, arts. 41.º, 3, e 43.º, 1 e 3). Não obstante, enquanto os primeiros são negócios reais *quoad effectum*, os segundos consistem em negócios obrigacionais (embora possam ser reais quanto ao modo de constituição).

Com efeito, ao contrário dos actos de disposição que implicam a transmissão ou oneração do direito de autor (enquanto exclusivo de exploração económica), a autorização de utilização ou exploração da obra "por qualquer processo não implica a transmissão do direito de autor sobre ela" (art. 41.º, 1). Ou seja, ao passo que a transmissão significa que o titular dos direitos abdica do exclusivo que a sua qualidade lhe reserva em relação às faculdades ou modos de utilização que são objecto de disposição, na autorização de utilização ou exploração não há cessão dessas faculdades, ainda que seja estipulada cláusula de exclusividade.

Na primeira situação, o transmissário ou cessionário adquire a propriedade das faculdades (ou modos) de utilização da obra dispostos no contrato, podendo, nessa medida, por exemplo, transmiti-las a terceiros. Na segunda situação, o utilizador autorizado participa, *sine domino*, no exclusivo de exploração da obra nos termos estipulados na licença, não podendo, por isso, em princípio, dispor ou onerar, total ou parcialmente, os seus direitos.

Esta solução geral sofre alguns desvios, e.g. em caso de trespasse de estabelecimento editorial é permitida a transmissão dos direitos de autor

---

[469] HABERSTUMPF 1996, 5; SCHRICKER/*SCHRICKEr* 1999, 564-5; c/ ref. WANDTKE/BULLINGER/*WANDTKE/GRUNERT* 2006, 376-7.

§ 3. *Dimensões Sistemáticas* 197

sem necessidade de consentimento do autor, salvo se o trespasse lhe causar prejuízos morais (art. 100.º, 1 e 2); excepção semelhante é também prevista para o trespasse do produtor videográfico ou fonográfico, sem bem que não expressamente limitada por prejuízos morais do autor (145.º), os quais todavia não devem deixar de ser considerados, tal como decorre desde logo da remissão para as regras do contrato de edição (art. 147.º).

A proposta ordenação dogmática, que assenta na distinção entre *iura in re* e *iura ad rem*, projecta-se também em sede de inserção sistemática de tais actos de disposição *lato sensu*. A disponibilidade dos poderes patrimoniais que integram o direito de autor é configurada no Código em termos de admitir a sua assimilação pelos tipos contratuais previstos e regulados na lei civil. Já no que respeita à lei comercial, a generalidade das formas típicas de exploração de obras protegidas por direitos de autor são actividades comerciais, sendo comerciais as empresas que as exercem, salvo o próprio autor que editar, publicar ou vender as suas obras (Código Comercial, art. 230, 4 e 5, § 3).

A natureza corpórea do objecto define apenas o conceito de coisa que pode constituir objecto do direito de propriedade regulado no Código Civil, já não o conceito de coisa susceptível de constituir objecto dos contratos aí previstos e regulados, nomeadamente a locação e o comodato (arts. 1022.º e 1129.º). Assim, consoante a sua natureza gratuita ou onerosa, os actos de transmissão poderão qualificar-se, nomeadamente, como compra e venda ou doação, enquanto os actos de autorização tratar-se-ão de locação ou comodato, respectivamente. Com efeito, enquanto elementos essenciais dos conceitos de compra e venda e de doação são previstos, respectivamente, a transmissão da "propriedade de uma coisa, ou outro direito" e a disposição "de uma coisa ou de um direito" (arts. 874.º e 940.º do Código Civil).

Por outro lado, por força do princípio *lex specialis derogat lex generalis*, certos critérios especiais prescritos no Código do Direito de Autor para reger os actos de disposição do direito de autor prevalecem sobre as regras do Código Civil. Por exemplo, a validade da transmissão total e definitiva dos direitos patrimoniais disponíveis depende de um requisito especial de forma que consiste na sua celebração mediante escritura pública (art. 44.º); a autorização onerosa de utilização de obra deve ser dada por escrito, indicando a "forma autorizada de divulgação, publicação e utilização, bem como as respectivas condições de tempo, lugar e preço" (art. 41.º, 2 e 3).

b) *Tutela possessória do editor*

No catálogo de formas de utilização de obras protegidas pelo direito de autor, a edição surge como o protótipo ou "paradigma"[470] do regime das autorizações, sendo o seu regime subsidiário para outras formas típicas de utilização previstas e reguladas no Código do Direito de Autor (arts. 139.º, 1, 147.º, 1, 156.º, 1, 172.º, 1). A edição não implica a transmissão de direitos ao editor, mas apenas a autorização para participar no exclusivo de exploração económica do autor. Com efeito, o contrato de edição configura uma das diversas modalidades de autorização de utilização de obra, a saber, uma utilização especial da obra (art. 68.º e epígrafe do Cap. III).

É isso que resulta claramente das regras do contrato de edição. Para começar, ao editor apenas é concedida autorização para reproduzir e comercializar a obra, não lhe sendo transmitidos quaisquer direitos sobre esta (art. 88.º, 1, e art. 41.º, 1). Depois, o autor apenas se obriga "a proporcionar ao editor os meios necessários para o cumprimento do contrato, devendo, nomeadamente, entregar, nos prazos convencionados, o original da obra objecto da edição em condições de poder fazer-se a edição" (art. 89.º, 1). Além disso, o contrato deve mencionar o número de edições autorizadas, o número de exemplares de cada edição, bem como o preço de venda ao público de cada exemplar (art. 86.º, 1). Por outro lado, salvo no caso de trespasse (e mesmo aí com limites), não pode o editor, "sem o consentimento do autor, transferir para terceiros, a título gratuito ou oneroso, direitos seus emergentes do contrato de edição" (art. 100.º, 1).

Assim, a edição, enquanto autorização de utilização (ou licença), à semelhança do contrato de locação, não é um contrato real *quoad effectum* nem *quoad constitutionem*, mas antes um contrato obrigacional consensual, conferindo inicialmente ao editor um direito de crédito: o direito de exigir do autor uma determinada prestação, nomeadamente, a entrega, nos prazos convencionados, do original da obra objecto da edição em condições de poder fazer-se a reprodução convencionada. Depois, com o cumprimento dessa obrigação, constituirá o autor a favor do editor um "direito pessoal de gozo", ou seja, o direito de gozar a obra para os fins a que se destina, ou seja, os fins da edição.

O editor fica, portanto, investido na qualidade de detentor da obra para determinados fins. Para defender esse seu direito contra actos ilícitos do autor ou de terceiros, entendemos que o editor pode – não apenas *de iure condendo*[471] mas já *de lege data* – socorrer-se dos meios facultados ao

---

[470] REBELLO 2002, 139.
[471] MACEDO VITORINO 1994, 427.

possuidor (Código Civil), tal como um locatário investido no gozo da coisa. "No direito português, não são atribuídos aos titulares de licenças meios de defesa possessória, ao contrário do que defende a doutrina italiana. Contudo, será possível afirmar, conjugando o regime da edição e os preceitos gerais do Código Civil que regulam os conflitos entre direitos pessoais de gozo, que as licenças exclusivas são oponíveis a terceiros."[472]

Este resultado pressupõe a existência, no domínio do direito de autor, da figura dos "direitos pessoais de gozo", que o Código Civil acolhe (arts. 407.º e 1682.º-A, 1-a). Trata-se de direitos que "atribuem também o poder de agir directa e autonomamente sobre uma coisa, possibilitando uma actuação jurídica em tudo idêntica à que ocorre nos direitos reais (ou em certos direitos reais)".[473] Por outro lado, a solução proposta apoia-se na interpretação dos artigos 1037.º e 1057.º do Código Civil defendida por Henrique Mesquita, no sentido de "uma interpretação restritiva do art. 1057.º, limitando a aplicação da regra que nele se contém aos casos em que, à data da alienação do direito do locador sobre a coisa locada, o locatário tenha iniciado já o gozo desta. De resto, na solução de um problema paralelo – o da defesa da relação locativa contra actos de terceiro –, o art. 1037.º, n.º 1, só permite que o locatário actue autonomamente (isto é, sem necessidade de intervenção do locador), quando se encontre já no uso ou fruição da coisa locada".[474]

A afirmação da existência de direitos pessoais de gozo no domínio do direito de autor e a sua protecção nos referidos termos permite superar o entendimento de que o direito do editor "goza de oponibilidade fraca" se não tiver sido estipulada uma cláusula de exclusividade, já que nesta perspectiva a obra não seria susceptível de posse e o autor não estaria obrigado a assegurar o editor "contra embaraços e turbações provocados por mero facto de terceiro" (art. 89.º, 4). Com efeito, estes argumentos não se afiguram concludentes.

Por um lado, não deveria identificar-se a oponibilidade de um direito exclusivo com cláusulas de exclusividade. Enquanto a exclusividade é uma obrigação resultante de estipulação contratual (ou de regra normalmente supletiva) que não produz, enquanto tal, efeitos senão *inter partes*, a oponibilidade de um direito, ainda que de crédito, é um atributo ou efeito legal:

---

[472] Id. 1995, 253.
[473] HENRIQUE MESQUITA 1990, n. 17; tb. ANDRADE MESQUITA 1999 (sustentando o direito pessoal de gozo como *tertium genus* entre os direitos de crédito e os direitos reais), OLIVEIRA ASCENSÃO 2000a, 617-8, CARVALHO FERNANDES 2003, 20.
[474] HENRIQUE MESQUITA 1990, 141, em nota.

é a chamada eficácia *erga omnes* de um direito, que a lei pode fazer depender de um modo, como o registo do acto aquisitivo ou o ingresso na posse ou detenção da coisa.

Por outro lado, o facto de as obras literárias e artísticas serem bens não sujeitos ao princípio da rivalidade do consumo[475] tal não os excluirá, por si só, do círculo de objectos possíveis quer de posse – entendida como o exercício de poderes de facto sobre uma coisa em termos de um direito real (*animus possidendi*) –, quer de detenção – entendida como o exercício de poderes de facto sobre uma coisa com mero *animus detinendi*, seja por título jurídico (nomeadamente, em termos de um direito de crédito), por acto facultativo ou por mera tolerância.[476] Pelo que não poderá excluir-se à partida no domínio do direito de autor os meios de tutela possessória que a lei confere ao detentor para lhe garantir *erga omnes* o exercício dos seus poderes de facto sobre a coisa em que o seu direito pessoal de gozo se traduz.[477]

i. Edição e locação de coisa incorpórea

O facto de o autor não estar obrigado a assegurar ao editor o exercício dos direitos do contrato de edição "contra embaraços e turbações provocados por mero facto de terceiro" (art. 89.º, 4) não significa que o direito do editor não seja "oponível fora da relação contratual"[478] e que não tenha meios de defender o seu direito pessoal de gozo. A regra especial do contrato de edição não contraria o critério geral da locação, correspondendo aliás ao art. 1037.º, 1, *in fine*, do Código Civil: o locador não se encontra obrigado a assegurar o gozo da coisa contra actos de terceiros, tratando-se de simples *agressões de facto*. "Se se trata de uma simples *agressão de facto*, isto é, de uma agressão que o seu autor não fundamenta em qualquer direito, só ao locatário compete tomar as medidas de defesa que ao caso forem aplicáveis"[479]. A regra especial do contrato de edição não afasta o regime subsidiário da locação.

Para efeitos de regulamentação geral pelo Código Civil, o contrato de edição, enquanto licença de utilização de coisa incorpórea, é assimilável à locação de coisa incorpórea, embora nisso não se esgote podendo até enqua-

---

[475] LOPES PORTO 2002, 45; tb. REMÉDIO MARQUES 2003a, 299 (referindo o paradoxo de Arrow).
[476] ORLANDO DE CARVALHO 1989, 65, 104.
[477] Cfr. MENEZES CORDEIRO 2005b, 55-6 (aceitando a aplicação por analogia dos meios de tutela possessória às coisas imateriais).
[478] MACEDO VITORINO 1994, 429.
[479] HENRIQUE MESQUITA 1990, 157.

drar-se em operações mais complexas como os acordos de franquia de produção e distribuição de software.[480] De todo o modo, é entendimento geral que a locação civil não exclui as coisas incorpóreas, sustentando-se, a qualificação da licença de patente e de marca como contrato de locação ou comodato consoante seja concedida a título oneroso ou gratuito.[481] O mesmo vale para a locação de estabelecimento enquanto incorporalidade complexa.[482]

O que vale por dizer que o direito do editor não goza de "oponibilidade fraca", mas antes que poderá ter "eficácia absoluta".[483] Antes de ingressar na utilização da obra para fins de edição, tal como um locatário, tem o editor o direito de exigir do autor a entrega, no prazo convencionado, do original da obra objecto da edição em condições de poder fazer-se a reprodução (art. 89.º, 1; art. 1031.º-a Código Civil). Com a entrega do original por parte do autor, o editor ingressa na detenção da obra, passando, tal como um locatário, a exercer um direito pessoal de gozo oponível *erga omnes*, resultante, por um lado, da regra imperativa *emptio non tollit locatum* (art. 1057.º Código Civil: traduzida na oponibilidade da edição ao transmissário ou cessionário – aquisição derivada – dos direitos patrimoniais de autor), e, por outro lado, da extensão objectiva dos meios de defesa da posse (art. 1037.º, 2, Código Civil: traduzida na oponibilidade a todas acções de facto e/ou de direito que impeçam ou perturbem o gozo da obra para os fins de edição no quadro da respectiva licença).

O resultado proposto tem por base o entendimento de que as obras intelectuais, apesar de serem bens não sujeitos ao princípio da rivalidade do consumo, não são excluídas do círculo de objectos passíveis de posse e que a obra literária ou artística, enquanto coisa incorpórea que é detida pelo editor, pode ser objecto de poderes de facto em termos de um direito real (*animus possidendi*), de modo a justificar-se a tutela possessória.

Trata-se, é certo, de uma questão que suscita divergências na doutrina, existindo fundamentalmente três perspectivas. Primeira, a obra pode ser objecto de *iura in re* e também de posse[484]. Segunda, a obra não pode ser objecto nem de direitos reais nem de posse[485]. Terceira, a obra pode ser objecto de direitos reais mas não pode ser objecto de posse.[486]

---

[480] DIAS PEREIRA 1997, 267, n. 51.
[481] OSÓRIO DE CASTRO 1994, 84, COUTO GONÇALVES 1999, 200-2 e n. 392; CARLOS OLAVO 2001a, 355-6; para as "licenças" de direito de imagem, TRABUCO 2001, 455.
[482] C/ ref. COUTINHO DE ABREU 2006, 310-1.
[483] OLIVEIRA ASCENSÃO 1992, 444.
[484] ORLANDO DE CARVALHO 1977, 205 (n. 4), 1989, 107.
[485] OLIVEIRA ASCENSÃO 1992, 164, 674, 685-6.
[486] PIRES DE LIMA/ANTUNES VARELA 1987, 65; MACEDO VITORINO 1995, 168.

Adoptamos a primeira das referidas posições, no sentido de que a obra, enquanto coisa incorpórea, pode ser objecto quer de propriedade quer de posse (e, por maioria de razão, de detenção). O direito de autor é uma forma de propriedade intelectual, que tem por objecto obras literárias ou artísticas, i.e coisas incorpóreas susceptíveis de apropriação exclusiva, ainda que com significativos limites legais justificados pela "função social", decorrente de razões de interesse público, desta propriedade.[487] O direito de autor constitui-se unitariamente com o simples facto da criação, não dependendo de divulgação; e é justamente por existir já que o direito de autor atribui ao criador uma área de reserva exclusiva oponível *erga omnes* sobre a obra: o direito ao inédito e a faculdade de escolher livremente os processos e as condições de utilização e exploração da obra (art. 68.º, 4). Este direito assiste-lhe mesmo que tenha transmitido contratualmente os seus direitos patrimoniais disponíveis, uma vez que não lhe será exigível a entrega da obra: não há aqui lugar à execução específica, o que é reiterado por não haver, em princípio, penhora ou arresto de obra inédita *qua tale* (art. 50.º).

ii. Os poderes de facto sobre coisas incorpóreas

O reconhecimento da propriedade intelectual significará também que é possível exercer poderes de facto sobre coisas incorpóreas. Já não está em causa saber se o autor pode excluir terceiros da utilização da obra, mas antes aferir se ele próprio pode exercer poderes de facto sobre a obra de modo directo e imediato, como caracteriza os direitos reais. Ora, a possibilidade de posse e detenção de coisas incorpóreas remontará ao direito romano, já que "no direito justinianeu, a *quasi possessio rei* foi transformada em *possessio* de *res incorporalis*".[488]

Ao contrário de um utilizador final que comprou ou alugou uma cópia material da obra, em certos casos, como o pagamento por sessão, o gozo da coisa depende da prestação de um serviço de terceiro (no caso, um serviço que se baseia em acesso condicional). Ou seja, enquanto ali o gozo da coisa depende de uma prestação que se traduz na entrega (num *dare* em sentido amplo) do exemplar da obra, aqui estamos perante uma prestação continuada (*facere*). Todavia, estes serviços são instrumentais em relação ao gozo que se pretende obter da obra, e o prestador destes serviços não assume apenas uma obrigação de meios, mas antes uma obrigação de resultado: proporcionar ao utilizador legítimo o gozo intelectual de determinada obra. Com

---

[487] DAVIES 2002, 6.
[488] SANTOS JUSTO 1997, 153.

efeito, "o interesse do utilizador das criações intelectuais protegidas por *direito de autor* (...) é o de aceder à forma inteligível das obras."[489]

Assim, enquanto o adquirente de um exemplar exerce poderes de facto sobre a obra com a entrega daquele, já na utilização final por comunicação ao público esses poderes de facto dependem da prestação de um serviço. Porém, à semelhança do exemplar corpóreo da obra (e.g. DVD), a prestação do serviço é, apenas, o veículo de comunicação da obra, podendo entender-se que o utilizador deveria poder proteger autonomamente o seu gozo contra perturbações nomeadamente de terceiros (e.g. um espectador de um filme em exibição numa sala de cinema que se vê privado do gozo da obra, em virtude do comportamento lesivo de um outro espectador).

Nesta situação, tratar-se-ia de um *dare* de uma coisa (a obra intelectual), por via de uma prestação continuada de *facere*. Numa palavra, seria um *dare in facere*, à semelhança do que sucede com os contratos de fornecimento de água ou de energia, apontando-se como "exemplos típicos de prestações de execução *continuada* as do locador, do fornecedor de água, gás, electricidade ou dados informáticos".[490] O objecto mediato da prestação (a coisa obra intelectual) é causa funcional do seu objecto imediato, que todavia não se esgota numa pura prestação de *facere*, tendo em conta o gozo que se pretende da coisa, envolvendo um *dare* (em sentido amplo).

Isto é susceptível de perturbar o quadro dogmático tradicional assente na distinção entre objecto mediato e objecto imediato da prestação, e entre prestação de facto e prestação de coisa.[491] Além disso, implicará também um juízo norteado pela teoria da absorção, dando prevalência à prestação de *dare* (a entrega da coisa) sobre a prestação de *facere* (o facto prestador do serviço), sendo esta última instrumental em relação à primeira, embora ambas se fundindo no acto em virtude da presumida aptidão da coisa para satisfazer a necessidade do utilizador.

Não obstante, deve reconhecer-se que, no caso de o gozo da obra ser proporcionado indirectamente pela mediação de um serviço (e.g. exibição em sala de cinema), que se analisa numa prestação de facto continuado, o utilizador final não exerce poderes directos e imediatos sobre a coisa. Pelo que a aplicação dos meios de tutela possessória em tais situações nos parece mais difícil.

Porém, não deve retirar-se da qualificação legal de uma operação como prestação de serviços a exclusão de tais meios, já que podem existir

---

[489] REMÉDIO MARQUES 2005, 79.
[490] ANTUNES VARELA 2006, 93.
[491] Id. ibid., 87s; ALMEIDA COSTA 2008, 132-3, 691s; v.tb. CALVÃO DA SILVA 2007b, 24-5.

situações de entrega electrónica em sentido estrito. Pense-se, por exemplo, na distribuição à distância, por meios electrónicos, de programas de computador (o chamado comércio electrónico directo de software). Nestes casos, trata-se de prestação de coisa em sentido estrito, sendo a prestação do serviço de transmissão por meios electrónicos puramente instrumental. Aqui, o destinatário adquire uma cópia do programa, em termos de poder utilizá-la autonomamente sem a mediação de uma prestação de serviços (para além do serviço de entrega da cópia), pelo que o gozo final do programa envolverá o exercício de poderes de facto sobre ela, no sentido de se poder utilizá-lo, em termos directos e imediatos, qualquer que seja o veículo de entrega. De resto, a lei estabelece direitos mínimos do utilizador, que se destinam justamente a proteger os seus poderes de facto.

De um modo mais geral, poderá até sustentar-se que as excepções ao direito de autor conferem direitos subjectivos aos utilizadores finais. Com efeito, na medida em que fere de nulidade as cláusulas contratuais que proíbam o utilizador legítimo de efectuar certas operações no domínio dos programas de computador e das bases de dados, a legislação especial neste sector consagra a teoria dos "direitos do utilizador" estabelecida nas directivas comunitárias que lhe servem de base (DL 252/94 e DL 122/2000, que transpõem respectivamente as directivas 91/250 e 96/9). Aliás, a lei portuguesa alargou essa teoria às excepções do direito de autor em geral, dispondo no art. 75.º, 5, do Código do Direito de Autor, que é "nula toda e qualquer cláusula contratual que vise eliminar ou impedir o exercício normal pelos beneficiários das utilizações enunciadas nos n.os 1, 2 e 3" (norma introduzida pela Lei 50/2004, que transpôs para a ordem jurídica nacional a Directiva 2001/29 sobre direitos de autor e conexos na sociedade de informação). Ora, enquanto detentor titulado, o utilizador final deveria poder servir-se dos meios de tutela possessória para defender o seu gozo da coisa (obra intelectual).

Em suma, ao invés de não admitir ser objecto de exercício de poderes de facto, a obra é, pelo contrário, objecto de múltiplos e diversos poderes de facto: os poderes do autor, os poderes dos transmissários dos direitos patrimoniais (e até dos beneficiários de onerações reais, como os usufrutuários), os poderes dos licenciados, nomeadamente distribuidores (em sentido amplo), e os poderes dos utilizadores finais. Por ser coisa incorpórea, os poderes de facto sobre a obra não são necessariamente poderes físicos. Mas, "poder empírico não é necessariamente poder físico".[492] De resto, situação semelhante ocorre em relação às coisas corpóreas, que podem ser objecto

---

[492] ORLANDO DE CARVALHO 1989, 107.

de poderes de facto em termos de propriedade e, ao mesmo, tempo, de outros direitos reais (e.g. usufruto, hipoteca) e pessoais (e.g. locação ou comodato).

Esta concepção da posse revela-se também no domínio das utilizações que afectam o direito moral. Numa perspectiva física, a obra, como ente intangível do mundo externo à pessoa "permanece sempre intocada".[493] Todavia, em termos empíricos a obra não permanece sempre intocada em razão das utilizações que dela são feitas. Mostra-o o chamado direito à genuinidade e integridade da obra, o qual poderá ser afectado mesmo que a obra não tenha sido modificada na sua forma literal de expressão e até na sua composição sequencial. Basta para o efeito que a obra seja integrada num contexto que desvirtue o seu sentido, em termos que possam afectar a honra e a reputação do autor. Como exemplo aponta-se uma "obra de filosofia moral que se insere numa colecção de obras satíricas, ou num romance ou novela de costumes que se insere numa colecção de obras eróticas ou pornográficas."[494] Todavia, o direito moral de autor não é absoluto, já que está sujeito às exigências de liberdades fundamentais da comunicação, como a liberdade de informação e de expressão, incluindo o direito de sátira.

iii. Ubiquidade, monopólio e direito real

Em razão da sua natureza incorpórea, a ubiquidade da obra significa que esta pode ser objecto simultaneamente de múltiplos e diversos poderes de facto. "Os direitos de autor, porque incidem sobre coisas incorpóreas, podem ser exercidos por um número ilimitado de pessoas."[495] Por ser susceptível de tantas "posses" a obra parece quase inapropriável.

De todo o modo, independentemente da *vexata quæstio* entre as teorias personalistas ou obrigacionistas e as teorias clássicas ou realistas – mas tendo em conta a via superadora de síntese que integra na noção de direito real um lado interno ou *licere*, conformado pelo interesse de imediação, e um lado externo ou *protectio*, conformado pelo interesse de estabilização[496] –, não parece que o direito de autor seja de todo inconciliável com uma noção de direitos reais, nos termos da qual estes são *"direitos absolutos, inerentes a uma coisa e funcionalmente dirigidos à afectação desta aos interesses do sujeito"* – tanto mais que a "afectação da coisa que referimos permite-nos

---

[493] OLIVEIRA ASCENSÃO 1992, 681.
[494] ORLANDO DE CARVALHO 1994, 546.
[495] PIRES DE LIMA/ANTUNES VARELA 1987, 2.
[496] ORLANDO DE CARVALHO 1977, 95, 144.

ultrapassar o significado imediatamente material".[497] Para começar, o direito de autor é inerente à obra, já que se constitui com a sua criação. Depois, o facto de o exclusivo de exploração económica ser temporário não obsta a que se trate de direito de propriedade, já que a propriedade temporária é admitida nos casos especialmente previstos na lei (art. 1307.º, 2, Código Civil).

Além disso, a irrelevância jurídica da utilização final não se afigura inteiramente concludente, não bastando apelar ao facto da não rivalidade do consumo para retirar economicidade e individualidade a esta dimensão da utilização das obras intelectuais. Desde logo porque os próprios utilizadores finais parecem também ser titulares de interesses legalmente protegidos pelo direito de autor e de direitos funcionalmente pré-ordenados ao gozo da obra. Sendo que tais direitos pertencem originariamente ao autor.

Em suma, o possuidor de obra intelectual, isto é, o que exerce poderes de facto em termos de direitos reais, pode beneficiar dos meios de tutela possessória. Da nossa parte, alargamos estes meios aos detentores por título jurídico contratual ou legal, se existir entrega da obra que permita o seu gozo em termos directos e imediatos (e ainda que tal entrega surja legalmente qualificada como serviço). Ou seja, a obra pode ser objecto de poderes de facto directos e imediatos e os seus detentores juridicamente titulados (e.g. por contrato de edição) são equiparáveis a possuidores para defenderem o seu direito pessoal de gozo.[498]

c) Enquadramento das licenças de software nos tipos contratuais

Um outro exemplo da importância da relação de especialidade entre o direito civil e o direito de autor pode colher-se no regime dos contratos de software.[499] A exploração económica do programa realiza-se, normalmente, através da concessão de autorizações de utilização do programa, isto é, através das licenças de software. Em geral, são acordos pelos quais o titular dos direitos concede a outrém autorização de utilização do programa de computador para determinados fins, nomeadamente, produção, distribuição, e utilização final. A este respeito, fala-se, com propriedade, de uma "cultura de licenças".[500]

Os primeiros inserem-se na categoria dos acordos de distribuição comercial, i.e. "os contratos que disciplinam as relações entre o produtor (ou o

---

[497] OLIVEIRA ASCENSÃO 2000a, 44, 55.
[498] DIAS PEREIRA 2001a, 308-28 (n. 570).
[499] Cfr. A. PINTO MONTEIRO 1999, 231; GARCIA MARQUES 2004, 203-11.
[500] LEHMANN 1993, 1822 ("*Lizenzkultur*"); LOPES ROCHA 1994, 695.

importador) e o distribuidor, e não os contratos com os consumidores."[501] Sem prejuízo da importância desta figura no domínio das licenças de software, interessam-nos, aqui, especialmente, as chamadas licenças de utilizador final de software (*End User Licence Agreement* – EULA). Revestem, principalmente, duas modalidades, consoante respeitem a um programa padronizado, produzido e distribuído em massa "tal e qual", ou antes a um programa escrito por encomenda em atenção às específicas necessidades concretas de um particular utilizador.

Para começar, a obtenção de uma licença deste tipo (bem como, em geral, a obtenção de bens informáticos, nomeadamente a aquisição de um sistema informático) é precedida, normalmente, por um diagnóstico das necessidades do utilizador, que pode ser efectuado no quadro das relações pré-contratuais com o fornecedor ou nos termos de um contrato de consultoria informática. Assume aqui especial relevo o princípio da boa fé, em termos de poder ser imputada ao fornecedor "uma «culpa profissional», quer no caso de fornecimento de um sistema demasiadamente poderoso e inutilmente custoso, quer no propor um equipamento insuficiente, ou até mesmo não utilizável pelo adquirente"[502].

Em função das necessidades específicas de cada utilizador, será procurado um programa "tal e qual" (*standard software*, ainda que adaptado) ou um programa novo (*individual software*). Se não existir correspondência entre os programas que existem no mercado (mesmo adaptados) e as necessidades específicas do utilizador, este contrata com uma empresa de software a criação de um programa com determinadas características técnicas e qualidades funcionais, bem como os termos da sua utilização. Se, porém, for possível adaptar um programa existente no mercado às suas necessidades, a adaptação poderá ser efectuada pelo fornecedor nos termos da respectiva licença de distribuição. Se existir correspondência entre as necessidades do cliente e um programa "tal e qual" cujas cópias são distribuídas no mercado, o cliente limita-se a obter a respectiva licença de utilização junto do distribuidor. Em qualquer dos casos, estes contratos de software podem reconduzir-se aos tipos contratuais da lei civil.

i. Licenças de software "feito à medida" (ou adaptado) e a jurisprudência portuguesa sobre encomenda de obra intelectual

Em termos de enquadramento jurídico, a licença de software feito à medida obtém-se no quadro de um contrato de encomenda de obra intelec-

---

[501] A. PINTO MONTEIRO 2004, 33.
[502] SINDE MONTEIRO 1989, 408.

tual. Na doutrina e na jurisprudência do direito comparado, é praticamente consensual a qualificação da encomenda de obra intelectual como contrato de empreitada (*contrat d'entreprise, Werkvertrag, contratto di appalto*), o mesmo valendo para os casos em que o utilizador encomenda a adaptação de um programa já existente, que se traduza na criação de um novo programa. Não existindo criação de novo programa ou tratando-se de simples assistência e manutenção, considera-se que se trata de contratos de prestação de serviços indiferenciados (*louage d'ouvrage, Dienstvertrag, contratto di appalto di servizi*). Assim discorreu o BGH mais recentemente numa decisão de 9 de Outubro de 2001.[503]

No direito português, a questão dividiu a doutrina, com vários autores a tomarem posição fundamentalmente ora num sentido ora noutro.[504] Com efeito, a qualificação da encomenda de obra intelectual como contrato de empreitada foi defendida por Ferrer Correia e Henrique Mesquita, tendo esta tese obtido vencimento no acórdão de 3 de Novembro de 1983 do STJ (BMJ n.º 331, 1983, 489: "o contrato de empreitada pode ter por objecto uma obra eminentemente intelectual ou artística")[505]; outro era o entendimento de Antunes Varela e Calvão da Silva, que, em virtude da natureza pessoal das criações do espírito, se pronunciaram no sentido de a encomenda de obra intelectual ser um contrato de prestação de serviços inominado, sujeito, enquanto tal, às regras do mandato.[506] Em sentido próximo se pronunciariam, nomeadamente, Baptista Machado e outros autores[507], não se afastando todavia a possível aplicação analógica de regras da empreitada.

Ora, a questão é especialmente controvertida no que respeita à aplicação das regras da empreitada à encomenda de obra intelectual, a qual será um elemento importante dos contratos de fornecimento de sistema informático quando seja necessário um programa feito à medida ou originalmente ajustado às necessidades específicas do adquirente do sistema.

O Supremo Tribunal de Justiça firmou inicialmente a tese da qualificação da encomenda de obra intelectual como empreitada, sem que a tal

---

[503] MÜLLER-HENGSTENBERG 2004, 162.
[504] C/ ref. DIAS PEREIRA 1999c, 929-31, 2001a, 520-31, n. 930, e 2002b, 42-4.
[505] FERRER CORREIA/HENRIQUE MESQUITA 1985, 129-158. v.tb. OLIVEIRA ASCENSÃO 1992, 421-3 (em abstracto); BRITO PEREIRA 1994, 569s; no sentido da empreitada relativamente à encomenda de software, RIBEIRO MENDES 1993, 83, LOPES ROCHA 1994, 699, n. 8, OLIVEIRA ASCENSÃO 1996a, 356.
[506] ANTUNES VARELA 1985, 159, CALVÃO DA SILVA 1987, 129.
[507] BAPTISTA MACHADO 1986, 271s; nesta ordem de ideias, REBELLO 1994, 109-10 (sustentando a natureza *sui generis* da encomenda de obra), ROMANO MARTINEZ 1994, 100-2, PINTO DUARTE 2000, 128, n. 432, TRABUCO 2006, 201-2, n. 12.

obstasse a natureza incorpórea da obra e não obstante entender que os registos magnéticos dos filmes encomendados davam à obra a sua materialidade bastante para não se afastar o regime da empreitada (acórdão de 3 de Novembro de 1983, BMJ n.º 331, 489).

Mas, o Supremo Tribunal de Justiça acabaria por inverter este entendimento no acórdão de 2 de Fevereiro de 1988 (BMJ n.º 374, 449), relativo à encomenda de uma obra de pintura. Retomando decisões proferidas pela Relação de Lisboa, no acórdão de 17 de Março de 1976, e pela Relação do Porto, no acórdão de 20 de Julho de 1982 (CJ VIII, IV, 22), o Supremo julgou que a natureza intelectual da obra de arte seria estranha à natureza corpórea essencial, ou pelo menos típica, da empreitada prevista e regulada no Código Civil, pelo que a encomenda seria um contrato inominado de prestação de serviços a reger pelas regras do mandato.

A Relação do Porto ainda reafirmou a tese da qualificação da encomenda de obra intelectual como empreitada no acórdão de 3 de Outubro de 1995, mas o Supremo Tribunal de Justiça reiterou a sua qualificação como contrato inominado de prestação de serviços nos acórdãos de 5 Junho 2001 (CJ/STJ, IX, II, 120), de 29 de Abril e 6 de Maio, ambos de 2003, e, mais recentemente, de 11 de Julho de 2006.

Pode assim dizer-se que é jurisprudência constante do STJ o afastamento, em princípio, das regras da empreitada relativamente à encomenda de obra intelectual, por entender tratar-se de contrato inominado de prestação de serviços a reger pelas normas do mandato, tal como dispõe o art. 1156.º do Código Civil, sem prejuízo de se admitir a aplicação de regras da empreitada segundo a construção de Baptista Machado.

De todo o modo, o facto de ser jurisprudência constante não significa que seja jurisprudência correcta, embora beneficie de uma presunção (relativa) de justeza.[508] De resto, como dizia Alberto dos Reis: "Antes jurisprudência errada, mas *uniforme*, do que jurisprudência incerta".[509]

Seja como for, entendemos que os preceitos da empreitada que pressupõem a natureza corpórea da obra não são inaplicáveis, só por isso, às obras intelectuais. E muito menos se pode retirar desses preceitos a não aplicação, em bloco, de toda e qualquer regra da empreitada à encomenda de obra intelectual. Pense-se, nomeadamente, no direito de desistência do dono da obra previsto no art. 1229.º do Código Civil, cujo afastamento no domínio da encomenda de obra intelectual não nos parece convincente, ao menos com base nos argumentos usualmente esgrimidos.

---

[508] BRONZE 2006a, 673.
[509] MANUEL DE ANDRADE 1978, 55, em nota.

O Supremo Tribunal de Justiça não vai ao ponto de dizer que o Código Civil só é directamente aplicável às coisas corpóreas, já que aplica as regras do mandato à encomenda de obra intelectual. Ou seja, o STJ não exclui as obras intelectuais do âmbito de aplicação do Código Civil, mas apenas do regime específico da empreitada, com o argumento da natureza corpórea das obras que podem ser objecto de empreitada. Todavia, por esta lógica, também os regimes da compra e venda, da doação, do depósito, da locação, do comodato, etc., não deveriam ser aplicados aos negócios que transaccionam obras intelectuais já que o seu objecto típico é constituído por coisas corpóreas.

Mas o facto de o Código ter sido concebido a pensar, em primeira linha, nas coisas corpóreas e de a estas naturalmente se dirigir, daí não decorre que as coisas incorpóreas sejam, só por isso, afastadas dos regimes legais dos contratos que as têm por objecto. Numa palavra, a corporalidade das coisas, incluindo as obras, que subjazem aos regimes contratuais do Código Civil não é exclusiva, no sentido de que não constitui um elemento essencial desses contratos nem sequer uma característica típica fechada desses modelos legais. Isto não quer dizer que os regimes contratuais do Código Civil sejam todos e de qualquer modo aplicáveis às obras intelectuais. Por exemplo, o contrato de parceria pecuniária (art. 1121.º) não faz sentido neste domínio, embora não esteja excluída a sua relevância no campo da utilização de animais em espectáculos públicos.

De todo o modo, basear a exclusão das regras legais da empreitada na suposta essencialidade da natureza corpórea das suas obras é, a nosso ver, apoio insuficiente e demasiado frágil, não obstante a constância da jurisprudência do STJ. Aliás, esta jurisprudência contrasta com o entendimento do mesmo Tribunal em matéria de regime do contrato de edição, já que no acórdão de 26 de Junho de 1999 decidiu tratar-se de uma espécie do contrato de empreitada (STJ, 26/6/1999, BMJ n.º 488, 1999, 386: "O contrato de edição é uma espécie de contrato de empreitada, aplicando-se-lhe as regras deste que não estejam em contraste com as suas próprias regras.").

Sem aderirmos a esta última qualificação, a verdade é que o STJ aplica as regras da empreitada à utilização de obra intelectual por forma de edição, embora já as afaste quando está em causa a sua encomenda. O que se afigura algo paradoxal, pois no caso da edição também está em causa uma obra intelectual. Talvez neste caso o STJ entenda ser aplicável o regime da empreitada, uma vez que o editor se compromete a produzir um determinado número de exemplares corpóreos da obra (e.g. livros em papel). Só que o editor produz e comercializa os livros em seu nome e por sua conta. Faz sentido aplicar o regime da empreitada aos casos de edição de autor em que este contrata com uma tipografia a produção de determinado número de exemplares da obra. O mesmo se passa nos contratos entre os editores comerciais e as tipografias. Mas isto não se confunde com o contrato de edição propriamente dito celebrado entre um autor (ou outro titular dos direitos de reprodução e de distribuição) e um editor.

No contrato de edição, há um contrato entre o autor e o editor, que deve estabelecer o preço de venda ao público de cada exemplar, sendo seus elementos constitutivos a autorização concedida pelo autor a outrem para reproduzir a obra sua, ficando este obrigado a proceder à reprodução, distribuição e venda por sua conta e risco, como julgou a Relação do Porto no acórdão de 21 de Outubro de 2003.

ii. Licenças de software "tal e qual" e a jurisprudência portuguesa sobre direitos do utilizador e sistemas informáticos

1. As licenças de software "tal e qual" dizem geralmente respeito a software comercializado "em massa" ("Massenware").[510] A qualificação destas licenças de utilização tem sido muito discutida, oscilando as opiniões entre os que entendem que se trata de contratos de compra e venda e os que defendem que se trata de contratos de locação de software, para além dos que sustentam que se trata de figuras *sui generis*.[511]

Diversos autores franceses consideram que estas licenças são apenas uma concessão do direito de uso, pelo que o contrato de licença de utilização de software (*logiciel*) é qualificado como *louage* de bem incorpóreo, mesmo que o respectivo suporte tenha sido objecto de um contrato de compra e venda, porquanto tal não implicaria a transmissão ou *cession* de direitos de autor sobre o programa.[512] Assim, nomeadamente, num contrato de *prologiciel tear-me-open* devia distinguir-se, por um lado, o contrato de concessão de licença de utilização entre o titular dos direitos e o utilizador (locação), e, por outro lado, o contrato de transferência da propriedade do *paquet* celebrado entre o distribuidor e o utilizador (compra e venda). Mas, para outros autores (e.g. Gaudrat, Poullet), o *prologiciel* poderá ser considerado incorporado no suporte, não sendo o programa mais do que uma mera qualidade da coisa corpórea que lhe serve de suporte. Assim, o contrato oneroso entre o fornecedor e o utilizador terá por objecto uma coisa corpórea, qualificando-se como contrato de compra e venda ou como contrato

---

[510] HOEREN 1989, 15.
[511] C/ ref. DIAS PEREIRA 1999c, 933-9, e 2002b, 45-50.
[512] Cfr. LUCAS 2001a, 493 («La fourniture d'un logiciel ne peut donc être analysée comme une vente»).

de locação consoante transmita a propriedade (*droit réel*) ou conceda o gozo dessa coisa (*droit personnel*). No entanto, quer seja proprietário, quer seja locatário, o utilizador apenas poderá fazer uso do exemplar (reconduzido à coisa corpórea ou suporte material de fixação do programa, que mais não seria do que uma qualidade daquela) nos termos da licença. Finalmente, há os que recusam a qualificação do contrato de prologiciel (software "tal e qual") quer como compra e venda quer como locação, propondo em alternativa a sua caracterização como contrato *sui generis*.

Por seu turno, na literatura italiana é entendimento geral a licença de utilizador final de software ser uma mera "concessione in godimento", no quadro das concessões de direitos de utilização de obras de engenho, que se reconduzem ao tipo contratual de *locazione*. Mas também há os que admitem a possibilidade de tratar como *vendita* a aquisição de software standard, especialmente quando se trate de uma licença de utilização de duração indeterminada. Esta é, aliás, a opinião dominante na literatura germânica, tendo sido acolhida em duas decisões de referência do BGH, que aplicou ainda que por analogia as regras da compra e venda (*Kauf*) ao «Softwareüberlassung» comercializado em suportes tangíveis (e.g. disquetes). Contudo, se em vez de uma relação obrigacional de troca estivesse em causa uma relação obrigacional duradoura, já as regras aplicáves seriam as da locação (*Miet*).[513] Esta orientação foi reafirmada na decisão *Lohnprogramm*, de Janeiro de 1999, em que o BGH qualificou como compra e venda a transmissão por tempo ilimitado de software em suporte de dados e mediante um pagamento único.[514] A qualificação como compra e venda significa, nomeadamente, a probição de cláusulas CPU e, em virtude do esgotamento do direito de distribuição, a ineficácia de cláusulas de proibição de alienação.[515] De igual modo, sustenta-se que poderão ser afectadas as proibições LAN (*Local Area Network*), relativamente a utilizações não simultâneas, e as proibições de recurso a terceiros para manutenção correctiva do software.[516]

Da nossa parte, entendemos que o programa não é uma mera qualidade do seu exemplar, ou seja, o software não é um atributo do suporte material em que é comercializado. Pelo que não concordamos que a natureza jurídica

---

[513] HOEREN 2005a, 11.

[514] NJW 2000, 1415 (BGH, *Lohnprogramm*); cfr. MÜLLER-HENGSTENBERG 2004, 163.

[515] HOEREN 2005a, 12-3 (com indicações da jurisprudência alemã, nomeadamente a sentença do BGH, 24/10/2002); v.tb. SCHUPPERT/GREISSINGER 2005, 86 (com análise da sentença BGH *OEM-Version*, 6/7/2000, sobre o esgotamento do direito de distribuição de software no quadro de acordos de distribuição OEM); MARLY 2004.

[516] HOEREN 2005a, 13-4 (referindo a sentença do BGH, 24/2/2004).

do contrato de licença de utilizador final dependa da natureza dos suportes (entendidos enquanto suportes materiais: *körperlichen Werkstücken*). De resto, pode suceder que a licença de utilização de uma cópia de um programa não seja acompanhada de uma coisa corpórea que lhe sirva de suporte material, tal como sucede no comércio electrónico directo de software. Os programas de computador são bens imateriais ou coisas incorpóreas e não deixam de o ser pelo facto de se encontrarem incorporados num suporte material. Este é apenas um instrumento fungível e dispensável da circulação daquele, sendo por isso um elemento sem influência na qualificação do contrato.

Em nossa opinião, o contrato de licença de utilizador final é assimilável aos tipos contratuais do Código Civil, no sentido da recondução dos contratos de software nomeadamente à compra e venda e à locação.[517] Se a utilização é concedida temporariamente, poderá ser uma locação ou um comodato, quando o seu uso seja remunerado ou gratuito. Se a utilização tiver sido permitida a título definitivo, a licença qualificar-se-á como compra e venda ou até como doação, consoante seja onerosa ou gratuita.

Em sentido favorável à qualificação como compra e venda dos contratos pelos quais se transmite onerosamente a propriedade de cópias de obras protegidas por direitos de autor aponta o art. 3.º do DL 332/97, que define a venda como uma forma de distribuição juntamente com o aluguer e o comodato, para efeitos do art. 68.º, 2-f, do Código do Direito de Autor. Ora, na situação típica do software comercializado em massa, tratar-se-á de uma compra e venda em termos de aquisição de um direito disponível de uso não exclusivo, em que a lei garante imperativamente ao adquirente certos direitos mínimos de utilização.

2. Em diversos casos, a jurisprudência tem sido chamada a pronunciar-se sobre os direitos adquiridos pelos utilizadores com base nas licenças de software.

Um primeiro grupo de situações diz respeito ao âmbito do direito de reprodução, nomeadamente no que respeita a saber se o licenciado tem o direito de instalar o programa em vários computadores e/ou se o pode utilizar em vários terminais ligados em rede a partir de um servidor central. A resposta da Relação de Lisboa foi negativa (Ac. 26/4/1994, CJ 1994, II, 130; Ac. 12/10/1995, CJ 1995, IV, 109).

Mas interessa-nos particularmente uma segunda situação que diz respeito à manutenção dos direitos do licenciado apesar do furto do equipamento em que está incorporado o software. O problema foi decidido pela

---

[517] V. tb. GÓMEZ SEGADE 2001a, 910-1.

Relação do Porto, no acórdão de 26 de Janeiro de 2006. Uma empresa que comercializa máquinas e outros equipamentos, incluindo material informático, para a indústria do calçado, forneceu a outra empresa, que produz sapatos, uma máquina industrial com programas de computador destinados à concepção e design de sapatos. Este equipamento foi furtado à empresa de produção de sapatos, incluindo todo o software nele incorporado. Por causa do furto, esta empresa encomendou um equipamento semelhante à outra empresa, a qual lhe forneceu esse equipamento juntamente com actualizações de software. No preço a empresa fornecedora cobrava os bens de equipamento e a licença do software, incluindo as suas actualizações. Porém, a empresa cliente aceitou pagar apenas o valor do equipamento e das actualizações do software, recusando pagar o valor relativo à licença de software com o argumento de que já tinha pago antes essa licença e que esta não tinha terminado apesar do furto dos suportes materiais do software.

A questão que a Relação do Porto teve que resolver foi justamente saber se a licença anterior se mantinha válida apesar do furto do equipamento em que o software estava incorporado. A Relação do Porto confirmou a decisão do Tribunal de primeira instância, no sentido de a licença se manter em vigor apesar do furto do equipamento. Pelo que a Ré não tinha que pagar duas vezes o preço da licença de software.

A decisão é de grande alcance pois que, justamente, é uma máxima do direito de autor que a obra, enquanto criação intelectual, não se confunde com o seu lastro material ou *corpus mechanicum*. É entendimento pacífico na jurisprudência que a obra literária ou artística não se confunde com o seu suporte material. Disse-o claramente o Supremo Tribunal de Justiça no acórdão de 21 de Abril de 1988, e repetiu-o a Relação de Coimbra no acórdão de 23 de Novembro de 1999. Deste modo, assim como ninguém adquire direitos de autor pela aquisição da coisa material que sirva de suporte à sua fixação (CDA, art. 10.º), também ninguém os perderá, quando existam, por ocorrer o desaparecimento desse suporte.

Ora, determinando a lei que as licenças de software atribuem direitos de utilização do software, então o desaparecimento devido a furto do suporte material desse software não implicaria a perda de direitos por parte do utilizador autorizado, assim como não acarretaria a aquisição de direitos de utilização desse software pelos autores do furto dos equipamentos. A justeza da decisão apoia-se ainda no facto de a Autora não ter fornecido à empresa Ré uma cópia de apoio ou de segurança.

3. Finalmente, encontramos na jurisprudência decisões que corroboram a tese que sustentamos sobre a relação de especialidade entre os contratos que envolvam direitos de autor e os contratos da lei civil.

§ 3. Dimensões Sistemáticas

Com efeito, a jurisprudência portuguesa foi também chamada a resolver outros casos de contratos informáticos que envolvem o fornecimento de software. Em causa estão questões específicas do regime dos contratos. E o que se extrai desde logo é que a jurisprudência portuguesa aplica aos contratos informáticos os regimes legais dos contratos previstos no Código Civil, sem que a tal obste a natureza incorpórea ou imaterial do software.

Num caso decidido pela Relação do Porto (acórdão de 13 de Novembro de 2000), estava em causa a obrigação de funcionamento correcto do software no quadro de um contrato de fornecimento de sistema informático. O Tribunal entendeu que: (1) segundo a experiência comum, nos fornecimentos de material informático e na compra para revenda de programas computacionais, a assistência técnica a prestar pelo responsável da obra intelectual, incorporada no suporte, surge como uma exigência dos hábitos do mercado; (2) mas, não tendo sido alegada avaria, ou erro do programa de computador em causa, não se segue que, segundo os mesmos hábitos do mercado e face aos escassos elementos de prova (onde se fixou apenas o comprometimento de A à prestação dessa assistência) deva esta ter êxito completo, bastando, no caso concreto, o mero esforço no sentido de ser obtida a compatibilização entre o programa computacional em causa e o outro programa que o adquirente final já tinha instalado; (3) quando não é assim as partes inserem nos contratos uma cláusula de garantia, na dominante "bom ou correcto funcionamento", incondicionada ou por certo tempo.

Esta decisão funda-se nos termos da garantia de bom funcionamento prevista no regime da compra e venda (art. 921.º, Código Civil). Mas, não seria de excluir a aplicação do regime da empreitada, em especial no que respeita aos defeitos da obra (art. 1218.º e seg.). De todo o modo, quer no regime da compra e venda, quer no regime da empreitada, o prazo de denúncia dos defeitos é de trinta dias após serem conhecidos.

Num caso análogo, o Supremo Tribunal de Justiça decidiu, no acórdão de 5 de Julho de 1994 (CJ 1994, II, 174), que um contrato de fornecimento e instalação de equipamento informático se qualifica como um contrato misto, de compra e venda e empreitada. "No que concerne, propriamente, à instalação do equipamento fornecido pela autora, tal contrato rege-se pelas disposições do contrato de empreitada, segundo os princípios da teoria da combinação".

Em qualquer dos casos, o STJ não teve dúvidas em aplicar as regras contratuais do Código Civil à prestação relativa ao software, não obstante a sua natureza incorpórea. Ora, idêntica solução deveria ser dada pelo STJ à encomenda de obra intelectual.

2.2. Autores, artistas e empresas no Código Comercial

Não obstante os direitos de autor mergulharem as suas raízes no ordenamento civil, os seus frutos patrimoniais são colhidos principalmente no domínio comercial através de um conjunto de empresas que actuam no sector das "indústrias culturais".

a) A comercialidade das empresas do sector

Há muito que as obras literárias ou artísticas são objecto de exploração de diversas empresas, cujas actividades são legalmente qualificadas como comerciais. Isto vale expressamente para as empresas que exploram quaisquer espectáculos públicos bem como para as empresas que editam, publicam ou vendem obras científicas, literárias ou artísticas (Código Comercial, art. 230.º, par. 4 e 5). Relativamente a estas últimas (e.g. livrarias) não é sequer necessário recorrer ao tipo de acto de comércio por excelência (CCom, art. 463.º), embora não esteja excluído o recurso a esta norma quando o acto não seja praticado por uma empresa.

Além disso, é pacífica, com base no art. 230.º, 5, a comercialidade das empresas de produção de discos, vídeos e filmes cinematográficos, ainda que com fundamentação diversa.[518] De resto, a comercialidade deverá ser também afirmada relativamente às empresas de radiodifusão, aos produtores de bases de dados e aos prestadores de serviços da sociedade da informação que explorem obras e prestações protegidas por direitos de autor e conexos, incluindo o direito *sui generis*.[519]

Quando procedam à edição de bases de dados (e.g. enciclopédia em CD-ROM), as empresas de produção de bases de dados são comerciais tal como as editoras de livros. A simples produção da base poderia também ser equiparada a uma actividade de transformação de matérias primas (CCom, art. 230.º, 1), tendo em conta que a informação é considerada a "matéria prima" mais importante da economia da informação.

Relativamente à radiodifusão e à prestação de serviços na Internet (e.g. vídeo a pedido), enquanto formas de exploração mediante comunicação ao público, poderá sustentar-se a sua comercialidade enquanto actividades de exploração de espectáculos públicos (CCom, art. 230.º, 4) ou de fornecimento de "géneros" (CCom, art. 230.º, 2). Se bem que neste último caso se

---

[518] FERRER CORREIA 1973, 79 (por interpretação declarativa); LOBO XAVIER 1978, 59-65 (por interpretação extensiva); OLIVEIRA ASCENSÃO 1986, 234 (analogia entre editoras de fonogramas e as editoras de livros).

[519] DIAS PEREIRA 2001a, 195-6.

imponha uma interpretação pelo menos extensiva para abranger, por exemplo, as actividades de fornecimento de acesso a bases de dados em linha, visto não se tratar propriamente de "géneros" e de a sua prestação ser continuada, embora também nos pareça que podem ser aqui abrangidos os fornecimentos de forma contínua e ininterrupta, como a água, a electricidade ou o gás.[520]

Caso assim não se entenda, poderá ainda sustentar-se a comercialidade destas empresas com base num princípio geral, extraído por argumento *a fortiori*, segundo o qual as actividades relacionadas com a exploração intermediária de direitos de autor são actividades comerciais. Nesta medida, não será necessário recorrer a um princípio geral da comercialidade das empresas de serviços, não obstante a sua admissibilidade[521], atendendo-se às reservas que alguns manifestam quanto ao recurso geral à *analogia iuris* em sede jurídico-mercantil.[522]

b) A não comercialidade dos actos dos autores

À semelhança de certas actividades, como a actividade agrícola e a actividade do artesão que exerce directamente a sua arte (CCom, art. 230.º, §§ 1, 2), é excluída a comercialidade da actividade do autor que editar, publicar ou vender, ele próprio, as suas obras (CCom, art. 230.º, §3). Estão em causa as chamadas edições de autor (e.g. os livros de Miguel Torga ou o nosso *Business Law: A Code Study*, 2004) ou então a venda directa de obras de arte (e.g. quadros, esculturas).

Embora seja uma actividade económica reservada ao autor, a sua comercialidade é legalmente excluída, pelo que também não será comerciante. Numa palavra, as actividades dos "*escultores, pintores, escritores, cientistas, músicos* (…) não são legalmente qualificadas de mercantis; e o § 3.º do art. 230.º reforça essa não qualificação."[523]

Daqui decorre, nomeadamente, que o contrato de edição é um acto civil da parte do autor e comercial relativamente ao editor.[524] O que comprova a natureza radicalmente civil dos direitos de autor, quando o autor esteja envolvido. E, ao menos, num momento inicial, esse envolvimento é indispensável, sob pena de não haver obra para explorar. Com efeito, o autor é, e deve continuar a ser, a "galinha dos ovos de ouro" dos direitos de autor.

---

[520] COUTINHO DE ABREU 2006, 65.
[521] Id. ibid., 66.
[522] OLIVEIRA ASCENSÃO 1986, 41-3.
[523] COUTINHO DE ABREU 2006, 104.
[524] BONET/*SIRINELLI* 2002, 147.

Qualquer teorização que parta de pressuposto diverso poderá eventualmente substituir as criações do espírito humano por criações artificiais (e.g. obras geradas por computador) e reclamar protecção para estas obras.[525] Mas já não pode é exigir que se chame direitos de autor a essa protecção, ficando todavia aberta a porta dos direitos conexos.

De todo o modo, não obstante a raiz civil dos direitos de autor, parece-nos que, enquanto formas de propriedade intelectual, estes direitos devem ser integrados no "sector do direito de empresa"[526], ao invés de ficarem apenas na órbita do direito civil.[527] A "empresarialização" dos direitos de autor é reforçada pela tendencial homogeneização dos direitos de propriedade intelectual, sustentando-se até, de forma ainda mais vincada, serem "essencialmente as empresas que constituem o 'centro de gravidade' destes direitos de exclusivo – que não as *pessoas humanas*".[528] De resto, a biotecnologia poderá até um dia dispensar o ser humano das suas tarefas criativas. Mas, com isso, não estará a dispensar o próprio ser humano tal qual o compreendemos?

Sem prejuízo de os frutos da exploração económica dos direitos de autor serem colhidos sobretudo pelas empresas do sector (as chamadas "indústrias da cultura"), entendemos que as pessoas humanas, enquanto sujeitos da liberdade de criação cultural, devem continuar a ser o cerne da protecção legal dos direitos de autor, enquanto titulares originários de direitos morais e económicos sobre as suas obras literárias e artísticas.

c) *Os autores e artistas como possíveis empresas (em sentido subjectivo)*

A lei afasta a comercialidade das actividades de exploração das obras pelos seus autores. Além disso, dificilmente se poderá considerar que os autores literários ou artísticos têm uma empresa enquanto bem autónomo do autor, i.e. enquanto "organização (...) que radica num complexo de elementos ou meios, através dos quais ela se exprime e torna reconhecível.[529]

---

[525] MILLER 1993, 1042s (sustentando que "se chegar o dia em que o computador é realmente o único autor de uma obra artística, musical ou literária (seja um romance ou um programa de computador), os direitos de autor (copyright) serão suficientemente abrangentes e maleáveis para assimilar esse desenvolvimento no mundo das obras protegidas." – 1073).
[526] GAGGERO 1996, 367 (apoiando-se em GUIDO ALPA).
[527] C/ ref. DIAS PEREIRA 2001a, 189-209.
[528] REMÉDIO MARQUES 2003a, 308-9 (apoiando-se em OLIVEIRA ASCENSÃO).
[529] COUTINHO DE ABREU 1996, 68.

Com efeito, a criação intelectual é incindível dos próprios autores. Embora os processos criativos, enquanto técnicas artísticas ou literárias, possam e sejam autonomizáveis dos autores – basta pensar que constituem objecto de estudo das ciências artísticas e literárias –, já a actividade de criação intelectual é indissociável do próprio autor. Vale isto por dizer que na criação intelectual a pessoa do autor "tem um peso tão absorvente na formação do produto que o processo não se identifica nem subsiste sem ele."[530]

Por conseguinte, o acervo de bens utilizados pelo autor no exercício da sua actividade criativa não reunirá as características atribuídas à empresa enquanto "complexo produtivo objectivo", ou seja, na actividade dos autores, à semelhança da actividade dos profissionais liberais, enquanto tais, "o conjunto dos instrumentos de trabalho não tem autonomia funcional nem identidade própria", já que "a actividade do sujeito exaure praticamente o processo produtivo."[531]

Todavia, enquanto profissionais liberais, os autores podem beneficiar também de certos regimes legais mais favoráveis, nomeadamente a desnecessidade de autorização do senhorio para a transmissão por acto entre vivos da posição do arrendatário relativamente ao imóvel que utilizem para o exercício da sua actividade (CC, art. 1112.º, 1-b, segundo a Lei 6/2006, 27/2). De todo o modo, o senhorio poderá resolver o contrato se o transmissário der outro destino ao prédio (CC, art. 1112.º, 5).[532]

Por outro lado, apesar de os autores não disporem de uma empresa em sentido objectivo, poderão ser considerados empresas, em sentido subjectivo, em especial para efeitos do direito da concorrência, à semelhança do que sucede com os inventores ou artistas que explorem, respectivamente, as suas invenções ou prestações artísticas.[533] Aliás, essa era já a solução do direito alemão, entendendo-se que os autores que exploram as suas obras são de considerar empresas no sentido da lei de defesa da concorrência (GWB – *Gesetz gegen Wettbewerbsbeschränkungen*).[534]

Além disso, segundo a jurisprudência do Supremo Tribunal de Justiça, os autores poderão estar sujeitos ao regime da concorrência desleal, em

---

[530] ORLANDO DE CARVALHO 1997b, 6.
[531] COUTINHO DE ABREU 2006, 251.
[532] Cfr. Id. ibid., 307-8 (dando efeito útil à nova norma no sentido de se tratar de um fundamento autónomo de resolução do arrendamento que todavia não confere o direito a indemnização em razão da licitude do trespasse).
[533] Id. ibid., 209.
[534] ULMER 1980, 388, BAPPERT/MAUNZ/SCHRICKER 1984, 31, IMMENGA/MESTMÄCKER 2001, 549-50.

especial no âmbito de criações marcadamente funcionais ou utilitárias como os programas de computador. Num recente acórdão (20/9/2005), estando em causa a violação de segredos informáticos, o STJ julgou que ocorre concorrência desleal por violação de segredos quando o "agente, utilizando segredo alheio, parte para a concorrência, não com as próprias capacidades, mas à custa de uma ilegítima e indevida intromissão e utilização de elementos reservados da empresa alheia, havendo, por conseguinte, um aproveitamento da prestação alheia contrário às normas e aos usos honestos."

Esta decisão reitera o entendimento geral da jurisprudência nos termos do qual a concorrência desleal pode resultar de apropriação dos elementos ou do resultado do trabalho de outrem (Ac. RL 2/6/99). Todavia, a aplicação do instituto da concorrência desleal é de âmbito restrito, já que pressupõe desde logo a prática de actos de concorrência, a qual se afere por referência a um sector de actividade ou mercado relevante, como é jurisprudência constante (STJ Ac. 21/2/1969, BMJ n.º 184/1969, Ac. 20/12/1990, BMJ 402/1991, 567, Ac. 31/1/1991; RP, Ac. 12/1/1998; RC, Ac. 23/11/1999; Ac. 12/11/2001; mais recentemente, STJ, Ac. 11/2/2003, CJ/STJ 2003, I, 93-6: "Para se poder falar em concorrência desleal é essencial que sejam idênticas ou afins as actividades económicas prosseguidas por dois ou mais agentes económicos."; Ac. RL 16/1/2007: "Entre duas empresas de ramos completamente diferentes não poderá haver concorrência, pois uma não tirará clientela à outra. Só existe concorrência desleal quando existe concorrência.").

Todavia, em princípio, a proibição da concorrência desleal não será directamente aplicável aos autores, enquanto tais. No acórdão de 20 de Dezembro de 1990 (BMJ 402/1991, 567), o Supremo Tribunal de Justiça julgou que "a concorrência desleal relativamente a obras protegidas pelos direitos de autor só tem lugar na medida em que esteja em causa a sua exploração económica por empresas que desenvolvam actividades económicas concorrentes".

Este acórdão afirma que a concorrência desleal pode ter lugar no sector de actividades relacionadas com direitos de autor, não em abstracto mas antes em concreto, na medida em que esteja em causa a sua exploração económica por empresas concorrentes. De resto, o círculo de concorrência é também um requisito de protecção dos títulos, tendo o Tribunal julgado que "para que um dado título (*Primeira Página*) seja protegido deverá ser não apenas original, mas também confundível, o que se afere apenas ao respeito de obras do mesmo género. Um jornal semanário e um programa de televisão são obras de géneros diferentes" (Ac. STJ 20/12/90, BMJ 402/1991, 567).

Posteriormente, no acórdão de 18 de Novembro de 1997, o STJ excluiu do círculo da concorrência desleal "as profissões intelectuais não encaradas de um ponto de vista económico mas pelo prisma de um alto nível deontológico dos serviços prestados, etc." Isto não significa a exclusão absoluta das actividades relacionadas com os direitos de autor da esfera de relevância da concorrência desleal. Todavia, consideramos que só excepcionalmente se poderá justificar a aplicação do instituto da concorrência desleal aos autores, enquanto tais, sem prejuízo da sujeição das empresas que exploram os direitos de autor e conexos a este regime.

3. Os direitos de autor na ordem jurídica comunitária

3.1. *A integração jurisprudencial dos direitos de autor no Tratado de Roma enquanto propriedade comercial*

O Tratado de Roma não contém nenhuma referência aos direitos de autor. Todavia, arrancando da doutrina do "tratado-quadro" ou "de procedimento" (Reuter), em que os objectivos são formulados e os princípios definidos deixando-se às instituições comunitárias a sua concretização[535], o TJCE enquadrou os direitos de autor e conexos no Tratado, por terem implicações ao nível das regras de funcionamento do mercado comum.

a) A integração jurisprudencial dos direitos de autor no Tratado de Roma

Nos primórdios da jurisprudência comunitária sobre propriedade intelectual "ninguém estava bem seguro de como começar. Primeiro, sustentou-se que o Tribunal não tinha quaisquer competências, porque o art. 222 dizia que todas as questões de propriedade tinham que ser tratadas pela lei nacional. Depois, entendeu-se que as normas de direito da concorrência dos arts. 85 e 86 eram aplicáveis. Não foi senão até aos começos de 1970 que se estabeleceu firmemente que os arts. 30 e 36, relativos à livre circulação de mercadorias, eram aplicáveis"[536] neste domínio.

Os direitos de autor foram então assimilados à "propriedade comercial" (art. 36), enquanto razão justificativa de restrições à liberdade de circulação de mercadorias. Firmou-se então a doutrina do esgotamento comunitário do direito de distribuição.

Além disso, quer o relevo destes direitos em matéria de livre prestação de serviços, quer a sujeição dos seus titulares – incluindo as sociedades de

---

[535] KAPTEYN/THEMAAT 1989, 29.
[536] GROVES/MARTINO/MISKIN/RICHARDS 1996, 5.

gestão – às regras da livre concorrência, estiveram na origem, numa série de casos, da jurisprudência comunitária sobre direitos de autor e conexos, que, por essa via, integrou estes direitos no âmbito do Tratado, enquanto propriedade comercial. Distinguindo entre existência dos direitos e o seu exercício, cabendo a existência à legislação nacional dos Estados-membros, mas podendo o exercício afectar as regras do mercado interno[537], o TJCE integrou os direitos de autor no Tratado:

i. sujeitando o direito de distribuição ao princípio do esgotamento comunitário, ainda que apenas no domínio da venda de cópias materiais e já não no domínio da prestação de serviços (Proc. 78/70, *Deutsche Gramophon/Metro*, Rec. 1971, 487; Proc. 62/79, *Coditel/Ciné-Vog Films*, Rec. 1980, 881; Procs. 55-57/80, *Musikvertrieb Membran//Gema*, Rec. 1981, 147; Proc. 279/80, *Polydor/Harlequim Record Shops*, Rec. 1982, 329; Proc. 262/81, *Coditel/Ciné-Vog Films*, Rec. 1982, 3381; Proc. 156/86, *Warner Brothers and Metronome Video//Christiansen*, Rec. 1988, 2605, Proc. 341/87, *EMI Electrola/Patricia*, Rec. 1989, 79, Proc. 395/87, *Tournier*, Rec. 1989, 2521) – a justificação de restrições à liberdade de prestação de serviços no mercado interno com base nos direitos de propriedade intelectual, sujeita ao teste da proporcionalidade, por aplicação analógica do art. 30, foi estabelecida no domínio dos direitos de autor no caso *Coditel I* (Proc. 62/79, *Coditel/Ciné-Vog Films*, Rec. 1980, 881). O caso *Gouda* sumaria este *case law* (Proc. C-288/89, *Collectieve Antennevoorziening Gouda*, ECR 1991, I-4007, par. 12-4);[538]

ii. qualificando as entidades de gestão como empresas para efeitos de aplicação do art. 81.º (ex 85.º) relativo aos acordos restritivos da concorrência e do art. 82.º (ex 86.º) sobre abuso de posição dominante, não as considerando empresas encarregadas da gestão de serviços de interesse económico geral (Proc. 7/82, *GVL*, Rec. 1983, 483; Proc. 402/85, *Basset/SACEM*, Ac. 9/4/1987, e Procs. 110-241-242/88, *Lucazeau/SACEM*, Ac. 13/7/1989);

iii. entendendo, em pedido de decisão prejudicial, apresentado pelo Tribunal de Segunda Instancia de Paris, sobre a interpretação dos Artigos 30 e 36 do Tratado de Roma, que estas normas devem ser interpretadas no sentido de não obstarem a aplicação de uma legislação nacional que permita a uma sociedade nacional de gestão de direitos de autor perceber, em função da execução publica de suportes de som,

---

[537] KORAH 2004, 217, KEELING 2003, 22-9.
[538] KEELING 2003, 275.

uma receita denominada "direito complementar de reprodução mecanica" que acresce ao direito de representação, mesmo quando um tal direito complementar não se encontre previsto no Estado Membro onde tais suportes de som foram regularmente colocados no mercado (Proc. 270/86, *Sociedade de Autores Compositores e Editores de Música v. J. Cholay*, Ac. 12/12/1990);

iv. submetendo os regimes nacionais de direitos de autor ao princípio da não discriminação em razão da nacionalidade (Procs. C-92 e 326/92, *Phil Collins*, Ac. 20/10/1993) e às exigências da concorrência, em matéria de abuso de posição dominante pela sociedade de radiodifusão em negar informação da programação (Proc. T-114/92, *Benim Tremblay/Comissão*, Proc. T-5/93, *Tremblay/Comissão*, Ac. TPI 24.1.1995; Proc. C-241/91 e C-242/9, *Radio Telefis Eireann (RTE) e Independent Television Publications Ltd. (ITP))*, *Magill*, Ac. 6.4.1995, Col. 1995, I-0743).

b) Princípios da jurisprudência comunitária sobre direitos de autor

Sucintamente, a jurisprudência comunitária estabeleceu os seguintes princípios relativamente aos direitos de propriedade intelectual no direito comunitário[539]:

Para começar, na ausência de harmonização, cabe ao direito nacional determinar as condições e procedimentos de protecção dos direitos de propriedade intelectual, mas dela beneficiam os nacionais de todos os Estados-membros (*Phil Collins,* Procs. C-92 e 326/92). Depois, o Tratado não afecta a existência de direitos de propriedade intelectual protegidos pelo direito nacional (arts. 30 e 295), mas pode limitar o exercício desses direitos (princípio do esgotamento nos direitos de autor – *Deutsche Grammophon v Metro*, Proc. 78/70, ECR 1971, 487 – tal como antes estabelecido para outros domínios da propriedade intelectual – *Consten and Grundig*, Proc. 56 e 58/64, ECR 1966, 299), na medida em que não eclipse o núcleo do direito.

No acórdão de 6 de Abril de 1995 (Proc. C-241/91 e C-242/9, *Radio Telefis Eireann (RTE) e Independent Television Publications Ltd. (ITP,* Col. 1995, I-0743), o TJCE concluiu que "existe uma posição dominante, na acepção do artigo 86. do Tratado, de sociedades de teledifusão quando, através do monopólio de facto de que aquelas dispõem sobre as informações relativas às suas listas de programas, captados pela maior parte das famílias

---

[539] Id. ibid., 29-30, 46-79, 263-291.

num Estado-Membro e uma parte substancial das famílias na parte vizinha de um outro Estado-Membro, dispõem do poder de criar entraves à existência de uma concorrência efectiva no mercado das publicações semanais de televisão nas regiões em causa." Mais acrescentou que "o comportamento de uma empresa em posição dominante que se insere no exercício de um direito qualificado de «direito de autor» pelo direito nacional não fica só por este facto subtraído a qualquer apreciação à luz do artigo 86.º do Tratado." Comenta-se esta decisão (*Magill*) no sentido de o *copyright* britânico, irlandês e holandês sobre listas de programação televisiva ter sido "destruído" pela jurisprudência do TJCE, embora se conclua que se os Estados-membros fossem livres de criar direitos exclusivos, caracterizados no direito nacional como direitos de propriedade intelectual, nas condições que considerassem adequadas, tal significaria permitir-lhes erigir barreiras ao comércio inter-estadual para as quais poderá não existir justificação objectiva.[540]

Por outro lado, o art. 30 protege o exercício legítimo de direitos de propriedade intelectual, mas não protege o uso impróprio, salvaguardando apenas os direitos que constituem o objecto específico (essência e função) de um direito de propriedade intelectual (*Deutsche Grammophon v Metro*), que consiste em colocar os produtos no mercado pela primeira vez, directamente ou através da concessão de licenças, e de se opor às infracções, e desse modo recompensar o esforço criativo ou a reputação de uma marca (*Centrafarm v Sterling Drug; Centrafarm v Winthrop*). Não obstante, considera-se que a noção de objecto específico serve para tudo o que tribunal decida, sendo por isso considerado um "unsuitable criterion" (Beier) e propondo-se em alternativa a noção de exercício abusivo de direito (*EMI Electrola v Patricia Im-und Export*, Proc. 341/87, ECR 1989, 79, par. 8), o que todavia é apontado como um possível resultado de análise, mas não como critério, sob pena de raciocínio circular.[541]

Além disso, sempre que o titular de um direito de propriedade intelectual consente que produtos sejam colocados no mercado em qualquer lugar da Comunidade, esgota os seus direitos em relação a esses produtos (*Deutsche Grammophon v Metro*); isto vale também para produtos colocados no

---

[540] Id. ibid., 56, 30.

[541] Id. ibid., 73 ("there is a strong case for abandoning the existence/exercise dichotomy and the specific subject-matter test on the grounds that they are vague in their conception and arbitrary in their results. There would, however, be little point in dropping those concepts from the Court's vocabulary if they were to be replaced by nothing more than a statement of the obvious. There is clearly a pressing need for new thinking in this field." – 74)

mercado com limites legais de *royalties* (*Musik Vertrieb Membran v. GEMA*, Proc. 55 e 57/80, ECR 1981, 147). O esgotamento é nacional e comunitário, mas já não internacional (*Silhouette International v. Hartlauer*, Proc. n.º C--355/96, por analogia)[542], tal como seria estabelecido pela jurisprudência comunitária no caso *Laserdisken* de 12 de Setembro de 2006.

Finalmente, a proibição de discriminação com base na nacionalidade aplica-se às regras sobre existência e exercício de direitos de propriedade intelectual (*Phill Collins*).[543]

No acórdão de 20 de Outubro de 1993, proferido nos processos juntos C-92/92 e C-326/92 (*Phill Collins et al. vs. EMI Electrola*), Col. 1993, I-5145, o TJCE, chamado a pronunciar-se em pedidos de decisão prejudicial, feitos por dois tribunais alemães, sobre a interpretação do Artigo 7 do Tratado CEE e da compatibilização do princípio da igualdade de tratamento com aspectos discriminatórios do direito de autor alemão, decidiu que o direito de autor e os direitos conexos incluem-se no âmbito de aplicação do Tratado, na acepção do Artigo 7, primeiro parágrafo, e que o princípio geral de não discriminação estabelecido por este artigo é, assim, aplicável a esses direitos. Além disso, o Tribunal de Justiça acrescentou que o princípio da não discriminação, tal como enunciado no referido preceito do Tratado CEE, "deve ser interpretado no sentido de que se opõe a que a legislação de um Estado membro exclua os autores e ou artistas intérpretes ou executantes dos outros Estados membros, e os seus sucessores, do direito reconhecido por essa mesma legislação aos cidadãos nacionais, de proibir a comercialização, no território nacional, de um fonograma fabricado sem o seu consentimento, quando a prestação tenha sido executada fora do território nacional". Isto significa que o princípio da não discriminação acaba por gerar um resultado idêntico ao princípio do tratamento nacional da Convenção de Berna. Além disso, o TJCE acrescentou ainda a aplicabilidade directa do princípio da não discriminação, concluindo que "o artigo 7, primeiro parágrafo, do Tratado deve ser interpretado no sentido de que o princípio de não discriminação que ele estabelece pode ser directamente invocado perante o tribunal nacional por um autor ou artista de outro Estado membro, ou pelos seus sucessores, para solicitar o benefício da protecção atribuída aos autores e artistas nacionais."

---

[542] Id. ibid., 78-82.
[543] Id. ibid., 46-8.

3.2. *O acervo comunitário dos direitos de autor e o princípio do elevado nível de protecção da propriedade intelectual*

Uma vez integrados no Tratado, logo se estabeleceu um programa de harmonização dos direitos de autor e conexos. No Livro Branco sobre a realização do mercado interno, a Comissão considerou a adopção de medidas de harmonização comunitária neste domínio como um instrumento importante para a realização do mercado único[544], tendo por base um estudo realizado por Adolft Dietz (1978).

Enquanto vários Estados-membros acabavam de adoptar novas leis dos direitos de autor (e.g. França, Portugal, Espanha, Inglaterra), a Comissão estabelecia no histórico Livro Verde sobre os direitos de autor e o desafio da tecnologia um plano de acção (COM(88) 172 final) e a sua intervenção neste domínio tornou-se "frenética", ao ponto de Bruxelas ter sido já acusada de *dirigisme*[545] – senão mesmo de *incontinência*.[546]

Com efeito, em pouco mais de uma década foram adoptadas directivas sobre programas de computador (91/250), direitos de aluguer e comodato e certos direitos conexos (92/100), satélite e cabo (93/83), duração da protecção (93/98), bases de dados (96/6), direitos de autor e conexos na sociedade da informação (2001/29), direito de sequência (2001/84), e medidas de protecção da propriedade intelectual (2004/48). As directivas 92/100 e 93/98 foram entretanto revogadas e substituídas pelas directivas 115/2006 e 116/2006, respectivamente, ambas de 12 de Dezembro de 2006.

Além disso, a propriedade intelectual, em virtude do seu valor económico ou mercantil, tem sido um campo privilegiado de intervenção do direito comunitário. Para além das directivas sobre direitos de autor é extensa a lista de instrumentos comunitários em matéria de propriedade industrial, tais como, por ex., as directivas sobre protecção de topografias de produtos semicondutores (87/54), marcas (89/104), invenções biotecnológicas (98/44), desenhos e modelos (98/71) e, por outro lado, os regulamentos sobre marca comunitária (40/94), desenhos ou modelos comunitários (6/2002), indicações geográficas e denominações de origem dos produtos agrícolas e dos géneros alimentícios (2081/92, com alterações), variedades vegetais (2100/94), criação de um certificado complementar de protecção

---

[544] COM(85) 310 final, 38.
[545] CORNISH/LLEWELYN 2003, 356.
[546] CALVÃO DA SILVA 2007a, 98 (criticando as repetições e sobreposições entre as directivas 97/7 e 2002/65, "*num tempo em que a legislação está a 'precisar de férias', tamanha é a diarreia.*").

para os produtos fitofarmacêuticos (1768/92), indicações geográficas e denominações de origem de produtos agrícolas e géneros alimentícios (510//2006).

Por outro lado, a protecção da propriedade intelectual, em especial o direito de marcas, é reforçada pelo crescente acervo comunitário no domínio da concorrência desleal, com especial destaque para o regime das práticas comerciais desleais estabelecido pela Directiva 2005/29 (agora transposta pelo DL 57/2008, 26/3), que integra uma série de outros actos de legislação comunitária, nomeadamente a directiva sobre publicidade enganosa e comparativa (directiva 84/450, alterada pela directiva 97/55, e substituída pela directiva 114/2006, de 12 de Dezembro de 2006).

O grau de harmonização comunitária já alcançado suscita até a questão de saber se os termos não estarão já invertidos, no sentido de a regulação da propriedade intelectual pelos Estados-membros ser cada vez mais subsidiária em relação à intervenção do direito comunitário.[547] A propósito da Directiva 2001/29 diz-se mesmo que vai "tornar toda esta matéria competência comunitária, calando praticamente a voz dos países em futuras conferências internacionais."[548]

De resto, apela-se já à reflexão sobre a eventual elaboração de um código europeu da propriedade intelectual.[549] Entende-se, aliás, que a única solução para eliminar todas as barreiras ao livre comércio no mercado interno seria substituir os direitos de propriedade intelectual nacionais por direitos unitários, válidos em toda a Comunidade, o que todavia se considera utópico.[550]

Não obstante, para além de as directivas consagrarem princípios básicos que permitiriam uma *ébauche* do direito de autor comunitário[551], o grau de harmonização introduzido pela Directiva 2001/29 é apontado como um primeiro passo no sentido, inclusivamente, de um eventual código europeu dos direitos de autor.[552]

---

[547] BENABOU 1997, 514 ("La Communauté a peu à peu acquis, au prix d'une lutte âpre contre ses Etats membres et contre les organisations internationales, une compétence internationale dans le domaine du droit d'auteur.").

[548] OLIVEIRA ASCENSÃO 2006b, 168.

[549] JÄNICH 2002, 377-8 ("Ähnlich wie in Zivilrecht, wo Arbeiten an einem *European Civil Code* aufgenommen worden sind, sollten nun auch Überlegungen zu einem *European Intellectual Property Code* beginnen.").

[550] KEELING 2003, 19, 27.

[551] BENABOU 1997, 520 («Malgré quelques incertitudes, les principes communs dégagés par les directives contribuent à mettre en place une ébauche de droit d'auteur communautaire.»).

[552] TRITTON 2002, 364.

3.3. Compressão do princípio da territorialidade

Seja como for, importa reconhecer que, no domino da propriedade intelectual, o princípio da territorialidade, tal como tradicionalmente caracterizado, tem sofrido uma compressão significativa por força da intervenção do direito comunitário, que todavia o reassalva: "O princípio da territorialidade (...) reconhecido pelo direito internacional convencional também é admitido pelo Tratado CEE. O artigo 36.º, ao admitir certas restrições à importação baseadas em razões de protecção da propriedade intelectual, pressupõe com efeito que é a legislação do Estado importador que se aplica aos actos relativos ao produto importado praticados no território deste Estado" (TJCE, Ac. 22/6/1994, Proc. C-9/93, IHT *Internationale Heiztechnik*, Col. 1994, I-2789).

Não obstante, a crescente harmonização comunitária dos regimes da propriedade intelectual implica uma "compressão" do princípio da territorialidade, tanto mais quanto se considerar que na configuração dos direitos de propriedade intelectual pelo direito comunitário é necessário atender não apenas aos actos legislativos (regulamentos e directivas), mas também à jurisprudência comunitária – e.g. interpretando o conteúdo de protecção definido pela directiva 89/104 sobre marcas, nomeadamente quanto a limites ao esgotamento do direito de distribuição (Ac. de 4/11/1997, Proc. C-337/95, *Christian Dior;* Proc. n.º C-335/96, *Silhouette v. Hartlauer*; Ac. 23/2/1999, Proc. n.º C-63/97, *BMW*) e protecção de marca de prestígio (Ac. 22/6/1994, Proc. C-9/93, IHT *Internationale Heiztechnik*, Col. 1994, I-2789, Ac. 14/9//1999, Proc. C-375/97, *General Motors*), publicidade comparativa (Ac. 8/4//2003, Proc. C-44/01, *Pippig Augenoptik,* Col. 2003, I-03095; Ac. 25/10//2001, Proc. C-122/99, *Toshiba Europe*), capacidade distintiva de sinais constitutivos da marca (Ac. 14/10/2001, Proc. C-517/99, *Merz*) ou condições de consentimento implícito de distribuição para efeitos de esgotamento do direito (Ac. 20/11/2001, Proc. C-414/99 a C-416/99, *Zino Davidoff, Levi Strauss, Tesco Stores, Costco Wholesale*).

Por exemplo, no acórdão de 14 de Setembro de 1999 (Proc. C-375/97, *General Motors*), o TJ decidiu, relativamente à marca que goza de prestígio, que o "artigo 5.º, n.º 2, da Primeira Directiva 89/104/CEE (...) deve ser interpretado no sentido de que, para beneficiar de uma protecção alargada a produtos ou serviços não semelhantes, uma marca registada deve ser conhecida de uma parte significativa do público interessado pelos produtos ou serviços por ela abrangidos". Na mesma linha jurisprudencial sobre a protecção das marcas pela Directiva 89/104 (arts. 5.º e 7.º), acolhendo a "teoria da diluição da marca" (v. na jurisprudência interna Ac. RL 8/2/

/2001), o TJ estabeleceu no acórdão de 4 de Novembro de 1997, que o esgotamento do direito de distribuição, incluindo a sua utilização publicitária, não ocorre quando, "tendo em consideração as circunstâncias específicas de cada caso, o uso da marca na publicidade do revendedor afecta seriamente a reputação da marca" (Proc. C-337/95, *Christian Dior*). Em termos semelhantes, no caso BMW (Ac. 23/2/1999, Proc. n.º C-63/97, Col. I-905) o tribunal entendeu que o titular do direito da marca pode proibir a sua utilização "quando esta seja utilizada de um modo tal que possa dar a impressão de que existe uma relação comercial entre a empresa terceira e o titular da marca, e nomeadamente que a empresa do revendedor pertence à rede de distribuição do titular da marca ou de que existe uma relação especial entre as duas empresas". Ainda em matéria de utilização de marcas de terceiros no âmbito da publicidade comparativa, o TJ pronunciou-se pela sua licitude segundo o direito comunitário (Ac. 8/4/2003, Proc. C-44/01, *Pippig Augenoptik,* CoJ 2003, I-03095; Ac. 25/10/2001, Proc. C-122/99, *Toshiba Europe*). Ver também, por exemplo, o acórdão de 22 de Junho de 1994 (Proc. C-9/93, IHT *Internationale Heiztechnik,* CoJ 1994, I-2789), no qual o TJCE estabeleceu que "o direito de proibição que decorre de uma marca visa proteger o seu titular contra manobras de terceiros que, criando um risco de confusão no espírito dos consumidores, procurem tirar partido da reputação ligada àquela marca. Não abrange apenas os produtos para os quais a marca foi adquirida, mas também produtos diferentes daqueles, desde que os produtos em causa apresentem um nexo suficientemente estreito para que, no espírito dos utilizadores que neles vêem aposto o mesmo sinal, se imponha a conclusão de que os produtos são provenientes da mesma empresa." Todavia, no caso *Sabel v. Puma* (ac. 11/11/1997, Col. 1997, I-6214), o tribunal entendeu que o risco de confusão não pode resultar apenas da semelhança de conteúdo semântico dos signos, tendo decidido que o "risco de confusão que compreende o risco de associação com a marca anterior constante do art. 4.º, n.º 1, alínea b) da directiva 80/1004, deve ser interpretado no sentido de que a mera associação entre duas marcas que o público pode fazer pela concordância do seu conteúdo semântico, não basta, por si, para concluir pelo risco de confusão na acepção do referido preceito." Ainda em matéria de marcas, ver nomeadamente os acórdãos sobre capacidade distintiva de sinais constitutivos da marca (14/10/2001, Proc. C-517/99, *Merz*) e sobre as condições de consentimento implícito de distribuição para efeitos de esgotamento do direito (20/11/2001, Proc. C-414/99 a C-416/99, *Zino Davidoff, Levi Strauss, Tesco Stores, Costco Wholesale*).

Isto mostra bem a importância da jurisprudência comunitária ao nível da configuração da existência e conteúdo dos direitos de propriedade intelectual abrangidos pelas disposições comunitárias.[553] Em especial, os limites impostos pela jurisprudência comunitária ao esgotamento do direito de distribuição no domínio das marcas levam até a que se caracterize a expressão "esgotamento" como uma "figura de estilo".[554]

O impacto do fenómeno faz-se sentir, com especial acuidade, no domínio do direito internacional privado, afirmando-se que o outrora "venerado" princípio da territorialidade do direito da propriedade imaterial estaria a ser "minado" pela protecção transnacional com base nas Convenções de Bruxelas e de Lugano e agora no Regulamento 44/2001, com ou sem apoio no direito internacional privado[555] – podendo "antecipar-se a existência a breve prazo de um direito processual civil internacional da Comunidade e da União Europeia"[556].

a) O princípio do país de origem no comércio electrónico

A directiva sobre comércio electrónico (2000/31) subordina a prestação de serviços da sociedade da informação ao princípio geral do controlo no país de origem. Este princípio tem uma vertente positiva e uma dimensão negativa: por um lado, cada Estado-Membro fica obrigado a controlar o cumprimento, pelos prestadores estabelecidos no seu território, das suas disposições nacionais que se integram no domínio coordenado; por outro lado, os Estados-membros ficam proibidos de restringir a livre circulação dos serviços da sociedade da informação provenientes de outro Estado-Membro, por razões que relevem do domínio coordenado (art. 3.º, 1 e 2).

Ora, os direitos de autor e conexos integram o domínio coordenado. Trata-se de um campo de eleição dos serviços da sociedade da informação, em especial do comércio electrónico directo, em virtude da natureza incorpórea dos objectos destes direitos (e.g. textos, música, filmes, programas de computador, bases dados, jogos electrónicos). Com efeito, muitos dos conteúdos que circulam nas redes de comunicações electrónicas são protegidos por direitos de autor e conexos, constituindo por isso um domínio de grande importância da "nova economia".

---

[553] *Vide* NOGUEIRA SERENS 2007b, 219-231.
[554] SOUSA E SILVA 2003, 229.
[555] LIPSTEIN 2005, 609.
[556] MOURA RAMOS 2007, 1071.

b) O "livre trânsito" dos serviços da sociedade da informação no mercado interno

Apesar da sua importância no comércio electrónico, os direitos de autor e outros tipos de propriedade intelectual são excluídos do princípio do país de origem (art. 3.º, 3, e Anexo). Isto significa que os Estados-membros podem (e devem) controlar o respeito por esses direitos não apenas na origem (Estado de estabelecimento do prestador de serviços), mas também no destino (Estado de recepção ou destinação do serviço).

Neste domínio, cada Estado-membro pode controlar o respeito por esses direitos no seu território de acordo com o nível de protecção definido pela respectiva legislação nacional. Numa palavra, o princípio da territorialidade, no sentido de que a existência, conteúdo e limites dos direitos são definidos pela ordem jurídica de cada Estado-Membro[557], prevalece sobre o princípio do país de origem ao nível da prestação de serviços da sociedade da informação no mercado interno que envolvam a utilização de direitos de propriedade intelectual.

Todavia, o processo de alargamento e de aprofundamento da harmonização comunitária no domínio dos direitos de autor e conexos, sem deitar por terra o princípio da territorialidade, imprimiu a estes direitos um núcleo comum mínimo, que deverá ser integrado na ordem jurídica interna dos Estados-membros. Esse núcleo comum de protecção impede os Estados--membros de moldarem livremente as suas legislações nacionais de direitos de autor e conexos, nomeadamente em matéria de objecto (e.g. programas de computador), limites do exclusivo (e.g. reprodução para uso privado e outras utilizações livres), prazo de duração (elevado aos 70 anos *post mortem auctoris*), e obriga-os a consagrarem novos direitos (e.g. direito *sui generis* do fabricante de bases de dados).

Apesar de não sujeitar os direitos de autor ao princípio do país de origem, a Directiva 2000/31 estabeleceu um espaço de "livre trânsito" no mercado interno dos serviços da sociedade da informação, que se analisa no regime de responsabilidade dos prestadores intermediários de serviços (arts. 12.º a 15.º). Este regime impede os Estados-membros de colocarem obstáculos legais à livre circulação de conteúdos protegidos relativamente aos serviços de simples transporte, armazenagem temporária e em servidor que obedeçam a certas condições, sem prejuízo de medidas judiciais ou administrativas destinadas a pôr termo a infracções cometidas pelos utilizadores dos serviços.

---

[557] WANDTKE/BULLINGER/*WANDTKE* 2006, 33-4 (com referência à decisão *Bob Dylan* do BverfG, 1990).

O regime de responsabilidade dos prestadores intermediários de serviços é retomado pela Directiva 2001/29 sobre direitos de autor na sociedade da informação (ou seja, na Internet[558]), no sentido de excluir, pelo menos no domínio dos direitos de autor, a responsabilidade por "actos que possibilitam a navegação («browsing»)" (cons. 33), ou seja, nomeadamente, prestação de hiperligações e instrumentos de localização de informação.

As regras sobre a responsabilidade dos prestadores intermediários de serviços da sociedade da informação comprimem, de algum modo, o princípio da territorialidade, já que a definição do conteúdo e extensão dos direitos de autor não fica na disponibilidade da legislação nacional de cada Estado-Membro. Também aqui o direito comunitário intervém positiva e negativamente, no sentido de impor padrões mínimos de exclusivo e de liberdade. Em termos tais que, se as directivas tivessem efeito directo horizontal, poderia falar-se na "deturpação ou mesmo abolição do princípio da territorialidade dos direitos intelectuais"[559].

E, com efeito, o direito comunitário de autor na sociedade da informação levou já a um grau significativo de compressão do princípio da territorialidade, tendo em conta que "a vocação ultraterritorial da nova economia ultrapassa claramente os quadros dos direitos territoriais codificados, os confins naturais dos códigos (...) anunciando a república mercantil universal (Adam Smith)."[560] Nesta ordem de ideias, pergunta-se até se o caminho não é o do direito de autor europeu, cujas questões centrais (*Kernfragen*) estariam já resolvidas pela Directiva 2001/29.[561]

Disto dá conta o preâmbulo da Lei espanhola 23/2006, de 7 de Julho, que modifica o texto refundido da Lei de Propriedade Intelectual, aprovado pelo Decreto Real Legislativo 1/1996, de 12 de Abril, para transpor a Directiva 2001/29: as "oito directivas comunitárias conformam um processo, todavia em curso, de formação de um direito europeu da propriedade intelectual." O processo tinha sido já anunciado, entendendo-se que a harmonização por via de um Regulamento permitiria falar, com toda a propriedade, de um direito de autor europeu.[562] Não obstante, a Directiva 2001/29 é apontada como um passo significativo no sentido de uma codificação europeia dos direitos de autor.[563]

---

[558] HUGENHOLTZ 2000a, 499 ("in Eurocrat vernacular 'information society' means the Internet.").

[559] OLIVEIRA ASCENSÃO 2001b, 24; tb. VICTORIA ROCHA 1996, 180-1.

[560] REIS MARQUES 2006, 91.

[561] BOEHME-NEBLER 2001, 226 ("Auf dem Weg zu einem europäischen Urheberrecht?").

[562] GÓMEZ SEGADE 2001b, 940.

[563] JEHORAM 2001, 387 (a directiva "ammounts to a European copyright codification."); tb. Tritton 2002, 364.

3.4. Um Código da Propriedade Intelectual para a Europa?

O Tratado que estabelece uma Constituição para a Europa (TCE) prevê (*rectius*, previa[564]) a protecção da propriedade intelectual no n.º 2 do Artigo II-77.º, relativo ao direito de propriedade consagrado na Carta dos Direitos Fundamentais da União (Parte II), consagrando a propriedade como base da liberdade.[565]

Este preceito poderia ser entendido não como uma norma meramente "reflexiva" que se limita a consagrar uma tradição constitucional comum aos EM[566], mas antes enquanto preceito constitucional "dirigente" no sentido de abrir a implementação de um programa normalizador comum, como se a constituição fosse o "código-fonte" do sistema. Seria isto um sinal de que "a nível europeu... parecem reencontrar argumentos as teses do "direito forte" através de uma programática constitucional dirigente".[567] No fundo, o processo seria semelhante à experiência norte-americana, em que o regime legal do *copyright* evoluiu no sentido da "federalização".

a) O problema da base legal

À primeira vista, o referido preceito do TCE poderia servir de base legal a um Código da Propriedade Intelectual para a Europa (CPIE). Todavia, o Artigo II-111.º do TCE delimita(va) o âmbito de aplicação da Carta, no sentido de se dirigir às instâncias da União e aos Estados-membros apenas quando apliquem o direito da União, de acordo com as respectivas competências e observando os limites das competências atribuídas à União pela Constituição (n.º 1). Pela negativa, dispõe o n.º 2 do referido preceito que a "Carta não torna o âmbito de aplicação do direito da União extensivo a competências que não sejam as da União, não cria quaisquer novas atribuições ou competências para a União, nem modifica as atribuições e competências definidas por outras partes da Constituição."

Isto significa que o Art. II-77.º, 2, não atribuiria à União competência para elaborar um CPIE, o que não impede que essa base legal pudesse ser prevista "por outras partes da Constituição". Todavia, supondo que essa base legal existe, a elaboração de um CPIE (ou de qualquer acto de harmonização no domínio da propriedade intelectual) deveria ter em conta que a

---

[564] O TCE foi entretanto abandonado e substituído pelo Tratado de Lisboa.
[565] LEISNER, 3.
[566] WANDTKE/BULLINGER/*WANDTKE* 2006, 18 (c/ ref. à jurisprudência do Tribunal Constitucional Federal – *BverfG*).
[567] GOMES CANOTILHO 2004b, 22.

propriedade intelectual é protegida como parte integrante do direito propriedade. Nessa medida, a propriedade intelectual seria regulada em termos semelhantes ao direito de propriedade (Art. II-77.º, 1), atendendo ao regime geral dos direitos fundamentais da União previstos na Carta, tal como é, aliás, jurisprudência constante do TJCE face ao art. 295.º do Tratado (caso *Hauer v Land Rheinland-Pfalz*, Proc. 44/79, ECR 1979, 3727).

Só que, os direitos reconhecidos pela Carta que se regem por disposições constantes de outras partes da Constituição são exercidos de acordo com as condições e limites nelas definidos, nos termos do n.º 2 do Art. II-112.º. Ora, a protecção da propriedade industrial e comercial era prevista como justificação de proibições ou restrições à livre circulação de mercadorias no Art. III-154.º.

A propriedade intelectual prevista no Art. II-112.º, 2, corresponderia à propriedade industrial e comercial referida no Art. III-154.º, apesar de o TCE não definir a propriedade intelectual.

Da análise dos referidos preceitos do TCE parecia resultar que a previsão da protecção da propriedade intelectual no preceito relativo ao direito de propriedade não atribuiria qualquer competência à União para elaborar um CPIE, embora impusesse à União e aos Estados-membros uma obrigação de protegerem a propriedade intelectual.

Todavia, quanto aos termos dessa protecção, cada Estado-Membro seria livre de determinar as suas condições e limites, em termos de justificarem proibições ou restrições à liberdade de circulação de mercadorias, na medida em que não constituam discriminação arbitrária nem uma restrição dissimulada ao comércio entre os Estados-membros (Art. III-154.º, *in fine*). A natureza fundamental da propriedade intelectual implica o cumprimento de requisitos de protecção (e.g. originalidade)[568] e não justifica o eclipse de outros direitos fundamentais (e.g. liberdade de informação), antes pelo contrário é por eles limitada em termos de concordância prática.[569]

Assim, a protecção da propriedade intelectual prevista no TCE não poderia servir de base a um CPIE, já que a propriedade intelectual estaria ainda fundamentalmente na esfera de disponibilidade de cada Estado-Membro, segundo o princípio da territorialidade. Do TCE resultaria apenas a obrigação de a União e os Estados-membros protegerem a propriedade intelectual. As condições dessa protecção seriam definidas pelos Estados--membros e/ou pela União nos termos das competências atribuídas, res-

---

[568] KEELING 2003, 57 ("Fundamental rights should not be used as a means of defending the indefensible.").
[569] UBERTAZZI 2006, 74.

salvando-se todavia a possibilidade de os Estados-membros adoptarem medidas de protecção da propriedade intelectual proibitivas ou restritivas do comércio entre os Estados-membros nas referidas condições.

De todo o modo, esta cláusula de salvaguarda impediria a adopção pela União de um Código da Propriedade Intelectual para a Europa.

b)   Sentido e limites de uma codificação europeia dos direitos de autor

Todavia, a referida solução não é definitiva. Para começar, os Estados-membros só podem adoptar as referidas medidas proibitivas ou restritivas do comércio entre os Estados-membros por razões de protecção da propriedade intelectual em domínios não harmonizados pelo direito comunitário com vista à criação do mercado interno. Tratando-se de matérias já harmonizadas, os Estados-membros não poderiam adoptar medidas mais restritivas, salvo nos termos das «válvulas de escape» previstas no n.º 4 e seguintes e no n.º 10 do Art. III-172.º.

i.   O nivelamento "por cima"

Ora, com vista à realização do mercado interno e na medida do necessário e proporcional a esse objectivo, a União tem adoptado diversas medidas de protecção da propriedade intelectual para eliminar os obstáculos que restrinjam o comércio entre os Estados-membros. No domínio dos direitos de autor, o processo de harmonização comunitária não mais parou depois da integração jurisprudencial dos direitos de autor no Tratado de Roma como propriedade comercial.

Uma das marcas de contraste é o facto de a harmonização comunitária da propriedade intelectual se nivelar "por cima", i.e. quando existe uma disparidade de legislações entre os EM que afecta negativamente o mercado interno, a tendência é para impor a todos os EM o nível mais elevado de protecção praticado num dos EM. Pense-se, nomeadamente, na harmonização da duração de protecção: ao invés da redução do prazo de 50 anos *p.m.a.* propugnada por vários autores[570], procedeu-se à sua harmonização segundo o prazo mais elevado, i.e. segundo a regra geral dos 70 p.m.a., que tem sido objecto de muitas críticas[571], considerando-se que é um aumento "estranho", já que o valor económico da obra se esgota nos primeiros meses

---

[570] OLIVEIRA ASCENSÃO 1992, 334 ("os prazos estão já muito empolados").
[571] E.g. LADDIE 1996, 253.

ou anos da sua exploração.[572] De resto, o alargamento do prazo de protecção não teria qualquer justificação enquanto instrumento de promoção da criação, já que os autores não criariam "com vista a enriquecer os seus netos".[573] Chega-se mesmo a considerar que o alargamento do prazo de protecção em relação às meras bagatelas (*kleine Münze*) constitui uma violação da justiça da informação.[574]

ii. Breve reflexão sobre um CPIE

Seja como for, tendo em conta o nível de harmonização já alcançado – à semelhança do que sucede em outros domínios, em especial no direito civil, em que se deve já ao acervo comunitário boa parte da actual "europeização" do direito privado[575] –, temos dúvidas de que a base legal seja insuficiente ao ponto de impedir um CPIE.

Supondo que não o é, será necessário indagar, todavia, as condições de possibilidade de uma codificação europeia da propriedade intelectual segundo uma perspectiva que não arranque de qualquer *a priori* absoluto que categoricamente recuse ou aceite a possibilidade dessa codificação. A perspectiva adoptada é antes a de que, em última análise, será tão legítima a resposta que negue essa possibilidade, salvo se verificadas certas condições, como a resposta que a aceite, na medida em que tais condições estejam reunidas. Numa palavra, consideramos que a elaboração de um CPIE é um problema em aberto, cuja resposta, positiva ou negativa, radica nas suas condições de possibilidade.

As condições de possibilidade de elaboração de um CPIE são de natureza diversa, desde logo económica, política e cultural. Seria um exercício puramente especulativo conceber um CPIE que não satisfizesse os interesses económicos, ou que não tivesse apoio na vontade do poder político, ou ainda que não correspondesse minimamente aos valores culturais da Europa, sendo estes os três "elementos materiais irredutíveis constitutivos da

---

[572] TRITTON 2002, 351 ("it is odd to award long monopolies (even qualified ones) to copyright works when such works are generally exploited to the full extent of their economic value in the first few months or years of their term.").

[573] KEELING 2003, 266.

[574] HOEREN 2006, 26 ("it was a violation of informational justice to grant a 70 years p.m.a. protection for the 'kleine Münze' – even for software, photos and databases.").

[575] SINDE MONTEIRO 2002, 291s. Todavia, as regras estabelecidas pela Directiva 2000/31 relativamente a certos aspectos dos contratos electrónicos não terão gerado uma harmonização substancial: MURRAY 2005, 82 ("Any attempt to unite Europe to a single vision of e-contracting was abandoned."); sobre a via electrónica da negociação, c/ ref. DIAS PEREIRA 2008.

sociedade."[576] A julgar pelo acervo comunitário da propriedade intelectual, podemos presumir que um CPIE não seria inviável para os interesses económicos nem indesejável para o poder político. Além disso, uma codificação europeia da propriedade intelectual não seria de todo ofensiva das tradições culturais da Europa, embora pudesse gerar alguma resistência por parte dos que se opõem à ideia de codificação enquanto tal.[577] Seja como for, não vislumbramos nenhum *a priori* económico, político ou cultural que, isoladamente ou em conjunto, impeça a elaboração de um CPIE, enquanto regulação unitária deste ramo do direito, contendo a sua disciplina fundamental de modo sistemático e científico.[578]

Dizer isto não significa recusar em absoluto a possibilidade de as ciências da economia, da política ou da cultura mostrarem o contrário. Mas, mesmo que o façam, podemos ainda perguntar se será suficiente o não *nihil obstat* de uma dessas ciências, ou, pelo contrário, se esse impedimento terá que ser comum a todas ou pelo menos à sua maioria. Mas, seria ainda necessário determinar o valor da abstenção, para apurar o resultado em situações de empate. Está em causa o problema da autonomia do direito no quadro das ciências sociais. Mas, no fundo, já estamos a colocar a questão em termos jurídicos, no sentido de saber qual é a regra que vale ou deve valer para a relação entre o direito e as outras ciências sociais. O que remete para um problema de hierarquia e, por consequência, de valor, i.e. peso, conta e medida.

Talvez por isso não seja de todo incorrecto o método que contorna aquelas questões prévias, entrando logo no problema especificamente jurídico. Pressupõe-se a autonomia, pelo menos científica, do direito e limita-se a competência discursiva aos tópicos em discussão segundo os procedimentos de análise especificamente jurídicos. Se não podemos olhar para as outras ciências senão com os «olhos de jurista», então pouca valia terá esse olhar, pois só veremos aquilo que os nossos olhos deixarem ver, embora já vejamos alguma coisa. É este, no fundo, o entendimento subjacente ao enunciado metodológico tradicional, que além do mais se poderá louvar no respeito pela autonomia de cada ramo científico.

---

[576] BRONZE 2006a, 226s (afirmando o direito como "o plasma (como a 'obra modelada') resultante da noeticamente mediatizada e noematicamente deveniente intersecção de todas" as "irredutíveis dimensões materialmente constitutivas da sociedade" – 232).

[577] Sobre a codificação na Europa, A. PINTO MONTEIRO 1992, 1s, REIS MARQUES 2003; v.tb. sobre a codificação no horizonte jurídico luso-brasileiro, SANTOS JUSTO 2003, 1s.

[578] SANTOS JUSTO 2006, 261 (acolhendo a definição de código de GALVÃO TELES, enquanto organização sintética, sistemática e científica, estabelecida por via legislativa, de certo ramo do direito).

Não obstante, dizer que não existem impedimentos absolutos de natureza económica, política e/ou cultural à elaboração de um CPIE tem o mérito de situar o problema no contexto histórico da sociedade, ressalvando-o de cair no plano puramente especulativo. Além disso, reconhece-se, com humildade, que poderão existir esses impedimentos e que a sua conjugação ditará uma resposta negativa ao problema, convertendo-o num não problema. Isto é, se os interesses económicos, o poder político e os valores culturais negarem a possibilidade de um CPIE, então a sua elaboração não poderá depender de condições especificamente jurídicas, já que não há direito que valha contra a sociedade – embora também não exista sociedade sem direito (*ubi societas, ibi ius*), além de que o direito pode e tem um papel transformador da sociedade.

Situação diferente é afirmar-se que as condições económicas, políticas e culturais não se opõem a um CPIE. Este *nihil obstat* é uma condição de possibilidade de elaboração de um CPIE, embora não seja condição bastante. Todavia, é quanto basta para abrir o caminho ao tratamento do problema, enquanto problema jurídico com importância prática e não apenas teórica.

Isto não significa que não haja lugar no direito para problemas puramente teóricos, no sentido de problemas que abstraem dos condicionalismos históricos e sociais. Simplificando, não negamos a importância de uma metafísica do direito, para a qual "o soberano bem, praticamente, só é possível sob o pressuposto da imortalidade da alma".[579] Por exemplo, esta questão não é de todo estranha ao direito, com especial relevo na propriedade intelectual. Basta pensar que "os direitos de personalidade gozam igualmente de protecção depois da morte do respectivo titular", tal como dispõe o art. 71.º do Código Civil, e que o direito moral de autor é imprescritível e se perpetua, nos termos do art. 56.º, 2, do Código do Direito de Autor. Ora, se a imortalidade da alma não fosse uma questão juridicamente relevante, como justificar estas normas legais? Com base na dignidade humana? Mas a dignidade humana não começa por ser uma questão metafísica no sentido de transcender o *hic et nunc* e de valer como *definens* civilizacional? Só que a dignidade humana há muito que já não é apenas uma questão metafísica, ocupando o lugar de vértice da celebrada pirâmide normativa da União (TCE, Art. I-1.º, 2, e Art. I-2.º: "A União funda-se nos valores do respeito pela dignidade humana...").

Sem recusarmos a metafísica do direito – e o papel que à filosofia do direito cabe de "repor os problemas radicalmente capitais e tentar para eles

---

[579] Kant 2001b, 141.

uma resposta"[580]–, é outro, todavia, o caminho que trilhamos. A metafísica do direito é o reino da liberdade mas também da especulação. Se fôssemos por aqui, poderíamos questionar que sentido tem um CPIE quando o próprio direito de propriedade é, afinal, tão frágil nesse plano. No reino da metafísica, a propriedade não é necessariamente um instrumento da liberdade, tal como aparece enquadrado no TCE (Título II). Poderá até ser o símbolo maior da escravidão, tudo dependendo do posicionamento metafísico de cada um.[581] De resto, a propriedade é uma categoria profundamente a-metafísica, já que remete invariavelmente para um *quid hic et nunc*. Perguntamos até se as posições metafísicas anti-propriedade não serão apenas a rejeição natural de um corpo que é estranho ao seu reino.

Seja como for, não é na metafísica do direito que encontraremos as condições de possibilidade de uma codificação europeia da propriedade intelectual, pelo que não deverão ser consideradas as visões metafísicas que pugnam pela abolição da propriedade nem tão pouco as que pugnam pelo seu carácter sagrado. Reconhecemos a sua legitimidade no plano puramente teórico, ao nível da reflexão metafísica de que se pode ocupar a filosofia do direito, no sentido de que "a filosofia é um questionar que se põe a si mesmo em questão e que, em consequência, se movimenta, sempre e em toda a parte, em círculo."[582] Mas não as tomaremos como condições *a priori* impeditivas ou justificativas, e muito menos determinantes, do tratamento do problema. Claro que excluir essas visões poderá limitar o nosso campo de visão. Só que não pretendemos ver mais do que aquilo que os nossos olhos podem ver, "se os olhos, finalmente, não se nos abrirem"[583] e sem prejuízo de outros poderem ver mais além.

* O TCE foi, entretanto, abandonado e substituído pelo Tratado de Lisboa. Todavia, continua em aberto o problema da possibilidade de elaboração de um Código da Propriedade Intelectual para a Europa (art. 118.º). Sendo razoável supor que as condições económicas, políticas e culturais não se opõem à elaboração de um CPIE – não obstante os impedimentos que se apontam a uma "unificação total" na "Europa dos códigos"[584], que nos parecem igualmente pertinentes no domínio da propriedade intelectual –,

---

[580] CASTANHEIRA NEVES 2003, 145.
[581] Para uma síntese das teorias da propriedade de ARISTÓTELES, TOMÁS DE AQUINO, GROTIUS, PUFFENDORF, LOCKE, ROUSSEAU, BENHTAM, STUART MILL, HEGEL, PROUDHON, MARX, FREUD, e NOZICK, v. FERREIRA DA CUNHA 2005, 329-42.
[582] HEIDEGGER 2002, 54.
[583] Id. ibid., 57.
[584] REIS MARQUES 2007, 429-30.

fica o caminho relativamente aberto para a discussão especificamente jurídica sobre as condições de tal possibilidade, no pressuposto de que a elaboração de um CPIE não é (apenas nem principalmente) um problema metafísico.

Se um dia o problema for colocado em cima da mesa, é necessário que se disponha de uma compreensão adequada da propriedade intelectual, em especial dos direitos de autor. Isto passa, a nosso ver, pela recusa das perspectivas que absolutizam estes direitos, eclipsando outros direitos e liberdades da comunicação que se encontram na constelação constitucional, com especial relevo para a liberdade de informação. O ponto deveria ficar devidamente esclarecido numa eventual parte geral do Código, ao invés de a preencher com glossários de conceitos. Neste sentido – e à semelhança do que se defende a propósito de uma eventual codificação europeia do direito privado[585] –, seria importante uma parte geral que estabelecesse os princípios fundamentais dos direitos de autor (e.g. o princípio da autoria), incluindo a relação destes direitos com as liberdades fundamentais da comunicação, em especial a liberdade de informação.

3.5. Droit d'auteur e copyright: o alegado «fosso» entre o direito de autor continental e o copyright britânico, e a harmonização comunitária dos direitos de autor

O direito comunitário harmoniza os direitos de autor e conexos com base num elevado nível de protecção, o que se traduz normalmente no nivelamento "por cima" segundo o nível de protecção mais elevado praticado em cada Estado-Membro.[586] Ao mesmo tempo, a harmonização comunitária tem que estabelecer pontes entre duas tradições dos Estados-membros, i.e. o sistema anglo-saxónico de *copyright* e o sistema continental de *droit d'auteur*, que compõem a dicotomia tradicional.

As diferenças categóricas da dicotomia *droit d'auteur/copyright*, já apontada por Sidjanski/Castanos (*Droit d'auteur ou copyright*, 1954) e tradicionalmente aceite[587], são resumidas por Strowel através das seguintes palavras-chave: 1. direito de autor: jusnaturalismo e propriedade natural;

---

[585] A. Pinto Monteiro 2006a, 57 (parte geral de princípios essenciais comuns do direito privado europeu).
[586] Tritton 2002, 326.
[587] Françon 1991, 2-32.

justificação moral *ex post*, retribuição e justiça; primado do interesse privado do direito e conformidade presumida ao interesse público; justiça da protecção automática; direito do criador (pessoa física); limitação das obras protegidas, originalidade subjectiva, personalidade e criatividade; prerrogativas morais e económicas; duração longa calculada a partir da morte do autor; direito exclusivo e ausência de licenças não voluntárias; 2. *copyright*: positivismo jurídico e monopólio legal; justificação económica *ex ante*, promoção e utilidade; preeminência do interesse público; segurança das formalidades; direito do empresário (pessoa jurídica); elenco amplo de obras protegidas, originalidade objectiva, trabalho e habilidade; prerrogativas exclusivamente económicas; duração curta calculada a partir da publicação da obra; direito a remuneração e numerosas licenças não voluntárias.[588]

Na actualidade, entre outras razões, o estudo desta dicotomia reveste especial importância em virtude, por um lado, de o modelo de Direito de Autor e a noção de *Copyright* co-existirem, desde há uma década, no quadro dessa "Magna Carta" para a Protecção das Obras Literárias e Artísticas, que é a Convenção de Berna (Acto de Paris, 1971), dela sendo Partes os principais representantes da dicotomia Direito de Autor/*Copyright*.

Por outro lado, a sua compreensão é pressuposto da adequada interpretação do crescente acervo comunitário sobre direitos de autor, uma vez que as directivas de harmonização comunitária consagram soluções de compromisso entre as duas concepções tradicionais.

a) Modelos dogmáticos ou "estereótipos raciais"?

Ora, pode entender-se que o "fosso" que separa estes dois modelos é de tal modo profundo que a harmonização comunitária não poderia produzir senão resultados muito limitados, estando fora de questão, à partida, qualquer ideia de codificação europeia. Com efeito, o princípio da territorialidade dos direitos de autor projectar-se-ia aqui como uma barreira intransponível à afirmação de um tronco comum comunitário dos direitos de autor, já que cada Estado-Membro seria livre de continuar a moldar a sua legislação de direitos de autor de acordo com a respectiva pré-compreensão tradicional do instituto.

Na perspectiva de Julia Ellins, apesar de o *copyright* inglês e o direito de autor alemão (*Urheberrecht*) se constituírem a partir da "mesma matéria jurídica", não se configurariam do mesmo modo, em razão da diversidade

---

[588] STROWEL 1993, 656.

de princípios fundamentais e de conceitos nucleares decorrentes das histórias dos dois sistemas jurídicos, gerados no contexto de "diferentes circunstâncias geo-políticas". Entre as duas tradições existiria um "abismo" (*Kluft*) cuja profundidade impediria a sua harmonização comunitária, embora "pudessem ser construídas pontes sobre o abismo entre o *copyright* e o *droit d'auteur*", tendo algumas delas já sido construídas pelas directivas comunitárias.[589]

Na literatura britânica encontram-se denuncias deste tipo de exercícios de direito comparado como formas de "estereotipação racial"[590], que podem degenerar em simplificações distorcidas por pré-compreensões. Não obstante, parece-nos útil dispor de uma comparação, ainda que simplificada, da dicotomia *copyright* / *droit d'auteur*, para assim compreender as dificuldades de harmonização.

i. Princípio do criador v. Princípio da protecção do investimento

Enquanto o *copyright* inglês se destina a proteger as obras enquanto bens económicos, o direito de autor alemão coloca o autor como a "pedra angular" do sistema. Daí que o *copyright* seja um direito essencialmente patrimonial e disponível, enquanto no Urheberrecht a relação do autor com a sua criação é protegida, não apenas na sua dimensão patrimonial, mas também quanto aos seus interesses pessoais.

Segundo a teoria monista, os elementos patrimoniais e os elementos pessoais são incindivelmente ligados e o *Urheberrecht* é intransferível *inter vivos* e inalienável. Por outro lado, enquanto o sistema de *copyright* absolutiza a *freedom and sanctity of contract*, restando ao autor apenas o recurso aos meios jurídicos gerais do *Common Law*, no Urheberrecht o autor beneficia de protecção especial em razão de ser a parte negocial mais fraca, dando-se assim expressão ao princípio do Estado social.

Em suma, enquanto a noção de *Urheberrecht* se funda no princípio do criador (*Schöpferprinzip*), a concepção do *copyright* é informada pelo princípio da protecção do investimento (*Investitionsschutzprinzip*): o *copyright* protege os investimentos dos criadores e dos produtores com vista à sua exploração mercantil, protegendo, em primeira linha, os interesses económicos dos agentes envolvidos e não sendo os interesses pessoais dos autores protegidos senão na medida em que tal não coloque obstáculos à comercialização dos objectos protegidos pelo *copyright*.

---

[589] ELLINS 1997, 34; tb. BENABOU 1997, 514 ("l'opposition entre frères ennemis – droit d'auteur et copyright – (...) perdurera sans doute encore de nombreuses années").

[590] KEELING 2003, 263 ("racial stereotyping").

Ora, em virtude do "abismo" resultante das diferenças entre o *copyright* e o *droit d'auteur*, a harmonização comunitária dos direitos de autor e conexos poderia gerar apenas um "quadro muito apertado", i.e. "uma harmonização de duas tradições jurídicas com orientações de fundo tão diferentes não poderia de todo modo decorrer em termos de um dos dois sistemas como que vencer a ideologia do outro. (...) enquanto os fundamentos jurídico-filosóficos e jurídico-dogmáticos se mantiverem tão distintos como estão há já um século, não será possível uma absoluta harmonização no quadro europeu."[591]

ii. As interfaces comunitárias entre o *copyright* e o *droit d'auteur*

As medidas de harmonização já adoptadas teriam já lançado algumas pontes sobre o "abismo" entre o *copyright* e o *droit d'auteur*. Porém, as directivas sobre programas de computador (91/250), aluguer e comodato (92/100), satélite e cabo (93/83), duração de protecção (93/98) e bases de dados (96/9), não exigiriam que cada uma das concepções se afastasse dos seus princípios fundamentais. Outros exemplos de como as diferentes concepções jurídicas colocariam obstáculos à harmonização comunitária em matéria de direito de autor e direitos conexos seriam, por um lado, o direito de sequência, e, por outro, o problema da cópia privada.

Em matéria de direito de sequência, embora fosse previsto na lei alemã (§ 26 UrhG), já os britânicos resistiram muito a essa figura, recusando a introdução legal de uma *resale royalty* em detrimento dos intermediários do mercado de obras de arte. Só recentemente foi aprovada a directiva sobre o *droit de suite* (2001/84).[592] Já no que respeita à cópia privada, esta era lícita em certos termos na Alemanha (§ 53 UrhG) bem como na maioria dos Estados-membros, sendo prevista uma remuneração para os autores e outros agentes. Não obstante, no Reino Unido a cópia privada não seria permitida, constituindo *secondary infringement* a neutralização de medidas tecnológicas de protecção contra a cópia [§ 296(2) CDPA].

b) Marcas de contraste entre o Urheberrecht e o copyright e as "pontes de harmonização"

Consideremos sumariamente as marcas de contraste entre o Urheberrecht germânico e o *copyright* britânico bem como as medidas de harmonização comunitária relativamente aos seguintes tópicos de regime: obras e prestações, autoria e titularidade de direitos, e direitos morais.[593]

---
[591] ELLINS 1997, 231, 234, 262.
[592] DUCHEMIN 2001, 3.
[593] ELLINS 1997, 86s, 230s; cfr. DIAS PEREIRA 1998a, 809-22.

i. *Works* vs. obras literárias e artísticas e prestações artísticas, técnicas e empresariais

1. No Reino Unido, a lei do *copyright* (CDPA) consagra um conceito amplo de obras (*works*). O termo *works* unificou as anteriores categorias de *original works* e *subject matters*, eliminando praticamente a distinção entre direito de autor e direitos conexos (*copyright e neighbouring rights*), uma vez que esta última categoria foi reduzida aos *rights in performances* (CDPA, Part II). Assim, o objecto do *copyright* é constituído só pelas obras (*works*), englobando não apenas as criações dos autores mas também as prestações empresariais, nomeadamente, dos produtores [§1(1) CDPA]. Em suma, "os *authors' rights* e os *entrepreneurial rights* são colocados no mesmo nível através de uma definição abrangente de obras."[594]

A jurisprudência britânica concede protecção, no âmbito das categorias clássicas de obras, a praticamente todas as prestações que cumpram o critério mínimo do *labour, skill and judgement*, segundo o princípio "what is worth copying is *prima facie* worth protecting" (*University of London Press Ltd. v. University Tutorial Press Ltd.*, 1916), ou, por outras palavras, "a lei não exige que a expressão deva ser de forma original ou nova, mas apenas que a obra não seja copiada de outra – que deva originar do autor" (Justice Petterson). Tradicionalmente, a pura prestação de investimento era considerada suficiente para reclamar protecção pelo *copyright*. Apenas excepcionalmente se exige um nível criativo especial (*artistic quality*), nomeadamente no campo das obras de artes aplicadas (e.g. obras de arquitectura, § 4 CDPA).

A razão de ser deste "baixo nível" de exigência é atribuído à não existência no direito britânico de um regime geral de concorrência desleal (*unfair competition*), que confira protecção em termos abrangentes contra a apropriação abusiva resultante de actos desleais de exploração de prestações de terceiros. Segundo a jurisprudência, extravasa dos poderes do tribunal traçar uma linha entre concorrência leal e concorrência desleal (Lord Justice Ferry, *Mogul Steamship C. Ltd. v McGregor Gow Ltd.*, 1892). Deste modo, não sendo uma cláusula geral de proibição da concorrência desleal consonante com a tradição de *case-law* nem com o papel reconhecido à liberdade contratual e concorrencial, o *copyright* britânico é utilizado como instrumento de protecção de prestações de reduzido valor.[595] Além disso, é também admitida a protecção de obra gerada por computador em termos de não haver qualquer intervenção humana, atribuindo-se o *copyright* à pessoa responsável pelos arranjos necessários à sua criação [§§ 9(3), 178, CDPA].

---

[594] ELLINS 1997, 87.
[595] BAINBRIDGE 1996, 39; PHILLIPS/FIRTH 2001, 132; CORNISH/ LLEWELYN 2003, 369.

2. Por seu turno, no direito alemão, o *Urheberrecht* protege o autor pelas suas criações intelectuais pessoais no domínio da literatura, da ciência e da arte (§§1, 11, UrhG). As criações do espírito devem ser originais e exprimir a personalidade do autor. A originalidade define-se pelo critério da "criação intelectual pessoal" [§2(2) UrhG: *persönliche geistige Schöpfung*], cuja interpretação é mediada pelos conceitos de individualidade e de *Gestaltungshöhe*, ou seja, a obra deve ter "feições pessoais" (Ulmer), "exprimir um espírito individual" (Hubmann/Rehbinder), ou "ser cunhada da personalidade do autor" (Fromm/Nordemann), e alcançar um determinado nível mínimo (*Gestaltungshöhe*) – caracterizado, por vezes, como um "aspecto quantitativo da individualidade" (Schricker/ Loewenheim) –, em especial no domínio das artes aplicadas, pois que, de outro modo, poderiam ser protegidas pelo direito dos modelos e desenhos industriais. Nessa medida, as puras prestações de investimento são excluídas do âmbito de protecção, à excepção das chamadas bagatelas (*kleinen Münze*), propondo-se em alternativa a sua protecção pelo direito da concorrência desleal ou através de um direito conexo (Dietz). A limitação do direito de autor ao domínio da actividade criativa de certo nível, com exclusão da mera banalidade, é possível, uma vez que o sistema da concorrência desleal permite proteger os meros produtos de investimento e trabalho, que não são objecto de protecção do direito de autor.[596]

3. No direito comunitário, várias disposições regulam aspectos do objecto e estabelecem requisitos de protecção. O critério da originalidade foi harmonizado através de uma definição unitária no domínio de determinadas categorias de obras (programas de computador: 91/250, art. 1.º, 3; fotografias, 93/98, art. 6.º; bases de dados, 96/6, art. 3.º, 1). A formulação de "criação intelectual própria do autor" estabelece um ponto intermédio entre o critério britânico do *labour, skill and judgement* e o critério germânico de *Gestaltungshöhe*, ainda que apenas no quadro das referidas categorias de obras, sendo questionável se essa definição de originalidade valerá para outros tipos de obras.

As directivas comunitárias consagram a distinção entre direito de autor e direitos conexos (ou *copyright and related rights*). Não obstante, o legislador comunitário não impôs aos britânicos o reconhecimento de direitos conexos (*neighbouring rights*), utilizando antes a terminologia algo neutral *related rights* mais consentânea com a sua "indistinção sistemática". Além disso, a regulação do conteúdo dos direitos em diversas matérias decorre da

---

[596] Cfr. SCHRICKER/*LOEWENHEIM* 1999, 51-69; WANDTKE/BULLINGER/*BULLINGER* 2006, 39-50.

sua importância para o mercado interno europeu, alcançando-se por via das directivas uma harmonização abrangente em certos domínios especiais de regulamentação, mas sem que daí resultasse "uma solução abrangente de questões dogmáticas no quadro europeu."[597]

ii. Autores, criadores intelectuais e titulares de direitos

1. No *copyright* britânico, o termo autor designa não apenas o criador de categorias clássicas de "obras", mas também os produtores de fonogramas, filmes, programas de radiodifusão, e, ainda, os editores em relação a arranjos tipográficos. Daqui resulta um conceito amplo de autoria (*authorship*) em consonância, aliás, com a noção ampla de obra. Apesar de ser habitual na literatura a distinção entre direitos de autor em sentido próprio e direitos empresariais, segundo a terminologia *authors' rights e entrepreneurial rights*[598], a verdade é que a noção legal de obra (*works*) e o respectivo conceito de autor (*author*) abrangem ambas as categorias. Com efeito, o conceito de autor é alargado aos produtores da indústria da cultura, concedendo protecção a todos os que realizem investimentos criativos, financeiros, técnicos ou organizatórios.[599]

Na concepção britânica, cada contribuição singular – desde o projecto intelectual da obra até a sua formatação através de modernos meios de produção – é tida como uma prestação para a expressão final, entendendo-se, por isso, que todos os participantes no processo produtivo devem ser considerados, em face da lei, autores. Nestes termos, a palavra autor não designa apenas a pessoa que exerça uma especial actividade criativa, mas também os produtores, i.e. tanto pode ser considerado autor o criador de uma obra clássica, como o produtor de um fonograma, o qual é, em regra, uma pessoa jurídica (§ 9 CDPA).

Por outro lado, não existe unidade entre autoria (*authorship*) e titularidade originária dos direitos (*first ownership of copyright*). No domínio dos chamados autores assalariados (*employed authors*) o princípio da protecção do investimento traduz-se na atribuição originária da titularidade do *copyright* ao empregador [§11(1) CDPA], em virtude de este suportar o risco empresarial do investimento e de assumir, de igual modo, a direcção e responsabilidade da produção. Pelo que, em reconhecimento pelo seu investimento empresarial, ao empregador é atribuída a qualidade de titular

---

[597] ELLINS 1997, 271.
[598] CORNISH/LLEWELYN 2003, 401.
[599] DAVIS 2005, 105 ("'authors' of secondary works are typically the entrepreneurs").

originário do *copyright*, sendo irrelevante para a titularidade originária do *copyright* o facto de, na maioria dos casos, o empregador ser uma pessoa jurídica.[600]

Apesar de se admitir estipulação contratual em contrário ao preceito da atribuição originária do *copyright* nos *employed authors*, a desigualdade de força negocial das partes só excepcionalmente o permite. Tanto mais que, em matéria de direito contratual de autor, o *copyright* britânico não estabelece disposições legais destinadas a proteger os autores (em sentido clássico), que são em regra a parte mais fraca nas relações contratuais nos *copyright contracts*. O legislador britânico não relativiza a máxima da *freedom and sanctity of contract* em favor dos autores. Acresce que o *copyright* é ilimitadamente transferível e licenciável, embora, por razões de segurança jurídica e de precaução contra decisões irreflectidas, se exija forma escrita para a cessão do *copyright* e para a concessão de licenças exclusivas (§ 90 CDPA).

Na interpretação dos contratos atende-se apenas às declarações negociais escritas, desempenhando o critério *parol evidence rule* um valor de referência de delimitação das circunstâncias do negócio a partir das quais poderá ser extraída a vontade real do autor e da outra parte. Por outro lado, ao nível da resolução do contrato, nos casos em que as estipulações contratuais acordadas sejam inexigíveis ao autor, este não dispõe de preceitos especiais de protecção na lei do *copyright*, tendo antes que socorrer-se dos princípios tradicionais do *Common Law* (*unreasonable restraint of trade* e *undue influence*) para procurar, com base nestes fundamentos, libertar-se do contrato, sendo apenas considerado, em suma, mais uma "categoria de participantes no mercado".[601]

2. Em contraposição, o *Urheberrecht* germânico é reservado exclusivamente aos criadores de obras do espírito. As pessoas que exerçam a divulgação cultural ou empresarial da obra (por ex., os artistas intérpretes e executantes, os produtores de fonogramas e de filmes, as empresas de radiodifusão) apenas podem ser titulares de direitos distintos do *Urheberrecht*: o seu domínio é o dos direitos conexos ou direitos de protecção de prestações artísticas ou empresariais. Com efeito, no direito alemão, ao lado do conceito de obra (*Werk*) está o conceito de prestação (*Leistung*), constituindo o primeiro o objecto do direito de autor (*Urheberrecht*) e o segundo objecto dos direitos conexos (*Leistungsschutzrechte*: §§ 79 et seq. UrhG).

---

[600] CORNISH/LLEWELYN 2003, 471-2.
[601] ELLINS 1997, 187.

Depois, em razão do princípio do criador, o *Urheberrecht* parte do princípio de que a obra apenas pode ser gerada ou ter origem na personalidade do criador, isto é, do autor. Sendo a criação expressão de um espírito individual, só as pessoas humanas podem ser consideradas autores (§ 7 UrhG): "as pessoas jurídicas nunca podem ser autores."[602] Acresce que as pessoas jurídicas podem apenas adquirir derivadamente do autor direitos para a utilização da obra ou, ainda, ser titulares de direitos de protecção de prestações, valendo estes princípios também no domínio da criação assalariada.[603]

Além disso, o reconhecimento de que o autor carece de especial protecção em face dos exploradores das suas obras, por ser social e economicamente a parte mais fraca, está consagrado no *Urheberrecht*, projectando-se em normas imperativas no domínio do direito contratual, que se destinam a proteger o autor contra alienações posteriores dos seus direitos e assegurar-lhe a participação na exploração económica da sua obra. Assim, o direito de autor é intransferível *inter vivos* [§ 29(2) UrhG]. Este regime de protecção do autor é reforçado pela ineficácia da concessão de direitos de utilização para formas não conhecidas de utilização [§ 31(4) UrhG]. Depois, apesar de a concessão de direitos de utilização ser fundamentalmente consensual, certos critérios de interpretação, como o princípio do fim da cessão ou da "cedência funcional" [*Zweckübertragungsgrundsatz*: § 31(5) UrhG] e o critério da limitação do alcance da concessão de direitos de utilização a favor dos autores, procuram dar efeito à máxima *in dubio pro auctore* (§ 37(2) UrhG).[604]

De igual modo, os autores beneficiam de algumas disposições, quando as estipulações contratuais inicialmente acordadas se tornem inexigíveis para eles e o contrato careça de correcções de adaptação à alteração das circunstâncias. Este *instrumentarium* normativo de protecção abrange, em desvio ao princípio do *pacta sunt servanda*, diversas figuras, nomeadamente: 1.º o direito a compensação suplementar adequada nos casos em que a obra do autor se tornar, por ex., um *best-seller*, bem como o direito de denúncia para os casos em que o autor tiver concedido direitos de utilização relativamente a obras futuras (§§ 36, 40, UrhG); 2.º o direito de resolver a concessão de um direito exclusivo de utilização quando o seu explorador não o exercer adequadamente e o talento do autor não puder, por isso, chegar ao público (§ 41 UrhG); 3.º o autor pode exercer esse direito com

---

[602] Id. ibid., 127.
[603] SCHRICKER/LOEWENHEIM 1999, 218-9; WANDTKE/BULLINGER/THUM 2006, 121-3.
[604] SCHRICKER/SCHRICKER 1999, 617-22.

o propósito contrário, quando quiser retirar a sua obra do acesso público, por ter alterado as convicções expressas na obra (*Rückruf wegen gewandelter Überzeugung*, § 42 UrhG). Em contrapartida, são previstos limites a estes direitos contra o seu exercício abusivo por parte dos autores. Este regime de protecção é complementado, subsidiariamente, pelas regras gerais do direito das obrigações. A reforma de 2002 reforçou a posição contratual dos autores.[605]

3. A questão da autoria e da titularidade do direito de autor foi tratada em termos "diplomáticos" pelas directivas comunitárias, que não procuraram sequer uma "solução unitária" para a definição de autor e de titular originário de direitos. Nas directivas sobre programas de computador (91/250, art. 2.º, 1) e sobre bases de dados (96/9, art. 4.º, 1), ambas as alternativas foram expressamente consagradas, prevendo-se a possibilidade de o autor ser uma pessoa natural ou uma pessoa jurídica. Nas directivas sobre direitos de aluguer e comodato (92/100, art. 2.º, 1, art. 4.º, 1, art. 11.º) e sobre satélite e cabo (93/83, art. 2.º, art. 4.º, 1, art. 8.º) não se definiu o conceito de autor, embora resulte do contexto que os direitos atribuídos ao autor deverão ser tomados por referência à autoria no sentido europeu continental.[606]

Além disso, a directiva sobre duração de protecção (93/98, art. 1.º, 1 e 2) tomou o autor enquanto pessoa natural como ponto de referência central, limitando o período de protecção em atenção ao tempo de vida. Porém, ao mesmo tempo, esta directiva permite que o direito nacional considere pessoas jurídicas como autores, não valendo nestes casos a morte da pessoa natural como evento de contagem do termo do prazo (art. 4.º, 3 e 4). Quanto ao autor assalariado (trabalhador), as directivas sobre programas de computador (91/250, art. 2.º, 3) e bases de dados (96/9, art. 4.º) permitem que os Estados-membros sigam o princípio do criador ou antes o princípio da protecção do investimento, uma vez que o empregador poderá ser titular dos direitos patrimoniais a título derivado do autor por licença legal ou *cessio legis* ou antes titular originário dos direitos.

As directivas sobre aluguer e comodato (92/100, art. 2.º, 2), satélite e cabo (93/83, art. 1.º, 5) e duração de protecção (93/98, art. 2.º, 1) consagraram que a pessoa do realizador principal deve ser considerada como um dos autores das obras cinematográficas. Todavia, isto não exigiu da parte britânica uma concessão ao princípio do criador, uma vez que o realizador

---

[605] WANDTKE/BULLINGER/*WANDTKE/GRUNERT* 2006, 492-508.
[606] BENABOU 1997, 519 ("Cette disposition, par son caractère symbolique, prouve que les textes communautaires ne sont pas tout inféodés à une conception purement mercantile du droit d'auteur.").

principal era já consagrado autor, juntamente com o produtor [§ 9(2)(a) CDPA]. Em suma, as soluções "diplomáticas" do direito comunitário teriam em conta que a definição de autor e de titular de direitos de autor faz parte da "estrutura mais interna dos dois maiores sistemas."[607]

iii. A natureza sensível dos direitos morais

1. Os direitos morais são talvez o aspecto de regime que historicamente mais distanciou a concepção de *copyright* do *droit d'auteur*. O actual reconhecimento de direitos morais pela Lei britânica (*moral rights*), para dar cumprimento à Convenção de Berna revista, tem um inegável "valor simbólico", uma vez que foram pela primeira vez legalmente positivados na história do *copyright* como direitos dos autores, ao invés de permanecerem como meios jurídicos gerais do *Common Law*.

O direito britânico consagra legalmente o direito à paternidade e o direito à integridade, mas já não, expressamente, o direito ao inédito, tradicionalmente reconhecido na concepção de *droit d'auteur*.[608] Como *moral rights* foram previstos no CDPA o direito de ser identificado como autor, o direito de se opor a tratamento derrogatório da obra, a protecção contra a falsa atribuição da obra e o direito de privacidade de certas fotografias e filmes (§§ 77-85).

O regime destes direitos condiciona a sua aplicação efectiva. Por exemplo, para ser eficaz, o direito de identificação fica dependente de uma declaração de vontade expressa no sentido da identificação [§ 78(1)]. Depois, apesar de se dispor a intransmissibilidade destes direitos em vida (§ 94), o autor, para além de poder renunciar globalmente aos seus direitos morais relativos a obras presentes ou futuras (§ 87), deverá, em determinadas situações, recorrer aos expedientes do *Common Law*, uma vez que os preceitos legais do *copyright* não lhe conferem especial protecção. As estipulações acordadas pelas partes são reguladas pelo princípio da liberdade contratual (*freedom of contract*), válido também para os direitos morais.[609]

2. Em contraste com o direito britânico, o *Urheberrecht* germânico coloca os interesses pessoais do autor em plano de igualdade com os seus interesses patrimoniais, segundo a teoria monista do conteúdo de protecção (§ 11 UrhG), regulando-os todavia em primeiro lugar.[610]

---

[607] ELLINS 1997, 295.
[608] Reconhecendo já o direito ao inédito, ALMEIDA SANTOS 1953, 234-5.
[609] CORNISH/LLEWELYN 2003, 452-67.
[610] SCHRICKER/DIETZ 1999, 241-2 ("Dies entspricht seiner hervorragenden Bedeutung als *Grundnorm des Urheberrechtsschutzes.*" – 260).

São previstos expressamente diversos direitos morais como direitos de personalidade do autor (*Urheberpersönlichkeitsrechte*), que não admitem alienação ou renúncia (§§ 15 *et seq.* UrhG). Desde logo, o direito ao inédito (*Veröffentlichungsrecht*, § 12 UrhG). Depois, o direito à paternidade, que abrange um aspecto positivo e um aspecto negativo, nomeadamente o direito de ser reconhecido como autor de uma obra (*Recht auf Anerkennung der Urheberschaft*: § 13 UrhG), bem como o direito de repudiar ofensas de terceiros à paternidade (*Recht auf Schutz gegen Entstellung oder Beeinträchtigung des Werkes*: § 14 UrhG). O direito de identificação do autor é entendido como uma consequência automática do próprio acto da criação, não carecendo de ser feito valer expressamente pelo autor.

Além disso, os limites a estes direitos surgem no quadro da ponderação de interesses, em atenção às exigências do caso concreto. Esta ponderação de interesses tem especial relevo no direito à integridade da obra (*Recht auf Werkintegrität*: § 14 UrhG), concebido em termos amplos, no sentido de abranger, nomeadamente, quer a exposição da obra num contexto não desejado pelo autor, quer a sua destruição.[611]

3. Em matéria de direitos morais, a harmonização comunitária do direito de personalidade de autor devia orientar-se pela Convenção de Berna revista (art. 6 *bis*), no sentido de pressupor o direito ao reconhecimento da paternidade e o direito à integridade da obra. Todavia, o facto de o Reino Unido ter introduzido os *moral rights*, após um século sem consagração na lei do *copyright*, não é considerado suficiente para afastar as divergências de princípio no que respeita a questões básicas, como a possibilidade de abdicação dos direitos (*waiver*)[612] ou a sua sujeição a um critério geral de ponderação de interesses no caso concreto, ainda que em detrimento da segurança jurídica.

Segundo Ellins, os países de *droit d'auteur* não aceitarão uma harmonização medida pelos padrões estabelecidos no Reino Unido, como a ilimitada renúncia global aos *moral rights*, a exigência de declaração expressa no sentido de fazer valer o direito identificação e a limitação dos *moral rights* no domínio da criação de obras de empresa. Em suma, estas dificuldades de harmonização do direito de personalidade de autor resultariam de o "abismo entre a duas tradições jurídicas [ser] ainda e sempre imenso."[613]

---

[611] SCHRICKER/DIETZ 1999, 270-300; WANDTKE/BULLINGER/BULLINGER 2006, 189-222.
[612] DAVIS 2005, 140 ("All of these (moral) rights may be waived by consent.").
[613] ELLINS 1997, 313.

3.6. A superação do abismo entre o Urheberrecht e o copyright: o droit d'auteur *latino e a matriz do direito comunitário de autor*

Da nossa parte, concordamos que estas diferentes tradições jurídicas colocam um sério obstáculo a uma efectiva harmonização comunitária dos direitos de autor. Além disso, estes modelos tradicionais estão entricheirados no princípio da territorialidade dos direitos de autor, comprometendo eventuais perspectivas de harmonização completa neste domínio.[614] Isto é, o princípio da territorialidade coloca limites à harmonização comunitária dos direitos de autor. Pelo que as diferentes tradições nacionais subsistirão ao nível das legislações nacionais, não obstante o já extenso acervo comunitário sobre direitos de autor e conexos.[615]

a) O direito de autor comunitário como tertium genus entre o Urheberrecht e o copyright

Isto não impede, todavia, a formação gradual de um direito de autor europeu, enquanto *tertium genus* entre o *Urheberrecht* e o *copyright*, que poderá um dia ser vazado *sub specie codicis*. Este modelo emergente, oriundo da fonte comunitária, combina elementos das duas tradições (incluindo elementos das suas variantes), embora a elas não se reduza, como adiante veremos. Será essa, aliás, a concepção de direitos de autor que está na base de decisões do TJCE que, apesar de partirem do postulado de que compete ao direito nacional atribuir direitos de propriedade intelectual na ausência de harmonização comunitária e que o direito comunitário não pode anular a existência desses direitos tal como reconhecidos pelo direito nacional, acabam, na prática, por "destruir" esse direito de propriedade intelectual, tal como sucedeu no caso *Magill* relativo a listas de programação televisiva.[616]

De resto, o direito comunitário foi já além da mera "construção de pontes" entre as duas tradições. As dificuldades colocadas ao correcto funcionamento do mercado interno pela diversidade de legislações nacionais foram apontadas pelo Tribunal de Justiça e, com base na sua jurisprudência, foi posto em andamento o processo de harmonização no domínio da radiodifusão por satélite e da difusão por cabo, dos direitos de aluguer e comodato, bem como da duração de protecção através das decisões fundamentais nos processos *Coditel v. Ciné Vog*, *Warner Brothers v. Christiansen* e *EMI Electrola v. Patrícia*.

---

[614] KEELING 2003, 266 ("copyright protection depends ultimately on national law").
[615] FITZPATRICK 2003, 215.
[616] KEELING 2003, 270 (criticando por isso a jurisprudência).

Além disso, o Tribunal de Justiça estabeleceu na decisão *Phil Collins* o princípio do elevado nível de protecção dos direitos de autor na ordem jurídica comunitária, no sentido da protecção pelo nível mais elevado praticado por um Estado-Membro. É esse o resultado da proibição da discriminação em razão da origem nacional, que incorpora no direito comunitário o princípio do tratamento nacional. Neste sentido, mais do que "pontes", o direito comunitário cria interfaces entre os dois sistemas jurídicos, estabelecendo para o efeito algumas definições básicas da configuração dos programas normativos dos Estados-membros.

Com efeito, se o legislador comunitário estivesse absolutamente vinculado às tradições nacionais então dificilmente poderia desenvolver um programa de harmonização.[617] Mais acertado nos parece dizer que o legislador comunitário deve respeitar as tradições constitucionais comuns dos Estados-membros e os princípios gerais de direito internacional. Tal como estabelecido em matéria de direitos fundamentais pelo TJCE no caso *Nold*, "o Tribunal está obrigado a inspirar-se nas tradições constitucionais comuns dos Estados-membros" (Proc. 4/73, Ac. 14/5/1974, Col. 1974, 491), mais acrescentando no caso *Hauer* que as convenções internacionais, *maxime* a Convenção Europeia dos Direitos do Homem, "podem fornecer linhas orientadoras que deverão ser seguidas no quadro do direito comunitário" (Proc. 4/73, 13/12/1979, Col. 1979, 3727).

A conjugação destes elementos com o valor normativo da cidadania europeia poderão conduzir a um direito de autor comum ao território europeu, apontando-se a Directiva 2001/29 como a base mais importante para a elaboração do direito de autor europeu.[618] Isto não significa o fim da territorialidade nacional dos direitos de autor, mas antes a construção complementar de uma territorialidade europeia.

b) A adequação dos direitos de autor às exigências do mercado interno

Para compreender adequadamente o impacto da harmonização comunitária dos direitos de autor e conexos no princípio da territorialidade deve ter-se em conta que os regimes são moldados segundo as exigências do mercado interno. Isto traduz-se numa concepção dos direitos de autor como propriedade mercantil informada por argumentos de índole funcional e instrumental. Por exemplo, as directivas sobre programas de computador e

---

[617] BENABOU 1997, 520.
[618] REINBOTHE 2001b, 773 ("Sie ist ohne Zweifel die bisher wichtigste Grundlage für die Gestaltung des europaischen Urheberrechts").

bases de dados visaram eliminar e prevenir os efeitos directos negativos do funcionamento do mercado comum resultantes da insuficiência, falta de clareza e diversidade crescente da protecção jurídica dos programas de computador e das bases de dados nos Estados-membros.

> i. A funcionalização dos direitos de autor ao mercado interno da informação

Esses efeitos negativos são agravados por diversos factores, considerados ao nível do impulso legislativo, como sejam o contraste entre o investimento de recursos humanos, técnicos e financeiros consideráveis, exigidos para o desenvolvimento dos programas de computador, e o baixo custo da sua reprodução, bem como, ainda, a crescente importância do papel das tecnologias dos programas de computador no desenvolvimento da indústria. De igual modo, o legislador comunitário pretendeu criar uma base jurídica harmonizada que, tendo em conta a dimensão internacional das bases de dados, fosse adequada ao desenvolvimento de um mercado da informação na Comunidade. Enquanto "instrumento vital no desenvolvimento de um mercado da informação a nível da Comunidade" – cuja utilidade é reconhecida, ainda, em muitos outros domínios –, a harmonização da protecção jurídica das bases de dados justifica-se como instrumento de desenvolvimento de um mercado da informação na Comunidade, que assegura, nomeadamente, a liberdade de fornecimento de produtos e serviços de bases de dados em linha (preâmbulo das directivas 91/250 e 96/9, cons. 1 a 4 e 2, 3 e 9, respectivamente).

Em ordem à prossecução destes objectivos, os direitos de autor e conexos são adoptados como o instrumento jurídico mais adequado, não obstante toda a polémica doutrinal.[619]

No caso dos programas de computador, a Directiva 91/250 não estabeleceu sequer uma harmonização completa e exaustiva do seu regime de protecção jurídica, mas apenas o mínimo necessário de acordo com as exigências do funcionamento do mercado comum. De resto, nos trabalhos preparatórios considerava-se que a "directiva não terá necessariamente de resolver a questão de saber se os programas de computador devem ser protegidos por direitos de autor *stricto sensu* ou por um direito conexo".[620] E, de facto, não é certo que tenha efectivamente resolvido essa questão.

Quanto às bases de dados, a Directiva 96/6 instituiu expressamente um regime dualista de protecção jurídica das bases de dados, criando "direitos

---

[619] C/ ref. DIAS PEREIRA 2001a, 470-2 (n. 856).
[620] COM(88) 172, 188-9.

gémeos"[621]: por um lado, elegeu o direito de autor como forma adequada de direitos exclusivos dos autores de bases de dados, em sintonia com a tradição legislativa e jurisprudencial dos Estados-membros; por outro lado, criou um direito *sui generis* de impedir a extracção e/ou reutilização não autorizadas do conteúdo de uma base de dados, isto é, um direito especial destinado a proteger, em primeira linha, o investimento de recursos humanos, técnicos e financeiros consideráveis exigidos no fabrico de uma base de dados.

Em suma, o legislador comunitário, ora protegeu os programas de computador, numa primeira fase, ao abrigo, como se diz, dos direitos de autor, ora instituiu um regime dualista de protecção jurídica das bases de dados, protegendo, respectivamente, os autores pelo direito de autor e os fabricantes através de um direito *sui generis*, promovendo, deste modo, investimentos em sistemas de informação e o desenvolvimento de um mercado da informação na Comunidade.

ii. A funcionalização dos direitos de autor aos interesses da sociedade da informação

Por seu turno, a directiva sobre direitos de autor na sociedade da informação (2001/29) harmoniza o núcleo patrimonial dos direitos de autor e conexos segundo uma perspectiva marcadamente *funcional*. Os considerandos 1 a 4, 6, 7 e 11 mostram que se trata de uma funcionalização dos direitos de autor e conexos a fins que tradicionalmente lhe são estranhos – à excepção dos escopos referidos nos considerandos 2, *in fine*, e 11, *in fine* –, em termos susceptíveis de introduzirem na lógica interna destes direitos novas coordenadas de regulação.

A directiva não terá versado todas as questões carecidas de harmonização comunitária, nomeadamente as questões do direito moral e da gestão colectiva.[622] Além disso, o título da directiva pode ser enganador, já que diversos aspectos regulados não são exclusivos nem sequer específicos da sociedade da informação.

c) A hibridação dos direitos de autor

A análise das razões justificativas das directivas permite compreender que a harmonização comunitária dos direitos de autor e conexos carrega

---

[621] CORNISH 1996, 460.
[622] OLIVEIRA ASCENSÃO 2002b, 917.

uma lógica própria que transcende a óptica das legislações nacionais, comprometendo, por conseguinte, as abordagens que partam do prisma destas legislações. As exigências do mercado interno não se limitam à construção de pontes entre locais separados, antes pelo contrário impõem um núcleo funcional comum de configuração dos direitos de autor e conexos, que exige adaptações dos sistemas tradicionais, desde logo ao nível das suas definições básicas.

Segundo o "credo do direito de autor europeu"[623] inscrito nos considerandos 9 a 12 da Directiva 2001/29, sumariamente, os direitos de autor são concebidos como uma forma de propriedade – a propriedade comercial –, no sentido de reservar em princípio a exploração mercantil, directa ou indirecta, das utilidades económicas das obras literárias e artísticas aos titulares do exclusivo. Os argumentos que presidem nesta dimensão económica do direito de autor europeu são, sobretudo, de índole funcional ou instrumental.

Ao mesmo tempo, as directivas ressalvam o princípio da autoria humana criadora, tal como esta resulta das tradições constitucionais comuns dos Estados-membros e dos princípios gerais de direito internacional. Esse dogma projecta-se ao nível da atribuição originária dos direitos, bem como no que respeita ao reconhecimento dos direitos morais aos autores, faceta que as directivas não cuidam directamente, relegando para a legislação nacional dos Estados-membros, que se considera dever respeitar a Convenção de Berna (Acto de Paris).

Por tudo isto, temos dúvidas de que as diferenças tradicionais entre o *droit d'auteur* dos países de *Civil Law* e o *copyright* dos países de *Common Law* sejam obstáculo impeditivo a uma futura codificação europeia da propriedade intelectual, em especial no domínio dos direitos de autor. Mas para isso é necessário, por um lado, não sobrestimar a distinção entre direito de autor e *copyright* e, por outro, ter em conta a especificidade do modelo latino de *droit d'auteur*, ao invés de conceber o direito de autor continental à imagem e semelhança do *Urheberrecht* germânico. De resto, a "hibridação" dos direitos de autor, enquanto compromisso entre o *droit d'auteur* e o *copyright*, se por um lado corresponde a "uma verdadeira concepção comunitária do direito de autor"[624], por outro lado parece apontar no sentido do modelo dualista latino.

---

[623] LEHMANN 2003, 522-3 ("European copyright creed").
[624] BENABOU 1997, 514.

d) A filiação do direito de autor português no modelo dualista do droit d'auteur *continental*

Restringir os termos da dicotomia *droit d'auteur / copyright* às experiências jurídicas do Reino Unido e da Alemanha é desconsiderar outros representantes destas concepções, nomeadamente a França e os Estados Unidos. Ora, as investigações que percorrem caminhos mais largos, dando relevo à experiência dos países latinos bem como ao direito dos EUA, apesar de identificarem a existência de dois modelos distintos, já apontam sentidos de convergência "do direito de autor ao *copyright* e do *copyright* ao direito de autor".[625]

É o que se passa, por exemplo, com o regime das obras colectivas e da transmissão de direitos patrimoniais no direito francês e, no direito norte-americano, com a decisão *Feist* e o direito inalienável de por termo à transmissão do *copyright*, salvo nos *works for hire*.[626] Por outro lado, o processo de convergência é tendencialmente acentuado pela coexistência das duas concepções no quadro da Convenção de Berna, enquanto "magna carta do direito de autor".[627]

Pondo de parte por agora o direito norte-americano, importa referir que a não consideração do *droit d'auteur* latino poderá comprometer algumas das conclusões a que se chega na caracterização do modelo de direito de autor *tout court*, já que não se atende às especificidades dos países latinos (França, Itália, Espanha, não obstante a inspiração germânica que transpira a lei deste último país). Esta consideração será particularmente relevante para o enquadramento do direito de autor português, o qual pertencerá, em nossa opinião, à família latina de *droit d'auteur*. Façamos uma breve comparação entre o direito de autor português e o *Urheberrecht* germânico.[628]

i. Obras literárias e artísticas

A noção de obra literária ou artística aproxima-se do conceito de *Werk*. O Código define-as como as criações intelectuais do domínio literário, cien-

---

[625] STROWEL 1993, 656.
[626] MILLER/DAVIES 2000, 387 ("To avoid the kind of exploitation that it is believed many authors suffered at the hands of those who were (and still are) able to purchase copyrights cheaply before the authors become prominent enough to command sufficient prices for their works, Congress decided to give such authors, except for authors of works for hire, the right to cancel the sale after approximately thirty-five years.").
[627] STEWART 1989, 9-10.
[628] Cfr. DIAS PEREIRA 1998a, 823-30.

tífico ou artístico, por qualquer modo exteriorizadas (art. 1.º, 1). Trata-se de uma noção geral concretizada mediante um catálogo aberto de exemplos não taxativos. Relacionando esta definição com o art. 42.º da Constituição ("liberdade de criação cultural"), as obras literárias e artísticas são concebidas como fruto do engenho criativo da pessoa humana. Pressuposto de protecção será, portanto, a capacidade de criação, a qual não será reconhecida, nem às pessoas jurídicas em sentido estrito, nem aos animais e a outras forças da natureza, nem aos computadores e sistemas de inteligência artificial. Além disso, a criação da obra é o "facto constitutivo" do direito de autor (Ac. STJ, 14.12.1995), que existe independentemente de divulgação ou publicação da obra (art. 1.º, 3).

A obra é protegida enquanto forma original de expressão literária ou artística, ainda que de natureza funcional. O carácter utilitário e a ausência de um determinado grau de mérito não são factores de exclusão da protecção das obras (art. 2.º-a). Nesse sentido, a protecção das chamadas *kleine Münze* não é admitida em excepção a um critério de *Gestaltungshöhe*. Não obstante, ao contrário do conceito britânico de *works*, a noção de obra não abrange as prestações dos artistas intérpretes ou executantes, nem as prestações dos produtores de fonogramas e filmes e dos organismos de radiodifusão e entidades equiparáveis. À semelhança do direito alemão – e dos outros países de *droit d'auteur* –, estas prestações, bem como outras prestações de índole semelhante (por exemplo, o organizador de espectáculos públicos), são objecto dos direitos conexos previstos no Código, sobretudo no Título III.

ii. Autores e titulares de direitos

Em sede de autoria e titularidade de direitos, em harmonia com a noção de obra, o Código deveria consagrar liminarmente o princípio de que autor é a pessoa humana que cria a obra e a quem pertence originariamente o direito de autor. Nisso consiste o chamado princípio da autoria – o *Urheberschaftsprinzip* da Lei alemã (§ 7 UrhG).

Todavia, o teor literal de vários preceitos do Código parece admitir desvios a este princípio fundamental (ver, especialmente, art. 11.º, art. 27.º, 3). Nessa medida, autor da obra poderia ser outrem que não o respectivo criador intelectual, acrescendo que aquele "autor" seria titular originário dos direitos, os quais revestiriam em certos casos natureza puramente patrimonial. Assim, exemplos de não unidade entre autor e criador intelectual e entre autor e titular originário seriam, *inter alia*, os casos das obras criadas por encomenda e as chamadas obras colectivas.[629]

---

[629] OLIVEIRA ASCENSÃO 1992, 107-9.

Ora, se assim fosse, então o direito português não se afastaria muito do *copyright* britânico, pois que para além de o "autor" poder ser outrem que não o criador intelectual da obra, os direitos de autor poderiam ser adquiridos a título originário por outrem que não o autor em sentido estrito; sendo que nas obras colectivas não haveria lugar a direitos morais. Mas mesmo no direito britânico, nas obras feitas por encomenda o *copyright* pertence, em princípio, ao autor, i.e. o criador intelectual da obra, salvo acordo expresso ou tácito em contrário, que na dúvida quanto ao seu alcance significará apenas uma licença e já não uma transmissão de direitos.[630]

Defendemos, por isso, a correcção da letra da lei em consonância com o princípio da autoria. Isto implica ilidir, neste domínio, a presunção do legislador razoável, ab-rogando do Código as hipóteses de o autor ser outrem que não o criador intelectual da obra (1), de o titular originário dos direitos ser outrem que não o autor *stricto sensu* (2), de o direito patrimonial de autor poder ser originariamente adquirido na esfera de terceiro e de o direito moral surgir, ao mesmo tempo, na esfera do criador (3), de o direito de autor poder nascer "amputado" de direitos morais (4).

A interpretação que propomos assenta em determinadas bases metodológicas sobre a "arte de bem interpretar toda a regra jurídica", segundo a qual não "está escrito que ao mundo haja de vir grande mal (...) só por haver certa e comedida possibilidade de, pelo trâmite da interpretação, se emendarem os erros de quem legisla e se resistir aos desmandos e abusos do poder."[631] Trata-se, basicamente, de aceitar que a presunção do legislador razoável prevista no Código Civil é ilidível[632], sem se reconhecer uma "liberdade sem limites de *sofismar* as leis por parte dos juízes"[633], nem concessões aos "rábulas".[634]

A nossa proposta não é feita em obediência a um modelo jurídico--dogmático estranho à nossa tradição jurídica, recusando o "*contrabando* de

---

[630] Davis 2005, 111 (citando o caso *Rabin Play v. Classic FM plc*, 1998).

[631] Manuel de Andrade 1978, 105, em nota; Castanheira Neves 1993, 188-92; Santos Justo 2006, 337, c/ ref. (interpretação ab-rogante valorativa); Bronze 2006a, 643, 730, 735; tb. Dias Pereira 2004a, 373-97.

[632] Faria Costa 2002, 360; referindo a actuação *systemfeindlich* do PSG em casos de sabotagem interpretativa e de legítima insubmissão contra a norma pretensamente aplicanda em nome de valores postergados do PSG, e admitindo até a legítima insubmissão contra o projecto, em nome do máximo de consciência possível e da liberdade de desabrochar, Orlando de Carvalho 1997, 1-17.

[633] Manuel de Andrade 1978, 62.

[634] Recorde-se Vicente Ferrer 1883, 44: "Aquelles, que apenas repetem as palavras das leis, sem entrarem no seu espírito, foram chamados por Cicero *leguleios*. Aquelles, emfim, que cavillam as leis, ou abusam da jurisprudencia, são chamados *rabulas*."

conteúdos normativos estrangeiros".[635] Pelo contrário, a nossa interpretação corresponde à concepção latina do *droit d'auteur*. O direito de autor é originariamente adquirido pelo autor da obra, ou seja, pelo seu criador intelectual. Não obstante, o direito de autor tem um conteúdo patrimonial disponível, o qual é transferível mediante *cessio legis* ou por força de disposição contratual a terceiro, que adquire esses direitos por via derivada, uma vez que a aquisição originária do direito de autor se faz na esfera jurídica do autor-criador pelo simples facto da criação da obra.

Este princípio vale tanto para as obras criadas por um só autor como para os casos em que a obra é criação de uma pluralidade de pessoas. O problema põe-se, com especial acuidade, em relação às chamadas obras colectivas, que o direito alemão não conhece. Trata-se, é verdade, de uma figura polémica dos países latinos (em França, CPI, art. L. 113-2/5). Em Espanha, representa o único caso de transmissão, ainda que *ex lege*, dos direitos patrimoniais, em desvio ao modelo monista que parece subjazer à *Ley de Propiedad Intelectual* de 1987 (LPI). Não obstante, também neste país é admitida a transmissão de direitos patrimoniais, consagrando-se desse modo – ainda que em termos restritos – um traço distintivo do modelo dualista latino, que se opõe ao direito germânico, o qual não admite nunca a transferência (alienação) *inter vivos*, legal ou contratual, do direito de autor (§ 29 UrhG).[636]

O preâmbulo da Directiva 2001/29 aponta no sentido do modelo dualista, quando considera que os direitos previstos (reprodução, distribuição ao público e distribuição) podem ser transferidos, cedidos ou sujeitos à concessão de licenças numa base contratual (cons. 30). Não obstante o carácter não vinculativo do preâmbulo, trata-se de uma indicação clara de que o direito comunitário de autor não é igual ao direito de autor alemão e poderá até exigir algumas modificações a este último, ao nível das suas concepções mais estruturantes, apesar da ressalva do direito nacional pertinente em matéria de direitos de autor e direitos conexos. Numa palavra, o direito de autor comunitário inspira-se, fundamentalmente, no modelo dualista latino.

Apesar da possibilidade de transmissão dos direitos patrimoniais, o dualismo latino não significa que o autor possa ser outrem que não o criador intelectual da obra e que a este deixe de corresponder em algum caso a titularidade originária dos direitos de autor. O que se passa é que, em certos casos – como nas chamadas "obras colectivas" –, a lei premeia certas enti-

---

[635] BRONZE 1997, 59.
[636] WANDTKE/BULLINGER/*BLOCK* 2006, 360-1.

dades pelas suas actividades de organização, direcção e divulgação de obras intelectuais, atribuindo-lhes o exclusivo de exploração da obra. Através do expediente da *cessio legis* alcança-se um resultado que satisfaz as exigências práticas, sem derrogar, porém, o princípio da autoria.

Em suma, a interpretação do nosso Código em sede de autoria e titularidade de direitos permite-nos compreender uma diferença tradicional entre o *droit d'auteur* em sentido estrito (dualismo) e o *Urheberrecht* (monismo), sem todavia afectar o princípio fundamental que contra-distingue o *droit d'auteur* em sentido amplo dessa outra concepção que é o *copyright*. Trata-se do princípio da autoria, que traça a fronteira principal entre o conceito de *copyright* e o modelo de *droit d'auteur*.

iii. Disponibilidade dos direitos de autor

Em matéria de direito contratual de autor, o Código português inspira-se deliberadamente no direito francês. Neste país são previstos regimes especiais para diversos tipos de contratos autorais, como sejam a edição, a representação, a produção audiovisual, a encomenda de publicidade e o *nantissement* sobre programas de computador; depois, para além de a cessão dos direitos poder ser legalmente presumida, os direitos de exploração são transferíveis *inter vivos* (CPI, art. L. 122-7, 1).

Entre nós, os direitos de autor têm um conteúdo patrimonial transmissível e onerável, em certos termos de regime (art. 41.º ss), dele se excluindo, à semelhança dos direitos morais, certas pretensões remuneratórias de carácter patrimonial, que não podem ser objecto de renúncia (art. 42.º). Além disso, a obra pode ser objecto de autorizações de utilização, não sendo consagrada uma tipificação taxativa das formas possíveis de utilização. Formas típicas de utilização serão a fixação e a reprodução, a distribuição (venda, aluguer e comodato comerciais), a comunicação ao público (representação, radiodifusão, etc.), e a transformação ou criação de obra derivada.

Nas autorizações de utilização pode o titular de direitos conformar cada forma de utilização concreta, sem prejuízo das demais utilizações, segundo os princípios da destinação e da autonomia. Na fórmula do legislador suíço, o autor ou a autora terão o direito exclusivo de determinar se, quando e como a obra é utilizada (art. 10 *Urheberrechtgesetz*, 1994). O direito exclusivo traduzir-se-á, portanto, no poder de controlar o aproveitamento da obra, independentemente do tipo de utilização que estiver em causa.[637] Ao regime geral das autorizações acrescem regimes especiais para

---

[637] FERRER CORREIA/ALMENO DE SÁ 1994, 9.

diversas formas de utilização (arts. 83.º ss), como a edição, a representação cénica, a produção de obra cinematográfica, a produção fonográfica e videográfica, a radiodifusão e outras formas análogas de comunicação ao público, etc.

Por contraposição, no *Urheberrecht*, para além de o direito ser intransferível *inter vivos* [§ 29(2) UrhG], assume especial relevo o princípio do fim contratual [§ 31(5) UrhG, *Zweckübertragunsgrundsatz*], explicitado na doutrina no sentido de o âmbito de autorização abranger todas, e apenas, as faculdades necessárias ao fim a que se destina a utilização da obra.[638]

Ora, no direito português, o sentido deste princípio, que a doutrina acolhe, estará codificado em larga medida nos regimes especiais de utilização previstos e regulados no Código. Além disso, à semelhança do direito alemão, o regime dos contratos de autor prevê certas disposições destinadas a proteger os autores, como, por exemplo, o direito a compensação suplementar (art. 14.º, 4, art. 49.º) e o direito de retirada (art. 62.º), acautelando este último os seus interesses de ordem moral.

iv. Direitos morais

A referência ao direito de retirada remete-nos para o direito de personalidade de autor. Na formulação do Código, o direito de autor abrange direitos de natureza patrimonial e direitos de natureza pessoal (art. 9.º). Trata-se do chamado direito moral (art. 56.º), que se traduz, fundamentalmente, por um lado, no direito de reivindicação da paternidade da obra, e, por outro, no direito de assegurar a sua genuinidade e integridade, opondo-se a todo e qualquer acto que a desvirtue e possa afectar a honra e reputação do autor. Em sede de regimes especiais de utilização são previstas diversas normas destinadas a acautelar os interesses de natureza pessoal do autor (arts. 97.º, 100.º, 101.º, 2, 112.º, 114.º, 115.º, 4, 122.º, 1, 123.º, 134.º, 142.º, 146.º, 154.º, 160.º, 167.º, 1, 171.º), normas estas que acrescem ao regime dos direitos morais previsto no Capítulo VI do Código (arts. 56.º a 62.º).

O direito moral protege interesses de natureza pessoal do autor em virtude de a obra ser valorada como expressão criativa da sua personalidade. À semelhança do princípio da *Urheberschaft* do direito alemão, o direito moral traduz-se, desde logo, no chamado *direito de autoria*, isto é, na pertinência originária da obra ao seu criador.[639] Ao contrário dos direitos

---

[638] SCHRICKER/*SCHRICKER* 1999, 578-91; v. SCHWEYER, *Zweckübertragunstheorie*, 1982.
[639] ORLANDO DE CARVALHO 1994, 543.

patrimoniais, o direito moral é inalienável, irrenunciável e imprescriptível, subsistindo independentemente de o autor ter alienado ou onerado os direitos económicos.

Não obstante esta comunhão de princípios, o nosso regime afasta-se do *Urheberrecht* em alguns pontos. Em causa não está tanto saber se o Código prevê um direito de apor e de compor uma designação de autoria (*Nammensnennungsrecht*), mas antes a circunstância de, entre nós, a modificação integrar o catálogo de exemplos de actos susceptíveis de desvirtuarem a obra e afectarem a honra e reputação do autor. Trata-se, aliás, de uma solução semelhante à dos outros países latinos (Itália, arts. 20.º e 22.º l.d.a; França, art. L 131-1 CPI; Espanha, art. 14.º LPI).

Ora, no sistema alemão o direito pessoal à integridade da obra não contém expressamente os actos de modificação (*Änderung*), mas antes a distorção (*Entstellung*) e a mutilação (*Beeinträchtigung*); além disso, apesar de o titular de um direito de utilização não poder alterar a obra salvo acordo em contrário que não prejudique os interesses pessoais do autor em relação à obra, já são permitidas todas as modificações à obra que o autor não possa recusar segundo a boa fé na ponderação de interesses do caso concreto (§§ 14, 39, UrhG).

A remissão dos actos de modificação para um princípio de ponderação de interesses no caso concreto aferido pela boa-fé afasta-se, em certos termos, do nosso regime. No direito de autor português, toda e qualquer modificação da obra não constitui necessariamente uma violação do direito moral de autor, como resulta de outras normas do Código que reconhecem ao autor o direito de consentir a modificação de obra (arts. 15.º, 2, 59.º). Este consentimento não se traduzirá numa renúncia ao direito moral, uma vez que os interesses pessoais tutelados – a sua honra e reputação – não serão afectados. Com efeito, só serão consideradas violações da integridade da obra as modificações que desvirtuem a obra e atinjam a honra e reputação do autor.[640]

Não obstante, embora o autor possa autorizar a modificação da obra, tal acto já não poderá ser objecto de transmissão voluntária ou forçada (art. 42.º), uma vez que isso se traduziria, a nosso ver, na renúncia ou alienação de faculdades compreendidas no direito moral. O princípio é reservar ao autor o controlo das modificações da obra, uma vez que estas poderão afectar a sua honra e reputação enquanto tal, em especial quando apareça como autor da obra modificada sem ter consentido a modificação. Ao invés, o direito alemão remete o problema para a ponderação de interesses no caso

---

[640] OLIVEIRA ASCENSÃO 1992, 180.

concreto segundo a boa-fé, parecendo nessa medida retirar ao autor o poder de controlar as modificações da obra, embora a doutrina corrija esse sentido possível da letra da lei, como veremos adiante.

v. A matriz latina dos direitos de autor em Portugal

O direito de autor português pertence à família latina de *droit d'auteur*, apresentando algumas diferenças em relação ao *Urheberrecht* germânico, como sejam: 1.º o requisito da originalidade das obras admite a protecção não excepcional das chamadas *kleine Münze*; 2.º o direito de autor tem um conteúdo patrimonial disponível e transferível *inter vivos*, seja por cláusula contratual, seja mediante *cessio legis*; 3.º existe uma figura com grande importância prática na atribuição dos direitos no caso de obras criadas em co-autoria e dirigidas e organizadas pela pessoa em nome da qual são divulgadas, as obras colectivas; 4.º o direito contratual de autor é objecto de regulamentação, quer no que respeita à transmissão e oneração do conteúdo disponível, quer no que respeita às autorizações de utilização da obra, sendo de destacar neste ponto o regime específico de certas formas especiais de utilização (por exemplo, edição, produção audiovisual, radiodifusão); 5.º o direito moral de autor abrange a faculdade de controlar os actos de modificação da obra em ordem a proteger a honra e reputação do autor enquanto tal.

Não ter em conta as especificidades do direito de autor dos países latinos compromete qualquer caracterização unitária do modelo do *droit d'auteur*. Isto não significa, porém, que não seja possível sustentar a existência de duas grandes concepções, o *copyright* e o *droit d'auteur*. O *Urheberrecht* germânico e o direito de autor dos países latinos encontram-se unidos por esse princípio fundamental que é o *princípio da autoria*. Princípio este que se funda no valor que dá sentido ao direito de autor, qual seja o autor enquanto pessoa humana capaz de gerar obras literárias e artísticas no exercício da sua liberdade de criação cultural.

Vale isto por dizer que, no modelo de *droit d'auteur*, o autor não será apenas o "a propósito" ou o "dogma protocolar" da regulamentação legal, mas antes a razão de ser de um regime jurídico pré-ordenado à protecção dos interesses pessoais e patrimoniais do criador intelectual em relação às suas obras literárias e artísticas. Essa é a razão pela qual se justificará, em nosso entender, a correcção do teor literal de certos preceitos do nosso Código em matéria de autoria e titularidade de direitos.

A afirmação do princípio da autoria não está em contradição com um regime legal que acolha também os interesses dos agentes produtivos, financeiros e organizacionais das indústrias e do mercado da cultura. As prestações destes agentes poderão merecer tutela por via da atribuição de direitos privativos. Mas, não se deve chamar a essa protecção, indiferenciadamente, direito de autor. Por isso há a figura dos direitos conexos, os quais se destinam a proteger as prestações artísticas e empresariais dos agentes da mediação comunicativa das obras intelectuais.

Além disso, em casos excepcionais, a figura da cessão legal poderá atribuir o exclusivo de exploração económica a pessoa diferente do criador. Porém, esta aquisição opera apenas a título derivado, uma vez que o direito de autor surge originariamente, quer na dimensão pessoal quer no plano patrimonial, na esfera jurídica do autor pelo simples facto da criação intelectual.

Ora, o direito de autor, de matriz latina, abre uma via *per mezzo* entre o *Urheberrecht* e o *copyright* que poderá ser explorada numa eventual codificação europeia dos direitos de autor que se norteie pelos princípios do direito internacional, i.e. que garanta a protecção dos interesses morais e patrimoniais dos criadores de obras literárias e artísticas e viabilize a sua exploração comercial enquanto direitos disponíveis.

Pelo que, no fundo, talvez o maior obstáculo a uma codificação europeia dos direitos de autor não seja a dicotomia *droit d'auteur / copyright*, mas antes os próprios limites actuais do direito comunitário, não obstante a sua fluidez: "Na prática, o Artigo 235.º (actual 308.º) permite legitimar o exercício de qualquer competência pela União Europeia, apesar de, originalmente, se entender que as Comunidades se encontravam disciplinadas pelo princípio das competências de atribuição ainda hoje expresso no Artigo 3.º-B (actual 308.º) do Tratado da Comunidade Europeia."[641]

Mas, terão os Estados-membros passado um "cheque em branco" às instâncias comunitárias?

3.7. Limites do direito comunitário da propriedade intelectual

O direito comunitário, nas matérias da sua competência, prevalece sobre o direito interno dos EM ao nível da configuração dos direitos de propriedade intelectual. Não obstante, o direito da propriedade intelectual não é, ainda, uma competência exclusiva da Comunidade e consideramos que dificilmente o poderá ser enquanto se mantiver o actual quadro normativo, que deve ser tomado "a sério".[642]

---

[641] POIARES MADURO (Estudos LUCAS PIRES), 205.
[642] DUARTE 2006, 357-92.

a) Sentido e limites da harmonização comunitária através de directivas

Quer a teoria dos "poderes atribuídos", quer o princípio da subsidiariedade, e em especial a doutrina do não efeito directo horizontal das directivas, mostram que existe uma reserva de intervenção dos Estados--membros ao nível da configuração dos direitos de propriedade intelectual.

i. Sistema de poderes atribuídos e relação entre o direito comunitário e o direito interno

Para começar, a produção do direito comunitário é operada num sistema de poderes atribuídos.[643] Segundo a jurisprudência constante do Tribunal de Justiça das Comunidades Europeias, estabelecida inicialmente no caso *van Gend en Loos v. Nederlandse*, a "Comunidade constitui uma nova ordem jurídica de direito internacional em favor da qual os Estados limitaram os seus poderes soberanos, ainda que em áreas limitadas" (Proc. 26/62, Ac. 5/2.1963, Col. 1963, 8; v. tb. caso *Commission v. Denmark*, Proc. 143/83, Ac. 30/1/1985, Col. 1985, 427). Vale aqui também a doutrina do "tratado--quadro" ou "de procedimento" (Reuter), no sentido de que os objectivos são formulados, os princípios definidos, mas deixa-se às instituições comunitárias a sua concretização.[644]

Na sua relação com as ordens jurídicas internas dos Estados-membros, o Tribunal firmou os *princípios da supremacia do direito comunitário face ao direito nacional e da sua precedência nos tribunais nacionais* (caso *Costa v. Enel,,* Proc. 6/64, Ac. 15/7/1964, ECR 1964; caso *Wilhelm v. Bundeskartellamt*, Proc. 14/48, 13/2/1969, ECR 1969, 1; caso *Simmenthal*, Proc. 106/77, 9/3/1978, ECR 1978, 629; caso *Factorname*, Proc. C-213/89, 19/6/1990, Rec. 1990, 2434), estando os Estados-membros vinculados por um "princípio da lealdade à Comunidade"[645] na implementação da legislação comunitária (e.g. caso *San Giorgio*, Proc. 199/82, 9/11/1983, ECR 1983, 3595; caso *Commission v. Germany*, Proc. C-217/88, 10/7/1990, Rec. 1990, 2879). A reacção dos Estados-membros a esta jurisprudência comunitária permitiu afirmar o princípio da "supremacia absoluta sobre o direito nacional", traduzindo-se na precedência da aplicação das normas comunitárias sobre as normas nacionais conflituantes.[646]

---

[643] LENAERTS 1990, 224-30.
[644] KAPTEYN/THEMAAT 1989, 29.
[645] Id. ibid., 86.
[646] HARTLEY 1988, 219; v.tb. GORJÃO-HENRIQUES 2007.

ii. Limites da eficácia das directivas

Todavia, os princípios da primazia, da precedência e da lealdade não são absolutos. Desde logo, não devem entender-se como prevalência incondicional do direito comunitário sobre a Constituição e, quando a harmonização se realize por meio de directivas, é preciso ter em conta que estas não gozam nem de aplicabilidade directa nem de efeito directo horizontal. No quadro dos instrumentos de legislação comunitária, as directivas, ao contrário dos regulamentos, não gozam de aplicabilidade directa, no sentido de que requerem uma "forma especial de recepção" posterior da parte dos Estados-membros, que se traduz na sua transposição para as respectivas ordens jurídicas internas.

Com efeito, no actual estado do direito comunitário parece-nos que vale o entendimento segundo o qual "só existe legislação de organizações internacionais que se imponha directamente aos cidadãos dos Estados--membros, se estes se obrigaram a isso, ao constituírem ou aderirem à organização, ou seja, *desde que e até ao ponto em que o tratado constitutivo* da organização preveja tal poder normativo, bem como a sua aplicação directa na ordem interna dos Estados-membros."[647]

De resto, o art. 8.º, 4, da CRP estabelece que as disposições dos tratados que regem a União Europeia e as normas emanadas das suas instituições, no exercício das respectivas competências, são aplicáveis na ordem interna, nos termos definidos pelo direito da União, com respeito pelos princípios fundamentais do Estado de direito democrático. Da conjugação desta norma constitucional com o art. 10.º, 1, do TCE, resultava claramente o princípio do primado do direito da União Europeia no exercício das suas competências.[648]

Todavia, o art. 8.º, 4, da CRP ressalva que as normas comunitárias são aplicáveis nos termos definidos pelo direito da União, o que significa, pelo menos por enquanto, que as directivas não têm efeito directo horizontal. Além disso, ressalva-se que o direito comunitário deverá respeitar os princípios fundamentais do Estado de direito democrático, pelo que nessa medida se poderá questionar o entendimento segundo o qual, "uma vez esclarecidas as questões de validade e de interpretação das normas comunitárias, só há que as fazer prevalecer sobre o direito ordinário interno, sem escrutinar a sua conformidade com a Constituição."[649]

---

[647] GOMES CANOTILHO/VITAL MOREIRA 2007, 264.
[648] Id. ibid., 265-6
[649] Id. ibid., 271.

A questão é de grande alcance quando se trata de sujeitar as directivas comunitárias sobre direitos de autor ao escrutínio da sua conformidade com os princípios fundamentais do Estado de direito democrático, entre os quais se deve contar, em nosso entender, a liberdade de informação. É dizer que existe uma reserva de constituição interna, tanto mais quanto se considerar que a CDFU incorporada pelo TCE não consagra a eficácia horizontal dos direitos fundamentais.

Além disso, ao menos por enquanto, as directivas vinculam quanto aos resultados a alcançar, embora deixem às instâncias nacionais a competência quanto à forma e aos meios (art. 249.º do Tratado de Roma, segundo a numeração introduzida pelo Tratado de Amesterdão). Ou seja, as directivas impõem aos Estados-membros uma *obrigação de resultado,* embora não seja absoluta a liberdade de meios dos Estados-membros na transposição das directivas para as suas ordens jurídicas internas, antes sendo vinculada ao resultado visado pela directiva.

Segundo a jurisprudência do TJCE, "a escolha deixada aos Estados--membros relativamente à forma das medidas e dos métodos utilizados na sua adopção pelas autoridades nacionais depende do resultado que o Conselho ou a Comissão visam alcançar" (caso *Enka,* Proc. 38/77, 23/11/1977, Rec. 1977, 2212; considerando que o prazo de transposição é uma obrigação de resultado, caso *Comission v. Belgium,* Proc. 102/79, 6/5/1980, Rec. 1980, 1483). Em comparação, o Tribunal de Justiça entende que, relativamente às recomendações, "os tribunais nacionais são obrigados a tomar em consideração as recomendações em ordem a decidir controvérsias que lhes tenham sido submetidas, particularmente quando clarificam a interpretação das medidas nacionais adoptadas com vista a implementar essas recomendações ou quando se destinam a complementar disposições comunitárias vinculantes" (caso *Grimaldi,* Proc. C-322/88, 13/12/1989, Rec. 1989, 4421).

De todo o modo, as directivas carecem de um acto legislativo de transposição (*interpositio legislatoris*) para terem efeito directo horizontal, isto é, para serem eficazes nas relações entre sujeitos particulares. A jurisprudência comunitária firmou o princípio jurisprudencial do *efeito directo* (vertical) das directivas após o decurso do período de transposição, no sentido de a autoridade pública nacional não poder prevalecer-se da sua não transposição contra particulares (e.g. caso *Tullio Ratti,* Proc. 148/78, Ac. 5/4//1979, ECR 1979, 1629; caso *Marshall,* Proc. 152/84, Ac. 26/2/1986, ECR 1986, 723; caso *Johnson,* Proc. 22/84, Ac. 15.5.1986, ECR 1986, 1651; caso *Foster,* Proc. C-188/89, 12/7/1990, Rec. 1990, 3344). Este princípio projecta-se em sede de responsabilidade do Estado-membro por danos causados a particulares pela não transposição ou deficiente transposição das directivas (caso *Francovich,* Proc. C-6,9/90, CMLR 1992, 557).

Todavia, os requisitos do efeito directo das normas comunitárias (clareza, precisão e preceptividade, suficiência e completude, incondicionalidade, e aptidão para a criação de direitos subjectivos para os particulares)[650] têm sido interpretados, no que respeita ao seu alcance, no sentido de gerarem apenas efeito directo vertical, isto é, os particulares apenas poderão invocar num tribunal nacional os seus direitos conferidos pela norma comunitária com efeito directo contra qualquer autoridade pública, já não contra outros particulares.[651] Servindo-nos de uma terminologia própria do direito internacional, as directivas não são *self-executing* nas relações entre particulares.

iii. Limites do cânone da interpretação em conformidade com a directiva

É recorrente a pretensão de alcançar esse efeito directo horizontal por via do *princípio da interpretação da lei nacional segundo a letra e o espírito da directiva* (caso *Sabine*, Proc. 14/83, 10/4/1984, ECR 1984, 1909, e, sobretudo, caso *Marleasing,* Proc. C-106/89, 13/11/1990, Rec. 1990, I, 4157).[652] Este cânone poderia justificar, inclusivamente, a interpretação correctiva da lei interna, incluindo por via da ab-rogação do preceito nacional conflituante (caso *Oceano*, Proc. C-240/98 e C-244/98, ECR 2000, I-4941), havendo quem defenda essa solução no domínio das directivas sobre direitos de autor.[653]

Só que, nos termos em que é enunciado, este princípio significa apenas que as directivas poderão servir de base para o desenvolvimento *praeter legem* do direito interno, mas já dificilmente justificarão soluções *contra legem*. A elasticidade interpretativa que o princípio permite (ou impõe), no sentido de privilegiar o elemento teleológico na interpretação das directivas, não pode ir ao ponto de salvar toda e qualquer desconformidade do direito interno, incluindo dos actos de transposição, em relação aos instrumentos comunitários. Não é possível trocar o espírito do direito interno pelo espírito da directiva, independentemente do corpo literal que os sustenta – recorde-se o livro *Cabeças Trocadas*, de Thomas Mann, para ilustrar o que se pretende dizer.

---

[650] MOTA CAMPOS 1994, 249.
[651] MOITINHO DE ALMEIDA 1985, 78; MOURA RAMOS 1994a, 97.
[652] AMSTUTZ 2005, 768 ("the *requirement of interpretation in conformity with directives* developed by the Court of Justice in its case law is an instrument that *supplies the interactions of European and Member State private-law systems with a kind of 'heterarchical' constitution, i.e. constitutionalises private law in the transnational context of European Community*.").
[653] LOPES ROCHA 2005, 77 (citando o Ac. 8/5/2002 do STA).

De resto, se o legislador comunitário quisesse (ou, melhor, pudesse), teria logo adoptado um regulamento, que seria directamente aplicável pelos tribunais nacionais. Isto significa que não se pode exigir aos tribunais que substituam o legislador no seu dever de transposição das directivas, embora não raro esta se processe através do "método da fotocópia", salvo por vezes o "aditamento de alguns erros de tradução".[654] Mesmo que se aceite a figura do "Estado constitucional cooperativo"[655], deve reconhecer-se aos Estados--membros na transposição das directivas uma margem de ponderação, que limita a eficácia dos instrumentos comunitários e deve ser respeitada pelos tribunais internos.

Em suma, quer o princípio dos "poderes atribuídos", quer a doutrina dos limites do efeito directo das directivas, permitem concluir que, mesmo no domínio mercantil, existe uma reserva de soberania dos Estados-membros, que lhes permite defender o respectivo interesse geral. Além disso, no domínio específico da propriedade intelectual (direitos de autor e propriedade industrial) o direito comunitário primário estabelece que se trata de uma razão justificativa de limites às liberdades do mercado interno.

Mas com limites, em especial a "regra de razão" de interpretação dos artigos do Tratado de Roma respeitantes à liberdade de prestação de serviços (*inter alia*, caso *Reyners*, Proc. 2/74, 21.6.1974, ECR 1974, 631; caso *van Binsbergen*, Proc. 33/74, 3.12.1974, ECR 1974, 1974, 1299; caso *Webb*, 279/80, 17.12.1981, ECR 1981, 3305; caso *Commission v. Germany*, 205/84, 4.12.1986, ECR 1986, 3755; caso *Commission v. Germany*, 427/85, 25.2.1988, CMLR 1989, 677) e de circulação de mercadorias para o caso *Cassis de Dijon* (Proc. Proc. 120/78, *REWE v. Bundesmonopolverwaltung für Branntwein*, ECR 1979, 649; v.tb. Proc. C-288/89, *Collectieve Antennevoorziening Gouda*, ECR 1991, I-4007; Proc. C-76/90, *Säger v. Dennemeyer*, ECR 1991, I-4221; Proc. C-384/93, *Alpine Investments*, ECR 1995, I-1141).

De todo o modo, esta jurisprudência também não dá *carte blanche* aos Estados-membros para controlarem as importações só por causa dessas razões.[656] No caso *Gebhard* (Proc.º C-55/94, Ac. 30/11/1995, Col. I-4165), o Tribunal de Justiça sintetizou a *rule of reason* nos seguintes termos: "as medidas nacionais susceptíveis de afectar ou de tornar menos atraente o

---

[654] OLIVEIRA ASCENSÃO 2003a, 179; tb. A. PINTO MONTEIRO 1993, 359 ("Es ist manchmal eine übertriebene Sorge unseres Gesetzgebers festzustellen, den Richtlinien sehr nahe – fast wörtlich – zu folgen.").

[655] CRISTINA QUEIROZ 2006, 201; v. COTTIER/HERTIG 2003, 261s.

[656] KEELING 2003, 16-8.

exercício das liberdades fundamentais garantidas pelo Tratado devem preencher quatro condições: aplicarem-se de modo não discriminatório, justificarem-se por razões imperativas de interesse geral, serem adequadas para garantir a realização do objectivo que prosseguem e não ultrapassarem o que é necessário para atingir esse objectivo." Ora, este "clássico"[657] do direito comunitário não pode deixar de ser tido em conta no domínio em que nos situamos.

iv. A responsabilidade dos Estados-membros por não cumprimento do direito comunitário

De todo o modo, para além desses limites e de a não transposição ou a transposição imperfeita das directivas originar responsabilidade dos Estados-membros por não cumprimento do direito comunitário[658], deve reconhecer-se que o princípio da interpretação da legislação interna em conformidade com a letra e o espírito das directivas poderá diminuir muito o alcance dessa margem de liberdade. Pense-se, nomeadamente, na recente condenação da República Portuguesa pelo TJCE, nos termos da qual, "ao isentar todas as categorias de estabelecimentos que praticam o comodato público da obrigação de remuneração devida aos autores a título desse comodato, não cumpriu as obrigações que lhe incumbem por força dos artigos 1.º e 5.º da Directiva 92/100/CEE do Conselho, de 19 de Novembro de 1992, relativa ao direito de aluguer, ao direito de comodato e a certos direitos conexos aos direitos de autor em matéria de propriedade intelectual" (Ac. TJCE 6/7//2006; a Irlanda foi alvo de semelhante condenação, Ac. TJCE 11/1/2007).

Um aspecto que será de grande alcance em termos de redução dessa margem de liberdade diz respeito aos preâmbulos das directivas, que se assemelham a manuais de instruções. Se se entender que os preâmbulos das directivas têm valor interpretativo vinculativo, sendo a sua interpretação blindada por esses "manuais de instruções", então a margem de liberdade dos Estados-membros será cada vez mais estreita.

b) *A blindagem interpretativa das directivas:* Bruxelas locuta, causa finita?

Ilustremos a pergunta com um exemplo. O problema da oponibilidade dos direitos de autor aos consumidores finais é suscitado, no contexto da directiva 2004/84, pelo considerando 14 do preâmbulo, quando caracteriza

---

[657] SCHRAUWEN 2005.
[658] FAUSTO QUADROS 2004, 524.

os actos praticados à escala comercial como aqueles que têm "por finalidade uma vantagem económica ou comercial directa ou indirecta, o que, em princípio, exclui os actos praticados por consumidores finais agindo de boa fé" (cons. 14, *in fine*).

Pergunta-se, por causa disto, se as especiais medidas de protecção que pressupõem a prática de actos à escala comercial são aplicáveis aos consumidores finais não agindo de boa fé, e se as restantes medidas de protecção previstas na directiva e em outras disposições comunitárias são também aplicáveis aos consumidores finais, ainda que agindo de boa fé. A julgar pelo preâmbulo, a questão estaria resolvida.

Mas, qual é o valor interpretativo dos preâmbulos das directivas? Com efeito, uma questão que se coloca ao nível da interpretação das directivas diz respeito ao valor dos seus preâmbulos: em que termos se pode falar em *"considerandos interpretativos"*[659]?

i. O preâmbulo como "interpretação autêntica"?

As directivas surgem algo "blindadas", havendo quem defenda que os preâmbulos funcionam como "interpretações autênticas" das disposições específicas de cada directiva.[660] Mas, será a interpretação das directivas vinculada aos considerandos dos preâmbulos? Em suma: "Brüssel locuta, causa finita?"[661]

A principal fonte dos direitos de autor no ambiente das comunicações electrónicas é o direito comunitário, sobretudo na forma de directivas.[662] Trata-se de textos que por vezes mais se assemelham a regulamentos, embora deixem normalmente alguma margem de liberdade aos Estados-membros no que respeita à sua transposição para as respectivas ordens jurídicas internas.

Não obstante, essa margem de liberdade será tanto maior ou menor consoante o entendimento que se tenha sobre o valor normativo dos considerandos das directivas. Será vinculativo o texto dos considerandos, ao menos indirectamente por força do "princípio de fidelidade" à União e da interpretação da legislação interna em conformidade com a letra e o espírito das directivas? Usando uma linguagem agora em voga, os considerandos fazem parte do "texto-*notação*"[663] das directivas, limitando a liberdade de interpretação?

---

[659] ROGEL VIDE 2002a, 66.
[660] DIETZ 2005, 22; WANDTKE/BULLINGER/*WANDTKE* 2006, 15.
[661] DREIER 2002, 28.
[662] DIAS PEREIRA 2001b, 636-7.
[663] AROSO LINHARES 2004, 121.

A resposta afirmativa dirá que os considerandos das directivas consistem em meras explicitações dos preceitos, fazendo parte do espírito que anima o corpo articulado das directivas. Na dúvida sobre o sentido e alcance de um preceito, este deveria ser interpretado de acordo com os considerandos da directiva. No fundo, a interpretação de uma directiva seria um exercício de perícia, revelando-se tanto mais autêntica quanto mais levasse em conta os seus considerandos introdutórios.

Um outro problema que se pode colocar em sede de interpretação das directivas comunitárias está em saber como respeitar o dever de considerar casos análogos prescrito no Código Civil (art. 8.º, 3). A interpretação conforme às directivas pressupõe uma interpretação das próprias directivas. Só que esta faz-se não apenas em Portugal mas em todos os Estados-membros. Será necessário um cânone metodológico comum para toda a Europa, à semelhança do que alguns defendem na América?[664] Terá o juiz português o dever de considerar todos os casos análogos resolvidos ao abrigo de leis nacionais interpretadas em conformidade com a directiva?

Desde logo, surge o obstáculo linguístico. Como exigir a um juiz português que domine o grego? Será possível aguardar por uma tradução? Mas, desde logo, como saber da existência desse caso? Em ordem a cumprir o princípio de justiça ínsito no dever de considerar casos análogos, pensamos que cabe aqui um importante papel à Comissão, no sentido de criar bases de dados, nas línguas de trabalho da Comunidade, sobre legislação e jurisprudência interna dos Estados-membros, em complemento das decisões comunitárias sobre questões prejudiciais. De resto, a directiva sobre comércio electrónico (2000/31) incumbe os Estados-membros de incentivarem a comunicação à Comissão das decisões administrativas e judiciais significativas tomadas no seu território sobre litígios relativos a serviços da sociedade da informação, bem como sobre práticas, usos ou costumes relativos ao comércio electrónico, competindo à Comissão comunicar essas decisões aos outros Estados-membros (art. 19.º, 5). Idêntico regime se aplica às decisões significativas tomadas pelos organismos responsáveis pela resolução extrajudicial de litígios, embora não se incumba aqui a Comissão de comunicar estas decisões aos Estados-membros (art. 17.º, 3), o que nos parece um lapso, tendo em conta a importância do direito extrajudicial no comércio electrónico.

---

[664] ROSENKRANZ 2002, 2156 ("Congress can and should codify rules of statutory interpretation.").

ii. A *praxis* do Tribunal de Justiça

A casuística do Tribunal de Justiça das Comunidades Europeias parece confirmar o valor de interpretação autêntica dos considerandos das directivas, levando-os à letra como verdadeiros "manuais de instruções". Veja-se, mais recentemente, o acórdão de 14 de Julho de 2005 (*Lagardère Active Broadcast v. Société pour la perception de la rémuneration équitable SPRE*), sobre direitos de autor e direitos conexos, radiodifusão de fonogramas e remuneração equitativa.

Interpretando as directivas 93/83 e 92/100 com base nos "esclarecimentos" do preâmbulo, o Tribunal concluiu o seguinte: "1. A Directiva 93/83/ /CEE (...) não se opõe a que a remuneração devida pela utilização de fonogramas em radiodifusão seja regulada não apenas pela lei do Estado-Membro onde se encontra sediada a sociedade emissora mas também pela lei do Estado-Membro da situação, por motivos técnicos, do emissor terrestre que difunde as emissões para o primeiro Estado. / 2. O art. 18.º, n.º 2, da Directiva 92/100/CEE (...) deve ser interpretado no sentido de que, para a determinação da remuneração equitativa referida nesta disposição, a sociedade emissora não tem o direito de deduzir unilateralmente do montante da remuneração devida pela utilização de fonogramas no Estado-Membro no qual está sediada as quantias pagas ou exigidas no Estado-Membro em cujo território se situa o emissor terrestre que difunde as emissões em direcção ao primeiro Estado."

De igual modo, no acórdão de 9 de Novembro de 2004 (Proc. C-46/02, *Fixtures Marketing Ltd contra Oy Veikkaus Ab.*, Col. 2004, I-10365), que tem por objecto um pedido de decisão prejudicial sobre a interpretação do artigo 7.º da Directiva 96/9, apresentado no âmbito de um litígio que opõe a sociedade *Fixtures Marketing Ltd* (a seguir «*Fixtures*») à sociedade *Oy Veikkaus Ab* (a seguir «*Veikkaus*»), resultante da utilização pela *Veikkaus*, para efeitos da organização de apostas, de dados relativos aos jogos de futebol dos campeonatos ingleses, o TJCE fundamentou a sua interpretação da directiva nos considerandos do preâmbulo:

"34. Neste contexto, o conceito de investimento ligado à obtenção do conteúdo de uma base de dados deve, como salientam a Veikkaus e os Governos alemão e neerlandês, entender-se como designando os meios dedicados à procura de elementos existentes e à sua reunião na referida base, com exclusão dos meios aplicados na própria criação de elementos. Tal como salienta o Governo alemão, o objectivo da protecção pelo direito *sui generis* organizada pela directiva é, com efeito, estimular a instituição de sistemas de armazenamento e de tratamento de informações existentes, e não a criação de elementos susceptíveis de serem posteriormente reunidos numa base de dados / 35. Esta interpretação é corroborada pelo trigésimo nono considerando da directiva, segundo o qual o objectivo do direito *sui generis* é garantir uma protecção contra a apropriação dos resultados obtidos pelo investimento financeiro e profissional suportado pela pessoa que «obte[ve] e colig[iu] o conteúdo» de uma base de dados. Tal como refere a advogada-geral nos n.ºs 61 a 66 das suas conclusões, não obstante ligeiras variações terminológicas, todas as versões linguísticas deste trigésimo nono considerando advogam a favor de uma interpretação que exclui do conceito de obtenção a criação dos elementos contidos na base de dados. / 36. O décimo nono considerando da directiva, nos termos do qual a compilação de várias fixações de execuções musicais em CD não representa um investimento suficientemente avultado para beneficiar do direito *sui generis*, fornece um argumento suplementar em apoio desta interpretação. Com efeito, daí resulta que os meios utilizados para a própria criação das obras ou dos elementos que constam da base de dados, no caso vertente um CD, não são equiparáveis a um investimento ligado à obtenção do conteúdo da referida base e, portanto, não podem entrar em linha de conta para se apreciar o carácter substancial do investimento ligado à constituição dessa base.".

Assim, interpretar uma directiva seria fundamentalmente um procedimento de "ir e vir" dos artigos ao preâmbulo e do preâmbulo aos artigos, servindo aquele de elemento clarificador destes.[665]

iii. O valor dos preâmbulos das directivas como problema em aberto

As directivas são, normalmente, soluções de compromisso entre as diversas tradições jurídicas dos Estados-membros. Daí que, por vezes, o que fica apenas no preâmbulo das directivas sem passar para o articulado das disposições se destine apenas aos países que seguem uma determinada tradição. Isto mostra também que a interpretação da directiva em conformidade com o preâmbulo não dispensa a adequação deste ao contexto interno de cada Estado-Membro.

Por isso dificilmente se poderá reconhecer força vinculativa aos preâmbulos, embora por vezes os seus considerandos sejam designados como "disposições".[666] A natureza híbrida das directivas, no sentido de misturarem

---

[665] DIAS PEREIRA 2004c, 87.
[666] E.g. DUSOLLIER 2004, 344.

elementos normativos provenientes de diversas tradições jurídicas, compromete qualquer tentativa de encontrar nos preâmbulos a única interpretação possível dos seus artigos.

Isto não significa desconsiderar por completo a utilidade dos considerandos introdutórios enquanto auxílios interpretativos. Uma intenção contida num considerando do preâmbulo "tem um valor jurídico menor que uma disposição inserida no próprio corpo do texto da directiva", podendo servir apenas de "ponto de referência para o juiz nacional".[667]

Além disso, também não está em causa recusar a criação de um modelo jurídico que, combinando elementos das tradições jurídicas nacionais, se afirme enquanto direito europeu *qua tale*, distinto da mera adição das partes que o compõem. O que pretendemos apenas dizer é que os preâmbulos não devem ser vistos como o outro lado da norma comunitária, i.e. como o lado oculto, mas não obstante igualmente vinculativo.

A propósito do preâmbulo da constituição, escreveu Hans Kelsen que "geralmente não contém normas precisas sobre a conduta humana, sendo por isso desprovido de conteúdo relevante de um ponto de vista jurídico. Revela um carácter mais ideológico do que jurídico. Se desaparecesse, o significado real da constituição não seria modificado".[668]

Este entendimento não é directamente transponível para os preâmbulos das directivas comunitárias sobre direitos de autor e conexos. Não obstante, serve de referência para relativizar o pretenso valor normativo dos preâmbulos, como se fossem disposições das directivas. Numa palavra, o valor interpretativo dos preâmbulos é um problema em aberto, no sentido de que os preâmbulos não ditam soluções vinculativas para problemas deixados em aberto pelas disposições das directivas. Para melhor compreender o problema, ilustremo-lo mediante alguns exemplos de questões preambulares sobre direitos de autor.

iv. Exemplos de questões preambulares

– *O requisito da originalidade de programas de computador e bases de dados*
Um dos primeiros problemas resolvidos pelo direito comunitário no domínio do direito de autor no ambiente electrónico foi a protecção dos programas de computador ao abrigo dos direitos de autor. A Directiva 91/250 pretendeu "numa primeira fase... determinar que os Estados-membros devem conceder protecção aos programas de computador ao abrigo dos direitos de autor, considerando-os como obras literárias" (cons. 6). Só por si, esta solução pouco ou nada acrescentou ao que

---

[667] GUIBAULT 2003a, 559.
[668] KELSEN 1997, 309.

era já lei ou jurisprudência da generalidade dos Estados-membros. O aspecto porventura mais inovador é o facto de a medida ser situada "numa primeira fase". A "segunda fase" está já em curso, com a iniciativa de proteger as invenções relacionadas com programas de computador pelo direito de patente, já que a protecção "ao abrigo dos direitos de autor" incide apenas sobre a forma expressiva do programa, com exclusão das ideias e princípios eventualmente presentes na lógica, nos algoritmos e nas linguagens de programação (cons. 13).

Estabelece-se também que o único critério que os Estados-membros deverão aplicar para proteger os programas de computador é a originalidade. O considerando 8 acrescenta que para aferir da originalidade de um programa de computador "não se deverá recorrer a testes dos seus méritos qualitativos ou estéticos" (cons. 8). Idêntico critério vale para as bases dados. Nos termos da Directiva 96/6, as bases de dados que, devido à selecção ou disposição das matérias, constituam criação intelectual específica do respectivo autor, serão protegidas nessa qualidade pelo direito de autor, não sendo aplicáveis quaisquer outros critérios para determinar se estas podem beneficiar dessa protecção (art. 3.º, 1). O preâmbulo acrescenta que não deverão intervir critérios estéticos ou qualitativos (cons. 16). Significa isto que os preâmbulos das directivas impedem os Estados-membros de aplicar critérios estéticos ou qualitativos na apreciação da originalidade dos programas de computador e das bases de dados?

– A exclusão de compilações de fixações de execuções musicais da noção de bases de dados
Ainda em matéria de bases de dados, o preâmbulo "exclui" da noção de bases de dados a fixação de uma obra audiovisual, cinematográfica, literária ou musical, como tal, e a compilação de várias fixações de execuções musicais em CD, considerando-se que esta, como compilação, não preenche as condições para beneficiar da protecção do direito de autor e que não representa um investimento suficientemente avultado para beneficiar do direito *sui generis* (cons. 17 e 19). Ou seja, o preâmbulo da directiva dá por adquirido o que não é assim tão certo. Será inteiramente seguro que uma compilação de fixações de execuções musicais em CD jamais preencherá as condições de protecção do direito de autor enquanto bases de dados, ou que jamais representará um investimento suficientemente avultado para beneficiar do direito *sui generis*? Pense-se, nomeadamente, numa recolha de música popular tradicional.

– O direito de citação e as bases de dados electrónicas
No regime das bases de dados, coloca-se também a questão do direito de citação, que não é expressamente previsto. O art. 6.º, 2-d, admite-o, embora por referência à alínea a) pareça ser excluído no que respeita a bases de dados electrónicas, por implicar a sua reprodução. Ao mesmo tempo, todavia, lê-se no considerando 37 que "a directiva não prejudica o disposto no n.º 1 do artigo 10.º da Convenção de Berna", isto é, o direito de citação. Em que ficamos? Vale o direito

de citação apenas para as bases de dados não electrónicas, por se entender que a previsão dessa excepção na Convenção de Berna se refere apenas ao ambiente analógico, ou pelo contrário terá sido consagrado o direito de citação também relativamente às bases de dados electrónicas? A questão é tanto mais pertinente quanto se tiver em conta que no mesmo preâmbulo também se considera, agora a propósito do direito *sui generis*, que o "direito de impedir a extracção e/ou reutilização total ou de uma parte substancial do conteúdo visa não apenas o fabrico de um produto parasita concorrente, mas também o utilizador que, pelos seus actos, atente de modo substancial contra o investimento, tanto em termos qualitativos, como quantitativos" (42, 1ª parte, e *in fine*).

– Os direitos morais dos criadores de programas de computador e bases de dados
Em matéria de direitos morais relativamente a programas de computador e a bases de dados, o texto das directivas nada prevê expressamente a esse respeito, podendo ler-se apenas no preâmbulo da Directiva 91/250 que esta "não afecta as disposições previstas nas legislações nacionais de acordo com a Convenção de Berna" (cons. 28), e na directiva Directiva 96/6 que "os direitos morais da pessoa que criou a base de dados pertencem ao autor e devem ser exercidos nos termos da legislação dos Estados-membros e da Convenção de Berna sobre a protecção das obras literárias e artísticas" (cons. 28). Ora, estarão os Estados-membros vinculados a respeitar os direitos morais dos autores de programas de computador e bases de dados por força dos referidos considerandos? A questão coloca-se outra vez no quadro da Directiva 2001/29, a qual não cuida dos direitos morais dos autores e artistas, limitando-se a remeter no preâmbulo para a lei interna dos Estados-membros, tendo em conta a Convenção de Berna e os Tratados da OMPI (cons. 19).

Ora, um Estado-Membro que não reconheça direitos morais aos criadores de software e bases de dados, segundo os mínimos da Convenção de Berna, poderá ser condenado por não cumprimento das directivas? Aparentemente, sendo a questão tratada apenas no preâmbulo, dir-se-ia que a lei interna não viola o texto vinculativo da directiva.

– Os direitos mínimos do utilizador de software
No que respeita aos direitos mínimos do utilizador de programas de computador, existe uma contradição clara entre o considerando 17 da Directiva 91/250, que "proíbe" cláusulas contratuais que impeçam as acções de carregamento e de funcionamento necessárias à utilização legítima de uma cópia de um programa, incluindo as acções de correcção dos respectivos erros, e a possibilidade de estipulação de tais cláusulas prevista no texto da directiva (arts. 5.º, 1, e 9.º, 1, *in fine*, a contrario). Deverá interpretar-se correctivamente estes artigos em conformidade com o preâmbulo no sentido de assegurar os direitos do utilizador? Ou poderá o acto de transposição para a ordem jurídica interna ficar-se pelo estatuído no texto dos artigos, desconsiderando o preâmbulo?

Pense-se, por exemplo, no problema da descompilação de software. A Directiva 91/250 atribui ao utilizador legítimo o direito imperativo de descompilar o programa (art. 6.º). Todavia, o sentido e alcance deste direito depende, em larga medida, da consideração que se tiver pelo preâmbulo. Com efeito, esta operação, implica a reprodução e a modificação da forma do código (cons. 19) e é justificada apenas em "circunstâncias restritas" (cons. 21), as quais resultam não apenas da letra do artigo 6.º, mas também da sua interpretação de acordo com os princípios enunciados nos considerandos 10 a 12, e 19 a 23. Desde logo, se tivermos em conta a definição de interoperabilidade prevista no preâmbulo, como a capacidade de trocar informações e de reciprocamente utilizar as informações trocadas (cons. 12), que se analisa na interconexão e interacção lógica e, quando necessária, física, no sentido de permitir o funcionamento conjunto de todos os elementos do suporte lógico e do equipamento com outros suportes lógicos e equipamentos, e com os utilizadores, e todas as formas de funcionamento previstas (cons. 10 e 12), então concluiremos por um direito de descompilação mais amplo do que o previsto na letra do art. 6.º, de modo a permitir a interoperabilidade de todos os elementos de um sistema informático (hardware, software e data), incluindo os de diferentes fabricantes, ainda que concorrentes, se destinada a participar na sua esfera de interoperabilidade. O preâmbulo esclarece ainda que a descompilação será, nessas circunstâncias, e observados os restantes requisitos, a utilização "legítima e compatível com uma prática leal" (cons. 21). Ou seja, o preâmbulo fornece um apoio interpretativo de grande relevo ao nível da determinação do sentido e alcance do direito de descompilação, excluindo até a possibilidade de recurso à concorrência desleal contrariamente à ressalva prevista no art. 9.º, 1. Mas, será esse apoio vinculativo?

– *Cópia de segurança de programas de computador e reprodução para uso privado*
Ainda em matéria de direitos mínimos do utilizador, o problema da reprodução para fins privados, em especial a cópia de segurança de programas de computador, poderá estar "regulado" indirectamente no preâmbulo da Directiva 2001/29. Esta directiva estabelece um regime de protecção de medidas técnicas, esclarecendo no preâmbulo que a protecção das medidas técnicas não deve impedir o desenvolvimento de meios técnicos necessários para permitir a realização de actos em conformidade com o n.º 3 do artigo 5.º ou com o artigo 6.º da Directiva 91/250 (cons. 50). Ora, será que este considerando "permite" que o direito imperativo à realização de cópia de segurança de programas de computador não prevaleça sobre as protecções técnicas? Ou a omissão do n.º 2 do art. 5.º da Directiva 91/250 terá sido lapso do preâmbulo? A questão coloca-se, tanto mais que o mesmo considerando diz, *in fine*, que, os "artigos 5.º e 6.º dessa directiva apenas determinam excepções aos direitos exclusivos aplicáveis a programas de computador." Interpretando a contrario este considerando, poderia retirar-se que o direito à cópia de segurança não seria válido para as obras literárias em geral. Mas, curiosamente, o mesmo

considerando omite a referência ao direito do utilizador legítimo de software à cópia de segurança. Que valor interpretativo se pode retirar desta omissão?

– *Esgotamento do direito de distribuição no comércio electrónico directo*
Um outro exemplo com grande relevo no domínio do comércio electrónico diz respeito ao esgotamento do direito de distribuição, quando exercido por meios electrónicos (e.g. descarregamento electrónico em rede de músicas, filmes ou programas de computador). Os preâmbulos das directivas "excluem" a "distribuição electrónica", no sentido de que o princípio do esgotamento comunitário do direito de distribuição fica restrito à comercialização de exemplares das obras em suportes tangíveis, sendo a "distribuição electrónica" considerada como uma actividade de prestação de serviços (Directiva 2001/29, cons. 29; Directiva 2000/31, cons. 18; directiva 96/9, art. 5.º-c, e cons. 33; ver também Tratado da OMPI sobre Direito de Autor, art.6.º e respectivas declarações acordadas). Nos termos do preâmbulo da Directiva 96/6, "a protecção de bases de dados pelo direito de autor inclui igualmente a colocação à disposição de bases de dados sob outra forma que não seja a distribuição de cópias" (cons. 31); ao mesmo tempo, entende-se que o titular do direito pode optar "por colocar um exemplar da base de dados à disposição de um utilizador, quer através de um serviço em linha ou de outros meios de distribuição" (cons. 34). De todo o modo, quer a colocação à disposição de bases de dados em linha, quer a "cópia material" de base de dados em linha efectuada pelo utilizador do serviço com o consentimento do titular do direito, não constituem distribuição para efeitos de exaustão deste direito; nessa medida, o fornecimento de produtos ou serviços de bases de dados em linha não relevam para efeitos do esgotamento do direito de distribuição, aduzindo-se como justificação para esta diferença de regime que "ao contrário dos CD-ROM ou CD-I em que a propriedade intelectual é incorporada num suporte material, a saber, numa mercadoria, cada prestação em linha é efectivamente um acto que deverá estar sujeito a autorização se o direito de autor o prever" (cons. 33). O mesmo se reitera, a propósito do direito *sui generis*: "em caso de transmissão em linha, o direito de proibir a reutilização não se esgota relativamente à base de dados, nem a qualquer cópia material dessa mesma base ou de parte dela feita pelo destinatário da transmissão com o consentimento do titular do direito" (cons. 43). A lei francesa colocou na forma de norma este considerando preambular da directiva, dispondo que a transmissão em linha de uma base de dados não esgota o direito do produtor de controlar a revenda em todos os Estados-membros de uma cópia material da base ou uma sua parte (CPI, art. L 342-4, 2).

Idêntico entendimento é retomado pela Directiva 2001/29: "a questão do esgotamento não é pertinente no caso dos serviços, em especial dos serviços em linha. Tal vale igualmente para as cópias físicas de uma obra ou de outro material efectuadas por um utilizador de tal serviço com o consentimento do titular do direito" (cons. 29).

Será este entendimento vinculativo para o intérprete? Poderão os preâmbulos das directivas desconsiderar a realidade da distribuição electrónica de exemplares de obras, caracterizando-a de prestação de serviços para assim a excluir do princípio do esgotamento? Não seria mais razoável admitir a realidade da distribuição electrónica, sem prejuízo do afastamento do referido princípio por razões de ordem prática?[669] Dentro do leque de problemas que se abre ao considerar a distribuição electrónica como simples prestação de serviços, de referir que cada utilização estaria sujeita a autorização, não operaria o esgotamento comunitário do direito, os utilizadores ficariam com poucos ou nenhuns direitos de utilização, excluir-se-iam liminarmente a responsabilidade do produtor e o direito de livre resolução do consumidor, o alcance da proibição de cláusulas abusivas seria tendencialmente mais reduzido, e, enquanto contrato meramente obrigacional, valeria em princípio o *forum originis* em matéria de tribunal competente e de lei aplicável.

O preâmbulo da Directiva 2001/29 é, aliás, dos mais férteis em matéria de considerandos que procuram "pôr a claro" o texto das disposições. Vejamos mais alguns exemplos.

– *Actos excluídos do exclusivo de reprodução*
Esta directiva excluiu do direito de reprodução os actos de reprodução temporária meramente transitórios ou episódicos que constituam parte integrante e essencial de um processo tecnológico e cujo único objectivo seja permitir uma transmissão numa rede entre terceiros por parte de um intermediário (a) ou uma utilização legítima de uma obra ou de outro material a realizar (b) e que não tenham em si significado económico (art. 5.º, 1). O preâmbulo "esclarece" que esta excepção abrange, nomeadamente, os actos de armazenagem temporária e os que possibilitam a navegação («browsing»), e que "uma utilização deve ser considerada legítima se tiver sido autorizada pelo titular de direitos e não estiver limitada por lei" (cons. 33). Ora, estes "esclarecimentos" não são inócuos, já que, relacionando--os com o regime de responsabilidade dos prestadores intermediários de serviços da sociedade da informação estabelecido pela Directiva 2000/31, parece poder concluir-se que, pelo menos no domínio dos direitos de autor e conexos, esse regime de responsabilidade terá sido alargado relativamente aos instrumentos de busca na Internet, deixados pela Directiva 2000/31 para eventual harmonização futura (art. 21.º, 2). Ao mesmo tempo salvaguarda-se que se deve tratar de utilização legítima, em termos, por exemplo, de não violar uma protecção tecnológica de acesso condicional mediante remuneração.

Além disso, o art. 8.º, 3, da Directiva 2001/29 impõe aos Estados-membros o dever de garantir que os titulares dos direitos possam solicitar uma *injunção* contra intermediários cujos serviços sejam utilizados por terceiros para violar um direito de autor ou direitos conexos. O preâmbulo "esclarece" que esta possibilidade se justifica por se considerar estarem os intermediários frequentemente em

---

[669] LEHMANN 2003, 524, n. 21 ("if a work is sold and only supplied via the internet, exhaustion occurs").

melhor posição para porem termo a actividades ilícitas dos utilizadores dos seus serviços (cons. 58), devendo ser facultada mesmo nos casos em que os actos realizados pelos intermediários se encontrem isentos ao abrigo do art. 5.º (cons. 59). Por força deste cons., o intermediário que disponibiliza, por exemplo, instrumentos de busca ou localização de informação na Internet não poderia opor-se à pretensão dos titulares de direitos de autor, alegando estar isento de responsabilidade no termos do art. 5.º, 1. Esta medida visará certamente os sistemas de partilha de ficheiros (*peer-to-peer*) descentralizados. Não obstante, o considerando da directiva poderá restringir a liberdade de comunicação na Internet, permitindo aos titulares de direitos de autor e conexos agir directamente contra os prestadores intermediários apesar de estes estarem isentos de responsabilidade. Ou seja, um simples considerando da directiva poderá neutralizar todo um conjunto de disposições em que se articula aquele regime de responsabilidade. Pelo que, mais uma vez, se impõe a pergunta: o considerando é vinculativo?

– Os direitos de autor como direitos de propriedade
O preâmbulo da Directiva 2001/29 vai ao ponto de tomar partido sobre a *vexata quaestio* da natureza jurídica do direito de autor, que se considera uma forma de propriedade intelectual, sendo que esta "é reconhecida como parte integrante da propriedade" (cons. 9). Significa isto que o problema da natureza jurídica do direito de autor está definitivamente encerrado em favor da teoria dos direitos de propriedade? Será vinculativa a qualificação do direito de autor como direito de propriedade? Em favor dessa tese milita ainda o considerando 30, nos termos do qual os direitos de autor podem ser transferidos, cedidos ou sujeitos à "concessão de licenças numa base contratual".

Segundo Adolf Dietz, os considerandos da Directiva 2001/29 a propósito dos fundamentos do direito de autor representam uma espécie de *communis opinio* política da Europa sobre a natureza dos direitos de autor.[670] Mas, será esta *communis opinio* vinculativa? Ora, perante aquele considerando, qual será a resposta do direito de autor alemão, que impede a transferência *inter vivos* do direito de autor? Alterará o seu modelo monista em favor do modelo dualista dos países latinos?

A consagração da teoria da propriedade projecta-se numa harmonização dos direitos de autor e conexos segundo o princípio de um elevado nível de protecção. Este princípio justificou, desde logo, o alargamento do prazo de protecção.

– O alargamento do prazo de protecção segundo a regra dos 70 anos post mortem auctoris
A Directiva 93/98 harmonizou o prazo de protecção segundo o prazo mais longo concedido entre os Estados-membros, consagrando a regra geral dos 70 anos *post mortem auctoris*. Para justificar esta medida é aduzido o argumento segundo

---

[670] DIETZ 2005, 22 ("political communis opinion").

o qual o prazo mínimo de protecção de 50 anos após a morte do autor, previsto na Convenção de Berna, destinava-se a proteger o autor e as duas primeiras gerações dos seus descendentes. Porém, esse prazo teria deixado de ser suficiente para abranger duas gerações em virtude do aumento da duração de vida média na Comunidade (cons. 5). Além disso, a harmonização do prazo de protecção do direito de autor segundo um "elevado nível de protecção", traduzido na regra geral dos 70 anos *post mortem auctoris,* permitiria cumprir o objectivo de instituir um nível de protecção elevado capaz de criar um clima jurídico favorável ao desenvolvimento harmonioso da criatividade literária e artística na Comunidade (cons. 10, 11). Estas justificações são mantidas na nova directiva (2006/16, cons. 6 e 11-12).

Mas, será assim tão seguro que a criatividade aumente na razão directa do nível de protecção? Que dizer então aos argumentos da análise económica do direito que justamente têm evidenciado ser o aumento de protecção cerceador da liberdade de criação cultural e de outras liberdades humanas fundamentais exigidas num regime democrático, devendo hesitar-se tanto em abolir os direitos de autor como em reforçar a sua protecção[671] e propondo-se em alternativa à actual duração excessiva e rígida um sistema de prazos mais curtos mas renováveis[672], tanto mais não havendo razões de ordem utilitária que justifiquem o aumento da protecção de obras já existentes com base na necessidade de promover a sua criação.[673]

– *As excepções aos direitos de autor no ambiente digital*
A concepção do direito de autor como propriedade na Directiva 2001/29 leva a que, em matéria de excepções, o elevado nível de protecção se faça à custa, desde logo, dos limites tradicionais do direito de autor no ambiente electrónico. "As excepções ou limitações existentes aos direitos estabelecidos a nível dos Estados- -membros devem ser reapreciadas à luz do novo ambiente electrónico", lê-se no considerando 31, 2.º período, mais se acrescentando que a "previsão de tais excepções e limitações pelos Estados-membros deve, em especial, reflectir devidamente o maior impacto económico que elas poderão ter no contexto do novo ambiente electrónico. Consequentemente, o alcance de certas excepções poderá ter quer ser ainda mais limitado em relação a certas novas utilizações de obras e outro material protegido" (cons. 44). Entre outras, a reprodução para arquivos e bibliotecas é excluída no ambiente electrónico em linha: "Tal excepção ou limitação não deve abranger utilizações no contexto do fornecimento em linha de obras ou outro material protegido" (cons. 40). Ora, vale este cons. do preâmbulo como o lado B da excepção para fins de arquivo prevista na directiva?

– *O "manual de instruções" da compensação pela liberdade de reprodução*
Por seu turno, a cópia privada, embora seja prevista como uma das possíveis excepções, é incluída no círculo de relevância do direito de autor, no sentido de que

---
[671] BREYER 1970, 307; LANDES/POSNER 1989, 329.
[672] LANDES/POSNER 2003, 210s.
[673] HEALD 2005, 489.

por ela é devida uma compensação equitativa, acrescentando-se que os sistemas de remuneração devem distinguir a cópia analógica da digital, sendo esta última a que terá maior impacto económico (cons. 38). Para a implementação concreta da referida compensação equitativa, fornece o preâmbulo da directiva um autêntico "manual de instruções": "Na determinação da forma, das modalidades e do possível nível dessa compensação equitativa, devem ser tidas em conta as circunstâncias específicas a cada caso. Aquando da avaliação dessas circunstâncias, o principal critério será o possível prejuízo resultante do acto em questão para os titulares de direitos. Nos casos em que os titulares de direitos já tenham recebido pagamento sob qualquer outra forma, por exemplo como parte de uma taxa de licença, não dará necessariamente lugar a qualquer pagamento específico ou separado. O nível da compensação equitativa deverá ter devidamente em conta o grau de utilização das medidas de carácter tecnológico destinadas à protecção referidas na presente directiva. Em certas situações em que o prejuízo para o titular do direito seja mínimo, não há lugar a obrigação de pagamento" (cons. 35).

Ora, serão estas instruções quanto à forma, às modalidades e ao nível da compensação vinculativos para os Estados-membros, ou pelo contrário a sua determinação ficará no poder discricionário de cada Estado-membro, que apenas estarão vinculados a assegurar a existência dessa compensação independentemente das feições concretas que revista?

– *Exemplos de questões preambulares sobre comércio electrónico*
Uma directiva com especial interesse no domínio dos direitos de autor no ambiente digital é a Directiva 2000/31 (directiva sobre comércio electrónico), e também o seu preâmbulo está recheado de indicações, esclarecimentos ou complementos ao regime articulado nas suas disposições. Demos alguns exemplos, um sobre a exemplificação da noção de serviços da sociedade da informação e outro sobre a determinação do local de estabelecimento do prestador destes serviços.

Para começar, a directiva regula aspectos dos serviços da sociedade da informação, remetendo para a definição destes constante da Directiva 98/34 (normas técnicas). Todavia, o preâmbulo ilustra esta noção legal mediante um catálogo de exemplos positivos e negativos (cons. 18). Ora, tendo em conta a importância do conceito de serviços da sociedade da informação enquanto critério de delimitação do âmbito subjectivo de aplicação do regime articulado nas disposições da directiva, a primeira questão que se coloca é saber a razão pela qual não está consagrada no texto normativo da directiva, ficando apenas no preâmbulo. Mais uma vez, será o preâmbulo vinculativo ou poderá um Estado-Membro alargar o regime da directiva a situações excluídas pelo referido considerando, nomeadamente a actividade dos revisores oficiais de contas?

Por outro lado, uma questão de grande importância para o comércio electrónico prende-se com a determinação do local de estabelecimento das empresas que operam no "mercado virtual", socorrendo-nos da terminologia do Regulamento 733/2002 (cons. 4). Com efeito, se estiverem localizadas na União Europeia ficam sujeitas ao regime da directiva, que impõe a regra geral do país de origem e do livre acesso ao mercado "temperado" com certas obrigações de informação (ou transparência) como "contrapartida justa em virtude da ausência de «face a face» entre a oferta e a procura."[674] Qual será o local de estabelecimento de uma empresa virtual? Estará localizada em Portugal uma empresa só por ter um nome de domínio.pt? A resposta é negativa.[675]

A este propósito, lê-se no considerando 19 da Directiva 2000/31 que, "a determinação do local de estabelecimento do prestador deve fazer-se de acordo com a jurisprudência do Tribunal de Justiça, segundo a qual do conceito de estabelecimento é indissociável a prossecução efectiva de uma actividade económica, através de um estabelecimento fixo por um período indefinido. Este requisito encontra-se igualmente preenchido no caso de uma sociedade constituída por um período determinado. O local de estabelecimento, quando se trate de uma sociedade prestadora de serviços através de um sítio internet, não é o local onde se encontra a tecnologia de apoio a esse sítio ou o local em que este é acessível, mas sim o local em que essa sociedade desenvolve a sua actividade económica. Quando um prestador está estabelecido em vários locais, é importante determinar de que local de estabelecimento é prestado o serviço em questão. Em caso de dificuldade especial para determinar a partir de qual dos vários locais de estabelecimento é prestado o serviço em questão, considera-se que esse local é aquele em que o prestador tem o centro das suas actividades relacionadas com esse serviço específico".

Ora, pela importância que este critério assume na regulação europeia do ciberespaço, não faria todo o sentido articulá-lo numa disposição da directiva? Não seria isso certamente mais importante do que recomendar a elaboração de códigos de conduta (art. 16.º)? Andou bem o legislador português ao acolher, sob a forma de norma, o critério comunitário de determinação do local de estabelecimento no diploma de transposição (DL 7/2004, art. 4.º, 2 e 3).

Bastaria, aliás, incluir esse critério na norma definitória (art. 2.º), à semelhança do que fez com uma pedra basilar da directiva, que é o chamado "domínio coordenado" (art. 2.º-h). Embora também aqui pareça que o legislador comunitário só disse na norma (apesar de já extensa) metade do que queria dizer, deixando o resto para o preâmbulo. Segundo o considerando 21, "o âmbito do domínio coordenado é definido sem prejuízo de futura harmonização comunitária em matéria de sociedade da informação e de futura legislação adoptada a nível nacional conforme com o direito comunitário.

O domínio coordenado abrange exclusivamente exigências respeitantes a actividades em linha, tais como a informação em linha, a publicidade em linha, as

---

[674] POULLET 2002, 137-8.
[675] DESSEMONTET 1998, 56 ("Le site est indifférent. Même une addresse nationale ne signifie pás encore que le site est sis dans le pays en cause, car il peut y avoir eu transfert à l'étranger de l'entreprise virtuelle après l'enregistrement de son nom de domaine."); OLIVEIRA ASCENSÃO 2004a, 106.

compras em linha e os contratos em linha, e não diz respeito aos requisitos legais exigidos pelos Estados-membros em relação às mercadorias, tais como as normas de segurança, as obrigações de rotulagem ou a responsabilização pelos produtos, ou as exigências dos Estados-membros respeitantes à entrega ou transporte de mercadorias, incluindo a distribuição de produtos medicinais. O domínio coordenado não abrange o exercício do direito de preempção por parte de entidades públicas relativamente a determinados bens, tais como obras de arte."

Por exemplo, uma questão que se suscita a propósito do âmbito do domínio coordenado é saber se abrange a responsabilidade do produtor de software defeituoso, entendendo-se este, quando objecto de compra e venda em linha, não como produto – como se defende para o software vendido em massa[676] –, mas antes como serviço. O mesmo vale para a aplicação de direitos imperativos dos consumidores nos contratos à distância quando em causa esteja a compra e venda em linha de músicas, filmes ou programas de computador. Pense-se, nomeadamente, no direito de livre resolução do contrato celebrado à distância.

Não obstante a importância e actualidade da protecção do consumidor nos "modernos contratos à distância, designadamente os celebrados por via electrónica"[677], à qual, aliás, temos dedicado alguns estudos[678], trata-se de uma problemática que exige um tratamento autónomo, tendo em conta, também, a novidade do *Código do Consumidor*[679] – que oxalá ponha termo à "diarreia labiríntica de leis avulsas"[680] de que tem padecido este sector.

4. Os direitos de autor no ordenamento internacional do comércio

4.1. Da Convenção de Berna ao Acordo ADPIC

A consagração dos direitos de propriedade intelectual no ordenamento internacional remonta aos finais do século XIX. Assenta em dois pilares fundamentais. Por um lado, a Convenção de Paris para a Protecção da Propriedade Industrial (1883); por outro, a Convenção de Berna relativa à protecção das obras literárias e artísticas (1886). Seguiram-se outros instrumentos internacionais, nomeadamente a Convenção Internacional para a

---

[676] CALVÃO DA SILVA 2006a, 190.
[677] A. PINTO MONTEIRO 2003, 39.
[678] C/ ref., mais recentemente, DIAS PEREIRA 2004d, 341.
[679] A. PINTO MONTEIRO 2006b.
[680] CALVÃO DA SILVA 2006b, 46.

Protecção dos Artistas Intérpretes ou Executantes, dos Produtores de Fonogramas e dos Organismos de Radiodifusão (Convenção de Roma, 1961).

A internacionalização da propriedade intelectual deu um passo muito significativo com o Acordo relativo aos Aspectos dos Direitos de Propriedade Intelectual relacionados com o Comércio (ADPIC/TRIPS)[681], falando-se mesmo em "globalização" ou "mundialização" da propriedade intelectual.[682] Em virtude deste acordo internacional, que engloba nomeadamente as Convenções de Paris, de Berna e de Roma, os Estados Contratantes obrigam--se a respeitar determinados padrões em matéria de direitos de propriedade intelectual.

Estes direitos são entendidos em sentido amplo, abrangendo, nos termos do art. 1.º, 2, o direito de autor e os direitos conexos, as marcas, as indicações geográficas, os desenhos e modelos industriais, as patentes, as topografias de produtos semicondutores ("configurações de circuitos integrados") e o saber-fazer ("informações não divulgadas"). A observância dos padrões estabelecidos no Acordo relativo à protecção da propriedade intelectual está sujeita à fiscalização da OMC, que assim pode controlar as legislações nacionais dos Estados Contratantes neste domínio.

De um modo geral, o Acordo ADPIC estabelece o princípio do tratamento nacional (art. 3.º) e define como objectivos do regime dos direitos de propriedade intelectual "a promoção da *inovação tecnológica* e a transferência e divulgação de tecnologia, em benefício mútuo dos geradores e utilizadores dos conhecimentos tecnológicos e de um modo conducente ao bem-estar social e económico" e, ainda, o "equilíbrio entre direitos e obrigações" (art. 7.º), estabelecendo certas normas relativas à existência, âmbito e exercício dos direitos de propriedade intelectual.

a) Os direitos de autor como privilégios comerciais?

Enquanto "magna carta" do neo-liberalismo e da globalização mercantil[683] no domínio da propriedade intelectual, o Acordo ADPIC/TRIPS é norteado sobretudo pelos interesses do comércio mundial. As obras literárias e artísticas são reguladas enquanto meras mercadorias de comércio[684] e os direitos de autor convertidos em *privilégios comerciais*, em detrimento

---

[681] GERVAIS 2003, RIBEIRO DE ALMEIDA 2004, 1; DIAS PEREIRA 2004e, 52.
[682] GÓMEZ SEGADE 2000, 7; MATTHEWS 2002.
[683] AVELÃS NUNES 2002, 285s.
[684] E.g. ELKIN-KOREN/NETANEL 2002; VIVANT 2004.

da sua protecção como direito humano, tal como previsto no Art. 27 da Declaração Universal dos Direitos do Homem[685] e no art. 42.º da Constituição da República Portuguesa.

i. O problema moral dos direitos de autor no comércio internacional

Com efeito, o Acordo ADPIC não cuida da dimensão moral dos direitos de autor, bastando-se com o seu valor mercantil, segundo a mais estrita concepção do *copyright*.[686] Apesar de sujeitar os Membros à observância da Convenção de Berna (Acto de Paris 1971), dispõe que eles "não terão direitos ou obrigações ao abrigo do presente Acordo no que diz respeito aos direitos conferidos pelo artigo 6.º *bis* da referida Convenção ou aos direitos deles decorrentes" (art. 9.º, 1, 2.ª parte).

Ora, qual será o futuro do direito moral num direito de autor norteado em primeira linha pelos interesses do comércio mundial? Gozará o comércio mundial de alguma imunidade ou de algum privilégio em relação ao respeito devido à dignidade da pessoa humana projectada na liberdade de criação literária e artística e na protecção dos seus frutos?

Da nossa parte, juntamo-nos aos que, em respeito pela DUDH, defendem uma compatibilização entre os interesses económicos das empresas e os interesses morais dos criadores, no sentido de os direitos de autor do comércio mundial incluírem também direitos morais, segundo os mínimos da Convenção de Berna.[687] A Convenção de Berna não impedirá que os autores possam negociar os seus direitos morais, embora tais direitos integrem o mínimo imperativo do regime convencional.[688]

ii. Das taxas aduaneiras dos Estados às rendas (*royalties*) privadas das empresas?

O Acordo ADPIC consagra a instituição global de um sistema apertado de direitos de propriedade intelectual, no contexto de um acordo geral sobre a redução ou eliminação das taxas aduaneiras com vista ao comércio livre entre as nações. Todavia, pode perguntar-se se isto não significará a

---

[685] TORREMANS 2004, 4 ("copyright really has a claim to Human Right status" – 19); GEIGER 2004a, 179; para uma concepção dos direitos humanos como "copyrights", MORSS//BAGARIC 2005, 103.
[686] WANDTKE/BULLINGER/*WANDTKE* 2006, 18.
[687] Id. ibid., 34.
[688] RICKETSON/GINSBURG 2006, 600 ("a floor, not a ceiling"); NORDEMANN/VINCK/HERTIN 1990, 88.

substituição dos impostos do Estado pelas *royalties* das empresas privadas, ficando o Estado com os custos administrativos de fiscalização e punição das infracções. Com efeito, uma das partes do ADPIC consideradas mais importantes é a que contém normas sobre aplicação efectiva dos direitos de propriedade intelectual (parte III, arts. 41.º ss).[689]

Numa perspectiva mais crítica, os direitos de propriedade intelectual significariam a atribuição, à escala global, de "poderes de soberania" às empresas privadas (*private sovereigns*) através das leis públicas.[690] E, de facto, para além da questão dos direitos morais, há aspectos do Acordo ADPIC que apontam nesse sentido.

Para começar, embora mencione o direito de controlar as importações, o Acordo não trata do *esgotamento internacional* de direitos, em especial do direito de *distribuição*, prevendo até uma norma nos termos da qual "nenhuma disposição do presente acordo será utilizada para tratar a questão do esgotamento dos direitos de propriedade intelectual" (art. 6.º). O direito de distribuição permite ao titular de direitos controlar, desde logo, a *primeira venda* de um objecto protegido no mercado de um determinado Estado. Tendo em conta o princípio da territorialidade dos direitos de propriedade intelectual, isto significa que, à semelhança do que sucede no direito das marcas, o titular de direitos pode controlar as *importações paralelas*[691], fragmentando os mercados e praticando os preços de primeira venda em cada mercado nacional que mais lhe convierem. O direito de distribuição, ainda que não sujeito ao esgotamento, é também consagrado no Tratado da OMPI (1996) sobre direito de autor (arts. 6. e 12.º).

Ora, raros são os membros da OMC que consagram o esgotamento internacional, com destaque para o Japão[692] e Macau.[693] No direito comunitário, à semelhança da experiência jurídica de alguns Estados-membros, nomeadamente da Alemanha[694], o princípo do esgotamento do direito de distribuição formou-se, primeiro, por via jurisprudencial numa série de casos.

---

[689] BRONCKERS/VERKADE 2000.

[690] DRAHOS 1996, 145; SELL 2003.

[691] SOUSA E SILVA 2002, 234 ("importação paralela é a importação realizada à margem do circuito oficial de distribuição de um produto").

[692] GANEA 2005, 102 (comentando a decisão do Supremo Tribunal Japonês de 22 de Abril de 2002, no sentido do esgotamento do direito de distribuição de jogos de computador); no campo das patentes, REMÉDIO MARQUES 2003a, 324.

[693] TEIXEIRA GARCIA 2003, 227 ("parallel importing of copyrighted goods is not prohibited by law."); para o direito chinês, XIANG YU 2004, 105-12.

[694] BEIER 1991, 71-90.

No domínio dos direitos de autor e.g. *Deutsche Gramophon/Metro*, Proc. 78/70, Rec. 1971, 487; *Coditel/Ciné-Vog Films*, Proc. 62/79, Rec. 1980, 881; *Musikvertrieb Membran/Gema*, Procs. 55-57/80, Rec. 1981, 147; *Polydor/Harlequim Record Shops*, Proc. 279/80, Rec. 1982, 329; *Coditel II*, Proc. 262/81, Rec. 1982, 3381; *Warner Brothers and Metronome Video/ /Christiansen*, Proc. 156/86, Rec. 1988, 2605; *EMI Electrola/Patrícia*, Proc. 341/87, Rec. 1989, 79; *Tournier*, Proc. 395/87, Rec. 1989, 2521. No domínio da propriedade industrial, especialmente patentes (*Centrafarm v. Sterling*, Proc. 15/74, Ac. 31.10.1974, ECR 1974, 1147) e marcas (caso *Hoffmann-la Roche*, Proc. 102/77, Ac. 23/5/1978, ECR 1978, 1139; caso *Hag II*, Proc. C--10/89, 17.10.1990, ECR 1990, 3711).[695]

Posteriormente, o princípio do esgotamento foi consagrado por via legislativa, tanto no domínio dos direitos de autor (e.g. Directivas 91/250, art. 4.º-c, 92/100, art. 1.º (agora 2006/115, art. 1.º, 2), 96/9, arts. 5.º e 7.º e cons. 33 e 43, 2001/29, art. 4.º e cons. 28-9) como da propriedade industrial (e.g. nas marcas, Directiva 89/104, art. 7.º e Regulamento 40/94, art. 13.º; e, nos desenhos e modelos, Directiva 98/71, art. 15.º).

Trata-se do princípio do *esgotamento comunitário*, nos termos do qual o titular de direitos só pode controlar a primeira venda em todo o mercado único. Isto significa, desde logo, que o titular de direitos não poderá proibir a importação entre Estados-membros, exercendo o seu exclusivo de distribuição no território de cada um deles, uma vez que a primeira venda no mercado comunitário exaure esse direito. Todavia, no domínio do comércio electrónico directo considera-se que o esgotamento não é pertinente, por estar em causa uma actividade de prestação de serviços (os serviços da sociedade da informação).[696]

Em sentido semelhante, no direito norte-americano, o *copyright* Office, em cumprimento da DMCA (§ 104), recomendou no seu Relatório de Abril de 2001 que a *first sale doctrine* não deveria ser aplicada às transmissões digitais de obras em formato digital protegidas por direitos de autor, com base nas seguintes razões. Para começar, ao contrário da cópia analógica, a cópia digital não perde qualidade já que cria uma réplica perfeita. Depois, a ausência de barreiras espaciais e temporais na Internet permitiria aos utilizadores da Internet competirem com os titulares de direitos

---

[695] Sobre o esgotamento na propriedade industrial, SOUSA E SILVA 1996, *passim*; CARLOS OLAVO 2001b, 115-28, e 2005, 44-50; CONDE GALLEGO 2003, 474-502; COUTINHO DE ABREU 2006, 390-1.

[696] BERGER 2002, 202.

causando-lhes prejuízos. Finalmente, a doutrina *first sale* baseava-se na livre disponibilidade de objectos tangíveis, o que não sucede com as transmissões digitais.[697]

No direito comunitário, afirma-se a inexistência de um princípio de esgotamento internacional por analogia com a decisão do TJCE no caso *Silhouette v. Hartlauer*[698] (Proc. C-355/96, ECR 1998 I-4799) relativa ao direito das marcas, na qual o tribunal entendeu, de forma criticável[699], que a Directiva 89/104 não deixa aos Estados-Membros "a possibilidade de prever na sua legislação nacional o esgotamento dos direitos conferidos pela marca para produtos comercializados em países terceiros. Todavia, o preâmbulo da Directiva 2001/29 (cons 28, 3.º per.) afirma claramente que: "Tal direito não se esgota em relação ao original ou cópias vendidas pelo titular do direito, ou com o seu consentimento, fora da Comunidade." O que permite afirmar directamente nos direitos de autor o não esgotamento internacional do direito de distribuição, não podendo os Estados-membros consagrá-lo na legislação interna, tal como decidiu o Tribunal de Justiça no caso *Laserdisken* de 12 de Setembro de 2006. Por outro lado, o esgotamento, ainda que apenas comunitário, é também afastado no domínio do comércio electrónico directo – não obstante poder haver distribuição por meios electrónicos.[700]

Ora, todos estes limites ao esgotamento do direito de distribuição significam que os titulares de direitos poderão controlar as importações entre os Estados, exercendo o seu exclusivo no território de cada um deles. Nesse sentido, os direitos de propriedade intelectual conferem um privilégio comercial muito significativo aos titulares de direitos, privilégio esse que se traduz numa barreira ao livre comércio e num desvio ao "fundamentalismo de mercado" (*market fundamentalism*), na expressão de Joseph Stiglitz, para significar que os mercados são uma solução *a priori* para todos os problemas sem ter em conta os defeitos de que por vezes também padecem.[701] Ou, por outras palavras, ao mesmo tempo que as taxas aduaneiras dos Estados têm que ser reduzidas ou eliminadas, os direitos de propriedade intelectual, que pertencem normalmente a empresas privadas, terão que ser observados à escala global.[702]

---

[697] MENCHER 2002, 60.
[698] SCHRICKER 2001, 452 ("die sog. Internationale Erschöpfung ist nach h.M. auszuschlieben.").
[699] SOUSA E SILVA 2001, 474 ("de uma forma perfeitamente incompreensível, o TJCE *proibiu o esgotamento internacional das marcas*").
[700] OLIVEIRA ASCENSÃO 2003b, 67.
[701] COTTER 2004, 309.
[702] DIAS PEREIRA 2002c, 138.

Considera-se, por isso, "profundamente irónico" que, no contexto de um acordo geral destinado a remover obstáculos ao livre comércio, o Acordo ADPIC não tenha consagrado o esgotamento internacional.[703] Prevaleceram aqui razões de *Realpolitik*, que evidenciam o "hibridismo" das normas deste Acordo, tanto mais que os Estados que adoptarem o esgotamento internacional não poderão estabelecer reservas em relação a qualquer outro Estado de procedência das importações paralelas.[704]

b) *Interesses do comércio e interesse público na «balança dos três pratos»*

O Acordo ADPIC limita a liberdade dos Estados Contratantes no que respeita à existência de limitações e excepções aos direitos exclusivos, sujeitando as legislações dos Estados-membros à regra dos *três passos*, nos termos da qual as excepções aos direitos exclusivos serão restritas a *casos especiais* que não obstem à exploração normal da obra e não prejudiquem de forma injustificável os legítimos interesses do titular do direito (art. 13.º). Relativamente aos direitos conexos, o Acordo ADPIC remete para os termos em que as limitações e excepções são permitidas pela Convenção de Roma (art. 14.º, 6). O Tratado OMPI sobre direitos conexos também consagra, neste domínio, a referida regra dos três passos (art. 16.º).

Ora, enquanto a Convenção de Berna (art. 9.º, 2) referia a regra dos três passos ao direito de reprodução, o Acordo ADPIC alargou-a a todos os direitos exclusivos (*Berne plus*)[705], o que de resto tinha já sido consagrado na Directiva 91/250 a propósito da liberdade de descompilação (art. 6.º, 3). Além disso, por força das directivas comunitárias, a regra dos três passos passou de "compromisso diplomático"[706] a regra de interpretação e decisão dos casos concretos.

i. A "caça às excepções"

Assim, as leis nacionais dos Estados Contratantes estarão sujeitas ao controlo da regra dos três passos, sendo incerto o futuro das excepções aos

---

[703] KEELING 2003, 142-3 ("The sad truth is that... the cause of international exhaustion has been lost, at least for the time being. (...) It is of course deeply ironic that international exhaustion should be abandoned at the very moment when a global economy is supposedly being created.").

[704] GÓMEZ SEGADE 2001c, 222-3, 228-9.

[705] REINBOTHE 2001b, 740; COSTA CORDEIRO 2002, 212; SENFTLEBEN 2004a, 285 ("It is no longer confined to the general right of reproduction").

[706] KOELMAN 2006, 410.

direitos de autor.⁷⁰⁷ Com efeito, um Estado Contratante cujas indústrias do *copyright* se sintam prejudicadas pelas leis nacionais de outro Estado Contratante poderá solicitar à OMC o controlo de conformidade destas leis nacionais com a regra dos três passos prevista no Acordo ADPIC. Por isso se diz, com propriedade, que este teste passou a ser o "pano de fundo" (*mantra*)⁷⁰⁸ do direito internacional de autor.

Em vista disto, antecipou-se um movimento forte de "caça às excepções"⁷⁰⁹, em especial na configuração dos direitos de autor no ambiente digital, invocando-se para o efeito *rebus sic stantibus*.⁷¹⁰ Todavia, é significativo que, tendo um painel da OMC decidido pela não conformidade da secção 110(5) da lei norte-americana do *copyright* com as obrigações emergentes do Acordo ADPIC/TRIPS⁷¹¹, a solução deste país não tenha sido a alteração da lei mas antes o pagamento de uma compensação indemnizatória pelo Governo norte-americano aos titulares de direitos, de modo a que as empresas afectadas (e.g. bares, restaurantes, lojas) pudessem continuar livremente a transmitir música radiodifundida mediante sistemas estéro de tipo doméstico (*home-style*) para entretenimento dos seus clientes.⁷¹²

O Tratado da OMPI sobre direito de autor (1996) também consagrou expressamente a regra dos três passos (art. 10.º). Este Tratado destina-se a actualizar a Convenção de Berna às exigências próprias do ambiente digital.⁷¹³ Em matéria de excepções, lê-se nas Declarações Acordadas que as Partes Contratantes podem "continuar e estender apropriadamente no ambiente digital as limitações e excepções nas suas leis nacionais que têm sido consideradas aceitáveis ao abrigo da Convenção de Berna. Em termos idênticos, estas disposições devem ser interpretadas no sentido de permitir às Partes Contratantes configurar novas excepções e limitações que são apropriadas no ambiente de rede digital." Segundo esta Declaração Acordada, as Partes Contratantes poderiam adequar o direito de autor à sua política cultural, educativa e científica, instituindo novas excepções e limites no ambiente de rede digital. Donde resultariam perspectivas limitadas de futura harmonização dos direitos de autor à escala global.⁷¹⁴

---

[707] E.g. OLIVEIRA ASCENSÃO 2001a, 1195s; BURRELL 2002, 434s.
[708] CORNISH/LLEWELYN 2003, 807-8.
[709] OLIVEIRA ASCENSÃO 1999a, 94.
[710] HOEREN 1997, 109.
[711] LUCAS 2001b, 423; FICSOR 2002a, 111.
[712] HEALD 2005, 497-8.
[713] FICSOR 2002b.
[714] FITZPATRICK 2003, 223 ("as the interests of the different countries diverge, rather than converge, in the light of the impact of the digital divide, harmonisation will become an even more difficult goal to achieve.").

ii. A (des)harmonização das excepções e limites no direito comunitário

No *direito comunitário*, a directiva sobre aspectos do direito de autor na sociedade da informação harmonizou o tronco patrimonial deste instituto. Definiu os direitos de reprodução, de comunicação ao público e de distribuição (incluindo o seu esgotamento comunitário) e estabeleceu a protecção jurídica dos sistemas técnicos de identificação e protecção. Este acto de harmonização comunitária utiliza os direitos de autor como um instrumento político na construção da sociedade da informação, baseando-se no entendimento de que "a cultura tem um valor económico que a insere em certa medida numa lógica de mercado".[715]

Em matéria de excepções e limitações, exclui do exclusivo as reproduções técnicas meramente temporárias (art. 5.º, 1), na linha dos preceitos de isenção de responsabilidade dos prestadores de serviços da sociedade da informação previstos na directiva sobre comércio electrónico (2000/31). Além disso, prevê um catálogo exaustivo de excepções e limitações, de adopção opcional e facultativa (art. 5.º, 2 e 3) no quadro da *regra dos três passos*, isto é, "em certos casos especiais que não entrem em conflito com uma exploração normal da obra ou outro material protegido e não prejudiquem irrazoavelmente os legítimos interesses do titular do direito" (art. 5.º, 5).

Mas, que significado tem a referência à regra dos três passos depois de terem sido definidas todas as excepções possíveis? Poderá funcionar ainda como um critério que vincula os actos de legislação nacional que transpõem a directiva? Ou tratar-se-á antes de um critério interpretativo para os tribunais, tal como parece ter sido antes consagrado pelas directivas sobre programas de computador (91/250, art. 6.º, 3) e sobre bases de dados (96/9, art. 6.º, 3), enxertando no direito de autor continental uma cláusula de *fair use* à semelhança do *copyright* norte-americano?

A introdução de excepções e limites legais aos direitos de autor está sujeita ao *controlo* da OMC, por força do acordo ADPIC. Nesse sentido, as excepções previstas na directiva estarão sujeitas ao controlo de conformidade com a regra dos três passos prevista no acordo, parecendo caber à OMC decidir, em última instância, que limites e excepções estarão em conformidade com a regra dos três passos. Isso significa que as *exigências do comércio mundial* poderão sobrepor-se à liberdade dos Estados no que respeita à adequação da sua legislação sobre direitos de autor aos fins de política cultural, educativa e científica, instituindo excepções adequadas. Talvez sensível a estas exigências seja a lei brasileira 9.610/98, que permite apenas

---

[715] COM(95) 382 final, 15-6.

a reprodução em um só exemplar de pequenos trechos, para uso privado do copista, desde que feita por este, sem intuito de lucro (art. 46, II); comentando-se que: "Essa medida certamente é pioneira para a repressão dos abusos da reprografia."[716]

Historicamente, a lei dos direitos de autor prevê excepções ao exclusivo destinadas a promover a ciência, a investigação, a educação, o acesso público à informação – incluindo a informação do sector público – e a preservação da herança cultural. Isto é, os direitos de autor comportam tradicionalmente excepções relevantes aos direitos exclusivos, destinadas a promover o desenvolvimento da investigação científica e da educação, nomeadamente através das escolas e bibliotecas. De igual modo, são normalmente contempladas excepções destinadas a permitir o livre fluxo da informação através dos media, para além de que os direitos de autor não protegem determinados tipos de informação e são limitados no tempo. Depois, os direitos de autor consagram excepções para fins de arquivo, permitindo a preservação da memória cultural em arquivos e centros de documentação. Ora, entre outros aspectos, estas limitações aos poderes exclusivos do direito de autor têm um importante valor social.

iii. A liberdade de navegação na Internet

Além disso, os legisladores nacionais poderão querer utilizar as suas leis do direito de autor com vista à promoção da liberdade de navegação na Internet, permitindo os actos de reprodução meramente técnica, os actos de *descompilação* de *software* e regulando as protecções tecnológicas.

No direito comunitário, por um lado, a liberdade de navegação na Internet assenta na licitude de certos actos de reprodução temporária. Com efeito, a directiva sobre comércio electrónico determina as condições segundo as quais o direito de reprodução não abrange esses actos, no sentido de serem excluídos do exclusivo os actos de simples transporte e armazenagem temporária e em servidor («*mere conduit*», «*system caching*», «*hosting*»), isentando de responsabilidade os prestadores de serviços da sociedade da informação relativamente à prática de tais actos.

Além disso, a directiva sobre direitos de autor na sociedade da informação (2001/29) veio esclarecer que não são abrangidos no exclusivo de reprodução os actos transitórios e episódicos (1) que constituam parte integrante e essencial de um processo tecnológico (2) cujo único objectivo seja permitir uma transmissão numa rede entre terceiros por parte de um

---

[716] HAMMES 1998, 96.

intermediário (3.1.) ou uma utilização legítima de uma obra ou de outro material a realizar (3.2.), e que não tenham, em si, significado económico (4). Isto significa que também o *«browsing»* é excluído do direito de reprodução, bem como, a nosso ver, os actos de hiperligações (*hyperlinks*), sejam simples, profundas ou mesmo incorporantes (o que não significa que não possam ser proibidos por outros institutos jurídicos, nomeadamente a concorrência desleal, que jogará um importante papel neste domínio[717]).

iv. A promoção da interoperabilidade

Por outro lado, a promoção da interoperabilidade postula a licitude de operações de descompilação (ou engenharia regressiva) em ordem à criação de produtos compatíveis ainda que concorrentes[718]. Um outro aspecto diz respeito à regulamentação das licenças contratuais de utilização de bens informacionais em suporte electrónico, bem como assim da protecção dos sistemas técnicos de protecção e identificação. Tenha-se em conta a importância de decidir que excepções aos direitos de autor (e em especial ao *enigmático* direito do fabricante de bases de dados) deverão justificar a licitude de actos de neutralização (e de actividades acessórias) de medidas tecnológicas de protecção. Com efeito, se toda e qualquer neutralização de um sistema técnico de protecção for ilícita então de nada valerão as excepções ao direito de autor, não se prosseguindo no ambiente digital os interesses que acautelam. Pense-se, nomeadamente, na importância dessas excepções para o ensino à distância.

No direito comunitário, o *livre fluxo de informação* e a *liberdade de navegação* poderão estar comprometidas pelo direito especial do fabricante de bases de dados, que beneficia de toda a protecção jurídica do arsenal tecnológico da criptografia. Esse direito especial protege o que o direito de autor não protegia e no seu recorte negativo não se contam excepções que tradicionalmente estão presentes no direito de autor. A lógica deste direito é apenas a lógica da protecção do investimento, em ordem a promover o chamado "mercado da informação", na expressão já utilizada por Holmes no século XIX (*The Path of Law*, 1897).[719] Pelo que essa *lógica estritamente mercantil* parece sobrepor-se aos demais imperativos do direito de autor ao nível da definição da sua estrutura como pilar da sociedade da informação.

De todo o modo, as exigências mundiais do comércio não deverão pesar de tal modo na "balança dos três pratos" (a regra dos três passos) que

---

[717] OLIVEIRA ASCENSÃO 2000b, 547s; DIAS PEREIRA 2002d, 227.
[718] DIAS PEREIRA 2004c, 114.
[719] MASSON 2006, 266.

não se permita sequer o já apertado espaço de interesse geral deixado aos Estados-membros pelas directivas comunitárias. Quer a excepção de descompilação para fins de interoperabilidade em matéria de protecção do software, quer as exigências da liberdade de navegação na Internet traduzidas na licitude de actos de reprodução técnica deverão ser preservadas. O mesmo vale para as condições de licitude dos actos de neutralização de sistemas técnicos de protecção e gestão de direitos de autor, em especial no que respeita à licitude da cópia privada digital.[720]

c) *Direito da OMC e direito comunitário*

As questões enunciadas levantam o problema de saber qual é a relação entre o direito comunitário e o direito da OMC. Com efeito, quer em matéria do esgotamento do direito de distribuição, quer em especial no que toca às excepções aos direitos de propriedade intelectual, o intérprete é confrontado com o problema das relações entre o direito comunitário e o direito da OMC, neste caso o Acordo ADPIC.

A jurisprudência portuguesa declarou já a aplicabilidade directa de certos preceitos deste Acordo, tendo a Relação de Lisboa decidido, no acórdão de 22 de Outubro de 1996, que "Os arts. 33.º e 70.º n.º 2 da Convenção 'TRIPS' vigoram, efectivamente, na ordem jurídica portuguesa, desde 1.1.96, apesar da relação de contradição com a disposição transitória do art. 3.º do Dec.-Lei n.º 16/95. (...) de acordo com o exposto, deve esta disposição transitória ser desaplicada. (...) Concluímos, pois, que as disposições de direito internacional convencional e comunitário, perante uma norma contraditória anterior de direito interno infra-constitucional prevalecem sobre esta."[721]

Não obstante, antecipa-se um papel de crescente importância para o TJCE, enquanto fiel intérprete do direito comunitário, que incorpora o Acordo ADPIC. Ora, o Tribunal de Justiça estará a funcionar como "guardião" do direito comunitário contra a "invasão" do direito da OMC.[722] Deve-se esse papel ao facto de o Tribunal de Justiça recusar efeito directo ao Acordo ADPIC/TRIPS na ordem jurídica comunitária – sem prejuízo de os Estados-membros seguirem outra via em domínios não abrangidos por disposições comunitárias (caso *Parfums Christian Dior,* Proc. C-300/98,

---

[720] DIAS PEREIRA 2006a, 408-9.
[721] Sobre a questão, REMÉDIO MARQUES/NOGUEIRA SERENS 2006, 1011s.
[722] SNYDER 2003, 313; KREIBICH 2003, 227 ("der Europäische Gerichtshof als Hüter des Gemeinschaftsrechts"). Sobre a questão, e.g. HERMES 2002, CARLOS OLAVO 2003, 145-9, HENDRIKS 2003, 146-53.

14/12/2000)[723] –, no sentido de que nem um particular nem um Estado podem por em causa a validade de uma disposição comunitária por violação desse acordo. Todavia, o Tribunal entende que a legislação comunitária deve ser elaborada em conformidade, tanto quanto possível, com as obrigações da Comunidade resultantes de acordos internacionais e, além disso, afirmou a sua competência para interpretar o Acordo TRIPS no que respeita à definição das obrigações que a Comunidade assumiu ao tornar-se parte desse acordo, incluindo por via disso a Convenção de Berna.[724]

O direito comunitário apresenta-se na cena internacional com um elevado nível de protecção dos direitos de autor e conexos. Este elevado nível de protecção serve de escudo contra interesses dos agentes do comércio mundial que reclamem um nível de protecção ainda mais elevado.

Todavia, o direito comunitário estabelece um quadro normativo algo rígido, que poderá comprometer a sua adaptação aos problemas que emergem com o progresso da tecnologia.[725] Apela-se, por isso, a um sistema mais flexível e aponta-se a cláusula geral de *fair use* do *copyright* norte--americano como um exemplo a seguir, o que todavia é criticado pelos que entendem que a cláusula geral de *fair use* viola as exigências de segurança e certeza jurídicas postuladas pela regra dos três passos.

4.2. A introdução de uma cláusula de fair use no direito de autor europeu?

a) A cláusula geral de fair use no direito norte-americano e as exigências de segurança e certeza nos direitos de autor

O direito norte-americano contém uma cláusula geral de determinação da licitude ou ilicitude de uma utilização concreta de uma obra protegida por direitos de autor (*copyright*). Trata-se do princípio de *fair use*, que poderíamos traduzir por uso razoável ou equitativo. Todavia, vamos utilizar antes a expressão *fair use*, de consagração internacional.[726]

Num contexto de erecção, à escala internacional, dos direitos de autor como direitos de propriedade (Acordo ADPIC), questiona-se se a figura do

---

[723] GROH/WÜNDISH 2001, 497s.
[724] KEELING 2003, 292-3.
[725] HUGENHOLTZ 2000a, 501 ("The last thing the information industry needs in these dynamic times is rigid rules that are cast in concrete for the years to come.").
[726] OLIVEIRA ASCENSÃO 2002c, 94.

fair use é compatível com as exigências de segurança e certeza jurídicas.[727] Com efeito, concebendo-se os direitos de autor como direitos de propriedade, ainda que intelectual – como sucede no Código Civil português (art. 1303.º) –, pode perguntar-se se a doutrina de *fair use* é contrária ao princípio dos *numerus clausus* das restrições aos direitos reais.

i. Um sistema aberto e móvel de excepções?

A questão prende-se, sobretudo, com o sentido e alcance das excepções e limites aos direitos de autor. O princípio dos *numerus clausus* seria, desde logo, uma exigência constitucional, que estabelece uma reserva de lei (CRP, art. 62.º). Neste sentido, as disposições legais relativas às restrições aos direitos de autor seriam normas excepcionais, não comportando, por isso, aplicação analógica, nos termos do art. 11.º do Código Civil. Além disso, o princípio da interpretação em conformidade com a constituição ditaria uma interpretação tendencialmente restritiva das referidas normas, impondo a auto-contenção judicial.

Nesta visão das coisas, a figura do *fair use* seria um elemento pelo menos estranho, senão mesmo contrário à lógica do sistema. Deixar ao prudente arbítrio do julgador a determinação, consoante as circunstâncias, da licitude ou ilicitude de uma determinada utilização de obra protegida por direitos de autor seria a negação pura da lógica da legalidade fechada exigida neste sector do sistema jurídico.

Em suma, as exigências de legalidade, no sentido de um regime legal rigidamente codificado, opor-se-iam a cláusulas gerais como o *fair use*, não obstante a maior flexibilidade que permitem ao julgamento da casuística.

Este enunciado do problema abre, todavia, um leque de outras questões. Primeiro, as dimensões teoréticas mostram que não é pacífico qualificar os direitos de autor como direitos de propriedade. Segundo, não é certo que as normas excepcionais não comportem aplicação analógica, mesmo em domínios mais sensíveis como o *numerus clausus*, já que em última instância esse afastamento não se justifica em situações de *eadem ratio*.[728] Terceiro, está por demonstrar que a interpretação em conformidade com a constituição dos preceitos relativos às excepções e limites aos direitos de autor se deva cumprir apenas no quadro do direito de propriedade (admitindo que este abrange aqueles), já que a ordem de valores constitucionais não se

---

[727] JEHORAM 2001, 381-8, LUCAS 2001b, 423-33.
[728] CASTANHEIRA NEVES 1993, 275-6; BRONZE 2006a, 961; cfr. DIAS PEREIRA 2004a, 377-80, n. 78, e 390-3.

reduz à propriedade – para não referir que essa ordem é aberta e dinâmica e pressupõe a sua conformidade com os princípios gerais do direito internacional. De resto, a constituição inclui a protecção legal dos direitos de autor na liberdade de criação cultural (art. 42.º), servindo de referência para estudos de direito comparado sobre o adequado enquadramento constitucional dos direitos de autor.[729]

Da nossa parte, mesmo que os direitos de autor se considerem direitos de propriedade, consideramos que a sua protecção legal é fluida tanto em termos positivos quanto em termos negativos. Neste sentido, o princípio da legalidade fechada não rege nem em matéria de objecto e de conteúdo positivo dos direitos de autor, nem em matéria das suas excepções e limites. Pelo contrário, a protecção legal dos direitos de autor faz constantemente apelo ao prudente arbítrio do intérprete, em especial do julgador, face às circunstâncias do caso concreto. Por estas razões, fará sentido utilizar aqui a categoria do «sistema móvel», proposta por Wilburg (*Entwicklung eines beweglichen System im bürgerlichen Recht*, 1950).[730] A análise dos regimes legais validará, salvo melhor juízo, este entendimento.

Falar em análise não significa que não haja interpretação. Analisa-se para conhecer o objecto. Sem este conhecimento prévio, não há interpretação mas apenas especulação, suposição ou conjectura. No nosso sistema jurídico, o objecto de análise é composto, desde logo, pelos regimes legais. Estes, na objectividade que a letra da lei lhes imprime, são os mesmos para todos os intérpretes, independentemente da interpretação que deles se faça. As diferenças de interpretação são fruto dos intérpretes, em cada local e momento histórico. A letra da lei só muda por acto do seu autor, o legislador. Mas o sentido da letra da lei pode variar – e frequentemente varia – consoante o(s) intérprete(s). De todo o modo, falar em análise não significa procurar a via neutra da clareza que dispensa a interpretação (*in claris non fiat interpretatio*), mas antes apenas abrir o caminho ou dar início à interpretação.

Apesar de se reconhecer que a abertura e porosidade da protecção legal dos direitos de autor poderá reforçar a crítica de que é alvo a intervenção penal neste domínio, o presente trabalho não versa sobre essa problemática.

---

[729] GEIGER 2004a, 117 (n. 4)
[730] Cfr. CANARIS 2006, 114 (ressalvando porém a necessidade do "trabalho de filigrana específico de cada área, respectivamente a cada problema" – 115); no sentido de que a ideia de uma terceira via da responsabilidade entre o contrato e o delito "nos parece ter pernas para andar no direito português", SINDE MONTEIRO 1989, 509.

ii. Caracterização do *fair use*

A doutrina do *fair use* está prevista na lei norte-americana dos direitos de autor (USC § 107) e é considerada o limite mais significativo ao exclusivo do titular de direitos. Segundo a lei norte-americana, o *fair use* significa que não constitui violação aos direitos de autor a utilização da obra, incluindo a reprodução, para fins de crítica, comentário, informação, ensino, investigação; para determinar se a utilização no caso concreto constitui *fair use* devem ser considerados quatro factores:

1.º o objectivo e o carácter da utilização, incluindo se tal uso é de natureza comercial ou para fins educativos não lucrativos;
2.º a natureza da obra protegida;
3.º a quantidade e substancialidade da porção usada em relação à obra protegida como um todo;
4.º o efeito da utilização no mercado potencial da obra protegida ou do seu valor.

No direito norte-americano, o princípio do *fair use* consiste numa defesa em processos de violação dos direitos de autor, valendo de um modo geral para todas as formas de utilizações não autorizadas em relação a todos os tipos de obras quaisquer que sejam os media. Numa situação de *fair use*, o utilizador não necessita de obter autorização do titular de direitos ou de pagar uma remuneração (*license fee*) pela utilização.

Alguns autores entendem que o *fair use* como doutrina equitativa é um mito, pelo não se deveria caracterizá-la como uma "filha da equidade".[731] Seria antes a resposta para uma "falha de mercado".[732] Todavia, pensamos que têm razão os que entendem o *fair use* como uma regra de razão equitativa.[733] O mesmo vale, *mutatis mutandis*, para a doutrina do *copyright misuse*, a qual "prevents *copyright* holders from leveraging their limited monopoly to allow them control of areas outside the monopoly" (*A&M Records, Inc. v. Napster, Inc.*, 9th Cir. 2001).[734]

Seja como for, a doutrina do *fair use* foi elaborada pela jurisprudência há mais de dois séculos, sendo o exemplo mais comum a incorporação de uma "porção" de uma obra pré-existente numa nova obra. Na decisão *Campbell v. Acuff-Rose Music* (1994), o Supremo Tribunal de Justiça Federal dos

---

[731] PATRY 1995, 3, 5.
[732] GORDON 1982, 1600.
[733] PATTERSON/LINDBERG 1991, 200 ("the fair-use doctrine is 'an equitable rule of reason'").
[734] FESSENDEN 2002, 391.

EUA sustentou que as utilizações "transformadoras" seriam mais favorecidas pelo princípio de *fair use* do que utilizações que são pouco mais do que "*verbatim* copying"; já nos domínios de utilização que concorram com a exploração da obra pelo respectivo titular de direitos, torna-se mais difícil a justificação dessa utilização com base no *fair use*, podendo a paráfrase ser tão relevante quanto a cópia literal *verbatim*.[735]

Os referidos factores não são taxativos nem de aplicação automática, sustentando-se que "custos de transacção proibitivos" podem justificar a cópia múltipla e integral de obras protegidas.[736] Com efeito, os quatro factores devem ser ponderados na determinação do *fair use*, não se excluindo, além disso, a consideração de outros factores "extra" com relevo em função das circunstâncias do caso concreto. De resto, os quatro factores são objecto de críticas, considerando-se enganosos o primeiro e o terceiro, vazio o segundo, e claudicante o quarto.[737] Não obstante, para a jurisprudência norte-americana, este último, relativo ao efeito económico da utilização, é considerado o factor mais importante para determinar o *fair use*.[738]

Como exemplos de decisões de casos de *fair use* refiram-se a gravação vídeo de programas radiodifundidos para fins não educativos nem comerciais de *time-shifting* (*Sony v. Universal City Studios*, 1984), uma paródia musical de canções populares ainda que com fins comerciais (*Campbell v. Acuff Rose*, 1994). Não obstante, na apreciação do factor do efeito económico da utilização, a jurisprudência negou, numa série de casos, o *fair use* mesmo que para fins *prima facie* justificativos da utilização (*Encyclopaedia Britannica v. Crooks*, 1983: um sistema escolar de gravação de programas radiodifundidos para utilização posterior nas aulas; *American Geophysical Union v. Texaco, Inc.*, 1994: responsabilidade da fotocópia não autorizada de artigos de jornal com o argumento de que a obtenção de uma licença junto do *Copyright Clearance Center* não seria um ónus irrazoável). A figura do *fair use* está também na base da jurisprudência que permite a descompilação de programas de computador para fins de interoperabilidade informática, enquanto justificação da licitude de dispositivos de neutralização primariamente destinados e utilizados para esse fim[739], tendo sido ressalvada pela DMCA.

---

[735] MILLER/DAVIS 2000, 305 (referindo o caso *Salinger v. Random House, Inc.*, 1987).
[736] PATRY/POSNER 2003, 1652.
[737] Id. ibid., 1644-5.
[738] MILLER/DAVIS 2000, 366 ("the Supreme Court has termed the economic effect, 'the single most important element of *fair use*'. *Harper & Row, Publishers, Inc. v. Nation Enterprises, Inc.* (1985)").
[739] IP&NII 1995, 73, 231.

iii. A fluidez e indeterminação do *fair use*

Em vista dos seus contornos fluidos e indeterminados, considera-se que as suas fronteiras são difíceis de determinar.[740] Por essa razão, a figura do *fair use* é alvo de cerradas críticas por parte de alguns autores. Por exemplo, a justificação da licitude da descompilação, com fundamento em *fair use*, foi apontada como um erro.[741] Outros vão mesmo ao ponto de sustentar a erradicação da doutrina do *fair use*, propondo-se, em alternativa, a sua substituição por um sistema de licenças compulsórias, por razões de segurança e certeza jurídicas.[742]

A questão colocou-se também em outros domínios, como o estabelecimento de hiper-ligações (*linking*) entre páginas da Internet, entendendo-se que se fosse eliminada a possibilidade de o utilizador praticar estes actos sem necessidade de autorização, então correr-se-ia o risco de literalmente eliminar o que se tornou um dos mais importantes meios de comunicação (*ACU v. Reno*, 1996: "it is no exageration to conclude that the Internet has achieved, and continues to achieve, the most participatory marketplace of mass speech that this country – and indeed the world – has yet seen."). De todo o modo, parece claro que esta válvula de segurança dificilmente poderá funcionar num ambiente regulado por tecnologias de gestão automatizada de direitos.[743]

Apesar de uma certa tendência para a limitação do alcance do *fair use*, a DMCA consagrou expressamente, em forma de lei, o *case-law* elaborado pela jurisprudência deste país com base no princípio de *fair use*, sustentando-se que esta doutrina justifica a continuação da liberdade de reprodução para uso privado no ambiente digital, de modo a salvaguardar a vida privada, a liberdade de expressão e de utilização das obras para fins criativos.[744] De todo o modo, assinala-se que, na dúvida sobre a concretização do *fair use* nas zonas cinzentas da legalidade, a tendência será para o recurso crescente ao licenciamento de actos que poderiam estar ao abrigo do *fair use*, alargando-se por essa via a área de exclusividade da propriedade intelectual.[745]

---

[740] MILLER/DAVIS 2000, 354 ("If copyright law is the 'metaphysics' of the law (...), *fair use* is its 'semiotics'.").

[741] MILLER 1993, 1036.

[742] FISCHER III 1988, 1726, n. 281; LEVAL 1990, 1105; WEINREB 1990, 1137.

[743] OMPI/WIPO 2006, 7 ("A critical safety valve of the traditional copyright system does not work in an environment regulated by automated rights management technologies.").

[744] BURK/COHEN 2001, 41; LITMAN 2001, 84; BIRNHACK 2003, 233; GONZALEZ 2003, 229; BARTOW 2004, 75.

[745] GIBSON 2007, 898-891 ("Now the odds that were once 80/20 in favour of fair use are more like 20/80 against." 899).

iv. A preservação do *fair use* no ambiente digital

A questão é especialmente sensível na utilização de sistemas *peer-to-peer* para obtenção gratuita de música, filmes e software na Internet. As principais empresas do sector estarão a processar os serviços como o *Napster*, desde logo por darem a oportunidade a concorrentes vindouros e independentes ameaçando os monopólios dos *major labels*.[746] Apela-se à necessidade de adaptação da doutrina *fair use* ao ambiente digital[747] e defende--se a necessidade de revisão dos preceitos da DMCA relativos à proibição de neutralização de protecções técnicas, em ordem a salvaguardar a doutrina do *fair use* no ambiente digital.[748] Neste sentido, adverte-se para o facto de a DMCA poder estabelecer uma super-protecção da informação digital se os tribunais não adoptarem uma orientação adequada no sentido da preservação do *fair use*[749] e chama-se a atenção para o facto de apenas quatro excepções de menor importância terem sido feitas na revisão inicial de 2003 das normas anti-neutralização de protecções técnicas, conforme o documento do Copyright Office *Exemption to Prohibition on Circumvention of Copyright Protection Systems for Access Control Technologies* (Oct. 2003).[750]

Nesta ordem de ideias, defende-se uma doutrina de *fair circumvention*, a qual por razões de clareza deveria prever expressamente uma excepção que permitisse aos utilizadores neutralizar licitamente todas as medidas técnicas de protecção, incluindo medidas de controlo de acesso e de controlo de direitos, de modo a poderem fazer *fair use* das obras tecnologicamente protegidas.[751] Em suma, o *fair use* deveria deixar de ser um "escudo" para passar a ser uma "espada", no sentido de ser consagrado um direito legalmente garantido dos utilizadores que servisse de base à imposição de deveres aos titulares de direitos para permitirem os usos permitidos.[752]

Finalmente, é forte o movimento contra a repressão jurídica das novas potencialidades tecnológicas, numa espécie de movimento libertador dos códigos informáticos contra a sua "colonização" pelos códigos legais, em defesa da liberdade das ideias e da cultura.[753] Defende-se, inclusivamente,

---

[746] FESSENDEN 2002, 405.
[747] NIMMER 2002, 193; WEISS 2004, 232 ("Shutting down P2Ps amounts to Luddism, and allowing them to go unchecked is anarchic." – 235).
[748] SAMUELSON 1999, 520.
[749] THERIEN 2001, 979; SINGER 2002, 111.
[750] BURK 2003, 1102.
[751] TIAN 2005a, 780.
[752] LIPTON 2005, 119, 123.
[753] LESSIG 2002 e 2004.

que a "liberdade de imaginação" protegida pelo *First Amendment* justificaria a inconstitucionalidade da lei do *copyright* na parte em que proíbe as chamadas obras derivadas (direito de adaptação, tradução, etc.) por violar essa liberdade de imaginação.[754] A questão é especialmente sensível em certas áreas, como o jazz, visto os contributos originais dos músicos de jazz, que não são frequentemente os únicos compositores das músicas que tocam, estarem nas suas criações de improvisação que também exigem tempo, esforço e originalidade.[755]

b) Rigidez e flexibilidade na regra dos três passos

Esta breve referência à doutrina do *fair use* permite compreender que, mesmo nos EUA, o *copyright* não é entendido como um direito exclusivo absolutamente oponível *erga omnes*. Pelo contrário, está sujeito, no seu exercício, aos limites da lei e, em especial, ao fim que o justifica, havendo até quem se pronuncie "pela superioridade do sistema norte-americano".[756]

Talvez seja conveniente, por isso, ver a introdução do teste dos três passos como a introdução no Código do Direito de Autor de uma cláusula análoga ao *fair use*, que permitará aos tribunais uma maior flexibilidade na interpretação e aplicação dos limites dos direitos de autor. Sustenta-se que "a regra dos três passos deve funcionar como uma espécie de ventilador do ordenamento jurídico determinando face ao caso concreto (...) se os limites estabelecidos se coadunam com a lógica do próprio sistema"[757], e defende-se um "sistema que procure uma abordagem dúctil e dinâmica aos novos problemas", referindo-se a doutrina de *fair use* como uma área do direito de autor "em que se poderia beneficiar com a experiência alheia, (...) sem sombra de dúvidas".[758]

Idêntico entendimento é partilhado no pensamento jurídico nipónico, que comunga da gramática romano-germânica dos países de *Civil Law* desde a abertura ao Ocidente em meados do século XIX (período Meiji)[759]

---

[754] RUBENFELD 2002, 1s; cfr. POSNER 1998, 403 ("The more extensive is copyright protection, the more inhibited is the literary imagination. This is not a good reason for abolishing copyright, but it is a reason possibly for narrowing it, and more clearly for not broadening it.").

[755] Note 2005, 1944-6.

[756] OLIVEIRA ASCENSÃO 2002c, 98.

[757] COSTA CORDEIRO 2002, 213 ("a regra dos três passos é uma norma de aplicação concreta" – 218).

[758] TRABUCO 2006, 72, 501.

[759] NODA 1976, 62; HALEY 1991, 197, e 1998, 204 ("Japan has not transformed a borrowed law. Rather it has made the transplant its own."); para uma análise económica do direito japonês, RAMSEYER/NAKAZATO 1999.

– embora o primeiro (e profundo) contacto com a civilização europeia tenha ocorrido por intermédio dos portugueses no século XVI –, sustentando-se que "só a alteração do quadro legal pode não ser capaz de resolver todos os problemas que emergem à medida que a tecnologia se desenvolve. Espera--se que o sistema judicial e os comentadores joguem papeis significativos na formação do futuro sistema dos direitos de autor."[760]

No fundo, apela-se a um sistema mais flexível e maleável, numa palavra, mais equitativo, que sujeite a exploração dos direitos de autor aos princípios da função social, da boa fé e da equidade.[761] Além disso, considera-se também que um tal sistema teria a seu favor uma maior eficiência económica.[762]

Mesmo no *copyright* britânico, em virtude do âmbito algo restrito da noção de *fair dealing*, lamenta-se a inexistência de uma cláusula geral de *fair use*, que permita a adequação judicial do *copyright* aos desafios das novas tecnologias.[763] Os valores e interesses envolvidos nos direitos de autor, quer à escala nacional e comunitária quer à escala internacional, dificilmente ficarão bem servidos com um sistema rígido, que limite as excepções aos direitos de autor apenas a certos casos especiais expressamente previstos na lei. Os direitos de autor não são simples direitos de propriedade. Tocam outros valores e atingem outros interesses, em especial num mundo em grande mudança.

A consagração da regra dos três passos nas directivas comunitárias e na legislação interna pode ser entendida como uma cláusula geral de *fair use* ou, pelo menos, que o *fair use* constituirá um caso especial no sentido dessa regra[764], mesmo que essa não tenha sido a intenção do legislador comunitário ao recusar a proposta de alguns Estados-membros de introduzir uma cláusula de tipo *fair use*.[765]

De todo o modo, com ou sem cláusula geral de *fair use*, há sempre a possibilidade de recurso à figura do abuso de direito[766], "enquanto instrumento suficientemente dúctil"[767] pois gerado pelo *ius aequum*[768] – e um dos

---

[760] KOZUKA 2003, 33.
[761] GUIBAULT 2004a, 242-3 (referindo o princípio da *redelijkheid en billijkeid* do direito civil holandês, à semelhança do princípio da *Treu und Glauben* do direito alemão).
[762] LANDES/POSNER 2003, 424.
[763] CORNISH/LLEWELYN 2003, 814.
[764] SENFTLEBEN 2004a, 288.
[765] GUIBAULT 2003a, 556.
[766] CARON 1998; GUIBAULT 2002a, 301.
[767] SINDE MONTEIRO 1989, 186.
[768] PEREIRA DOS SANTOS 2006, 132; sobre a equidade c/ ref., DIAS PEREIRA 2004a, 373s.

mais importantes "órgãos respiratórios do sistema jurídico".[769] Sem se eclipsar o exclusivo económico dos direitos de autor, a regra dos três passos, convertida em critério de apreciação judicial da licitude da utilização no caso concreto, poderá permitir, em articulação com os princípios equitativos do abuso de direito, o apuramento não apenas de situações de utilização indevida da excepção mas também o julgamento de situações não expressamente previstas na lista de limites aos direitos de autor quando existam "good reasons" que justifiquem um tratamento análogo (*eadem ratio*), segundo a fórmula de Bentham: "good decisions are such decisions for which good reasons can be given".[770]

Em todo o caso, a porta da decisão segundo a equidade deve considerar-se aberta, no sentido da justiça do caso concreto através da concordância prática entre o exclusivo de exploração económica e os direitos e liberdades fundamentais da comunicação, nomeadamente a liberdade de informação. Isto não significa desconsiderar a lei, salvo porventura o art. 4.º do Código Civil[771], mas apenas sujeitar as leis dos direitos de autor à balança dos valores fundamentais inscritos na constituição segundo os princípios comuns internacionalmente convencionados, reconhecendo ao intérprete um *papel criativo*.[772] "É evidente que o juiz realiza, de facto, uma actividade criadora (...). E não sofre dúvida de que, *de direito*, a realiza também."[773]

5. Síntese conclusiva do § 3

1. As dimensões sistemáticas dos direitos de autor mostram que a liberdade de informação é um valor do sistema que precede a protecção legal das obras literárias e artísticas. Em termos tais que nos permitem afirmar a liberdade de informação como uma condição de possibilidade das outras liberdades fundamentais da comunicação, incluindo desde logo a

---

[769] REIS MARQUES 2007, 406 (citando PINTO MONTEIRO).
[770] BRONZE 1975, 158, n. 524.
[771] DIAS PEREIRA 2004a, 373s.
[772] BRONZE 1993, 183.
[773] MANUEL DE ANDRADE 1978, 88. Porém, reconhecendo o "direito jurisprudencial" como um competente órgão criador de direito, embora não aceitando a jurisprudência como "*genuína fonte de direito*", salvo no caso excepcional dos (revogados) assentos, PIRES DE LIMA/ANTUNES VARELA 1965, 95-101; v. MOTA PINTO (A.PINTO MONTEIRO/MOTA PINTO) 2005, 68 ("*não podemos atribuir à jurisprudência o carácter de fonte do direito.* / (...) os resultados a que o julgador chegou só *têm força vinculativa* para o caso concreto a ser decidido.").

liberdade de pensamento. Pelo que também aqui "o que importa agora defender e tutelar é, em primeira linha, uma *garantia de informação*."[774]

A constituição consagra a liberdade de informação juntamente com a liberdade de expressão (art. 37.º, 1), à semelhança dos instrumentos internacionais (DUDH, art. 19.º; CEDH, art. 10.º; PIDCP, art. 19.º). Em nossa opinião, a liberdade de informação é também um "elemento básico" ou condição de possibilidade da própria liberdade de expressão.[775] O exercício do direito universal de exprimir e divulgar livremente o pensamento pela palavra, pela imagem ou por qualquer outro meio pressupõe a possibilidade de cada um se informar e de ser informado, sem impedimentos nem discriminações. Com efeito, o pensamento, cuja liberdade de expressão se protege, depende do acesso à informação. Sem liberdade de informação não há, desde logo, liberdade de pensamento[776], nem liberdade de comunicação.[777]

Não obstante, no quadro constitucional, faz sentido o tratamento unitário destes dois direitos, no sentido de proibir que o seu exercício seja impedido ou limitado por qualquer tipo ou forma de censura (art. 37.º, 2). Isso projecta-se, desde logo, na liberdade de imprensa e de meios de comunicação social, que implica nomeadamente a liberdade de expressão e de criação dos jornalistas, bem como o direito dos jornalistas às fontes de informação (art. 38.º, 1 e 2-a/b). Com efeito, os jornalistas são agentes privilegiados da liberdade de informação, que têm especiais direitos e deveres de independência e sigilo profissionais, e constituindo a comunicação social, enquanto quarto poder, objecto de regulação especial (art. 39.º).

A liberdade de expressão do pensamento depende do acesso à informação. Condicionar o acesso à informação é condicionar o pensamento e a sua livre expressão. O mesmo se poderá dizer em relação a outras liberdades fundamentais, nomeadamente a liberdade de consciência, de religião e de culto (art. 41.º), a liberdade de aprender e de ensinar (art. 43.º) e a liberdade de criação cultural (art. 42.º, 1). Esta última projecta-se constitucionalmente no direito à invenção, produção e divulgação de obra científica, literária ou artística, incluindo a protecção legal dos direitos de autor (art. 42.º, 2).

A protecção legal dos direitos de autor localiza-se constitucionalmente na liberdade de criação cultural. Esta solução harmoniza-se com a DUDH,

---

[774] FARIA COSTA 2005, 140.
[775] JÓNATAS MACHADO 2002, 479.
[776] FIKENTSCHER 1995, 150 ("Not speech, but the modes of thought define the limits of thinking.").
[777] FECHNER 1999, 348 ("Informationsfreiheit... stellt die Basis jeglicher Freiheit kuz Kommunikation dar.").

§ 3. Dimensões Sistemáticas   309

que estabelece o direito universal de tomar parte livremente na vida cultural da comunidade, de fruir as artes e de participar no progresso científico e nos benefícios que deste resultam (art. 27.º, 1), juntamente com o direito universal de protecção dos interesses morais e materiais ligados a qualquer produção científica, literária ou artística da sua autoria (art. 27.º, 2).

Todavia, a localização constitucional da protecção legal dos direitos de autor não se limita à liberdade de criação cultural, já que, em conformidade com a indicação do Código Civil (art. 1303.º), é também enquadrada, jurisprudencialmente, no direito de propriedade privada (art. 62.º), enquanto direito fundamental de natureza análoga (art. 17.º).

O direito de propriedade privada está previsto na DUDH (art. 17.º) e foi acrescentado à CEDH pelo art. 1.º do Procolo n.º 1 a esta Convenção (Paris, 20/3/1952). A jurisprudência comunitária considera este protocolo aplicável à propriedade intelectual, tendo em conta o art. 17.º, 2, da CDFU (incorporada pelo TCE, Parte II, incluindo a propriedade privada corpórea e intelectual – Art. II-77.º).

Esta Carta rege-se pelo princípio do elevado nível de protecção dos direitos fundamentais (CDFU, art. 52.º, 3). Todavia, este princípio assenta num "paradoxo original". Basta pensar que o elevado nível do direito fundamental da propriedade intelectual tem como possível reverso da medalha o baixo nível da liberdade de informação e de outras liberdades fundamentais da comunicação. Por isso, quando muito, poderá falar-se no princípio do elevado nível de protecção dos direitos fundamentais privilegiados pelo direito comunitário.

A apropriação de obras literárias e artísticas através dos direitos de autor traduz-se numa restrição à liberdade de informação. Com efeito, o acesso à informação contida nas obras literárias e artísticas protegidas por direitos de autor pode ser condicionado pelos titulares destes direitos, com repercussões ao nível de outras liberdades fundamentais, nomeadamente a liberdade de formação e de expressão do pensamento, a liberdade de aprender e ensinar e a própria liberdade de criação cultural.

Donde decorre que, sem por em causa a equiparação dos direitos de autor e de outras formas de propriedade intelectual ao direito de propriedade privada para efeitos de tutela constitucional, já nos parece que essa equiparação exige um raciocínio complexo que apure a analogia entre os direitos de autor e a propriedade e, por essa via, a analogia entre a propriedade intelectual e os direitos, liberdades e garantias. Esta analogia afigura-se mais intensa em relação aos interesses morais dos criadores literários e artísticos do que aos seus interesses materiais, no sentido de que a protecção destes, ainda que se tenha convencionado seguir a via da propriedade, não pode eclipsar o núcleo essencial de outros valores fundamentais que gravitam na órbita da constelação constitucional. De resto, a via proprietária não está escrita na "magna carta" universal dos direitos do homem (DUDH), correspondendo aliás, no micro-cosmos europeu, a uma construção de índole jurisprudencial, restando saber se não será uma "estrela cadente".

Seja como for, em termos de ordenamento civil, não vemos obstáculos à qualificação dos direitos de autor como direitos de propriedade, segundo a indicação do Código Civil (art. 1303.º). De resto, consideramos ser de especialidade a relação entre os direitos de autor (e de um modo mais geral a propriedade intelectual) e o direito civil, no sentido de que as disposições do Código Civil, nomeadamente em matéria de contratos, são em princípio aplicáveis às relações jurídicas de direitos de autor, sem prejuízo de regra especial e/ou da natureza destes direitos. Procurámos ilustrar a conveniência e adequação deste raciocínio em três grupos de situações, quais sejam a equiparação dos contratos de direitos de autor aos contratos civis (e.g. compra e venda, locação, empreitada), a tutela possessória do editor e a natureza jurídica de certas licenças de utilizador final de software (EULA).

2. A CDFU localiza a propriedade intelectual no direito de propriedade, embora não dê indicações sobre o regime desta, nomeadamente no que respeita ao regime das restrições. De resto, os direitos de autor foram integrados jurisprudencialmente no Tratado de Roma por via da sua assimilação à "propriedade comercial" (art. 36.º). Esta integração apontou ora no sentido da limitação dos direitos, por via nomeadamente da sujeição ao esgotamento comunitário, ora no sentido da sua expansão, através da sua sujeição ao princípio da não discriminação em razão da nacionalidade.

Uma vez integrados no Tratado de Roma logo se procedeu à elaboração e concretização de um programa de harmonização comunitária dos direitos de autor, justificada pelas exigências do mercado interno e agora também da sociedade da informação (que se constrói *praeter legem* como fundamento da acção comunitária). Ao ponto de estar já em discussão a eventual elaboração de um Código Europeu da Propriedade Intelectual (ou pelo menos dos direitos de autor), que seria impulsionado pelo preceito "dirigente" do TCE (Art. II-77.º, 2).

De todo o modo, existem diferenças profundas entre os regimes nacionais de direitos de autor. Destaca-se, em especial, a dicotomia entre os países anglo-saxónicos de *copyright* e os países continentais de *droit d'auteur*. Para alguns, as diferenças de regime em matérias como o objecto (obras e prestações), os sujeitos (autoria e titularidade), o conteúdo moral e as prerrogativas patrimoniais destes direitos comprometeriam qualquer harmonização verdadeiramente significativa, não conseguindo as directivas estabelecer mais do que *pontes* sobre o *fosso* que as separa.

Sem por em causa essas diferenças, questionamos todavia se serão impeditivas de uma maior harmonização, que poderá passar eventualmente por uma codificação europeia da propriedade intelectual, em especial dos direitos de autor, à semelhança da experiência norte-americana da "federalização" do *copyright* através da lei de 1976. Todavia, levados a sério, há limites, desde logo de competência e de procedimento, ao direito comunitário da propriedade intelectual. Em regra, os instrumentos comunitários surgem na forma de directivas, que exigem transposição para as ordens jurídicas internas nacionais. Isto mostra que, apesar da compressão significativa que tem sofrido, o princípio da territorialidade é ainda, mesmo entre os Estados-membros da União Europeia, uma máxima destes direitos.

Além disso, apesar de serem orientadas pelo princípio do elevado nível de protecção, as directivas deixam normalmente uma margem de liberdade aos Estados-membros, ao invés de estabelecerem uma harmonização completa. Não obstante, essa margem de liberdade será tanto maior ou menor consoante o valor interpretativo que se atribua aos preâmbulos das directivas, que surgem normalmente "blindadas" por um "manual de instruções" sobre a "boa" interpretação da directiva. É esse, pelo menos, o entendimento do TJCE, que trata os considerandos dos preâmbulos quase como se fossem a outra parte das normas articuladas no texto das directivas. Sem afastarmos todo e qualquer valor aos preâmbulos, entendemos todavia que não são vinculativos, no sentido de que a sua desconsideração não deve ser equiparada à desconsideração de uma norma legal (ab-rogação).

3. Deve reconhecer-se, não obstante, que é forte a pressão ao nível do ordenamento internacional do comércio, tal como pautado pelo Acordo ADPIC, no sentido de os direitos de autor serem reduzidos a privilégios de exploração comercial de mercadorias e serviços. Algo paradoxalmente, apesar dos ventos do livre comércio, não é expressamente previsto o esgotamento internacional do direito de distribuição, além de as excepções e limitações aos direitos de autor ficarem condicionadas ao teste de conformidade com os interesses dos titulares de direitos, segundo a "balança dos três pratos". É dizer que o interesse público dos Estados poderá ficar subordinado aos interesses do comércio mundial, assim se comprimindo significativamente a territorialidade destes direitos, ao ponto de já se falar de um emergente *copyright supra*-nacional.

A consideração dos direitos de autor como direitos de propriedade é utilizada para reduzir ao máximo as excepções e limitações aos direitos exclusivos, além de que as razões de segurança e certeza jurídicas seriam contrárias à sujeição destes direitos a uma cláusula geral de *fair use*, típica do *copyright* norte-americano, que permite a determinação de excepções por via judicial. A este propósito juntamo-nos aos que defendem um sistema mais flexível e dúctil, que permita a adequação concreta dos direitos de autor, em especial no contexto dos novos problemas das comunicações electrónicas em rede.

Sem prejuízo da competência e da capacidade do legislador de prever os problemas e de para eles estabelecer respostas adequadas, parece-nos que confinar o intérprete, em especial o juiz, a regras rígidas e taxativas é, desde logo, contrário à natureza destes direitos. Os direitos de autor são direitos fluidos, o que decorre desde logo da natureza do seu objecto, bem como das suas fronteiras no sistema jurídico. Onde começam os direitos de autor e acabam as liberdades de informação, de expressão, de aprendizagem, e até de criação cultural?

Os bens corpóreos têm normalmente fronteiras determinadas e nessas fronteiras incide e exerce-se a propriedade. Nos bens imateriais, nomeadamente obras literárias e artísticas, as fronteiras não são tão claras nem definidas.

Isto não significa que não se possa falar de propriedade. Pensamos até que a analogia com a propriedade é útil. Desde logo para compreender o domínio público, que limita a propriedade corpórea. Relativamente à propriedade de imóveis, o Código Civil estabelece que esta abrange o espaço aéreo correspondente à superfície, bem como o subsolo, com tudo o que neles se contém e não esteja desintegrado por lei ou negócio jurídico, não podendo o proprietário impedir os actos de terceiro que, pela altura ou profundidade a que têm lugar, não haja interesse em impedir (art. 1344.º). Além disso, nos termos da constituição, são bens do domínio público, *inter alia*: as águas territoriais com os seus leitos e os fundos marinhos contíguos, bem como os lagos, lagoas e cursos de água navegáveis ou flutuáveis, com os respectivos leitos; as camadas aéreas superiores ao território acima do limite reconhecido ao proprietário ou superficiário; os jazigos minerais, as nascentes de águas mineromedicinais, as cavidades naturais subterrâneas existentes no subsolo; as estradas; as linhas ferreas nacionais; e outros bens como tal classificados por lei (art. 84.º).

Ora, assim como a propriedade de um imóvel não abrange os bens nela existentes que integram o domínio público, o mesmo se passa com a propriedade intelectual. Veremos, com mais pormenor, a importância do domínio público ao nível da definição do objecto e do conteúdo de protecção legal dos direitos de autor.

O domínio público dos bens intelectuais é o domínio da liberdade de informação. A compressão do domínio público dos bens intelectuais pelos direitos de autor é uma forma de "privatização" desses recursos. Enquanto tal, não implica necessariamente o eclipse da liberdade de informação, embora forneça um título jurídico de condicionamento do acesso à informação e, com isso, uma "liberdade condicionada".

Não obstante, os direitos de autor não são valores absolutos no sistema jurídico. Para além de a outorga legal destes direitos não poder desconsiderar outros valores da constelação constitucional, a interpretação dos direitos outorgados deverá ter de igual modo em conta os outros valores.

Em qualquer caso, parece-nos que o pêndulo do balanço sistemático dos direitos de autor, traduzido no princípio fundamental da autoria, não pode ir ao ponto de eclipsar a liberdade de informação nem justificar devassas à reserva da intimidade da vida privada e familiar consagrada na constituição (art. 26.º, 1, 34.º e 35.º) e nos instrumentos internacionais (DUDH, art. 12.º; CEDH, art. 8.º; PIDCP, art. 17.º).

Servindo-nos de uma metáfora (que servirá também de candeia interpretativa), podemos desenhar duas linhas rectas[778] em cruz: nas extremidades da primeira linha encontram-se, no topo, a protecção dos interesses morais e materiais do criador intelectual e, abaixo, a reserva da intimidade da vida privada dos utilizadores; nas extremidades da segunda linha encontram-se, à esquerda, o exclusivo de exploração económica e, à direita, a liberdade de informação, que condensa outras liberdades fundamentais (expressão, aprendizagem e criação cultural). Na ótica do espírito do sistema actual, contido nos princípios constitucionais, incluindo os princípios do direito internacional comum, nenhum dos referidos valores pode ser completamente sacrificado pelos outros ao nível das dimensões de regime.

---

[778] Sobre as "linhas rectas no direito", FARIA COSTA 2007.

§ 4. DIMENSÕES PROSPECTIVAS

"If code is a lawmaker, then it should embrace the values of a particular kind of lawmaking. / The core of these values is transparency. What a code regulation does should be at least as apparent as what legal regulation does. Open code would provide that transparency"
    Lessig, *Code and Other Laws of Cyberespace*, 1999, 224-5

1. Da omnipotência à irrelevância dos direitos de autor?

1.1. *Direitos de autor e interesse público*

A preservação do princípio da autoria criadora não significa que este princípio justifique necessariamente todo e qualquer reforço dos direitos de autor, desde o alargamento do objecto, até ao seu conteúdo exclusivo. Não obstante, tem-se assistido a que "a mundialização da propriedade intelectual não só cria direitos novos como amplia os direitos anteriores em virtude de exigências da globalização dos mercados".[779]

a) O «imperialismo» da propriedade intelectual

Actualmente, os direitos de propriedade intelectual projectam-se à escala global por via dos instrumentos do direito internacional, em especial o Acordo ADPIC. Fala-se até, com propriedade, em «l'impérialisme le plus complet des droits réels»[780], e na "natureza imperialista e 'colonizadora' do sistema dos direitos de propriedade intelectual".[781]

---

[779] Gómez Segade 2000, 22.
[780] Lucas 2001a, 272.
[781] Remédio Marques 2003a, 339.

No direito comunitário, o alargamento e aprofundamento dos direitos de propriedade intelectual remete frequentemente o próprio consumidor final para o estatuto de potencial pirata. O processo de inclusão do consumidor no círculo de oponibilidade dos direitos de propriedade intelectual é reforçado pela Directiva 2004/48, alegadamente para dar cumprimento ao princípio do elevado nível de protecção e nos termos do n.º 2 do artigo 17.º da Carta dos Direitos Fundamentais da União Europeia (cons. 32).

O alargamento da propriedade intelectual é feito, normalmente, à custa do domínio público e das liberdades fundamentais dos cidadãos. Pelo que a propriedade intelectual é uma propriedade sensível do ponto de vista do interesse público, não podendo transpor-se automaticamente as categorias clássicas da propriedade em geral para esta propriedade especial (que, aliás, de tão especial, nem sequer será, para muitos, propriedade em sentido estrito).

Tendo em conta a omnipotência dos direitos de autor à escala global, parece-nos adequado falar, neste domínio, em privilégios comerciais[782], cujo sentido e limites, enquanto valores de exploração económica, deverão ser justificados por razões de interesse público, em especial no domínio da sociedade da informação. "Um privilégio excessivo dos interesses e direitos dos agentes económicos, desacompanhado das considerações de interesse geral ou de serviço público que têm caracterizado os regimes internos, é susceptível de pôr em causa o equilíbrio desejável entre mercado e cidadania na sociedade da informação."[783]

b) A preservação das liberdades fundamentais da comunicação

Não obstante, é caso para perguntar se ao fim de "cem anos de solidão" na história da propriedade intelectual[784] e de uma situação actual de omnipotência não se passará rapidamente para um estado de irrelevância destes direitos.[785] Não apenas porque a tecnologia confere, de facto, mais poderes do que os direitos de propriedade intelectual, mas também porque é forte o movimento no sentido da preservação das liberdades tradicionais de utilização de obras protegidas, nomeadamente no que respeita à reprodução para uso privado. "A igualdade de acesso aos materiais e aos recursos, a qualidade do serviço prestado, a cooperação ao nível da informação e a manutenção da liberdade intelectual continuam a afirmar-se como valores essenciais a manter."[786]

---

[782] Dias Pereira 2002c, 138.
[783] M.E. Gonçalves 2003, 80.
[784] Merges 2000, 2187.
[785] Cornish 2006.
[786] Borges 1999, 517.

Sem por em causa a viabilidade de novos modelos económicos, nomeadamente no que respeita ao pagamento por sessão, considera-se que os direitos de autor devem actuar a sua esfera de exclusividade no âmbito de actividades económicas, sobretudo comerciais, justificando-se apenas, para além disso, uma pretensão remuneratória que compense os titulares de direitos por certas utilizações livres. Segundo a "via do meio": "As gravadoras têm de renunciar a parte dos seus lucros (...); os utentes terão em contrapartida de renunciar à total gratuitidade."[787] Fala-se, por isso, em "liberdade remunerada".[788]

c) De Locke aos Creative Commons

Mas se esta é ainda uma via intra-sistemática, mais radical é a proposta dos movimentos *Free Software, Open Source* e *Creative Commons*.[789] Trata-se de uma corrente que pode ainda apoiar-se na teoria de Locke de que o trabalho criativo representa um título legítimo de apropriação dos bens gerados, a qual pode ser usada para justificar a substituição da propriedade privada pelo domínio público. Segundo Kenneth Minogue (*The Concept of Property and Its Contemporary Significance*, 1980), "Locke levantou um problema de distribuição da propriedade que é praticamente insolúvel. (...) A maior parte do trabalho sobre frutos da natureza é cooperativo; e quanto mais uma economia se torna complexa, tanto mais difícil se torna discernir a contribuição relativa de diferentes tipos de trabalho e perícia na produção de um produto particular. Para além das operações do mercado, a avaliação relativa de *inputs* e *outputs* é tão complexa [que] somos levados inexoravelmente para uma visão da comunidade como uma única unidade produtiva, e do governo como o beneficiário inicial de toda esta produção, que é encarregado da difícil tarefa de proceder à sua distribuição de um modo justo."[790]

1.2. Copyleft e Free Software: *o software como «discurso livre»*

O poderio global de certas empresas no sector da informática, exercido através dos direitos de autor e afins, tem suscitado reacções a diversos

---

[787] OLIVEIRA ASCENSÃO 2005b, 794.
[788] ROMANO 2006, 557 ("zahlenden Freiheit (*liberta pagante*)").
[789] LESSIG 2003b, 763s; DREIER 2005, 283.
[790] Cfr. WEINREB 1998, 1227, n. 325; porém, SMITH 2007, 1742.

níveis. Afirma-se que o "oligopólio está definitivamente implantado" [791], e pugna-se pela liberdade de programação informática, com base numa ideia de software como "discurso"[792], no sentido de o sujeitar às exigências constitucionais da liberdade de expressão.

Na verdade, para efeitos de protecção legal dos direitos de autor, os programas de computador são considerados obras literárias, ou pelo menos obras de natureza análoga às obras literárias, tal como entendeu o legislador português no acto de transposição da Directiva 91/250 (DL 252/94, art. 1.º, 2). Ao mesmo tempo, a resistência contra a apropriação e exploração exclusiva do software mediante direitos de autor e outras formas de propriedade intelectual jogaria em benefício dos utilizadores de software, nomeadamente as empresas, no sentido de não ficarem dependentes das grandes empresas de software e de conteúdos.

a) Os movimentos software livre e fonte aberta

Neste contexto, especial destaque merece o movimento do software livre. Trata-se de um movimento que, apesar de combater a apropriação dos códigos de programação informática por via de direitos de autor e patentes, não abdica desses direitos, em especial no que respeita à sua vertente pessoal. O movimento software livre foi lançado por Richard Stallman, criando em 1985 uma organização sem fins lucrativos, que se dedica à eliminação de restrições sobre a cópia, redistribuição, estudo e modificação de programas de computador: a Fundação para o Software Livre (*Free Software Foundation*). Stallman introduziu os conceitos de *software livre* e *copyleft*, que foram desenvolvidos com o intuito de dar aos utilizadores liberdade de utilização e de programação, e de restringir as possibilidades de apropriação exclusiva.[793]

Numa orientação menos politicamente vincada, o movimento *open source* refere-se ao desenvolvimento de software que está publicamente disponível em forma de código-fonte, segundo o padrão de certificação emitido pela Iniciativa Fonte Aberta (OSI). O software, apesar de protegido por direitos de autor, é distribuído livre de restrições de licenciamento e encoraja os utilizadores a utilizar, modificar, copiar e distribuir livremente

---

[791] OLIVEIRA ASCENSÃO 2006a, 160.
[792] FITZGERALD 2000, 47-55.
[793] Sobre estes movimentos, e.g. SPINDLER 2003; SPINDLER/WIEBE 2003, 873-9; CAMARGO CERDEIRA/PARANAGUÁ MONIZ 2004, 15-29; MÜLLER/GERLACH 2005, 87-92; WHEELER 2005; WANDTKE/BULLINGER/*GRÜTZMACHER* 2006, 831-5, DIAS PEREIRA 2007, 471s.

o software, desde que certas condições sejam respeitadas, as quais incluem, nomeadamente, a obrigação de manter o código fonte publicamente disponível e de o titular da licença do código fonte não cobrar *royalties*. O movimento visa encorajar o desenvolvimento em colaboração de software, a remoção de erros de programação e a promoção de obras derivadas.

b) As licenças GPL

Os projectos de software livre / código aberto («open source») mais visíveis são o sistema operativo GNU/Linux, o servidor de rede Apache, o browser Mozilla Firefox e os aplicativos de escritório OpenOffice.org. Entre os sites mais conhecidos que usam software livre encontram-se o Google (GNU/Linux) e o Yahoo (FreeBSD). As licenças de software livre são licenças de software (GPL) e licenças de documentação (GFDL) relativas à utilização de programas incluídos na Directoria de Software Livre (*Free Software Directory*).[794]

O movimento do software livre insere-se numa corrente de movimentos que defendem a liberdade da ciência contra a sua apropriação por direitos de autor e patentes (e.g., *Open Source, Creative Commons, Open Knowledge, Wikipédia*). Em especial, a liberdade do software funda-se na ideia do software livre como "discurso livre".

Todavia, o conceito de «Copyleft» não significa a inexistência de direitos de autor. Pelo contrário, em vez de se lançar o software no domínio público, afirma-se que é protegido por direitos de autor. Com base nisso, as licenças definem os termos de utilização e de distribuição, concedendo a todos o direito de usar, modificar, e redistribuir o código-fonte do programa *ou qualquer outro programa derivado dele* mas somente se os termos de distribuição permanecerem inalterados. Pretende-se assim que o código e as liberdades de utilização e de programação se tornem legalmente inseparáveis.[795]

Um software só pode ser considerado livre se proporcionar quatro liberdades fundamentais: utilizar o programa para quaisquer fins (1), modificar o programa e adaptá-lo às necessidades do utilizador, o que implica liberdade de acesso ao código fonte (2); redistribuir cópias de forma gratuita

---

[794] E.g. DETERMANN 2006, 645s. A nível europeu, a Comissão Europeia, no quadro do IDABC, elaborou a EUPL ("European Union Public Licence").

[795] CHANDER/SUNDER 2004, 1373 ("instead of putting GNU software in the public domain, we 'copyleft' it. Copyleft says that anyone who redistributes the software, with or without changes, must pass along the freedom to further copy and change it.").

ou remunerada (3); distribuir versões modificadas do programa, de tal modo que a comunidade possa beneficiar das suas melhorias (4).[796]

c) *O código-fonte aberto como exigência (constitucional) de transparência*

Comparando o «software livre» com o «software proprietário» (ou reservado), em termos de vantagens e desvantagens, apontam-se alguns aspectos que favorecem a adopção do software livre, como sejam uma relevante quota de mercado, a fiabilidade[797], o desempenho e a segurança do software livre, os inferiores custos de instalação, manutenção e *upgrade*, a não dependência de uma fonte única, os inexistentes ou reduzidos custos de litigância, e a possibilidade de transição gradual para o ambiente de software livre.

De todo o modo, ressalva-se que o software livre não resolve todos os problemas e a opção por esta via deve basear-se num estudo prévio das necessidades de utilizador.

Todavia, o software livre é também objecto de algumas críticas, como sejam: a alegada falta de assistência técnica, a utilização deste modelo como dispositivo de "branqueamento" de software plagiado, a (in)viabilidade económica, o colapso da indústria do software, e o movimento anti-Microsoft, apesar de esta empresa também usar esse tipo de software.

Finalmente, argumenta-se ainda no sentido da invalidade das licenças GNU/GPL. Contudo, outra tem sido a orientação perfilhada pelos tribunais, como mostram o caso *Sitecom* da jurisprudência alemã (Munique) e o caso *Drew Technologies, Inc. v. Society of Automotive Engineers, Inc. (SAE)* da jurisprudência norte-americana.[798]

Seja como for, a verdade é que o software livre – ou ao menos o software de fonte aberta – surge cada vez mais como uma exigência constitucional de transparência na sociedade da informação em geral[799], bem como na concorrência mercantil e na liberdade contratual[800] do comércio electrónico, em especial[801], tendo em conta a "faculdade do *software* de moldar ou de flexibilizar a arquitetura de utilização do ciberespaço."[802]

---

[796] BRANCO 2006, 230-1.
[797] CHISSICK/KELMAN 2002, 9 ("There is increasing volume of evidence that Open Source Software is more reliable than conventional commercial closed source software.").
[798] Cfr. WHEELER 2005.
[799] LESSIG 1999, 224-5.
[800] SOUSA RIBEIRO 2002a, 137, e 2002b, 207.
[801] WINN 1998, 1177.
[802] WACHOWICZ 2005, 171.

2. Os direitos de autor no contexto da «ciberespacialização jurídica»

A dimensão transnacional das redes electrónicas de comunicação (ciberespaço, Internet) suscita a questão de saber qual é o papel do direito na configuração normativa do ciberespaço. Em especial, o ciberespaço teria tornado obsoletos institutos como os direitos de autor. "É impossível controlar o direito de autor na Internet"[803], afirma-se, mais se dizendo que "a volatilidade da informação e sua universalidade estão muito acima da capacidade de regulação jurídica, por parte dos diversos ordenamentos nacionais, e mesmo por parte daqueles comunitários ou plurinacionais."[804]

A revolução electrónica surpreendeu os juristas, em termos de se questionar a sua competência para regular o ciberespaço. O ciberespaço seria mais domínio dos códigos informáticos e dos mecanismos alternativos de resolução de litígios (*soft law*) do que das leis e dos tribunais estaduais (*hard law*).

Numa palavra, a resposta para a máquina estaria (apenas) na máquina. Só que a «ciberespacialização jurídica» recusa este determinismo tecnológico, devolvendo a pergunta: a resposta para a máquina está apenas na máquina?

Isto não significa que a resposta não esteja também na máquina.[805] Direito e tecnologia não se encontram numa relação de exclusão recíproca.[806] O que se trata é de recusar uma via única para a regulação do ciberespaço, tendo em conta diversos modelos.

Numa primeira fase, os modelos da auto-regulação mediante normas técnicas e códigos de conduta surgiram quase espontaneamente. Posteriormente, numa segunda fase, a hetero-regulação afirmou-se através de organizações internacionais (OMPI, UNCITRAL, OCDE) e por via de legislação estadual. Ao ponto de se sustentar que de uma situação originária de aparente vazio jurídico e descontrolo estadual se teria passado rapidamente para um quadro de hiper-regulação e controlo governamental e a um ciberespaço dominado pelos interesses comerciais.[807]

Neste processo parecem surgir novas soberanias *infra* e *supra* estaduais, de que serão exemplo paradigmático a problemática dos nomes de domínio[808] e o acervo comunitário do direito da sociedade da informação.[809]

---

[803] RAMOS PEREIRA 2001, 181.
[804] SILVA MARTINS 1999, 110.
[805] WAND 1997, 55 ("The answer *to* the machine is at least partly *in* the machine").
[806] SAITO 1998, 58 ("Wir sollten Recht und Technologie also nicht getrennt sehen, sondern synthetisch erkennen.").
[807] LESSIG 1999, 211.
[808] WALTER 2001, 186 ("The most prominent and probably most often mentioned example of private regulation is the famous 'Internet Government' (ICANN)").
[809] OLIVEIRA ASCENSÃO 2001b, 23.

2.1. A alegada auto-suficiência do ciberespaço (alternativas tecnocráticas)

"Within jurisdictional borders, local laws and customs apply, local power is exerted by some over others, and local police and military forces maintain power by the potential or actual use of evidence. (...) these lines on the ground mean little in cyberspace." (William Mitchell, *City of Bits*, 1995)

Deve-se a William Gibson a introdução do termo ciberespaço (*Cyberspace*), referindo-o na sua obra *Neuromancer* (1984) como a "alucinação consensual experimentada diariamente por biliões de operadores legítimos em cada nação." Esta caracterização do ciberespaço era algo futurista na época, já que em 1988 existiam apenas 217 ligações à Internet, além de que até 1991 a americana Fundação Nacional para a Ciência proibia a utilização da rede para fins comerciais.[810]

Alucinação significa, entre outras coisas, alheamento, ilusão, delírio, fantasia. Levado à letra, o direito ciberespacial poderia significar direito ilusório ou delirante. E, com efeito, a entrada do direito no ciberespaço foi vista inicialmente com grandes reservas, por se entender que o arsenal jurídico seria obsoleto, isto é, o direito não seria capaz de regular os conflitos na Internet, estando reservado ao jurista um papel meramente residual e secundário, senão mesmo dispensável, na configuração da arquitectura normativa da Internet.[811] Caminhar-se-ia assim no sentido de uma "tecnodemocracia" e de uma "sociedade sem Estado", em que o contrato substitui o regulamento administrativo.[812]

a) A soberania dos tecnólogos no ciberespaço

Para o movimento tecnocrático, a tecnologia seria suficiente para resolver os problemas emergentes, segundo a máxima "a resposta para a máquina está na máquina"[813], equiparando-se o arsenal tecnológico dos mecanismos de auto-regulação e de resolução extrajudicial de conflitos a "práticas de justiça privada"[814]. Por exemplo, no domínio dos direitos de autor foi criado um "código" de direitos de propriedade digital para regular

---

[810] LESSIG 1999, 39.
[811] JOHNSON/POST 1996, 1367; c/ ref., DIAS PEREIRA 2001b, 633.
[812] GALGANO 2002, xvi-v.
[813] CLARK 1996, 139.
[814] POULLET 2000a, 57.

os termos e condições de utilização de informação digital e marcá-los nos documentos que contêm a informação.[815] De acordo com a linguagem tecnológica da propriedade digital, se alguém tentar utilizar um objecto equipado com um sistema seguro sem para o efeito ter obtido autorização ou pago a respectiva remuneração, tal sistema não executará o comando. O utilizador é compelido a obedecer a este "código técnico" em virtude de "não existir alternativa"[816], antecipando-se a substituição dos órgãos democráticos pelos engenheiros informáticos na definição das regras deste admirável mundo tecnológico.[817]

O desenvolvimento caótico da Internet pode comparar-se ao Big-bang. Perante um estado de aparente anarquia em linha, os tecnólogos reivindicaram para si a soberania do ciberespaço com promessas de uma teia comunicativa livre de direito. A Internet seria um verdadeiro "woodstock electrónico", no qual tudo seria livremente partilhável. Os eventuais problemas seriam resolvidos pelas tecnologias seguras da criptografia. Os juristas não teriam lugar num tal mundo, desde logo por lhes faltar a competência: a Internet não seria regida pela lei dos Estados mas antes pelos códigos tecnológicos dos informáticos. Aparentemente, existindo, "neste nosso tempo de cibernética, outros instrumentos bem mais eficientes"[818] de regulação social, estaria perdida esta "'luta pela sobrevivência' do direito".[819]

b) A alegada impotência do Estado enquanto centro de normalização das comunicações

Na Internet não existiria Estado com poder normalizador capaz de impor aos seus súbditos as suas leis através dos seus órgãos judiciários e administrativos. Desde logo porque na Internet não existiriam fronteiras territoriais, ninguém seria nacional de país algum nem teria domicílio em lugar algum. Nesta "transbordante megapolis em que a própria Terra se transformou"[820], a comunidade ciberespacial estaria fora do espaço pois que "já não há «dentro» nem «fora». (...) O nosso viver despacializou-se".[821]

Ora, sendo o Estado concebido em torno dessa categoria (espaço), não teria lugar no ciberespaço. Em especial, as fronteiras territoriais que deli-

---

[815] STEFIK 1997, 137.
[816] LESSIG 1997, 1408.
[817] HUGENHOLTZ 2000c, 84 (fazendo votos, porém, que tais obras nunca se tornem *best--sellers*).
[818] BRONZE 2006a, 280.
[819] Id. 2006b, 77.
[820] FARIA COSTA 2005, 138.

mitam tradicionalmente a reserva de soberania do Estado de pouco valeriam no ambiente ciberespacial, numa "Terra sem confins"[822], já que "há muito que as modernas tecnologias deixaram de bater nas barreiras territoriais nacionais."[823]

Por outro lado, o tempo cibernético – o chamado "tempo real" da informática que tanto "fez minguar o tempo"[824] – seria incompatível com o "tempo judicial" dos órgãos judiciários do Estado.[825] Pense-se nas transacções financeiras que ocorrem à escala global à velocidade da luz dos computadores e das redes ou na comercialização pela Internet de medicamentos e outros produtos e serviços (e.g. casinos *online*) sensíveis do ponto de vista da saúde pública.[826] Neste contexto, o arsenal tradicional dos órgãos judiciários estaria completamente ultrapassado, por obsolescência, sendo os Estados incapazes de controlar o tráfego das redes electrónicas de comunicação.

Em suma, a Internet, não obstante ter sido originariamente criada para servir o Estado em fins militares (Arpanet), acabaria por se desenvolver de modo algo caótico através de uma rede sem centro de gravidade, deixando o Estado sem potência para a dominar em virtude da obsolescência do seu arsenal normalizador. A soberania do ciberespaço pertenceria aos revolucionários da tecnologia, que a exerceriam através dos seus códigos próprios, com promessas de conduzir a comunidade «internética» de volta ao comunismo primitivo dos manuais de economia política, senão directamente ao jardim do paraíso.[827]

c) A pós-modernidade do ciberespaço

A Internet seria a "evidência" do fim do Estado enquanto centro do poder normalizador da comunicação, transportando uma nova linguagem totalmente estranha ao poder estadual e gerando um código comunicacional

---

[821] Id. 2003a, 186.
[822] CALVÃO DA SILVA 2007a, 82.
[823] GOMES CANOTILHO 2006a, 1350.
[824] FARIA COSTA 2004, 85.
[825] BENABOU 2002a, 188 («Les nouveaux défis de l'Internet démontrent la vanité d'une réponse juridique classique reposant sur le dogme de l'Etat toutpuissant.»).
[826] DIAS PEREIRA 2004h 33s, 39s (com referência ao caso *DocMorris*), e 2006b, 141s (casinos). A dispensa de medicamentos ao público através da internet, pelas farmácias ou pelos locais de venda de medicamentos não sujeitos a receita médica, foi entretanto "legalizada" pelo novo regime jurídico das farmácias de oficina (DL 307/2007, 31/8, art. 9.º, regulamentado pela Portaria 1427/2007, 2/11).
[827] DIAS PEREIRA 2001b, 633-5.

disseminado por todo o mundo à margem do Estado. O Direito da modernidade, traduzido nas Leis e nos Tribunais do Estado, seria agora substituído por códigos tecnológicos de conduta elaborados por micro-comunidades e observados por comités de resolução extrajudicial de conflitos, dispondo de um arsenal sancionatório baseado na exclusão tecnológica da rede.

Uma visão assim pós-moderna[828] seria bem prestável à falácia do tecnologismo, dando por adquirida a sua soberania no ciberespaço e legitimando os seus esquemas funcionais. Inspirada numa tábua rasa de valores e animada por uma repulsa contra todas as formas de Estado, essa visão serviria com proveito a ordem internética gerada pela revolução electrónica do movimento tecnocrático e a "alternativa ao direito" postulada por uma "ordem de possibilidade científico-tecnológica".[829]

2.2. A urgência de descodificação do problema

O fenómeno web tem pouco mais de década e meia de existência, mas a bibliografia sobre direito do ciberespaço, da Internet e do comércio electrónico é já vastíssima. Apesar disso, podemos questionar se estes estudos da regulação do ciberespaço não apontam no sentido de uma hiper-especialização tecnocrática e divorciada do entendimento público.[830] Ou seja, a hiper-regulação do ciberespaço, fruto da "turbolegislação"[831] que se tem sentido também neste domínio, teria sido acompanhada por uma hiper-especialização, de índole tecnocrática, como se o direito se tivesse transformado num sistema de programação de rotinas e o jurista em operador de um tal sistema para afirmar aí um mínimo de competência e de prestabilidade. O que, a ser assim, então poderia anunciar-se a primazia do tecnólogo sobre o jurista, por via da conversão deste à lógica daquele, referindo-se, criticamente, a "genuína terapêutica" que a lógica informática poderia oferecer ao raciocínio jurídico.[832]

Esta é, afinal, a questão de fundo, que os estudos do direito do ciberespaço, da Internet e do comércio electrónico nem sempre equacionam. Está em causa também a substituição do juiz pelo computador, i.e. o "«Dr. Iur. Computer»", que se considera uma "visão irrealizável", já que ao

---

[828] BOYLE 1996, xv ("If postmodernism has a material base (...) then that reality is the world of electronic media").
[829] BRONZE 2006a, 575.
[830] POSNER 2001, 45 (referindo que a rapidez do fenómeno não teria sido acompanhada por uma "mature scholarly literature").
[831] CASALTA NABAIS 2006, 731.
[832] ARAÚJO 1999, 22.

computador, enquanto mera "prótese mecânica", estaria "vedado ajuizar" dos casos, em razão de o "juízo decisório" não se situar na esfera das "unidades numéricas".[833]

Não obstante a sua actualidade e importância, trata-se de uma problemática que transcende o núcleo temático do nosso trabalho, merecendo um tratamento autónomo.[834] Refira-se apenas que o papel do jurista não se confunde com a função que desempenham os operadores de sistemas informáticos, não obstante terem alguns pontos em comum. Em causa está defender a humanidade do direito, como condição de humanidade do próprio homem.[835] Em suma: "Que não nos caiba a nós fazer ao direito o seu epitáfio."[836]

Aliás, é significativo que se procure aproximar os sistemas técnicos do sistema jurídico, sustentando-se que o sistema descentralizado de normalização tecnológica deve tirar partido de certos benefícios de sistemas centralizados típicos das normas legais.[837] Não obstante, deve reconhecer-se um efeito de *descentralização da autoridade* resultante do "crescimento explosivo" da Internet.[838]

a) *Do "estado de natureza" do ciberespaço às reacções dos juristas*

No seu estado originário, o ciberespaço seria uma "no man's land", um "sexto continente", à espera de ser descoberto e conquistado. O "estado de natureza" do ciberespaço é a fase da «ciberespacialização» tecnológica, em que os tecnólogos reclamam para si a soberania do ciberespaço sendo famosa a declaração de independência proclamada por John Perry Barlow (*A Declaration of Independence of Cyberspace*, http://www.eff.org/~barlow/Declaration-Final.html.). Anunciava-se a *lex informatica* e o primado do programador de códigos informáticos.

i. "Anarquia em linha" e "wood-stock electrónico"

A revolução electrónica gerou um ambiente de "anarquia em linha", com pornografia em rede, pirataria de direitos de autor, tráfico de dados pessoais, mercado libertário, comunicação anónima, ou registo abusivo de nomes de domínio. A resposta para estes problemas estaria, na perspectiva dos auto-proclamados soberanos, na própria máquina, na ciber-ética ou

---

[833] BRONZE 1998, 76, 78-9.
[834] C/ ref., DIAS PEREIRA, *Lex informática, ius ex machina e justiça artificial*.
[835] CASTANHEIRA NEVES 2003, 143 s.
[836] Id. 2007, 151.
[837] BENOLIEL 2004, 1069-1116.
[838] JÓNATAS MACHADO 2002, 1106.

«netiqueta»[839], nos códigos de conduta, na arbitragem, ou seja, na auto-regulação e auto-composição de interesses. De resto, a auto-regulação, com apoio nas teorias autopoéticas, foi defendida por alguns.[840]

Acima de tudo, deveria preservar-se o "estado de natureza" do ciberespaço, qual jardim do paraíso, independente das leis e dos tribunais estaduais, i.e. defender o ciberespaço contra a sua "colonização" pelo discurso jurídico. Quando muito, como sucedeu com os movimentos software livre e de fonte aberta, as leis, nomeadamente os direitos de autor, deveriam ser utilizados para impedir a apropriação dos códigos informáticos, em nome da liberdade de programação informática a valer como liberdade de expressão na comunidade dos informáticos.

Com efeito, é significativo que o movimento que combate a apropriação dos códigos de programação informática por via de direitos de autor e patentes não abdique desses direitos, em especial no que respeita à sua vertente pessoal. Não obstante, a rede tornou-se um poderoso instrumento de comunicação e de negócios com aptidão para servir ou prejudicar os interesses dos principais agentes do comércio: as empresas. Além disso, a administração pública encontrou na rede uma importante ferramenta para a sua actuação interna bem como junto dos cidadãos e das empresas.

ii. As diferentes reacções dos juristas

A reacção dos juristas perante o estado de anarquia em linha oscilou entre o "nada de novo debaixo do sol"[841] e a afirmação do "estado patético" do legislador e da incapacidade dos tribunais em contraste com a natureza sagrada ou intocável do código tecnológico.[842] Apesar da visão radical do *status quo*, que nos parece até algo exagerada, acompanhamos esta última abordagem na denúncia da falácia do tecnologismo anárquico, em virtude de o ciberespaço carregar no seu ventre o gérmen do panóptico controlador[843] e da *dura lex informatica*.[844]

---

[839] ALPA 1999, 78 ("la *netiquette* costituisce un insieme di norme per il buon uso dei servizi di Rete. Le regole che costituiscono la netiquette rispondono, infatti, nella maggior parte dei casi, ad esigenze techniche.").

[840] WEBER 2004, 211-7.

[841] PERRITT JR. 1996, V, 30 ("The core concepts (...) continue to be valid. (...) it is not revolutionary.").

[842] LESSIG 1999, 221 ("Courts are disabled, legislatures pathetic, and code untouchable. That is our present condition.").

[843] DUFRESNE 1999, 144 («Le rêve de Gygès se réalise enfin. Tout voire et ne pas être vu.»); LESSIG 1999, 6, 220 ("Left to itself, cyberspace will become a perfect tool of control.").

[844] HUGENHOLTZ 2000c, 84 ("From the freedom of the Internet to the dictatorial rule of Lex Informatica there is only a small step. Lex Informatica will rule the Internet with iron logic.").

Esta preocupação de o ciberespaço se tornar num instrumento de controlo e censura vale não apenas para os Estados mas também e cada vez mais para as empresas privadas, nomeadamente as empresas transnacionais do sector da informática.[845] Nesse sentido, rejeita-se a auto-regulação do ciberespaço como fonte normativa no mais amplo sentido[846], embora se reconheça algum valor interpretativo e integrativo às regras da netiqueta, na ausência de regra legal em contrário.[847]

Com efeito, a alegada neutralidade da tecnologia não passa de uma perigosa falácia[848], que apenas serve para iludir ou branquear utilizações que dela se pretendam fazer em detrimento de valores comunitários que ao direito cabe proteger.[849] Neste sentido, sendo o acesso à informação tecnicamente condicionado[850], é crescente o apelo no sentido de um direito da informação pública que garanta o acesso à informação e preserve o domínio público.[851]

O problema ilustra-se bem com o fenómeno dos chamados *hackers*. De heróis da revolução informática, os hackers rapidamente passariam a vilões da sociedade da informação, cujas vítimas seriam sobretudo as indústrias do entretenimento[852], assim mudando o seu papel nas "narrativas do ciberespaço".[853] O hacker surge como o "pretexto" legitimador da instituição da "sociedade de controlo" de que fala Giles Deleuze[854], ou do panóptico electrónico global.

(E.g. James Beniger, *The Control Revolution: Technological and Economic Origins of the Information Society*, Cambridge Mass., Harvard University Press, 1986; Oscar Gandy, *The Panoptic Sort: A Political Economy of Personal Information*, Westview Press, Boulder Co., 1993; William J. Mitchell, *City of Bits: Space, Place, and the Infobahn*,

---

[845] POULLET 2000b, 20 ("We are more afraid of the private censorship than the public one").

[846] Id. ibid., 20 ("there can be no question of rejecting self-regulation as a normative source in the fullest sense of the term").

[847] ALPA 1999, 39.

[848] Porém, POST 2002, 1365.

[849] LESSIG 1999, 6, 220 ("The values of free speech, privacy, due process, and equality define who we are. If there is no government to insist on these values, who will do it?").

[850] DELEUZE 1990, 112 («Le langage numérique du contrôle est fait de chiffres, qui marquent l'accès à l'information, ou le rejet.»).

[851] HUGENHOLTZ 2000c, 87.

[852] HALBERT 1999, 87 ("Turning billion-dollar industries into victims is perhaps the most remarkable aspect of the intellectual property narrative.").

[853] MADISON 2004, 249-76.

[854] DELEUZE 1990, 111.

Cambridge Mass., MIT Press, 1995; Nicholas Negroponte, *Being Digital*, Alfred Knopf, New York, 1995; Mark Stefik (ed.), *Internet Dreams: Archetypes, Myths, and Metaphors*, MIT Press, Cambridge Mass., 1996; James Boyle, *Foucault in Cyberspace: Surveillance, Sovereignty, and Hardwired Censors*, University of Cincinnati Law Review 66/1997, 177; Mike Godwin, *CyberRights: Defending Free Speech in the Digital Age*, Times Books, New York, 1998; David Brin, *The Transparent Society: Will Technology Force Us to Choose Between Privacy and Freedom?*, Cambridge Mass., Perseus Books, 1998; Andrew Shapiro, *The Control Revolution*, Public Affairs, New York, 1999)

b) Modelos complementares de regulação

Defender a necessidade de intervenção do direito através dos seus dispositivos legislativos e judiciais (*hard law*) não significa negar a importância dos códigos de conduta, das normas técnicas, dos contratos, da lex mercatoria e, de um modo geral, dos esquemas de auto-regulação (*soft law*).

No domínio em que se situa esta investigação, tais instrumentos não são novidade, antes pelo contrário, tendo em conta a importância da liberdade contratual e da auto-composição de interesses no direito privado empresarial, onde se devem localizar os direitos de autor. Quanto a isso, "nada de novo debaixo do sol", com efeito. Mas, uma coisa é deixar tudo à auto-regulação, outra bem diferente é defender a intervenção do direito estadual quando essa auto-regulação não seja possível ou gere resultados contrários aos princípios fundamentais da ordem jurídica.[855] Só por si, a auto-regulação não é suficiente para dar respostas adequadas aos diversos problemas do direito ciberespacial.[856]

Também não está excluído que o direito estadual possa intervir de modo impositivo, no sentido de estabelecer padrões de regulação que promovam um determinado projecto comunitário inscrito na constituição, tendo em conta o seu "carácter de *tarefa e projecto*".[857] É recorrente a analogia das comunicações no ciberespaço com a imposição de obrigatoriedade de existência e utilização de cintos de segurança nos automóveis.[858] Não foi um produto da auto-regulação nem é certo que a sua não obrigato-

---

[855] McAfee 2003, 201.
[856] Hinden 1999, 259-61 ("Cyberlaw als lex mercatoria... für den hier interessierenden Bereich keine realistiche Lösung darstellt").
[857] Gomes Canotilho 2006a, 1339.
[858] Lessig 2001, 406-7.

riedade fosse contrária a princípios fundamentais da ordem jurídica, e não obstante o direito estadual interveio para promover a segurança rodoviária por razões de interesse público.

Ora, também o ciberespaço será o resultado das escolhas que a comunidade fizer, não existindo nenhum determinismo tecnológico que imponha um ou outro modelo de ciberespaço.[859] Entre essas escolhas deverá afirmar-se, desde logo, o ciberespaço como bem público[860] e a defesa do Estado de direito (*rule of law*) no ciberespaço.[861] No fundo, o direito ciberespacial não é o direito para a máquina, mas antes o direito para as pessoas, reflectindo o que quiserem ser e a comunidade que quiserem ter.[862]

2.3. A «constitucionalização» do ciberespaço

Nos modernos estados constitucionais, a sede primeira do interesse público é a lei constitucional. Nela se inscrevem as coordenadas fundamentais do projecto comunitário e por conseguinte os valores que sustentam o interesse público. Pelo que o problema dos direitos de autor no ciberespaço é também um problema de constitucionalização do ciberespaço.

Apesar de o ciberespaço não constar do léxico constitucional, tal não significa que possa regular-se de modo inconstitucional nem a-constitucional. A constitucionalização do ciberespaço é não apenas uma possibilidade mas também uma necessidade.[863] "Perante o pluralismo neocorporativo de criação do direito é ainda a constituição que diz os limites".[864]

Para além desta dimensão negativa, a constituição terá também uma dimensão positiva no ciberespaço, ao definir coordenadas básicas da configuração do sistema jurídico, em termos programáticos, segundo o projecto social que a anima, constituindo o catálogo de direitos fundamentais a "opção de fundo" dessa ordem normativa. "Los derechos fundamentales y

---

[859] LAMOULINE/POULLET 1997, 112 («la technologie peut conduire à une société de la transparence ou, à l'inverse, du secret; de l'anonymat ou, à l'inverse, de l'identification; de l'accès universel ou, à l'inverse, de l'appropriation; de l'expression individuelle ou, à l'inverse, collective.»); LESSIG 2001, 390 ("Se debe... crear una respuesta, no encontrarla; se debe fabricar, no descubrir; decidir, no repetir.").

[860] SPAR 1999, 348-9, 359.

[861] HOLLAND 2005, 32 ("it is the value of the rule of law that should inform our choices of what the network should be.").

[862] DWORKIN 1992, 290.

[863] ROβNAGEL/WEDDE/HAMMER/PORDESCH 1990, 282 ("Verfassungsverträgliche Technikgestaltung ist nötig und möglich.").

[864] GOMES CANOTILHO 2006a, 1153.

las normas iusfundamentales son materialmente fundamentales porque com ellas se toman decisiones sobre la estructura normativa básica del Estado y de la sociedad."[865]

No campo em que nos situamos, a pessoa humana de que fala a constituição não reivindica apenas o direito de "estar só na sua propriedade", mas também, nomeadamente, o direito de participar na vida cultural. Além disso, o domínio público da informação não deve ser visto em estado de *negative commons*, de que qualquer um se pode apropriar nessa anunciada quimera da conquista do ciberespaço como "sexto continente". Pelo contrário, mais do que nunca, é necessário preservar e promover a liberdade de informação e o direito à informação: "Na sociedade da informação, quem não tem informação é um pária."[866]

a) O escrutínio da conformidade dos códigos informáticos com a Constituição

A questão que se coloca é sujeitar os códigos informáticos ao escrutínio da sua conformidade constitucional, quer para apurar eventuais desconformidades, quer para aferir omissões de imposição exigidas pelo projecto comunitário. No fundo, é necessário perguntar pelos feitores do código e pelos valores que nele se consagram.[867]

Além disso, é necessário questionar, de igual modo, se a regulação do ciberespaço operada por via do direito estadual colhe sentido no quadro de valores que informam o projecto constitucional vigente, ou, pelo contrário, se se está a gerar uma ordem jurídica paralela, não necessariamente inconstitucional, mas pelo menos, no plano formal, a-constitucional. Em causa está, desde logo, afirmar a *rule of law* no ciberespaço.[868]

O problema é aqui tratado no domínio dos direitos de autor, enquanto ramo do direito privado empresarial, pelo que os resultados desta investigação não pretendem ir além deste domínio. Não obstante, o direito privado empresarial não goza de privilégios relativamente às imposições constitucionais.

---

[865] ALEXY 1993, 505.
[866] OLIVEIRA ASCENSÃO 2001b, 17.
[867] LESSIG 1999, 207 ("If code is law, who are the lawmakers? What values are being embedded into the Code?").
[868] HOLLAND 2005, 32 ("If we cannot know what response our actions will bring – if the law of cyberspace consists of multiple sovereign systems with competing claims of authority, if on the whole the law of that overarching regime is inconsistent and often contradictory, if this exposes the perceived threat of arbitrary power – then we risk incapacity within the online environment.")

b) A índole dúctil do direito privado e o ambiente ciberespacial

Prima facie, poderá dizer-se que o direito privado empresarial não é o campo mais adequado para testar a resistência e a adaptação do direito ao ambiente ciberespacial. A natureza algo dúctil do direito privado empresarial, resultante de ter por traves mestras a liberdade mercantil e contratual, a propriedade, e a auto-composição de interesses, tornaria este ramo do direito facilmente moldável às exigências do novo ambiente, pelo que não seria este o domínio de eleição de um teste de resistência do jurídico à tecnologia.

Não obstante, será justamente neste domínio que perguntaremos se a regulação do ciberespaço é inteiramente auto-poiética, no sentido de se desenvolver exclusivamente a partir das suas coordenadas próprias como *justitia mediatrix*[869], ou se pelo contrário o direito estadual intervém (ou deve intervir) também de modo impositivo, no sentido de estabelecer nas relações ciberespaciais de direito privado empresarial uma série de limites à liberdade mercantil e contratual, à propriedade, e à auto-composição de interesses. De resto, "a vasta problemática da propriedade intelectual" é apontada como "uma das mais importantes para assegurar a viabilidade do meio de comunicação" da Internet.[870]

Antes porém vejamos, sucintamente, o que o ciberespaço traz de novo no campo das empresas.[871]

i. Nova economia, novas empresas, e *migração da economia tradicional para o ambiente electrónico*

A nova economia do ciberespaço coloca um desafio às empresas. Para começar, o comércio electrónico abrange novas actividades económicas, que surgiram na órbita das telecomunicações, do audiovisual e da informática. Desde logo, as chamadas empresas da Internet, que prestam serviços de acesso à rede, correio electrónico, alojamento de páginas, grupos de discussão, instrumentos de pesquisa e transmissão de informação, para além de serviços de informação e publicidade. Além disso, existem as empresas de software, que se dedicam ao desenvolvimento de programas de computador e de bases de dados, à elaboração de conteúdos especificamente para o ambiente em rede, e aos serviços de gestão de sistemas informáticos, incluindo o «outsourcing».

---

[869] TEUBNER, 242-4.
[870] JÓNATAS MACHADO 2002, 1109.
[871] COM (97) 157 final; para desenvolvimentos, DIAS PEREIRA 1999d, 13-5, e 2007.

O comércio electrónico abrange também as empresas que exercem actividades económicas tradicionais (e.g. serviços financeiros, venda de vestuário, etc.). Fala-se neste domínio em *migração* do comércio tradicional para o ambiente electrónico. Na base desta migração estão as vantagens da negociação por meios electrónicos, como sejam o *paper less trade* e o *just in time*. Além disso, os sistemas electrónicos em rede permitem durante 24 horas, 7 dias por semana, a disponibilização de informação relativa às empresas e aos seus produtos e/ou serviços, e a criação de postos de venda ao público à distância por meios electrónicos.

ii. Tipos de comércio electrónico (directo e indirecto, B2B e B2C)

Quanto ao *modus operandi*, o comércio electrónico pode realizar-se não apenas entre empresas (B2B) mas também entre empresas e consumidores (B2C). Além disso, distingue-se consoante o comércio electrónico seja directo ou indirecto. Na primeira situação todo o percurso negocial se desenrola por meios electrónicos, desde a oferta à encomenda, passando pelo pagamento e pela entrega dos bens (e.g. compra e venda em linha de software). Na segunda situação, a negociação e o pagamento podem realizar-se por meios electrónicos, mas a entrega do bem será efectuada pela via postal ou mediante serviços de entrega, em razão da natureza corpórea do bem (e.g. vestuário) ou do suporte da sua comercialização (e.g. filme em DVD).

O comércio electrónico directo, B2B ou B2C, é o campo de eleição das empresas electrónicas *stricto sensu*, isto é, das empresas que operam exclusivamente por meios electrónicos (e.g. empresas de software e de prestação de serviços da Internet). Já a economia tradicional se serve mais do comércio electrónico indirecto, em razão da natureza corpórea dos seus bens, embora muitas actividades tradicionais operem cada vez mais por meios electrónicos (e.g. banca electrónica). De todo o modo, há cada vez mais *empresas híbridas*, isto é, empresas que operam tanto pelos canais tradicionais como pela Internet, se bem que a natureza corpórea dos bens que produzem e/ou comercializam não lhes permita a migração completa para o ambiente electrónico. Fala-se também em «empresas virtuais».[872]

---

[872] C/ ref. COUTINHO DE ABREU 2003, 599 («virtual corportations, «Virtuelle Unternehmen»).

2.4. A falácia tecnocrática

Da nossa parte, temos reagido contra o movimento tecnocrático, denunciando a falácia do tecnologismo anárquico.[873] Não obstante, deve perguntar-se por que razão os Estados não chamaram a si o domínio da Internet, à semelhança do que fizeram inicialmente com a imprensa, a rádio e a televisão.

a) A liberdade da Internet e os outros meios de comunicação (imprensa, rádio e televisão)

Por ocasião da invenção da imprensa no século XV, os Soberanos reservaram-se, um pouco por toda a parte, o exclusivo da utilização desta tecnologia, com fundamento na necessidade de proteger, *inter alia*, a moral pública e os bons costumes. O mesmo sucede ainda hoje, *mutatis mutandis*, com a televisão (CRP, art. 28.º, 7). Isso significaria, actualmente, que o exercício da actividade de prestador de serviços da sociedade da informação não seria livre, ao contrário do que prevê a directiva sobre o comércio electrónico (2000/31), que baseia o regime destas actividades no princípio de não autorização prévia (art. 4.º, 1).

Por que razão sujeitou o legislador europeu os Estados-membros a um tal regime de liberdade, retirando-lhes o poder de regularem o exercício desta actividade, à semelhança do que fazem por exemplo com a actividade televisiva? Será apenas em nome do "reflexo específico" que a livre circulação destes serviços pode em muitos casos constituir do princípio mais geral da liberdade de expressão, como se aduz no considerando 9? Mas não valerá esse mesmo princípio para a actividade televisiva?

De algum modo, o legislador comunitário afirmou uma zona de soberania no ciberespaço, parecendo remeter os Estados-membros para o papel de "polícias" do domínio coordenado definido na directiva sobre o comércio electrónico; domínio esse que para alguns corresponderá, no essencial, ao acervo comunitário da sociedade da informação. Ou seja, a propósito da construção da sociedade da informação o legislador comunitário parece estar a criar para si uma zona de soberania, comprimindo o poder dos Estados-membros.

Tendo em conta a directiva sobre transparência das normas técnicas que obriga os Estados-membros a submeterem previamente todos os

---

[873] DIAS PEREIRA 1999d, e 2001a/b; tb. BURK 1997, 3; GOLDSMITH 1998, 1199; REIDENBERG 1998, 553; O'ROURKE 1998, 610; NOTE 1999, 1634; LESSIG 1999 e 2000, 501; NETANEL 2000, 395.

anteprojectos de regulação sobre serviços da sociedade da informação e o acervo comunitário do direito da internet, entende-se que a União Europeia, de modo progressivo, não apenas uniformiza as regras mas sobretudo reserva-se o direito de intervir logo que constate que uma lei nacional ou um projecto de lei ameaça, com a sua aplicação, criar um obstáculo à criação de um mercado único europeu dos serviços da sociedade da informação.[874]

Numa palavra, "a situação é agravada pela tendência de tornar a disciplina da informática e da sociedade da informação competência comunitária, que permita à Comunidade falar internacionalmente substituindo-se aos Estados-membros".[875]

b) A sociedade da informação como zona de soberania da União Europeia?

O ciberespaço está longe de ser um espaço livre de soberania jurídica. Pelo menos no espaço europeu, uma entidade assume claramente a soberania sobre vários domínios da Internet, a propósito do bom funcionamento do mercado interno e agora, também, da edificação da sociedade da informação, em nome da qual o direito comunitário tem alargado, algo *praeter legem*, a sua competência.[876] "Procura-se tornar tudo competência comunitária" no domínio do direito cibernético.[877] De resto, a intervenção do direito comunitário parece quase inevitável uma vez que os serviços da sociedade da informação podem naturalmente transcender as fronteiras de cada Estado-membro afectando, desse modo, o correcto funcionamento do mercado interno.[878]

Dentro do leque de instrumentos europeus de regulação do ciberespaço destacam-se as directivas sobre aspectos do comércio electrónico, assinaturas electrónicas e certificação, transparência das normas técnicas, defesa dos consumidores nos contratos à distância (incluindo nos serviços financeiros), protecção de dados pessoais e da privacidade, protecção jurídica de software e bases de dados, direitos de autor na sociedade da informação, serviços de acesso condicional, moeda electrónica e o novo quadro regulamentar das redes e serviços de comunicações electrónicas («update» das

---

[874] POULLET 2002, 151.
[875] OLIVEIRA ASCENSÃO 2003a, 178.
[876] ROBNAGEL/WEDDE/HAMMER/PORDESCH 1990, 281 ("Der *Europäischen Gemeinschaft* wurden zwar wichtige Kompetenzen abgetreten und sie bestimmt durch Normungsaktivitäten und wirtschaftspolitische Vorgaben stark künftige Anwendungsformen der IuK-Technik.").
[877] OLIVEIRA ASCENSÃO 2001b, 23.
[878] MOURA VICENTE 2005, 121.

regras sobre redes e serviços de telecomunicações). Foram também tomadas decisões sobre diversos aspectos, nomeadamente pornografia infantil e utilização segura da Internet, e adoptado o regulamento sobre o domínio de topo.eu, o qual pode ser comparado metaforicamente a uma declaração de independência da União Europeia no ciberespaço.

Contra a globalização marcadamente técnica, a regulação jurídica é uma forma de regionalização política do ciberespaço, estabelecendo fronteiras territoriais num mundo aparentemente estranho a categorias de espaço e de tempo e procurando estancar (ou pelo menos redefinir) a erosão do princípio da territorialidade. Delimitar fronteiras, é esse o sentido último do acervo comunitário do direito do ciberespaço (que aparece sob o "lema" ou "slogan"[879] de sociedade da informação).

Nesta dimensão do problema, ao invés da «ciberespacialização» do direito, o que está em causa é a «europeização jurídica» do ciberespaço. Na União Europeia, o legislador comunitário surge como o arquitecto principal da sociedade da informação, ao estabelecer definições básicas da configuração do sistema normativo do ciberespaço.

2.5. Um direito mundial para a Internet?

O carácter transfronteiriço das comunicações electrónicas em rede tem suscitado a questão da necessidade de uma harmonização jurídica global, i.e. um "*nomos* mundial. Para um espaço sem território. Para um tempo sem tempo."[880] Os modos clássicos de regulação, nomeadamente do direito nacional, seriam dificilmente prestáveis no ambiente sem fronteiras do ciberespaço.[881]

a) *Interoperabilidade dos sistemas jurídicos e concorrência mercantil das ordens jurídicas nacionais*

Sustenta-se, por isso, a criação de um mínimo normativo comum que garanta, numa terminologia tributária da informática, a interoperabilidade dos sistemas jurídicos, i.e. sistemas jurídicos interoperáveis.[882] Defende-se,

---

[879] OLIVEIRA ASCENSÃO 1999b, 11.
[880] FARIA COSTA 2004, 88.
[881] E.g. LAMOULINE/POULLET 1997, 120 («on s'interrogue à bon droit sur l'efficacité pratique des modes classiques de réglementation au moment où l'information ne connaît pas de frontières.»); TRUDEL 2002, 93 («Le droit national se révèle souvent incapable à lui seul d'encadrer convenablement les activités se déroulant dans le cyberspace.»).
[882] SIRINELLI 1998, 20; BENABOU 2002a, 188.

a este propósito, que os Estados-nação devem abdicar de parte da sua soberania em proveito do desenvolvimento da Internet, para desse modo poderem tirar pleno partido dos seus benefícios.[883]

Para além do estabelecimento de padrões normativos básicos que permitam a interoperabilidade entre sistemas jurídicos, a criação de um direito mundial da Internet permitiria ainda impedir a concorrência entre sistemas jurídicos[884], numa lógica de *forum shopping* conducente, em última análise, ao nivelamento por baixo dos padrões jurídicos, nos termos de uma "race to the bottom".[885] Tal resultado seria, aliás, no cenário do mercado global potenciado pelo comércio electrónico, justificado pelo princípio da concorrência perfeita no mercado livre, que se traduz na eliminação ou máxima redução possível de custos de transacção.[886]

Em suma, juntamente com outros factores da concorrência perfeita, como a plena informação e a ausência de externalidades, a criação de um mercado global electrónico apontaria no sentido da tendencial eliminação de obstáculos jurídicos à livre circulação de bens e prestação de serviços.[887] Ao ponto de se afirmar: "Já não é o Direito que regula o mercado mas o mercado que regula o Direito."[888]

Nesta ordem de ideias, a lógica mercantil subjacente ao direito privado empresarial projectar-se-ia num direito mundial da Internet destinado a impedir o falseamento do mercado livre e a acudir às chamadas falhas de mercado. A pretensão de regular o mercado electrónico global mediante leis codificadas dos Estados, no sentido de lhe imprimir determinadas características, teria efeitos muito limitados: "a vocação ultraterritorial da nova economia ultrapassa claramente os quadros dos direitos territoriais codificados, os confins naturais dos códigos (...) anunciando a república mercantil universal (Adam Smith)."[889]

---

[883] BURNSTEIN 1998, 34 ("Nations must be willing to relinquish some measure of sovereignty in exchange for the benefits of the Internet, and, ultimately, nations should not allow national laws and local regulations to obstruct the thriving global Internet.").
[884] POIARES MADURO 1998, 131-43.
[885] BOEHME-NEBLER 2001, 98.
[886] M.E. GONÇALVES 2003, 134 (apontando que o "risco real é o de subordinar os direitos humanos aos princípios e regras do mercado).
[887] CHISSICK/KELMAN 2002, 4 ("everything that keeps markets from working according to the textbook model of perfect competition, disappears.").
[888] POIARES MADURO (Estudos Lucas Pires), 211.
[889] REIS MARQUES 2006, 91.

b) Mercado livre, padrões mínimos e propriedade global

Da nossa parte, temos reservas tanto no que respeita a uma regulação global do ciberespaço como a uma regulação do ciberespaço que seja exclusivamente conduzida por uma lógica de mercado.

Por um lado, embora concordemos com a justificação de padrões mínimos internacionais que permitam a interoperabilidade dos sistemas jurídicos no ciberespaço – o que de resto não é uma novidade no domínio dos direitos de autor[890] –, temos dúvidas de que esses padrões possam (ou devam) ir além de uma harmonização minimal. De resto, um sistema de regulação global é considerado uma "fantasia" por não atender ao facto de os *netizens* serem cidadãos localizados num determinado espaço com a sua própria cultura e tradição jurídica.[891]

Por outro lado, no que toca a uma regulação conduzida apenas pela lógica mercantil, importa considerar que uma das ferramentas principais desta lógica é a propriedade. No domínio do ciberespaço é particularmente importante a chamada propriedade intelectual, nomeadamente no seu ramo de direitos de autor e conexos. O princípio da transparência do mercado postula a livre circulação de informação tecnológica, mas parece suceder precisamente o contrário por via da crescente atribuição de direitos exclusivos.[892] E convém ter presentes alguns números. Em 2000, nos EUA, uma única empresa controlava mais de 90% do mercado do software standard dos computadores pessoais e cinco empresas controlavam 85% da distribuição musical de música.[893] Talvez por isso e pela constante pressão de grupos de interesses no sentido do reforço legal da protecção dos direitos de autor se afirme que, nos EUA, os direitos de autor estão "fora de controlo".[894]

A criação de um direito mundial na Internet no domínio dos direitos de autor conduziria certamente à "deturpação ou mesmo abolição do princípio da territorialidade dos direitos intelectuais"[895], em detrimento dos Estados mais vulneráveis, que ficariam subordinados ao «imperialismo» de uma propriedade global[896] e impedidos de moldar a propriedade intelectual

---

[890] MOURA VICENTE 2002d, 469s.

[891] POULLET 2000b, 21; COHEN 2007, 210s ("Theories of cyberespace as space fail... because they lack appreciation of the many and varied ways in which cyberspace is connected to real space and alters the experience of people and communities whose lives and concerns are inextricably rooted in real space." – 225).

[892] M.E. GONÇALVES 2003, 40.

[893] LESSIG 2003a, 80.

[894] HALBERT 1999, 157 ("Copyright is out of control in the United States").

[895] OLIVEIRA ASCENSÃO 2001b, 24.

[896] LUCAS 2001a, 272 («l'impérialisme de plus complet des droits réels»).

ao seu interesse público nacional. Mesmo na Europa é crescente o movimento que defende a intervenção do direito estadual no sentido de preservar os recursos informativos do domínio público contra a sua apropriação privada.[897]

O reforço da protecção da propriedade intelectual, que se entende ser um instrumento fundamental do mercado electrónico, contrasta com a posição americana em matéria de protecção de dados pessoais e da privacidade, marcada pela auto-regulação, considerando-se que não estabelece um "sistema normativo suficientemente desenvolvido".[898] Todavia, no domínio da privacidade, é legítimo supor que a lógica mercantil não fornecerá respostas adequadas para a protecção dos valores em causa.

Por isso se diz que a protecção dos dados pessoais na Internet é, cada vez mais, uma tarefa de Sísifo e que a privacidade está condenada a ser um valor ultrapassado.[899] Neste domínio, a abordagem americana contrasta com a europeia, a qual estabelece um quadro complexo de hetero-regulação, destinado a impedir que a Internet se transforme numa "teia de aranha liberticida".[900] A intervenção do direito estadual é justificada em nome da protecção do interesse público e de liberdades pessoais que se querem preservar, estabelecendo custos de transacção legítimos à liberdade de circulação de informação.[901] Mas neste ponto as preocupações europeias não têm sido atendidas pelos norte-americanos.

2.6. Do «universum» ao «multiversum»?

As considerações precedentes trazem também para primeiro plano um aspecto do impacto do ciberespaço no direito, que se prende com a insuficiência do modelo tradicional, de matriz positivistica, para compreender o fenómeno da regulação do ciberespaço, em especial no que respeita às fontes do direito.[902]

---

[897] HUGENHOLTZ 2000c, 87.
[898] FRAYSSINET 2002, 443.
[899] BOEHME-NEBLER 2001, 285 ("Sysiphus-Aufgabe"); CHISSICK/KELMAN 2002, 18 ("Privacy may not yet be dead but it appears to be fatally wounded.").
[900] FRAYSSINET 2002, 443 ("toile d'araignée liberticide").
[901] SEABRA LOPES 2002, 779s.
[902] FINOCCHIARO 2002, 53-4 («gli strumenti di reflessione che fornisce la teoria delle fonti di matrice positivistica appaiono inadequati a misurare il diritto della globalizzazione.»).

a) Da pirâmide normativa à produção multi-polar em rede ("interlegalidade")?

O ciberespaço questiona o modelo tradicional da pirâmide normativa ao nível da criação do direito. O ciberespaço é um sistema descentrado[903], que funciona em rede. Por seu turno, o sistema jurídico tradicional, ao menos ao nível da produção estadual de normas, seria marcado pelas notas da hierarquia e da linearidade. Ao invés, os meios electrónicos permitem a escrita e a leitura de modo não linear, faltando ao hipertexto organização e uma hierarquia pré-definida.[904]

Ora, o impacto do ciberespaço no direito traduzir-se-ia no abandono do modelo normativo hierárquico e linear, em favor de uma "produção normativa multi-polar"[905], de elaboração de normas em rede, de forma não linear.[906] Numa palavra, com o ciberespaço o sistema jurídico não seria mais "um *universum* mas sim e definitivamente um *multiversum*"[907], trazendo para primeiro plano a categoria da "interlegalidade".[908]

Mas significará isto a impossibilidade de qualquer intervenção impositiva do direito estadual ao nível do direito ciberespacial? Há, sem dúvida, uma componente internacional muito forte na regulação do ciberespaço e que este, aliás, propicia. Esta internacionalização ciberespacial poderá conduzir a um fenómeno de "hibridação"[909] de sistemas jurídicos, senão mesmo à emergência crítica de um "esperanto cibernético", pois que "as questões são discutidas como se o Direito fosse todo um, e argumenta-se à luz de casos estrangeiros que são repetidos de autor para autor."[910]

Além disso, podemos até concordar que a fisionomia do direito ciberespacial será marcada pelas notas da "desterritorialização", da "desestatualização", e da "desmaterialização"[911], e temos poucas dúvidas de que o monopólio da palavra escrita (a preto e branco) no discurso jurídico cederá terreno à imagem e ao gráfico, no sentido de que o direito se adaptará a um "modelo mais visual".[912] Negar tal impacto do ciberespaço no direito seria a mesma coisa que recusar a substituição da caneta pela máquina de escrever nas secretarias judiciais...

---

[903] KATSCH 1995, 243 ("network communication is a 'centerless' system").
[904] PASCUZZI 2000, 251-8.
[905] BENABOU 2002a, 186.
[906] TRUDEL 2002, 93 («Les normes s'élaborent en reseau»).
[907] FARIA COSTA 1992, 15.
[908] SOUSA SANTOS 2002, 437.
[909] DELMAS 2002, 284.
[910] OLIVEIRA ASCENSÃO 2001b, 25.
[911] PASCUZZI 2000, 251.
[912] KATSCH 1995, 152 ("law will begin to adapt to a more 'visual model of law'").

b) A defesa da intervenção impositiva do direito estadual na regulação do ciberespaço

Mas isto não nos impede de defender a intervenção impositiva do direito estadual na regulação do ciberespaço, de acordo com as suas coordenadas constitucionalmente estruturantes. Aliás, um sistema jurídico menos hierárquico e linear e mais multi-dimensional, figurativo e em rede não será propriamente um dado novo, nem sequer específico do impacto do ciberespaço no direito, quando se dispuser, como nós, de uma compreensão contemporânea do direito quanto ao seu sentido e funções, fontes, sistema e metodologia.[913]

De resto, na teoria constitucional há muito que se aponta o "pluralismo de ordenamentos superiores", "as ordens fundamentais parciais" e o "direito reflexivo" como elementos de falsificação do modelo da lógica da pirâmide geométrica, em cujo vértice estaria a constituição, embora se ressalve que "a constituição pode e deve erguer-se como ordem e norma de uma *esfera de justiça* indiscutível dentro da comunidade jurídica portuguesa."[914]

Seja como for – e da nossa parte nada temos a opor a este entendimento, na medida em que as "janelas" do direito internacional permitam a ventilação do sistema interno, não obstante a possível turbulência,[915] e que na interpretação desse direito participem os intérpretes nacionais –, neste ponto do impacto do ciberespaço no direito o problema principal estará antes em saber se o direito deve ser reduzido à máquina, ou, pelo contrário, se poderá e deverá a máquina ser ensinada a pensar como o direito. Remetemos o tratamento desta questão para outro trabalho[916], sem deixar de destacar, por agora, que as normas técnicas e a auto-regulação representam apenas uma parte da solução do problema, que não dispensa a intervenção conformadora do interesse público através do direito estadual.

c) Um modelo híbrido de regulação do ciberespaço

A defesa da intervenção impositiva do direito estadual não pretende recuperar à *outrance* o modelo normativo do Estado-nação e aplicá-lo quixotescamente ao ciberespaço. Desde logo, a intervenção impositiva do

---

[913] CASTANHEIRA NEVES 1993, BRONZE 2006a.
[914] GOMES CANOTILHO 2006a, 1152-3.
[915] "É espantoso como uma verdade depende de uma rajada de vento." (HEIDEGGER 2002, 37).
[916] DIAS PEREIRA, *Lex informática, ius ex machina e justiça articial*.

direito estadual deverá ter em conta as suas condições de eficácia, sob pena de ser (des)considerada pela comunidade ciberespacial[917] como "vã glória de mandar".

De todo o modo, o que está em causa é defender que a liberdade contratual, as normas técnicas, a lex informática mercatoria, e os modelos alternativos de regulação do ciberespaço não esgotam toda a problemática da regulação do ciberespaço, no sentido de que não servem de *Ersatz* à intervenção do direito estadual. Esta é a opinião da generalidade dos autores que têm publicado as suas reflexões sobre o assunto.

Sustenta-se que os mecanismos reguladores alternativos podem tornar as leis estaduais mais eficazes, mas que não podem substituí-las.[918] Um exemplo ilustrará bem a importância do papel da intervenção estadual. O crescimento exponencial da Internet nos EUA só foi possível porque, aquando desmantelamento da AT&T, o governo americano impôs a obrigação de fornecer acesso a todos os prestadores de serviços de telecomunicações, sem discriminação, com base na doutrina das infra-estruturas essenciais (*essential facilities*) do direito da concorrência.[919]

Este exemplo ajuda a compreender que talvez ainda hoje o ciberespaço não passasse de uma miragem se não tivesse existido uma medida reguladora "top-down", através de uma intervenção impositiva de direito estadual. Ter deixado os mercados conexos ou derivados nas mãos apenas dos operadores de redes e serviços de telecomunicações segundo um modelo "bottom-up" poderia muito bem ter significado a condenação do ciberespaço ao reino da fantasia.

É generalizado, por conseguinte, o apelo a um modelo híbrido ou misto de regulação, que combine a liberdade dos agentes mercantis na prossecução dos seus interesses privados e a legítima intervenção impositiva do direito estadual em prol do bem comum.[920] Por exemplo, no domínio do controlo dos conteúdos que circulam na rede, defende-se uma maior cooperação entre as autoridades públicas e os prestadores de serviços da

---

[917] DAVIES 1999, 6; REIDENBERG 2004, 213; REED 2004, 9.

[918] SIRINELLI 1998, 18; FINOCCHIARO 2002, 15; FAUVARQUE-COSSON 2002, 63 («Lex electronica et cyberjurisdictions ne sauraient complètement se substituer aux lois et juridictions étatiques.»); POULLET 2002, 170-1 («Si la réglementation technique et l'autorégulation sont promues, c'est en tout cas, dans le cadre des règles légales et sous contrôle – le mot est peut-être trop fort – des autorités publiques. (...) L'autorégulation, loin d'être un substitut à la réglementation, apparaît plutôt comme son complément, offrant une réelle valeur ajoutée.»); para desenvolvimentos, e.g. PASCUZZI 2006.

[919] LESSIG 2003a, 82.

[920] DELMAS 2002, 284.

Internet, sem que a estes não se imponha uma obrigação geral de vigilância desses conteúdos, que poderia remetê-los ao estatuto funcional de censores privados no ciberespaço.[921]

Note-se, todavia, que um modelo híbrido de regulação – à semelhança, aliás, da anunciada República Electrónica como híbrido político [922] e da alegada situação da governação internacional[923] – não significa uma delimitação de competências entre a auto-regulação e a hetero-regulação, como se de dois sistemas paralelos se tratasse, funcionando em co-regulação. A norma técnica, o código de conduta, a prática mercantil, o contrato ou o meio alternativo de resolução de litígios ficarão sempre, em última análise, sujeitos ao escrutínio da sua conformidade com o interesse público, desde logo no que respeita à sua configuração de acordo com as coordenadas constitucionais internacionalmente válidas.[924]

Esta investigação defende a preservação e promoção do interesse público no ciberespaço, tomando como pólos da relação os direitos de autor e a liberdade de informação, tendo em conta o valor da informação[925] e o ciberespaço como um *"facto civilizacional"*, que tanto pode ser o expoente da "transparência" como o guardião da "opacidade mais profunda".[926]

Numa palavra, este trabalho não é "brancoso", no sentido de ser apenas "contra"[927] um ciberespaço dominado pelos tecnológos e pelos interesses comerciais. Pelo contrário, defendemos positivamente valores essenciais do Estado de direito democrático e das liberdades fundamentais que devem presidir à configuração normativa do sistema jurídico ciberespacial, afirmando desde logo a liberdade de informação.[928]

---

[921] CASEY/MEGANAU 2002, 1-36.
[922] GROSSMAN 1995, 4 ("The emerging electronic republic will be a political hybrid").
[923] WALTER 2001, 201 ("(Inter)national governance remains 'hybrid governance' (Engel)").
[924] POULLET 2000b, 21.
[925] ZENO-ZENCOVICH 2006, 155-6 ("Metaforicamente, l'informazione costituice, oggi, la più importante materia prima per qualsiasi processo decisionale economico, sociale, politico o individuale"); para uma reflexão de carácter mais geral, DIAS PEREIRA 2005c, 211.
[926] FARIA COSTA 2005, 137, 140.
[927] GOMES CANOTILHO 2006c, 339 ("Os brancosos são, afinal, contra.").
[928] Incisivamente, FERREIRA DA CUNHA 2006a, 642 ("O *Oberbegriff* a considerar neste domínio seria o de Liberdade de Informação").

3. A «europeização» do direito ciberespacial

De todo o modo, a intervenção impositiva do direito estadual na regulação do ciberespaço não pode escamotear um fenómeno da maior importância no espaço europeu. Este fenómeno diz respeito ao papel principal do direito comunitário enquanto fonte do direito da Internet, no sentido de criar um ambiente favorável à confiança jurídica dos agentes do comércio electrónico e da sociedade da informação.[929] Trata-se do processo de "europeização da regulação" do ciberespaço.[930]

Por iniciativa da Comissão Europeia, enquanto "motor da integração" e "expressão do interesse comunitário"[931], o alargamento e aprofundamento das medidas de harmonização é de tal ordem, que a intervenção impositiva do direito estadual português se esgota, frequentemente, na transposição das directivas europeias, à semelhança do que sucede com os outros Estados-membros.

3.1. O acervo comunitário do direito da sociedade da informação

Arrancando do Relatório *Bangemann* (*A Europa e a Sociedade da Informação*, 1994), as instâncias comunitárias encontraram na sociedade da informação uma justificação para a sua actuação normalizadora, na sequência da Realização do Mercado Interno (COM(85), 310). Definiu-se um Plano de Acção (COM(94), 347) e, tendo em conta a propagação dos conteúdos ilegais e lesivos na Internet (COM(96), 487) e a necessidade de promover a sua segurança (COM(97), 583), lançaram-se iniciativas, com destaque para a Iniciativa europeia para o comércio electrónico (COM (97), 157). Pretendeu-se, desse modo, criar um ambiente jurídico favorável à confiança nas comunicações electrónicas (COM(97) 503) e assegurar a interoperabilidade dos sistemas digitais de processamento e comunicação de informação num contexto de convergência tecnológica das telecomunicações, do audiovisual e da informática (COM(97) 623).

---

[929] DIAS PEREIRA 1999d; POULLET 2002, 176 («le droit européen d'Internet existe bien. Il a un but: créer la confiance.»).
[930] M.E. GONÇALVES 2003, 34.
[931] HARTLEY 1988, 8; KAPTEYN/THEMAAT 1989, 252.

a) Dos trabalhos preparatórios ao amplo leque de directivas e outros instrumentos

As instâncias comunitárias procuraram estabelecer um quadro regulamentar capaz de promover a confiança jurídica das administrações e empresas, e dos cidadãos e consumidores nos serviços da sociedade da informação e do comércio electrónico, tendo em conta um contexto de segurança técnica oferecido pelas chamadas tecnologias robustas da criptografia. No leque de prioridades dos trabalhos comunitários destacar-se-ia a protecção do direito de autor e dos direitos conexos, que foi objecto de um Livro Verde (COM(95) 382, e o respectivo *Seguimento* COM(96) 568), à semelhança do que sucedeu com a informação do sector público (COM(98) 585).

Em ordem à construção jurídica da sociedade da informação, o legislador comunitário adoptou um pacote de instrumentos de harmonização sectorial, para além de um conjunto de decisões avulsas. Trata-se de um domínio que evidencia bem a afirmação de que "o direito comunitário fornece hoje os exemplos mais 'dirigentes' do direito actual."[932]

O legislador interno vai acompanhando o passo do legislador comunitário, lançando Iniciativas de âmbito nacional (ver, em especial, Missão para a Sociedade da Informação (MSI), *Livro Verde para a Sociedade da Informação em Portugal*, 1997; Iniciativa Nacional para o Comércio Electrónico, criada pela Resolução do Conselho de Ministros n.º 115/98, e o respectivo Documento Orientador, aprovado pela Resolução do Conselho de Ministros n.º 94/99; Iniciativa Internet – Portugal Digital: Resolução do Conselho de Ministros n.º 110/2000) e transpondo as directivas, ainda que por diversas vezes fora do prazo. Todavia, em Portugal, o "pontapé de saída" da regulação do ciberespaço terá sido dado com a Lei da Criminalidade Informática (L 109/91, 17/8). A "impetuosidade legislativa" desta Lei[933] mostra bem o poder de previsão do legislador, que logo cobriu largas zonas da sociedade da informação com o manto do crime, mesmo no que respeita a domínios ainda envoltos em penumbra legal, como sucedia com a protecção dos programas de computador, o que todavia não terá sido justificação bastante para a abertura de "uma nova disciplina jurídico-penal."[934]

Ao nível comunitário, os instrumentos são normalmente directivas, que vão da protecção de dados pessoais (95/46 – Lei 67/98, 26/10) e da privacidade nas comunicações electrónicas (2002/58 – Lei 41/2004, 18/8),

---
[932] GOMES CANOTILHO 2006b, 222.
[933] FARIA COSTA 1994, 395.
[934] Id. 1998b, 110-1.

à protecção dos consumidores na contratação à distância (97/7 – DL 143//2001, 26/4, agora alterado pelo DL 82/2008, 20/5) – incluindo no domínio dos serviços financeiros (2002/65 – DL 95/2006, 29/5) –, passando pelas assinaturas electrónicas e certificação (1999/93 – DL 62/2003, 3/4, que altera o DL 290-D/99, 2/8, e DL 165/2004, 6/7, v.tb. e.g. DL 234/2000, 25/9) e pelo regime de certos aspectos do comércio electrónico, *rectius* dos serviços da sociedade da informação (2000/31 – DL 7/2004, 7/1), incluindo a transparência das suas normas técnicas (98/34 – DL 58/2000, 18/4), bem como o regime das entidades de moeda electrónica (directiva 2000/28 – DL 42/2002, 2/3), sem esquecer a definição de um novo quadro das comunicações electrónicas (que "actualiza" as regras sobre redes e serviços de telecomunicações) e, em especial, a protecção dos serviços de acesso condicional (98/84 – DL 287/2001, 8/9, agora Lei 5/2004, 10/2).

Dentro desse leque de instrumentos, contam-se também as directivas sobre protecção jurídica das bases de dados (96/9 – DL 122/2000, 4/7) e sobre aspectos do direito de autor e dos direitos conexos na sociedade da informação (2001/29 – Lei 50/2004, 24/8), as quais dizem mais directamente respeito à problemática dos direitos de autor no comércio electrónico da sociedade da informação. Estas medidas foram precedidas pelas directivas sobre protecção jurídica das topografias de produtos semicondutores (87/54 – Lei 16/89, 30/6, agora no Código da Propriedade Industrial, aprovado pelo DL 36/2003, 5/3) e dos programas de computador pelos direitos de autor (91/250 – DL 252/94, 20/10), na sequência de um Livro Verde da Comissão, que anuncia o programa dirigente da actuação comunitária no domínio dos direitos de autor (COM(88) 172 final).

Aliás, à semelhança do que tem sucedido em outros domínios, nomeadamente a propriedade industrial (e.g. directivas 89/104, 98/44, 98/71, e regulamentos n.º 1768/92, 2081/92, 2100/94, 40/94, 1610/96, 6/2002), os direitos de autor e conexos têm sido objecto de diversos instrumentos de harmonização comunitária, como sejam, para além dos já referidos, as directivas sobre direito de aluguer, direito de comodato e certos direitos conexos ao direito de autor (92/100 – DL 332/97, 27/11, agora alterado pela Lei 16/2008, 1/4), radiodifusão por satélite e retransmissão por cabo (93/83 – DL 333/97, 27/11), prazo de protecção dos direitos de autor e de certos direitos conexos (93/98, DL 334/97, 27/11), direito de sequência em benefício do autor de uma obra de arte original que seja objecto de alienações sucessivas (2001/84 – Lei 24/2006, 30/6), e sobre respeito dos direitos de propriedade intelectual (2004/48 – agora transposta pela Lei 16/2008).

Outras medidas do legislador comunitário com relevo para a construção jurídica da sociedade da informação incluem, nomeadamente, decisões sobre combate aos conteúdos ilegais e lesivos nas redes mundiais (276/ /1999), redes transeuropeias para o intercâmbio electrónico de dados entre administrações (1999/1719), e interoperabilidade e acesso a essas redes (1720/1999), e combate à pornografia infantil na Internet (Conselho, 29/5/ /2000). Além disso, especial destaque merecem também os regulamentos sobre competência judiciária, reconhecimento e execução de decisões em matéria civil e comercial (44/2001), e sobre a implementação do domínio de topo.eu (733/2002).[935]

b) Definições básicas do direito ciberespacial europeu

Sob pena de o intérprete se perder nesta "teia hiper-textual" e algo labiríntica de directivas e diplomas de transposição, é importante identificar linhas de rumo ou coordenadas gerais do direito ciberespacial europeu.[936]

Dentro das definições básicas que o programa europeu de "juridificação" do ciberespaço implementa através de diversas directivas destaca-se, desde logo, a preservação das liberdades mercantis na "economia digital" e da liberdade contratual, limitadas pela protecção, nomeadamente, dos consumidores e da saúde pública. Um outro aspecto nuclear do direito europeu do ciberespaço é a protecção dos dados pessoais e da privacidade nas comunicações electrónicas, ainda que reduzindo tais dados a informação que deverá, em princípio, ser de livre trânsito no mercado interno.

Além disso, o direito comunitário do ciberespaço dá grande valor à propriedade intelectual, consagrando novos objectos de protecção (programas de computador e bases de dados electrónicas), novos direitos (o direito *sui generis* do fabricante de bases de dados, a protecção dos serviços de acesso condicional) e reforçando-os (protecção jurídica das medidas tecnológicas de protecção e gestão de direitos de autor e conexos).

O valor que o legislador comunitário atribui aos direitos de autor na sociedade da informação não deixa de ter em conta, ao mesmo tempo, outros valores também relevantes no ciberespaço, como sucede com a liberdade de concorrência no mercado informático (e.g. o imperativo de interoperabilidade e o regime da descompilação de software), o acesso à informação do sector público, os direitos dos utilizadores de bens digitais e as liberdades sociais e culturais (e.g. liberdade de expressão, informação, educação, ciência), em termos que sugerem a criação de um domínio público cibernético à escala comunitária.

---

[935] DIAS PEREIRA 2005a, 443-9.
[936] Id. 2004g, 75s.

A jurisdição no ciberespaço é um outro leque de problemas que o direito comunitário tem procurado resolver, ao menos no espaço da União Europeia, no que respeita ao tribunal competente, à lei aplicável e também à consagração de meios alternativos de resolução de litígios. Quanto a este último ponto, a experiência legislativa em vários domínios (e.g. dados pessoais, nomes de domínio, direitos de autor e responsabilidade dos prestadores intermediários de serviços da sociedade da informação) tem mostrado que estes ADRs se traduzem frequentemente em meios administrativos.

c) *As soluções multifacetadas da directiva sobre comércio electrónico*

Em ordem a promover a aplicação efectiva do regime que estabelece, a directiva sobre comércio electrónico (2000/31) adopta uma solução multifacetada, que inclui medidas de procedimento e de índole processual em matéria de códigos de conduta, resolução extrajudicial de conflitos, acções judiciais, e cooperação entre Estados-membros.

i. Códigos de conduta (art. 16.º). Para começar, os Estados-membros e a Comissão devem incentivar as associações e organizações de comerciantes, profissionais ou consumidores a, especialmente: redigir códigos de conduta a nível comunitário, consultando, sempre que adequado, as associações representativas de deficientes visuais e outros para ter em conta as suas necessidades especiais (1), tornar os códigos acessíveis por via electrónica nas línguas comunitárias (2), avaliar o impacto da sua aplicação nas práticas do comércio electrónico (3), e redigir códigos de conduta sobre protecção dos menores e da dignidade humana (4). De todo o modo, ressalva-se no preâmbulo que a promoção dos códigos de conduta "não deverá alterar o carácter voluntário desses códigos e a possibilidade de as partes interessadas decidirem livremente se aderem ou não a esses códigos" (considerando 49).

ii. Resolução extrajudicial de litígios (art. 17.º). A directiva estabelece que os Estados-membros devem tornar possível, de modo real e efectivo, a utilização de mecanismos de resolução extrajudicial disponíveis nos termos da sua legislação nacional, relativamente a litígios entre prestadores de serviços da sociedade da informação e os seus destinatários, "inclusive em situações transfronteiriças" (cons. 51). Estes meios alternativos devem poder realizar-se através de meios electrónicos adequados, cabendo aos Estados--membros incentivar os organismos responsáveis pela resolução extrajudicial, designadamente dos litígios de consumidores, a funcionarem de modo a proporcionar adequadas garantias de procedimento às partes interessadas, bem como a informarem a Comissão das decisões significativas que tomem em matéria de serviços da sociedade da informação, sobre as práticas, usos ou costumes relativos ao comércio electrónico.[937]

iii. Acções judiciais (art. 18.º). A directiva obriga os Estados-membros a configurarem a sua legislação processual, no sentido de as acções judiciais previstas no direito nacional relativamente às actividades de serviços da sociedade da informação permitirem a rápida adopção de medidas, inclusive medidas transitórias, destinadas a pôr termo a alegadas infracções e a evitar outros prejuízos às partes interessadas (art. 18.º, 1). Mas, a directiva não obriga os Estados-membros a disporem de acções judiciais relativamente às actividades de serviços da sociedade da informação, parecendo dar-se bem com um direito electrónico estritamente extrajudicial.

A não imposição de adequação da lei processual dos Estados-membros no sentido de preverem acções judiciais relativas aos serviços da sociedade da informação prende-se mais com o problema da limitação da competência comunitária. Não obstante, a directiva não é inteiramente inócua neste domínio, como resulta da imposição de celeridade destinada a adequar o tempo judicial dos tribunais ao "tempo real" das comunicações electrónicas, desde logo em matéria de procedimentos cautelares. De resto, a "vontade autêntica" do legislador comunitário exprime-se no preâmbulo. Nos termos do considerando 52: "O exercício efectivo das liberdades do mercado interno exige que se garanta às vítimas um acesso eficaz aos mecanismos de resolução de litígios. Os prejuízos que podem ocorrer no quadro dos serviços da sociedade da informação caracterizam-se pela rapidez e pela extensão geográfica. Em virtude desta especificidade e da necessidade de zelar por que as autoridades nacionais não ponham em causa a confiança mútua que devem ter, a presente directiva requer dos Estados-membros que assegurem a existência de meios de recurso judicial adequados. Os Estados--membros devem estudar a necessidade de acesso a procedimentos judiciais por meios electrónicos adequados." Se efectivamente era isto que o legislador comunitário queria dizer, então no mínimo a fórmula não foi inteiramente feliz, já que parece deixar aos Estados-membros a disponibilidade, ou não, de acções judiciais relativamente às actividades de serviços da sociedade da informação, apenas estabelecendo uma imposição de celeridade em caso afirmativo. De todo o modo, os limites da competência comunitária talvez não lhe permitissem ir mais longe no articulado da directiva, ficando todavia consignado no preâmbulo o propósito desejado pelo legislador comunitário.

---

[937] MOURA VICENTE 2004a, 145s.

iv. Meios de controlo e de cooperação (art. 19.º). A directiva estabelece medidas sobre meios de controlo e de cooperação entre os Estados--membros e com a Comissão. Em primeiro lugar, obriga os Estados-membros a disporem de meios apropriados de controlo e de investigação na medida do necessário ao cumprimento da directiva, e a garantirem que os prestadores de serviços lhes comuniquem as informações requeridas (e.g. informações que permitam identificar os utilizadores autorizados dos seus serviços de armazenagem – art. 15.º, 2, *in fine*). Depois, os Estados-membros devem cooperar entre si, designando, para o efeito, pontos de contacto, prestando assistência e informações solicitadas por Estados-membros ou pela Comissão, e dispondo de pontos de contacto acessíveis por via electrónica que permitam aos prestadores de serviços e aos seus destinatários obter, nomeadamente, informações de carácter geral sobre direitos e obrigações em matéria contratual, mecanismos de resolução de litígios ou contactos de outras entidades que forneçam mais informações ou assistência prática.

Por outro lado, a directiva sobre comércio electrónico (2000/31) incumbe os Estados-membros de incentivarem a comunicação à Comissão das decisões administrativas e judiciais significativas tomadas no seu território sobre litígios relativos a serviços da sociedade da informação, bem como sobre práticas, usos ou costumes relativos ao comércio electrónico, competindo à Comissão comunicar essas decisões aos outros Estados-membros (art. 19.º, 5). Idêntico regime se aplica às decisões significativas tomadas pelos organismos responsáveis pela resolução extrajudicial de litígios, embora não se incumba aqui a Comissão de comunicar estas decisões aos Estados-membros (art. 17.º, 3), o que nos parece um lapso, tendo em conta a importância do direito extrajudicial no comércio electrónico.

d) As soluções da lei portuguesa do comércio electrónico

A lei portuguesa do comércio electrónico (DL 7/2004) cumpriu a exigência comunitária de promoção dos meios alternativos de resolução de conflitos, incluindo a arbitragem por vias electrónicas. Permite o recurso a meios de solução extrajudicial de litígios (Lei da arbitragem voluntária, Lei 31/86, 29/8; regime das entidades privadas de resolução extrajudicial de conflitos de consumo, DL 146/99, 4/5), incluindo por via electrónica, para os conflitos surgidos neste domínio (art. 34.º, acrescentando que deverão ser respeitadas as disposições legais sobre validade e eficácia dos documentos electrónicos). Por outro lado, o Instituto do Consumidor tinha já antes sido designado como ponto de contacto interno da rede europeia de entidades de resolução extrajudicial de litígios do consumo (Resolução do Conselho de Ministros n.º 18/2001).

i. A administrativização do direito electrónico

Este processo de desjudicialização foi acompanhado pela emergência de autoridades administrativas, consideradas mais expeditas e capazes de lidar com as novas realidades. É instituída uma entidade de supervisão, o ICP-ANACOM, com competências residuais no domínio da instrução dos processos contra-ordenacionais previstos e da aplicação das respectivas coimas, cujo montante "é fixado entre molduras muito amplas, de modo a serem dissuasoras, mas, simultaneamente, se adequarem à grande variedade de situações que se podem configurar." Em matéria de sanções acessórias que podem estar associadas às contra-ordenações, determina-se que as mais graves devem ser judicialmente confirmadas cabendo a iniciativa processual, oficiosamente, à entidade de supervisão. São também previstas providências provisórias ou cautelares, cuja competência de aplicação (incluindo instauração, modificação e levantamento) é atribuída à entidade de supervisão competente.

Nos termos do art. 35.º, é instituída uma entidade de supervisão central com atribuições em todos os domínios regulados pelo diploma do comércio electrónico, salvo nas matérias em que lei especial atribua competência sectorial a outra entidade. As funções da entidade de supervisão central serão exercidas pela ICP – Autoridade Nacional de Comunicações (ICP-ANACOM). Além da entidade de supervisão central, são previstas as entidades de supervisão (simples), que funcionam como organismos de referência para os contactos que se estabeleçam no seu domínio (por exemplo, o Instituto de Seguros de Portugal para a actividade seguradora na Internet e o INFARMED para os medicamentos), fornecendo, quando requeridas, informações aos destinatários, aos prestadores de serviços e ao público em geral (art. 36.º, 1).

Para além das atribuições gerais já assinaladas e das que lhes forem especificamente atribuídas, cabem a estas entidades poderes de fiscalização e de instrução de processos contra-ordenacionais. Nomeadamente, cabe a estas entidades adoptar as providências restritivas previstas nos artigos 7.º e 8.º, instaurar e instruir processos contra-ordenacionais e, bem assim, aplicar as sanções previstas, e ainda determinar a suspensão da actividade dos prestadores de serviços em face de graves irregularidades e por razões de urgência (art. 39.º).

É também prevista uma disposição de contornos amplos, nos termos da qual a entidade de supervisão central tem competência em todas as matérias que a lei atribua a um órgão administrativo sem mais especificação e nas que lhe forem particularmente cometidas (art. 36.º, 3). Assim, quando a lei atribuir a competência a um órgão administrativo, que todavia não é especificado, cabe essa competência à entidade de supervisão central. Trata-se de um complemento ao disposto no art. 35.º, 1, no sentido de preencher um eventual vazio de autoridade competente no caso de a lei remeter para um órgão administrativo não especificado, levantando-se a questão da determinação do órgão competente. Questão que é resolvida pela lei, atribuindo essa competência à entidade de supervisão central, a saber: a ANACOM (Autoridade Nacional das Comunicações).

Em matéria de competências específicas da entidade de supervisão central, refiram-se nomeadamente a publicitação em rede dos códigos de conduta mais significativos de que tenha conhecimento e a promoção das comunicações à Comissão Europeia e ao Estado-membro de origem relativamente à adopção de medidas restritivas.

Mas, isto significará o apagamento do papel do juiz em favor, não do árbitro, mas antes, e sobretudo, do agente da autoridade administrativa? Ou seja, a ADR (*Alternative Dispute Resolution*) será, fundamentalmente, *Administrative Dispute Resolution*, i.e. resolução administrativa de litígios? Esta tendência verifica-se também nos nomes de domínios, nos dados pessoais e nos direitos de autor. Trata-se de mais um exemplo da tendência para a «administrativização» do direito da informática, que não deixa de ser problemática, tendo sido já considerado, no domínio dos dados pessoais, que "não é certamente a solução desejável"[938].

Não obstante, parece ser a via apontada mesmo por instâncias internacionais, sendo de destacar que a Organização Mundial da Propriedade Intelectual recomendou, no âmbito do *Internet Domain Name Process*, a adopção de um sistema administrativo de resolução de conflitos relativos a nomes de domínio, visando resolver eficientemente os litígios multi-jurisdicionais de nomes de domínios. Este sistema adoptado pela ICANN (Uniform Domain Name Dispute Resolution Policy, http://www.icann.org/udrp/udrp-policy-24oct99.htm), que se baseia na liberdade contratual, na auto-regulação e na ausência de legislação nacional e internacional, permitirá a aplicação directa das autoridades de registo de nomes de domínio das decisões tomadas pelos árbitros administrativos. Além disso, este sistema aplica-se numa base internacional abrangendo os domínios de topo genéricos da Internet (gTLDs, e.g..com,.int,.org).

---

[938] OLIVEIRA ASCENSÃO 2001d, 211.

ii. Remédios provisórios de solução de litígios

Um campo de actuação da entidade de supervisão é o esquema de *solução provisória de litígios* previsto no art. 18.º, que se aplica à armazenagem principal e à associação de conteúdos (à semelhança dos procedimentos *notice and take down* estabelecidos pela norte-americana DMCA). Nestes casos, se a ilicitude não for manifesta, o prestador intermediário de serviços não é obrigado a remover o conteúdo contestado ou a impossibilitar o acesso à informação só pelo facto de um interessado arguir uma violação. Todavia, qualquer interessado pode recorrer à entidade de supervisão respectiva, que deve dar uma solução provisória em quarenta e oito horas e comunicá-la logo electronicamente aos intervenientes. De igual modo, quem tiver interesse jurídico na manutenção daquele conteúdo em linha pode nos mesmos termos recorrer à entidade de supervisão contra uma decisão do prestador de remover ou impossibilitar o acesso a esse conteúdo, para obter a solução provisória do litígio mediante um procedimento que será especialmente regulado.

Esta solução apoiar-se-á na proposta de atribuir "à entidade de controlo a função de resolver *prima facie* se o conteúdo deve ou não ser retirado. Se o litígio subsistir, prosseguirá pelas vias judiciais normais. (...) Proponho por isso que se distingam duas situações: / – ou a ilicitude é patente e o provedor deve retirar aquele conteúdo ou bloquear o acesso por si / – ou não é e, perante a recusa do prestador de serviços, qualquer interessado poderá recorrer a uma entidade administrativa (possivelmente a entidade de controlo) para que esta dê *logo* a composição provisória do litígio."[939]

Contudo, a amplitude dos poderes da entidade de supervisão contrasta com as suas responsabilidades. Assim, por um lado, a entidade de supervisão pode a qualquer tempo alterar a composição provisória do litígio estabelecida (n.º 5), embora, por outro lado, qualquer que venha a ser a decisão, nenhuma responsabilidade recai sobre a entidade de supervisão: "tão-pouco recai sobre o prestador intermediário de serviços por ter ou não retirado o conteúdo ou impossibilitado o acesso a mera solicitação, quando não for manifesto se há ou não ilicitude". Trata-se, todavia, de uma solução meramente provisória e de natureza alternativa, porventura justificada pela necessidade de adopção de medidas céleres capazes de responder às exigências do tempo real da Internet, já que a solução definitiva do litígio é realizada nos termos e pelas vias comuns (n.º 7) e o recurso a estes meios não prejudica a utilização pelos interessados, mesmo simultânea, dos meios judiciais comuns (n.º 8).

---

[939] Id. 2003b, 232.

Constitui, todavia, uma medida problemática, já que se uma ilicitude cometida pela internet pode causar elevados danos em pouco tempo, também a decisão da entidade de supervisão pode produzir os mesmos efeitos danosos e restringir a liberdade de circulação de informação na rede.[940]

Deve por isso ser interpretada restritivamente, no sentido de que as entidades de supervisão, mesmo no quadro de procedimentos de solução provisória de litígios, exercem apenas "competências de polícia": "A associação de uma sanção pública à conduta violadora assegura a verificação de uma condição essencial: a de que a intervenção pública tenha lugar para proteger interesses gerais da colectividade ou direitos dos cidadãos, e não para defender meros interesses particulares."[941] Por outro lado, é importante referir também que, "se o lesado não reagir pela via judicial, a decisão 'provisória' mantem-se em vigor por tempo indeterminado."[942]

3.2. A europeização da jurisdição no ciberespaço

a) "Metamorfose" do direito internacional privado?

No ambiente das comunicações electrónicas em rede a aplicação efectiva dos direitos, por via judicial, debate-se com dificuldades em matéria de jurisdição (tribunal competente e lei aplicável). Estas dificuldades poderiam ser superadas através da harmonização do direito material, o que, no espaço comunitário, já sucede em elevado grau. Todavia, no plano internacional, antecipa-se um papel cada vez mais importante para o direito internacional, já que as propostas de substituição do direito de conflitos tradicional pela harmonização geral do direito material não passariam de "impressionismo jurídico" conducente apenas a um "impasse."[943]

Não obstante, ao mesmo tempo, fala-se na "metamorfose do direito internacional privado".[944] Se já é difícil ou "muito delicada"[945] a relação entre os direitos de autor e o direito internacional privado, a complexidade da questão aumenta exponencialmente na Internet, em virtude do elevado grau de dificuldade de determinação prática dos elementos materiais de conexão.

---

[940] Davis 2005, 156.
[941] P. Gonçalves 2005, 312 (dando como exemplo os direitos de autor – n. 44).
[942] Id. ibid., 316.
[943] Ishiguro 2002, 513 («impressionisme juridique (que) ne peut aboutir qu'à une impasse.»).
[944] Fauvarque-Cosson 2002, 67 («la métamorphose du droit international privé»).
[945] Torremans 2001, 36-7.

i. Os limites do princípio da territorialidade no ciberespaço

Todavia, a utilização de obras na Internet não exigirá uma alteração substancial dos princípios do direito internacional privado vigentes para as outras formas de utilização[946], parecendo de todo o modo trazer para primeiro plano a insuficiência da abordagem centrada na territorialidade dos direitos de autor em favor do local da utilização relativamente às questões da existência, âmbito e duração dos direitos.[947]

É todavia questionável se isso não será, pelo contrário, a reafirmação do princípio da territorialidade no sentido de *lex protectionis*, ainda que se reconheça que as exigências do mercado interno afirmaram uma territorialidade europeia em certas questões, nomeadamente a exclusão do direito de reprodução relativamente às reproduções temporárias tecnicamente necessárias à circulação em rede das obras e o esgotamento do direito de distribuição. Com efeito, a aproximação normativa favorece o foro do país do prestador de serviços, embora em certas matérias (e.g. consumidor) se ressalve o foro do país de destino.[948]

ii. A ubiquidade das comunicações electrónicas em rede e as regras de conflitos do Código do Direito de Autor

A natureza ubiquitária das redes, em virtude do seu "alcance global", dificulta a determinação prática dos critérios de conexão em matéria de competência internacional dos tribunais e de lei aplicável. Pense-se no exemplo de uma empresa que presta serviços da sociedade da informação a partir das Ilhas Caiman.[949] Qual é o tribunal competente? Qual é a lei aplicável ao litígio? Como reconhecer e executar num Estado as decisões proferidas pelos tribunais de outro Estado?

Tradicionalmente, a jurisdição em assuntos de propriedade intelectual encontrava-se "funcionalmente ligada à esfera exclusiva da lei aplicável", mas a Convenção de Bruxelas e o Regulamento 44/2001 terão alterado este postulado.[950] O que, de resto, não é um dado novo para o direito português: "tem-se entendido entre nós que nesta matéria o princípio da territorialidade

---

[946] MOURA VICENTE 2002a, 190.
[947] EECHOUD 2003, 5, 226.
[948] MIGUEL ASENSIO 2002, 105-6.
[949] RIBAS ALEJANDRO 1999, 126.
[950] LIPSTEIN 2005, 594 ("while effectiveness was the consideration previously which guided the courts to the proper jurisdiction the substantive law of which applied, now the *lex originis* and the *lex protectionis* determine the jurisdiction of the court which applies its own law.").

sofre uma derrogação: é à lei do país de origem da obra que cabe dizer quem é o titular do direito de autor, pois não faria sentido tutelar como autor no território de certo país quem não o é segundo aquela lei. E a legislação vigente consagra essa solução pelo que respeita aos programas de computador e às bases de dados".[951]

Sendo a protecção de uma obra reclamada no território português, quer se trate de obras de autores nacionais ou estrangeiros, quer se trate de obras que têm como país de origem Portugal ou outro país, a ordem jurídica portuguesa declara-se exclusivamente competente para determinar a protecção a atribuir a uma obra. Assim, por um lado, as obras de autores nacionais ou que tiverem Portugal como país de origem são protegidas ao abrigo do CDA. Por outro lado, as obras de autores estrangeiros ou que tiverem como país de origem um país estrangeiro são protegidas ao abrigo do Código do Direito de Autor, sob reserva de reciprocidade, a menos que outra coisa resulte de convenção internacional a que o Estado português esteja vinculado (art. 64.º).

Especial relevo reveste o critério do país de origem, pelo qual se entende: relativamente às obras publicadas, o país da primeira publicação, a menos que a obra tenha sido publicada simultaneamente em vários países (abrangendo a publicação em dois ou mais países dentro de trinta dias a contar da primeira publicação, incluindo esta) que concedam duração diversa ao direito de autor, caso em que o país de origem será aquele que conceder menor duração de protecção, na falta de tratado ou acordo internacional aplicável (art. 65.º); relativamente às obras não publicadas, entende-se por país de origem aquele a que pertence o autor, excepto quanto às obras de arquitectura e de artes gráficas ou plásticas incorporadas num imóvel, caso em que o país de origem é aquele em que essas obras forem edificadas ou incorporadas numa construção (art. 66.º).

A Convenção de Berna (Acto de Paris de 1971), para além de garantir uma protecção mínima de direitos patrimoniais e morais, atribuída independentemente de formalidades (registo e depósito), consagra o princípio do tratamento nacional e o princípio da independência no seio da União. Em termos gerais, isto significa que os Estados Unionistas deverão conceder protecção às obras dos autores estrangeiros ou que tenham como país de origem um país estrangeiro, independentemente de as obras serem aí protegidas e do modo como o são. Isto é, as obras de autores nacionais de um país Unionista ou que tenham aí residência habitual, bem como as obras

---

[951] MOURA VICENTE 2002a, 182.

publicadas, pelo menos, num país da União, serão protegidas em cada Estado da União como se fossem obras de autores nacionais do país unionista onde a protecção é reclamada (art. 5.º); protecção essa que, em princípio, não está subordinada à reciprocidade.[952] Na questão da titularidade do direito de autor, "o princípio da territorialidade sofre uma derrogação, cabendo à lei do país de origem da obra definir a quem é atribuído o direito de autor" (Ac. STJ 10/1/2008).

b) *O problema da competência judiciária internacional*

A questão da lei aplicável está directamente relacionada com o problema da competência judiciária internacional. Em termos gerais, este problema articula-se em torno de *um princípio de equilíbrio entre as partes*, aferido pela existência de uma conexão razoável entre o litígio e o Estado do foro.[953] Isto significa, por um lado, que as soluções encontradas deverão respeitar o direito fundamental de acesso à justiça (*ius cogens*), e, por outro, que não é exigível às partes serem demandadas perante um foro que seja não equitativo (*fair*), sendo a medida da exigibilidade aferida pela existência de uma conexão razoável entre o litígio e o foro. Além do mais, o princípio do equilíbrio entre as partes impõe que seja tida em consideração a relação de forças entre as partes, protegendo a parte mais fraca (e.g. os consumidores), quer através de regras especiais de competência quer através de limitações à sua liberdade de celebração de pactos atributivos de jurisdição, visto que, em função da desigualdade negocial, "as partes exercem bem poucas vezes esse poder".[954]

A existência de uma conexão razoável entre o litígio e o foro poderá ser ainda mediada por exigências de eficácia, isto é, de um princípio de boa administração da justiça, através da prescrição de critérios de competência exclusiva dos tribunais de um determinado Estado (e.g. no que respeita aos direitos reais sobre coisas corpóreas e aos direitos que dependam de registo).

Vejamos de que modo este jogo de princípios conforma as regras do Regulamento 44/2001 no domínio dos direitos de autor, tendo em conta também alguns aspectos do Projecto de Convenção de Haia sobre competência judiciária e decisões estrangeiras em matérias civis e comerciais[955].

---

[952] RICKETSON/GINSBURG 2006, 292s, WANDTKE/BULLINGER/*WANDTKE* 2006, 34-5.
[953] KAUFMANN-KOHLER 1998, 92s.
[954] MOURA RAMOS 1991, 516-7.
[955] Cfr. DIAS PEREIRA 2001b, 644-70.

c) *O Regulamento 44/2001*

O Regulamento 44/2001 incorporou as Convenções de Bruxelas e de Lugano revistas[956], i.e. o chamado "«Sistema de Bruselas»".[957] Este regulamento é revelador de como os regulamentos parecem "estar a ganhar terreno" na harmonização do direito privado europeu[958], e reflectindo duas tendências do DIP: *"comunitarização e jurisdicionalização"*.[959] Além disso, comenta-se o impacto político deste regulamento no sentido de que, enquanto "legislação comunitária genuína", a cooperação judicial teria passado do terceiro pilar para o primeiro pilar da integração europeia.[960]

O objectivo do Regulamento 44/2001 é, no prisma do bom funcionamento do mercado interno, alcançar "o objectivo da livre circulação das decisões em matéria civil e comercial" (cons. 6). Para o efeito, inclui no seu âmbito de aplicação material o "essencial da matéria civil e comercial" (cons. 7) e abrange, em princípio, todos os litígios que tenham conexão com o território dos Estados-membros vinculados pelo Regulamento, consistindo essa conexão no domicílio do requerido num desses Estados. Por outro lado, a livre circulação de decisões visada pelo Regulamento exige que as decisões proferidas num Estado-Membro sejam reconhecidas e executadas num outro Estado-Membro, ainda que o devedor condenado esteja domiciliado num Estado terceiro (cons. 10), critério este que tem especial relevo no que respeita às competências exclusivas.

De especial importância para a aplicação efectiva dos direitos de autor, segundo a Directiva 2004/48, é a regra sobre providências cautelares, já que o Regulamento 44/2001 permite que a sua adopção seja requerida às autoridades judiciais de um Estado-Membro mesmo que não sejam as competentes para conhecer da questão de fundo (art. 31.º). Como veremos, a diversidade de soluções no domínio da liberdade de cópia privada digital permite levantar a hipótese de um utilizador português, que efectua cópias privadas, ficar sujeito as medidas cautelares previstas na Directiva 2004/48 aplicadas por um tribunal inglês. Será isto plausível?

i. A regra geral (*forum defensoris*)

As regras de competência assentam no princípio do *forum defensoris*, isto é, a regra geral do foro do domicílio do demandado, independentemente

---

[956] TEIXEIRA DE SOUSA/MOURA VICENTE 1994.
[957] PALAO MORENO 2006, 278.
[958] SINDE MONTEIRO 2001, 271.
[959] MOURA VICENTE 2002b, 354.
[960] GOODE/KRONKE/MCKENDRICK/WOOL 2004, 793 ("genuine Community legislation").

da sua nacionalidade (art. 2.º, 1). No caso de empresas, o domicílio é o local da sede social ou da administração central ou do estabelecimento principal dessa pessoa jurídica (art. 59.º, art. 60.º, 1).

Além disso, o Regulamento 44/2001 estabelece competências especiais relativamente a certas matérias, permitindo que o réu possa ser demandado perante os tribunais de um Estado-Membro no qual não se encontra domiciliado. Por um lado, distingue consoante se trate de responsabilidade extracontratual ou de responsabilidade contratual. Para as situações de responsabilidade extracontratual, estabelece a competência especial do foro onde ocorreu ou poderá ocorrer o facto danoso. Para as situações de responsabilidade contratual, dispõe uma regra de competência especial, nos termos da qual o devedor poderá ser demandado perante o tribunal do lugar onde foi ou deva ser cumprida a obrigação em causa.

ii. Responsabilidade extracontratual (*forum delicti commissi*): fragmentação dos fora?

A competência especial do foro onde ocorreu ou poderá ocorrer o facto danoso é prevista para as situações de responsabilidade extracontratual. Mas, o que é o facto danoso? A actividade causadora do prejuízo? A produção do efeito lesivo? Ou ambas? O regulamento parece abranger tanto o facto danoso real como o facto danoso potencial, pelo que seria bastante o dano virtual sem necessidade de prova do dano efectivo, embora se sustente que essa prova deve ter lugar.[961] Pense-se, por exemplo, numa página na Internet que permite a qualquer pessoa fazer cópias de obras protegidas: o facto danoso ocorreu ou poderá ocorrer no país de domicílio do responsável pela página da rede e/ou antes no foro do ou dos utilizadores que realizaram cópias privadas das obras na memória dos seus computadores ou noutros dispositivos, e.g. leitores MP3? E no caso de violações ao direito moral? Poderão os tribunais dos países de *droit d'auteur* concluir, à semelhança da célebre decisão *Huston*, "que em França não pode ser cometido nenhum atentado à integridade de uma obra literária e artística, qualquer que seja o Estado em cujo território essa obra tiver sido divulgada pela primeira vez", potenciando assim a "vocação universal" na Internet da lei francesa e, por arrastamento, dos seus tribunais?[962]

O TJCE, num caso relativo a difamação por meio da imprensa, entendeu que seria competente o tribunal do "país de origem" para decidir o

---

[961] DESSEMONTET 1998, 63-4 (defendendo o abandono da *lex loci delicti commissi*, em favor do *forum auctoris*).
[962] GAUTIEr 1997, 297.

litígio em toda a sua extensão, reconhecendo, porém, ao mesmo tempo, competência aos tribunais dos outros Estados relativamente aos danos aí sofridos pelo autor da demanda (*Fiona Shevill c. Presse S.A.*, 7.3.1995, Rec. 1995, I-415). Esta "fragmentação" da jurisdição[963] justificar-se-ia, segundo o TJCE, pelo imperativo de boa administração da justiça, uma vez que cada um dos Estados de destinação seria territorialmente o mais qualificado para apreciar a difamação cometida nesse Estado e determinar a extensão do prejuízo correspondente.

A *ratio decidendi* do caso *Fiona Shevill* apoia-se na chamada teoria Bogsch, elaborada pela doutrina alemã e acolhida parcialmente pelos tribunais deste país. Segundo esta teoria Bogsch, a lei dos países de recepção de sinais televisivos seria aplicável na medida em que a lei do país de origem não garantisse protecção adequada.[964] Adaptando esta teoria do direito internacional privado ao problema da competência judiciária internacional em matéria de responsabilidade extracontratual é razoável dizer-se que os tribunais de cada Estado-Membro nos quais as páginas da Internet sejam acessíveis poderão declarar-se competentes, na medida em que os tribunais do país de origem não assegurem protecção adequada, ao menos segundo os padrões mínimos de protecção garantidos pelos instrumentos internacionais.[965] Ao que podemos acrescentar que, tratando-se de Estados-membros da União Europeia (à excepção da Dinamarca), os tribunais de cada Estado-Membro poderão declarar-se competentes, na medida em que os tribunais do país de origem não assegurem protecção adequada segundo as disposições do direito comunitário.

Isto significa, ainda, que a determinação do local de ocorrência do facto danoso nas comunicações electrónicas em rede não deverá ser mediada, ao menos exclusivamente, pela regra constante da Directiva 93/83 (art. 1.º, 1 e 2), nos termos da qual a comunicação ao público se verifica apenas no Estado-Membro de origem (ou equivalente) dos sinais portadores do programa.[966]

Em matéria de direitos de autor, a Convenção de Berna prevê que numa situação de alegada infracção aos direitos de autor "a extensão da protecção,

---

[963] HINDEN 1999, 154 ("Mosaikbeurteilung").

[964] Cfr. DREIER 1997, 303; HÄRTING 1999, 25s (c/ análise da competência judiciária dos tribunais alemães em situações de responsabilidade extracontratual norteada pelo critério do "Ort des Primärschadens").

[965] TORREMANS 2000, 245; em termos próximos, mas sem referência aos instrumentos internacionais, talvez por causa do "problema moral" do copyright norte-americano, GINSBURG 1999b, 347 ("at least when that country affords a meaningful level of copyright protection"... – 361).

[966] BALLARINO 1998, 191.

bem como os meios de recurso garantidos ao autor para salvaguardar os seus direitos, regulam-se exclusivamente pela legislação do país onde a protecção é reclamada" (art. 5.º, 2, 2.ª parte). A interpretação dominante desta norma defende que não se trata da legislação do foro competente mas antes da legislação do Estado para o qual a protecção é requerida contra infracções aí cometidas.[967] Em conformidade com esta interpretação, a colocação de uma obra acessível na Internet poderá tornar abstractamente aplicável uma multiplicidade de leis, desde a lei do país de origem da mensagem às leis de todos os países em que a mensagem seja acessível.

Ora, deve reconhecer-se que a indeterminação do critério de competência nas situações de responsabilidade extracontratual poderá ter o efeito de fragmentar a jurisdição com a consequente multiplicação de acções. É por isso necessário estabelecer um critério de existência de um nexo suficiente que justifique a jurisdição dos tribunais de cada Estado-Membro. Em nosso entender, esse critério não se deverá afastar muito da doutrina do *stream of commerce* da jurisprudência norte-americana (*International Shoe C. V. Washington*, 1945). Aplicada à Internet, esta doutrina significa que deverá distinguir-se consoante o site seja passivo ou interactivo (*Blue Note*), exigindo-se que a jurisdição seja "directamente proporcional à natureza e à qualidade da actividade comercial que uma entidade exerce na Internet" (*Zippo Cybersell, Inc. v. Cybersell, Inc.*, SNY 1999), isto é, atender ao "nível de interactividade e natureza comercial da troca de informação" (*Hornell Brewing v. Rosebud Sioux Tribal Court*, 8th Circ. 1998).[968] Com base nesta doutrina, o Tribunal do Distrito de Columbia declarou-se competente para julgar um pedido apresentado por uma empresa fonográfica contra uma empresa estabelecida em Espanha que permitia aos seus utilizadores efectuarem descargas (*download*) de música pelo facto de entre eles se encontrarem residentes no Distrito de Columbia (caso *Arista Records v. Sakefield*, 22/4/2004).[969]

De todo o modo, não basta a mera interactividade potencial, em termos de acessibilidade. Necessário será que a actividade seja dirigida aos residentes de um certo Estado-Membro e que haja manifestação de interesse de entrar em negociações, por exemplo mediante publicidade.[970] Parece-nos

---

[967] OMPI/WIPO 2000, 100 (com base no relatório de J.C. Ginsburg).
[968] Id. ibid., 13-4.
[969] PALAO MORENO 2006, 295.
[970] LEMLEY/MENELL/MERGES/SAMUELSON 2003, 584-605 (criticando a aplicação da jurisprudência Zippo no caso *ALS Scan v Digital Service Consultants*, 4th Cir. 2002, em virtude de a ré não dirigir a sua actividade electrónica especificamente a nenhum alvo em Maryland, nem ter manifestado intenção de entrar em negócios ou em qualquer outra interacção nesse local).

importante, a este respeito, o projecto de Convenção de Haia, que prevê que a jurisdição do tribunal do lugar onde ocorreu ou poderá ocorrer o facto danoso depende de o demandado não alegar que não poderia ter previsto tal resultado nesse Estado.

A este respeito não será certeira a crítica do grupo de peritos, ao alegar que quem coloca informação difamatória numa página da rede pode razoavelmente prever que essa informação é legível em qualquer lugar do mundo.[971] Para além de fronteiras linguísticas e de recursos, que a Internet não transpõe, o facto de uma informação ser universalmente acessível não significa que essa informação seja dirigida a todos. Por exemplo, o Tribunal de grande instância de Paris (11/2/2003) entendeu como não dirigida a nem acessível em França, para efeitos de direitos de marcas, uma página da Internet não redigida em língua francesa, embora, por seu turno, o Tribunal supremo deste país tenha considerado, numa outra decisão (9/12/2003), que a simples acessibilidade em França de uma página web espanhola meramente passiva já era suficiente para basear a sua competência judiciária.[972] Por outro lado, em última instância, parece ser necessário verificar se essa informação e a utilização que dela é feita são ou não ilícitas à luz da legislação do foro, à semelhança da decisão do Tribunal da Califórnia no caso *Yahoo! v. Ligue Contre le Racisme* (2001), que considerou abrangida pelo *free speech* a divulgação de mensagens com conteúdos racistas e nazis, recusando-se, nessa medida, a reconhecer e executar a decisão do Tribunal francês.[973]

Em suma, para as situações de responsabilidade extracontratual o Regulamento dispõe o critério do *forum delicti commissi*. Na Internet este critério revela-se algo fluído, não sendo certo que o facto danoso ocorra ou possa ocorrer apenas no lugar de origem da mensagem ou antes em todos os locais em que a mensagem é acessível. A fluidez da solução normativa coloca uma exigência acrescida à jurisprudência, enquanto na doutrina vão sendo feitos apelos no sentido da adopção, sob a égide da OMPI, de um instrumento internacional que clarifique esta matéria.[974]

Da nossa parte, parece-nos que o tribunal deverá determinar normativamente esse conceito, em termos de o facto danoso só ter ocorrido ou poder ocorrer se tal puder constituir, face à sua ordem jurídica, um facto ilícito gerador de danos em matéria, por exemplo, de direitos de autor.

---

[971] Cfr. Kessedjian 2000, 8.
[972] Palao Moreno 2006, 293-4.
[973] Cfr. Lemley/Menell/Merges/Samuelson 2003, 617-28.
[974] Lucas 1998, 35.

A determinação da competência está intrinsecamente relacionada com o direito aplicável, falando-se mesmo numa relação de dependência[975], ou de "mão dada".[976]

Com efeito, "só é Estado de protecção aquele em que ocorre uma conduta que segundo o Direito local constitui um acto de utilização ou lesão de um direito de autor. (...) Certo é que será Estado de protecção todo aquele em que forem praticados actos de utilização ou lesão do direito, por exemplo aquele em que um utilizador da *Internet* faça o *download* e comercialize cópias da obra."[977] Não obstante – *et pour cause* –, exige-se um juízo prévio de determinação normativa de ocorrência do facto danoso à luz da sua ordem jurídica, parecendo-nos também que "a mera acessibilidade no Estado do foro da informação ilícita disponível em rede não deverá bastar, por si só, para fundar a competência dos tribunais locais."[978]

Por outro lado, é muito duvidoso que um tribunal decline competência se uma mensagem originária de outro Estado ofender a sua ordem jurídica, nomeadamente os direitos de autor que aí são reconhecidos, salvo se concluir razoavelmente que essa mensagem não é dirigida ao seu território em virtude nomeadamente do nível de interactividade ou que os tribunais do Estado de origem garantem protecção adequada segundo os padrões mínimos comunitários e/ou internacionais, consoante o caso.

iii. Responsabilidade contratual no comércio electrónico directo e indirecto

Os contratos são objecto de uma regra de competência especial, nos termos da qual o devedor poderá ser demandado perante o tribunal do lugar onde foi ou deva ser cumprida a obrigação em causa. Entende-se que o lugar de cumprimento da obrigação será o lugar onde, nos termos do contrato, os bens foram ou devam ser entregues no caso da venda de bens (1), ou o lugar onde os serviços foram ou devam ser prestados no caso da prestação de serviços (2).

No domínio do comércio electrónico indirecto não há grandes dúvidas quanto ao local de cumprimento da obrigação. Na falta de estipulação ou disposição especial da lei, valerá o princípio geral do lugar do domicílio do devedor previsto no art. 772.º, 1, do Código Civil. Porém, no âmbito do comércio electrónico directo já se suscitam alguns problemas, bastando

---

[975] LIMA PINHEIRO 2002a, 37-8.
[976] LIPSTEIN 2005, 596 ("Substance and jurisdiction go hand in hand.").
[977] LIMA PINHEIRO 2002b, 135-6.
[978] MOURA VIVENTE 2005, 320.

pensar na compra e venda de programas de computador efectuada exclusivamente por meios electrónicos, com encomenda, pagamento e entrega em linha mediante transferência electrónica de dados. Trata-se de venda de bens ou antes de prestação de serviços?[979]

À primeira vista, parece que a qualificação dos contratos para efeitos da determinação do foro competente será uma questão prévia, cuja solução poderá apontar em sentidos diversos consoante o entendimento perfilhado. A orientação do direito comunitário parece apontar no sentido de que se trata de prestação de serviços (Directiva 96/9, art. 5.º-c, cons. 33; Directiva 2001/29, cons. 19). Todavia, a discussão não está encerrada, pelo menos no quadro da directiva sobre programas de computador (91/250), havendo quem defenda que o local do cumprimento do contrato no fornecimento *online* de software mediante *downloading* será o local da entrega.[980]

O mesmo problema foi suscitado no âmbito do grupo de peritos encarregado da análise da conformidade do projecto de Convenção de Haia com as exigências do comércio electrónico, sustentando-se que o correspondente preceito (o art. 6.º do Projecto) não seria aplicável aos contratos executados em linha. Deste modo, seria necessária uma regra suplementar para estes contratos, a qual poderia apontar no sentido da competência do foro do lugar do cumprimento ou, mais exactamente, do lugar da entrega da informação, segundo uma redacção semelhante ao art. 15.4 da Lei Modelo do Comércio Electrónico da UNCITRAL.

O Regulamento 44/2001 parece ter em conta esta solução, uma vez que prevê um outro critério, nos termos do qual se não se tratar de venda de bens nem de prestação de serviços e se as partes nada tiverem convencionado quanto ao lugar de cumprimento da obrigação em questão, será aplicável a alínea a), ou seja, será competente o tribunal do lugar onde foi ou deva ser cumprida a obrigação em questão. Recorrendo ao 15.4 da Lei Modelo da UNCITRAL poderia dizer-se que seria o lugar do domicílio do destinatário.[981]

Todavia, esta solução contrasta com a lei norte-americana UCITA (*The Uniform Computer Information Transactions Act*, 1999), que prevê na

---

[979] CHISSICK 2002, 118, a propósito da Convenção de Bruxelas ("If digitised services are goods (as recommended in paragraph 3.07), consumers will be granted jurisdictional protection when they make online purchases of software, music, video, etc. However, if digitised services are services, and the consumer was not solicited, no such protection will apply."); REED 2004, 223 ("the position is quite different if the contract is for a 'product' which is to be delivered electronically. (...) For these, the place of supply is hard to define.").

[980] SCHEUERMANN 2004, 89.

[981] KESSEDJIAN 2000, 5.

secção 109(b) um regime de determinação da lei aplicável nos casos de ausência de cláusula contratual, nos termos da qual é aplicável: a lei da jurisdição na qual o licenciante está situado quando o acordo é celebrado nos casos de contratos de acesso e de entrega electrónica de uma cópia (1); a lei da jurisdição na qual a cópia foi ou deveria ter sido entregue ao consumidor no caso dos contratos de consumo que requerem a entrega de uma cópia num suporte tangível (2); a lei da jurisdição com a conexão mais estreita ao contrato em todos os outros casos (3). Isto significa que, no caso da distribuição electrónica, é favorecida a lei do país de origem, que corresponderá em muitos domínios (e.g. comercialização directa de software, música ou filmes) à própria lei norte-americana.

iv. Pactos atributivos de jurisdição e a protecção da parte mais fraca

Os contratos são, de todo o modo, um domínio de eleição para o princípio da autonomia das partes na celebração de pactos atributivos de jurisdição. O Regulamento dá expressão a esse princípio, admitindo tais pactos e fixando aliás a competência exclusiva dos tribunais designados, salvo convenção em contrário. Dispõe que os pactos terão que revestir a forma escrita e admite a sua celebração pela internet uma vez que consagra a equivalência da forma escrita a qualquer comunicação por via electrónica que permita um registo duradouro do pacto (art. 23.º, 2).

Porém, a liberdade de celebração de pactos atributivos de jurisdição sofre certos limites impostos pelo princípio da protecção da parte mais fraca, nomeadamente o consumidor, confirmando-se o entendimento segundo o qual "os princípios da autonomia das partes e da protecção da parte mais fraca ocupam um lugar de destaque", podendo considerar-se "as peças essenciais de um direito internacional privado da Comunidade Europeia".[982]

A regra é a de que o consumidor pode intentar uma acção contra a outra parte, quer perante os tribunais do Estado-Membro em cujo território esteja domiciliada essa parte, quer perante o tribunal do lugar onde o consumidor tiver domicílio; por seu turno, a outra parte só pode intentar uma acção contra o consumidor perante os tribunais do Estado-Membro em cujo território estiver domiciliado o consumidor (art. 16.º). Por via deste critério poderá coincidir a competência judiciária e a lei aplicável, isto é, o tribunal competente aplicará, verificadas certas circunstâncias, as normas imperativas de protecção do consumidor previstas na lei do respectivo Estado-Membro, nos termos da Convenção de Roma (art. 5.º), nomeadamente se a

---

[982] MOURA RAMOS 1999, 124.

celebração do contrato tiver sido precedida, nesse país, de uma proposta que lhe foi especialmente dirigida ou de anúncio publicitário e se o consumidor tiver executado nesse país todos os actos necessários à celebração do contrato. A possibilidade de o consumidor poder prevalecer-se da legislação do Estado da sua residência habitual, bem como de demandar o fornecedor nos tribunais do seu domicílio foi destacada pela Resolução do Conselho de 19 de Janeiro de 1999 sobre os aspectos relativos ao consumidor na sociedade da informação (1999/C 23/01), considerando-se que "no caso de transacções transfronteiras efectuadas através das tecnologias da informação, os consumidores deverão, ao abrigo da legislação comunitária e das convenções de Bruxelas e de Roma, poder beneficiar da protecção concedida pela legislação do país de residência habitual e ter um acesso fácil aos procedimentos de recurso, nomeadamente no seu país de residência habitual" (10).

A regra do foro do consumidor abrange todos os casos em que o contrato é concluído com uma pessoa que tem actividade comercial ou profissional no Estado-Membro do domicílio do consumidor ou dirige essa actividade, *por quaisquer meios*, a esse Estado-Membro ou a vários Estados-membros incluindo esse Estado-Membro, e o contrato seja abrangido por essa actividade. Ao referir que essa actividade pode ser dirigida "por quaisquer meios" parece o Regulamento abranger também o comércio electrónico na Internet.

Argumentou-se que esta solução poderia paralisar o comércio electrónico, uma vez que o exercício de actividades comerciais ou profissionais através da rede ficaria potencialmente sujeito a litigância em todos os Estados-membros, ou pelo menos os agentes teriam que apor avisos nas suas páginas no sentido de os seus produtos ou serviços se destinarem apenas aos consumidores de certos países.[983] Além disso, a expressão "dirigir a actividade" na Internet a um ou vários Estados-membros seria de difícil compreensão. Poder-se-ia dizer, por exemplo, que uma página com textos exclusivamente em Português seria "dirigida" apenas a consumidores residentes em países lusófonos? Com efeito, sustenta-se "como sendo dirigido ao país da residência habitual qualquer anúncio feito num meio de comunicação que seja susceptível de alcançar todos os países (como, por exemplo, a transmissão televisiva por satélite e a Internet)".[984]

Por isso, o projecto de Convenção de Haia concretiza a noção de dirigir uma actividade a um Estado, através da formulação "designadamente

---

[983] MOURA VICENTE 2004b, 903-915 (crítico em relação aos efeitos restritivos de uma regra de competência do foro do consumidor amplamente concebida no Regulamento 44//2001); c/ ref. DIAS PEREIRA 2004d, 377-8, n. 60.

[984] LIMA PINHEIRO 2001, 162.

solicitando negócios através de meios de publicidade" (art. 7, 1-a, *in fine*), à semelhança do critério "doing business" da jurisprudência estadunidense, e acrescenta que o consumidor deverá ter dado os passos necessários para a conclusão do contrato nesse Estado. Parece-nos que vale aqui este critério da interactividade, ao menos para afirmar a competência do foro do consumidor nas acções intentadas contra ele[985], sendo de admitir que o fornecedor poderá delimitar territorialmente o mercado dos seus produtos ou serviços, definindo na sua publicidade os Estados que estão abrangidos por ela ou então excluir expressamente aqueles que não são visados.[986]

A razão de ser da competência especial do foro do consumidor é "proteger a parte mais fraca por meio de regras de competência mais favoráveis aos seus interesses do que a regra geral" (cons.13). O princípio da protecção da parte mais fraca justifica ainda limitações à liberdade contratual das partes no sentido de só serem permitidos pactos atributivos de jurisdição em termos restritos, sendo proibidos todos os demais (arts. 17.º e 23.º, 5). Isto não impede todavia que se admita um pacto de jurisdição que, em certos termos, derrogue as regras especiais de competência mesmo antes do litígio (art. 17.º).

Não obstante, de modo a não esvaziar o princípio da protecção do consumidor, entendemos que, à semelhança do que se passa no domínio do contrato de agência[987], o tribunal poderá fundar a sua competência nas normas imperativas de protecção do consumidor, mesmo contra um pacto atributivo contrário à sua competência que o prive desses direitos, sempre que, à semelhança do critério previsto na lei dos contratos de adesão, o contrato "apresente uma conexão estreita com o território português" (DL 446/85, art. 23.º, 1).[988] No sentido da solução que defendemos refira-se também o caso *Oceano*, em que estava em causa a interpretação da directiva sobre cláusulas abusivas, tendo o TJCE decidido que o tribunal pode apreciar, *ex officio*, a nulidade das cláusulas, mesmo de cláusulas de jurisdição que não lhe reconheçam competência (Proc. C-240/98 – C-244/98, 27/6//2000, *Océano Grupo Editorial v. Salvat Editores*).[989]

O regime especial de competência do foro do consumidor destina-se, à semelhança das regras da Convenção de Roma sobre a lei aplicável aos contratos de consumo, a proteger o consumidor enquanto parte mais fraca.

---

[985] ALVAREZ GONZÁLEZ 2001, 431.
[986] PALAO MORENO 2001, 282.
[987] A. PINTO MONTEIRO 2007, 155-6.
[988] DIAS PEREIRA 2001g, 297, n. 33.
[989] Cfr. STUYCK 2001, 719s, HOGG/ARNOKOUROS/PINA/CASCÃO/WATTERSON 2001, 157s.

É um "porto seguro", que permitirá aos consumidores adquirirem bens pela Internet, junto de fornecedores que lhes dirijam as suas actividades, com a garantia de que, em caso de litígio, a resolução do conflito poderá ser feita no seu tribunal e segundo a sua lei de domicílio, podendo valer-se, pelo menos, dos direitos imperativos que o respectivo foro lhe confere.

Não obstante o reforço desta protecção pelos meios jurisdicionais, é provável que a solução de litígios de consumo no domínio do comércio electrónico privilegie as soluções alternativas, incluindo por meios electrónicos em linha.[990]

v. Competências exclusivas (o caso dos nomes de domínio)

Para os direitos de propriedade intelectual sujeitos a registo ou depósito, o Regulamento 44/2001 prevê uma regra de competência exclusiva, em matéria de inscrição ou de validade de patentes, marcas, desenhos e modelos, e outros direitos análogos sujeitos a depósito ou registo (por ex., topografias de produtos semicondutores). Nestes casos têm competência exclusiva os tribunais do Estado-Membro em cujo território o depósito ou o registo tiver sido requerido, efectuado ou considerado efectuado nos termos de um instrumento comunitário ou de uma convenção internacional (art. 22.º, 4).

O princípio que preside a esta regra de competência exclusiva é o da boa administração da justiça. Todavia, deixa algumas situações em aberto, em especial no que respeita aos direitos de autor, incluindo o direito do fabricante de bases de dados. Este silêncio significa que a competência exclusiva não se aplica aos direitos de autor, uma vez que, segundo as Convenções de Berna e de Roma, de que todos os Estados-membros são parte, a existência de direitos não depende dessas formalidades (Convenção de Berna, art. 5.º, Convenção de Roma, art. 11.º; v. tb. Acordo ADPIC/TRIPS, art. 9.º). Neste sentido, aliás, o projecto de Convenção de Haia, embora reconheça que o registo ou depósito desses direitos é possível, exclui-os expressamente do âmbito desta regra de competência exclusiva (art. 12.º, 4).

A propósito deste critério, importa fazer um breve apontamento sobre os nomes de domínio. Os nomes de domínio não são abrangidos por esta regra de competências exclusivas, uma vez que não existe instrumento comunitário ou convenção internacional nos termos da qual o registo ou depósito deva ser considerado efectuado. Todavia, devem integrar-se no âmbito da competência exclusiva prevista no art. 22.º, 3, do Regulamento 44/2001, que regula a competência em matéria de validade de inscrições em

---

[990] ALVAREZ GONZÁLEZ 2001, 448.

registos públicos, atribuindo-a aos tribunais do Estado-Membro em cujo território estejam conservados esses registos.

Em Portugal, os nomes de domínio são geridos pela FCCN. A "FCCN – Fundação para a Computação Científica Nacional, é uma instituição privada sem fins lucrativos a quem incumbe a responsabilidade pela gestão, registo e manutenção de domínios de.pt no âmbito da delegação efectuada pela IANA – Internet Assigned Numbers Authority (RFC 1032/3/4 e 1591), organização substituída pelo ICANN-Internet Corporation for Assigned Names and Numbers" (DNS.PT – Serviço de Registo de Domínios de PT. Regras do registo de domínios.pt em vigor desde 1 de Março de 2006). Isto significa que o registo de nomes de domínio não é um registo público em sentido estrito, dada a natureza de ambas entidades – assinalando-se até o governo da Internet exercido pelo ICANN como a mais relevante das formas de regulação privada na emergente governação internacional.[991]

A Resolução do Conselho de Ministros n.º 69/97 pretende regulamentar o registo e gestão dos nomes de domínios da Internet para Portugal. Trata-se de uma "uma solução de «administrativização» do conflito entre a FCCN e o seu público (...), que pode ser vista como a manifestação de um indício de apropriação estadual da tarefa", existindo assim "indícios normativos de que a gestão nacional do domínio de topo.pt é uma *tarefa pública executada pela FCCN*", no sentido de regular a sua actuação "pelos princípios e pelas regras do direito administrativo geral".[992]

Porém, a referida Resolução limitou-se, nomeadamente, a mandatar o Ministério da Ciência e Tecnologia para "dirimir, até à aprovação das medidas legais referidas, todas as divergências que possam vir a existir entre a FCCN e os requerentes ou beneficiários dos domínios ou subdomínios Internet específicos de Portugal." Ora, as referidas "medidas legais" ainda não foram aprovadas e o novo regulamento da FCCN (DNS.pt) "mantém uma política de resolução extrajudicial de litígios – processo de arbitragem –, a qual, conforme as melhores práticas, fornecerá garantias processuais às partes envolvidas e aplicar-se-á sem prejuízo de eventuais procedimentos judiciais". No anterior regime, deixava-se às partes envolvidas em conflitos sobre nomes de domínios ou de subdomínios a possibilidade de recorrerem à arbitragem. O novo regime suprimiu os poderes do MCT e estabelece que as partes envolvidas se comprometem a recorrer à arbitragem voluntária institucionalizada (art. 52.º), prevista no art. 38.º da Lei 31/86, 29/8, e regulamentada respectivamente pela Portaria 81/2001, 8/2.

---

[991] WALTER 2001, 186.
[992] P. GONÇALVES 2004, 234-5.

Isto não significa que o registo de nomes de domínio fosse ou seja um registo público. Todavia, os direitos sobre nomes de domínio são direitos sujeitos a registo, cuja realização não é regulada por instrumento comunitário ou convenção internacional. Tendo em conta a referida Resolução, que cobre esta actividade com o manto do Estado – parecendo atribuir funções administrativas a uma entidade privada[993] –, parece-nos razoável a equiparação dos nomes de domínio a um registo público para efeitos de competência judiciária. Em sentido idêntico, refira-se também a legislação norte-americana (*Anticybersquatting Consumer Protection Act*, 1999), que permite, em certas circunstâncias, que a competência judiciária se fundamente na localização da *res*, isto é, jurisdição *in rem* no local onde um nome de domínio é registado.

O nome de domínio corresponde frequentemente ao nome e/ou à marca de uma empresa, ou então a uma abreviatura. De modo a combater o fenómeno do registo abusivo de marcas como nomes de domínio, o regulamento da FCCN relativo à atribuição de nomes de domínio contem salvaguardas de protecção dos titulares de direitos de marcas e afins. O regulamento da FCCN é moldado segundo o Regulamento da ICANN, que delega à FCCN o poder de gestão dos nomes de domínio de topo "country code".pt. A nível europeu, foi aprovado o Regulamento (CE) n.º 733/2002, do Parlamento Europeu e do Conselho, de 22 de Abril de 2002, relativo à implementação do domínio de topo.eu, que subordina o regime jurídico deste novo domínio de topo a uma política de interesse público (art. 5.º).

O domínio de topo.eu pode ser comparado a uma declaração de independência da União Europeia no ciberespaço, tendo em conta os poderes de facto (e de direito) que o Governo norte-americano exerce sobre os servidores de raiz, em vista da arquitectura do sistema dos nomes de domínio. O que, de resto, levanta o problema muito discutido ainda recentemente na cimeira mundial da Sociedade da Informação sobre a legitimidade do poder que o Governo norte-americano nele exerce.[994] Com efeito, por delegação do ICANN, a FCCN, tal como os seus congéneres, exerce um poder de índole pública, que "pertence", em última análise, ao Governo norte-americano, tendo inicialmente tecido a Web e desenvolvido as tecnologias criptográficas que lhe estão associadas para fins de segurança nacional...

---

[993] Em síntese, Id. 2006, 50s.

[994] FROOMKIN 2005, 243-78 (concluindo que "ICANN has been very far from an ideal regulator of the portions of the internet infrastructure under its purview, but there is little reason to believe as yet any of the most likely alternatives are preferable." – 278). Sobre as implicações internacionais do regime dos nomes de domínio, MOURA VICENTE 2002b, 147-70.

Seja como for, na atribuição de nomes de domínio segue-se a regra geral *"first come, first served"*.[995] A natureza jurídica dos direitos sobre nomes de domínio é semelhante à dos sinais distintivos. A jurisprudência norte-americana já considerou que se trata de direitos de propriedade[996] e, mesmo no direito alemão, há quem defenda que o registo de nomes de domínio constitui um direito patrimonial absoluto semelhante à propriedade[997], ao menos enquanto elemento empresarial.[998] Não obstante, esta solução está longe de ser pacífica, já que para muitos trata-se apenas de um direito relativo entre a entidade que atribui o nome de domínio e o respectivo titular, sem gozar de oponibilidade a terceiros.[999] No entender do Supremo Tribunal de Justiça, "o 'registo' de um nome de domínio na Internet (...) não confere qualquer direito de exclusivo, ou de prioridade, em Portugal" (Ac. STJ 21/1/2003, CJ/ASTJ, 2003, I, 34-6).

De todo o modo, a indefinição quanto à natureza jurídica destes direitos não deve obstar à equiparação dos nomes de domínio a direitos sujeitos a registo público para efeitos de competência judiciária nos termos do Regulamento 44/2001.

4. Síntese conclusiva do § 4

1. As dimensões prospectivas trazem para primeiro plano a emergência de movimentos que, sem abdicarem dos direitos de autor, utilizam esta forma de propriedade intelectual contra a apropriação privada dos códigos de programação informática (software livre, código de fonte aberta) e de obras literárias em geral (*creative commons*). Propõe-se, em alternativa, um sistema de direitos de autor comuns ou colectivos, cuja exploração é de livre partilha, na condição de todos entregarem à comunidade em condições de livre utilização as transformações efectuadas.

Até que ponto estes movimentos vão afectar a situação de oligopólio – senão mesmo de quase monopólio em certos sectores, em especial dos

---

[995] ALMEIDA ANDRADE 2004, 23; HÄRTING 1999, 144 ("Müllerprinzip").

[996] PRENDERGATS 2004, 75-91 (comentando criticamente a decisão do Tribunal norte-americano que considerou como propriedade o direito sobre nomes de domínio).

[997] KOOS 2004, 364 ("Die Domain ist (...) ein absolutes Vermögensrecht").

[998] BOEHME-NEBLER 2001, 118 ("Domains als Bestandteil des Unternehmens... sind deshalb auch als Eigentum im Sinne von § 823 Abs. 1 BGB zu klassifizieren.").

[999] Sobre a questão, e.g. LOISEAU 1999, 245, MAYR 1996, 223-50; ANTONINI 2001, 813-25; VARÌ 2001.

sistemas operativos – é algo que não é possível antecipar. De todo o modo, mostram que a resistência é forte contra o expansionismo dos direitos de autor, enquanto restrição à liberdade de informação e às demais liberdades fundamentais que dela dependem.

Em especial, no domínio da programação informática, apela-se a uma ideia de "discurso livre", no sentido da liberdade de utilização das linguagens e códigos de programação enquanto forma de expressão típica da comunidade informática. De resto, a abertura do código-fonte do software deve ser considerado, em vários domínios, uma exigência constitucional, por razões de publicidade e transparência das regras, tendo em conta a analogia funcional que se estabelece entre os códigos informáticos e as leis.

2. O reconhecimento do código como lei não significa que a regulação do ciberespaço, em especial no campo dos direitos de autor, deva ser deixada apenas aos tecnólogos do ciberespaço. A alegada auto-suficiência do ciberespaço, enquanto zona de soberania livre de imposições estaduais, foi a proposta inicial dos revolucionários da tecnocracia informática. Alegaram a obsolescência do Estado e a incompetência dos seus órgãos de normalização, e procuraram afirmar neste "sexto continente" a sua soberania exclusiva. O discurso chegou mesmo a defender a pureza dos códigos tecnológicos do ciberespaço contra a sua poluição ou colonização pelos códigos legais dos Estados. O ciberespaço seria o reino da *lex informatica*, assente em códigos de conduta, netiqueta, ADRs e, sobretudo, medidas técnicas.

Sem negarmos que a resposta para a máquina estará também, em boa medida, na própria máquina, juntamo-nos aos que defendem a necessidade de sujeitar os códigos informáticos ao escrutínio da sua conformidade com as imposições constitucionais. Numa palavra, somos pela constitucionalização do ciberespaço, no sentido de preservar os valores essenciais inscritos na lei fundamental, segundo os instrumentos internacionais. Relativamente ao nosso objecto de estudo, entre esses valores contam-se, nomeadamente, a liberdade de criação cultural e a protecção dos interesses morais e materiais dos criadores intelectuais, mas também a liberdade de informação, de expressão e de aprendizagem, juntamente com a reserva de intimidade da vida privada.

Apesar da índole dúctil do direito privado das empresas, em que situamos os direitos de autor, parece-nos que este é um domínio propício ao teste de resistência contra um ciberespaço deixado entregue puramente aos que o dominam tecnologicamente e/ou à mão invisível do mercado. Desde logo porque se torna necessário harmonizar as liberdades fundamentais neste domínio, assentes na propriedade e na autonomia privada, para que umas não eliminem as outras, e para que as liberdades mercantis não eclipsem outros valores fundamentais, nomeadamente a liberdade de informação e a reserva da vida privada.

3. De resto, um olhar de relance pelo direito comunitário mostra que o ciberespaço é já objecto de uma complexa teia regulatória, com feições hipertextuais, de medidas de harmonização, de entre as quais se destacam as directivas sobre comércio electrónico, direitos de autor, programas de computador e bases de dados. Parece-nos até que o legislador comunitário afirmou a sociedade da informação como uma zona de soberania comunitária, que precede e limita a intervenção individual dos Estados-membros. Isto não impede, todavia, que o próprio acervo comunitário do direito ciberespacial seja submetido ao juízo da sua conformidade com as definições básicas do Estado de direito democrático tal como configuradas pelo programa constitucional.

No "código-fonte" deste programa encontramos a liberdade de informação e a reserva da vida privada, juntamente com a liberdade de criação cultural e a protecção dos interesses morais e materiais dos criadores intelectuais. A instituição de direitos de autor bem como de monopólios sobre investimentos em produção de bases de dados, em termos absolutos ou sem excepções, não obstante oriundos da fonte comunitária, deve respeitar essas definições básicas, em nome das quais os tribunais nacionais poderão desconsiderar as normas internas que transponham tais medidas comunitárias, ainda que sejam consideradas válidas à luz do ordenamento comunitário em resposta a pedidos de decisão prejudicial.

4. Isto não significa qualquer juízo de desconfiança em relação ao direito ciberespacial europeu, embora certas soluções em matéria de direitos de autor nos obriguem a colocar a questão nestes termos. De resto, o acervo comunitário da sociedade da informação poderá servir de modelo para a criação de um direito mundial da Internet, ao menos ao nível do estabelecimento de coordenadas básicas que permitam a interoperabilidade de sistemas jurídicos e impeçam uma concorrência mercantil das ordens jurídicas segundo uma lógica de nivelamento por baixo. Essa seria a via de um ciberespaço entregue apenas ao mercado livre, sem padrões mínimos de harmonização, que não fossem porventura os direitos de autor das empresas de software e de conteúdos, que ficariam livres de explorar a sua propriedade global de acordo com as possibilidades da técnica.

Ora, o mercado e os seus agentes não deverão poder, com a sua "mão invisível", apagar do quadro jurídico os instrumentos internacionais em matéria de direitos humanos, que devem ser tidos em conta numa regulação mundial do ciberespaço. Apesar de terem sido elaborados antes da Internet, tal não significa que tenham perdido a sua validade nem a sua utilidade enquanto faróis do direito, incluindo no domínio do direito privado das empresas, em que localizamos os direitos de autor para efeitos desta investigação.

Valores como a liberdade de criação cultural, a protecção dos interesses morais e materiais dos criadores intelectuais, a liberdade de informação e de expressão, e a reserva da vida privada não podem ser anulados no ambiente das comunicações electrónicas em rede. Sob pena de neste novo ambiente se perder o próprio ser humano, tal como este se revê nos referidos instrumentos internacionais.

5. Isto não significa negar a existência de mutações no sistema jurídico e até no modo como o ser humano se compreende. A defesa da intervenção impositiva do direito estadual na regulação do ciberespaço é feita no quadro dos princípios constitucionais, incluindo os princípios do direito internacional comum convencionados nos referidos instrumentos.

Apesar de não estar em causa sustentar o direito como um "universum", dado ser o nosso o tempo do "multiversum" (Faria Costa), daí não decorre que seja inviável defender aqueles princípios enquanto valores universais ou universalizáveis, segundo um "princípio de universalização do direito".[1000] Nesse sentido, o modelo híbrido de regulação do ciberespaço, com a passagem da pirâmide normativa à produção multi-polar em rede, não implica uma tábua rasa de valores.

No nosso hemisfério civilizacional, existem valores convencionados nos referidos instrumentos internacionais, que justificam a imposição de custos legítimos de transacção, incluindo no novo ambiente das comunicações electrónicas em rede (ciberespaço, Internet). No domínio dos direitos de autor, entre esses valores contam-se, nomeadamente, as liberdades fundamentais de informação, de expressão e de criação cultural, a protecção dos interesses morais e materiais dos criadores intelectuais, e a reserva da vida privada. A propriedade não pode eclipsar essas liberdades.

6. Não obstante a "multiversidade" do direito ciberespacial, a verdade é que a intervenção normalizadora do direito comunitário afirma uma nova centralidade, ainda que limitada a dimensões mercantis das comunicações electrónicas em rede (comércio electrónico). A prestação de serviços da

---

[1000] GOMES CANOTILHO 2004c, 127.

sociedade da informação no mercado interno é subordinada ao princípio do país de origem. Mesmo em certos domínios ressalvados, como os direitos de autor e outras formas de propriedade intelectual, a harmonização comunitária estabelece um "livre trânsito" para a circulação em rede das obras no mercado único electrónico.

Por outro lado, a directiva sobre comércio electrónico estabelece um leque de soluções multifacetadas, que passam por códigos de conduta, meios alternativos de resolução de conflitos e acções judiciais. Não obstante, sem prejuízo do recurso a estas vias, a lei portuguesa acentua a tendência para a «administrativização» do direito electrónico, conferindo inclusivamente a entidades administrativas poderes especiais em matéria de solução provisória de litígios.

Além disso, o direito comunitário estabelece regras para o problema da competência judiciária internacional. Num cenário de alegada "metamorfose" do direito internacional privado e de limites do princípio da territorialidade no ciberespaço, o Regulamento 44/2001, de acordo com as Convenções de Bruxelas e de Lugano revistas, estabelece a regra geral do *forum defensoris* bem como critérios especiais para a responsabilidade extracontratual (*forum delicti commissi*) e para a responsabilidade contratual.

No domínio da responsabilidade extracontratual afirma-se o princípio geral da competência do foro de origem, sem prejuízo da competência do foro de destino, no caso de o direito do primeiro não respeitar os padrões do direito internacional e comunitário, tendo em conta a jurisprudência comunitária (*Fiona Shevill*). De todo o modo, para suprir alguma fluidez do critério, a determinação do foro de destino (ou recepção) deve ser mediada através de um critério normativo que atenda à interactividade entre o site de origem e os seus destinatários razoáveis, não bastando a mera acessibilidade técnica.

No domínio da responsabilidade contratual, vale em princípio o foro escolhido pelas partes e, na ausência de pacto atributivo de jurisdição, o foro de origem ou o foro de destino consoante a prestação típica do fornecedor seja uma prestação de serviços ou a entrega de uma coisa. O comércio electrónico directo (e.g. compra e venda de software com encomenda, pagamento e entrega em linha) põe em causa a nitidez desta distinção, já que apesar de ser tratado como prestação de serviços ao nível do esgotamento do direito de distribuição, é forte a corrente que defende que pode existir distribuição electrónica em sentido próprio, com obrigação de entrega do bem comercializado, ainda que efectuada através de um serviço de transmissão em linha. Ou seja, o bem transaccionado por meios electrónicos não se confunde com o serviço utilizado para a sua entrega. Da nossa parte, concordamos com essa possibilidade e acrescentamos que, mesmo que se interprete esta questão em conformidade com os preâmbulos das directivas sobre o não esgotamento do direito de distribuição no ambiente em linha, sempre deverá ser ressalvada a directiva sobre programas de computador.

Por outro lado, a liberdade contratual ao nível da celebração de pactos atributivos de jurisdição sofre alguns limites por razões, nomeadamente, de protecção do consumidor, enquanto parte negocial mais fraca. Nos contratos com consumidores, é competente o *forum consumatoris* e, em nossa opinião, as possibilidades de derrogação desta competência especial não deverão iludir a possibilidade de um tribunal fundar a sua competência nas normas imperativas de protecção do consumidor, mesmo contra um pacto atributivo contrário à sua competência que o prive desses direitos, sempre que o contrato "apresente uma conexão estreita com o território português". Esta interpretação procura, de acordo com o espírito do instrumento comunitário, preservar a *fairness* do foro nos contratos electrónicos de consumo, que de outro modo poderiam ficar subordinados apenas ao princípio do foro de origem, em especial no que respeita aos serviços da sociedade da informação de acesso condicional que utilizam obras e/ou prestações protegidas por direitos de autor e conexos.

Finalmente, contra a alegada incompetência dos tribunais no ciberespaço, afirmamos a analogia dos nomes de domínio com os direitos sujeitos a registo público, para efeitos da sua subordinação à competência exclusiva do foro do registo (*lex rei sitae*). A isso não deve obstar a incerteza quanto à natureza jurídica dos direitos sobre nomes de domínio.

PARTE II
A LIBERDADE DE INFORMAÇÃO NO CORPO DOS DIREITOS DE AUTOR

§ 5. DA OBRA LITERÁRIA OU ARTÍSTICA COMO OBJECTO DE DIREITOS DE AUTOR

"O que seja a arte é das perguntas a que nenhuma resposta se pode dar. E o que parece ser uma resposta é apenas um sinal que guia a pergunta"
HEIDEGGER, *A origem da obra de arte*, 1999, 72

1. Noção legal e catálogo aberto de obras

O objecto do direito de autor é constituído por obras literárias ou artísticas, i.e. criações intelectuais do domínio literário, científico e artístico, por qualquer modo exteriorizadas, quaisquer que sejam o género, a forma de expressão, o mérito, o modo de comunicação e o objectivo (CDA, art. 1.º, 1, art. 2.º, 1). A interpretação conjugada destes preceitos fornece uma noção geral de obra literária ou artística, que funciona como uma "porta de entrada" nos direitos de autor, socorrendo-nos da metáfora utilizada na literatura germânica a propósito do § 2 UrhG.[1001]

A noção geral é ilustrada através de um *elenco exemplificativo* de diversas espécies de criações intelectuais susceptíveis de concretizarem a definição de obra, à semelhança da Convenção de Berna.[1002] Dentro do "catálogo aberto" de exemplos de obras que poderão ser protegidas se cumprirem os requisitos de protecção encontram-se, nomeadamente, os textos literários, as composições musicais, os filmes, as esculturas, as ilustrações e cartas geográficas, e as paródias literárias e musicais.

[1001] WANDTKE/BULLINGER/*BULLINGER* 2006, 39 ("*Einganstor zum Urheberrecht*").
[1002] RICKETSON 1987, 235; Id./GINSBURG 2006, 400-7.

1.1. A obra literária ou artística como conceito normativo indeterminado

A noção de obra é um "conceito normativo". Não está em causa saber se a criação intelectual cumpre os requisitos de uma determinada concepção de literatura ou de arte.[1003] De resto, como refere Janson, "é impossível avaliar os méritos das obras de arte com tanto rigor de medida, como o que foi possível alcançar nas ciências exactas, físicas ou matemáticas. (...) Definir a arte é quase tão difícil como definir um ser humano."[1004] Se isto é assim para os estudiosos da arte e da literatura, então dicilmente poderia ser de maneira diferente para os direitos de autor.

a) Determinação de arte e literatura segundo "as ideias correntes"

As obras literárias e artísticas são protegidas pelos direitos de autor enquanto criações do espírito humano ou manifestações da personalidade do autor, independentemente do seu mérito artístico ou literário. Em direitos de autor, literatura e arte são conceitos normativos abertos. Saber se se trata de literatura ou de arte é algo que dependerá das "ideias correntes no país e no momento em que a questão se ponha".[1005]

Esta remissão para as "ideias correntes" num determinado momento significa que a determinação do carácter artístico ou literário de uma obra não exige um juízo de perícia, mas antes um juízo de valoração que atenda à origem da criação e ao seu presumível interesse económico. Assim como "ao jurista não interessa a classificação zoológica dos animais"[1006] – o que, aliás, poderá estar na base da "estranheza do leigo face à (...) falta de *naturalidade* da Jurisprudência"[1007] –, também ao jurista não interessa a classificação literária ou artística da obra em termos científicos.

Isto não significa que o intérprete não deva esforçar-se por ter alguma formação literária e artística, que aliás é desejável. Pode até aventurar-se pelos caminhos da reflexão filosófica e dizer com Heidegger que "*toda a arte... é na sua essência Poesia*"[1008] e, com Aristóteles, que "o poeta é

[1003] SCHRICKER/LOEWENHEIM 1999, 51 ("Der *Werkbegriff* ist ein *normativer und kein kunst– oder literaturwissenschaftlicher Begriff*"); WANDTKE/BULLINGER/*BULLINGER* 2006, 40 (com referências à jurisprudência mais recente do BGH).

[1004] JANSON, *História da Arte*, 10; sobre a evolução das formas artísticas (ou "espírito das formas"), e.g. FAURE, *História da Arte*, ou CHÂTELET/GROSTIER, *História da Arte Larousse*.

[1005] FERRER CORREIA 1994, 17.

[1006] LARENZ, 535.

[1007] ENGISH, 16.

[1008] HEIDEGGER 1999, 58.

imitador, como o pintor ou qualquer outro imaginário" (Poética, IV);[1009] e sentir então a tensão de que fala Roland Barthes a propósito da arte *pop*: "Há duas vozes como numa fuga – uma diz: «Isto não é Arte», a outra diz ao mesmo tempo: «Eu sou Arte»."[1010]

Contudo, o intérprete não pode fechar as portas do Código do Direito de Autor a obras que tenham expressão literária ou artística em nome de pré-conceitos de literatura e de arte[1011], embora o reconhecimento de formas de expressão literária ou artística pressuponha uma semântica mínima desses termos. Todavia, no campo dos direitos de autor, é conferida ao intérprete uma competência especial em termos de atribuição de sentidos a esses termos, sem prejuízo do recurso a perícias em domínios de maior complexidade (e.g. software).

A competência do intérprete no que respeita à atribuição de protecção não é limitada por proibições de divulgação de obras[1012], nem sequer pelos bons costumes (ao contrário das invenções no direito de patente, com especial relevo no domínio da biotecnologia – CPI, art. 53.º; Directiva 98/44, cons. 36 a 40; CPE, art. 53.º-b)[1013], podendo abranger também a chamada "bioarte".[1014] Aliás, a equiparação dos programas de computador às obras literárias mostra que o legislador se reserva também a possibilidade de atribuir significados ao termo literatura para efeitos de direitos de autor, o que todavia não implica que as teorias da arte e da literatura tenham que incluir o software no seu objecto de estudo.[1015]

[1009] Cfr. Verbo Enciclopédia, 1366.

[1010] BARTHES 1984, 169.

[1011] SCHRICKER/LOEWENHEIM 1999, 51s; WANDTKE/BULLINGER/WANDTKE 2006, 20 ("der urheberrechtliche Werkbegriff ist von Kunstwerken im kunsttheoretischen Sinne zu unterscheiden").

[1012] HAMMES 1998, 49 (referindo a proibição de divulgação do *Mein Kampf* em Porto Alegre).

[1013] REMÉDIO MARQUES 2003b, 139s (concluindo, relativamente à patenteabilidade do genoma humano e o problema da ofensa aos bons costumes e à ordem pública, que "tal como não devemos fechar a caixa de *Pandora* do genoma humano e a sua patenteabilidade, assim também não podemos subtrairmo-nos a analisar o mérito de algumas das suas *pragas* e *maldições*, sempre que o direito de patente pretende colocar-se ao serviço da *remuneração* (individual e social) dos *resultados* da investigação científica e da inovação tecnológica." – 143; porém, no sentido de que a directiva 98/44 "consagra a patenteabilidade de genes em termos indefinidos mas perigosos", OLIVEIRA ASCENSÃO 2003c, 28; de todo o modo, a Lei 12//2005, 26/1, sobre informação genética pessoal e informação de saúde, estabelece no art. 20.º que "O património genético humano não é susceptível de qualquer patenteamento.").

[1014] REMÉDIO MARQUES 2005, 17.

[1015] DIAS PEREIRA 2004c, 76.

b) Catálogo de exemplos de obras literárias e artísticas

A indeterminação normativa da noção de obra resulta de esta ser ilustrada mediante um catálogo aberto de exemplos de forma de expressão dos domínios literário, artístico e científico, ao invés de um catálogo fechado que tipifique taxativamente as espécies de criações intelectuais susceptíveis de gozarem de protecção.

Em termos de técnica legislativa, não se trata sequer de "exemplos-padrão", mas antes de um conceito geral e indeterminado, de concretização complexa e aberta a obras inominadas[1016], como resulta da utilização do termo "nomeadamente". Assim, por exemplo, as personagens de obras literárias ou de banda desenhada beneficiam de protecção autónoma, constituindo, por si próprias, obras para efeitos de protecção pelo direito de autor. Neste sentido, aponta-se como pioneira uma decisão de 1896 da jurisprudência britânica relativamente à protecção, enquanto tal, da personagem *Trilby* pelo *copyright*. Com efeito, "as personagens vivem na e para a obra em que nasceram, mas desligam-se delas também cada vez mais frequentemente, para serem utilizadas numa grande variedade de produtos derivados".[1017]

Também os programas de computador e as bases de dados, apesar de não constarem do catálogo, poderiam ser protegidos pelos direitos de autor enquanto *obras inominadas*[1018], o mesmo valendo para os *websites*[1019] e as chamadas obras multimédia.[1020] Quanto a estas, propomos uma noção de multimédia que exprima adequadamente as suas características de integração de elementos (composição estrutural), forma comunicativa (digitalização) e dinâmica funcional (interactividade), ou seja, enquanto sistema comunicativo expresso unitariamente sob formato digital e composto por diversos tipos de elementos informativos (texto, som, imagens fixas ou animadas, ou outros dados) integrados conjuntamente segundo uma determinada estrutura organizatória, possibilitando este sistema comunicativo ao utilizador o seu processamento funcional interactivo mediante programas de computador.[1021]

Contra a protecção do software pelo direito de autor invocou-se que no desenvolvimento dos programas de computador não existiria a margem

---

[1016] SCHRICKER/LOEWENHEIM 1999, 53-4.
[1017] STROWEL 1997, 68; c/ ref., DIAS PEREIRA 2000b, 11-5.
[1018] REBELLO 1983, 201, e 2002, 36.
[1019] PEREIRA DOS SANTOS 2002, 3s.
[1020] O legislador continua a utilizar o termo *multimedia* (e.g. Lei 33/2003, 22/8), embora o tenha suprimido da nova Lei da Televisão (Lei 32/2003, 22/8, agora Lei 27/2007, 30/7).
[1021] DIAS PEREIRA 2001a, 264-6, e 2001c, 442-4.

mínima de criatividade exigida para a protecção pelo direito de autor[1022], sustentando-se mesmo que "os programas de computador nunca deveriam ser tutelados através do Direito de Autor".[1023] Em conformidade com esta orientação, a Directiva 91/250 foi transposta mediante um regime (algo anómalo) de direitos de autor, nos termos do qual é atribuída protecção análoga à conferida às obras literárias aos programas de computador que tiverem carácter criativo (DL 252/94, art. 1.º, 2). À semelhança da legislação portuguesa, o legislador brasileiro optou por continuar a proteger os programas de computador numa lei especial, autónoma, ainda que indexada (art. 2.º) ao regime dos direitos autorais (L 9.609, 19/2/1998).

Quanto às bases de dados, já era entendimento mais pacífico a sua possível protecção pelo direito de autor, com a ressalva porém de serem compilações de obras e defendendo-se, em alternativa, a "outorga de um direito intelectual específico ou conexo".[1024] Com efeito, as bases de dados informáticas poderiam ser protegidas pelo direito de autor como compilações, uma vez que o seu objecto de protecção integra as chamadas "obras derivadas", ditas equiparadas às "obras originais", como sejam, as traduções e outras transformações, e as compilações de obras protegidas ou não, sem prejuízo dos direitos de autor da obra original (art. 3.º).

Dentro das chamadas obras equiparadas a originais, que poderão gozar de protecção, contam-se os sumários e as compilações de obras protegidas ou não, tais como selectas e antologias que, pela escolha ou disposição das matérias, constituam criações intelectuais. Outras espécies previstas são as compilações sistemáticas ou anotadas de textos de convenções, de leis, de regulamentos e de relatórios ou de decisões administrativas, judiciais ou de quaisquer órgãos ou autoridades do Estado e da Administração. Em qualquer caso, deve tratar-se de compilações que constituam criações intelectuais pela escolha ou disposição das matérias, o que se afere em relação à sua estrutura.[1025] A lei brasileira dos direitos autorais (L 9.610, 19/02/1998) refere expressamente o objecto de protecção das bases de dados à "forma de expressão da estrutura", dispondo que "o titular do direito patrimonial sobre uma bases de dados terá o direito exclusivo, a respeito da *forma de expressão da estrutura* da referida base, de autorizar ou proibir" (art. 87.º).

[1022] OLIVEIRA ASCENSÃO 1990a, 69s, e 1992, 75, 473s.
[1023] COSTA CORDEIRO 1994a, 733, n. 5.
[1024] OLIVEIRA ASCENSÃO 1992, 487-9; de modo ainda mais radical, Id. 2001b, 11 ("não há em qualquer dos casos (programas de computador e bases de dados) uma obra literária ou artística que possa ser objecto de protecção pelo direito de autor.").
[1025] Id. 1992, 485.

De todo o modo, parece-nos que se justificaria muito mais a protecção pelos direitos de autor de certos trabalhos jurídicos criativos (que não meras consultas técnicas ou descritivas), do que das meras compilações de legislação, não obstante a *praxis* privilegiar estas últimas. O que talvez suceda em razão de nem sempre serem levados na devida conta os importantes requisitos de protecção pelos direitos de autor, em especial o requisito da originalidade.

1.2. A exteriorização e a originalidade como requisitos de protecção

Para que possam ser protegidas pelos direitos de autor, as obras literárias ou artísticas, ainda que inominadas, devem cumprir dois requisitos: a exteriorização e a originalidade.

a) Exteriorização (a obra como forma literária ou artística sensorialmente apreensível)

A exteriorização significa que a criação intelectual deve ter uma expressão comunicativa reconhecível através de uma forma sensorialmente apreensível (ou "susceptível de percepção"[1026], numa terminologia mais próxima do *copyright* norte-americano), embora não careça de ser efectivamente comunicada, seja por divulgação, seja por publicação (art. 1.º, 3). Basta a criação da obra para o direito de autor se constituir[1027], sendo jurisprudência pacífica que o facto constitutivo dos direitos de autor é apenas a criação da obra (STJ, Ac. 14/12/95, CJ, XX, III, 163). É significativo que a lei espanhola (LPI) disponha logo no art. 1.º que os direitos de autor adquirem-se por mero facto da criação da obra.[1028]

Mas, em que consiste a criação da obra?

i. A criação como puro acto material

A criação é uma operação jurídica (*acto material, Realakt, acto exterior*), "na medida em que os autores de tais obras adquirem os respectivos direitos de autor, mesmo que não tenham pensado nisso ou não o tenham

---

[1026] TRABUCO 2006, 208, citando VALBUENA GUTIÉRREZ.
[1027] ORLANDO DE CARVALHO 1994, 544.
[1028] RODRIGUEZ-CANO/*RODRIGUEZ-CANO* 1997, 25 ("la propiedad intelectual y su objeto nacen al mismo tiempo y desde ese momento el autor y los sucesivos titulares de derechos privados de aquella reciben plena protección de la Ley").

querido".[1029] Nesta ordem de ideias, não nos parece que se exija consciência, ainda que meramente eventual, do resultado criativo, podendo ser protegida a obra criada em estado de transe[1030], embora uma "obra-prima da literatura não pode ter sido criada lançando simplesmente os dados de modo a obter letras do alfabeto."[1031]

Em suma, o autor adquire o direito de autor sobre a sua obra *ipso iure* através da criação.[1032]

A exteriorização pode fazer-se por forma oral[1033], não se exigindo a sua fixação num suporte tangível, salvo em certos casos. De todo o modo, a obra enquanto coisa incorpórea não se confunde com o seu lastro corpóreo ou *corpus mechanicum* (art. 10.º), o que de resto levanta algumas questões delicadas, nomeadamente no que respeita à protecção dos *grafitti* que são pintados em paredes.[1034]

ii. A (in)exigência de fixação

A Convenção de Berna (1971) reserva às legislações dos países da União a faculdade de prescrever que as obras literárias e artísticas ou apenas uma ou várias categorias dentre elas não são protegidas, na medida em que não estejam fixadas num suporte material (art. 2.º, 2). No direito português, o requisito da fixação é previsto expressamente para as obras coreográficas e pantonimas, parecendo ser exigível para outros tipos de obras (por ex., obras audiovisuais).[1035]

Em outros sistemas, porém, esse requisito constitui regra geral de protecção. A protecção é concedida se a obra for reproduzível e repetível.[1036] No *copyright* norte-americano vale a regra segundo a qual a protecção depende da fixação da obra num qualquer meio tangível de expressão.[1037]

[1029] CAPELO DE SOUSA 1995, 433-4.
[1030] HAMMES 1998, 49; cfr. porém REMÉDIO MARQUES 2005, 76.
[1031] EIGEN/WINKLER 1989, 246.
[1032] REHBINDER 2001, 111.
[1033] FROMM/NORDEMANN/*NORDEMANN*/VINCK 1998, 71; WANDTKE/BULLINGER/*BULLINGER* 2006, 44.
[1034] Id. ibid., 47.
[1035] OLIVEIRA ASCENSÃO 1992, 62 (apontando o caso da obra cinematográfica como obra que, por natureza, depende de fixação; relativamente à obra fotográfica, arts. 164.º e 166.º).
[1036] SHERMAN/BENTLY 1991, 51.
[1037] 17 US Code § 102 ("(a) copyright protection subsists, in accordance with this title, in original works of authorship fixed in any tangible medium of expression, now known or later developed, from which they can be perceived, reproduced, or otherwise communicated, either directly or with the aid of a machine or device.").

Com efeito, para que a obra seja aí considerada criada é necessário que tenha sido fixada numa cópia ou "fonograma" pela primeira vez. Nesta medida, a obra é protegida já enquanto cópia ou fonograma, uma vez que estes termos abrangem o objecto material no qual a obra é fixada pela primeira vez, fixação essa da qual depende a protecção concedida. Além disso, nas noções de diversos tipos de obra, apesar de não se referir a expressão "suporte material de fixação", menciona-se o objecto material em que estão "imbuídas" (§ 101).[1038]

b) *Originalidade (sentido positivo e sentido negativo)*

Como é jurisprudência constante do STJ, "só a originalidade merece protecção do direito de autor" (Ac. 5/12/1990, BMJ n.º 402, 567). Para ser original, a obra deve ser uma "criação pessoal própria" do autor, enquanto expressão da sua capacidade de criação – e exercício de uma "faculdade" desenvolvida pelo processo evolutivo da espécie.[1039]

"... it is the product of labour, skill, and capital of one man which must not be appropriated by another, not the elements, the raw material, if one may use the expression, upon which the labour and skill and capital of the first have been expended. (...) The question is not, whether the materials which are used are entirely new, and have never been used before; or even that they have been used before for the same purpose. The true question is, whether the same plan, arrangement, and combination of materials have been used before for the same purpose or for any other purpose. (...) (The) product, though it may be neither novel or ingenious, is the claimant's original work in that it is originated by him, emanates from him, and is not copied. (...) What is the precise amount of the knowledge, labour, judgement or literary skill or taste which the author of any book or other compilation must bestow upon its composition in order to acquire *copyright* in it within the meaning of the Copyright Act of 1911 cannot be defined in precise terms. In every case it must depend largely on the special facts of that case, and must in each case be very much a question of degree. (Lord Atkinson, caso *Macmillan & Co. Ltd. Cooper*, 1923)[1040]

[1038] Cfr. GOLDSTEIN 1998, § 1; MERGER/MENELL/LEMLEY 1997, 329; MILLER/DAVIS 2000, 309-310 (apontando a origem do requisito da tangibilidade da obra no caso *White-Smith Music Publishing Co. v. Apollo Co.*, 1908).

[1039] Por referência ao uso do *software darwínico* por RAMALHO ORTIGÃO, A. L. PEREIRA 2001, 285s.

[1040] CORNISH 1996b, 221-3.

i. A originalidade como fruto da liberdade de criação cultural

Esta fórmula pode ser considerada "ambígua".[1041] Todavia, parece-nos adequada, no sentido de que para ser original a criação intelectual deve constituir uma forma de expressão literária ou artística gerada no exercício da liberdade de criação cultural. A liberdade de criação só se reconhece às pessoas humanas (integrando o seu mínimo de *dignitas*), já não a pessoas jurídicas em sentido estrito[1042], computadores[1043] (incluindo resultados de motores de pesquisa)[1044] ou animais[1045] e outras forças da natureza – sem por em causa o debate sobre a atribuição de direitos à natureza em outros domínios[1046] –, embora se admita que "'Little Dupout', o macaco do espectáculo de Dick Tracy que pintava espalhando tintas na tela, possa ter produzido obras de arte que rivalizam com as de Jackson Pollack".[1047]

No que respeita às obras geradas por computador, até no direito norte-americano a questão é controversa, havendo quem se pronuncie pela inconstitucionalidade da sua protecção pelo *copyright*.[1048] Não obstante, a tecnologia bioinformática, com o "casamento de computadores e genes"[1049] e a evolução dos agentes reactivos, aprendizes e adaptativos[1050], poderá um dia justificar uma solução próxima da lei britânica, que confere protecção a obras geradas por computador. Também aqui diremos apenas: "Ainda é cedo para prever o desenlace. Mas uma coisa é certa: os computadores da segunda metade deste século pouco terão a ver com os computadores de hoje."[1051]

Seja como for, pelo menos por enquanto não vale para os direitos de autor o entendimento de que "o importante não é saber quem faz esta escolha [criativa], o homem ou a máquina, mas sim *o que foi escolhido*, qual a combinação concreta"[1052], segundo um conceito de "estética

---

[1041] CORNISH/LLEWELYN 2003, 392.
[1042] ORLANDO DE CARVALHO 1994, 541.
[1043] OLIVEIRA ASCENSÃO 1992, 56, 75-6.
[1044] DIAS PEREIRA 2002d, 231.
[1045] HAMMES 1998, 46; SCHRICKER/*LOEWENHEIM* 1999, 55.
[1046] KAUFMANN 1993, 507 ("Das 21. Jahrhundert müsse das der Umwelt sein, in dem der Natuer und nicht nur dem Menschen Rechte zukommen."); v. AROSO LINHARES 2003, 197s.
[1047] MILLER 1993, 1042-3 (n. 294).
[1048] CLIFFORD 1997, 1702-3.
[1049] RIFKIN 2000a, 210s.
[1050] COSTA/SIMÕES 2004, 37.
[1051] Id. ibid., 562.
[1052] KONDRATOV, 133.

informacional ou teoria estrutural da obra de arte"[1053]. Assim como uma pedra que se apanha na praia não é, enquanto tal, uma obra artística, também uma imagem gerada pela máquina electrónica não é protegida pelo facto de ser escolhida. Os direitos de autor protegem apenas criações do espírito humano[1054] e mesmo em relação às pessoas humanas deverá existir uma margem de liberdade – "um espaço em branco"[1055] (RL, Ac. 26.5.1998, CJ XXIII, II, 100) – que permita a criação intelectual, ainda que apenas quanto à forma de expressão, que constitui a obra para efeitos de protecção.

ii. A liberdade das ideias como limite do objecto de protecção

Nos termos do art. 1.º, 2 (decalcado do § 102b da lei norte-americana do *copyright*), "as ideias, os processos, os sistemas, os métodos operacionais, os conceitos, os princípios ou as descobertas não são, por si só e enquanto tais", protegidas pelo direito de autor. O mesmo princípio é afirmado pela lei brasileira dos direitos autorais, que ressalva expressamente a liberdade dos dados científicos (art. 7.º, § 3.º, art. 8.º, I, VII).[1056] Pense-se, por exemplo, no fluxo de consciência na literatura ou no cubismo nas artes plásticas, ou no "*Método para Sacar Sonatas da Manga* (que) foi publicado em 1783 por Johann Phillip Kirnberger, em Berlim."[1057]

Este princípio, apesar de não ter expressão nos textos legislativos de vários países, constitui na doutrina e na jurisprudência, um dos princípios fundamentais do direito de autor, não obstante moderado pela concorrência desleal "parasitária" no domínio das criações utilitárias, que todavia não pode contornar a liberdade das ideias.[1058] De resto, pensamos que se trata de um princípio do ordenamento internacional dos direitos de autor, como resulta da sua consagração no Acordo ADPIC (art. 9.º, 2) e no Tratado OMPI sobre direito de autor (art. 2.º).[1059]

[1053] MOLES 1990, 15.

[1054] DE VISSCHER/MICHAUX 2000, 6 («Le droit d'auteur ne peut porter que sur une création et celle-ci doit être le fait d'un esprit humain.»).

[1055] OLIVEIRA ASCENSÃO 1992, 74.

[1056] HAMMES 1998, 47 ("O que se protege é a sua forma de expressão literária ou artística, não abrangendo o seu conteúdo científico.").

[1057] EIGEN/WINKLER 1989, 413.

[1058] BONET/*SIRINELLI* 2002, 7 («Les idées, étant de libre parcours, échappent à toute appropriation. Ainsi est-il admis qu'un auteur ne peut prétendre monopoliser un thème littéraire, une idée artistique, des connaissances scientifiques, des faits historiques, des idées politiques ou publicitaires.»).

[1059] C/ ref. DIAS PEREIRA 2001a, 245-6, n. 441.

A referência aos processos, métodos de funcionamento ou conceitos matemáticos *enquanto tais* é semelhante à norma que assimila os programas de computador "enquanto tais" às formas de inovação que, como os métodos matemáticos e apresentações de informação, não se consideram invenções patenteáveis (art. 52.º, 2, da Convenção Europeia de Patentes assinada em Munique em 1971). Tanto nos direitos de autor como nos direitos industriais existe um domínio público das ideias, que é insusceptível de apropriação individual – a "infra-estrutura intelectual" é um "limite natural" aos direitos exclusivos.[1060] Neste sentido, apesar da crescente "banalização" e "industrialização" dos direitos de autor, "a desvelação da sequência total ou parcial dos *genes humanos* na sua *forma natural* (...) jamais pode ser tutelada por direito de autor".[1061]

iii. A forma de expressão interna

Os direitos de autor não protegem as ideias e os temas das obras, nem os meros factos, incluindo os *fait divers*, que consistem em "notícias do dia e os relatos de acontecimentos diversos com carácter de simples informações de qualquer modo divulgadas" (art. 7.º, 1; Convenção de Berna, art. 2.º, 8). Contudo, os direitos de autor incidem não apenas sobre a forma expressiva literal ou externa, mas também sobre a sua forma sequencial ou "forma interna", i.e. a "estrutura" ou "composição", "organização e apresentação" da obra, por se entender que pode existir "prestação criativa" ao nível da sua "textura" ou "tecido" (*Gewebe*).[1062]

Não obstante, quanto mais simples for a forma e mais reduzidas forem as possibilidades de exprimir a ideia subjacente, mais se exigirá uma reprodução literal para existir infracção.[1063] A fronteira entre a ideia ou tema e forma de expressão delimita o objecto de protecção, sem prejuízo do recurso à concorrência desleal, em especial no domínio da publicidade.[1064]

Todavia, o recurso à concorrência desleal não pode servir para contornar a não atribuição de direitos exclusivos, por não satisfação dos requisitos,

---

[1060] LEE 2008, 121.

[1061] REMÉDIO MARQUES 2005, 74, 109 (admitindo porém a analogia das "obras biológicas" de criação humana nomeadamente com as ilustrações e cartas geográficas, sem deixar de entender que a expressão "obedece, por via de regra, a uma forma de expressão obrigatória e não a uma individualidade criadora" – 151, 156).

[1062] OLIVEIRA ASCENSÃO 1992, 65-6 ("um tema pode ser milhares de vezes aproveitado sem haver plágio").

[1063] MILLER/DAVIS 2000, 303.

[1064] BONET/*SIRINELLI* 2002, 7-8; WANDTKE/BULLINGER/*WANDTKE* 2006, 28 (com referência à decisão *Paperboy* do BGH).

em especial a originalidade nos direitos de autor, gerando uma forma de apropriação indirecta do domínio público.[1065]

É por referência ao objecto de protecção que se apura a existência de infracção. A este respeito, é pertinente referir a teoria da semelhança substancial da jurisprudência norte-americana (*Pasillas v. McDonald's Corp.*, 1991, *Brown Bag Software v. Symantec Corp.*, 1992). Na literatura, propõe-se um critério de apuramento da semelhança relevante, em especial para os casos em que uma obra não é integralmente decalcada de outra, que consiste no teste dos dois degraus: 1. a semelhança literal fragmentada (quando as palavras e linhas são virtualmente copiadas palavra-a-palavra, ainda que não necessariamente por decalque); 2. a semelhança não literal abrangente, quando a essência fundamental ou a estrutura de uma obra é copiada.[1066] Numa outra interpretação da teoria da semelhança substancial, existem não dois mas antes três níveis de semelhança: 1. quando a obra infractora segue a obra original em todos os detalhes; 2. semelhança flagrante; 3. semelhanças que estão à superfície das obras.[1067]

    iv. A irrelevância do mérito estético ou qualitativo e da natureza utilitária ou funcional das obras

A obra, enquanto fruto da liberdade de criação, deve ser expressão da individualidade do seu criador. Porém, o requisito da originalidade tem um sentido sobretudo negativo. A originalidade da obra não depende nem do seu mérito qualitativo ou estético, nem da sua natureza utilitária ou funcional (art. 2.º, 1): o direito de autor tanto protege uma composição musical erudita como uma compilação original de *fait divers*. Este entendimento corresponde ao critério do direito internacional, nos termos do qual a qualidade ou mérito de uma obra são "questões de gosto" que não relevam para determinar o que é uma obra.[1068]

O mérito que se exige é o mérito de não repetir banalidades,[1069] o mesmo valendo para os lemas de carácter publicitário, as obras de artes aplicadas ou modelos ou desenhos industriais, independentemente da sua protecção pela propriedade industrial (art. 2.º-i/ m, art. 163.º). Concordamos

---

[1065] BERTRAND 2003, 30.
[1066] NIMMER/NIMMER 1997, §13, 28.
[1067] GOLDSTEIN 1998, §7.2.1, 13.
[1068] STEWART 1989, 50; para o direito norte-americano, MILLER/DAVIS 2000, 295 ("Originality only implies that the copyright claimant did not copy from someone else.").
[1069] OLIVEIRA ASCENSÃO 1992, 93 ("o mérito de trazer algo que não é meramente banal"); REBELLO 1994, 91 ("uma obra genial e uma obra medíocre equivalem-se.").

que "as obras com finalidade utilitária (...) só interessam ao Direito de Autor se conseguirem atingir o limiar da arte"[1070], mas isso não significa que se exija um grau superior de criatividade no domínio das artes utilitárias.

A "criatividade" implica, mesmo no caso das criações utilitárias e funcionais, um nível mínimo (*Gestaltungshöhe*) de esforço de criação que supere o mero *déjà vu,* segundo uma abordagem "despida de preconceitos".[1071] Vale, portanto, uma exigência minimal de mérito em termos de *"neutralidade estética"* e até de *"neutralidade ética",* mas já não de trivialidade ou banalidade. Só nesse sentido se poderá falar em relevância mínima do mérito, como mostra a jurisprudência francesa que contraria a "concepção eclética de arte do legislador".[1072] Apesar de os juízes serem soberanos para determinar a existência da originalidade, devem em todo o caso precisar em que é que o texto ou a forma gráfica comporta um *apport intellectuel* do autor em termos de criação original, não podendo escusar-se a esta tarefa com o pretexto do princípio da indiferença do mérito.[1073] Por outro lado, embora se admita a protecção das chamadas obras imorais[1074], é curioso notar que, em certas matérias mais sensíveis, a lei alemã tira qualquer possibilidade de apreciação jurisprudencial do mérito dos filmes pornográficos e afins, considerando que este tipo de filmes, bem como assim os jornais de televisão, constituem "sequências de imagens" sem contributo pessoal, protegendo-se os direitos de divulgação mas não a própria "obra" (§§ 94, 95 UrhG).[1075]

Seja como for, as obras literárias e artísticas não gozam de nenhuma presunção de originalidade, sendo certo que a criação artística ou literária, enquanto criação humana, não opera *ex nihilo*[1076], já que "em termos de criação literária, o nada é um lugar que não tem outra existência que não seja a dessa imaginação idealista que aqui não faz qualquer sentido".[1077]

v. Criatividade e "suor na testa"

Não obstante, parece-nos válido integrar no requisito da originalidade um mínimo de esforço investido ou "suor na testa", ainda que a "99%

[1070] OLIVEIRA ASCENSÃO 1988, 225, e 1992, 94-7.
[1071] VIVANT 1995, 417.
[1072] CARREAU 1981, 413.
[1073] Cfr. BONET/*SIRINELLI* 2002, 9-19.
[1074] RODRIGUEZ-CANO/*LACRUZ BERDEJO* 1997, 39; PHILLIPS/FIRTH 2001, 136-7.
[1075] FROMM/NORDEMANN/ *NORDEMANN/VINCK* 1998, 88.
[1076] BRONZE 2006, 77 (n. 61).
[1077] REIS 1998, 18.

transpiração" deva corresponder, pelo menos, "1% de inspiração". A exigência de criatividade mínima, contra um puro critério de esforço, é também defendida no direito britânico, tradicionalmente tributário do critério do "suor na testa".[1078] Isto é, para ser protegida, não basta que a obra seja esforçada, sendo necessário que tenha um mínimo de criatividade.

Podemos até estabelecer uma relação de reciprocidade entre criatividade e esforço independente: "Quanto menor o esforço (por ex., duas palavras), tanto maior deve ser o grau de criatividade em ordem a reclamar protecção pelo *copyright*".[1079] O mesmo vale para o grau de protecção: quanto mais individualizada e complexa for uma obra, maior será o âmbito da sua protecção pelos direitos de autor.[1080]

Em suma, a criação intelectual será obra, para efeitos de protecção pelo direito de autor, na medida em que constitua uma forma original, sensorialmente apreensível, de expressão comunicativa literária ou artística, independentemente do seu mérito estético e/ou do seu carácter utilitário ou funcional, resultante de um esforço criativo autónomo ainda que conjunto.

1.3. Concretização jurisprudencial

a) A criação como facto constitutivo e objecto dos direitos de autor

A jurisprudência afirma inequivocamente que o facto constitutivo dos direitos de autor é apenas a criação da obra (Ac. STJ 14/12/95, CJ 1996, III, 163; Ac. RP 6/7/2000), independentemente de depósito, registo ou qualquer outra formalidade (Ac. STJ 7/12/83). Além disso, tem afirmado a distinção entre a obra literária ou artística e o seu suporte material (Ac. STJ 21/4/88; Ac. RC 23/11/99), sendo a criação da obra o facto gerador dos direitos de autor.

A criação da obra é entendida como criação pessoal (Ac. RP 20/10/92, CJ 1992, II, 257), o que exige um espaço em branco que permita a originalidade da obra (Ac. STJ 5/12/90, BMJ 402/1991, 567), pois não há criatividade quando a expressão utilizada representa apenas a única via de manifestar a ideia (Ac. RL 19/11/98, Ac. RL 26/5/98, CJ 1998, II, 100). Por outro lado, para efeitos de protecção legal, consideram-se irrelevantes o mérito e o objectivo da obra (Ac. RL 4/11/2004), entendendo-se que a "lei

---

[1078] BAINBRIDGE 1999, 42-5.
[1079] NIMMER/NIMMER 1997, §2, 18-1.
[1080] WANDTKE/BULLINGER/*BULLINGER* 2006, 47.

exclui o mérito, enquanto manifestação de um juízo estético ou artístico da obra, que traduza a avaliação gradativa da mesma à luz de critérios daquela natureza" (Ac. RE 10/7/2007).

Além disso, é constante na jurisprudência o princípio de que os direitos de autor não protegem a originalidade das ideias e dos princípios, mas apenas a originalidade ao nível da forma de expressão (Ac. RL 19/11/1998, CJ 1998, V, 97-100; Ac. STJ 23/3/2000, CJ/STJ, Ano 8, 2000, I, 143-145; Ac. STJ 30/1/2001). Em síntese, "somente a obra resultante de um esforço criador da inteligência e imaginação, do espírito humano, é protegida pelos "direitos de autor" (RL 21/5/92), i.e. a obra constitui objecto dos direitos de autor se for "intelectual (porque fruto do engenho humano), exteriorizada (porque as ideias só são apreensíveis quando expressas por certa forma) e original (porque criação do seu autor)" (Ac. RL 8/6/93, CJ 1993, III, 123).

Quanto ao carácter literário ou artístico das obras, compete ao julgador a sua determinação no caso concreto, segundo a "experiência e o senso comum, que se pressupõe nos juristas em geral e nos juízes em particular", sem prejuízo de se poder justificar o recurso a perícias, sobretudo em domínios de maior complexidade técnica e científica, como a arquitectura (Ac. RE 10/7/2007). Por exemplo, no campo da informática, nem sempre é fácil destrinçar as bases de dados dos programas de computador que as operam (Ac. RC 4/12/2007).

b) *Casos de obras não protegidas*

Sem aplicar critérios estéticos ou qualitativos especiais, a jurisprudência já negou protecção a certas obras, por não cumprirem o requisito da originalidade. Assim sucedeu relativamente:
- a uma campanha publicitária enquanto processo ou meio de publicidade comercial, com o exclusivo objectivo de incrementar as vendas por parte de comerciais e industriais (Ac. STJ 16/12/69, BMJ 192, 1970, 247 – "campanha publicitária Opec");
- a obra televisiva consistente em programa de informação (Ac. STJ 20/12/90, BMJ 402/1991, 567);
- livros técnicos de escrituração contabilística concebidos como forma de satisfazer a necessidade de adaptar os livros de escrituração mercantil ao tratamento informático de dados contabilísticos (Ac. RC 23/11/99);
- uma fotografia resultante da simples escolha de um objecto como um edifício camarário e parte de um conjunto arbóreo (Ac. RP 20//10/92) e o "aspecto visual" escolhido ou a "pose fotográfica" (Ac. RL 28/9/2004);

- uma simples memória descritiva sem valor literário de um programa próprio para a rádio e/ou televisão "Parabéns" (Ac. RL 8/6/1993, CJ 1993, III, 123), os programas de iniciativas radiofónicas "Diário Rural" e "Piquenicão" (Ac. RL 28/5/92, CJ 1992, III, 193) e o título "Telejornal" (Ac. STJ 28/3/96);
- a reprodução em escultura de um coração humano, sob encomenda de um laboratório, para efeitos de exposição num congresso de cardiologia (Ac RP 8/7/2004);
- um projecto de realização de uma obra (Ac. RL 21/5/92), um projecto de um viaduto, considerado sem índole arquitectónica ou artística (Ac. STA 6/12/2005);
- tecidos de confecções (Ac. RP 31/3/2003, CJ 2003, II, 183-186);
- tabelas de correcção de volumes de produtos petrolíferos à temperatura de 15 graus (Ac. RL 19/11/1998, CJ 1998, V, 97-100), objecto de caso julgado (Ac. RL 11/10/2007);
- o símbolo figurativo "Rosa dos Ventos", considerado um elemento do património cultural nacional, não sendo por isso susceptível de apropriação particular ou individual (Ac. RL 18/11/97)
- e "Bordados de Castelo Branco" (Ac. RC 22/1/2002, CJ 2002, I, 21-24). Neste último caso, a Relação de Coimbra entendeu que, "nas chamadas «obras utilitárias» e nas de artes aplicadas e semelhantes, exige-se, ainda, uma «novidade subjectiva» ou tarefa criativa, traduzida num contributo de espírito através da obra criada, pelo que «tarefas mecânicas, servis ou banais de conjugação de elementos», não representam criação e, neste sentido, não apresentam originalidade." Isto é, a confecção de *bordados de Castelo Branco* limitar-se-ia a utilizar «motivos e figuras próprias e bem assim figuras e o mais utilizável em bordados desse género de produção ou *obra*», sendo mera expressão de uma "manifestação cultural tradicional, onde bebe inspiração, a cujas regras de enquadramento artístico e de comercialização se subordina".

c) *Casos de obras protegidas*

Todavia, não obstante a sua natureza utilitária ou funcional e independentemente do seu mérito artístico ou estético, a jurisprudência já aceitou como objecto de direitos de autor diversas obras, nomeadamente:
- um livro com roteiros de viagem em várias regiões do país com indicações históricas, sociais e culturais (Ac. STJ 28/10/93);
- um caderno de selecção e anotação de vocabulário latino-português e português-latino (Ac. RP 21/1/98);

- programas de computador (Ac. RL 26/4/94, CJ 1994, II, 130; Ac. RL 12/10/94, CJ 1994, IV, 110);
- o boneco «Vitinho» (Ac. RL 27/03/90, CJ 1990, II, 176-9), as personagens «Popeye» (Ac. STJ 18/11/97), «Asterix» (Ac. STJ 7/71999, CJ/STJ 1999, III, 23), e as personagens «Teenage Mutant Hero Turtles» e «Os 4 Jovens Tarta-Heróis» (Ac. RL 30/6/2005, CJ 2005, III, 121),
- criações das artes plásticas, gráficas e aplicadas (Ac. STJ 21/4/1988);
- uma solução plasmada em certa proposta de concepção urbanística e arquitectónica concretizada e exteriorizada através de peças escritas e gráficas que a integram (Ac. STJ 30/1/2001);
- uma paródia, enquanto obra em segunda mão ou derivada, do "Zé Povinho" (Ac. RL 28/2/1984, CJ 1984, I, 145-7);
- sacos de campismo (Ac. STJ, 11/2/2003, CJ/STJ 2003, I, 93-6);
- design de mobília, incluindo cadeirões de sala (Ac. RP 23/11/2006);
- o layout, lettering e estrutura de revistas (Ac. RL 16/1/2007);
- um projecto de design, incluindo elementos funcionais e decorativos, de um estabelecimento comercial (Ac. STJ 10/1/2008).

d) *A determinação do objecto de protecção para efeitos de determinação da infracção*

É por referência à obra protegida que se pode afirmar a prática de contrafacção. No entendimento da Relação do Porto, formulado no acórdão de 6 de Julho de 2000, a "contrafacção consiste fundamentalmente na apropriação abusiva do conteúdo da obra alheia, sendo irrelevante que a sua reprodução obedeça a um processo diferente ou não respeite as características exteriores dessa obra (dimensão, formato, material utilizado, etc.)." Por seu turno, a Relação de Lisboa julgou, no acórdão de 15 de Março de 2001, que "a mera semelhança em pequenos pontos, como seja num texto de dezenas de palavras, a repetição da expressão «já não é o que era», referida na primeira a tradição e na segunda a concorrência, e a utilização dos mesmos instrumentos na música de fundo" não bastam para que a segunda campanha publicitária não tenha individualidade própria e possa nessa medida ser considerada contrafacção (plágio) da segunda.

e) *A aplicação (cumulativa ou subsidiária) do instituto da concorrência desleal*

Independentemente de a obra ser ou não original, a jurisprudência afirma a aplicação do instituto da concorrência desleal, a qual poderá resultar de apropriação dos elementos ou do resultado do trabalho de outrem (Ac. RL 2/6/99). Todavia, a aplicação do instituto da concorrência desleal é de âmbito restrito, já que pressupõe desde logo a prática de actos de concorrência, a qual se afere por referência a um sector de actividade ou mercado relevante, como é jurisprudência constante (STJ Ac. 21/2/1969, BMJ n.º 184/ /1969, Ac. 20/12/1990, BMJ 402/1991, 567, Ac. 31/1/1991; RP, Ac. 12/1/ /1998; RC, Ac. 23/11/1999; Ac. 12/11/2001; mais recentemente, STJ, Ac. 11/2/2003, CJ/STJ 2003, I, 93-6: "Para se poder falar em concorrência desleal é essencial que sejam idênticas ou afins as actividades económicas prosseguidas por dois ou mais agentes económicos."). No acórdão de 20 de Dezembro de 1990 (BMJ 402/1991, 567), o Supremo Tribunal de Justiça julgou que "a concorrência desleal relativamente a obras protegidas pelos direitos de autor só tem lugar na medida em que esteja em causa a sua exploração económica por empresas que desenvolvam actividades económicas concorrentes". Este acórdão afirma que a concorrência desleal pode ter lugar no sector de actividades relacionadas com direitos de autor, não em abstracto mas antes em concreto. De resto, o círculo de concorrência é também um requisito de protecção dos títulos, tendo o tribunal julgado que "para que um dado título (*Primeira Página*) seja protegido deverá ser não apenas original, mas também confundível, o que se afere apenas ao respeito de obras do mesmo género. Um jornal semanário e um programa de televisão são obras de géneros diferentes" (Ac. STJ 20/12/90, BMJ 402/1991, 567). Mais recentemente, a Relação de Lisboa reiterou este princípio da especialidade na concorrência desleal (Ac. RL 16/1/2007: "Entre duas empresas de ramos completamente diferentes não poderá haver concorrência, pois uma não tirará clientela à outra. Só existe concorrência desleal quando existe concorrência.").

Posteriormente, no acórdão de 18 de Novembro de 1997, o STJ excluiu do círculo da concorrência desleal "as profissões intelectuais não encaradas de um ponto de vista económico mas pelo prisma de um alto nível deontológico dos serviços prestados, etc." Isto não significa a exclusão das actividades relacionadas com os direitos de autor da esfera de relevância da concorrência desleal, embora não nos pareça que estejam apenas em causa as profissões liberais que exigem qualificações académicas e cujas actividades são reguladas por ordens profissionais, incluindo códigos deontológicos que proíbem ou restringem ao mínimo a possibilidade de certas práticas comerciais, nomeadamente a publicidade.

Em suma, a concorrência desleal só excepcionalmente será directamente aplicável aos autores, enquanto tais, sem contudo se afastar liminarmente essa possibilidade, em especial no âmbito das criações mais utilitárias, como o software. Neste sentido, o STJ, no seu acórdão de 20 de Setembro de 2005, entendeu que a protecção por direitos de autor de programas de computador não afasta a relevância da concorrência desleal, em especial no que respeita à protecção dos segredos, tendo decidido que "o agente, utilizando segredo alheio, parte para a concorrência, não com as próprias capacidades, mas à custa de uma ilegítima e indevida intromissão e utilização de elementos reservados da empresa alheia, havendo, por conseguinte, um aproveitamento da prestação alheia contrário às normas e aos usos honestos."

2. Os programas de computador e as bases de dados como obras protegidas por direitos de autor

2.1. *As directivas sobre programas de computador (91/250) e bases de dados (96/6)*

a) *O software como possível objecto de direitos de autor*

A directiva sobre programas de computador determinou a protecção dos programas de computador através da "concessão de direitos de autor, enquanto obras literárias, na acepção da Convenção de Berna para a Protecção das Obras Literárias e Artísticas" (art. 1.º, 1, 1ª parte). Contudo, esta "qualificação"[1081] dos programas de computador como obras de tipo literário não é acompanhada por uma noção de programas de computador.

i. A inclusão do material preparatório de concepção

Não é de esperar que o legislador forneça um compêndio de definições de informática. Todavia, podia ter recortado, pela positiva ou pela negativa, o tipo de situações às quais pretende aplicar o regime que institui, sob pena de indefinição do objecto de protecção: "o exercício de definição não é vão".[1082] O relevo desta omissão está ainda no facto de que a expressão programas de computador "inclui qualquer tipo de programa, mesmo os que estão incorporados no equipamento", dispondo-se ainda que "inclui o material de concepção" (e.g. gráficos de circulação ou *flow-charts*), ou seja, "o trabalho de concepção preparatório conducente à elaboração de um programa

---

[1081] CZARNOTA/HART 1991, 30.
[1082] VIVANT 1997, 51.

de computador, desde que esse trabalho preparatório seja de molde a resultar num programa de computador numa fase posterior" (cons. 7 e art. 1.º, 1, *in fine*).

Apesar de a directiva não definir programa de computador, inclui no seu âmbito de protecção todos e quaisquer programas de computador, independentemente do seu tipo funcional (sistemas operativos, aplicações e, ainda, *firmware*), do seu suporte material de fixação (disco óptico, fita magnética, papel, equipamento, etc.), e da sua fase de desenvolvimento (e.g. algoritmos e código-fonte).

A protecção do material ou trabalho de concepção preparatório significa que, como sustentámos[1083], os algoritmos, enquanto forma de expressão do material preparatório dos programas, são abrangidos no âmbito de protecção da directiva.[1084] Mas esta solução põe em cheque o princípio tradicional dos direitos de autor nos termos do qual a protecção abrange apenas a forma de expressão, já não o conteúdo ideativo ou funcional, contrastando aliás com a solução da Directiva 87/54 sobre topografias de produtos semicondutores, que confere protecção apenas à topografia propriamente dita, com exclusão de qualquer conceito, processo, sistema, técnica ou informação codificada incorporadas nessa topografia (art. 8.º).[1085]

Com efeito, a Directiva 91/250 dispõe que "a protecção abrange a expressão, sob qualquer forma, de um programa de computador" (art. 1.º, 2, 1ª parte). Todavia, a forma de expressão dos programas de computador é protegida já ao nível do material de concepção, isto é, do trabalho de concepção preparatório conducente à elaboração de um programa de computador, na medida em que possa traduzir-se num programa de computador numa fase posterior. Ou seja, para além do chamado código-fonte do programa, isto é, a expressão do programa na forma de texto escrito numa linguagem de programação (e.g., Pascal, Cobol, Basic, Fortran, Java), a protecção abrangerá também o *código genético-funcional* ou "Pseudo--Code"[1086] do programa (código-fonte em sentido amplo, incluindo, por exemplo, a expressão dos algoritmos em diagramas e fluxogramas).

De resto, neste sentido se pronuncia agora o BGH (decisão *Quellcode*, 2004)[1087], embora a questão não seja pacífica. Por exemplo, a lei japonesa

---

[1083] C/ ref. DIAS PEREIRA 2001b, 479.
[1084] SCHRICKER/*LOEWENHEIM* 1999, 1077; GÓMEZ SEGADE 2001a, 859; DAVIS 2005, 145; REMÉDIO MARQUES 2005, 1739 ("arquitectura ou estrutura organizativa interna"); TRABUCO 2006, 253 (n. 135).
[1085] C/ ref. DIAS PEREIRA 2002e, 319.
[1086] MORITZ/TYBUSSECK 1992, 37.
[1087] Cfr. WANDTKE/BULLINGER/*WANDTKE* 2006, 26.

dos direitos de autor exclui, expressamente, do objecto de protecção concedida aos programas de computador qualquer linguagem de programação, regra ou algortimo utilizado para fazer esses programas.[1088]

O algoritmo corresponde ao processo que o programa implementa através de uma linguagem de programação. Algoritmo é uma palavra originária do árabe "al-khuvarizmi", recebida no latim como *Algoritmus*. Significa um conjunto finito de instruções inequívocas ou não ambíguas que, quando fornecidas com valores de input de uma natureza pré-definida, produzem resultados pré-definidos que resultam na solução de um problema. O algoritmo é codificado através de uma linguagem de programação, sendo a sua eficiência determinada pelo tempo que leva a resolver um certo problema.[1089]

Ora, as linguagens de programação, a lógica e os algoritmos a desenvolver através da escrita do programa poderão ser objecto de direitos de autor, apesar de se consagrar o princípio segundo o qual "as ideias e princípios subjacentes a qualquer elemento de um programa de computador, incluindo os que estão na base das respectivas *interfaces*, não são protegidos pelos direitos de autor ao abrigo da presente directiva" (art. 1.º, 1, 2ª parte, e cons. 13 a 15). Com efeito, admite-se que já existe expressão de ideias e princípios ao nível dos algoritmos e que essa expressão é susceptível de protecção nos termos do regime instituído, uma vez que se protege o material preparatório de concepção preliminar dos programas de computador. Por isso, não consideramos que sejam meras ideias, i.e. "elementos não expressivos" do programa.[1090]

Contudo, de modo a integrarem a forma de expressão, ao nível interno, estes elementos terão que satisfazer, ainda, para além da exigência de exteriorização, o requisito da originalidade, que justifica a protecção pelos direitos de autor.

ii. O efeito restritivo do requisito da orinalidade na protecção do software

A aplicação do requisito da originalidade no domínio do software reduz bastante a sua protecção pelos direitos de autor. Desde logo o código-

---

[1088] KUBOTA 1993, 11 ("This confirms the principle that the copyright Law protects expression; it does not protect the underlying ideas or the language by means of which they are expressed."); TANI 1996, 7, 14.

[1089] BRITANNICA, 632; para desenvolvimentos, BRAGA DE VASCONCELOS/VIDAL DE CARVALHO 2005.

[1090] VIEIRA 2005, 880 (adoptando a teoria ulmeriana do *Gewebe* consagrada pelo BGH na decisão *Betriebssystem*).

-objecto fica comprometido. É verdade que o Acordo ADPIC prevê expressamente no art. 10.º, 1, a protecção da expressão dos programas de computador, quer em código fonte, quer em código objecto, enquanto obras literárias ao abrigo da Convenção de Berna (1971). De igual modo, o Tratado da OMPI sobre direitos de autor estabelece genericamente que a protecção prevista aplica-se aos programas de computador qualquer que seja o modo ou a forma de expressão (art. 4.º, 2ª parte), parecendo abranger também o código fonte e o código objecto, como resulta das Declarações Acordadas relativas a esta norma.

De todo o modo, levando a sério o requisito da originalidade, então a protecção do código-objecto do software pelos direitos de autor enquanto obras literárias será excluída, já que o código-objecto é a conversão automática do código-fonte. Nesse sentido, parece-nos correcta a alegada impossibilidade legal de protecção do código-objecto por ausência de expressão.[1091]

Além disso, aplicando o requisito da originalidade no sentido de excluir as formas de expressão ditadas por razões estritamente funcionais[1092], chega-se à conclusão de que a protecção pelos direitos de autor dos algoritmos e do código-fonte dos programas de computador, não obstante não ser expressamente excluída, será muito reduzida.

Por tudo isto, pode até perguntar-se se a protecção do software pelos direitos de autor não será sobretudo simbólica, para não dizer virtual[1093], dando-se por adquirida essa protecção sem se discutir os respectivos requisitos. Apesar de a "originalidade minimalista" se ter tornado «le (quasi) droit commun universel»[1094], em virtude da "redução da bitola de exigência"[1095] – a que também se chama "degradação ou degenerescência" do critério da originalidade[1096] –, basta considerar um pouco a jurisprudência norte-americana – de que se aproxima a jurisprudência britânica (*Ibcos Computers v Barclays* 1994 e, mais recentemente, *Cantor Fitzgerald Internatioanl v Tradition UK Ltd* 2000)[1097] –, para constatar que a questão não é assim tão óbvia, merecendo por isso a nossa atenção.[1098]

[1091] Id. ibid., 878.

[1092] BONET/SIRINELLI 2002, 17 («La protection conférée par le droit d'auteur ne peut s'appliquer à la forme d'une œuvre de l'esprit qu'à condition que cette dernière ne soit pas entièrement dictée par sa fonction.»).

[1093] DIAS PEREIRA 2002f, 223.

[1094] VIVANT 2002, 448.

[1095] LOURENÇO MARTINS 2004, 119.

[1096] REMÉDIO MARQUES 2005, 87.

[1097] DAVIS 2005, 148-50.

[1098] DIAS PEREIRA 2001a, 481-3 (n. 874), e 2004c, 97-8 (n. 71).

iii. O método «abstracção-filtragem-comparação» da jurisprudência norte--americana

A jurisprudência norte-americana cedo estabeleceu a protecção do código do programa de computador (*Apple Computer, Inc. v. Franklin Computer Corp.*, 3rd Cir. 1983). Posteriormente, numa série de casos, elaborou critérios relativos à dicotomia ideia/expressão ou forma/conteúdo no âmbito dos programas de computador, segundo as regras de protecção das obras literárias. No caso *Whelan Associates, Inc v. Jaslow Dental Laboratory, Inc.* (1986), foi concedida protecção não só ao "look and feel", mas também a elementos não literais como a "estrutura, sequência e organização" (*structure, sequence and organization*) de um programa de computador, excluindo-a, no entanto, relativamente aos aspectos estritamente necessários à sua funcionalidade (ao seu conteúdo ideativo e funcional). Para o efeito mobilizou critérios tradicionais das obras literárias (*merger doctrine* e doutrina *scènes a faire*): segundo a *merger doctrine*, "se são possíveis apenas um ou um número muito limitado de modos de exprimir uma ideia particular, diz-se que a ideia e a sua expressão fundiram-se, e não será concedida protecção a nenhuma das formulações"; por seu turno, a *scènes a faire doctrine* "nega protecção a elementos literários comuns que são inevitavelmente associados com o tema ou o enredo ou trama de uma obra".[1099]

Este critério de distinção entre ideia e expressão foi refinado no caso *Lotus Development Corp. v. Paperback Sofware Internacional* (1990), com a adopção da doutrina dos níveis de abstracção (*levels of abstraction – Nicholas v. Universal Pictures Corp.*, 2nd Cir. 1930), distinguindo três passos para discernir a forma de expressão: 1.º o nível das ideias (o nível mais elevado de abstracção); 2.º o nível dos elementos individualmente considerados essenciais à expressão das ideias, mobilizando aqui as doutrinas *merger* e *scènes a faire* já presentes no caso *Whelan*; 3.º o nível de considerar se os restantes elementos considerados como tuteláveis constituem uma parte substancial da obra protegível pelo direito de autor. No caso *Computer Associates International, Inc. v. Altai, Inc.* (1992), foi apurado ainda mais o critério da dicotomia ideia-expressão nos programas de computador, adoptando-se como método o teste da "abstracção-filtragem-comparação" (*abstraction-filtration-comparison*): no primeiro grau, abstracção, é utilizado o critério dos níveis de abstracção elaborado no caso *Paperback*, distinguindo-se, por ordem de crescente generalidade, os seguintes níveis de abstracção: o código-objecto, o código-fonte, as listas paramétricas, e os serviços exigidos para descrever o programa nas linhas gerais; no segundo

---

[1099] MILLER 1993, 994-6.

grau, filtragem, são mobilizadas as doutrinas *merger* e *scènes a faire*, já presentes no caso *Whelan*, aplicando-as detalhadamente: a *merger doctrine* conduziria à exclusão de elementos funcionais relativos à eficiência ou rapidez do programa; a *scènes a faire doctrine*, conduziria, por sua vez, à exclusão dos elementos do programa ditados por factores externos, como a caracterização funcional do programa; no terceiro grau, comparação, são excluídos os programas ou fragmentos de programas caídos no domínio público.

Em suma, a fórmula "estrutura, sequência e organização" do caso *Whelan* e perfilhada no caso *Paperback*, seria agora substituída pela fórmula estrutura não literal do programa (*non-literal program structure*), abolindo-se, no caso *Altai*, a distinção entre estrutura escrita ou estática do programa e a sua estrutura performativa ou dinâmica.[1100]

A aplicação destes métodos de apuramento dos aspectos dos programas de computador que podem ser protegidos pelo direito de autor foi operada, em termos semelhantes, nos casos *Lotus Development Corp. v. Borland International, Inc.* (1992), *Apple Computer, Inc. v. Microsoft* (1994) e mais recentemente *Lexmark Int'l v. Static Control Components* (6th Cir. 2004).[1101] O teste do *Golden Nugget* operado com recurso ao método abstracção--filtragem-comparação provocou um repensar sobre a utilidade do direito de autor como forma jurídica de protecção dos programas de computador, emergindo o direito de patente como a alternativa mais forte, apesar das suas limitações.[1102]

b) As bases de dados como possíveis objectos de direitos de autor

A Directiva 96/6 consagrou uma noção ampla de bases de dados, que inclui todas as "bases de dados, seja qual for a forma de que estas revistam" (art. 1.º, 1), com destaque para a distinção entre as electrónicas e as não electrónicas (cons. 14). As bases de dados electrónicas são "as recolhas, por vezes denominadas 'compilações', de obras, dados ou outras matérias, cuja disposição, armazenamento e acesso são efectuados por meios que recorrem nomeadamente a processos electrónicos, electromagnéticos ou electro--ópticos ou outros análogos", podendo "compreender igualmente dispositivos como os CD-ROM e os CD-I" (cons. 13 e 22); por contraposição, as bases de dados não electrónicas são as restantes recolhas ou compilações de

---

[1100] Cfr. Id. ibid., 994-1001; LEMLEY/MENELL/MERGES/SAMUELSON 2003, 39s.
[1101] HOWELL 2005, 128.
[1102] EFFROS 1993, 89.

obras, dados ou outras matérias cuja disposição, armazenamento e acesso não são efectuados por meios electrónicos ou análogos (e.g. um catálogo com fichas em papel ou cartolina de uma Bibilioteca).

i. Noção e elementos da base de dados

Para além desta caracterização constante do preâmbulo, o legislador comunitário, ao contrário do que fizera para os programas de computador, consagrou um conceito de bases de dados. Assim, por base de dados entende-se "uma colectânea de obras, dados ou outros elementos independentes, dispostos de modo sistemático ou metódico e susceptíveis de acesso individual por meios electrónicos ou outros" (art. 1.º, 2).

O conceito de base de dados contém determinados elementos essenciais cuja verificação é requisito de aplicação da protecção jurídica atribuída. Dentro desses requisitos distinguem-se consoante digam respeito, respectivamente, ao conteúdo ou à forma da base: relativamente aos primeiros (conteúdo), incluem-se na noção de bases de dados quaisquer recolhas de obras literárias, artísticas, musicais ou outras, bem como, ainda, quaisquer outros materiais como textos, sons, imagens, números, factos e dados; relativamente aos segundos (forma), deverá tratar-se de recolhas de obras, dados ou outros elementos independentes, ordenados de modo sistemático ou metódico e individualmente acessíveis por meios electrónicos ou outros, embora não se exija que essas matérias tenham sido fisicamente armazenadas de modo organizado.

Por outro lado, prevê-se, ainda, a possibilidade de certos elementos das bases de dados serem abrangidos no âmbito de aplicação da directiva, como sejam aqueles elementos necessários ao funcionamento ou à consulta de certas bases de dados, como o *thesaurus* e os sistemas de indexação (cons. 17, 21, 20). Ou seja, a protecção resultante do regime jurídico instituído aproveita não apenas às bases de dados *stricto sensu*, mas também a elementos necessários ao seu funcionamento ou consulta. Alarga-se, deste modo, o âmbito de aplicação da directiva, no sentido de as bases de dados serem protegidas estática e dinamicamente, incluindo o software que incorporem.[1103]

Apesar de se consagrar um conceito de bases de dados mais amplo do que a noção de compilações constante da Convenção de Berna (art. 2.º, 5: recolhas de obras literárias ou artísticas), essa era já a solução encontrada em alguns Estados-membros, onde o conteúdo das bases de dados não era

---

[1103] LOURENÇO MARTINS 2004, 145, e 2006, 492.

restrito às obras literárias e artísticas para efeitos de protecção pelo direito de autor. Por exemplo, no direito alemão, as bases de dados eram protegidas enquanto compilações (§ 4 UrhG), tendo o BGH admitido na decisão *Warenzeichenlexika* a sua protecção como obras literárias mesmo que não contivessem obras.[1104]

De todo o modo, o âmbito de aplicação da directiva é negativamente delimitado, excluindo-se os programas de computador utilizados no fabrico ou no funcionamento de bases de dados acessíveis por meios electrónicos (art. 1.º, 3, e cons. 23). Todavia, certos elementos das bases de dados, como o *thesaurus* e os sistemas de indexação, poderão confundir-se com elementos dos programas de computador utilizados no fabrico e funcionamento de bases de dados.[1105]

Além disso, o preâmbulo aponta no sentido da exclusão da fixação de uma obra audiovisual, cinematográfica, literária ou musical, como tal, e a compilação de várias fixações de execuções musicais em CD, considerando-se que esta, como compilação, não preenche as condições para beneficiar da protecção do direito de autor e que não representa um investimento suficientemente avultado para beneficiar do direito *sui generis* (cons. 17 e 19).

Os considerandos não são vinculativos, já que o direito preambular é, em nossa opinião, um problema em aberto. Não obstante, parece que a directiva terá pretendido que o produtor de fonogramas não beneficie de dupla protecção, ora pelo direito conexo ora pelo direito *sui generis*. Porém, ao mesmo tempo, fornece um critério de apuramento da relevância dos investimentos susceptíveis de protecção, que deverão exceder os efectuados pelos produtores de fonogramas de colectâneas musicais.

  ii. A estrutura formal criativa da base de dados como objecto de direitos de autor

A Directiva 96/9 não cria um novo tipo de obra como objecto de protecção dos direitos de autor, a qual abrange apenas a estrutura formal criativa das bases de dados.[1106] Reafirma-se o princípio dos direitos de autor no sentido da protecção da forma de expressão, já não do conteúdo: "essa protecção incide sobre a estrutura da base", na qual se traduz a "forma de expressão protegida pelo direito de autor (art. 5.º, cons. 15). Pela negativa, "a protecção das bases de dados pelo direito de autor [...] não abrange o seu

---

[1104] LEWINSKI 1997b, 480.
[1105] LOURENÇO MARTINS 2006, 67.
[1106] SÁ E MELLO 1999, 131, 136-7.

conteúdo e em nada prejudica eventuais direitos que subsistam sobre o conteúdo" (art. 3.º, 2, e cons. 18, 26, 27), tal como é regra do direito internacional (Convenção de Berna, art. 2, 5; Acordo ADPIC, Art. 10.º, 2, 2ª parte; Tratado OMPI sobre direito de autor, art. 5, 2ª parte) e do direito comparado (e.g. lei japonesa, arts. 12(2) e 12*bis* (2); lei brasileira, art. 7.º, § 3.º).

Trata-se portanto da protecção "a montante" do direito de autor relativamente a obras que serão exploradas "a jusante" com a sua incorporação na base de dados, sem prejuízo da liberdade dessa incorporação na base decorrente, nomeadamente, do direito de citação (Convenção de Berna, art. 10.º, 1), com especial relevo no sector da análise de media ("empresas de recortes"). Todavia, como veremos, esta liberdade é muito comprimida no ambiente digital, em especial por força do direito *sui generis* do fabricante de bases de dados.

c) A *originalidade minimalista*

As directivas sobre programas de computador (91/250) e bases de dados (96/9) reafirmam o critério da originalidade como requisito de protecção pelos direitos de autor. O requisito da originalidade é harmonizado em termos idênticos para ambos os casos, no sentido, não apenas de não ser exigível um grau de criatividade superior à média, mas também de não bastar o mero investimento de trabalho, capital e tempo, para que os programas de computador e as bases de dados possam beneficiar de protecção pelo direito de autor.[1107]

i. Software de autoria e software gerado por computador

Relativamente ao programa de computador, este "será protegido se for original, no sentido em que é resultado da criação intelectual do autor", acrescentando-se que "não serão considerados quaisquer outros critérios para determinar a sua susceptibilidade de protecção" (art. 1.º, 3). O programa é protegido se for original, isto é, se resultar de uma criação intelectual do autor.

Esta referência à criação intelectual, articulada com as tradições nacionais, indica que os programas gerados por computador não serão protegidos ao abrigo da directiva, por não satisfazerem o requisito da originalidade, isto é, de não constituirem criações humanas. Não foi assim acolhida a proposta inicial (art. 5.º, 2), que se inspirava na solução do *copyright*

[1107] LOURENÇO MARTINS 2006, 496.

britânico[1108], que abandonou o "purismo" da noção de autor.[1109] O que tem sido alvo de muitas críticas, pela sua indefinição e por contrastar com a jurisprudência estabelecida no caso *Express Newspapers plc v. Liverpool Daily Post & Echo plc*, segundo a qual não haver nenhum autor humano seria tão irrealista como dizer que "uma caneta é o autor de uma obra de literatura".[1110]

Por outro lado, o requisito da originalidade tem um sentido negativo, pois o programa é original se resultar do esforço intelectual do criador, i.e. se não for "uma cópia em si" [1111] nem banal na indústria dos suportes lógicos: "no tocante aos critérios a aplicar para apreciar se um programa de computador constitui ou não uma obra original, não se deverá recorrer a testes dos seus méritos qualitativos ou estéticos" (cons. 8). Ou seja, os programas de computador devem ser protegidos na medida em que satisfaçam os mesmos requisitos que as outras obras literárias, protegendo-se, deste modo, mesmo as chamadas "bagatelas" (*kleine Münze, petite monnaie* ou *basso prezzo*).

Esta solução exigiu uma alteração da jurisprudência alemã marcada pelas decisões *Inkasso-Programm e Betriebssystem* do BGH, o qual, considerando o carácter essencialmente funcional e utilitário do software, só admitia protecção pelo direito de autor se existissem diversas formas de expressar a ideia (a que equiparava o algoritmo), não fosse a forma de expressão mera cópia de uma outra pré-existente e tivessem os seus elementos criativos excedido significativamente o que faria em condições técnicas normais um programador médio. Daqui resultava que a protecção dos programas de computador pelo direito de autor, apesar de consagrada por via legislativa, na prática, apenas, excepcionalmente, era admitida. Porém, por força do critério de originalidade estabelecido pela directiva, os autores pronunciaram-se no sentido da alteração da jurisprudência, o que sucederia nas decisões do BGH *Buchhaltungsprogramm* e *Holzhandelsprogramm*, em termos de a protecção passar a ser a regra e a falta de criatividade a excepção.[1112]

[1108] CDPA 1988 (§ 9(3) "in the case of a literary, dramatic, musical or artistic work which is computer generated, the author shall be the person by whom the arrangements necessary for the creation of the work are undertaken").

[1109] CORNISH/LLEWELYN 2003, 790.

[1110] BAINBRIDGE 1996, 203; PHILLIPS/FIRTH 2001, 357 ("it is not clear who is meant by this formula"); CORNISH/LLEWELYN 2003, 399, n. 18 ("This conception is difficult to apply" – embora mantendo o entendimento de que, apesar de a inovação experimental da lei britânica ainda não se ter mostrado bem sucedida, será "probably better at the moment to wait and see", tendo em conta a nova geração de computadores: 790-1).

[1111] COM(88) 172 final, 180, 192.

[1112] SCHRICKER/*LOEWENHEIM* 1999, 1079-81; c/ ref. DIAS PEREIRA 2001a, 490 (n. 888).

ii. A insuficiência do "suor na testa" na compilação de bases de dados

A configuração do requisito da originalidade em termos minimais e de neutralidade estética é também consagrada na directiva sobre bases de dados: "as bases de dados que, devido à selecção ou disposição das matérias, constituam criação intelectual específica do respectivo autor, serão protegidas nessa qualidade pelo direito de autor. Não serão aplicáveis quaisquer outros critérios para determinar se estas podem beneficiar dessa protecção" (art. 3.º, 1), acrescentando o preâmbulo que "não deverão intervir critérios estéticos ou qualitativos (cons. 16, 39). Apesar de harmonizado em termos minimais, o requisito da originalidade significa que não bastará o "suor da testa" (*"sweat of the brow"*) para que as bases de dados beneficiem da protecção pelo direito de autor, sendo antes necessária a existência de uma criação intelectual própria do autor, o que à partida exclui as listas alfabéticas. "Uma lista alfabética, por mais útil, não é protegida por um direito de autor."[1113]

Isto significa que os regimes de protecção das compilações de dados e de outros produtos de informação não originais, como o holandês *geschriftenbescherming*, sustentado na jurisprudência do *Hoge Raad* a partir dos termos "all other things" constante do catálogo legal de obras destinadas a publicação, serão eliminados pelo critério de originalidade instituído a nível comunitário.[1114] O que poderá conduzir, na prática, a que a maior parte das bases de dados não gozem de protecção ao abrigo dos direitos de autor.[1115]

O critério comunitário converge com a jurisprudência norte-americana. No caso *Feist Publications Inc. v. Rural Telephone Service Co. Inc.* (1991), relativo à protecção pelo direito de autor de uma lista telefónica, o Supremo Tribunal dos EUA, criando um precedente jurisprudencial, "rejeitou firmemente" a doutrina "suor na testa", decidindo que uma compilação de factos não é protegida pelo direito de autor se for "óbvia e banal" por não ser satisfeito o requisito da originalidade, o qual significa que a obra só será protegida pelo *copyright* se possuir pelo menos "algum nível mínimo de criatividade" (*independent creation plus a modicum of creativity*). Todavia, considera-se que permanece incerto o nível de criatividade exigido por este critério em cada contexto particular.[1116]

[1113] OLIVEIRA ASCENSÃO 2002d, 11.
[1114] HUGENHOLTZ 1997, 493.
[1115] SÁ E MELLO 1999, 137, 151.
[1116] MILLER/DAVIS 2000, 299-300 ("how much creativity is required by *Feist* in a particular context remains unclear as the deferral courts continue to struggle with the Supreme Court's decisions.").

iii. A originalidade como "reflexo" da personalidade do criador intelectual

Também a Directiva 93/98 (agora 2006/16) harmoniza o critério de originalidade das obras de fotografia. Tendo em conta que a protecção das fotografias nos Estados-membros era objecto de regimes diferentes, considerou-se necessário definir o nível de originalidade requerido pela directiva em ordem a obter uma harmonização suficiente do prazo de protecção das obras fotográficas, nomeadamente das que, em virtude do seu carácter artístico ou profissional, têm importância no mercado interno.

Em vista disto, firma-se o critério segundo o qual uma obra fotográfica, na acepção da Convenção de Berna, deve ser considerada original sempre que for criação intelectual própria do respectivo autor, reflectindo a sua personalidade, sem que outros critérios, tais como o mérito ou finalidade, sejam tomados em consideração. Para as outras fotografias, considera-se que a sua protecção pode ser deixada à lei nacional (art. 6.º e cons. 17, com idêntica localização na nova Directiva 2006/16).

Não obstante, é duvidoso que a jurisprudência portuguesa esteja a levar em conta este "abaixamento" do nível da originalidade das fotografias.

2.2. Os programas de computador e as bases de dados como objecto de direitos de autor no direito português

a) A (duvidosa) técnica legislativa

A especificidade dos programas de computador e das bases de dados levou o legislador português a estabelecer regimes legais especiais, ao invés de os inserir expressamente no CDA, contrariando nessa medida o entendimento da jurisprudência (RL, Ac. 26/4/94, CJ XIX, II, 130, Ac. 12.10.94, CJ XX, IV, 110).

À semelhança do que fizeram alguns (poucos) dos seus congéneres europeus – nomeadamente a lei belga de 30 de Junho de 1994, que também criou um regime especial regulado fora da lei do direito de autor, "assimilando" os programas de computador às obras literárias[1117] –, o legislador português transpôs a directiva sobre programas de computador (91/250) para a ordem jurídica interna através de um diploma próprio (DL 252/94), no qual condensou todas as normas específicas de protecção dos programas de computador. Louva-se o legislador, no preâmbulo do diploma, de ter decidido "de acordo com *a melhor técnica* [...], criar um diploma *próprio*

[1117] STROWEL/TRIAILLE 1997, 136.

onde se condensem todas as normas *específicas* de protecção dos programas de computador, ao invés de se proceder a alterações no Código do Direito de Autor e dos Direitos Conexos". Esta *melhor técnica* justificar-se-ia na medida em que "os conceitos nucleares de protecção dos programas de computador transportam novas realidades que não são facilmente subsumíveis às existentes no direito de autor, muito embora a equiparação a obras literárias possa permitir, *pontualmente*, uma aproximação".

Esta solução, todavia, não é isenta de críticas. Desde logo, levanta problemas em termos de relacionamento com o Código do Direito de Autor, parecendo remeter-se para o caso concreto a determinação das normas deste Código que são aplicáveis aos programas de computador.[1118] Além disso, a natureza do software não é assim tão estranha aos direitos de autor, em termos de excluir qualquer possibilidade de adequação desta forma de propriedade intelectual enquanto instrumento de protecção dos programas de computador, ainda que seja criticável a sua qualificação como obras literárias ao invés de os reconhecer como um novo tipo de obras. Nesse sentido, considera-se incorrecta e enganadora a "ficção legal" da qualificação dos programas de computador como obras literárias e saúda-se por isso a não identificação entre as obras literárias e os programas de computador, que deveriam ser reconhecidos como categoria autónoma de obras intelectuais, embora se sustente que "a opção legislativa mais correcta para a transposição da Directiva 91/250/CEE teria sido a de inserir a disciplina normativa dos programas de computador no CDADC".[1119]

Não obstante, a mesma orientação, em termos de técnica legislativa, prevaleceu em matéria de transposição da directiva 96/9 sobre bases de dados. Ao invés da inclusão do seu regime no Código do Direito de Autor, optou-se por um diploma especial (DL 122/2000).

Também aqui a solução portuguesa contrasta com a experiência de outros Estados-membros, nomeadamente da França (a lei 98-536, de 1 de Julho de 1998, transpôs a directiva por via da introdução no código da propriedade intelectual de uma protecção específica para os produtores de bases de dados nos artigos L-342-1 e seguintes), da Alemanha (a designação *sui generis* foi suprimida, sendo substituída pela expressão protecção do fabricante de bases de dados, a qual foi inserida na parte relativa aos direitos conexos do UrhG através, nomeadamente, do aditamento do capítulo 6 e dos §§ 87a-e; a terminologia da directiva "extracção" e "reutilização" foi traduzida por palavras do léxico dos direitos de autor, como sejam reprodução,

---

[1118] DIAS PEREIRA 2001a, 748-9 (n. 1226).
[1119] VIEIRA 2005, 877, 901-3.

distribuição e comunicação ao público – Art. 7 *Urheberrechtsgesetz*, in *IuKDG – Informations– und Kommunikationsdiente-Gestez*, 1997), do Reino Unido (o direito *sui generis* dos produtores de bases de dados foi traduzido por "direito de base de dados" (*database right*), e qualificado como *property right*, tendo os termos extracção e re-utilização sido mantidos; de igual modo, este direito foi incorporado na lei dos direitos de autor – *The Copyright and Rights in Databases Regulations 1997*, 18.12.1997) e da Espanha (introdução de um novo Título (VIII) ao Livro II do texto da Ley de Propiedad Intelectual, denominado "derecho *sui generis* sobre las bases de datos", que mantém os termos comunitários extracção e reutilização – Ley 5/98, 3/6/1998).

b) Delimitação do objecto e requisitos de protecção

Na linha da Directiva 91/250, o DL 252/94 não prevê uma definição de programa de computador, embora se possa recorrer à noção prevista na Lei da criminalidade informática, que define o programa informático como "um conjunto de instruções capazes, quando inseridas num suporte explorável em máquina, de permitir à máquina que tem por funções o tratamento de informações indicar, executar ou produzir determinada função, tarefa ou resultado" (Lei 109/91, art. 2.º-c).

O programa de computador que tenha carácter criativo, segundo a "concepção geral"[1120] de criatividade (ou originalidade), é objecto de protecção análoga à conferida às obras literárias, ou seja, direitos de autor (art. 1.º, 2, e art. 7.º, 4-a). A equiparação ao programa do respectivo material de concepção preliminar (art. 1.º, 3) significa que os direitos de autor incidem também sobre os algoritmos enquanto forma expressiva do programa. É o que resulta também do art. 2.º, nos termos do qual a protecção incide sobre a expressão, sob qualquer forma, do programa, sem prejuízo da liberdade das ideias e dos princípios que estão na base de qualquer elemento do programa ou da sua interoperabilidade, como a lógica, os algoritmos ou a linguagem de programação. Ou seja, as ideias e os princípios são livres, embora os algoritmos não sejam afastados da protecção pelos direitos de autor enquanto forma de expressão do programa[1121], apesar de, enquanto tais, não serem protegidos por direitos de autor.[1122]

Relativamente às bases de dados, o DL 122/2000 consagra a noção prevista na directiva. Por bases de dados entende-se a colectânea de obras,

---
[1120] Id. ibid., 882.
[1121] Porém, REBELLO 2002, 278; LOURENÇO MARTINS 2004, 122; VIEIRA 2005, 880.
[1122] WANDTKE/BULLINGER/*GRÜTZMACHER* 2006, 764-5.

dados ou outros elementos independentes, dispostos de modo sistemático e metódico e susceptíveis de acesso individual por meios electrónicos ou outros (art. 1.º, 2). As bases de dados são protegidas pelo direito de autor se constituírem criações intelectuais pela selecção ou disposição dos respectivos conteúdos, sem prejuízo de eventuais direitos que subsistam sobre o conteúdo da base (art. 4.º, 1 e 3). Por outro lado, os programas de computador utilizados no fabrico ou no funcionamento de bases de dados acessíveis por meios electrónicos são excluídos da protecção atribuída às bases de dados, quer pelo direito de autor, quer pela concessão de direitos especiais ao fabricante (art. 1.º, 4).

3. Prestações artísticas, prestações empresariais e investimentos substanciais

3.1. *Origem, objecto e tipologia dos direitos conexos*

Ao lado da protecção das obras literárias e artísticas pelo direito de autor estabeleceu-se a protecção de prestações artísticas e de prestações empresariais, técnicas e organizatórias pelos direitos conexos, cuja "configuração é mais ou menos relacionada com a protecção do direito de autor."[1123] Este "mais ou menos" diz muito da natureza especial dos direitos conexos, designação que reúne figuras diferenciadas, designadas na literatura germânica por direitos de protecção de prestações (*Leistungsschutzrechte*)[1124].

a) A razão de ser dos direitos conexos

A base dos direitos conexos está na crescente importância económica das prestações que protegem. Por exemplo, no campo da música ou do cinema, é frequente os artistas serem mais célebres do que os autores das obras que interpretam ou executam.[1125] Os direitos conexos foram atribuídos aos artistas intérpretes ou executantes, aos produtores fonográficos e videográficos e aos organismos de radiodifusão enquanto *"auxiliares da criação artística e literária"*.[1126] Todavia, a protecção destes direitos conexos

---

[1123] ULMER 1980, 15.
[1124] E.g. SCHRICKER/*SCHRICKER* 1999, 14; WANDTKE/BULLINGER/*WANDTKE* 2006, 9.
[1125] ASCARELLI 1960, 845.
[1126] DESBOIS 1953, 150.

autonomizou-se dos direitos de autor, já que não protegem nem directa nem indirectamente criações literárias e artísticas. Quando muito são veículos dessas criações, podendo nessa medida ser acolhidos, em termos constitucionais, no seio da liberdade de criação cultural. Não obstante, ao mesmo tempo, o direito conexo dos artistas intérpretes ou executantes aproxima-se cada vez mais dos direitos de autor, em termos que conduzem progressivamente a uma protecção análoga.

b) A "lista fechada" dos direitos conexos e as situações "atípicas"

O Código do Direito de Autor consagrou os direitos conexos num capítulo autónomo, decalcado da Convenção de Roma, com alterações posteriores decorrentes da transposição das directivas comunitárias. Pode falar-se, aqui, numa *lista fechada*, no sentido de que, ao contrário dos direitos de autor, os direitos conexos não são enunciados através de cláusulas gerais, quer quanto ao objecto, quer quanto aos actos reservados.[1127] Só as prestações previstas são protegidas e apenas nos termos estabelecidos na lei, sem alargamentos possíveis.

Não obstante, podem identificar-se no Código figuras afins, como sejam o direito ao espectáculo (à semelhança do "direito de arena" da lei brasileira, embora agora excluído dos direitos de autor[1128]) e o direito ao título da obra.[1129] Relativamente a este último, a protecção depende não apenas da originalidade do título mas também da sua capacidade distintiva, no sentido de que o título não poderá confundir-se com o título de qualquer outra obra do mesmo género de outro autor anteriormente divulgada ou publicada (art. 4.º, 1), sendo recusada protecção ao título se, por exemplo, consistir em designação necessária ou usual do tema ou objecto de obras de certo género (art. 4.º, 2-a; em caso de obra não divulgada ou publicada exige-se também registo do título – art. 4.º, 3, e art. 214.º).

A exigência de capacidade distintiva aproxima o título dos sinais distintivos do comércio (e.g. marca, insígnia de estabelecimento e logótipo), havendo também quem aproxime "perversamente" o nome do autor aos sinais distintivos.[1130] De resto, a marca pode ser constituída por frases publicitárias para produtos ou serviços a que respeitem, desde que possuam carácter distintivo, independentemente do direito de autor. Ou seja, o con-

---

[1127] SIRINELLI 2003, 177.
[1128] HAMMES 1998, 196-7 ("A lei 9.610/98 omitiu totalmente o assim chamado de direito de arena.").
[1129] OLIVEIRA ASCENSÃO 1992, 547, 590.
[1130] GINSBURG 2004, 158.

junto de signos que constitui a marca poderá ser protegido, ao mesmo tempo, pelo direito de autor e pela propriedade industrial, na medida em que seja provido, simultaneamente, de originalidade e de capacidade distintiva.[1131] Pensamos por isso que, embora o Código refira que a protecção da obra é extensiva ao título, a protecção dos títulos, enquanto tais, corresponde fundamentalmente a um direito conexo, tal como prevê a lei alemã.[1132]

c) *Direitos conexos e concorrência desleal*

Na sua configuração legal, os direitos conexos fazem parte da propriedade intelectual, i.e. são direitos exclusivos de exploração económica. Convencionou-se internacionalmente ser esta a forma de protecção necessária e adequada à protecção dos investimentos[1133], embora se entenda que o instituto da concorrência desleal poderia levar ao mesmo resultado.[1134]

De todo o modo, os direitos conexos não protegem obras literárias e artísticas, mas antes prestações artísticas e prestações empresariais, técnicas e organizatórias. À excepção do direito conexo dos artistas intérpretes ou executantes, está em causa sobretudo proteger os investimentos dos produtores fonográficos e videográficos e dos organismos de radiodifusão (e dos promotores de espectáculos públicos).

Apesar da designação unitária, os direitos conexos não são "homogéneos, mas antes bastante diversos".[1135] A caracterização das prestações dos sujeitos destes direitos está prevista no art. 176.º (e.g. a prestação do produtor de fonograma ou de videograma é a fixação pela primeira vez dos sons provenientes de uma execução ou quaisquer sons, ou as imagens de qualquer proveniência, acompanhadas ou não de sons – n.º 3).

d) *A relação com os direitos de autor*

A tutela dos direitos conexos em nada afecta a protecção dos autores sobre a obra utilizada (art. 177.º). Este princípio tem duas vertentes. Por um lado, significa que os sujeitos de direitos conexos devem obter as devidas autorizações dos respectivos titulares de direitos sobre obras protegidas por direitos de autor quando as suas prestações incidam sobre elas. Assim, por exemplo, o produtor de videogramas ou fonogramas carece de autorização

---

[1131] WANDTKE/BULLINGER/*WANDTKE* 2006, 27.
[1132] OLIVEIRA ASCENSÃO 1992, 603; contra, REBELLO 1994, 96.
[1133] NORDEMANN/VINCK/HERTIN 1990, 343.
[1134] OLIVEIRA ASCENSÃO 1992, 695.
[1135] SCHRICKER/*SCHRICKER* 1999, 14.

do autor da obra protegida para que possa realizar licitamente a sua fixação (art. 141.º, 1). Por outro lado, a atribuição de direitos conexos não depende da protecção da obra sobre a qual incide a prestação.

O conteúdo dos direitos conexos é exclusivamente de natureza patrimonial, à excepção do direito dos artistas que abrange faculdades de natureza pessoal, que se analisam no direito à identificação (art. 180.º) e na ilicitude das utilizações que deformem, mutilem e desfigurem uma prestação, que a desvirtuem nos seus propósitos ou que atinjam o artista na sua honra e reputação (art. 182.º).[1136]

Todavia, a lei estabelece que a protecção outorgada ao artista no capítulo dos direitos conexos não abrange a prestação decorrente do exercício de dever funcional ou de contrato de trabalho (art. 189.º, 2). Esta norma é objecto de críticas acertadas[1137] e, a nosso ver, sob pena de inconstitucionalidade, deverá ser interpretada restritivamente no sentido de não abranger os direitos morais dos intérpretes nem as remunerações equitativas que a lei lhes atribui (art. 178.º, 2). Neste sentido, em Espanha, o art. 110.º da LPI, na redacção introduzida pela Lei 23/2006, estabelece que, apesar de os direitos exclusivos de reprodução e de comunicação ao público pertencerem ao empresário ou à pessoa por conta de quem é feita a interpretação ou execução, os artistas conservam os seus direitos de remuneração.

Por outro lado, apesar da sua heterogeneidade, os direitos conexos estão sujeitos a algumas disposições comuns. Para além da liberdade de uso privado, os direitos conexos são também limitados por certas utilizações livres, como sejam, por exemplo, os excertos de prestações para fins de informação ou crítica, a sua utilização para fins exclusivamente científicos ou pedagógicos, bem como, ainda, os demais casos em que a utilização da obra é lícita sem o consentimento do autor (art. 189.º, 1). Além disso, os direitos conexos não podem proibir o que os direitos de autor permitem, já que as limitações e excepções que recaem sobre estes são aplicáveis aos direitos conexos, em tudo o que for compatível com a natureza destes direitos (art. 189.º, 2).

e) *A tendencial «homogeneização» entre direitos de autor e direitos conexos*

A referência à natureza dos direitos conexos mostra que se trata de direitos de natureza não idêntica aos direitos de autor. Poderia retirar-se

---

[1136] Em Espanha, a Lei 23/2006 acrescentou a necessidade de autorização do artista, durante toda a sua vida, "para el doblaje de su actuación en su propria lengua" (LPI, art. 113.º, 2).

[1137] OLIVEIRA ASCENSÃO 1992, 558.

daqui que, mesmo que os direitos de autor fossem direitos de propriedade, os direitos conexos teriam natureza diversa. Com efeito, ao contrário dos direitos de autor, os direitos conexos não são enunciados através de cláusulas gerais, quer quanto ao objecto, quer quanto aos actos reservados. Só as prestações previstas são protegidas e apenas nos termos previstos na lei, sem alargamentos possíveis. Por essa razão, os direitos conexos fariam parte da família dos direitos de monopólio, por oposição a direitos de propriedade.

Todavia, por força da Directiva 2001/29, os direitos conexos são, no essencial equiparados aos direitos (económicos) de autor, obtendo tratamento idêntico. Apesar de termos algumas reservas a esta homogeneização entre os direitos de autor e os direitos conexos, pensamos que, no plano económico, a natureza dos direitos é análoga, podendo falar-se numa certa "homogeneidade funcional" entre os direitos económicos de autor e os direitos conexos das empresas culturais.[1138] Idênticas considerações valem, no plano pessoal, para os direitos morais dos artistas intérpretes ou executantes, que têm natureza *híbrida*.[1139]

3.2. Os investimentos substanciais na produção de bases de dados

a) O valor económico da informação e a protecção do investimento

A informação é um bem económico transaccionado em massa no mercado dos produtos e dos serviços de informação, surgindo novos modelos contratuais cujo objecto é justamente composto por informação. A figura do "contrato de informação" é proposta para abranger uma série de contratos cujo denominador comum é terem por objecto informação, entendida esta, quer enquanto processo de prestação de informação, quer enquanto objecto desse processo ou informação propriamente dita.[1140]

Porém, a disciplina contratual da informação é relativa em virtude do princípio da eficácia *inter partes* dos contratos. Além disso, a tutela de prestações de investimento na produção e distribuição de informação pela disciplina da concorrência desleal, para além de actuar repressivamente, estaria sujeita à casuística que as cláusulas gerais envolvem na apreciação de todas as circunstâncias do caso concreto.[1141] Numa lógica semelhante à

[1138] BERTANI 2000, 453.
[1139] AZZI 2005, 461.
[1140] EBNET 1995, 15.
[1141] GOEBEL 1995, 115.

que justificou a protecção dos direitos conexos, a ordem jurídica comunitária atribuiu um direito ao produtor de bases de dados, a que chamou expressivamente *sui generis*, para proteger os seus "investimentos substanciais". A razão de ser deste novo direito aproxima-se da norma que proíbe a utilização e/ou transmissão de informações obtidas mediante descompilação de programas de computador para outros fins que não a interoperabilidade de um programa criado independentemente.

A directiva sobre bases de dados instituiu um regime dualista de protecção jurídica das bases de dados. Por um lado, protegeu a estrutura das bases de dados pelo direito de autor, estabelecendo regras, nomeadamente, quanto aos critérios da originalidade, do objecto, da atribuição da qualidade de autor e do conteúdo, *maxime* patrimonial, do direito de autor. Por outro lado, na linha do projecto traçado pela Comissão no seu Livro Verde sobre os direitos de autor e o desafio da tecnologia[1142], a Directiva 96/9 protegeu o conteúdo das bases de dados mediante a criação de um direito *sui generis*, que visa compensar a desproporção entre os elevados custos de produção e a facilidade de reprodução da informação compilada.

Pode falar-se, aqui, com propriedade, na atribuição de um "privilégio" aos investidores no mercado da informação[1143], que é concedido independentemente de qualquer contributo criativo.

Sob epígrafe direito *sui generis*, o capítulo III da directiva sobre bases de dados estabelece um direito especial sobre o conteúdo da base de dados, que se traduz numa forma de protecção concorrencial de "*prestações económicas e organizatórias*".[1144]

São várias as razões que se aduzem no preâmbulo do diploma para justificar a instituição deste direito *sui generis* sobre o conteúdo das bases de dados (cons. 6-8, 10-12, 38-40), nomeadamente a desproporção entre o custo de copiar ou aceder às bases e o custo da sua concepção autónoma, a "ausência de um sistema harmonizado de legislação e jurisprudência sobre concorrência desleal"[1145], e a promoção da realização na Comunidade de "investimentos em sistemas avançados de gestão da informação".

[1142] COM(88) 172 final.
[1143] M. E. GONÇALVES 2003, 77.
[1144] WIEBE 1997, 135.
[1145] CORNISH/LLEWELYN 2003, 786 ("The *sui generis* right has its place in the Database Directive because there is no harmonised law of unfair competition as between EC States by which undue misappropriation of information could be attacked.").

b) A repressão da concorrência desleal como escopo principal do direito sui generis

Este direito, anexado ao direito de autor, destina-se, no essencial, a proteger o fabricante de bases de dados contra actos de apropriação abusiva, isto é, de concorrência desleal.[1146] Poderia ser acolhido pelo princípio da prestação, enquanto fundamento aberto da concorrência desleal[1147], sendo este o instituto mais adequado para o efeito.[1148]

Na proposta inicial, este direito especial chamava-se "direito de se opor à extracção desleal" e consistia em conceder ao produtor da base de dados o poder de "impedir a extracção não autorizada e a reutilização do conteúdo da referida base de dados para fins comerciais", tendo por escopo a "repressão de actos de pirataria e de concorrência desleal" (cons. 12, 29).[1149] Defendeu-se, por isso, a sua possível transposição para a ordem jurídica interna através do instituto da concorrência desleal, considerando-se que "o arsenal jurídico francês" seria suficiente para proteger o investimento e preservar a lealdade da concorrência, sem desrespeitar o espírito da directiva.[1150]

E, com efeito, este direito "só se compreende se destinado a evitar a concorrência desleal"[1151], não tendo sido esta a via seguida "porque o Reino Unido desconhece o instituto da concorrência desleal"[1152] e os países de *droit d'auteur* não cederam à inclusão do princípio da protecção do investimento no seio dos direitos de autor.

Todavia, não se trata apenas de uma figura de protecção relativa de interesses concorrenciais, aferida em função do caso concreto, mediante a ilicitude de exploração de prestações alheias contrária à cláusula da concorrência desleal, mas antes da instituição de um novo direito, com base no princípio de que os bens imateriais apenas podem encontrar reconhecimento

---

[1146] SCHRICKER/VOGEL 1999, 1323; SÁ E MELLO 1999, 133; BELLEFONDS 2002, 449 ("La logique profonde de ce droit est celle de la condamnation de l'agissement parasitaire.").

[1147] BAUMACH/HEFERMEHL 1996, 606 (§1 UWG); OLIVEIRA ASCENSÃO 1996b, 9.

[1148] SÁ E MELLO 1999, 120.

[1149] LOURENÇO MARTINS 2006, 485.

[1150] MALLET-POUJOL 1996, 14.

[1151] OLIVEIRA ASCENSÃO 2001b, 13, e 2002d, 16 ("Haveria um acto parasitário").

[1152] Id. 2006a, 151. Todavia, a noção de concorrência honesta não é estranha ao direito inglês, como se depreende das palavras do Lord Reid, no caso *Ladbroke v. Hill* (*apud* CORNISH 1996b, 213): "Copyright in a catalogue in no way prevents honest competition – any other trader can decide to stock and sell any of all of the catalogued articles, and he can thereafter make a new catalogue of his own wares. What he must not do is simply to copy the other trader's catalogue."

e protecção jurídica absoluta quando forem previstos e regulados na lei (princípio dos *numerus clausus*).[1153] Justifica-se a tipicidade dos direitos privativos já que "introduzem elementos de monopólio na concorrência".[1154] Ora, com a instituição do direito *sui generis* alarga-se o quadro dos objectos da propriedade intelectual[1155], enquanto exclusivos mercantis, em termos que sugerem o "triunfo dos direitos conexos" na nova lógica dos direitos de autor.[1156] Todavia, o ponto merece-nos as maiores reservas, já que os direitos conexos é que se devem sujeitar à lógica dos direitos de autor, desde logo no que respeita aos limites do exclusivo.

c) *A fluidez do objecto do direito sui generis ("investimento substancial")*

Os Estados-membros são obrigados a instituirem o direito de o fabricante de uma base de dados proibir a extracção e/ou reutilização da totalidade ou de uma parte substancial, avaliada qualitativa ou quantitativamente, do conteúdo desta, quando a obtenção, verificação ou apresentação desse conteúdo representem um investimento substancial do ponto de vista qualitativo ou quantitativo (art. 7.º, 1).

O direito *sui generis* deve ser concedido independentemente de a base de dados e/ou o seu conteúdo poderem ser protegidos pelo direito de autor ou por outros direitos (art. 7.º, 4). Ou seja, o direito especial é atribuido ao fabricante de bases de dados – embora fosse melhor falar em produtor[1157], o que só não se faz para não aproximar esta figura aos direitos conexos dos produtores de fonogramas e videogramas –, quer a estrutura e/ou o conteúdo da respectiva base de dados sejam, ou não, protegidos, quer pelo direito de autor, quer por outros direitos, como sejam os direitos conexos sobre prestações e os direitos relativos a dados pessoais.

Trata-se de proteger apenas o investimento substancial, de um ponto de vista quantitativo e qualitativo, realizado na produção do conteúdo da base de dados.[1158] No direito alemão fala-se, a propósito, na mera protecção de prestações de "Mühe und Fleiß", que não serão sequer protegidas pelo direito de autor como "kleinen Münze".[1159] Nisto estariam afinal "os alicerces

---

[1153] TROLLER 1983, 59.
[1154] CARLOS OLAVO 2005, 39-40.
[1155] PIZZOFERRATO 2000, 287s.
[1156] EDELMAN 2000, 89 s.
[1157] OLIVEIRA ASCENSÃO 2002d, 15; LOURENÇO MARTINS 2004, 153.
[1158] WESTKAMP 2003, 773 ("protection is granted not for a database, but for an investment.").
[1159] KAPPES 1996, 280.

do Direito de Autor sem obra"[1160], se bem que o direito *sui generis* não se confunda com os direitos de autor propriamente ditos, não podendo sujeitar-se estes à lógica daquele. Antes pelo contrário, devem ser impostos ao novo direito "deveres de vizinhança".

Utilizam-se "conceitos fluidos, difíceis de precisar".[1161] Com efeito, a fluidez dos termos presta-se a alguma casuística ao nível da determinação concreta do investimento substancial, podendo o nível de investimento exigido variar consoante o tipo de base de dados e/ou a indústria em questão.[1162] Na "obscura condição de representar um investimento substancial"[1163], o direito é concedido ao fabricante das base de dados, isto é, a pessoa "que toma a iniciativa e corre o risco de efectuar os investimentos", excluindo-se, da "noção de fabricante nomeadamente os subempreiteiros" (cons. 41). Vale para este direito a definição de bases de dados, também considerada "demasiadamente ampla e vaga"[1164], que delimita o objecto do direito de autor, nos termos da qual por base de dados "entende-se uma colectânea de obras, dados ou outros elementos independentes, dispostos de modo sistemático e susceptíveis de acesso individual por meios electrónicos ou outros" (art. 1,.º 2).

Assim, tratando-se de uma base de dados com estas características, o direito *sui generis* será atribuído quando a apresentação do seu conteúdo represente um investimento substancial do ponto de vista qualitativo ou quantitativo. Entre os seus objectos possíveis apontam-se, nomeadamente, os ficheiros da actividade diária das trocas bolsistas mundiais.[1165] Pense-se também, por exemplo, nas bases de dados de agências de notícias e na importância das chamadas *hot-news* de um ponto de vista qualitativo. Distingue-se entre objecto imediato, constituído pelo investimento substancial, e o objecto mediato (ou conteúdo), constituído pelos próprios dados, cuja apropriação é notória, apesar dos considerandos da directiva.

d) A doutrina das infra-estruturas essenciais

Os contornos do objecto deste novo direito são por demais fluidos. Trata-se da protecção, pura e simples, do investimento em produção de informação, que seja substancial. Mas, que meios estão abrangidos neste

---

[1160] OLIVEIRA ASCENSÃO 2006a, 164.
[1161] LOURENÇO MARTINS 2004, 154.
[1162] TRITTON 2002, 361.
[1163] OLIVEIRA ASCENSÃO 2002e, 35.
[1164] REMÉDIO MARQUES 2005, 1786.
[1165] CORNISH/LLEWELYN 2003, 457.

investimento: os meios dedicados à procura dos elementos existentes e à sua reunião na referida base e/ou os meios meios utilizados para a criação dos elementos constitutivos do conteúdo de uma base de dados?

De modo a prevenir os abusos de posição dominante, a jurisprudência comunitária clarificou os termos indefinidos do direito *sui generis*, desde logo ao nível dos seus requisitos de protecção, com apelo nomeadamente à doutrina das *infra-estruturas essenciais*, à semelhança da decisão da Comissão no caso IMS Health 3/7/2001 (Proc. C-481/01), e na sequência da jurisprudência firmada pelo Tribunal de Justiça nos casos *Magill* (Proc. C-241//91) e *Ladbroke* (Proc. C-7/97) em matéria de abuso de posição dominante por recusa de licença.[1166]

No direito norte-americano foi também salientada a validade e importância da doutrina das infra-estruturas essenciais (*essential facilities*) no campo das auto-estradas da informação. A questão colocou-se desde logo no acesso à rede e aos meios, significando a doutrina *essential facilities* a proibição de recusa de acesso aos meios essenciais aos concorrentes que concorrem com os que recusam acesso. Na sequência do caso inglês *Allnut v. Ingles* (1810) relativo ao controlo de acesso aos portos por parte dos que tinham monopólios tributários nesse comércio e tendo em conta jurisprudência anteriormente firmada, no caso das linhas ferroviárias de St. Louis, a decisão do Supremo Tribunal no caso *United States v. Terminal Railroad: Ass'n* (1912) estabeleceu os padrões básicos para o acesso por concorrentes não participantes quando outros concorrentes controlam uma infra-estrutura essencial. Esta jurisprudência está na base da obrigação de prestar acesso constante da *Federal Communications Act* (1934), e a abertura da linha telefónica aos serviços de informação foi também resultado desta importante doutrina do direito da concorrência (*MCI Communications Corp. v. American Telephone & Telegraph Co.* 7th Cir. 1983; *Interface Group, Inc. v. Gordon Publications, Inc.*, D. Mass. 1983; *United States v. Microsoft Corp.* D.C. Cir. 1995).[1167]

e) Criação e obtenção de dados (Fixtures Marketing v. Veikkaus)

Em vista da jurisprudência comunitária, fala-se em "domesticação" do *database right* com base na doutrina das infra-estruturas essenciais (*essential facilities*) e na teoria *spin-off*.[1168] Seja como for, a "descodificação"[1169] do

---

[1166] E.g. SCHWARZE 2002, 81-101; tb. REMÉDIO MARQUES 2003a, 313-4; BACHES OPI/DÍEZ ESTELLA 2006, 650-4.
[1167] PERRITT JR. 1996, 39.
[1168] DAVISON/HUGENHOLTZ 2005, 113; HOEREN 2005b, 247.
[1169] OLIVEIRA ASCENSÃO 2002d, 14.

§ 5. Da Obra Literária ou Artística como Objecto de Direitos de Autor   421

direito *sui generis* pela jurisprudência comunitária tem limado algumas das arestas mais agressivas dos seus contornos literais.

Mais recentemente, no acórdão 9 de Novembro de 2004, relativo a vários processos (nomeadamente Proc. C-203/02, *British Horseracing Board Ltd v William Hill Organization Ltd*, e Proc. C-46/02, *Fixtures Marketing Ltd contra Oy Veikkaus Ab.*, Col. 2004, I-10365), tendo por objecto um pedido de decisão prejudicial sobre a interpretação do artigo 7.º da directiva 96/9, apresentado no âmbito de um litígio que opôs a sociedade *Fixtures Marketing Ltd* (a seguir «Fixtures») à sociedade *Oy Veikkaus Ab* (a seguir «Veikkaus»), resultante da utilização pela Veikkaus, para efeitos da organização de apostas, de dados relativos aos jogos de futebol dos campeonatos ingleses, o TJCE concluiu que: "O conceito de investimento ligado à obtenção do conteúdo de uma base de dados na acepção do artigo 7.º, n.º 1, da Directiva 96/9/CE do Parlamento Europeu e do Conselho, de 11 de Março de 1996, relativa à protecção jurídica das bases de dados, deve entender-se como designando os meios dedicados à procura dos elementos existentes e à sua reunião na referida base. Não inclui os meios utilizados para a criação dos elementos constitutivos do conteúdo de uma base de dados. No contexto da elaboração de um calendário de jogos para efeitos da organização de campeonatos de futebol, o conceito de investimento não tem assim por objecto os meios afectados à determinação das datas, dos horários e dos pares de equipas relativos aos diferentes encontros desses campeonatos."

O TJCE teve especialmente em conta as conclusões da advogada-geral Stix-Hackl, apresentadas em 8 de Junho de 2004, em que no ponto 41 procede "à comparação do conceito de «obtenção» utilizado no artigo 7.º, n.º 1, com as actividades enumeradas no trigésimo nono considerando da directiva. Contudo, importa referir, a título liminar, a existência de divergências entre as várias versões linguísticas. / 42. Partindo do termo de «obtenção» [«Beschaffung»] utilizado na versão alemã do artigo 7.º, n.º 1, apenas podem estar em causa dados já existentes, visto que apenas é possível obter algo que já tem existência. Neste sentido, a obtenção [«Beschaffung»] constitui exactamente o contrário da criação [«Erschaffung»]. Chega-se à mesma conclusão através da interpretação da redacção das versões portuguesa, francesa, espanhola e inglesa, que provêm da palavra latina «obtenere», ou seja, receber. As versões finlandesa e dinamarquesa também sugerem uma interpretação restrita. A interpretação em sentido amplo das versões alemã e inglesa adoptada por alguns intervenientes baseia-se, por conseguinte, num erro. / 46. Todas as versões linguísticas admitem assim uma interpretação no sentido de que a «obtenção» na acepção do artigo 7.º, n.º 1, da directiva não compreende efectivamente a mera aquisição de dados, nomeadamente a criação de dados, ou seja, a fase preparatória. No entanto, quando a criação dos dados coincide com a sua recolha e selecção, a directiva passa a conferir protecção." Com base nisto, a advogada-geral propôs que o "conceito de obtenção do artigo 7.º, n.º 1, da directiva deve ser interpretado no sentido de que também abrange os dados criados pelo fabricante, quando a criação dos dados ocorra em simultâneo com o seu tratamento e não possa ser autonomizada deste."

Todavia, o TJCE decidiu que não são abrangidos os meios utilizados para a criação dos elementos constitutivos de uma base de dados. Proteger os dados cuja criação não pode ser autonomizada da sua recolha e tratamento seria proteger os meios utilizados para a sua criação. Ora, "quando uma base de dados é produzida a partir de dados não divulgados, não existe nenhum direito *sui generis*."[1170]

f) O direito especial do fabricante no DL 122/2000

Esta jurisprudência deve ser tida em conta na interpretação da lei nacional. O DL 122/2000 transpõe o direito *sui generis* estabelecido pela directiva, chamando-lhe protecção especial do fabricante de base de dados (cap. III). Trata-se do direito exclusivo de extracção e/ou de reutilização da totalidade ou de uma parte substancial, avaliada qualitativa ou quantitativamente, do seu conteúdo.

Este direito especial é atribuído quando a obtenção, verificação ou apresentação do conteúdo da base representar um investimento substancial do ponto de vista qualitativo ou quantitativo (art. 12.º, 1). Trata-se, portanto, de proteger o investimento do fabricante não apenas contra concorrentes mas também contra todos, incluindo os próprios utilizadores. De acordo com o referido acórdão do TJCE, o direito especial do produtor de bases de dados não abrange os meios utilizados para a criação dos elementos constitutivos de uma base de dados. Pense-se, por exemplo, no investimento em software, que tenha por função recolher e processar os dados da base.

g) Motores de pesquisa, hiperligações e direito sui generis

Por outro lado, parece-nos de aplaudir a jurisprudência do BGH firmada na sentença *Paperboy* (17/7/2003). O BGH entendeu que a mera colocação de uma ligação profunda para materiais protegidos pelos direitos de autor e colocados em rede à disposição do público não constitui uma infracção ao direito exclusivo de reprodução, na medida em que não sejam neutralizadas

---

[1170] Cfr. MASSON 2006, 267 ("There is no investment in collection or obtaining because the investor already owns the information.").

medidas técnicas de protecção. De igual modo, o serviço em linha (*Paperboy*) que oferece ligações profundas para jornais em linha não conflitua com a exploração normal de um jornal em linha que beneficie do direito sui generis do produtor de bases de dados. Além disso, o motor de busca que oferece ligações profundas para jornais em linha não é considerado um acto de concorrência desleal na medida em que o conteúdo hiperligado seja livremente acessível e o fornecedor da ligação não contorne quaisquer medidas técnicas de protecção.[1171]

Assim, o BGH decidiu que os resultados de pesquisa apresentados pelos motores de busca na Internet não violam, enquanto tais, o direito *sui generis* do fabricante de bases de dados, sem prejuízo de certas práticas de hiperligações, conhecidas como profundas (*deep-linking*), poderem ter esse efeito.[1172] Todavia, o BGH não clarificou a questão da licitude de actos de neutralização de medidas técnicas que impedem hiperligações, ainda que estas, enquanto tais, não sejam consideradas ilícitas.[1173]

A sentença *Paperboy* é de grande alcance e vai de encontro ao entendimento geral de que as hiperligações não devem ser consideradas ilícitas, de acordo com o § 5(3) da *Teledienste-Gesetz*, tal como afirmado em diversas decisões (e.g. *Pfälzer-Links*, LG Frankenhalt, 11.28.2000; *Swabedoo*, OLG Schleswig-Holstein, 12.19.2000). Este princípio geral de liberdade de hiperligações foi todavia posto em causa relativamente a "ligações" mais problemáticas, em especial as chamadas ligações profundas (*deep-linking*), pelas quais se refere directamente o utilizador a conteúdos de um sítio da rede, contornando a sua página principal, questionando-se que poderá constituir violação de direitos de autor no material derivado.

Na Dinamarca, o Tribunal de Bailiff, no caso *Danish Newspaper Publishers' Association v. Newsbooster.com ApS*, de 5 de Julho de 2002, ordenou uma providência cautelar para impedir a Newsbooster.com de prestar serviços que permitiam aos seus utilizadores, mediante remuneração, usar palavras-chave para executar «Web 'bots'» (programas de computador automáticos) para pesquisar sites de notícias. Os Réus foram proibidos de oferecer serviços de ligações profundas, de reproduzir e publicar títulos dos sites e de distribuir e-newsletters com ligações profundas, visto o Tribunal dinamarquês ter considerado tal prática como violação da lei dinamarquesa dos direitos de autor (§§ 71(1) e 71(2)), aprovada em Junho de 1998 em transposição da directiva das bases de dados.

[1171] DREIER/NOLTE 2003, 184-5.
[1172] WANDTKE/BULLINGER/*THUM* 2006, 1079.
[1173] HOEREN 2004, 1-6.

Na Alemanha, o BGH decidiu de modo semelhante num processo movido pelo jornal alemão *Mainpost* contra o motor de busca *Newsclub*, o qual foi condenado por violação dos direitos da base de dados de notícias da Mainpost por via de pesquisa e ligação directa para ela. De modo semelhante, no caso *Stepstone v. Ofir*, a jurisprudência alemã ordenou à empresa dinamarquesa que cessasse a ligação profunda ao web-site do seu concorrente (LG Köln, sentença de 28.2.2001). Todavia, o tribunal judicial de Groeningen, na Holanda, considerou que a secção de ofertas de emprego de um jornal não constituía uma base de dados segundo a lei holandesa, pelo que não poderia ser protegida contra a sua inserção num site de pesquisa de empregos.[1174] Em sentido divergente, na decisão *Google v. Copiepresse* de 13 de Feverero de 2007, o Tribunal de primeira instância de Bruxelas interpretou restritivamente a liberdade de citação e de informação no sentido de não permitir a reprodução de páginas web em memória cache bem como a reprodução de títulos e curtos extractos de artigos de imprensa no site Google.News, não afastando tal ilicitude o facto de as páginas "visitadas" pelo não impedirem tecnicamente a sua indexação por motores de pesquisa.

A lei portuguesa do comércio electrónico, embora estabeleça o princípio da liberdade de associação de conteúdos, incluindo conteúdos ilícitos, determina que a remissão não será lícita "se representar uma maneira de tomar como próprio o conteúdo ilícito para que se remete", tendo em conta determinadas circunstâncias (DL 7/2004, art. 19.º). Todavia, não determina o tipo de ilicitude em causa, nomeadamente se se trata de violação de direitos de autor e conexos, sistemas de acesso condicional ou concorrência desleal, sem esquecer o direito *sui generis* do produtor de base de dados.

Da nossa parte, embora antecipemos um papel relevante neste domínio para o instituto da concorrência desleal, defendemos que a sua aplicação deverá ter em conta o valor das hiperligações enquanto instrumento de realização da liberdade de informação. Assim, exigir-se-á um esforço de contenção judicial na aplicação da cláusula geral da concorrência desleal, apontando-se neste sentido a "a sabedoria do direito inglês" que não coloca nas mãos dos juízes uma cláusula geral tão abrangente.[1175]

[1174] Cfr. OMPI 2002, 49-50.

[1175] CORNISH/LLEWELYN 2003, 802 ("In countries with a broader conception of unfair competition liability, there may be greater scope for legal intervention. The effect of imposing liability would be to cut down one means of usefully providings leads to other sources of information. So there is wisdom in the scrupulous approach of English law.").

Por outro lado, a liberdade de informação justifica a não protecção de meros factos pelos direitos de autor, e o direito *sui generis* do produtor de bases de dados não poderá eclipsar essa liberdade. É por isso que no direito norte-americano, que não consagrou uma figura semelhante ao direito *sui generis*, a jurisprudência invocou a liberdade de informação para recusar protecção pelo *copyright* às chamadas *hot-news* (*National Basket Association and NBA Properties v. Motorola*, US Court of Appeal, 1997), considerando-se a propósito que o "Tribunal reiterou a importância do princípio da liberdade de informação, segundo o qual nenhuma lei pode refrear a livre circulação de informação".[1176]

3.3. A protecção das bases de dados do sector público

a) Os direitos de autor sobre informação do sector público

A Convenção de Berna deixou aos Estados Membros a liberdade de determinarem a protecção a conceder aos textos oficiais de natureza legislativa, administrativa ou jurídica e às suas traduções oficiais (art. 2.º, 4). O Estado Português não concedeu protecção aos textos de convenções, leis, regulamentos e relatórios e decisões administrativas, judiciais ou de quaisquer órgãos ou autoridades do Estado ou da Administração (CDA, art. 8.º, 1, 3.º, 1-c). Além disso, foram excluídos do objecto de protecção, *inter alia*, os requerimentos, alegações e outros textos apresentados por escrito ou oralmente perante autoridades ou serviços públicos, bem como, de um modo geral, os textos propostos e os discursos proferidos em debates públicos sobre assuntos de interesse comum (art. 7.º).

Todavia, pode argumentar-se que as compilações dos conteúdos não protegidos, na medida em que sejam sistemáticas em termos de originalidade em direitos de autor, poderão ser protegidas enquanto bases de dados. Protecção esta que, não obstante, recairia apenas sobre a estrutura da compilação, já não sobre o conteúdo.

Dir-se-á todavia, que faz pouco sentido o Estado arrogar-se direitos de exclusivo, como o direito de autor, sobre leis, decisões judiciais e administrativas, e compilações de informação gerada no seio dos seus organismos. A informação do sector público é, e deve ser, por excelência, informação livre, a menos que essa informação seja objecto de reserva do Estado (por razões de segurança, nomeadamente) ou de direitos privados (dados pessoais, direitos de autor ou segredos empresariais).[1177]

[1176] GHIA 1997, 74.

Julgamos, porém, que não será de excluir que possam ser criadas bases de dados originais quanto à sua estrutura e que os respectivos criadores humanos tenham direito de reivindicar direitos morais sobre tais obras. Porém, à semelhança do que se passa no domínio do direito das patentes (CPI, art. 60.º, 8), os direitos patrimoniais serão legalmente cedidos ao Estado, o qual, todavia, deverá exercer esses direitos estritamente segundo critérios de interesse público. Tenha-se em mente, por exemplo, a importância do acesso a bases de dados científicas (bases biológicas e genéticas). As restrições ao acesso a estas bases são apontadas como um sério impedimento ao progresso científico.[1178] Com efeito, o reverso da medalha da "proprietarização" da informação pura será o "decréscimo da *liberdade de acesso à informação* por parte das comunidades científicas"[1179] e do público em geral. Ora, este direito deve ser conciliado com outros valores, sendo de destacar que a Lei 12/2005, 26/1, sobre informação genética pessoal e informação de saúde, estabelece que: "Deve ser garantido o livre acesso da comunidade científica aos dados emergentes da investigação sobre o genoma humano" (art. 16.º, 2).

b) A informação do sector público como possível objecto do direito especial do produtor de bases de dados

À partida, as bases de dados de órgãos públicos não devem ser excluídas do objecto do direito *sui generis* do fabricante de bases de dados. Atendendo à noção de bases de dados e aos requisitos de atribuição do direito *sui generis*, parece ser de concluir que este direito poderá cobrir as bases de dados de órgãos públicos.[1180] As bases de dados de organismos públicos não são excluídas do âmbito deste direito, às quais se aplicará, gerando-se uma espécie de *Crown Copyright*, que é o *copyright* do governo britânco sobre toda a informação do sector público (CDPA 1988, 48 § 163). Em contraposição, a lei norte-americana do *copyright* impede as agências federais de obterem direitos de autor sobre a informação pública (17 USC § 105). Teoricamente, os direitos estaduais poderiam apropriar-se da informação pública, mas as doutrinas

---

[1177] ROBNAGEL/WEDDE/HAMMER/PORDESCH 1990, 297 ("Die Datenbasis der öffentlichen Verwaltung darf nicht mehr als deren 'Eigentum' angesehen werden, sondern ist weitgehen der Öffentlichkeit, in deren Interesse sie ja gesammelt wird, zur Verfügung zu stellen.").
[1178] CORNISH/LLEWELYN 2003, 789; DAVIS 2005, 99.
[1179] REMÉDIO MARQUES 2005, 1807, 1825.
[1180] DIAS PEREIRA 2002g, 259-60; OLIVEIRA ASCENSÃO 2004c, 66.

do *copyright* impedem-no (*Mason v. Montgomery Data, Inc.*, S.D. Texas 1991, relativo à exclusão das matérias de facto).[1181]

A Directiva 96/9 é um instrumento jurídico de promoção da indústria europeia da informação. Todavia, implica um sério custo em termos de livre fluxo de informação, já que informação tradicionalmente livre tornar-se-á objecto de um direito de exclusivo. É unânime o entendimento de que se trata de uma grave restrição ao livre fluxo da informação. Nas suas excepções não se contam, nomeadamente, a utilização para fins de informação. O mesmo sucede na lei interna (DL 122/2000, art. 15.º).

O próprio legislador comunitário tem consciência da gravidade do excluído outorgado, consagrando um processo de controlo de aplicação da directiva, especialmente do direito *sui generis*, em ordem a verificar se a aplicação daquele direito deu origem a abusos de posição dominante ou a outros atentados à livre concorrência em termos de justificarem medidas apropriadas, particularmente a instituição de um regime de licenças não voluntárias (Directiva 96/9, art. 16.º, 3).

Para além desta lógica estritamente concorrencial, é o próprio utilizador final de informação que passa a ser objecto de controlo. No fundo, o direito *sui generis* acaba por se traduzir numa excepção ao direito de acesso. Basta alegar que o acto do utilizador atenta contra o investimento para que o acesso à informação pública lhe seja negado. Quase se presume *iuris et de iure* que o cidadão é um concorrente parasita.

Tudo isto é muito problemático. Não havendo um segredo de Estado que qualifique um documento como confidencial, nem um segredo de negócios ou relativo à propriedade intelectual, nem um segredo pessoal, o que há agora é uma extensão da área de reserva exclusiva sobre informações tradicionalmente pertencentes ao domínio público, em que o acesso poderia ser condicionado, mas não recusado, pois não seria abrangido pela área de reserva de um direito exclusivo.

Por estas razões, a aplicação concreta deste direito deverá ter em conta os fins de disciplina económica que o animam. Mormente com o advento dos sistemas de protecção técnica que impedem acessos tecnologicamente não autorizados à informação colocada à disposição em rede, é necessário que se clarifique o princípio da liberdade de acesso à informação do sector público, sob pena de os "códigos técnicos"[1182] prevalecerem sobre os códigos jurídicos.

[1181] CORNISH/LLEWELYN 2003, 530-3.
[1182] HUGENHOLTZ 2000c, 84.

A importância do que fica dito compreende-se se tivermos em conta que a Directiva 2001/29 define como infracção o acesso não autorizado a uma base de dados por via da neutralização dos mecanismos tecnológicos de protecção; além disso, este "direito técnico"[1183] proíbe os actos de remoção ou alteração da informação para gestão de direitos "tatuada" nos conteúdos informativos.

c) *Domínio público e liberdade de informação*

Por tudo isto, está actualmente em causa a noção de domínio público. Com este direito *sui generis*, que se renova ou recria automaticamente com a realização de um investimento substancial na (re)produção da base gerando-se um "direito perpétuo"[1184], o domínio público é eclipsado. Em especial se atendermos ao regime a que inclusivamente os utilizadores legítimos estarão sujeitos, no que respeita aos actos de extracção e reutilização do conteúdo das bases de dados.

Para obstar a esse resultado a lei alemã dispôs que a base de dados cujo conteúdo tenha sido modificado de um modo qualitativamente e quantitativamente substancial é considerada uma nova base de dados desde que a modificação implique um investimento qualitativa e quantitativamente substancial (§ 87a, 2ª parte, UrhG). Nessa medida, tratando-se de uma nova base de dados não se pode dizer que o prazo de protecção seja prolongado, pois que de uma nova base se trata, que é protegida autonomamente. Tal não impede os autores de considerarem que "as bases de dados podem por isso gozar em princípio de protecção indefinidamente".[1185]

Em vista destas considerações, parece-nos que se deverá moderar os contornos mais extremos do direito *sui generis* do produtor de bases de dados para actos de extracção e re-utilização relativos à exploração económica ou mercantil desses conteúdos informativos, de modo a que ao utilizador final – afinal de contas, o cidadão da Sociedade da Informação – não fique reservada a figura do "potencial parasita" ou do "sabotador" do investimento. A amplitude do exclusivo concedido pelo direito comunitário desqualifica-o como modelo de protecção dos produtores de bases de dados nas instâncias internacionais e noutros países, em virtude das restrições que gera à liberdade de informação.[1186] "O perigoso exclusivo outorgado sobre

---

[1183] BURKERT 1995, 86.
[1184] OLIVEIRA ASCENSÃO 2002d, 16.
[1185] FROMM/NORDEMANN/*HERTIN* 1998, 585.
[1186] TIAN 2005b, 347 ("the leadership of digital legislation should always be taken by the nation that makes the best law; and the 'true conquerors' should be the nation that makes the best law rather than the nation who made the law first." – 405).

a informação pelo direito *sui generis*, mesmo a ser aceite, terá assim de ser constantemente confrontado com o princípio fundamental da liberdade de informação."[1187]

A este respeito é de referir que a Lei da Televisão proíbe a aquisição de direitos exclusivos para a transmissão de acontecimentos de natureza política e estabelece o direito a extractos televisivos, impedindo os responsáveis pela realização de espectáculos ou outros eventos públicos e os titulares de direitos exclusivos de se oporem à transmissão de breves extractos dos mesmos, de natureza informativa, por parte de qualquer operador de televisão, nacional ou não (L 32/2003, 22/8, arts. 28.º e 29.º, 1, agora Lei 27/2007, 30/7, arts. 32.º e 33.º; v.tb. Directiva 2007/65, art. 3.º-K, alterando a Directiva 89/552). Em termos semelhantes, a Lei da Rádio (L 4/2001, 23/2) impede os titulares de direitos decorrentes de organização de espectáculos ou outros eventos públicos de se oporem à transmissão radiofónica de breves extractos que se destinem a informar sobre o conteúdo essencial dos acontecimentos em questão (art. 36.º, 3).

Por seu turno, o Estatuto do Jornalista (Lei 1/99, 13/1, alterada pela Lei 64/2007, 6/11) estabelece que os jornalistas têm direito de acesso a fontes oficiais de informação (art. 8.º) e, em especial, direito de acesso a locais abertos ao público para fins de cobertura informativa (art. 9.º), não podendo para o efeito ser impedidos de entrar ou permanecer nesses locais e podendo utilizar os meios técnicos e humanos necessários ao desempenho da sua actividade (art. 10.º, 1).

Ora, justamente, parece-nos que os direitos de acesso e de utilização de breves extractos reconhecidos aos jornalistas, para fins informativos, deverão poder justificar a neutralização de protecções técnicas, instituída a propósito dos direitos de autor e conexos. Será esta uma forma de "limar" o direito *sui generis* e, ao mesmo tempo, de salvaguardar a sua constitucionalidade, já que a formulação literal dos seus contornos parece eclipsar todos os demais valores que se colocam na balança da justiça da informação.

Aliás, o mesmo deveria valer, *mutatis mutandis*, para o direito de acesso aos dados informatizados dos titulares de dados pessoais, previsto na Lei da Protecção dos Dados Pessoais (L 67/98, 26/8, art. 11.º), em densificação do comando constitucional (CRP, art. 35.º, 1).

[1187] OLIVEIRA ASCENSÃO 2002d, 26; tb. WACHOWICZ 2005, 253.

4. Síntese conclusiva do § 5

1. A noção de obras literárias e artísticas, enquanto objecto de protecção dos direitos de autor, é porventura um dos pontos mais nevrálgicos em matéria de conciliação entre o exclusivo e a liberdade de informação.

Por um lado, a noção de obra literária e artística é um conceito normativo, cuja determinação se afere pelas "ideias correntes" no momento em que a questão se coloque, não dependendo de juízos de perícia literária ou artística. Por outro lado, a atribuição de protecção pelos direitos de autor depende da verificação dos requisitos normativos da exteriorização e da originalidade.

O primeiro significa que os direitos de autor não protegem a obra apenas pensada, i.e. se "estiver apenas na cabeça do criador"[1188], exigindo-se pelo contrário a sua expressão numa forma sensorialmente apreensível ou perceptível. O segundo exige que a obra seja fruto da liberdade de criação cultural, não bastando o mero "suor na testa". Apesar da irrelevância do mérito estético e da natureza utilitária ou funcional da obra, os direitos de autor só existem se houver criação intelectual de autoria, o que afasta a repetição e a banalidade, bem como a obra não humana.

Pode definir-se a originalidade pela negativa, no sentido de a obra não ser cópia ou reprodução directa ou indirecta de obra preexistente, quer seja protegida por direitos de autor quer esteja já caída no domínio público. Mas a originalidade tem um sentido mais profundo, que é imposto pela liberdade de informação. O que conta é a originalidade ao nível da forma de expressão, ainda que se abranja a sequência, a estrutura e a organização da obra, i.e. a sua "forma interna". De fora ficam as ideias, os princípios, os temas, os métodos ou sistemas, enquanto tais. As "erupções" literárias ou artísticas, ao nível das concepções de base ou formas abstractas, não são protegidas pelos direitos de autor, que apenas abrangem as formas concretizadas de expressão literária ou artística.

O ponto é da maior importância, já que é por referência ao objecto de protecção que se estabelecem as fronteiras do domínio e se afere a infracção. Se os direitos de autor protegessem as formas abstractas de expressão, então as fronteiras do exclusivo sofreriam um alargamento drástico, em virtude do direito à obra derivada. É por isso também que os direitos de autor não protegem obras que sejam a única forma possível de expressão da ideia. Fala-se em fusão entre ideia e expressão, recusando-se protecção a esta última em virtude de não ser livre mas antes ditada por aquela.

[1188] GOMES CANOTILHO 2005, 69.

Por outro lado, a liberdade das ideias mostra que, em certo sentido, os direitos de autor não proíbem a imitação nem a concorrência ao nível das formas abstractas. O facto de um escritor ser bem sucedido no mercado dos romances sobre códigos secretos não lhe dá o direito de proibir os outros escritores (e editores) de entrarem nesse mercado com outros romances baseados nessa fórmula abstracta. Eis, por conseguinte, uma distinção de grande alcance no regime dos direitos de autor. Só as formas concretas podem ser apropriadas. As formas (ou fórmulas) abstractas fazem parte da liberdade das ideias. A este nível, prevalece a liberdade de informação.

2. Isto permite compreender, por outro lado, o reduzido alcance dos direitos de autor no domínio do software e das bases de dados. Apesar de todos os instrumentos internacionais e das directivas comunitárias, a verdade é que a forma de expressão destas obras é tendencialmente ditada pela função ou processo que implementam. A originalidade, em termos de criação intelectual, situa-se sobretudo ao nível do material preparatório de concepção (algoritmia, lógica e estruturas de dados). Na programação informática e na estruturação de dados, a "pureza" e eficiência dos códigos é até avessa a variações por parte do programador que implementa os processos, consideradas como possíveis fontes de erros e deficiências do programa ou da base de dados. Como mostrou a jurisprudência norte-americana, pode até dizer-se que, tendencialmente, quanto mais eficiente for um programa de computador menos será protegido pelos direitos de autor.

Isto não significa que não possa existir originalidade na programação de software e na estruturação de bases de dados. Todavia, só na medida em que em concreto essa originalidade se verifique é que a protecção pelos direitos de autor se justificará. A Directiva 91/250 parece contornar os "requisitos de admissão" nos direitos de autor estabelecendo uma forma especial de protecção das informações algorítmicas que estão na base dos códigos do software. Todavia, a casuística das instâncias comunitárias está a sujeitar essa protecção especial às exigências do direito da concorrência, no sentido de permitir o acesso e a utilização dessas informações inclusivamente por concorrentes directos.

No fundo, trata-se de considerar que essas informações fazem parte do que designámos por "formas abstractas", que ficam, enquanto tais, "à porta" dos direitos de autor. As formas abstractas pertencem ao reino da liberdade das ideias, que a liberdade de informação protege. Na medida em que os códigos informáticos e as estruturas de bases de dados sejam a via única de exprimir essas formas abstractas, os direitos de autor, enquanto tais, não lhes podem servir de guarida.

3. Mas, ao lado dos direitos de autor, surgem os direitos conexos dos artistas intérpretes ou executantes, dos produtores de fonogramas e videogramas, dos organismos de radiodifusão e até de outros agentes no mercado da cultura (e.g. promotor de espectáculos públicos). O direito conexo dos artistas intérpretes ou executantes funda-se em razões próximas dos direitos de autor, se bem que o nível de criação intelectual seja mais reduzido senão mesmo inexistente quando se trate de meros executantes. A prestação destes agentes, embora artística, é servil em relação à obra que interpretam ou executam. Isso não obsta a que também beneficiem de direitos morais, para proteger a sua honra e reputação de artistas relativamente às suas interpretações ou execuções.

Diferente é a categoria dos produtores de fonogramas ou videogramas, dos organismos de radiodifusão e de titulares de direitos conexos "atípicos". Nestes casos trata-se de proteger apenas os investimentos que realizam na produção ou comunicação de obras, as quais podem nem ser protegidas por direitos de autor. A nível internacional convencionou-se que os interesses da generalidade destes empresários mereciam protecção mediante a outorga de direitos exclusivos de exploração das suas prestações, de conteúdo patrimonial análogo aos direitos de autor. O direito comunitário reforça o exclusivo internacional, segundo o princípio do elevado nível de protecção.

A "porta" dos direitos conexos, embora restrita apenas aos que a lei titula, é mais larga do que a "porta" dos direitos de autor. Desde logo a originalidade das prestações não é requisito de admissão. Salvo no que respeita aos artistas intérpretes ou executantes, só se exige dos titulares de direitos conexos que realizem um investimento ou "suor na testa" em actividades de mediação cultural, de modo a poderem beneficiar do exclusivo. Vale aqui o princípio da protecção do investimento. Todavia, a facilidade de outorga deste exclusivo tem um preço: os direitos conexos não podem proibir o que os direitos de autor permitem.

4. E é aqui que surge a figura estranha do direito *sui generis* do "fabricante" de bases de dados. Na sua lógica interna, este direito em tudo se assemelha aos direitos conexos dos produtores de fonogramas ou videogramas e dos organismos de radiodifusão. Em certo sentido, poderia até defender-se que os produtores de bases de dados beneficiariam desses direitos conexos ora através da produção de colectâneas em CD-ROM ora por via da exploração de bases de dados acessíveis em linha. Foi aliás muito defendida a analogia entre as obras multimédia e as obras audiovisuais, para efeitos de protecção daquelas pelo regime destas. De resto, o instituto da concorrência desleal dava já resposta, em vários países, às pretensões dos produtores de informação.

Todavia, isso não lhes bastava. Quiseram mais e o legislador comunitário, em nome da sociedade e do mercado da informação, outorgou-lhes um exclusivo quase absoluto e independente do princípio tratamento nacional previsto nos tratados internacionais.

Este novo direito rompe com uma máxima dos direitos conexos, que é a sua subordinação aos limites dos direitos de autor. A protecção dos investimentos substanciais dos produtores de bases de dados justificou, na óptica do legislador comunitário, a criação deste *Alien*, que inseriu na sistemática dos direitos de autor e conexos, mas, aparentemente, sem relações nem deveres de vizinhança.

É significativo que, chamada a pronunciar-se sobre esta "criatura selvagem", a jurisprudência comunitária esteja a "domesticar" o direito *sui generis*, subordinando-o, desde logo, às exigências do direito da concorrência, em especial por via da aplicação da doutrina das infra-estruturas essenciais ao nível da definição do seu objecto de protecção.

Nessa medida – que será já bastante reduzida –, e sem abdicar de o sujeitar a relações de vizinhança com os direitos de autor e conexos, é legítimo equacionar que este novo direito poderá servir de forma jurídica para a protecção das bases de dados do sector público, já consideradas os maiores "jazigos" de «infóleo» na sociedade da informação, podendo os Estados--membros continentais utilizar este direito à semelhança do *Crown Copyright* britânico.

Não obstante, a liberdade de informação exige que as excepções deste novo direito respeitem, pelo menos, os limites dos direitos de autor, quer em termos de concorrência mercantil, quer no que respeita ao valor da informação enquanto condição de possibilidade do pensamento e da sua livre expressão, bem como da liberdade de criação cultural e da liberdade de aprendizagem, sem esquecer a reserva da vida privada.

§ 6. AUTORIA E TITULARIDADE DE DIREITOS DE AUTOR

> "... a função autor está ligada ao sistema jurídico e institucional que encerra, determina, articula o universo dos discursos; não se exerce uniformemente e da mesma maneira sobre todos os discursos, em todas as épocas e em todas as formas de civilização; não se define pela atribuição esponânea de um discurso ao seu produtor, mas através de uma série de operações específicas e complexas; não reenvia pura e simplesmente para um indivíduo real, podendo dar lugar a vários 'eus' em simultâneo, a várias posições-sujeitos que classes diferentes de indivíduos podem ocupar"
> MICHEL FOUCAULT, *O que é um autor?*, 2002, 56

1. A unidade autoria/titularidade de direitos

A função-autor de que fala Michel Foucault refere-se à atribuição de um discurso a um sujeito. Os direitos de autor são também uma forma de atribuição de discursos (em sentido amplo, abrangendo as diferentes formas de expressão literária ou artística) aos seus criadores intelectuais, que todavia opera em termos de "atribuição espontânea".

O Código do Direito de Autor afirma a regra da unidade entre autoria e titularidade de direitos, nos termos da qual "autor" é o criador intelectual da obra (art. 27.º, 1), pertencendo-lhe por isso o direito de autor (art. 11.º). Todavia, o Código admite disposição em contrário, permitindo excepções ao princípio da autoria em condições muito "imperfeitas".[1189] Utiliza-se o termo "autor" para designar não só os criadores intelectuais, mas também os titulares de direitos, ao ponto de os criadores poderem não ser considerados autores. Isto é, criação e autoria seriam realidades normativas distintas, à semelhança da teoria da função-autor de Foucault e do sistema de ficções do *copyright*.[1190]

[1189] ORLANDO DE CARVALHO 1994, 542-3.

[1190] TORREMANS 2001, 73 ("Authorship could be a factual matter. The author of a work is the person who creates it: the writer, painter or sculptor, ... The copyright, Designs and

1.1. A correcção de normas legais contrárias ao princípio da autoria

Temos boas razões para defender, quanto a este ponto, a necessidade de correcção dos preceitos do Código que ferem o princípio da autoria.[1191] A categoria "autor" não é puramente funcional ou instrumental, antes provida de carga valorativa juridicamente vinculativa. Este é um dos pontos em que rejeitamos uma abordagem aos direitos de autor assente apenas em argumentos de índole funcional ou instrumental. Em causa está o princípio dogmático da autoria humana criadora, subjacente à Convenção de Berna.[1192]

Damos aqui prevalência ao *argumento ontológico,* informado pelo princípio dogmático da autoria criadora, sobre os argumentos instrumentais ou funcionais, i.e. da teoria do autor-função. Em suma, "segundo a natureza das coisas, apenas as pessoas naturais, e não jurídicas, podem ser consideradas autores de obras".[1193] Autor é a pessoa humana que cria a obra, adquirindo, por isso, originariamente, o direito de autor, quer na vertente pessoal, quer na vertente patrimonial. "Autor é quem cria a obra e só ele. Direito de autor, quer na vertente juspessoal (direito de personalidade), quer na vertente jusdominial (direito de propriedade), tem-no, *ab origine,* o autor e apenas o autor."[1194]

Trata-se do "princípio do criador", expressamente consagrado no § 7 UrhG (*Schöpferprinzip* ou *Urheberschaftsprinzip*), que significa que autor é o criador da obra (*Urheber ist der Schöpfer des Werkes*), o qual só pode ser uma pessoa física, adquirindo originariamente o direito pelo simples facto da criação.[1195] Na legislação de outros países, o princípio é também legalmente consagrado, por exemplo na Suiça ("Urheber oder Urheberin ist die natürliche Person, die das Werk geschaffen hat." – art. 6), no Brasil ("Autor é a pessoa física criadora de obra literária, científica ou artística" – art. 11.º)

Patents Act 1988 sets off in Section 9(1) by restating that rule. However, it does not stop here. A set of *legal fictions* follows." – itálico nosso).

[1191] ORLANDO DE CARVALHO 1994, 542-3 ("O princípio da *auctorship* não se derroga"). Porém, OLIVEIRA ASCENSÃO 1992, 107, 112. Admitindo a excepção no caso das obras colectivas, REBELLO 1994, 107, 112-3, 133; CAPELO DE SOUSA 1995, 596; ROCHA 2007, 184-5 ("estamos perante uma atribuição originária de direitos de autor a uma pessoa jurídica", a qual teria inclusivamente direitos morais, na perspectiva da Autora).

[1192] STEWART 1989, 159; NORDEMANN/VINCK/HERTIN 1990, 48.

[1193] ULMER 1980, 183.

[1194] ORLANDO DE CARVALHO 1994, 543.

[1195] SCHRICKER/*LOEWENHEIM* 1999, 218-9; FROMM/NORDEMANN/*HERTIN* 1998, § 7, 108; HABERSTUMPF 1996, 68; MESTMÄCKER/SCHULZE 1997, 1; WANDTKE/BULLINGER/*WANDTKE* 2006, 8.

ou Bélgica ("le titulaire originaire du droit d'auteur est la personne physique que a crée l'oeuvre." – art. 6.º, 1).[1196]

Como o disse a jurisprudência norte-americana, no caso *Burrow-Giles Litographic Co. v. Sarony* (1884): "Author essentially means a person to whom something owes its origin." Isso não impede aliás que à categoria autor se reconheça também uma importante função económica, que é prevenir a acumulação do poder de monopólio dos livreiros e editores.[1197]

Mesmo no *copyright* inglês, que prevê até uma regra especial de protecção de obras geradas por computador para os casos em que nenhum autor humano pode ser designado, a doutrina corrige a noção legal de autor, no sentido de a reservar apenas para "o criador em sentido real. Ele ou ela (mas não isso) é a pessoa que, pelo exercício de trabalho, habilidade e discernimento, dá expressão a ideias do tipo apropriado".[1198]

Todavia, se no direito inglês se admitem desvios ao princípio da unidade autoria/titularidade originária (e.g. os «works made for hire») – não obstante as reservas que isso suscita em termos de conformidade com os instrumentos internacionais de protecção dos direitos do homem –, já tal não deverá ser admitido no "dualismo latino" do *droit d'auteur*. Com efeito, as "*sociedades, enquanto tais*, enquanto pessoas morais, não podem ser investidas a *título originário* das prerrogativas de autor, porque a ficção não as torna aptas a praticar actos de criação intelectual. [...] os direitos de autor supõem uma manifestação de personalidade, é dizer uma atitude rigorosamente própria a quem pretende ser investido a título original. Evidentemente, a sociedade não pode satisfazer esta exigência [...] ela não poderá prevalecer-se de prerrogativas de autor senão por via de transferência."[1199]

a) Autoria, monismo e dualismo

Por contraposição ao monismo germânico, marcado pela natureza unitária e "infrangível"[1200] do *Urheberrecht*, a expressão dualismo significa

---

[1196] DE VISSCHER/MICHAUX 2000, 34 («seule une personne physique peut être titulaire de l'œuvre *ab initio*» – 35)

[1197] NELSON 2005, 559 (citando o Supreme Court no caso *Eldred v. Ashcroft* 2003: "The Framers guarded against the future accumulation of monopoly power in booksellers and publishers by authorizing Congress to vest copyrights only in 'Authors'.").

[1198] CORNISH/LLEWELYN 2003, 399; cfr. DAVIS 2005, 144-5.

[1199] DESBOIS 1953, 161-2; BELLEFONDS 2002, 108 («l'auteur ne peut être, en droit français, qu'une personne physique»). V. tb. ASCARELLI 1960, 750; Troller 1983, 346; RODRIGUEZ-CANO 1989, 207.

[1200] DIETZ 1995, 3.

que é admitida a transferência (alienação) legal ou contratual dos direitos patrimoniais, como sucede nos países latinos (França, Itália e Portugal; em Espanha, para além da *cessio* legis no caso de obras colectivas, a Lei 23/ /2006 estabeleceu relativamente aos direitos conexos de reprodução e distribuição que podem transferir-se, ceder-se ou ser objecto de concessão de licenças contratuais – LPI, art. 115.º, art. 121.º, art. 126.º, 1-f).

Em todo o caso, para além de certas pretensões remuneratórias irrenunciáveis, mesmo nos regimes dualistas o autor nunca laqueia o cordão umbilical que o liga à obra, uma vez considerado o regime dos direitos morais (e.g. direito de retirada).

Por outro lado, se considerarmos que no monismo germânico são admitidas licenças exclusivas englobando todos os *Nutzungsrechte* – à excepção dos modos de utilização da obra ainda não conhecidos –, então poderemos concluir que, embora existam duas famílias no quadro do *droit d'auteur*, a verdade é que as diferenças acabam por ser absorvidas pelas semelhanças, no confronto com essa outra grande concepção que é o *copyright*. Mais uma vez, porém, a adesão destes países à União de Berna e o decorrente enxertamento de direitos morais no tronco desse modelo conduz a uma aproximação gradual das duas concepções, tendência essa que é reforçada, a nível europeu, pelas medidas de harmonização comunitária, que não obstante apontam tendencialmente, a nosso ver, para o modelo dualista.

b) *A criação intelectual como título de apropriação jurídica das obras literárias ou artísticas*

O direito de autor nasce na esfera jurídica do criador intelectual no momento e pelo simples facto da criação.[1201] É paradigmático a este respeito o art. 2574 do Código Civil italiano (idêntico ao art. 6.º da Lei n.º 631, 22/ /4/1941), nos termos do qual "o título originário de aquisição do direito de autor é constituído pela criação da obra, enquanto expressão particular do trabalho intelectual" ("Il titolo originario dell'acquisto del diritto d'autore è constituito dalla creazione dell'opera, quale particolare espressione del lavoro intellettuale").

Em comentário às regras sobre direitos de autor inseridas no código civil, não no livro da propriedade, mas antes no do trabalho, escreve-se, que "no código [civil] são inseridas as normas fundamentais e basilares do direito de autor, que têm carácter de grande estabilidade e dificilmente são

---

[1201] WANDTKE/BULLINGER/THUM 2006, 121 ("Die Werkschöpfung ist bloβer *Realakt*, kein Rechtsgeschäft").

modificáveis".[1202] Trata-se, por isso, de um princípio fundamental dos direitos de autor, nos termos do qual o criador intelectual deve ser considerado autor da obra e, nessa medida, adquirente originário do direito de autor. O título de apropriação das obras literárias ou artísticas é a criação intelectual *ipso facto*.

1.2. Cessão legal e transmissão contratual dos direitos patrimoniais

No entanto, ao contrário dos direitos morais, o conteúdo patrimonial do direito de autor poderá ser transmitido ou onerado, seja por via contratual (arts. 9.º, 2, 40.º-b) e seg., art. 56.º, 1), seja por disposição legal, i.e. a transferência pode ser efectuada contratual ou legalmente, à semelhança dos *legal assignments* do *copyright*.

Assim, a admissibilidade de disposição expressa em contrário ao princípio da autoria/titularidade, segundo o qual o direito de autor pertence ao criador intelectual da obra, é restrita aos direitos patrimoniais (disponíveis), operando mediante aquisição derivada, que pode resultar de acordo das partes ou por força da lei (*ex lege*).[1203]

Esta proposta de interpretação apoia-se no próprio Código, em especial no art. 14.º ("Ainda que a titularidade do conteúdo patrimonial do direito de autor pertença àquele para quem a obra é realizada..."), que salvaguarda a tutela da actividade criativa nomeadamente do criador.[1204] É fiel ao princípio da autoria sem comprometer as exigências da prática, e permite compreender adequadamente as normas que facultam a atribuição do "direito de autor" a outrem que não o criador intelectual da obra. Como casos de acordo das partes, refiram-se, por exemplo, a obra feita por encomenda ou por conta de outrem (art. 14.º, 1), a obra subsidiada (art. 13.º), e a obra futura (art. 48.º, 1); relativamente à cessão *ex lege*, destaca-se a obra de encomenda em que "o nome do criador da obra não for mencionado ou não figurar no local destinado para o efeito segundo o uso universal" (art. 14.º, 3; v.tb. art. 165.º, 2, para as fotografias) e, como veremos, a obra colectiva.

[1202] GIANNINI 1943, 25.

[1203] HAMMES 1998, 201 ("A autoria originária da obra é do empregado."); em sentido idêntico, no direito espanhol, VALDÊS ALONSO 2001, 105 ("En el caso de la relación laboral de creación, los frutos o utilidad patrimonial extraíble de la obra creada nacen originariamente en el patrimonio del autor operándose, posteriormente, una cesión (esta vez, sí) de los mismos al empresario. Este nacimiento originario de los frutos en el patrimonio del trabajador se deriva, directamente, del art. 1. TRLPI, que atribuye la propiedad intelectual de una obra literaria, artística o científica «*al autor por el solo hecho de su creación*».").

[1204] Cfr. ROMANO MARTINEZ 2000, 225s.

2. Autoria singular, autoria plural e obras colectivas

O titular originário dos direitos de autor é o criador intelectual da obra, sendo por isso elidível a presunção *auctor est quem opus demonstrat* (art. 27.º, 2).[1205] Além disso, estes princípios valem tanto nos casos em que a obra é criada por um só autor como nos casos em que a obra é "criação de uma pluralidade de pessoas" (art. 16.º, 1). Neste último grupo de casos, distinguem-se, fundamentalmente, dois tipos de obras: a obra feita em colaboração e a obra colectiva.

2.1. *Obra em colaboração*

A "obra feita em colaboração" consiste na obra divulgada ou publicada em nome dos colaboradores ou de alguns deles, quer possam discriminar-se quer não os contributos individuais (art. 16.º, 1-a). Este tipo de obras rege-se pelo critério segundo o qual o direito de autor, na sua unidade, pertence a todos os que nela tiverem colaborado, sendo o seu exercício regido, em certos termos, pelas regras da compropriedade (art. 17.º, 1; art. 1403.º do Código Civil).

Porém, se a divulgação ou publicação da obra for realizada sem qualquer identificação de alguns dos seus colaboradores, presume-se que estes "cederam os seus direitos àquele ou àqueles em nome de quem a divulgação ou publicação é feita" (art. 17.º, 3); esta presunção "é relativa"[1206]. Estabelece-se uma presunção de cessão, em termos semelhantes ao art. 14.º, 3, em razão da não identificação de colaboradores. Trata-se de uma situação diferente da chamada obra compósita, já que não é incorporada na obra em colaboração, no todo ou em parte, uma obra pré-existente (art. 20.º). A lei favorece a exploração da obra em colaboração não fazendo depender de autorização de colaboradores, que são autores de obras atomizadas, a integração e exploração destas naquela, que as incorpora.

a) *Conexão de obras*

Apesar de serem situações distintas, a obra gerada no processo de criação de obra feita em colaboração e que dela se autonomiza e a obra pré-

---

[1205] ORLANDO DE CARVALHO 1994, 544 ("as presunções quer do art. 27.º, 2, quer do art. 14.º, 3, são meramente relativas").

[1206] OLIVEIRA ASCENSÃO 1992, 124; REBELLO 1994, 113.

-existente incorporada na obra assim chamada compósita integram ambas o fenómeno da conexão de obras. Um outro caso de conexão de obras, certamente o mais típico, é a conjugação de obras criadas autonomamente para serem utilizadas em conexão, e.g. letra e música feitas para uma canção.[1207]

Nas obras em colaboração a lei "impõe" a conexão aos criadores das obras atomizadas, uma vez que o exercício individual dos respectivos direitos não pode prejudicar a exploração em comum da obra em colaboração. Em termos próximos pode referir-se a lei suíça, dispondo que se os contributos individuais se puderem separar e se nada tiver sido convencionado em contrário, poderá cada autor ou autora explorar autonomamente a sua contribuição própria, na medida em que tal não prejudique a exploração em comum da obra conjunta (Art. 7 URG).

A lei alemã consagra expressamente a figura da conexão de obras (§ 9. "Urheber verbundener Werke"), distinguindo-a da co-autoria, em respeito pela autonomia de cada forma de expressão criativa. Ali só há uma obra, embora criada por mais do que uma pessoa; na *Werkverbindung* as obras são autónomas mas coligadas para fins de exploração conjunta. "Em oposição aos casos de co-autoria (§ 8), em que há uma obra unitária resultante de uma criação comum, na conexão de obras (*Werkverbindung*) a autonomia de cada obra fica garantida".[1208]

No direito de autor português, deve reconhecer-se a figura da "conexão de obras".[1209] Apesar de o Código não consagrar expressamente esta figura, acaba por impô-la em diversas situações, pressupondo ou ficcionando que a obra é criada em co-autoria, de modo a que o autor de cada contribuição individual discriminável não possa prejudicar a exploração em comum das obras assim criadas.

b) *Obras cinematográficas e audiovisuais*

O Código qualifica como obras de colaboração uma série de obras a que chamou obras radiodifundidas, obras cinematográficas, obras videográficas e obras fonográficas. Ao mesmo tempo, discrimina, expressamente, contribuições pessoais criativas, em termos de atribuir aos respectivos autores a co-autoria daquelas obras. Assim, por exemplo, são considerados co-autores da obra radiodifundida (definida no art. 21.º, 1), como obra feita em cola-

---

[1207] CORNISH/LLEWELYN 2003, 479 ("In such cases there are distinct copyrights").
[1208] SCHRICKER/*LOEWENHEIM* 1999, 230-2; tb. WANDTKE/BULLINGER/*THUM* 2006, 151; FROMM/NORDEMANN/*NORDEMANN* 1998, 122; HABERSTUMPF 1996, 73; por todos, STROH, *Werkeinheit und Werkmehrheit im Urheberrecht*, 1969.

boração, não apenas os autores do texto e da música, mas também os autores da realização e, ainda, da adaptação nos casos de obras inicialmente não criadas para a comunicação audiovisual (art. 20.º, 1).

Parece que o Código adoptou a concepção da obra audiovisual como "obra de arte global" (*Gesamtkunstwerk*), isto é, como um conjunto integrado de texto, som e imagens animadas, combinando diversos géneros de formas de expressão num modo comunicativo comum. Talvez por isto se considere a obra audiovisual como obra feita em colaboração. Mas esta qualificação não é pacífica, em especial no que respeita à obra cinematográfica.[1210]

Por outro lado, são inventariadas as diversas contribuições pessoais e definidos os respectivos autores. Assim, consideram-se autores da obra cinematográfica: o realizador, o autor do argumento, dos diálogos (se for pessoa diferente) e o da banda musical. Trata-se, portanto, de determinadas contribuições pessoais que são realizadas no âmbito do processo de criação da obra cinematográfica, isto é, feitas expressamente para o cinema. E, por ser assim, consideram-se também co-autores os autores da adaptação e dos diálogos quando se trate de adaptação de obra não composta expressamente para o cinema (art. 22.º, 2).

Ora, estes co-autores, apesar de assim serem designados, não terão direitos relativamente à obra cinematográfica na medida em que são autores de contribuições pessoais individualizáveis. Isto significa que os autores, por ex., do argumento e da banda musical, enquanto tais, apenas terão direitos em relação às suas contribuições pessoais individuais que a lei atomiza como obras *a se stante*. Donde decorre que, em princípio, só o realizador será autor *proprio sensu* da obra cinematográfica, uma vez que a sua contribuição pessoal não é dela cindível. Com efeito, a prestação criativa típica do cinema é a realização ao nível da sequência de imagens e sons.[1211]

Além disso, a enumeração dos co-autores das referidas obras não deve ser entendida como tipificação taxativa das contribuições pessoais susceptíveis de discriminação em determinadas obras de colaboração. A lei refere os criadores que não sejam considerados co-autores para sujeitar a utilização

---

[1209] OLIVEIRA ASCENSÃO 1992, 128, 134, 264; VIEIRA 1993, 401.

[1210] OLIVEIRA ASCENSÃO 1992, 137-138 ("Há em tudo uma grande infelicidade que obscurece o sistema legal.").

[1211] Id. ibid., 83, 139, 515-20; cfr. ULMER 1980, 154; SCHRICKER/*LOEWENHEIM* 1999, 139. Todavia, a lei alemã também não reserva ao realizador o exclusivo da autoria, ao que parece por razões funcionais: HABERSTUMPF 1996, 77 (ressalvando que "a concepção legislativa é de seguir por razões práticas.").

das suas contribuições ao regime da obra compósita (arts. 22.º e 23.º). Esta referência deve ser restritivamente interpretada no sentido de abranger, apenas, os criadores, isto é, os autores de obras pré-existentes que tenham sido incorporadas na obra em colaboração. De todo o modo, os "colaboradores técnicos" são excluídos da noção de "colaboradores criativos" (art. 17.º, 4, art. 26.º).

2.2. Obra colectiva

A chamada "obra colectiva" é considerada uma obra de criação plural. A sua característica típica especial é o facto de ser "organizada por iniciativa de entidade singular ou colectiva e divulgada ou publicada em seu nome" e de o direito de autor ser atribuída a essa entidade (art. 16.º, 1-b, art. 19.º, 1). Apesar de nos seus "termos mais duros"[1212] parecer instituir-se a "ficção (...) da autoria atribuída a uma entidade colectiva"[1213], sustentamos que se trata de uma aquisição derivada, *ex lege*, do exclusivo de exploração económica. A nossa posição contrasta com o entendimento de que na obra colectiva, por "resultar prevalentemente duma empresa", os direitos pertecem-lhe originariamente, não havendo aqui lugar a direitos morais.[1214]

a) A obra colectiva como critério de atribuição legal de direitos (cessio legis)

Compreendemos a obra colectiva como uma regra de atribuição de direitos patrimoniais através da técnica da *cessio legis*.[1215] A chamada obra colectiva já existe e é protegida antes de ser divulgada ou publicada, como manda a regra do art. 1.º, 3.[1216] O elemento caracterizador típico da obra colectiva está no facto de a sua criação ser organizada e dirigida por uma entidade singular ou colectiva, normalmente uma empresa, que a lei premeia, atribuindo-lhe direitos. Mas a obra é criada por pessoas humanas, no exercício da sua liberdade de criação intelectual. As pessoas colectivas não podem originar obras literárias ou artísticas nem adquirir originariamente direitos sobre elas.[1217]

[1212] DELGADO 1994, 160 (criticando o teor literal do art. 19.º do nosso Código).
[1213] REBELLO 1994, 117.
[1214] OLIVEIRA ASCENSÃO 1992, 124-7; porém, numa perspectiva *de iure condendo*, Id. 1994, 1060.
[1215] DIAS PEREIRA 2001a, 290.
[1216] VIEIRA 1993, 383-5.
[1217] DIETZ 1992, 43.

O facto constitutivo dos direitos de autor é apenas a criação da obra, já não a direcção do processo criativo. Além disso, qualquer dos autores pode "exercer individualmente os direitos relativos à sua contribuição pessoal, quando esta possa discriminar-se" (art. 18.º, 2), sem "prejuízo da exploração em comum da obra" (art. 18.º, 2, aplicável à obra colectiva por força do art. 19.º, 2; idêntico critério rege em sede de obra criada por encomenda ou por conta de outrem, já que o criador intelectual "não pode fazer utilização da obra que prejudique a obtenção dos fins para que foi produzida" – art. 15.º, 3).

Exemplos de obras colectivas são as enciclopédias, os dicionários e os códigos comentados. Os jornais e outras publicações periódicas presumem-se obras colectivas, pertencendo às respectivas empresas o direito de autor sobre as mesmas (art. 19.º, 3). Todavia, o jornal, enquanto obra colectiva, não se confunde com os trabalhos jornalísticos que nele sejam publicados. Compreende-se assim que "o direito de autor sobre trabalho jornalístico produzido em cumprimento de um contrato de trabalho" pertence ao autor se tiver identificação de autoria, caso contrário "será atribuído à empresa" (art. 174.º, 1 e 4), à qual pertencerão, ainda, os direitos relativos ao jornal. Na primeira hipótese, o autor, apesar de ser titular do direito, não poderá, em certas circunstâncias, publicar o seu trabalho em separado sem autorização da empresa.[1218]

A estes exemplos serão de acrescentar os programas de computador e as bases de dados, que a nossa lei presume obras colectivas quando realizados no âmbito de uma empresa (DL 252/94, art. 3.º, 2; DL 122/2000, art. 5.º, 2).

b) A discussão no direito comparado

Em França, o art. L. 113-2 CPI prevê a obra colectiva, cuja propriedade pertence, em princípio, ao *maître d'oeuvre*. Como elementos constitutivos deste "tipo" de obras apontam-se, por um lado, a existência de um *maître d'oeuvre*, que controla o processo de criação da obra (iniciativa, organização) e a divulga sob sua direcção e em seu nome, e, por outro lado, uma pluralidade de contribuições pessoais que se fundem num conjunto em vista do qual foram concebidas, sem que seja possível atribuir a cada pessoa um direito distinto sobre o conjunto realizado. A importância deste tipo de obras resulta da circunstância de a "propriedade" sobre a obra colectiva ser atribuída, salvo declaração em contrário, à pessoa física ou jurídica *stricto*

[1218] DIAS PEREIRA 1999e, 591s. A Lei 64/2007, 6/11, introduziu no Estatuto do Jornalista um regime especial de direitos de autor dos jornalistas (arts. 7.º-A a art. 7.º-C).

sensu em nome da qual ela é divulgada, a qual é, portanto, investida na qualidade de titular dos direitos (art. L. 113-5 CPI). A regra da obra colectiva é também prevista em outros países latinos, nomeadamente na Itália (art. 6 LDA) e em Espanha (art. 8.º, 1 e 2 LPI). O direito de autor alemão não a acolhe, sendo a figura mais próxima as chamadas "Sammelwerke" (§4 UrhG).

Apontam-se os perigos e inconvenientes da figura da obra colectiva, que se apelida de "intrusa" no direito de autor[1219] e de "entorse à concepção personalista do direito de autor".[1220] Não obstante, devidamente interpretada, a figura da obra colectiva não implica, necessariamente, um desvio ao princípio fundamental do modelo de *droit d'auteur*, segundo o qual autor é a pessoa humana que cria uma obra literária ou artística e a quem é, por esse facto, atribuído originariamente o direito de autor e a quem são reconhecidos direitos morais pela criação, independentemente da transmissão contratual ou legal do exclusivo de exploração económica. Acresce que na decisão de referência do Tribunal de Cassação, embora se admita que a pessoa moral seja titular do direito, já é contestado que se trate de aquisição originária (Cass. civ. 17.3.1982, D. 1982, 71).[1221]

No direito italiano, não é claro que o regime da obra colectiva derrogue o princípio de que o título originário de aquisição do direito de autor é a criação de obra, abrangendo as faculdades morais e as faculdades pessoais. Tendo em conta a especificidade da obra colectiva, a lei (art. 6) considera autor quem dirige e organiza a criação da própria obra, pois que se trata de saber quem é o titular dos direitos, sem pôr em causa o princípio de que o título originário da obra é a sua criação; o que, aliás, é claramente afirmado em sede de contrato de edição, sendo apenas atribuido *ex lege* ao "editor" o direito de utilização.[1222] Semelhante entendimento parece valer, de igual modo, em Espanha, falando-se, a propósito, "numa transmissão de direitos operada ex lege".[1223]

[1219] DESBOIS 1978, 206.
[1220] VIVANT 1997, 39.
[1221] COLOMBET 1999, 106-111 (chamando a atenção para o carácter relativo da atribuição da titularidade dos direitos à sociedade e para o âmbito restrito de aplicação desta figura segundo a jurisprudência); BERTRAND 1999, 296 (ressalvando que os direitos morais pertencem aos criadores); BONET/SIRINELLI 2002, 61 (a sociedade pode ser titular de direitos mas não criadora da obra colectiva); GAUTIER 2001, 384; PIRIOU 2001, 245s; porém, BELLEFONDS 2002, 132 («la personne moral est investie ab initio des droits d'auteur sur l'oeuvre sans qu'une cession ait à intervenir.»).
[1222] ASCARELLI 1960, 723 739, 778-80.
[1223] RODRIGUEZ TAPIA 1992, 118.

3. Autoria e titularidade de direitos de autor na jurisprudência portuguesa

A jurisprudência sobre autoria e titularidade de direitos de autor abrange diversos grupos de casos, que dizem respeito à actividade criativa *qua tale*, aos requisitos de forma para atribuição de direitos, incluindo na obra feita por encomenda, à autoria de obras cinematográficas e afins, às obras colectivas e às obras compósitas.

3.1. *Criadores intelectuais e colaboradores técnicos ou executantes*

Em sede de determinação da autoria e titularidade de direitos, a jurisprudência abrange na noção de autor quer os criadores directos quer os criadores indirectos. Ainda ao abrigo do Código anterior (1966), no acórdão de 28 de Fevereiro de 1984, relativamente a um caso sobre autoria de obra cinematográfica, a Relação de Lisboa considerou "como autores aqueles que forneceram o próprio original e aqueles que deram à obra a sua personalidade artístico-cinematográfica, ou seja, aqueles que lhe juntaram uma parte apreciável da sua criação."

Esta concepção espiritual de autoria era, aliás, jurisprudência constante ao abrigo da legislação anterior. Neste sentido, a Relação de Lisboa julgou, no acórdão de 6 de Junho de 1978 (CJ 1978, 1276), que "não se pode dizer criador e proprietário de obra intelectual quem nela colaborou apenas efectuando desenhos por encomenda." Ao abrigo do Decreto n.º 13725, de 3 de Junho de 1927, a encomenda de obra importava a aquisição da propriedade pelo autor da encomenda, tal como decidido num caso sobre encomenda de desenhos para a obra "História de Portugal" em cadernetas de cromos (Ac. STJ 6/3/79, BMJ 285/1979, 310). Semelhante entendimento foi reiterado pelo STJ no seu acórdão de 7 de Maio de 1981 (BMJ n.º 307, 1981, 272), nos termos do qual quem se limita a ser mero executor de desenhos sob a ordem e orientação de outrem (o editor), não os concebendo ou criando como um trabalho original ou criação de espírito, não é considerado seu autor para os fins de protecção jurídica referenciados no Código dos Direitos de Autor e no Decreto-Lei n.º 13725, de 3 de Junho de 1927.

O actual Código do Direito de Autor (1985) manteve a exclusão dos meros colaboradores técnicos, incluindo os desenhadores, do círculo da autoria (art. 26.º). Não obstante, esta norma significa apenas que não são autores os meros executantes materiais da obra, que se limitam a dar corpo à criação intelectual de outrem. Em suma, a prestação destes colaboradores não é criativa. Todavia, não pode excluir-se completamente a possibilidade de prestarem uma colaboração criativa e de nessa medida terem direitos de autor. Em especial, o acórdão de 6 de Junho de 1978 da Relação de Lisboa parecia estabelecer uma exclusão excessivamente ampla do círculo da autoria, já que não está certo negá-la a quem efectua desenhos pelo simples facto de os fazer por encomenda. Isso significaria excluir da autoria os criadores independentes pelo simples facto de "criarem por encomenda". Relativamente aos desenhadores, deverá ter-se em conta que as obras de desenho e afins são expressamente previstas no catálogo de exemplos que ilustram a noção legal de obra legal ou artística, no sentido de criação humana de formas originais de expressão literária ou artística.

Actualmente, é constante a jurisprudência que afirma a pertença originária do direito de autor ao criador intelectual da obra, mesmo no caso de obra realizada "a expensas de outrem ou no regime de contrato de prestação de serviços". Nestes precisos termos se pronunciou o Supremo Tribunal de Justiça, no acórdão de 25 de Novembro de 1993, e foi essa a orientação que presidiu ao acórdão da Relação de Lisboa, de 3 de Novembro de 1999, relativamente à encomenda por uma Câmara Municipal de um videograma com fins culturais e promocionais do respectivo concelho. Neste caso, a Relação de Lisboa decidiu que, na ausência de convenção em contrário, o Código do Direito de Autor atribui a titularidade do direito de autor ao criador intelectual da obra (art. 14.º). A mesma Relação confirmou este entendimento no acórdão de 30 de Janeiro de 2008, sustentando que na "obra feita por encomenda e, nada se tendo convencionado quanto à titularidade do direito de autor a ela relativo, este pertence ao seu criador intelectual, por força da presunção estabelecida no n.º 2 do art. 14.º do CDADC, presunção esta *iuris et de iure*, que não admite prova em contrário, verificada que seja a condição em que se suporta – a inexistência de convenção quanto à titularidade do direito".

3.2. As exigências formais de atribuição negocial de direitos

Questão complexa é a que diz respeito às exigências de forma enquanto requisito de validade ou de força probatória dos contratos de direitos de autor. No acórdão de 31 de Maio de 2005, o Supremo Tribunal de Justiça determinou que o contrato de obra por encomenda não exige forma escrita, ou seja, a encomenda é válida, mesmo que acordada verbalmente. Não obstante, a questão seguinte é saber que valor tem um acordo verbal em matéria de transmissão dos direitos para a pessoa que encomenda a obra.

a) Requisitos formais de validade da transmissão de direitos

O Código do Direito de Autor exige, sob pena de nulidade, que a transmissão total e definitiva do direito seja realizada mediante escritura pública (art. 44.º). Trata-se, por conseguinte, de uma formalidade *ad substantiam*, tal como afirmado pela Relação de Lisboa no seu acórdão de 13 de Novembro de 1997, embora a factualidade do caso apontasse antes para existência de um negócio de mera licença, i.e. de autorização de utilização sem transmissão de direitos (CJ 1997, V, 83; ver, porém, a jurisprudência do STJ no acórdão de 23 de Março de 1994, relativamente a um contrato de cessão perpétua celebrado ao abrigo do DL 13725, de 27 de Maio de 1927). Além disso, a transmissão do direito de autor, apesar de dita total, abrange apenas os direitos económicos, com exclusão dos direitos morais, que são intransmissíveis, tal como era já Parecer da Procuradoria-Geral da República à luz da legislação anterior, pronunciando-se no sentido da preservação dos direitos morais na esfera do criador da obra apesar de disposição, por escritura pública, do exclusivo de exploração económica de obra arquitectónica a favor do Ministério da Justiça (PGR, Par. 126, 1976).

Independentemente dos direitos morais, a questão que se coloca é saber se é válida a transmissão do direito de autor por força de acordo meramente verbal entre as partes num contrato de encomenda de obra intelectual. Outra questão é saber se, exigindo-se documento escrito, será necessária escritura pública.

Para além da exigência de escritura pública para a transmissão total e definitiva do direito de autor, nos contratos de transmissão ou oneração parciais do direito de autor, o Código do Direito de Autor exige forma escrita, com reconhecimento notarial das assinaturas, sob pena de nulidade (art. 43.º, 2). Também aqui se trata claramente de formalidade *ad substantiam*, embora a Relação de Lisboa tenha julgado, no acórdão de 26 de Março de 1998, que a sanção da nulidade "contempla apenas a falta de forma escrita e já não a falta do reconhecimento das assinaturas." Ou seja, a forma escrita daria validade formal ao negócio, mas a sua força probatória plena ficaria dependente do reconhecimento notarial das assinaturas.

b) Exigências formais na encomenda de obra intelectual

Coloca-se a questão de saber se a forma escrita é requisito de validade dos contratos de encomenda de obra intelectual em que as partes convencionem a transmissão parcial dos direitos de autor.

Pode até suceder que as partes não convencionem a transmissão de direitos, mas apenas uma simples autorização de utilização por parte de quem faz a encomenda. Nestes casos, o Código exige que a autorização seja dada por escrito (art. 41.º, 2). Foi questionado o valor desta exigência[1224] e é jurisprudência constante que a exigência de forma escrita vale aqui apenas como formalidade *ad probationem*, tal como julgado pelo Supremo Tribunal de Justiça no seu acórdão de 15 de Dezembro de 1998 (BMJ n.º 482, 1999, 266). Este entendimento foi reiterado mais recentemente pela Relação de Lisboa, no acórdão de 17 de Fevereiro de 2005, que esclarece que "na sua ausência, o ónus de prova transfere-se para o utilizador". De igual modo, STJ decidiu, no acórdão de 14 de Março de 2006, que a "não redução a escrito da autorização a que se reporta o art. 41.º, 2 do Código do Direito de Autor e dos Direitos Conexos não fulmina aquela de nulidade, já que se está ante uma formalidade *ad probationem* cuja ausência leva, tão só, a transferir para o utilizador o ónus da prova." De resto, a exigência de forma escrita como formalidade *ad probationem* das autorizações de utilização tinha sido já afirmada pelo Supremo Tribunal de Justiça no acórdão de 31 de Abril de 1988, relativamente a um contrato de reprodução, e pela Relação de Coimbra, no acórdão de 29 de Outubro de 1985 (CJ 1985, IV, 86-89), relativamente à venda de exemplares dactilografados das Lições de dois Professores de Direito da Universidade de Coimbra.

Todavia, é duvidoso que a forma escrita seja mera formalidade *ad probationem* nas autorizações de utilização. Vejamos o contrato de edição, o qual, tal como julgou a Relação do Porto no acórdão de 21 de Outubro de 2003, não implica a transmissão do direito de publicar a obra, mas apenas a concessão para a reproduzir e comercializar. "Com a primeira adquire-se um direito de crédito, com a segunda um direito de natureza paralela a um direito real", como o já dissera a Relação de Lisboa, no acórdão de 9 de Junho de 1981 (CJ 1981, III, 62-3).

Ora, segundo o regime do contrato de edição, aplicável a outras formas de autorização de utilização (art. 139.º, 147.º, 156.º, e 172.º, 1), a validade deste contrato depende da sua redução a escrito, sob pena de nulidade, a qual se presume imputável ao editor e só pode ser invocada pelo autor (art. 87.º, 1 e 2). Ou seja, o regime legal do protótipo das autorizações de utilização estabelece a exigência de forma escrita não como requisito probatório, mas antes como formalidade *ad substantiam*, já que dela depende a validade do negócio.[1225] Pelo que, à luz do regime legal, não nos parece acertado dizer que a forma escrita seja sempre mera formalidade *ad probationem* das autorizações de utilização de obra intelectual.

[1224] OLIVEIRA ASCENSÃO 1992, 426 (questionando o valor da exigência de forma); REBELLO 2002, 85-6 (sustentando tratar-se de formalidade *ad probationem*).

[1225] Neste sentido, ROCHA 2007, 173, em nota.

Isto significa que, não apenas para a transmissão total ou parcial dos direitos, como para a simples autorização de utilização de obras, é ou pode ser exigida forma escrita para a validade do negócio. Será esta formalidade também exigida nos contratos de encomenda?

A regra relativa à disposição antecipada do direito de autor, aplicável também ao contrato de edição (art. 104.º, 1), estabelece a nulidade do contrato de transmissão ou oneração de obras futuras sem prazo limitado, o qual não pode exceder dez anos (art. 48.º). Porém, não se refere aqui qualquer exigência de forma escrita. O que poderá entender-se como implícito, uma vez que resultaria das regras quer da transmissão total e definitiva do direito quer da autorização de utilização, ao menos no que respeita à edição.

Por outro lado, o Código estabelece no art. 14.º, 3, a presunção de que o direito de autor fica a pertencer à entidade por conta de quem a obra é feita, na circunstância de o nome do criador da obra não vir mencionado nesta ou não figurar no local destinado para o efeito segundo o uso universal.

Tratar-se-ia, aqui, de uma atribuição legal do direito de autor à entidade por conta de quem a obra é feita, em desvio ao princípio segundo o qual o direito de autor pertence ao criador intelectual da obra. Todavia, pertencendo o direito de autor ao criador intelectual da obra e considerando, tal como decidiu o Supremo Tribunal de Justiça no acórdão de 25 de Novembro de 1993, que "não altera essa situação o facto da obra ser realizada a expensas de outrem ou no regime de contrato de prestação de serviços", coloca-se a questão de saber que atribuição opera a referida presunção legal. Isto é, trata-se de uma aquisição originária ou derivada? Mas, tratar-se-á verdadeiramente de aquisição, ao ponto de ser oponível ao criador intelectual?

O direito de autor nasce originariamente na esfera jurídica do criador já que "a criação é o seu facto constitutivo", tal como julgou o Supremo Tribunal de Justiça no acórdão de 14 de Dezembro de 1995 (BMJ n.º 452, 1996). De igual modo, o autor é o criador intelectual da obra, presumindo-se ser aquele cujo nome tiver sido indicado como tal na obra, conforme o uso consagrado, ou anunciado em qualquer forma de utilização ou comunicação ao público (art. 27.º, 1 e 2). Caso contrário, tratando-se de obra feita por encomenda, presume-se que o direito de autor fica a pertencer à entidade por conta de quem a obra é feita.

Esta norma estabelece uma ficção legal. Ficciona-se que o direito de autor pertence à entidade por conta de quem a obra é feita. De todo o modo, deve questionar-se em que qualidade é essa entidade investida na titularidade de direitos. O regime da obra de autor anónimo (art. 30.º) dispõe que quem divulgar ou publicar tal obra considera-se representante do autor, com o dever de defender perante terceiros os respectivos direitos. Acrescenta-se, todavia, que o autor pode a todo o tempo revelar a sua identidade e autoria da obra, cessando a partir desse momento os referidos poderes de representação.

Ora, é meramente relativa a presunção legal de atribuição dos direitos à entidade por conta de quem a obra é feita. Além disso, conjugando essa presunção com o regime da obra de autor anónimo, parece que essa entidade fica investida na titularidade dos direitos na qualidade de representante do autor.

Caso contrário, uma simples presunção legal dispensaria todo o formalismo que a lei exige para as transmissões de direitos. Este formalismo justifica-se na transmissão de direitos relativamente às obras feitas por encomenda. Sob pena de se entender que a exigência de forma escrita é uma excepção ao princípio da liberdade de forma dos negócios jurídicos, pelo que não deverá ser tida em conta se não for expressamente prevista para a encomenda de obra. Neste sentido julgou, aliás, o Supremo Tribunal de Justiça, no acórdão de 31 de Maio de 2005, considerando que "nenhuma prova escrita prevê o Código para a obra por encomenda, contrariamente ao estabelecido noutros casos (p. ex. os artigos 87.º, n.º 1 e 159.º, n.º 2). E não se vê como do seu 'espírito' ou como do facto de, eventualmente, poderem estar em causa 'direitos morais' do autor (não é o caso dos presentes autos) seja de extrair uma exigência que nos termos da lei é excepcional (artigo 219.º do Código Civil)."

Ora, poderia entender-se que não há aqui exigência de forma para a transmissão de direitos, porque não existiria sequer uma transmissão. Isto é, a lei atribuiria originariamente os direitos à entidade por conta de quem a obra é feita. Todavia, tal entendimento não está em conformidade com o princípio de que o facto constitutivo do direito de autor é apenas a criação da obra. Sem obra, não há direito de autor, e, para existir obra, é necessário que haja criação, a qual, por seu turno, pressupõe um criador. Em suma, sem criador intelectual não há direitos de autor – quando muito, na medida da previsão legal, direitos conexos. Nas obras por encomenda, quando o criador não aparece como tal identificado na obra, isso não significa que ele seja expropriado legalmente dos seus direitos, mas apenas que a lei atribui o exercício dos direitos à entidade por conta de quem a obra é feita, sem prejuízo de o criador reivindicar a todo o tempo a autoria da obra.

Para que os direitos pertençam àquele para quem a obra é realizada é necessária convenção escrita de transmissão. Tratando-se de transmissão total e definitiva (e.g. compra e venda de todos os direitos económicos disponíveis), será necessária escritura pública. A nulidade da transmissão resultante do não cumprimento desta formalidade não obsta à sua redução ou conversão, nos termos do Código Civil (art. 292.º e 293.º). Isso não obsta, todavia, à aplicação do regime da obra de autor anónimo, que, como vimos, confere poderes de representação à entidade que divulgar ou publicar a obra (art. 30.º), que será em princípio a pessoa que encomenda a obra.

3.3. Autores de obras cinematográficas e afins

No acórdão de 19 de Março de 1992 (CJ 1992 II, 142), a Relação de Lisboa julgou que o produtor de uma obra cinematográfica não é o titular exclusivo e originário do direito de autor de tal obra, acrescentando que essa titularidade depende de prévia autorização dos autores ou seus representantes e que o direito patrimonial de reprodução videográfica dos filmes está inserido na esfera jurídica dos respectivos autores da obra.

A Relação decidiu bem, mas com um elemento perturbador. O produtor de obra cinematográfica não é, mesmo após autorização dos autores – *et pour cause* –, titular originário do direito de autor sobre tal obra. A titularidade originária pertence aos autores da obra cinematográfica, entre os quais o Código inclui, para além do realizador, o autor do argumento, dos diálogos, e o da banda musical (art. 22.º). Na verdade, só o realizador é o autor propriamente dito da obra cinematográfica. Os outros, que a lei considera co-autores, são autores de obras literárias e musicais próprias, embora criadas e utilizadas em conexão com a obra cinematográfica, tanto mais que podem reproduzi-las e utilizá-las separadamente por qualquer modo contanto que não prejudiquem a exploração da obra no seu conjunto (art. 135.º). Tal como julgou o STJ no acórdão de 14 de Dezembro de 1995 (BMJ n.º 452, 1996), há "conexão de obras", como a da letra e da música de uma canção, em que cada uma tem o seu autor que as exploram em conjunto.

A produção de obra cinematográfica requer autorização do realizador e dos outros, considerados legalmente, co-autores, bem como de autores de obras preexistentes utilizadas na obra cinematográfica (art. 124.º). A autorização para a produção implica autorização nomeadamente para exibição (art. 127.º, 1 e 2) e por via desta o produtor fica investido no exercício dos direitos de exploração económica da obra cinematográfica (art. 125.º, 2), que actuará como representante mandatário do titular ou titulares de direitos de autor sobre a obra durante a sua exploração (art. 126.º, 3), cabendo-lhe, nomeadamente, autorizar a comunicação ao público da obra, nomeadamente através de radiodifusão, e a sua reprodução, distribuição e exibição sob a forma de videograma (art. 127.º, 3).

De todo o modo, o direito português é diferente do sistema anglo--saxónico, que atribui todos os direitos ao produtor. Aproxima-se mais do regime francês da cessão legal de direitos, se bem que se trate apenas de uma cessão de poderes de gestão e não transmissão dos direitos. Na prática, o produtor pode ficar com o exclusivo de exploração económica da obra, pelo período de vinte e cinco anos, prorrogável pelo tempo de duração dos direitos de autor (art. 128.º), e livremente transferível (art. 133.º).

3.4. A cessão legal dos direitos económicos à empresa na obra colectiva

Uma situação mais problemática é a da chamada obra colectiva, i.e. a obra organizada por iniciativa de entidade singular ou colectiva e divulgada ou publicada em seu nome (art. 16.º, 1-b), a quem é atribuído o direito (económico) de autor (art. 19.º, 1). A jurisprudência do STJ, firmada no acórdão de 14 de Dezembro de 1995 (BMJ n.º 452, 1996), caracteriza as obras colectivas como as que resultam de uma empresa (por exemplo, os jornais e outras publicações periódicas, uma enciclopédia, um dicionário, um álbum de pintura), estando o "acento tónico" na coordenação das contribuições de vários autores. De modo semelhante, a Relação de Coimbra, no acórdão de 4 de Novembro de 1997 (CJ 1997, V, 7-10), pronunciou-se no sentido de que "deve ser qualificada como «obra colectiva» a pintura que dois pintores executaram num painel trabalhando para uma fábrica, o qual veio a ser alienado na sequência de um contrato que havia sido celebrado entre aquela empresa e uma instituição que forneceu as fotografias nele reproduzidas. / Aí, a obra, no seu conjunto, é imputável não à criação de uma pessoa ou pessoas singulares, que ficam ocultas, mas antes a entidade diversa do criador intelectual, aparecendo, consequentemente, como produto de uma empresa ou organismo fabril, enquanto coordenadora dos factores de produção, constituindo os pintores meros elementos, de factor de trabalho." Este último acórdão suscita-nos grandes reservas, já que parece estabelecer a chamada "obra de empresa", remetendo os criadores para o estatuto de "meros elementos de factor de trabalho".

O Código estabelece que os jornais e outras publicações presumem-se obras colectivas, pertencendo às respectivas empresas o direito de autor sobre as mesmas, sem prejuízo do direito dos vários colaboradores à produção pessoal, quando esta possa discriminar-se, ficando esta sujeita às regras da obra feita em colaboração (art. 19.º, 2 e 3). Nestes termos se pronunciou a Relação de Lisboa, no seu acórdão de 2 de Março de 2004 (CJ 2004, II,

71-76), acrescentando que os colaboradores dos jornais e afins terão direito de autor sobre a produção pessoal se esta estiver identificada pela sua assinatura ou outro meio, estejam eles vinculados ou não por contrato de trabalho jornalístico, embora com alguns limites quanto à autorização da reprodução ou publicação em separado da sua obra.

Este acórdão da Relação de Lisboa tem o especial interesse de caracterizar a obra colectiva como uma regra de cessão legal dos direitos económicos à empresa, recusando, por essa via, o entendimento de que na obra colectiva a empresa adquire originariamente os direitos. Nos termos do referido acórdão (RL 2/3/2004): "Provando-se que a concepção gráfica da primeira página de um jornal diário, de grande expansão, pertence à empresa proprietária, isto só pode significar que os direitos de autor de carácter patrimonial de que era titular o autor do grafismo foram por este total ou definitivamente transmitidos para aquela empresa. / Quanto aos denominados direitos morais, mantêm-se na titularidade do autor do grafismo." Ou seja, os direitos não são originariamente adquiridos pela empresa, mas antes transmitidos a esta por cessão legal. Não obstante – *et pour cause* –, ressalvam-se os direitos morais na esfera jurídica dos criadores.

Por outro lado, a remissão que o Código opera para o regime da obra feita em colaboração suscita uma questão complexa, já que nos termos deste regime, o direito do autor rege-se, tanto quanto possível, pelas regras da compropriedade, considerando-se de valor igual as partes indivisas dos autores na obra feita em colaboração, salvo estipulação escrita em contrário (art. 17.º, 1 e 2). Ora, não está em causa relativamente a contribuições individualizadas na obra colectiva a compropriedade dos autores dessas contribuições na obra colectiva como um todo. A obra colectiva será obra desde logo enquanto compilação de obras protegidas ou não, tais como selectas, enciclopédias e antologias que, pela escolha ou disposição das matérias, constituam criações intelectuais, tal como prevê o art. 3.º, 1-b/c, relativamente às obras equiparadas a originais. Para ser protegida enquanto obra intelectual, a obra colectiva terá que ser ao menos isto, não bastando a actividade de organização ou direcção da criação e da sua publicação. É necessária organização ou direcção, mas desde logo essa actividade tem que traduzir-se numa criação de obra original para existir direito de autor. A lei premeia essa actividade atribuindo o direito de autor sobre a obra colectiva enquanto tal à entidade que dirige ou organiza a sua criação e em nome de quem é publicada ou divulgada.

No acórdão de 17 de Fevereiro de 2005, a Relação de Lisboa julgou que as obras de arquitectura criadas por uma pluralidade de pessoas, organizadas por iniciativa de certo *atelier* (empresa) e divulgadas em seu nome, correspondem às obras colectivas, pertencendo o direito de autor ao dono do *atelier*. No fundo, o arquitecto dono do atelier é considerado o autor do processo criativo, cabendo aos outros arquitectos o papel de meros colaboradores técnicos, sem prestações criativas.

Todavia, é questionável a adequação, neste caso, do recurso à figura da obra colectiva, tanto mais que o Código estabelece que o autor de obra de arquitectura, de urbanismo ou de design é o criador da sua concepção global e respectivo projecto (art. 25.º). Nos projectos de arquitectura, há uma prestação criativa principal e não mera actividade de direcção ou organização. Essa prestação criativa analisa-se ao nível da concepção global da obra arquitectónica e do seu projecto, pelo que o autor deste tipo de obra é o criador da sua concepção global. Essa prestação criativa projecta-se numa obra concreta, ao invés de ficar apenas no plano das ideias, dos processos, dos sistemas, dos métodos operacionais, dos conceitos ou dos princípios, os quais não são, enquanto tais, protegidos pelo Código do Direito de Autor. Com efeito, uma coisa é um novo método de elaborar projectos de arquitectura, outra bem distinta é a aplicação desse método num concreto projecto, ainda que ao nível da sua concepção global. Aqui pode existir já prestação criativa, protegida, enquanto obra original, pelo direito de autor.

Ainda um caso sobre autoria e titularidade de direitos que subiu termos ao Supremo Tribunal de Justiça, que proferiu o acórdão de 14 de Dezembro de 1995 (CJ/STJ 1995, III, 163-6). Trata-se do caso "Cavalo Lusitano, Filho do Vento".

Neste caso, o réu publicou um livro (*Cavalo Lusitano – Filho do Vento*), concebido e organizado por uma terceira pessoa, que inclui entre outros um texto preexistente e diversas fotografias do autor, que deu a sua autorização abdicando de remuneração. O STJ foi chamado a resolver a questão de saber se este livro era uma obra compósita, uma obra feita em colaboração ou uma obra colectiva. No entendimento do STJ, a utilização de um texto e de fotografias preexistentes faz com que o livro seja uma obra compósita (art. 20.º). Assim, o STJ recusou a pretensão do autor de ser reconhecido como co-autor do livro bem como o seu pedido indemnizatório, já que o autor tinha autorizado, gratuitamente, a inclusão do seu texto e das fotografias no seu livro. Em suma, o STJ decidiu que, tendo em conta que "o facto constitutivo dos direitos de autor é apenas a criação da obra", não procede o pedido de reconhecimento da compropriedade sobre o livro e o direito à indemnização com a sua publicação em virtude de ter sido "provado apenas que o autor limitou a sua colaboração num livro em autorizar que nele se integrasse um excerto de um seu livro já publicado e 13 fotografias não divulgadas."

Note-se, todavia, que o STJ não qualificou o livro como obra colectiva, e porventura podia tê-lo feito, tanto mais que procede à caracterização deste tipo de obras. É que a qualificação de uma obra como compósita e/ou como colectiva não opera em termos de exclusão recíproca.

4. Autores e titulares de direitos nas directivas comunitárias

4.1. *A autoria como ponto de referência da titularidade de direitos*

O direito comunitário contém disposições sobre autoria e titularidade de direitos. A Directiva 2004/48 estabelece uma presunção de autoria ou da posse, nos termos da qual, na falta de prova em contrário, considera-se como autor de uma obra literária ou artística, para efeitos de legitimidade processual activa, a pessoa cujo nome apareça na obra de modo individual (art. 5.º-a). Esta regra, prevista no art. 15.º da Convenção de Berna, é justificada em virtude de o direito de autor existir a partir do momento em que uma obra é criada e de não exigir registo formal (cons. 19). A directiva alarga-a, *mutatis mutandis*, aos titulares de direitos conexos com o direito de autor, relativamente à matéria sujeita a protecção (art. 5.º-b).

Por outro lado, a Directiva 93/98 (agora 2006/16) fixa um critério de determinação da autoria de obras cinematográficas ou audiovisuais. Em harmonia com a orientação já antes consagrada nas directivas 92/100 (agora 2006/115), art. 2.º, 2, e 93/83, art. 1.º, 5, dispõe que o realizador principal de uma obra cinematográfica ou audiovisual será considerado autor ou co-autor, deixando aos Estados-membros a faculdade de designar outros co-autores (art. 2.º, 1).

Esta norma deve ser conjugada com o preâmbulo, o qual esclarece que as disposições da directiva não afectam a aplicação pelos Estados-membros das disposições do art. 14.º-A, 2-b/c/d, e 3, da Convenção de Berna. Não há conflito entre a Directiva 93/98 (agora 2006/16) e a Convenção de Berna, uma vez que esta última não prescreve nenhum critério de determinação da autoria de obras cinematográficas. Limita-se, antes, a regular o problema da titularidade dos direitos patrimoniais de autor e a acautelar a exploração da obra cinematográfica como um todo, embora ressalvando a protecção de certas contribuições pela legislação dos países unionistas.

Com efeito, a Convenção de Berna reserva ao país onde a protecção seja reclamada a determinação dos titulares dos direitos de autor sobre a obra cinematográfica. Acrescenta, depois, que os autores das contribuições prestadas à realização da obra cinematográfica reconhecidos por legislação dos países da União, que se tenham comprometido a prestar tais contribuições, não poderão, salvo estipulação em contrário ou particular (entendida como qualquer condição restritiva contida no compromisso, que poderá ser um contrato escrito ou acto escrito equivalente consoante a legislação do país da União onde a protecção é reclamada), opor-se à reprodução, entrada em circulação, representação e execução pública, transmissão por fio ao público, radiodifusão, comunicação ao público, legendagem e dobragem dos textos da obra cinematográfica. Não obstante, esta regra não se aplicará aos autores dos argumentos, dos diálogos e das obras musicais criadas para a realização da obra cinematográfica, nem ao realizador principal desta, a menos que a legislação nacional decida de outro modo.

Assim, a Convenção de Berna não estabelece a autoria das obras cinematográficas, limitando-se antes a regular o problema da sua exploração, tendo em conta os interesses de diversos sujeitos mas sem lhes atribuir a qualidade de autores. Nessa medida, a Directiva 93/98 (2006/16) não contraria a Convenção de Berna quando determina que o realizador principal da obra cinematográfica ou audiovisual será o autor ou um dos co-autores deste tipo de obras.

4.2. *Os regimes especiais dos programas de computador e das bases de dados*

As directivas sobre programas de computador (91/250) e bases de dados (96/9) regulam, em termos semelhantes, a atribuição dos direitos de autor. Nota-se, porém, uma evolução na directiva sobre bases de dados no sentido de uma concepção do direito de autor mais fiel ao princípio da autoria, contra uma tendência inicial da directiva sobre programas de computador de protecção do investimento em detrimento do autor, enquanto pessoa humana.

Para começar, distingue-se a criação singular da criação em grupo (ou em colaboração), no sentido de os direitos pertencerem individualmente à pessoa singular (art. 2, 1, 1ª parte, e art. 4.º, 1, 1ª parte, respectivamente) ou conjuntamente ao grupo de pessoas (art. 2.º, 2, e art. 4.º, 3, respectivamente).

Quanto às obras colectivas, a "evolução" é mais nítida. Em ambos os casos se admite que as legislações nacionais qualifiquem o programa de computador ou a base de dados como obra colectiva. Todavia, enquanto se considera como autor do programa a pessoa tida pela legislação nacional como tendo criado a obra (art. 2.º, 1, 2.ª parte), já nas bases de dados se dispõe apenas que "os direitos patrimoniais pertencerão à pessoa investida no direito de autor" (art. 4.º, 3). Ora, é diferente ser considerado autor da obra ou ser apenas investido nos direitos patrimoniais sobre ela. A segunda via é conforme com o princípio da autoria, já a primeira significa a sua elipse. Por isso sustentamos que se trata não de atribuição originária, mas antes de cessão legal ou aquisição derivada.[1226]

Isto vale também para os casos em que os direitos são atribuídos a pessoa colectiva, nos termos da legislação nacional, independentemente de a obra ter sido criada por uma pessoa singular ou por um grupo de pessoas (art. 2.º, 1, 2ª parte, e art. 4.º, 1, *in fine*, respectivamente). E nesse sentido interpretamos a norma dispositiva para os contratos de trabalho, que habilita exclusivamente o empregador, salvo disposição contratual em contrário, a exercer todos os direitos de natureza económica relativamente a programa de computador criado por um trabalhador por conta de outrem, no exercício das suas funções ou por indicação do seu empregador (art. 2.º, 3). Apesar de esta norma ter sido apontada como um exemplo da tendência de favorecimento do investimento em detrimento do autor[1227], somos de opinião que, para além de preservar os direitos morais na esfera do criador, não atribui originariamente os direitos económicos ao empregador, afastando-se, por isso, da figura dos «works made for hire» do sistema de *copyright*.

Embora este entendimento não esteja isento de dificuldades práticas[1228], parece-nos que os direitos de autor são originariamente adquiridos pelo trabalhador-criador, sendo, depois, derivadamente, *os direitos de natureza económica*, na ausência de disposição contratual em contrário, "transmitidos" ao empregador. Transmissão, *rectius* "habilitação", já que opera mediante uma licença legal exclusiva na concepção monista germânica, ou na concepção dualista do *droit d'auteur* através de uma cessão legal ou "aquisição derivada automática".[1229]

[1226] WANDTKE/BULLINGER/*WANDTKE* 2006, 24 ("derivativer Erwerb").
[1227] DIETZ 1995, 19.
[1228] GIOANNATONIO 2001, 189.
[1229] C/ ref. DIAS PEREIRA 2001a, 494-5.

4.3. Autores e titulares de direitos de autor sobre programas de computador e bases de dados no direito interno

a) As regras especiais dos diplomas avulsos

Em matéria de autoria e titularidade de direitos, aplicam-se aos programas de computador e às bases de dados as regras do direito de autor, com especialidades previstas nos diplomas avulsos (respectivamente DL 252/94, art. 3.º 1, e DL 122/2000, art. 5.º, 1).

Primeiro, presume-se obra colectiva o programa de computador ou a base de dados criados no âmbito de uma empresa, no sentido de lhes atribuir os direitos, tal como sucede em relação ao destinatário do programa ou da base quanto a programas ou bases criadas por empregados no exercício das suas funções, ou segundo instruções emanados do dador de trabalho, ou por encomenda (art. 3.º, 2 e 3, e art. 5.º, 2 e 3, respectivamente). Nestes casos dá-se a cessão legal dos direitos a pessoa diferente do criador do programa ou da base, o qual poderá exigir, em certas circunstâncias, uma remuneração especial (art. 3.º, 4).

Trata-se, não obstante, de cessão limitada aos direitos económicos e relativa, já que admite estipulação em contrário ou se outra coisa resultar das finalidades do contrato. Nesse sentido deve ser interpretada a expressão "atribuição originária" utilizada no art. 4.º da versão original do DL 252/94 e no art. 36.º do Código do Direito de Autor que o substituiu, bem como no art. 6.º, 2, do DL 122/2000, sobre o prazo de protecção. A lei espanhola também é criticada por ter reconhecido a condição de autor a pessoas jurídicas, em alguns casos, "em contraposição aos princípios gerais da LPI".[1230]

No que respeita à criação de programas de computador e bases de dados por trabalhadores no âmbito nos seus deveres funcionais, a lei atribui os direitos (económicos) ao empregador, salvo estipulação contratual, expressa ou tácita, em contrário, ressalvando, no entanto, o direito do criador assalariado a uma remuneração especial quando ele exceda claramente o desempenho da função ou tarefa que lhe estava confiada ou quando da obra vierem a fazer-se utilizações ou a retirar-se vantagens não incluídas nem previstas na fixação da remuneração ajustada (DL 252/94, art. 3.º, 3 e 4; Código do Direito de Autor, art. 14.º, 4-a/b). O legislador sujeitou as bases de dados a regime idêntico (DL 122/2000, art. 5.º, 3 e 4), embora a directiva a isso não obrigasse.[1231]

[1230] GÓMEZ SEGADE 2001a, 865.
[1231] LOURENÇO MARTINS 2004, 147, e 2006, 498.

b) Concretização jurisprudencial

A regra da atribuição dos direitos ao empregador relativamente a programa de computador criado pelo seu assalariado no âmbito da relação laboral é pacificamente aplicada pela jurisprudência, tal como mostram o acórdão da Relação do Porto, de 14 de Abril de 2004, e o acórdão de 13 de Outubro de 2004 da Relação de Lisboa.

Neste último acórdão, a Relação de Lisboa aplicou a regra da atribuição dos direitos ao empregador, mas recusou a referida remuneração especial ao criador assalariado do programa, por considerar que este não tinha cumprido os referidos requisitos, que entendeu não serem de verificação cumulativas: "Salvo estipulação em contrário, o trabalhador que, no exercício da actividade contratada, desenvolve um programa de computador, não tem direito a remuneração especial, a menos que alegue e prove que a criação em causa excedeu claramente o desempenho da função ou tarefa que lhe estava confiada ou que dessa obra foram ou podem ser feitas utilizações ou retiradas vantagens não incluídas nem previstas na remuneração ajustada."

Do teor do acórdão, resulta que o Tribunal, para além de não ter considerado as referidas condições de verificação cumulativa, acrescentou ainda que essa remuneração seria devida mesmo que apenas fosse possível fazer utilizações ou retiradas vantagens não incluídas nem previstas na remuneração ajustada, independentemente de essas utilizações terem efectivamente sido feitas ou de essas vantagens terem sido retiradas.

5. Síntese conclusiva do § 6

O regime da titularidade de direitos de autor é baseado na criação intelectual, individual ou conjunta, como título de apropriação de obras literárias ou artísticas. Ao contrário da teoria literária do autor-função, a atribuição de direitos ao autor opera de forma espontânea. Autor é a pessoa humana que cria a obra enquanto forma original de expressão literária ou artística. Trata-se de uma categoria de valor infungível, no sentido de que não é um mero conceito legal livremente moldável pelo legislador. Damos prevalência ao princípio dogmático da autoria sobre considerações de ordem funcional ou instrumental, e em nome desse princípio propomos a correcção de alguns preceitos do Código.

As pessoas jurídicas (e.g. sociedades) não têm capacidade de criação intelectual, pelo que não podem adquirir originariamente direitos de autor. A questão é especialmente sensível no domínio das obras colectivas, cuja criação é dirigida por uma entidade, normalmente empresarial, que as divulga ou publica em seu nome. A lei atribui-lhe os direitos de autor, mas deve entender-se que se trata de aquisição derivada de direitos económicos mediante *cessio legis*. A direcção da criação e a publicação da obra não são factos constitutivos dos direitos de autor. Estes nascem na esfera jurídica dos autores, em sentido próprio, no momento e pelo simples facto da criação.

O mesmo princípio vale para as obras criadas por encomenda ou no contexto de relações laborais. Autor é o criador intelectual da obra, já não o comitente nem o empregador. De resto, as exigências formais de transmissão de direitos ou de autorização de utilização devem ser observadas nomeadamente nas obras criadas por encomenda, sob pena de uma mera presunção relativa de titularidade de direitos dispensar todo o formalismo que a lei exige para a transmissão de direitos.

Consideramos a este respeito que, tratando-se de obra divulgada sem indicação de autoria do criador, o comitente fica investido na titularidade dos direitos na qualidade de representante do autor, tendo em conta o regime da obra de autor anónimo, que lhe confere poderes de representação. Será esta, a nosso ver, a melhor solução para acautelar os interesses morais e materiais dos criadores intelectuais de obras literárias ou artísticas. Caberá ao legislador a remoção de eventuais excessos formais, à semelhança do que tem feito em muitos outros domínios. Por via de interpretação, não nos parece que os interesses das empresas possam ser mais privilegiados, neste domínio, se levarmos a sério a autoria e o princípio do tratamento mais favorável do criador intelectual enquanto parte mais fraca na negociação (*in dubio pro auctore*).

Os direitos económicos ou patrimoniais de autor podem ser objecto, para além das autorizações de utilização, de negócios translativos da propriedade. Esta possibilidade, que o direito alemão não conhece, confere já um privilégio significativo às empresas, permitindo-lhes a titularidade exclusiva desses direitos. Existem alguns obstáculos de natureza formal à circulação dos direitos, que se destinam a acautelar os interesses morais e materiais dos autores, conferindo-lhes poder negocial em vista da sua situação económica tendencialmente mais fraca.

A menos que se interprete a lei contra os autores, tais obstáculos não podem ser removidos por via de interpretação, sem prejuízo dos institutos gerais, como o abuso de direito, ou das figuras da redução e, especialmente, da conversão dos negócios jurídicos, verificados os respectivos requisitos (CC, art. 293.º).[1232] Ora, no domínio da autoria e titularidade de direitos, não descortinamos valores que justifiquem uma interpretação desfavorável

---

[1232] MOTA PINTO (A. PINTO MONTEIRO/MOTA PINTO) 2005, 641s.

aos interesses dos criadores intelectuais. Não existem, neste domínio, exigências da liberdade de informação e de expressão, de aprendizagem ou de criação cultural, nem da reserva da vida privada dos utilizadores, que justifiquem a compressão ou o apagamento de normas que protegem os autores.

Se o legislador quiser privilegiar ainda mais os interesses das empresas, removendo tais obstáculos formais, para desse modo promover a criação de um ambiente jurídico eventualmente mais favorável aos interesses do comércio, então será livre de o fazer, não nos parecendo que existam impedimentos de ordem constitucional à "informalização" dos negócios de direitos de autor. Todavia, os referidos obstáculos formais também não violam a ordem constitucional, pelo que o intérprete dificilmente poderá justificar o seu afastamento, sem desconsiderar o princípio do tratamento mais favorável dos criadores intelectuais que deverá prevalecer neste domínio.

Vamos mais longe e acrescentamos que o mesmo vale para os regimes especiais em matéria de programas de computador e de bases de dados. Para além de dever ser desconsiderada a expressão "atribuição originária" dos direitos de autor a não criadores intelectuais – que nos parece até inconstitucional, já que é uma forma de "expropriação" dos direitos de autor não justificada pelo interesse público nem por qualquer interesse privado análogo ao acolhido pela jurisprudência da "propriedade corporativa" do Tribunal Constitucional –, as exigências formais dos negócios de transmissão dos direitos ou de licenças de utilização de programas de computador e bases de dados devem também ser observadas nos termos no Código do Direito de Autor.

Apesar das "soluções diplomáticas" das directivas comunitárias, o acolhimento do software e das bases de dados no seio dos direitos de autor implica custos de transacção legítimos na ordem jurídica portuguesa, que se destinam a acautelar os interesses morais e materiais dos criadores intelectuais destes novos tipos de obras, não obstante se reconhecer que é reduzida a sua protecção ao abrigo deste ramo da propriedade intelectual.

Na medida em que os programas de computador e as bases de dados mereçam protecção pelos direitos de autor, então os seus criadores intelectuais deverão ser tratados em termos semelhantes aos restantes criadores de obras literárias e artísticas, desde logo no que respeita à titularidade originária dos direitos e às formalidades negociais. Caso contrário, poderá até arguir-se violação do princípio constitucional da igualdade. O mesmo vale, *mutatis mutandis*, em matéria de direitos morais, como veremos seguidamente.

§ 7. DIREITOS MORAIS

"The author may not only be deprived of any profit, but lose the expense he has been at. He is no more master of the use of his own name. He has no control over the correctness of his own work. He can not prevent additions. He can not retract errors. He can not amend; or cancel a faulty edition. Any one may print, pirate, and perpetuate the imperfections, to the disgrace and against the will of the author; may propagate sentiments under his name, which he disapproves, repents and is ashamed of. He can exercise no discretion as to manner in which, or the persons by whom his work shall be published."

LORD MANSFIELD, in Millar v. Taylor, 1769

1. Os direitos morais no Código do Direito de Autor e na jurisprudência

1.1. *O "laço pessoal" entre a obra e o seu criador*

Autor é o criador intelectual da obra, ou seja, a pessoa humana que origina uma forma de expressão literária ou artística no exercício da sua liberdade de criação cultural. Nesse sentido, a obra literária ou artística é uma expressão da personalidade do autor e o direito moral protege este "laço pessoal"[1233] entre a obra e o seu criador, que é estatuto reservado às pessoas humanas.[1234]

Com efeito, independentemente dos direitos patrimoniais, e mesmo depois da sua transmissão ou extinção, os direitos de autor incluem faculdades de natureza pessoal, a saber: reivindicar a paternidade da obra e assegurar a sua genuinidade e integridade, contra qualquer acto que a

---

[1233] TROLLER 1983, 87 ("Keine anderen Wesen sind so eng persönlich verbunden wie der Urheber und seine Schöpfung, nicht einmal Eltern und Kinder").

[1234] DAVIES/NAFFINE 2001, 128 ("Moral rights are held by natural persons only, not by corporations").

desvirtue e que possa afectar a honra e reputação do autor (art. 9.º, 1 e 3, art. 56.º, 1). Estas faculdades dão corpo ao direito moral de autor, que é inalienável, irrenunciável e imprescritpível (art. 56.º, 2). Mas não o esgotam, já que são de reconhecer outras faculdades morais, enquanto direitos de personalidade do autor.

Em nossa opinião, Orlando de Carvalho propôs a melhor compreensão doutrinal do direito moral, concebendo-o como um direito de personalidade que se abre num leque de faculdades ou direitos, a saber: o direito de autoria (i.e. "a pertinência, *ex origine*, do direito de autor, quer na vertente juspessoal (indisponível), quer na vertente jusdominial (disponível), ao criador intelectual da obra"), o *direito à paternidade da obra* ("apondo-lhe o seu sinal de identificação (...) ou opondo-se a que outrem conteste essa paternidade ou use a obra como dele"), o *direito de inédito* (i.e. o direito de decidir do *an*, do *ut* e do *quando* da publicação da obra"), o direito à integridade ou *intangibilidade* da obra e o direito à genuinidade ou *dignidade* da obra.[1235]

A estes direitos podemos acrescentar o direito de acesso[1236], que está previsto expressamente na legislação de alguns países, nomeadamente na Alemanha (§ 25 UrhG) e na Espanha (art. 14.º, 7, LPI). Não nos parece que o princípo do *numerus clausus* (tipicidade taxativa) se aplique no domínio dos direitos de personalidade, nem seguimos o entendimento segundo o qual o "que a lei quis outorgar, declarou-o expressamente".[1237]

Por outro lado, o direito de sequência e o direito a compensação suplementar, previstos no art. 54.º e no art. 49.º, respectivamente, não obstante o seu valor patrimonial, poderiam ser integrados no direito de personalidade, uma vez que o autor não pode dispor livremente deles. O ponto é controvertido, com vários autores a defenderem que o *droit de suite* é um direito patrimonial.[1238] É, sem dúvida, um direito com valor patrimonial, que se destina a garantir aos autores uma participação patrimonial mínima na exploração económica das suas criações, em especial no domínio das obras de artes plásticas, que são objecto de um importante mercado especulativo. O direito de sequência é atribuído apenas ao autor de obra de arte original gráfica ou plástica, tal como quadros, colagens pinturas ou desenhos, excepto obras de arquitectura ou de arte aplicada. O seu regime

---

[1235] ORLANDO DE CARVALHO 1994, 543-7.
[1236] REBELLO 1994, 177.
[1237] OLIVEIRA ASCENSÃO 1992, 169.
[1238] Id. ibid., 317s; REBELLO 1994, 134.

(art. 54.º) foi alterado pela Lei 24/2006, que transpôs a Directiva 2001/84. Apesar do seu valor patrimonial, faz sentido enquadrar o direito de sequência no quadro dos direitos pessoais do autor, o mesmo valendo, *mutantis mutandis*, para as pretensões compensatórias (remunerações equitativas) irrenunciáveis.

a) Identificação e designação de autoria

O "laço pessoal" entre a obra e o seu criador traduz-se, desde logo, na identificação de autoria, enquanto expressão de paternidade, que está na base da presunção *auctor est quem opus demonstrat* (art. 27.º, 2). A identificação de autoria é, em princípio, facultativa, já que pode ser divulgada ou publicada obra anónima com consentimento do autor (art. 30.º), o que deve ser tido em conta nos regimes que obrigam o utilizador da obra a identificar o autor: nos exemplares da edição (art. 97.º), nos programas, cartazes e quaisquer outros meios de publicidade do espectáculo público de representação e/ou recitação e execução (art. 115.º, 4, e 122.º, 1), na projecção do filme (art. 134.º) e nos fonogramas ou videogramas produzidos (art. 142.º), na radiodifusão da obra (art. 154.º), nos exemplares reproduzidos de obra de artes plásticas, gráficas e aplicadas (art. 160.º), nos exemplares de obra fotográfica (art. 167.º, 1), nos exemplares da obra traduzida, nos anúncios do teatro, nas comunicações que acompanham as emissões de rádio e de televisão, na ficha artística dos filmes e em qualquer material de promoção (art. 171.º).

Além disso, o autor pode comprometer-se a adoptar uma certa designação de autoria em relação a determinada obra, sem que tal signifique a renúncia à sua paternidade.[1239] Esta faculdade de designação da autoria, expressamente prevista no direito alemão (§ 13 UrhG), pode ser estipulada num contrato em virtude do qual resulte a atribuição do exclusivo económico à parte não criadora (e.g. relações laborais ou contratos de encomenda).[1240] *Namensnennungsrecht* lhe chamam, com propriedade, os autores alemães, para significar o direito de apor e de compor uma designação de autoria na obra, com especial relevo no domínio da criação assalariada.[1241]

[1239] SÁ E MELLO 1989, 114.
[1240] WANDTKE/BULLINGER/*BULLINGER* 2006, 210-1.
[1241] HOCK 1993, 21s.

b) A protecção da honra e reputação (i.e. da personalidade) do autor como razão de ser do direito moral

A razão de ser do direito moral é proteger a honra e reputação do autor, enquanto tal, não estando em causa a sua vida privada.[1242] À semelhança do direito à imagem previsto no Código Civil (art. 79.º, 3), o direito moral protege a personalidade do autor (art. 70.º, 1). Por isso se trata de um direito de personalidade.[1243] É este valor que justifica o direito de integridade e genuinidade da obra, isto é, o direito de o autor se opor à destruição e a toda e qualquer mutilação, deformação ou outra modificação da obra. Os actos de destruição, mutilação, deformação ou modificação da obra são exemplos de práticas que podem desvirtuá-la na sua integridade e genuinidade e afectar, por isso, a honra e reputação do autor.

Especial significado reveste o acto de modificação das obras, que é estritamente reservado ao autor fazer ou autorizar (arts. 15.º, 2, 59.º, 115.º, 3). Das modificações distinguem-se os actos de mera transformação, em que existe criação de uma obra derivada (ou "em segunda mão" – *Werke zweiter Hand*, na terminologia da lei helvética – art. 3. URG) a partir da obra original. De todo o modo, o autor pode autorizar a modificação da obra sem que isso signifique renúncia ao direito moral.[1244] O direito moral destina-se a proteger a honra e a reputação do autor e não a genuinidade e integridade da obra só por si, salvo quando esta tiver caído no domínio público: prevalece agora o sentido objectivo da obra e o seu interesse público sobre razões morais do autor.[1245]

c) A natureza sensível dos actos de modificação

A modificação da obra é valorada como causa adequada ao desvirtuamento da integridade e genuinidade da obra, lesando a honra e reputação do autor. Por isso, o poder de modificação da obra não poderá, em princípio, ser objecto de transmissão nem de oneração, voluntárias ou forçadas (art. 42.º). Ou seja, o poder de modificação não é inteiramente disponível, já que não pode ser transmitido.[1246]

[1242] HAMMES 1998, 60.
[1243] ORLANDO DE CARVALHO 1994, 543; REBELLO 1994, 176.
[1244] OLIVEIRA ASCENSÃO 1992, 180; REBELLO 1994, 166.
[1245] CORNU 1996, 495.
[1246] Já contra a transmissão do direito de modificação, embora parecendo aceitar a possibilidade de renúncia ao direito moral por não o considerar parte essencial da personalidade, ALMEIDA SANTOS 1953, 201, 226-7, 297-8.

Neste sentido, o art. 45.º prevê que só com autorização do titular do direito de autor pode o usufrutuário utilizar a obra objecto do usufruto por qualquer forma que envolva a transformação ou modificação desta. Embora se admita declaração em contrário, tal significa que os proveitos económicos extraídos da exploração patrimonial da obra pelo usufrutuário encontram-se limitados pelo princípio *salva rerum substancia*.

Em suma, a faculdade de modificação pode ser consentida pelo autor, traduzindo-se numa forma especial de utilização da obra. Porém, não pode ser transferida ou onerada na medida em que consista numa alienação ou renúncia à faculdade de controlar a integridade e genuinidade da obra e, nessa medida, de proteger a honra e reputação do autor. Isto significa que, em princípio, o adquirente do conteúdo patrimonial do direito de autor não pode praticar quaisquer actos de modificação da obra sem prévia autorização do autor, salvo meras adaptações que não afectem nem o sentido nem a estrutura da obra e na medida em que a lei o permita (art. 146.º).[1247] Sob pena de, *inter alia*, o autor requerer a apreensão e destruição dos "exemplares modificados" ou então a sua restituição "à forma original" (art. 202.º).

d) A renúncia à paternidade de obra modificada sem consentimento do autor

A modificação da obra pode ser consentida pelo autor. E se a modificação respeitar os termos convencionados, consideramos que o titular do direito patrimonial ou utilizador autorizado pode exigir a identificação do autor na obra modificada. Porém, se a modificação não tiver sido consentida ou se não tiver respeitado os termos acordados, então o autor poderá, desde logo, repudiar a paternidade da obra modificada, não lhe sendo exigível, portanto, a sua identificação.[1248]

Este princípio encontra-se vazado no preceito relativo às modificações do projecto arquitectónico (art. 60.º, 3). Não concordamos que se trate de uma norma excepcional, mas antes de um direito moral especial, ainda que apenas implicitamente previsto na lei, ao contrário da legislação britânica, que estabelece expressamente o direito de oposição à falsa atribuição de autoria (CDPA, § 84), cujos antecedentes remontam ao *Literary Copyright Act of 1886*, apesar de a lei inglesa só recentemente ter consagrado direitos morais em conformidade com a Convenção de Berna (Acto de Paris 1971).[1249]

[1247] OLIVEIRA ASCENSÃO 1992, 182-4; REBELLO 1994, 169.
[1248] Solução já defendida por ALMEIDA SANTOS 1953, 265 (referindo o Ac. RL 30/6//1937).
[1249] CORNISH 1996, 397-8; BAINBRIDGE 1996, 100-2.

No direito português, mesmo que se entenda tratar-se de *ius singulare*[1250], as razões justificativas da regra parecem-nos justificar a sua extensão a casos análogos. Por isso, o autor poderá requerer, ao invés da destruição, que os exemplares modificados apreendidos lhe sejam entregues, não para restituição à sua forma original, mas antes para substituição das indicações referentes à sua autoria, a fim de assegurar a sua não paternidade (art. 202.º, 1). De todo o modo, parece claro que a afectação da honra e reputação do autor dependerá, em princípio, da sua identificação como criador da obra modificada.

1.2. A unidade do direito moral de autor

A faculdade de controlo da integridade e genuinidade da obra está estreitamente relacionada com a faculdade de reivindicar a sua paternidade, sendo as duas dimensões de um mesmo direito: o direito moral de autor. Este direito não protege a personalidade do autor em todas as suas facetas, mas apenas em relação a determinados interesses, ditos morais, acolhidos no regime legal. Por exemplo, as "razões morais atendíveis" que se exigem no direito de retirada (art. 62.º) – que enquanto direito moral não pode ser objecto de transmissão nem de oneração (art. 42.º) – referem-se à honra e reputação do autor enquanto tal, como sucederá, nomeadamente, se ele já não se reconhecer na obra pelo facto de a sua "circulação ou utilização implicarem afronta à sua reputação e imagem", tal como dispõe a lei brasileira (art. 24. VI, Lei n.º 9.610, 19.2.1998)[1251], ou por alteração de convicções como prevê a lei alemã, que concede ao autor o direito de revogação devido a alteração de convicções (*Rückrufsrecht wegen gewandelter Überzeugung,* § 42 UrhG; de modo a prevenir o exercício abusivo deste direito, o autor é obrigado a conceder ao anterior utilizador autorizado o mesmo tipo de licença em condições razoáveis, no caso de pretender retomar a exploração da obra após a retirada (§ 42(4) UrhG), o que nos parece correcto). Um outro exemplo é a resolução do contrato de edição com impedimento de a obra incompleta ser editada, se o autor tiver manifestado vontade de que a obra não seja publicada senão completa (art. 101.º, 2).

Outras normas protectoras dos interesses morais do autor incluem, por exemplo: o direito de resolver o contrato de edição em caso de trespasse do estabelecimento do editor, invocando "prejuízos morais" daí resultantes (art.

[1250] REBELLO 1994, 172.
[1251] HAMMES 1998, 65 (considerando irrelevante a razão do arrependimento).

100.º, 2), a resolução do contrato de edição se o autor morrer antes de ter completado a obra e tiver manifestado vontade de que a obra não seja publicada senão completa (art. 101.º), o mesmo valendo, *mutatis mutandis*, para a reprodução de obra *ne varietur* (art. 58.º); o direito de fazer cessar imediatamente a representação da sua obra que não seja conforme ao seu conteúdo (art. 112.º), bem como retirar a obra e resolver o contrato de representação se for imposta, por decisão judicial, a supressão de algum passo da obra que comprometa ou desvirtue o sentido da mesma (art. 114.º); se houver fraude na organização ou realização do programa, os autores prejudicados nos seus interesses morais poderão exigir à empresa promotora do espectáculo indemnização por perdas e danos por ter havido, designadamente, uso ilegítimo, porque fraudulento, da sua identificação (art. 123.º).

Em todos estes casos especiais são concretizados os interesses morais tutelados no seio do direito moral *tout court*: a paternidade e a inte-gridade ou genuinidade da obra, enquanto expressão da honra e reputação do autor, enquanto tal.

1.3. *O reconhecimento dos direitos morais na jurisprudência*

É particularmente rica a casuística da Relação de Lisboa sobre direitos morais de autor. Em vários acórdãos, este Tribunal traçou algumas linhas que permitem discernir, com nitidez, os contornos do direito moral e compreender a razão de ser que o anima.

Segundo o seu acórdão de 4 de Novembro de 1998, "o direito moral de Autor protege um bem eminentemente pessoal, que é a paternidade intelectual, enquanto expressão da personalidade do Autor; e não, directamente, o seu património." Além disso, no acórdão de 1 de Fevereiro de 1990, firmou o entendimento de que a modificação da obra depende de consentimento do autor, o qual é titular "ad ovo" de um direito indemnizatório contra modificações não consentidas.

No acórdão de 2 de Julho de 2002 (CJ 2002, IV, 63-66), relativo a trabalhos de *um freelancer* do "Diário de Notícias", considerando que "a protecção do direito moral constitui a verdadeira essência do direito de autor, o carácter eminentemente pessoal da criação literária, artística ou científica, da «paternidade» atribuída ao seu criador", a Relação de Lisboa confirmou a decisão da primeira instância, no sentido de que a publicação de textos sem autorização da autora, nem menção da autoria e ainda por cima com alterações, constitui violação não apenas do direito patrimonial mas também do direito moral de autor ("a publicação, por um jornal diário, de escritos que resultam de uma transformação e adulteração dos textos escritos por uma antiga colaboradora, traduz apropriação abusiva na publicação dos mesmos, por falta de autorização do autor da obra originária ou do seu concessionário, constituindo o jornal na obrigação de indemnizar a autora.").

No acórdão de 2 de Março de 2004 (CJ 2004, II, 71-76), relativo à utilização de um grafismo criado para servir de primeira página de um jornal e não para fins publicitários, a Relação de Lisboa julgou que "o desgosto causado pelo facto da ré ter usado para fins publicitários o dito grafismo, criado para um jornal de qualidade e não para mensagens publicitárias, configura um dano de carácter não patrimonial susceptível de reparação".

Esta jurisprudência tem apoio na doutrina que sustenta que pode haver violação do direito moral ainda que não exista modificação da obra, bastando que a mesma seja utilizada num contexto ou para fins diferentes daqueles para que foi criada.[1252] Além disso, este acórdão é de grande alcance, já que declara que os direitos morais são mantidos na titularidade do autor no grafismo, não obstante a concepção gráfica da primeira página de um jornal diário, de grande expansão, pertencer à empresa proprietária, por força da regra da obra colectiva. É dizer que a Relação de Lisboa julgou, a nosso ver correctamente, que na obra colectiva há uma transmissão legal dos direitos de autor do criador para a empresa proprietária do jornal, a qual não é por isso titular originário desses direitos.

No acórdão de 21 de Outubro de 2004, a Relação de Lisboa decidiu que uma editora que não cumprira um contrato de edição celebrado com um autor relativamente a certa obra literária seria responsável pelos danos morais sofridos pelo autor, devendo nessa medida "indemnizar o autor pela humilhação que sofreu junto das instituições que contactou e dos seus próprios amigos pela não publicação do livro."

Finalmente, a Relação de Lisboa reconheceu, no acórdão de 4 de Novembro de 2004, o direito do autor à destruição de um quadro da sua autoria, uma vez que este, "depois de ter sido vendido, foi repintado e assinado por outrem, ficando a partir de então irreconhecível, sendo tecnicamente impossível restitui-lo à forma e à cor originais".

Além disso, a jurisprudência decidiu existir violação do direito moral resultante de: publicação, "como de sua autoria, (de) um «Dicionário Ilustrado de Belas Artes» em que (se) utiliza, sem autorização nem qualquer referência ao seu autor, cerca de 60% do elenco de vocábulos dos verbetes que lhe tinham sido entregues para os ler, interpretar e rever, com vista à

[1252] ORLANDO DE CARVALHO 1994, 546.

publicação de um «Dicionário dos Termos de Arte»" (Ac. RL 11/3/92); publicação e distribuição pelos seus alunos, por um professor de latim encarregado por outrem do processamento do texto em computador com a respectiva ordenação alfabética, que se fez passar por autor dos textos, causando com isso depressão nervosa ao verdadeiro autor (Ac. RP 21/1/98); "inscrição num concurso e exibição pública de vídeo sem autorização da detentora dos direitos de autor, autoria esta que não pode ser partilhada pela arguida" (Ac. RL 4/11/2003); submeter projecto a apreciação sem consentimento do autor (Ac. RE 11/1/2007).

Em suma, a jurisprudência portuguesa, com especial destaque para a casuística da Relação de Lisboa, tem reiterado a protecção do direito moral enquanto forma de protecção da personalidade do autor, chegando mesmo a reconhecer no direito moral "a verdadeira essência do direito de autor". Além disso, a jurisprudência estabelece, com nitidez, o princípio da titularidade originária dos direitos na esfera jurídica do criador intelectual, que conserva as prerrogativas morais não obstante a cessão legal ou contratual dos direitos económicos.

2. Os direitos morais nas directivas comunitárias e nos diplomas internos do software e das bases de dados

2.1. O "silêncio eloquente" do legislador comunitário

As directivas não contêm normas relativas aos direitos morais dos criadores. Por exemplo, a directiva sobre direitos de autor na sociedade da informação (2001/29) limita-se a remeter no preâmbulo para a lei interna dos Estados-membros, tendo em conta a Convenção de Berna e os Tratados da OMPI (cons. 19). Por outras palavras, os direitos morais são problema da lei interna dos Estados-membros, que deles deverão cuidar segundo as exigências da Convenção de Berna e dos Tratados OMPI.[1253]

É curto, tanto mais que se considera que o direito de autor é um instrumento de garantia da independência e dignidade dos criadores e intérpretes (cons. 11). Levanta-se o problema de saber como interpretar o silêncio do legislador comunitário quanto a este ponto. A exclusão do direito moral das medidas de harmonização comunitária destinar-se-á a não ferir

---

[1253] KEELING 2003, 277 ("An attempt should be made to construe the provisions of Community law in a manner that is compatible with the Convention.").

susceptibilidades nacionais. Todavia, o silêncio do legislador comunitário não é inócuo, correndo-se o risco de as empresas do sector se deslocalizarem para os Estados-membros com níveis de protecção de direitos morais menos exigentes.[1254]

a) A caracterização do objecto específico dos direitos de autor no acórdão Phil Collins

De resto, no caso *Phil Collins* (Procs. C-92-326/92, Ac. 20/10/1993), o objecto específico do direito de autor e dos direitos dos artistas intérpretes e executantes foi definido pelo Tribunal de Justiça das Comunidades Europeias como consistindo em "assegurar a protecção dos direitos morais e patrimoniais dos seus titulares. A protecção dos direitos morais permite, nomeadamente, que os autores e artistas se oponham a qualquer deformação, mutilação ou outra modificação da obra que possa ser prejudicial à sua honra e à sua reputação".

Em causa estava a aplicação do princípio da não discriminação em razão da nacionalidade, que o TJCE considerou válido no domínio dos direitos morais, gerando uma jurisprudência com sentido prático em tudo idêntico ao princípio do tratamento nacional da Convenção de Berna. Ao mesmo tempo, o TJCE integrou os direitos morais no campo do direito comunitário, consagrando o direito de integridade em termos não absolutos, mas antes pela mediação do critério que está consagrado no art. 6*bis* da Convenção de Berna, no sentido de estar em causa a protecção da honra ou reputação do autor, o que se presta a um critério de "ponderação de interesses".[1255] No caso *Magill,* o Tribunal de Justiça reiterou que a função essencial dos direitos de autor é proteger os direitos morais e assegurar a recompensa pelo esforço criativo.[1256]

b) Os direitos morais dos criadores de software e bases de dados

Em matéria de programas de computador, apesar de ter determinado a sua protecção, enquanto obras literárias, mediante a concessão de direitos de autor, na acepção da Convenção de Berna, e de ter definido o conteúdo dos direitos de natureza económica, já nada prescreve quanto aos direitos morais. Trata-se de um silêncio "eloquente", que não significa que os Estados-membros possam "amputar" a dimensão pessoal dos direitos de autor.[1257]

[1254] BENABOU 1997, 520-1.
[1255] DIETZ 1997, 174-5.
[1256] KEELING 2003, 67.
[1257] DIAS PEREIRA 2001a, 497.

Extrai-se, por argumento *a contrario* da letra de alguns preceitos da directiva sobre programas de computador (art. 2.º, 3, art. 9.º, 1), que os programas de computador não ficaram sujeitos a um regime diferente do das restantes obras literárias. Além disso, a referência à Convenção de Berna (art. 1.º, 1) e o entendimento expresso no preâmbulo segundo o qual a directiva "não afecta as derrogações nas legislações nacionais de acordo com a Convenção de Berna sobre pontos não abrangidos pela presente directiva" (cons. 28) têm em vista, nomeadamente, os direitos morais, vinculando os Estados-membros a reconhecerem ao criador de um programa os direitos morais mínimos prescritos obrigatoriamente pela Convenção de Berna.[1258]

Também o art. 2.º, 3, salvaguarda o direito moral[1259], ao reconhecer, a *contrario*, que, para além de direitos de natureza económica, o autor do programa tem direitos de natureza pessoal, cuja protecção é referida ao mínimo garantido pela Convenção de Berna. Decorre da consagração da Convenção de Berna como referência nuclear dos direitos de autor a conceder pelos Estados-membros aos programas de computador uma compreensão do *silêncio* do legislador comunitário não favorável ao "estrangulamento do direito moral" (Vivant). Neste sentido se pronunciam também autores britânicos.[1260] Depois, o art. 9.º, 1, permite a aplicação de outras disposições legais também de direitos de autor, em especial as relativas aos direitos morais.

Por seu turno, a directiva sobre bases de dados (96/9) também não faz qualquer referência expressa aos direitos morais. Mas isso não significa a supressão dos direitos morais dos criadores de bases de dados. Em termos semelhantes ao que ficou dito para os programas de computador, resulta do art. 4.º, 2 ("direitos patrimoniais"), bem como do art. 13.º (a directiva não prejudica a aplicação de outras regras de direito de autor), que, para além dos direitos patrimoniais regulados pela directiva, assistem ao autor de bases de dados direitos morais, ao abrigo da Convenção de Berna. A razoabilidade desta interpretação é reforçada pelo preâmbulo, nos termos do qual "os direitos morais da pessoa que criou a base de dados pertencem ao autor e devem ser exercidos nos termos da legislação dos Estados-membros e da

---

[1258] LEHMANN 1992, 324 (*"Jeder Schöpfer von Computerprogrammen soll grundsätzlich nicht mehr, aber auch nicht weniger Rechte erhalten wie jeder andere Urheber eines literarischen Werkes."*); VIEIRA 1999, 83-4, e 2005, 871.

[1259] FRANCESCHELLI 1991, 179 ("fa salvo il diritto morale dell'autore").

[1260] CORNISH 1993, 191; TAPPER 1993, 148 ("this is no doubt designed to preserve moral rights in the employee").

Convenção de Berna sobre a protecção das obras literárias e artísticas", não se integrando tais direitos no âmbito da directiva (cons. 28).[1261]

De resto, não nos parece que o reconhecimento de direitos morais aos criadores de programas de computador e de bases de dados seja "absurdo". O que também não significa que estes direitos sejam aplicáveis em bloco.

Pelo contrário, tendo em conta a natureza funcional e utilitária do software e das bases de dados, parece-nos adequada a solução da lei brasileira, no sentido do reconhecimento do direito moral aos criadores de programas de computador com faculdades mínimas garantidas pela Convenção de Berna (art. 2.º §1.º, Lei 9.609, 19/02/1998), não obstante se entender que o software é objecto de direito autoral *sui generis*, em virtude de não estar sujeito ao regime geral das obras literárias.[1262]

2.2. Os actos de modificação e a conformidade das directivas com a Convenção de Berna

Interpretado o (relativo) silêncio do legislador comunitário como o reconhecimento de direitos morais aos criadores de programas de computador e de bases de dados nos termos da Convenção de Berna, o problema que se coloca é saber que direitos são esses.

a) O leque de direitos morais na Convenção de Berna

A Convenção de Berna pode ser interpretada no sentido de impor o reconhecimento ao criador intelectual de um direito de personalidade de autor com um *licere* mínimo que englobe as seguintes faculdades (ou "direitos morais"): o direito à autoria, o direito de inédito, o direito à paternidade, e o direito à integridade e à genuinidade da obra.

O *direito de autoria* está implicitamente consagrado no art. 6.º *bis*, 1 ("[...] mesmo após a cessão [...], o autor conserva [...]"). O direito de inédito está implícito no art. 3.º, 1-a ("são protegidos em virtude da presente Convenção: a) os autores nacionais de um dos países da União, pelas suas obras, *publicadas ou não*" – v. ainda art. 3.º, 3, obras publicadas, art. 5.º, 4-c).[1263] O *direito à paternidade da obra* está previsto expressamente no art. 6.º *bis*,

---

[1261] ROCHA 1997, 200; SÁ E MELLO 1999, 145.
[1262] WACHOWICZ 2005, 136-7.
[1263] ESPIN CANOVAS 1993, 144 ("nenhum sector doutrinal pretende excluir a divulgação do âmbito do direito moral"); RICKETSON/GINSBURG 2006, 614 ("such a right is required to be protected, by implication, under the Convention.").

1, o mesmo valendo para direito à integridade e à genuinidade da obra como o direito do autor "de se opôr a qualquer deformação, mutilação, ou outra modificação da obra ou a qualquer outro atentado contra a mesma obra, prejudicial à sua honra ou à sua reputação."

   b) *A inclusão dos actos de modificação no exclusivo económico*

Ora, as directivas comunitárias incluem expressamente no catálogo de "direitos económicos" o direito exclusivo de efectuar ou autorizar modificações do programa (91/250, art. 4.°-b; 96/9, art. 5.°-b). A previsão da modificação no catálogo de direitos económicos na versão portuguesa da directiva sobre programas de computador foi atribuída a um erro de tradução, em razão de o direito de modificação ser um direito pessoal. Em alternativa, deveria falar-se antes em direito de transformação.[1264]

Esta interpretação correctiva, que nos parece acertada, procura salvar a conformidade das directivas com o direito internacional. Não obstante, porque o intérprete não altera as leis, o problema subsiste. Com efeito, as disposições das directivas contrariam literalmente a Convenção de Berna, que prevê os actos de modificação como potenciais atentados contra a obra que prejudicam a honra ou a reputação do autor. A protecção da honra e reputação do autor como razão de ser do direito moral corresponde ao entendimento da Comissão Europeia, que todavia utiliza de modo equivalente os termos modificação/alteração.[1265]

Embora a *ratio* do direito moral de autor seja proteger a honra e a reputação do autor, que também as têm os criadores de programas de computador e de bases de dados, a verdade é que a Convenção de Berna inclui expressamente os actos de modificação como exemplos de actos capazes de afectarem a integridade e genuinidade da obra e de, nessa medida, prejudicarem a honra e reputação do autor.

Claro que no domínio dos programas de computador e das bases de dados, uma interpretação demasiado rígida e literal dos termos da Convenção desconsiderará a natureza utilitária do software. Só que esta natureza utilitária não obsta à exigência de protecção da honra e reputação do autor dos programas. São necessárias "soluções intermédias".[1266] "Só haverá progresso se o direito moral deixar de ser um monólito".[1267]

[1264] OLIVEIRA ASCENSÃO 1996a, 342-3.
[1265] COM(96) 568 final, 27.
[1266] DIETZ 1997, 176-7; GÓMEZ SÉGADE 2001d, 67 ("la intensidad de derecho moral es inversamente proporcional al carácter utilitario de una obra").
[1267] OLIVEIRA ASCENSÃO 2004b, 63.

Todavia, isto não implica, em nosso entender, a ablação do poder de controlo da integridade e genuinidade dos programas de computador e de bases de dados enquanto faculdade mínima do direito moral de autor, entendido este enquanto tutela da honra e reputação dos criadores intelectuais enquanto tais.

c) *A aparente diferença entre o direito dos países latinos e o direito alemão*

De todo o modo, cumpre apontar uma diferença entre os países latinos e o direito germânico ao nível do enquadramento dos actos de modificação.[1268] Em França, o direito ao respeito da obra (art. L. 121-1 CPI) é entendido pela doutrina e pela jurisprudência no sentido de o autor poder, em princípio, impedir as modificações da obra, admitindo-se, porém, a validade dos acordos de modificação, na medida em que não signifiquem a alienação ou renúncia do direito ao respeito pela obra.[1269] Semelhante interpretação é válida nos direitos de autor espanhol[1270] (LPI, art. 14) e italiano[1271] (l.d.a, arts. 20.º e 22.º), e em outros países[1272] (e.g. art. 11.º da lei helvética e o art. 24. IV e V da lei brasileira).[1273]

Diferente é a solução da lei alemã, onde o direito pessoal à integridade da obra não integra expressamente os actos de modificação (*Änderung*), mas apenas a distorção (*Entstellung*) e a mutilação (*Beeinträchtigung*), valendo, não obstante, o princípio de que utilizador autorizado não pode, em princípio, alterar a obra, nem o seu título ou a designação do autor, salvo acordo em contrário; não obstante, são permitidas as modificações à obra e ao seu título que o autor não possa recusar segundo a boa fé (§§ 14, 39, UrhG).[1274] A doutrina ressalva, todavia, que a letra do § 39(1) resulta de um "mal-entendido" e que a boa fé não pode anular o direito moral à integridade da obra. Nessa medida, apesar da letra da lei, os actos de modificação integram o direito moral.[1275]

[1268] Cfr. DIAS PEREIRA 2001a, 370-1 (n. 653).
[1269] DESBOIS 1953, 120, 1978, 382; PLAISANT 1979, 66-8; BERTRAND 1991, 222-3; COLOMBET 1999, 112-4; GAUTIER 2001, 165; LUCAS/LUCAS 2001, 305; BONET/*SIRINELLI* 2002, 65s.
[1270] VEGA VEGA 1990, 123-5; GONZALEZ LOPEZ 1993, 128s, 180s; MARCO MOLINA 1994, 326; DIETZ 1992, 77s.
[1271] GIANNINI 1943, 43; ASCARELLI 1960, 757s; SANTILLI 1988, 288s.
[1272] RINTELEN 1958, 100-2; TROLLEr 1985, 692; BERENBOOM 1997, 141s; STROWEL 1993, 88-90; VANHEES 1993, 361.
[1273] HAMMES 1998, 63-4.
[1274] ULMER 1980, 216s.
[1275] SCHRICKER/*DIETZ* 1999 284, 632-4, WANDTKE/BULLINGER/*WANDTKE/GRUNERT* 2006, 515-6.

2.3. Os direitos morais dos criadores de programas de computador e de bases de dados na legislação interna

Os direitos morais do criador intelectual de programa de computador e de base de dados aparecem reduzidos ao direito à paternidade (DL 252/94, art. 9.º; DL 122/2000, art. 8.º), à semelhança do direito moral do inventor (Convenção de Paris, art. 4.º-*ter*: "O inventor tem o direito de ser como tal mencionado na patente."). A lei do software não inclui os actos de modificação no exclusivo económico, apenas a transformação (art. 5.º-b), mas já em matéria de bases de dados a lei foi mais fiel à letra da directiva (art 7.º, 1-b), ainda que se afastando da Convenção de Berna. De todo o modo, exclui-se, expressamente, o direito de controlar as modificações do programa (art. 3.º, 5; art. 5.º, 5), esvaziando-se o direito moral à integridade e genuinidade da obra. Esta solução parece apoiar-se-á no entendimento segundo o qual "é absurdo falar de um direito pessoal sobre um programa de computador"[1276].

a) Amputação do direito moral dos criadores de software e bases de dados?

Este direito teria sido amputado, já que as disposições do Código do Direito de Autor só seriam aplicáveis mediante remissão expressa – como sucede relativamente a certas regras relativas à autoria (art. 3.º; art. 5.º), à utilização livre (art. 10.º; art. 10.º, 1-d), aos contratos (art. 11.º; art. 18.º), ao registo (art. 12.º) e à apreensão de cópias ilícitas (art. 13.º, 1) – e apenas se ressalva a vigência de regras de diversa natureza donde possa resultar uma protecção do programa ou de elementos incorporados numa base de dados (art. 15.º; art. 20.º).

Todavia, apesar de as directivas incluírem a modificação do programa ou da base no catálogo de direitos económicos, já não afastam as disposições de direitos de autor que protejam os programas de computador, enquanto obras literárias, na acepção da Convenção de Berna. A remissão das directivas para o regime da Convenção de Berna implica o reconhecimento de *direitos morais* mínimos, não apenas o direito à paternidade, mas também o direito ao respeito pela obra em relação a actos que atinjam o autor na sua honra ou reputação.[1277] O mesmo vale, *mutatis mutandis*, para a protecção das bases de dados pelo direito de autor.

[1276] OLIVEIRA ASCENSÃO 1992, 475.
[1277] REBELLO 1994, 181-2, e 2002, 279-80; VIEIRA 1999, 86-7, e 2005, 894; porém, LOURENÇO MARTINS 2004, 132.

b) *O papel da jurisprudência e o possível recurso aos meios de tutela do direito de personalidade*

Deve reconhecer-se, não obstante, que caberá à jurisprudência a difícil tarefa de decidir que modificações afectam a honra e reputação dos criadores de software e de bases de dados. O que, de resto, é o valor fundamental que dá sentido ao direito moral, podendo até lançar-se mão de "providências atenuantes" e de procedimentos cautelares previstos no Código Civil para a tutela do direito de personalidade (arts. 70.°, 2, 401.°, 2).[1278]

3. Direitos morais e domínio público

A Directiva 93/98 (agora 2006/16) não tomou partido sobre a questão da duração dos direitos morais, dispondo que não prejudica as disposições dos Estados-membros em matéria de direitos morais, não se aplicando, portanto, o regime de harmonização neste domínio (art. 9.°). A Convenção de Berna exige apenas que os direitos morais sejam mantidos, pelo menos, até à extinção dos direitos patrimoniais (art. 6 *bis*).

A transposição da directiva terá deixado em aberto a questão de saber se o prazo de duração vale para o direito de autor *tout court* ou, pelo contrário, se é aplicável apenas aos direitos patrimoniais. Com efeito, o artigo 31.° do Código utiliza a terminologia direito de autor, não diferenciando, para efeitos de prazo de protecção, a sua dimensão patrimonial e a sua dimensão pessoal. Ora, o direito moral de autor é, nos termos da lei, inalienável, irrenunciável e imprescritível, perpetuando-se após a morte do autor (art. 56.°, 2).

3.1. *A imprescritibilidade legal do direito moral*

A característica da imprescritibilidade do direito moral significa que este se perpetua após a morte do autor. Como forma de tutela da personalidade, o direito de autor estende-se para além da morte (Código Civil, art. 71.°, 1).[1279]

Enquanto a obra não cair no domínio público, o exercício *post mortem* deste direito, incluindo a faculdade de inédito e de retirada, compete aos

---

[1278] CAPELO DE SOUSA 1995, 477, 488 (referindo neste contexto o software juntamente com outras criações intelectuais).

[1279] Id. ibid., 242 (n. 543), 413 (n. 1047).

sucessores do autor. Depois, uma vez caída no domínio público, a defesa da genuinidade e integridade das obras compete ao Estado e é exercida através do Ministério da Cultura (art. 57.º, 2). Porém, com a queda no domínio público, a obra deixará de ser protegida por direitos privados de autor, convertendo-se em bem do domínio público. Agora compete ao Estado defender a genuinidade e integridade das obras enquanto parte do património cultural. Mas o direito de autor teria já caducado.[1280]

Este entendimento depara, todavia, quer com a nota da imprescritibilidade dos direitos morais (art. 56.º, 2), quer com o disposto no art. 9.º, 3, nos termos do qual o autor goza de direitos morais mesmo depois da extinção dos direitos patrimoniais. O teor literal da norma parece apontar no sentido da perpetuidade dos direitos morais[1281], à semelhança do direito francês que qualifica o direito moral como perpétuo (CPI, art. L. 121-1), embora a prática jurisprudencial deste país seja comentada no sentido de a perpetuidade do direito moral ser "letra morta".[1282] Também o legislador espanhol terá seguido a via da perpetuidade do direito moral (LPI, arts. 15 e 16), ainda que limitada a certas faculdades.[1283] Outra, porém, é a solução do direito alemão[1284], que foi seguida pela lei belga.[1285]

3.2. A ficção da perpetuidade do direito moral

Da nossa parte, temos dúvidas de que, caída a obra no domínio público, o direito moral ainda se destine a proteger a personalidade do autor. Tratar-se-á antes de um valor cultural do domínio público, prevalecendo o sentido objectivo da obra e o seu interesse público sobre razões morais do autor. O que justifica, por exemplo, a possibilidade de publicação de obras inéditas contra a vontade expressa ou tácita do autor (e.g. em testamento). Em favor deste entendimento pode invocar-se a legislação que permite o acesso irrestrito a documentos de arquivo que contenham dados pessoais relativos à vida privada das pessoas, estabelecendo um domínio público dos dados pessoais, como veremos adiante.

De resto, ainda antes da obra entrar no domínio público, o Ministério da Cultura pode avocar a si e assegurar por meios adequados a defesa das

---

[1280] OLIVEIRA ASCENSÃO 1992, 348-9.
[1281] REBELLO 1994, 190.
[1282] COLOMBET 1999, 193.
[1283] GONZALEZ LOPEZ 1993, 132.
[1284] REHBINDER 2001, 217-8.
[1285] BERENBOOM 1997, 238.

obras que se encontrem ameaçadas na sua autenticidade ou dignidade cultural, quando os titulares do direito, notificados para o exercer, se abstenham disso sem motivo atendível (art. 57.º, 3). Na literatura alemã considera-se até que terceiros, nomeadamente fundações, estarão melhor colocados para exercer o direito moral *post mortem auctoris* do que os herdeiros do autor.[1286]

A perpetuidade do direito moral de autor afigura-se uma ficção, talvez decorrente de um jusnaturalismo não liberto da questão metafísica da imortalidade da alma, entendida como "o princípio de todos os seres vivos."[1287] Imagine-se o que seria proibir modificações aos *Lusíadas* em nome do direito moral de autor de Luiz Vaz de Camões. Salvo o devido respeito, apesar da afirmação peremptória do Código, é duvidoso que esteja em causa proteger a honra e a reputação do nosso Poeta. O mesmo vale para tantos quantos, através das artes e das letras, "da lei da morte se vão libertando".

Independentemente da questão metafísica, temos dúvidas de que os direitos de autor, enquanto direitos privados, perpetuem a protecção da personalidade dos criadores intelectuais de obras literárias e artísticas. Embora tenhamos recusado a teoria do autor-função de Foucault, que se traduz na "morte do demiurgo instituidor de sentidos" (Bronze), sentimos algumas dificuldades em cair no extremo-oposto de absolutizar o autor como sujeito de direitos eternos. Pense-se, aliás, no que seria se a vontade de Franz Kafka tivesse sido respeitada no sentido da destruição dos seus livros após a sua morte...

4. Síntese conclusiva do § 7

Os direitos morais de autor protegem a honra e reputação dos criadores intelectuais de obras literárias e artísticas, garantindo a sua paternidade, com identificação de autoria, e a sua genuinidade e integridade, impedindo actos de modificação, mutilação ou destruição. Sendo a obra expressão da personalidade do autor, enquanto fruto da sua liberdade de criação cultural, os direitos morais de autor protegem o laço pessoal entre o autor e a obra.

Para além dos direitos à paternidade è a genuinidade e integridade da obra, os direitos de autor, enquanto direitos de personalidade, conferem o direito de inédito, i.e. o direito de conservar a obra na esfera íntima da vida privada do criador. Neste ponto, os direitos de autor são também semelhantes à protecção da reserva de escritos e outras informações confidenciais.

[1286] WANDTKE/BULLINGER/*BULLINGER* 2006, 194.
[1287] ARISTÓTELES 2001, 23.

Isto significa que os direitos de autor conferem um poder significativo de impedir a liberdade de informação contida nas obras literárias ou artísticas inéditas. A protecção da personalidade do autor justifica esta restrição à liberdade de informação, que todavia cessa quando a obra cai no domínio público com o decurso do prazo de protecção, não obstante a lei conceder um direito especial a quem proceder à publicação ou divulgação de obra inédita caída no domínio público.

Por outro lado, o direito moral de autor pode também limitar a liberdade de informação, ao permitir o controlo das modificações das obras ou de outros actos que atentem contra a sua integridade ou genuinidade. Pense-se, por exemplo, nas utilizações para fins de paródia, pastiche ou caricatura e, de um modo geral, para fins de crítica. Pensamos, todavia, que o direito moral de autor não pode justificar a proibição geral destas utilizações, típicas de uma sociedade livre e democrática. Uma vez franqueada a porta da esfera pública (no sentido de se tornar acessível ao público), a obra e o seu autor ficam sujeitos às exigências dessa esfera, com destaque para a liberdade de expressão e de crítica, incluindo a paródia e a sátira.

Daí que se exijam ao intérprete especiais cautelas nos casos de utilizações parodiantes de obras protegidas, já que os direitos morais (e bem assim, como veremos, os direitos económicos) não podem eclipsar as liberdades da esfera pública, que incluem a liberdade de expressão e de crítica e, de um modo mais geral, a liberdade de informação (e de "contra-informação"). Fala-se até num "«direito à caricatura» como forma de expressão da liberdade artística e da liberdade de expressão"[1288], ressalvando-se todavia a necessidade de "concordância prática" com outros valores fundamentais, nomeadamente os direitos de personalidade, em termos que não absolutizem uns e anulem os outros.

Dizer ainda que os autores de programas de computador e bases de dados, na medida em que as suas criações entrem na porta dos direitos de autor, têm uma pretensão legítima a ver protegidas a sua honra e reputação enquanto criadores intelectuais, não obstante a natureza marcadamente funcional ou utilitária das suas obras. Nessa medida, deverão ser-lhes reconhecidos os direitos morais, ao menos segundo os mínimos da Convenção de Berna.

Esse é, a nosso ver, o sentido das directivas comunitárias, não obstante terem incluído os actos de modificação no exclusivo económico, em contradição literal com o instrumento internacional. Com efeito, em última

---

[1288] GOMES CANOTILHO 2004a, 199.

análise, suprimir *tout court* o direito de controlar as modificações de programas de computador e de bases de dados é "amputar" boa parte do direito pessoal destes criadores.

Não obstante, para além da eventual interpretação correctiva das leis internas em conformidade com a Convenção de Berna e ainda que desconsiderando as directivas comunitárias, poderão os tribunais lançar mão dos meios de tutela do direito de personalidade, quando as modificações do software prejudiquem, de forma atendível, a honra e reputação dos criadores de software e de bases de dados, que é, afinal, a razão de ser do direito moral de autor.

Mais delicada é a questão em matéria de negócios sobre direitos morais, dada a aparente rigidez do Código do Direito de Autor nesta matéria. Todavia, procurámos mostrar que, embora dando poder negocial aos autores, as soluções do Código não absolutizam os seus interesses morais, em termos de comprometer a sua conciliação com os interesses do comércio.

Finalmente, a propósito da duração da protecção legal dos direitos de autor, consideramos que a queda da obra no domínio público, para além de abranger os direitos económicos, deveria também incluir os direitos morais. Com efeito, independentemente da questão metafísica – e porque disso não cuidam os direitos de autor –, temos dúvidas de que, enquanto direitos privados, os direitos morais de autor perpetuem a protecção da personalidade dos criadores intelectuais de obras literárias e artísticas, embora tenhamos recusado a teoria do autor-função de Foucault no tópico da autoria e titularidade de direitos.

§ 8. DIREITOS ECONÓMICOS

"Warum sollte ich nicht aus zwei vershiedenen Rechten das Verbot ableiten können?"
       KOHLER, *Urheberrecht an Schriftwerken und Verlagsrecht*, 1907

1. Os direitos económicos no Código do Direito de Autor

Os direitos de autor conferem um direito exclusivo de exploração económica das obras protegidas. Apesar de o Código do Direito de Autor referir o direito de autor como o direito exclusivo de dispor, fruir e utilizar a obra ou de autorizar a sua fruição e utilização, total ou parcial, por terceiro (art. 9.º, 2), trata-se aqui apenas dos direitos económicos, em que se analisa o direito exclusivo de retirar vantagens económicas da exploração da obra, nos limites da lei (art. 67.º).

1.1. *Monismo ou dualismo?*

Pode dizer-se que o Código consagra uma solução monista mitigada, porque o direito de autor é tratado como um direito unitário, com uma vertente pessoal (direitos morais) e uma vertente patrimonial (direitos económicos). "O direito de autor abrange direitos de carácter patrimonial e direitos de natureza pessoal, denominados direitos morais" (art. 9.º, 1).

Este monismo de raiz seria reforçado por certas pretensões remuneratórias não disponíveis. Sem prejuízo destes direitos patrimoniais indisponíveis e dos direitos morais (que prevalecem, em certas condições, sobre o exclusivo económico), parece-nos, todavia, que será ver o todo pela parte não reconhecer o exclusivo disponível de exploração económica como um direito autónomo.

Nesse sentido, parece-nos correcta a terminologia "direitos de autor" utilizada no Código Civil e na Constituição, ao invés da designação unitária "direito de autor" adoptada pelo Código do Direito de Autor, que, de resto, gera algumas dificuldades de interpretação.

O "direito de autor" não é apenas um direito que se desdobra em várias "faculdades jurídicas" ou sub-direitos, mas antes um leque de direitos morais e económicos. O exclusivo disponível de exploração económica pode ser legal ou contratualmente cedido a terceiros e circular livremente, enquanto tal, no tráfego jurídico. Apesar de o autor poder condicionar, com base em razões morais atendíveis, a livre circulação do exclusivo de exploração económica e de conservar certas pretensões remuneratórias, tal não desfigura, em nosso entender, a autonomia dos direitos económicos.

Esta concepção também não sai prejudicada pelo facto de entendermos que os direitos de autor são concebidos no mesmo "ovo", formando-se e nascendo na esfera jurídica do autor, i.e. do criador intelectual, como direitos gémeos ou "geminados".

Por outro lado, o direito exclusivo de utilização e exploração da obra, enquanto coisa incorpórea, é independente do direito de propriedade sobre as coisas materiais que sirvam de suporte ou *corpus mechanicum* à sua fixação ou comunicação (art. 10.º, 1). Prevalece mesmo sobre a propriedade destas coisas, já que o art. 1338.º do Código Civil prevê como casos de especificação a escritura, a pintura, o desenho, a fotografia, a impressão, a gravura e outros actos semelhantes, feitos com utilização de materiais alheios. Trata-se de afirmar o primado das criações do espírito sobre o domínio dos bens materiais que lhes sirvam de suporte. É este primado que justifica de igual modo a destruição das coisas materiais que sirvam de suporte a exemplares contrafeitos de obras protegidas.

Todavia, o direito exclusivo não é absolutamente oponível *erga omnes*, valendo apenas em relação a actos de exploração económica. Só em relação ao âmbito objectivo e subjectivo do exclusivo se pode falar em oponibilidade *erga omnes*.[1289]

Para além de limites de interesse geral (e.g. liberdade de informação, expressão, crítica, ensino, aprendizagem, arquivo), o exclusivo não abrange o uso privado, num meio familiar ou análogo, apesar de toda a compressão que esta liberdade tem sofrido no ambiente digital, bastando referir que no direito alemão a liberdade de uso privado de obras protegidas por medidas técnicas terá sido praticamente esvaziada pela nova lei (§ 53(1) e § 95b(1), nr. 6(a) UrhG).[1290]

[1289] Cfr. PINTO DUARTE 2002, 34.
[1290] WANDTKE/BULLINGER/*HEERMA* 2006, 234.

a) A disponibilidade dos direitos económicos ou patrimoniais

Os direitos económicos são disponíveis, desde logo, em termos de transmissão ou oneração total ou parcial do conteúdo patrimonial do direito de autor (arts. 40.º-b, 43.º a 46.º), incluindo, em certos termos, nos casos de obra inédita ou incompleta ou de obra futura (arts. 47.º, 48.º e 50.º).

Por outro lado, os direitos económicos são disponíveis no sentido de que a obra pode ser objecto de simples autorizações de utilização por terceiros, as quais não implicam transmissão de direitos (art. 40.º-a, e art. 41.º, 1).

i. Transmissão de direitos e autorização de utilização

Ao contrário dos actos de disposição que implicam a transmissão ou oneração dos direitos disponíveis, as autorizações de utilização ou exploração da obra por qualquer processo não implicam a transmissão do direito de autor sobre ela (art. 41.º, 1), ainda que seja estipulada cláusula de exclusividade. No primeiro caso, o transmissário ou cessionário adquire a *propriedade* das faculdades de utilização da obra dispostas no contrato, podendo, nessa medida, transmiti-las a terceiros. No segundo caso, o utilizador autorizado apenas participa no exclusivo de exploração da obra nos termos estipulados na licença, não podendo, por isso, em princípio, dispor ou onerar, total ou parcialmente, os seus direitos. Socorrendo-nos da classificação tradicional, enquanto os primeiros são negócios reais *quoad effectum*, os segundos consistem em negócios obrigacionais.

De todo o modo, quer nas transmissões ou onerações parciais quer nas autorizações de utilização, o objecto é limitado aos modos de utilização designados no acto tanto no que respeita ao processo de utilização como no que respeita às condições de tempo, lugar e preço (arts. 41.º, 3, 43.º, 1 e 3).

ii. A transmissibilidade dos direitos económicos como traço distintivo do modelo dualista

A possibilidade de os direitos económicos serem objecto de negócios translativos da propriedade *inter vivos* é o traço distintivo do sistema dualista dos países latinos, que aproxima o *droit d'auteur* do *copyright*, por contraposição ao sistema monista germânico do *Urheberrecht* (UrhG § 29(1): *Das Urheberrecht is nicht übertragbar*).[1291] O sistema latino adopta, em nossa opinião, a melhor solução, sem prejuízo do direito moral dos criadores e de certas pretensões compensatórias irrenunciáveis.

[1291] SCHRICKER/*SCHRICKER* 1999, 552-3.

O preâmbulo da Directiva 2001/29 estabelece que os direitos previstos podem ser transferidos, cedidos ou sujeitos à concessão de licenças numa base contratual, ressalvando todavia o direito nacional pertinente em matéria de direitos de autor e direitos conexos (cons. 30). Este entendimento corresponde à solução do direito português, que consagra a concepção dualista dos direitos de autor.

Não obstante, e apesar do valor que geralmente se atribui aos preâmbulos das directivas, a reforma germânica do direito contratual de autor não alterou o princípio da intransmissibilidade dos direitos económicos, procurando pelo contrário reforçar a concepção monista tradicional do *Urheberrecht*, com base na ressalva do direito nacional sobre direitos de autor e conexos.[1292] Todavia, foi já questionada a conformidade deste modelo restritivo com a lei constitucional, defendendo-se que as pessoas colectivas também deveriam poder ser titulares de direitos económicos de autor.[1293]

b) As pretensões compensatórias equitativas

Estas pretensões são direitos de conteúdo patrimonial que não podem ser objecto de renúncia (art. 42.º, *in fine*): o direito de sequência (art. 54.º, 3) e o direito a remuneração equitativa pelo aluguer (DL 332/97, 27/11, art. 5.º, 1). Outros casos mais duvidosos são o direito a remuneração ou compensação suplementar (art. 49.º; v. tb. art. 14.º, 4, e art. 170.º) e as remunerações equitativas pelas utilizações livres (art. 76.º, 1), incluindo a compensação pela reprodução (art. 82.º).

A aproximação destas pretensões compensatórias ao instituto do enriquecimento sem causa tem mais sentido em certos casos, na medida em que se traduzem em vantagens de utilizações não autorizadas e não remuneradas (arts. 14.º, 4, e 170.º). No fundo, trata-se da "figura estranha duma compensação suplementar por utilizações ilegais."[1294] Mas, serão estas pretensões compensatórias razão suficiente para se defender uma concepção monista?

[1292] Id. 2002, 798; Vogel 2002, 29s; Wandtke/Bullinger/*Wandtke* – Block 2006, respectivamente 8, 24, e 360-9.

[1293] Fechner 1999, 455 ("Aus verfassungsrechtlicher Sicht ist eine Beschränkung von Urheberrechten auf natürliche Personen nicht gerechtfertigt. Das Urheberrechtsgesetzes muß daher verfassungskonform ausgelegt werden, dergestalt, daß zumindest die urheberrechtlichen Vermögensrechte auch von juristichen Personen geltend gemacht werden können.").

[1294] Oliveira Ascensão 1992, 467.

Entre nós, o monismo tem defensores de *iure condendo*[1295] e pode até entender-se, como referimos, que está consagrado no Código, ao menos nos termos de um monismo mitigado ou impuro. Não obstante, aderimos à concepção dualista dos direitos de autor, quer de *lege data* quer de *lege ferenda*.

c) *Posição adoptada*

Os direitos de autor são direitos gémeos: formam-se num mesmo ovo mas separam-se à nascença. Por um lado, o direito de personalidade de autor, que se desdobra em diversos direitos morais; por outro, o direito de propriedade, que se analisa em vários direitos económicos disponíveis de aproveitamento patrimonial exclusivo. Não vemos nada de ilógico nesta teoria, que em nada belisca quer o princípio da autoria e a protecção dos interesses morais e materiais dos autores, quer o valor mercantil das obras enquanto bens susceptíveis de exploração económica.

O facto de a lei atribuir certas pretensões compensatórias irrenunciáveis aos autores, incluindo o direito de sequência, não põe em cheque a estrutura dualista dos direitos de autor, embora isso possa ser apontado como índice de um sistema mitigado. Mas também se pode defender que os direitos de remuneração são um conteúdo patrimonial mínimo do direito moral. De resto, essas pretensões compensatórias fundam-se em razões de equidade, no sentido de garantir ao criador da obra uma participação mínima nos resultados patrimoniais da sua exploração económica. Não se trata de indemnizar os autores por prejuízos sofridos, a título de lucros cessantes, com essa exploração, nem sequer de os compensar por locupletamento injusto de terceiros à sua custa, já que esse enriquecimento tem causa legítima – a menos que se entenda que a transmissão do exclusivo económico é injusta, o que a lei portuguesa não propugna e, a nosso ver, bem.

As pretensões compensatórias são, por isso, remunerações equitativas, pelas quais o legislador pretende garantir aos autores um mínimo de participação nos proveitos económicos da exploração das obras que criam, por entender que seria injusto o criador não tirar qualquer proveito dessa exploração para além do que conseguisse obter através da negociação dos direitos, na qual se encontra frequentemente numa posição contratual mais fraca. Mas isso em nada prejudica que a obra seja objecto de um direito autónomo e livremente transmissível, que é a propriedade literária ou artística.

[1295] Id. ibid., 377-8; REBELLO 1994, 138 ("o que seria lógico era a proibição, pura e simples, de alienação do direito"); no direito brasileiro, HAMMES 1998, 144 ("Preferível seria que não a permitisse.").

1.2. *A propriedade no exclusivo de exploração económica*

A configuração do direito exclusivo de aproveitamento económico das obras engloba as três faculdades típicas da *plena in re potestas*: *utendi, fruendi et abutendi*. Apesar de o direito de autor não poder adquirir-se por usucapião (art. 55.º), tal não significa que não possa constituir objecto de um direito de propriedade, mas apenas e tão só, que esta espécie de propriedade não admite aquela forma de aquisição, sob pena de confundirmos o direito com o seu *modus* aquisitivo.[1296]

Assim, a propriedade literária ou artística abrange, de um modo geral, "o aproveitamento económico dos bens correspondentes, expresso nas vantagens provenientes do seu uso, fruição, consumo ou alienação".[1297] Todavia, o aproveitamento económico sofre limites por razões de protecção dos interesses morais dos autores, do interesse público e da reserva de intimidade da vida privada.

Também a natureza incorpórea e ubiquitária do seu objecto limita e condiciona, positiva e negativamente, esta propriedade, enquanto exclusivo de aproveitamento económico.[1298] De forma positiva, já que a mesma obra pode ser utilizada e explorada ao mesmo tempo e em qualquer parte. De forma negativa, porque a obra, apesar de ser um bem presumivelmente apto à satisfação de necessidades dos consumidores, não está sujeito à rivalidade do consumo.

a) O catálogo aberto de formas de utilização exclusiva

O conteúdo patrimonial do direito de autor consiste no direito exclusivo de fruir e utilizar a obra, no todo ou em parte, abrangendo, *inter alia*, as faculdades de a divulgar, publicar e explorar economicamente, segundo a sua espécie e natureza, por qualquer forma ou por qualquer dos modos actualmente conhecidos ou que de futuro o venham a ser, directa ou indirectamente, nos limites da lei (art. 67.º, 1, e art. 68.º, 1). Trata-se, na sua formulação geral, de um *ius excluendi omnes alios* relativo à exploração das

---

[1296] ORLANDO DE CARVALHO 1977, 205, em nota.

[1297] ANTUNES VARELA 2006, 491-2; tb. CARNEIRO DA FRADA 1999, 690 (a "tutela delitual da propriedade... não visa apenas proteger o titular do direito perante danos de deterioração ou destruição da substância corpórea da coisa. *Garante do mesmo modo o exercício das faculdades de uso e fruição da coisa contra interferências alheias*."). Indicando ser esta a nova orientação do BGH (*Zuweisungslehre*), abandonando a via indemnizatória, LANGE 1990, 362, MEDICUS 1997, 338-9.

[1298] WANDTKE/BULLINGER/*WANDTKE* 2006, 4.

obras, constituindo a garantia das vantagens patrimoniais resultantes dessa exploração, do ponto de vista económico, "o objecto fundamental da protecção legal" (art. 67.º, 2).

Segundo um princípio caracterizador da tradição continental do direito de autor, também acolhido nomeadamente no direito brasileiro (Lei 9.610/ /98, art. 28.º)[1299], o direito exclusivo de exploração económica não é limitado a formas de utilização taxativamente tipificadas.[1300] Trata-se, por isso, de um direito de contornos fluidos, já que a concretização da cláusula geral que estabelece o exclusivo é feita mediante um catálogo de exemplos de algumas das formas de utilização possíveis[1301], ao invés de ser exaurida por via de um *numerus clausus*, como é típico do *copyright*. Isso resulta não apenas da indeterminação dos termos da cláusula geral, que abrange todos os modos possíveis de utilização, inclusivamente os que só venham a ser conhecidos de futuro, como, ainda, da técnica legislativa utilizada. Com efeito, dispõe o art. 68.º, 2, que "assiste ao autor, *entre outros*, o direito exclusivo de fazer ou autorizar, por si ou pelos seus representantes".

Trata-se, portanto, de um elenco exemplificativo que, apesar da sua extensão, pretende, apenas, ilustrar formas de utilização susceptíveis de integrarem o exclusivo que assiste ao titular dos direitos, como sejam, a publicação pela imprensa (*maxime*, na edição), a representação pública, a produção cinematográfica, a fixação em fonograma e videograma, a radiodifusão por satélite e a retransmissão por cabo, qualquer forma de distribuição (por ex., venda, aluguer e comodato[1302]), a tradução, adaptação ou qualquer outra transformação, etc (art. 68.º, 2).

b) *As obras literárias e artísticas como valores de exploração económica*

Nos tipos legais de utilização de obras protegidas pelo direito de autor as obras surgem como valores de exploração económica, subordinando-se a uma certa "lógica empresarial".[1303] Com efeito, "os objectivos empresariais

---

[1299] ELIANE Y ABRÃO 2002, 80-1 (acentuando o aspecto remuneratório dos direitos autorais).

[1300] STROWEL 1993, 144-5.

[1301] SCHRICKER/*v. Ungern-Sternberg* 1999, 309; WANDTKE/BULLINGER/*HEERMA* 2006, 233.

[1302] Para além da autorização dos titulares de direitos, poderá ser ainda necessária licença das autoridades públicas. Por exemplo, a Lei de Arte Cinematográfica e do Audiovisual (L 42/2004, 18/8) estabelece que a distribuição, incluindo venda, aluguer e comodato, de obras cinematográficas e de obras audiovisuais (art. 2.º-a/b), depende de licença (art. 13.º).

[1303] ORLANDO DE CARVALHO 1997b, 1.

do Direito de Autor [são] cada vez mais nítidos [...] Essas leis protegem afinal interesses empresariais".[1304]

O quadro das utilizações especiais típicas é composto pela edição (arts. 83.º a 106), pela representação cénica (arts. 107.º a 120.º), pela recitação e execução (arts. 121.º a 123.º), pela produção de obra cinematográfica (arts. 124.º a 140.º), pela fixação fonográfica e videográfica (arts. 141.º a 148.º), pela radiodifusão e outras formas análogas de comunicação ao público (arts. 149.º a 156.º), pela exposição e reprodução de obras de artes plásticas, gráficas e aplicadas (arts. 157.º a 163.º), pela tradução e outras transformações (arts. 169.º a 172.º) e, ainda, as utilizações, se bem que integradas em regimes especiais, de obra fotográfica (arts. 164.º a 168.º) e de jornais e outras publicações periódicas (arts. 173.º a 175.º).

De um modo geral, estes regimes especiais atribuem aos intermediários o controlo da sua utilização junto do público consumidor e protegem os interesses empresariais, por via de direitos conexos "atípicos" e de licenças legais e compulsivas. Sucintamente, assim sucede relativamente:

– às empresas editoras (e.g. o editor pode fazer algumas modificações à obra – art. 95.º; a transferência dos direitos emergentes do contrato de edição não carece de autorização do autor em caso trespasse do estabelecimento – art. 100.º, 1);
– às empresas de espectáculos públicos (e.g. podem dar a conhecer obra inédita antes da primeira representação para efeitos publicitários – art. 116.º; é necessária autorização do empresário para que a representação, total ou parcial, da obra possa ser transmitida pela radiodifusão sonora ou visual, reproduzida em fonograma ou videograma, filmada ou exibida – art. 117.º; trata-se do chamado direito (conexo) ao espectáculo[1305]);
– aos produtores de obras audiovisuais (e.g. a autorização, expressa ou implícita, de exibição, que, em princípio, resulta da própria autorização para a produção cinematográfica, confere ao produtor "o exercício dos direitos da exploração económica da obra cinematográfica" – arts. 125.º, 2 e 127.º, 1 e 2; "não carece de autorização do autor a difusão de obras produzidas por organismo de radiodifusão sonora ou audiovisual, ao qual assiste o direito de as transmitir e comunicar ao público, no todo ou em parte, através dos seus próprios canais transmissores" – art. 127.º, 5; a autorização para produção cinematográfica implica, em princípio, "concessão de

---

[1304] OLIVEIRA ASCENSÃO 1992, 16-7.
[1305] Id. ibid., 461, 590, 592.

exclusivo" – art. 128.º; o produtor pode "transferir a todo o tempo para terceiro, no todo ou em parte, direitos emergentes do contrato, ficando, todavia, responsável para com os autores pelo cumprimento pontual do mesmo" – art. 133.º);
– aos produtores das chamadas obras fonográficas e videográficas (e.g. a autorização de fixação habilita a entidade que a detém a fixar a obra e a reproduzir e vender os exemplares produzidos, mas já não a distribuí-los na forma de aluguer – art. 141.º; a compra de um fonograma ou videograma não atribui ao comprador o direito de os utilizar para quaisquer fins de execução ou transmissão públicas, reprodução, revenda ou aluguer com fins comerciais – art. 141.º, 4; a obra musical e o respectivo texto que tenham sido objecto de fixação fonográfica comercial sem oposição do autor podem voltar a ser fixados – art. 144.º, 1; desnecessidade de autorização do autor em caso de trespasse do estabelecimento – art. 145.º);
– às empresas de radiodifusão (e.g. desnecessidade de consentimento especial do autor para cada comunicação ou radiodifusão se a obra tiver sido objecto de fixação para fins de comercialização com a sua autorização, abrangendo expressamente a respectiva comunicação ou radiodifusão sonora ou visual – art. 150.º; podem fixar as obras a radiodifundir, mas unicamente para uso das suas estações emissoras, nos casos de radiodifusão diferida – art. 152.º, 2; a autorização para radiodifundir uma obra é geral para todas as emissões, directas ou em deferido, efectuadas pelas estações da entidade que a obteve, ainda que o autor tenha direito a remuneração por cada transmissão – art. 153.º, 1);
– e a outras empresas de comunicação social (e.g. os jornais e outras publicações periódicas presumem-se obra colectiva – art. 19.º, 3; o autor de trabalho jornalístico produzido em cumprimento de contrato de trabalho não pode, sem autorização da empresa, publicá-lo em separado antes de decorridos três meses sobre a data em que tiver sido posta a circular a publicação em que haja sido inserido –, art. 174.º, 2);
– de um modo geral estas empresas poderão utilizar trabalho de tradução para além dos limites estabelecidos sem autorização do tradutor, embora devam prestar-lhe uma compensação suplementar (art. 170.º).

Todas estas empresas beneficiam de protecção em sede dos regimes especiais de utilização, sustentando-se que "permitem, de uma maneira geral, uma relação jurídica equilibrada entre os autores e os que utilizam e exploram as suas obras".[1306] Para além disso, é atribuída protecção a certas empresas por via de direitos conexos, em especial aos produtores de fonogramas ou videogramas e às entidades de radiodifusão.

c) Modelos de ordenação das formas de utilização

O Código revela alguma falta de arrumação das diversas formas de utilização, não tendo sido aproveitada a transposição da Directiva 2001/29 para introduzir alguma ordem neste domínio.

Há várias propostas de arrumação das diversas formas de utilização. Uma proposta distingue no seio do direito de utilização, com base no argumento ontológico, dois grupos de faculdades: as "faculdades essenciais" atípicas e as "faculdades instrumentais" típicas.[1307] Outra proposta distingue dois grandes tipos de direitos de utilização: o direito de reprodução e o direito de comunicação.[1308] Um terceiro modelo, que nos parece adequado, é o que aponta para quatro grupos de actos, à semelhança da solução espanhola (reprodução, distribuição, comunicação ao público e transformação).

Trata-se de contributos para reduzir a complexidade das diversas formas de utilização e temperar a falta de critério da nossa lei (de que comunga a lei brasileira[1309] – Lei n.º 9.610, 19/2/1998, art. 29.º), que não aproveitou a transposição da directiva para colocar alguma ordem nesse *gurgite vasto* de possíveis utilizações.

No direito comparado continental encontravam-se fundamentalmente dois modelos: o germânico e o francês. A Directiva 2001/29 estabelece uma terceira via de síntese.

i. A tipologia germânica (exploração corpórea e exploração incorpórea)

A lei alemã (§§ 15 – 23 UrhG) distingue tradicionalmente entre formas de exploração corpórea e formas de exploração incorpórea. As primeiras abrangem a reprodução (incluindo a fixação), a distribuição (incluindo o aluguer) e a exibição. As segundas designam-se por direito de comunicação ao público, abrangendo, nomeadamente, a recitação, execução, representação ou apresentação, a radiodifusão (incluindo a radiodifusão europeia por satélite e a retransmissão por cabo), a comunicação por meio de gravações

---
[1306] ALMEIDA-ROCHA 1998, 293.
[1307] OLIVEIRA ASCENSÃO 1992, 206-7, 210.
[1308] FERRER CORREIA/ALMENO DE SÁ 1994, 11; REBELLO 1994, 203-5 (incluindo a distribuição no direito de reprodução – 204).
[1309] HAMMES 1998, 70.

sonoras ou visuais, e a comunicação pública de obra radiodifundida. Fora desta dicotomia, prevê-se ainda como forma de utilização as adaptações ou transformações. A lei espanhola baseou-se no modelo germânico, distinguindo quatro grandes tipos de formas de exploração da obra: a reprodução (incluindo a fixação); a distribuição; o direito de comunicação pública (representação cénica, recitação, execução; projecção ou exibição audiovisual; exposição de obras de arte; difusão à distância, como emissão, transmissão e retransmissão, comunicação pública de obra radiodifundida, acesso público a bases de dados via telecomunicações); a transformação ou produção de obra derivada (arts. 17 – 21 LPI).

ii. A tipologia francesa (reprodução e representação, e a transformação)

O direito francês (art. L. 122-1/2/3/4 CPI) distingue tradicionalmente dois tipos principais de formas de exploração: a reprodução e a representação. A reprodução diz respeito à fixação material da obra por todos os processos que permitem comunicá-la ao público de maneira indirecta, enquanto a representação traduz-se na comunicação directa da obra ao público (por recitação, execução, representação e apresentação, incluindo a exibição), e na comunicação indirecta (por projecção e audição, e teledifusão, incluindo a distribuição por cabo e a emissão por satélite, e a transmissão pública de obra radiodifundida). Às duas modalidades principais de utilização, acrescem certas utilizações secundárias e a "transformação".

A lei belga baseou-se na lei francesa consagrando duas formas de exploração: a reprodução (abrangendo a fixação, a adaptação, a locação e o comodato) e a comunicação ao público ou representação, seja directa (sem suporte material), seja indirecta (por intermédio de um dispositivo técnico, como, por ex., a radiodifusão por satélite, a retransmissão por cabo, a comunicação em lugar público de obra transmitida) (art. 1, §§ 1, 2, LDA).

iii. A tipologia da Directiva 2001/29 (reprodução, distribuição e comunicação ao público)

A Directiva 2001/29 terá consagrado uma solução de síntese, semelhante à lei espanhola, com excepção do direito de transformação, que parece ser integrado, à semelhança do *copyright* britânico e da lei belga, no direito de reprodução enquanto reprodução indirecta. Assim, a directiva estabelece três grandes tipos de direitos económicos exclusivos: reprodução (art. 2.º), comunicação ao público, incluindo a colocação em rede à disposição do público de forma interactiva (art. 3.º), e o direito de distribuição (art. 4.º).

O primeiro é definido em termos amplíssimos, à semelhança do *copyright* britânico, no sentido de abranger as reproduções, directas ou indirectas, temporárias ou permanentes, por quaisquer meios e sob qualquer forma, no todo ou em parte.[1310] O segundo abrange qualquer comunicação ao público, por fio ou sem fio, incluindo – tal como já previsto anteriormente na legislação espanhola e britânica – a sua colocação à disposição do público por forma a torná-las acessíveis a qualquer pessoa a partir do local e no momento por ela escolhido. O terceiro é o direito de distribuição ao público através de venda ou de qualquer outro meio (i.e. aluguer ou comodato, nos termos da Directiva 92/100, agora 2006/15), à semelhança da lei alemã.

iv. Para uma tipologia dos direitos económicos

A transposição da directiva deveria ter seguido a sistemática da directiva, que nos parece não ser meramente sugestiva, como resulta do regime diferenciado em matéria de excepções e limitações aos direitos exclusivos. Parece-nos adequada uma tipologia assente em três grandes tipos de direitos (reprodução, distribuição e comunicação ao público), sem prejuízo da autonomização de um quarto (transformação), embora possa ser englobado no primeiro enquanto reprodução indirecta.

Em primeiro lugar, temos a reprodução, incluindo a fixação, enquanto exploração que se traduz na multiplicação de exemplares da obra, em termos de permitirem, directa ou indirectamente, a distribuição ou a comunicação ao público da obra que reproduzem, de modo a que esta seja sensorialmente apreensível ("perceived", na expressão inglesa), autonomamente, no primeiro caso, ou por intermédio da prestação de um serviço, no segundo.[1311]

Antes das directivas, a reprodução era entendida como obtenção de cópias fixas em suporte material. Depois das directivas, o conceito de reprodução alargou-se para abranger também a reprodução transitória de programas de computador (Directiva 91/250, art. 4.º, a), a reprodução provisória de estruturas de bases de dados e a extracção, i.e., a transferência temporária do conteúdo de bases de dados (Directiva 96/9, art. 5.º-a; 7.º, 2-a); e, de um modo geral a reprodução temporária de obras e/ou prestações protegidas por direitos de autor e/ou conexos (Directiva 2001/29, art. 2.º), salvo reprodução transitória mediante actos transitórios ou episódicos (Directiva

---

[1310] CORNISH/LLEWELYN 2003, 433.
[1311] Cfr. TRABUCO 2006, 726.

2001/29, art. 5.º, 1). Ou seja, confirma-se uma linha de continuidade nas directivas[1312], que introduziram a noção de reprodução transitória, por influência do *copyright* britânico[1313], afirmando-se, com propriedade, que a legislação britânica foi pioneira neste domínio.[1314]

Para existir reprodução, basta que a obra seja "incorporada", ainda que temporariamente (i.e. de forma não permanente), num qualquer suporte a partir do qual seja sensorialmente apreensível (i.e. perceptível), comunicável ao público ou reproduzível.[1315] A amplitude da noção de reprodução abrange também pequenas partes de obras. O ponto é de grande importância no domínio, por exemplo, do *sampling*[1316], em que a regra *de minimis* poderá ter que ser reequacionada.[1317]

A transposição das directivas recebeu a noção ampla de reprodução.[1318] Ao lado da reprodução tradicional (e.g. imprensa), o direito de reprodução abrange também a reprodução total ou parcial, qualquer que seja o modo por que for feita (CDA, art. 68.º, 2-i). Por ex., em Espanha, a Lei 23/2006, de 7 de Julho, deu nova redacção ao art. 18.º da LPI, nos termos do qual entende-se por reprodução a fixação directa ou indirecta, provisória ou permanente, por qualquer meio e em qualquer forma de toda a obra ou de parte dela, que permita a sua comunicação ou a obtenção de cópias.

Assim, torna-se insuficiente a definição da reprodução como obtenção de cópias, no sentido de exemplares materiais, de uma fixação ou de uma parte qualitativa ou quantitativamente significativa dessa fixação (176.º, 7). Quanto aos programas de computador e às bases de dados, a legislação fala em reprodução permanente ou transitória (DL 252/94, art. 5.º-a; DL 122//2000, 7.º/1-a), se bem que já utilize o termo provisória em vez de transitória para o direito especial de extracção (art. 12.º, 2-a), à semelhança da Directiva 96/9 (art. 7.º, 2-a). De todo o modo, a colocação da obra em memória permanente ou transitória de computador constitui reprodução, salvo certas reproduções transitórias ou efémeras de navegação que não tenham significado económico em si.

[1312] REINBOTHE 2001a, 390.

[1313] UK CDPA 1988 (§ 17(2)(6): "copying in relation to any description of work includes the making of copies which are transient or are incidental to some other use of the work").

[1314] PHILLIPS/FIRTH 2001, 347 ("UK legislation foreshadowed international developments.")

[1315] FICSOR 2002, 446.

[1316] LEWINSKI 1997a, 149s; DIAS PEREIRA 2004f, 319-20.

[1317] SHERMAN 2001, 109; TRITTON 2002, 367.

[1318] Sobre a transposição da Directiva 2001/29 pelos Estados-membros, e.g. REBELLO 2005, 149 (Portugal), SEVILLE 2004, 185 (Reino Unido), FABIANI 2004, 127 (Itália), LEWINSKI

A referência a reprodução transitória nas leis do software e das bases de dados pode levantar a questão de saber se não seriam excluídas do direito de reprodução no âmbito dos limites de responsabilidade dos prestadores intermediários de serviços de simples transporte e armazenagem temporária, que envolvem actos de armazenagem automática, intermédia e transitória (Directiva 2000/31, art. 12.º, 2, e art. 13.º). Talvez por isso o DL 7/2004 (arts. 14.º e 15.º) não fale em armazenagem transitória, embora também nos pareça que o regime deva ser idêntico.[1319] Por outro lado, a reprodução transitória pode ter relevo económico nomeadamente no chamado *streaming*.[1320] Todavia, à semelhança da radiodifusão e enquanto *webcasting*, releva aqui em primeira linha o direito de comunicação ao público.

Em segundo lugar, a distribuição é o direito de pôr em circulação exemplares da obra mediante compra e venda (sujeito a esgotamento comunitário), o aluguer comercial e, ainda, o comodato público. Trata-se da forma de exploração intermediária por excelência no comércio tradicional, interpondo-se, como acto autónomo, entre a produção e o consumo final ou actos de comunicação ao público a partir de cópias em suporte estável e duradouro. É o direito de vender pela primeira vez na Comunidade, de alugar ou de emprestar (publicamente) os exemplares autorizados, em termos que permitam que os utilizadores a possam gozar se, quando e como o quiserem, nos termos acordados na licença de utilização ou permitidos por lei.

Em terceiro lugar, a comunicação ao público é o direito de tornar a obra acessível num círculo de pessoas que não estejam ligadas por laços familiares ou análogos, com ou sem fins lucrativos directos ou indirectos. Abrange as representações directas (e.g. concerto musical), a radiodifusão sonora ou televisiva, a retransmissão por cabo e colocação em rede à disposição do público.

Finalmente, o direito de transformação consiste, *grosso modo*, no direito à obra derivada (por ex., adaptação ao cinema de uma obra literária). Pode ser reconduzido à noção de reprodução indirecta, tal como previsto no *copyright* britânico[1321] e considerado na literatura germânica.[1322]

2004, 11 (Alemanha), DELGADO 2006, 5 (Espanha), LUCAS 2007, 54, DESURMONT 2007, 111 (França); para desenvolvimentos, IVIR 2007.

[1319] LOURENÇO MARTINS 2006, 514, 525.
[1320] VINJE 2000, 551; TRABUCO 2006, 441-4.
[1321] CORNISH/LLEWELYN 2003, 433.
[1322] C/ ref. WANDTKE/BULLINGER/*HEERMA* 2006, 244.

d) Exclusividade de destinação e autonomia das utilizações

Apesar desta divisão em grandes grupos de actos do exclusivo de exploração, existem notas em comum. Para começar, os direitos económicos são todos marcados pela exclusividade de destinação (*droit de destination*)[1323], i.e. o direito de escolher livremente os processos e as condições de utilização e exploração da obra (art. 68.º, 3). Na formulação da lei helvética, "o autor ou a autora tem o direito exclusivo de determinar se, quando e como a obra é utilizada" (art. 10. URG).

Depois, o exclusivo projecta-se também no princípio da especialidade, independência ou autonomia[1324], nos termos do qual "as diversas formas de utilização da obra são independentes umas das outras e a adopção de qualquer delas pelo autor ou pessoa habilitada não prejudica a adopção das restantes pelo autor ou terceiros" (art. 68.º, 4). Por exemplo, uma autorização de exploração de obra literária mediante edição em livro, assim como não autoriza o editor a fazer a edição completa das obras do autor (art. 103.º) também não o autoriza a fazer edição electrónica dessa mesma obra.

Numa palavra, o exclusivo de exploração exerce-se na conformação de cada forma concreta de utilização, sem prejuízo do interesse do titular de direitos de participar no aproveitamento económico que possa resultar de outras utilizações da obra. A obra é valorada enquanto bem económico no sentido de as vantagens patrimoniais da sua exploração serem reservadas, em exclusivo, ao titular de direitos, o que justifica certas pretensões compensatórias em casos de subtracção do acto ao exclusivo.

A este propósito é de referir que, no direito alemão, o princípio do fim da cessão (§ 31 (5), *Zweckübertragungsgrundsatz*), cuja elaboração doutrinal é devida a Goldbaum, explicita-se no sentido de o âmbito da autorização abranger todas, e apenas, as faculdades necessárias ao fim a que se destina a utilização da obra.[1325] Fala-se no princípio da "cedência funcional" no sentido de que a autorização abrange todos mas apenas os actos necessários à prossecução do fim contratual.[1326] O mesmo vale, *mutatis mutantis*, no direito norte-americano. Por exemplo, no caso *The New York Times, Co. V. Tasini* (1997), o Supremo Tribunal de Justiça dos EUA decidiu a favor da União Nacional Americana de Escritores contra vários distribuidores de notícias que tinham vendido materiais de escritores independentes

---

[1323] GOTZEN 1961, POULLAUD-DULIAN 1989.
[1324] FERRER CORREIA/ALMENO DE SÁ 1994, 10; REBELLO 1994, 207.
[1325] ULMER 1980, 364-5; GÖTTING 1995b, 72; SCHRICKER/*SCHRICKER* 1999, 563. Por todos, SCHWEYER, *Zweckübertragungstheorie*, 1982; LIEBRECHT, *Die Zweckübertragungslehre*, 1983.
[1326] OLIVEIRA ASCENSÃO 1992, 434-5.

(*freelancers*) a produtores de bases de dados, incluindo a Lexis/Nexis, sem qualquer pagamento adicional ou negociação com os autores dos direitos de exploração em forma electrónica. O Tribunal entendeu que a nova publicação electrónica dos trabalhos dos escritores constituía violação do direito de autor e que os escritores tinham direito de receber *royalties* pela utilização secundária. Idêntica fundamentação foi seguida na decisão de 9 de Outubro de 2001 do caso *National Geographic v. Greenberg* (reprodução de trabalhos de fotógrafos freelancer em CD-ROM de edições impressas anteriores).[1327]

2. O catálogo fechado de direitos económicos nas directivas comunitárias

2.1. *A técnica da tipificação taxativa dos direitos atribuídos (catálogo fechado)*

As directivas sobre programas de computador, bases de dados e direitos de autor na sociedade da informação definem o conteúdo patrimonial dos direitos de autor mediante um catálogo fechado de direitos económicos, ao invés da sua configuração mediante uma cláusula geral de exclusividade de todas e quaisquer formas de utilização e exploração. Numa palavra, as directivas recortam o conteúdo dos direitos que consagram. Trata-se dos direitos de reprodução, distribuição, transformação e de comunicação ao público. Todavia, a técnica do catálogo fechado não significa que os Estados-membros não possam estabeler outros tipos de direitos.[1328]

a) Reprodução

A directiva sobre programas de computador (91/250) formula o direito de reprodução em termos amplos, abrangendo a reprodução permanente ou transitória de um programa de computador, seja por que meio for, e independentemente da forma de que se revestir, no todo ou em parte (art. 4.º-a). Na medida em que a reprodução do programa, ainda que transitória, na memória de trabalho do computador é necessária à sua utilização, tal significa que, em princípio, a utilização do programa depende de autorização do titular de direitos. Carecendo as operações como o carregamento, visua-

---

[1327] OMPI 2002, 40-1.
[1328] REINBOTHE 2002, 107.

lização, execução, transmissão ou armazenamento de tal reprodução, ficam submetidas a autorização do titular do direito *se carecerem dessa reprodução* (art. 4.º-a, 2ª parte).

i. Um conceito amplo nas leis do *copyright*

Aparentemente, esta ressalva permitiria que cada Estado-membro determinasse se tais operações constituem, no quadro da sua legislação interna, um acto de reprodução relevante. Nos sistemas de *copyright* o conceito lato de reprodução engloba todos os actos de colocação em memória de curta ou longa duração de uma obra em qualquer médium por meios electrónicos, sendo, nessa medida, susceptível de abranger aquelas operações. É o que se passava já, nomeadamente, na lei britânica (CDPA 1988, § 17(2)(6)).

De modo semelhante, entende-se no direito norte-americano que o carregamento de material protegido na memória de um computador constitui uma reprodução nos termos do §102(a). Na concretização jurisprudencial deste conceito (e.g. caso *Sega Enterprises Ltd. v. Maphia*, Cal. 1994), considera-se que são feitas cópias nos casos em que: 1ª uma obra é carregada, seja num disco duro, disquete ou na ROM ou na RAM do computador, por mais do que um breve período; 2ª quando uma obra imprimida é objecto de varrimento óptico através de *scanners* num documento digital; 3ª quando outras obras, incluindo fotografias, filmes, ou fonogramas, são digitalizadas; 4ª quando um documento digitalizado é objecto de carregamento ascendente (*uploading*) do computador de um utilizador para um sistema de *bulletin board* ou outro servidor; 5ª quando um documento digitalizado é objecto de carregamento descendente de um BBS ou outro servidor; 6ª quando um documento é transferido de um computador em rede de um utilizador para outro; 7ª e, ainda, quando o computador de um utilizador é utilizado como terminal para aceder a um documento noutro computador como hóspede BBS ou na Internet.[1329]

ii. Um conceito (tradicionalmente) restrito nas leis do *droit d'auteur*

Em contraposição, nos países de *droit d'auteur*, o conceito de reprodução seria mais restrito (e.g., em França, art. L. 122-3 CPI). O mesmo acontecia por exemplo na lei japonesa, definindo o conceito como a reprodução em forma tangível (art. 2.(xv)). De resto, no direito japonês, a utilização de programas de computador e outras obras em redes de área local foi abrangida no direito de transmissão pública, para "superar a interpretação

---

[1329] IP&NII 1995, 65-6.

da lei do direito de autor segundo a qual o armazenamento temporário de um programa de computador na RAM não constitui 'reprodução.'"[1330]

Na Alemanha sustentou-se uma interpretação teleológica do preceito da Directiva 91/250, considerado tautológico[1331], no sentido de o aproximar do § 16 UrhG. Apenas constituiriam reprodução relevante (*Vervielfältigung*) as operações que afectassem o interesse do criador de participar no resultado económico da exploração da sua obra. Tratar-se-ia de todas as operações de implantação em ROM e de armazenamento em disco duro, em disquete ou *streamer*. Já no âmbito das puras utilizações (*reine Benutzung*) irrelevantes em face do direito de autor, na expressão do BGH na decisão *Betriebssystem*, encontrar-se-iam as operações de carregamento e de mero funcionamento, que envolvessem, para o efeito, o armazenamento na RAM *als solche*. Todavia, a reprodução já abrangeria o armazenamento em RAM de vários computadores com uma mesma disquete, pois tal acto tornaria possível uma utilização paralela do programa (e.g. em LAN), afectando o interesse de participação do titular dos direitos de exploração.[1332] Todavia, a questão ainda é objecto de discussão.[1333]

Compreende-se, por conseguinte, que na discussão travada entre nós as opiniões também tenham divergido, ora no sentido de uma interpretação restrita do conceito de reprodução, ora de uma interpretação ampla dessa noção, abrangendo a reprodução electrónica.[1334] Da nossa parte, não nos parece que a questão tenha sido deixada ao arbítrio dos Estados-membros. O preâmbulo da directiva refere a chamada "reprodução tecnicamente necessária" através das operações de carregamento e funcionamento, incluindo a acção de correcção dos respectivos erros, necessárias à utilização de uma cópia de um programa pelo seu legítimo utilizador (cons. 17). A referência ao "legítimo utilizador" implica que a reprodução tecnicamente necessária à utilização do programa só pode ser licitamente realizada por utilizadores autorizados.[1335] Não se trata, por isso, de operações de todo juridicamente irrelevantes, prevalecendo a concepção ampla do direito de reprodução do sistema de *copyright*, no sentido de que é abrangida pelo conceito de reprodução "a cópia interna do programa de computador".[1336]

[1330] DOI 1998, 59; tb. HAMAGUCHI 1998, 42.
[1331] SCHRICKER/*LOEWENHEIM* 1999, 1093.
[1332] HOEREN 2005a, 13 ("Urheberrechtlich relevant wird jedoch auch eine bloße Terminalserver-Nutung, wenn diese im Rahmen der Öffentlichkeit stattfindet.").
[1333] WANDTKE/BULLINGER/*GRÜTZMACHER* 2006, 809-11.
[1334] C/ ref. DIAS PEREIRA 2001a, 507-9.
[1335] LOURENÇO MARTINS 2004, 125-6, e 2006, 584-5.
[1336] VIEIRA 2005, 871.

iii. Um conceito amplo nas directivas comunitárias

À semelhança do amplo conceito de reprodução estabelecido pela Directiva 91/250, a directiva 96/9 (bases de dados) consagrou também uma definição ampla deste direito, no sentido de abranger a "reprodução permanente ou provisória, total ou parcial, por quaisquer meios e sob qualquer forma" (art. 5.º-a). Todavia, a mera visualização do programa ou da base de dados deve ser excluída, enquanto tal, do direito exclusivo. Este abrange apenas actos que tornam possível essa visualização.

A directiva sobre direitos de autor na sociedade da informação (2001/29) tem em conta as Declarações Acordadas relativas ao Art. 1(4) do Tratado OMPI sobre direito de autor ("o direito de reprodução, tal como definido no Art. 9 da Convenção de Berna, e as excepções aí permitidas, aplicam-se plenamente no ambiente digital, em particular na utilização de obras em forma digital. Entende-se que o armazenamento de uma obra protegida sob forma digital constitui uma reprodução no sentido do Art. 9 da Convenção de Berna"). Nesse sentido, a Directiva 2001/29 arreda o elemento de corporalidade do âmbito da noção tradicional de reprodução e consagra uma noção ampla de reprodução, acrescentando ainda as reproduções directas ou indirectas (art. 2.º).

O direito de reprodução parece tornar-se o direito-base de outros direitos, não apenas da distribuição enquanto comercialização de exemplares, mas também da comunicação ao público no ambiente digital e, ainda, da transformação.

iv. Reproduções indirectas e transformação

A referência às reproduções indirectas parece assim englobar o direito de transformação no direito de reprodução, que tinha sido autonomizado nas directivas sobre programas de computador e bases de dados. Relativamente aos primeiros, tem o titular o direito exclusivo de efectuar ou autorizar a "transformação", ou seja, "a tradução, adaptação, ajustamentos ou outras modificações do programa e a reprodução dos respectivos resultados, sem prejuízo dos direitos de autor da pessoa que altere o programa" (art. 4.º-b). Como exemplos do relevo económico deste direito de exploração refiram-se, nomeadamente, a "tradução" do código-fonte em código-objecto, a tradução do código-fonte através de uma outra linguagem de programação ("clonagem"), a preparação dos chamados produtos derivados (sejam complementares ou substitutos funcionalmente equivalentes), a transformação do programa com vista ao melhoramento da sua eficiência (as chamadas actualizações ou *updates*), a adaptação do programa às necessidades específicas do utilizador, e outras operações de manutenção e assistência.

Quanto às bases de dados, "a tradução, adaptação, transformação ou qualquer outra modificação" integram também os actos que podem ser efectuados ou autorizados pelo titular do direito exclusivo relativamente à forma de expressão protegida pelo direito de autor (art. 5.º-b). Em ambos os casos são, ainda, ressalvados os direitos de autor relativos à obra derivada.

Com efeito, se da adaptação ou tradução do programa resultar um outro programa equiparável a original, a pessoa que o tiver escrito adquirirá direitos de autor em relação à sua criação (art. 4.º-b, *in fine*); o direito de autor relativo à obra derivada é também incluído dentro dos direitos de autor respeitantes a bases de dados, consistindo no direito de fazer ou autorizar qualquer reprodução, distribuição, comunicação, exposição ou representação dos resultado dos actos de tradução, adaptação, transformação ou qualquer outra modificação dessa base de dados (art. 5.º-e).

v. O «livre trânsito» das "reproduções tecnicamente necessárias"

À semelhança da Directiva 91/250, a Directiva 2001/29 excluiu do direito de reprodução actos de reprodução tecnicamente necessários à utilização legítima das obras, i.e. actos de reprodução temporária que sejam transitórios ou episódicos, que constituam parte integrante e essencial de um processo tecnológico, cujo único objectivo seja permitir uma transmissão numa rede entre terceiros por parte de um intermediário ou uma utilização legítima de uma obra ou de outro material, e que não tenham, em si, significado económico (art. 5.º, 1). A exclusão destes actos do direito de reprodução mostra que a reprodução é um conceito normativo[1337], já que tecnicamente o *modus operandi* da rede traduz-se em reproduções sucessivas. Incluir no direito de reprodução todas as reproduções meramente técnicas seria o fim da rede.[1338]

De todo o modo, a exclusão dos referidos actos do conceito normativo de reprodução é operada na condição de estar em causa realizar uma utilização legítima, isto é, autorizada pelo titular de direitos ou pela lei, nomeadamente como utilização livre.

Trata-se de um «livre trânsito», em matéria de direitos de autor, para os prestadores intermediários dos serviços da sociedade da informação, abrangendo actividades de *browsing*, motores de pesquisa e hiperligações, que completa o regime de responsabilidade destes prestadores já estabelecido pela Directiva 2000/31 relativamente a actos de simples transporte (art. 12.º), armazenagem temporária (art. 13.º) e armazenagem em servidor

---

[1337] DIAS PEREIRA 2001a, 506.
[1338] FRASER 1997, 777; FERNÁNDEZ-DIEZ 2003, 59.

(art. 14.ª), e que além disso proibiu os Estados-membros de imporem aos prestadores destas actividades um dever geral de vigilância sobre as informações que transmitam ou armazenem ou uma obrigação de procurar activamente factos ou circunstâncias que indiciem ilicitudes (art. 15.º). De notar que o regime da Directiva 2000/31 é de aplicação horizontal, ao passo que a delimitação da noção de reprodução operada pela Directiva 2001/29 vale apenas para os direitos de autor e conexos.[1339]

Na lei portuguesa (DL 7/2004), estabeleceu-se o princípio da equiparação (art. 11.º), que consiste em sujeitar os prestadores de serviços em rede ao regime comum da responsabilidade. Todavia, excluiu os prestadores intermediários de serviços em rede da sujeição a uma obrigação geral de vigilância sobre as informações que transmitem ou armazenam ou de investigação de eventuais ilícitos praticados no seu âmbito (art. 12.º), embora os sujeite a certos deveres comuns traduzidos numa obrigação de colaboração com as entidades competentes (art. 13.º). Depois, o regime de responsabilidade específico das actividades de simples transporte, armazenagem intermediária (ou temporária) e armazenagem principal (ou em servidor) segue, quase *verbatim*, o texto da Directiva 2000/31 (arts. 14.º a 16.º). Em dois aspectos deixados em aberto pela directiva, o legislador nacional avançou com a assimilação dos prestadores intermediários de serviços de associação de conteúdos (e.g. instrumentos de busca e as hiperconexões) aos prestadores de serviços de armazenagem principal (art. 17.º). Além disso, talvez inspirado na solução da lei norte-americana (DMCA), introduziu, por razões de celeridade, um esquema administrativo de resolução provisória de litígios – sem prejuízo da solução definitiva do litígio por via judicial – que surjam quanto à licitude de conteúdos disponíveis em rede que confiou à entidade de supervisão respectiva. De todo o modo, "não se pode retirar dos artigos citados um princípio absoluto de irresponsabilidade. (...) Da inexistência de deveres positivos, de actuação, subjacente ao art. 12.º, resulta que não há responsabilidade por aplicação do art. 486.º do Código Civil, relativo às omissões. (...) a isenção não será de toda a responsabilidade, mas da responsabilidade objectiva e da responsabilidade por actuação negligente."[1340] Na jurisprudência do direito comparado, registam-se decisões sobre responsabilidade nomeadamente do *host provider* que não remove os conteúdos ilícitos alojados no seu servidor sabendo do seu carácter ilícito (e.g. Tribunal de Grande Instância de Paris, decisões de 13 de Julho e 19 de Outubro de 2007).

[1339] TRABUCO 2006, 396.
[1340] ROMANO MARTINEZ 2005, 269, 271-2.

vi. As hiperligações

Em princípio, as hiper-ligações não devem ser consideradas, enquanto tais, infracção aos direitos de autor.[1341] O princípio geral é o da liberdade de referências em linha, mediante associação de conteúdos (DL 7/2004, art. 19.º). Deve-se às hiper-ligações, juntamente com os agentes electrónicos de pesquisa, boa parte do êxito dos novos média interactivos, em especial a Internet. A hiperligação apenas remete o utilizador para um sítio e o agente electrónico fornece-lhe os meios de o alcançar com um simples clique. As reproduções feitas pelo programa de navegação ou exploração da rede («*browsing*») serão livres, nos termos referidos.

A questão é mais delicada relativamente a certas hiperligações que ligam para páginas internas do sítio (*ligações profundas* ou «*deep-linking*») ou as que incorporam o conteúdo desse sítio no sítio do prestador (*ligações incorporantes* ou «*in-linking*»), que são efectivamente "ligações perigosas"[1342]. Com efeito, tais hiper-ligações fazem com que o sítio hiper-ligado em profundidade ou incorporado possa perder receitas de publicidade, para além de serem susceptíveis de gerar confusão quanto à identidade do titular do sítio.

Em termos de direitos de autor, poderia sustentar-se que as ligações incorporantes consistem numa forma de conexão de obras[1343], na medida em que efectivamente se desse uma incorporação do conteúdo do sítio de terceiro no sítio do prestador. Porém, essa incorporação é meramente virtual, para além de que depende da activação da hiper-ligação pelo utilizador. De resto, as reproduções feitas neste processo não são mais do que reproduções de navegação, pelo que se justifica um regime idêntico.

Isto não significa que as hiper-ligações profundas e incorporantes sejam juridicamente irrelevantes. Desde logo, deverão respeitar as condições de direitos de autor em que os actos de navegação são livres, definidas pela Directiva 2001/29. Por exemplo, se o motor de pesquisa ou a hiper-ligação permitirem aos utilizadores o acesso a sítios de acesso reservado, contornando o respectivo sistema técnico de protecção, não se tratará de actos de reprodução destinados a permitir uma utilização legítima e, nessa medida, não poderão ser considerados actos de navegação livre, salvo se se tratar de exercício de uma excepção imperativa a esses direitos.

Na verdade, os actos de neutralização de sistemas técnicos de protecção (incluindo os dispositivos de controlo de acesso) de obras e prestações

---

[1341] DIAS PEREIRA 2000c, 365-6.
[1342] STROWEL 1998, 296.
[1343] OLIVEIRA ASCENSÃO 2001c, 205.

protegidas por direitos de autor e conexos, bem como pelo direito do fabricante de bases de dados, são proibidos nos termos da Directiva 2001/29, que ressalva, todavia, a faculdade de os Estados-membros preverem determinados casos de neutralização legítima (art. 6.º).

Além disso, mesmo que se trate de uma utilização legítima em termos de direitos de autor e conexos, a licitude das hiper-ligações poderá ser comprometida pelo regime de protecção dos serviços de acesso condicional instituído pela Directiva 98/84.

Por outro lado, as hiper-ligações podem consubstanciar práticas ilícitas no quadro de outras figuras, nomeadamente a concorrência desleal. Com efeito, vários casos da jurisprudência no direito comparado mostram que se trata, sobretudo, de actos de parasitismo e confusão concorrenciais, de falsidade depreciativa, de promoção enganosa; também não se exclui a possibilidade de haver actos de supressão dos sinais distintivos do produtor dos conteúdos. Enfim, tudo actos de desonestidade mercantil, que correspondem a exemplos da cláusula geral da concorrência desleal (aos quais poderíamos acrescentar as práticas de «*pagejacking*» e «*mouse-trapping*).

Pelo que também nós "ficamos realmente com a impressão de que a questão pertence muito mais" ao domínio da concorrência desleal.[1344] De resto, os termos em que a Directiva 2001/29 delimita negativamente o direito de reprodução parecem abranger as hiper-ligações nos actos de navegação livre (à semelhança, aliás, da norte-americana DMCA).[1345]

b) Comunicação ao público e controlo de acesso

O direito de comunicação ao público designa tradicionalmente vários direitos específicos, como o direito de representação e execução, o direito de comunicação ao público através de registos sonoros e visuais, o direito de comunicação ao público por fio, o direito de radiodifusão, o direito a incluir o material protegido num programa por cabo, etc. Na actualidade, a radiodifusão assume especial relevo, sendo proposto "um conceito único de radiodifusão cuja elaboração remonta ao século passado, mas que se mantém actual e continua operativo em todas as situações, tanto para o direito de autor como para os direitos conexos".[1346]

A Directiva 91/250 não consagrou o direito de comunicação ao público, embora pareça ser incluído no direito de reprodução relativamente às

---

[1344] Id. ibid., 205.
[1345] DIAS PEREIRA 2002d, 237-40.
[1346] COSTA CORDEIRO 2004, 12.

operações de carregamento e visualização, execução ou transmissão. Outra foi a solução da directiva 96/9, que consagrou expressamente o direito de comunicação ao público no sentido de abranger "qualquer comunicação, exposição ou representação pública" (art. 5.º-d).

Posteriormente, a Directiva 2001/29 harmonizou o direito de comunicação de obras ao público, por fio ou sem fio, incluindo o direito de colocar em rede à disposição do público por forma a torná-las acessíveis a qualquer pessoa a partir do local e no momento por ela escolhido (art. art. 3.º, 1).

i. Qualificação do direito de colocação em rede à disposição do público

Ao contrário do entendimento de que "o texto comunitário não quis resolver a querela doutrinária sobre a qualificação jurídica do novo direito"[1347], parece-nos que esta forma de utilização (também conhecida por transmissão interactiva a pedido) é integrada expressamente no direito de comunicação ao público, sem prejuízo de essa integração ser "contestável", rotulando-se mesmo de "artifício".[1348]

Foi muito debatida a localização deste novo direito nos tipos tradicionais de direitos económicos (reprodução, comunicação ao público e distribuição, incluindo aluguer). Nos trabalhos preparatórios da directiva sustentou-se inclusivamente a sua qualificação como direito de aluguer[1349] e o no Livro Branco norte-americano defendeu-se a sua inclusão no direito de distribuição, uma vez que, sob um prisma económico, a transferência de exemplares incorpóreos de obras seria semelhante à transmissão de exemplares corpóreos. As cópias distribuídas por via de transmissão seriam tão tangíveis como "quaisquer outras distribuídas ao balcão ou através do correio. Através de cada método de distribuição, o consumidor recebe uma cópia tangível da obra".[1350]

No *copyright* norte-americano, o direito de distribuição abrange a venda, o aluguer e o comodato (§ 106(3)), esgotando-se o direito de distribuição em qualquer caso por força da chamada *first sale doctrine* (§ 109(a)). Nos programas de computador e fonogramas, os titulares de direitos conservam o direito de controlar o aluguer das cópias vendidas (§109). Tradicionalmente, o direito de distribuir cópias refere-se à cópia tangível de uma obra que pode ser objecto de posse. Porém, no caso *Playboy Enterprises*

[1347] N. GONÇALVES 2006, 252.
[1348] OLIVEIRA ASCENSÃO 2000c, 420.
[1349] COM(95) 382 final, 58.
[1350] IP&NII 1995, 216.

Inc. v. Frena (Fla. 1993), o tribunal considerou que o direito de distribuição estava implicado no carregamento não autorizado pelo operador de um BBS (*Bulletin Board System*) de imagens fotográficas digitalizadas, cuja reprodução não tinha sido autorizada, da empresa Playboy. Num caso semelhante, *Sega Enterprises Ltd. v. Maphia* (Cal.1994), o tribunal referiu-se à utilização de um *bulletin board* para fazer e distribuir cópias de jogos de vídeo protegidos pelo direito de autor.

Nesta linha chegou a equiparar-se este novo direito, que abrange, por exemplo, o vídeo a pedido, nos direitos de aluguer e comodato.[1351] A tese da distribuição electrónica, aplaudida por diversos autores, chegou a ter acolhimento jurisprudencial, por exemplo, na decisão de 4 de Outubro de 1994 do Supremo Tribunal da Áustria (*Bildfunk*).[1352]

Todavia, essa qualificação não gerou consenso. Por exemplo, no direito alemão, partindo da distinção entre exploração corpórea e incorpórea das obras constante do § 15 UrhG, defendeu-se que o direito de distribuição (*Verbreitungsrecht*) era limitado às formas de exploração corpórea, pelo que não podia aplicar-se às transmissões em linha a pedido. Um outro obstáculo à sua inclusão no direito de distribuição resultava da circunstância de que o transmitente, por força do efeito da multiplicação, não ficaria com menos exemplares do que aqueles que tinha, não havendo, portanto, distribuição propriamente dita.

Prevaleceu o entendimento de que se tratava de uma forma inominada do direito de comunicação ao público, atendendo à natureza aberta deste direito, tratando-a como direito de transmissão digital ou incorpórea e sendo o requisito da publicidade satisfeito uma vez que o critério não estaria na recepção mas antes no acto de colocação à disposição do público, isto é, na acessibilidade pública mediante transmissão em linha a pedido.[1353]

Não obstante, atendendo à natureza especial desta nova forma de exploração, a reforma de 2003 da lei alemã consagrou, num preceito autónomo, o direito de colocar em rede à disposição do público como um novo direito de exploração, chamando-lhe direito de fazer acessível ao público (§ 19a *Recht der öffentlichen Zugänglichmachung*), ao invés de o reconduzir às formas tradicionais de exploração incorpórea mediante comunicação ao público.[1354]

[1351] REINBOTHE/LEWINSKI 1993, 41.
[1352] SPOOR 1997, 45.
[1353] C/ ref. DIAS PEREIRA 2001a, 565-7.
[1354] WANDTKE/BULLINGER/*BULLINGER* 2006, 286-91.

De todo o modo, a integração no direito de comunicação ao público do direito de colocação em rede à disposição do público constava já da lei espanhola (art. 20.2-h, LPI – "a colocação da obra à disposição do público a partir de terminais remotos"[1355]) e da lei britânica (§ 175(1)(b) CDPA – *electronic publishing*), tendo sido acolhida por alguma jurisprudência, nomeadamente a decisão de 14 de Agosto de 1996 do Tribunal de Grande Instância de Paris (*Soc. Art Music France e Warner Chappell France v. Ecole Nationale Supérieure des Telecommunications*), e a decisão de 19 de Outubro de 1996 do Tribunal de Primeira Instância de Bruxelas (*AGJPB v. Central Station*).[1356]

De acordo com esta perspectiva, os Tratados da OMPI de 1996 estabeleceram a inclusão no direito de comunicação ao público da colocação em rede à disposição do público. Em conformidade com estes tratados, no Japão, a Lei 86, de 18 de Junho de 1997, introduziu na lei do direito de autor o art. 2.º*ixquater* consagrando a "transmissão pública feita automaticamente a pedido do público", i.e. a chamada transmissão interactiva a pedido, como forma de comunicação ao público distinta da radiodifusão e da difusão por cabo.[1357]

De resto, no direito comunitário, o direito de colocar em rede à disposição do público era já integrado no direito de comunicação ao público através da definição pela directiva sobre bases de dados do direito *sui generis* do fabricante de bases de dados, no sentido de abranger "qualquer forma de pôr à disposição do público a totalidade ou uma parte substancial do conteúdo da base de dados (...) em linha ou sob qualquer outra forma" (art. 7.º, 2-b). Pelo que a inclusão do direito de colocar em rede à disposição do público no direito de comunicação ao público acaba por ser uma solução de continuidade.

A solução final apoia-se no entendimento de que a "comunicação interactiva" está fora do âmbito da noção de radiodifusão (que consiste num programa pré-definido ponto a multi-ponto) e não se traduz numa mera comunicação privada, falando-se, a propósito da nova redacção do art. 16.º da lei italiana do direito de autor resultante da lei 68/2003, 9/4, que transpôs a Directiva 2001/29, em "publicidade virtual"[1358]. O critério decisivo de distinção entre comunicação ao público por radiodifusão e mediante serviço interactivo foi consagrado logo pela primeira directiva sobre actividade

---

[1355] MARCO MOLINA 1994, 323; MIGUEL ASENSIO 2002, 259-60.
[1356] DESURMONT 1996, 55, STROWEL/TRIAILLE 1997, 396.
[1357] HAMAGUCHI 1998, 42.
[1358] ROMANO 2006, 554.

televisiva (Directiva 89/552, art. 1.º-a, agora alterada pela Directiva 2007/65, 11/12), consistindo no facto de, nestes últimos serviços, os membros do público poderem aceder ao material protegido a partir do local e no momento por eles individualmente escolhido. Por essa razão se entende que o novo direito não abrange a televisão por assinatura ou mediante pagamento por sessão (*pay per view*), que implica um programa pré-definido, nem cobre o dito 'quase vídeo a pedido' (*near-video-on-demand*), em que o programa é radiodifundido diversas vezes em paralelo com pequenos intervalos.[1359]

Por outro lado, a colocação à disposição do público em rede distingue-se do direito de distribuição, que fica reservado à distribuição de cópias em suportes corpóreos (e.g. CD ou DVD). Tendo em conta a jurisprudência comunitária firmada no acórdão *Coditel I*, em matéria de restrições à liberdade de prestação de serviços por razões de protecção dos direitos de autor (Proc. 62/79, *Coditel v. Cine Vog*, ECR 1980, 881), a comunicação em rede, enquanto prestação de serviços, não dá origem ao esgotamento de direitos (Directiva 2001/29, art. 3.º, 3).

Todavia, esta questão está longe de ser pacífica. É significativo que mesmo quem se pronunciou inicialmente no sentido da recondução da distribuição electrónica à prestação de serviços[1360] tenha passado posteriormente a aceitar a distribuição electrónica, que deveria ser sujeita, inclusivamente, ao esgotamento.[1361]

ii. Inexistência legal de distribuição electrónica?

A Directiva 2001/29 acentua o fenómeno de "apagamento" do direito de distribuição no ambiente do comércio electrónico directo. Todavia, mesmo que se entenda que o esgotamento é um princípio "old-fashioned"[1362], deve reconhecer-se que há um certo grau de ficção nesta solução, de difícil compreensão lógica: "torna-se claro que estes desvios não se deixam tomar por uma lógica rigorosa mas antes em última análise apenas por considerações causais valoradoras".[1363]

[1359] SPINDLER 2002, 108.
[1360] LEHMANN 1997, 64 ("In Online-Betrieb, z.b. im Internet, finden keine Veräußerungen von Werkstücken (als körporlichen Gegenstände) statt. Bei der Online-Kommunikation handelt es sich vielmehr um *Dienstleistungen*").
[1361] Id. 2003, 524, n. 21 ("if a work is sold and only supplied via the internet, exhaustion occurs").
[1362] LOPES ROCHA 2005, 29.
[1363] SCHRICKER 1997, 129, n. 107.

Desde logo, reduz os poderes do utilizador ao mínimo possível, por não existir um objecto tangivel susceptível de apropriação física. Por exemplo, mesmo que o utilizador adquira a título definitivo e mediante o pagamento de um determinado preço uma cópia de certa obra mediante comércio electrónico directo, ele não poderá alienar essa cópia a terceiros, como sucede no ambiente fora de linha. A circulação posterior dessa cópia no ciberespaço fica sujeita ao controlo do titular de direitos, restando ao utilizador apenas a sua utilização privada.

A razão principal do afastamento do regime do direito de distribuição prende-se com a natureza global do ciberespaço, relacionado com o problema do esgotamento comunitário. Num mundo em que não há fronteiras, seria extremamente difícil controlar a revenda de cópias fora do espaço comunitário europeu. Não sendo possível instituir tal instância de controlo, a via do direito de distribuição, cuja consequência prática se traduz no esgotamento comunitário, seria desprovida de efeito útil.[1364]

Todavia, a questão não está encerrada, pois as coisas incorpóreas não são serviços. "O programa em si não é seguramente um serviço"[1365] e, pelo menos no corpo literal da Directiva 91/250, fica em aberto a possibilidade de distribuição electrónica de software, mediante compra e venda ou simples locação. De resto, é forte o movimento favorável à distribuição electrónica e ao esgotamento do direito de distribuição no comércio electrónico directo[1366], em especial no domínio do software, sustentando-se que o "esgotamento ocorre igualmente no que respeita à transmissão de cópia do programa de computador por meio de uma forma de apresentação incorpórea do mesmo."[1367]

Embora este entendimento não seja pacífico[1368], da nossa parte, temos defendido a possibilidade de o comércio electrónico directo abranger a compra e venda de cópias de obras literárias ou artísticas, em termos de o utilizador não ser mero destinatário de um serviço mas antes adquirente a título definitivo do direito, disponível e não exclusivo, de utilização final das obras a partir da cópia adquirida.[1369]

[1364] SPINDLER 2002, 110 (destacando que outra interpretação seria contrária ao preâmbulo – cons. 29).

[1365] OLIVEIRA ASCENSÃO 1996a, 356.

[1366] Id. 1999c, 178 (defendendo o esgotamento, inclusive internacional, na distribuição electrónica).

[1367] VIEIRA 2005, 890.

[1368] Contra o esgotamento do direito de distribuição de software no direito alemão, SCHUPPERT/GREISSINGER 2005, 82 (todavia, é duvidoso que tal entendimento corresponda à "wohl herrschenden Literaturauffassung").

[1369] DIAS PEREIRA 1999c, 938, 2001a, 565-8, 2001b, 656, 2004d, 358-9, e 2004g, 97.

c) *Distribuição de exemplares e esgotamento comunitário do controlo da revenda*

O direito de distribuição permite ao titular de direitos controlar, desde logo, a primeira venda de um objecto protegido no mercado de um determinado Estado. Tendo em conta o princípio da territorialidade dos direitos de propriedade intelectual, o direito de distribuição permitiria ao titular de direitos controlar as *importações paralelas*, fragmentando os mercados e praticando os preços de primeira venda em cada mercado nacional que mais lhe conviessem.

As exigências do mercado interno em termos de liberdade de circulação de mercadorias estiveram na base da criação jurisprudencial da regra do esgotamento comunitário (*Deutsche Grammophon v Metro*), que implicou restrições significativas à figura dos limites implícitos das licenças do direito britânico.[1370] Posteriormente, vários instrumentos de legislação comunitária consagraram a regra do esgotamento relativamente à generalidade dos direitos de propriedade intelectual abrangidos por disposições comunitárias, nomeadamente as directivas 87/54, art. 5.º (topografias de produtos semicondutores), 89/104, art. 7.º, 1 (marcas), 91/250, art. 4.º-c (programas de computador), 92/100, art. 9.º, 1 e 2 (agora 2006/15, art. 9.º, 2), 96/9, art. 5.º-c (bases de dados), 98/71, art. 15.º (modelos e desenhos), 2001/29, art. 4.º (direitos de autor na sociedade da informação); e os regulamentos 40/94, art. 13.º, 1 (marca comunitária), 2100/94, art. 16.º (variedades vegetais), e 6/2002, art. 21.º (desenho comunitário). Trata-se de uma regra que atravessa transversalmente os diversos direitos de propriedade intelectual, de tal modo que o esgotamento do direito de distribuição pode ser afirmado como um princípio geral do direito comunitário da propriedade intelectual, resultante das exigências das liberdades do mercado interno.

i. A teorização do esgotamento (doutrina *first sale*, *Erschöpfungslehre*)

A teoria do esgotamento (*Erschöpfungslehre*), que equivale à doutrina da exaustão pela primeira venda (*first sale*) do direito norte-americano (caso *Harrison v. Maynard, Merrill & Co.*, 2d Cir. 1894), surgiu no direito alemão pela pena de Kohler, tendo sido legalmente consagrada no § 17(2) UrhG, nos termos do qual "se a obra original ou cópias suas tiverem sido distribuídas através de alienação com o consentimento do titular do direito de

---

[1370] KEELING 2003, 75-7.

distribuição da obra no território da União Europeia ou de outro Estado signatário do Acordo sobre a Área Económica Europeia, a sua distribuição posterior será permitida, excepto para efeitos do aluguer."

Na determinação do âmbito do esgotamento, debatem-se, fundamentalmente, a teoria da segurança do tráfego jurídico e a teoria da recompensa.[1371] Para a teoria da segurança do tráfego jurídico (*Verkehrssicherunstheorie*), o fundamento da exaustão dos direitos consiste em não impedir injustificadamente a distribuição posterior de exemplares colocados no mercado, assegurando a segurança das relações do tráfego jurídico-negocial e o interesse da livre circulação de mercadorias; no caso da distribuição de exemplares corpóreos de obras o direito de exploração do autor será limitado em ponderação com outros bens jurídicos, nomeadamente o direito de propriedade sobre o exemplar da obra. Porém, este conflito entre dois direitos absolutos – o direito do autor relativo à obra e a propriedade sobre o suporte corpóreo do exemplar distribuído – não teria lugar nos actos de comunicação ao público, incluindo as transmissões em linha a pedido, uma vez que o meio de transporte (e.g. sinais radiofónicos e televisivos, luz, impulsos electrónicos) não constituiria objecto de um direito absoluto negociável.

Para a teoria da recompensa (*Belohnungstheorie*), o princípio do esgotamento seria aplicável também neste domínio uma vez que o titular dos direitos teria a possibilidade aquando da primeira alienação da cópia da obra de receber uma remuneração pela sua prestação espiritual, estando nessa medida cumprido o fim do direito de distribuição.

Todavia, contra esta perspectiva argumenta-se que na transmissão digital a utilização posterior do exemplar reproduzido não será de todo irrelevante, uma vez que poderá ser ilimitadamente reproduzido e transmitido a terceiros (efeito de multiplicação), não sendo possível ao titular dos direitos receber uma compensação adequada pela primeira venda, além de que mesmo na distribuição de exemplares corpóreos não se esgotam os direitos de aluguer ou de comodato.[1372]

Não obstante, a jurisprudência germânica parece acolher a teoria da recompensa, construindo um princípio geral de esgotamento (*Erschöpfungsgrundsatz*), com apoio na teoria de v. Gamm. Na decisão de 7 de Setembro de 1980 (*Kaberfernsehen in Abschattungsgebieten*) o BGB considerou o esgotamento válido, inclusivamente, no domínio do direito de comunicação ao público.[1373] Para esta perspectiva, a teoria geral do esgotamento tornaria

---

[1371] SCHRICKER/*LOEWENHEIM* 1999, 357-8.
[1372] ULMER 1980, 236 ("Der Verleih oder die Vermietung von Exemplaren begründet keine Erschöpfungs des Verbreitungsrechts.").
[1373] JOOS 1991, 217-9.

possível, no quadro da solução de um caso concreto, a ponderação e conciliação dos interesses dos autores, dos exploradores e dos consumidores.[1374]

Contudo, o alargamento do âmbito do esgotamento é criticado pela generalidade dos autores, que recusam tratar-se de um princípio geral, devendo pelo contrário ficar confinado apenas às transacções que envolvam a propriedade de exemplares corpóreos das obras no mercado interno, não se aplicando por isso aos direitos de aluguer e comodato, aos actos de comunicação ao público e excluindo-se o esgotamento internacional. Numa palavra, o esgotamento do direito de distribuição é considerado um limite externamente imposto por exigências do direito da concorrência e o direito de autor não deve ser compreendido como um direito especial de concorrência.[1375]

ii. A consagração jurisprudencial do esgotamento no direito comunitário

O princípio do esgotamento comunitário – e, *a fortiori*, nacional[1376] – do direito de distribuição, elaborado para conciliar a territorialidade dos direitos de propriedade intelectual com a liberdade de circulação de mercadorias no mercado único, comporta duas dimensões diferentes, que se prendem fundamentalmente com a segurança do tráfego jurídico e a liberdade de circulação de mercadorias.[1377] Por um lado, constitui uma limitação ao direito de distribuição, uma vez que este direito se extingue com o primeiro lançamento no mercado de cópias de uma obra com o consentimento do titular do direito. Por outro lado, do ponto de vista do direito comunitário, a regra do esgotamento significa, ainda, que se o titular de um direito de propriedade intelectual, ou um terceiro com o seu consentimento, lançar no mercado de um Estado-Membro um produto que constitui uma exploração de um direito de propriedade intelectual, já não poderá opor-se a que tal produto circule livremente em toda a Comunidade (ou no EEE), ou seja, o titular não pode invocar o seu direito de distribuição para proibir a venda dessa mercadoria por um importador paralelo num outro Estado-membro (ou membro do EEE).

Nos termos do acórdão *Polydor v. Harlequin Record Shops*, relativo à importação para o Reino Unido de fonogramas distribuídos em Portugal (à época apenas membro do EEE) com consentimento dos titulares de direitos,

---

[1374] Id. ibid., 249 ("die allgemeine Erschöpfungslehre macht es möglich, im Rahmen der Lösung eines konkreten Falles umfassend Urheber–, Verwerter– und Verbraucherinteressen gegeneinander abzuwägen.")
[1375] SCHRICKER 2001, 447-57.
[1376] KEELING 2003, 115.
[1377] WANDTKE/BULLINGER/*HEERMA* 2006, 241.

os "Artigos 30 e 36 do Tratado significam que a protecção territorial concedida pela lei nacional à propriedade industrial e comercial não podem ter por efeito legitimar a insularização dos mercados nacionais e conduzir à fragmentação artificial dos mercados, e que, consequentemente, o titular de um direito de propriedade industrial ou comercial protegido pela lei de um Estado-membro não pode basear-se nessa lei para impedir a importação de um produto que foi licitamente comercializado num outro Estado-membro pelo próprio proprietário ou com o seu consentimento" (Proc. 270/80, 9.2.1982, ECR 1982, 349; porém, no caso, o Tribunal pronunciou-se pelo não esgotamento com argumentos muito pouco convincentes, parecendo temer, com base na maioria das opiniões dos Estados-membros que se pronunciaram, que os tribunais portugueses não reconhecessem reciprocamente o princípio do esgotamento no Acordo de livre comércio[1378]).

iii. Sentido e limites do esgotamento do exclusivo de distribuição

Relacionado com o princípio do esgotamento, o direito de distribuição integra o exclusivo de exploração económica dos programas de computador e das bases de dados. Relativamente aos primeiros, a Directiva 91/250 dispõe que o titular tem o direito exclusivo de efectuar ou autorizar qualquer forma de distribuição ao público, incluindo a locação, do original ou de cópias de um programa de computador (art. 4.º-c). Trata-se de uma noção de distribuição, que "admite uma interpretação ampla no sentido de abranger qualquer acto que possa tornar-se relevante no futuro"[1379], incluindo expressamente a locação, i.e. a possibilidade de pôr à disposição para utilização, por um período determinado e com um intuito lucrativo, um programa de computador ou uma sua cópia (cons. 16).

O direito de distribuição está sujeito à regra do esgotamento comunitário, no sentido de que a primeira comercialização na Comunidade de uma cópia de um programa efectuada pelo titular dos direitos ou realizada com o seu consentimento extinguirá o direito de distribuição na Comunidade dessa mesma cópia (art. 4.º-c, 2ª parte), sem prejuízo do direito de controlar a locação ulterior do programa ou de uma sua cópia (adquirida na ou após a sua primeira comercialização). Assumem especial relevo para o esgotamento do direito de distribuição os chamados acordos de distribuição OEM, servindo de exemplo a sentença *OEM-Version* do BGH (6/7/2000).[1380] A noção

---

[1378] KEELING 2003, 122.
[1379] CZARNOTA/HART 1991, 59.
[1380] JAEGER 2000, 1070; SCHUPPERT/ GREISSINGER 2005, 86.
[1381] STROWEL 2002, 7-9.

de consentimento (implícito) de distribuição para efeitos de esgotamento do direito é explicitada, no domínio das marcas, pelo TJCE no acórdão de 20 de Novembro de 2001 (Proc. C-414/99 a C-416/99, *Zino Davidoff, Levi Strauss, Tesco Stores, Costco Wholesale*), em termos que poderão valer também no domínio dos direitos de autor.[1381]

Quanto às bases de dados, a Directiva 96/9 consagrou também o direito de controlar qualquer forma de distribuição da base ou de uma cópia ao público (art. 5.º-c). De igual modo, sujeitou o seu exercício ao esgotamento, dispondo que a primeira comercialização na Comunidade da cópia de uma base de dados efectuada pelo titular do direito, ou com o seu consentimento, esgotará o direito de controlar a revenda dessa mesma cópia na Comunidade (art. 5.º-c, 2ª parte). Contudo, considera-se que o esgotamento fica reservado à distribuição de cópias em suporte material, e já não mediante transmissão em linha (cons. 33), apesar de tanto a distribuição de cópias (através dos CD-ROM ou CD-I) como o seu fornecimento em linha serem, ambos, reconhecidos como "meios de distribuição" (cons. 34).

Esta orientação foi retomada pela directiva sobre direitos de autor na sociedade da informação (2001/29). O direito de distribuição de obra incorporada num produto tangível é incluído no núcleo económico dos direitos de autor e conexos (art. 4.º). Consagra-se o esgotamento do direito de distribuição. Porém, tratar-se-á, apenas, de esgotamento comunitário, ressalvando-se o não esgotamento internacional.[1382] O preâmbulo diz que o direito de distribuição "não se esgota em relação ao original ou cópias vendidas pelo titular do direito, ou com o seu consentimento, fora da Comunidade" (cons. 28), refreando a tendência de alguns Estados-membros, nomeadamente os países baixos e escandinavos, no sentido do esgotamento internacional.[1383] Pelo que sustentar que a Directiva 2001/29 não impede o esgotamento internacional[1384] implicará desconsiderar o preâmbulo (e a jurisprudência comunitária estabelecida no caso *Laserdisken* de 12 de Setembro de 2006).

O que, aliás, pode fundar-se em boas razões. A solução da directiva não é satisfatória quer do ponto de vista do livre comércio quer do prisma do utilizador, já que se este adquirir nos EUA um jogo de computador poderá ficar impedido de o utilizar na Europa em virtude de protecções técnicas que não poderá neutralizar, gerando-se assim a fragmentação

---

[1382] GÓMEZ SEGADE 2001b, 945; WANDTKE/BULLINGER/*WANDTKE* 2006, 16-7.
[1383] HUGENHOLTZ 2001, 8; GUIBAULT 2003a, 553-4.
[1384] MOURA VICENTE 2005, 163.

territorial dos mercados através das protecção técnicas.[1385] Isto significa que o utilizador final teria que adquirir uma cópia para cada território em que pretendesse utilizar o jogo.

Trata-se de uma situação que nos parece indefensável, justificando-se, a nosso ver, a licitude da neutralização das protecções técnicas que impeçam a utilização do software ou de outras obras protegidas. Além disso, não se justificam obstáculos legais à possibilidade de revenda dessa cópia "desbloqueada", pelo menos no mercado de segunda mão.

Nos termos do art. 4.º, o direito de distribuição esgota-se, na Comunidade, relativamente ao original ou às cópias de uma obra, quando a primeira venda ou qualquer outra forma de primeira transferência da propriedade desse objecto (e.g. doação) na Comunidade for realizada pelo titular do direito ou com o seu consentimento (art. 4.º). Do teor literal da norma, conjugado com o preâmbulo da directiva, resulta que o esgotamento só se aplica à distribuição de cópias em suportes corpóreos (e.g. CD, DVD, disco duro) com exclusão do aluguer e do comodato. Com efeito, na linha anteriormente estabelecida pela directiva sobre bases de dados, esclarece o considerando 29 que "a questão do esgotamento não é pertinente no caso dos serviços, em especial dos serviços em linha. Tal vale igualmente para as cópias físicas de uma obra ou de outro material efectuadas por um utilizador de tal serviço com o consentimento do titular do direito."

Donde parece resultar que, no prisma da directiva, o esgotamento não se aplicará nem à cópia transaccionada mediante comércio electrónico directo, nem à cópia privada efectuada na sequência de acesso a obras colocadas à disposição do público em rede. Apesar de o direito de distribuição poder ser afastado relativamente à cópia realizada nos termos de uma reprodução livre (art. 5.º, 4), tal já não sucederia relativamente a cópias obtidas por *download*[1386], não obstante a digitalização ter tornado possível esta nova forma de exploração.[1387]

Em suma, a distribuição electrónica seria considerada excluída da regra do esgotamento comunitário, parecendo o comércio electrónico directo beneficiar de um privilégio em relação ao comércio electrónico indirecto e ao comércio tradicional.[1388] Esta solução teria a seu favor razões

---

[1385] DUSOLLIER 2005, 420.
[1386] REINBOTHE 2001b, 737.
[1387] GÓMEZ SEGADE 2001d, 55 ("La digitalización permitirá la distribución y comercialización de obra sin soporte físico realzando la trascendencia de la difusión inmaterial de las obras, y hará posible que la copia privada a domicilio se convierta en una modalidad de explotación generalizada.").
[1388] SPINDLER 2002, 119 ("der Vertrieb etwa von technisch geschützen Musikstücken über das Internet wird im Gegensatz zur körperlichen Weiterverbreitung priviligiert.").

de segurança jurídica[1389], sendo aplaudida mesmo pelos que reconhecem a analogia técnica e económica entre a distribuição física e a distribuição electrónica, considerando-a porém "superficial".[1390]

Todavia, a questão está longe de ser pacífica, sustentando-se, em alternativa, que o esgotamento também deveria ocorrer se o fornecimento em linha substituir a distribuição de cópias tangíveis, i.e. se a Internet for usada meramente como um meio de entrega, a distinguir da utilização em linha no âmbito de contratos de prestação de serviços.[1391]

iv. Outros limites do esgotamento

O esgotamento não abrange o direito de aluguer, já que se trata de um mercado que o titular de direitos pode explorar autonomamente. Tal como o TJCE decidiu no caso *Warner v. Metronome* (Proc. 158/86, 17.5.1988, ECR 1988, 2631): "os artigos 30 e 36 do Tratado CEE não proíbem a aplicação da legislação nacional que confere ao autor o direito de fazer depender do seu consentimento o aluguer de cassetes-vídeo, quando as cassetes em questão já tenham sido postas em circulação com a sua autorização num outro Estado-membro cuja legislação permite ao autor controlar a venda inicial, sem lhe conceder o direito de proibir o aluguer".

Por outro lado, a jurisprudência comunitária limitou o esgotamento do direito de distribuição aos actos de transferência da propriedade de exemplares corpóreos de obras ou prestações protegidas, ressalvando o não esgotamento de direitos como, por exemplo, o direito de reprodução ou de adaptação, e o direito de comunicação ao público, considerando-se que cada prestação de serviço constitui um acto que carece de autorização autónoma.[1392] Numa palavra, o esgotamento tem "um domínio de aplicação estritamente definido".[1393]

Apesar disso, entendemos que a exclusão de certos actos de reprodução temporária do direito de reprodução operada pela Directiva 2001/29 (art. 5.º, 1) pode ser considerada uma forma de esgotamento de direitos. Com efeito, os Estados-membros não podem proibir tais actos, que beneficiam

---

[1389] GANEA 2005, 106-7.

[1390] LUCAS 2001a, 420 («cette analogie technique et économique est en fin de compte superficielle au regard de la distinction fondamentale, qu'il y a lieu de maintenir, entre la communication directe et la communication par le truchement de supports tangibles.»).

[1391] LEHMANN 2003, 524 ("This must be distinguished from online use in the course of a service contract."); JAEGER 2004, 55-9 (de *lege ferenda*).

[1392] COM(95) 382 final, 44-8.

[1393] CASTELL 1989, 260.

de um livre trânsito justificado pelas exigências do mercado interno no domínio da prestação de serviços. Numa palavra, apesar de os direitos de propriedade intelectual serem excluídos do âmbito de aplicação do princípio do país de origem que rege a prestação de serviços da sociedade da informação no mercado interno (Directiva 2000/31, art. 3.º, 1, 2, 3 e anexo), a delimitação negativa do direito de reprodução nos referidos termos traduz--se numa forma de esgotamento, já que, nessas condições, os titulares de direitos não poderão controlar a circulação das obras em rede no mercado interno electrónico.

Além disso, no que respeita ao esgotamento no domínio do comércio electrónico directo e da cópia privada mediante descarregamento de obra colocada em rede à disposição do público, é significativo que o problema seja tratado apenas nos considerandos explicativos da directiva. Daqui poderia retirar-se que a solução não é vinculativa para os Estados-membros, que ficariam livres de consagrar entendimento diverso, defendendo-se por isso a aplicação do esgotamento à transmissão electrónica de exemplares, com o argumento de que cabe ao legislador dispor expressamente de outro modo.[1394] Numa palavra, sendo a "exclusão do esgotamento" na distribuição electrónica "uma posição anticonsumidor e antiliberdade de tráfego", a questão ficaria para o direito interno, no sentido de que "cada país a regulará como tem regulado, até surgir uma posição comunitária vinculativa em contrário".[1395]

Com efeito, o debate não está encerrado, sendo muito controvertida a questão do esgotamento no comércio electrónico directo de obras protegidas por direitos de autor, quer no direito europeu[1396] quer no direito norte--americano.[1397] Vários autores portugueses defendem também a distribuição electrónica e a sua sujeição ao esgotamento.[1398] Da nossa parte, concordamos com essa possibilidade[1399] e apontamos o exemplo pioneiro da lei brasileira,

---

[1394] HÄRTING 1999, 108.

[1395] OLIVEIRA ASCENSÃO 2002b, 924.

[1396] BERGER 2002, 203 ("Eine Erschöpfung des Verbreitungsrechts findet gleichwohl auch bei unkörperlicher Weiterverbreitung urheber– und/oder leistungsschutzrechtlich geschützter Werke statt.").

[1397] MENCHER 2002, 61 ("a computer hard drive is also a tangible format that stores digital content. (...) To find that digital property falls outside the application of the first sale doctrine requires that many years of jurisprudence be ignored.").

[1398] E.g. OLIVEIRA ASCENSÃO 2003, 67 ("É possível uma verdadeira distribuição em linha. (...) Distribuem-se exemplares, o que justifica nomeadamente o chamado esgotamento do direito."); TRABUCO 2006, 583 ("esta forma de distribuição electrónica deveria encontrar--se sujeita ao princípio do esgotamento.").

[1399] DIAS PEREIRA 2001a, 583-5 (n. 985).

que abrange no direito de distribuição "a distribuição para oferta de obras ou produções mediante cabo, fibra ótica, satélite, ondas ou qualquer outro sistema que permita ao usuário realizar a seleção da obra ou produção para percebê-la em um tempo e lugar previamente determinados por quem formula a demanda, e nos casos em que o acesso às obras ou produções se faça por qualquer sistema que importe em pagamento pelo usuário" (art. 29. VI e VII).

v. A consagração do exclusivo de distribuição (e do seu esgotamento) na lei portuguesa

O legislador português, em sede de transposição da directiva sobre bases de dados, definiu o conceito de reutilização como "qualquer forma de distribuição ao público da totalidade ou de uma parte substancial do conteúdo da base de dados, nomeadamente através da distribuição de cópias, aluguer, transmissão em linha ou outra modalidade" (DL 112/2000, art. 12.º, 2-b).

Este preceito poderá servir de apoio para a interpretação do direito de distribuição consagrado no art. 68.º, 2-f, do Código do Direito de Autor, por força do DL 332/97, 27/11. Trata-se de um conceito amplo de distribuição que abrange qualquer forma de distribuição do original ou de cópias da obra, tal como venda, aluguer ou comodato. Por referência à noção de cópia prevista no art. 176.º, 6, poderia entender-se que o direito de distribuição pressupõe a existência de suportes materiais. Todavia, esse preceito é relativo aos direitos conexos. Além disso, quando o destinatário da transmissão recebe a obra e esta é reproduzida no seu computador ou noutro suporte, em termos de a poder utilizar em termos directos e imediatos, faz pouco ou nenhum sentido excluir estes actos do direito de distribuição, em especial quando essas cópias incorporem medidas técnicas de protecção e informações para gestão de direitos.

Dizer ainda que o esgotamento do direito de distribuição está agora previsto no art. 68.º, 5, do Código, por força da Lei 50/2004, que transpõe a Directiva 2001/29. Nos termos do referido preceito, os actos de disposição lícitos, mediante a primeira venda ou por outro meio de transferência de propriedade, esgotam o direito de distribuição do original ou de cópias, enquanto exemplares tangíveis, de uma obra na União Europeia. Esta norma deve ser completada pela disposição "avulsa" do DL 332/97, i.e. o art. 4.º que estabelece o não esgotamento dos direitos de aluguer e de comodato com a venda ou qualquer outro acto de distribuição do original ou de cópias da obra.

Assim, não obstante a lei portuguesa consagrar um amplo conceito de distribuição, que abrange o aluguer e o comodato e, a nosso ver, a distribuição electrónica, já excluiu do esgotamento o aluguer e o comodato e os actos de distribuição em rede. Pode assim dizer-se que, de *lege data*, nunca ocorre o esgotamento na distribuição electrónica.[1400]

A exclusão do esgotamento relativamente aos actos de distribuição em rede, apesar de ser muito discutida, é também adoptada, directa ou indirectamente, por outros Estados-membros. A lei italiana 68/2003, 9/4, que transpôs a Directiva 2001/29, não alterou a referência do direito de distribuição a suportes materiais.[1401] Em Espanha, a Lei 23/2006, de 7 de Julho, terá esclarecido, segundo o preâmbulo, que o conceito de distribuição é restrito ao comércio tradicional ou então ao comércio electrónico indirecto e está sujeito, enquanto tal, à regra do esgotamento (LPI, arts. 19.º, 2, 109.º, 2, 117.º, 2, 123.º, 2, 126.º, 1-f). Por seu turno, a lei francesa n.º 2006-961, de 1 de Agosto de 2006, consagrou o esgotamento apenas para a venda de cópias materiais, aditando o n.º 1 ao art. L. 122-3 (direito de reprodução) e introduzindo o art. L. 211-6 no código da propriedade intelectual.

Não obstante, parece-nos insofismável que o desenvolvimento do comércio electrónico exigirá a "migração" da regra do esgotamento para este ambiente, sob pena de as liberdades do mercado interno que justificam esta regra serem eclipsadas no "mercado virtual" e de com isso criar-se um mercado interno a duas velocidades: a dos átomos e a dos bits.

d) Direitos de aluguer e comodato público

Ao contrário dos tratados da OMPI, que autonomizam o direito de aluguer prevendo três tipos de direitos (i.e. distribuição, aluguer, e comunicação ao público, tendo aqueles primeiros apenas bens tangíveis como objecto), a Directiva 2001/29 admite que a distribuição seja feita por venda ou por qualquer outro meio (incluindo o aluguer), ainda que pareça exigir também que o material seja posto em circulação na forma de produtos tangíveis.

Os direitos de aluguer e comodato são estabelecidos pela Directiva 92//100 (agora 2006/15), que é aplicável também às bases de dados (art. 2.º-b, cons. 24). Tendo em conta a jurisprudência do TJCE no caso *Warner Brothers e Metronome v Christiansen*, esta directiva estabelece que o direito de autorizar ou proibir o aluguer e comodato de originais e cópias não se esgota

---

[1400] REMÉDIO MARQUES 2005, 1839 (admitindo porém que isso deveria depender do meio técnico – 1844).

[1401] ROMANO 2006, 555.

com a venda ou qualquer acto de distribuição desses originais ou cópias na Comunidade (art. 1.º, 4), i.e. os direitos de aluguer e comodato são excluídos do esgotamento.[1402]

No caso *Egmont Film*, o TJCE reiterou que a autorização para alugar num Estado-Membro não dispensa a autorização para alugar noutro Estado-Membro (Proc. C-61/97, *FDV v Laserdisken*, ECR 1998, I-5171). Todavia, a conformidade desta jurisprudência com as disposições do Tratado sobre liberdade de circulação de mercadorias é considerada duvidosa em razão de permitir aos titulares de direitos fragmentarem o mercado interno no sector dos chamados clubes de vídeo.[1403]

i. Actos de aluguer e comodato (público)

A definição dos actos de aluguer e comodato é harmonizada a nível comunitário: o aluguer consiste na colocação à disposição para utilização, durante um período de tempo limitado e com benefícios comerciais directos ou indirectos; o comodato consiste na colocação à disposição para utilização, durante um período de tempo limitado, sem benefícios económicos ou comerciais, directos ou indirectos, se for efectuada através de estabelecimentos acessíveis ao público (art. 1.º, 1 a 4). O comodato privado não é abrangido pela directiva.[1404]

O sentido e alcance destas noções são completados no preâmbulo. Por um lado, considera-se "desejável, por uma questão de clareza, excluir do aluguer e do comodato [...] determinadas formas de colocação à disposição, como por exemplo, a colocação à disposição de fonogramas e filmes (obras cinematográficas ou audiovisuais ou sequências de imagens animadas, acompanhadas ou não de som) para exibição ou difusão públicas, a colocação à disposição para a realização de exposições e a colocação à disposição para consulta no local" (cons. 13).

O aluguer e o comodato, praticados por clubes de vídeo e bibliotecas, destinam-se a utilizações privadas da obra, já não a utilizações públicas, como sejam a exibição e a difusão públicas de uma obra audiovisual, a realização de exposições e consultas no local destinadas ao público (incluindo, por exemplo, as livrarias abertas ao público que permitem a consulta no local).

De modo a clarificar a noção de comodato e a satisfazer as exigências do direito comunitário em especial no ambiente electrónico, a Lei 16/2008 alterou o art. 3.º-c do DL 332/97 definindo-o agora como o acto de colocar

---

[1402] REINBOTHE/LEWINSKI 1993, 105.
[1403] KEELING 2003, 284.
[1404] VIEIRA 2006, 192.

à disposição do público, para utilização, o original ou cópias da obra, durante um período de tempo limitado e sem benefícios económicos ou comerciais directos ou indirectos, quando efectuado através de estabelecimento acessível ao público, à excepção do empréstimo interbibliotecas, da consulta presencial de documentos no estabelecimento e da transmissão de obras em rede.

ii. Licença legal de comodato público e remuneração

A Directiva 92/100 (agora 2006/15) permite que os Estados-membros derroguem o direito exclusivo para os comodatos públicos, na medida em que os autores aufiram remunerações por conta de tais comodatos, a qual será determinada livremente pelos Estados-membros tendo em conta os seus objectivos de cultura.

A derrogação ao exclusivo de comodato deve ser entendida como uma licença legal, e a remuneração justificar-se-á em razão do "inequívoco" impacto do comodato público sobre a exploração de obras protegidas pelos direitos de autor, em termos de diminuição das receitas do titular de direitos.[1405] Relativamente aos filmes e programas de computador, deveriam os Estados-membros introduzir uma remuneração, pelo menos, para os autores, no caso de não aplicarem o direito exclusivo de comodato. Em ambos os casos, todavia, os Estados-membros poderiam isentar determinadas categorias de estabelecimentos do pagamento dessas remunerações (art. 5.º, 1 a 3; agora, na directiva 2006/15, art. 6.º, 1 a 3).

iii. A condenação da isenção geral estabelecida pela lei portuguesa

A lei portuguesa isentou em bloco as bibliotecas públicas, escolares, universitárias, museus, arquivos públicos, fundações públicas e instituições privadas sem fins lucrativos (DL 332/97, art. 6.º, 3). Esta isenção geral foi criticada[1406] e valeu à República Portuguesa uma condenação nas instâncias comunitárias. No acórdão de 6/7/2006, o Tribunal de Justiça decidiu que: "A República Portuguesa, ao isentar todas as categorias de estabelecimentos que praticam o comodato público da obrigação de remuneração devida aos autores a título desse comodato, não cumpriu as obrigações que lhe incumbem

---

[1405] Id. ibid., 196, 188.

[1406] Id. ibid., 208 ("Infelizmente, a lei portuguesa levou demasiado longe o conteúdo permissivo do art. 5.º, n.º 3, da directiva 92/100/CE, esvaziando praticamente o conteúdo de aplicação do direito de remuneração. (...) É, assim, extremamente difícil sustentar, neste ponto, a conformidade do diploma de transposição com a directiva").

por força dos artigos 1.º e 5.º da Directiva 92/100/CEE do Conselho, de 19 de Novembro de 1992, relativa ao direito de aluguer, ao direito de comodato e a certos direitos conexos aos direitos de autor em matéria de propriedade intelectual." Em vista disto, a Lei 16/2008 alterou o art. 6.º, 3, do DL 332/97, no sentido de limitar a isenção apenas às bibliotecas públicas da Administração Central, Regional e Local, escolares e universitárias.

iv. Outros aspectos duvidosos

O Código do Direito de Autor não previa expressamente o direito de distribuição nem os direitos de aluguer e comodato, sendo aliás muito contestados, em especial o direito de aluguer, apontando-se a natureza "absurda" do direito de controlar a revenda comercial e defendendo-se a substituição do direito exclusivo de aluguer por um direito de remuneração.[1407]

O DL 332/97 transpôs a directiva sobre direitos de aluguer e comodato mediante uma técnica legislativa pouco recomendável[1408], senão mesmo "incompreensível e injustificada".[1409] Ao mesmo tempo que introduziu alterações no Código do Direito de Autor, consagrando o direito de distribuição mediante venda, aluguer ou comodato (art. 68.º, 2-f), fixou o regime dos direitos de aluguer e comodato no referido diploma.

Por um lado, definiu diversas formas de distribuição (art. 3.º-a/b/c). A venda, aluguer e comodato consistem em actos de colocação à disposição do público para utilização, do original ou cópias da obra, sem período de tempo (venda) ou durante um período de tempo limitado (aluguer e comodato), com benefícios comerciais directos ou indirectos (compra e aluguer) ou sem benefícios económicos ou comerciais, directos ou indirectos, quando efectuado através de estabelecimento acessível ao público (comodato). Estas definições são importantes para efeitos de regime jurídico.

Primeiro, prevê-se o não esgotamento dos direitos de aluguer e comodato (que não se aplicam às obras de arquitectura e de artes aplicadas) com a venda ou qualquer outro acto de distribuição do original ou de cópias de obras (art. 4.º). O esgotamento do direito de distribuição refere-se apenas aos actos que envolvam a propriedade de exemplares (e.g. compra e venda ou doação). Segundo, o autor tem o direito irrenunciável a uma remuneração equitativa pelo aluguer quando tiver transmitido este direito ao produtor de fonogramas ou filmes, que é responsável pelo pagamento da remunera-

---

[1407] OLIVEIRA ASCENSÃO 1991, 625-8, e 1992, 272-7.
[1408] DIAS PEREIRA 2004g, 79.
[1409] VIEIRA 2006, 196, 200 ("Infelizmente, é mal que atravessa outros diplomas nesta área do direito." – 210).

ção (art. 5.º). Terceiro, o autor tem direito a remuneração pelo comodato público do original ou de cópias da obra, pela qual é responsável o proprietário do estabelecimento que pratica o comodato (art. 6.º).

Os artistas intérpretes ou executantes, os produtores de fonogramas ou videogramas, e o produtor das primeiras fixações de um filme beneficiam, *mutatis mutandis*, deste regime (art. 7.º, 1), mas com uma enorme diferença: o direito de comodato público seria direito exclusivo e não direito a remuneração, o que de resto, só por si, não contraria a directiva. Se assim fosse, tratar-se-ia verdadeiramente de uma situação "completamente anómala" e "verdadeiramente iníqua".[1410] Mas julgamos que essa situação é suprível através de uma interpretação conforme com os princípios dos direitos de autor.

Nos termos do art. 189.º, 1-f) CDA, a protecção dos direitos conexos não abrange *inter alia* os casos em que a utilização da obra é lícita sem o consentimento do autor. Mesmo para o novo direito conexo do produtor de filmes, ainda que sem obra cinematográfica ou audiovisual, vale o art. 189.º, 3, CDA, nos termos do qual as limitações e excepções que recaem sobre o direito de autor são aplicáveis aos direitos conexos, em tudo o que for compatível com a natureza destes direitos. Ou seja, os direitos conexos não podem proibir o que os direitos de autor permitem. O mesmo deverá ser válido quando não estão sequer direitos de autor em jogo, mas meros direitos conexos. O direito *sui generis* do fabricante de bases de dados não deveria ser excepção a este princípio.

Isto significa que se impõe uma interpretação restritiva do art. 7.º, 1, do DL 332/97, no sentido de o legislador ter dito mais do que queria dizer, ao abranger o direito de comodato no exclusivo de distribuição. Numa palavra, se o comodato público não integra o exclusivo de distribuição dos direitos de autor, *por maioria de razão* também não integra o exclusivo de distribuição nos direitos conexos. Poderá discutir-se, depois, se os referidos titulares de direitos conexos terão direito a uma remuneração pelo comodato público. Mas isso não altera o princípio.

v. O favorecimento do produtor

A lei portuguesa favorece o produtor. Em caso de celebração de contrato de produção de filmes presume-se a cessão do direito de aluguer dos artistas ao produtor, sem prejuízo do direito irrenunciável a uma remuneração equitativa pelo aluguer (art. 8.º). Mas mais do que isso, o DL 332/97

[1410] Id. ibid., 196, 209.

estabeleceu um direito conexo a favor do produtor das primeiras fixações de um filme, que consiste no direito de autorizar a reprodução do original e das cópias desse filme, i.e. obra cinematográfica, obra audiovisual e toda e qualquer sequência de imagens animadas, acompanhadas ou não de sons (art. 7.º, 3 e 4). Este direito conexo é independente da existência de contribuições de autoria típicas das obras cinematográficas e audiovisuais, aplicando-se a qualquer sequência de imagens animadas, acompanhadas ou não de sons. Ao que parece, o simples funcionamento de câmaras vídeo de vigilância poderá gerar este direito.

Se o regime legal da produção de obra cinematográfica já atribuía amplos poderes ao produtor, incluindo o exercício dos direitos de exploração da obra cinematográfica, enquanto mandatário legal (arts. 125.º, 2, art. 126.º, 3, 127.º), o DL 332/97 acrescentou mais um direito à lista dos direitos conexos "atípicos". Trata-se de um direito algo redundante tendo em conta o direito conexo do produtor de videogramas (arts. 176.º, 5, e 184.º), mas o "novo" direito vai mais além, já que incide não apenas sobre as cópias das obras cinematográficas ou audiovisuais, mas também – e desde logo – sobre as suas primeiras fixações.

vi. Apreciação crítica

Para além deste "aprofundamento" do direito conexo do produtor de filmes, importa referir numa apreciação crítica, que, se o direito de aluguer faz sentido por estar em causa um novo e importante mercado para a exploração económica das obras protegidas, já o direito de comodato público é um alargamento do exclusivo a esferas de actividade que não concorrem com o titular de direitos. Compreende-se, por isso, que a lei possa (e, a nosso ver, deva) subtrair estes actos ao exclusivo, embora já se justifique uma remuneração aos titulares de direitos por parte de entidades que retiram proveitos económicos dessa utilização.

Relativamente aos organismos que não exercem actividades económicas, faz sentido isentar os comodatos públicos que praticam do dever de remuneração. Da nossa parte, aplaudimos a solução da lei portuguesa, que isentou as bibliotecas públicas, escolares, universitárias, museus, arquivos públicos, fundações públicas e instituições privadas sem fins lucrativos.[1411] Eventualmente a lei poderia ressalvar expressamente que as referidas entidades não deveriam ter por objectivo a obtenção de uma vantagem económica ou comercial, directa ou indirecta.

[1411] DIAS PEREIRA 2001a, 589 (n. 989).

É nestas condições, aliás, que a Directiva 2001/29 permite os actos específicos de reprodução por bibliotecas, estabelecimentos de ensino ou museus acessíveis ao público, ou por aquivos, não atribuindo sequer aos titulares de direitos qualquer direito a remuneração ou compensação equitativa (art. 5.º, 2-c). Curiosamente, a isenção geral estabelecida na lei sobre aluguer e comodato contrasta com as condições apertadas em que prevê aquela limitação permitida pela directiva, além de por ela atribuir aos titulares de direitos uma remuneração equitativa e, no âmbito analógico, ao editor, a pagar pela entidade que tiver procedido à reprodução (art. 75.º, 2-e, art. 76.º, 1-b, CDA).

Além disso, há uma sobreposição com a excepção de reprodução, distribuição e disponibilização ao público, para fins de ensino e educação, de partes de uma obra publicada, contanto que se destinem exclusivamente aos objectivos de ensino nesses estabelecimentos e não tenham por objectivo a obtenção de uma vantagem económica ou comercial, directa ou indirecta (art. 75.º, 2-e). Esta limitação refere-se apenas a partes de obra publicada, mas o mesmo pode suceder ao abrigo da outra limitação referida.

Seja como for, a verdade é que o Tribunal de Justiça condenou a República Portuguesa por ter estabelecido a referida isenção geral do direito de remuneração. Todavia, não nos parece que a alteração da lei, exigida por essa condenação, possa modificar substancialmente o regime do comodato público, já que dificilmente antevemos, dentro da lista de entidades isentas, quais a que poderão perder esse benefício. As que mais facilmente se colocam na mira da condenação do Tribunal são as fundações públicas e as instituições privadas sem fins lucrativos, na medida em que extraiam proveitos económicos, ainda que indirectos, através do comodato público. Todavia, em última análise, só caso a caso se poderia traçar a fronteira.

Ora, as alterações introduzidas pela Lei 16/2008 ao DL 332/97 são no mínimo mais favoráveis aos titulares de direitos. Não apenas excluiu da noção de comodato público o empréstimo interbibliotecas, a consulta presencial de documentos no estabelecimento e a transmissão de obras em rede (art. 3.º-c) mas também limitou a isenção de remuneração apenas às bibliotecas públicas da Administração Central, Regional e Local, escolares e universitárias (art. 6.º, 3). Ao mesmo tempo, nada alterou quanto ao excessivo favorecimento ao produtor acima apontado, ficando o problema nas mãos da doutrina e da jurisprudência.

e) O direito sui generis de extracção e reutilização

A Directiva 96/6 atribui ao fabricante de base de dados, de modo a proteger os seus investimentos substanciais na produção da base, um direito *sui generis*, que "pode ser transferido, cedido ou objecto de licenças contratuais" (art. 7.º, 3). Este direito, cuja atribuição pressupõe um investimento substancial, incide apenas sobre determinados actos, quais sejam a extracção e/ou reutilização da totalidade ou de uma parte substancial, avaliada qualitativa ou quantitativamente, daquele conteúdo.

A "penumbra" da definição do objecto deste direito é notória: partes substanciais, avaliadas quantitativa ou qualitativamente, do conteúdo da base que revele um investimento substancial quantitativo ou qualitativo. Trata-se de "conceitos fluidos, difíceis de precisar em abstracto e especialmente em cada caso concreto"[1412], que obstam a uma "aplicação linear".[1413] Tal (in)definição tinha precedentes na anterior noção de reprodução prevista para os direitos conexos no art. 176.º, 7, do Código do Direito de Autor, que todavia foi alterada pela Lei 50/2004, suprimindo a referência a "parte qualitativa ou quantitativamente significativa dessa utilização".

i. Os actos de extracção e reutilização

A directiva tipifica os actos de extracção e de reutilização. De uma parte, por extracção entende-se a transferência permanente ou temporária da totalidade ou de uma parte substancial do conteúdo de uma base de dados para outro suporte, seja por que meio ou sob que forma for (art. 7.º, 2-a). Definido o acto de extracção com esta amplitude e extensão, considera-se, expressamente, que "sempre que a visualização do conteúdo de uma base de dados em ecrã exigir a transferência permanente ou temporária da totalidade ou de uma parte substancial desse conteúdo para outro suporte é para tal necessária a autorização do titular do direito", pois que de acto de extracção se trata (cons. 44). "Concorde-se ou não"[1414], é isto que diz o preâmbulo da directiva, embora nos pareça que daí não decorre que a mera visualização do conteúdo da base de dados em ecrã, "tal como quando se olha para um livro", possa ser proibida.[1415]

De outra parte, por reutilização entende-se qualquer forma de pôr à disposição do público a totalidade ou uma parte substancial do conteúdo da base através da distribuição de cópias, aluguer, transmissão em linha ou sob qualquer outra forma (art. 7.º, 2-b). O comodato público é expressamente excluído da noção de actos de extracção e/ou reutilização (art. 7.º, 2, *in fine*).

[1412] LOURENÇO MARTINS 2006, 518.
[1413] SÁ E MELLO 1999, 153.
[1414] Id. ibid., 155.
[1415] LOURENÇO MARTINS 2004, 149, e 2006, 504.

Este direito *sui generis* possibilita ao fabricante de uma base de dados proibir ou impedir a prática de determinados actos sobre o conteúdo da bases de dados, a saber: a extracção e/ou reutilização não autorizadas de uma parte substancial da base de dados. Parece-nos correcto o entendimento segundo o qual é substancial toda a extracção que permite ao utilizador não aceder à base de dados de referência durante o tempo razoavelmente necessário à sua renovação.[1416]

ii. Aproximação aos conceitos de direitos de autor

Estes tipos de actos são decalcados das formas de exploração dos direitos económicos de autor.[1417] A extracção parece aproximar-se da reprodução, enquanto a re-utilização abrange a colocação à disposição do público do conteúdo da base de dados, por via, nomeadamente, de distribuição de cópias, aluguer e transmissão em linha. Trata-se de um conceito aberto uma vez que admite qualquer outra forma de colocação à disposição do público, nomeadamente mediante actos de comunicação ao público.

A recondução dos termos extracção e reutilização aos conceitos próprios dos direitos de autor e conexos (reprodução, distribuição e comunicação ao público) foi defendida por alguns autores e operada pela lei alemã, que inseriu o direito *sui generis* no capítulo dos direitos conexos, com o nome de direitos do produtor de base de dados (§ 87a-e UrhG).[1418]

Outros Estados-membros, como o Reino Unido, optaram por conservar os termos extracção e re-utilização (*The Copyright and Rights in Databases Regulations* 1997), apesar de na literatura se defender que o âmbito dos conceitos de extracção e de re-utilização é largamente semelhante aos actos análogos de reprodução e de distribuição dos direitos de autor.[1419]

A nosso ver, a solução da lei alemã seria a melhor, i.e. inserir o direito do produtor de bases de dados no quadro dos direitos conexos e converter os termos extracção e re-utilização à terminologia própria dos direitos de autor e conexos.[1420] Contudo, deveria ponderar-se a inclusão da transmissão em linha apenas no direito de comunicação ao público ou admitir também a possibilidade de distribuição electrónica, e abandonar a terminologia *sui generis* em favor da designação direito do produtor de bases de dados. Como veremos, a lei portuguesa incluiu a transmissão em linha no direito

---

[1416] BELLEFONDS 2002, 450.
[1417] TRITTON 2002, 362.
[1418] FROMM/NORDEMANN/*HERTIN* 1998, 587; SCHRICKER/*VOGEL* 1999, 1321.
[1419] TRITTON 2002, 362.
[1420] Diversamente, TRABUCO 2006, 453-4.

de distribuição, mas não acolheu a nossa sugestão de incluir o direito *sui generis* no capítulo dos direitos conexos do Código do Direito de Autor e de reconduzir os termos extracção e re-utilização aos conceitos próprios dos direitos de autor e conexos.

De todo o modo, a confirmar a aproximação desta figura às categorias do direito de autor e dos direitos conexos é de notar que o acto de distribuição abrangido pela faculdade de reutilização do direito *sui generis* está sujeito ao princípio do esgotamento. Na verdade, consagra-se o esgotamento ou exaustão do direito de impedir a re-utilização, dispondo-se que "a primeira venda de uma cópia de uma base de dados na Comunidade efectuada pelo titular do direito ou com o seu consentimento esgota o direito de controlar a revenda dessa cópia" (art. 7.º, 2-b).

Não obstante, tal como vimos suceder relativamente ao direito de autor de distribuição das bases de dados, interpretando a directiva de acordo com o preâmbulo[1421], a exaustão deste direito de reutilização aplicar-se-á apenas aos casos em que a base de dados é distribuída mediante cópias materiais, já não quando efectuada mediante transmissão em linha: "em caso de transmissão em linha, o direito de proibir a reutilização não se esgota relativamente à base de dados, nem a qualquer cópia material dessa mesma base ou de parte dela feita pelo destinatário da transmissão com o consentimento do titular do direito" (cons. 43).

iii. A fluidez do direito *sui generis* e os monopólios sobre informação

A Directiva 96/9 procura compatibilizar este direito *sui generis* com os direitos relativos aos elementos que integram o conteúdo das bases de dados. Dispõe-se, expressamente, que a protecção das bases de dados pelo direito *sui generis* "não prejudica os direitos existentes sobre o seu conteúdo" (art. 7.º, 4, *in fine*). Este princípio foi também afirmado nos tratados internacionais (Acordo ADPIC, Tratados OMPI). Mas aí o problema era menor, uma vez que consagravam apenas a protecção pelo direito de autor da estrutura em que se analisará a forma de expressão protegida.

Agora é diferente, pois criam-se direitos relativamente a actos de utilização do próprio conteúdo. Nessa medida, dá-se uma apropriação, ao menos indirecta, quanto a formas de utilização dos elementos que integram o conteúdo da base. A isso não será estranho o facto de tais poderes recaírem sobre partes substanciais do conteúdo avaliados qualitativa e quantitativamente.

[1421] Sá e Mello 1999, 155; Remédio Marques 2003a, 340-1.

Mas, o que é uma parte substancial? Como determinar, com um mínimo de rigor, as partes que são e as que não são substanciais? À partida, em abstracto, parece difícil fazer tal avaliação, quando muito será possível propor critérios de avaliação, os quais porém só serão chamados a operar no caso concreto.

Não obstante, será necessária a consolidação da concretização jurisprudencial da fórmula legal até se chegar a ter uma ideia mais ou menos precisa do que são partes substanciais. Ou seja, à partida o produtor pode proibir tudo ou quase tudo, só depois se vendo o que, afinal, podia proteger ou não. Isto é importante se tivermos em conta a utilização de aplicações tecnológicas de protecção dos conteúdos e para saber que dispositivos poderão ser produzidos, distribuídos e utilizados em termos que não violem este estranho direito do produtor de base de dados.

Embora seja reconhecida a necessidade de protecção dos produtores de bases de dados no ambiente digital dos sistemas electrónicos em rede, este direito presta-se a monopólios sobre a informação.[1422] Não é por acaso que se vai firmando a figura da "propriedade da informação"[1423] potenciada pelos desenvolvimentos da tecnologia em termos de transição do "direito à informação" para a "ordenação do conhecimento" (*Wissensordnung*)[1424]. De todo o modo, sempre se deveria afirmar que o direito *sui generis* não poderá "ir ao ponto de interdir 'extrair' as informações elas mesmas, que devem ficar de livre acesso e de livre percurso."[1425]

Olhando ao direito comparado, é significativa a resistência nos EUA à introdução de um direito semelhante, considerando-se que as "recomendações de que deveria haver uma tal protecção dificilmente constituem agenda legislativa".[1426] Com efeito, neste país, o princípio do livre fluxo da informação é considerado um valor fundamental que os tribunais invocam para recusar protecção a meros factos pelo *copyright*, incluindo nas chamadas *hot-news* tal como decidido no caso *National Basket Association and NBA Properties v. Motorola* (US Court of Appeal, 1997). Além disso, no caso *Feist* (1991), reverteu-se a anterior jurisprudência no sentido de passar a ser exigida originalidade (*modicum of creativity*) como critério de protecção de bases de dados pelo *copyright*, não se protegendo meros factos e restando, desse modo, a via contratual sancionada no caso *ProCD v. Zeidenberg*

[1422] WIEBE 1996, 202s.
[1423] CATALA 1998, 245s; WIEBE 1997, 149 (*Informationseigentum*); LIPTON 2004, 135 (*Information Property*).
[1424] LUTTERBECK 1995, 132.
[1425] BERENBOOM 1997, 231, n. 115.
[1426] WEINREB 1998, 1250.

(1996) e em decisões posteriores da jurisprudência norte-americana. Em síntese, apesar de não ser estabelecida a protecção legal do conteúdo de bases de dados não originais, a jurisprudência acaba por permitir um efeito semelhante ao validar as "licenças de plástico" e de "aceite clicando" relativas à utilização dessas bases (e.g. listas telefónicas).

iv. O poder de controlo sobre os utilizadores

Os contornos do direito *sui generis* não se ficam pela proibição de actos de concorrência desleal, já que o próprio utilizador final fica sujeito a controlo. Com efeito, é ressalvada uma forma lateral de protecção em relação a partes mesmo não substanciais pela cláusula geral constante do art. 7.º, 5: "não serão permitidas a extracção e/ou reutilização sistemáticas de partes não substanciais do conteúdo da base de dados que pressuponham actos contrários à exploração normal dessa base, ou que possam causar um prejuízo injustificado aos legítimos interesses do fabricante da base."

A distinção entre esta tutela lateral do conteúdo da base de dados e a sua tutela central releva para efeitos de determinação da licitude dos actos do utilizador legítimo, i.e. a pessoa que tem o direito de utilizar a base de dados.[1427] Como exemplos de utilização que ofende a regra dos três passos apontam-se a "saturação dos acessos" e a "diminuição do tempo global de resposta", decorrentes de uma utilização intensiva de um utilizador ainda que autorizado.[1428]

2.2. Os direitos exclusivos de exploração económica de programas de computador e de bases de dados na lei portuguesa

a) Programas de computador

Nos termos do DL 252/94, o exclusivo de exploração económica do programa de computador analisa-se em três direitos: reprodução, transformação e colocação em circulação (art. 5.º e 8.º). O primeiro é formulado em termos amplos, parecendo incluir a sua mera colocação em memória de trabalho, já que abrange a reprodução, permanente ou transitória, por qualquer processo ou forma, de todo ou de parte do programa (art. 5.º-a).

O direito de colocação em circulação, embora pareça tributário da concepção do direito de "pôr em circulação" de Strömholm (1967), deve

---

[1427] SCHRICKER/*VOGEL* 1999, 1341; DAVIS 2005, 120.
[1428] LOURENÇO MARTINS 2006, 512.

entender-se como direito de distribuição[1429], sujeito ao princípio do esgotamento, salvo do direito de locação (art. 8.º, 2).

Não se especifica se se trata de esgotamento nacional, comunitário ou internacional. Interpretando a lei portuguesa em conformidade com a Directiva 91/250 deve entender-se que se trata de esgotamento comunitário.[1430] Pode argumentar-se, todavia, que a directiva pretendeu apenas assegurar o esgotamento comunitário, deixando aos Estados-membros a liberdade de estabelecerem o esgotamento internacional. Todavia, a orientação geral do direito comunitário é limitar o esgotamento ao espaço económico europeu.

As licenças de software são um elemento do sistema informático, i.e. segundo a definição da lei da criminalidade informática, um conjunto constituído por um ou mais computadores, equipamento periférico e suporte lógico que assegura o processamento de dados (L 109/91, 17/8, art. 2.º-b). Em síntese, o "sistema informático, também definido como computador lato sensu, é o conjunto composto por uma parte física e uma parte intelectual."[1431]

Ora, o Acordo ADPIC prevê um direito de locação comercial dos originais ou cópias de programas de computador e obras cinematográficas; todavia, esse direito de locação não se aplica às locações de programas de computador em que este não constitua o objecto essencial da locação (art. 11.º, 1ª parte, e *in fine*). O Tratado OMPI sobre direito de autor consagrou este direito de locação em termos idênticos (art. 7.º). A exclusão do direito de locação quando o programa de computador não seja o objecto essencial do contrato assume especial relevo em dois grupos de casos: nos contratos de sistema informático «chaves na mão», directamente ou mediante operações de locação financeira, e nos acordos de *outsourcing* ou externalização de sistemas de informação.[1432]

b) Bases de dados

A protecção legal das bases de dados (DL 122/2000) consagra também os direitos de reprodução, transformação e distribuição, acrescentando o direito de comunicação pública, exposição ou representação públicas (art. 7.º, 1-d). Prevê o direito de distribuição segundo a formulação da directiva e estabelece o seu esgotamento na Comunidade Europeia (art. 7.º, 1-c, e 2).

[1429] VIEIRA 2005, 889.
[1430] LOURENÇO MARTINS 2004, 132, e 2006, 595.
[1431] MACEDO POLI 2003, 8.
[1432] Sobre estes contratos, DIAS PEREIRA 1999c, 942-69.

Quanto ao direito especial do fabricante de bases de dados, a lei estabelece que é independente de a base de dados ou o seu conteúdo serem protegidos por direitos de autor ou por outros direitos (art. 12.º, 5) e pode ser transmitido ou objecto de licenças contratuais (art. 13.º). Tal como previsto na directiva e mantendo a terminologia desta, o direito especial divide-se em dois direitos. Por um lado, o direito de extracção, i.e. a transferência, permanente ou temporária, da totalidade ou de uma parte substancial do conteúdo de uma base de dados para outro suporte, seja por que meio ou sob que forma for (art. 12.º, 2-a). Fundamentalmente, a faculdade de extracção corresponde ao direito de reprodução. Por outro lado, a faculdade de reutilização, i.e. qualquer forma de distribuição ao público da totalidade ou de uma parte substancial do conteúdo da base de dados, nomeadamente através da distribuição de cópias, aluguer, transmissão em linha ou outra modalidade. A reutilização, enquanto distribuição, esgota-se com a primeira venda de uma cópia de base de dados na Comunidade Europeia.

A lei portuguesa inclui a transmissão em linha nas formas de distribuição, ao invés de a incluir no direito de comunicação ao público (art. 12.º, 2-b, e 3). Nessa medida, a venda de cópia de base de dados mediante transmissão em linha implicará também o esgotamento do direito de distribuição, ao contrário do que se pretende no preâmbulo da directiva sobre bases de dados.

Como forma de reforço do direito especial do fabricante de base de dados proíbe-se a extracção ou a reutilização sistemáticas de partes não substanciais do conteúdo da base de dados que pressuponham actos contrários à exploração normal dessa base ou que possam causar um prejuízo injustificado aos legítimos interesses do fabricante da base (art. 12.º, 6).

Esta proibição limita, inclusivamente os direitos do utilizador legítimo, que fica obrigado a não praticar "actos anómalos" que prejudiquem não apenas os fabricantes mas também os titulares de direitos de autor ou de direitos de conexos sobre obras e prestações incorporadas na base (art. 14.º, 2). Por via disto, o fabricante é investido no poder de controlar os actos dos utilizadores da sua base que possam prejudicar os seus direitos exclusivos.

3. Excepções e limites aos direitos económicos

3.1. *O recorte negativo dos direitos exclusivos*

A reprodução para uso privado e outras formas de utilização são subtraídas ao direito exclusivo. Em contrapartida pela liberdade de utilização, são atribuídas em certos casos pretensões compensatórias aos autores e/ou a outros sujeitos. Questionou-se a legitimidade dessa pretensão, em especial no caso da reprodução para uso privado, que escaparia aos direitos de autor.[1433] De resto, apesar de previsto há muito no Código (art. 82.°), o regime da compensação pela reprodução só recentemente foi objecto de regulamentação, consagrando um sistema a "duas velocidades", já que abrange apenas alguns suportes digitais de reprodução.

a) A esfera pública do mercado e a liberdade de uso privado

Funcionalmente compreendido, o exclusivo de aproveitamento das vantagens económicas da obra pressupõe a esfera pública do mercado, ainda que potencial. Podemos falar num princípio de liberdade de uso privado, não como fundamento dos direitos de autor, mas como princípio que os limita, em certos termos.[1434]

A liberdade do uso privado prende-se com a ponderação dos direitos de autor com outros valores, sobretudo a reserva de intimidade da vida privada (ou "privacidade"). É este o entendimento geral no direito alemão, que remonta à decisão de 18 de Maio de 1955 do BGH (*Bandaufnahme*), estando a "esfera privada" salvaguardada na lei do direito de autor (§§ 53 e 54 UrhG).

Em suma, "por *utilização* entende a lei o *uso* activo da obra; o seu puro *gozo* receptivo é livre".[1435] Isto significa que para assegurar o controlo sobre a utilização da sua obra o autor não pode invadir a esfera ou reserva de intimidade da vida privada dos utilizadores.[1436]

i. O critério do *intuitus personae*

Todavia, a liberdade de uso privado é de âmbito restrito. No direito francês, a liberdade de uso privado restringe-se às representações privadas e gratuitas, efectuadas exclusivamente num círculo de família ou semelhante (*intuitus personae*), e às reproduções destinadas, em termos análogos, ao uso privado do copista, qualquer que seja o suporte e os meios utilizados.[1437]

[1433] OLIVEIRA ASCENSÃO 1992, 199-202.

[1434] C/ ref. DIAS PEREIRA 2001a, 339-44.

[1435] FROMM/NORDEMANN/*HERTIN/NORDEMANN* 1998, 175; HUGENHOLTZ 2000b, 485 ("copyright protects... not consumptive usage"); DREIER/SCHULZE 2004, 218.

[1436] GEIGER 2004a, 130 (citando LUCAS/LUCAS).

[1437] GAUTIER 2001, 375 (defende regime análogo para as representações e as reproduções, segundo o art. Lei 122-5, 1 e 2 do CPI).

À partida, a liberdade de uso privado não justificaria a colocação em rede à disposição do público de obras protegidas, nem a sua partilha através de sistemas automáticos de pesquisa e transmissão de ficheiros ponto-a-ponto (P2P). No direito britânico, a jurisprudência considerou que um cybercafé que presta aos seus clientes o serviço de descarregamento de material protegido para os seus servidores que depois copia em CDs não é uso privado ou doméstico (*Sony Music Entertainment v Easyinternetcafe*, 2003).[1438]

Só que a aplicação do critério da natureza *intuitus personae* às reproduções e comunicações no ambiente das comunicações electrónicas em rede não pode escamotear os fenómenos das comunidades virtuais, onde se estabelecem vínculos tão pessoais quanto os que existem fora da rede. A rede não é apenas um instrumento de comércio, é antes de tudo um meio de comunicação, i.e. de "vida com os outros" (Jaspers).

Assim como no ambiente tradicional fora da rede a troca de exemplares de obras protegidas não se pratica só para fins económicos ou comerciais (e.g. empréstimo de livro, disco ou filme), também no ambiente em rede essa liberdade não deverá ser eclipsada.

ii. A ténue linha divisória entre uso privado e uso reservado no ambiente em rede

Traçar a linha divisória entre uso privado livre e uso reservado (i.e. uso sujeito ao controlo do titular de direitos) é um dos maiores desafios dos direitos de autor no ambiente das comunicações electrónicas em rede. A Directiva 2001/29 permitiu que os Estados-membros subtraíssem a reprodução para uso privado ao direito excluivo, na condição de os titulares de direitos receberem uma compensação equitativa (art. 5.º, 2-a/b). Sustenta-se que a "introdução do conceito de *fair compensation* é um compromisso político".[1439]

De todo o modo, essa era já a situação do direito português, que permitia a reprodução para uso exclusivamente privado, na condição de não atingir a exploração normal da obra e de não causar prejuízo injustificado dos interesses legítimos do autor, e de não ser utilizada para quaisquer fins de comunicação pública ou comercialização (CDA, art. 81.º-b), prevendo também um sistema compensatório devido pela reprodução ou gravação de obras (art. 82.º).

[1438] CORNISH/LLEWELYN 2003, 514.
[1439] VISSER 2005, 10.

A transposição da directiva manteve esta norma, mas introduziu uma outra, que qualifica a reprodução para uso privado como uma forma de utilização livre: subtrai ao direito exclusivo a reprografia (salvo de partituras) e a reprodução em qualquer meio por pessoa singular para uso privado e sem fins comerciais, na condição de não atingir a exploração normal da obra nem causar prejuízo injustificado aos interesses legítimos do autor (art. 75.º, 2-a, e 4). Em contrapartida, é devida ao autor uma remuneração equitativa pela entidade que tiver procedido à reprodução, salvo "no âmbito analógico" em que o beneficiário da remuneração é o editor (art. 76.º, 1-b). O título III relativo aos direitos conexos não abrange na sua protecção o uso privado, que se considera utilização livre (art. 189.º, 1-a).

iii. O círculo apertado do uso privado e utilização em locais abertos ao público

Ainda que em condições restritas, é permitida a reprodução para uso privado. A liberdade de uso privado é, de resto, comum a outros direitos de propriedade intelectual, já que, segundo o novo Código da Propriedade Industrial (DL 36/2003, 5/3, que transpõe de novo ou aperfeiçoa a transposição de actos do acervo comunitário sobre propriedade industrial e integra regras do acordo ADPIC, como se lê no preâmbulo), os actos realizados num âmbito privado e sem fins comerciais não são abrangidos pelos direitos conferidos pela patente (art. 102.º-a), pelo modelo de utilidade (art. 145.º, 1-a), pelo registo de modelos ou desenhos (art. 204.º-a); de igual modo, a reprodução, a título privado, de uma topografia para fins não comerciais, não é abrangida pelos direitos conferidos pelo registo da topografia (art. 165.º-a) e os direitos conferidos pelo registo da marca são oponíveis apenas a quem a usar no exercício de actividades económicas e verificados certos requisitos (art. 259.º); finalmente, a protecção de segredos de negócios pressupõe uma relação de concorrência (art. 318.º), o que exclui a sua utilização para uso privado (não económico ou comercial).

No domínio dos direitos de autor, a liberdade de uso privado é objecto de determinação normativa, que se efectua pela mediação do art. 108.º, 2. Esta norma permite, independentemente de autorização do autor, a utilização da obra através de comunicação sem fim lucrativo e em privado, num meio familiar, se a obra tiver sido divulgada por qualquer forma. Isto significa que a liberdade de utilização privada é circunscrita à utilização num meio familiar e sem fins lucrativos. Meio familiar significa que a comunicação privada deverá ter *intuitus personae*. Segundo a formulação do legislador suíço, as obras publicadas podem ser utilizadas para uso próprio, entendendo-se por uso próprio, em especial, cada utilização da obra no domínio pessoal num círculo de pessoas estreitamente ligadas, como familiares ou amigos (art. 19. URG).

De todo o modo, o facto de se tratar de utilização privada reservada (i.e. não livre) não exige que se fale em comunicação pública nem que se restrinja o exclusivo à utilização pública, ainda que potencial, embora seja frequente a utilização da expressão comunicação pública quando efectuada fora desse círculo familiar.[1440] Talvez fosse melhor falar em comunicação em locais abertos ao público, para abranger, por exemplo, os quartos de hotel.

A liberdade de uso privado não é absoluta, mas antes limitada à utilização num meio familiar e sem fins lucrativos. De todo o modo, parece excessivo reduzir o uso privado à intimidade do lar. Outras situações deveriam ser abrangidas, nomedamente repúblicas de estudantes. Ou então nas relações sociais entre trabalhadores de uma empresa, que a *Cour de Cassation* belga, na decisão de 26 de Janeiro de 2006, equiparou às relações familiares para efeitos de licitude de comunicação de música numa sala do local de trabalho de acesso restrito a esses trabalhadores, invertendo a sua jurisprudência do caso *Farris* de 23 de Novembro de 2003. Mas pense-se também, por exemplo, numa comunidade de habitantes não ligados entre si por laços familiares ou análogos (e.g. um condomínio, mas já não um hotel[1441]), são utilizados aparelhos televisivos, que captam a emissão de sinais de radiodifusão: na medida em que o local não esteja aberto ao público e não sirva fins lucrativos, deveria ser uma utilização privada livre.

Porém, no caso de um local privado aberto ao público, existirá uma comunicação pública de obra radiodifundida, pela qual é devida uma remuneração ao autor (art. 155.º, que parece derrogar o direito exclusivo de comunicação ao público previsto no art. 68.º, 2-e, e no art. 149.º, 2, embora subordinando o acto a remuneração). No direito espanhol, tendo em conta a decisão do TJCE de 7 de Dezembro de 2006, no caso *SGAE v. Rafel Hoteles SA*, o Supremo Tribunal de Justiça passou a considerar, no caso *Hotel Puente Romano* de 16 de Abril de 2007, que a recepção de radiodifusão sonora e televisiva em quartos de hotel através de aparelhos aí instalados para o efeito constitui um acto de comunicação ao público.

[1440] OLIVEIRA ASCENSÃO 1992, 202-3; REBELLO 1994, 209.

[1441] No direito espanhol, criticando a sentença do Supremo Tribunal, de 10 de Maio de 2003, RODRÍGUEZ-CANO 2006, 87s.

A liberdade de uso privado decorre da ponderação prática dos interesses do autor com outros valores comunitários, quais sejam o direito à reserva da intimidade da vida privada (*brevis causa*, «privacidade»). Estão em colisão dois direitos, que a lei harmoniza subtraindo ao direito de autor a utilização privada da obra nas referidas circunstâncias.[1442] E é por isso que, para uso privado, se admite a cópia privada, ainda que em condições restritas.

b) Limites de interesse geral

O exclusivo de exploração económica sofre outros limites decorrentes das regras da utilização livre, para além do uso privado. Trata-se de limitações impostas pelo interesse geral da comunidade, que revelam os fins sociais que informam o direito de autor: "como todos os direitos privados, os direitos de autor são também direitos limitados por razões sociais: estão sujeitos a limitações, que circunscrevem a esfera jurídica dos particulares em vista das exigências do público."[1443]

i. Os valores constitucionais na balança dos direitos de autor

Isto significa que a interpretação da lei dos direitos de autor em conformidade com a constituição deverá atender não apenas à protecção do exclusivo enquanto propriedade mas também aos limites que a lei lhe impõe em virtude de outros valores constitucionais, em especial dos direitos fundamentais da comunicação concorrentes com os direitos de autor.[1444] Pense-se, por exemplo, no valor constitucional da reserva de intimidade da vida privada ou no direito do público à informação.

Esta linha de argumentação tem sido objecto recentemente de diversas abordagens, embora não seja isenta de dificuldades. O seu maior interesse consiste em compreender os direitos de autor em contexto, ao invés de os remeter para um plano a-constitucional ou pelo menos de limitar a sua relevância constitucional ao prisma da protecção dos interesses dos titulares de direitos. De todo o modo, a interpretação dos direitos de autor, enquanto direitos privados, em conformidade com a constituição deverá realizar-se, tanto quanto possível, pela mediação das categorias próprias do direito privado (e.g. abuso de direito).[1445] Note-se, também, que o recurso a esta figura

---

[1442] DIAS PEREIRA 2001a, 352; TRABUCO 2006, 505-6.
[1443] ULMER 1980, 2.
[1444] FECHNER 1999, 342s.
[1445] E.g. P. MOTA PINTO 1999, 232-3; v. *supra* § 3, 1.2.

exige sempre ao intérprete contenção e redobradas cautelas, ao invés de ser um cheque em branco para as suas improvisações. Tanto mais que os direitos de autor são incluídos no catálogo de direitos fundamentais. De resto, vários são já os limites que a lei estabelece, pelo que também neste domínio convirá começar a busca do caso análogo dentro do sistema legal.

Por outro lado, os limites aos direitos de autor podem objectivar direitos subjectivos dos utilizadores, que não poderão ser anulados por meios tecnológicos ou contratuais.

ii. Limites decorrentes das liberdades de informação e de expressão, de ensino e aprendizagem, e de criação cultural

O interesse geral justifica que a utilização de obras seja lícita sem necessidade de autorização do autor quando, de um modo geral, se destine a fins de informação, arquivo, ensino, investigação científica e crítica (art. 75.º). Como formas de utilização livre para fins de informação a lei prevê, nomeadamente, a reprodução por meios de comunicação social, por extracto ou em forma de resumo, a selecção regular de artigos de imprensa periódica, sob forma de revista de imprensa, e a citação de obras literárias ou artísticas em relatos de acontecimentos de actualidade (art. 75.º, 2-b/c/d). A liberdade destas utilizações encontra a sua justificação em direitos fundamentais da comunicação constitucionalmente garantidos.[1446]

A utilização diz-se livre no sentido de que não é necessária a autorização do titular dos direitos. Porém, deverá ser acompanhada da indicação, por exemplo, do nome do autor, do editor e do título da obra, sendo conferida em alguns casos uma remuneração equitativa ao autor e/ou ao editor (art. 76.º, 1). Assim é, por exemplo, no caso das restrições para arquivo: as bibliotecas públicas, os centros de documentação não comerciais ou as instituições científicas ou de ensino podem reproduzir, total ou parcialmente, obras previamente tornadas acessíveis ao público, desde que essa reprodução, e os respectivos exemplares, não se destinem ao público, se limitem às necessidades das actividades próprias dessas instituições, incluindo para fins de preservação e de arquivo, e não visem a obtenção de uma vantagem económica ou comercial, directa ou indirecta (art. 75.º, 1-e); para além do requisito da identificação, essa utilização livre deve ser acompanhada de uma remuneração equitativa a atribuir ao autor e ao editor pela entidade que tiver procedido à reprodução (art. 76.º, 1-b). O mesmo vale, *mutatis mutandis*, para a inclusão de peças curtas ou fragmentos de obras alheias em obras

---

[1446] FECHNER 1999, 342s.

próprias destinadas ao ensino ou a reprodução efectuada por instituições sociais sem fins lucrativos, tais como hospitais e prisões, quando a obra seja transmitida por radiodifusão (art. 75.º-h/p e art. 76.º, 1-c).

Além disso, a utilização livre depende de a obra utilizada não se confundir com a obra de quem a utilize e/ou de a utilização ser tão extensa que prejudique o interesse por essas obras (art. 76.º, 2). Assim é, por exemplo, nos casos em que se admite a reprodução de obras para fins de informação por extracto ou em forma de resumo, ou em relatos de acontecimentos de actualidade, bem como a reprodução e comunicação ao público para fins de ensino, ou a reprodução para arquivo, a inserção de citações ou resumos de obras alheias, quaisquer que sejam o seu género e natureza, em apoio das próprias doutrinas ou com fins de crítica, discussão ou ensino (art. 75.º, 2-e/f/g/h). Tal como permitido pela Directiva 2001/29, a lei portuguesa consagrou, em condições restritas, a liberdade de actos de reprodução e de comunicação ao público para fins de ensino (art. 75.º, 2-f).

O direito de citação, previsto no art. 10.º da Convenção de Berna, deve ser exercido em respeito pelos bons costumes, embora se "for objectivamente justificada, nenhum limite de extensão lhe pode ser imposto".[1447] Entre outros limites, a lei portuguesa permite ainda, relativamente a obras não disponíveis no comércio ou de obtenção impossível, a sua reprodução pelo tempo necessário à sua utilização, se for realizada para fins de interesse exclusivamente científico ou humanitário (art. 81.º-a).

c) *Natureza dos limites aos direitos de autor*

Os limites aos direitos de autor podem qualificar-se como excepções, embora essa qualificação não imponha a sua interpretação restritiva nem seja impeditiva da sua aplicação analógica.[1448]

De resto, o argumento por analogia não é excluído no direito comunitário, o qual, em muitos e importantes domínios, é gerado por esse argumento.[1449] Não obstante, de modo a contornar este obstáculo formal pode falar-se apenas em limites.[1450]

[1447] OLIVEIRA ASCENSÃO 1992, 218-9; FECHNER 1999, 346 (referindo a jurisprudência do "großes Kleinzitat" nos termos da *verfassungskonform Auslegung*).
[1448] Para desenvolvimentos, DIAS PEREIRA 2004a, 377-80 (n. 78, c/ ref.).
[1449] LANGENBUCHER 1998, 481s.
[1450] OLIVEIRA ASCENSÃO 1992, 216.

§ 8. Direitos Económicos   541

i. Perspectivas em confronto

Uma perspectiva absolutista, que pretenda maximizar os proveitos mercantis da exploração das obras, propugnará uma interpretação restritiva das normas de utilização livre, considerando-as excepções externamente impostas e contrárias à natureza absoluta dos direitos, insusceptíveis por isso de aplicação analógica.[1451] Numa palavra, excepções só as previstas na lei e nos termos estritos da previsão legal.

Contudo, uma perspectiva orientada por argumentos de índole funcional defenderá que as regras de utilização livre se encontram ao serviço de liberdades fundamentais da pessoa humana (em especial, a liberdade de informação e expressão, de aprendizagem, e de criação cultural), e que o exclusivo de exploração económica se destina a proteger os interesses da normal exploração mercantil das obras literárias ou artísticas, em respeito não apenas pelos limites específicos dos direitos exclusivos decorrentes dessas liberdades mas também pelas exigências do direito da concorrência e, em especial, dos direitos dos consumidores.[1452]

Da nossa parte, consideramos mais adequada esta segunda perspectiva, que decorre, desde logo, da contextualização constitucional dos direitos de autor, no sentido de os afirmar também como restrições aos direitos fundamentais da comunicação, em especial a liberdade de informação.[1453]

ii. A utilização para efeitos de paródia

Para ilustrar exemplificamente o nosso modo de ver a questão, consideremos a utilização para efeitos de caricatura, paródia ou pastiche, que constitui um "caso de escola" no ensino dos direitos de autor.[1454] Trata-se de uma limitação aos direitos de reprodução e de comunicação ao público permitida pela Directiva 2001/29 (art. 5.º, 3-k). A lei portuguesa não tirou

---

[1451] REBELLO 1994, 213-5 ("pela sua excepcionalidade, não podem ser invocadas para uma eventual interpretação extensiva ou analógica."); LOPES ROCHA 2005, 17 ("as excepções são para interpretar restritivamente"). No direito comparado, e.g. SCHRICKER 1997, 139 ("Auf diesen Grunde sind de lege data bestehende Schrankenbestimmungen grundsätzlich eng auszulegen; auch eine analoge Anwendung kommt i.d.R. nicht in Betracht."); HAMMES 1998, 77 ("Como disposições excepcionais, as limitações devem ser interpretadas restritivamente."); LUCAS 1998, 165; REHBINDER 2001, 185; WANDTKE/BULLINGER/WANDTKE 2006, 19, c/ ref. às decisões do BGH *Elektronischer Pressespiegel* (2002) e *Wirtschaftswoche* (2005).

[1452] Sobre os "cruzamentos" ou intersecções entre direitos de autor e protecção do consumidor, e.g. GEIGER 2004a, 198-200; ROTT 2004, 276; HELBERGER 2004; TRABUCO 2006, 476-7; HELBERGER/ HUGENHOLTZ 2007, 1061.

[1453] FECHNER 1999, 350 ("Als solche Schranken sind auch die eigentumsrechtlichen Ausgestaltungen des Urheberrechts anzusehen.").

[1454] WANDTKE/BULLINGER 1999, 307.

partido desta possibilidade, ao contrário do que fez com a generalidade dos limites previstos no instrumento comunitário. Como interpretar esta "omissão"[1455] da lei interna?

O Código prevê as paródias, juntamente com outras composições literárias ou musicais, ainda que inspiradas num tema ou motivo de outra obra, como exemplos de obras originais (art. 2.º, 1-n). Poderá entender-sc quc as paródias são livres, em razão de apenas utilizarem o tema ou motivo de outra obra e, por conseguinte, de não violarem o âmbito de protecção dos direitos de autor sobre as obras parodiadas em razão da dicotomia ideia/ /expressão. Não obstante, ao mesmo tempo, poderá sustentar-se a via inversa, no sentido de as paródias serem obras derivadas, i.e. adaptações ou transformações de outras obras (art. 3.º, 1-a, e 2).[1456]

Ora, a utilização de obras protegidas para efeitos de caricatura, paródia ou pastiche tem um valor social muito relevante. É significativo que a lei espanhola dedique um preceito autónomo à liberdade de paródia ou sátira (LPI, art. 39.º).[1457] A sátira é um elemento fundamental do discurso livre, que tem desempenhado ao longo da história um papel de grande importância.[1458] Com efeito, "a protecção dos conteúdos satíricos e caricaturais parece decorrer... da função social que os mesmos desempenham na estruturação e enriquecimento simbólico e crítico do discurso público."[1459] Neste sentido, as paródias beneficiam de especial protecção constitucional, sem que tal justifique qualquer liberdade de violar direitos alheios.[1460]

Por isso e tendo em conta os condicionalismos impostos pela subordinação das limitações à cláusula geral da regra dos três passos, parece-nos que a não consagração deste limite ficará a dever-se a um lapso do legislador, que deveria ter consagrado expressamente a liberdade de paródia, caricatura ou pastiche. Mesmo quem defende que a liberdade de paródia decorre dos limites ao objecto de protecção, reconhece que teria sido melhor consagrá-la no catálogo de excepções.[1461]

[1455] LOPES ROCHA 2005, 37-8; não identificando esta situação, REBELLO 2007, 147.
[1456] Sobre a questão, e.g. HEATH 2001, 401-13.
[1457] RODRIGUEZ-CANO/DIAZ ALABART 1997, 662-84.
[1458] POSNER 2001, 255 ("Satire is the public-intellectual genre par excellence. (...) It is a literary rather than an academic genre." – 255); GUIBAULT 2003b, 9, 39 ("Parody has a tradition in literary history that dates back centuries in some countries. (...) Besides the right to quote, the possibility to make parodies is also an essential part of the user's freedom of expression, since parodies are considered not only to have entertainment value, but also to serve a critical function, pointing out human imperfections and the ironies of our existence.").
[1459] JÓNATAS MACHADO 2002, 829.
[1460] FECHNER 1999, 513 (*"keine Freiheit zur Verletzung fremder Rechte."*)
[1461] OLIVEIRA ASCENSÃO 2006b, 170-2.

Não obstante, tendo em conta a natureza dos limites aos direitos de autor, os tribunais poderão considerar livre a utilização para fins de caricatura, paródia ou pastiche. De resto, os fins de crítica que justificam a liberdade de inserção de citações ou resumos de obras alheias (art. 75.º, 2-g) assimilam as exigências da utilização livre para fins de paródia, podendo também referir-se que o Supremo Tribunal Holandês, no julgamento do caso *Dior* (20/10/1995), sustentou que os tribunais também podem elaborar excepções aos direitos de autor para situações que possivelmente os orgãos legislativos não poderiam ter antecipado, na medida em que tais excepções estejam em conformidade com as existentes.[1462] Eis um domínio em que terá pleno cabimento o princípio *in dubio pro libertate*.[1463]

iii. Direito à informação contida em bases de dados de acesso reservado

O mesmo vale, *mutatis mutandis*, no que respeita ao conflito entre o direito à informação e o direito *sui generis* do produtor de bases de dados. A Lei da Televisão proíbe a aquisição de direitos exclusivos para a transmissão de acontecimentos de natureza política e estabelece o direito a extractos televisivos impedindo os responsáveis pela realização de espectáculos ou outros eventos públicos e os titulares de direitos exclusivos de se oporem à transmissão de breves extractos dos mesmos, de natureza informativa, por parte de qualquer operador de televisão, nacional ou não (Lei 32/2003, 22/8, arts. 28.º e 29.º, 1, agora Lei 27/2007, 30/7, arts. 32.º e 33.º; v.tb. Directiva 2007/65, art. 3.º-K, alterando a Directiva 89/552). Por seu turno, a Lei da Rádio (L 4/2001, 23/2) impede os titulares de direitos decorrentes de organização de espectáculos ou outros eventos públicos de se oporem à transmissão radiofónica de breves extractos que se destinem a informar sobre o conteúdo essencial dos acontecimentos em questão (art. 36.º, 3).

Além disso, o Estatuto do Jornalista (Lei 1/99, 13/1, alterada pela Lei 64/2007) estabelece que os jornalistas têm direito de acesso a fontes oficiais de informação (art. 8.º) e, em especial, direito de acesso a locais abertos ao público para fins de cobertura informativa (art. 9.º), não podendo para o efeito ser impedidos de entrar ou permanecer nesses locais e podendo utilizar os meios técnicos e humanos necessários ao desempenho da sua actividade (art. 10.º, 1).

[1462] SPOOR 1997, 47.
[1463] HOEREN 2006, 26-7. Não podemos deixar de notar a evolução do pensamento deste autor, que antes parecia defender uma redução significativa das excepções no ambiente digital (Id. 1997, 109).

Parece-nos que o direito a extractos informativos bem como o exercício do direito de acesso dos jornalistas poderão justificar a neutralização de medidas técnicas de protecção de bases de dados, no sentido de os jornalistas terem legitimidade para solicitar às entidades competentes os meios necessários para aceder à base. De um modo mais geral, na perspectiva constitucional, afirma-se até o direito a breves extractos como dimensão integrante da propriedade intelectual.[1464]

d) Licenças contratuais, protecções técnicas e imperatividade dos limites

Uma questão que se coloca a propósito da natureza jurídica dos limites aos direitos de autor prende-se com a utilização de medidas tecnológicas de protecção que impeçam os actos de reprodução e/ou de comunicação que a lei considera utilização livre. Saber, no fundo, se a liberdade de utilização pode ser eliminada pela utilização desses dispositivos ou se, pelo contrário, a liberdade de utilização justifica a licitude da sua neutralização e de actividades afins. O mesmo vale, *mutatis mutandis*, para a utilização de licenças que proíbam contratualmente aquilo que a lei considera livre. No fundo, trata-se de saber se os limites são imperativos, quer para a liberdade contratual quer para a utilização de medidas tecnológicas de protecção.

i. A preservação dos limites aos direitos de autor

Vários estudos têm sido dedicados ao problema da neutralização das excepções aos direitos de autor (e do interesse público que prosseguem) através dos mecanismos tecnológicos de protecção e das licenças contratuais de utilização final, e à questão da natureza imperativa dessas excepções. Ao contrário das directivas 91/250 e 96/9, a Directiva 2001/29 não estabeleceu o carácter imperativo das excepções aos direitos de autor, o que leva alguns a concluir pela sua natureza dispositiva, embora nos pareça mais correcto o entendimento de que "o legislador comunitário deixa a questão à apreciação dos Estados e reconhece a sua competência para declararem imperativas as excepções ou algumas delas."[1465]

O regime "super-protecctionista" da Directiva 2001/29 suscitou imediatamente reacções, apelando-se logo a que a Comissão, nos termos do

---

[1464] FECHNER 1999, 348 ("das Recht auf *Kurzberichterstattung*... kann ebenfalls in geistiges Eigentum eingreifen.")

[1465] DUSOLLIER 2005, 514 (defende a imperatividade das excepções no plano contratual, mas já não contra as protecções técnicas – 516-20).

art. 12.º, propusesse a introdução de excepções imperativas de interesse cultural contra as medidas técnicas.[1466] Além disso, é crescente o apelo a uma "metódica constitucional" que salvaguardade liberdades fundamentais protegidas pelos limites aos direitos de autor (e.g. liberdade de informação, de aprendizagem, de criação) contra as protecções técnicas e que atenda à função social da propriedade intelectual.[1467]

ii. O nascimento da propriedade tecnodigital

Da nossa parte, pronunciámo-nos, por ocasião dos trabalhos preparatórios da Directiva 2001/29, contra o eclipse por via contratual e/ou tecnológica dos fins de interesse geral que limitam os direitos de autor, de modo a preservar a liberdade do uso privado e o anonimato dos utilizadores, o domínio público e o acesso público à informação.[1468] Por isso, é-nos especialmente grato registar que, no essencial, as nossas preocupações terão sido atendidas quer pela versão final da directiva quer sobretudo pela legislação interna.

Isto não impede que se reconheça o nascimento de uma nova forma de propriedade: a *propriedade tecnodigital*. Assim sucede no domínio dos serviços interactivos de acesso condicional que utilizem obras e prestações protegidas por direitos de autor e conexos, em especial quando são operados – como normalmente sucede – a partir de bases de dados cuja produção tenha exigido um investimento substancial digno de protecção pelo direito *sui generis* do seu produtor. Aqui o direito de autor é quando muito o "a propósito" (ou "talismã")[1469] da protecção jurídica, que se projecta num direito de controlo técnico do utilizador.[1470]

3.2. Excepções e limites aos direitos exclusivos na Directiva 2001/29

A Directiva 2001/29 harmoniza o núcleo patrimonial dos direitos de autor e conexos segundo as exigências do mercado interno. Mas não é uma harmonização completa, já que trata apenas de alguns aspectos do direito de autor e dos direitos conexos na sociedade da informação – embora o título possa ser enganador, já que diversos aspectos regulados não são exclusivos

---

[1466] KOELMAN 2001, 16-27.
[1467] WANDTKE/BULLINGER/*WANDTKE/OST* 2006, 1249-50 ("verfassungsrechtliche Bedenken").
[1468] DIAS PEREIRA 1999a, 475s, e 2001a, 786-7.
[1469] RICE 2002, 113.
[1470] WANDTKE/BULLINGER/*WANDTKE/OST* 2006, 1251 ("technisches Nutzerkontrollrecht").

nem sequer específicos da sociedade da informação.[1471] "O alcance da Directiva é... muito mais vasto: encontramos nela a sede legislativa fundamental de um *novel* Direito Comunitário de Autor."[1472]

a) Orientação geral

Para além de definir o conteúdo positivo dos direitos de autor que consagrou (reprodução, distribuição e comunicação ao público), a directiva pretendeu, de igual modo, delimitar o seu recorte negativo, mediante uma "enumeração exaustiva" das excepções permitidas (cons. 32). São previstas excepções ao direito de reprodução (art. 5.º, 2) e excepções comuns ao direito de reprodução e ao direito de comunicação ao público (art. 5.º, 3). É significativo que da versão da proposta inicial até ao texto final da directiva, o número de excepções tenha aumentado de 7 para 23.[1473]

i. Excepções e limites *à la carte*

A Directiva 2001/29 não prejudica os direitos mínimos dos utilizadores de programas de computador e de bases de dados nem as excepções previstas nestas directivas. Seguindo a estrutura definida logo na proposta inicial, as excepções são taxativamente tipificadas, não podendo os Estados-membros acrescentar mais nenhumas, tendo que se limitar a escolher, dentro do *menu* disponível pré-definido, quais as que se adaptam às suas tradições nacionais. De todo o modo, as excepções tradicionalmente admitidas no ambiente analógico não valem *ipso facto* no ambiente digital, tanto mais que neste ambiente predomina a nova figura da comunicação ao público a pedido, cujas excepções são todas elas recortadas, de novo, pela directiva comunitária.

Além disso, a concretização das excepções fica sujeita à regra dos três passos, no sentido de só poderem ser aplicadas a certos casos especiais e não poderem ser interpretadas de forma a prejudicar de modo injustificável os legítimos interesses dos titulares dos direitos ou a obstar à exploração normal das suas obras ou outro material. Retoma-se, deste modo, a cláusula geral da Convenção de Berna (art. 9.º, 2), também consagrada no Acordo ADPIC (art. 13.º) e nos dois novos Tratados OMPI (arts. 10.º e 16.º,

---

[1471] SPINDLER 2002, 105 ("Die Bedeutung der neuen Richtlinie ist aber keineswegs auf die Informationsgesellschaft beschränkt").
[1472] MOURA VICENTe 2005, 162.
[1473] GUIBAULT 2003a, 555.

respectivamente), mas agora no sentido de a sua "concreta aplicação e interpretação (...) ficar deixada à jurisprudência".[1474]

Em vista disto, questiona-se, com pertinência, o efeito útil da directiva em termos de harmonização[1475] e sustenta-se que a directiva "falha completamente o seu objectivo de harmonização" por não ter estabelecido o carácter obrigatório das excepções.[1476]

ii. Compressão dos limites em aberto no direito internacional

Os Tratados da OMPI reconhecem às partes contratantes a liberdade de manutenção das excepções tradicionais, que tenham sido consideradas aceitáveis segundo a Convenção de Berna, e a possibilidade de adopção de novas excepções adequadas ao ambiente de rede digital (Declarações Acordadas relativas ao art. 10.º do Tratado OMPI sobre direito de autor, o mesmo valendo *mutatis mutandis* para o art. 16.º do Tratado OMPI sobre direitos conexos).

A directiva comprime esta salvaguarda estabelecida a nível internacional, já que uniformiza as excepções e limites aos direitos exclusivos, retirando aos Estados-membros a possibilidade de adequarem livremente os direitos de autor às suas políticas nacionais de educação, cultura, informação e outros fins de interesse geral, como a preservação da memória colectiva em arquivos. Por outro lado, a directiva insere-se numa linha de "acentuação dos aspectos comerciais e económicos do direito de autor"[1477], cuja matriz é o Acordo ADPIC, administrado pela OMC. A subordinação das excepções dos direitos de autor aos interesses do comércio mundial poderá levar à prevalência do argumento da "interpretação restritiva" das excepções, no sentido de se apagar do espírito o que a letra não prevê: "Na Europa... se a lei cala, nada se pode invocar."[1478] Mesmo que assim não se entenda, desde logo por exigências constitucionais[1479], deverá reconhecer-se, pelo menos, que tal implica a inversão do ónus da argumentação, cabendo agora ao intérprete justificar a excepção no silêncio da letra da lei.

[1474] DIETZ 1998, 448.
[1475] HUGENHOLTZ 2000a, 501 ("the Directive has little or nothing to offer in terms of legal certainty or harmonisation (or anything else, for that matter)"), e 2001a, 3.
[1476] GUIBAULT 2003a, 563.
[1477] BERCOVITZ 1994, 883.
[1478] OLIVEIRA ASCENSÃO 2002c, 98.
[1479] FECHNER 1999, 350 ("es sei fehlerhaft, die Schranken des Urheberrechts (...) eng auszulegen.").

As exigências do mercado interno, do comércio electrónico e da sociedade da informação justificaram, na óptica do direito comunitário, que as excepções e limitações fossem definidas de uma forma mais harmonizada. Desde logo, seria necessário sujeitar as excepções e limitações tradicionais às especificidades da sociedade da informação, tal como se lê no considerando 31, 2.º período: "As excepções ou limitações existentes aos direitos estabelecidos a nível dos Estados-membros devem ser reapreciadas à luz do novo ambiente electrónico."

b) Direitos de autor "a duas velocidades"

A lista de excepções e limites previstos pela directiva é ampla, estabelecendo até a liberdade de utilização em certos casos de menor importância para os quais já existam excepções ou limitações na legislação nacional, desde que a aplicação se relacione unicamente com a utilização não digital e não condicione a livre circulação de bens e serviços na Comunidade, sem prejuízo das excepções e limitações que constam no art. 5.º, 3-o.

i. "Reproduções tecnicamente necessárias" e esgotamento do exclusivo de distribuição

De todo o modo, a directiva baliza o poder dos Estados-membros. No recorte negativo que opera aos direitos económicos, exclui obrigatoriamente do direito de reprodução os actos de reprodução temporária que sejam transitórios ou episódicos, que constituam parte integrante e essencial de um processo tecnológico, cujo único objectivo seja permitir uma transmissão numa rede entre terceiros por parte de um intermediário, ou uma utilização legítima, de uma obra, e que não tenham, em si, significado económico (art. 5.º, 1 e 2). Esta é a única excepção ou limitação obrigatória[1480], consistindo num *livre trânsito*, em matéria de direitos de autor, para os prestadores intermediários dos serviços da sociedade da informação, abrangendo actividades de browsing, motores de pesquisa e hiperligações.

Esta excepção ou limitação, que na realidade é uma *exclusão* de certos actos do conceito normativo de reprodução[1481], completa o regime de responsabilidade destes prestadores já estabelecido pela Directiva 2000/31 relativamente a actos de simples transporte (art. 12.º), armazenagem temporária (art. 13.º) e armazenagem em servidor (art. 14.ª), que além disso

---

[1480] M. E. GONÇALVES 2003, 167; LEHMANN 2003, 524; GUIBAULT 2003a, 547.

[1481] HUGENHOLTZ 2000a, 501, e 2000b, 485 ("interpreting the right of reproduction is a more complex undertaking than simply identifying technical copies.").

proibiu os Estados-membros de imporem aos prestadores destas actividades um dever geral de vigilância sobre as informações que transmitam ou armazenem ou uma obrigação de procurar activamente factos ou circunstâncias que indiciem ilicitudes (art. 15.º).

O direito de distribuição é também recortado negativamente no sentido de se esgotar, na Comunidade, relativamente ao original ou às cópias de uma obra, quando a primeira venda ou qualquer outra forma de primeira transferência da propriedade desse objecto (e.g. doação) na Comunidade for realizada pelo titular do direito ou com o seu consentimento (art. 4.º). Do teor literal da norma, conjugado com o preâmbulo da directiva, resulta que o esgotamento só se aplicaria à distribuição de cópias em suportes corpóreos (e.g. CD, DVD, disco duro) com exclusão do aluguer e do comodato. Relativamente à cópia realizada nos termos de uma reprodução livre, os Estados-membros podem excluir essa cópia do direito de distribuição (art. 5.º, 4).

ii. Ambiente analógico, ambiente digital e a "balança dos três passos"

Para além desta delimitação negativa obrigatória dos direitos de reprodução e distribuição, a Directiva 2001/29 estabelece uma lista exaustiva e opcional de limites possíveis ao direito de reprodução (art. 5.º, 2 e 3) e de comunicação ao público (art. 5.º, 3). Por outro lado, a aplicação da excepção ao direito de reprodução e das limitações facultativas aos direitos de reprodução, comunicação ao público e distribuição fica sujeita ao teste dos três passos, nos termos do qual as excepções e limites só se aplicam em certos casos especiais que não entrem em conflito com a exploração normal da obra ou outro material e não prejudiquem irrazoavelmente os legítimos interesses do titular do direito (art. 5.º, 5).

Esta solução dá alguma margem de manobra aos tribunais, estabelecendo uma via intermédia entre o tradicional sistema continental europeu da tipificação taxativa das limitações e a abertura da doutrina norte-americana de *fair use*, antecipando-se um papel importante do Tribunal de Justiça Europeu.[1482] Resta saber para que lado da balança inclinará o seu pêndulo, embora se possa antecipar, com alguma segurança, tendo em conta a sua

---

[1482] Id. 2000a, 500 ("the European Court of Justice, already overworked, will have to finish the job left largely undone by the European legislature."); SENFTLEBEN 2004a, 294 ("It is foreseeable that a robust body of case law will emerge, including decisions of the European Court of Justice" – 311); KOELMAN 2006, 407 ("No doubt, the day will come that the ECJ will have to apply the (three-step) test.").

anterior jurisprudência neste domínio, que não permitirá a consolidação de "direitos de autor absolutos" ou, de facto, sem excepções, quando se utilizem protecções técnicas.

O regime da directiva traduz-se, fundamentalmente, na consagração de direitos de autor a *duas velocidades*[1483], parecendo que "adopta uma postura beligerante em favor dos interesses dos autores."[1484] Neste domínio, podemos falar, com propriedade, numa « société de l'information à deux vitesses».[1485]

A primeira refere-se ao ambiente analógico e significa, basicamente, a conservação do recorte negativo do direito de autor, tal como operado pelas legislações internas dos Estados-membros. A segunda refere-se ao ambiente digital e traduz-se, sucintamente, numa lista mais apertada de limitações, para além de exaustiva e de adopção facultativa. O funcionamento a "duas velocidades" dos limites ao exclusivo é acentuado pela protecção das medidas técnicas de protecção, gerando-se o paradoxo[1486] de a sociedade da informação não ser a sociedade da livre circulação da informação mas antes a sociedade da restrição dessa circulação, por via dos direitos de autor.

c) Utilização livre, cópia privada e compensação equitativa

Do círculo de reserva do direito de reprodução no ambiente electrónico é excluída uma série de actos de reprodução meramente técnica, como o «browsing» e o «caching», na condição nomeadamente de não terem em si significado económico e se destinarem a permitir uma utilização legítima. Estes actos de reprodução meramente técnica são considerados, nos termos das condições previstas, irrelevantes para os direitos de autor.[1487]

Já as outras limitações, embora impliquem uma compressão do direito de autor no sentido de direito exclusivo, não são irrelevantes, uma vez que ao titular de direitos é atribuída uma compensação equitativa pela utilização feita em vários casos de excepções. Para quem defendesse que as limitações, como o uso privado, eram inteiramente livres de direitos de autor, a compensação equitativa significaria que "o que era livre passou a ser reservado, e objecto dum direito de remuneração".[1488] Todavia, a nossa lei já previa remunerações equitativas pela utilização livre, bem como a compensação pela reprodução, ainda que o sistema não estivesse "implementado".

[1483] DIAS PEREIRA 2005a, 461.
[1484] GÓMEZ SEGADE 2001b, 938.
[1485] LAMOULINE/POULLET 1997, 15.
[1486] BRAGA AVANCINI 2003, 16s.
[1487] C/ ref. WANDTKE/BULLINGER/*HEERMA* 2006, 247.
[1488] OLIVEIRA ASCENSÃO 2002b, 927.

Para efeitos de configuração da compensação equitativa, a directiva fornece um "manual de instruções" no preâmbulo (cons. 35): "Na determinação da forma, das modalidades e do possível nível dessa compensação equitativa, devem ser tidas em conta as circunstâncias específicas a cada caso. Aquando da avaliação dessas circunstâncias, o principal critério será o possível prejuízo resultante do acto em questão para os titulares de direitos. Nos casos em que os titulares de direitos já tenham recebido pagamento sob qualquer outra forma, por exemplo como parte de uma taxa de licença, não dará necessariamente lugar a qualquer pagamento específico ou separado. O nível da compensação equitativa deverá ter devidamente em conta o grau de utilização das medidas de carácter tecnológico destinadas à protecção referidas na presente directiva. Em certas situações em que o prejuízo para o titular do direito seja mínimo, não há lugar a obrigação de pagamento." O considerando 36 refere a possibilidade de os Estados-membros alargarem a compensação equitativa a outros casos, nomeadamente a reprografia, que é excluída da harmonização por se entender que não afecta o mercado interno (cons. 37).

Em suma, a compensação equitativa não será devida nos casos em que a utilização da obra é licenciada pelo titular de direitos (1), ou quando o titular utiliza medidas tecnológicas de protecção da obra (2) ou ainda quando se trate de prejuízos mínimos, segundo a regra *de minimis* (3).

A Directiva 2001/29 permite a cópia privada em termos limitados e associada a um sistema compensatório. A noção de compensação equitativa está ligada à noção de prejuízo resultante de actos de cópia privada, com exclusão nomeadamente do uso mínimo, o que é entendido como limite provável do seu alcance no ambiente digital.[1489] Todavia, nos termos do preâmbulo, os sistemas de compensação pela cópia privada devem distinguir a cópia analógica da digital, atribuindo-se maior impacto económico à cópia digital (cons. 38).

Em nosso entender, isto significa que a compensação pela liberdade de cópia privada deveria incidir também sobre os suportes e equipamentos digitais, ainda que se admita que nem toda a cópia privada substitui a compra do exemplar "genuíno", cuja procura depende do preço, e que a tecnologia digital reduz o preço não apenas para a cópia privada mas também para a produção de exemplares pelos titulares de direitos, que podem por isso baixar o preço de venda mantendo a mesma margem de

---

[1489] GUIBAULT/HELBERGER 2005, 6-7.

lucro. Em suma, não existirá uma relação directa entre os prejuízos dos titulares de direitos e os números da cópia privada.[1490]

d) A cláusula geral de controlo judicial

A consagração das excepções e limitações previstas na lista exaustiva da directiva fica ainda subordinada ao respeito pela regra internacional dos três passos (art. 5.º, 5). À qual se acrescenta uma cautela redobrada, em atenção ao ambiente de risco do novo ambiente electrónico. Nos termos do considerando 44: "A previsão de tais excepções e limitações pelos Estados--membros deve, em especial, reflectir devidamente o maior impacto económico que elas poderão ter no contexto do novo ambiente electrónico. Consequentemente, o alcance de certas excepções poderá ter quer ser ainda mais limitado em relação a certas novas utilizações de obras e outro material protegido."

Esta cautela suplementar, imposta pelo maior impacto económico que se atribui às excepções e limitações no contexto do novo ambiente electrónico, foi já considerada como a adição de um quarto passo à regra tradicional dos três passos relativa às excepções e limitações aos direitos de autor e conexos.[1491]

Independentemente de se tratar de um novo passo da regra de razão ou antes de uma exigência de consideração das especificidades do novo ambiente electrónico que ilumina os três passos da regra, a verdade é que reforça a ideia de um regime a *duas velocidades*. Na segunda velocidade, a do ambiente digital, considera-se que as excepções não devem impedir relações contratuais destinadas a assegurar a compensação equitativa para os titulares de direitos (cons. 45). Todavia, isto não significa que aos titulares de direitos seja possível impedir as utilizações livres previstas nas excepções, antes apenas prever a possibilidade de cobrança da compensação numa base contratual, por meios alternativos à gestão colectiva.

Além disso, a Directiva 2001/29 converteu a regra dos três passos da Convenção de Berna (art. 9.º, 2), de critério dirigido aos signatários (Estados) da Convenção a cláusula geral de interpretação (*Auslegungsregel*)[1492] com "função judiciária"[1493] ao nível da decisão dos casos concretos – e

---

[1490] LANDES/POSNER 2003, 47; KOELMAN 2005, 42-4.
[1491] TRITTON 2002, 369.
[1492] REINBOTHE 2001b, 737.
[1493] GUIBAULT 2003a, 571 («règle d'interprétation pour le juge»); DUSOLLIER 2005, 510 («fonction judiciaire»); KOELMAN 2006, 408 ("The three-step test has evolved from an internationally vague criterion... to a test that actually has to be applied by the judiciary.").

nesse sentido foi recebido pela lei portuguesa[1494] –, à semelhança do que anteriormente já fizera no domínio da protecção jurídica dos programas de computador e das bases de dados.[1495]

A subordinação das limitações aos direitos de autor à regra dos três passos decorre também do Acordo ADPIC/TRIPs, o qual se norteia em primeira linha pelos interesses do comércio mundial e dos seus principais agentes. Essa parece ser, com efeito, a orientação imprimida ao teste dos três passos pela "jurisprudência" da OMC, firmada pelo painel na decisão de 15 de Junho de 2000, relativa ao Art. 110(5) da lei do *copyright* dos EUA, nos termos da qual o critério da exploração normal envolvia a necessidade de considerar as formas de exploração que geram actualmente proventos para o autor bem como as que, com toda a probabilidade, são capazes de ter importância no futuro.

Por causa da subordinação das leis nacionais e inclusive das directivas comunitárias a um teste dos três passos favorável aos interesses mercantis dos titulares de direitos fala-se na emergência de um direito de autor supranacional[1496] e questiona-se se a liberdade de cópia privada será tolerada por essa nova ordem jurídica mundial dos direitos de autor.[1497]

i. Arquivos, bibliotecas e ensino à distância

A regra dos três passos poderá conferir aos tribunais uma margem de liberdade que lhes permita adequar as excepções às circunstâncias do caso concreto, funcionando, nessa medida, em termos semelhantes à doutrina norte-americana do *fair use*.

Todavia, a Directiva 2001/29 forneceu no preâmbulo um manual de instruções sobre a interpretação das excepções, que poderá comprometer essa margem de liberdade apesar do carácter não vinculativo dos preâmbulos. Pense-se, nomeadamente, na liberdade de reprodução para arquivos e bibliotecas, que não vale no ambiente electrónico em linha.[1498] "Tal excepção ou limitação não deve abranger utilizações no contexto do fornecimento em linha de obras ou outro material protegido", lê-se no considerando 40. Neste sentido, o *Oberlandesgericht München* na decisão *Kopienversand* de 10 de Maio de 2007 decidiu que uma biblioteca pública que presta um

---

[1494] N. GONÇALVES 2006, 253.
[1495] DIAS PEREIRA 2001a, 627-8.
[1496] GINSBURG 2000, 3s.
[1497] ROTT 2003, 118; SENFTLEBEN 2003, 914, e 2004a *passim*, e 2004b, 159; GEIGER 2005, 7.
[1498] CORNU 2003, 3.

serviço de entrega de documentos, incluindo a feitura de fotocópias e a distribuição de artigos protegidos através de e-mail ou FTP a pedido dos seus utilizadores, viola o direito de reprodução, não sendo essa utilização abrangida também pela excepção de cópia privada.

Além disso, a excepção para fins de investigação pedagógica e científica é também rodeada de grandes cautelas, já que se considera que na "aplicação da excepção ou limitação para efeitos de investigação pedagógica e científica não comercial, incluindo o ensino à distância, o carácter não comercial da actividade em questão deverá ser determinado por essa actividade propriamente dita. A estrutura organizativa e os meios de financiamento do estabelecimento em causa não são factores decisivos a esse respeito" (42). De notar que a nova lei espanhola (L 23/2006) introduziu na LPI as excepções previstas na directiva para fins de segurança, procedimentos oficiais e deficientes (art. 31.º *bis*), citação e ilustração no ensino (art. 32.º), bem como a reprodução, comodato e consulta de obras através de terminais especializados em determinados estabelecimentos (art. 37.º).

ii. Discursos políticos e afins

Uma situação que o manual de instruções não contempla diz respeito aos discursos políticos e afins. A versão final em língua portuguesa (mas não em língua inglesa) da directiva não contempla a excepção de utilização de discursos políticos bem como de excertos de conferências e obras ou material semelhante, na medida justificada pelas necessidades de informação e, excepto quando tal se revele impossível, seja indicada a fonte, incluindo o nome do autor.

Esta excepção estava prevista na alínea f) da Posição Comum. Pelo contrário, a Directiva 2001/29 repetiu na alínea f) do n.º 3 do art. 5.º a excepção já constante da alínea d), i.e. citações para fins de crítica ou análise, desde que relacionadas com uma obra ou outro material já legalmente tornado acessível ao público, excepto quando tal se revele impossível, seja indicada a fonte, incluindo o nome do autor, e desde que sejam efectuadas de acordo com os usos e na medida justificada pelo fim a atingir. Por nos parecer tratar-se de um lapso do legislador comunitário, colocámos em nota de rodapé a excepção prevista na alínea f) da Posição Comum na nossa colectânea da propriedade intelectual.[1499]

Todavia, o legislador francês parece ter levado a sério o que nos parece ter sido um lapso do legislador comunitário. Com efeito, a lei francesa n.º 2006-961, de 1 de Agosto de 2006, suprimiu a última alínea do art.

[1499] DIAS PEREIRA 2002h, 294.

L. 122-53, i.e. acabou com a liberdade de difusão, parcial ou integral, por via de imprensa ou de teledifusão, a título de informação de actualidade, dos discursos destinados ao público pronunciados nas assembleias políticas, administrativas, judiciárias ou académicas, bem como nas reuniões públicas de ordem política e nas cerimónias oficiais.

No direito português, os discursos políticos e afins não são protegidos pelo direito de autor, embora se atribua ao autor um direito especial de reprodução integral, em separata, em colectânea ou noutra utilização conjunta (art. 7.º, 1-c/d, 2). Resta saber quem é o autor, já que se trata de um domínio muito marcado pela figura do chamado *autor fantasma* (*Ghostwriter*).[1500] "É o que redige discursos, conferências, etc., para pessoas como governantes, autoridades."[1501]

Seja como for, parece-nos que a liberdade de utilização de discursos políticos e afins, tal como prevista na Posição Comum, deverá ser tida em conta, corrigindo-se por via interpretativa o texto final da directiva (versão portuguesa) em conformidade com a referida Posição Comum.

3.3. *Sentido e limites dos direitos económicos na jurisprudência portuguesa*

Quer em acórdãos sobre reprodução para uso privado (em clube de vídeo...) quer em acórdãos sobre liberdade de comunicação/recepção em lugar aberto ao público de obras radiodifundidas, a jurisprudência portuguesa tem interpretado os direitos económicos de autor em termos que atendem ao seu valor mercantil e que nessa medida os confina. Tendo em conta a prova produzida em juízo, a jurisprudência procura estabelecer um equilíbrio entre a esfera de exclusivo e a liberdade de utilização, no sentido de aquele só intervir directamente enquanto tal quando estão em causa actos de concorrência.

a) O problema da comunicação de obra (incluindo obra radiodifundida) em locais abertos ao público

Em matéria de direitos patrimoniais, a casuística portuguesa é particularmente rica relativamente ao problema da comunicação de obra radiodifundida em locais abertos ao público (e.g. cafés, restaurantes, etc.).

[1500] ULMER 1980, 185; SCHRICKER/*LOEWENHEIM* 1999, 219; WANDTKE/BULLINGER/*THUM* 2006, 123.
[1501] HAMMES 1998, 115.

É entendimento maioritário da jurisprudência portuguesa que são lugares públicos, entre outros, restaurantes (Ac. RL 4/11/2004: quadro exposto nas paredes interiores do restaurante), hotéis, pensões, cafés, leitarias, pastelarias, bares, pubs, tabernas, discotecas, e outros estabelecimentos similares, incluindo bancos (Ac. STJ 11/03/97, revogando o Ac. RL 4/6/96, CJ XX, III, 93), gabinetes de arquitectura (Ac. RP, 2/5/2001) e empresas de serviços informáticos (Ac. RP 23/4/2003). Por lugar público entende-se lugar aberto ao público, i.e. à clientela.

Mais incerta se mostra a jurisprudência relativamente à questão de saber se a mera recepção (passiva ou sem organização) em tais locais de obras radiodifundidas está sujeita a autorização e/ou a remuneração dos titulares de direitos. A Relação de Coimbra pronunciou-se inicialmente pela necessidade de autorização dos titulares de direitos, sob pena de prática do crime de usurpação (Ac. 20/4/94, CJ XVII, II, 315).

Todavia, semelhante entendimento não seria perfilhado pela Relação do Porto (Ac. 4/01/95 e Ac. 8/3/95, CJ XX, II, 224), nem pela Relação de Lisboa (Ac. 10/5/95), nem pela Relação de Évora (Ac. 4/6/96, CJ XXI, III, 289). A própria Relação de Coimbra acabou por aderir à tese contrária, no sentido da desnecessidade de autorização dos titulares de direitos para a comunicação pública (no sentido de mera recepção) de obra radiodifundida (Ac. 28/02/2001), tal como antes sustentado pela Procuradoria Geral da República (Par. 4, 1992) e mais recentemente afirmado pela Relação de Guimarães (Ac. 15/11/2004), que acolheu ainda o referido Parecer da PGR no sentido se não ser sequer devida remuneração aos titulares de direitos tal como já sustentado também pela Relação do Porto (Ac. 4/01/95) e contrariando o Parecer da PGR emitido à luz do Código anterior no sentido da exigência de remuneração (Par. 35, 1969, 31/07/69).

De modo algo surpreendente, pois inverte a sua primeira posição e que corresponde à orientação maioritária, a Relação de Lisboa retomou posteriormente (Ac. 17/12/2002) a orientação inicial da Relação de Coimbra, no sentido da necessidade de autorização dos titulares de direitos, sob pena de prática do crime de usurpação.

O problema da comunicação em lugar público de obra radiodifundida é diferente da questão da comunicação (directa) de obra em lugar público. Também neste caso se discute se é necessária autorização dos titulares de direitos. A Relação de Lisboa decidiu negativamente (Ac. 4/5/95), mas o Supremo Tribunal de Justiça pronunciou-se posteriormente pela exigência de autorização dos titulares de direitos (Ac. STJ 11/03/97, AJ 10(1998), 60), no que seria seguido pela Relação do Porto (Ac. RP 8/10/97) e pela Relação de Lisboa (Ac. RL 9/12/2004). No caso que subiu termos ao STJ, um banco português tomou de aluguer à sucursal portuguesa de uma empresa holandesa diversas bobines contendo gravações sonoras de músicas protegidas por direitos de autor, e, apesar da indicação da fornecedora, utilizou-as como música ambiente nas suas agências sem ter pago direitos à SPA, enquanto representante dos titulares de direitos sobre as referidas músicas. No entender do STJ, no acórdão de 11 de Março de 1997, a utilização efectuada pelo banco integra a esfera de exclusividade reservada ao titular de direitos (art. 68.º, 2-b, art. 149.º, 2). Trata-se de uma utilização não realizada em privado, num meio familiar (art. 108.º, 2), mas antes em lugar público, ainda que de acesso reservado (art. 149.º, 3). Por lugar público entendeu o STJ lugar aberto ao público, em especial à clientela.

Mais recentemente, a Relação de Guimarães, no acórdão de 24 de Setembro de 2007, reiterou a necessidade de autorização dos titulares de direitos para a execução de obras e prestações protegidas em locais locais público, no caso um bar.

A julgar pela jurisprudência da maioria dos acórdãos referidos sobre a comunicação pública de obra radiodifundida, parece que a autorização só é necessária para a realização de espectáculos públicos de acesso livre ou reservado, quando a exploração de obras protegidas é o objecto principal da actividade. Nos demais casos, será exigida, quando muito, uma simples remuneração, a qual não será sequer devida quando a utilização da obra não tiver qualquer relevo económico. No acórdão de 28 de Fevereiro de 2001, a Relação de Coimbra entendeu que, "tratando-se de um estabelecimento de restaurante, cuja finalidade essencial não é a transmissão para um público indefinido de obras musicais, nem constituindo tal transmissão um elemento preponderante do negócio gerido pelo arguido, não consubstancia o crime previsto e punido pelo art. 195.º do CDADC a recepção/comunicação de obras musicais que ele possibilita ao público no seu estabelecimento, já que tal comunicação é a mesma que a entidade emissora lhe fornece no momento, sem que da sua parte haja qualquer autonomia."

Este entendimento é sensível à natureza concorrencial da utilização, limitando o alcance do direito exclusivo quando não estejam em causa utilizações concorrenciais aferidas pelo sector de actividade ou mercado relevante (e.g. uma padaria não concorre com uma estação de radiodifusão). Para além de se exigir um local público ou privado mas aberto ao público, é necessário que a comunicação efectuada em tal lugar seja, de algum modo, concorrente com a sua utilização típica em espectáculo público ou análogo.

Ao recorte negativo do exclusivo corresponde um conteúdo positivo de efeito semelhante, destacado pelo Parecer da PGR e acolhido pela Relação de Guimarães no acórdão de 15 de Novembro de 2004, nos termos do qual: "Só quando se trate da recepção de emissões de radiodifusão que, pelo recurso a processos técnicos diversos dos normais receptores, envolvam actividade de transmissão, ou seja, uma nova utilização ou aproveitamento das obras literárias ou artísticas organizados, nomeadamente nos casos de oferecimento de um espectáculo ou divertimento público nos termos dos artigos 3.º e 4.º do Decreto-Lei n.º 42660 e do § 2.º do artigo 39.º do Decreto n.º 42661, é que a lei exige para o efeito a autorização dos seus autores."

Mais recentemente, no acórdão de 15 de Maio de 2007, a Relação de Lisboa sustentou que a mera recepção em locais públicos de transmissões de obras protegidas por direitos de autor não está sujeita a autorização quando essa recepção for realizada por meio de dispositivos normais (domésticos) de recepção de televisão ou rádio, mas já não quando são utilizados instrumentos adicionais de reprodução e amplificação, tais como colunas de som instaladas no tecto de um pub. Em sentido idêntico se pronunciou também a Relação de Guimarães no acórdão de 2 de Julho de 2007 relativo a um caso semelhante.

Embora tenhamos destacado o valor mercantil dos direitos de autor no plano funcional, não concordamos com a mediação dos limites do exclusivo por um princípio de especialidade análogo ao da concorrência desleal. De todo o modo, interessa referir que a jurisprudência aponta abertamente no sentido de o exclusivo operar apenas no âmbito de actividades económicas.

b) O problema da reprodução para uso privado

Uma outra questão decidida pela jurisprudência diz respeito à reprodução para uso privado. No acórdão de 16 de Dezembro de 1992, relativamente a um caso em que as donas de um clube de vídeo tinham efectuado cópias de certos filmes para conhecerem o seu conteúdo e assim melhor informarem a clientela, a Relação de Lisboa sufragou uma espécie de liberdade de cópia para opinar sobre os filmes, decidindo que "as arguidas, proprietária e empregada de um clube vídeo, gravaram, para seu próprio uso, o conteúdo de duas videocassetes originais e legalizadas, a fim de, por meio do visionamento dos seus filmes, ficarem habilitadas a poder dar aos clientes que os alugassem opinião sobre os filmes reproduzidos, já que esses videogramas estavam sendo muito solicitados pela clientela e ambas não queriam privá-la do gozo do seu visionamento; o Código dos Direitos de

Autor e Direitos Conexos (...) prevê casos de utilização lícita sem consentimento do autor, nomeadamente no seu artigo 81.º, em cuja alínea b) se estabelece ser consentida a reprodução para uso exclusivamente privado, desde que isso "não atinja a exploração normal da obra, não cause prejuízo injustificado dos interesses legítimos do autor nem possa ser utilizada para quaisquer fins de comunicação pública ou comercialização"; logo, a conduta das arguidas, por traduzir utilização normal para próprio uso das reproduções, perfila-se *ipso lege* como legal e legítima."

A Relação de Lisboa não apenas ilibou as arguidas com base na liberdade de reprodução para uso privado, apesar de efectuada em clube de vídeo, como também decretou a restituição dos objectos apreendidos (dois videogravadores e as videocassetes) às legítimas proprietárias. Num outro caso, sobre cópias não autorizadas de videogramas, a Relação do Porto, no acórdão de 16 de Junho de 1999, deu como absolvido o arguido que detinha em sua casa e em clubes de vídeo de que é proprietário cópias de videogramas não autorizadas e equipamentos afins, por não se ter provado que tais cópias fossem destinadas à venda ou aluguer ou que alguma vez assim tenha agido. Não obstante, decretou a declaração de perdimento a favor do Estado das referidas cópias de videogramas e equipamentos afins.

No acórdão de 19 de Outubro de 2005, a Relação do Porto decidiu um caso relativo à reprodução não autorizada de músicas em cassetes e CDs para venda em feiras. O Tribunal condenou os arguidos pelo crime de usurpação, mas absolveu-os da acusação do crime de aproveitamento de obra usurpada, já que não se deu como provado nenhum facto de comercialização dessas cópias ilegais e, embora tivesse sido provada a tentativa de prática desse crime, a tentativa não é punível dado que a moldura abstracta da pena não é superior a três anos.

c) *Autorizações de utilização (edição, produção fonográfica)*

A jurisprudência em matéria de direitos económicos lida com uma casuística diversificada, em especial no que respeita a autorizações de utilização. Por exemplo, relativamente a um contrato de edição, a Relação de Lisboa decidiu, no acórdão de 4 de Julho de 1995, que, segundo o art. 96.º do CDA, "uma editora só está obrigada a prestar contas à autora se a retribuição devida depender dos resultados e estiver subordinada à evolução das vendas dos exemplares das obras. / Diferentemente, quando a retribuição estipulada ao autor consistir em quantia fixa a pagar pela totalidade da edição, independentemente dos resultados da comercialização da obra, não há lugar a prestação de contas, embora o autor, porventura, seja titular de um direito de informação, a exercer judicialmente por meio diverso da acção de prestação de contas, quando a editora não cumpra voluntariamente a sua obrigação de informação."

Num outro caso também relativo a um contrato de edição, estando em causa a edição de obra completa, a mesma Relação decidiu no acórdão de 9 de Junho de 2005 (CJ 2005, III, 98-101) que "o editor que contrata com determinado autor a edição separada das obras deste sabe, ao negociar, que aquele, nos termos do artigo 103.º, n.º 1, do CDA, mantém a faculdade de contratar a edição completa ou conjunta das mesmas obras com outro editor, e que isso é susceptível de ter reflexos negativos nas vendas das obras por si editadas. Não pode esse editor, por isso, lançar mão de procedimento cautelar tendo em vista impedir a edição e distribuição, por outro editor, das referidas obras completas."

Um outro contrato típico é o de fixação fonográfica ou videográfica. No acórdão de 1 de Junho de 1995, a Relação de Lisboa aplicou o art. 141.º do CDA, decidindo que a distribuição de fonogramas depende da autorização do produtor, a quem o autor da obra concedeu autorização prévia para a edição. Além disso, o tribunal extraiu da autenticação e autorização da edição pela Direcção-Geral de Espectáculos a presunção de autorização da distribuição por quem era titular desse direito de exploração, i.e. que o produtor, "para tanto, teria obtido as necessárias autorizações, nomeadamente o consentimento do autor da obra." O Supremo Tribunal de Justiça, no acórdão de 21 de Maio de 1996 (CJ 1996, II, 78-9), confirmou o acórdão da Relação, no sentido de a fixação de obra fonográfica depender de autorização do seu autor, ficando a distribuição subsequente apenas dependente de autorização do respectivo produtor.

Mais recentemente, o Supremo Tribunal de Justiça, no acórdão de 17 de Abril de 2007, decidiu que a edição de uma obra científica, sem autorização dos titulares de direitos, apenas confere a estes últimos direito a indemnização no caso de se provar que sofreram danos económicos com a venda de alguns exemplares contrafeitos e/ou danos morais em virtude de tal actividade ilícita ser ofensiva da honra e reputação do autor. Em sentido semelhante se pronunciou a Relação do Porto, no acórdão de 30 de Janeiro de 2008, considerando que só da reprodução e comercialização por e-mail não autorizadas de programas de computador, música, vídeos e jogos, não se podia inferir terem os titulares de direitos sobre os programas sofrido danos, tanto mais que a principal motivação dos clientes seria o baixo preço praticado pelo "pirata". Estas decisões ajudarão a compreender a necessidade sentida pelo legislador de dar nova redacção ao art. 211.º Código do

Direito de Autor, aquando da transposição da Directiva 2004/48 pela Lei 16/ /2008, no sentido de uma maior abertura aos juízos equidade, o que todavia não deverá dispensar "a prova, sempre e ainda, da existência daqueles danos/ /prejuízo", sem o que "o apelo a juízos de equidade, redondaria num juízo discricionário ou arbitrário do julgador", nas palavras utilizadas pela Relação do Porto no referido acórdão (citando ainda Castanheira Neves, *Sumários de Processo Criminal*, polic., Coimbra, 1968, 53, no sentido de que a decisão "não é, nem deve implicar nunca o arbítrio, ou sequer a decisão irracional, puramente impressionista-emocional que se furte, num incondicional subjectivismo, à fundamentação ou à comunicação").

Refira-se ainda que a jurisprudência reafirmou o princípio da autonomia ou independência das diversas formas de utilização das obras protegidas, no sentido de ser exigida nova autorização para cada utilização não prevista, embora se ressalvando a possibilidade de estar implícita (Ac. RL 7/2/2008). De todo o modo, tendo uma determinada forma de utilização sido expressamente excluída numa licença de direitos de autor (no caso, a edição em DVD de um espectáculo musical radiodifundido televisivamente), não pode o licenciado concedê-la a terceiros (Ac. RL 17/5/2007).

   d) *Utilização em espectáculos públicos de obras musicais por intérprete/autor*

Um problema que provocou alguns balanços na jurisprudência diz respeito à utilização, em espectáculo público, de obras musicais protegidas por intérprete que é simultaneamente autor ou co-autor dessas obras musicais. A questão está em saber se essa utilização depende de autorização do autor e quem é responsável por essa autorização.

Para começar, a Relação de Lisboa, no acórdão de 18 de Dezembro de 1997, decidiu que, apesar de ser possível a concentração das categorias de autor e intérprete na mesma pessoa, são devidos direitos de autor mesmo quando a qualidade de autor radica na pessoa do intérprete.

Posteriormente, no acórdão de 26 de Março de 1998, a mesma Relação entendeu que quem carece de obter autorização para usar obra alheia é o artista intérprete e não a sociedade promotora do espectáculo. Além disso, para este Tribunal, o art. 122.º, 3, do CDA, estabeleceria apenas uma regra sobre o ónus da prova e não uma obrigação no sentido de que incumbe ao promotor obter autorização do autor. Trata-se, porém, de uma interpretação altamente restritiva desse preceito, o qual dispõe que "compete à entidade que promove ou organiza a execução ou a recitação, quando demandada, fazer a prova de que obteve autorização dos autores das obras executadas ou recitadas."

Chamado a julgar, o STJ decidiu, no acórdão de 21 de Maio de 1998, referente ao processo do primeiro acórdão da RL, que "o co-autor da obra que a interpreta, cantando-a ou tocando-a, e que não transmitiu o conteúdo patrimonial do respectivo direito de autor, não carece de qualquer autorização para o efeito, pois não vai pedir autorização a si próprio."

Todavia, depressa o STJ inverteu este entendimento, pronunciando-se no acórdão de 2 de Julho de 1998 (CJ/STJ 1998, II, 169-174), no sentido de que "se o autor executa a sua própria obra, ele não deixa, por esse facto, de ser titular de dois direitos: o de autor e o de artista intérprete. / E, enquanto titular desses dois direitos, é óbvio que está protegido pelos mecanismos legais de defesa previstos para cada um deles". Este entendimento foi posteriormente reiterado no acórdão de 15 de Dezembro de 1998 (BMJ 482/1999, 266; CJ/STJ 1998, III, 148), referente ao processo do segundo acórdão acima referido da RL. Segundo o julgamento do STJ, o artista intérprete que seja também autor da obra interpretada tem direito a uma remuneração pela interpretação, enquanto intérprete, e a outra remuneração a título de direitos de autor como contrapartida pela autorização de utilização da sua obra, que é devida pelo promotor do espectáculo público.

Neste caso, a ré é uma sociedade comercial que promove espectáculos públicos em Portugal com músicos e intérpretes internacionais. Num dos espectáculos, a ré utilizou obras cujos titulares de direitos de autor são representados pela SPA. A ré recusou-se a pagar o montante total de direitos de autor exigidos pela autora, argumentando que tinha contratado directamente com alguns dos titulares de direitos envolvidos.

O Tribunal de primeira instância indeferiu o pedido da autora com base na invalidade de diversos contratos entre alguns autores e os seus editores representados pela autora. Por seu turno, a Relação de Lisboa entendeu que quem carece de obter autorização para usar obra alheia é o artista intérprete e não a sociedade promotora do espectáculo.

Subido o processo ao STJ, este concluiu que o promotor do espectáculo necessita de autorização dos autores intérpretes relativamente às obras utilizadas nos espectáculos públicos, sendo-lhes devida remuneração autónoma a título de direitos de autor. Quanto aos requisitos formais da autorização, o STJ entendeu que são meras formalidades *ad probationem*.

Mais recentemente, a Relação de Guimarães, no acórdão de 26 de Março de 2007, entendeu que o artista (no caso, uma cantora de jazz) é que seria responsável pelas autorizações de utilização das músicas interpretadas num espectáculo realizado num bar, em razão de se tratar de uma cantora profissional e de o espectáculo ter escopos promocionais do seu novo CD, gerando por isso no explorador do bar a confiança de que teria as necessárias autorizações, i.e. neste caso o promotor do espectáculo não seria o explorador do bar, mas a própria artista.

De notar ainda que, para efeitos de cálculo dos *copyright fees*, a Relação de Lisboa, no acórdão de 22 de Maio de 2007, decidiu que se nada for contratualmente estipulado quanto à remuneração de direitos de autor por representação pública, não existe qualquer presunção de lotação esgotada, cabendo antes aos titulares de direitos de autor provar a audiência real de cada representação ou mostrar para esse efeito que podem controlar as receitas das vendas de bilhetes.

e) Utilização livre para fins de informação e ensino

No acórdão de 16 de Novembro de 2006, o STJ decidiu que as excepções aos direitos de autor justificadas pela liberdade de informação (CDA, art. 75.º) abrangem a citação de um excerto de 26 linhas, extraído do capítulo final de um livro de 222 páginas, na secção de notícias curtas e breves de uma revista sobre assuntos televisivos, considerando nomeadamente não existir nenhum limite no que respeita à parte do livro do qual a citação pode ser extraída.

Por seu turno, a Relação do Porto, no acórdão de 6 de Dezembro de 2006, decidiu que a reprodução de uma fotografia "banal e inócua" do recorrente, a partir de um livro do qual era co-autor, sem a sua autorização, para fins de ilustração de um artigo de revista sobre a sua pessoa, era uma forma utilização livre, nos termos do art. 75.º do Código do Direito de Autor, enquanto reprodução de curtos fragmentos cuja inclusão em relatos de acontecimentos da actualidade se justificava pelo fim de informação prosseguido pelo jornal recorrido.

Num outro caso que subiu termos à Relação de Lisboa, uma empresa publicou um livro sobre a vida de uma artista de fado utilizando diversas fotografias de vida privada da artista e textos contendo citações da cantora. Os herdeiros da cantora reclamaram, nomeadamente, violação de direitos de autor sobre a obra da cantora, de que eram titulares por testamento. A Relação de Lisboa, no acórdão de 31 de Maio de 2007, confirmou a decisão da primeira instância, indeferindo o pedido dos requerentes com o argumento de que a utilização em causa estava abrangida pelo direito de citação, na medida em que servia objectivos culturais e a fonte estava devidamente identificada.

Apesar da consideração que a jurisprudência mostra nestes acórdãos pelas formas de utilização livre salvaguardadas pelo Código do Direito de Autor, tal não significa que a jurisprudência vá ao ponto de afirmar o eclipse dos direitos de autor pelos valores que animam a liberdade de utilização, nomeadamente a liberdade de ensino e de aprendizagem. A este propósito, a Relação de Lisboa, no acórdão de 31 de Janeiro de 2008, decidiu que a liberdade de ensino não justifica a usurpação de um manual de testes psicológicos, já que a "reprodução quase integral de uma obra (cópia), passando por obra nova, viola o direito de autor do seu titular", não sendo tal "ilicitude excluída pela circunstância da obra se destinar ao ensino". Em suma, tal utilização "de modo algum se insere em qualquer dos casos tipificados no art. 75.º do CDADC".

3.4. Os limites aos direitos exclusivos sobre programas de computador e bases de dados nas directivas e na legislação interna

a) Direitos imperativos dos utilizadores de programas de computador

A Directiva 91/250 estabeleceu imperativamente determinados direitos mínimos do utilizador de software (art. 5.º, 1 a 3, e art. 6.º). Aparentemente, isto significaria uma inversão à lógica tradicional dos direitos autor, enquanto "excepção à proibição excepcional do uso privado".[1502]

Não obstante, preferimos falar em *limites endógenos* ao direito exclusivo[1503], que incluem as acções de carregamento e funcionamento necessárias à utilização de uma cópia do programa, bem como a acção de correcção dos respectivos erros (1), a execução de uma cópia de apoio na medida em que tal seja necessário para a sua utilização (2), os actos necessários de observação, estudo ou teste do funcionamento do programa (3), e, em certas condições, a descompilação do programa para fins de interoperabilidade (4).

Trata-se de direitos imperativos, já que quaisquer disposições contratuais contrárias a estes "direitos mínimos" do utilizador legítimo são "consideradas nulas" (art. 9.º, 1, 2ª parte).

i. Utilização, correcção de erros e cópia de apoio

Estes direitos constituem o âmbito mínimo de qualquer autorização de utilização de uma cópia de um programa de computador; mínimo esse justificado de forma a permitir a *reprodução tecnicamente necessária* à respectiva utilização por quem se encontra, para o efeito, devidamente autorizado, i.e. "o carregamento e o funcionamento do programa são implicitamente permitidos se o direito de usar o programa tiver sido adquirido."[1504]

[1502] OLIVEIRA ASCENSÃO 1996, 344.
[1503] LEHMANN 1994, 293.
[1504] CZARNOTA/HART 1991, 57.

A utilização do programa, que exige a prática de actos de reprodução ainda que transitória ou temporária (e.g. em RAM), é expressamente considerado objecto legal de licenças (EULA – *End User License Agreement*). Para proteger o utilizador e ao mesmo tempo justificar o alargamento dos direitos de autor à esfera da utilização final, a directiva estabelece determinados direitos mínimos, que integram imperativamente o conteúdo de qualquer licença de utilização de software.

Respeitado esse *licere* mínimo, e nos limites da lei, a autorização pode conter certas estipulações específicas restritivas do âmbito da utilização (as chamadas cláusulas CPU, limitando a utilização do programa num determinado equipamento, instalado num certo local, proibindo a sua utilização múltipla, em rede ou em linha).

Por outro lado, a directiva consagra a teoria do fim da cedência do direito alemão (§ 31(5), *Zweckübertragungslehre*) dispondo que, na ausência de cláusulas contratuais específicas, nomeadamente quando uma cópia tenha sido vendida, qualquer outra acção necessária à utilização de uma cópia de um programa poderá ser realizada *de acordo com o fim a que se destina* pelo adquirente legal dessa mesma cópia (art. 5.º, 1, e cons. 17).[1505]

A natureza dispositiva do art. 5.º-a poderia contrariar a inclusão nesse âmbito mínimo da reprodução tecnicamente necessária à utilização do programa, bem como a correcção de erros. Todavia, neste ponto, é entendimento pacífico que o articulado normativo da directiva deve ser interpretado em conformidade com o preâmbulo, em especial o considerando 17.[1506]

Além disso, o fim a que se destina o programa refere-se à sua utilização final, justificando apenas a reprodução e transformação para correcção de erros e/ou a adaptação do programa às necessidades específicas do legítimo utilizador, incluindo a manutenção do programa destinada a alcançar e assegurar a sua interoperabilidade, ainda que no quadro da manutenção *tierce*.[1507] De fora fica a manutenção evolutiva ou actualizações (*updates*), i.e a introdução de novas funcionalidades no programa, salvo se se tratar de funcionalidades externas de um programa criado independentemente, pois neste caso já será lícita a descompilação para fins de interoperabilidade.[1508]

Quanto à cópia de segurança, o utente legítimo poderá executar uma cópia de apoio do programa na medida em que tal seja necessário para a sua

---

[1505] LEHMANN 1991, 2115.
[1506] C/ ref. DIAS PEREIRA 2001a, 601-5; tb. GÓMEZ SEGADE 2001a, 872.
[1507] LOURENÇO MARTINS 2006, 600, n. 815 (considerando justificado "que a correcção de erros pode ser feita por qualquer pessoa, designamente no âmbito de um serviço de manutenção").
[1508] DIAS PEREIRA 2001a, 775-6.

utilização. O que nem sempre sucede, pense-se no *firmware*. Além disso, o utilizador não terá esse direito se o próprio titular dos direitos sobre o programa fornecer ele mesmo essa cópia de apoio. Será, nomeadamente, o caso em que o fornecedor do software o comercializa em discos compactos, tendo o utilizador que instalar o programa no seu computador: o exemplar incorporado no disco compacto servirá, então, como cópia de apoio.

ii. Estudo do programa e descompilação

O direito de estudar o programa destina-se a permitir a livre troca das ideias e a promoção da investigação informática, em especial através da chamada *black box analysis*. No entanto, não é certo que esta liberdade inclua as operações de *clean-room* e de descompilação, já que deve efectuar--se em execução do contrato e limitar-se às ideias e princípios do programa. De todo o modo, é no mínimo estranho que a directiva tenha consagrado esta excepção num regime de direitos de autor. Imagine-se o que seria estabelecer no Código do Direito de Autor que os utilizadores legítimos têm o direito de estudar os textos literários, as músicas ou os filmes... A proibição legal ou contratual de estudar uma obra literária seria, no mínimo, absurda.

Para salvar a disposição da directiva, deve olhar-se ao regime da descompilação. No sentido de que não é permitido o estudo do programa mediante operações de descompilação, salvo nas condições em que esta é permitida. A descompilação é um direito imperativo do utilizador legítimo, embora se trate fundamentalmente de uma norma destinada a salvaguardar e a promover a liberdade de concorrência no sector das tecnologias da informação. O utilizador legítimo pode, em circunstâncias restritas, proceder à *descompilação* do programa (art. 6.º).

Sucintamente, a descompilação é o processo pelo qual se "regressa" ao código-fonte revertendo o código-objecto (daí a expressão inglesa *reverse engineering*) do programa na sua forma humanamente legível, ou seja, no código-fonte em que foi escrito através de uma linguagem de programação. O acesso ao código-fonte do programa torna possível o estudo da sua linguagem de programação e da sua algoritmia bem como a reprodução do código, no todo ou em parte, a recriação do código-fonte perdido, a correcção de erros (*debugging*) e, em geral, a sua transformação, quer pela tradução através de uma outra linguagem de programação, quer pela adaptação ou alteração com a preparação de produtos derivados, sejam actualizações ou melhoramentos do programa original (*updating*) ou programas funcionalmente equivalentes ainda que não expressivamente semelhantes ou idênticos (*software-cloning*). Estas vantagens são possíveis mesmo que se entenda que não se trata rigorosamente de descompilação mas tão só de desmontagem (*disassembling*), uma vez que a partir do código-objecto não se poderia recriar ou reconstruir senão um código semelhante ao código--fonte do programa descompilado.

A descompilação implica a reprodução e a modificação da forma do código, sendo justificada em "circunstâncias restritas", que resultam não apenas da letra do artigo 6.º, mas também da sua interpretação em conformidade com o preâmbulo (cons. 10-12, 19-23). O regime da descompilação respeita às condições de acesso ao código-fonte e por essa via aos algorimos e linguagens de programação, por um lado, e à utilização dessas informações, por outro.[1509]

Relativamente às *condições de acesso* (art. 6.º, 1), a descompilação só pode ser praticada pelo legítimo utilizador ou, em seu nome, por pessoa devidamente autorizada para o efeito, quando for indispensável para obter as informações necessárias à interoperabilidade entre um programa de computador criado independentemente com outros programas e todos os elementos de um sistema informático, e na medida em que se limite às partes do programa necessárias à interoperabilidade, i.e. quando as *interfaces* e as informações necessárias à interoperabilidade do *software* não se encontrem já fácil e rapidamente à sua disposição.

Relativamente às *condições de utilização* (art. 6.º, 2), as informações licitamente obtidas não podem ser utilizadas para outros fins, nem transmitidas a outrem (e.g. operações de *clean-room*), senão, respectivamente, para a interoperabilidade do programa criado independentemente, mesmo que este seja um concorrente do programa descompilado, na medida em que a descompilação deste se tenha efectuado com vista a participar na esfera de interoperabilidade daquele. As informações obtidas não podem ser utilizadas para outros fins, sobretudo para o desenvolvimento, produção ou comercialização de um programa substancialmente semelhante na sua expressão, ou para qualquer outro acto que infrinja os direitos de autor, nomeadamente, as operações de manutenção evolutiva e a criação de programas derivados.[1510]

Assim, a faculdade de descompilação é admitida apenas como *ultima ratio*[1511], em ordem à promoção do "imperativo da interoperabilidade" [1512] informática, mesmo entre concorrentes, constituindo, nesses termos restritivos, uma utilização "legítima e compatível com uma prática leal" (cons. 21).

[1509] Mais recentemente, DIAS PEREIRA 2004c, 130-3.
[1510] Cfr. WANDTKE/BULLINGER/*GRÜTZMACHER* 2006, 865-6.
[1511] LEHMANN 1993, 24.
[1512] VINJE 1993, 21.

Estes termos restritivos são reforçados pelo critério interpretativo consagrado no art. 6.º, 3: "De acordo com o disposto na Convenção de Berna para a Protecção das Obras Literárias e Artísticas, as disposições do presente artigo não podem ser interpretadas no sentido de permitirem a sua aplicação de uma forma susceptível de lesar os *interesses legítimos* do titular de direitos ou que não se coadune com uma *exploração normal* do programa de computador."

Esta cláusula geral, decalcada do art. 9.º, 2, da Convenção de Berna revista, estabelece um critério interpretativo destinado a acautelar o interesse de participação do titular de direitos nos resultados económicos da exploração do programa. Todavia, esse princípio não é absoluto, antes devendo ser devidamente articulado com os outros princípios que norteiam o regime de apropriação jurídica do *software*, quais sejam o princípio da protecção do utente e o princípio da promoção da liberdade de concorrência.

Com efeito, no que respeita a este último, a faculdade de descompilação, ainda que admitida apenas para fins de interoperabilidade, é, sobretudo, um instrumento de salvaguarda da concorrência no mercado das tecnologias da informação. Como se refere a propósito do mercado dos sistemas operativos, "se o fornecedor de um sistema operativo tivesse direitos de autor que protegessem o *interface* técnico entre o sistema operativo e o programa de processamento de texto, o fornecedor poderia ser capaz de controlar o mercado dos programas de processamento de texto que pudessem funcionar com esse sistema operativo."[1513] Na prática, isso significaria que a *Microsoft* teria o (quase) monopólio, de facto e de direito, de desenvolver software compatível com os seus sistemas operativos.

Além disso, interessa realçar o sentido amplo do conceito de interoperabilidade, que delimita a licitude dos actos de descompilação. Em nosso entender, é abrangida não apenas a interoperabilidade de software mas também de hardware (*firmware*) e de dados (*dataware*).[1514]

No direito extra-comunitário, a liberdade de descompilação (ou *reverse engineering*) está prevista na legislação de vários países, nomeadamente no Canadá e na Austrália, e foi consagrada pela jurisprudência norte americana com base na doutrina do *fair use* (*Atari Games, Corp. v. Nintendo of America, Inc.*, 1992; *Sega Enterprises, Ltd. v. Accolade, Inc.*, 1992).[1515] Apesar das cerradas críticas de que foi alvo, em razão de gerar a desprotecção dos segredos de programação das empresas informáticas, a solução acabaria por

---

[1513] DOWNING 1995, 89.
[1514] DIAS PEREIRA 2001a, 643-5 (n. 1066).
[1515] Cfr. LEMLEY/MENELL/MERGES/SAMUELSON 2003, 123-39.

ser reforçada pela lei dos direitos de autor no milénio digital, que consagrou a licitude de neutralização da protecção técnica que impede o acesso aos algoritmos e ao código-fonte do programa no quadro de operações de descompilação para fins de interoperabilidade (DMCA, Sec. 1201(f)).

iii. Interoperabilidade, concorrência e clones funcionais

O regime da descompilação, cuja elaboração muito animou os grupos de pressão deste sector (o ECIS – *European Committe for Interoperable Sofware*, e o SAGE – *Software Action Group for Europe*), estabelece uma forma especial de protecção dos códigos de programação, em especial dos algoritmos, que são considerados a parte mais importante de um programa de computador, senão mesmo o próprio programa.[1516] Com efeito, a directiva parece não os conceber como simples ideias e princípios abstractos, nem como puras fórmulas matemáticas, adoptando, ao invés, o entendimento que os caracteriza como *métodos ou processos funcionais*, ou seja, como sequência de passos com vista à solução de determinados problemas.

Estes processos podem ser utilizados em vários sectores da indústria, não sendo aplicações específicas da informática. Pense-se, mais recentemente, nas tecnologias de encriptação utilizadas nas assinaturas electrónicas, telecomunicações e serviços de acesso condicional.

Ora, a directiva consagra um direito de propriedade intelectual *sui generis* sobre o conteúdo ideativo e funcional dos programas de computador, através de um direito especial sobre o processo, na medida em que não permite que as informações obtidas mediante descompilação lícita sejam utilizadas (e/ou transmitidas a outrem) para outros fins que não o de assegurar a interoperabilidade de um programa criado independentemente.[1517]

Além disso, a directiva não excluiu a possibilidade de protecção dos algoritmos quer por via do direito das patentes quer por via da concorrência desleal, enquanto saber-fazer (art. 9.º, 1, 1.º per.).[1518] Não obstante, apesar de a directiva admitir outras vias de tutela, entendemos que *será nula a estipulação contratual que não permita o acesso e a utilização e/ou a transmissão de informações respeitantes a elementos do programa necessárias para assegurar a interoperabilidade de um programa de computador criado independentemente, mesmo que esses elementos sejam protegidos, nomeadamente, pelo direito dos segredos no quadro da concorrência desleal.*

[1516] DIETZ 1992, 28 ("el programa mismo (algoritmo)").
[1517] OLIVEIRA ASCENSÃO 1992, 473.
[1518] LEHMANN 1991, 2116-7.

Na verdade, apesar de ressalvar outras formas de protecção, a directiva estabelece que o acesso e a utilização dessas informações nas referidas condições é "legítima e compatível com uma prática leal" (cons. 21), constituindo entendimento geral que a directiva reduziu substancialmente a protecção dos processos de programação informática como segredos de negócios.[1519]

De resto, as iniciativas comunitárias para a introdução de patentes de invenções relacionadas com programas de computador, na sequência do crescente recurso a esta protecção jurídica no direito comparado – de que é exemplo paradigmático a decisão *State Street Bank & Trust Co. v Signature Financial Group Inc.* (1998) da jurisprudência norte-americana sobre patente de métodos de negócios[1520], alegadamente de acordo com o alargamento do objecto de patente resultante do Acordo ADPIC[1521] –, ressalvam a faculdade de descompilação, o que não agrada aos que pretendem o monopólio absoluto dos processos.

Não obstante, o comércio electrónico poderá ser já um "campo minado" por patentes, pelo menos no direito norte-americano, onde prolifera a outorga de exclusivos sobre métodos de protecções técnicas e de negociação electrónica ("carrinho de compras", "leilão electrónico", "tecnologia push" no hipertexto, "sistemas de controlo de acesso do utilizador ao servidor e de análise de perfis de internautas, publicidade digital activa, "vendas em tempo real mediante distribuição electrónica por catálogo").[1522]

Além disso, a prática do Instituto Europeu de Patente é fértil, apesar da proibição convencional, no sentido da admissibilidade da patenteação de programas de computador que produzam efeitos técnicos não materiais.[1523] Ao mesmo tempo, o impacto do software no direito de patente poderá levar ao "perecimento" de certos princípios básicos deste ramo da propriedade intelectual[1524], em especial o princípio da *disclosure*.

Não obstante, ao nível da protecção enxertada a título de direitos de autor, a promoção da liberdade de concorrência, através do imperativo da interoperabilidade, é reforçada pela obrigação de as empresas que ocupem no mercado europeu uma posição de força ou uma posição dominante

---

[1519] C/ ref. DIAS PEREIRA 2001a, 600-6; porém, REMÉDIO MARQUES 2005, 1742-4.
[1520] LEMLEY/MENELL/MERGES/SAMUELSON 2003, 168-72.
[1521] BOTANA AGRA 2001, 183.
[1522] RIBAS ALEJANDRO 1999, 43-5; tb. DIAS PEREIRA 2001d, 414-6; LIPTON 2001, 333; HUANG/FERNANDEZ 2005, 808; sobre a importante decisão do Supremo Tribunal dos EUA no caso *eBay Inc. v. MercExchange*, LEE 2008, 39-122.
[1523] Cfr. REMÉDIO MARQUES 2005, 1674-84.
[1524] BORGES BARBOSA 2003, 166.

publicarem as suas informações sobre as *interfaces* nos protocolos de acesso (cons. 26 e 27), em ordem à normalização e à padronização das *interfaces* (cons. 9) e a facilitar o acesso fácil e rápido a tais informações, tal como aliás apontado pelo pensamento económico.[1525]

Além disso, a empresa poderá ser obrigada a fornecer essas informações a concorrentes, segundo as regras da liberdade de concorrência do mercado interno, tal como estabelecido pelo TJCE na decisão *Magill* – que é um caso de referência da jurisprudência comunitária relativa ao abuso de posição dominante.[1526] Ou seja, "em circunstâncias excepcionais" que justifiquem a aplicação da doutrina das infra-estruturas essenciais, i.e. uma infra-estrutura da qual as empresas necessitam para fornecer bens ou prestar serviços aos seus clientes, mas que só por si não as podem produzir sem custos proibitivos ou demoras insuportáveis.[1527]

iv. A decisão *Microsoft*

Foi isso que decidiu a Comissão na decisão *Microsoft* (T-2001/04R), sustentando, de acordo com o entendimento de que "a descompilação permite criar *produtos concorrentes*"[1528], que a informação que a *Microsoft* deve prestar a terceiros interessados é a informação necessária para alcançar a interoperabilidade no sentido do art. 6.º da Directiva 91/250 sobre descompilação e que a recusa de fornecer essa informação constitui abuso de posição dominante (art. 82.º do Tratado).[1529]

Na opinião de Robert Hart – co-autor juntamente com Brigdet Czarnota, do comentário de referência à Directiva 91/250 *Legal Protection of Computer Programs in Europe – A Guide to the EC Directives* (1991) –, a interpretação que a Comissão faz da referida disposição teria excedido o seu sentido e limites, já que esta não permitiria a descompilação com vista a revelar todas as interfaces de um dado programa em termos de permitir aos concorrentes o desenvolvimento de sistemas operativos de substituição ("drop in") dos sistemas operativos de servidores de trabalho em grupo *Windows*.[1530]

[1525] STIGLITZ 1999, 323, n. 13 ("the two key questions are standard efficiency and equity issues.").

[1526] MARIANO PEGO 2001, 79, n. 164.

[1527] KEELING 2003, 385 (citando Wooldridge); tb. BACHES OPI/DÍEZ ESTELLA 2006, 650-4.

[1528] LOURENÇO MARTINS 2004, 129.

[1529] Em sentido semelhante, relativamente à utilização da estrutura de uma base de dados de informação farmacêutica, Decisão da Comissão 2001/165/EC, 3/7/2001 (*NDC Health/IMS Health*), saudada por DERCLAYE 2004, 295s. Para uma análise da decisão *IMS Health*, REMÉDIO MARQUES 2005, 1860, em nota.

[1530] HART 2006, 361-5.

Todavia, a decisão da Comissão é de grande alcance.[1531] Em causa está o espaço de liberdade de concorrência prosseguido pela directiva através da utilização das informações obtidas mediante descompilação para fins de manutenção correctiva, adaptativa e evolutiva, e o desenvolvimento de produtos concorrentes. Com efeito, tendo em conta o "jogo conjunto dos arts. 5 e 6, fica em aberto que acções de manutenção e adaptação podem ser realizadas por cada utilizador legítimo".[1532]

Da nossa parte, sustentamos que a licitude de certas operações que envolvam a descompilação, como sejam a correcção de erros e a adaptação às necessidades específicas do utilizador, é imperativamente garantida no quadro dos direitos mínimos de utilização, ficando de fora, porém, o desenvolvimento de versões actualizadas e a criação de clones funcionais.[1533]

Quanto à *criação de versões actualizadas*, a sua ilicitude pode revestir duas formas distintas. Se a forma de expressão da versão actualizada do programa for idêntica ou substancialmente semelhante à do programa descompilado, a utilização dessas informações constituirá uma infracção aos direitos de autor *stricto sensu*, uma vez que é feita para a prática de um acto que infringe direitos de autor, pressuposta a originalidade da forma de expressão do programa. Todavia, se a forma de expressão da versão actualizada do programa não for idêntica ou substancialmente semelhante à do programa descompilado, então a utilização das informações será proibida pelo simples facto de ser feita "para outros fins". Ou seja, tratar-se-á, agora, de uma forma *sui generis* de ilicitude, que decorre de uma tutela especial de protecção dos segredos de programação informática.

Quanto à utilização das informações obtidas mediante descompilação para a *correcção de erros*, deve entender-se que as regras da descompilação não têm por efeito limitar os (outros) direitos do utente legítimo, em especial o direito à correcção de erros. Se é admitida a descompilação para obter informações cuja utilização é necessária à interoperabilidade de um programa criado de modo independente, *por maioria de razão*, também o deverá ser, em nosso entender, quando permita a correcção de erros de um programa necessária à sua própria interoperabilidade. De outro modo, acentuar-se-ia "*a dependência do utilizador em relação ao titular de direitos.*"[1534]

Quanto aos *actos de adaptação do programa descompilado a necessidades específicas do utente*, a resposta depende dos termos da adaptação

---

[1531] MORITZ 2004, 321; ZIMMERLICH 2004, 1260; BACHES OPI/DÍEZ ESTELLA 2006, 655-7.
[1532] LEHMANN 1993, 18.
[1533] DIAS PEREIRA 2001a, 776-80, e 2004c, 130-3.
[1534] OLIVEIRA ASCENSÃO 1996a, 350.

realizada. Se se tratar de uma adaptação que se limite a permitir a interoperabilidade desse programa com o sistema informático do utente, entendemos que as considerações expostas em sede de correcção de erros valem, *mutatis mutandis*, para estas situações. Este resultado alcança-se através de uma *interpretação teleológica* das regras da descompilação, em especial o imperativo da interoperabilidade e o direito mínimo de *utilizar o programa de acordo com o fim a que se destina*. Todavia, se as necessidades específicas do utente exigirem uma adaptação do programa que não se limite a permitir a sua interoperabilidade com o sistema informático do utente, mas que envolva já a própria transformação do programa em termos de *criação de uma versão actualizada*, então, a menos que o contrato o permita, parece-nos que estaremos já perante uma situação de ilicitude. Ilicitude esta que decorre de a utilização das informações produzir um resultado de identidade ou semelhança substancial das formas de expressão e/ou, ainda, de se tratar de uma utilização "para outros fins".

Ora, a proibição de utilização dessas informações para outros fins abrangeria também a criação de clones funcionais. Dizemos por isso que a Directiva 91/250 consagrou um direito *sui generis* de propriedade intelectual. Trata-se de uma originalidade do legislador comunitário, que acaba por dar mais protecção aos programas de computador do que o Acordo ADPIC, que não parece proibir a produção de "clones", "semiclones" ou "partialclones".[1535] De resto, mesmo no domínio do direito de patente, há quem defenda a abolição da "doctrine of equivalents" elaborada, nesse domínio, pela jurisprudência norte-americana.[1536]

Não obstante, tal não impede que as regras da livre concorrência no mercado interno exijam uma compressão desse direito especial, nomeadamente por abuso de posição dominante, à semelhança da jurisprudência comunitária firmada no caso *Magill*. Tendo em conta a "tensão inerente" entre propriedade intelectual e liberdade de concorrência[1537], esta via salvaguarda a dicotomia tradicional entre existência e exercício de direitos, que preside à jurisprudência comunitária sobre a aplicação das regras da concorrência no domínio dos direitos de propriedade intelectual. Pelo que, em nosso juízo, a argumentação da Comissão deveria centrar-se mais no impacto do exercício do direito especial em termos de regime da concorrência do que na existência desse direito. Sendo certo que, se a ordem jurídica comunitária considera necessário, por razões de bom funcionamento do mercado interno, atribuir esse direito, então, pelas mesmas razões, poderá limitá-lo ou comprimi-lo.

[1535] VIEIRA 2005, 873.
[1536] SARNOFF 2004, 1157s.

Quando surge um conflito entre dois interesses, como a liberdade de concorrência e a protecção da propriedade intelectual, não é adequado assumir *a priori* que um desses interesses é mais importante do que o outro.[1538] Ou seja, não há nenhum primado dos direitos de autor ou de outras formas de propriedade intelectual sobre o direito da concorrência.[1539] Com efeito, "o exercício dos direitos de propriedade intelectual não goza de imunidade em relação à aplicação das normas do Tratado da CE destinadas a proteger a livre concorrência", podendo as empresas ser obrigadas a licenciar os seus produtos ou informações, ainda que em condições excepcionais.[1540]

Tanto mais quanto se considerar que, no caso *Microsoft*, a atribuição de direitos de propriedade intelectual se traduz num monopólio legal no mercado relevante que permite excluir os concorrentes no que respeita ao fabrico e oferta de produtos funcionalmente equivalentes ou substitutos.[1541] Neste quadro, o Tribunal de Justiça é chamado mais uma vez a esclarecer o muito criticado "definitional stop" (Cornish) que elaborou para resolver estas questões: o objecto específico de protecção.[1542] Como sucede em outros domínios, trata-se de uma "reserva de jurisdição", que permite ao TJCE encontrar a solução mais adequada para o caso concreto, tendo em conta todos os valores em ponderação nos pratos da balança.

Ora, tendo em conta a jurisprudência já firmada nomeadamente no caso *Magill* e, mais recentemente, no caso *IMS Health* (Acórdão de 29 de Abril de 2004), o Tribunal de Primeira Instância (TPI) confirmou a decisão da Comissão, entendendo que a recusa por parte de uma empresa dominante de licenciar informação para interoperabilidade pode constituir um abuso nos termos do art. 82.º do Tratado de Roma quando a informação é indispensável para o exercício de uma actividade num mercado conexo ou vizinho (1), a recusa é susceptível de eliminar a concorrência efectiva (2), e impede o surgimento de um novo produto para o qual existe potencial procura dos consumidores, incluindo através da limitação do desenvolvimento técnico em detrimento dos consumidores, salvo quando essa recusa for objectivamente justificada (3). Além disso, o TPI determinou que o nível

---

[1537] DAVIS 2005, 6.
[1538] PATTERSON 2000, 1133.
[1539] WANDTKE/BULLINGER/*GRÜTZMACHER* 2006, 745.
[1540] BACHES OPI/DÍEZ ESTELLA 2006, 678.
[1541] GOVÄRE 1996, 247.
[1542] KEELING 2003, 64-5 ("A criterion that is so fluid and hazy that is does not permit useful predictions to be made about the probable outcome of specific cases that arise in practice is of little use to lawyers and can hardly be said to serve the interests of legal certainty.").

de informação para interoperabilidade será definido por referência ao que for necessário de modo a que os concorrentes da empresa possam manter--se viáveis no mercado, se bem que tenha eliminado a obrigação imposta pela Comissão à Microsoft de esta se sujeitar a uma monitorização por parte de agente independente com acesso nomeadamente à sua informação, documentos e código fonte dos seus programas em causa (caso *Microsoft v. Comissão*, 17 de Setembro de 2007).

b) Direitos mínimos do utilizador de bases de dados e utilização livre

i. Direitos de autor

A Directiva 96/9 confere ao utilizador legítimo de base de dados, protegida por direitos de autor, certos direitos mínimos de utilização, que têm natureza imperativa (art. 15.º). Esses direitos analisam-se em *actos de acesso e utilização, cópia privada de base de dados não electrónica e outras utilizações livres, ressalvando ainda actos permitidos por outras excepções tradicionais, em respeito por uma cláusula geral de salvaguarda.*

Trata-se, para começar, do direito de praticar os actos necessários para aceder ao conteúdo da base e para a sua utilização em condições normais (art. 6.º, 1). Nos termos do preâmbulo, o "utilizador legítimo deverá poder aceder à base de dados e utilizá-la para os fins e da forma previstos no contrato de licença celebrado com o titular do direito, mesmo se esse acesso e essa utilização implicarem a necessidade de executar actos em princípio sujeitos a restrições" (cons. 34). Não se consagra expressamente um direito de acesso, já que este não está previsto expressamente no catálogo de direitos de autor.

Dentro dos direitos mínimos do utilizador não se conta o direito à cópia privada de base de dados electrónica (art. 6.º, 2, *a contrario*)[1543], embora sejam previstos outros limites, nomeadamente, a utilização feita exclusivamente com fins de investigação científica, desde que se indique a fonte, na medida em que isso se justifique pelo objectivo não comercial a prosseguir, a utilização para fins de segurança pública, ou para efeitos de um processo administrativo ou judicial.

Além disso, são ressalvadas outras excepções ao direito de autor tradicionalmente previstas no direito interno dos Estados-membros. Este catálogo é aberto às excepções tradicionalmente previstas nos Estados-membros, embora já seja fechado no que respeita à instituição de novas excepções.

[1543] LEHMANN 1996, 250; CORNISH 1997, 438.

Dentro destas excepções, alude-se, no preâmbulo (cons. 36 e 37), ao direito de citação, previsto na Convenção de Berna (art. 10.º, 1). A *Cassation* francesa interpretou amplamente o direito de citação em benefício dos autores de bases de dados (*Microfor/Le Monde*, 30.10. 1987), o que reveste especial importância para as empresas que prestam serviços de informação de análise de media, conhecidos por "recortes de imprensa" (*clipping*), que propugnam uma licença obrigatória para as suas actividades a coberto, nomeadamente, do direito de citação. Todavia, a jurisprudência alemã entendeu que os serviços de informação e de pesquisa constituem uma forma de exploração económica das obras que não estaria isenta de protecção pela excepção para arquivo, nem seria justificada por um interesse geral de informação, na medida em que as operações de reprodução e de distribuição fossem praticadas por empresas de prestação de serviços (BGH, *CB-Infobank* I e II, 16.1.1997).[1544]

Ora, a Directiva 96/6 ressalva que a manutenção do direito de citação não prejudica a proibição da reprodução para fins particulares de bases de dados electrónicas, parecendo desse modo limitar o direito de citação no ambiente electrónico. Tanto mais que estas excepções referem-se à estrutura da base de dados protegida pelo direito de autor e, além disso, o catálogo de excepções não pode ser "interpretado no sentido de permitir a sua aplicação de uma forma que cause um prejuízo injustificado aos legítimos interesses do titular dos direitos ou que prejudique a exploração normal da base de dados" (art. 6.º, 3, e cons. 35). Esta cláusula geral de salvaguarda não joga a favor das empresas de análise de media, cujas pretensões são ainda mais afectadas pelo direito *sui generis*, embora dele possam também ser titulares.

ii. Direito *sui generis*

A Directiva 96/9 estabelece, em termos imperativos, certos direitos mínimos e impõe determinadas obrigações ao utilizador legítimo de uma base de dados (art. 8.º e art. 15.º). Porém, os poderes do utilizador legítimo são limitados, no sentido de esse mesmo utilizador não poder prejudicar injustificadamente os legítimos interesses do titular do direito *sui generis*, nem do titular de um direito de autor ou de qualquer direito conexo sobre as obras ou prestações contidas nessa base, praticando actos, nomeadamente, de desfiguração ou deturpação (*Entstellung*).[1545]

[1544] Cfr. KATZENBERGER 1997, NORDEMANN/SCHIERHOLZ 1998, 365s.
[1545] KAPPES 1996, 282.

O art. 8.º dispõe que o fabricante de uma base de dados posta à disposição do público, seja por que meio for, não pode impedir o utilizador legítimo dessa base ou parte dela de extrair e/ou reutilizar partes não substanciais do respectivo conteúdo, avaliadas qualitativa ou quantitativamente, para qualquer efeito (n.º 1). Todavia, os n.º 2 e 3 ressalvam que o utilizador legítimo não pode praticar actos que colidam com a exploração normal dessa base, ou lesem injustificadamente os legítimos interesses do fabricante da base, nem prejudicar o titular de um direito de autor ou de um direito conexo sobre obras ou prestações contidas nessa base. Esta ressalva remete para o art. 7.º, 5, que proíbe, nessas condições, actos de extracção e/ou reutilização sistemáticas de partes não substanciais do conteúdo da base de dados (art 7.º, 5; v. tb. cons. 42, 1ª parte, e *in fine*).

Os termos restritivos em que aquela forma lateral de protecção foi consagrada têm sido criticados em razão de limitarem, segundo o critério do titular do direito sobre a base de dados, os direitos que são imperativamente garantidos ao utilizador legítimo. Fala-se até na "'fobia' do utilizador"[1546], já que o titular da base de dados pode "cortar" o serviço quando o utilizador legítimo (ao que parece parte de um contrato de licença: cons. 34) pratique actos de extracção e/ou reutilização de modo sistemático, com efeitos equivalentes à prática de extracção e/ou reutilização de partes substanciais, segundo o *dictum* "grão a grão". A lei alemã equipara tais actos a partes substanciais do conteúdo da base de dados (§ 87b, 2ª parte, UrhG), mas a literatura condiciona essa equiparação à natureza da base de dados e do seu fim.[1547]

O critério da "exploração normal" poderá impedir tais actos de utilização sistemática e repetida[1548], uma vez praticados no âmbito de uma actividade concorrencial ou meramente destrutiva (por ex., "engarrafando" o acesso à base, não permitindo o acesso por terceiros autorizados). Tudo isto, em harmonia com o escopo da directiva, que é assegurar "o controlo da própria substância da base, dos dados, da informação, permitindo mesmo a oposição à exploração desta."[1549]

Para além de ter consagrado, positiva e negativamente, e em termos imperativos, os direitos mínimos do utilizador legítimo, a directiva estabelece excepções ao direito *sui generis*. Nesse sentido, confere aos Estados-membros a faculdade de preverem excepções ao direito de impedir a

---

[1546] MALLET-POUJOL 1996, 11.
[1547] FROMM/NORDEMANN/*HERTIN* 1998, 591-2.
[1548] REMÉDIO MARQUES 2005, 137.
[1549] VIVANT 1997, 57.

extracção e/ou a reutilização não autorizadas de uma parte substancial do conteúdo de uma base de dados quando se trate de uma extracção para fins privados, ou para fins de ilustração didáctica ou de investigação científica e quando se trate de uma extracção e/ou reutilização realizadas para fins de segurança pública, ou tendo em vista um processo administrativo ou judicial (art. 9.º).

Porém, estas utilizações livres não são ilimitadas, antes sendo permitidas apenas na medida em que "essas operações não prejudiquem os direitos exclusivos do fabricante de explorar a base de dados e que o seu objectivo não se revista de carácter comercial" (cons. 50). Assim por exemplo, não é permitida a cópia privada de base de dados electrónica e o ensino à distância não impõe uma excepção ao exclusivo de reutilização. No catálogo fechado de excepções também não constam, nomeadamente, os actos de extracção e/ou reutilização para fins de informação e de arquivo.

iii. A possível aproximação do direito *sui generis* ao direito conexo do produtor de fonogramas e/ou videogramas

O legislador comunitário considera que "os Estados-membros nos quais estão em vigor normas específicas que estabelecem um direito semelhante ao direito *sui generis* [...] devem poder manter, em relação ao novo direito, as excepções tradicionalmente previstas por essa mesma legislação" (cons. 52). Um direito que nos parece assemelhar-se a este direito *sui generis* encontra-se no âmbito dos direitos conexos e consiste no direito conexo dos produtores de fonogramas e videogramas. "É um direito que beneficia exclusivamente o produtor, como o que é atribuído aos produtores de fonogramas."[1550]

Poderia equiparar-se este novo direito especial à figura dos direitos conexos, falando-se a propósito num "direito conexo para o produtor de bases de dados".[1551] De resto, a circunstância de o legislador comunitário não ter consagrado expressamente um direito conexo foi objecto de críticas, considerando-se que teria "andado depressa demais" na criação de um direito de protecção *sui generis*, ao invés de ter optado por um direito conexo.[1552]

Enquanto direito conexo, o direito *sui generis* não deveria proibir aquilo que a protecção legal dos direitos de autor permite, sendo, portanto, também aqui desejável uma utilização selectiva de excepções e limitações

---

[1550] OLIVEIRA ASCENSÃO 2002d, 22.
[1551] CORNISH 1997, 439; tb. STROWEL/TRIAILLE 1997, 277.
[1552] WEBER 1996, 30.

de interesse geral. Essa foi, aliás, a via que sugerimos para a transposição da directiva.[1553] Todavia, neste ponto, a lei interna terá seguido muito à letra os preceitos da directiva, desconsiderando até a possibilidade aberta pelo seu preâmbulo.

iv. Abusos de posição dominante (caso *Magill*)

Um outro aspecto do direito *sui generis* respeita à sua compressão resultante das normas da concorrência, em especial por o seu exercício ser "de molde a facilitar abusos de posição dominante" (cons. 47). Nesse sentido, poderá ser sujeito à instituição de um regime de licenças não voluntárias (art. 16.º, 4).

A este respeito, a jurisprudência do TJCE tem jogado um importante papel, no sentido de estabelecer limites ao monopólio sobre informação, através do recurso à doutrina das *essencial facilities* no mercado da informação. No acórdão *Magill*, de 6 de Abril de 1995 (Proc. C-241/91 e C-242/9, *Radio Telefis Eireann (RTE) e Independent Television Publications Ltd. (ITP)*), Col. 1995, I-0743), o TJCE concluiu que "existe uma posição dominante, na acepção do artigo 86.º do Tratado, de sociedades de teledifusão quando, através do monopólio de facto de que aquelas dispõem sobre as informações relativas às suas listas de programas, captados pela maior parte das famílias num Estado-Membro e uma parte substancial das famílias na parte vizinha de um outro Estado-Membro, dispõem do poder de criar entraves à existência de uma concorrência efectiva no mercado das publicações semanais de televisão nas regiões em causa." Mais acrescentou que "o comportamento de uma empresa em posição dominante que se insere no exercício de um direito qualificado de «direito de autor» pelo direito nacional não fica só por este facto subtraído a qualquer apreciação à luz do artigo 86.º do Tratado."

Todavia, o Tribunal de Justiça considerou que, na ausência de harmonização comunitária, o exercício de um direito de autor, enquanto tal, não constituiria abuso de posição dominante, salvo em circunstâncias excepcionais. "É certo que, na falta de uma unificação comunitária ou de uma aproximação das legislações, a fixação das condições e das modalidades de protecção de um direito de propriedade intelectual compete às normas nacionais e que o direito exclusivo de reprodução faz parte das prerrogativas do autor, de forma que *uma recusa de autorização, mesmo quando proveniente de uma empresa em posição dominante, não pode constituir em si mesma*

[1553] DIAS PEREIRA 2001a, 688 (n. 1150).

um abuso desta posição. Não obstante, o exercício do direito exclusivo pelo titular pode, em circunstâncias excepcionais, dar lugar a um comportamento abusivo."

Ora, no caso *sub iudice*, essas circunstâncias excepcionais estariam reunidas, já que o exercício do direito exclusivo pelas sociedades de teledifusão constituía obstáculo ao surgimento de um produto novo não fornecido por essas sociedades e para o qual existia procura potencial por parte dos consumidores (1), sem que tal exercício dos direitos fosse justificado pela actividade de radiodifusão ou pela edição de listas de televisão (2) e que, desse modo, os titulares de direitos reservassem exclusivamente para si um mercado derivado excluindo toda a concorrência por recusarem "o acesso à informação em bruto", considerada "matéria-prima indispensável" do novo produto (3).

Nos termos do acórdão: "Tal é o caso quando as sociedades de teledifusão invocam o direito de autor conferido pela legislação nacional para impedir uma ou outra empresa de publicar informações (a estação emissora, o dia, a hora e o título das emissões), acompanhadas de comentários e de imagens, obtidos independentemente das referidas sociedades, numa base semanal, desde que, em primeiro lugar, este comportamento constitua obstáculo à aparição de um produto novo, um guia semanal completo dos programas de televisão, que as sociedades interessadas não oferecem e para o qual existe uma procura potencial por parte dos consumidores, o que constitui um abuso segundo o artigo 86.º, segundo parágrafo, alínea b), do Tratado, que, em segundo lugar, a recusa não seja justificada nem pela actividade de radiodifusão televisiva nem pela edição de listas de televisão e que, em terceiro lugar, as sociedades interessadas reservem para si, pela sua conduta, um mercado derivado, o dos guias semanais de televisão, excluindo toda a concorrência neste mercado uma vez que negam o acesso à informação em bruto, matéria-prima indispensável para criar um tal guia."

Por outro lado, o Tribunal de Justiça reiterou jurisprudência constante, nos termos da conclusão 4: "Para que a condição de afectação do comércio entre Estados-membros, na acepção do artigo 86.º do Tratado, se mostre preenchida, não é necessário que o comportamento incriminado tenha efectivamente afectado esse comércio de maneira sensível. Basta provar que este comportamento é de molde a produzir tal efeito. Tal é o caso quando uma empresa exclui qualquer concorrente potencial no mercado geográfico constituído por um Estado-Membro e uma parte de um outro Estado-Membro e, desta forma, alterar a estrutura da concorrência neste mercado, o que afecta o fluxo das trocas potenciais entre os referidos Estados-membros."

v. A conformidade da exigência de reciprocidade material com os tratados internacionais

Os beneficiários do direito *sui generis* são o fabricante ou o titular do direito sobre a base de dados que sejam nacionais dos Estados-membros ou tenham residência habitual no território da Comunidade, bem como ainda as sociedades e empresas constituídas nos termos do direito de um Estado--membro e que tenham a sua sede social, administração central ou estabelecimento principal na Comunidade, devendo a sua actividade possuir uma ligação real e permanente com a economia de um dos Estados-membros se essa sociedade tiver apenas a sua sede social no território da Comunidade (art. 11.º, 1, 2).

Para os demais casos aplica-se a regra da reciprocidade material, i.e. "o direito de se opor à extracção e/ou à reutilização não autorizadas do conteúdo de uma base de dados só se aplica às bases de dados cujos fabricantes sejam nacionais de países terceiros ou neles tenham residência habitual, e às bases de dados produzidas por pessoas colectivas não estabelecidas num Estado-membro, na acepção do Tratado, na condição de estes países terceiros proporcionarem uma protecção idêntica às bases de dados produzidas por nacionais de um Estado-membro ou pessoas que tenham residência habitual no território da Comunidade" (cons. 56). Tal como referido nos estudos preparatórios[1554], o objectivo é não sujeitar este novo direito ao princípio do tratamento nacional nos termos previstos pelo Acordo ADPIC.

Esta via não é pacífica, questionando-se a sua conformidade com os tratados internacionais, se o direito *sui generis* for concebido como uma forma de protecção contra a concorrência desleal.[1555] Com efeito, o Acordo ADPIC exige o respeito pelas regras da Convenção de Paris sobre a Propriedade Industrial (art. 2.º, 1), a qual estabelece a protecção contra a concorrência desleal nos termos do princípio do tratamento nacional (art. 10*bis*).

Não obstante, consideramos que a mesma política que norteou a Directiva 87/54 (topografias de produtos semicondutores) terá animado também este diploma, no sentido de criar um direito especial não enquadrado em qualquer acordo ou tratado internacional, de molde a não ficar sujeito ao princípio do tratamento nacional.[1556] De resto, temos dúvidas que este direito, apesar da "penumbra" dos seus termos, seja redutível à concorrência

---

[1554] COM(95) 382 final, 32.
[1555] CORNISH 1997, 440-1.
[1556] Cfr. STROWEL/TRIALLE 1997, 282.

desleal. Não apenas porque pode ser transferido, mas também porque cria um poder de exclusivo na exploração de um novo bem imaterial[1557], de contornos indeterminados, mas nem por isso indetermináveis.

De resto, a não subordinação deste novo direito ao princípio do tratamento nacional não obsta a que os produtores de bases de dados que não beneficiem do direito *sui generis* reclamem protecção nos Estados-membros ao abrigo dos respectivos regimes de concorrência desleal.[1558]

c) *Utilização livre e direitos mínimos do utente de programas de computador e bases de dados nos DLs 252/94 e 122/2000*

i. Direitos do utilizador legítimo de software e bases de dados

À semelhança das directivas comunitárias, a legislação portuguesa consagra direitos do utente legítimo, que se refere a "todo aquele que adquiriu validamente um direito de utilização, seja qual for o facto constitutivo do seu direito." [1559]

Segundo o DL 252/94, o utente legítimo de programa de computador tem direito imperativo a providenciar uma cópia de apoio no âmbito da sua utilização e de observar, estudar ou ensaiar o funcionamento do programa para determinar as ideias e os princípios que estiveram na base de algum dos seus elementos (art. 6.º, 1 e 2). Além disso, o utente legítimo pode sempre, para utilizar o programa ou para corrigir erros, carregá-lo, visualizá-lo, executá-lo, transmiti-lo e armazená-lo, salvo estipulação contratual em contrário referente a algum ponto específico (art. 6.º, 3). Esta ressalva deve ser interpretada muito restritivamente, já que o utilizador legítmo não pode ser proibido de utilizar o programa nem de corrigir os seus erros.

É também prevista a licitude da descompilação para fins de interoperabilidade do programa com outros programas de computador. Mas deve entender-se que a descompilação será também lícita para fins de correcção de erros e de adaptação do programa às necessidades específicas do utilizador legítimo, sustentando-se, neste sentido, a aplicação analógica do art. 7.º para os referidos fins.[1560]

[1557] WEBER 1996, 5s (sustentando a aproximação deste direito ao discutido "publishers' right" – 29).
[1558] WANDTKE/BULLINGER/*THUM* 2006, 1049.
[1559] VIEIRA 2005, 891.
[1560] Id. ibid., 891-2.

A directiva estabelece a nulidade das estipulações contratuais contrárias *a todas* as normas da descompilação, quer respeitem ao acesso às informações, quer respeitem à sua utilização. Mas a lei portuguesa dispõe que só as regras relativas ao acesso às informações (mediante descompilação) são imperativas, já que as regras de utilização das informações licitamente obtidas são dispositivas. Com efeito, no art. 7.º, 1 e 2, estabelece as regras de acesso às informações (as condições de licitude da descompilação), prevendo no n.º 3 que "é nula qualquer estipulação em contrário ao disposto nos *números anteriores*". Depois, nos n.º 4 e 5 estabelece as regras de utilização dessas informações, mas não as define como imperativas. Donde decorre que, segundo o diploma interno, não será nula a estipulação contratual que proíba a comunicação a outrem dessas informações ainda que tal seja necessário para a interoperabilidade do programa criado independentemente. Esta solução não está de acordo com a directiva comunitária (art. 6.º, 2-b, art. 9.º, 1, *in fine*, e cons. 25).[1561]

Quanto aos direitos do utente legítimo de base de dados (DL 122/2000), consagra-se o direito imperativo de praticar os actos necessários ao acesso à base de dados e à sua utilização, na medida do seu direito de utilização (art. 9.º – o n.º 1 desta norma refere, certamente por lapso, os actos previstos no art. 5.º, devendo entender-se que se trata dos actos previstos no art. 7.º).

ii. Utilizações livres

Valem para os programas de computador os limites dos direitos de autor, nomeadamente os previstos no art. 75.º do CDA, na medida em que sejam compatíveis com os programas de computador, sendo expressamente livre a análise de programas como objecto de pesquisa científica ou de ensino; todavia, o uso privado só é permitido nos termos do diploma interno (art. 10.º). Tendo em conta a amplitude do direito de reprodução, isso significa que, em princípio, o uso privado depende da existência de um título legítimo de utilização, ou seja, de uma licença de utilização, adquirida originaria ou derivadamente, de software posto em circulação pelo titular de direitos ou com sua autorização.

O mesmo vale, *mutatis mutandis*, para as bases de dados electrónicas. Não é permitida a reprodução para fins privados de uma base de dados electrónica (art. 10.º, 1-a, *a contrario*). Prevê-se, ainda, tal como estabelecido na directiva, a liberdade de utilizações para fins de segurança pública

---

[1561] DIAS PEREIRA 2001a, 747-8 (n. 1126); criticando a redacção da lei interna, LOURENÇO MARTINS 2006, 605-6.

ou para efeitos de processo administrativo ou judicial (art. 10.º, 1-c). E acrescenta-se, tal como previsto nas directivas comunitárias (embora não consagrado na lei dos programas de computador), que as reproduções livres ou realizadas pelo utente legítimo devem ser efectuadas de forma a não prejudicar a exploração normal da base de dados nem causar um prejuízo injustificável aos legítimos interesses do autor (art. 10.º, 2).

Consagra-se uma cláusula geral de salvaguarda, inspirada na regra dos três passos da Convenção de Berna (art. 9.º, 2), que se destina a permitir o controlo judicial da utilização das excepções de acordo com os referidos limites. Curiosamente, refere-se apenas a reproduções, já não a outros actos, não se sabendo se por essa via pretende limitar as excepções apenas a actos de reprodução (já não por exemplo a actos de comunicação pública), ou se pelo contrário subordina a utilização das excepções à cláusula geral apenas em casos de reprodução. A nosso ver, tratar-se-á de um lapso do legislador, que o intérprete pode corrigir de acordo com a directiva.

iii. Limites ao direito especial do fabricante de bases de dados

Os limites do direito especial do fabricante são menores do que os limites dos direitos de autor sobre essa mesma base de dados (DL 122/2000).

Para começar, na medida do seu direito (ou seja, dos poderes de utilização previstos na respectiva licença), o utilizador legítimo de uma base de dados colocada à disposição do público tem o direito imperativo de praticar todos os actos inerentes à utilização obtida, nomeadamente os de extrair e de reutilizar as partes não substanciais do respectivo conteúdo (art. 14.º, 1 e 3).

O utilizador legítimo pode ainda praticar outros actos livres de extracção ou reutilização de uma parte substancial do conteúdo, tais como a extracção para uso privado do conteúdo de uma base de dados não electrónica, a extracção para fins didácticos ou científicos, desde que indique a fonte e na medida em que a finalidade não comercial o justifique, e a extracção e/ou reutilização para fins de segurança pública ou para efeitos de um processo administrativo ou judicial (art. 15.º).

Este espaço de liberdade não contempla os limites tradicionais do direito de autor, nem é definido em termos imperativos. De todo o modo, apesar de a disposição referir o "utilizador legítimo", deve entender-se que resulta da própria norma a legitimidade do utilizador, quando este pratique os (poucos) actos aí previstos como livres.

Se a transposição da directiva tivesse equiparado o direito *sui generis* ao direito conexo do produtor de fonograma e/ou videograma – tal como sugerimos –, seria possível reafirmar excepções de interesse geral que favorecem a ciência e a educação e, mesmo, criar novas excepções e limites para fins como sejam a promoção do ensino à distância, ainda que algumas limitações devam ser adequadas ao novo ambiente digital em rede.

Todavia, a nossa sugestão não foi acolhida pelo legislador, que também se ficou pelas excepções ao direito *sui generis* previstas na directiva, não lhe aplicando as excepções válidas para os direitos conexos em geral (DL 122//2000, capítulo III, especialmente art. 15.º sobre as utilizações livres). Essa terá sido, aliás, a solução da generalidade dos Estados-membros, nomeadamente a lei alemã, que não consagrou limites como, designadamente, a reprodução para arquivo e o direito de citação (§ 87c UrhG).[1562] Todavia, mais recentemente, a lei francesa n.º 2006-961, de 1 de Agosto de 2006, aditou dois novos parágrafos ao art. L. 342-3 do código da propriedade intelectual, para permitir a utilização sem fins comerciais de bases de dados em arquivos, bibliotecas e centros de documentação por deficientes, bem como a utilização por estabelecimentos de ensino sem fins comerciais, com exclusão de toda a actividade lúdica ou recreativa.

Ora, sob pena de o direito *sui generis* ser inconstitucional, deverá ter em conta outros direitos constitucionais, nomeadamente o direito à informação, enquanto direito humano e universal.[1563] Com efeito, "as necessidades de informação pública e da investigação assim como o valor patrimonial destes documentos justificam o acesso a estas fontes."[1564] Para além de limites aos direitos de autor que valem no campo dos direitos conexos, o direito *sui generis* deverá respeitar limites resultantes de outras leis.

Neste sentido, parece-nos adequado articular os direitos de propriedade intelectual com aspectos do direito público da comunicação audiovisual e da imprensa. Fala-se até nas imbricações entre a propriedade literária e artística e o o direito público do audiovisual, que permanence omnipresente[1565], com destaque para a Convenção Europeia da Televisão sem Fronteiras e a directiva comunitária sobre actividade televisiva (89/552, alterada pelas directivas 97/36 e 2007/65).

Nesta ordem de ideias, recorde-se que a Lei da Televisão proíbe a aquisição de direitos exclusivos para a transmissão de acontecimentos de natureza política e estabelece o direito a extractos televisivos impedindo os

---

[1562] FROMM/NORDEMANN/*HERTIN* 1998, 593-5.
[1563] ESCOBAR DE LA SERNA 1998, 107; HAMMES 1998, 82 ("O direito de informação impõe uma limitação ao direito exclusivo do autor").
[1564] CORNU 2003, 95.
[1565] MONTELS 2003, 175 (sustentando também a consagração no direito público do audiovisual de uma ordem pública comercial que prevalece sobre os direitos de autor – 137).

responsáveis pela realização de espectáculos ou outros eventos públicos e os titulares de direitos exclusivos de se oporem à transmissão de breves extractos dos mesmos, de natureza informativa, por parte de qualquer operador de televisão, nacional ou não (Lei 32/2003, 22/8, arts. 28.º e 29.º, 1, agora Lei 27/2007, 30/7, arts. 32.º e 33.º; v.tb. Directiva 2007/65, art. 3.º-K, alterando a Directiva 89/552). Por seu turno, a Lei da Rádio (L 4/2001, 23/2) impede os titulares de direitos decorrentes de organização de espectáculos ou outros eventos públicos de se oporem à transmissão radiofónica de breves extractos que se destinem a informar sobre o conteúdo essencial dos acontecimentos em questão (art. 36.º, 3). Além disso, o Estatuto do Jornalista (Lei 1/99, 13/1, alterada pela Lei 64/2007) estabelece que os jornalistas têm direito de acesso a fontes oficiais de informação (art. 8.º) e, em especial, direito de acesso a locais abertos ao público para fins de cobertura informativa (art. 9.º), não podendo para o efeito ser impedidos de entrar ou permanecer nesses locais e podendo utilizar os meios técnicos e humanos necessários ao desempenho da sua actividade (art. 10.º, 1).

Parece-nos que a referida proibição de aquisição de direitos exclusivos e o direito a extractos televisivos sobre os referidos acontecimentos deveriam valer também no ambiente da sociedade da informação, e que o exercício do direito de acesso dos jornalistas poderá justificar a neutralização de medidas técnicas de protecção de bases de dados, no sentido de terem legitimidade para solicitar às entidades competentes os meios necessários para aceder à base. Será esta uma via de "concordância prática" entre um direito exclusivo e as liberdades fundamentais da comunicação, em especial a liberdade de informação.

3.5. *Sentido e limites da protecção do software na jurisprudência*

a) A protecção dos programas de computador ao abrigo dos direitos de autor

No que diz especificamente respeito à protecção jurídica do software, a jurisprudência portuguesa afirmou logo a protecção dos programas de computador ao abrigo dos direitos de autor, tendo em conta a natureza exemplificativa das espécies de obras que ilustram a noção de obra literária e artística previstas no catálogo do Código do Direito de Autor. Este entendimento firmou-se, inicialmente, em vários Tribunais de primeira instância[1566]

[1566] LOPES ROCHA 1999, 53s.

§ 8. Direitos Económicos 587

e foi acolhido pela Relação de Lisboa (Ac. RL 26/4/1994, CJ 1994, II, 130; Ac. RL 12/10/95, CJ 1995, IV, 109). Quanto à protecção em concreto, a casuística já é mais complexa, apresentando diversos tipos de situações. Refere-se aqui a jurisprudência que lida com o problema da existência e conteúdo dos direitos, distinguindo vários grupos de casos.

Um primeiro grupo de casos diz respeito à actividade de empresas/ /empresários que comercializam material informático e/ou prestam serviços de manutenção, incluindo instalação de software e reparação de computadores. Um segundo grupo de casos abrange situações em que os programas de computador são utilizados pelos réus/arguidos no exercício das suas actividades económicas, ainda que não se situem no sector da informática. O terceiro diz respeito ao âmbito do conceito de reprodução. O quarto é relativo à manutenção dos direitos do licenciado apesar do furto do equipamento em que está incorporado o software. Finalmente, a quinta situação prende-se com a questão do âmbito de utilização autorizada pela licença relativamente a modificações do código e introdução de novas funcionalidades nos programas.

b) *Comercialização e utilização económica de software*

i. Empresas de comercialização de material informático e prestação de serviços informáticos

A situação típica neste grupo de casos é as empresas serem inspecionadas pela Inspecção-Geral de Actividades Económicas (IGAE), que encontra nas suas instalações cópias não autorizadas de programas de computador. Os inspeccionados não têm licenças de utilização dessas cópias, mas alegam que se trata de cópias de apoio ou de segurança dos clientes e que se destinam a ser instaladas nos seus computadores. Todavia, não fazem prova do que alegam, tal como a acusação nem sempre tem êxito em provar a prática da reprodução e/ou da divulgação ao público bem como o número das suas ocorrências.

Neste cenário é particularmente rica a casuística julgada na Relação do Porto. No acórdão de 23 de Abril de 2003, este Tribunal entendeu que, das regras da experiência comum, resultava que a posse de tais cópias por aquelas empresas/empresários se destinava à reprodução e/ou divulgação ao público, entendido enquanto clientela, pelo que, na ausência de prova factual de tais actos, existira tentativa de prática do crime de reprodução e divulgação ao público. A punição, nos referidos termos, foi construída algo ao arrepio da letra da letra, com o argumento de que "seria inútil" a tutela criminal dos programas de computador que não preveja a punição da tentativa. Com efeito, o DL 252/94 (art. 14.º, 1) estabelece a tutela penal do programa de computador apenas contra a reprodução não autorizada, mandando aplicar o disposto no n.º 1 do art. 9.º da Lei 109/91 (Lei da Criminalidade Informática), mas já não o seu n.º 3, onde se prevê a punibilidade da tentativa, parecendo assim revogar parcialmente a hipótese do preceito da lei da criminalidade informática. O Tribunal apoia-se no art. 15.º do DL 252/94, que prevê a tutela por outras disposições legais, para fundamentar a punição da tentativa, mas o princípio da interpretação restritiva dos preceitos penais aconselharia outra solução, tanto mais quanto se considerar o quão problemática é a intervenção penal neste domínio.

Caso em tudo semelhante subiu autos à mesma Relação. Também aqui os arguidos não tinham licença de utilização nem os discos originais dos programas de computador encontrados pela IGAE. Alegaram que se tratava de cópias de segurança, mas tal não ficou provado. A questão de direito era saber se a mera reprodução não autorizada, independentemente de divulgação ao público, constituía já o crime de reprodução ilegal de programa de computador. A Relação do Porto, no acórdão de 18 de Junho de 2003, pronunciou-se pela afirmativa, "independentemente da intenção com que a reprodução foi feita", com base no entendimento de que a lei pune autonomamente a reprodução independentemente de se destinar à divulgação ao público. Já antes a Relação tinha proferido o acórdão de 19 de Março de 2003, nos termos do qual o simples acto de divulgação ou comunicação ao público de uma obra protegida pelo direito de autor, nomeadamente programa informático, carece de autorização do titular do direito de autor, pelo que, faltando essa autorização, o agente incorrerá em responsabilidade criminal. Isto é, a reprodução e a divulgação ao público são valorados como actos autónomos, sendo ambos abrangidos enquanto tais pela previsão penal, não obstante o art. 14.º, 1, do DL 252/94, prever apenas a tutela penal da reprodução do programa, o que deveria ser tido em conta na determinação do sentido e alcance da remissão operada pelo n.º 2 desse preceito para o art. 9.º, 1, da Lei da criminalidade informática.[1567]

Posteriormente, no acórdão de 16 de Junho de 2004 a Relação do Porto julgou um outro caso de uma empresa informática, em cuja sede a IGAE encontrou e apreendeu vários discos compactos (CDs) contendo cópias de software não licenciado. Os gerentes da empresa alegaram que se tratava de cópias de apoio dos clientes. Todavia, o Tribunal *a quo* inferiu das cir-

---

[1567] FARIA COSTA 1994, 387-407 («il n'est pas nécessaire que ces programmes soient communiquées au public.»); v.tb. FARIA COSTA/HELENA MONIZ 1997, 297-354.

cunstâncias que se tratava de cópias feitas pela empresa para seu uso interno e considerou que esse acto é abrangido pela previsão penal. Além disso, o facto de se tratar de estabelecimento comercial aberto ao público conferia legitimidade à actuação do IGAE, independentemente de ter sido praticada divulgação dos programas ao público.

Sem por em causa a justeza das decisões (desde logo porque isso nos conduziria para a discussão sobre a intervenção penal neste domínio e ao debate sobre as exigências de política criminal que lhe subjazem), sempre diremos que as dificuldades de fundamentação encontradas pela Relação do Porto resultam da inexistência, na lei portuguesa, de um preceito semelhante ao art. 7.º-1/b da Directiva 91/250, que prevê a adopção pelos Estados-membros de medidas adequadas contra as pessoas que estejam na posse, para fins de comerciais, de uma cópia de um programa de computador, conhecendo ou não podendo ignorar o seu carácter ilícito.[1568] As medidas adequadas incluem, nomeadamente, a apreensão ("confisco") das cópias ilícitas (n.º 2).

Ora, as empresas que prestam serviços de assistência no sector informático, tal como as referidas na casuística analisada, detêm as cópias para fins comerciais, isto é, para o exercício da sua actividade comercial, podendo extrair vantagens económicas directas e/ou indirectas dos programas cujas cópias possuem. Nessa medida, suportam o ónus da prova da licitude dessas cópias, mesmo que não sejam suas. Isto é, devem alegar e provar que se trata de cópias de apoio ou de segurança dos seus clientes, ou então que têm autorização dos titulares de direitos para as utilizar no exercício das suas actividades.

Compreende-se que o legislador português tenha sentido dificuldades em introduzir na ordem jurídica interna uma norma daquele teor. Trata-se, na terminologia anglo-saxónica, de uma infracção secundária (*secondary infringement*), mas que na verdade alarga o círculo de protecção dos direitos de autor, já que não é necessário provar o acto de reprodução ou a sua tentativa. Mas o sistema de presunções poderia levar a resultado semelhante, justificando a apreensão das cópias ilícitas por se presumir que quem as possui, para fins comerciais, conhecendo ou não podendo ignorar o seu carácter ilícito, as utiliza para cometer infracções primárias, nomeadamente distribuir essas cópias ou produzir mais cópias ilícitas.

De todo o modo, sob pena de se instituir um regime de responsabilidade objectiva, a pessoa acusada deverá ter a possibilidade de provar a licitude das cópias, por exemplo tratando-se de cópias de apoio ou de segurança dos seus clientes.

[1568] LOURENÇO MARTINS 2006, 616 ("a transposição da directiva terá ficado incompleta").

Além disso, sem por em causa o princípio da liberdade judicial de apreciação da prova, sempre nos parece que a previsão de uma norma, à semelhança da prevista na directiva, seria bem melhor do que os Tribunais construírem a tutela penal de modo a abranger a tentativa, apesar do teor restritivo da letra da lei, ou então considerarem a reprodução *ipso facto* como acto ilícito, "independentemente da intenção com que a reprodução foi feita", ou ainda inferir a prática de uma reprodução a partir das "circunstâncias" dos caso concreto. No fundo, os Tribunais procuram "remendar" a lei interna interpretando-a em conformidade com a directiva. Todavia, estes "remendos" judiciais, não obstante a sua justeza, não deixam incólume o princípio da legalidade criminal, acentuando uma ideia de legalidade "aberta" (Faria Costa) ou "maleável".

ii. Utilização de software no exercício de actividades económicas dentro e fora do sector da informática

Quanto às empresas que operam directamente no mercado da informática, a jurisprudência entende que a reprodução de programas de computador para uso interno da empresa carece de autorização dos titulares de direitos de autor. Por exemplo, no acórdão de 16 de Junho de 2004, a Relação do Porto decidiu que a reprodução de um programa de computador para uso interno de uma empresa de serviços informáticos constitui reprodução criminalmente relevante, independentemente de o programa ser comunicado ao público.

Idêntico entendimento vale, de um modo geral, para as empresas que operam fora do sector da informática. Assim, no acórdão de 2 de Maio de 2001, a mesma Relação tinha decidido existir reprodução ilegal de programas de computador relativamente as cópias efectuadas no computador de um arquitecto cujo atelier foi inspeccionado pela IGAE. O atelier foi considerado um lugar público no sentido de lugar aberto ao público, i.e. à clientela actual e potencial do arquitecto.

Mas neste ponto a jurisprudência sobre protecção do software não é inteiramente uniforme. A Relação de Lisboa, no seu acórdão de 14 de Junho de 2006, apreciou um caso que envolvia uma pessoa acusada de ministrar cursos de informática utilizando, para o efeito, programas de computador protegidos sem autorização do titular dos respectivos direitos de autor. Ora, no entender do Tribunal, a mera utilização de programas informáticos sem a autorização do titular de direitos não integra o conceito de divulgação pública, pelo que não se encontraria preenchido este tipo incriminador. Neste caso o Tribunal *a quo* não deu como provada a prática da reprodução pelo arguido. E não qualificou a sua actuação como tentativa de reprodução ilegal, afastando até, ao que parece, a simples reprodução em RAM necessária ao funcionamento e utilização do programa do âmbito de protecção. Foi mais longe e acrescentou que a sua actividade não consubstanciava uma divulgação pública do programa.

Certos de que *errare humanum est*, pensamos não errar se dissermos que o Tribunal olhou primeiro à natureza e dimensão da actividade do arguido. Tratava-se de um jovem que numa sala da sua habitação ministrava cursos de informática, para desse modo conseguir algum sustento próprio. O Tribunal *a quo* deu como não provada a prática de actos de reprodução e além disso entendeu que aquela utilização não representava uma divulgação ao público, já que a sua habitação não se tratava propriamente de um estabelecimento aberto ao público.

Sem por em causa a justeza da decisão, parece-nos todavia que o Tribunal deveria ter fundamentado a sua decisão na base legal oferecida pelo art. 10.º, 2, do DL 252/94, nos termos do qual é livre a análise de programas como objecto de pesquisa ou de ensino. Embora se possa questionar a conformidade desta liberdade com a directiva comunitária, que a condiciona desde logo à utilização de uma cópia autorizada pelo titular de direitos (art. 5.º, 3), a jurisprudência deve mencionar a base legal directa ou indirecta das suas decisões, quando exista.

Num caso que subiu termos ao Supremo Tribunal de Justiça, relativo a um programa de computador para planificação e gestão na indústria de confecções em utilização por empresas concorrentes, a questão transcendeu a problemática da reprodução e/ou divulgação pública ilegal de programa informático. Mais do que isso, em causa estava o exclusivo de aproveitamento económico do programa enquanto factor de produção das empresas envolvidas no exercício das suas actividades industriais. A discussão superou a definição dos conceitos técnicos dos direitos de autor habitualmente mais escalpelizados em processos-crime, por exigências de legalidade criminal. O Supremo Tribunal de Justiça decidiu, no acórdão de 20 de Setembro de 2005, que a Autora tinha o direito de uso e fruição exclusivo do programa de computador por si usado para gestão informática da sua actividade, e por isso condenou a Ré a abster-se de utilizar qualquer reprodução ou cópia do dito programa e inclusivamente de utilizar para qualquer fim as ordens de fabrico geradas pelo programa (incluindo os impressos emitidos por computador, os desenhos dos modelos, as fichas técnicas e as fichas de etiquetas). Numa palavra, tendo a Autora o direito de uso e fruição exclusivo do programa em causa, a Ré não poderia utilizá-lo na sua actividade nem por qualquer forma, ainda que indirecta, tirar dele proveito.

O STJ terá implicitamente entendido que a utilização do programa no exercício da actividade da empresa concorrente pressupunha a reprodução do programa, a qual não poderia ser realizada sem autorização do titular de direitos. Neste acórdão, o STJ entendeu, de igual modo, que a protecção por direitos de autor de programas de computador não afasta a relevância da concorrência desleal, em especial no que respeita à protecção dos segredos, tendo decidido que "o agente, utilizando segredo alheio, parte para a concorrência, não com as próprias capacidades, mas à custa de uma ilegítima e indevida intromissão e utilização de elementos reservados da empresa alheia, havendo, por conseguinte, um aproveitamento da prestação alheia às normas e aos usos honestos."

Mais recentemente, a Relação de Porto, no acórdão de 11 de Abril de 2007, confirmou a condenação de uma empresa de mobiliário pela instalação de software nos seus computadores sem os discos originais nem as licenças de utilização.

iii. Reprodução de software (permanente ou temporária) em vários equipamentos

A jurisprudência pronunciou-se no sentido de que o adquirente de uma cópia de um programa de computador não tem o direito de instalar esse programa noutros equipamentos a partir da cópia licenciada. Nesta questão é bem elucidativa a jurisprudência da Relação de Lisboa, que julgou logo no acórdão de 26 de Abril de 1994 (CJ 1994, II, 130, Secção Cível), que a "aquisição de uma ou mais cópias legítimas não confere ao adquirente o direito de produzir novas cópias, quando tais cópias adicionais se destinam a fins de utilização em outros equipamentos para os quais a cópia legítima não foi licenciada." Esta orientação jurisprudencial reconhece que o titular de direitos pode configurar a licença de utilização do programa em termos de a limitar a uma cópia instalada num determinado equipamento.

Em sentido idêntico se pronunciou a Relação de Coimbra, no acórdão de 12 de Julho de 2006, decidindo que "a instalação de um único programa informático licenciado em vários computadores de uma empresa traduz-se numa reprodução de programa não autorizada", ainda que realizada sem "intenção de lucro" e que "o programa não tenha sido reproduzido em suportes magnéticos móveis, mas apenas instalado noutros computadores."

Além disso, a jurisprudência tem aplicado o conceito de reprodução no sentido de abranger os actos de reprodução temporária e transitória. Neste sentido se pronunciou a Relação de Lisboa, relativamente a um caso em que estava em causa a prática de adquirir uma cópia junto do distribuidor e depois, com base nela, instalar o programa num computador servidor central a partir do qual o programa é utilizado por todos os computadores da empresa (no caso mais de quatro centenas) funcionando em rede. Com efeito, no acórdão de 12 de Outubro de 1995, a Relação de Lisboa decidiu ser "proibida a reprodução dos programas comercializados pelos produtores, ainda que tais reproduções se destinem a ser instaladas em computadores – clientes de um computador central da mesma organização" (CJ 1995, IV, 109).

Estes acórdãos dão cumprimento à noção ampla de reprodução prevista na lei de protecção do software (art. 5.º-a), à semelhança da directiva comunitária (art. 4.º-a). Ampla é a noção porque engloba não apenas a reprodução permanente (no sentido tradicional de cópia em suporte estável e duradouro) mas também a reprodução transitória, que ocorre na utilização de software por computadores terminais a partir de um computador servidor em rede. A reprodução é transitória, uma vez que os programas são colocados na memória de processamento do computador apenas durante o tempo em que decorre a sessão da sua utilização. A reprodução é exigida em operações como o carregamento, execução, transmissão ou armazenamento do programa, pelo que estão sujeitas a autorização do titular do direito. Isto significa que o titular do direito de reprodução pode controlar o número de computadores terminais que podem utilizar o programa em rede, a partir de um computador servidor, mesmo que se trate de redes internas de empresas (licenças LAN).

Numa palavra, o amplo direito de reprodução significa que estão sujeitas a autorização a instalação e funcionamento de um programa no computador servidor, bem como a reprodução transitória que outros computadores façam do programa a partir da cópia permanente instalada no servidor. Na prática, isto significa que o titular do direito, apesar de em princípio não poder impedir o adquirente da cópia autorizada de o utilizar quantas vezes e pelo tempo que quiser, já poderá controlar o número de computadores terminais nos quais o programa será utilizado.

No fundo, a situação é semelhante à decidida no acórdão anterior, no sentido de o adquirente de uma cópia autorizada necessitar de autorização do titular de direitos para instalar e utilizar o programa em vários equipamentos. A única diferença está no facto de que enquanto aqui a reprodução em cada equipamento é permanente, já na utilização em rede por computadores terminais, a partir de um computador servidor, a reprodução é meramente transitória, mas nem por isso livre.

Hipótese diversa, mas não apreciada pela jurisprudência, diz respeito à utilização de programa instalado em computador servidor que serve, ao mesmo tempo, de sistema de cópia de apoio ou de segurança. Isto é, a utilização do programa é feita a partir do servidor mediante reprodução transitória no terminal. Todavia, está em causa apenas um terminal e o servidor funciona como sistema de segurança. Neste caso, apesar de existirem dois equipamentos, deverá entender-se que a reprodução do programa é uma cópia de apoio necessária à sua utilização, pelo que não poderá ser proibida pelo titular do direito (DL 252/94, art. 6.º, 1-a, e Directiva 91/250, art. 5.º, 2). De resto, a existência de dois equipamentos, um para a reprodução permanente, outro para a reprodução transitória, mesmo que sem fins de cópia de apoio ou segurança, não obsta a que se trate juridicamente ainda da mesma utilização do programa, e já não de uma utilização paralela simultânea.

iv. Subsistência da licença de software em caso de furto de equipamentos

De grande interesse e alcance é também a jurisprudência firmada pela Relação do Porto no acórdão de 26 de Janeiro de 2006. Uma empresa que comercializa máquinas e outros equipamentos, incluindo material informático, para a indústria do calçado, forneceu a outra empresa, que produz sapatos, uma máquina industrial com programas de computador destinados à concepção e design de sapatos. Este equipamento foi furtado à empresa de produção de sapatos, incluindo todo o software nele incorporado. Por causa do furto, esta empresa encomendou um equipamento semelhante à outra empresa, a qual lhe forneceu esse equipamento juntamente com actualizações de software. No preço a empresa fornecedora incluía os bens de equipamento e a licença do software, incluindo as suas actualizações. Porém, a empresa cliente aceitou pagar apenas o valor do equipamento e das actualizações do software, recusando pagar o valor relativo à licença de software com o argumento de que já tinha pago antes essa licença e que esta não tinha terminado apesar do furto dos suportes materiais do software.

A questão que a Relação do Porto teve que resolver foi justamente saber se a licença anterior se mantinha válida apesar do furto do equipamento em que o software estava incorporado. A Relação do Porto confirmou a decisão do Tribunal de primeira instância, no sentido de a licença se manter em vigor apesar do furto do equipamento. Pelo que a Ré não tinha que pagar duas vezes o preço da licença de software.

A decisão é de grande alcance pois que, justamente, é uma máxima do direito de autor que a obra, enquanto criação intelectual, não se confunde com o seu lastro material ou *corpus mechanicum*. É entendimento pacífico na jurisprudência que a obra literária ou artística não se confunde com o seu suporte material. Disse-o claramente o Supremo Tribunal de Justiça no acórdão de 21 de Abril de 1988, e repetiu-o a Relação de Coimbra no acórdão de 23 de Novembro de 1999.

Deste modo, assim como ninguém adquire direitos de autor pela aquisição da coisa material que sirva de suporte à fixação da obra (CDA, art.

10.º), também ninguém os perderá por ocorrer o desaparecimento desse suporte. Ora, determinando a lei que as licenças de software atribuem direitos de utilização do software, então o desaparecimento devido a furto do suporte material desse software não implica a perda de direitos por parte do utilizador autorizado, assim como não acarreta a aquisição de direitos de utilização desse software pelos autores do furto dos equipamentos. A justeza da decisão poderia ser corroborada pelo facto de a Ré não ter uma cópia de apoio ou segurança por tal não lhe ter sido facultado pela Autora.

v. Licença de modificação e aperfeiçoamento do código

Um outro caso relativo a licenças de software subiu termos à Relação de Lisboa. O caso opõe uma empresa estrangeira de software, que celebrou, juntamente com outra empresa de software titular de direitos, um contrato de licença de utilização de um sistema de software na área das telecomunicações pelo qual concedeu à Ré (PT Comunicações) o licenciamento da utilização desse sistema de software de forma perpétua e com possibilidade de introdução de modificações e aperfeiçoamentos evolutivos dos programas informáticos, para uso no âmbito das actividades da Ré. Essas licenças de software foram acompanhadas por um contrato de instalação e de manutenção do sistema, pelo período de cinco anos, a prestar por uma empresa controlada pela Autora, findo o qual a Ré deveria estar apta a gerir autonomamente o sistema e a adaptá-lo às necessidades da sua actividade, incluindo a introdução de novas funcionalidades no sistema.

Findo o contrato inicial de manutenção, a Ré abriu concurso para contratar um novo prestador desse serviço, tendo recebido uma proposta de uma empresa por si controlada, a PTSI, que lhe pareceu mais vantajosa do que a proposta apresentada pela anterior prestadora e do que a proposta apresentada conjuntamente por esta e pela PTSI nos termos de um acordo de entendimento sobre a apresentação de propostas ao referido concurso celebrado entre estas duas empresas.

Ora, a Autora, na qualidade de titular de direitos de autor sobre os programas de computador que compõem o sistema de software, interpôs providência cautelar contra a PT Comunicações e a PTSI alegando que estavam a violar os seus direitos em virtude de, na sequência do referido concurso, terem celebrado um contrato de *outsourcing* pelo qual a primeira autorizava a segunda a utilizar os programas no âmbito da prestação dos serviços de manutenção, incluindo a possibilidade de modificar o código dos programas e de neles introduzir novas funcionalidades. Na perspectiva da Autora, estes actos ser-lhe-iam exclusivamente reservados enquanto titular de direitos de autor, pelo que pedia que o Tribunal proibisse as Rés de utilizarem os programas nos referidos termos.

Todavia, considerando que o Tribunal *a quo* deu como não provados tais factos (modificações do código e aperfeiçoamentos do programa), a Relação de Lisboa, no acórdão de 8 de Maio de 2003, confirmou a decisão da primeira instância, no sentido de negar provimento à providência cautelar. Além disso, a decisão considerou que "o licenciamento foi concedido de forma perpétua e, enquanto tal, modificações e aperfeiçoamentos evolutivos dos programas informáticos, desde que obedeçam aos termos e condições do contrato de licenciamento, não necessitam de qualquer autorização e não constituem alteração de obra." Ou seja, mesmo que praticassem actos de modificação do código e de actualização e aperfeiçoamento das funcionalidades dos programas, as requeridas não estariam a extravasar o âmbito da autorização de utilização concedida nos termos da licença de software.

Numa palavra, a PTSI estaria a utilizar o programa ao serviço da PT dentro dos termos da licença, fazendo aquilo que a própria PT tinha o direito de fazer e no interesse desta. De resto, a licença de software abrangia expressamente a possibilidade de a PT utilizar o software no seu grupo empresarial, de que faz parte a PTSI.

3.6. Limites temporais, domínio público e acesso à informação do sector público

"I speak not for the scribblers for bread, who teaze the press with their wretched productions; fourteen years is too long a privilege for their perishable trash. It was not for gain that Bacon, Newton, Milton, Locke, instructed and delighted the world (...). All our learning will be locked upon in the hands of the Tonsons and the Lintons of the age, who will set what price upon it their avarice chuses to demand, till the public become as much their slaves, as their own hackney compilers are." (Lord Camden, *Donaldon v. Beckett*, 1774)

a) A harmonização do prazo de protecção pela Directiva 93/98 (agora 2006/16)

O prazo de protecção dos direitos de autor e de certos direitos conexos foi harmonizado pela Directiva 93/98[1569] (agora 2006/16). Tendo em conta o aumento da esperança média de vida, esta directiva superou os prazos mínimos previstos na Convenção de Berna e na Convenção de Roma, esta-

---

[1569] Cfr. DIAS PEREIRA 1999f, 75s.

belecendo a regra geral da duração dos direitos de autor durante a vida autor mais 70 anos *post mortem auctoris* ou após a colocação lícita da obra à disposição do público quando o prazo não se conte a partir daquele facto (por exemplo, no caso das obras anónimas). Em sede de direitos conexos, foi consagrado o critério dos 50 anos após a ocorrência do evento que faz desencadear o prazo.

Trata-se de uma harmonização completa[1570] dos prazos de protecção e que implicou uma tomada de posição sobre questões de autoria e titularidade de direitos (e.g. obras colectivas, obras cinematográficas ou audiovisuais) e do nível de originalidade das obras fotográficas.

i. A regra geral dos 70 anos *post mortem auctoris*

A directiva estabelece a regra geral dos 70 anos *post mortem auctoris*, nos termos da qual o prazo de protecção dos direitos de autor sobre obras literárias e artísticas, na acepção do artigo 2.º da Convenção de Berna, decorre durante a vida do autor e setenta anos após a sua morte, independentemente do momento em que a obra tenha sido licitamente tornada acessível ao público (art. 1.º, 1).

Ao prescrever o prazo dos 70 anos *post mortem auctoris*, a directiva harmonizou o prazo de protecção segundo o prazo mais longo entre os Estados-membros, que consagravam já este prazo, designadamente para compensar os efeitos das guerras mundiais sobre a exploração das obras. A Alemanha terá sido o primeiro país a adoptar a regra dos 70 anos com a lei de 1965 (§ 64 UrhG), justamente por essas razões.[1571]

Para justificar esta medida é aduzido o argumento segundo o qual o prazo mínimo de protecção de 50 anos após a morte do autor, previsto na Convenção de Berna, destinava-se a proteger o autor e as duas primeiras gerações dos seus descendentes. Porém, esse prazo teria deixado de ser suficiente para abranger duas gerações em virtude do aumento da duração de vida média na Comunidade.

Por outro lado, a harmonização pelo prazo máximo previsto nos Estados-membros destina-se a concretizar o princípio do "elevado nível de protecção" dos direitos de autor no direito comunitário, decorrente da importância fundamental que lhes é atribuída para a criação intelectual e para a manutenção e promoção da criatividade em prol dos autores, das indústrias culturais, dos consumidores e da sociedade no seu conjunto.

[1570] SCHRICKER/KATZENBERGER 1999, 1012.
[1571] ULMER 1980, 340.

ii. Casos especiais

No caso de obras criadas em co-autoria, a directiva dispõe que o prazo de duração do direito de autor será calculado a partir da morte do último co-autor sobrevivente (art. 1.º, 2). Esta solução é conforme ao entendimento segundo o qual sempre que uma ou mais pessoas singulares forem identificadas como autores, o prazo de protecção deve ser calculado a partir da sua morte, ressalvando-se, porém, que a autoria de toda ou de parte de uma obra é uma questão de facto que pode dever ser decidida pelos tribunais nacionais (cons. 14, na Directiva 2006/16). Em certos casos, a contagem do prazo de 70 anos inicia-se não a partir da morte do autor ou autores, mas antes a partir da colocação lícita da obra à disposição do público (e.g. obras colectivas, obras anónimas) (art. 1.º, 3 a 6).

Por outro lado, de modo a acautelar os interesses dos autores de certas contribuições prestadas para a realização da obra cinematográfica, a Directiva 93/98 (agora 2006/16) fixa o critério segundo o qual o prazo de protecção de uma obra cinematográfica ou audiovisual expira 70 anos após a morte do último dos seguintes sobreviventes, quer sejam ou não considerados co-autores: o realizador principal, o autor do argumento cinematográfico, o autor do diálogo e o compositor de música especificamente criada para utilização em obras cinematográficas ou audiovisuais (art. 2.º, 2).

b) *O prazo de protecção na legislação portuguesa*

Portugal contava-se entre os Estados-membros que não concediam um prazo de protecção do direito de autor superior ao previsto na Convenção de Berna. A transposição da Directiva 93/98, em termos de técnica legislativa, traduziu-se, por um lado, na introdução de alterações ao Código do Direito de Autor, dando nova redacção aos artigos 31.º a 39.º e 183.º e revogando os artigos 186.º e 188.º (DL 334/97, 27/11, arts. 2.º (alteração) e 4.º (revogação); esta última disposição revoga também o art. 4.º do DL 252/94). Por outro lado, foram adoptadas regras relativas à contagem do prazo de caducidade e à aplicação da lei no tempo, que porém ficaram formalmente "fora" do Código (arts. 3.º e 5.º).

i. Regra geral

A redacção do artigo 31.º do Código foi alterada no sentido de consagrar a nova regra geral do prazo de protecção do direito de autor. Dispõe que o direito de autor caduca, na falta de disposição especial, 70 anos após a morte do criador intelectual, mesmo que a obra só tenha sido publicada ou divulgada postumamente (art. 31.º). A caducidade do direito de autor significa que, decorrendo os prazos de protecção, a obra cai no domínio público (art. 38.º). Será este um caso de propriedade temporária tal como previsto no Código Civil (art. 1307.º).

O alargamento do prazo de protecção do direito de autor para os 70 anos após a morte do autor não é uma medida consensual, entendendo-se que o prazo de 70 anos p.m.a. não pode ser justificado como um incentivo à criação literária: "nenhum autor escreve com vista a enriquecer os seus bisnetos".[1572]

Em Portugal, o anterior prazo de 50 anos era já objecto de críticas, propugnando-se, inclusivamente, a sua redução[1573]. Em conformidade, a adopção a nível comunitário do princípio dos 70 anos *post mortem auctoris* contou com a oposição dos representantes portugueses[1574].

Mas, havia quem se pronunciasse a favor do aumento do prazo de protecção, recordando aliás, o regime da perpetuidade da propriedade literária e artística ao abrigo do Código Civil de Seabra. O Decreto n.º 13.725, 3/6/1927, previa, no art. 36.º, que "a propriedade literária ou artística é considerada e regida como qualquer outra propriedade mobiliária", donde decorria, *inter alia*, a perpetuidade da sua protecção, a qual resultaria já do art. 569.º do Código de Seabra de 1867 que dispunha que "o produto ou valor do trabalho e indústria lícitos de qualquer pessoa é propriedade sua e rege-se pelas regras relativas à propriedade em geral".[1575]

ii. Casos especiais

Em caso de obra feita em colaboração, os 70 anos contam-se a partir da morte do colaborador que falecer em último lugar (art. 32.º, 1), identificando-se na obra audiovisual em sentido amplo: o autor dos argumentos ou da adaptação, o autor dos diálogos e o autor das composições musicais especialmente criadas para a obra audiovisual (art. 34.º).

O prazo de protecção conta-se a partir do momento em que a obra foi licitamente tornada acessível ao público no caso de obras anónimas ou equiparadas, obras colectivas ou obras cujo titular de direitos de autor seja uma pessoa colectiva (apesar de a lei falar em atribuição originária da obra, deve entender-se que se trata de atribuição legal da titularidade de direitos

---

[1572] KEELING 2003, 266.
[1573] OLIVEIRA ASCENSÃO 1992, 334 ("os prazos estão já muito empolados").
[1574] COSTA CORDEIRO 1994b, 173 (propondo o prazo geral de 30 anos após apresentação pública e de 15 anos para os programas de computador).
[1575] Cfr. REBELLO 1994, 24, n. 9.

económicos a pessoa diferente do criador intelectual). Em caso de obra colectiva ou de obra cujos direitos são atribuídos *ex vi legis* a pessoa diferente do criador, os 70 anos contam-se após a primeira divulgação ou publicação lícitas, embora o prazo relativo às contribuições pessoais de autoria discrimináveis seja contado nos termos da regra geral (art. 32.º, 2) – o mesmo valendo, *mutatis mutandis*, para a obra anónima e equiparada (art. 33.º) e para os programas de computador (art. 36.º). Para as obras publicadas ou divulgadas em partes vale o princípio segundo o qual os prazos de protecção contam-se separadamente para cada parte (art. 35.º).

Nos casos em que o prazo não se conta a partir da morte do autor, a obra cai no domínio público se não for publicada ou divulgada no prazo de 70 anos a contar da sua criação (art. 38.º, 2).

iii. Programas de computador, bases de dados e duração do direito *sui generis*

Com o decurso do prazo de protecção, os programas de computador e as bases de dados tornam-se de utilização livre. Os direitos de autor sobre programas de computador e bases de dados extinguem-se 70 anos após a morte do respectivo criador ou, quando os direitos tenham sido atribuídos a outras entidades, após a sua primeira divulgação (CDA, art. 36.º; DL 122//2000, art. 6.º). De todo o modo, seria interessante saber quantos programas criados há vinte anos ainda têm valor económico susceptível de beneficiar destes longos prazos. Esgotada a exploração mercantil, os direitos exclusivos permanecem apenas como restrições à liberdade de informação.

A utilização das bases de dados, no que respeita ao seu conteúdo, poderá não cair no domínio público enquanto for objecto de protecção pelo direito especial do fabricante, que é, de certo modo, "renovável". O direito *sui generis* produz efeitos a partir da data de conclusão do fabrico da base de dados, e expira ao fim de 15 anos a contar de 1 de Janeiro do ano seguinte da data da conclusão (Directiva 96/9, art. 10.º, 1). Ou seja, o direito *sui generis* existe a partir do momento em que o fabrico da base de dados é concluído, incumbindo ao seu fabricante "o ónus da prova da data de conclusão do fabrico" (cons. 53). Não obstante, se a base de dados for posta à disposição do público antes do decurso dos quinze anos posteriores à sua conclusão, o prazo contar-se-á a partir de 1 de Janeiro do ano seguinte àquele em que a base de dados tiver sido posta pela primeira vez à disposição do público (art. 10.º, 2).

Por outro lado, quando a base de dados sofre uma alteração substancial do seu conteúdo, em termos de ser considerada como um novo investimento, as regras do prazo contam-se, autonomamente, para esse novo investimento

(Directiva 96/9, art. 10.º, 3, cons. 53-4). Poderia dizer-se que o conteúdo não cairá no "domínio público" se forem feitos novos investimentos substanciais que justifiquem um prazo próprio de protecção, que desse modo prolonga a protecção anterior.

O DL 122/2000 estabelece, de acordo com a directiva, que o direito especial tem a duração de 15 anos que se contam a partir da conclusão de 1 Janeiro do ano seguinte ao da data do fabrico da base, embora produza efeitos desde essa data (art. 16.º, 1). São protegidas as bases de dados cujo fabrico tenha sido concluído durante os 15 anos anteriores à entrada em vigor da lei das bases de dados (art. 21.º, 4). As modificações substanciais, avaliadas quantitativa ou qualitativamente, do conteúdo de uma base de dados são protegidas mediante um período de protecção própria. Tal modificação deverá implicar um novo investimento substancial, que poderá resultar da acumulação de aditamentos, supressões ou alterações sucessivas (art. 17.º).

Esta solução aproxima-se da lei alemã, que, para evitar a instituição de um direito perpétuo, dispõe que "a base de dados cujo conteúdo tenha sido modificado de um modo que é qualitativamente e quantitativamente substancial é considerada uma nova base de dados desde que a modificação implique um investimento qualitativa e quantitativamente substancial" (§ 87a, 2ª parte, UrhG). Nessa medida, tratando-se de uma nova base de dados não se pode dizer que o prazo de protecção seja prolongado, pois que de uma nova base se trata, que é protegida autonomamente. Mas tal não impede que se considere, com justiça, que "as bases de dados podem por isso gozar em princípio de protecção indefinidamente"[1576], e que é "previsível a eternização da protecção pelo direito *sui generis* (...) em todas as bases de dados dinâmicas".[1577]

c) *Protecção especial da publicação ou divulgação de obras do domínio público: um novo direito conexo?*

Para além de harmonizar "por cima" o prazo de protecção dos direitos de autor e conexos, a Directiva 93/98 estabeleceu uma forma *sui generis* de direitos de autor relativamente à exploração de obras já caídas no domínio público. Trata-se da "protecção equivalente aos direitos patrimoniais do autor" concedida a qualquer pessoa que, depois de expirar o prazo de protecção dos direitos de autor, licitamente publique ou comunique ao

---

[1576] FROMM/NORDEMANN/*HERTIN* 1998, 585.
[1577] SÁ E MELLO 1999, 157.

público uma obra anterior não publicada, pelo prazo de 25 anos a contar da data em que a obra tenha sido pela primeira vez licitamente publicada ou comunicada ao público (art. 4.º).

Dizemos que se trata de um direito *sui generis*, já que se trata de proteger apenas o investimento na publicação ou divulgação de obras inéditas já caídas no domínio público. Deveria, por isso, falar-se de um novo direito conexo a propósito desta protecção. É isso, aliás, que decorre do preâmbulo da directiva (cons. 20), relativamente à possibilidade que a directiva confere aos Estados-membros de protegerem as publicações científicas e críticas de obras caídas no domínio público, sendo porém o prazo máximo de duração destes direitos limitado a 30 anos a contar da primeira publicação lícita (art. 5.º).

Tanto aqui como ali, trata-se de figuras que se enquadram na lógica dos direitos conexos e que, no fundo, correspondem ao *publisher's right* do *copyright* britânico. A atribuição de direitos de exploração económica sobre obras do domínio público traz de novo à discussão o problema de um domínio público remunerado.[1578]

A transposição da directiva sobre prazo de protecção consagrou o direito (conexo) sobre obras inéditas no domínio público e exerceu a faculdade de protecção das publicações científicas e críticas, ainda que limitada a 25 anos a contar da primeira publicação lícita (CDA, art. 39.º).

d) *Bases de dados e direito de acesso à informação do sector público*

   i. A informação do sector público como recurso económico da sociedade da informação

As bases de dados do sector público podem ser protegidas quer por direitos de autor, relativamente às suas estruturas originais, quer pelo direito especial do fabricante, relativamente aos investimentos substanciais realizados na sua produção. Em especial este último direito poderá ser a base jurídica para a exploração da informação do sector público, seja directamente pelos organismos públicos seja indirectamente por concessionários. Todavia, este direito especial não pode ter por efeito eliminar o direito de acesso aos documentos da administração.

[1578] DIETZ 1978, 158-9, 1998a, 121s, e 2000, 506-11; tb. REBELLO 1994, 194-5. Contra um sistema de domínio publico remunerado, que chegou a ser instituído entre nós (DL 54/80, 26/3, reformulado pelo DL 393/80, 25/9), mas logo revogado (DL 150/82, 29/4), OLIVEIRA ASCENSÃO 1992, 344-5.

Em razão das funções que desempenham, os órgãos públicos surgem como uma das principais fontes de informação, gerando e armazenando dados nos diversos sectores de intervenção da Administração Pública. As bases de dados de órgãos públicos constituem, por isso, um recurso essencial na Sociedade da Informação. Por outro lado, a revolução das tecnologias da informação e da comunicação tornou possível o arquivamento sob forma digital de toda esta informação e a sua colocação à disposição do público para acesso através da Internet. Assim, o novo paradigma tecnológico traz inegáveis vantagens em termos de possibilidades de produção de bases de dados de órgãos públicos e de acesso à informação contida nessas bases de dados pelos cidadãos e pelas empresas.

O valor social da informação dos organismos públicos está associado ao seu crescente valor económico, num tempo em que se vai afirmando o princípio de que é necessário ao direito "limitar e gerir a utilização de informação"[1579]. A informação do sector público representa um recurso de grande importância para as empresas de exploração de conteúdos informativos.[1580] Neste sentido, a exploração da informação do sector público é apontada como uma das áreas prioritárias no domínio da utilização de conteúdos digitais europeus nas redes mundiais, estando em curso medidas destinadas a expandir o fornecimento de informação, estimulando a exploração da informação no sector público. Considera-se, a propósito: "Na Europa, este bem potencial para o sector da informação raramente é utilizado (...). A informação geográfica (IG) é um exemplo de informação na posse do sector público com grande potencial. O valor de mercado da informação na posse do sector público neste domínio está calculado em 10 mil milhões de euros nos 15 Estados-membros" (COM(2000) 323 final, 24/5/2000).

ii. O problema da exploração da informação do sector público

O extraordinário potencial de exploração das bases de dados de órgãos públicos através da prestação de serviços da sociedade da informação levanta diversas questões, às quais a Comissão dedicou o Livro Verde *A Informação do Sector Público na Sociedade da Informação*.[1581]

Para além de outros aspectos a Comissão considera que a informação do sector público é um recurso da maior importância para as empresas, às quais interessa informação sobretudo administrativa, mas também estatística, financeira e geográfica. Assim, por exemplo, para as empresas de seguros

---
[1579] KATSCH 1989, 268.
[1580] OLIVEIRA ASCENSÃO 2004c, 65.
[1581] COM(98) 585 final, 20/1/1999.

tem especial importância informação local específica sobre os riscos; já para as empresas internacionais de transportes é particularmente importante informação geográfica e informação sobre o trânsito e o clima. Nesse sentido, a informação do sector público é considerada como um potencial a valorizar e explorar.[1582]

A análise da Comissão centra-se nas questões ligadas ao acesso e à exploração de informação do sector público. Para além do problema da definição de informação do sector público, são tratadas as condições de acesso à informação do sector público, os instrumentos práticos para facilitar o acesso, as questões relativas a preços, regras de concorrência, direitos de autor, privacidade, responsabilidade legal e acesso à informação da UE.

A Lei norte-americana da liberdade de informação (*Freedom of Information Act*, 1966) é apontada como modelar, enquanto marco de uma política activa de informação do sector público, reforçada pela Lei sobre a liberdade de informação electrónica (*Electronic Freedom of Information Act*, 1996), em ordem a garantir o direito de acesso electrónico do público à informação do governo federal, o que todavia sofreu alguns "efeitos laterais" do impacto dos ataques às torres gémeas.[1583] Entre outros aspectos, a legislação norte-americana incentiva a exploração comercial da informação do sector público pelo sector privado, regulamentando os preços e as condições de concessão de exploração dessa informação. Por um lado, estabelece a cobrança dos custos de pesquisa, reprodução e eventualmente revisão, mas já não o valor acrescentado pelo sector público aos dados em bruto. Trata-se do princípio segundo o qual o valor acrescentado deverá constituir um instrumento ao serviço de fins de eficiência dos serviços e não um estímulo ao lucro. Este ficará para o sector privado, que só explorará comercialmente um produto ou serviço se puder acrescentar-lhe um valor para além daquele que já lhe foi acrescentado pelo sector público. De todo o modo, a lei norte-americana salvaguarda o direito de acesso à informação dos organismos públicos proibindo nomeadamente a celebração de acordos de distribuição exclusiva, a cobrança de taxas de direitos de autor pela revenda dessa informação, e fixando taxas de utilização que ultrapassem o custo de divulgação.

    iii. Limites ao direito de acesso e à exploração (infra-estruturas essenciais e princípio da diversidade)

No referido Livro Verde, a Comissão pronunciou-se no sentido de que a existência de um direito de acesso não significa acesso automaticamente

---

[1582] M. E. GONÇALVES 2003, 186.
[1583] SCHOENHARD 2002, 496s.

ilimitado e incondicional à informação do sector público. Desde logo estaria sujeito a excepções, tal como previsto na Directiva 90/313, que prevê diversas excepções ao direito de acesso no interesse do Estado (por ex., por motivos de segurança nacional), no interesse de terceiros (por ex., privacidade, propriedade intelectual, sigilo comercial, procedimentos judiciais), como salvaguarda do processo de tomada de decisões (por ex., informação de uso interno), ou para evitar custos ou carga de trabalho excessivos às administrações competentes (por ex., informação já publicada ou pedidos exorbitantes).

A Comissão sustenta também que o direito de acesso pode ser condicionado à cobrança de um preço pela informação prestada, isto é, a informação do sector público pode ser disponibilizada a título oneroso. Não obstante, os preços a praticar deverão respeitar o princípio do acesso universal à informação do sector público. Todavia, na fixação destes preços deverão ser considerados os interesses de outros agentes, em especial as empresas de conteúdos informativos. Nesse sentido, o seu custo deverá ser razoável, em termos de não prejudicar o potencial de exploração pelas empresas de conteúdos.

Além disso, os organismos públicos, embora possam intervir directamente no mercado como prestadores de informação, não deveriam ser impedidos de contratar a edição e a distribuição da informação a empresas de conteúdos informativos. Estas empresas, por seu turno, poderiam ser consideradas, em certos termos, empresas encarregadas da gestão de serviços de interesse económico geral[1584], sem que isso fosse contrário aos interesses da Comunidade no desenvolvimento das trocas comerciais. Todavia, as empresas concessionárias do fornecimento da informação do sector público deverão, por razões de concorrência, permitir o acesso a dados que não existam noutras fontes segundo o custo de recolha, reprodução e revisão (*doutrina das infra-estruturas essenciais*), podendo apenas praticar preços de mercado em relação a informação disponível noutras fontes (*princípio da diversidade*). Os trabalhos das instâncias comunitárias conduziram à adopção da directiva Directiva 2003/98/CE do Parlamento Europeu e do Conselho, de 17 de Novembro de 2003, relativa à reutilização de informações do sector público[1585] (entretanto transposta pela Lei 46/2007, 24/8).

Por outro lado, tendo em vista o projecto "Biblioteca Europeia", as parcerias entre o sector público e o sector privado são incentivadas pela Recomendação da Comissão 2006/585, de 24 de Agosto de 2006, sobre a

---

[1584] Sobre esta matéria, J. N. CALVÃO DA SILVA 2008.
[1585] Cfr. POUPAERT/JANSSEN 2004, 29-50.

digitalização e a acessibilidade em linha de material cultural e a preservação digital (cons. 7). Esta Recomendação foi adoptada na sequência de iniciativas das instâncias comunitárias, com destaque para a Comunicação «i2010: Bibliotecas Digitais», de 30 de Setembro de 2005[1586], na qual a Comissão definiu a sua estratégia para a digitalização, a acessibilidade em linha e a preservação digital da memória colectiva da Europa, incluindo diverso "material cultural", nomeadamente material impresso (livros, periódicos, jornais), fotografias, objectos de museu, documentos de arquivos e material audiovisual.

iv. Acesso aos documentos da Administração Pública

Na ordem jurídica nacional, o acesso aos documentos da Administração Pública (AP) é objecto de um regime legal próprio, a LADA[1587] (Lei 65/93, 26/10, alterada pela Lei 8/95, 29/3 e pela Lei 94/99, 16/7 – agora revogada pela Lei 46/2007, 24/8, que também transpõe a Directiva 2003/98 sobre reutilização de informações do sector público; v.tb. os princípios gerais de acção a que devem obedecer os serviços e organismos da Administração Pública na sua actuação face ao cidadão, definidos pelo DL 135/99, 22/4, *maxime* arts. 25.º (comunicações informáticas), 26.º (correio electrónico), e art. 47.º (sistema INFOCID).

O regime de acesso aos documentos da AP é informado pelo princípio constitucional do *arquivo aberto*[1588] previsto no art. 268.º da CRP, que ressalva todavia o disposto na lei em matérias relativas à segurança interna e externa, à investigação criminal e à intimidade das pessoas. O Supremo Tribunal Administrativo, no acórdão de 17 de Janeiro de 2008, enunciou este princípio em termos bem claros: "I – O n.º 2 do art.º 268.º da CRP impõe que a Administração paute a sua actividade pelos princípios da transparência e da publicidade de modo a que não só as suas decisões sejam públicas e acessíveis, mas também que o procedimento que as precede possa ser objecto de consulta e informação pois que só assim se promove a formação de uma opinião pública esclarecida e só assim se permite que os interessados conheçam as razões que determinaram os seus actos. II – O direito de acesso aos arquivos e registos administrativos vem sendo considerado como um direito fundamental cujo sacrifício só se justifica quando

---

[1586] COM(2005) 465 final.
[1587] M. E. GONÇALVES 2003, 112-129, 183-193; J. GONÇALVES 2002, BRANDÃO DA VEIGA 2007.
[1588] Sobre este princípio constitucional, BARBOSA DE MELO 1981, 269.

confrontado com direitos e valores constitucionais de igual ou de maior valia, como são os relativos à segurança interna e externa, à investigação criminal e à reserva da intimidade das pessoas."

Ora, comparando a anterior LADA com este preceito da CRP entendemos que, ou a previsão constitucional é incompleta ou a excepção ao direito de acesso por razões de protecção dos segredos de negócios ou de direitos de propriedade intelectual não tem cobertura no texto constitucional, sendo a sua previsão legal realizada com sacrifício dos valores constitucionais promovidos pelo princípio do arquivo aberto. Não obstante, e tendo em conta a jurisprudência constitucional (TC, Ac. 254/99, 4/5), a nova LADAr manteve esta excepção, subordinando a apreciação do interesse de terceiro ao princípio da proporcionalidade (Lei 46/2007, art. 6.º).

O regime legal formula o princípio da liberdade de acesso em termos amplos e consagra um direito de acesso em favor de todos os cidadãos, "sem necessidade de enunciar qualquer interesse" e compreendendo, nos termos da nova lei, "os direitos de consulta, de reprodução e de informação sobre a sua existência e conteúdo" (Lei 46/2007, art. 5.º). A propósito disto tenha-se em conta que, no referido acórdão de 17 de Janeiro de 2008, o STA sustentou: "O direito à informação materializa-se por diversos meios de que são exemplos a consulta do processo, a reprodução ou declaração autenticada de documentos, a prestação de indicações sobre a sua existência e conteúdo e a passagem de certidões. Por isso a postura da Administração perante um pedido de informação não pode ser meramente passiva. / É certo que este dever de colaboração não compreende, como é lógico, a elaboração de dossiers estruturados ou sínteses da documentação existente nem a obrigação de produzir uma nova documentação administrativa com o propósito de satisfazer o pedido do Requerente porque tais actividades ultrapassam o dever legal de colaboração e de informação, mas também o é que a inexistência da obrigação de proceder a tais trabalhos não pode ser cobertura para uma interpretação minimalista do dever constitucional de prestar informações e de, na prática, constituir um boicote ao seu cumprimento." Não obstante, a obrigação de divulgação de informação estabelecida no art. 10.º da Lei 46/2007 exigirá certamente uma postura mais activa por parte da Administração.

Em traços gerais, o direito de acesso aos documentos administrativos não é um direito ilimitado nem incondicional. Para começar, o acesso a documentos da administração pode ser recusado por razões de segurança interna e externa, por razões de segredo de justiça, ou por razões de segredo empresarial (arts. 5.º, 6.º). A classificação de documentos como segredo de Estado é regulada na Lei do Segredo de Estado (Lei n.º 6/94, 7/4). Depois, é consagrado o direito de todos à informação mediante acesso a documentos administrativos de carácter não nominativo. A hipótese desta norma é recortada pelas definições de documentos administrativos e documentos nominativos, sendo estes últimos os que contêm dados pessoais. A distinção releva na medida em que o direito de acesso de todos vale apenas para os documentos administrativos não nominativos. Com efeito, aos documentos nominativos só podem ter acesso a pessoa a quem os dados digam respeito, bem como a terceiros que daquela obtenham autorização escrita ou que demonstrem interesse directo, pessoal e legítimo, o qual deverá ser, nos termos da nova lei, "suficientemente relevante segundo o princípio da proporcionalidade" (art. 6.º, 5, *in fine*). Por dados pessoais entende-se, nos termos da Lei 67/98, que transpôs a Directiva 95/46, qualquer informação, de qualquer natureza e independentemente do respectivo suporte, incluindo som e imagem, relativa a uma pessoa singular identificada ou identificável («titular dos dados»), sendo considerada identificável a pessoa que possa ser identificada directa ou indirectamente, designadamente por referência a um número de identificação ou a um ou mais elementos específicos da sua identidade física, fisiológica, psíquica, económica, cultural ou social. O TJCE interpretou a noção de dados pessoais no sentido de abranger, nomeadamente, "o nome de uma pessoa a par do seu contacto telefónico ou de informações relativas às condições de trabalho ou aos seus passatempos" (Proc. C-101/01, Ac. 6/11/2003).[1589] Mais recentemente, a Lei 5/2008, 12/2, que aprovou a criação de uma base de dados de perfis de ADN para fins de identificação civil e criminal define dados pessoais como "o conjunto de informações, de qualquer natureza e independentemente do respectivo suporte, incluindo som e imagem, relativo a uma pessoa singular identificada ou identificável, que inclui o nome completo, a data de nascimento, a naturalidade, a residência actual conhecida, o número de identificação pessoal (número de bilhete de identidade, cartão de residência, passaporte ou outro análogo), a filiação, o estado civil, o sexo, o grupo étnico, a altura e a existência de deformidades físicas" (art. 2.º-g).

Uma inovação introduzida pela Lei 46/2007, na sequência da Directiva 2003/98, diz respeito às regras de reutilização de informações do sector público. O princípio geral é o da liberdade de reutilização de documentos aos quais tenha sido concedido acesso (art. 16.º, 1), na condição de a informação neles vertida não ser alterada nem o seu sentido desvirtuado, devendo as fontes ser mencionadas bem como a data da sua última actualização (art. 16.º, 2). Apesar de ser livre, a reutilização depende de autorização expressa,

---

[1589] SARMENTO E CASTRO 2005, 71.

a qual pode ser recusada em certos casos (arts. 18.º e 19.º, 2), nomeadamente quando se trate de documentos cujos direitos de autor ou conexos pertençam a terceiros ou cuja reprodução, difusão ou utilização possam configurar práticas de concorrência desleal (art. 18.º-b). Além disso, a autorização de reutilização pode ser subordinada à observância de certas condições e a pagamento (art. 20.º), não podendo todavia ser discriminadas categorias de reutilização equivalentes nem limitada a concorrência (n.º 7). Finalmente, a LADAr estabelece a proibição geral de celebração de acordos exclusivos de reutilização de documentos, ressalvadas as situações em que tal seja necessário para a prestação de um serviço de interesse público (art. 22.º, 1).

Este regime de reutilização de documentos da administração aproxima--se do *Crown Copyright* britânico e traduz-se num conjunto de regras de exploração de bens do domínio público, que poderão revestir a forma de concessões legais de monopólios de exploração do domínio público da informação, ainda que excepcionalmemente. A conformidade deste novo direito público da informação com as exigências da liberdade de informação exige um tratamento autónomo, cabendo-nos apenas dizer que o valor da eficiência económica que com ele se pretende alcançar também não justifica o eclipse das liberdades fundamentais da comunicação e da concorrência mercantil, pelo que os referidos acordos exclusivos devem ser objecto de escrutínio vigilante, prevendo a lei que os motivos subjacentes à constituição de um direito exclusivo devem ser objecto de um exame periódico, a realizar, pelo menos, de três em três anos.

v. Acesso a documentos incorporados em arquivos

A documentação da AP está sujeita, em certos termos, a incorporação obrigatória em arquivos. O DL 149/83, 5/4, que estabelece a rede de arquivos distritais e bibliotecas públicas (art. 1.º) e as respectivas funções (art. 2.º), determina a documentação que está sujeita a incorporação obrigatória nos arquivos distritais (art. 3.º, 1). A esta documentação acresce a prevista no art. 4.º do DL 47/2004, 3/3, que estabelece o regime geral das incorporações da documentação de valor permanente em arquivos públicos, incluindo a documentação a incorporar no Arquivo Nacional Torre do Tombo (art. 3.º). Por incorporação entende-se, nos termos do art. 2.º deste diploma, a entrada num arquivo, na acepção de instituição cultural ou unidade administrativa, da documentação de reconhecido interesse histórico e cultural produzida por entidades, públicas ou privadas, com o objectivo de a preservar, defender, valorizar e comunicar.

O regime das incorporações obrigatórias articula-se com o regime geral dos arquivos e do património arquivístico, aprovado pelo DL 16/93,

23/1, alterado pela Lei 14/94, 11/5, que define arquivo no art. 4.º em sentido objectivo e em sentido subjectivo. Em sentido objectivo, arquivo significa um conjunto de elementos, qualquer que seja a sua data ou suporte material, reunidos no exercício da sua actividade por uma entidade, pública ou privada, e conservados, respeitando a organização original, tendo em vista objectivos de gestão administrativa, de prova ou de informação, ao serviço das entidades que os detêm, dos investigadores e do público em geral. Em sentido objectivo, entende-se por arquivo uma instituição cultural ou unidade administrativa onde se recolhe, conserva, trata e difunde a documentação arquivística.

Esta definição aproxima-se da prevista na Lei do Património Cultural (Lei 107/2001, 8/9), que estabelece o regime jurídico do património cultural.[1590] Para efeitos de integração no património de todos os arquivos produzidos por entidades de nacionalidade portuguesa que se revistam de interesse cultural relevante, por arquivo entende-se "o conjunto orgânico de documentos, independentemente da sua data, forma e suporte material, produzidos ou recebidos por uma pessoa jurídica, singular ou colectiva, ou por um organismo público ou privado, no exercício da sua actividade e conservados a título de prova ou informação" (art. 80.º, 2). O âmbito de protecção do património arquivístico não se esgota nos arquivos, já que integra também "conjuntos não orgânicos de documentos de arquivo que se revistam de interesse cultural relevante e nomeadamente quando práticas antigas tenham gerado colecções factícias", entendendo-se por colecção factícia "o conjunto de documentos de arquivo reunidos artificialmente em função de qualquer característica comum, nomeadamente o modo de aquisição, o assunto, o suporte, a tipologia documental ou outro qualquer critério dos coleccionadores" (art. 80.º, 3 e 4).

Além disso, nos termos do art. 5.º do DL 16/93, por documento de arquivo entende-se o testemunho, qualquer que seja a sua data, forma ou suporte material que, integrando um fundo (conjunto de documentos de uma única proveniência) ou colecção (conjunto de documentos, constituído por um coleccionador responsável pelo critério que os une e relaciona), contém uma informação e é produzido ou recebido por uma entidade pública ou privada no exercício da sua actividade. A incorporação e a conservação arquivísticas são objecto de regulamentos sectoriais aprovados por diversas Portarias, e.g. 1003/99, 10/11 (Tribunais Judiciais), 39/2001, 18/1 (Direcção-Geral dos Serviços Prisionais), 456/99, 23/6 (Governos Civis),

---

[1590] Sobre o regime do património cultural, INA 1996; CASALTA NABAIS 2004 e 2006, 727s.

1156/95, 21/9 (Polícia Judiciária), 247/2000, 8/5 (hospitais e demais serviços do Ministério da Saúde), 1185/2000, 18/12 (Secretaria-Geral do Ministério da Cultura), 1175/2005, 21/11 (ICAM).

O DL 149/83 estabelece o princípio da liberdade de acesso à, e da reprodução da, documentação guardada em arquivos distritais ou bibliotecas públicas (arts. 15.º, 1, 16.º). Todavia, este princípio admite excepções em razão de limitação temporária ou acidental, direito de sigilo ou preservação das espécies, embora neste caso deva ser facultada consulta de símile (art. 15.º, 2). Além disso, a reprodução é condicionada ao pagamento de emolumentos, que são calculados de acordo com as tabelas oficiais dos registos civil e do notariado (art. 17.º) e eventualmente mais 50% (art. 18.º).

Também o regime geral dos arquivos e do património arquivístico (DL 16/93, 23/1) consagra o princípio da liberdade de comunicação (art. 17.º), com excepções, todavia, relativamente aos documentos que contenham dados pessoais de carácter judicial, policial ou clínico, bem como os que contenham dados pessoais que não sejam públicos, ou de qualquer índole que possa afectar a segurança das pessoas, a sua honra ou a intimidade da sua vida privada e familiar e a sua própria imagem, salvo se os dados pessoais puderem ser expurgados do documento que os contém, sem perigo de fácil identificação (i), se houver consentimento unânime dos titulares dos interesses legítimos a salvaguardar (ii) ou desde que decorridos 50 anos sobre a data da morte da pessoa a que respeitam os documentos (iii) ou, não sendo esta data conhecida, decorridos 75 anos sobre a data dos documentos (iv). Os dados sensíveis respeitantes a pessoas colectivas gozam de idêntica protecção, embora sejam comunicáveis decorridos 50 anos sobre a data da extinção da pessoa colectiva, caso a lei não determine prazo mais curto (art. 17.º, 3).

De igual modo, a Lei do Património Cultural (L 107/2001, 8/9) estabelece o princípio do acesso aos documentos integrantes do património cultural, limitado por imperativos de conservação das espécies e de protecção de direitos e valores fundamentais dentro do prazo geral de 100 anos sobre a data de produção do documento (art. 73.º)

Estas normas concretizam o princípio do arquivo aberto e, além disso, estabelecem um domínio público da informação, incluindo dados pessoais e bens do património cultural, já que se tornam de livre acesso nas referidas condições. À semelhança dos direitos de autor, também os dados pessoais tombam no domínio público com o decurso dos referidos prazos.

4. Síntese conclusiva do § 8

1. As obras literárias e artísticas são bens susceptíveis de fruição patrimonial. A análise dos direitos económicos permite compreender o sentido e limites dos direitos de autor enquanto forma jurídica de apropriação exclusiva desse aproveitamento patrimonial.

O Código do Direito de Autor formula o direito exclusivo de utilização e exploração económica através de uma cláusula geral que ilustra exemplificativamente mediante um catálogo aberto de formas especiais de utilização das obras protegidas, estabelecendo regimes contratuais para algumas delas (e.g. edição, representação, produção cinematográfica, radiodifusão). Para ordenar as diversas formas de utilização, têm sido propostas algumas tipologias, que se aproximam da distinção entre exploração corpórea e exploração incorpórea do direito alemão ou da dicotomia reprodução/representação do direito francês. Da nossa parte, parece-nos correcta a tipologia de direitos económicos estabelecida pelas directivas comunitárias, em especial a Directiva 2001/29. Por isso, a transposição desta directiva para a ordem jurídica interna terá sido uma oportunidade perdida, em termos de "arrumação" dos direitos económicos. A tal não obstaria o facto de as directivas seguirem a técnica do catálogo fechado ou da tipificação taxativa dos direitos harmonizados, ao invés do recurso a cláusulas gerais.

Em conformidade, sem prejuízo das suas características de destinação e de autonomia, as diversas formas de utilização podem agrupar-se em três tipos de direitos económicos: reprodução, distribuição e comunicação ao público. Deve reconhecer-se o carácter central do direito de reprodução. Salvo nas representações directas (ainda que mediadas por teledifusão) de obra não fixada, a reprodução, enquanto produção de exemplares (cópias), é pressuposto da distribuição (salvo nos actos promocionais) e da própria comunicação indirecta ao público, abrangendo a colocação em rede (servidor) à disposição do público. Além disso, o direito de reprodução abrange, através das reproduções indirectas (e parciais), um quarto tipo de direitos económicos que é o direito à transformação, adaptação ou obra derivada. E ao direito de reprodução podem ser reconduzidos os actos de extracção abrangidos pelo direito *sui generis*. Tudo isto razões que nos levam a pensar que o direito de reprodução (*copyright*) é "o direito dos direitos" económicos de autor.

Classicamente, nesta força do direito de reprodução repousava a sua maior fraqueza enquanto direito económico. O direito de reprodução seria, fundamentalmente, um direito instrumental, já que a reprodução sem distribuição nem comunicação ao público não possibilitaria, só por si, a fruição

§ 8. *Direitos Económicos* 613

patrimonial típica da obra, conferindo quando muito o poder de excluir terceiros dessa fruição por via da distribuição e da comunicação indirecta ao público da obra ou derivados dela. O direito de reprodução só seria susceptível de fruição patrimonial típica se a obra fosse colocada no mercado mediante distribuição de exemplares (e.g. em livraria) ou comunicação ao público (e.g. por radiodifusão sonora ou televisiva a partir de obra fixada, ou colocação em servidor).

Todavia, a fruição patrimonial das obras não se esgota nestas utilidades mercantis típicas. O direito de reprodução alargou-se de modo a abranger outras utilidades da obra, que também são formas de fruição patrimonial. É o caso da reprodução para utilização interna em empresas e outras organizações e até da própria utilização privada. A reprodução é proibida, não enquanto acto preparatório de distribuição ou de comunicação ao público, mas pura e simplesmente enquanto acto que permite a utilização final da obra, i.e. o aproveitamento das suas "utilidades primárias".

A proibição da reprodução *qua tale*, estabelecida pelas Directivas 91/250 (programas de computador) e 96/9 (bases de dados) e permitida pela Directiva 2001/29, diminui o carácter instrumental do direito de reprodução no ambiente digital. A casuística jurisprudencial portuguesa mostra que isto foi levado a sério no que respeita à instalação de software em vários equipamentos (reprodução permanente) e à colocação de software em servidores internos de empresas de modo a permitir a sua utilização simultânea em vários terminais (reprodução temporária). Numa palavra, o software é considerado um meio de produção das empresas.

Daqui não se pode extrair, todavia, a necessária proibição de toda e qualquer reprodução em ambiente electrónico. As directivas comunitárias consagraram soluções drásticas em matéria de software e de bases de dados, colocando literalmente os utilizadores ilegítimos (i.e. não titulados por licença válida) destes bens na situação de potenciais infractores que quando muito poderão beneficiar da "tolerância" dos titulares de direitos, que todavia com isso visam o chamado "efeito de habituação".

Essa imposição comunitária fielmente seguida pela lei interna justifica-se quando se trate de utilizações empresariais ou análogas de software e bases de dados com contribuição criativa. Já no que respeita ao direito *sui generis* do produtor de bases de dados, o círculo de proibição merece-nos mais reservas, ainda que se trate de utilizações empresariais ou análogas, na medida em que não sejam actos de concorrência por não pertencerem a um sector de actividade semelhante ou conexo. Não obstante, dando o benefício da dúvida ao legislador comunitário, que optou por instituir um direito exclusivo sobre os conteúdos das bases de dados, para assim proteger os investimentos substanciais realizados pelos seus produtores ao nível da obtenção, recolha ou apresentação dos dados, diríamos que, apesar do afastamento do princípio da especialidade da concorrência desleal, os actos de extracção e reutilização de dados poderão ser proibidos às empresas e outros sujeitos de actividades económicas.

Até aqui ainda podemos ir, na medida em que outras exigências do mercado, nomeadamente a liberdade de concorrência, sejam satisfeitas, como mostram os casos *Magill*, *Ladbroke*, *British Horseracing*, *Fixtures v. Veikkaus*, e a decisão *Microsoft*.

2. De resto, por razões do mercado, o direito comunitário limitou os direitos económicos de várias maneiras. Relativamente ao direito de reprodução, a Directiva 2001/29 estabeleceu um livre trânsito para a circulação em rede das obras no mercado interno, ao excluir do seu âmbito de protecção os actos de reprodução temporária, como os actos transitórios e episódicos que constituam parte integrante e essencial de um processo tecnológico cujo único objectivo seja permitir uma transmissão numa rede entre terceiros por parte de um intermediário ou uma utilização legítima de uma obra ou de outro material a realizar, e que não tenham, em si, significado económico.

Apesar dos contornos algo indefinidos desta exclusão – que se prestam a alguma incerteza –, parece seguro que, não obstante os prestadores intermediários de serviços da sociedade da informação beneficiarem dessa utilização, a exclusão das referidas reproduções transitórias tecnicamente necessárias abrangerá os actos que possibilitam a navegação (*browsing*) e os actos de armazenagem temporária (*caching*), para além nomeadamente dos actos de simples transporte (*mere conduit*) já isentados pela Directiva 2000/31. A exclusão destes actos de reprodução temporária em rede significa que, neste domínio, a prestação de serviços da sociedade da informação que envolvam direitos de autor fica subordinada ao princípio geral do controlo do país de origem, não obstante a Directiva 2000/31 excluir os direitos de propriedade intelectual desse princípio. Verificadas as condições estabelecidas na Directiva 2001/29, as obras poderão livremente circular em rede no mercado interno, sem que os titulares de direitos a possam impedir ou condicionar no território de cada Estado-membro. Dizemos, por isso, que o direito comunitário estabeleceu um "livre trânsito" destinado a permitir a circulação das obras em rede independentemente das fronteiras territoriais dos Estados-membros. Prevalece, neste ponto, a "territorialidade europeia".

O mesmo vale, *mutatis mutandis*, relativamente ao esgotamento do direito de distribuição. Aos titulares de direitos é atribuído apenas o direito de primeira venda no mercado interno, não podendo impedir a revenda posterior dos exemplares das obras nem controlar as importações paralelas intra-comunitárias. O esgotamento do direito de distribuição consiste por isso num livre trânsito de circulação das obras exigido pela liberdade de circulação de mercadorias no mercado interno, à semelhança da liberdade de prestação de serviços que justificou o referido livre trânsito em rede.

Não obstante, o esgotamento do direito de distribuição é limitado. Não abrange o aluguer e o comodato público, não obstante estes actos serem também considerados formas de distribuição. Além disso, considera-se que o esgotamento vale apenas para a circulação de exemplares em suportes materiais ou tangíveis, i.e. mercadorias. Já no caso da distribuição electrónica, não obstante poder ter lugar, quer em termos económicos quer em termos jurídicos, as directivas comunitárias, salvo a Directiva 91/250, remetem essa forma de exploração para o domínio da prestação de serviços, no sentido de excluir do esgotamento a comercialização directa por meios electrónicos. Neste domínio, vale apenas o "livre trânsito" acima referido, já que os titulares de direitos não poderão impedir essa exploração em rede no território de cada Estado-membro. Todavia, já poderão impedir a revenda de cópias adquiridas por esse meio.

As medidas técnicas de protecção e de gestão de direitos poderão justificar a não consideração deste limite ao esgotamento. Não obstante, a sua razão principal reside num outro limite ao esgotamento, que é o seu alcance comunitário. Trata-se apenas de esgotamento comunitário e não internacional. Isso significa que, no comércio tradicional, os titulares de direitos podem controlar as exportações para países terceiros bem como as importações paralelas entre esses países. Tendo em conta a não imposição do esgotamento internacional pelo Acordo ADPIC – que surge até algo contraditória com a filosofia do comércio livre que anima o direito da OMC –, as directivas delimitam o esgotamento ao mercado interno e a jurisprudência comunitária estabelece que os Estados-membros violam as suas obrigações comunitárias se consagrarem o esgotamento internacional nas leis nacionais.

Neste contexto, embora jurídica e economicamente exista distribuição electrónica em sentido próprio, a delimitação do esgotamento ao comércio tradicional e ao comércio electrónico indirecto é uma medida preventiva da eficácia do esgotamento comunitário, tendo em conta a natureza global das redes electrónicas de comunicação.

3. Para além do "livre trânsito" no mercado interno de obras colocadas em rede e/ou comercializadas mediante suportes materiais, as exigências do mercado interno impõem outros limites aos direitos de autor. No domínio dos programas de computador, refiram-se os direitos dos utilizadores em

matéria de correcção de erros e de descompilação. A liberdade de concorrência no sector da informática justificou, na óptica do direito comunitário, que o exclusivo de exploração económica não conferisse o poder de proibir certos actos necessários, por um lado, à autonomia do utilizador em relação ao fornecedor de software e, por outro, à liberdade de programação informática, incluindo a criação de programas concorrentes.

Entendida a liberdade de concorrência, juntamente com a livre circulação de bens, como o motor do mercado interno, a Directiva 91/250 procurou impedir que o exclusivo outorgado pudesse, *a priori*, bloquear o bom funcionamento daquele motor, sujeitando o exclusivo a uma folga que permita a liberdade de concorrência. No caso *Microsoft*, a Comissão decidiu até que essa folga do exclusivo permitiria inclusivamente a criação de produtos directamente concorrentes (clones funcionais), o que de resto se aproxima da jurisprudência comunitária ao nível da interpretação do objecto de protecção do direito *sui generis* do produtor de bases de dados (caso *Fixtures v. Veikkaus*) estabelecido pela Directiva 96/9.

Não obstante, sob pena de a Comissão ter operado uma interpretação parcialmente ab-rogante da Directiva 91/250 (na parte em que não permite a utilização para outros fins de informações obtidas mediante descompilação) e independentemente da justeza dessa interpretação, o mesmo resultado poderia ter sido alcançado sem recurso a expediente metodológico tão radical. Bastaria aplicar a jurisprudência comunitária firmada no caso *Magill*. Por esta via não seria posta em causa a existência do direito especial concedido pela Directiva 91/250, sem prejuízo de o seu exercício poder ser comprimido por razões de liberdade de concorrência, que a própria directiva aponta como razão justificativa da imposição de licenças obrigatórias de divulgação dessas importantes informações tecnológicas (no caso, o código-fonte do sistema operativo quase universal).

Assim, não seria sequer necessário lançar mão, por analogia, de expedientes de outros direitos de propriedade intelectual, nomeadamente a regra do direito das marcas nos termos da qual a protecção cessa quando a marca passa a ser a designação genérica do produto. De resto, esta regra do direito das marcas aproxima-se do princípio dos direitos de autor nos termos do qual não há protecção em caso de fusão entre a ideia e a forma de expressão. Em ambos os casos, a liberdade de concorrência é razão justificativa da exclusão de protecção – impedindo a apropriação de "infra-estruturas essenciais" de natureza intelectual.[1591]

[1591] LEE 2008, 121 ("Comparing analogues doctrines in trademark, copyright, and patent law reveals the shared principle of intellectual infra-structure as a natural limitation on exclusive rights").

4. Não obstante estas limitações aos direitos exclusivos resultantes do bom funcionamento do mercado, o caso muda de figura quando saímos do mercado – porque nem tudo é mercado. Existirá fruição patrimonial de uma obra, incluindo software e bases de dados, nos casos de reprodução para uso privado e para fins de informação, expressão, aprendizagem e ensino, criação cultural, ou arquivo. Com efeito, há um bem cujas utilidades primárias são gozadas, embora esse gozo não seja exclusivo nem impeditivo do gozo de terceiros (nesse sentido, economicamente as obras intelectuais são bens públicos). Mas, o facto de existir essa fruição patrimonial não significa que os direitos de autor sejam título bastante para a reservar em exclusivo ao titular de direitos, no sentido de a sujeitar a licença e pagamento.

Entramos aqui no outro lado dos direitos de autor, que é o seu recorte negativo por razões não exclusivamente mercantis. Fala-se em excepções ou limites, para referir aquilo que, apesar de estar em causa uma utilização do objecto, não é abrangido pelo *licere* ou conteúdo do direito exclusivo.

Destaca-se, em primeiro lugar, a liberdade de uso privado. Trata-se, é certo, de um círculo apertado, que abrange apenas a utilização num meio familiar ou análogo, i.e. na reserva da intimidade da vida privada. Por exemplo, os direitos de autor não proíbem a audição de música em casa (ou no automóvel), mesmo que com volume muito alto em termos de poder ser ouvida pela vizinhança e pelos transeuntes na via pública. O mesmo se passa em relação à produção de cópias de obras para oferta no círculo familiar e de amizade pessoal.

Relativamente a este último ponto, é verdade que a Directiva 2001/29 permite a erradicação desse "bom costume" tradicional, já que permite (embora não imponha) que os Estados-membros proíbam a cópia privada em suporte electrónico. Não obstante, a lei portuguesa – à semelhança da generalidade dos Estados-membros, pelo menos relativamente a obras em circulação sem protecções técnicas – conservou a liberdade de uso privado, ainda que em contrapartida por uma compensação (pouco equitativa mas finalmente regulamentada).

Por outro lado, são previstas excepções de interesse geral, que permitem a livre utilização da obra nomeadamente para fins de informação, expressão, crítica, criação cultural, ou arquivo. A Directiva 2001/29 estabeleceu uma lista exaustiva e opcional de excepções. Sujeitou-as a um regime de "duas velocidades", no sentido de preservar o espaço de liberdade tradicionalmente admitido no ambiente analógico mas, ao mesmo tempo, de restringir esse espaço no ambiente digital, concebendo a sociedade da informação como um ambiente de risco para os titulares de direitos. Além disso, subordina a aplicação concreta das excepções a um juízo de conformidade com a regra dos três passos, no sentido de restringir a utilização livre a casos especiais que não atinjam a exploração normal da obra nem causem prejuízo injustificado aos interesses legítimos do titular de direitos.

A regra dos três passos é convertida em cláusula geral de apreciação judicial, se bem que a referência a "casos especiais" seja contraditória com a previsão da lista dos casos admitidos e por isso andou bem o legislador interno ao suprimir essa referência no diploma de transposição. Poderia dizer-se que a Directiva 2001/29 estabeleceu um sistema dual para o teste dos três passos: primeiro, ao nível abstracto da hipótese legal, segundo as exigências da Convenção de Berna; segundo, ao nível concreto da decisão judicial, segundo as exigências do princípio do elevado nível de protecção dos direitos de autor no direito comunitário.

Neste sentido, a regra dos três passos destinar-se-ia apenas a acautelar os interesses dos titulares de direitos, quer ao nível abstracto da hipótese legal quer ao nível concreto da decisão judicial, traduzindo-se num comando de interpretação restritiva das excepções, as quais, além disso, pela sua natureza excepcional, não admitiriam aplicação analógica.

Outro é o nosso entendimento. As excepções aos direitos de autor devem interpretar-se, desde logo, em conformidade com a constituição. Ora, na constelação de valores constitucionais a protecção legal dos direitos de autor como direitos de propriedade não aparece como um valor absoluto, que faça inclinar o pêndulo da balança apenas no sentido do prato dos titulares de direitos. Antes pelo contrário, há outros valores que não podem ser eclipsados pela propriedade intelectual, desde logo a liberdade de informação e de expressão, a liberdade de aprendizagem e a própria liberdade de criação cultural.

As excepções de interesse geral aos direitos de autor destinam-se a proteger e promover estes outros valores da constelação constitucional dos direitos de autor. Interpretar restritivamente as excepções aos direitos de autor significa interpretar restritivamente os valores em que tais excepções se apoiam. Ora, é mais do que duvidoso que a interpretação restritiva das excepções aos direitos de autor possa considerar-se em conformidade com a constituição na medida em que essas excepções se destinem a proteger outros valores constitucionais que são pelo menos tão importantes quanto a protecção legal do exclusivo de exploração económica. Valores esses que, de resto, fazem parte do núcleo mínimo universal ou universalizável de princípios internacionalmente convencionados.

Servindo-nos da metáfora da moeda, diremos que, tal como sucede em tantos outros domínios, a moeda dos direitos de autor tem duas faces igualmente válidas e validantes. Pelo que a interpretação das leis dos direitos de autor deve ter em conta as duas faces desta moeda.

5. Este raciocínio está longe de servir a mera especulação. Três aplicações práticas ilustram o seu sentido e alcance.

Para começar, a lei interna não fez uso da liberdade de utilização de obras protegidas para fins de paródia, caricatura ou pastiche. Isso significa que a protecção legal dos direitos de autor não permite esta forma de utilização? Parece-nos seguro que a liberdade de utilização para fins de paródia ou caricatura deverá ser afirmada pelos tribunais, apesar do silêncio da lei e sem entrar agora na questão da liberdade de paródia ao nível do objecto de protecção. Este é um dos casos em que, contra o silêncio da lei, o tribunal poderá aplicar directamente a norma constitucional relativa à liberdade de expressão e de informação e/ou, por analogia indirecta, outras excepções previstas no Código, nomeadamente a utilização para fins de crítica.

Depois, a lei portuguesa estabeleceu a natureza imperativa das excepções no sentido de estas prevalecerem contra cláusulas contratuais derrogatórias, determinando de igual modo a imperatividade de certas excepções contra as protecções técnicas que impedem o acesso à obra. Dentro das excepções de imperatividade anti-protecções técnicas não se contam diversas excepções para fins de informação. Além disso, o direito *sui generis* do produtor de bases de dados beneficia da proibição de neutralização dessas protecções técnicas, mas todavia nenhuma das suas excepções – que já são muito reduzidas em comparação com as excepções aos direitos de autor – é considerada imperativa contra as protecções técnicas.

Ora, tendo em conta o valor da liberdade de informação – que, em nosso juízo, é até um pressuposto de outras liberdades culturais fundamentais (e.g. expressão, aprendizagem e ensino, criação cultural) –, a norma prevista no Estatuto dos Jornalistas que confere o direito de acesso a locais onde decorrem eventos de interesse público deve ser integrada nas excepções que prevalecem sobre as protecções técnicas, no sentido de atribuir aos jornalistas o direito de solicitarem ao IGAC e a obterem deste os códigos de acesso a obras e bases de dados protegidas, em caso de recusa dos titulares de direitos. Em última análise, a licitude da neutralização dessas protecções técnicas não deveria ser excluída. Esta linha de raciocínio vale, *mutatis mutandis*, para os utilizadores legítimos de software e bases de dados que sejam impedidos de exercer os seus direitos imperativos por protecções técnicas (e.g. cópia de segurança, descompilação, acesso e utilização normal de base de dados).

Uma outra aplicação da nossa proposta situa-se no domínio do direito de comodato público. Tal como permitido pela Directiva 92/100 (agora 2006/15), a legislação interna não configurou o direito de comodato público como um direito exclusivo mas antes como um direito de remuneração, e mesmo aí com uma isenção considerada excessiva pela jurisprudência comunitária.

Todavia, a solução teria sido diferente em matéria de direitos conexos, integrando o comodato público como direito exclusivo. Essa seria, embora muito criticada, a solução legal. Na prática, os autores de livros não poderiam impedir o comodato público das suas obras, mas os titulares de direitos conexos (e.g. produtores de fonogramas e videogramas) já o poderiam fazer relativamente às suas prestações. Embora o sentido literal da lei seja esse, propomos, todavia, a sua interpretação em conformidade com o princípio segundo o qual os direitos conexos não podem proibir o que os direitos de autor permitem.

Nesse sentido, se o comodato público não é um direito exclusivo em sede de direitos de autor, por maioria de razão também não deverá ser um direito exclusivo em sede de direitos conexos. A própria noção de comodato indica que se trata de acto sem benefícios económicos ou comerciais, directos ou indirectos. Nessa medida, embora alguns Estados-membros o consagrem como direito exclusivo, trata-se, fundamentalmente, de uma forma de utilização que transcende as utilidades económicas cuja reserva em exclusivo aos titulares de direitos de autor e conexos se pode justificar. De resto, os "deveres de vizinhança" com os direitos de autor devem ser observados não apenas pelos direitos conexos mas também pelo direito *sui generis* do produtor de bases de dados, que de outro modo ficará como uma figura estranha, senão mesmo inconstitucional, na sistemática deste ramo da propriedade intelectual.

Embora nos pareça que este novo direito poderá ser uma base jurídica para a exploração económica da informação do sector público, sê-lo-á na medida em que se tenha em conta a doutrina das infra-estruturas essenciais e o princípio da diversidade e desde que não eclipse direitos fundamentais neste domínio, nomeadamente os direitos de acesso a documentos da administração e a documentos em arquivo. Em causa estão princípios constitucionais como o arquivo aberto e o domínio público da informação, que implicam, mesmo em relação a dados pessoais sensíveis, a liberdade de acesso a informação tombada nesse domínio pelo decurso de certos prazos legais.

6. Os direitos económicos de autor são formas de apropriação privada de informação. O valor da liberdade de informação e de outras liberdades fundamentais determina que, decorrido um certo prazo, a informação ingresse no domínio público, tornando-se insusceptível de apropriação privada, sem prejuízo de a sua exploração poder ser concessionada enquanto bem do domínio público.

A história da duração do prazo da protecção legal dos direitos de autor (e conexos) evidencia bem a tendência expansionista dos direitos de autor. Na primeira lei de direitos de autor, a Lei da Rainha Ana de Inglaterra (1709/10), a protecção durava 14 anos após a primeira publicação da obra. Longe vai esse tempo. Por força da Directiva 93/98 (agora 2006/16), o prazo de protecção foi harmonizado segundo a regra geral dos 70 anos p.m.a. nos direitos de autor e dos 50 anos após a prestação típica de cada direito conexo. Esta diferença de prazos mostra, mais uma vez, que a protecção dos direitos de autor é superior à dos direitos conexos. Todavia, é caso para perguntar a quantas obras e/ou prestações protegidas aproveitarão estes prazos daqui a 50 anos.

Seja como for, o que interessa destacar é que o alargamento do prazo de protecção comprime o domínio público da informação e das liberdades culturais. Admite-se que possa servir alguns interesses do comércio, mas à custa da liberdade cultural. É duvidoso que a directiva comunitária, que se apoiou nomeadamente na lei alemã harmonizando "por cima" o prazo de protecção, tenha feito essa análise económica, em termos de saber se os custos gerais em termos de liberdade cultural justificam o aumento dos benefícios de (alguns) titulares de direitos.

Nos EUA, o aumento do prazo de protecção à semelhança da directiva comunitária foi objecto de um juízo por parte do Supremo Tribunal de Justiça, que, apesar de tudo, se pronunciou pela constitucionalidade da lei *Sony Bonno*. Todavia, este precedente do direito comparado não "fixa" jurisprudência para o direito português, que poderá um dia ver suscitada a questão.

Ainda em matéria de prazo de protecção, a Directiva 93/98 (agora 2006/16) atribuiu um direito conexo relativamente a obras que caíram inéditas no domínio público. O "autor" da publicação ou divulgação dessas obras é "premiado" com direitos económicos de autor pelo prazo de 25 anos. Falamos em direito conexo, já que nos parece desproposito utilizar aqui a terminologia direitos de autor. Será um direito conexo do editor relativamente a obras inéditas já tombadas no domínio público. É uma forma de apropriação de bens do domínio público, à semelhança dos direitos conexos atribuídos em condições análogas. Nestas situações faz sentido falar em concessões legais de exploração de bens do domínio público. Embora se possa ainda falar em propriedade, no sentido de direitos patrimoniais, a compressão destes exclusivos por razões de interesse público terá menos obstáculos do que nos direitos de autor em sentido próprio. Prevalecem agora, em primeira linha, as liberdades fundamentais de informação, expressão, aprendizagem ou criação cultural. O que cauciona a correcção e justeza das propostas acima expostas.

§ 9. PROTECÇÕES TÉCNICAS E GESTÃO ELECTRÓNICA DE DIREITOS

"The Answer to the Machine is in the Machine" – Clark

1. As protecções técnicas como prolongamento natural dos direitos exclusivos?

Apesar de ter "uma longa tradição no domínio militar", a tecnologia de cifragem está cada vez mais integrada em sistemas e aplicações comerciais. Assim, por exemplo, a *pay tv* apenas pode funcionar comercialmente graças à cifragem, devendo ser paga uma taxa de assinatura para a decifragem; de igual modo, os discos digitais versáteis (DVD) que substituirão as videocassetes, utilizam técnicas de cifragem para evitar a pirataria, protegendo assim os direitos de propriedade intelectual.[1592]

As medidas de protecção técnica incluem, por exemplo, a tecnologia dos discos compactos "à prova de cópia" («copyproof»), que impede a execução dos CDs nos leitores de discos dos computadores, devido a erros inseridos no ficheiro ou dissimulando um ficheiro áudio como ficheiro de dados de modo a tornar a música irreconhecível pelo CD-ROM. Todavia, estas medidas podem ser neutralizadas, pelo que se instituiu a protecção contra actos de neutralização e afins.

1.1. As protecções técnicas entre os secondary infringements e a concorrência desleal

Estas medidas especiais de protecção referem-se às chamadas infracções secundárias (*secondary infringements*) dos países de *copyright*[1593], remontando

---

[1592] COM(97) 503 final, 17, 39.

à lei britânica de 1988 (CDPA, §296) e à lei norte-americana de 1992 sobre gravações privadas (*Audio Home Recording Act*), tendo sido consagradas no Acordo NAFTA (art. 1707).

Nos países de *droit d'auteur*, esta forma de protecção obtinha-se através do regime da concorrência desleal. Essa era, pelo menos, a abordagem da jurisprudência alemã, que julgou como acto de concorrência desleal, segundo o § 1 UWG, a venda de programas de computador destinados a neutralizar ou suprimir dispositivos de protecção anti-cópia instalados noutros programas de computador, e a venda de cartões piratas que permitem receber programas *pay-tv* decriptados sem utilização do cartão de descodificação original.[1594] Em conformidade, sustenta-se que a proibição de neutralização de protecções técnicas estabelecida pela Directiva 2001/29 (art. 6.º) "não tem nada a ver com os direitos de autor; é uma medida adicional ou auxiliar baseada na concorrência desleal. Por isso, a protecção contra dispositivos só abrange actos comerciais, já não (vale) contra actos privados".[1595]

Todavia, à semelhança do sucedido com o direito *sui generis* do fabricante de bases de dados, os interesses não se compadeciam com a indefinição de cláusulas gerais, reclamando acolhimento no seio do direito exclusivo. O que mais uma vez evidencia a penetração da lógica do *copyright* no regime dos direitos de autor na ordem jurídica comunitária e, por sua via, nas leis nacionais dos Estados-membros de tradição *droit d'auteur*.

Interessa considerar também, ainda que sucintamente, a solução pioneira do direito norte-americano no domínio da protecção jurídica das protecções técnicas.

1.2. As protecções jurídico-tecnológicas na DMCA ("tecnologial adjuncts")

No direito norte-americano, a protecção jurídica das protecções técnicas prevista nos Tratados da OMPI (1996) foi incorporada através da lei dos direitos de autor no milénio digital (DMCA).[1596]

Esta lei introduziu o (novo) capítulo 12 no título 17 (*copyright*) do US Code, estabelecendo a protecção considerada adequada e efectiva contra a neutralização de medidas de protecção tecnológica utilizadas pelos titulares

---

[1593] SCHRICKER/LOEWENHEIM 1999, 1125-6.
[1594] LEHMANN 1997, 371 (c/ anotação à decisão do BGH *Dongle-Umgehung*, 9/11/1995).
[1595] HOEREN 2006, 12; tb. OLIVEIRA ASCENSÃO 2006a, 156.
[1596] GINSBURG 1999a, 142 s.

de direitos de autor para protegerem as suas obras. Considera-se que se trata apenas de "auxílios tecnológicos" à protecção dos direitos, embora acabem por ter um efeito de alargar o seu âmbito de protecção, na medida em que cortam as excepções do exclusivo no ambiente em rede.

a) Protecções técnicas de controlo de reprodução e de controlo de acesso

Com efeito, a DMCA divide as medidas tecnológicas em duas categorias: por um lado, as medidas que impedem o acesso não autorizado à obra protegida pelos direitos de autor (1); por outro, as medidas que impedem a sua reprodução (em sentido amplo, abrangendo todos os direitos exclusivos do autor, incluindo a distribuição e a comunicação ao público) não autorizada (2). Apesar de a distinção entre medidas anti-cópia e medidas anti--acesso não ser isenta de dificuldades[1597], só são abrangidos pela proibição os dispositivos ou serviços que sejam destinados ou produzidos principalmente para fins de neutralização e que sejam colocados no mercado para esses fins, não sendo imposta aos produtores de equipamentos electrónicos de consumo, telecomunicações ou informática nenhuma obrigação de, nessa medida, configurarem os seus produtos. Todavia, os gravadores de cassetes de vídeo analógicos devem ser configurados de modo a conformarem-se com certas tecnologias, habitualmente conhecidas por *Macrovision*, de uso corrente para impedir a reprodução de cassetes vídeo e certos sinais analógicos; a mesma norma proíbe os titulares de direitos de aplicarem estas tecnologias à televisão livre.

b) Excepções à proibição de contornar as protecções técnicas

Em certas circunstâncias, são proibidas a produção ou venda de dispositivos ou a prestação de serviços que são utilizados para contornar estas categorias de medidas tecnológicas. No que respeita ao acto de neutralização em si mesmo, a norma proíbe a neutralização da primeira categoria de medidas tecnológicas, mas já não as segundas, isto é, proíbe a neutralização das medidas tecnológicas que impedem o acesso não autorizado à obra, mas já não proíbe a neutralização de medidas tecnológicas que impedem a sua reprodução (em sentido amplo) não autorizada.

[1597] REESE 2003, 619.

i. A consagração do direito de acesso

Esta distinção (acesso/utilização) foi utilizada para assegurar que o público pudesse continuar a fazer *fair use* das obras protegidas pelos direitos de autor. Pelo contrário, entendendo-se que o *fair use* não constitui justificação para o acto de obter acesso não autorizado a uma obra, é proibido o acto de neutralização de uma medida tecnológica de controlo de acesso. Sustenta-se, por isso, que a DMCA consagrou um novo direito no catálogo de direitos do *copyright*: o direito de acesso, senão mesmo o direito de "experienciar obras".[1598]

O titular dos direitos pode controlar o acesso à obra mediante sistemas técnicos e, se não for paga a devida remuneração, o serviço pura e simplesmente é cortado: "assim como a empresa de telefones pode hoje cortar a linha de um cliente que não paga a sua factura, também os proprietários da caixa mágica celestial (*juke-box celestial*) poderão barrar o acesso a quem não pagar o preço de entrada."[1599] Seria este um sinal claro da passagem do modelo da propriedade ao modelo do acesso, por via do contrato de acesso[1600], que a lei norte-americana UCITA (*Uniform Computer Information Transactions Act*) define como contrato destinado a obter, através de meios electrónicos, o acesso a, ou informação de, um sistema de tratamento das informações de um outro sujeito, ou o equivalente a tal acesso (sec. 102(a)(1)).

ii. Crítica à limitação do *fair use*

Todavia, a limitação do âmbito de aplicação da liberdade de *fair use* foi criticada por não permitir outros usos considerados legítimos para além das excepções expressamente previstas. Recordando-se a obra de Humberto Eco, *O Nome da Rosa*, dir-se-ia que o acesso às obras passaria a estar "envenenado".[1601]

Para além de uma excepção de âmbito geral para fins de defesa e segurança pública, são previstas certas excepções relativas às medidas de controlo de acesso às obras, que ficam sujeitas a um procedimento de decisão administrativa em ordem a avaliar o seu impacto. Trata-se de excepções para instituições de educação, arquivo ou bibliotecas não lucrativas (1), descompilação ou engenharia regressiva de software para fins de interoperabilidade (2), investigação de métodos criptográficos para identificação de falhas e vulnerabilidades de tecnologias de encriptação (3), protecção de

---

[1598] GINSBURG 2003b, 113; BESEK 2004, 512 ("experiencing copyrighted works").
[1599] GOLDSTEIN 1994, 279.
[1600] RIFKIN 2000b, 190-1.
[1601] DIAS PEREIRA 1999a, 502.

menores (4), protecção da privacidade pessoal relativamente à recolha ou disseminação de informação sobre as actividades em linha de uma pessoa humana (5) e, finalmente, para teste de segurança (6). A lei norte-americana ressalvou expressamente estas situações de modo a evitar, nomeadamente, que a protecção das medidas tecnológicas impedisse o desenvolvimento da tecnologia (criptografia) necessária ao funcionamento das protecções técnicas.[1602]

As sanções previstas nesta lei são especialmente gravosas. Por um lado, a proibição de neutralização das protecções técnicas constitui ofensa criminal se for cometida com dolo e para fins de vantagem comercial ou ganho financeiro privado, com penas até $ 500,000 de multa ou até 5 anos de prisão, pela primeira prática do crime, e até $ 1,000,000 de multa ou 10 anos de prisão, em caso de reincidência. É caso para dizer que esta lei estabeleceu portagens e multas pesadas para as auto-estradas da informação.

Todavia, as bibliotecas não lucrativas, os arquivos e as instituições de ensino são inteiramente isentas de responsabilidade criminal, tendo também direito à completa remissão dos danos causados em caso de violações não culposas (não sabendo nem tendo qualquer razão para saber que os seus actos constituiriam violação).

c) *Concretização jurisprudencial*

A jurisprudência americana tem aplicado a lei de modo favorável às pretensões dos titulares de direitos. No caso *Universal City Studios, Inc. v. Reimerdes* (S.D.N.Y., January 14, 2000, 82 F. Supp. 2d 211), o arguido foi considerado responsável por violação dos direitos de autor em virtude de ter colocado em rede o DeCSS, um descodificador para o *Content Scramble System* (CSS) usado para codificar filmes em DVDs e assim tornar possível a sua execução no ambiente Linux, um software de fonte aberta. O Tribunal rejeitou o argumento do Réu de que a condenação impediria o *fair use* do material descodificado.[1603]

No caso *United States of America v. Elcom Ltd. a/k/a ElcomSoft Co. Ltd, and Dmitry Sklyarov*, o tribunal condenou criminalmente o russo Dmitry devido a neutralização de medidas técnicas de protecção de software de livros electrónicos comercializado pela empresa *Adobe Systems Inc.*, uma vez que a neutralização do programa, apesar de legal segundo a lei russa, é proibida pelas medidas anti-neutralização da DMCA.[1604]

[1602] MILLER/DAVIS 2000, 339.
[1603] Cfr. LEMLEY/MENELL/MERGES/SAMUELSON 2003, 751-4.
[1604] OMPI/WIPO 2002, 54s; tb. EATON-SALNERS 2004, 272.

2. As protecções técnicas nas directivas comunitárias e na legislação interna

2.1. Da "protecção periférica" na Directiva 91/250 à "protecção nuclear" na Directiva 2001/29

A nível comunitário, o problema da protecção jurídica de sistemas técnicos de protecção e identificação começou por ser abordado no Livro Verde de 1988, no qual foram ponderadas soluções contra a pirataria. Já então se tinha em conta que a utilização destes dispositivos técnicos poderia "afectar o equilíbrio de interesses entre titulares de direitos, produtores de equipamento e consumidores".[1605]

a) As regras suaves de protecção jurídico-tecnológica do software

A Directiva 91/250 adoptou uma abordagem suave ao problema da tutela jurídica das medidas tecnológicas de protecção, estabelecendo *protecções periféricas* ou "direitos de flanco"[1606] contra quem coloque em circulação ou possua, para fins comerciais, uma cópia de um programa de computador, conhecendo ou não podendo ignorar o seu carácter ilícito, ou de meios cujo único objectivo seja facilitar a supressão não autorizada ou a neutralização de qualquer dispositivo técnico (os chamados *dongles*, *hardlocks* ou, de um modo geral, *copyright busting devices*) eventualmente utilizado para a protecção de um programa (art. 7.º).

A legislação portuguesa prevê a possibilidade de apreensão de dispositivos em comercialização que tenham por finalidade exclusiva facilitar a supressão não autorizada ou a neutralização de qualquer salvaguarda técnica eventualmente colocada para proteger um programa de computador ou uma base de dados (DL 251/94, art. 13.º, 2; DL 122/2000, art. 19.º, 2). De notar, porém, que a lei portuguesa do software não estabelece expressamente a adopção de medidas contra as pessoas que estejam na posse, para fins comerciais, de uma cópia de um programa de computador, conhecendo ou não podendo ignorar o seu carácter ilícito. Pode dizer-se, por isso, que a lei interna não cumpre integralmente a obrigação imposta pela directiva comunitária (art. 7.º, 1-b)[1607], embora a jurisprudência chegue ao mesmo resultado por outras vias.

[1605] COM(88) 172 final, 100-8.

[1606] WANDTKE/BULLINGER/*WANDTKE/OST* 2006, 1229 («Bei dem Umgehungsschutz handelt es sich (...) um ein das Urheberrecht *flankierendes Recht*.»).

[1607] LOURENÇO MARTINS 2004, 452.

b) As regras duras da protecção jurídico-tecnológica dos direitos de autor na sociedade da informação

Ao invés da "abordagem suave" da Directiva 91/250, a Directiva 2001/29 parece encontrar nas possibilidades da técnica um *prolongamento natural dos poderes jurídicos* conferidos pelos direitos de autor e conexos.[1608] Isto é, o titular de direitos de autor e conexos teria o poder absoluto de tapar e de demarcar a sua propriedade mediante aplicações criptográficas e estenográficas, enquanto ferramentas de autenticidade, integridade e confidencialidade das comunicações electrónicas.

Estes dispositivos técnicos apresentam interesse inegável para os titulares de direitos, já que reforçam a exclusividade jurídica através da exclusividade técnica. Aliás, mais do que reforços ou complementos aos direitos exclusivos, as protecções técnicas oferecem um sistema alternativo (*Ersatz*) aos direitos de autor.[1609] Nega-se, por isso, a introdução de um direito de acesso[1610] e aponta-se o perigo de "subversão" do regime legal do direito de autor através das medidas tecnológicas de protecção, defendendo-se de *jure condendo* o primado das excepções e limitações sobre a utilização de medidas tecnológicas de protecção.[1611]

Com efeito, os direitos de autor também acolhem outros valores, como a liberdade de informação e de expressão, que impõem limites à propriedade intelectual, quer quanto ao objecto, quer quanto ao conteúdo de protecção. Disso se dá conta a a directiva comunitária, considerando que a educação e o ensino justificam excepções aos direitos (cons. 14).

c) A proibição geral de neutralização das protecções técnicas

A Directiva 2001/29 estabeleceu um regime geral de protecção jurídica das protecções técnicas, baseado nas regras dos novos Tratados OMPI de 1996 (arts. 11.º e 12.º do Tratado OMPI sobre direito de autor e arts. 18.º e 19.º do Tratado OMPI sobre direitos conexos). É entendimento geral que esta protecção não se aplica aos programas de computador, que são objecto de um regime "não tão abrangente".[1612] De acordo com o preâmbulo, a protecção jurídica das medidas de carácter tecnológico estabelecida pela Directiva 2001/29 "não deverá ser aplicável à protecção das medidas"

[1608] DIAS PEREIRA 2005a, 454.
[1609] GOLDSTEIN 1997, 865.
[1610] OLIVEIRA ASCENSÃO 1999a, 165.
[1611] MOURA VICENTE 2006a, 176, 178.
[1612] WANDTKE/BULLINGER/*WANDTKE*/Ost 2006, 1230.

utilizadas em relação a programas de computador, exclusivamente prevista na Directiva 91/250 (cons. 50, 2.º per.).

Ora, como reforço da protecção dos direitos, a Directiva 2001/29 estabelece a protecção jurídica adequada contra a neutralização de qualquer medida eficaz de carácter tecnológico por pessoas que saibam ou devam razoavelmente saber que é esse o seu objectivo (art. 6.º, 1), isto é, que actuem com dolo ou negligência grosseira.[1613] O mesmo vale para a protecção das informações para a gestão electrónica dos direitos (art. 7.º).

A neutralização consiste fundamentalmente em contornar (em inglês, *circumventing*) uma protecção técnica que impede a cópia da (ou que controla o acesso à) obra ou outro material protegido com vista à sua utilização não autorizada pelo titular de direitos.

i. Eficácia das protecções técnicas

As medidas de carácter tecnológico são definidas como quaisquer tecnologias, dispositivos ou componentes que, durante o seu funcionamento normal, se destinem a impedir ou restringir actos, no que se refere a obras ou outro material, que não sejam autorizados pelo titular de um direito de autor ou direitos conexos previstos na lei ou do direito *sui generis* do fabricante de base de dados (art. 6.º, 3). A protecção só abrange as *medidas técnicas eficazes*, i.e. quando a utilização da obra ou de outro material protegido seja controlada pelos titulares dos direitos através de um controlo de acesso ou de um processo de protecção, como por exemplo a codificação, cifragem ou qualquer outra transformação da obra ou de outro material protegido, ou um mecanismo de controlo da cópia, que garanta a realização do objectivo de protecção (art. 6.º, 3). Esta noção de medidas de carácter tecnológico eficazes parece trazer implicitamente um direito de controlar o acesso para utilização.[1614]

Todavia, a eficácia da medida técnica não significa que esta seja insusceptível de neutralização, sob pena de a protecção não ter objecto. Além disso, mesmo que a protecção técnica tenha sido quebrada, pode ainda continuar a ser considerada eficaz, já que a medida da eficácia deverá reger-se pelo critério do utilizador médio normal e não pelo *hacker* ou perito em sistemas de informação, ficando todavia para a jurisprudência, tendo em conta a evolução da tecnologia, a determinação concreta da eficácia das medidas.[1615]

[1613] LEHMANN 2003, 528 ("gross negligence).
[1614] SPINDLER 2002, 116; WANDTKE/BULLINGER/*WANDTKE/OST* 2006, 1231-2.
[1615] C/ ref. concordantes da literatura germânica, id. ibid., 1238.

ii. Proibição da exploração comercial de actividades relacionadas com a neutralização

A protecção jurídica aplica-se também contra o fabrico, a importação, a distribuição, a venda, o aluguer, a publicidade para efeitos de venda ou de aluguer, ou a posse para fins comerciais de dispositivos, produtos ou componentes ou as prestações de serviços que sejam promovidos, publicitados ou comercializados para neutralizar a protecção, ou que só tenham limitada finalidade comercial ou utilização para além da neutralização da protecção, ou sejam essencialmente concebidos, produzidos, adaptados ou executados com o objectivo de permitir ou facilitar a neutralização da protecção de medidas de carácter tecnológico eficazes (art. 6.º, 2).

Ao contrário da mera neutralização das proibições técnicas, a proibição destes actos (preparatórios) não depende de o agente saber ou dever razoavelmente saber o fim a que se destinam os referidos dispositivos.[1616] Além disso, sendo estes dispositivos programas de computador, o regime das protecções técnicas dos direitos de autor coloca limites no sector da criação e da comercialização de software. Ora, sendo os programas de computador considerados obras literárias no direito comunitário, o regime das protecções técnicas seria uma forma de censura relativamente à criação de software. Não obstante, trata-se de um domínio de crescente importância comercial, com especial relevo no domínio dos videogames, como mostram a decisão *Sony Computer* de 19 de Julho de 2004 da jurisprudência britânica, considerando que a concepção, produção e distribuição de chips para as consolas de jogos infringe os direitos de autor sobre os jogos, bem como a decisão *Mod-Chips* de 3 de Setembro de 2007, da Corte Suprema di Cassazione, julgando ilícita, face à lei dos direitos de autor, a distribuição de chips de modificação das consolas de videojogos da PlayStation 2, em termos que neutralizam as medidas técnicas instaladas nas consolas para protecção dos videojogos.

d) *Da protecção tecnológica dos direitos previstos por lei à protecção jurídica da protecção tecnológica* qua tale?

Um aspecto decisivo deste regime é o facto de a protecção jurídica das protecções técnicas ser limitada a actos abrangidos pelos direitos exclusivos previstos por lei, não devendo por isso alargar os direitos existentes nem criar mais direitos do que os legalmente previstos.[1617] Por essa razão,

---

[1616] TRITTON 2002, 371.
[1617] DUSOLLIER 2003, 71 ("Her exclusive rights stop where the exception starts.").

entende-se que a neutralização das medidas técnicas não constitui, enquanto tal, uma violação dos direitos de autor.[1618] No Reino Unido, entende-se que a protecção jurídico-tecnológica estabelecida na secção 296ZA do CDPA, introduzida pela Lei de 2003 (*Copyright and Related Rights Regulations*) em transposição do regime da Directiva 2001/29, não será extensível aos actos permitidos.[1619]

i. A neutralização das excepções aos direitos de autor através das protecções técnicas?

Compreende-se mal, por isso, que só relativamente a algumas excepções ou limitações previstas no art. 5.º, 2 e 3, devam os titulares de direitos colocar à disposição dos beneficiários dessas excepções meios que lhes permitam beneficiar dessa excepção ou limitação. E menos ainda se compreende que esses meios só se justifiquem na falta de medidas voluntárias tomadas pelos titulares de direitos, nomeadamente acordos com outras partes interessadas, e que se trate de beneficiários que tenham legalmente acesso à obra ou a outro material protegido em causa (art. 6.º, 4, 1.º parágrafo). Fala-se em "*fair use* by design"[1620], mas parece-nos que se trata verdadeiramente de uma contradição da directiva, ao "tirar com uma mão o que tinha dado com a outra".[1621]

Quanto à cópia privada, quando permitida pela legislação nacional, os titulares de direitos podem controlar o número de reproduções efectuadas (art. 6.º, 4, 2.º parágrafo). No domínio das licenças de acesso a obras ou outro material, colocado à disposição do público, por fio ou sem fio, por forma a que seja acessível a qualquer pessoa a partir do local e no momento por ela escolhido, os Estados-membros não poderão tomar medidas para assegurar que os beneficiários das excepções delas possam tirar partido (art. 6.º, 4, 4.º parágrafo), gerando-se a "absoluta"[1622] *propriedade tecnodigital*, que oportunamente anunciámos.[1623]

Esta admirável "propriedade tecnodigital" está a servir de instrumento de apropriação da informação do domínio público, a controlar o acesso à informação e a liberdade de expressão nas comunicações electrónicas.[1624]

[1618] WANDTKE/BULLINGER/*WANDTKE/OST* 2006, 1231, 1240; LAPORTE-LEGEAIS 2007, 24.
[1619] DAVIS 2005, 153 ("It follows that protection will not (and should not) extend to permitted acts.").
[1620] DUSOLLIER 2003, 75.
[1621] Cfr. GÓMEZ SEGADE 2001e, 1444.
[1622] REIBOTHE 2001, 741; SPINDLER 2002, 119.
[1623] DIAS PEREIRA 2001a, 787.
[1624] Id. 2001f, 93.

Ao "arame farpado"[1625] das protecções técnicas, a protecção jurídica destas protecções acrescenta, numa lógica de "tudo ou nada"[1626], a "electrificação da rede".[1627]

Com efeito, sustenta-se que a conjugação das protecções técnicas, das licenças de utilização final e dos regimes de protecção anti-neutralização "poderá conduzir a um novo 'direito de propriedade' que torna obsoleta a protecção pelos direitos de autor", abrangendo "a mera utilização ou consumo da obra".[1628] Reafirma-se a mudança de paradigma dos direitos de autor, no sentido de passarem a ter como protagonistas principais os agentes do mercado de bens de informação, nomeadamente produtores e consumidores[1629] e põe-se em causa a subsistência dos direitos de autor enquanto tais.[1630]

Muitos foram, aliás, os que compuseram um *requiem* aos direitos de autor no ambiente digital, contrastando com os que teceram elogios à sua natureza mutante, como vimos na nossa investigação sobre a adaptação dos direitos de autor ao novo paradigma tecnológico.[1631]

ii. A (in)constitucionalidade da propriedade tecnodigital absoluta

Seja como for, a constitucionalidade deste exclusivo absoluto suscita-nos as maiores dúvidas, já que eclipsa por completo todos os restantes valores em jogo (e.g. liberdade de expressão, de informação, de aprendizagem, etc.), especialmente quando em causa está o direito *sui generis* do produtor de bases de dados que não se apoia em qualquer contributo criativo.

Pode ser que esta nova forma de exploração económica das obras se torne o modelo de negócio predominante.[1632] Mas a promoção de novos modelos de negócios não pode ser feita exclusivamente à custa do domínio público. Falta a este direito absoluto um atributo do *ius excluendi omnes alios*, que é a sua existência e exercício dentro dos limites da lei. O que a

---

[1625] OLIVEIRA ASCENSÃO 2001a, 1197; REMÉDIO MARQUES 2003a, 349.
[1626] DAVIS 2005, 154.
[1627] DUSOLLIER 1999, 285.
[1628] BECHTOLD 2003, 162-5. Mas, ao contrário do que diz o autor (ibid., 166: "In Europe, until now the tension between copyright limitations and contractual arrangements has astonishingly not been discussed at great length") a questão não é nova na literatura europeia, incluindo a portuguesa, além de que se deve às directivas comunitárias a introdução de excepções imperativas em regimes de direitos de autor como direitos do utilizador.
[1629] WAGNER 2004, 726-7 ("Nicht mehr Autor und selbst kreativer Rezipient, sondern Informationsindustrie und Konsument bestimmen das Bild." – 732).
[1630] VINJE 2000, 551-9.
[1631] DIAS PEREIRA 2001a.
[1632] DUSOLLIER 2003, 75.

directiva dá com uma mão (as excepções aos direitos), tira depois com outra (a protecção das medidas técnicas). É de esperar que a jurisprudência, em sede de fiscalização concreta ou abstracta da constitucionalidade, ajuíze a conformidade do privilégio absoluto atribuído pela directiva comunitária com os princípios constitucionais.

O regime de protecção das protecções técnicas, se não cria novos direitos, pelo menos reforça os direitos existentes, tornando-os tecnologicamente ilimitados, salvo em casos contados, já que protege todos os dispositivos técnicos que impedem um acto não autorizado pelo autor, independentemente de ser ou não abrangido pelo seu direito exclusivo.[1633] Por isso, o texto da directiva é objecto de críticas, em virtude de as protecções jurídico-tecnológicas poderem sobrepor-se aos direitos de autor. Literalmente, a directiva não prevê "servidões de acesso"[1634] já que permite um "controlo *absoluto* sobre o acesso às obras", parecendo não ter em conta que "há acessos que se impõem ao titular do direito de autor".[1635]

Os interesses subjacentes a estes casos contados, que incluem a cópia privada, justificam, na óptica da directiva, que os EM adoptem medidas destinadas a permitir aos seus beneficiários delas tirar partido (art. 6.º, 4). É a reprodução em papel ou suporte semelhante por fotocópia ou semelhante, a reprodução por bibliotecas, estabelecimentos de ensino ou museus acessíveis ao público, gravações efémeras realizadas por organismos de radiodifusão, a reprodução de transmissões radiofónicas por instituições sociais tais como hospitais ou prisões. São ainda limitações para fins de ensino ou investigação científica, utilização a favor de pessoas portadoras de deficiências e utilização para efeitos de segurança pública ou para assegurar o bom desenrolar ou o relato de processos administrativos, parlamentares ou judiciais. Em qualquer caso, na condição de as utilizações não visarem a obtenção de vantagem económica ou comercial, directa ou indirecta (salvo para a reprografia), e geralmente em troca por uma compensação equitativa.[1636] De todo o modo, os EM só adoptarão estas medidas se os titulares de direitos não o fizerem voluntariamente, no sentido de cobrarem directamente a referida compensação, que será em regra devida.

Já no ambiente de rede, em que os titulares de direitos condicionem o acesso às obras a aceitação prévia de licenças de utilização (normalmente

---

[1633] Id. 2005, 150 («La directive «société de l'information (...) traduit parfaitement cette réservation sans limites»).
[1634] CORNU 2003, 29 ("servitude d'accès").
[1635] TRABUCO 2006, 661, 690.
[1636] CORNISH/LLEWELYN 2003, 811.

remuneradas), não há, na óptica da directiva, justificação para a adopção de medidas pelos EM no sentido de tornar possível aos beneficiários das excepções delas tirarem partido. Numa palavra, neste domínio não há excepções, salvo a exclusão dos actos de reprodução transitória (art. 5.º, 1), que permite a livre circulação em rede das obras e outros materiais protegidos em todo o mercado interno sem restrições de fronteiras nacionais, embora o princípio do país de origem previsto na Directiva 2000/31 ressalve os direitos de propriedade intelectual – o que terá consequências, desde logo em virtude das diferenças entre as leis nacionais em matérias de excepções e limites aos direitos.

iii. O possível recurso à acção directa para o exercício de excepções impedido por protecções técnicas

Não é certo que os beneficiários das excepções só poderão tirar partido delas através dos meios postos à sua disposição pelos Estados-membros. Esse é um passo que se acrescenta à protecção jurídica das protecções técnicas, que não o prevê. A protecção contra a neutralização dessas protecções só vale na medida dos direitos previstos por lei.

Pelo que se um beneficiário de uma excepção neutralizasse uma protecção técnica que lhe impede o exercício do seu direito, não existiria violação da protecção jurídica das protecções técnicas, ao menos na medida em que o Estado-Membro não tivesse colocado à sua disposição os meios para beneficiar da excepção. Nesse sentido poderia falar-se de um *right to hack* (*Selbsthilfe*)[1637], em termos de acção directa.

Contra a máxima *dura lex ex machina, sed lex*, defende-se que em algumas circunstâncias a Constituição pode exigir um direito *self-help* limitado, ou um "right to hack", que permita superar barreiras tecnológicas erguidas pelos privados contra o acesso a informação que a Constituição exige que seja publicamente acessível.[1638]

Mesmo que o recurso à acção directa seja problemático, deve reconhecer-se que em causa estará, pelo menos, uma colisão de direitos, para a qual o Código Civil fornece critérios (art. 335.º).[1639]

[1637] WANDTKE/BULLINGER/*WANDTKE*/OST 2006, 1252, 1257.
[1638] BURK/COHEN 2001, 52; DIAS PEREIRA 2001a, 515.
[1639] CAPELO DE SOUSA 2003, 218-9; MENEZES CORDEIRO 2005, 37s.

e) *A proibição de neutralização das protecções técnicas como terceiro círculo de protecção dos direitos de autor*

A protecção jurídica contra a neutralização (e actos afins) de medidas técnicas traduz-se num *terceiro círculo* de protecção.[1640] O primeiro círculo, composto pelos direitos de autor, é englobado por um segundo, que consiste na aplicação de medidas técnicas de protecção. Estas, só por si, poderão ser mais eficazes do que a protecção legal dos direitos de autor.

Mas, para além disso, a directiva estabelece um novo círculo de protecção, que se traduz na tutela jurídica das medidas tecnológicas de protecção dos direitos de autor.

i. Um direito de controlo de acesso?

A protecção anti-neutralização (art. 6.º, 1 e 2) destina-se às medidas eficazes, considerando-se como tais quando a utilização da obra for controlada através de um controlo de acesso ou de um processo de protecção, como, por exemplo, a codificação, cifragem ou qualquer outra transformação da obra ou de outro material protegido, ou um mecanismo de controlo da cópia, que garanta a realização do objectivo da protecção (art. 6.º, 3).

Todavia, muitos comentadores recusam-se a ver nesta noção um direito de controlar o acesso.[1641] Não obstante, por esta via, os beneficiários das limitações aos direitos de autor também não teriam direitos de acesso. Este seria um campo livre de direito, que os titulares de direitos poderiam explorar livremente segundo as possibilidades da técnica.

O preâmbulo da Directiva 2001/29 refere que a proibição de neutralização de medidas tecnológicas eficazes não afecta a proibição de posse privada de dispositivos, produtos ou componentes destinados a neutralizar medidas de carácter tecnológico, que se entende ser matéria da legislação nacional (cons. 49). Nesse sentido, o acesso não autorizado para uso privado não seria abrangido pela proibição geral da directiva. Todavia, o preâmbulo refere-se apenas à posse privada de dispositivos de neutralização de protecções técnicas, já não à sua utilização efectiva, que será abrangida pela proibição do acto de neutralização, quer seja praticado por um consumidor quer por um comerciante.[1642]

[1640] DIAS PEREIRA 2005a, 463; tb. Dusollier 2005, 150 («la triple couche de protection»).
[1641] E.g. HOEREN 2006, 18 ("There is no such thing as an access right in copyright law").
[1642] CORNISH/LLEWELYN 2003, 810.

ii. Direitos de autor, serviços de acesso condicional e interoperabilidade

A protecção das medidas técnicas não prejudica outra legislação aplicável, nomeadamente não prejudica a protecção dos serviços de acesso condicional (cons. 60, art. 9.º). Com efeito, para além das medidas de protecção dos direitos de propriedade intelectual, a ordem jurídica comunitária sentiu necessidade de atribuir protecção aos serviços de acesso condicional, mediante a adopção da Directiva 98/84[1643] (regime tranposto pelo DL 287/2001, 8/11, agora incorporado na Lei das comunicações electrónicas – Lei 5/2004, 10/2).

Um problema que se suscita a propósito disto é a interferência destas medidas técnicas de protecção com os equipamentos electrónicos. Considera-se que tal protecção não pode "impedir o funcionamento normal dos equipamentos electrónicos e o seu desenvolvimento tecnológico", nem "deverá causar obstáculos à investigação sobre criptografia" (cons. 48), que está na base de outras aplicações tecnológicas no domínio das comunicações electrónicas como as assinaturas electrónicas (Directiva 1999/93, DL 290--D/99, 2/8, art. 2.º), os serviços de acesso condicional (Directiva 98/84, Lei 5/2004, 10/2, art. 104.º) ou a moeda electrónica (Directiva 2000/28, DL 42//2002, 2/3). Isto tem o efeito de imunizar o mercado dos equipamentos electrónicos relativamente a essas medidas de protecção técnica. Não quer isto dizer que os equipamentos electrónicos possam ser produzidos e comercializados em termos de permitirem principal ou exclusivamente a neutralização de tais medidas técnicas. Entram em jogo as tecnologias multi-usos, que podem servir tanto para fins lícitos como para fins ilícitos, incluindo os programas de partilha de ficheiros (P2P). De todo o modo, é criticável que a liberdade de investigação de software não tenha sido ressalvada para fins de desenvolvimento da criptografia, tal como prevê a lei norte-americana DMCA, tendo em conta a sua importância para o funcionamento das próprias protecções técnicas.[1644]

Por outro lado, o preâmbulo da Directiva 2001/29 refere que a protecção das medidas técnicas não deve impedir o desenvolvimento de meios técnicos necessários para permitir a realização de actos em conformidade com o n.º 3 do artigo 5.º ou com o artigo 6.º da Directiva 91/250 (cons. 50). Neste considerando esclarece-se, *in fine*, que: "Os artigos 5.º e 6.º dessa

---

[1643] HELBERGER 2005.
[1644] MILLER/DAVIS 2000, 339 ("One objection to this heightened protection for these 'technological measures' is that it may hinder the progress of the very area of technology – encryption – necessary for it to work.").

directiva apenas determinam excepções aos direitos exclusivos aplicáveis a programas de computador."

Donde se poderia retirar, nomeadamente, que o direito à cópia de segurança não valeria para as obras literárias em geral. Mas trata-se, apenas, de um considerando do preâmbulo, que só por si não impede a aplicação analógica do direito à cópia de segurança de programas de computador às outras obras literárias.

Mas não se compreende bem que a descompilação para fins de interoperabilidade de sistemas seja apenas mencionada no preâmbulo da directiva, tendo em conta a sua importância no contexto das comunicações electrónicas e, em especial, dos sistemas de gestão electrónica de direitos.[1645] Desta importância dá conta a Directiva 2001/29 no preâmbulo, referindo-se à importância de promover a compatibilidade e interoperabilidade de sistemas técnicos de identificação de obras e outros materiais (ECMS) e incentivando os autores a marcarem as obras no sentido de especificarem a sua autorização de introdução em redes e protegendo esses sistemas (cons. 54 a 56).

De todo o modo, a ressalva da descompilação como um acto permitido por lei não justificará a proibição de actividades de fabrico ou distribuição de dispositivos ou a prestação de serviços, com importância comercial limitada, que permitam ou facilitem a neutralização de qualquer medida de carácter tecnológico destinada a proteger o programa contra a descompilação, nos termos em que esta é permitida.[1646] Sem prejuízo de uma solução técnica e na medida em que esta não fosse possível, defendeu-se a criação de "um organismo de depósito através do qual seriam obtidas as informações necessárias, sob reserva de certas condições, tal como a prova de interesse legítimo."[1647]

Esta solução de depósito de chaves ou códigos junto de um organismo público (*key escrow*), inicialmente defendida para o *software* em especial, foi a solução adoptada por vários Estados-membros de modo a tornar possível que os beneficiários de excepções aos direitos de autor delas possam efectivamente tirar partido relativamente a obras tecnicamente protegidas.

f) Natureza dos limites aos direitos de autor e protecções técnicas

Enquanto no regime dos programas de computador a directiva comunitária atribuiu expressamente direitos imperativos aos utilizadores – direitos

---

[1645] VÄLIMÄKI/OKSANEN 2006, 562.
[1646] LUCAS 1997, 352.
[1647] LEHMANN 1997, 370.

esses que justificam inclusivamente actos de neutralização de medidas técnicas de protecção –, já na directiva sobre direitos de autor na sociedade da informação não é certo que essa atribuição se tenha verificado.

i. Medidas obrigatórias para excepções facultativas

O mais que a directiva prevê é a obrigação de os Estados-membros estabelecerem medidas para que os titulares de direitos forneçam aos beneficiários dessas excepções ou limitações meios adequados que lhes permitam beneficiar das mesmas. Isto é, os titulares de direitos devem colocar à disposição dos beneficiários das excepções que tenham legalmente acesso à obra ou a outro material protegido em causa os meios que lhes permitam beneficiar dessa excepção, sem prejuízo de poderem, quanto à copia privada, definir o número de cópias (art. 6.º, 4). O regime da cópia privada, em articulação com as medidas técnicas de protecção, aplica-se às directivas 92/100 (agora 2006/15) e 96/9 (art. 6.º, 4, 5.º par.).

Entende-se que a directiva terá deixado aos Estados-membros a liberdade de decidirem não apenas a liberdade de cópia privada mas também a possibilidade de esta prevalecer contra as medidas técnicas de protecção.[1648] E, com base nisso, o legislador alemão optou pela resposta negativa relativamente à segunda questão, solução esta que é apontada como a "despedida da cópia privada" e que tem recebido muitas críticas por não ressalvar utilidades sociais da cópia privada que seriam permitidas à luz da regra internacional dos três passos[1649], além de contrastar com a via seguida por outros Estados-membros, nomeadamente os países latinos, que terão feito uma interpretação diferente da directiva.

Mas não é certo que a Directiva 2001/29 seja neutral em matéria de prevalência da cópia privada sobre as protecções técnicas. Ao impor aos titulares de direitos o dever de fornecerem aos beneficiários das excepções ou limitações (por ex., os deficientes – art. 5.º, 3-b, e cons. 43) meios adequados que lhes permitam beneficiar das mesmas, a directiva terá consagrado um mecanismo de execução específica, cuja configuração deixa todavia à legislação nacional, sem deixar de apontar a possibilidade de novas formas jurídicas de resolução de litígios relativos ao direito de autor e direitos conexos (cons. 46), numa alusão clara aos mecanismos alternativos de resolução de litígios (que as mais das vezes se têm traduzido, entre nós, em mecanismos administrativos).

[1648] PICHLMAIER 2003, 913.
[1649] SENFTLEBEN 2003, 914-9.

Tanto mais que a directiva estabelece que as medidas de carácter tecnológico aplicadas voluntariamente pelos titulares de direitos, incluindo as aplicadas em execução de acordos voluntários, e as medidas de carácter tecnológico aplicadas em execução das medidas tomadas pelos Estados- -membros devem gozar da protecção jurídica prevista no n.º 1 (art. 6.º, 4, 3.º par.).

ii. Direitos de utilização livre

Ao dispor que os Estados-membros que consagrem determinadas excepções permitidas pela directiva devem também assegurar que os beneficiários destas excepções delas possam tirar partido mesmo contra medidas técnicas de protecção utilizadas pelos titulares de direitos (art. 6.º, 4), a Directiva 2001/29 não deixa de tomar posição sobre o valor destas excepções, no sentido de as conceber como um "Recht auf Nutzung"[1650].

Sumariamente, prevalecem contra as medidas técnicas de protecção as seguintes excepções: reprografia em suporte analógico (salvo de partituras), mesmo que com fins comerciais (1); reprodução em arquivos, bibliotecas, estabelecimentos de ensino ou museus acessíveis ao público, sem fins comerciais (2); gravações efémeras de obras realizadas por organismos de radiodifusão para as suas emissões e para arquivo oficial documental (3); reproduções de transmissões radiofónicas realizadas por instituições sociais, como hospitais ou prisões (4); utilização – reprodução e/ou comunicação pública – para fins de ilustração no ensino ou investigação científica, por pessoas portadoras de deficiências, e para fins de segurança pública ou para assegurar o bom desenrolar ou o relato de processos administrativos, parlamentares ou judiciais (5); e reprodução para uso privado por pessoa singular e sem fins comerciais, salvo se já fornecida ou possibilitada pelo titular de direitos – que tem direito a uma compensação equitativa –, embora com exclusão da reprodução para uso privado a partir de obras acessíveis em rede mediante licenciamento (6).

Este "mecanismo ardiloso de salvaguarda das excepções e limitações"[1651] deixa vários problemas em aberto. Desde logo, não é certo que a lista seja taxativa, i.e. que os Estados-membros não possam estabelecer a imperatividade anti-tecnológica de outras excepções. Além disso, a Directiva 2001//29 estabelece que os titulares de direitos que apliquem medidas técnicas devem permitir o exercício efectivo destas excepções aos direitos pelos

---

[1650] SPINDLER 2002, 117.
[1651] TRABUCO 2006, 544.

respectivos beneficiários, deixando todavia aos Estados-membros a definição dos métodos e meios para esse exercício efectivo.

Isto foi considerado uma "falha" da directiva[1652], embora nos pareça que tal não contraria a índole das directivas, que nessa medida se distinguem dos regulamentos. De todo o modo, para superar essa dificuldade sustenta-se com razão que a legislação nacional deveria estabelecer um prazo para a acção dos titulares de direitos, findo o qual o Estado tomaria medidas adequadas no sentido de os beneficiários das excepções delas poderem efectivamente tirar partido.[1653]

2.2. A protecção jurídico-tecnológica no Código do Direito de Autor (L 50/2004)

A Lei 50/2004 introduziu o regime das protecções técnicas no Código do Direito de Autor, aditando-lhe o título VI com a epígrafe "Protecção das medidas de carácter tecnológico e das informações para a gestão electrónica de direitos". Vamos considerar agora as protecções técnicas.

a) Protecção jurídica das medidas tecnológicas

Para começar, é prevista a protecção jurídica dos titulares de direitos de autor e conexos e do direito *sui generis* do fabricante de base de dados contra a neutralização de qualquer medida eficaz de carácter tecnológico (art. 217.º, 1). Esta protecção não abrange os programas de computador, que são alvo de um regime mais suave (DL 252/94, art. 13.º, 2), mas já inclui as bases de dados. Curiosamente, a lei utiliza agora a terminologia direito *sui generis* quando na transposição da Directiva 96/6 o designou como direito especial (DL 122/2000, Cap. III, art. 12.º).

i. Direitos de autor e acesso reservado

Em termos não inteiramente coincidentes com os da directiva, a lei define as medidas de carácter tecnológico como toda a técnica, dispositivo ou componente que, no decurso do seu funcionamento normal, se destine a impedir ou restringir actos relativos a obras, prestações e produções produzidas, que não sejam autorizados pelo titular dos direitos de propriedade intelectual (art. 217.º, 2).

[1652] GUIBAULT/HUGENHOLTZ 2006, 4.
[1653] DUSOLLIER 2003, 71.

Esta noção omite a referência a direitos "previstos por lei" estabelecida na directiva, mas não nos parece que tal se possa interpretar no sentido de se tratar de uma protecção para além dos direitos legalmente previstos. É necessário atender ao n.º 1 que refere a protecção jurídica dos titulares de direitos, pelo que as protecções técnicas serão protegidas enquanto protecção desses direitos.

Mais criticável é o facto de a lei ter estabelecido que não se devem considerar como medidas de carácter tecnológico um protocolo, um formato, um algoritmo, ou um método de criptografia, de codificação ou de transformação (art. 217.º, 2, *in fine*). Com efeito, isto parece ser contraditório com a caracterização da eficácia das medidas constante do n.º 3 desse preceito, nos termos do qual as protecções técnicas são consideradas eficazes quando a utilização da obra, prestação ou produção protegidas seja controlada pelos titulares de direitos mediante a aplicação de um controlo de acesso ou de um processo de protecção como, entre outros, a codificação, cifragem ou outra transformação da obra, prestação ou produção produzidas, ou um mecanismo de controlo da cópia, que garanta a realização do objectivo de protecção.

Aparentemente, o legislador não terá querido "deixar à doutrina e à jurisprudência a dilucidação do problema".[1654] Mas, como poderão aquelas medidas ser eficazes se não são consideradas, desde logo, medidas?

Também nos parece que terá existido um lapso na redacção da lei.[1655] Mas é significativo que a lei francesa n.º 2006-961, de 1 de Agosto de 2006, tenha estabelecido, de igual modo, que um protocolo, um formato, um método de encriptação, de codificação ou de transformação não constitui, enquanto tal, uma medida técnica para efeitos do regime das medidas técnicas de protecção (CPI, art. 331-5, 3). Talvez se possa salvar a lei dizendo que os protocolos, formatos ou métodos, enquanto tais, não são medidas técnicas, sendo necessária para o efeito a sua implementação num concreto programa de computador.

De referir ainda que é entendimento geral que caberá ao titular de direitos alegar e provar a eficácia das protecções técnicas, as quais não incluem as proibições contratuais.[1656]

[1654] N. Gonçalves 2006, 255.
[1655] Lopes Rocha 2005, 75-7.
[1656] Wand 2001, 109; Wandtke/Bullinger/*Wandtke/Ost* 2006, 1231.

ii. Um direito moral de tapagem técnica das obras?

Numa medida original, a lei interna estabelece que a aplicação de medidas tecnológicas de controlo de acesso é definida de forma voluntária e opcional pelo detentor dos direitos de reprodução da obra, enquanto tal for expressamente autorizado pelo seu criador intelectual (art. 217.º, 4). Isto é, sujeita a autorização do criador intelectual a exploração da obra com recurso a protecções técnicas, o que reforça o poder negocial dos autores junto dos editores, produtores e outros operadores do mercado.[1657] Todavia, ao mesmo tempo, introduz um custo de transacção significativo.

Uma maneira de salvar este direito é considerá-lo um direito moral. De outro modo, faz pouco sentido que o titular dos direitos económicos não possa explorar livremente a obra, com ou sem recurso a protecções técnicas. De resto, embora a generosidade da solução legal possa tornar a ordem jurídica portuguesa apetecível, em termos de jurisdição internacional, a autores com maior poder negocial, a verdade é que também não se compreende que o referido direito de controlo de acesso possa ser exercido pelo titular do direito de reprodução da obra e já não pelo titular do direito de comunicação ao público, sobretudo quando está em causa a exploração de obras no contexto de serviços de acesso condicional, os quais também gozam, enquanto tais, de protecção jurídica contra dispositivos ilícitos nos termos da Lei das Comunicações Electrónicas (L 5/2004, 10/2, art. 104.º). Em França, o novo art. L 122-7-1 CPI, introduzido pela lei n.º 2006-961, de 1 de Agosto de 2006, estabelece mais moderadamente que o autor é livre de colocar as suas obras gratuitamente à disposição do público, sem prejuízo dos direitos de eventuais co-autores de terceiros bem como no respeito pelos acordos que tenha celebrado.

iii. Protecção jurídico-tecnológica dos direitos de autor e protecção dos serviços de acesso condicional (L 5/2004)

A protecção dos serviços de acesso condicional parece sobrepor-se à protecção das medidas técnicas em matéria de direitos de autor e conexos. Todavia, a Lei 5/2004 não se aplica aos serviços da sociedade da informação que não consistam total ou principalmente no envio de sinais através de redes de comunicações electrónicas (art. 2.º, 1-a), tal como definidos pelo DL 58/2000, 18/4 (art. 2.º-b), ou seja, qualquer prestação de actividade, a distância (i.e. sem que as partes estejam simultaneamente presentes), por via electrónica (i.e. enviado da origem e recebido no destino através de

---

[1657] N. Gonçalves 2006, 255.

meios electrónicos de processamento e de armazenamento de dados que seja inteiramente transmitido, encaminhado e recebido por cabo, rádio, meios ópticos ou outros meios electromagnéticos) e mediante pedido individual do seu destinatário (i.e. fornecido por transmissão de dados mediante um pedido individualizado), geralmente mediante remuneração.

A Directiva 2000/31 oferece uma exemplificação positiva e negativa da noção comunitária de serviços da sociedade da informação, para a qual remete (art. 2.º-a, cons. 17 e 18), nomeadamente os serviços transmitidos ponto a ponto, como o vídeo a pedido ou o envio de comunicações comerciais por correio electrónico.

A protecção dos serviços de acesso condicional abrange qualquer serviço de televisão, de radiodifusão sonora ou da sociedade da informação, desde que prestado mediante remuneração e com base em acesso condicional, ou o fornecimento de acesso condicional aos referidos serviços considerado como um serviço em si mesmo (art. 104.º, 2-c). Como actividades ilícitas (art. 104.º, 1) são previstas o fabrico, a importação, a distribuição, a venda, a locação ou detenção, a instalação, a manutenção ou substituição, para fins comerciais, e ainda a utilização de comunicações comerciais para a promoção de dispositivos ilícitos, i.e. equipamentos ou programas informáticos concebidos ou adaptados com vista a permitir o acesso a um serviço protegido, sob forma inteligível, sem autorização do prestador do serviço (art. 104.º, 2-a)

iv. O direito de controlar o acesso à obra

Podemos afirmar, com alguma segurança, que a lei portuguesa inclui o direito de controlar o acesso à obra no conteúdo dos direitos de autor, ainda que na condição de a sua exploração ser feita com recurso a protecções técnicas. Se isso já era mais ou menos claro na directiva comunitária, face à noção de eficácia das protecções técnicas, a lei portuguesa não apenas consagrou esta noção como acrescentou no referido preceito o direito de controlo de acesso.[1658] No fundo, os direitos de autor são formatados segundo a lógica da protecção dos serviços de acesso condicional.[1659]

De todo o modo, parece-nos correcto o entendimento segundo o qual a "condicionalidade do acesso... é ainda um meio de protecção dos direitos dos autores, e não uma nova faculdade de cariz patrimonial a juntar às já

[1658] Cfr. LOPES ROCHA 2005, 75 (tal como já antes anunciara, Id. 1996, 84-5); contra, MOURA VICENTE 2006a, 161s; tb. WACHOWICZ 2005, 253.

[1659] CORNISH/LLEWELYN 2003, 809 ("The only question is whether the access has been authorised.").

existentes".[1660] Por outras palavras, o controlo de acesso é uma faculdade implícita do exclusivo de exploração económica, sujeitando-se por isso aos seus limites, ao invés de surgir como um novo direito económico cujas excepções seriam todas elas definidas de raiz.

v. Sanções

Quanto a sanções, a lei não acolheu o entendimento que propugnava a via da contra-ordenação, ao invés da sanção criminal e tendo em conta a solução do novo Código da Propriedade Industrial relativamente à descriminalização da concorrência desleal.[1661] Pelo contrário, a lei considerou a protecção jurídica das protecções técnicas como um ilícito autónomo digno de tutela penal, tendo embora, em contraste com a lei norte-americana e talvez em atenção aos nossos brandos costumes, estabelecido uma pena de prisão até 1 ano ou pena de multa até 100 dias – sendo a tentativa punível com multa até 25 dias –, para quem não estando autorizado, neutralizar qualquer medida eficaz de carácter tecnológico, sabendo disso ou tendo motivos razoáveis para o saber (art. 218.º).

Com penas mais reduzidas é punido quem, sem autorização, proceder ao fabrico, importação, distribuição, venda, aluguer, publicidade para venda ou aluguer, ou possuir para fins comerciais, dispositivos, produtos ou componentes ou preste serviços que sejam promovidos, publicitados ou comercializados para, ou só tenham limitada finalidade ou utilização para além da – ou sejam essencialmente concebidos, produzidos, adaptados ou executados com o objectivo de permitir ou facilitar a –, neutralização da protecção de uma medida eficaz de carácter tecnológico (art. 219.º). Entende-se que a técnica legislativa usada nestas normas sancionatórias "está eivada de anomalias quase palmares".[1662]

Não obstante, dada a sua natureza penal, abstemo-nos de desenvolver esta problemática, sem deixar de referir, não obstante, que estas sanções jurídico-penais estão na linha das soluções preventivas adoptadas em resposta aos desafios da chamada "sociedade de risco"[1663], sendo os computadores e as redes electrónicas de comunicações um "ambiente de risco" para os titulares de direitos de autor e conexos.[1664]

[1660] TRABUCO 2006, 728; cfr. OLIVEIRA ASCENSÃO 1999a, 165, e 2006a, 156; MOURA VICENTE 2006a, 176.
[1661] OLIVEIRA ASCENSÃO 2006b, 179.
[1662] LOURENÇO MARTINS 2004, 451 ("diploma com grandes deficiências técnicas na área sancionatória" – 467).
[1663] Sobre o tema, FIGUEIREDO DIAS 2001, 155.
[1664] DIAS PEREIRA 2000c, 289.

b) Limites à protecção jurídico-tecnológica

A protecção jurídica das protecções técnicas vale não apenas para a protecção dos titulares de direitos exclusivos mas também para a protecção dos beneficiários de utilizações livres, relativamente às medidas técnicas eficazes resultantes de acordos, decisões de autoridades ou da aplicação voluntária pelos titulares de direitos de autor e conexos destinadas a permitir essas utilizações livres aos beneficiários, nos termos previstos no Código (art. 220.º).

Isto remete-nos para o regime das limitações à protecção das medidas tecnológicas e o problema da natureza das excepções aos direitos.

i. Invalidade das cláusulas contratuais

A lei portuguesa fere de nulidade toda e qualquer cláusula contratual que vise eliminar ou impedir o exercício normal pelos beneficiários das utilizações livres previstas no art. 75.º, 1 a 3, embora ressalve a possibilidade de as partes acordarem livremente nas respectivas formas de exercício, designadamente no respeitante aos montantes das remunerações equitativas (art. 75.º, 5). Ou seja, as utilizações livres são consideradas imperativas, no sentido de que impõem limites à liberdade contratual. A questão que se coloca é saber se a lei também estabelece a imperatividade das utilizações livres relativamente à utilização de protecções técnicas. Isto será importante para aferir a licitude, por exemplo, de actos de navegação livre mediante motores de pesquisa ou hiperligações que contornem as protecções técnicas.[1665]

ii. Imperatividade anti-tecnológica de utilizações livres

Parece-nos que a Directiva 2001/29 tomou posição sobre esta matéria, ao dispor que os Estados-membros que consagrem determinadas excepções permitidas pela directiva devem também assegurar que os beneficiários destas excepções delas possam tirar partido mesmo contra medidas técnicas de protecção utilizadas pelos titulares de direitos (art. 6.º, 4).

Para cumprir esta obrigação da directiva – algo contraditória com o carácter opcional e facultativo das excepções –, o Código estabelece no art. 221.º um procedimento especial de modo a que as medidas técnicas não constituam um obstáculo ao exercício normal pelos beneficiários, no seu interesse directo, de boa parte das utilizações livres previstas no art. 75.º, 2, e em outros preceitos.

[1665] Id. 2002f, 233.

Ora, a lei portuguesa não se ficou pela lista de excepções que a directiva ressalva das protecções técnicas, já que alargou a "imperatividade anti-tecnológica" a outras excepções, designadamente: a utilização de obras de arquitectura ou escultura feitas para serem mantidas permanentemente em locais públicos (1), a inclusão episódica de uma obra ou outro material protegido noutro material (2), a utilização de obra relacionada com a demonstração ou reparação de equipamentos (3), e a utilização de uma obra artística sob a forma de um edifício de um desenho ou planta de um edifício para efeitos da sua reconstrução ou reparação (4).

Todavia, se efectivamente o legislador não tomou como taxativa a lista comunitária de excepções "anti-tecnológicas", já não se percebe que tenha nela incluído as referidas excepções que pouco ou nada têm a ver com o ambiente em rede, ao invés de consagrar a imperatividade "anti-tecnológica" de outras excepções mais valiosas do ponto de vista social, como sejam, por exemplo, as que se destinam a fins de informação (art. 75.º, 2-b/c/d) ou de crítica (art. 75.º, 2-g). Além disso, teria sido importante ressalvar expressamente a excepção de descompilação para fins de interoperabilidade, tendo em conta a sua importância para as comunicações electrónicas em rede. De resto, o "imperativo da interoperabilidade" está na base de algumas normas da lei das comunicações electrónicas (L 5/2004), e.g.: art. 80.º (limites para fins de interoperabilidade ao licenciamento de direitos de propriedade industrial relativos a sistemas ou produtos de acesso condicional), arts. 102.º e 103.º (interoperabilidade dos serviços de televisão digital interactiva e dos equipamentos de televisão digital de consumo).

Neste sentido, a lei francesa n.º 2006-961, de 1 de Agosto de 2006, colocou em forma de norma que as medidas técnicas não devem ter por efeito impedir a realização efectiva da interoperabilidade, no respeito pelos direitos de autor, mais acrescentando que os fornecedores de medidas técnicas deverão dar acesso às informações essenciais à interoperabilidade (CPI, art. 331-5, 4). Além disso, estabeleceu no art. L. 331-7 que os editores de software, os fabricantes de sistemas técnicos e os utilizadores destes sistemas podem, em caso de recusa de acesso às informações essenciais à interoperabilidade, pedir à Autoridade de regulação das medidas técnicas que garanta a interoperabilidade dos sistemas e serviços existentes, no respeito pelos direitos das partes, e obter do titular dos direitos sobre as medidas técnicas as informações essenciais para esta interoperabilidade. Trata-se de uma solução que deveria ser também adoptada pelo nosso legislador.

iii. Depósito legal de códigos de acesso

Para a garantia do benefício dessas utilizações livres, os titulares de direitos ficam obrigados a proceder ao depósito legal, junto da Inspecção--Geral das Actividades Culturais (IGAC), dos meios que permitam beneficiar dessas formas de utilização legalmente permitidas (art. 221.º, 1, *in fine*) – a chamada solução "key escrow"[1666] –, e a adoptar adequadas medidas voluntárias, como o estabelecimento e aplicação de acordos entre titulares de direitos ou seus representantes e os utilizadores interessados (art. 221.º, 2). Por esta via, os titulares de direitos poderão cobrar as remunerações equitativas que lhes são atribuídas em contrapartida pela liberdade de utilização.

Se houver da parte dos titulares de direitos "omissão de conduta", no que respeita a estes acordos voluntários, os beneficiários que tenham legalmente acesso ao bem protegido podem solicitar à IGAC acesso aos meios depositados nos referidos termos, de modo a que possam efectivar o uso ou a fruição de uma utilização livre impedida ou restringida por uma medida técnica eficaz.

Mas, e se os titulares de direitos não tiverem depositado os referidos meios ou se estes não funcionarem adequadamente?

iv. Direito de acesso aos códigos?

À primeira vista, os beneficiários das utilizações livres só teriam um direito de solicitação à IGAC, já não contra os titulares de direitos.

A lei estabelece que é competente a Comissão de Mediação e Arbitragem (CMA), criada pela Lei 83/2001, 3/8, para "a resolução de litígios sobre a matéria em causa", cabendo recurso das suas decisões para o Tribunal da Relação, com efeito meramente devolutivo (art. 221.º, 4). Todavia, a questão que se coloca é saber se os beneficiários serão partes legítimas em tais processos e contra quem.

Suponhamos que uma instituição sem fins lucrativos para pessoas com deficiência (ou necessidades especiais) pretende estabelecer uma hiperligação na sua página da Internet, acessível apenas aos seus utentes, para determinados materiais protegidos, e.g. um manual de instruções de locomoção na via pública para deficientes, que se encontram numa base de dados em rede de acesso condicionado. A liberdade desta utilização estaria protegida pelo art. 75.º, 2-i, e a neutralização da protecção técnica seria lícita.

[1666] BURK/COHEN 2001, 41s; BECHTOLD 2002, 412-5.

Todavia, a lei parece exigir primeiro que a instituição alcance um acordo voluntário com o titular de direitos e só em caso de este não responder é que aquela poderá solicitar os meios à IGAC. Suponhamos, todavia, que o titular de direitos não depositou esses meios. *Quid iuris?*

A lei não prevê nenhuma sanção para a não realização de depósito, revelando pouca sensibilidade à justa crítica que foi dirigida à proposta inicial.[1667] Além disso, não é claro que a instituição seja parte legítima no procedimento de arbitragem e se este é dirigido contra a IGAC, por não ter os meios, ou directamente contra o titular de direitos.

E bem podia a lei ter sido mais clara a este respeito, ao invés de estabelecer normas que nada acrescentam, como o n.º 7 do art. 221.º relativo aos termos do regulamento de funcionamento da CMA. Desde logo não diz quem são as partes.

É positivo estabelecer que a tramitação destes processos tem natureza urgente, de modo a permitir a sua conclusão no prazo máximo de três meses (art. 221.º, 6), embora esta "almofada" procedimental possa ser excessivamente morosa para o "tempo real" da Internet. Lamenta-se também a redacção infeliz, já que os processos não são previstos no número anterior, mas antes nos números anteriores. O número anterior (5) prevê e bem que o incumprimento das decisões da CMA pode dar lugar à aplicação de sanção pecuniária compulsória (art. 829.º-A do Código Civil).

De resto, é a remissão para esta sanção que nos permite extrair com mais segurança que os beneficiários das utilizações livres, que prevalecem sobre as protecções técnicas, têm legitimidade para reclamar directamente a efectivação do seu direito de acesso junto da CMA, isolada ou juntamente com a IGAC.

v. As utilizações livres como direitos dos utilizadores

E com isto tiramos uma conclusão importante: a mesma lei que atribui aos titulares de direitos de autor o direito de controlar o acesso às obras, atribui também direitos de acesso aos beneficiários de certas utilizações livres. Numa palavra, a lei confere direitos subjectivos aos beneficiários das utilizações livres, embora comprometa o recurso à acção directa para o seu exercício, já que fica mediado pela actuação de um órgão administrativo ao qual é atribuída competência para ordenar aos titulares de direitos medidas que permitam aos utilizadores legítimos beneficiar efectivamente das excepções ao *copyright*, à semelhança da solução da lei inglesa (CDPA, sec.

[1667] OLIVEIRA ASCENSÃO 2006b, 181.

296ZE, introduzida pela Lei de 2003), embora esteja para se ver se esta solução terá o efeito desejado.[1668] Tal como se escreveu também a propósito da solução da lei alemã, que adopta a via judicial: "Ob dies ausreichend wird, wird die Praxis erweisen."[1669]

De todo o modo, o princípio é o da atribuição de direitos de acesso aos utilizadores finais, ao invés de ficarem como meros beneficiários de tolerâncias dos titulares de direitos. Isto não significa ver os direitos de autor "ao contrário", concebendo-os como excepções à liberdade de expressão e de informação, antes apenas atender às preocupações dos que defendem o não eclipse das funções sociais dos direitos de autor por via das protecções técnicas.

Na literatura estrangeira, sustenta-se que cada pessoa deve também ter um direito de acesso e um direito de tomar de empréstimo ideias e alguma expressão de modo a poder exercer a sua liberdade fundamental de criação[1670], e defende-se que seria benvinda uma clarificação legislativa sobre a natureza imperativa dos limites dos direitos de autor que se fundem nos direitos fundamentais e que atribuam direitos em benefício do público.[1671]

Trata-se de ver nas excepções aos direitos de autor densificações concretizadoras das liberdades fundamentais estabelecidas no código constitucional, nomeadamente as liberdades de informação, expressão, aprendizagem, ensino, criação cultura, e a reserva de vida privada.

vi. Limites dos direitos dos utilizadores

A atribuição de direitos de acesso às obras e outros materiais protegidos aos beneficiários de certas utilizações livres não é feita de modo ilimitado. Em especial no que respeita a dois grupos de situações: a cópia privada e o acesso em rede condicionado a uma licença "aceite clicando".

Por um lado, os titulares de direitos não ficam impedidos de aplicarem medidas técnicas eficazes para limitar o número de reproduções autorizadas relativas ao uso privado. Resta saber qual será o número adequado. Adiante retomaremos esta questão.

[1668] CORNISH/LLEWELYN 2003, 808-9; DAVIS 2005, 154-5 ("It remains to be seen whether those provisions will have the desired effect.").

[1669] WANDTKE/BULLINGER/WANDTKE/OST 2006, 1257.

[1670] TORREMANS 2004, 14 ("Each individual member of society also must have a right of access and a right to borrow (ideas and some expression) in order to exercise its fundamental freedom to create").

[1671] GEIGER 2004a, 186-193, 203.

Por outro lado, a imperatividade anti-tecnológica das referidas utilizações livres não se aplica às obras e afins disponibilizadas ao público na sequência de acordo entre titulares e utilizadores, de tal forma que a pessoa possa aceder a elas a partir de um local c num momento por ela escolhido (art. 222.º).[1672]

Ora, no caso acima referido da instituição para pessoas com deficiência, a utilização, a partir de uma hiperligação, de uma obra contida numa base de dados de acesso condicionado é impedida por esta norma. O que confirma, mais uma vez, o regime de limites dos direitos de autor a "duas velocidades", levando-nos a questionar a conformidade da protecção absoluta conferida ao direito do produtor de bases de dados no ambiente em rede com as liberdades e direitos fundamentais da comunicação.

2.3. Perspectivas no direito norte-americano

Na literatura norte-americana, defende-se a introdução de um esquema semelhante às leis europeias que adoptaram primeiro a solução do "key--escrow" e da mediação administrativa – e que é algo parecido à solução norte-americana dos procedimentos *notice-and-take* em matéria de responsabilidade dos ISP.

Uma proposta de solução de litígios entre os utilizadores e os titulares de direitos que usam medidas técnicas de protecção consiste num mecanismo que envolve a apresentação de reclamações ao *Copyright Office*, sendo resolvidas por um juiz de direito administrativo.[1673] No fundo, trata--se de colocar os procedimentos de aviso e cessação não apenas a favor dos titulares de direitos, mas também contra eles, na medida em que não facilitem o exercício dos direitos dos utilizadores garantidos pela lei do *copyright*, incluindo as utilizações permitidas ao abrigo do *fair use*.[1674] Este procedimento administrativo estaria sujeito a escrutínio judicial[1675], à semelhança

---

[1672] MOURA VICENTE 2005, 114.

[1673] LEMLEY/REESE 2004, 1345.

[1674] LIPTON 2005, 111s ("This Article suggests a simple administrative procedure to encourage copyright holders to facilitate such accesses and uses, while ensuring that copyright holders are still protected from digital piracy through the mechanisms currently in place to regulate circumvention technologies." – 146; comentando o caso *MGM Studios, Inc. v. Grokster, Ltd.* (2005), afirma: "Imposing a requirement that a copyright holder employing DRM measures should facilitate access to a protected work for *fair use* purposes is not really taking something away from the copyright holder.").

[1675] TIAN 2005a, 749s ("If the agency is not capable of circumventing the technological measures, perhaps because the copyright holder did not register the technological protection

da lei portuguesa, que se pode considerar uma lei pioneira da "propriedade digital", embora devesse ter levado mais longe a procura de uma concordância equilibrada entre a tutela dos direitos exclusivos e os direitos fundamentais da comunicação.

3. Gestão electrónica dos direitos de autor

3.1. *Gestão individual e gestão colectiva dos direitos de autor*

À partida, nada obsta a que os direitos de autor sejam geridos como quaisquer outros direitos. Todavia, tal não sucede em virtude da natureza ubiquitária das obras intelectuais, resultante da sua incorporalidade. A ubiquidade das obras intelectuais e prestações significa que estas podem ser, simultaneamente, objecto de múltiplas utilizações por diversas pessoas, o que compromete a capacidade do titular dos direitos, quer de autorizar as utilizações, quer de as controlar. Por isso e tendo ainda em conta o carácter individual do direito de autor bem como o seu conteúdo pessoal e patrimonial, torna-se clara a dificuldade prática inerente ao exercício deste direito.[1676]

a) Das vantagens da gestão colectiva aos privilégios de gestão

A gestão colectiva apresenta vantagens quer para os interesses dos autores e titulares de direitos, quer para os interesses dos utilizadores. Em relação aos primeiros, permite o controlo das utilizações e a arrecadação de receitas. Em relação aos segundos, torna possível a existência de um organismo junto do qual podem obter autorizações de utilização das obras, sem para o efeito carecerem de negociar individualmente cada utilização da obra com cada titular de direitos. Sendo que a gestão colectiva tanto pode exercer-se em relação a obras individuais dos autores, como à globalidade dos seus repertórios, nos termos de um contrato de gestão que abrangerá elementos de mandato, sociedade, serviços e gestão de negócios.[1677]

---

measure, then the agency should work with the court to require the copyright holders to provide assistance, or with agents of the copyright holders specifically designated for this purpose." – 786).

[1676] REBELLO 1994, 221.

[1677] HABERSTUMPF 1996, 183 (*Wahrnehmungsvertrag* – contrato de "defesa-arrecadação").

Não obstante as vantagens da gestão colectiva, a gestão deveria ser, em princípio, individual, no sentido de cada utilização ser objecto de uma autorização individual, previamente negociada entre o titular dos direitos ou o seu representante e o utilizador. De igual modo, a representação deveria ser voluntária, assistindo ao titular dos direitos a faculdade de escolher os seus representantes (art. 72.º).

Porém, em alguns casos, a lei atribui poderes de representação a determinadas pessoas. Assim sucede no que respeita aos produtores de obras cinematográficas e às pessoas autorizadas a divulgar obra anónima (CDA, art. 126.º, 3, art. 30.º, 1; Convenção de Berna, art. 14.º *bis*, 2-b, art. 15.º, 3); essa terá sido também a solução da Directiva 91/250 relativamente aos programas de computador criados por trabalhadores assalariados (art. 2.º, 3). Além do mais, a lei chega mesmo a instituir a representação obrigatória, em certas situações. É o que sucede relativamente ao direito de retransmissão por cabo, que, na sequência da "abordagem realística"[1678] da Directiva 93/83, só pode ser exercido através de uma entidade de gestão colectiva do direito de autor (DL 333/97, arts. 7.º e 8.º, transpõe a Directiva 93/83). O mesmo vale, *mutatis mutandis*, para o direito a remuneração equitativa devida ao artista intérprete ou executante, em certas circunstâncias (CDA, art. 178.º, 2; todavia, a Lei 4/2008, 7/2, que aprovou o regime dos contratos de trabalho dos profissionais de espectáculos, ressalva no art. 18.º a possibilidade de os direitos de propriedade intelectual decorrentes da actividade artística dos trabalhadores de espectáculos públicos serem exercidos individualmente se for essa a vontade expressa dos respectivos titulares, comunicada a entidade de gestão colectiva de direitos dos artistas).

b) O impacto da gestão colectiva no direito exclusivo

Embora seja necessária, a gestão colectiva produz efeitos profundos na configuração prática dos direitos de autor. Em especial quando estão em causa os chamados "grandes utentes", como as empresas de radiodifusão. Na verdade, ao invés de ser um direito de autorização pessoal, o direito de autor parece tornar-se num mero direito de remuneração exercido mediante gestão legalmente confiada a terceiro, sobretudo a entidade de gestão colectiva.

Esta diferente fisionomia do direito de autor torna-se bem nítida sobretudo quando a gestão é feita em termos de autorizações genéricas e em carteira. Com efeito, nestas situações parece desaparecer todo o carácter individual que o regime legal parece definir.[1679]

[1678] KEELING 2003, 278.
[1679] OLIVEIRA ASCENSÃO 1992, 691s; tb. ALMENO DE SÁ 1994, 378-9.

Tanto mais que da simples qualidade de sócio ou aderente ou da inscrição como beneficiário dos serviços de entidades de gestão do direito de autor, parece resultar a atribuição legal a estas últimas de poderes de representação. Com efeito, nestes casos as entidades de gestão desempenhariam essa função como representantes dos titulares de direitos (art. 73.º, 1).

O teor literal do referido preceito do Código, devido à Lei 114/91, 3/9, gerou uma acesa e calorosa polémica, num contexto em que a regulamentação legal então existente seria, em comparação com o regime espanhol, "extremamente pobre"[1680]. Porém, a aprovação do regime de constituição, organização, funcionamento e atribuições das entidades de gestão colectiva do direito de autor e dos direitos conexos, pela Lei 83/2001, 3/8, terá contribuído para a pacificação do conflito.

Em todo o caso, não obstante a aprovação da lei da gestão colectiva, reafirmamos o entendimento segundo o qual, pressupondo que da norma resulta efectivamente a atribuição de poderes de representação às entidades de gestão colectiva, sempre deverá tal norma ser qualificada como dispositiva, no sentido de permitir ao autor reservar a não atribuição de alguns ou todos esses poderes.[1681]

c) *Sistemas técnicos, gestão colectiva e empresas de conteúdos*

Os sistemas técnicos permitem a identificação do material protegido, favorecendo a instituição de balcões únicos e a gestão electrónica dos direitos e facilitando, nessa medida, o acesso às obras e prestações. Assim, por um lado, os novos meios digitais de identificação do material protegido e de licenciamento automático permitem uma gestão mais individualizada.[1682]

Porém, ao mesmo tempo, o exercício individual de direitos poderá tornar-se ainda mais difícil devido ao elevado número de obras e produções novas ou preexistentes implicadas na criação e/ou produção de obras compósitas, pelo que alguns defendem um maior recurso à gestão colectiva no sector multimédia.

Algo paradoxalmente, o ambiente digital dos sistemas informáticos em rede parece apontar ao mesmo tempo em dois sentidos diversos. Por um lado, permite, em certos termos, a personalização da utilização das obras, tornando possível uma gestão de direitos mais individualizada. Ao mesmo

---

[1680] DIETZ 1992, 176.
[1681] DIAS PEREIRA 2001a, 383.
[1682] DREIER 1995, 128.

tempo, porém, há quem defenda que as novas tecnologias reforçarão o papel dos sistemas de gestão colectiva, em especial no que respeita ao multimédia[1683].

d) Da gestão colectiva à gestão electrónica dos direitos de autor?

O desenvolvimento de modelos de gestão electrónica de direitos coloca o problema de saber que papel estará reservado às entidades de gestão colectiva na sociedade da informação. Serão estas entidades "dispensáveis" no ambiente digital? Acabarão estas entidades por ser substituídas pelas empresas de conteúdos, que adquirem os direitos junto dos autores, acrescentando-lhes o valor de produtores de bases de dados e negociando directamente com os utilizadores os direitos adquiridos? Ou será que aquelas entidades vão obter do legislador a concessão de *privilégios de gestão*?

Parece seguro que os sistemas técnicos de protecção e de identificação de direitos apontam no sentido de uma concorrência mais forte das empresas de conteúdos em relação às entidades de gestão colectiva[1684]. Desde logo porque através da Internet os interessados na utilização de obras e prestações poderão obter directamente dos titulares de direitos (as empresas de conteúdos) as necessárias autorizações, bem como a entrega do material pretendido.

Todavia, não há "nada que permita prever o ocaso da gestão colectiva"[1685]. Para começar, estas entidades podem actuar relativamente aos direitos que não sejam legal ou contratualmente cedidos (ou licenciados em exclusividade) às empresas de conteúdos e outros exploradores. Depois, é do próprio interesse das empresas de conteúdos uma colaboração estreita com as entidades de gestão, quer como intermediários, quer como "polícias" das redes.

Finalmente, os privilégios legais das entidades de gestão não são atingidos. Pense-se, por exemplo, no direito de retransmissão por cabo, que só pode ser exercido através de uma entidade de gestão colectiva do direito de autor, o mesmo valendo para a remuneração equitativa devida aos artistas e, em certos termos, para a compensação pela cópia privada e outras utilizações livres. Por outro lado, o papel da gestão colectiva é reforçado, atribuindo-se inovadoramente[1686] a uma entidade de gestão colectiva a gestão

---

[1683] REBELLO 2001, 202.
[1684] BERTRAND 2001, 189; OLIVEIRA ASCENSÃO 2001e, 290.
[1685] OLIVEIRA ASCENSÃO 2001e, 290.
[1686] N. GONÇALVES 2006, 254-5.

obrigatória dos direitos dos artistas relativamente à utilização das suas prestações mediante colocação em rede à disposição do público (art. 178.º, 4).

e) Gestão colectiva e concorrência

Seja como for, excepto nos domínios que legalmente lhe forem retirados, a «mão invisível» do mercado acabará por ditar se os autores preferirão confiar a gestão dos seus direitos às entidades de gestão colectiva ou, pelo contrário, cedê-los às empresas de conteúdos. Parece seguro que a primeira via não sairá reforçada se os direitos e obrigações das entidades não forem transparentes no que respeita ao cálculo das tarifas, aos métodos de cobrança, aos sistemas de supervisão e à aplicação das regras da concorrência, como tem sido preocupação da Comissão Europeia nos seus diversos documentos. Refere-se a propósito que "em vários países, o poderio económico das entidades colectivas tornou-se suspeito."[1687]

Com efeito, a gestão dos direitos de autor não é imune às exigências da concorrência. No direito alemão, os próprios autores que exploram as suas obras são considerados empresas no sentido da GWB (*Gesetz gegen Wettbewerbsbeschränkungen*).[1688] Além disso, é jurisprudência constante do TJCE (Proc. 7/82, GVL, Col. 1983, 483), que os sujeitos das licenças de direitos de autor e as entidades de gestão são empresas para efeitos do regime comunitário dos acordos restritivos (art. 81.º) e abusos de posição dominante (art. 82.º) e que não podem ser consideradas empresas encarregadas da gestão de serviços de interesse económico geral, que beneficiam do regime especial previsto n.º 2 do artigo 90.º do Tratado.[1689] As exigências do mercado interno estão aliás na base dos trabalhos sobre a futura harmonização da gestão colectiva com base no documento *Gestão colectiva do direito de autor e direitos conexos no mercado interno*.[1690]

Também não é de excluir uma "Revolução dos Autores", já que nada impede que os autores optem por explorar directamente as suas obras na rede com apoio das tecnologias seguras da criptografia e sem necessidade de intermediários, sejam empresas de conteúdos ou entidades de gestão colectiva. Todavia, em muitos domínios o legislador concedeu privilégios às empresas, atribuindo-lhes a titularidade dos direitos ou a exclusividade da sua gestão.[1691] Seja como for, uma revolução dos autores através da expansão

---

[1687] CORNISH/LLEWELYN 2003, 438.
[1688] ULMER 1980, 388; BAPPERT/MAUNZ/SCHRICKER 1984, 31.
[1689] COM(96) 568 final, 25-6; sobre a questão, PICKRAHN 1996; DIETZ 2001.
[1690] COM(2004) 261 final, 16/4/2004.
[1691] DIAS PEREIRA 2003b, 453.

das licenças *Creative Commons* ameaçará por certo o papel das entidades de gestão colectiva, a julgar pelas decisões que vão surgindo no sentido de serem negados a essas entidades poderes para gerir direitos sobre obras colocadas na Internet para utilização através de licenças *copyleft* ou *creative commons* (Audiencia Pronvincial Madrid, caso *Buena Vista Club Social* de 5 de Julho de 2007, recusando à SGAE o direito de recolher remunerações pela comunicação ao público de fonogramas do seu repertório relativamente a empresas que utilizam música obtida na Internet numa base *copyleft*).

3.2. Protecção jurídica das informações para gestão de direitos

a) A gestão de direitos no ambiente em rede

As redes de comunicação electrónica tornaram possíveis novas formas de exploração, que põem o problema de saber que direitos deverão ser geridos individualmente ou antes pela via colectiva.

Em ordem a reforçar o papel da gestão colectiva e facilitar a produção de obras multimédia, chegou a propor-se a introdução de uma licença legal ou uma figura análoga. Todavia, essa solução não foi acolhida, por se entender que um sistema generalizado de licenças obrigatórias conduziria à transformação dos direitos de exclusivo em meros direitos de remuneração.

Além do mais, apesar de a gestão colectiva ter a vantagem de se poder apoiar em estruturas existentes, apresenta também algumas desvantagens, nomeadamente o facto de as sociedades de gestão só poderem conceder autorizações de utilização em termos não exclusivos e de serem obrigadas, de modo geral, a contratar com todos os utilizadores interessados aplicando tarifas em larga medida predefinidas.

Em alternativa, propôs-se a figura do «balcão único», i.e. uma entidade centralizada à disposição dos interessados em determinadas categorias de obras e que, a pedido, transmite as condições de licença bem como os nomes e os endereços dos titulares dos direitos, que tem armazenados na memória da sua base de dados. Neste modelo, os titulares dos direitos conservam a possibilidade de concluir individualmente contratos de licença.

Exemplos de sistemas de balcão electrónico único são o CITED desenvolvido na Europa ao abrigo do programa ESPRIT e o sistema *Copymart* desenvolvido no Japão sob coordenação de Zentaro Zitagawa. Estes sistemas de balcão electrónico único são viabilizados através de marcações estenográficas contendo informações relativas aos titulares de direitos, às condições de utilização, ao título, etc.[1692]

Todavia, apesar do interesse destes sistemas para os autores e outros titulares de direitos, há o perigo de essas informações electrónicas serem retiradas ou alteradas, bem como de as obras ou outro material protegido serem objecto de reprodução, distribuição ou de comunicação ao público após remoção ou alteração dessas informações sem autorização dos titulares de direitos.

b) *A protecção das informações para gestão de direitos nos Tratados da OMPI (1996) e na norte-americana DMCA*

Em vista da possibilidade de as informações electrónicas serem retiradas ou alteradas, bem como de as obras serem postas em circulação sem as informações, os Tratados da OMPI (1996) estabeleceram a protecção jurídica das informações electrónicas para gestão de direitos (art. 12.º e art. 19.º, respectivamente).

Os EUA receberam este regime através da lei sobre direitos de autor no milénio digital (DMCA, 1998). Protege-se a integridade das informações para gestão dos direitos de autor, proibindo a remoção ou alteração intencional, sem autorização, dessas informações, bem como a disseminação de informações ou distribuição de cópias das obras, sabendo ou tendo razões para saber que as informações foram removidas ou alteradas sem autorização.

A DMCA acrescenta a proibição de prestação ou distribuição de informações falsas, quando feita com o intuito de induzir, permitir, facilitar ou ocultar a infracção. Em comparação com os Tratados da OMPI, de registar ainda que a noção de informações para gestão de direitos de autor exclui expressamente a informação relativa aos utilizadores das obras. Tal como julgado pela jurisprudência no caso *Verizon*, os fornecedores de simples transporte de comunicações não podem ser sujeitos a uma obrigação de revelar a identidade dos utilizadores dos seus serviços a pedido dos titulares de direitos de autor.[1693]

c) *A protecção das informações para gestão de direitos na Directiva 2001/29 e no Código do Direito de Autor*

A Directiva 2001/29 protege os sistemas de informação e gestão de direitos contra qualquer pessoa que, com conhecimento de causa, pratique,

---

[1692] Id. 2001a, 705-8.
[1693] GUIBAULT 2004b, 18.

sem autorização, um dos seguintes actos: a) supressão ou alteração de quaisquer informações electrónicas para a gestão dos direitos; b) distribuição, importação para distribuição, radiodifusão, comunicação ao público ou colocação à sua disposição de obras ou de outro material protegido nos termos desta directiva ou do capítulo III da directiva 96/9, das quais tenham sido suprimidas ou alteradas sem autorização informações electrónicas para a gestão dos direitos – sabendo ou devendo razoavelmente saber que ao fazê-lo está a provocar, permitir, facilitar ou dissimular a violação de um direito de autor ou de direitos conexos previstos por lei ou do direito *sui generis* do produtor de bases de dados (art. 7.º, 1).

Esta protecção aplica-se quando qualquer destes elementos de informação acompanhe uma cópia, ou apareça no contexto da comunicação ao público de uma obra ou de outro material referido na presente directiva ou abrangido pelo direito *sui generis* do produtor de bases de dados (art. 7.º, 2, 2.º parágrafo). Entende-se que o regime das informações para gestão electrónica de direitos protege não apenas os direitos económicos mas também os direitos morais dos autores.[1694]

A lei portuguesa cumpriu a obrigação de proteger a informação para a gestão electrónica de direitos, que abrange a informação prestada pelos titulares dos direitos que identifique a obra, a prestação e a produção protegidas, e a informação sobre as condições de utilização destes, bem como quaisquer números ou códigos que representem essa informação, que esteja presente no original ou nas cópias ou ainda no contexto de qualquer comunicação ao público (art. 223.º, 1 a 3). Para o efeito, conferiu tutela penal (art. 224.º) contra quem, sem autorização e de modo intencional, sabendo ou tendo motivos razoáveis para o saber: a) suprima ou altere informação para a gestão electrónica de direitos; b) ou distribua ou comunique ao público obras, prestações ou produções protegidas, das quais tenha sido suprimida ou alterada, sem autorização, informação, para gestão electrónica de direitos, sabendo que em qualquer das condições indicadas está a provocar, facilitar ou dissimular a violação de direitos de propriedade intelectual. Prevê-se pena de prisão até 1 ano ou pena de multa até 100 dias, e pena de multa de 25 dias para a tentativa. No direito comparado, de referir por exemplo em Espanha a Lei 23/2006, 7/7, que estabelece a protecção da informação para gestão de direitos no art. 162.º da Lei da Propriedade Intelectual.

[1694] WANDTKE/BULLINGER/*WANDTKE*/OHST 2006, 1263 (apoiando-se em Dietz).

d) Gestão técnica de direitos e reserva da vida privada

De modo a compatibilizar as informações para gestão de direitos com a privacidade dos utilizadores considera-se que os meios técnicos devem conter tecnologias de salvaguarda da privacidade (PETs – *Privacy Enhancement Technologies*) de acordo com a Directiva 95/46 (cons. 57). Todavia, ao contrário da DMCA, a directiva comunitária não exclui expressamente da noção de informações para gestão de direitos as informações relativas aos utilizadores.

Com efeito, as informações para a gestão dos direitos são definidas pela Directiva 2001/29 como qualquer informação, prestada pelos titulares dos direitos, que identifique a obra ou qualquer outro material protegido, incluindo o direito *sui generis* do fabricante de bases de dados, o autor ou qualquer outro titular de direitos relativamente à obra ou outro material protegido, ou ainda informações acerca das condições e modalidades de utilização da obra ou do material protegido, bem como quaisquer números ou códigos que representem essas informações (art. 7.º 2). Ora, também nos quer parecer que a exploração normal das obras não justifica a intrusão na vida privada dos utilizadores.[1695]

i. Informações para gestão de direitos e informação relativa aos utilizadores

A directiva não exclui as informações relativas aos utilizadores da noção de informações para gestão de direitos, mas também não as inclui nesta noção. Isto significa que se os titulares de direitos utilizarem sistemas de recolha de informações sobre os utilizadores, a remoção ou alteração desses sistemas não será por isso ilícita.

É criticável a mera remissão no preâmbulo para as regras comunitárias de protecção e de livre circulação de dados pessoais no mercado interno, tanto mais que não é seguro que essas regras protejam os utilizadores finais contra termos contratuais ou medidas técnicas que permitam aos titulares de direitos identificar os utilizadores e os respectivos perfis de navegação na rede.[1696] Além disso, os prestadores de serviços intermediários poderão ser obrigados a comunicar a identidade e o endereço dos utilizadores dos seus serviços às autoridades competentes – que deveriam ser judiciais, tanto em questões criminais como civis[1697] –, nos termos da Directiva 2000/31 sobre

---

[1695] GINSBURG 2000, 53.
[1696] BYGRAVE/KOELMAN 2000, 59-124; LATTANZI 2005, 233s.
[1697] GUIBAULT 2004b, 23.

comércio electrónico (art. 15.º, 2). A lei portuguesa lançou mão desta medida, estabelecendo o dever para com as entidades competentes de os prestadores intermediários de serviços satisfazerem os pedidos de identificação dos destinatários dos serviços com quem tenham acordos de armazenagem (DL 7/2004, art. 13.º-b).

ii. Salvaguardas técnicas da vida privada dos utilizadores

No preâmbulo da Directiva 2001/29, considera-se que os sistemas de informação para a gestão dos direitos que, pela sua concepção, permitam processar simultaneamente dados pessoais sobre os hábitos de consumo do material protegido por parte dos particulares e detectar os comportamentos em linha, deverão, nas suas funções de carácter técnico, conter salvaguardas em matéria de vida privada em conformidade com o disposto na Directiva 95/46 sobre dados pessoais (cons. 56).

Esta questão prende-se com o problema da cópia privada no ambiente digital, em especial no que respeita à questão de saber se o direito de autor poderá justificar a revista por agentes electrónicos ao computador pessoal de cada um em busca de cópias ilícitas. Casos recentes da jurisprudência mostram que os agentes electrónicos de polícia que patrulham constantemente a rede não têm limites à sua capacidade de investigação nem mandato judicial para entrar na memória de qualquer computador pessoal ligado à rede, passando-a em revista em busca de cópias ilícitas.

Esta forma de monitorização privada será, no essencial, uma actividade ilícita, para a qual os direitos de autor não dão justificação bastante. Com efeito, mesmo que o titular de direitos utilize medidas anti-cópia, a directiva permite aos Estados-membros a adopção de medidas que tornem possível a sua realização lícita, o que justifica a respectiva compensação (art. 6, 4, 2. para). Isto significa, pela negativa, que o direito de autor não justificará a devassa da privacidade dos utilizadores de obras para saber se são detentores de cópias privadas ilícitas, não obstante as possibilidades da técnica o permitirem.[1698] De resto, a questão não deveria ser muito diferente no que respeita aos programas de computador e às bases de dados electrónicas.[1699]

[1698] FARIA COSTA 1998c, 162.
[1699] DIAS PEREIRA 2003b, 449.

iii. Defesa directa de direitos por meios técnicos?

A licitude da acção directa nestes casos poderá revelar-se problemática. É verdade que a moldura penal abstracta do crime de reprodução ilegítima de programa protegido (L 109/91, art. 9.º) é superior à dos crimes contra a reserva da vida privada previstos no Código Penal. Pelo que, avaliando-se os interesses por aquela medida, a acção directa não seria por isso ilícita, uma vez que o agente visaria realizar ou assegurar interesses superiores aos sacrificados (Código Civil, art. 336.º). De todo o modo, é questionável que a moldura penal abstracta seja medida bastante para ajuizar da superioridade ou inferioridade de um interesse em relação a outro, embora não deixe de ser *um* critério, ainda que meramente "indiciário".

De resto, a tutela penal dos programas de computador suscita várias questões, que põem em causa a sua vigência, além de que a "falta de fundamento ético do sistema" da punição criminal nos direitos de autor é também ela problemática, sustentando-se que a "reacção penal não pode assentar em considerações utilitárias ao serviço de interesses privados. Há pois que repensar todo o sistema verificando quais são os casos verdadeiramente significativos, que merecem a reacção penal, e relegando os restantes aspectos a contra-ordenação ou procedendo à desincriminação."[1700]

Em sede de responsabilidade criminal, coloca-se o problema de saber se a concretização do tipo legal de crime de usurpação se deve efectuar mediante a técnica dos "exemplos-padrão", tendo em conta que o direito de utilização é definido através de uma cláusula geral densificada através de um catálogo exemplificativo, que não taxativo, de tipos de utilização da obra. De acordo com uma proposta de modelo doutrinal sobre a constitucionalidade da protecção penal do direito de autor[1701], pensamos que uma interpretação destes tipos legais de crime em conformidade com a Constituição, afastará, por certo, a relevância criminal de tais actos: apesar de, abstractamente, ainda caberem na cláusula geral do direito de utilização, não correspondem a "formas de utilização expressamente descritas" no Código (por ex., edição, produção, radiodifusão, etc.), sendo que a sanção penal só intervém em *ultima ratio*, em termos de ser exigida, em virtude dos princípios em causa, "uma tutela particularmente energética".[1702]

Nessa medida, não será de concretizar a cláusula geral por recurso à técnica dos "exemplos-padrão" proposta em sede de homicídio qualificado, devendo antes mobilizar-se o princípio da interpretação conforme com a

---

[1700] OLIVEIRA ASCENSÃO 2001f, 460-1.
[1701] MIRANDA/PEDROSA MACHADO 1995, 44-5, 50-1.
[1702] OLIVEIRA ASCENSÃO 1993, 28-9.

constituição – sob pena, aliás, de serem postos "em nível paralelo na escala penal o parricídio e a violação do direito de autor e dos direitos conexos"[1703]. Trata-se, todavia, de uma problemática jurídico-penal, que não é aqui desenvolvida.[1704]

iv. A injunção contra os ISP

A Directiva 2001/29 estabelece uma *injunção* especial para protecção dos interesses dos titulares de direitos de autor (art. 8.º, 3). Tendo em conta que no meio digital os serviços de intermediários poderão ser cada vez mais utilizados por terceiros para a prática de violações e que esses intermediários se encontram frequentemente em melhor posição para porem termo a tais actividades ilícitas, entende-se que os titulares dos direitos deverão, sem prejuízo de outras sanções e vias de recurso disponíveis, ter a possibilidade de solicitar uma injunção contra intermediários que veiculem numa rede actos de violação de terceiros contra obras ou outros materiais protegidos, mesmo nos casos em que os actos realizados pelos intermediários se encontrem isentos ao abrigo do art. 5.º, devendo as condições e modalidades de tais injunções ser regulamentadas nas legislações nacionais dos Estados-membros (cons. 59).

O Código, no art. 227.º, remete este procedimento de injunção para a lei geral e também para o esquema de solução provisória de litígios previsto na lei do comércio electrónico (DL 7/2004, art. 18.º). Em Espanha, a Lei 23/2006 permite o recurso a essa injunção nos termos "previstos" no preâmbulo da Directiva 2001/29, i.e. "ainda que os actos dos sujeitos intermediários não constituam em si mesmos uma infracção" (LPI, art. 138.º, 3.º par.).

Isto significa que, apesar de os prestadores de serviços poderem estar isentos de responsabilidade, já os utilizadores desses serviços poderão estar sujeitos a monitorização electrónica. É razoável supor que essa monitorização será realizada pelas empresas de conteúdos titulares de direitos e pelas entidades de gestão colectiva através de sistemas sofisticados de detecção de materiais na rede, isto é, em todos os computadores interligados.

Mas, não será válida para as comunicações electrónicas em rede, *mutatis mutandis*, a jurisprudência do Tribunal Europeu dos Direitos do Homem, que reserva a utilização de escutas telefónicas aos poderes públicos para fins de prevenção e repressão da criminalidade mais grave (crimes do catálogo)?[1705]

[1703] Id. ibid., 12.
[1704] Para um breve olhar, DIAS PEREIRA 2002i, 15s.
[1705] Id. 2001e, 171s.

Neste ponto, apesar de todas as críticas que se lançam ao baixo nível de protecção de dados pessoais no direito norte-americano, a verdade é que o direito comunitário acaba por ser bastante permissivo, em termos que poderão ser considerados contrários à referida jurisprudência. A legislação portuguesa, que transpõe as directivas, segue a bitola comunitária, contornando aparentemente aquelas dificuldades (Lei 41/2004, 18/8, art. 4.º, 2 e 3, e art. 7.º, 1, 3 e 4). De todo o modo, a problemática da protecção dos dados pessoais e da privacidade nas comunicações electrónicas transcende o objecto deste trabalho, justificando um tratamento autónomo.[1706] Refira--se, apenas, uma decisão do Tribunal de grande instância de Saint-Brieuc, de 6 de Setembro de 2007, no sentido da nulidade dos procedimentos legais contra um utilizador da Internet, suspeito de efectuar cerca de 150.000 *downloads*, em virtude de não ter sido obtida autorização da competente autoridade francesa em matéria de privacidade dos dados para recolher e utilizar o seu endereço de IP.

4. Síntese conclusiva do § 9

1. A protecção jurídico-tecnológica dos direitos de autor é uma questão muito sensível em termos de equilíbrio entre os interesses económicos dos titulares de direitos e as liberdades culturais. As protecções técnicas surgem como um prolongamento natural dos direitos exclusivos, assemelhando-se às faculdades tradicionais de tapagem e demarcação da propriedade.

A figura era já conhecida do *copyright* anglo-saxónico, concebendo a violação das protecções técnicas como infracção secundária aos direitos, ao passo que no direito de autor continental a protecção jurídico-tecnológica era enquadrada no instituto da concorrência desleal. Ali um problema de defesa da propriedade, aqui uma questão de proibição de concorrência desleal.

O direito comunitário adopta a protecção jurídico-tecnológica no sentido do *copyright* anglo-saxónico, ao incluir no círculo de proibição dos direitos de autor a proibição de neutralização das protecções técnicas. À semelhança do direito *sui generis* do produtor de bases de dados, trata-se de mais um exemplo de como o direito comunitário contorna as dificuldades de criação de um sistema harmonizado da concorrência desleal por via do reforço dos direitos exclusivos. Todavia, em razão de poder daí resultar um alargamento do círculo de proibição desses direitos com a consequente diminuição do

---

[1706] C/ ref. GARCIA MARQUES 2006, 129s, SARMENTO E CASTRO 2005, *passim*.

espaço de liberdade de concorrência, é crescente o apelo no sentido da necessidade de harmonização do regime da concorrência desleal no mercado interno.[1707]

Mas, neste ponto, não se pode dizer que o direito comunitário esteja sozinho, já que a protecção jurídico-tecnológica se destina a dar cumprimento às obrigações decorrentes dos Tratados da OMPI (1996), à semelhança da lei norte-americana dos direitos de autor no milénio digital (DMCA), que reforçou a protecção dos "auxílios tecnológicos" do *copyright*, distinguindo entre protecções técnicas de controlo de reprodução e protecções técnicas de controlo de acesso. A importância da distinção está, nomeadamente, em estabelecer um regime diferenciado de excepções à proibição de neutralização das protecções técnicas, que se revela mais apertado em matéria de medidas de controlo de acesso, desde logo ao eliminar a possibilidade de *fair use* neste domínio, como parece resultar da sua concretização jurisprudencial, não obstante todas as críticas de que tem sido alvo.

2. No direito comunitário, a protecção jurídico-tecnológica dos direitos de autor, anunciada logo no Livro Verde de 1988, foi inicialmente estabelecida em termos "suaves" pela Directiva 91/250 enquanto "protecções periféricas" dos programas de computador. Todavia, com a Directiva 2001/29 a protecção jurídico-tecnológica passa da "periferia" para o "cerne" da protecção legal, mediante regras algo "duras" para os direitos de autor na sociedade da informação. Estabelece-se a proibição geral da neutralização das protecções técnicas eficazes, bem como da exploração comercial de actividades relacionadas com a neutralização. Os termos amplos em que a proibição é formulada suscitam a questão de saber se a directiva não terá acrescentado a protecção jurídica da protecção tecnológica *qua tale* à protecção tecnológica dos direitos previstos por lei.

Com efeito, ficando ao critério dos Estados-membros a adopção de excepções previstas no *menu* oferecido pela directiva, mas devendo em qualquer caso estabelecerem a proibição de neutralização, pergunta-se se não está aberta a porta à neutralização das excepções aos direitos de autor através das protecções técnicas e com isso o apagamento das liberdades fundamentais que justificam essas excepções, nomeadamente as liberdades de informação e expressão, aprendizagem e ensino, arquivo, e criação cultural.

A Directiva 2001/29 estabelece que, se os Estados-membros adoptarem certas excepções previstas no *menu*, deverão, de igual modo, instituir um

---

[1707] FEZER/*HAUSMANN*/*OBERGFELL* 2005, 20 ("dringende Notwendigkeit").

sistema que permita aos seus beneficiários tirar efectivamente partido delas. A configuração deste sistema fica ao critério dos Estados-membros, embora nos pareça que a própria directiva toma partido sobre o valor e a natureza dessas excepções, apesar de serem de adopção facultativa e de não terem sido expressamente consideradas imperativas, ao contrário da consagração de direitos imperativos do utilizador nas directivas 91/250 e 96/9.

Poderá argumentar-se que a Directiva 2001/29 pouco mais poderia ter feito, dadas as competências limitadas do direito comunitário nos domínios da cultura e da educação. Não obstante, *essa mesma limitação de competências deveria ser tida em conta quando se trata de instituir ou reforçar direitos exclusivos que conflituam com as liberdades fundamentais da comunicação*. Isto é, as competências limitadas das instâncias comunitárias deveriam ser levadas a sério não apenas quando se trata de atribuir direitos aos utilizadores mas também quando está em causa comprimir a liberdade de utilização de bens culturais.[1708]

Ora, a protecção jurídico-tecnológica do direito *sui generis* do produtor de bases de dados sem previsão de qualquer excepção que possa justificar a neutralização das protecções técnicas é de molde a instituir, a nível comunitário, uma «propriedade tecnodigital» absoluta cuja conformidade com o direito constitucional interno não pode deixar de ser posta em causa. A protecção do investimento substancial na produção de bases de dados não pode ir ao ponto de o pêndulo da balança se inclinar apenas para o prato dos titulares do direito *sui generis*.

Neste sentido, a protecção jurídico-tecnológica deste direito deve ser interpretada restritivamente no sentido de abranger apenas os actos de extracção e de reutilização sobre conteúdos efectivamente protegidos e de não prejudicar os direitos imperativos do utilizador de bases de dados bem como a liberdade de utilização prevista na directiva e, ainda, outras situações aí não previstas, que decorrem de valores constitucionais (e.g. a liberdade de acesso dos jornalistas prevista no respectivo Estatuto).

Este mesmo raciocínio deverá valer para a protecção jurídico-tecnológica dos direitos de autor em sentido estrito, no sentido de as excepções previstas na directiva, cujo benefício efectivo deverá ser garantido pelos Estados-membros aos respectivos titulares, não serem taxativas. Trata-se, portanto, de reconduzir a protecção jurídico-tecnológica dos direitos de autor ao que ela é, ao invés de a conceber como um alargamento do círculo de proibição dos direitos exclusivos. De resto, não afastamos a possibilidade

---

[1708] M. E. GONÇALVES 2003, 80 (considerando "legítimo questionar a desatenção da EU aos direitos de cidadania (neste caso, em particular, a liberdade de (acesso à) informação).").

de recurso à acção directa para o exercício de excepções impedido por protecções técnicas, em caso de inércia dos titulares de direitos e de ineficiência do sistema instituído pelo Estado no sentido de permitir o gozo efectivo das excepções pelos seus beneficiários.

Além disso, a directiva exclui deste regime os programas de computador, embora considere que devem ser promovidas a compatibilidade e a interoperabilidade de sistemas técnicos de protecção e de gestão de direitos, o que claramente indica que a liberdade de descompilação de software prevalece sobre protecções técnicas anti-descompilação. É criticável, todavia, que uma matéria desta importância seja abordada apenas no preâmbulo, ao invés de ser objecto de uma norma clarificadora dos seus termos.

3. Deve reconhecer-se, todavia, que a proibição de neutralização das protecções técnicas acrescenta um terceiro círculo de protecção aos direitos de autor. Este terceiro círculo de proibição pode ser entendido como um direito de controlo de acesso, o qual está na base da exploração de obras protegidas por direitos de autor através de serviços de acesso condicional. Todavia, não se confunde a protecção jurídica destes serviços da protecção jurídico-tecnológica dos direitos de autor, sendo aquela menos ampla do que esta, embora os prestadores de serviços de acesso condicional possam beneficiar também da protecção jurídico-tecnológica dos direitos de autor e conexos (e do direito *sui generis*) quando forem titulares desses direitos.

Seja como for, a protecção jurídico-tecnológica dos direitos de autor não acrescenta novos direitos ao exclusivo de exploração económica, devendo o controlo de acesso ser entendido como uma faculdade implícita dos tipos de direitos económicos. O titular de direitos pode reproduzir e comercializar as suas obras, por distribuição e/ou comunicação ao público, com ou sem protecções técnicas. Se utilizar protecções técnicas, poderá controlar o acesso às obras, directamente contra a neutralização dessas protecções ou indirectamente contra a exploração comercial de actividades preparatórias dessa neutralização.

Não obstante, assim como o titular de direitos pode controlar o acesso às obras, de igual modo os beneficiários das excepções aos direitos de autor têm direitos de acesso a essas obras, que deverão exercer nos termos de um procedimento a estabelecer por cada Estado-membro, embora em última análise não deva ser afastada a possibilidade de recurso à acção directa.

O Código do Direito de Autor incorporou a protecção jurídico-tecnológica dos direitos de autor. Em relação à Directiva 2001/29, acrescentou alguns aspectos. Por um lado, parece ter consagrado um direito moral de tapagem técnica das obras enquanto direito de controlo de acesso. Por outro lado, estabeleceu limites à protecção jurídico-tecnológica, por via da invalidade de cláusulas contratuais contrárias às excepções aos direitos de autor e da imperatividade anti-tecnológica de certas utilizações livres que não se limitam às "excepções privilegiadas" da directiva.

Para efeitos de exercício efectivo das excepções por parte dos seus beneficiários, embora confie em primeira linha nos acordos voluntários entre os titulares de direitos e os beneficiários de excepções, estabeleceu um procedimento de depósito legal de códigos de acesso por parte dos titulares de direitos junto de uma entidade administrativa (*key-escrow*) e, além disso, configurou as utilizações livres como direitos dos utilizadores que conferem, inclusivamente, um direito de acesso aos códigos, ainda que com mediação administrativa e, sendo o caso, judicial. Solução idêntica é, de resto, propugnada no direito norte-americano, de modo a permitir o exercício efectivo das excepções ao *copyright* pelos seus beneficiários.

Não obstante, à semelhança da Directiva 2001/29, o Código não estabelece qualquer excepção à proibição de neutralização de protecções técnicas do direito *sui generis* do produtor de bases de dados, o mesmo valendo para a exploração de obras através de serviços de acesso condicional em rede sujeitos a licenças "aceite clicando". Além disso, embora seja preservada a liberdade de cópia privada mesmo contra protecções técnicas, dá-se aos titulares de direitos a possibilidade de definirem o número de cópias permitidas para uso privado, e reforça-se o sistema de compensação pela reprodução (*levies*) como adiante será analisado.

Apesar de a solução da lei interna ser, em termos gerais, equilibrada, não deve ser lida como a palavra final e exclusiva sobre o assunto. Pelo contrário, o exercício contra protecções técnicas de excepções aos direitos de autor não deve ser limitado às "excepções privilegiadas" pela lei interna – que pura e simplesmente eclipsa através da protecção jurídico-tecnológica as excepções para fins de informação –, devendo ser consideradas todas as excepções aos direitos de autor e até outras que não ficaram expressamente consagradas, como a utilização livre para fins de paródia, caricatura ou *pastiche*. Sob pena de o pêndulo da balança se inclinar apenas para o prato dos titulares de direitos, eclipsando alguns valores constitucionalmente consagrados como liberdades fundamentais do Estado-de-direito democrático de acordo com um núcleo de princípios e normas internacionalmente convencionados enquanto direitos universais.

Numa palavra, a protecção jurídico-tecnológica dos direitos de autor não deve ser entendida nem como uma compressão nem como o alargamento do círculo de proibição dos direitos exclusivos. A protecção jurídico-tecnológica não interfere com o conteúdo previamente definido dos direitos de autor. Nessa medida, é meramente instrumental ou, se quisermos, a violação dessa protecção é uma "infracção secundária". Enquanto "infracção secundária" ou "direitos de flanco", como dizem os autores alemães, pressupõe um âmbito primário de protecção ao qual se refere.

Assim, quer com protecção tecnológica, quer sem ela, os direitos de autor são os mesmos. Estão sujeitos a um regime de "dupla velocidade", consoante digam respeito ao ambiente analógico ou ao ambiente digital em rede. Essa "dupla velocidade" é acentuada no caso de exploração com protecção técnica. Todavia, nem esta protecção técnica nem a sua protecção jurídica devem ser interpretadas como subtracções ou acréscimos aos círculos de proibição e de liberdade dos direitos exclusivos previamente definidos.

4. As protecções técnicas são normalmente acompanhadas de informações para gestão electrónica dos direitos de autor, que podem ser objecto de gestão individual ou de gestão colectiva.

As medidas de gestão electrónica apontam no sentido de um sistema de gestão de direitos de autor mais individualizado. Nesse sentido, pode questionar-se o futuro da gestão colectiva.

Este instituto surgiu como resposta às dificuldades prática da gestão individual, decorrente da ubiquidade das obras. A gestão colectiva tornou-se cada vez mais importante, ao ponto de a lei atribuir privilégios de gestão às entidades de gestão colectiva. O resultado é a possível desfiguração dos direitos de autor, que passariam de direitos exclusivos a direitos de remuneração. Por outro lado, o relevo das entidades de gestão colectiva chamou para primeiro plano a necessidade de as sujeitar a regras de transparência interna e às exigências da concorrência. As anteriores insuficiências da legislação portuguesa nesta matéria terão sido supridas através do novo quadro legal.

Para além do funcionamento e da concorrência das entidades de gestão colectiva entre si, surgiu um novo desafio que põe em causa a subsistência da própria gestão colectiva. Estas entidades estão agora sujeitas à concorrência directa das empresas de conteúdos, que poderão gerir directamente os direitos de autor através de envelopes criptográficos. Estes envelopes criptográficos não apenas condicionam o acesso à obra, mas também contêm uma licença de utilização, com informações para gestão dos direitos relativas, por exemplo, aos autores e titulares de direitos e às condições de utilização.

Estas informações para gestão electrónica de direitos são objecto de protecção jurídica específica, inicialmente estabelecida nos Tratados da OMPI (1996). Dando cumprimento às obrigações decorrentes destes Tratados e tendo em conta a lei norte-americana DMCA, a Directiva 2001/29 estabeleceu a protecção das informações para gestão de direitos. No direito interno, esta matéria foi incorporada no Código do Direito de Autor.

Ora, se a propósito das protecções técnicas chamámos a atenção para o facto de não poderem eclipsar excepções aos direitos de autor fundadas em liberdades fundamentais constitucionalmente consagradas, agora, em matéria de gestão técnica, a questão centra-se na preservação de um outro valor constitucional. Trata-se da reserva da vida privada. Com efeito, ao contrário da DMCA, a Directiva 2001/29 não exclui da noção de informações para gestão de direitos a informação relativa aos utilizadores, limitando-se a remeter no preâmbulo para a legislação comunitária em matéria de protecção de dados pessoais e da vida privada nas comunicações electrónicas e a considerar que os titulares de direitos deverão adoptar medidas técnicas de salvaguarda da vida privada dos utilizadores.

5. Embora esta problemática não seja o objecto específico deste trabalho, não podemos deixar de referir que alguns estudos mostram que a legislação comunitária não impede os titulares de direitos de recolherem dados pessoais sobre os utilizadores dos seus serviços, nomeadamente quando esteja em causa a exploração de obras através de serviços da sociedade da informação de acesso condicional. Isto está na base da preocupação de os titulares de direitos pretenderem defender directamente os seus direitos por meios técnicos, devassando a memória dos computadores ligados à rede através de agentes electrónicos de monitorização (*spy-software*). De resto, basta pensar no procedimento de injunção contra os prestadores intermediários de serviços quando estes estejam isentos de responsabilidade nos termos previstos nas directivas 2000/31 e 2001/29 para concluir que os titulares de direitos terão conhecimento das actividades dos utilizadores daqueles serviços para lançarem mão desse procedimento.

A reserva da vida privada, incluindo a sua intimidade, estará a ser posta em causa em nome dos direitos de autor. Pode até questionar-se se a sobrevivência das entidades de gestão colectiva no ambiente digital não passará por um acordo mais ou menos tácito com os titulares de direitos, no sentido de procederem a essa monitorização enquanto representantes dos autores.

Mais uma vez, há uma "campainha" constitucional que soa. Sob pena de os direitos de autor justificarem a instauração de um "panóptico electrónico" global, deve reagir-se contra tentações de utilizar os direitos de autor para esse fim.

O limite do uso privado, ainda que apertado, deve ser preservado, em especial no ambiente em rede. Com efeito, não nos parece que a protecção legal dos direitos de autor tenha o mesmo valor constitucional que a prevenção e repressão estadual da "criminalidade do catálogo" (e.g. terrorismo), aceite pelo Tribunal Europeu dos Direitos do Homem, em termos muito restritivos, como justificação da licitude de escutas telefónicas no confronto com a protecção da reserva da vida privada. Ainda que proveniente da fonte comunitária, a erecção dos direitos de autor em justificação dessa "devassa" seria inconstitucional, salvo melhor juízo e não obstante todo o valor que reconhecemos a estes direitos.

Para compreender melhor este ponto, impõe-se a análise do regime da aplicação efectiva dos direitos, com especial incidência sobre a problemática da reprodução para uso privado.

§ 10. APLICAÇÃO EFECTIVA DOS DIREITOS E CÓPIA PRIVADA

"Tudo quanto eu disse foi relatar um comentário feito por um juiz. Sabe muito bem que, nestes assuntos, as opiniões diferem tanto que a confusão é impenetrável. (...) contente-se com o facto de haver muitos argumentos contra a maneira de ver dele."

KAFKA, *O Processo*

1. O respeito pela propriedade intelectual segundo a Directiva 2004/48

1.1. *Aplicação das medidas de protecção dos direitos de propriedade intelectual aos consumidores finais?*

A Directiva 2004/48[1709] visa assegurar o pleno respeito pela propriedade intelectual nos termos do n.º 2 do artigo 17.º da Carta dos Direitos Fundamentais da União Europeia (cons. 32). Dentro das medidas, procedimentos e recursos que para o efeito estabelece, alguns são apenas aplicáveis a actos praticados à escala comercial, embora se ressalve a possibilidade de os Estados-membros aplicarem estas medidas igualmente em relação a outros actos (cons. 14).

a) *"Consumidor pirata" e consumidor de boa fé*

Entende-se por actos praticados à escala comercial aqueles que têm "por finalidade uma vantagem económica ou comercial directa ou indirecta, o que, em princípio, exclui os actos praticados por consumidores finais agindo de boa fé" (cons. 14, *in fine*).

[1709] Sobre os trabalhos preparatórios, e.g. CORNISH 2003, 447-9; HUNIAR 2006, 92.

Assim, os consumidores agindo de boa fé não estarão sujeitos, em princípio, a certas medidas mais gravosas, que consistem em ordens judiciais de:
– apresentação de documentos bancários, financeiros ou comerciais que se encontrem sob o controlo da parte contrária, desde que a protecção das informações confidenciais seja salvaguardada (art. 6.º, 2);
– prestar informação sobre a origem e as redes de distribuição dos bens ou serviços que violam um direito de propriedade intelectual pelo infractor ou por qualquer outra pessoa que tenha sido encontrada: na posse de bens litigiosos ou a utilizar serviços litigiosos à escala comercial, ou a prestar, à escala comercial serviços utilizados em actividade litigiosas, ou ainda que tenha sido indicada por uma dessas pessoas como tendo participado na produção, fabrico ou distribuição desses bens ou na prestação desses serviços (art. 8.º, 1);
– apreensão preventiva dos bens móveis e imóveis do alegado infractor, incluindo o congelamento das suas contas bancárias e outros bens (art. 9.º, 2).

Ou seja, segundo a directiva, os consumidores finais agindo de boa fé não estarão sujeitos a estas medidas, na medida em que os seus actos não tenham por finalidade uma vantagem económica ou comercial directa ou indirecta. No prisma da directiva, parece que a protecção da propriedade intelectual ficará satisfeita com a aplicação dessas medidas aos consumidores finais que não actuem de boa fé, embora se deixe aos Estados-membros a possibilidade de aplicação de tais medidas a outros actos.

Se isto é assim para as referidas medidas, por certo gravosas, poderá perguntar-se então, relativamente às restantes medidas – de preservação de prova (art. 7.º), provisórias e cautelares (art. 9.º, excepto o n.º 2), correctivas (art. 10.º), inibitórias (art. 11.º), alternativas (art.12.º), indemnizações por perdas e danos (art. 13.º), custas (art. 14.º) e publicação das decisões judiciais (art. 15.º) –, se podem ser dirigidas contra os consumidores finais agindo de boa fé. Relativamente às medidas correctivas – como a retirada do mercado, o afastamento definitivo dos circuitos comerciais ou a destruição dos bens litigiosos e, em determinados casos, dos materiais e instrumentos predominantemente utilizados na criação ou no fabrico desses mesmos bens – lê-se no preâmbulo que "estas medidas correctivas devem ter em conta os interesses de terceiros, nomeadamente os interesses dos consumidores e de particulares de boa fé" (cons. 24, *in fine*). Assim, por exemplo, um consumidor ou um particular que adquiriu de boa fé um exemplar contrafeito de um bem protegido pela propriedade intelectual (e.g. uma cópia de um filme em DVD ou de um programa de computador) poderia ver ordenada a destruição do seu exemplar, embora a sua boa fé o pudesse eventualmente proteger contra a execução dessa medida às suas expensas (art. 10.º, 2). Além disso, poderia ser ordenada, por exemplo, a apreensão ou a entrega desse exemplar a fim de impedir a sua entrada ou circulação nos circuitos comerciais (art. 9.º, 1-b). Pense-se, nomeadamente, no controlo alfandegário nos aeroportos ou nas portagens das autoestradas da informação.

Em suma, a mera posse de bens ou utilização de serviços litigiosos por consumidores finais agindo de boa fé ficaria sujeita ao controlo dos titulares de direitos de propriedade intelectual.

* Entretanto, a Directiva 2004/48 foi transposta pela Lei 16/2008, que alterou o Código do Direito de Autor, nomeadamente aditando-lhe os novos artigos 210.º-A (medidas para obtenção da prova), 210.º-B (medidas para preservação da prova), 210.º-C (tramitação e contraditório), 210.º-D (causas de extinção e caducidade), 210.º-E (responsabilidade do requerente), 210.º-F (obrigação de prestar informações), 210.º-G (providências cautelares), 210.º-H (arresto), 210.º-I (sanções acessórias), 210.º-J (medidas inibitórias), 210.º-L (escala comercial), 211.º-A (publicidade das decisões judiciais), e 211.º-B (direito subsidiário). Este conjunto de medidas de natureza processual destina-se a assegurar o respeito pelos direitos de propriedade intelectual, sem prejuízo de outras medidas e procedimentos previstos na lei, nomeadamente no Código de Processo Civil. Decalcado da Directiva 2004/48, este regime prevê também a definição de actos praticados à escala comercial como todos aqueles que violem direito de autor ou direitos conexos e que tenham por finalidade uma vantagem económica ou comercial, directa ou indirecta, excluindo-se os actos praticados por consumidores finais agindo de boa-fé (art. 210.º -L). Assim, parece que a mera posse de bens ou utilização de serviços litigiosos por consumidores finais estará sujeita ao controlo dos titulares de direitos de propriedade intelectual, variando a intensidade desse controlo consoante os consumidores actuem de boa ou de má-fé.

b) *Oponibilidade* erga omnes *da propriedade intelectual?*

À primeira vista, isto nada teria de estranho. Enquanto direito de propriedade, a propriedade intelectual seria um *ius excluendi omnes alios*, reservando em exclusivo ao seu titular as faculdades de *utendi*, *fruendi* e *abutendi* da coisa objecto do direito de propriedade intelectual. Nesse sentido, ainda que de boa fé, a mera posse de um objecto ou a simples utilização de um serviço protegidos por um direito de propriedade intelectual estariam sujeitas à oponibilidade *erga omnes* desse direito.

Assim, o âmbito de afectação ou destinação das utilidades das obras abrangeria "o aproveitamento económico dos bens correspondentes, expresso nas vantagens provenientes do seu uso, fruição, consumo ou alienação" segundo a *Zuweisungslehre*.[1710] De resto, a colocação do acto económico de consumo na mira dos direitos de autor não é um fenómeno novo.[1711] Todavia, não é certo que os direitos de propriedade intelectual sejam oponíveis *erga omnes* em termos absolutos.

A Directiva 2004/48 visa assegurar o pleno respeito pela propriedade intelectual em termos aparentemente excessivos, questionando-se a proporcionalidade das medidas adoptadas segundo o princípio *one size fits all*.[1712] Não é por se chamar propriedade aos direitos de propriedade intelectual que eles adquirem automaticamente a natureza absoluta da *plena in re postestas*. As medidas de protecção da propriedade intelectual previstas nesta directiva têm natureza adjectiva e não substantiva. Nesse sentido, as medidas processuais não se destinam a conferir mais direitos do que os previstos nos regimes materiais da propriedade intelectual.

Ora, é muito duvidoso que estes regimes materiais configurem os direitos de propriedade intelectual em termos de estes serem oponíveis aos consumidores finais de boa fé. Idênticas considerações valem, *mutatis mutandis*, para os consumidores finais que pratiquem actos à escala comercial, i.e. quando têm por finalidade uma vantagem económica ou comercial, directa ou indirecta, considerando-se que por isso não agem de boa fé. Nesta definição, parece caber o consumidor que adquire a baixo preço um bem contrafeito sabendo ou tendo razões para saber do seu carácter ilícito, seja para seu uso pessoal ou para oferta, seja enquanto acto de comércio ocasional ou esporádico (e.g. a compra para revenda a amigos ou na Feira da Ladra). Só que nesta última hipótese – prática ocasional ou esporádica de acto de comércio – já não parece que se possa falar rigorosamente em consumidor final, não obstante os contornos indefinidos da noção legal de consumidor, em especial no direito comunitário.[1713]

A questão está em saber, por conseguinte, se os direitos de propriedade intelectual são oponíveis aos consumidores finais, enquanto tais. A julgar pelo preâmbulo, a resposta da directiva será afirmativa. Todavia, se assim for, não estará a alargar o âmbito e a extensão dos direitos de propriedade intelectual, tal como estes são configurados nos respectivos regimes materiais?

[1710] ANTUNES VARELA 2006, 491-2.
[1711] ALMEIDA-ROCHA 1986, 23.
[1712] HUGENHOLTZ 2004, 247-8.
[1713] E.g. DIAS PEREIRA 2000d, 59s (com indicações).

Com efeito, o direito substantivo é um *prius* em relação às medidas adjectivas de protecção efectiva, que pela sua natureza processual devem valer na medida do direito material.[1714]

A directiva considera necessário definir o seu âmbito de aplicação "de uma forma tão ampla quanto possível, de modo a nele incluir a totalidade dos direitos de propriedade intelectual abrangidos pelas disposições comunitárias na matéria e/ou pelo direito interno do Estado-Membro em causa" (cons. 13). Nesse sentido, dispõe que "a expressão «direitos de propriedade intelectual» engloba os direitos da propriedade industrial" (art. 1.º).

c) *Alargamento das medidas de aplicação efectiva dos direitos de propriedade intelectual à concorrência desleal*

Além disso, é deixada aos Estados-membros a possibilidade de "alargar, devido a necessidades internas, as disposições da presente directiva a actos de concorrência desleal, incluindo cópias parasitas, ou a actividades similares" (cons. 13). Ou seja, a directiva não obsta a que os Estados-membros alarguem o âmbito de aplicação destas medidas de protecção dos direitos de propriedade intelectual aos actos de concorrência desleal. Mas, significa isso que os Estados-membros poderão incluir os consumidores finais no círculo de proibição da concorrência desleal?

É entendimento pacífico, na jurisprudência portuguesa, que o âmbito de protecção da concorrência desleal é restrito a concorrentes, isto é, aos sujeitos, *maxime* empresas, que actuam num determinado sector de mercado (STJ, Ac. 21/2/1969, BMJ 184/1969, 20/12/1990, BMJ 402/1991, 567, 31/1/1991; 18/11/1997; RP, 12/1/1998, RC, 23/11/ 1999, 12/11/2001. O critério foi reafirmado pelo STJ mais recentemente no acórdão de 11/2/2003 (CJ/STJ 2003, I, 93-6): "Para se poder falar em concorrência desleal é essencial que sejam idênticas ou afins as actividades económicas prosseguidas por dois ou mais agentes económicos.").

No âmbito específico dos direitos de autor, o STJ julgou, no acórdão de 20 de Dezembro de 1990 (BMJ 402/1991, 567), que "a concorrência desleal relativamente a obras protegidas pelos direitos de autor só tem lugar na medida em que esteja em causa a sua exploração económica por empresas que desenvolvam actividades económicas concorrentes". Este acórdão afirma que a concorrência desleal pode ter lugar no sector de actividades relacionadas com direitos de autor, não em abstracto mas antes em concreto. De resto, o círculo de concorrência é também um requisito de protecção dos

---

[1714] HARTE-BAVENDAMM 2003, 805.

títulos, tendo o Tribunal julgado que "para que um dado título (*Primeira Página*) seja protegido deverá ser não apenas original, mas também confundível, o que se afere apenas ao respeito de obras do mesmo género. Um jornal semanário e um programa de televisão são obras de géneros diferentes".

O mesmo vale, *mutatis mutandis*, para as práticas negligentes entre concorrentes. O novo Código da Propriedade Industrial (DL 36/2003) descriminalizou a concorrência desleal, mas, ao mesmo tempo, a sua proibição deixa de exigir uma intenção especial do agente. Apesar da formulação ampla da cláusula geral, nos termos da qual constitui concorrência desleal todo o acto de concorrência contrário às normas e usos honestos de qualquer ramo de actividade económica (art. 317.º), o regime continua a pressupor a prática de actos de concorrência e, por conseguinte, a referência a um sector de mercado, que serve assim de "filtro" para apurar a ilicitude dos exemplos de actos de concorrência desleal previstos no catálogo (e.g. actos de confusão, afirmações enganosas e depreciativas, parasitismo)[1715], bem como de outros *actos de concorrência* contrários às normas e usos honestos de qualquer ramo de actividade económica.

Aliás, a jurisprudência é especialmente exigente na delimitação do âmbito de aplicação da concorrência desleal, tendo o STJ, no acórdão de 18 de Novembro de 1997, excluído do seu âmbito "as profissões intelectuais não encaradas de um ponto de vista económico mas pelo prisma de um alto nível deontológico dos serviços prestados, etc." Isto não significa a exclusão das actividades relacionadas com os direitos de autor da esfera de relevância da concorrência desleal, embora tal exclusão não deva ser restrita a profissões liberais que exigem qualificações académicas e cujas actividades são reguladas por ordens profissionais, incluindo códigos deontológicos que proíbem ou restringem ao mínimo a possibilidade de certas práticas comerciais, nomeadamente a publicidade.

Seja como for, a aplicação do instituto da concorrência desleal é de âmbito restrito, já que pressupõe desde logo a prática de actos de concorrência, a qual se afere por referência a um sector de actividade ou mercado relevante, como é jurisprudência constante (e.g. mais recentemente, Ac. RL 16/1/2007: "Entre duas empresas de ramos completamente diferentes não poderá haver concorrência, pois uma não tirará clientela à outra. Só existe concorrência desleal quando existe concorrência.").

Ora, os consumidores finais, enquanto tais, não são abrangidos pelo âmbito de proibição da concorrência desleal (embora dela possam beneficiar) por não serem, desde logo, concorrentes. A menos que se entenda que,

---

[1715] MENEZES LEITÃO 2001, 199.

assim como os consumidores podem beneficiar da proibição da concorrência desleal, também por ela devem estar abrangidos. Neste sentido, o regime da concorrência desleal seria apenas parte de um regime mais amplo das práticas comerciais desleais estabelecido pela Directiva 2005/29 (agora transposta pelo DL 57/2008, 26/3), que integra uma série de outros actos de legislação comunitária, nomeadamente a directiva sobre publicidade enganosa e comparativa (84/450, alterada pela Directiva 97/55, e substituída pela Directiva 2006/114, de 12 de Dezembro).[1716]

1.2. As características específicas de cada direito de propriedade intelectual

Interessa-nos, por agora, saber se os direitos de propriedade intelectual são oponíveis aos consumidores finais, em termos de estes ficarem sujeitos à aplicação daquelas medidas. A directiva define o âmbito da propriedade intelectual "de uma forma tão ampla quanto possível, de modo a nele incluir a totalidade dos direitos de propriedade intelectual abrangidos pelas disposições comunitárias na matéria e/ou pelo direito interno do Estado-Membro em causa" (cons. 13).

No que respeita aos direitos de propriedade intelectual regulados pelo direito comunitário, a lista é extensa, quer em matéria de propriedade industrial, quer em matéria de direitos de autor e conexos. Ao extenso leque de direitos de propriedade intelectual abrangidos pelas disposições comunitárias soma-se o direito interno de cada Estado-Membro em matérias não reguladas pelo direito comunitário. Em relação a todos estes domínios, fundamentalmente regulados, entre nós, no Código do Direito de Autor e dos Direitos Conexos ou no Código da Propriedade Industrial, bem como em diplomas avulsos de legislação extravagante que gravitam em torno desses Códigos (e.g. os diplomas sobre protecção jurídica dos programas de computador e das bases de dados), teríamos que analisar, em pormenor, o conteúdo de cada um dos direitos de propriedade intelectual atribuídos pela ordem jurídica portuguesa, para aferir da sua oponibilidade aos consumidores finais.

[1716] E.g. DIAS PEREIRA 2005b, 374; HOWELLS/MICKLITZ/WILHELMSSON 2006.

a) A inclusão dos consumidores no círculo de destinatários da propriedade intelectual

A Directiva 2004/48 estabelece que as medidas são aplicáveis a qualquer violação dos direitos de propriedade intelectual previstos na legislação comunitária e/ou na legislação nacional do Estado-Membro em causa, sem prejuízo dos meios já previstos ou que possam vir a ser previstos na legislação comunitária ou nacional e desde que esses meios sejam mais favoráveis aos titulares de direitos (art. 2.º). A julgar pelo preâmbulo, os consumidores finais poderiam ser sujeitos à aplicação das medidas, ainda que agindo de boa fé, não obstante considerar-se também que as medidas deverão ser determinadas, "em cada caso, de modo a ter devidamente em conta as características específicas desse mesmo caso, nomeadamente as características específicas de cada direito de propriedade intelectual e, se for caso disso, o carácter intencional ou não intencional da violação" (cons. 17).

A questão que se coloca é saber se os consumidores finais poderão, enquanto tais, cometer actos de violação, tendo em conta as "características específicas de cada direito de propriedade intelectual". Não obstante, diga-se desde já que a Directiva 2004/48 prevê que constituirá um elemento de prova razoável, para efeito de aplicação das medidas, "uma amostra razoável de um número substancial de cópias de uma obra ou de qualquer outro objecto protegido" (art. 6.º, 1).

Este critério não é determinante, já que os Estados-membros poderão estabelecer critérios mais estritos, mas mostra que o regime da directiva se destina a proteger apenas os interesses comerciais dos titulares de direitos de propriedade intelectual. Todavia, ao incluir os consumidores finais no círculo de possíveis destinatários das medidas de protecção, a directiva parece adoptar uma política de "protecção preventiva".

b) Ressalva de outras medidas de protecção e das excepções aos direitos

Isto remete a análise para o recorte positivo e negativo de cada direito de propriedade intelectual, não obstante as fronteiras entre os diversos direitos nem sempre serem nítidas.[1717] A directiva ressalva no art. 2.º, 2, as disposições específicas, previstas na legislação comunitária, relativas ao respeito pelos direitos e às excepções no domínio do direito de autor e direitos conexos, nomeadamente na Directiva 91/250 (art. 7.º) ou na Directiva 2001/29 (arts. 2.º a 6.º e 8.º). Ou seja, a aplicação das medidas

---

[1717] REMÉDIO MARQUES 2005, 59; GELLER 2006, 139.

previstas na Directiva 2004/48 deverá ter em conta não apenas as medidas de protecção já previstas no direito comunitário (e.g. apreensão de cópias ilícitas de programas de computador possuídas para fins comerciais), mas também as excepções aos direitos de autor consagradas pela legislação comunitária.

Neste sentido, a Directiva 2004/48 não prejudica "as disposições comunitárias que regulam o direito material da propriedade intelectual" (art. 2.º, 3-a), ressalvando ainda o mesmo preceito as directivas sobre tratamento e livre circulação de dados pessoais (95/46), assinaturas electrónicas (1999//93) e comércio electrónico (2000/31), em especial o regime de responsabilidade dos prestadores intermediários de serviços da sociedade da informação previsto nesta última (arts. 12.º a 15.º), e.g. a obrigação de os prestadores de serviços intermediários comunicarem às autoridades competentes a identidade e o endereço dos utilizadores dos seus serviços (art. 15.º, 2; no direito interno, DL 7/2004, art. 13.º-b).

Em matéria de sanções, a directiva sobre direitos de autor na sociedade da informação (2001/29) prevê, para além da indemnização e, quando adequado, da apreensão do material ilícito (incluindo dispositivos de neutralização), uma injunção contra os intermediários (art. 8, 2), por se considerar estarem frequentemente em melhor posição para porem termo a actividades ilícitas dos utilizadores dos seus serviços, "mesmo nos casos em que os actos realizados pelos intermediários se encontrem isentos ao abrigo do artigo 5.º'" (cons. 58).

Esta injunção e os termos em que é prevista (art. 8.º, 3) mostram bem as redobradas cautelas da directiva, acentuando a dupla velocidade a que estão sujeitas as excepções e limitações aos direitos de autor, consoante o ambiente analógico ou electrónico em que se faça a sua utilização.

1.3. O direito comunitário da propriedade intelectual e o Acordo ADPIC

A Directiva 2004/48 refere, no preâmbulo, que "não afecta as obrigações internacionais dos Estados-membros, incluindo as decorrentes do Acordo TRIPS" (cons. 5), dispondo que a directiva não prejudica nem as disposições nacionais em vigor nos Estados-membros em matéria de processos e sanções penais aplicáveis à violação dos direitos de propriedade intelectual (art. 2.º, 3-c), nem as obrigações decorrentes das convenções internacionais, designadamente do Acordo TRIPS, incluindo as que se relacionem com os processos e as sanções penais (art. 2.º, 3-b).

A propósito destas últimas, coloca-se a questão da conformidade da Directiva 2004/48 com o Acordo ADPIC (TRIPS), de que são membros "todos os Estados-membros, bem como a própria Comunidade, no que diz respeito às questões da sua competência" (cons. 4). O Acordo ADPIC prevê, na parte III, disposições sobre aplicação efectiva dos direitos de propriedade intelectual (arts. 41.º a 61.º), incluindo o direito de autor e direitos conexos, marcas, indicações geográficas, desenhos e modelos industriais, patentes, configurações (topografias) de circuitos integrados, e protecção de informações não divulgadas (ADPIC, art. 1.º, 2). As medidas previstas no ADPIC desenvolvem medidas já antes previstas, nomeadamente, na Convenção de Paris (art. 9.º e 10.º) e na Convenção de Berna (art. 16.º e 17.º).

a) A Directiva 2004/48 como resposta para a recepção não uniforme pelos Estados-membros das medidas de aplicação efectiva dos direitos previstas no Acordo ADPIC

A Directiva 2004/48 foi adoptada em razão de se ter constatado "que, apesar das disposições do Acordo TRIPS, ainda existem, nos Estados-membros, disparidades importantes em relação aos meios para fazer respeitar os direitos de propriedade intelectual" (cons. 7), as quais são consideradas "prejudiciais ao bom funcionamento do mercado interno e não permitem assegurar que os direitos de propriedade intelectual beneficiem de um nível de protecção equivalente em todo o território da Comunidade" (cons. 8). Por isso, e com vista a "assegurar um nível elevado de protecção da propriedade intelectual equivalente e homogéneo no mercado interno" (cons. 10), foi adoptada a Directiva 2004/48.

Já antes tinham sido adoptadas, a nível comunitário, outras medidas de protecção dos direitos de propriedade intelectual. Por exemplo, o Regulamento (CE) n.º 3295/94 do Conselho, de 22 de Dezembro de 1994, que estabelece medidas destinadas a proibir a introdução em livre prática, a exportação, a reexportação e a colocação sob um regime suspensivo das mercadorias de contrafacção e das mercadorias-pirata. A propósito deste acto comunitário, o TJCE decidiu, no acórdão de 14 de Outubro de 1999 (Proc. C-223/98, *Kammarrätten i Stockholm*), que o Regulamento "deve ser interpretado no sentido de que se opõe a uma disposição nacional por força da qual a identidade do declarante ou do destinatário de mercadorias importadas, que o titular do direito de marca considerou serem mercadorias de contrafacção, não pode ser comunicada a este."

b) A competência do TJCE para interpretar as disposições do Acordo ADPIC

No acórdão de 14 de Dezembro de 2000 (Proc. C-300/98, *Parfums Christian Dior*), o TJCE declarou-se competente para interpretar o Acordo ADPIC, "quando as autoridades judiciais dos Estados-membros são chamadas a ordenar medidas provisórias destinadas à protecção de direitos de propriedade intelectual que se englobam no âmbito de aplicação do Acordo TRIPS." Mais acrescentou que, relativamente "a um domínio a que o Acordo TRIPS se aplique e no qual a Comunidade já tenha legislado, as autoridades judiciais dos Estados-membros estão obrigadas, por força do direito comunitário, quando são chamadas a aplicar as suas normas nacionais com vista a ordenar medidas provisórias destinadas à protecção dos direitos que se englobam num tal domínio, a fazê-lo na medida do possível à luz da letra e da finalidade do artigo 50.º do Acordo TRIPS".

Este será precisamente o caso da Directiva 2004/48 que harmoniza o regime da aplicação efectiva dos direitos de propriedade intelectual. A importância deste acórdão do TJCE está em afirmar nomeadamente que as autoridades judiciais dos Estados-membros deverão aplicar as suas normas nacionais de transposição da directiva *"na medida do possível* à luz da letra e da finalidade" das regras equivalentes do TRIPS. *A contrario*, resulta desta jurisprudência que, em caso de conflito entre o Acordo ADPIC e as disposições da directiva, as autoridades judiciais dos EM devem respeitar o direito comunitário.

Isto é válido não apenas para a Directiva 2004/48 mas também para todos os actos de harmonização comunitária relativos a matérias abrangidas por disposições do Acordo ADPIC (e.g. protecção de programas de computador e bases de dados por direitos de autor). Em qualquer caso, será necessário atender não apenas ao recorte positivo de cada direito de propriedade intelectual mas também ao seu recorte negativo, i.e. aos limites ou excepções de cada direito, para aferir a prática de actos de violação.

1.4. Liberdade de cópia privada e aplicação efectiva dos direitos de autor

A análise pormenorizada de cada um dos direitos de propriedade intelectual está fora do horizonte deste trabalho. De todo o modo, podemos dizer que a liberdade de uso privado é comum a todos os direitos de propriedade intelectual. No domínio dos direitos industriais, segundo o Código da Propriedade Industrial de 2003 – que transpõe de novo ou aperfeiçoa a transposição de actos do acervo comunitário sobre propriedade industrial e integra regras do acordo ADPIC, como se lê no preâmbulo –, os actos realizados num âmbito privado e sem fins comerciais não são abrangidos pelos direitos conferidos pela patente (art. 102.º-a), pelo modelo de utilidade (art. 145.º, 1-a), pelo registo de modelos ou desenhos (art. 204.º-a). De igual modo, a reprodução, a título privado, de uma topografia para fins não comerciais, não é abrangida pelos direitos conferidos pelo registo da topografia (art. 165.º-a). Os direitos conferidos pelo registo da marca são oponíveis apenas a quem a usar no exercício de actividades económicas e verificados certos requisitos (art. 259.º) e a protecção de segredos de negócios pressupõe a prática de actos de concorrência (art. 318.º), pelo que se excluiu o uso privado para fins de consumo final.

* As alterações introduzidas pela Lei 16/2008, 1/4, ao Código da Propriedade Industrial, para transpor a Directiva 2004/48, deixaram intocadas estas normas. Todavia, para efeitos do regime da aplicação efectiva dos direitos, os actos praticados à escala comercial são definidos como todos aqueles que violem direitos de propriedade industrial e que tenham por finalidade uma vantagem económica ou comercial, directa ou indirecta, excluindo-se apenas os actos praticados por consumidores finais agindo de boa-fé (art. 338.º -A, 1 e 2).

Vamos centrar o nosso estudo no problema da oponibilidade dos direitos de autor aos consumidores finais em termos de se justificar a aplicação das medidas de protecção estabelecidas na Directiva 2004/48. Este problema traz para primeiro plano a especial natureza jurídica dos direitos de propriedade intelectual. Os direitos de autor são oponíveis aos consumidores finais que efectuem ou detenham cópias privadas?

As medidas de protecção previstas na Directiva 2004/48 têm em conta que o "desenvolvimento da utilização da Internet permite uma distribuição instantânea e global de produtos pirata" (cons. 9). Para fazer face a este fenómeno, o art. 8.º, 3, da Directiva 2001/29 impõe aos Estados-membros a obrigação de garantirem aos titulares de direitos a possibilidade de solicitarem uma injunção contra intermediários cujos serviços sejam utilizados por terceiros para violar um direito de autor ou direitos conexos (art. 8.º, 3). Além desta injunção, a Directiva 2000/31 (art. 18.º) já estabelecia a possibilidade de medidas transitórias, enquanto medidas inibitórias. Essa medida inibitória contra intermediários cujos serviços estejam a ser utilizados por terceiros para violar direitos de autor ou direitos conexos significa que o procedimento de injunção previsto na Directiva 2001/29 (art. 8.º, 3) é ressalvado pela Directiva 2004/48 enquanto medida provisória e cautelar (art. 9.º, 1-a).

Não obstante, sem prejuízo disso, esta directiva estabelece ainda a possibilidade de os titulares de direitos requererem uma medida inibitória contra intermediários cujos serviços sejam utilizados por terceiros para violar direitos de propriedade intelectual enquanto medida decorrente da decisão do mérito (art. 11.º, 3.º período). Esta medida aplica-se não apenas aos direitos de autor e conexos mas também a todos os direitos de propriedade intelectual abrangidos pelas disposições comunitárias e/ou internas.

Vamos tratar a questão da oponibilidade dos direitos de autor aos consumidores finais, focando o problema da reprodução para uso privado.

2. O problema da liberdade de reprodução para uso privado

O tema da reprodução para uso privado evidencia a transformação que o direito de autor sofreu no processo de adaptação ao novo ambiente tecnológico, no sentido de um regime "a duas velocidades".

No ambiente analógico a reprodução para uso privado começou por ser um "não problema", já que era mais caro copiar um livro do que comprar um exemplar. Desde logo porque dificilmente alguém investiria em máquinas de impressão para uso privado das obras, sendo a cópia realizada manualmente.[1718] Todavia, no ambiente digital, a reprodução para uso privado pode ser um "pesadelo" quer para os titulares de direitos quer para os consumidores finais, consoante se dê mais valor à propriedade daqueles ou à vida privada destes.

2.1. O conflito de interesses

A cópia privada é objecto de interesses conflituantes.

Por um lado, o titular de direitos de autor e conexos quer abarcar a cópia privada no seu exclusivo no sentido de a poder controlar ou, pelo menos, de por ela obter uma compensação para os alegados prejuízos, se se entender que a cópia privada das obras "causa necessariamente prejuízo à

[1718] BREYER 1970, 316; RICKETSON 1987, 484 ("Private use exceptions in national laws at that time were predicated upon the basis that these copies were made by hand or with the use of a typewriter, and that the quantity of such copying could not scarcely conflict with either the normal exploitation of the work or the legitimate interests of the author."); tb. PERRITT 1996, 416-7.

exploração normal destas e aos respectivos autores", destinando-se a compensação pela reprodução ou gravação de obras prevista no art. 82.º a "atenuar o prejuízo daquela situação".[1719]

Por outro lado, o utilizador privado (ou consumidor) reclama um direito à cópia privada, no sentido de lhe ser permitido gozar livremente os conteúdos protegidos por direitos de autor e conexos sem intromissões na sua privacidade; até porque só assim poderá concretizar plenamente a sua liberdade de aprendizagem, de informação, de criação cultural, ou tão-só de entretenimento.

Pelo meio, os agentes do mercado de equipamentos e suportes de gravação juntar-se-ão tendencialmente aos utilizadores privados, no sentido de se afirmar a cópia privada como um espaço livre de direitos de autor (e conexos). Nesta perspectiva, a reprodução para uso privado deveria ser pura e simplesmente excluída do direito de reprodução, tal como sucedeu relativamente a certas categorias de actos de reprodução meramente técnica. Além disso, argumenta-se que seria extraordinário que a "narrativa da propriedade intelectual" tivesse conseguido transformar "billion-dollar industries" em vítimas.[1720]

a) A cópia privada na perspectiva dos titulares de direitos

A cópia privada começa por ser um problema para os titulares de direitos, que alegam violação da sua propriedade intelectual e prejuízos consideráveis, sobretudo lucros cessantes. Este seria o cenário actual, em virtude da revolução MP3 e dos sistemas *Napster* e seus derivados P2P («peer-to-peer»), que teriam transformado a Internet num verdadeiro *wood-stock* electrónico. Não se estranha por isso que a manutenção da liberdade de cópia privada no ambiente digital tenha sido posta em causa. E nesse sentido aponta a jurisprudência norte-americana nos casos *Napster* e *Grokster*. Todavia, esta jurisprudência é pouco pacífica, sendo de registar que mesmo no direito britânico as opiniões se dividam quanto à inclusão dos sistemas Napster e afins no círculo de proibição do *copyright*.[1721]

[1719] REBELLO 2002, 136-7.
[1720] HALBERT 1999, 87.
[1721] PHILLIPS/FIRTH 2001, 350 ("the reach of the tort of authorisation does not extend to this kind of service."); CORNISH/LLEWELYN 2003, 803 ("If equivalent proceedings were lanched in the United Kingdom, there would be little doubt that both the provider and the recipient of transmitted material would be making Internet copies and so would be infringing." – reconhecendo porém a vanidade da solução legal em virtude da proliferação destes sistemas – 804).

i. *Napster, Grokster* e outros sistemas de livre partilha de ficheiros

O Napster é um serviço de partilha de ficheiros, que utiliza um servidor central como motor de pesquisa. Este software permite aos seus utilizadores copiarem música dos computadores de outros utilizadores do sistema. Tornou-se, por isso, muito popular, sobretudo entre os mais jovens, mas os titulares de direitos não tardaram em defender os seus interesses.

No caso *A&M Records, Inc. v. Napster, Inc.* (9th Cir., 2001) a jurisprudência norte-americana proibiu o *Napster* com o argumento de que o descarregamento privado não constituía *fair use* (§ 107). Na opinião do Tribunal, apesar de o serviço *Napster* ser gratuito e de os utilizadores efectuarem a reprodução para uso privado, a cópia repetida e exploradora de obras protegidas por *copyright* pode constituir uso comercial, mesmo que essas cópias não sejam oferecidas para venda ("repeated copy and exploitative copying of copyrighted Works, even if the copies are not offered for sale, may constitute commercial use").

Por seu turno, o criador do site *Napster,* Shawn Fanning, foi condenado por comparticipação, em virtude de ter conhecimento das actividades infractoras e de ter um interesse financeiro directo em captar utilizadores dos seus serviços como clientes. O *Naptser* acabou por abrir falência.[1722]

A jurisprudência do caso *Napster* pode conduzir à "erosão do espaço do uso privado"[1723]. Todavia, não erradicou os sistemas P2P. Pelo contrário, novos sistemas foram desenvolvidos (e.g., *Gnutella, Audiogalaxy, KaZaA, MusicCity, Morpheus* e *Grokster*), os quais já não requerem um servidor centralizado para efectuar as buscas e as cópias, já que é o próprio computador do utilizador que funciona como motor de busca. No fundo, a repressão inicial teria gerado o efeito inverso ao pretendido.[1724]

Contudo, em resposta à explosão dos sistemas P2P *post Napster*, a *Motion Picture Association of America* processou os operadores de redes P2P, tais como *KaZaa, MusicCity* e *Grokster*, por violação de direitos de autor em filmes e gravações sonoras. No caso *Metro-Goldwyn-Mayer Studios Inc. v. Grokster Ltd.*, a jurisprudência superior norte-americana anulou as decisões dos tribunais inferiores, e proibiu este sistema de partilha

---

[1722] Cfr. LEMLEY/MENELL/MERGES/SAMUELSON 2003, 728-45.

[1723] OLIVEIRA ASCENSÃO 2005b, 792.

[1724] CHISSICK/KELMAN 2002, vii ("the efforts of a blind and atrophied music industry to destroy Napster, is prompting the peer-to-peer networking of music on a scale that now defies all attempts at control."); CORNISH/LLEWELYN 2003, 804 ("Blocking one outlet seems to provoke ten times the tunnelling elsewhere").

de ficheiros, com o argumento de que não era inócuo em termos de direitos de autor, não colhendo a sua utilização justificação na protecção da vida privada (caso *Grokster*).[1725]

A jurisprudência superior norte-americana parece afirmar o princípio que (criticamente) anunciámos segundo o qual "quem está em linha está em público", na medida em que permita o acesso de terceiros aos ficheiros que tem na memória do seu computador.[1726]

Em resultado, mesmo fora dos EUA, os utilizadores destes sistemas (que se calcula serem várias dezenas de milhões) estão a ser processados pelos titulares de direitos. Fala-se até, com propriedade, num "processo contra a cidade".[1727] Por exemplo, o Tribunal judicial de Tóquio ordenou uma providência cautelar contra a *Japan MMO* proibindo-a de operar um serviço P2P chamado *File Rogue*, e na República da Coreia, o tribunal judicial de Sungnam ordenou o encerramento do mais famoso P2P da Coreia, o *Soribada*, com cerca de 12 milhões de utilizadores. Todavia, na Holanda, o Tribunal de Justiça de Amesterdão pronunciou-se a favor do operador *KaZaA*, não o responsabilizando pelos abusos dos utilizadores do seu software de partilha de ficheiros (*KaZaA v. Buma-Stemra*, Gerechtshof Amsterdam, March 28, 2002, rolnr. 1370/01[1728], confirmada pelo Hoge Raad, em 19 de Dezembro de 2003).

ii. Críticas e aplausos à jurisprudência *Naspter*

A lei norte-americana DMCA e a jurisprudência que a aplica têm sido objecto de duras críticas, sendo significativo o inventário de expressões satíricas dirigidas na literatura norte-americana contra as normas de protecção das medidas técnicas previstas na DMCA.[1729] Na opinião de um comentador, só poderia existir responsabilidade se o *KaZaa*, ao colocar o

---

[1725] GANLEY 2006, 15.

[1726] DIAS PEREIRA 1999b, 272, e 2001a, 567. No sentido de que essa prática de potencial carregamento ascendente (*upload*) cai fora do uso privado, embora este não abranja o descarregamento descendente (*download*), OLIVEIRA ASCENSÃO 2000c, 116; TRABUCO 2006, 515-6 ("Com este acto, o utilizador consente e promove uma utilização colectiva da obra em causa, pelo que deixam de estar reunidos os pressupostos para uma justificação da sua conduta como uso privado.").

[1727] OLIVEIRA ASCENSÃO 2005b, 787-95

[1728] OMPI/WIPO 2002, 54s.

[1729] Para um inventário de críticas, TIAN 2005a, 767 ("sucks", "evil", "wrongheaded", "much-hated", "unpredictable", "unsound", "ugly and inelegant", "inconsistent", "ill-conceived", "cumbersome", "overbroad", "unconstitutional").

§ 10. Aplicação Efectiva dos Direitos e Cópia Privada 689

seu software à disposição do público, incitasse ou autorizasse os utilizadores do seu software a violarem os direitos de autor, o que não poderia ocorrer dado que o software poderia ser usado para troca legítima de ficheiros.[1730]

Além disso, sustenta-se que as indústrias deveriam concentrar-se mais nas protecções técnicas para proteger os seus serviços, actualizando os seus métodos arcaicos de distribuição de música e de filmes, ao invés de se socorrerem de meios legais contra todos, incluindo os prestadores intermediários de serviços que estariam a beneficiar pouco ou nada das isenções de responsabilidade previstas na DMCA. No fundo, ao proibir sistemas como o *Napster*, a lei do *copyright* estaria apenas a proteger as *major record labels* contra a nova forma de concorrência.[1731] E chega-se mesmo a defender, em comentário ao caso *MGM Studios, Inc. v. Grokster, Ltd.* (2005), que, ao justificar a proibição dos sistemas de partilha de ficheiros (e.g. *Napster*, *KaZaa* ou *Grokster*), os direitos de autor estariam a servir como um "instrumento poderoso de resistência à cultura americana", já que os consumidores seriam induzidos a procurar bens de entretenimento menos dispendiosos.[1732]

Todavia, também há quem se mostre favorável à proibição do software P2P que permita o intercâmbio em massa de obras protegidas pelo *copyright*[1733] e quem defenda a DMCA tal como está, de modo a dar uma oportunidade de crescimento aos novos modelos comerciais baseados no acesso condicional.[1734] Além disso, sucedem-se as iniciativas legislativas no sentido de reforçar a protecção dos titulares de direitos de autor contra práticas que induzem infracções ao *copyright*[1735] – apelando-se todavia à

[1730] REED 2004, 98-9.

[1731] FESSENDEN 2002, 405 ("Services like Napster that promote independent labels and artists are a threat to the future of major record labels because they increase competition."); LESSIG 2003a, 86 ("In the push to give copyright owners control over their content, copyright holders also receive the ability to protect themselves against innovations that might threaten existing business models. The law becomes a tool to assure that new innovations don't displace old ones – when instead, the aim of copyright and patent law should be, as the U.S. Constitution requires, to 'promote the progress of science and useful arts'."); DELCHIN 2004, 344 ("the public interest will be best served by an increased distribution of music as a result of loosened statutory licensing.").

[1732] HEALD 2005, 499 ("copyright law should be recognized as a powerful tool to resist American culture.").

[1733] MYRICK 2005, 539.

[1734] BESEK 2004, 391 ("At the present time, however, we should allow the new business models enabled by § 1201 the opportunity to continue to flourish").

[1735] SCHULMAN 2005, 121 (comentando a iniciativa Inducing Infringement of Copyright Act de 2004).

necessidade de refrear não apenas a "ganância" dos titulares de direito mas também a "ganância" dos consumidores estimulada pelas novas possibilidades tecnológicas e responsável pelo labéu (*bad name*) que estaria actualmente associado ao *copyright*.[1736]

b) *A cópia privada na perspectiva do utilizador final e do sector dos produtos electrónicos*

Na perspectiva do utilizador final (consumidor) deverá existir um direito à cópia privada, não apenas em razão dos preços monopolistas praticados pelos titulares de direitos, em especial os distribuidores, mas também porque os titulares de direitos de autor e conexos não deveriam poder devassar a sua privacidade para controlar o uso das obras e outros materiais protegidos.[1737] Com efeito, a única maneira de controlar a cópia privada (ou a neutralização de sistemas anti-cópia que impedem tal cópia) é invadir a reserva de vida privada (ou privacidade) do utilizador.

Mas, para além do utilizador final, a liberdade de cópia privada aproveita também aos agentes (produtores, distribuidores) do mercado de equipamentos e suportes de reprodução (analógicos e/ou digitais). Interessa-lhes que a cópia privada seja livre, sob pena de terem que compensar subsidiariamente os titulares de direitos por alegado enriquecimento sem causa, enquanto "meio de preenchimento de lacunas[1738] – no caso de não serem directamente responsabilizados por compartipação –, já que se afigura insofismável que uma das finalidades típicas dos gravadores de discos (analógicos ou digitais) para os utilizadores privados (consumidores) é a reprodução (também) de conteúdos protegidos pelos direitos de autor e conexos, embora não seja menos certo que estes dispositivos tenham criado novas formas de exploração dos conteúdos (por ex., os clubes de vídeo), em proveito sobretudo dos titulares de direitos. De todo o modo, os factos parecem não confirmar nem desmentir nenhuma dessas pretensões.[1739]

c) *Um kafkiano panóptico ciberespacial dos direitos de autor?*

Uma das maiores preocupações suscitadas pela Internet é o facto de se tornar possível a instauração tecnológica de um *panóptico ciberespacial* ou

---

[1736] GINSBURG 2002.
[1737] PATTERSON/LINDBERG 1991, 157-8.
[1738] LEITE DE CAMPOS 1974, 316.
[1739] KOELMAN 2005, 47-8 ("However, as with many economic assertions in the field of copyright law, there are no empirical data either supporting or contradicting the thesis.").

Big-Brother electrónico, que controlará virtualmente todos aqueles que queiram ver/ouvir/ler sem pagar ou, ao menos, sem licença. Os direitos de autor poderão aqui surgir como pretexto para se invadir a esfera privada dos cibernautas, utilizando os novos instrumentos técnicos com a sua "capacidade de devassa da nossa vida privada absolutamente devastadora".[1740]

i. Agentes electrónicos de monitorização dos computadores ligados em rede (*spy-ware*)

Com efeito, uma forma de localização dos utilizadores é através do seu endereço de IP, o qual pode ser considerado dado pessoal[1741]. Ora, com base nos direitos de autor poderá pretender-se tratar cada computador pessoal ligado à rede como um potencial servidor, como se quem estivesse em linha estivesse em público, e procurando, no fundo, eliminar a liberdade de cópia privada no ambiente digital.[1742] Por via disso, justificar-se-ia a licitude de os detectives electrónicos da «cyberpol» se alojarem na memória dos computadores pessoais, passando-os em revista, sem mandato judicial, para saber se contêm reproduções não autorizadas de obras e prestações protegidas.[1743]

De resto, há empresas especializadas em monitorizar a Internet relativamente a actividades violadoras de direitos de propriedade intelectual e outros. Trata-se de uma espécie de polícia cibernética, que se serve de poderosos motores de pesquisa que percorrem todas as zonas da rede, desde registos de nomes de domínio e páginas comerciais a mensagens de correio electrónico e grupos de discussão (recorde-se o livro *Fortaleza Digital*, de Dan Brown).

Com efeito, estão a ser desenvolvidos motores de pesquisa que buscam filmes nas redes P2P e depois enviam cartas de "cease-and-desist" aos utilizadores através dos prestadores de serviços Internet (ISP), os quais, por sua vez, buscam potenciais infractores monitorizando utilizadores em banda larga, dado que a largura de banda é necessária para trocar grandes ficheiros de filmes.

Porém, estes serviços colocam questões delicadas em matéria de privacidade e tratamento de dados pessoais. O objectivo é identificar e localizar conteúdos ilicitamente disseminados na rede, para prevenir os efeitos nefastos da duplicação automática e do *morphing* permitidos pela tecnologia

---

[1740] FARIA COSTA 1998c, 162.
[1741] SARMENTO E CASTRO 2005, 71.
[1742] DIAS PEREIRA 1999b, 263.
[1743] OLIVEIRA ASCENSÃO 2005b, 787s; DIAS PEREIRA 2004f, 311.

digital. Contudo, ao mesmo tempo, esta polícia tecnológica recolhe e processa dados pessoais dos utilizadores da rede, nomeadamente através de *cookies* (pequenos repositórios de dados criados por um servidor de um sítio da rede e alojados no disco duro do utilizador, i.e. agentes electrónicos de espionagem), em termos que atentam ou podem atentar contra a reserva da intimidade da vida privada.

Pense-se no que tem sucedido recentemente com os utilizadores do sistema *Napster* e afins. A conclusão impõe-se: "Entramos no absurdo."[1744]

ii. A insuficiente protecção da vida privada dos utilizadores

No direito europeu, o nível de protecção de dados pessoais (Directiva 95/46) e da privacidade nas comunicações electrónicas (Directiva 2002/58) não tem paralelo nos EUA. De acordo com o direito comunitário, a transferência de dados pessoais só é permitida se eles garantirem uma protecção adequada da privacidade, ao passo que nos EUA a questão tem sido deixada fundamentalmente à auto-regulação do mercado. No quadro das negociações entre os dois espaços, a Comissão adoptou uma decisão relativa ao nível de protecção assegurado pelos princípios de porto seguro (26/7/2000). Todavia, não têm comparação os níveis de protecção de dados pessoais.[1745]

Não por acaso foi apresentada no Congresso norte-americano uma proposta de lei destinada a imunizar os titulares de direitos de autor de responsabilidade resultante de violações que pudessem cometer por via de "disabling, interfering with, blocking, diverting, or otherwise impairing" o uso não autorizado das suas obras em rede P2P publicamente acessíveis. Todavia, esta proposta suscitou muitas críticas, não apenas internas mas também externas, uma vez que tal imunização funcionaria apenas para o direito dos EUA, deixando as empresas expostas a responsabilidade noutras jurisdições por acesso não autorizado a sistemas informáticos e violação de leis da privacidade.[1746]

Não obstante, mesmo no direito europeu, sustenta-se que o regime comunitário de protecção dos dados pessoais, tido como suficiente para salvaguardar as exigências de privacidade (Directiva 2001/29, cons. 57), poderá não fornecer "porto seguro" bastante. Primeiro, porque esta directiva permite a recolha e o processamento de informação se o utilizador consentir e as transacções de informação podem ser elaboradas de modo a que o utilizador consinta sempre em ser monitorizado. Depois, permite-se a recolha

---

[1744] OLIVEIRA ASCENSÃO 2006a, 162.
[1745] CAPRIOLI 2005, 24-8; ROBNAGEL 2005, 71-5.
[1746] OMPI 2002, 56.

de dados se necessários para a execução do contrato: pense-se numa licença "aceite clicando" (*click-wrap*) que prevê a necessidade de pagamento para a cópia privada, assim se justificando a monitorização da cópia privada. Terceiro, a Directiva 95/46 contém uma norma final aberta que permite o processamento de dados pessoais se tal for no legítimo interesse da pessoa que os processa. Finalmente, mesmo que tais dados sejam considerados "sensíveis", a directiva ainda permite a sua recolha e processamento se tal for necessário para uma acção judicial, não se excluindo uma queixa por violação de proibição de cópia privada (ou de neutralização do sistema anti--cópia).[1747] Esta interpretação parece ter sido corroborada pelo TJCE, no acórdão de 29 de Janeiro de 2008 (*Promusicae*), que ressalva todavia o princípio da proporcionalidade.

De todo o modo, o regime legal é sensível, pois eclipsa o chamado direito de anonimato no consumo de bens de informação. Está em causa a reserva da vida privada bem como a liberdade de informação e de expressão. Os custos sociais deste *big-brother* poderiam ser evitados mediante um sistema compensatório, ainda que economicamente menos eficiente. As chamadas PETs (*Privacy Enhancement Technologies*) nunca poderão contornar o facto de que para intentar uma acção judicial com base num direito de proibir, a identidade do lesante terá que ser conhecida. Também não é certo que os titulares de direitos implementem as referidas tecnologias de privacidade, não apenas pelos seus custos, mas também e sobretudo porque têm interesse em conhecer a identidade e os hábitos dos seus consumidores.[1748]

2.2. A liberdade de cópia privada na Directiva 2001/29 e no Código do Direito de Autor

As opções tecnológicas disponíveis para proteger as obras digitais (e.g. envelopes criptográficos), bem como o arsenal já adoptado de protecção jurídica dessas protecções tecnológicas, poderão satisfazer convenientemente os interesses dos titulares de direitos de autor (e conexos) através de uma compensação equitativa pela reprodução privada de obras em suportes informáticos. Esta parece ser a via apontada pela directiva sobre direito de autor na sociedade da informação (art. 5.º, 2-a).

[1747] KOELMAN 2005, 49-50.
[1748] Id. ibid., 50-1.

a) Condições da liberdade de reprodução para uso privado na Directiva 2001/29

Tal como sustentado por vários autores[1749], a Directiva 2001/29 permite a reprodução electrónica ou digital "para uso privado de uma pessoa singular e sem fins comerciais", na medida em que "os titulares de direitos obtenham uma compensação equitativa que tome em conta a aplicação de medidas de carácter tecnológico" (art. 5.º, 2-b), mais acrescentando que tal excepção só será permitida "em certos casos especiais que não entrem em conflito com uma exploração normal da obra ou outro material e não prejudiquem irrazoavelmente os legítimos interesses do titular do direito" (art. 5.º, 5).

Esta referência à regra dos três passos – que se afirma como critério interpretativo para a decisão judicial de casos concretos, consagrando um "Mega-schranke" semelhante ao *fair use* norte-americano[1750] – é algo contraditória com a concretização da cópia privada como caso especial segundo a Convenção de Berna, bem como com as demais excepções previstas.[1751] Por essa razão, o Governo Britânico recusou incluir esta cláusula geral como disposição legal autónoma.[1752]

Além disso, o instrumento comunitário permite que um Estado-Membro tome medidas no sentido de os beneficiários da excepção de cópia privada poderem dela tirar partido, isto é, um Estado-Membro poderá prever na sua lei interna que a utilização (bem como a sua promoção, distribuição, etc. – art. 6.º, 1 e 2) de dispositivos de neutralização de um sistema anti-cópia não será proibida, "a menos que a reprodução para uso privado já tenha sido possibilitada por titulares de direitos na medida necessária para permitir o benefício da excepção ou limitação em causa e em conformidade com o disposto no n.º 2, alínea b), e no n.º 5 do artigo 5.º, sem impedir os titulares dos direitos de adoptarem medidas adequadas relativamente ao número de reproduções efectuadas nos termos destas disposições" (art. 6.º, 4, 2.º par.).

Resultado de um processo legislativo atribulado, este "emaranhado" de disposições, excepções e contra-excepções levou a que, em virtude de pouco ou nada oferecer em termos de certeza jurídica ou harmonização, se

---

[1749] E.g. SCHRICKER/DREIER 1997, 166 ("die Privilegierung der digitalen Vervielfältigung zum privaten Gebrauch nach § 53 Abs. 1 Nr. 1 UrhG sollte aufrechterhalten werden").

[1750] SPINDLER 2002, 115.

[1751] OLIVEIRA ASCENSÃO 2002b, 921; DIAS PEREIRA 2002c, 140.

[1752] CORNISH/LLEWELYN 2003, 441-2 ("The test... does not furnish grounds which can be raised in the course of private litigation").

rotulasse a directiva como "monstruosidade" jurídica[1753] ou que se comparasse o art. 6.º à luta de Laocoon com as serpentes.[1754] Não obstante, parece-nos que a directiva salvaguardou um espaço de liberdade para os Estados-membros, salvo no domínio da exploração de direitos de autor mediante serviços interactivos de acesso condicional, que terá sujeito a um regime absolutista de *ius excluendi omnes alios* (art. art. 6.º, 4, 4.º par.).

b) A cópia privada no Código do Direito de Autor

Tendo em conta o espaço de liberdade deixado aos Estados-membros pela Directiva 2001/29, o legislador português optou por reiterar a liberdade de reprodução no ambiente digital, ainda que condicionada a um conjunto de factores. A reprodução é uma das formas de utilização e exploração da obra em que se analisa o direito de autor, ou seja, a reprodução é um dos direitos económicos que se contam no catálogo de direitos de autor previstos no Código (art. 68.º, a/c/d/i). A reprodução é formulada em termos amplos, uma vez que abrange a "reprodução directa ou indirecta, temporária ou permanente, por quaisquer meios e sob qualquer forma, no todo ou em parte" (al. i).

No direito de autor português, a reprodução para uso privado é permitida em condições restritas. O Código do Direito de Autor qualifica a reprodução para uso privado como uma forma de utilização livre no capítulo II do título II relativo à utilização da obra (art. 75.º, 2-a, e art. 81.º, 2); também o título III relativo aos direitos conexos não abrange na sua protecção o uso privado, que se considera utilização livre (art. 189.º, 1-a). O preceito constante do art. 75.º, 2-a, foi introduzido pela Lei n.º 50/2004, de 24 de Agosto, que transpõe neste particular o art. 5.º, 2-a/b, da Directiva 2001/29. Tendo em conta a justa crítica à proposta inicial[1755], a solução final foi – e bem[1756] – no sentido da preservação da liberdade de uso privado no ambiente digital. Só se lamenta que a excepção de reprografia tenha sido confinada ao uso privado, quando a directiva a permitia em termos mais amplos.[1757]

Subtrai-se ao direito exclusivo, por um lado, a reprografia (salvo de partituras) e, por outro, a reprodução em qualquer meio por pessoa singular

---

[1753] HUGENHOLTZ 2000, 501-2 ("the Directive has little or nothing to offer in terms of legal certainty or harmonisation (or anything else, for that matter)").

[1754] CORNISH/LLEWELYN 2003, 810 ("Legislation should never be so hideously contorted, but there it writhes.").

[1755] OLIVEIRA ASCENSÃO 2006b, 175.

[1756] DIAS PEREIRA 1999b, 271-3, 2002f, 232 (n. 24), e 2003b, 449.

[1757] Porém, N. GONÇALVES 2006, 253.

para uso privado e sem fins comerciais, embora seja devida ao autor uma remuneração equitativa pela entidade que tiver procedido à reprodução, salvo "no âmbito analógico" em que o beneficiário da remuneração é o editor.

Este deslocamento em benefício do editor causou alguma "repugnância"[1758], tanto mais que a directiva estabelece a compensação apenas em favor dos titulares de direitos (que podem não ser os autores) e, no direito de autor português, os editores não são, em princípio, titulares de direitos justificativos dessa compensação. Pelo que os autores e outros titulares de direitos terão sido indevidamente espoliados do direito a essa compensação no "âmbito analógico".

i. Antes e depois da Lei 50/2004

Antes da transposição da Directiva 2001/29, o art. 81.º-b permitia a reprodução "para uso exclusivamente privado, desde que não atinja a exploração normal da obra e não cause prejuízo injustificado dos interesses legítimos do autor, não podendo ser utilizada para quaisquer fins de comunicação pública ou comercialização". Aparentemente, o legislador ter-se-á esquecido disto. Que sentido terá esta norma, após a introdução do art. 75.º, 2-a?

Para além das limitações expressamente previstas, o espaço de cópia privada delimitado por este último preceito não deve atingir a exploração normal da obra, nem causar prejuízo injustificado aos interesses legítimos do autor (art. 75.º, 4). O art. 81.º-b parece assim ficar esvaziado de conteúdo útil.[1759]

O novo regime institui expressamente uma remuneração compensatória pela reprodução para uso privado em benefício dos autores e, no âmbito analógico, dos editores, à semelhança da Directiva 2001/29, que todavia estabelece essa compensação equitativa em benefício dos titulares de direitos, em contrapartida pela liberdade de uso privado (art. 5.º, 2-a/b). Donde decorre que a reprodução para uso privado, embora seja uma utilização livre no sentido de que não está sujeita a autorização do titular de direitos, já não é uma utilização "livre de direitos de autor" (*copyright free*), uma vez que

---

[1758] TRABUCO 2006, 538 ("repugna-nos que, contrariamente à justificação que lhe assiste, tenham sido incluídas entre as categorias de beneficiários, entidades que não são titulares de direitos neste âmbito.")

[1759] DIAS PEREIRA 2005a, 486; TRABUCO 2006, 502-3 (acrescentando que "não é, infelizmente, caso único nas deficiências de articulação entre as novas disposições introduzidas pela Lei n.º 50/2004 com os preceitos previamente existentes", apontando a sobreposição do novo art. 7.º, 2-i, com o art. 80.º – n. 104).

ao titular de direitos é atribuída uma pretensão compensatória. Trata-se por isso de um espaço de liberdade delimitado pela lei, que parece estabelecer uma causa de justificação da licitude da reprodução, senão mesmo um direito à cópia privada.

A reprodução para uso privado não é excluída do direito de reprodução, ao contrário de certas categorias de actos de reprodução meramente técnica (art. 75.º, 1). Esta delimitação negativa do conceito de reprodução, operada em benefício directo das empresas que prestam serviços da Internet, não apenas anula o direito de exclusivo, enquanto direito de proibir tais actos, mas também os subtrai ao círculo de relevância no domínio da compensação remuneratória pela reprodução.

ii. A "socialização" dos direitos de autor

Na reprodução para uso privado, o acto não é inteiramente excluído do círculo de relevância dos direitos de autor, não obstante estes serem reduzidos a uma pretensão remuneratória ou compensação equitativa, como uma das "formas de compensação económica pela 'desindividualização' ou 'socialização' dos direitos patrimoniais de autor."[1760] Tratar-se-á, assim, de uma obrigação estadual decorrente da liberdade de cópia e da protecção da esfera privada.[1761]

Esta compensação económica só opera se o titular de direitos não utilizar medidas de carácter tecnológico destinadas a impedir a reprodução da obra. Por via disso, o titular de direitos poderá controlar a cópia privada equipando as obras com dispositivos anti-cópia. Pelo que a reprodução para uso privado não seria afinal subtraída ao exclusivo, se bem que então o titular de direitos já não pudesse exigir a referida compensação equitativa.

Por isso e pelo facto de a compensação equitativa poder ser cobrada directamente pelos titulares de direitos na base de acordos com os utilizadores, o sistema de gestão colectiva de *levies* teria os seus dias contados.[1762] Este entendimento procura evitar uma "levitação" dos direitos de autor com base numa liberdade geral de cópia privada, a compensar pelo referido sistema de *levies*. Nesta perspectiva, a compensação pela reprodução (*copyright levies*) só deveria ser mantida relativamente a suportes virgens e equipamentos de gravação cuja finalidade principal fosse a cópia privada de obras protegidas, e apenas enquanto os sistemas de gestão electrónica de

---

[1760] GOMES CANOTILHO 2005, 65.
[1761] FECHNER 1999, 471 ("Staatliche Ausgleichspflicht").
[1762] Para um estudo abrangente deste sistema, Hugenholtz/Guibault/Geffen 2003.

direitos (DRM) não ofereçam uma solução viável que permita aos titulares de direitos licenciar directamente as suas obras aos consumidores.[1763]

Porém, não terá sido essa a via trilhada pelo legislador português. Tal como permitido pela directiva (art. 6.º, 4, 2.º par.), a lei portuguesa dispõe expressamente no art. 221.º, 1, que "as medidas eficazes de carácter tecnológico não devem constituir um obstáculo ao exercício normal pelos beneficiários das utilizações livres previstas nas alíneas a) (...) do n.º 2 do artigo 75.º, na alínea b) do artigo 81.º (...) e nas alíneas a) (...) do n.º 1 do artigo 189.º do Código, no seu interesse directo, devendo os titulares proceder ao depósito legal, junto da Inspecção-Geral das Actividades Culturais (IGAC), dos meios que permitam beneficiar das formas de utilização legalmente permitida."

Nem todas as utilizações livres são ressalvadas nas limitações à protecção das medidas tecnológicas. De fora ficam, desde logo, as limitações para fins de informação (art. 75.º, 2-b/c/d/m), e utilizações para fins de crítica, discussão ou ensino (art. 75.º, 2-g/h/o/), nomeadamente o direito de citação.[1764] Isto mostra bem o regime, a vários títulos criticável, de "duas velocidades" dos direitos de autor no ambiente das comunicações electrónicas em rede, podendo até sustentar-se que a exclusão do direito de citação é uma violação de "um princípio de Direito Natural."[1765]

Para além dos limites para fins de informação, ensino ou crítica, parece-nos que o direito de acesso dos jornalistas a fontes oficiais de informação (art. 8.º) e, em especial, o direito de acesso a locais abertos ao público para fins de cobertura informativa (art. 9.º) deverá valer, de igual modo, no ambiente em rede, não podendo para o efeito ser impedidos de entrar ou permanecer nesses locais e podendo utilizar os meios técnicos e humanos necessários ao desempenho da sua actividade (art. 10.º, 1), tal como previsto no Estatuto do Jornalista (Lei 1/99, 13/1, alterada pela Lei 64/2007). De igual modo, deverá ser atendido o direito a breves extractos, para fins informativos, previsto na Lei da Televisão (Lei 32/2003, art. 29.º, 1, agora Lei 27/ /2007, 30/7, arts. 32.º e 33.º; v.tb. Directiva 2007/65, art. 3.º-K, alterando a Directiva 89/552) e na Lei da Rádio (L 4/2001, 23/2, art. 36.º, 3).

iii. O direito de acesso aos códigos pelos beneficiários de excepções

O beneficiário que tenha legalmente acesso ao bem protegido pode solicitar à IGAC acesso a esses meios, quando, por omissão de conduta por

---

[1763] GUIBAULT/HELBERGER 2005, 20.

[1764] OLIVEIRA ASCENSÃO 2002c, 99 ("o direito de citação deixou de ser livre. Mais um golpe, e profundo, na fluidez do diálogo social.").

[1765] Id. 2002b, 929.

parte do titular, for impedido de realizar a reprodução para uso privado, sendo previsto, como vimos, um procedimento específico para a resolução de litígios (art. 221.º, 3 a 7). Esta solução apoiar-se-á no entendimento segundo o qual "constituiria uma grave lesão nos hábitos culturais dos cidadãos impedir a fruição por estes, nas redes digitais, da reprodução das obras, para fins exclusivamente privados, domésticos, familiares."[1766]

Assim, no direito de autor português, a reprodução para uso privado é, em termos gerais, permitida, quer no ambiente analógico quer no digital, embora esta última esteja sujeita a um regime específico, tendo sido defendido um regime próprio para a cópia privada digital, "diverso do que tem no âmbito analógico".[1767]

O titular de direitos tem direito a uma remuneração equitativa por essa reprodução, cujo montante deverá variar na razão inversa do número de reproduções permitidas pelo titular de direitos através de medidas técnicas eficazes. Parece-nos equilibrada a solução encontrada pelo legislador para o problema da reprodução para uso privado, embora não nos pareça que a remuneração equitativa exija "a comprovação efectiva do dano"[1768], pelo que seria melhor ter-se ficado pela terminologia da directiva (compensação equitativa), que aliás corresponde à matriz tradicional da figura no direito português, i.e. a compensação devida pela reprodução (art. 82.º).

c) *Direito imperativo à cópia privada?*

Mas, terá o utilizador o direito imperativo à cópia privada? O tema é objecto de crescente importância, discutindo-se se se trata de meio de defesa que justifica a licitude do acto, de mera tolerância do titular de direitos, de um interesse legalmente protegido ou de um direito subjectivo do utilizador.[1769]

Na literatura norte-americana é forte o movimento que se pronuncia contra a neutralização dos limites do *copyright* por meios contratuais e/ou tecnológicos, criticando-se a jurisprudência, por não retirar das excepções ao *copyright*, incluindo o *fair use*, limites à liberdade contratual (*Harold L. Bowers v. Baystate Technologies*, Inc., 2002)[1770] e às medidas de protecção técnicas.[1771]

[1766] N. GONÇALVES 2002, 32.
[1767] COSTA CORDEIRO 2002, 217.
[1768] N. GONÇALVES 2006, 253.
[1769] DIEMAR 2002 (obra recenseada por FLECHSIG, ZUM 10/2003, 795-6).
[1770] Mais recentemente, MCMANIS 1999, 173s; RICE 2004, 595s.
[1771] LIPTON 2005, 119 ("perhaps digital technology necessitates transforming *fair use* from a shield into a sword.").

Na literatura europeia, a conclusão aponta, de um modo geral, no sentido de a directiva não impor a imperatividade das excepções, que aliás são de adopção facultativa. Entende-se, por isso, que as regras dos direitos de autor e os limites gerais à liberdade contratual são insuficientes para assegurar que os interesses legítimos dos utilizadores de materiais protegidos por direitos de autor sejam tidos em conta nos acordos de licenças.

i. A construção de pontes entre os direitos de autor e a protecção do consumidor

Neste sentido, afigura-se de especial interesse a proposta segundo a qual os limites legais deveriam ser imperativos nos contratos de adesão com utilizadores finais, em especial consumidores (acrescentando-se às listas negras de cláusulas proibidas), mas já não nas relações entre profissionais (e.g. arquivos, bibliotecas, centros de documentos, empresas de media, etc.).[1772]

Nesta ordem de ideias, é forte a corrente que procura estabelecer mais pontes entre os direitos de autor e o direito do consumidor. Essa é, aliás, a solução que temos defendido em vários trabalhos, relativamente à aplicação de regimes de protecção do consumidor (e.g. cláusulas contratuais gerais, contratos à distância, indicação de preços, publicidade, e normas especiais de protecção do consumidor no comércio electrónico) às licenças de *software* e de outros objectos de direitos de autor e conexos.[1773] Todavia, o tema não é aqui desenvolvido por entendermos que se trata de uma problemática que merece um tratamento autónomo, não obstante a sua relevância no domínio da protecção dos consumidores de bens protegidos por direitos de autor e conexos, confirmando-se a ideia de que "os bens da cultura se transformaram em objectos de um «consumo de cultura»".[1774]

De resto, a protecção do consumidor, se por um lado postula exigências de informação – e.g. impondo deveres de informação nomeadamente nos contratos à distância[1775] e justificando a licitude de certas práticas comerciais, como a publicidade comparativa, que limitam os direitos exclusivos sobre sinais distintivos (tal como reiterado pelo TJCE no acórdão *Pippig Augenoptik*, 8/4/2003)[1776] – por outro lado impede uma liberdade absoluta de informação, ao estabelecer proibições à difusão subliminar de

---

[1772] GUIBAULT 2002, 304.
[1773] DIAS PEREIRA 1999d, 2000d, 2001g, 2004d, e 2004g.
[1774] ROGÉRIO SOARES 1969, 74.
[1775] P. MOTA PINTO 2003, 183s.
[1776] DIAS PEREIRA 2005b, 377-8; tb. GLÖCKER/HENNING-BODEWIG 2005, 1311s.

mensagens publicitárias no que diz respeito, por exemplo, às práticas de *product placement* ou de simples menção de marcas típicas dos acordos de patrocínio publicitário (*sponsorship*)[1777], embora constituam "usos atípicos das marcas" para os quais se reclama protecção[1778] – a coberto do conceito de susceptibilidade de associação introduzido pela Primeira directiva das marcas, com base no direito da Benelux[1779] –, incluindo certas utilizações de marcas como metadados.[1780]

Esta é uma dimensão do princípio da transparência, que identificámos como uma das traves mestras do comércio electrónico.[1781] Sem prejuízo de se reconhecer que o patrocínio poderá ser uma forma de financiamento de serviços da sociedade da informação de acesso incondicionado – sendo até incentivado o recurso a este meio de financiamento no domínio da digitalização e da acessibilidade em linha de material cultural e da preservação digital (Recomendação da Comissão 2006/585/CE, de 24 de Agosto de 2006, cons. 7) –, a Directiva 2001/31 sobre comércio electrónico reafirma o princípio da identificabilidade das comunicações comerciais, abrangendo as que têm somente por fim promover a imagem de um operador comercial, industrial, artesanal ou integrante de uma profissão regulamentada (arts. 2.º-f, 6.º e cons. 29; no direito interno, DL 7/2004, arts. 20.º e 21.º).

[1777] DIAS PEREIRA 1998b, 317-21.

[1778] SILVA CARVALHO 2003, 75s (considerando que "a função publicitária é tão importante como aquela" (função distintiva), defende que o uso publicitário da marca passe a ser típico – 105); sobre a função publicitária e o alargamento do âmbito de protecção do direito das marcas reclamado pelos avultados investimentos em publicidade na criação de "marcas fortes", em detrimento da liberdade de concorrência, criticamente, NOGUEIRA SERENS 1995 e 2007a, *passim*.

[1779] TORREMANS 1998, 203 ("The concepts of likelihood of confusion and association can only be reconciled if trade mark law loosens the traditional link between confusion and the origin of the product or service. Confusion can also arise as a result of reliance which the consumer places on the other legitimate functions of a trade mark. The concept of association can only be given a meaning in the context of confusion if these types of confusion are also taken into account.").

[1780] OLIVEIRA ASCENSÃO 2003d, 15s; DIAS PEREIRA 2003c, 243s. Sobre a questão, e.g. CHISSICK/KELMAN 2002, 161 (referindo o caso *Road Tech Computer Systems Ltd. V. Mandata Ltd.* (2000), no qual o tribunal decidiu que a utilização de marcas protegidas como metadados "take advantage of the goodwill of another as breach of trade mark and eventually tort of passing off"); LISI/DIURISI 2003, 104 (referindo a decisão do Tribunal de Milão (8.2.2002) no caso *Technoform Bautec Italia S.p.a. v. Alfa Solare SA*, que considerou constituir acto de concorrência desleal por confusão (art. 2598, 3, do código civil) a utilização como meta-tag da palavra *Technoform* por parte da Alfa Solare).

[1781] DIAS PEREIRA 2004g, 87-91, e 2004d, 342; tb. ARAÚJO 2007, 79-80 (apontando o impacto do comércio electrónico na teoria económica do contrato).

Numa palavra, as liberdades fundamentais de informação, expressão e criação cultural sofrem um certo grau de compressão resultante das normas de protecção dos consumidores e da transparência do mercado. De resto, parece-nos pertinente a imposição de uma regra de transparência (*disclosure*) mesmo – ou porventura desde logo – nos meios culturais, científicos e académicos.[1782]

ii. A imperatividade contratual e tecnológica das excepções

À semelhança da lei belga dos direitos de autor, que estabeleceu a natureza imperativa das excepções aos direitos de autor (art. 23*bis*)[1783], a solução da lei portuguesa foi claramente no sentido de dar prevalência à liberdade de cópia privada sobre as cláusulas contratuais em contrário. Com efeito, as cláusulas contratuais que visem eliminar ou impedir o exercício normal pelos beneficiários das utilizações livres previstas no art. 75.º, 1 a 3, são nulas, embora se ressalve a possibilidade de as partes acordarem livremente nas respectivas formas de exercício, designadamente no respeitante aos montantes das remunerações equitativas (art. 75.º, 5 – o n.º 3 deste artigo prevê, como utilização lícita, a distribuição dos exemplares licitamente reproduzidos, na medida justificada pelo objectivo do acto de reprodução, parecendo ser lícita a venda ou locação não comerciais, entre particulares, de cópias privadas para uso privado).

Isto "parece representar um avanço"[1784], embora tenha causado algum "espanto"[1785] por relativizar o carácter jurídica e tecnologicamente absoluto do novo direito de colocar em rede à disposição do público e de com base nele explorar as obras mediante licenças de utilização final "aceite clicando" (i.e. do paradigma alternativo baseado no acesso condicional interactivo). Em comparação, a lei alemã estabeleceu apenas a nulidade das cláusulas contratuais que violem os limites aos direitos de autor que prevalecem contra as medidas técnicas (§ 95b(1)(2) UrhG).[1786]

Já quanto à imperatividade contra a utilização de protecções técnicas, a lei portuguesa não é tão assertiva, embora não deixe de configurar a

---

[1782] POSNER 2001, 394 ("Today a number of public intellectuals are either on the payroll of, or supported by research grants by, conservative think tanks that are supported by corporate contributions. (...) Disclosure of all sources of a public intellectual's earned income would deter this 'selling out' by public intellectuals.").
[1783] DUSOLLIER 2005, 503-5.
[1784] OLIVEIRA ASCENSÃO 2002b, 927.
[1785] TRABUCO 2006, 675.
[1786] WANDTKE/BULLINGER/*WANDTKE/OHST* 2006, 1256.

liberdade de reprodução para uso privado em termos que podem ser interpretados no sentido de atribuir aos utilizadores legítimos um direito à cópia privada, incluindo a cópia privada na modalidade de *on-line storage*.[1787]

Para começar, é instituído um procedimento administrativo para o exercício desse direito, condicionando assim o recurso à acção directa – à semelhança da reforma de 2003 do direito de autor alemão que atribuiu aos beneficiários das excepções a possibilidade de pedirem ao tribunal a efectivação do direito (§ 95b(2) UrhG).[1788] Desse procedimento é previsto recurso a um mecanismo alternativo de resolução de litígios, sendo competente a Comissão de Mediação e Arbitragem, de cujas decisões cabe recurso para o Tribunal da Relação. Esta remissão para a lei da arbitragem em matéria de direitos de autor foi criticada, em razão de a sua composição depender de nomeação política.[1789]

De todo o modo, o direito à cópia privada assiste apenas a pessoas singulares, para fins de utilização "num meio familiar". Por uso privado entende-se a utilização final da obra "num meio familiar", tal como previsto no art. 108.º, 2. Esta noção de uso privado é semelhante à que se pratica no direito de autor francês, no sentido de se restringir ao uso pessoal e familiar, já não empresarial ou profissional. Tratar-se-á de uma licença legal para a cópia privada, i.e. a cópia destinada a um uso privado que não é colectivo e que deve servir para uso do próprio copista. Segundo a jurisprudência francesa, o círculo de família integra "as pessoas, parentes ou amigos muito próximos, que estão unidas de modo habitual por laços familiares ou de intimidade" (Tribunal de Grande Instância de Paris, 24.1.1984). Critica-se, por isso, a decisão do TGI Paris, de 10 de Junho de 1997, que qualificou como uso privado a utilização numa rede interna de um grupo de investigadores (CERN).[1790]

iii. A possível limitação do número de cópias pelo titular de direitos

Os titulares de direitos podem "limitar o número de reproduções autorizadas relativas ao uso privado" por via da aplicação de medidas eficazes de carácter tecnológico (art. 221.º, 8). É dizer que a reprodução para uso

---

[1787] RAMOS PEREIRA 2004, 768-9.
[1788] PICHLMAIER 2003, 912 ("Ein solches Selbsthilferecht ist mit dem in der Ricthlinie bestimmen absoluten rechtlichen Schutz technischer Maβnahmen nicht vereinbar").
[1789] MOURA VICENTE 2006a, 182.
[1790] BONET/*SIRINELLI* 2002, 112-4; BELLEFONDS 2002, 233 (propondo uma explicitação da noção no sentido de abranger toda e apenas a reprodução destinada a uso privado ou familiar, já não colectivo, realizada sem intervenção remunerada directa ou indirecta de terceiros – 238)

privado não é inteiramente subtraída ao exclusivo, já que os titulares de direitos poderão estabelecer o número de cópias privadas autorizadas através das medidas tecnológicas.

A questão está em saber que número será esse. A Directiva 91/250 sobre programas de computador estabelece o direito a uma cópia de segurança, ao contrário do regime das bases de dados electrónicas que nem sequer isso permite (Directiva 96/9, arts. 6.º, 2-a, e 9.º-a, *a contrario*). De todo o modo, a Directiva 2001/29 esclarece no preâmbulo que os artigos 5.º e 6.º da Directiva 91/250 "apenas determinam excepções aos direitos exclusivos aplicáveis a programas de computador" (cons. 50). Isto poderá ser entendido no sentido de não ser permitida a extensão dos direitos do utilizador de software aos direitos de autor em geral. Mas parece-nos que o sentido é outro, querendo dizer que a medida da liberdade de uso privado nos direitos de autor em geral não pode tirar-se pela medida que vale no domínio específico dos programas de computador.

Não obstante, a questão do número admissível de cópias permanece em aberto. Na determinação desse número será necessário atender ao critério da "regra de interpretação"[1791], nos termos da qual o número de reproduções livres para uso privado não deve atingir a exploração normal da obra, nem causar prejuízo injustificado aos interesses legítimos do autor (art. 75.º, 4).

No direito direito alemão, a jurisprudência considerava admissível a realização de 7 cópias a título de reprodução para uso privado, embora este número fosse entendido apenas como referência para a aplicação prática da norma, já não como "dogma absoluto", pois dependerá das necessidades do utilizador no caso concreto.[1792] Todavia, tal como defendido por alguns autores, a transposição da Directiva 2001/29 terá limitado a liberdade de reprodução para fins privados ao ambiente analógico, falando-se inclusivamente no fim da cópia privada, especialmente quando os titulares de direitos apliquem medidas técnicas de protecção. A máxima terá sido: "Gebt technologischen Schutzmechanismen eine Chance!"[1793]

    iv. Oscilações jurisprudenciais sobre a liberdade de cópia privada no direito comparado

Em França e na Bélgica, antes da transposição da Directiva 2001/29, a jurisprudência pronunciou-se pela inexistência de um direito imperativo à

[1791] N. GONÇALVES 2006, 253.
[1792] SCHRICKER/*LOEWENHEIM* 1999, 841-3, 853; REHBINDER 2001, 187.
[1793] REINBOTHE 2002, 50. Sobre a transposição da directiva 2001/29 pelos diferentes Estados-membros, IVIR 2007.

cópia privada, que pudesse prevalecer contra as protecções técnicas. Apesar de a cópia privada ser permitida pelo art. L. 122-5 do Código da Propriedade Intelectual francês e pelo art. 22 da Lei belga do direito de autor, a jurisprudência destes países pronunciou-se no sentido de que a excepção de cópia privada não confere direito à cópia, no sentido de que não seria lícita a neutralização de sistemas anti-cópia para esse fim (Tribunal de Paris, 30/4//2004, RIDA 2004, 323; Tribunal de Bruxelas, 25/5/2004, A&M 2004, 338). No caso francês, o tribunal apoiou-se na regra dos três passos no sentido de que a cópia privada de obras protegidas com sistemas anti-cópia afectaria a exploração normal da obra, no caso a edição em DVD com sistema anti--cópia.

Esta jurisprudência foi apoiada por diversos autores que entendem que não há um direito geral à cópia privada.[1794] Nesta ordem de razões, há mesmo quem defenda aqui o fim da cópia privada[1795] e que não deveria haver nenhuma maneira de contornar as protecções técnicas com base na excepção de uso privado, embora devesse existir uma compensação para os autores que colocam as suas obras em livre circulação nas redes.[1796]

Outros, porém, ressalvam que a cópia privada poderá consubstanciar o exercício de um direito fundamental em certas circunstâncias.[1797] Isto é, tendo em conta a distinção entre uso criativo, uso concorrencial e uso de consumo, a cópia privada para fins produtivos seria lícita em nome da liberdade de criação, de expressão e de informação; já para fins de consumo, a cópia privada seria ilícita. Todavia, a distinção não é linear, já que "como duas faces de uma mesma moeda", quer a utilização para fins de consumo quer a utilização para fins de transformação ambas "encorajam substancialmente e promovem a criatividade humana".[1798]

Nesta ordem de ideias, apelou-se à Comissão Europeia no sentido de tornar imperativa a liberdade de cópia privada, de modo a permitir que os consumidores possam fazer um número reduzido de cópias (entre 3 e 5) para uso privado, e de obrigar os titulares de direitos que utilizam sistemas

---

[1794] LUCAS 2001b, 431 («l'exception ne fait naître un droit au profit de l'utilisateur. (...) L'article 6.4 de la directive sur la société de l'information ne pose pas le principe d'un droit de l'utilisateur.»); DUSOLLIER 2004, 343, comentando a decisão do Tribunal de Bruxelas («L'exception ne confère aucunement un pouvoir, une maîtrise sur l'œuvre, ni même sur un aspect de son utilisation, et ne constitue aucun bien qui soit à la disposition de l'utilisateur.»; todavia, de *lege ferenda*, parece ter outra opinião, Id. 2003, 71).

[1795] DAVIES 319; PICHLMAIER 2003, 910; POLL/BRAUN 2004, 266.

[1796] KOSKINEN-OLSSON 2001, 53.

[1797] GEIGER 2004b, 819, n. 49.

[1798] SENTLEBEN 2004a, 299, e 2004b, 159s.

de gestão electrónica de direitos a informarem os consumidores incluindo os termos em que tal afecta a utilização dos conteúdos digitais.[1799]

Sensível aos argumentos dos que pugnam pela liberdade de cópia privada, em outras decisões, a jurisprudência francesa deu razão aos utilizadores, ainda que com base em regras de protecção dos consumidores, decidindo que uma obra equipada com sistema anti-cópia sem informação respectiva ao consumidor infringiria o regime das garantias de bens de consumo (Tribunal de Nanterre, 24/6/2003, confirmada pelo Tribunal de recurso de Versailles, 30/9/2004; Tribunal de Paris, 2/10/2003 – Com. Comm. Électr. 2003, 32, e 2004, 37).[1800] Mais recentemente, o Tribunal de Paris (10/1/2006) entendeu que a excepção de cópia privada é uma excepção de ordem pública. Todavia, com base na regra dos três passos, a *Cassation* (22/2/2006) anulou uma outra decisão do Tribunal de Paris (22/4/2005), que tinha considerado ilícito utilizar sistema anti-cópia em CD musical. Em sentido semelhante se pronunciou também o Tribunal de recurso de Bruxelas, na decisão *Test Achats v. EMI Recorded Music Belgium* de 9 de Setembro de 2005.[1801]

O que mostra bem as oscilações jurisprudenciais que esta questão provocou antes da transposição da Directiva 2001/29 nas ordem jurídicas internas da Bélgica e da República Francesa. De todo o modo, na jurisprudência, parece pacífico que a cópia privada não é um direito, mas antes uma excepção, tal como reafirmou o Tribunal de primeira instância de Paris na decisão de 20 de Junho de 2007; excepção que se interpreta restritivamente no sentido de abranger apenas o círculo de família e já não a partilha entre amigos mediante software peer-to-peer, tal como entendeu o Tribunal de recurso de Aix en Provence na decisão de 5 de Setembro de 2007. Já em Espanha, a jurisprudência, baseando-se no Parecer do Procurador Geral, sustenta que o download de ficheiros contendo obras protegidas não constitui crime, embora possa ser uma conduta civilmente ilícita (Juzgado de Instruccion n.º 4 de Madrid, caso *Sharemula.com* de 28 de Setembro de 2007, e Audiencia Provincial de Cantabria, caso *P2P downloads* de 18 de Fevereiro de 2008).

[1799] GUIBAULT/HELBERGER 2005, 6-7.
[1800] Cfr. BRUGUIÈRE/NISATO 2004, 421s; SARDAIN 2004, 15; ROTT 2004, 267s.
[1801] Cfr. GEIGER 2006, 366-73.

d) Evolução legislativa no direito comparado

i. A liberdade de cópia privada no novo direito alemão (lei "segundo cesto" dos direitos de autor na sociedade da informação, de 10 de Setembro de 2003)

O novo direito alemão, introduzido pela chamada lei do "segundo cesto" (ou cabaz), de 10 de Setembro de 2003, prevê a protecção das medidas técnicas (§ 95a UrhG) e estabelece que o utilizador tem direito de recorrer aos tribunais para fazer valer as excepções, mesmo contra as protecções técnicas (§ 95b, 2, UrhG). Considera-se, a propósito, que o consumidor foi abrangido no círculo de destinatários da protecção dos direitos de autor[1802] e que pela primeira vez na história alemã dos direitos de autor o legislador colocou na mão dos beneficiários dos limites um título individual jurídico-civil contra os titulares de direitos.[1803]

O § 53(1) UrhG permite a cópia privada também no ambiente digital, sendo apenas limitada a suporte papel ou análogo quando realizada por terceiros, como é o caso típico das "lojas de fotocópias".[1804] Todavia, nas excepções que prevalecem contra as medidas técnicas não se encontra o direito de citação nem a cópia privada em suporte digital (§ 95b(1), nr. 6, UrhG), o que implicará a ilicitude da neutralização (*Umgehung*) de protecções técnicas anti-cópia, não tendo o titular de direitos qualquer obrigação de garantir a cópia privada em suporte digital.[1805] Ainda há espaço no futuro para a cópia privada digital obtida com base em "legale Quelle".[1806] Porém, a reprodução para uso privado só vale contra medidas técnicas relativamente às reproduções em papel ou outros suportes análogos através de processos fotomecânicos ou semelhantes, como a reprografia (§ 95b(1), nr. 6, § 53(1) UrhG), já que "Papierkopien sind keine Klone."[1807]

Em vista da possível eliminação da cópia privada em suporte digital mediante protecções técnicas, a lei alemã tem sido objecto de críticas, falando-se até na necessidade de um "terceiro cesto".[1808] Por um lado, aponta-se a falta de transparência do regime, fazendo-se a analogia com a norma

---

[1802] WANDTKE/BULLINGER/*WANDTKE* 2006, 31-2 (referindo de igual modo a possibilidade de recurso às regras sobre vícios e garantias do BGB §§ 433s).
[1803] Id./*Wandtke/Ohst* 2006, 1256.
[1804] Id./*Lüft* 2006, 664-8.
[1805] Id./*Wandtke/Ohst* 2006, 1255.
[1806] BERGER 2004, 259 ("Für die digitale Privatkopie bleibt in Zukunft allein dann noch raum, wenn sie von einer rechtsmabi erworbenen Vorlage erstellt wird" – 260).
[1807] POLL/BRAUN 2004, 270, n. 42.
[1808] HILTY 2003, 1005.

do BGB que fere de ineficácia as cláusulas contratuais que não são claras e compreensíveis (§ 307(1), 1), e defende-se que se o legislador queria proibir a cópia privada digital então deveria tê-lo dito claramente, estabelecendo depois complementarmente a proibição da neutralização das protecções técnicas, que de outro modo fica sem justificação válida.[1809] Essa foi a solução adoptada pelo legislador italiano, que através da lei 68//2003, 9/4, transpôs a Directiva 2001/29, estabelecendo na lei do direito de autor que a cópia privada é permitida na medida em que nomeadamente não seja efectuada contra protecções técnicas anti-cópia (art. 71*sexties*, 1, e art. 102*quater*).[1810]

Além disso, é apontada a constitucionalidade duvidosa da solução legal alemã, por impedir o exercício de direitos fundamentais através da cópia privada (e.g. liberdade de informação, de aprendizagem, etc.), tanto mais que elimina de igual modo o direito de citação.[1811]

    ii. A liberdade de cópia privada no novo direito espanhol (Lei 23/2006, de 7 de Julho)

Em Espanha, a Lei 23/2006, de 7 de Julho, deu nova redacção ao art. 31.º da LPI, excluindo no n.º 1 as reproduções temporárias, de carácter transitório, tal como exigido pela directiva (art. 5.º, 1), e estabelecendo no n.º 2 que não carece de autorização do autor a reprodução, em qualquer suporte, de obras já divulgadas, quando realizada por uma pessoa física para seu uso privado a partir de obras a que tenha acedido legalmente e na medida em que a cópia realizada não seja objecto de utilização colectiva nem lucrativa. A salvaguarda da liberdade de cópia privada é prevista em troca pela compensação equitativa, que deverá ter em conta a aplicação de medidas técnicas, de modo a evitar uma dupla remuneração (*Doppelvergütung*).[1812]

Por outro lado, a Lei 23/2006 estabeleceu a protecção das medidas tecnológicas contra actos de neutralização ("elusión"), incluindo actos preparatórios, introduzindo o art. 160.º na Lei da propriedade intelectual.

    [1809] BERGER 2004, 261-3 (defendendo, à semelhança do regime dos programas de computador e das bases de dados electrónicas, a eliminação pura e simples da liberdade de cópia privada digital: "Nur dieser Weg verhindert die weitere Erosion des Urheberrechts in der Informationsgesellschaft." – 265); POLL/BRAUN 2004, 271-9 (sustentando que a cópia privada tal como prevista no § 53(1) UrhG não satisfaz as exigências do teste dos três passos e que a compensação equitativa não serve de alternativa).
    [1810] ROMANO 2006, 556.
    [1811] SCHACK 2005, 511; tb. ARLT 2005, 64; GEIGER 2006b, 370, n. 46.
    [1812] DIEMAR 2002, 592; STICKELBROCK 2004, 742.

Esta protecção das medidas técnicas deve ter em conta os limites da propriedade intelectual nos termos previstos no art. 161.º. Isto significa que os titulares de direitos que utilizem essas medidas devem facilitar aos beneficiários dos limites meios adequados para que deles possam tirar partido de acordo com a sua finalidade e na medida em que os beneficiários tenham legalmente acesso às obras ou prestações em causa. Todavia, os limites não são todos ressalvados, mas apenas os previstos no n.º 1 (e.g. cópia privada, segurança pública, procedimentos oficiais, deficientes, ilustração para ensino ou investigação, arquivo e centros de documentação, extracção de partes substanciais de bases de dados para fins de ilustração no ensino ou na investigação).

Se os titulares de direitos não adoptarem medidas voluntárias, incluindo acordos com os interessados, para cumprimento deste dever, os beneficiários desses limites podem recorrer aos tribunais civis, podendo ser representados, tratando-se de consumidores, por entidades representativas de consumidores (n.º 2). Todavia, os limites da propriedade intelectual não prevalecem sobre as medidas técnicas em caso de exploração mediante colocação em rede à disposição do público e licenças contratuais de acesso e utilização (n.º 5).

Especificamente no que respeita à cópia privada, é expressamente incluída nos limites que prevalecem contra as medidas técnicas, embora se permita que os titulares de direitos tomem medidas no sentido de limitar o número de reproduções possíveis e, neste caso, os beneficiários da excepção de cópia privada não poderão exigir o levantamento dessas medidas tecnológicas (n.º 4). Isto não significa que os titulares de direitos possam proibir tecnologicamente a cópia privada, já que a norma se refere a medidas de controlo do número de reproduções e não da reprodução *tout court*.

Além disso, a Lei 23/2006 estabelece uma disposição adicional sobre medidas tecnológicas e limites de cópia privada, nos termos da qual o Governo poderá alterar por decreto este regime atendendo às necessidades de carácter social e à evolução da tecnologia.

iii. A liberdade de cópia privada no novo direito francês (lei n.º 2006-961, de 1 de Agosto de 2006)

A lei francesa n.º 2006-961, de 1 de Agosto de 2006, relativa ao direito de autor e aos direitos conexos na sociedade da informação, que transpõe a Directiva 2001/29, salvaguardou a liberdade de cópia privada no ambiente digital. Esta lei introduziu no código da propriedade intelectual uma secção sobre medidas técnicas de protecção e informação no título relativo aos procedimentos e sanções, composta pelo art. L. 331-5, que regula as medidas técnicas de protecção e de gestão de direitos.

No novo art. 331-5, 6, estabelece que as medidas técnicas não se podem opor à utilização livre da obra ou do objecto protegido dentro dos limites dos direitos previstos pelo código, bem como pelos limites acordados pelos titulares de direitos («Les mesures techniques ne peuvent s'opposer au libre usage de l'oeuvre ou de l'objet protégé dans les limites des droits prévus par le présent code, ainsi que de ceux accordés par les détenteurs de droits.»). Para as bases de dados é previsto regime semelhante no art. L. 342-3.

Além disso, esta lei estabelece uma autoridade de regulação das medidas técnicas, à qual compete velar para que as medidas técnicas não tenham por consequência, seja pela sua incompatibilidade recíproca seja pela sua incapacidade de interoperar, gerar na utilização da obra limites suplementares e independentes dos que sejam expressamente decididos pelo titular do direitos de autor e/ou conexos sobre obras e/ou prestações (art. L. 331-6).

O novo art. L. 331-8 estabelece claramente que o benefício da excepção para cópia privada, bem como de outras excepções, é garantido nos termos dessa norma e dos artigos L. 331-9 a L. 331-16, competindo à Autoridade de regulação das medidas técnicas, enquanto autoridade administrativa independente (art. L. 331-17), velar para que a utilização dessas medidas não tenha por efeito impedir os beneficiários de tirarem partido dessas excepções, e competindo-lhe fixar o número nominal de cópias autorizadas no quadro da excepção da cópia privada, em função do tipo de obra ou do objecto protegido, dos diversos modos de comunicação ao público e das possibilidades oferecidas pelas técnicas de protecção disponíveis. Ao art. L. 122-5 foram acrescentadas outras alíneas correspondentes a utilizações permitidas pela directiva (ensino, arquivos, pessoas com necessidades especiais, etc), que se aplicam a partir de 1 de Janeiro de 2009.

Por seu turno, salvo em caso de exploração por colocação em rede das obras à disposição do público (art. L. 331-10), mas já não em caso de radiodifusão (art. L. 331-11), os titulares de direitos que utilizem medidas técnicas de protecção podem limitar o número de cópias, na medida em que não privem os beneficiários das excepções do seu exercício efectivo, devendo para o efeito concertar medidas com as associações de consumidores e outras partes interessadas (art. L. 331-9). Mais acrescenta a lei que as condições de acesso às obras, decorrentes de medidas técnicas de protecção, devem ser comunicadas aos utilizadores (art. L. 331-12). De todo o modo, a cópia privada de obras colocadas em rede em regime de acesso condicionado mediante protecções técnicas parece ser interdita.[1813]

[1813] LAPORTE-LEGEAIS 2007, 24 (embora com dúvidas sobre a ilicitude de tal acesso: "Reste à définir la notion d'accès licite...").

Para efectivar este regime, a lei francesa estabeleceu um procedimento de conciliação, de cujas decisões é admitido recurso, com efeito suspensivo, para o Tribunal de recursos de Paris (art. L. 331-15).

Não obstante, a lei francesa introduziu uma medida de prevenção do telecarregamento ilícito nos termos da qual, quando um programa de computador é utilizado principalmente para a colocação à disposição ilícita de obras ou objectos protegidos por um direito de propriedade literária ou artística, o presidente do tribunal de grande instância pode ordenar sob sanção pecuniária compulsória todas as medidas necessárias à protecção deste direito e conformes ao estado da arte, na medida em que não tenham por efeito desnaturar as características essenciais ou o destino inicial do software (art. L. 336-1). Trata-se de uma cláusula geral de salvaguarda, que parece ser destinada ao controlo dos sistemas P2P (*Napster*, *Gnutella*, *Grokster*).

iv. A defesa da liberdade de cópia privada na literatura norte-americana

Na literatura norte-americana também é forte o movimento que defende a liberdade geral de cópia privada no ambiente digital, incluindo os sistemas P2P (e.g., Napster), em contrapartida por um regime administrativo de *levies* sobre os suportes e dispositivos de gravação, sendo destacada a importância destes últimos (*hardware*) para o sistema.[1814] Para superar as ineficiências económicas de um sistema baseado em direitos de exclusivo, defende-se um copy-tax, em vez de um bit-tax, segundo a máxima "compensation without control".[1815]

Receia-se que isto signifique a "morte do direito de autor" enquanto direito de exclusivo.[1816] De todo o modo, para esta perspectiva, ao proibir a utilização de informação, quer para fins de consumo quer para fins produtivos, os direitos de autor geram grandes ineficiências económicas,

---

[1814] ROSEN 2002, 203.

[1815] LESSIG 2002, 251-5; tb. CALANDRILLO 1998, 301-59; NETANEL 2003, 1-84; DELCHIN 2004, 343-99 (em favor da compensação, contra a proibição: "the public interest will be best served by an increased distribution of music as a result of loosened statutory licensing." – 344); WEISS 2004, 203 ("Shutting down P2Ps amounts to Luddism, and allowing them to go unchecked is anarchic. (...). The creation of an administrative body, as referee and moderator, will guarantee that the ideals of copyright are not usurped by digital vigilantism" 232-5); FISHER 2004, 254-5 (a favor de um regime administrativo de taxação dos suportes e dispositivos de gravação: "the best of the possible solutions to the crisis: an administrative compensation system that would provide an alternative to the increasingly creaky copyright regime" – 9).

[1816] E.g. LUNNEY 2001, 900.

existindo um paradoxo intrínseco no fundamento económico do direito de autor: ao mesmo tempo que serve de incentivo para a criação, impede essa mesma criação (entendida como recriação) e o mero uso de tais bens informativos. O sistema compensatório seria justamente a via mais adequada para superar tais ineficiências.

e) A cópia privada como direito imperativo do utilizador na lei portuguesa

A lei portuguesa permitiu a cópia privada no ambiente digital, ao abrigo da liberdade deixada aos Estados-membros pela Directiva 2001/29, atendendo aos argumentos que defendem a preservação da liberdade de uso privado com reforço do sistema de *levies*, que poderá ser mais favorável aos autores, tal como sustentado pelo BGH (11/7/2002).[1817] Defende-se também que o sistema de remuneração pela cópia privada deveria viabilizar uma excepção de neutralização para cópia privada, chamando-se a atenção para as possibilidades técnicas de conversão do meio analógico para o meio digital[1818] – veja-se a decisão *Analogue Lücke* de 31 de Maio de 2006, do *Landgericht Frankfurt am Main*, sobre a licitude de software de conversão de sinais sonoros analógicos de ficheiro digitais com protecções técnicas com vista à criação de uma cópia digital "DRM-free".

Opiniões estas que avalizam a bondade da solução portuguesa e que, a nosso ver, é suportada pela directiva comunitária, sem prejuízo de se reconhecer que, ao deixar a liberdade de cópia privada ao arbítrio dos Estados-membros, a Directiva 2001/29 torna possível a erradicação da reprodução para uso privado no ambiente electrónico. Isto é, para a directiva tanto vale que a cópia privada em suporte digital seja válida como não, desde que na primeira hipótese seja atribuída aos titulares de direitos uma compensação equitativa.

A lei britânica do *copyright* não prevê a liberdade de cópia privada em suporte electrónico, o que não significa necessariamente a sua proibição, já que se entende que a limitação para uso público define as várias formas do direito de representação.[1819] Seja como for, o direito britânico não prevê um

---

[1817] Cfr. DIETZ 2003, 348s; HILTY 2005, 348; GEIGER 2004c, 143s, 2005, 10, e 2006b, 366 ("As long as a technical solution has not been found, it would be preferable to admit private copying as an enforceable right against technical devices and to solve the problem by a working system of equitable remuneration.").

[1818] LAURENT 2003, 27-40.

[1819] CORNISH/LLEWELYN 2003, 433.

sistema de compensação pela reprodução. Por seu turno, a lei alemã terá confinado a liberdade de cópia privada ao ambiente analógico.

Tudo opções válidas no prisma da Directiva 2001/29, que por isso é criticada, dizendo-se que acabou por falhar completamente nos seus propósitos de harmonização por não ter definido o carácter obrigatório das excepções, não estabelecendo um equilíbrio razoável de interesses e permitindo que a balança penda apenas para o lado dos titulares de direitos.[1820]

Em conformidade com a opção tomada pela lei portuguesa, ao abrigo da liberdade deixada aos Estados-membros pela Directiva 2001/29, juntamo-nos aos que apelam à Comissão Europeia no sentido de tornar imperativa a liberdade de cópia privada em suporte digital, de modo a permitir que os consumidores possam fazer um número reduzido de cópias (entre 3 e 5) para uso privado, e de obrigar os titulares de direitos que utilizam sistemas de gestão electrónica de direitos a informarem os consumidores desse facto, incluindo os termos em que tal afecta a utilização dos conteúdos digitais.[1821]

2.3. A compensação equitativa pela reprodução

A liberdade de reprodução para uso privado, se por um lado parece conferir ao utilizador um direito à cópia privada (ou pelo menos servir de causa de justificação da sua licitude), por outro atribui aos titulares de direitos uma pretensão remuneratória destinada a compensar equitativamente os seus prejuízos potenciais.[1822] Ou seja, a Directiva 2001/29 estabelece um preço à liberdade de cópia privada que é a atribuição de uma compensação equitativa aos titulares de direitos, independentemente de prova de prejuízos. Sendo legítma a reprodução para uso privado, fará sentido afastar a compensação pela reprodução do enriquecimento sem causa.[1823]

a) Origem e evolução das soluções de compensação pela reprodução no direito comparado

Na União Europeia, vários países têm um sistema de compensação dos titulares de direitos de autor pela reprodução para uso privado (*levies*), à

[1820] HUGENHOLTZ 2000a, 501; GEIGER 2005, 7.
[1821] GUIBAULT/HELBERGER 2005, 6-7.
[1822] SAITÔ 2001, 435-46.
[1823] BONET/*SIRINELLI* 2002, 195.

excepção da Irlanda, do Luxemburgo e do Reino Unido.[1824] Enquanto a imprensa era necessária para realizar cópias em grandes quantidades, a cópia privada, feita à mão, não era considerada infracção.

Em alguns países, a cópia privada foi expressamente excepcionada. Por exemplo, a Lei alemã dos direitos de autor de 1901, dispunha, no art. 15(2), que a realização de cópia para uso privado não constituía infracção, na medida em que não se destinasse a retirar lucros da obra. Uma razão para isentar a cópia privada em pequena escala era o facto de que o autor da reprodução para uso privado não competir com o titular de direitos, não tendo por isso a cópia privada um impacto quantificável nos seus proventos.

Contudo, quando nos anos cinquenta e sessenta do século XX as novas tecnologias da comunicação, como, por ex., o gravador de cassetes, tornaram possível a realização fácil de cópias das obras, o entendimento sobre a cópia privada mudou.

i. A jurisprudência do BGH e a consagração da compensação na lei alemã

Em 1955, o Supremo Tribunal Federal alemão, na sentença de 18 de Maio (*Tonband*), decidiu que, considerando os grandes lucros perdidos através da cópia privada, a actividade não deveria ser abrangida pela isenção de cópia privada da lei alemã de 1901. Em 1964, o BGH acrescentaria na sentença de 25 de Maio (*Personalausweise*) que, apesar de a cópia privada infringir o direito de reprodução, os titulares de direitos não poderiam proibir a cópia privada porque a aplicação de um direito de proibir a cópia privada violaria necessariamente o direito à privacidade e também porque, na prática, seria inviável policiar a cópia privada (GRUR 2/1965, 104). Neste caso, a GEMA pedia que o tribunal condenasse os revendedores de dispositivos de gravação a revelarem a identidade dos adquirentes destes aparelhos de cópia privada. O tribunal decidiu que, apesar de os revendedores tirarem partido da popularidade desses aparelhos, não lhes podia exigir a revelação da identidade dos clientes, já que isso violava a reserva da sua vida privada. Pelo que o Tribunal recomendou a introdução, por via legislativa, de um direito a remuneração.

Esta recomendação seria acolhida pelo legislador germânico em 1965 (e seguida por diversos países), ao introduzir um direito legal a uma remuneração equitativa, a qual é paga através de uma taxa na venda de equipa-

---

[1824] Para uma análise comparativa deste sistema nos países da EU, HUGENHOLTZ/GUIBAULT/GEFFEN 2003, e GUIBAULT 2003c.

mentos e suportes virgens de reprodução e distribuída aos autores através de entidades de gestão de direitos. A lei alemã introduziu posteriormente, em 1985, um esquema semelhante para as fotocopiadoras, na sequência da sentença do BGH de 9 de Junho de 1983 (*Kopierläden*). Finalmente, o Tribunal Constitucional alemão pronunciou-se, por diversas vezes, no sentido da constitucionalidade destas pretensões remuneratórias legais (sentenças *Kopierladen* I e II e *Readerprinter*).[1825]

ii. A liberdade de *time-shifting* no direito norte-americano e o sistema compensatório

Nos EUA, a jurisprudência estabeleceu a doutrina do *time-shifting*. No caso *Sony, Corp. v. Universal City Studios, Inc.* (1984), o Supremo Tribunal de Justiça norte-americano decidiu, no quadro da doutrina do *fair use* – que aponta como factores de determinação da licitude da utilização *inter alia* o efeito económico do uso no mercado actual e/ou potencial da obra e a quantidade e substancialidade da porção utilizada –, que era *fair* a gravação de vídeos feita por indivíduos em casa da programação da radiodifusão televisiva *off-the-air* para fins de *time-shifting* (visionamento posterior).

Posteriormente, em 1992, o Congresso norte-americano aprovou a lei *Audio Home Recording*, que consagrou protecção jurídica e tecnológica para as gravações sonoras, e estabeleceu um sistema de compensação pelo qual os importadores e produtores de equipamentos e suportes de gravação digital sonora são obrigados a pagar por cada equipamento ou suporte que distribuem. Estes pagamentos são recolhidos pelo *Copyright Office* e distribuídos anualmente às empresas de gravações, artistas intérpretes ou executantes, editores musicais e escritores de canções.[1826]

Esta legislação aplica-se tanto aos equipamentos como aos suportes de gravação (discos, cassetes e discos duros). Em boa medida, a lei resultou de um compromisso de modo a assegurar que a lei do *copyright* não fosse utilizada contra a maior parte dos actos de reprodução para uso privado de gravações sonoras (US Code §§ 1001-1008). Nesse sentido, a lei norte-americana torna claro que os consumidores que façam gravações não comerciais em suportes tanto analógicos como digitais não podem ser processados por violação dos direitos de autor, legalizando-se desse modo o *home-taping* que de outro modo seria considerado infracção de direitos de autor por constituir reprodução não autorizada de uma gravação sonora.[1827]

[1825] SCHRICKER/*LOEWENHEIM* 1999, 860-1.
[1826] IP&NII 1995, 11-12, n. 23.
[1827] MILLER/DAVIS 2000, 338.

iii. O direito a remuneração pela cópia privada na legislação francesa

Em França, a lei de 3 de Julho de 1985 criou um direito a remuneração pela cópia privada e a lei de 3 de Janeiro de 1995 criou um sistema de gestão obrigatória do direito de reprografia. Em 1994, a taxa pela cópia privada audiovisual rendeu 686 milhões de francos (+/– 68,6 milhões de euros) e a taxa pela cópia privada sonora rendeu 120 milhões de francos (12 milhões de euros).[1828] Além disso, o art. 15 da lei de 17 de Julho de 2001 determinou que os titulares da remuneração são os autores, os artistas intérpretes e os produtores de fonogramas e videogramas nos quais são fixadas obras bem como os autores e os editores de obras fixadas em qualquer outro suporte pela sua reprodução num suporte de registo numérico.

Neste país, o regime da remuneração está previsto nos arts. L. 311-1 a 8, tendo sofrido alterações em virtude da lei 2006-961, de 1 de Agosto de 2006, que, entre outros aspectos, estabeleceu que a remuneração pela cópia privada deve ter em conta a aplicação de medidas técnicas, não sendo devida no caso de os titulares de direitos já terem obtido outra compensação (art. L. 311-4, 2)

iv. A compensação equitativa na lei espanhola da propriedade intelectual

Em Espanha, a compensação equitativa pela cópia privada está regulada no art. 25.º da LPI, segundo a redacção introduzida pela Lei 23/2006. Esta norma estabelece uma relação directa entre a reprodução realizada exclusivamente para uso privado e a compensação equitativa, "dirigida a compensar os direitos de propriedade intelectual que se deixaram de receber por causa da referida reprodução" (n.º 1).

Esta compensação, que não se aplica aos programas de computador e às bases de dados electrónicas (n.º 3), determina-se para cada modalidade em função dos equipamentos, aparelhos e suportes materiais idóneos para realizar a referida reprodução fabricados em território espanhol ou adquiridos fora deste para sua distribuição comercial ou utilização no referido território (n.º 2).

A compensação é devida pelos distribuidores, incluindo importadores, dos referidos equipamentos e suportes de reprodução, aos autores e titulares de direitos conexos (n.º 4).

Estão isentos de compensação os discos duros dos computadores em termos a definir por ordem ministerial conjunta sem que esta exclusão possa alargar-se a outros dispositivos de armazenamento ou reprodução (n.º 7-b).

[1828] BELLEFONDS 2002, 239, em nota.

Também estão isentos os equipamentos, aparelhos e suportes materiais adquiridos para o exercício legal das actividades de produção e edição fonográfica ou videográfica, bem como as pessoas físicas que os adquiram fora do território espanhol em viagem e numa quantidade tal que permita presumir razoavelmente que os destinarão a uso privado no território espanhol (n.º 7-a/c). A compensação equitativa é cobrada e distribuída através das entidades de gestão dos direitos de propriedade intelectual (n.º 8).

b) *A compensação pela reprodução no direito português (do Código à regulamentação)*

Em Portugal, a compensação pela reprodução foi introduzida pelo Código do Direito de Autor, tendo em conta especialmente o fenómeno da reprografia.[1829] Todavia, a compensação só foi regulamentada pela Lei n.º 62/98, de 1 de Setembro, alterada pela Lei n.º 50/2004, de 24 de Agosto. Esta alteração legislativa procurou suprir a inconstitucionalidade de alguns preceitos da versão inicial, em especial o art. 3.º relativo à fixação do montante da remuneração, que agora fixou em 3% ao invés de remeter para despacho ministerial conjunto das Finanças e da Cultura.

i. A jurisprudência constitucional sobre a natureza da compensação

O juízo de inconstitucionalidade proferido pelo Tribunal Constitucional no acórdão n.º 616/2003 (Processo n.º 340/99, Relator – Cons. Paulo Mota Pinto), apoiava-se no pressuposto de que a remuneração "é substancialmente um imposto"[1830], fundamentando tal entendimento no dever de afectação de "20% do total das remunerações percebidas para acções de incentivo à actividade cultural e à investigação e divulgação dos direitos de autor e direitos conexos" (art. 7.º, 1, da versão inicial da Lei).

Só que este artigo foi eliminado pela alteração introduzida pela Lei 50/2004, 24/8 (art. 8.º), e com ele o apoio normativo de tal concepção, de resto então contestada com bons argumentos pelo Conselheiro Araújo na sua declaração de voto. Trata-se, com efeito, de uma figura de natureza controvertida.[1831] Tanto mais que, actualmente, o propósito único da compensação

---

[1829] OLIVEIRA ASCENSÃO 1990b, 211-38.
[1830] Id. 1992, 248; tb. TRABUCO 2006, 705.
[1831] Cfr. REBELLO 2002, 137 (considerando "profundamente errado confundir" a compensação "com uma taxa ou um imposto"); MOURA VICENTE 2006b, 13 (no sentido de que se trata de uma figura *sui generis*).

devida pela reprodução ou gravação de obras é "beneficiar os autores, os artistas intérpretes ou executantes, os editores e os produtores fonográficos e videográficos" (art. 2.º).

Em termos económicos, esta compensação pode ser equiparada a uma medida fiscal (pense-se no fenómeno da repercussão). A aproximação desta figura à chamada contribuição áudio-visual também não seria de excluir. Não obstante, trata-se de uma figura de direito privado, consistindo numa compensação objectiva por facto lícito e independente de prova de prejuízos.

ii. Aspectos do regime da compensação

O Código do Direito de Autor consagra um sistema de compensação devida pela comercialização de equipamentos e suportes de reprodução (art. 82.º), e a Lei 62/98, 1/9, alterada pela Lei 50/2004, 24/8, regula este sistema.

O âmbito de aplicação desta lei isenta os computadores, os programas de computador, as bases de dados electrónicas, e os equipamentos de fixação e reprodução digitais (art. 1.º, 2): ora porque não são meios principalmente destinados à reprodução de obras e outros materiais protegidos, ora porque se procura promover a Sociedade da Informação não impondo encargos económicos ao comércio deste tipo de dispositivos.

A compensação abrange apenas, nos termos do art. 2.º, quaisquer equipamentos mecânicos, químicos ou electrónicos cuja finalidade única ou principal seja permitir a fixação e a reprodução de obras, à excepção dos equipamentos digitais (e.g., gravadores de CD e DVD, leitores MP3), bem como os suportes materiais virgens analógicos ou digitais, à excepção do papel, previstos no art. 3.º, 4. Nos termos deste preceito, os suportes analógicos incluem as cassetes áudio e vídeo (VHS) e os suportes digitais incluem CD (CD-R audio, CD-R data, CD 8cm, Minidisc, CD-RW audio, CD-RW data) e DVD (DVD-R, DVD-RW, DVD-RAM).

iii. A isenção dos equipamentos (e de vários suportes) de fixação e reprodução digitais como benefício fiscal?

Apesar das referidas razões, a isenção dos equipamentos de fixação e reprodução digitais parece-nos bastante problemática.[1832] Tanto mais que nem todos os conteúdos digitais são equipados com medidas de protecção tecnológica destinadas a impedir a sua reprodução e outros actos reservados ao titular de direitos, nem sobre estes impende qualquer obrigação de

---

[1832] REBELLO 2007, 149 ("rien le justifie").

colocarem as obras no mercado com as referidas medidas de protecção. Por causa disto, poderia dizer-se que, se a referida compensação fosse um "imposto", então o sistema teria consagrado um *benefício fiscal* para a tecnologia digital em nome da sociedade da informação.

Mas, assim como não é certa a natureza tributária da compensação, também não está garantida a conformidade do sistema compensatório previsto com as exigências da directiva comunitária, que aponta o maior impacto económico dos novos suportes e equipamentos de reprodução.[1833] De resto, na Directiva 2001/29 os aparelhos de reprodução são abrangidos pela compensação equitativa.[1834]

Além disso, a lei portuguesa dispõe que a aplicação de medidas tecnológicas de controlo de acesso é definida de forma voluntária e opcional pelo detentor dos direitos de reprodução da obra, enquanto tal for expressamente autorizado pelo seu criador intelectual (CDA, art. 217.º, 4). É dizer que os autores são livres de lançarem publicamente as suas obras sem medidas técnicas de protecção, até porque desse modo poderão melhor difundir as suas criações. Depois, os exploradores das obras, em especial editores e produtores, não são obrigados a equipar as obras com as referidas medidas técnicas.

Ora, na medida em que não utilizem protecções técnicas, os autores e outros titulares de direitos deveriam poder reclamar uma compensação equitativa pela reprodução privada, independentemente dos equipamentos e dos suportes utilizados, tal como previsto na Directiva 2001/29. Parece-nos, por isso, que ao deixar de fora *tout court* os equipamentos e muitos suportes digitais de reprodução a lei portuguesa não estará inteiramente em conformidade com a directiva comunitária, não obstante a possibilidade que esta deixa aos Estados-membros de admitirem ou não a liberdade de cópia privada.

iv. O regime provisório da Directiva 2001/29 e perspectivas de harmonização futura

Mais uma vez, a Directiva 2001/29 estabeleceu um regime provisório, em virtude da impossibilidade de entendimento entre o *copyright* britânico e o direito de autor continental, já que no primeiro a exclusão da cópia privada decorrerá da limitação para uso público que define as várias formas do direito de comunicação, embora se entenda algo paradoxalmente que

---

[1833] DIAS PEREIRA 2005a, 504-5, 508.
[1834] VISSER 2005, 10.

muito do uso privado permanece "a wrongful act", podendo os titulares de direitos fazerem o que bem entenderem – salvo nas gravações para "time shifting" e nas excepções de *fair dealing*, que garantem direitos de acesso e de utilização aos utilizadores finais para fins de estudo e investigação.[1835]

É possível que o "futuro turbulento"[1836] dos direitos de autor passe por uma directiva que harmonize o regime da cópia privada e da compensação equitativa, apesar de todas as resistências dos britânicos[1837] – e não obstante se anunciar "o fim da era das directivas copyright"[1838]. Basta pensar que, enquanto os distribuidores de equipamentos digitais de reprodução estão sujeitos à referida compensação em Espanha, o mesmo já não sucede em Portugal, apesar de em ambos os países ter sido preservada a liberdade de cópia privada com equipamentos e suportes digitais.

3. Síntese conclusiva do § 10

1. O regime da aplicação efectiva dos direitos permite compreender o sentido e alcance das propostas apresentadas ao longo do caminho percorrido. Ilustramos o problema com a questão da liberdade de cópia privada.

A Directiva 2004/48 terá pretendido abranger os consumidores finais no círculo de destinatários das medidas de protecção dos direitos de propriedade intelectual. Distingue o consumidor de má-fé, que pratica actos à escala comercial, do consumidor que actua de boa fé. O primeiro é equiparado ao pirata, o segundo é sujeito a medidas menos gravosas. Não obstante, ambos são colocados na mira das medidas de protecção da propriedade intelectual, como se esta fosse absolutamente oponível *erga omnes*.

À semelhança da protecção jurídico-tecnológica, perguntamos se as medidas processuais não alargam o círculo de oponibilidade da propriedade intelectual, em especial dos direitos de autor. O instrumento comunitário ressalva as características específicas de cada direito de propriedade intelectual, o que poderá ser contraditório com a inclusão dos consumidores no círculo de destinatários da propriedade intelectual. Além disso, o instrumento comunitário afirma a sua supremacia sobre medidas adoptadas pelos Estados-membros em conformidade com as disposições do Acordo ADPIC/TRIPS sobre aplicação efectiva dos direitos. O Tribunal de Justiça considera-se

---

[1835] CORNISH/LLEWELYN 2003, 443, 808, 813.
[1836] DAVIS 2005, 157.
[1837] CORNISH/LLEWELYN 2003, 514-7.
[1838] HUGENHOLTZ 2005, 145 ("The era of copyright directives may finally be over.").

§ 10. Aplicação Efectiva dos Direitos e Cópia Privada   721

competente para interpretar este Acordo, considerando que os Estados-membros devem respeitá-lo pela mediação de disposições comunitárias concorrentes, que prevalecem em caso de conflito.

O que procuramos saber é se as regras de aplicação efectiva dos direitos de autor poderão eclipsar o espaço de liberdade de uso privado deixado aos Estados-membros pelas directivas sobre direitos de autor. Neste ponto, apesar de toda a erosão a que tem sido sujeito, entra de novo em jogo o princípio da territorialidade, nos termos do qual caberá a cada Estado-membro definir se a liberdade de uso privado deve ou não ser mantida no ambiente digital.

2. A reprodução para uso privado é objecto de um conflito de interesses. Por um lado, os titulares de direitos pretendem sujeitar a autorização toda e qualquer reprodução, de modo a obterem o valor de mercado por cada cópia. A questão tornou-se especialmente sensível por causa dos programas informáticos que permitem a livre partilha de ficheiros (e.g. *Napster, Gnutella, Grokster*). A jurisprudência norte-americana tem sido especialmente repressiva contra este *wood-stock* electrónico, proibindo tais programas, o mesmo valendo, de acordo com as regras da DMCA, para a neutralização de protecções técnicas. Todavia, apesar de receber alguns aplausos, é forte o movimento que dirige duras críticas contra essa jurisprudência, considerando-se até que está a impedir a difusão global da cultura norte-americana.

Na perspectiva do utilizador final, a cópia privada deveria ser livre, em nome não apenas da livre fruição de bens culturais, mas também e sobretudo para evitar a instauração de um kafkiano panóptico ciberespacial a propósito dos direitos de autor. Com efeito, os agentes electrónicos (*spyware*) percorrem as memórias dos computadores ligados em rede em busca de cópias não licenciadas, invadindo com isso a esfera da vida privada dos utilizadores e devassando a sua reserva de informação (e.g. correio electrónico, textos confidenciais, inéditos, vídeos e fotografias pessoais, etc.). Aos utilizadores finais juntam-se os produtores e distribuidores de equipamentos electrónicos, de modo a não serem responsabilizados ainda que apenas por enriquecimento sem causa, já que é insofismável que uma função típica dos equipamentos e suportes de gravação é a reprodução de obras protegidas.

3. Tendo em conta a possibilidade deixada em aberto pela Directiva 2001/29, no sentido da preservação da liberdade de cópia privada, mesmo no ambiente digital, ainda que em condições limitadas e em contrapartida por uma compensação equitativa, o Código do Direito de Autor reafirmou

essa liberdade. Em termos tais que nos permitem falar num direito imperativo à cópia privada, cujo exercício se analisa inclusivamente num direito de acesso aos códigos das protecções técnicas, sem prejuízo da possível limitação do número de cópias pelo titular de direitos.

Neste ponto, o legislador português foi pioneiro, juntamente com o seu congénere belga. A liberdade de cópia privada seria estabelecida, em termos semelhantes, no novo direito espanhol (Lei 23/2006, 7/7) e, após várias oscilações da jurisprudência, no direito francês (lei n.º 2006-961, 1/8). Todavia, a disparidade de soluções ao nível da legislação interna dos Estados-membros poderá justificar um novo instrumento de harmonização comunitária neste domínio. Basta pensar que, à semelhança da lei italiana, a lei alemã do "segundo cesto" (19/9/2003) terá eliminado a liberdade de cópia privada quando o titular de direitos utilize protecções técnicas. Esta solução é aliás apontada como não sendo inteiramente conforme com a directiva comunitária, que dispõe que os Estados-membros deverão colocar à disposição dos utilizadores meios que lhes permitam tirar partido da excepção de cópia privada quando a lei interna a consagre.

Seja como for, confirma-se o "mosaico" anunciado de legislações nacionais em matéria de cópia privada, com consequências ao nível do regime da aplicação efectiva dos direitos. De todo o modo, parece-nos correcta a solução da lei portuguesa, devendo até considerar-se de ordem pública a liberdade de cópia privada. Nesse sentido, as medidas de protecção efectiva não poderão dirigir-se contra o consumidor, enquanto tal.

4. A liberdade de cópia privada, tal como permitida pelo direito comunitário, corresponde a uma forma de "socialização" dos direitos de autor. Em contrapartida por essa liberdade, é devida aos titulares de direitos uma compensação equitativa pelos presumidos prejuízos daí resultantes.

Esta foi a solução apontada pela jurisprudência alemã e estabelecida primeiramente na lei deste país, em resposta aos desafios das tecnologias de reprodução em massa. A impossibilidade prática de controlar a cópia privada e a devassa que tal significaria na vida privada dos utilizadores justificou a criação desta figura, que seria também adoptada nomeadamente pela legislação francesa e portuguesa e, fora do espaço comunitário, pelo direito norte-americano na sequência da jurisprudência *time-shifting* (gravação privada em vídeo de programas televisivos radiodifundidos para visionamento posterior).

A compensação pela reprodução estava há muito prevista no Código do Direito de Autor. Todavia, só recentemente foi objecto de regulamentação. A jurisprudência constitucional afirmou a natureza tributária dessa figura e, talvez por isso, a lei actual conceda um privilégio fiscal aos equipamentos digitais e a muitos suportes digitais de gravação. A solução é contestável, não apenas no que respeita à natureza da figura, mas também porque significa, na prática, limitar muito o sentido e alcance da compensação equitativa.[1839]

Não obstante, pela sua natureza equitativa, deve reconhecer-se ao legislador uma margem ampla de liberdade ao nível da sua configuração concreta, tanto mais que não é consagrada em alguns Estados-membros (e.g. Reino Unido), o que todavia não nos parece conforme com a directiva comunitária.

Seja como for, a disparidade de soluções nacionais abre perspectivas para mais uma intervenção harmonizadora do legislador comunitário. Da nossa parte, defendemos que a preservação da reserva de vida privada, a autodeterminação informacional das pessoas e outras liberdades fundamentais neste domínio (e.g. liberdade de informação, aprendizagem e criação cultural) não permitirão o eclipse da liberdade de cópia privada nem a oponibilidade dos direitos de autor aos consumidores finais enquanto tais. Qualquer harmonização posterior deverá respeitar estes limites decorrentes, desde logo, dos princípios gerais internacionalmente convencionados, que se objectivam em direitos fundamentais da comunicação concorrentes com os direitos de autor.

[1839] HAMMES 1998, 95 ("sem autores que criem obras, os melhores aparelhos de nada servem.").

CONCLUSÃO FINAL

"... the absence of *copyright* protection is, paradoxical as this may seem, a benefit to authors as well as a cost to them. It reduces the cost of writing by enabling an author to copy freely from his predecessors. (...) Shakespeare would have had to work harder, and so might have written fewer plays, had he not been able to copy gratis from works of history and literature, sometimes, as we shall see, verbatim."
RICHARD POSNER, *Law and Literature*, 1998, 391

A Constituição consagra a protecção legal dos direitos de autor ao abrigo da liberdade de criação cultural. Todavia, esta liberdade, que é uma das liberdades fundamentais da pessoa humana (enquanto *homo creator*), transcende a protecção legal dos direitos de autor. Os direitos de autor não protegem todos os tipos de criações culturais e, além disso, podem restringir a liberdade de criação cultural, já que esta não opera *ex nihilo*. Pode até falar-se no "paradoxo original" da protecção legal dos direitos de autor ao abrigo da liberdade de criação cultural.

Os direitos de autor, enquanto forma jurídica de apropriação exclusiva de certos bens culturais, introduzem um elemento de restrição no seio da liberdade de criação cultural. Com efeito, ao mesmo tempo que se alimentam da liberdade de criação cultural, os direitos de autor limitam essa liberdade por via da apropriação dos seus frutos.

Eis o verdadeiro enigma: como preservar a liberdade de criação cultural face ao tendencial absolutismo dos direitos de autor? A nosso ver, isso passará, em boa medida, pela constitucionalização do "domínio público intelectual".

Dir-se-á que o problema está na teorização dos direitos de autor como direitos de propriedade, já que torna excepcional cada restrição ou limite aos direitos, e natural e justificado cada alargamento do seu âmbito de protecção. Ao invés, estes direitos é que deveriam ser considerados como excepções ou restrições às liberdades fundamentais, a começar pela liberdade de criação cultural. Por essa razão, quando muito deveriam ser concebidos como concessões legais de exploração económica exclusiva de bens públicos, i.e. como monopólios ou privilégios comerciais. No fundo, os direitos de autor seriam ainda idênticos aos privilégios régios do Antigo Regime, com a diferença de que, em teoria, agora todos poderiam beneficiar deles, ao invés de serem reservados às "corporações privilegiadas".

Esta teorização alternativa tem méritos no plano funcional, nomeadamente no que respeita a aspectos económicos do regime legal. Todavia, descarta o sujeito da liberdade de criação cultural, tornando-o fungível. Ao ponto de não se saber, afinal, qual é a razão de ser da liberdade de criação cultural. Ora, justamente, a compreensão jusfilosófica que adoptamos permite-nos resistir à pura funcionalização dos direitos de autor, no sentido de que "a Philosophia do Direito... não só serve para demonstrar a justiça, ou injustiça das leis positivas, que sem ella poderiam ser as mais arbitrarias, tyrannicas e absurdas, sem que se podesse com razão censura-las de injustas; senão também é d'alta monta para a interpretação d'ellas..."[1840]

Há já cerca de trezentos anos que a Lei da Rainha Ana de Inglaterra (1709/10) investiu o *copyright* nos autores de obras literárias, ainda que por um período limitado e com vista ao encorajamento da aprendizagem; esta célebre fórmula foi retomada pela constituição norte-americana de finais de setecentos. Além disso, a jurisprudência britânica logo esgrimiu os principais argumentos com que ainda hoje se tece a discussão, no sentido da protecção dos interesses morais e materiais dos autores conjugada com a preservação das liberdades de comunicação.

As leis revolucionárias francesas e o pensamento filosófico germânico consolidariam o entendimento da criação intelectual como título legítimo de apropriação das obras literárias e artísticas, quer como direito de propriedade, quer como direito de personalidade, quer ainda como um direito duplo ou como direitos gémeos.

Este entendimento foi universalizado já no século XX por via de instrumentos internacionais de protecção dos direitos humanos e, especialmente, pela revisão da Convenção de Berna. A colocação do autor, enquanto *homo creator*, no cerne dos direitos de autor deve ser entendida como um *facto civilizacional*.

O enigma, todavia, permanece, já que, na prática, o *homo creator* serve, cada vez mais, o *homo predator*, a julgar pelo programa comunitário de harmonização dos direitos de autor segundo o princípio do elevado nível de protecção.

[1840] VICENTE FERRER 1883, § 51.

A nossa proposta é compreender a protecção legal dos direitos de autor em termos que permitam preservar a liberdade de criação cultural e o seu sujeito: o *homo creator*.

Servimo-nos, para o efeito, da liberdade fundamental de informação. Foi com ela que operámos a análise dos regimes legais, na busca de um ponto de equilíbrio, relativamente a cada tópico, entre a protecção dos interesses do *homo creator* e a preservação da liberdade de criação cultural. Tratou-se de delimitar as fronteiras do exclusivo, relativamente ao seu objecto, ao seu conteúdo e aos seus meios jurídico-tecnológicos de protecção. Demos prevalência, neste domínio, a argumentos de ordem funcional, de modo a conciliar o exclusivo com liberdades fundamentais da comunicação, sem prejuízo do respeito absoluto pelo princípio da autoria em matéria de titularidade de direitos e dos interesses morais dos criadores.

A afirmação da criação intelectual como título legítimo de apropriação tem ainda uma outra vertente, que é a subordinação dos exclusivos legais ancorados nos direitos de autor, mas sem contribuição criativa, aos limites dos direitos de autor. Se os direitos de autor se alimentam da liberdade de criação cultural em razão do contributo criativo, então os direitos conexos sem tal contributo não podem justificar idênticos custos a essa liberdade. A protecção do investimento ao abrigo da liberdade de criação cultural só pode ter justificação quando o investimento se efectue em obras culturais, ainda que já não protegidas por direitos de autor. Sob pena de qualquer dia a liberdade de criação cultural albergar a protecção legal de todo e qualquer investimento, com o argumento de que "tudo é cultura".

Pensamos concretamente no direito *sui generis* do produtor de bases de dados não originais. Este novo direito não pode ser ancorado na liberdade de criação cultural quando se trate de bases cujo conteúdo não integre obras intelectuais. Além disso, em vista de os seus contornos legais poderem cercear significativamente a liberdade de informação e tendo em conta a importância desta para a própria liberdade de criação cultural e outras liberdades fundamentais (e.g. aprendizagem e ensino), temos sérias dúvidas de que a instituição do direito *sui generis* do produtor de bases de dados tenha apoio suficiente num outro valor constitucional que justifique tais restrições às referidas liberdades fundamentais.

Não é por acaso que a jurisprudência comunitária está a "domesticar" essa criatura estranha do legislador comunitário. De resto, ainda que por razões estritamente mercantis, que se prendem com o bom funcionamento do mercado interno em termos de livre circulação de bens e liberdade de concorrência, a jurisprudência comunitária está na base de limites significativos aos direitos económicos, nomeadamente o esgotamento comunitário do direito de distribuição e a obrigação de permitir a concorrentes a utilização de informações, incluindo o código-fonte de software, ainda que para criação de produtos directa ou indirectamente concorrentes. Nesta última situação, a liberdade de informação tem um valor sobretudo económico, enquanto instrumento da liberdade de concorrência.

Para terminar, assim como a liberdade de informação não justifica a devassa da reserva de vida privada do *homo creator*, no sentido de o obrigar a quebrar o inédito durante o prazo legal de protecção, também os direitos de autor não justificam a devassa da vida privada dos utilizadores finais e da sua esfera reservada de autodeterminação informativa. Em especial, deverá estar fora de causa qualquer pretensão de justificar, a título dos direitos de autor, a licitude de os agentes electrónicos (*spyware*) passarem em revista a memória dos computadores pessoais ligados à rede em busca de cópias ilícitas.

Mesmo que os direitos de autor sejam direitos de propriedade – e no plano dogmático não refutamos essa teorização indicada pelo Código Civil –, tratar-se-á de direitos de propriedade tal como previstos e regulados na lei dos direitos de autor, interpretada em conformidade com as valências constitucionais que decorrem dos princípios gerais do direito internacional no domínio das liberdades fundamentais da comunicação. Donde decorre que a pretensão de equiparar os direitos de autor a uma *plena in re potestas* absolutamente oponível *erga omnes*, para desse modo justificar todo e qualquer alargamento do seu âmbito de proibição e o reforço do seu conteúdo de protecção por meios jurídico-tecnológicos ou processuais, deve ser rejeitada.

Por outro lado, apesar de os direitos de autor serem também considerados direitos de propriedade para efeitos da garantia constitucional da propriedade privada, tal não significa que se imponha uma interpretação restritiva das suas excepções ou limites. Os direitos de autor são fluidos, quer quanto ao objecto quer quanto ao conteúdo. Interpretar restritivamente as excepções e limites aos direitos de autor significa interpretar restritivamente as liberdades fundamentais que dão sentido a essas excepções, incluindo a própria liberdade de criação cultural. Faria pouco sentido interpretar restritivamente a liberdade que anima o direito que se quer proteger, ainda que se reconheça que as leis dos direitos de autor cuidam em primeira linha dos interesses dos titulares destes direitos.

De resto, a jurisprudência comunitária mostra que a mesma razão que justificou a atribuição de direitos exclusivos especiais no domínio do software e das bases de dados justifica também a sua compressão ou desconsideração, quando exista uma contradição entre o seu exercício e a sua função. Sem se por em causa a existência do direito, sujeita-se o seu exercício ao escrutínio da sua conformidade com a sua razão de ser – ou seja, ao fim económico e social que o justifica, à semelhança da cláusula geral do abuso de direito prevista no Código Civil (art. 334.º). Se isto vale no campo das liberdades mercantis, por maioria de razão deverá valer também no campo das liberdades fundamentais de comunicação da pessoa humana, a começar pela liberdade de informação.

Em síntese, esta dissertação propõe um modelo de compreensão dos direitos de autor, com fundamentação histórica, teórica e sistemática, que permita, pela interpretação dos seus regimes legais, preservar a liberdade de informação enquanto *punctum cruxis* das liberdades fundamentais da comunicação e exigência mercantil da livre concorrência, sem sacrificar a criação intelectual enquanto título legítimo e originário de apropriação jurídica de obras literárias e artísticas. A actualidade e interesse desta proposta acentuam-se, prospectivamente, no contexto da europeização ciberespacial dos direitos de autor.

PRINCIPAIS DIRECTIVAS E RESPECTIVOS DIPLOMAS DE TRANSPOSIÇÃO

– **Directiva 2004/48:** Directiva n.º 2004/48/CE, do Parlamento Europeu e do Conselho, de 29 de Abril, relativa ao respeito dos direitos de propriedade intelectual, transposta pela **Lei n.º 16/2008**, de 1 de Abril (procedendo à terceira alteração ao Código da Propriedade Industrial, à sétima alteração ao Código do Direito de Autor e dos Direitos Conexos e à segunda alteração ao Decreto-Lei n.º 332/97, de 27 de Novembro)

– **Directiva 2001/84:** Directiva n.º 2001/84/CE do Parlamento Europeu e do Conselho, de 27 de Setembro de 2001, relativa ao **direito de sequência** em benefício do autor de uma obra de arte original que seja objecto de alienações sucessivas, transposta pela **Lei n.º 24/2006**, de 30 de Junho (alterando o CDADC)

– **Directiva 2001/29:** Directiva n.º 2001/29/CE, do Parlamento Europeu e do Conselho, de 22 de Maio, relativa à harmonização de certos aspectos do direito de autor e dos direitos conexos na sociedade de informação, transposta pela **Lei n.º 50//2004**, de 24 de Agosto (alterando diversos artigos do Código do Direito de Autor e dos Direitos Conexos (CDADC) e aditando-lhe o título VI, com a epígrafe «Protecção das medidas de carácter tecnológico e das informações para a gestão electrónica dos direitos»; esta Lei alterou também a Lei n.º 62/98, de 1 de Setembro, que regula o disposto no artigo 82.º do CDADC).

– **Directiva 91/250**: Directiva n.º 91/250/CEE, do Conselho, de 14 de Maio, relativa à protecção jurídica dos programas de computador, transposta pelo **Decreto-Lei n.º 252/94**, de 20 de Outubro

– **Directiva 96/9**: Directiva n.º 96/9/CE, do Parlamento Europeu e do Conselho, de 11 de Março de 1996, relativa à protecção jurídica das bases de dados, transposta pelo **Decreto-Lei n.º 122/2000**, de 4 de Julho

– **Directiva 92/100**: Directiva n.º 92/100/CEE do Conselho, de 19 de Novembro de 1992, relativa ao **direito de aluguer**, ao direito de comodato e a certos direitos conexos ao direito de autor, transposta pelo Decreto-Lei n.º 332/97 de 27 de Novembro, e agora substituída pela **Directiva 2006/115/CE** do Parlamento Europeu e do Conselho, de 12 de Dezembro de 2006, relativa ao direito de aluguer, ao direito de comodato e a certos direitos conexos ao direito de autor em matéria de propriedade intelectual

– **Directiva 93/83**: Directiva n.º 93/83/CEE do Conselho, de 27 de Setembro de 1993, relativa à radiodifusão por satélite e à retransmissão por cabo, transposta pelo Decreto-Lei n.º 333/97 de 27 de Novembro

– **Directiva 93/98**: Directiva n.º 93/98/CEE do Conselho, de 29 de Outubro, relativa à harmonização do prazo de protecção dos direitos de autor e de certos direitos conexos, transposta pelo Decreto-Lei n.º 334/97, de 27 de Novembro, e agora substituída pela **Directiva 2006/116/CE** do Parlamento Europeu e do Conselho, de 12 de Dezembro de 2006, relativa ao prazo de protecção do direito de autor e de certos direitos conexos

– **Directiva 87/54**: Directiva n.º 87/54/CEE do Conselho, de 16 de Dezembro de 1986, relativa à protecção jurídica das topografias de produtos semicondutores, transposta pela Lei n.º 16/89, de 30 de Junho, formalmente revogada pelo **Decreto-Lei n.º 36/2003**, de 5 de Março, que aprova o novo Código da Propriedade Industrial

– **Directiva 2000/31**: Directiva n.º 2000/31/CE, do Parlamento Europeu e do Conselho, de 8 de Junho de 2000, relativa a certos aspectos legais dos serviços da sociedade de informação, em especial do comércio electrónico, no mercado interno, transposta pelo **Decreto-Lei n.º 7/2004**, de 7 de Janeiro

– **Directiva 2003/98**: Directiva n.º 2003/98/CE do Parlamento Europeu e do Conselho, de 17 de Novembro, relativa à reutilização de informações do sector público, transposta pela **Lei n.º 46/2007**, de 24 de Agosto (Lei do acesso aos documentos administrativos e da sua reutilização, revoga a Lei n.º 65/93, de 26 de Agosto)

– **Directiva 98/34**: Directiva n.º 98/34/CE do Parlamento Europeu e do Conselho, de 22 de Junho de 1998, relativa a um procedimento de informação no domínio das normas e regulamentações técnicas, alterada pela Directiva 98/48/CE do Parlamento Europeu e do Conselho, de 20 de Julho de 1998, transposta pelo **Decreto-Lei n.º 58/2000**, de 18 de Abril

– **Directiva 2005/29**: Directiva 2005/29/CE do Parlamento Europeu e do Conselho, de 11 de Maio de 2005, relativa às práticas comerciais desleais das empresas face aos consumidores no mercado interno e que altera a Directiva 84/450/CEE do Conselho, as Directivas 97/7/CE, 98/27/CE e 2002/65/CE e o Regulamento (CE) n.º 2006/2004 («directiva relativa às práticas comerciais desleais»), transposta pela **Decreto-Lei n.º 57/2008**, de 26 de Março

– **Directiva 1999/93**: Directiva 1999/93/CE, do Parlamento Europeu e do Conselho, de 13 de Dezembro, relativa a um quadro legal comunitário para as assinaturas electrónicas, transposta pelo **Decreto-Lei n.º 62/2003**, de 3 de Abril, que altera o **Decreto-Lei 290-D/99**, de 2 de Agosto (alterado ainda pelo Decreto--Lei n.º 165/2004, de 6 de Julho, e regulamentado pelo Decreto-Regulamentar n.º 25/2004, de 15 de Julho)

– **Directiva 95/46**: Directiva n.º 95/46/CE do Parlamento Europeu e do Conselho, de 24 de Outubro de 1995, relativa à protecção das pessoas singulares no que diz respeito ao tratamento de dados pessoais e à livre circulação desses dados, transposta pela **Lei n.º 67/98**, de 26 de Outubro (v. também Decisão da Comissão, de 26 de Julho de 2000, nos termos da Directiva 95/46/CE do Parlamento Europeu e do Conselho e relativa ao nível de protecção assegurado pelos princípios de «porto seguro» e pelas respectivas questões mais frequentes (FAQ) emitidos pelo Department of Commerce dos Estados Unidos da América, e Regulamento (CE) n.º 45/2001 do Parlamento Europeu e do Conselho, de 18 de Dezembro de 2000, relativo à protecção das pessoas singulares no que diz respeito ao tratamento de dados pessoais pelas instituições e pelos órgãos comunitários e à livre circulação desses dados)

– **Directiva 2002/58**: Directiva n.º 2002/58/CE, do Parlamento Europeu e do Conselho, de 12 de Julho de 2002, relativa ao tratamento de dados pessoais e à protecção da privacidade no sector das comunicações electrónicas, transposta pela **Lei n.º 41/2004, de 18 de Agosto**

– **Directiva 98/84**: Directiva n.º 98/84/CE do Parlamento Europeu e do Conselho, relativa à protecção jurídica dos serviços de acesso condicional, transposta pelo **Decreto-Lei n.º 287/2001**, de 8 de Novembro, entretanto revogado pela **Lei n.º 5/2004, de 10 de Fevereiro**

– **Regulamento 44/2001**: Regulamento (CE) n.º 44/2001 do Conselho, de 22 de Dezembro de 2000, relativo à competência judiciária, ao reconhecimento e à execução de decisões em matéria civil e comercial, e Convenção sobre a Lei Aplicável às Obrigações Contratuais, assinada em Roma a 16 de Junho de 1980, a que Portugal aderiu através da Convenção do Funchal de 18 de Maio de 1992

– **Regulamento 733/2002**: Regulamento (CE) n.º 733/2002, do Parlamento Europeu e do Conselho, de 22 de Abril de 2002, relativo à implementação do domínio de topo.eu.

– **Directiva 2007/65**: Directiva 2007/65/CE do Parlamento Europeu e do Conselho, de 11 de Dezembro de 2007, que altera a Directiva 89/552/CEE do Conselho relativa à coordenação de certas disposições legislativas, regulamentares e administrativas dos Estados-Membros relativas ao exercício de actividades de radiodifusão televisiva

– **Regulamento 772/2004**: Regulamento n.º 772/2004 da Comissão, de 27 de Abril de 2004, sobre transferência de tecnologia

Outros Diplomas (indicativo):
Lei n.º 64/2007, de 6 de Novembro (altera o Estatuto do Jornalista);
Lei n.º 27/2007, de 30 de Julho (nova Lei da Televisão, revoga a Lei n.º 32/2003, de 22 de Agosto);
Lei n.º 4/2001, de 23 de Fevereiro (Lei da Rádio);
Lei n.º 109/91, de 17 de Agosto (Lei da criminalidade informática);
Decreto-Lei n.º 307/2007, de 31 de Agosto (novo regime jurídico das farmácias de oficina), e Portaria n.º 1427/2007, de 2 de Novembro;
Lei n.º 12/2005, de 26 de Janeiro (Lei da informação genética pessoal e informação de saúde);
Lei n.º 4/2008, de 7 de Fevereiro (regime dos contratos de trabalho dos profissionais de espectáculos);
Lei n.º 107/2001, de 8 de Setembro (Lei do património cultural);
Lei n.º 6/2006, de 27 de Fevereiro (alterações ao Código Civil e novo RAU);
Decreto-Lei n.º 76-A/2006, de 29 de Março (alteração ao Código das Sociedades Comerciais)

BIBLIOGRAFIA

A

ABRANTES, José João, *Contrato de Trabalho e Direitos Fundamentais*, CE, Coimbra, 2005

ADRIAN, Johann / NORDEMANN, Wilhelm / WANDTKE, Artur-Axel (Hrsg.), *Joseph Kohler und der Schutz des geistigen Eigentums in Europa*, Berlin Verlag, Berlin, 1996

ALAI – Association Littéraire et Artistique Internationale, *The Boundaries of Copyright: Its Proper Limitations and Exceptions*, University of Cambridge 1998, Australian Copyright Council, Sydney, 1999

AKESTER, Patrícia, *O direito de autor e os desafios da tecnologia digital*, Principia, Cascais, 2004

ALEXANDER, Gregory, *Commodity & Propriety: Competing Visions of Property in American Legal Thought (1776-1970)*, UCP, Chicago/London, 1997

ALEXANDER, Isabella, *Criminalising Copyright. A Story of Publishers, Pirates and Pieces of Eight*, CLJ 2007, 625

ALEXY, Robert: *Teoria da Argumentação Jurídica – A Teoria do Discurso Racional como Teoria da Justificação Jurídica*, trad. Zilda Hutchinson Schild Silva, revista e introd. à edição brasileira de Cláudia Toledo, 2.ª ed., Landy Editora, São Paulo, **2005**; *Recht, Vernunft, Diskurs: Studien zur Rechtsphilosophie*, Suhrkamp, Frankfurt am Main, **1995**; *Theorie der Grundrechte*, 2ª ed., Suhrkamp, Frankfurt a.M., **1994**; *Teoria de los derechos fundamentales*, trad. Ernesto Garzón Valdés (do orig. *Theorie der Grundrechte*, 1986), Centro de Estúdios Constitucionales, Madrid, **1993**

ALLEN, Tom, *Property and the Human Rights Act 1998*, Hart Publishing, Oxford, 2005

ALMEIDA ANDRADE, Miguel, *Nomes de Domínio na Internet (A regulamentação dos nomes de domínio sob.pt)*, Centroatlantico.pt, Famalicão, 2004

ALMEIDA COSTA, Mário Júlio de, *Direito das Obrigações*, 11.ª ed., Almedina, Coimbra, **2008**; *História do Direito Português*, 3ª ed. (reimp.), Almedina, **2007**

ALMEIDA GARRETT, João Ruiz de, *Sobre a Teorização da Economia no Mudar de Milénio*, BCE 2002, 373

ALMEIDA SANTOS, António de, *Ensaio sobre o Direito de Autor*, BFD XI, Suplemento, Coimbra, 1953

ALMEIDA-ROCHA, Margarida: *Rapport Portugais*, in *Protection des auteurs et artistes interprètes par contrat*, Ghislain Roussel (ed.), ALAI Congrès 97, Yvon Blais, Cowansville, 1998, 282; *Novas Tecnologias de Comunicação e Direito de Autor*, SPA, Lisboa, 1986

ALMENO DE SÁ, José, *Liberdade no direito de autor: a caminho das condições gerais do contrato*, in *Num Novo Mundo do Direito de Autor?*, I, Lisboa, 1994, 378

ALPA, Guido, *Alcune questioni di base*, in E. Tosi (a cura di), *I problemi giuridici di Internet*, Milano, 1999, 78

ALVAREZ GONZÁLEZ, Santiago, *Comercio electrónico: competência judicial internacional y lei applicable*, in Gómez Segade (Dir.), *Comercio Electrónico en Internet*, Madrid, 2001, 419

ALVES CORREIA, Fernando, *Os direitos fundamentais e a sua protecção jurisdicional efectiva*, BFD 2003, 63

AMSTUTZ, Marc, *In-Between Worlds: Marleasing and the Emergence of Interlegality in Legal Reasoning*, ELJ 2005, 766

ANDRADE MESQUITA, José M., *Direitos Pessoais de Gozo*, Almedina, Coimbra, 1999

ANDRADE, Manuel Domingues de: *Ensaio sobre a Teoria da Interpretação da Lei*, 3.ª ed., Arménio Amado, Coimbra, **1978**; *Teoria Geral da Relação Jurídica*, I, pref. Ferrer Correia / Rui de Alarcão, Almedina, Coimbra, **1970**

ANTONINI, Alfredo, *La tutela giuridica del nome di dominio*, Il Diritto dell'informazione e dell'informatica, 2001, 813

ANTUNES VARELA, João de Matos: *Das obrigações em geral*, vol. I, 10.ª ed., Coimbra, **2006**; *Parecer sobre a prestação de obra intelectual*, ROA **1985**, 159

ARAÚJO, Fernando: *Teoria Económica do Contrato*, Almedina, Coimbra, **2007**; *Lógica jurídica e informática jurídica*, DSI/I, **1999**

ARISTÓTELES, *Os Económicos*, int. trad. Delfim Ferreira Leão, INCM, Lisboa, 2004; *Da Alma (De Anima)*, trad. Carlos Humberto Gomes (do orig. De Anima), Edições 70, Lisboa, **2001**

AROSO LINHARES, José Manuel, *O logos da juridicidade sob o fogo cruzado do ethos e do pathos – Da convergência com a literatura* (Law as Literature) *à analogia com uma poiêsis-technê de realização* (Law as Musical and Dramatic Performance), BFD **2004**, 59; *A Ética do Continuum das Espécies e a Resposta Civilizacional do Direito. Breves Reflexões*, BFD **2003**, 197

ARROW, Keneth J., *The economics of information*, in Studi Economici, 1999, 5

ASCARELLI, Túlio, *Teoria della concorrenza e dei beni immateriali*, 3 ed., Giuffrè, Milano, 1960

AVELÃS NUNES, António J., *Neo-liberalismo, Globalização e Desenvolvimento Económico*, BCE 2002, 285

AZZI, Tristan, *Recherche sur la loi applicable aux droits voisins du droit d'auteur en droit international privé*, LGDJ, Paris, 2005

B

BACHES OPI, Sercio / DÍEZ ESTELLA, Fernando, *La aplicación del derecho antitrust al ejercicio unilateral de los derechos de propiedad intellectual e industrial: el estado de la cuéstion en la Unión Europea y en los EE.UU.*, Revista de Derecho Mercantil, 2006, 641

BAINBRIDGE, David, *Intellectual Property*, 3rd ed., Pitman, London, 1996 (4th ed 1999)

BALLARINO, Tito, *Internet nel mondo della legge*, Cedam, Padova, 1998

BAPPERT, Walter / MAUNZ, Theodor / SCHRICKEr, Gerhard, *Verlagsrecht*, Beck, München, 1984

BAPTISTA MACHADO, João: *Introdução ao direito e ao discurso legitimador*, Almedina, Coimbra, **1993**; *Anotação ao acórdão do Supremo Tribunal de Justiça de 3 de Novembro de 1983*, RLJ **1986**, 271; *Lições de Direito Internacional Privado*, 2ª ed., Almedina, Coimbra, **1984**

BAPTISTA PEREIRA, Miguel, *Filosofia da Comunicação Hoje*, in *Comunicação e Defesa do Consumidor*, Actas do Congresso Internacional organizado pelo Instituto Jurídico da Comunicação da Faculdade de Direito da Universidade de Coimbra, de 25 a 27 de Novembro de 1993, IJC, Coimbra, 1996

BARBOSA DE MELO, António Moreira, *As garantias administrativas na Dinamarca e o princípio do arquivo aberto*, BFD 1981, 269

BARRAL, Welber / PIMENTEL, Luiz Otávio (org.), *Propriedade Intelectual e Desenvolvimento*, Fundação Boiteux, Florianópolis, 2007

BARROS MONTEIRO, Washington de, *Curso de Direito Civil: Direito das Coisas*, 3.ª ed. revista e actualizada por Carlos Alberto Dabus Maluf, de acordo com o Novo Código Civil (Lei n. 10.406, de 10-1-2002), Saraiva, São Paulo, 2003

BARROSO, Luís Roberto, *Neoconstitucionalismo e constitucionalização do direito: o triunfo tardio do direito constitucional no Brasil*, BFD 2005, 233

BARTHES, Roland, *O Óbvio e o Obtuso*, trad. Isabel Pacoal (*L'Obvie et l'Obtus*, 1982), edições 70, Lisboa, 1984

BARTOW, Ann, *Copyrights and Creative Copying*, OLTJ 2003/2004, 75

BAUMACH, Adolf / HEFERMEHL, Wolfgang, *Wettbewerbsrecht*, 19. Aufl., Beck, München, 1996 (23ª ed. 2004)

BEBIANO, Rui, *A Biblioteca Errante: Itinerários da leitura na era digital*, in *O Livro e a Leitura*, RHI 1999, 471

BECHTOLD, Stefan: *Digital Rights Management: Destruction or Protection of the Commons?*, JAVI **2003**, 162; *Vom Urheber– zum Informationsrecht – Implikationen des Digital Rights Management*, München, **2002**

BEIER, Friedrich-Karl / GÖTTING, Horst-Peter / LEHMANN, Michael / MOUFANG, Rainer (Hrsg.), *Urhebervertrgasrecht. Festgabe für Gerhard Schricker zum 60. Geburtstag*, Beck, München, 1995

BEIER, Friedrich-Karl, *The principle of «exhaustion» in the national patent and copyright law of some European countries*, ROA 1991, 71

BELLEFONDS, Xavier Linant de, *Droits d'auteur et droits voisins*, col. Célia Zolynski, Dalloz, Paris, 2002
BENABOU, Valérie Laure: *Faut-il une harmonisation minimale du droit?*, in Chatillon (dir.), *Le droit international de l'Internet*, **2002a**, 177; *Puiser à la source du droit d'auteur*, RIDA **2002b**, 3; *Droits d'auteur, droits voisins et droit communautaire*, Bruylant, Bruxelles, **1997**
BENOLIEL, Daniel, *Technological Standards, Inc.: Rethinking Cyberspace Regulatory Epistemology*, CaLR, 2004, 1069
BENTLY, Lionel / SHERMAN, Brad, *Intellectual Property Law*, 2nd ed., OUP, Oxford, 2004
BERCOVITZ, Alberto, *El derecho de autor en el acuerdo TRIPS*, in *Num Novo Mundo do Direito de Autor?*, II, Lisboa, 1994, 877
BERENBOOM, Alain, *Le Nouveau Droit d'Auteur (et les droits voisins)*, 2ème éd., Larciers, Bruxelles, 1997
BERGER, Christian: *Die Neuregelung der Privatkopie in § 53 Abs. 1 UrhG im Spannungsverhältnis von geistiges Eigentum, technischen Schutzmaßnahmen und Informationsfreiheit*, ZUM **2004**, 257; *Urheberrechtliche Erschöpfungslehre und digitale Informationstechnologie*, GRUR **2002**, 198
BERTANI, Michele, *Impresa Culturale e Diritti Exclusive*, Giuffrè, Milano, 2000
BERTRAND, André: *Droit exclusif, concurrence déloyale et défense de la concurrence*, DI/III **2003**, 25; *La gestion collective des droits*, in *Gestão Colectiva do Direito de Autor e Direitos Conexos no Ambiente Digital: Situação e Perspectivas*, **2001**, 189; 1999, *Le droit d'auteur et les droits voisins*, 2ème éd., Masson, Paris, **1999**
BESEK, June M., *Anti-Circumvention Laws and Copyright: A Report from the Kernochan Center for Law, Media and the Arts*, CJLA 2004, 385
BEVERLEY-SMITH, Huw, *The Commercial Appropriation of Personality*, CUP, Cambridge, 2002
BIBLIOTECA NACIONAL, *Direito de autor em Portugal: um percurso histórico*, Instituto da Biblioteca Nacional e do Livro, Direcção Geral dos Espectáculos, Lisboa, 1994
BIRNHACK, Michael, *The copyright law and free speech affair: making-up and breaking-up*, IDEA 2003, 233
BITTAR, Carlos Alberto, *Direito de Autor*, 4.ª ed., Forense, Rio de Janeiro, 2003
BLAIR, Roger D. / COTTER, Thomas F., *Intellectual Property: Economic and Legal Dimensions of Rights and Remedies*, CUP, Cambridge, 2005
BOEHME-NEBLER, Volker, *CyberLaw: Lehrbuch zum Internet-Recht*, Beck, München, 2001
BOELE-WOELKI, Katharina / KESSEDJIAN, Catherine (eds.), *Internet: Which Court Decides? Which Law Applies?*, KLI, The Hague, 1998
BONET, Georges (dir.), *Code de la propriété intellectuelle*, Pierre Sirinelli, Frédéric Pollaud-Dulian, Sylviane Durande, 3ème éd., Dalloz, Paris, 2002

BORGES BARBOSA, Denis, *Domínio Público e Patrimônio Cultural*, in *Direito da Propriedade Intelectual*, Estudos em Homenagem ao Pe. Bruno Jorge Hammes, Juruá, Curitiba, **2005**, 117; *A Propriedade Intelectual: Direitos Autorais, Direitos Conexos e Software*, Lumen, Rio de Janeiro, **2003**

BORGES, Maria Manuel Marques, *A esfera e a pirâmide: os (des)lugares da informação*, RHI **1999**, 495

BOTANA AGRA, Manuel, *En torno a la patentabilidad de los programas y métodos de negócios aplicables en el comercio electrónico*, in Gómez Segade (dir.), *Comercio Electrónico en Internet*, 2001, 157

BOUZA LÓPEZ, Miguel Ángel, *El derecho sui generis del fabricante de bases de dados*, Editorial Reus, Madrid, 2001

BOYLE, James, *Shamans, Software & Spleens: Law and the Construction of the Information Society*, HUP, Cambridge/London, 1996

Braga Avancini, Helenara, *Breves considerações acerca do paradoxo da sociedade da informação e os limites dos direitos autorais*, ABPI 63/2003, 16

BRAGA DE VASCONCELOS, José / VIDAL DE CARVALHO, João, *Algoritmia e Estruturas de Dados: Programação nas linguagens C e JAVA*, Centroatlantico.pt, Matosinhos, 2005.

BRANDÃO DA VEIGA, Alexandre, *Acesso à informação da administração pública pelos particulares*, Almedina, Coimbra, 2007

BRANCO, Marcelo, *Software Livre e Desenvolvimento Social e Económico*, in Castells/Cardoso (org.), *A Sociedade em Rede: Do Conhecimento à Acção Política*, Debates – Presidência da República, INCM, 2006, 227

BREYER, Stephen, *The Uneasy Case for Copyright: A Study of Copyright in Books, Photocopies, and Computer Programs*, HLR 1970, 281 (reprint Towse/ /Holzhauer (eds.), *The Economics of Intellectual Property*, I, 2002, 265)

BREWER, Scott, *Exemplary Reasoning: Semantics, Pragmatics, and the Rational Force of Legal Argument by Analogy*, HLR 1996, 923

BRITANNICA – *The New Encyclopædia Britannica*, Vol. 16

BRITO PEREIRA, Jorge de, *Do conceito de obra no contrato de empreitada*, ROA 1994, 569

BRONZE, Fernando José: **2006a**, *Lições de Introdução ao Direito*, 2.ª ed., CE, Coimbra, 2006; **2006b**, *Quae sunt Caesaris, Caesari: et quae sunt iurisprudentiae, iurisprudentiae*, in Comemorações dos 35 Anos do Código Civil e dos 25 Anos da Reforma de 1977, Vol. II. A parte Geral do Código e a Teoria Geral do Direito Civil, Faculdade de Direito da Universidade de Coimbra, CE, Coimbra, 2006; **1998**, *O Jurista: Pessoa ou Andróide?*, in *AB VNO AD OMNES*, CE, Coimbra, 1998; **1997**, *A problemática da reflexão juscomparatística (Uma rápida visita, ou... algumas notas para o roteiro de uma peregrinação)*, Dereito 1997, 55; **1994**, *A metodonomologia entre a semelhança e a diferença (Reflexão problematizante dos pólos da radical matriz analógica do discurso jurídico)*, CE, Coimbra, 1994; **1993**, *Breves considerações sobre o estado actual da questão metodonomológica*, BFD 1993, 177;

1975, *«Continentalização» do direito inglês ou «insularização» do direito continental?*, BFD XXII (Suplemento), 1975
BRUGUIÈRE, Jean-Michel, *Droit des propriétés intellectuelles*, Ellipses, Paris, 2005; / Nisato, V., *Propriété intelectuelle et consommation*, in Vivant (ed.), *Les grands arrêts de la propriété intellectuelle*, 2004, 421
BULMAN, Jessica, *Publishing Privacy: Intellectual Property, Self-Expression, and the Victorian Novel*, 26 Comm/Ent 2003, 73
BURK, Dan L., *Anti-Circumvention Misuse*, 50 UCLA Entertainment Law Review, **2003**, 1095; *Jurisdiction in a World Without Borders*, VJLT **1997**, 3
BURK, Dan L. / COHEN, Julie, *Fair use Infrastructure for Rights Management Systems*, HJLT 2001, 41
BURKERT, Herbert, *Informationszugansrechte in Europa*, in Heymann (Hrsg.), *Informationsmarkt und Informationsschutz in Europa*, 1995, 86.
BURNSTEIN, Matthew, *A Global Network in a Compartmentalised Legal Environment*, in Boele-Woelki/Kessedjian (ed.), *Internet: Which Court Decides? Which Law Applies?*, 1998, 23
BURRELL, Robert, *The Future of the Copyright Exceptions*, in D. McClean and K. Schubert (eds.), *Dear Images: Art, Copyright and Culture*, Ridinghouse, London, 2002, 434.
BURRELL, Robert / COLEMAN, Allison, *Copyright Exceptions: The Digital Impact*, CUP, New York, 2006
BYGRAVE, L. / KOELMAN, K., *Privacy, data protection and copyright: their interaction in the context of electronic copyright management systems*, in Hugenholtz (ed.), *Copyright and Electronic Commerce*, 2000, 59

C

CABRAL DE MONCADA, Luís: *Lições de Direito Civil*, 4.ª ed., Almedina, Coimbra, **1995**; *Filosofia do Direito e do Estado*, II. *Doutrina e Crítica*, Atlântida Editora, Coimbra, **1966**
CALANDRILLO, S.P., *An Economic Analysis of Property Rights in Information: Justifications and Problems of Exclusive Rights, Incentives to Generate Information, and the Alternative of a Government-run Reward system*, FIP 1998, 301
CALVÃO DA SILVA, João: **2007a**, *Banca, Bolsa e Seguros – Direito Europeu e Português*, Tomo I, Parte Geral, 2.ª ed., BBS, Almedina, Coimbra, 2007; **2007b**, *Cumprimento e Sanção Pecuniária Compulsória*, reimp. 4.ª ed. 2002, Almedina, Coimbra, 2007; **2006a**, *Compra e Venda de Coisas Defeituosas (Conformidade e Segurança)*, 4.ª ed., reimp. ed. 2002, Almedina, Coimbra, 2007; **2006b**, *Venda de Bens de Consumo (Decreto-Lei n.º 67/2003, de 8 de Abril) – Comentário*, 3.ª ed., Almedina, Coimbra, 2006; **1999**, *Responsabilidade Civil do Produtor*, reimp. 1990 Almedina, Coimbra, 1999; **1987**, *Direitos de autor, cláusula penal e sanção compulsória: anotação a um Acordão do S.T.J. de 3 de Novembro de 1983*, ROA 1987, 129

CALVÃO DA SILVA, João Nuno, *Mercado e Estado – Serviços Económicos de Interesse Geral*, Almedina, Coimbra, 2008
CAMARGO CERDEIRA, Pablo de / PARANAGUÁ MONIZ, Pedro de, *Copyleft e software livre – opção pela razão: eficiências tecnológica, econômica e social*, ABPI 71/2004, 15
CAMÕES, Luís Vaz de, *Os Lusíadas*, Canto X, Imprensa Nacional, Lisboa, 1972
CANARIS, Claus-Wilhelm: **2006**, *Direitos Fundamentais e Direito Privado*, trad. Ingo Wolfgang Sarlet e Paulo Mota Pinto (*Grundrechte und Privatrecht*), reimp. ed. 2003, Almedina, Coimbra, 2006; **2003**, *A influência dos direitos fundamentais sobre o direito privado na Alemanha*, trad. Peter Naumann, in Sarlet (org.), *Constituição, Direitos Fundamentais e Direito Privado*, 2003, 223; **2000**, *Handelsrecht*, 23. Aufl., Beck, München, 2000; **1989**, *Pensamento Sistemático e Conceito de Sistema na Ciência do Direito*, intr. e trad. de A. Menezes Cordeiro, Fundação Calouste Gulbenkian, Lisboa, 1989; **1984**, *Grundrechte und Privatrecht*, Archive für civilistiche Praxis 1984, 228
CANELAS DE CASTRO, Paulo, *Globalização e Direito Internacional: Rumo ao Estado de Direito nas Relações Internacionais?*, in *Nos 20 Anos do Código das Sociedades Comerciais Homenagem aos Professores Doutores A. Ferrer Correia, Orlando de Carvalho e Vasco Lobo Xavier*, FDUC, CE, Coimbra, 2007, 759
CAPELO DE SOUSA, Rabindranath: *Teoria Geral do Direito Civil*, I, CE, Coimbra, **2003**; *O Direito Geral de Personalidade*, CE, Coimbra, **1995**
CAPRIOLI, Éric A., *Loi du 6 août 2004. Commerce à distance sur l'Internet et protection des données á caractère personnel*, Communication – Commerce électronique, 2/2005, 24
CARBAJO-CASCÓN, Fernando, *Publicaciones electrónicas y propiedad intelectual*, Colex, Madrid, 2002
CARDOSO DA COSTA, José Manuel, *O Tribunal Constitucional Português e o Tribunal de Justiça das Comunidades Europeias*, AB VNO AD OMNES, CE, Coimbra, 1998, 1363
CARNEIRO DA FRADA, Manuel, *«Vinho Novo em Odres Velhos»? A responsabilidade civil das «operadoras de Internet» e a doutrina comum da imputação de danos*, ROA 1999, 665
CARON, Christophe, *Abus de droit et droit d'auteur*, Litec, Paris, 1998
CARREAU, Caroline, *Mérite et droit d'auteur*, LGDJ, Paris, 1981
CARVALHO FERNANDES, Luís, *Lições de Direitos Reais*, 4.ª ed. rev. act., Lisboa, 2003
CASALTA NABAIS, José, *Considerações sobre o quadro jurídico do património cultural*, in Estudos em Homenagem ao Professor Doutor Marcello Caetano no Centenário do seu Nascimento, FDUL, CE, Coimbra, **2006**, 727; *Introdução ao Direito do Património Cultural*, Almedina, Coimbra, **2004**
CASTANHEIRA NEVES, António: *O Funcionalismo Jurídico – Caracterização fundamental e consideração crítica no contexto actual do sentido da juridicidade*, RLJ **2006**, 3, 66, RLJ **2007**, 122; *A Crise Actual da Filosofia do Direito no*

Contexto da Crise Global da Filosofia – Tópicos para a Possibilidade de uma Reflexiva Reabilitação, SI 72, CE, Coimbra, **2003**; *Metodologia Jurídica – Problemas fundamentais*, CE, Coimbra, **1993**
CASEY, Timothy D. / MEGANAU, Jeff, *A Hybrid Model of Self-Regulation and Governmental Regulation of Electronic Commerce*, SCC 19/2002, 1
CASTELL, Brigitte, *L'épuisement du droit intellectuel en droits allemand, français et communautaire*, PUF, Paris, 1989
CASTELLS, Manuel / CARDOSO, Gustavo (org.), *A Sociedade em Rede: Do Conhecimento à Acção Política*, Debates – Presidência da República, INCM, 2006
CATALA, Pierre, *Le droit à l'épreuve du numérique – Jus ex machina*, PUF, Paris, **1998** (*Ébauche d'une théorie juridique de l'information (1984)*, in *Le droit à l'épreuve du numérique*, 1998, 224; *La propriété de l'information*, in *Le droit à l'épreuve du numérique*, 1998, 245)
CHANDER, Anupam / SUNDER, Madhavi, *The Romance of the Public Domain*, CaLR 2004, 1331
CHATILLON, Georges (dir.), *Le droit international de l'Internet* (Actes du colloque organisé à Paris, les 19 e 20 novembre 2001, par le Ministère de la Justice, l'Université Paris I Panthéon Sorbonne et l'Association Arpeje), Bruylant, Bruxelles, 2002
CHIMIENTI, Laura, *Lineamenti del nuovo Diritto d'autore,* Giuffrè, Milano, 2004
CHISSICK, M. / KELMAN, A., *Electronic Commerce: Law and Practice*, 3rd ed., Sweet & Maxwell, London, 2002
CHOISY, Stéphanie, *Le domaine public en droit d'auteur*, Litec, Paris, 2002
CÍCERO, *Dos Deveres (De Officis)*, trad. Carlos Humberto Gomes, Edições 70, Lisboa, 2000
CLARK, Charles, *The Answer to the Machine is in the Machine*, in Hugenholtz (ed.), *The Future of Copyright in a Digital Environment*, 1996, 139
CLIFFORD, Ralph, *Intellectual Property in the Era of the Creative Computer Program: Will the True Creator Please Stand Up?*, Tulane Law Review, 1997, 1675
COHEN, Julie E., *Cyberespace as/and Space*, CoLR 2007, 210
COLOMBET, Claude, *Propriété littéraire et artistique et droits voisins*, 9. éd. (col. Stéphane Colombet), Dalloz, Paris, 1999
Comemorações dos 35 Anos do Código Civil e dos 25 Anos da Reforma de 1977, FDUC, CE, Coimbra, 2006
COMISSÃO EUROPEIA, *EUPL: European Union Public Licence v.1.0*, IDABC European eGovernment Services, 2008; Comunicação «i2010: Bibliotecas Digitais», de 30 de Setembro de 2005, COM(2005) 465 final; *Gestão colectiva do direito de autor e direitos conexos no mercado interno*, COM(2004) 261 final, Bruxelas, 16/4/2004, Bruxelas; Comunicação da Comissão ao Conselho e ao Parlamento Europeu sobre o *Direito Europeu dos Contratos*, Bruxelas, 11.07.2001, COM(2001) 398 final; *A Informação do Sector Público na Sociedade da Informação*, Livro Verde da Comissão,

COM(98) 585 final, 20/1/1999; *Convergência dos sectores das telecomunicações, dos meios de comunicação social e das tecnologias da informação e às suas implicações na regulamentação – para uma abordagem centrada na Sociedade da Informação*, Livro Verde da Comissão, COM(97) 623 final, 3/12/1997; *Garantir a segurança e a confiança nas comunicações electrónicas – contribuição para a definição de um quadro europeu para as assinaturas digitais e a cifragem*, Comunicação da Comissão, COM(97) 503 final, 8/10/1997; *Uma iniciativa europeia para o comércio electrónico*, Comunicação ao Parlamento Europeu, ao Conselho, ao Comité Económico e Social e ao Comité das Regiões COM (97) 157, 15/04/97; *Plano de acção para fomentar a utilização segura da Internet*, Comunicação, COM(97), 583 final, 26/11/1997; *Conteúdo Ilegal e Lesivo na Internet,* Comunicação, COM(96) 487 final, 16/10/1996; *Seguimento ao Livro Verde sobre direito de autor e os direitos conexos na sociedade de informação*, COM(96) 568 final, 20/11//1996; *O direito de autor e os direitos conexos na sociedade de informação*, Livro Verde, COM(95) 382 final, 19/7/1995; *A Via Europeia para a Sociedade da Informação – plano de acção*, COM(94) 347 final, 19/7/1994; *A Europa e a Sociedade da Informação*, Recomendação do Grupo de Alto Nível sobre a Sociedade da Informação ao Conselho Europeu de Corfu, 26/5/1994; *A Realização do Mercado Interno*, COM(85) 310 final, 14/6/1985; *Os direitos de autor e o desafio da tecnologia – Aspectos dos direitos de autor que requerem acção imediata*, Livro Verde, COM(88) 172 final, 16/3//1988; *A Realização do Mercado Interno*, Livro Branco, COM(85) 310 final, 14/6/1985

CORBETT, Susan, *A Human Rights Perspective on the Database Debate*, EIPR 2006, 83

CORNISH, William / LLEWELYN, David, *Intellectual Property: Patents, Copyright, Trade Marks and Allied Rights,* 5th ed., Sweet & Maxwell, London, 2003

CORNISH, William R.: **2006**, *Intellectual Property: Omnipresent, Distracting, Irrelevant?*, OUP, Oxford, 2006; **2003**, *Procedures and remedies for enforcing IPRs: the European Commission's Proposed Directive*, EIPR 2003, 447; **1997**, *Protection of and vis-à-vis databases (general report)*, in Dellebeke (ed.), *Copyright in Cyberspace*, 1997, 435; **1996a**, *Intellectual Property: Intellectual Property: Patents, Copyright, Trade Marks and Allied Rights*, 3th ed., Sweet & Maxwell, London, 1996; **1996b**, *Cases and Materials on Intellectual Property*, 2nd ed., Sweet & Maxwell, London, 1996; **1993**, *Computer Programs and the Berne Convention, Computer Programs and the Berne Convention*, in Lehmann/Tapper (eds.), *A Handbook of European Software Law*, 1993, 183

CORNU, Marie: *L'accès aux archives et le droit d'auteur*, RIDA 195/2003, 3; *Le droit culturel des biens (l'intérêt culturel juridiquement protégé)*, Bruylant, Bruxelles, 1996

CORTE-REAL CRUZ, António, *O conteúdo e extensão do direito à marca: a marca de grande prestígio*, DI/I 2001, 79

Costa, Ernesto / Simões, Anabela, *Inteligência Artificial: Fundamentos e Aplicações*, FCA, Lisboa, 2004
Costa Cordeiro, Pedro: **2004**, *Direito de Autor e Radiodifusão. Um estudo sobre o direito de radiodifusão desde os primórdios até à tecnologia digital*, Almedina, Coimbra, 2004; **2002**, *Limitações e excepções sob a "regra dos três passos" e nas legislações nacionais – diferenças entre o meio analógico e digital*, DSI/III 2002, 211; **1994a**, *A lei portuguesa do «software»*, ROA 1994, 713; **1994b**, *A duração do direito de autor*, in Num Novo Mundo do Direito de Autor?, I, Lisboa, 1994, 173
Cotter, Thomas F., *Market Fundamentalism and the TRIPS Agreement*, CAE 2004, 307
Cottier, Thomas / Hertig, Maya, *The Prospects of 21st Century Constitutionalism*, in Max Planck Yearbook of United Nations Law, Vol. 7, Leiden/Boston, 2003, 261
Coutinho de Abreu, Jorge Manuel: *Curso de direito comercial*, II. *Das sociedades*, 2.ª ed., Almedina, Coimbra, **2007**; *Curso de direito comercial*, I. *Introdução, actos de comércio, comerciantes, empresas, sinais distintivos*, 6.ª ed., Almedina, Coimbra, **2006**; *Empresas virtuais (esboços)*, in Estudos em Homenagem ao Professor Doutor Inocêncio Galvão Telles, IV – Novos Estudos de Direito Privado, Coimbra, **2003**, 599; *Do abuso de direito – Ensaio de um critério em direito civil e nas deliberações sociais*, reimp. ed. 1983, Almedina, Coimbra, **1999**; *Da empresarialidade (As empresas no direito)*, Almedina, Coimbra, **1996**
Couto Gonçalves, Luís, *Função Distintiva da Marca*, Almedina, Coimbra, 1999
Cruz Almeida, Geraldo da, *O direito pessoal de autor no Código do Direito de Autor*, in Estudos em Homenagem do Professor Doutor Manuel Gomes da Silva, FDUL, 2001, 1055
Czarnota, Bridget / Hart, Robert, *Legal Protection of Computer Programs in Europe – A Guide do the EC Directive*, Butterworths, London, 1991

D

Dallon, Craig W., *Original Intent and the Copyright Clause:* Eldred v. Ashcroft Gets it Right, SLU 2006, 307
Damstedt, Benjamin G., *Limiting Locke: A Natural Law Justification for the Fair use Doctrine*, YLJ 2003, 1179
Davidson, Mark J., *The Legal Protection of Databases*, CUP, Cambridge, 2005; c/ Hugenholtz, P. Bernt, *Football Fixtures, Horseraces and Spin-offs: The ECJ Domesticates the Database Right*, EIPR **2005**, 113
Davies, Gillian, *Copyright and the Public Interest*, 2nd ed., VCH, Weinheim **2002**; *Copyright in the Information Society – Technical Devices to Control Private Copying*, in Ganea/Heath/Schricker (Hrsg.), *Urheberrecht: Gestern – Heute – Morgen*, **2001**, 307

DAVIES, Lars, *A Model for Internet Regulation? Constructing a Framework for Regulating Electronic Commerce*, London, 1999
DAVIES, Margaret / Naffine, Ngaire, *Are Persons Property? Legal debates about property and personality*, Ashgate / Dartmouth, Aldershot, 2001
DAVIS, Jennifer, *Intellectual Property Law*, 2nd ed., OUP, Oxford/New York, 2005
DELCHIN, Robert J., *Music Copyright Law: Past, Present and Future of Online Music Distribution*, CAE 2004, 343
DELGADO, Antonio, *La incorporacion de la directiva 2001/29 al derecho espanol de propiedad intelectual (derecho de autor y derechos afines al de autor)*, RIDA 2006, 5; *La obra colectiva: un hallazgo o un pretexto?*, in *Num Novo Mundo do Direito de Autor?*, I, 1994, 121
DELLEBEKE, Marcel (ed.), *Copyright in Cyberspace: Copyright and the Global Information Infrastructure*, ALAI, Cramwinckel, Amesterdam, 1997
DELEUZE, Giles, *Les sociétés de controle*, L'Autre Journal, mai 1990, 111
DELMAS, Richard, *Internet, une gouvernance imparfaite*, in Chatillon (dir.), *Le droit international de l'Internet*, 2002, 279
DELP, Ludwig, *Das Recht des geistigen Schaffens*, Beck, München, 1993 (2.ª ed. 2003)
DERCLAYE, Estelle, *L'arrêt IMS Health – Une décision clarificatrice et salutaire tant pour le droit de la concurrence que pour le droit d'auteur*, A&M 2004, 295
DESBOIS, Henri: *Le droit d'auteur en France*, 3ème ed., Dalloz, Paris, **1978**; *La propriété littéraire et artistique*, Armand Collin, Paris, **1953**, 150
DESCARTES, René, *Discurso do Método*, trad. João Gama (do orig. *Discours de la méthode*), Edições 70, Lisboa
DESURMONT, Thierry: *La transposition en France de la directive 2001/29/CE sur l'harmonisation de certains aspects du droit d'auteur et des droits voisins dans la société de l'information*, RIDA **2006**, 111; *La Communauté Européenne, les droits des auteurs et la société de l'information*, RIDA **2001**, 17; *Qualification juridique de la transmission numerique*, RIDA **1996**, 54
DESSEMONTET, François, *Internet, la propriété intellectuelle et le droit international privé*, in Boele-Woelki/Kessedjian (ed.), *Internet: Which Court Decides? Which Law Applies?*, 1998, 47
DETERMANN, Lothar, *Softwarekombinationen unter der GPL*, GRUR Int. 2006, 645
DE VISSCHER, Fernand / Michaux, Benoît, *Précis du droit d'auteur e des droits voisins*, Bruylant, Bruxelles, 2000
DIAS PEREIRA, Alexandre Libório: *Lex informatica, ius ex machina e justiça artificial*, in Estudos em Homenagem ao Professor Doutor António Castanheira Neves, FDUC, CE, Coimbra; **2008**, *A via electrónica da negociação (alguns aspectos)*, EDC 8; **2007**, *Empresa, comércio electrónico e propriedade intelectual*, in Nos 20 Anos do Código das Sociedades Comerciais Homenagem aos Professores Doutores A. Ferrer Correia, Orlando de Carvalho e Vasco Lobo Xavier, Volume I Congresso Empresas e Sociedades, FDUC, CE, Coimbra, 2007, 439-478; **2006a**, *A Revisão do Acordo ADPIC/TRIPS (Alguns*

Tópicos), DSI/VI, 2006, 373; **2006b**, *Casino Gaming Law in Macao*, in *Law, Regulation, and Control Issues of the Asian Gaming Industry*, Proceedings of the First Conference of the Asian Academic Network on Commercial Gaming, Institute for the Study of Commercial Gaming, University of Macau, 2006, 141; **2005a**, *Direito de autor, liberdade electrónica e compensação equitativa*, BFD 2005, 441; **2005b**, *Publicidade comparativa e práticas comer_ciais desleais*, EDC 7, 2005, 341; **2005c**, *O Fim da Torre de Babel? A Linguagem de Mercado da Sociedade de Consumo na Era da Comunicação*, in *Via Latina – Ad Libitum*, 2005, 211; **2004a**, *Da equidade (fragmentos)*, BFD 2004, 373; **2004b**, *Recensão (Peter Drahos, A Philosophy of Intellectual Property)*, BFD 2004, 915; **2004c**, *Software: sentido e limites da sua apropriação jurídica*, in *Direito da Internet e da Informática*, Ordem dos Advogados, Centro Distrital do Porto, CE, Coimbra, 2004, 73; **2004d**, *Comércio electrónico e consumidor*, EDC 6, 2004, 341; **2004e**, *Da internacionalização da propriedade intelectual: um olhar europeu sobre o Acordo ADPIC//TRIPs*, ABPI 2004, 52; **2004f**, *Música e electrónica: sound sampling, obras de computador e direitos de autor na Internet*, DSI/V 2004, 311; **2004g**, *Princípios do comércio electrónico (breve apontamento ao Decreto-Lei n.º 7//2004, de 7 de Janeiro)*, Miscelâneas, n.º 3, IDET, Coimbra, Almedina, 2004, 75; **2004h**, *Farmácia electrónica: sobre a comercialização de medicamentos na Internet*, e *Saúde pública e liberdade económica: aspectos jurídicos da regulação do mercado dos cosméticos, produtos homeopáticos e dispositivos médicos*, in Lex Medicinae – Revista Portuguesa de Direito da Saúde, n.º 1/2, 2004, 33, 39; **2004i**, *Business Law: A Code Study – The Commercial Code of Macau*, Coimbra, 2004; **2003a**, *Direitos de Autor, da Imprensa à Internet*, ABPI 64/2003, 21; **2003b**, *Gestão Individual e Gestão Colectiva do Direito de Autor e dos Direitos Conexos na Sociedade da Informação*, DSI/IV 2003, 433; **2003c**, *Meta-tags, marca e concorrência desleal*, DI/III 2003, 243; **2002a**, *Arte, tecnologia e propriedade intelectual*, ROA 2002, 467; **2002b**, *Protecção jurídica e exploração negocial de programas de computador*, BFD (Volume Comemorativo); **2002c**, *A Globalização, a OMC e o Comércio Electrónico*, in *Temas de Integração, A Globalização, a Organização Mundial do Comércio (OMC) e o Uruguay Round*, n.º 12, 2002, Coimbra, Almedina, 138; **2002d**, *A Liberdade de Navegação na Internet: Browsers, Hyperlinks, Meta-tags*, Estudos de Direito da Comunicação, IJC/FDUC, Coimbra, 2002, 227; **2002e**, *Circuitos Integrados: Protecção Jurídica das Topografias de Produtos Semicondutores*, DI/II 2002, 309; **2002f**, *Instrumentos de busca, direitos exclusivos e concorrência desleal*, DSI/III 2002, 221; **2002g**, *Bases de dados de órgãos públicos: o problema do acesso e exploração da informação do sector público na sociedade da informação*, DSI/III 2002, 243; **2002h**, *Propriedade Intelectual: I. Código do Direito de Autor e dos Direitos Conexos, Legislação Complementar e Jurisprudência, Direito Comunitário e Internacional*, Quarteto, Coimbra, 2002; **2002i**, *Propriedade intelectual,* *concorrência desleal e sua tutela (penal) em Portugal*, ABPI 56/2002, 15; **2001a**, *Informática, Direito de Autor e Propriedade Tecnodigital*, SI 55, CE, Coimbra, 2001; **2001b**, *A Jurisdição na Internet segundo o Regulamento 44/ /2001 (e as alternativas extrajudiciais e tecnológicas)*, BFD 2001, 633; **2001c**, *Da obra multimédia como objecto de direitos de propriedade intelectual: arte digital, programas de computador e bases de dados electrónicas*, SI 61, Estudos em Homenagem ao Prof. Doutor Rogério Soares, Coimbra, 2001, 435; **2001d**, *Patentes de software: sobre a patenteabilidade dos programas de computador*, DI/I 2002, 385; **2001e**, *Privacy and Phone-Tapping: The Price of Justice in the European Union*, in Temas de Integração, Portugal, o Brasil e a Globalização – 500 Anos a Caminho do Futuro, 2° Semestre de 2000; 1° Semestre de 2001, n.ᵒˢ 10 e 11, Coimbra, Almedina, 171; **2001f**, *Copyright Issues of Techno-Digital Property*, in *Intellectual Property in the Digital Age: Challenges for Asia*, IEEM Macau, 5/6 June 2000, IEEM Conference Series, C. Heath and A.K. Sanders (eds.), KLI, The Hague/London/ Boston, 2001, 65; **2001g**, *Os pactos atributivos de jurisdição nos contratos electrónicos de consumo*, EDC 3, 2001, 28; **2000a**, *Recensão (Pamela Samuelson, The Future of the Information Society and the Role of Copyright in It)*, BFD 2000, 667; **2000b**, *Merchandising e propriedade intelectual: sobre a exploração mercantil de personagens protegidas pelo direito de autor*, in *Revista da Propriedade Industrial*, n.° 20 (1999/2000), Lisboa, 11; **2000c**, *The Protection of Intellectual Property in the Legal Framework of Electronic Commerce and the Information Society*, BFD 2000, 289; **2000d**, *A protecção jurídica do consumidor no quadro da directiva sobre o comércio electrónico*, EDC 2, 2000, 43; **1999a**, *Direitos de Autor, Códigos Tecnológicos e a Lei Milénio Digital*, BFD 1999, 475; **1999b**, *Internet, direito de autor e acesso reservado*, in *As Telecomunicações e o Direito na Sociedade da Informação*, IJC/FDUC, Coimbra, 1999, 263; **1999c**, *Programas de Computador, Sistemas Informáticos e Comunicações Electrónicas: Alguns Aspectos Jurídico-Contratuais*, ROA 1999, 915; **1999d**, *Comércio electrónico na sociedade da informação: da segurança técnica à confiança jurídica*, Almedina, Coimbra, 1999; **1999e**, *Jornalismo e Direito de Autor*, BFD 1999, 591; **1999f**, *O tempo e o direito de autor: análise da transposição para a ordem jurídica interna portuguesa da Directiva n.° 93/98/CEE do Conselho, de 29 de Outubro de 1993, relativa à harmonização do prazo de protecção dos direitos de autor e de certos direitos conexos*, in *Temas de Propriedade Intelectual*, Associação Portuguesa para o Estudo da Propriedade Intelectual, Grupo Português da ALAI (Association Littéraire et Artistique Internationale), Lisboa, 1, Setembro/Dezembro 1999, 75; **1998a**, *Recensão (J. Ellins, Copyright Law, Urheberrecht)*, BFD 1998, 801; **1998b**, *Contratos de patrocínio publicitário («sponsoring»)*, ROA 1998, I, 317; **1997**, *Da franquia de empresa («franchising»)*, BFD 1997, 251

DIAS PEREIRA, André Gonçalo: **2006a**, *Os direitos dos utentes seropositivos nos lares de terceira idade*, Lex Medicinae 5, 2006, 145; **2006b**, *A capacidade* *para consentir: um novo ramo da capacidade jurídica*, in Comemorações dos 35 Anos do Código Civil e dos 25 Anos da Reforma de 1977, FDUC, Coimbra, 2006, 199; *O Consentimento Informado na Relação Médico-Paciente – Estudo de Direito Civil*, FDUC/CDB, CE, Coimbra, 2004

DIETZ, Adolf: **2005**, *Verfassungsklauseln und Quasi-Verfassungsklauseln zur Rechtsfertigung des Urheberrechts – gestern, heute und morgen*, GRUR Int. 2006, 1; *Copyright Contract Law according to the New German Legislation and Practice*, AMI 2005, 20; **2004**, *Cultural Diversity and Copyright*, Mélanges Victor Nahban, Yvon Blais, Cowansville, 2004, 109; **2003**, *Continuation of the Levy System for Private Copying also in the Digital Era in Germany*, A&M 2003, 348; **2000**, *Term of Protection in Copyright Law and Paying Public Domain: A New German Initiative*, EIPR 2000, 506; **1998a**, *A Concept of 'Domaine Public payant' in the Field of the Neighbouring Right of Performers*, in Kabel/Mom (ed.), *Intellectual Property and Information Law. Essays in Honour of Herman Cohen Jehoram*, The Hague, 1998, 121; **1998b**, *Die EU-Richtlinie zum Urheberrecht und zu den Leistungsschutzrechten in der Informationsgesellschaft*, ZUM 1998, 438; **1997**, *Authenticity of authorship and work (general report)*, in Dellebeke (ed.), *Copyright in Cyberspace*, 1997, 165; **1995**, *Das Urhebervertragsrecht in seiner rechtspolitischen Bedeutung*, in Beier (org.), *Urhebervertrgasrecht*, 1995, 1; **1992**, *El Derecho de autor en España y Portugal*, Tecnica, Madrid, 1992

DOCK, Marie-Claude, *Génèse et évolution de la notion de propriété littéraire*, RIDA 1974, 127

DOI, Teruo: *WIPO Copyright Treaty and Japanese Copyright Law: A Comparative Analysis*, RIDA **2000**, 155; *Public Transmission Rights Set to Extend Copyright Control Over Internet*, CUJ – copyright Update Japan **1998**, 59

DOWNING, Robbie, *EC Information Technology Law*, Wiley, Chicester, 1995

DRAHOS, Peter, *A Philosophy of Intellectual Property*, Dartmouth, Aldershot/Sidney, **1996**; c/ Braithwaite, *Information Feudalism*, New York, 2002

DREIER, Thomas: *Creative Commons, Science Commons – Ein Paradigmenwechsel im Urheberrecht*, in *Perspektiven des Geistiges Eigentums und Wettbewerbsrechts*, Festschrift Schricker, München, **2005**, 283; *Die Umsetzung der Urheberrechtsrichtlinie 2001/29/EG in deutsches Recht*, ZUM **2002**, 28; *Balancing Proprietary and Public Domain Interests: Inside or Outside Proprietary Rights?*, in Dreyfuss/Zimmerman/First (ed.), *Expanding the Boundaries of Intellectual Property – Innovation Policy for the Knowledge Society*, **2001**, 296; *Private international law aspects (Germany)*, in Dellebeke (ed.), *Copyright in Cyberspace*, **1997**, 303; *L'analogue, le digital et le droit d'auteur*, in *Propriétés Intellectuelles*, **1995**, 119; c/ Nolte, Georg, *Liability for Deep Links – Paperboy*, Cri **2003**, 184; c/ Schulze, Gernot, *Urheberrecht: Kommentar*, Beck, München, **2004**

DREYFUSS, Rochelle / ZIMMERMAN, Diane L. / FIRST, Harry (eds.), *Expanding the Boundaries of Intellectual Property – Innovation Policy for the Knowledge Society*, OUP, Oxford, 2001

DUARTE, Maria Luísa, *Tomemos a sério os limites de competência da União Europeia – a propósito do acórdão do Tribunal de Justiça de 13 de Setembro de 2005*, in Id., *Estudos de Direito da União e das Comunidades Europeias*, Vol. 2, CE, Coimbra, 2006, 357

DUCHEMIN, Wladimir, *La Directive communautaire sur le droit de suite*, RIDA 191/2001, 3

DUFRESNE, Jacques, *Après l'homme... le cyborg?*, Éditions MultiMondes, Québec, 1999

DUSOLLIER, Séverine: *Droit d'auteur et protection des œuvres dans l'univers numérique – Droits et exceptions à la lumière des dispositifs de verrouillage des œuvres*, Larcier, Bruxelles, **2005**; *Copie privée versus mesures techniques de protection: l'exception est-elle un droit?*, A&M 4/**2004**, 341; *Exceptions and Technological Measures in the European Copyright Directive of 2001 – An Empty Premise*, IIC **2003**, 62; *Electrifying the Fence: The Legal Protection of Technological Measures for Protecting Copyright*, EIPR **1999**, 285

DWORKIN, Ronald, *El Imperio de la Justicia (De la teoria general del derecho, de las decisiones e interpretaciones de los cueces y la integridad politica y legal como clave de la teoria y práctica)*, trad. Claúdia Ferrari (do orig. *Law's Empire*, 1986), Gedisa Editorial, Barcelon, 1992

E-F

EATON-SALNERS, Alex, *DVD Copy Control Assoc., Inc. v. Bunner: Freedom of Speech and Trade Secrets*, BTLJ 2004, 269

EBNET, Peter, *Der Informationsvertrag*, Nomos, Baden-Baden, 1995

EÇA DE QUEIROZ, *A Capital*, 7.ª ed., Lello & Irmão – Editores, Porto, 1946

EDELMAN, Bernard, *Les bases de données ou le triomphe des droits voisins*, Recueil Dalloz 2000, 89

EECHOUD, Mireille van, *Choice of law in copyright and related rights – Alternatives to the Lex Protectionis*, KLI, The Hague, 2003

EFFROS, Walter, *Assaying Computer Associates v. Altai: How Will the «Golden Nugget» Test Pan Out?*, RCT 1993, 1

EIGEN, Manfred / WINKLER, Ruthild, *O Jogo. As leis naturais que regulam o acaso*, trad. Carlos Fiolhais (*Das Spiel*), Gradiva, Lisboa, 1989

ELIANE Y ABRÃO, *Direitos de Autor e Direitos Conexos*, Brasil, São Paulo, 2002

ELKIN-KOREN, Niva / NETANEL, Neil Weinstock (eds.), *The Commodification of Information*, KLI, The Hague/London, 2002

ELLINS, Julia, *Copyright Law, Urheberrecht und ihre Harmonisierung in der Europäischen Gemeinschaft (von den Anfängen bis ins Informationszeitalter)*, Duncker & Humblot, Berlin, 1997

ENGISCH, Karl, *Introdução ao Pensamento Jurídico*, trad. Baptista Machado, 6.ª ed., Lisboa

ENGRÁCIA ANTUNES, José A., *Contratos Comerciais – Noções Fundamentais*, DJ 2007 (Vol. Especial)

ERDOZAIN, José Carlos, *Derecho de autor y propiedad intelectual en Internet*, Tecnos, Madrid, 2002

ESCOBAR DE LA SERNA, Luís, *Derecho de la Información*, Dykinson, Madrid, 1998

ESSER, Joseph, *Principio y norma en la elaboración del derecho privado*, trad. Eduardo Valenti Fiol (do orig. *Grundsatz und Norm in der Richterlichen Fortbildung des Privatrechts*, 1956), Bosch, Barcelona, 1961

ESPÍN CANOVAS, Diego, *El derecho moral y la armonización del derecho de autor*, in *La Armonización de los Derechos de Propiedad Intelectual en la Comunidad Europea*, Ministerio de Cultura, Madrid, 1993, 143

FABIANI, Mario, *La transposition en Italie de la directive 2001/29/CE*, RIDA **2004**, 127; *Diritto d'autore e diritti degli artisti interpreti o esecutori*, Giuffrè, Milano, 2004

FALLON JR., Richard H., *Legitimacy and the Constitution*, HLR 2005, 1787

FAN, Jianhong / PEREIRA, Alexandre Dias, *Commercial and Economic Law – Macau* (27), ed. Jules Stuyck, in *International Encyclopaedia of Laws,* General Editor Prof. Dr. R. Blanpain, KLI, The Hague, 2005

FARIA COSTA, José de: **2007**, *As Linhas Rectas do Direito*, Instituto da Conferência, Porto, 2007; **2005**, *Entre Hermes e Creonte: um novo olhar sobre a liberdade de imprensa*, RLJ 2005, 136; **2004**, *Em redor do nomos (ou a procura de um novo nomos para o nosso tempo)*, in *Diálogos Constitucionais,* Org. António José Avelãs Nunes, Jacinto Nelson de Miranda Coutinho, Renovar, Rio de Janeiro, 2004, 77; **2003a**, *A globalização e o direito penal (ou o tributo da consonância ao elogio da incompletude)*, SI 73 (*Globalização e Direito*), Coimbra, 2003; **2003b**, *O direito penal e a tutela dos direitos da propriedade industrial e da concorrência (algumas observações a partir da concorrência desleal)*, DI/III, 2003, 33; **2002**, *Construção e interpretação do tipo legal de crime à luz do princípio da legalidade: duas questões ou um só problema?*, RLJ 2002, 354; **1998a**, *O círculo e a circunferência: em redor do direito penal da comunicação*, in *Direito Penal da Comunicação (Alguns escritos)*, CE, Coimbra, 1998, 39; **1998b**, *Algumas reflexões sobre o estatuto dogmático do chamado "direito penal informático"*, in *Direito Penal da Comunicação*, 1998, 103; **1998c**, *As telecomunicações e a privacidade: o olhar (in)discreto de um penalista*, in *Direito Penal da Comunicação*, 1998, 143; **1994**, *Les crimes informatiques et autres crimes dans le domaine de la technologie informatique au Portugal*, in Ulrich Sieber (ed.), *Information Technology Crime – National Legislations and International Initiatives*, Ius Informationis – European Series on Information Law, Vol. 6, 1994, 387; **1992**, *O Perigo em Direito Penal – Contributo para a sua fundamentação e compreensão dogmáticas*, CE, Coimbra, 1992 (reimp. 2000); c/ Moniz, Helena, *Algumas reflexões sobre a criminalidade informática em Portugal*, BFD **1997**, 297

FASSBENDER, Bardo, *The United Nations Charter as Constitution of the International Community*, CJTL 1998, 529

FAURE, Élie, *História da Arte*, trad. Vitorino Nemésio, Estúdios Cor, Lisboa, 1951-4
FAUVARQUE-COSSON, Bénédicte, *Le droit international privé classique à l'épreuve des réseaux*, Chatillon (dir), *Le droit international de l'Internet*, 2002, 55
FECHNER, Frank, *Geistiges Eigentum und Verfassung (Schöpferische Leistungen unter dem Schutz des Grundgesetzes)*, Mohr Siebeck, Tübingen, 1999
FERAL-SCHUHL, Christiane, *Cyberdroit: le droit a l'épreuve de l'internet*, 3ème ed., Dalloz, Paris, 2002
FERNÁNDEZ-DIEZ, Ignacio Garrote, *El derecho de autor en Internet – Los Tratados de la OMPI de 1996 y la incorporación al Derecho Español de la Directiva 2001/29/CE*, 2.ª ed., Comares, Granada, 2003
FERRARA, Francesco, *Interpretação e aplicação das leis*, trad. de Manuel de Andrade, 3.ª ed., Coimbra, 1978
FERREIRA DA CUNHA, Paulo: *Sociedade da Informação e Estado de Direito Democrático – Direito à informação ou deveres de protecção informativa do Estado?*, RFDP **2006**a, 623; *Pensamento Jurídico Luso-Brasileiro (Ensaios de Filosofia e História do Direito)*, INCM, Lisboa, **2006**b; *Da propriedade: arqueologias e teorias*, RFDP **2005** II, I319
FERREIRA DE ALMEIDA, Francisco, *Direito Internacional Público*, 2.ª ed., CE, Coimbra, 2003
FERRER CORREIA, António de Arruda: *A venda internacional de objectos de arte e a protecção do património cultural*, CE, Coimbra, **1994** (Separata RLJ); *Sobre a projectada reforma da legislação comercial*, ROA **1981**, 21; *Lições de Direito Comercial*, I, de harmonia com as prelecções feitas ao 4.º ano jurídico de 1972-73, com a colaboração de Manuel Henrique Mesquita e António A. Caeiro), Universidade de Coimbra, Coimbra, **1973** (reprint Lex, 1994); c/ Mesquita, M. Henrique, *Anotação ao acórdão do STJ de 3 de Novembro de 1983*, ROA **1985**, 129; c/ Almeno de Sá, *Execução pública pelo autor, direitos conexos e gestão colectiva*, BFD **1999**, 1; c/ Almeno de Sá, *Direito de autor e comunicação pública de emissões de rádio e televisão*, BFD **1994**, 1
FESSENDEN, Giovanna, *Peer-to-peer technology: analysis of contributory infringement and fair use*, IDEA 2002, 391
FEZER, Karl-Heinz, *Lauterkeitsrecht: Kommentar zum Gesetz gegen den unlauteren Wettbewerb (UWG)*, Band 1: §§ 1-4 UWG (Hausmann/Obergfell, *Einleitung*), Beck, München, 2005
FICSOR, Mihaly: **2002a**, *How much of what? The «three-step test» and its application in two recent WTO dispute settlement cases*, RIDA 2/2002, 111; **2002b**, *The Law of Copyright and the Internet: the 1996 WIPO Treaties, their Interpretation and Implementation*, OUP, Oxford, 2002
FIEDLER, Herbert / Ullrich, Hanns (Hrsg.), *Information als Wirtschaftsgut*, Schmidt, Köln, 1997
FIGUEIREDO DIAS, Jorge de, *O direito penal na "sociedade de risco"*, in *Temas Básicos da Doutrina Penal*, CE, Coimbra, 2001, 155

FIGUEIREDO DIAS, Maria Gabriela de Oliveira, *A assistência técnica nos contratos de know-how*, CE, Coimbra, 1995

FIGUEIREDO MARCOS, Rui Manuel de, *Eça de Queirós, A Europa e a Faculdade de Direito de Coimbra no Século XIX – Eça de Queirós, Europe and the Coimbra Faculty of Law in the 19th Century*, pref. Aníbal Pinto de Castro, Almedina, Coimbra, **2005**; *O 'ius politiae' e o comércio – A idade publicística do direito comercial*, in Estudos em Homenagem ao Prof. Doutor Rogério Soares, SI 61, Coimbra, **2001**, 655

FIKENTSCHER, Wolfgang, *Modes of Thought: A Study in the Anthropology of Law and Religion*, Mohr, Tübingen, 1995

FINOCCHIARO, Giusella, *Lex mercatoria e commercio ellettronico. Il diritto applicabile ai contratti conclusi su Internet*, in Vincenzo Ricciuto / Nadia Zorzi (a cura di), *Il contratto telematico*, Francesco Galgano (dir.), *Trattato di Diritto Commerciale e di Diritto Pubblico dell'Economia*, vol. XXVII, Cedam, Pádova, 2002, 15

FISCHER III, William W.: *Promises to Keep: Technology, Law, and the Future of Entertainment*, Stanford University Press, Stanford, **2004**; *Reconstructing the Fair use Doctrine*, HLR **1988**, 1659

FITZGERALD, Brian, *Software as discourse: the challenge for information law*, EIPR 2000, 47

FITZPATRICK, Simon A., *Prospects of Further Copyright HarmonisaLtion?*, EIPR 2003, 215

FORKEL, Hans, *Der Franchisevertrag als Lizenz am Immaterialgut Unternehmen*, ZHR 1989, 511

FOUCAULT, Michel, *O que é um autor?* (trad. António Fernando Cascais, *Qu'est-ce qu'un auteur?*, 1969), 4ª ed., Vega, Lisboa, 2002.

FRANCESCHELLI, Vincenzo, *La direttiva CEE sulla tutela del software: trionfo e snaturamento del diritto d'autore*, RDI 1991, 179

FRANÇON, André, *Authors' Rights Beyond Frontiers: A Comparison of Civil Law and Common Law Conceptions*, RIDA 1991, 2

FRASER, Stephen, *The Copyright Battle: Emerging International Rules and Roadblocks on the Global Information Infrastructure*, JCIL 1997, 759

FRAYSSINET, Jean, *La protection des données personnelles est-elle assurée sur l'Internet?*, in Chatillon (dir.), *Le droit international de l'Internet*, 2002, 435

FROHNE, Renate, *Der Gedanke des Geistigen Eigentums bei Theognis und Cicero*, UFITA 2004, I, 399

FROMM, Friedrich Karl / NORDEMANN, Wilhelm, *Urheberrecht, Kommentar zum Urheberrechtsgesetz und zum Urheberrechtswahrnehmungsgesetz*, 9. Aufl., Kohlhammer, Stuttgart, 1998 (cit. Fromm/Nordemann/... 1998)

FROOMKIN, A. Michael, *International and National Regulation of the Internet*, in E.J. Dommering / N. van Eijk (eds), *The Round Table Expert Group on Telecommunications Law: Conference Papers*, IVIR, 2005, 243

G

GADAMER, Hans-Georg, *Elogio da Teoria*, trad. João Tiago Proença (*Lob der Theorie*, 1983), Edições 70, Lisboa, 2001

GALGANO, Francesco, *Prefazione*, in Vincenzo Ricciuto / Nadia Zorzi (a cura di), *Il contratto telematico*, 2002; *Diritto ed economia alle soglie del nuovo millennio*, in CI 2000, 189

GANEA, Peter / HEATH, Christopher / SCHRICKER, Gerhard (Hrsg.), *Urheberrecht: Gestern – Heute – Morgen*, Festschrift für Adolf Dietz zum 65. Geburtstag, Beck, München, 2001

GANEA, Peter, *Ökonomische Aspekte der urheberrechtlichen Erschöpfung*, GRUR Int. 2005, 102

GANLEY, Paul, *Surviving Grokster: Innovation and the Future of Peer-to-Peer*, EIPR 2006, 15

GARCIA MARQUES / LOURENÇO MARTINS, *Direito da Informática*, 2.ª ed. (ref./act.), Almedina, Coimbra, **2006**; c/ Lourenço Martins/Simões Dias, *Cyberlaw em Portugal – O direito das tecnologias da informação e comunicação*, Centroatlântico.pt, Famalicão/Lisboa, **2004**

GASTER, Jens, *Kartellrecht und Geistiges Eigentum: Unüberbrückbare Gegensätze im EG-Recht?*, CR 2005, 247

GAUDRAT, Philippe, *Les démêlés intemporels d'un couple à succès: le créateur et l'investisseur*, RIDA 2001, 305

GAUTIER, Pierre-Yves: *Propriété littéraire et artistique*, 4ème éd., Paris, PUF, **2001**; *Les aspects de droit international privé (France)*, in Dellebeke (ed.), *Copyright in Cyberspace*, **1997**, 297

GEIGER, Christophe: **2006a**, «*Constitutionalizing*» *Intellectual Property Law? The Influence of Fundamental Rights on Intellectual Property in the European Union*, IIC 2006, 371; **2006b**, *Copyright and Free Access to Information: For a Fair Balance of Interests in a Globalised World*, EIPR 2006, 366; **2005**, *Right to Copy v. Three-Step Test*, CRi 1/2005, 10; **2004a**, *Droit d'auteur et droit du public à l'information (Approche de droit comparé)*, Litec, Paris, 2004; **2004b**, *Der urheberrechtliche Interessenausgleich in der Informationsgesellschaft – Zur Rechtsnatur der Beschränkungen des Urheberrechts*, Cri 10/2004, 815; **2004c**, *Die Schranken des Urheberrechts im Lichte der Grundrechte – Zur Rechtsnatur des Besschränkungen des Urheberrechts*, in Hilty/Peukert (Hrsg.), *in Interessenausgleich im Urheberrecht*, 2004, 143; **2004d**, *Fundamental rights, a safeguard for the coherence of intellectual property law?*, IIC 2004, 272

GELLER, Paul Edward, *Dissolving Intellectual Property*, EIPR 2006, 139

GENDREAU, Ysolde, *La civilisation de droit d'auteur au Canada*, RIDC 2000, 101

GERVAIS, Daniel, *The TRIPS Agreement: Drafting History and Analysis*, 2nd ed., Sweet & Maxwell, London, 2003

GHIA, Lucio, *The USA between Internet and Copyright*, in *Media e Copyright – Come armonizzare una questione europea / How to Harmonize a European*

Issue, International Congress, Stintino (Sassari) 23-4/05/1997, European Media Analysts Association, 1997, 70

GIANNINI, Amedeo, *Il diritto d'autore*, Nuova Itália, Firenze, 1943

GIBSON, James, *Risk Aversion and Rights Accretion in Intellectual Property Law*, 116 YLJ 2007, 882

GIESEKE, Ludwig, *Vom Privileg zum Urheberrecht: Die Entwicklung des Urheberrechts in Deutschland bis 1854*, Göttingen, 1995

GILLIÉRON, Philippe, *Propriété intellectuelle en Internet*, CEDIDAC, Lausanne, 2003

GINSBURG, Jane: **2004**, *Le nom de l'auteur en tant que signe distinctif: une perspective perverse sur le droit à la «paternité» de l'œuvre?*, Mélanges Victor Nahban, Yvon Blais, Cowansville, 2004, 147; **2003**, *From Having Copies to Experiencing Works: The Development of an Access Right in U.S. Copyright Law*, JCS **2003**, 113 (papers.ssrn.com); **2002**, *How Copyright Got a Bad Name for Itself*, CJLA 2002, 26; **2000**, *Vers un droit d'auteur supranational? La décision du groupe spécial de l'OMC et les trois conditions cumulatives que doivent remplir les exceptions au droit d'auteur*, RIDA 2000, 66; **1999a**, *Chronique des États-Unis*, RIDA 1999, 142; **1999b**, *The Cyberian Captivity of Copyright: Territoriality and Authors' Rights in a Networked World*, SCC 1999, 347 (reprint 20/2003, 185-199); **1994**, *A Tale of Two Copyrights: Literary Property in Revolutionary France and America*, in Sherman, Brad / Strowel, Alain (eds.), *Of Authors and Origins – Essays on Copyright Law*, Clarendon Press, Oxford, 1994, 131; c/ Gauthier, M., *The Celestial Jukebox and Earthbound Courts: Judicial Competence in the European Union and the United States over Copyright Infringement in Cyberspace*, RIDA 1997, 61; c/ Ricketson, Sam, *International Copyright and Neighbouring Rights: The Berne Convention and Beyond*, 2 vol., 2nd ed., OUP, Oxford, **2006**

GIOANNATONIO, Ettore, *Manuale di Diritto dell'Informatica*, I, 3.ª ed., Cedam, Milano, 2001

GLÖCKNER, Jochen / HENNING-BODEWIG, Frauke, *EG-Richtlinie über unlautere Geschäftspraktiken: Was wird aus dem „neuen" UWG?*, WRP 2005, 1311

GOEBEL, Jürgen, *Informations- und Datenbankschutz in Europa*, in Thomas Heymann (Hrsg.), *Informationsmarkt und Informationsschutz in Europa*, Schmidt, Köln, 1995, 106

GOLDSMITH, Jack, *Against Cyberanarchy*, ChLR 1998, 1199

GOLDSTEIN, Paul: *International Copyright: Principles, Law, and Practice*, OUP, Oxford, **2001**; *Copyright*, I, 2nd ed., Aspen, New York, **1998**; *Copyright and its Substitutes*, WiLR **1997**, 865; *Copyright's Highway: From Gutenberg to the Celestial Jukebox*, New York: Hill and Wang, **1994** (2nd ed. 2003); *Copyright and the First Amendment*, CoLR **1970**, 983

GOLDSWORTHY, Jeffrey (ed.), *Interpreting Constitutions: A Comparative Study*, OUP, Oxford, 2006

GOMES, Orlando, *A função social da propriedade*, Estudos Prof. Doutor António Ferrer Correia, BFD 1989, 423

GOMES CANOTILHO, José Joaquim: **2006a**, *Direito Constitucional e Teoria da Constituição*, 7ª ed., 3ª reimp., Almedina, Coimbra, 2006; **2006b**, *Da constituição dirigente ao direito comunitário dirigente*, in *"Brancosos" e Interconstitucionalidade – Itinerários dos discursos sobre a historicidade constitucional*, Almedina, Coimbra, 2006, 205; **2006c**, *Em defesa do partido dos «brancosos»: Republica.com e os desafios do constitucionalismo electrónico*, in *"Brancosos" e Interconstitucionalidade*, 2006, 335; **2005**, *Liberdade e Exclusivo na Constituição*, DI/IV, 57 (= *Estudos sobre Direitos Fundamentais*, CE, Coimbra, 2004, 217-232); **2004a**, *Dogmática de Direitos Fundamentais e Direito Privado*, in *Estudos sobre Direitos Fundamentais*, CE, Coimbra, 2004a, 191 (– in Sarlet (org.), *Constituição, Direitos Fundamentais e Direito Privado*, 2003, 339; **2004b**, *A Constituição Europeia entre o Programa e a Norma*, in António José Avelãs Nunes / Jacinto Nelson de Miranda Coutinho (Org.), *Diálogos Constitucionais*, Renovar, Rio de Janeiro, 2004, 22; **2004c**, *O tom e o dom na teoria jurídico-constitucional dos direitos fundamentais*, in *Estudos sobre Direitos Fundamentais*, CE, Coimbra, 2004, 115-136; **2004d**, *Estudos sobre Direitos Fundamentais*, CE, Coimbra, 2004; **1982**, *Constituição dirigente e vinculação do legislador – Contributo para a compreensão das normas constitucionais programáticas*, CE, Coimbra, 1982;

— / VITAL MOREIRA, *Constituição da República Portuguesa Anotada*, Vol. I, 4.ª ed., CE, Coimbra, **2007**, *Fundamentos da Constituição*, CE, Coimbra, **1991**

GOMES DA SILVA, Nuno Espinosa, *História do Direito Português (Fontes do Direito)*, 4.ª ed., Fundação Calouste Gulbenkian, Lisboa, 2006

GÓMEZ SEGADE, José António, *Tecnología y Derecho* (Estúdios jurídicos del Prof. Dr. H.c. José António Gómez Segade recopilados con ocasión de la conmemoración de los XXV años de cátedra), Marcial Pons, Madrid/Barcelona, 2001; **2001a**, *Spanish Software Law (España)*, in *Tecnologia y Derecho*, 839; **2001b**, *El Derecho de Autor en el entorno digital*, in *Tecnologia y Derecho*, 931; **2001c**, *El Acuerdo ADPIC como nuevo marco para la protección de la propiedad industrial e intelectual*, in *Tecnologia y Derecho*, 201; **2001d**, *Respuestas de los sistemas de propiedad intelectual al reto tecnológico. El Derecho europeo continental y el Derecho anglo-sajón del copyright*, in *Tecnología y Derecho*, 49; **2001e**, *En torno a la directiva sobre el derecho de autor*, ADI 2001, 1429; **2000**, *A mundialização da propriedade industrial e do direito de autor*, in *Conferências na Faculdade de Direito de Coimbra 1999/2000*, SI 48, CE, Coimbra, 2000, 7

GÓMEZ SEGADE, José António (Dir.), Ángel Fernández-Albor Baltar / Anxo Tato Plaza (Coords.), *Comercio Electrónico en Internet*, Marcial Pons, Madrid, 2001

GONÇALVES, José Renato, *Acesso à informação das entidades públicas*, Almedina, Coimbra, 2002

GONÇALVES, Maria Eduarda, *Direito da Informação – Novos Direitos e Formas de Regulação na Sociedade da Informação*, 2.ª ed., Almedina, Coimbra, 2003

Gonçalves, Nuno: *A transposição para a ordem jurídica portuguesa da directiva*, DSI/VI **2006**, 249; *A União Europeia – A propriedade intelectual e a sociedade da informação*, ABPI 57/**2002**, 32

Gonçalves, Pedro: *Entidades privadas com poderes administrativos*, Cadernos de Justiça Administrativa, **2006**, 50; *Resolução provisória de litígios*, in Lei do Comércio Electrónico Anotada, Ministério da Justiça /GPLP, CE, Coimbra, **2005**, 295; *Disciplina administrativa da Internet*, DSI/V, **2004**, 234

Gonçalves Ferreira Filho, Manoel, *A propriedade intelectual e o desenvolvimento tecnológico sob o prisma da Constituição Brasileira*, in Anais do XXII Seminário Nacional da Propriedade Intelectual: A Inserção da Propriedade Intelectual no Mundo Económico, ABPI, 2002, 25

Gonçalves Moniz, Ana Raquel, *O Domínio Público – O Critério e o Regime Jurídico da Dominialidade*, Almedina, Coimbra, 2005

Gonçalves Pereira, André / Quadros, Fausto, *Manual de Direito Internacional Público*, 2.ª ed., Almedina, Coimbra, 2004

Gonzalez Lopez, Maria, *El derecho moral del autor en la ley española de propiedad intelectual*, Marcial Pons, Madrid 1993

Gonzalez, Tracey Topper, *Distinguishing the Derivative from the Transformative: Expanding Market-Based Inquiries in Fair use Adjudications*, CAE 2003, 229

Goode, Roy / Kronke, Herbert / Mckendrick, Ewan / Wool, Jeffrey, *Transnational Commercial Law: International Instruments and Commentary*, OUP, Oxford, 2004

Gordon, Wendy, *Fair use as Market Failure: A Structural and Economic Analysis of the Betamax Case and its Predecessors*, CLR 1982, 1600

Gorjão-Henriques, Miguel, *Direito Comunitário (Sumários)*, 4.ª ed., Almedina, Coimbra, 2007

Götting, Horst-Peter: **1995a**, *Persönlichkeitsrechte als Vermögensrechte*, Mohr, Tübingen, 1995; **1995b**, *Urheberrechtliche und vertragsrechtliche Grundlagen*, in Beier/Götting/Lehmann/Moufang (Hrsg.), *Urhebervertrgasrecht*, Beck, München, 1995, 53

Gotzen, Frank (ed.), The *Future of Intellectual Property in the Global Market of the Information Society: Who is Going to Shape the IPR System in the New Millennium?*, Bruylant, Bruxelles, 2003; *Het bestemmingsrecht van de auteur*, Larcier, Bruxelles, 1961

Goväre, Inge, *The Use and Abuse of Intellectual Property Rights in E C Law*, Sweet & Maxwell, London, 1996

Greenawalt, Kent, *Constitutional and Statutory Interpretation*, in The Oxford Handbook of Jurisprudence and Philosophy of Law, ed. Jules Coleman / Scott Shapiro, OUP, New York, 2002, 268

Granstrand, Ove (ed.), *Economics, Law and Intellectual Property: Seeking Strategies for Research and Teaching in a Developing Field*, Kluwer Academic Publishers, Dordrecht, 2003

Grimm, Dieter, *Braucht Europa eine Verfassung?*, JZ 1995, 581

GROH, Thomas / WÜNDISH, Sebastian, *Die Europäische Gemeischaft und TRIPS: Hermès, Dior und die Folgen*, GRUR Int. 2001, 497

GROSHEIDE, Willem, *Paradigms in Copyright Law*, in Sherman/Strowel (ed.), *Of Authors and Origins – Essays on Copyright Law*, 1994, 203

GROSSMAN, Lawrence K., *The Electronic Republic*, Penguin Books, New York, 1995

GROVES, Peter, *Copyright and Design Law: a Question of Balance. The Copyright, Designs and Patents Act 1988*, Graham & Trotman, London, 1991

GROVES, Peter / MARTINO, Tony / MISKIN, Claire / RICHARDS, John, *Intellectual Property and the Internal Market of the European Community*, Graham and Trotman, London, 1996

GUIBAULT, Lucie / HUGENHOLTZ, P. Bernt (eds.), *The Future of the Public Domain*, KLI, The Hague, 2006

GUIBAULT, Lucie: **2004a**, *Copyright limitations and »click-wrap« licences: what is becoming of the copyright bargain?*, in Reto M. Hilty / Alexander Peukert (Hrsg.), Interessenausgleich im Urheberrecht, Nomos, Baden-Baden, 2004, 221; **2004b**, *'Vous qui téléchargez des œuvres de l'Internet, pourrait-on savoir qui vous êtes?'*, RDTI 18/2004, 9; **2003a**, *Le tir manqué de la directive européenne sur le droit d'auteur dans la société de l'information*, Les Cahiers de propriété intellectuelle, 2003, 537; **2003b**, *The Nature and Scope of Limitations and Exceptions to Copyright and Neighbouring Rights with Regard to General Interest Missions for the Transmission of Knowledge: Prospects for their Adaptation to the Digital Environment*, UNESCO, e-Copyright Bulletin, October-December 2003; **2003c**, *The Reprography Levies across the European Union*, IVIR, Amsterdam, 2003; **2002**, *Copyright Limitations and Contracts: An Analysis of the Contractual Overridability of Limitations on Copyright*, KLI, The Hague, 2002; c/ Helberger, Nathalie, *Consumer Protection and Copyright Law*, Policy conclusions of the European Consumer Law Group (ECLG) based on a study carried out by Dr. Lucie Guibault and Ms Natali Helberger, academic researchers at the Institute for Information Law, University of Amsterdam, Bruxelles, **2005**

GUTSCHE, Karsten M., *New Copyright Contract Legislation in Germany: Rules on Equitable Remuneration Provide "Just Rewards" to Authors and Performers*, EIPR 2003, 366

GUZZ, Rudolfo, *La proprietà dei beni culturali*, in *Proprietà Privata e Funzione Sociale*, Seminário diretto dal Prof. Francesco Santoro-Passarelli, Cedam, Padova, 1976, 375

H

HÄBERLE, Peter, *Hermenêutica constitucional: a sociedade aberta dos intérpretes da Constituição – Contribuição para a interpretação pluralista e procedimental da Constituição*, trad. Gilmar Ferreira Mendes, São Paulo, Sérgio António Fabris Editor, 1997

HABERMAS, Jürgen, *Racionalidade e Comunicação*, trad. Paulo Rodrigues, edições 70, Lisboa, 2002
HABERSTUMPF, Helmut, *Handbuch des Urheberrechts*, Luchterhand, Neuwied, 1996
HALBERT, Debora J., *Intellectual Property in the Information Age: The Politics of Expanding Ownership Rights*, Quorum Books, Westport/Connecticut/London, 1999
HALEY, John Owen, *The Spirit of Japanese Law*, The University of Georgia Press, Athens & London, 1998; *Authority Without Power: Law and the Japanese Paradox*, OUP, Oxford, 1991
HALTERN, Ulrich, *Internationales Verfassungsrecht? Anmerkungen zu einer kopernikanischen Wende*, 128 Archiv des öffentlichen Rechts 2003, 511
HAMAGUCHI, Takumi, *Concerning the Law for Partial Amendments to the Copyright Law: "interactive transmission"*, CUJ 1998, 42
HAMMES, Bruno Jorge, *O direito de propriedade intelectual – subsídios para o ensino*, 2ª ed., (de acordo com a Lei 9610 de 19.02.1998), Unisinos, São Paulo, 1998
HANSEN, G., *Zugang zu wissenschaftlicher Information – alternative urheberrechtliche Ansätze*, GRUR Int. 2005, 378
HART, Robert J., *Interoperability and the Microsoft Decision*, EIPR 2006, 361
HARTELY, *The Foundations of European Community Law*, Clarendon, Oxford, 1988
HARTE-BAVENDAMM, Henning / HENNING-BODEWIG, Frauke (Hrsg.), *Gesetz gegen den unlauteren Wettbewerb (UWG): Kommentar*, Beck, München, 2004
HARTE-BAVENDAMM, Henning, *Der Richtlinienvorschlag zur Durchsetzung der Rechte des geistigen Eigentums*, in *Festschrift für Winfried Tilmann – Zum 65. Geburtstag*, Erhard Keller / Clemens Plassmann / Andreas von Falck (Hrsg.), Heymanns, Köln, 2003, 793
HÄRTING, N. *Internetrecht*, O. Schmidt, Köln 1999
HEALD, Paul J., *American Corporate Copyright: A Brilliant, Uncoordinated Plan*, Journal of Intellectual Property Law, 2005, 489
HEATH, Christopher, *Parodies Lost,* in Ganea/Heath/Schricker (Hrsg.), *Urheberrecht: Gestern – Heute – Morgen*, **2001**, 401; c/ SANDERS, Anselm Kamperman (eds.), *Intellectual Property in the Digital Age: Chalenges for Asia*, KLI, The Hague, 2001
HEIDE, Thomas, *Making Law and Economics Work for Copyright*, in Hilty/Peukert (Hrsg.) *Interessenausgleich im Urheberrecht*, 2004, 67
HEIDEGGER, Martin, *O que é uma coisa? Doutrina de Kant dos princípios transcendentais*, trad. Carlos Morujão (do orig. *Die Frage nach dem Ding*, Tübingen, 1987), Edições 70, Lisboa, **2002**; *A origem da obra de arte*, trad. Maria da Conceição Costa (*Der Ursprung des Kunstwerks*), Edições 70, Lisboa, **1999**
HELBERGER, Natali, *Controlling Access to Content, Regulating Conditional Access in Digital Broadcasting*, KLI, The Hague, **2005**; *Digital Rights Management and Consumer Acceptability: A Multi-Disciplinary Discussion of Consumer Concerns and Expectations – State-of-the-Art Report*, ed., INDICARE,

December **2004**; c/ Hugenholtz, P. Bernt, *No Place Like Home for Making a Copy: Private Copying in European Law and Consumer Law*, BTLJ **2007**, 1061
HENDRIKS, Nynke, *De directe werking van het TRIPS-Verdrag en de gevolgen voor het Nederlandse octrooirecht*, IER 2003, 146
HENRIQUE MESQUITA, Manuel, *Obrigações reais e ónus reais*, Almedina, Coimbra, 1990
HERMES, Christoph Julius, *TRIPS im Gemeinschaftsrecht: zu den innergemeinschaftlichen Wirkungen von WTO-Ubereinkunften*, Duncker & Humblot, Berlin, 2002
HILTY, Reto: *Verbotrecht vs. Vergütungsanspruch: Suche nach den Konsequenzen der tripolaren Interessenlage im Urheberrecht*, in Festschrift für Gerard Schricker, Beck, München, **2005**, 348; *Urheberrecht in der Informationsgesellschaft: »Wer will was von wem woraus?« - Ein Auftakt zum »zweiten Korb«*, ZUM **2003**, 983; c/ Peukert, Alexander (Hrsg.), *Interessenausgleich im Urheberrecht*, Nomos, Baden-Baden, 2004
HISTÓRIA DA ARTE LAROUSSE, Albert Châtelet, Berhard Philippe Grostier (*Histoire de L'Art*, Larousse), Círculo de Leitores, Lisboa, 1985
HINDEN, Michael von, *Persönlichkeitsverletzungen im Internet*, Mohr Siebeck, München, 1999
Hock, Martin, *Das Namensnennungsrecht des Urhebers (Insbesondere im Arbeitverhältnis)*, Nomos, Baden-Baden, 1993
HOEREN, Thomas: **2006**, *Access right as a post-modern symbol of copyright deconstruction?*, DSI VI/2006, 9; **2005a**, *Nutzungsbeschränkungen in Softwareverträgen - eine Rechtsprechungsübersicht*, RDV 2005, 11; **2005b**, *Anmerkung zu EuGH„Pferdesportdatenbanken"*, CR 2005, 15; *Keine wettbewerbsrechtlichen Bedenken mehr gegen Hyperlinks? Anmerkung zum BGH-Urteil "Paperboy"*, GRUR **2004**, 1; *»Publica materies privati iuris erit« - Zur Begründung des »Urheberrechts« bei Horaz*, Festschrift für Winfried Tilmann - Zum 65. Geburtstag, Keller/Plassmann/Falck (Hrsg.), **2003**, 37; *Die Reichweite gesetzlicher Schranken und Lizenzen*, in Lehmann (Hrsg.), *Internet- und Multimediarecht (Cyberlaw)*, **1997**, 95; *Softwareüberlassung als Sachkauf - Ausgewählte Rechtsprobleme des Erwerbs von Standardsoftware*, Beck, München, **1989**
HOGG, Martin / Arnokouros, Georgios / Pina, Andrea / Cascão, Rui / Watterson, Stephen, ERPL 2001, 157
HOLLAND, H. Brian, *The Failure of the Rule of Law in Cyberspace?: Reorienting the Normative Debate on Borders and Territorial Sovereignty*, JMJ 1/2005, 1
HÖRSTER, Heinrich Ewald, *A Parte Geral do Código Civil - Teoria Geral do Direito Civil*, 2ª reimp. ed. 1992, Almedina, Coimbra, 2003
HOWELL, Marcus, *The Misapplication of the DMCA to the Aftermarket*, BUJ 2005, 128
HOWELLS, Geraint / MICKLITZ, Hans-W. / WILHELMSSON, Thomas, *European Fair Trading Law: The Unfair Commercial Practices Directive*, Ashgate, Aldershot, 2006

HUANG, Mengfei / Fernandez, Dennis, *A New Hero in Hollywood: Patent Protection Against Piracy of Electronic Media and Creative Digital Rights*, JPTO 2005, 808

HUBMANN, Heinrich / GÖTTING, Horst-Peter, *Gewerblicher Rechtsschutz*, 6. Aufl. (col. Hans Forkel), München: Beck, 1998

HÜBNER, Heinz, *Das Grundgesetz und der zivilrechtliche Eigentumsbegriff*, in Heinz Hübner (Hrsg., Klaus Luig), *Rechtsdogmatik und Rechtsgeschichte (Ausgewählte Schriften)*, Heymanns, Köln, 1997, 167

HUGENHOLTZ, P. Bernt: **2005**, *The Implementation of Directive 2001/29/EC in The Netherlands*, RIDA 2005, 117; **2004**, *Een overbodige richtlijn?*, IER 2004, 247; **2001a**, *Brussels Broddelwerk – Recht en krom in de auteursrechtlijn*, AMI 2001, 2; **2001b**, *Chronique des Pays-Bas – Dutch Copyright Law (1995-2000)*, RIDA 187/2001, 110; **2000a**, *Why the Copyright Directive in Unimportant, and Possibly Invalid*, EIPR 2000, 499; **2000b**, *Caching and Copyright. The Right of Temporary Copying*, EIPR 2000, 482; **2000c**, *Copyright, Contract and Technology: What Will Remain of the Public Domain?* in *Copyright: A Right to Control Access to Works?*, CRID, Bruylant, Bruxelles, 2000, 75; **1997**, *Protection of and vis-à-vis databases*, in Dellebeke (ed.), *Copyright in Cyberspace*, 1997, 491; (ed.), *Copyright and Electronic Commerce*, KLI, The Hague/London, 2000, *The Future of Copyright in a Digital Environment*, Kluwer, The Hague, 1996; c/ Guibault, Lucie / Geffen, Sjoerd van, *The Future of Levies in a Digital Environment (Final Report)*, IVIR, **2003**

HUGHES, Justin: *'Recoding' Intellectual Property and Overlooked Audience Interests*, TeLR **1999**, 923; *The Philosophy of Intellectual Property*, GLJ **1988**, 287

HUNIAR, Kirstin, *The Enforcement Directive: Its Effect on UK Law*, EIPR 2006, 92

I-J-K

ILLESCAS ORTIZ, Rafael, *Derecho de competencia: la competencia leal*, in, Guillermo J. Jiménez Sánchez (coord.), *Derecho Mercantil*, 7.ª ed., Ariel, Barcelona, 2002, 674-683

IMMENGA, Ulrich / MESTMÄCKER, Ernst-Joachim, *GWB – Kommentar zum Kartellgesetz*, 3. Aufl., Beck, München, 2001

INA – Instituto Nacional de Administração (org.), *Direito do Património Cultural*, INA Oeiras, 1996

IP&NII – *Intellectual Property and the National Information Infrastructure: The Report of the Working Group on Intellectual Property Rights*, Bruce Lehman, Ronald Brown, 1995

ISHIGURO, Kazunori, *Comment résoudre les conflits transnationaux*, in Chatillon (dir.), *Le droit international de l'Internet*, 2002, 509

IVIR/Institute for Information Law: **2007**, *Study on the Implementation and Effect in Member States' Laws of Directive 2001/29/EC on the Harmonisation of*

Certain Aspects of Copyright and Related Rights in the Information Society, by Lucie Guibault, Guido Westkamp, Thomas Rieber-Mohn, Bernt Hugenholtz, Mireille van Eechoud, Natali Helberger, Lennert Steijger, Mara Rossini, Nicole Dufft, Philipp Bohn, report to the European Commission, DG Internal Market, February 2007; **2006**, *The Recasting of Copyright and Related Rights in the Knowlegde Economy*, by P. Bernt Hugenholtz et al., report to the European Commission, DG Internal Market, 2006; *The Future of Levies in a Digital Environment (Final Report)*, March **2003**; *The Database Right File*, by P. Bernt Hugenholtz, col. Shoba Sukhram, Ot van Daalen, Nynke Hendriks, Eric Idema, Moïra Truijens and Marloes Bakker, www.ivir.nl; *Implementation of Information Society Directive*, www.ivir.nl

JAEGER, Till: *Der Erschöpfungsgrundsatz im neuen Urheberrecht*, in Hilty/Peukert (Hrsg.), *Interessenausgleich im Urheberrecht*, Nomos, 2004, 55; *Die Erschöpfung des Verbreitungsrechts bei OEM-Software*, ZUM 2000, 1070

JÄNICH, Volker, *Geistiges Eigentum – eine Komplementärerscheinung zum Sacheigentum?*, Mohr Siebeck, Tübingen, 2002

JANSON, H.W., *História da Arte – Panorama das Artes Plásticas e da Arquitectura da Pré-História à Actualidade*, 2.ª ed., trad. de J.A. Ferreira de Almeida (do original inglês *History of Art*, 2nd ed., 1977), Fundação Calouste Gulbenkian, Lisboa

JEHORAM, Herman Cohen, *Some Principles of Exceptions to Copyright*, in Ganea/ Heath/Schricker (Hrsg.), *Urheberrecht: Gestern – Heute – Morgen*, Festschrift Dietz, 2001, 381

JIMÉNEZ SÁNCHEZ, Guillermo J. (coord.), *Derecho Mercantil*, 7.ª ed., Ariel, Barcelona, 2002

JOHNSON, David / Post, David, *Law and Borders – The Rise of Law in Cyberspace*, Stanford Law Review 1996, 1367

JOOS, Ulrich, *Die Erschöpfungslehre im Urheberrecht*, Beck, München, 1991

KANT, Immanuel: **2001a**, *Fundamentação da Metafísica dos Costumes*, trad. Paulo Quintela (do orig. *Grundlegung zur Metaphysik der Sitten*), Edições 70, Lisboa, 2001; **2001b**, *Crítica da Razão Prática*, trad. Artur Morão (do orig. *Kritik der praktischen Vernunft*), Edições 70, Lisboa 2001; *Von der Unrechtmäßigkeit des Büchernachdrucks* (1785), UFITA **1987**, 106

KAPPES, Florian, *Rechtsschutz computergestützer Informationssammlungen (Gesetzliche und vertragliche Schutzmöglichkeiten für CD-ROM– und Online-Datenbanken einschließlich Multimedia-Anwendungen)*, Schmidt, Köln, 1996

KAPTEYN, P.J. / THEMAAT, P. Verloren van, *Introduction to the Law of the European Communities*, Kluwer, Deventer, 1989

KATZENBERGER, Paul, *Elektronische Printmedien und Urheberrecht (Urheberrechtliche und urhebervertragliche Fragen der elektronischen Nutzung von Zeitungen und Zeitschriften)*, Schäffer-Poeschel, Stuttgart, 1997

KATSCH, Ethan, *Law in a Digital World*, OUP, New York/Oxford, **1995**; *The Electronic Media and the Transformation of Law*, OUP, New York/Oxford, **1989**

KAU, Wolfgang, *Vom Persönlichkeitsschutz zum Funktionsschutz (Persönlichkeitsschutz juristischer Personen des Privatsrechts in verfassungsrechtlicher Sicht)*, Müller, Heidelberg, 1989

KAUFMANN, Arthur, *Rechtsphilosophie*, 2. Aufl., Beck, München, **1997**; *Die Aufgaben heutiger Rechtsphilosophie*, in Kaufmann, *Über Gerechtigkeit, Dreiβig Kapitel praxisorientierter Rechtsphilosophie*, Carl Heymanns Verlag, Köln, **1993**

KAUFMANN-KOHLER, G., *Internet: Mondialisation de la Communication – Mondialisation de la Résolution des Litiges?*, in Boele-Woelki/Kessedjian (eds.), *Internet: Which Court Decides? Which Law Applies?*, 1998, 92

KEELING, David T., *Intellectual Property and EU Law: Volume I. Free Movement and Competition Law*, OUP, Oxford/N.Y, 2003

KELSEN, Hans, *Théorie générale du droit et de l'État* (traduit de l'anglais par Béatrice Laroche, suivi de *La doctrine du droit naturel et le positivisme juridique*, traduit de l'allemand par Valérie Faure), Bruylant, Bruxelles, 1997

KESSEDJIAN, Catherine, *Commerce électronique et compétence jurisdictionelle internationale*, Hague Conference, 2000 (*Summary of discussions prepared by Catherine Kessedjian with the co-operation of the private international law team of the Ministry of Justice of Canada, Preliminary Document No 12 of August 2000 for the attention of the Nineteenth Session of June 2001, http://www.hcch.net/*)

KOEHLER, Phillip, *Der Erschöpfungsgrundsatz des Urheberrechts im Online--Bereich*, München, Beck, 2000

KOELMAN, Kamiel J.: *Fixing the Three-step Test*, EIPR **2006**, 407; *The Levitation of Copyright: An Economic View of Digital Home Copying, Levies and DRM*, in *De toekomst van het auteursrecht*, Bijdragen Symposium 15.10.2004, XS4ALL, Bits of Freedom, Amsterdam, **2005**, 39; *Copyright Law and Economics in the Copyright Directive: is the droit d'auteur passé?*, IIC **2004**, 629; *Bescherming van technische voorzieningen*, AMI **2001**, 16

KONDER COMPARATO, Fábio, *Rumo à Sociedade Mundial do Género Humano?*, BCE 2008 (Separata)

KONDRATOV, A., *Introdução à cibernética*, trad. Rui de Nazaré, Presença, Lisboa

KOOS, Stefan, *Die Domain als Vermögensgegenstand zwischen Sache und Immaterialgut (Begründung und Konsequenzen einer Absolutheit dês Rechts na der Domain)*, MMR 2004, 359

KORAH, Valentine, *An Introductory Guide to EC Competition Law and Practice*, 8th ed., Hart Publishing, Oxford, 2004

KOSKINEN-OLSSON, Tarja, *Reprography and the Private Copy*, in *Gestão Colectiva do Direito de Autor e Direitos Conexos no Ambiente Digital*, 2001

KOZUKA, Souichirou, *The Role of Japan in World-Wide Copyright Protection*, in Gotzen (ed.), *The Future of Intellectual Property in the Global Market of the Information Society*, 2003, 33

KREIBICH, Sonja, *Das TRIPs-Abkommen in der Gemeinschaftsordnung: Aspekte der Kompetenzverteilung zwischen WTO, Europaischer Gemeinschaft und ihren Mitgliedstaaten*, Lang, Frankfurt am Main 2003

KUBOTA, Yutaka, *Protection of Computer Programs and Databases in Japan*, WIPO, Tokyo, 1993

L

LADDIE, Justice, *Copyright: Over-Strength, Over-Regulated*, EIPR 1996, 253

LAMOULINE, C. / YVES POULLET, *Des autoroutes autoroutes de l'information à la «démocratie électronique» – De l'impact des technologies de l'information et de la communication sur nos libertés*, Rapport présenté au Conseil de l'Europe, Bruylant, Bruxelles, 1997

LANDES, William M. / POSNER, Richard A.: *The Economic Structure of Intellectual Property Law*, HUP, Cambrigde, **2003**; *An Economic Analysis of Copyright Law*, Journal of Legal Studies, **1989**, 325 (reprint in Towse/Holzhauer (eds.), *The Economics of Intellectual Property*, I, 2002, 304)

LANGE, Herman, *Schadensersatz*, 2. Aufl., Mohr, Tübingen: Mohr, 1990

LANGENBUCHER, Latja, *Argument by Analogy in European Law*, CLJ 1998, 481

LAPORTE-LEGEAIS, Marie-Eugène, *Propriété littéraire et artistique: 9 – Copie privée et source licite*, La Semaine Juridique 4/2007, 20

LARENZ, Karl, *Metodologia da Ciência do Direito*, trad. de José Lamego com revisão de Ana de Freitas (do original *Methodenlehre der Rechtswissentschaft*, Berlin/Heidelberg, Springer-Verlag, 5.ª ed. rev., **1983**), 2.ª edição, Fundação Calouste Gulbenkian, Lisboa; c/ Canaris, Claus-Wilhelm, *Methodenlehre der Rechtswissenschaft*, 3. Aufl., Springer, Berlin, **1996**

LATTANZI, R., *Protezione dei dati personali e diritti di proprietà intellettuale: alla ricerca di un difficile equilibrio*, Jus 2005, 233

LAURENT, Phillipe, *Protection des mesures techniques et exception de copie privée apliquées à la musique: un conflit analogique-numérique?*, Ubiquité 2003, 27

LEE, Peter, *The Evolution of Intellectual Infrastructure*, WaLR 2008, 39

LEHMANN, Michael (Hrsg.), *Electronic Business in Europa: Internationales, europäisches und deutsches Online-Recht*, Nomos, München, 2001; *Internet– und Multimediarecht (Cyberlaw)*, Schäffer-Poeschel, Stuttgart, 1997; *Rechtsschtuz und Verwertung von Computerprogrammen*, 2. Aufl., Köln: Schmidt, 1993; c/ Tapper, Collin (eds.), *A Handbook of European Software Law*, Clarendon, Oxford, 1993

LEHMANN, Michael: *The EC Directive on the harmonisation of Certain Aspects of Copyright and Related Rights in the Information Society – A Short Comment*, IIC **2003**, 521; *Le droit d'auteur et protection techniques (Allemagne)*, in Dellebeke (ed.), *Copyright in Cyberspace*, **1997**, 363; *Die neue Datenbankrichtlinie und Multimedia*, NJW-CoR **1996**, 249; *Die Europäische Richtlinie über den Schutz von Computerprogrammen*, in Id., *Rechtsschtuz* *und Verwertung von Computerprogrammen,* **1993**, 1; *Das neue deutsche Softwarerecht (Novellierungsvorschlag zum Urheberrecht),* CR **1992**, 324; *Der neue Europäische Rechtsschutz von Computerprogrammen,* NJW **1991**, 2112; *Eigentum, geistiges Eigentum, gewerbliche Schutzrechte,* GRUR Int. **1983**, 356

LEINEMANN, Felix, *Die Sozialbindung des «Gestigen Eigentums»,* Nomos, Baden--Baden, 1998

LEISNER, Walter, *Privateigentum als Grundlage der Freiheit,* in Leisner, *Eigentum. Schriften zu Eigentumsgrundrecht und Wirtschaftsverfassung (1970-1996),* Hrsg. Josef Isensee, 2. Aufl., Duncker & Humblot, Berlin

LEITE DE CAMPOS, Diogo José Paredes, *A Subsidiariedade da Obrigação de Restituir o Enriquecimento,* Almedina, Coimbra, 1974

LEMLEY, Mark. A., *Intellectual Property Rights and Standard-Setting Organizations,* CaLR **2002**, 1889; c/ Reese, R. Anthony, *Reducing Digital Copyright Infringement Without Restricting Innovation,* SLR **2004**, 1345; c/ Menell, Peter S. / Merges, Robert P. / Samuelson, Pamela, *Software and Internet Law,* 2nd ed., Aspen, New York, **2003**

LENAERTS, Konrad, *Constitutionalism and Federalism: the American experience in a wider perspective,* AJCL 1990, 224

LESSIG, Lawrence: **2006**, «Meros Copistas», in Castells/ Cardoso (org.), *A Sociedade em Rede,* 2006, 237; **2004**, *Free Culture: How Big Media Uses Technology and the Law to Lock Down Culture and Control Creativity,* The Penguin Press, 2004; **2003a**, *The Internet under Siege,* JAVI 3, 2003, 80; **2003b**, *The Creative Comons,* FLR 2003, 763; **2002**, *The Future of Ideas: The Fate of the Commons in a Connected World,* Vintage Books, New York, 2002; **2001**, *El código y otras leyes del ciberespacio,* trad. Ernesto Alberola, Santillana de Ediciones, Madrid, 2001; **2000**, *The Law of the Horse: What Cyberlaw Might Teach,* HLR 2000, 501; **1999**, *Code and other laws of cyberspace,* Basic Books, New York, 1999

LEVAL, Pierre N., *Toward a Fair use Standard,* HLR 1990, 1105

LEVINSON, Paul, *A Arma Suave. História Natural e Futuro da Revolução da Informação,* trad. J. Freitas e Silva do original *The Soft Edge,* 1997, Bizâncio, Lisboa, 1998

LEWINSKI, Silke von: **2004**, *The Implementation of the Information Society Directive into German Law,* RIDA 2004, 11; **1997a**, *Musik und Multimedia,* in Lehmann (Hrsg.), *Internet– und Multimediarecht,* 149; **1997b**, *Protection of and vis--à-vis databases* (Germany), in Dellebeke (ed.), *Copyright in Cyberspace,* 1997, 480

LIMA PINHEIRO, Luís de: **2002a**, *Direito Internacional Privado,* II, Almedina, Coimbra, 2002; **2002b**, *A lei aplicável aos direitos de propriedade intelectual,* DSI/III, 2002, 131; **2001**, *Direito aplicável aos contratos com consumidores,* ROA 2001, 162

LIPSTEIN, K., *Intellectual Propery: Parallel Choice of Law Rules,* CLJ 2005, 593

LIPTON, Jacqueline: *Solving the Digital Piracy Puzzle: Disaggregating Fair use from the MDCA's Anti-Device Provisions*, HJLT **2005**, 111; *Information Property*, FLR **2004**, 135; *E-Commerce in the Digital Millennium: The Legal Ramifications of the DMCA and Business Method Patents*, RCT **2001**, 333

LISI, Andrea / DIURISI, Davide, *Web marketing e tutela del consumatore telematico*, in Giuseppe Cassano (a cura di), *Commercio elettronico e tutela del consumatore*, Giuffrè, Milano, 2003, 83

LITMAN, Jessica, *Digital Copyright*, Prometheus, Amherst, 2001

LOBO XAVIER, Vasco da Gama, *Direito Comercial*, polic., Coimbra, 1977/1978

LOISEAU, Grégoire, *Nom de domaine et Internet: turbulences autour d'un nouveau signe distinctif*, Recueil Dalloz 1999, 245

LOPES PORTO, Manuel Carlos, *Economia – Um Texto Introdutório*, Almedina, Coimbra, 2002

LOPES ROCHA, Manuel: *Direito da Informática nos Tribunais Portugueses (1990--1998)*, Centro Atlântico, Matosinhos/Lisboa, **1999**; *Contratos de licença de utilização e contratos de encomenda de software*, in *Num Novo Mundo do Direito de Autor?*, II, **1994**, 695; c/ Macedo, Mário, *Direito no Ciberespaço (seguido de um glossário de termos e abreviaturas)*, Cosmos, Lisboa, **1996**; c/ Carreiro, Henrique / Marques, Ana Margarida / Bernardo, André Lencastre, *Guia da Lei do Direito de Autor na Sociedade da Informação (Lei 50/2004, de 24 de Agosto), Anotada e Comentada*, CentroAtlantico.pt, Famalicão/Lisboa, **2005**

LOURENÇO MARTINS, A.G. / GARCIA MARQUES: *Direito da Informática*, 2.ª ed. (ref. act.), Almedina, Coimbra, **2006**; c/ Garcia Marques, J.A. /Simões Dias, Pedro, *Cyberlaw em Portugal – O direito das tecnologias da informação e comunicação*, Centroatlântico.pt, Famalicão/Lisboa, **2004**

LOUREIRO, João Carlos, *O direito à identidade genética do ser humano*, in Portugal--Brasil Ano 2000, SI, 1999, 263

LUBBERGER, Andreas, *Eigentumsdogmatik*, Nomos, Baden-Baden, 1995

LUCAS, André: **2007**, *La loi française du 1er août 2006 transposant la directive sur la société de l'information*, A&M 2007, 54; **2001a**, *Informatique et droits des obligations*, in Lucas, André / Devèze, Jean / Frayssinet, Jean, *Droit de l'informatique et de l'Internet*, PUF, Paris, 2001; **2001b**, *Le «triple test» de l'article 13 de l'Accord ADPIC à la lumière du rapport du Groupe spécial de L'OMC: Etats-Unis – Article 110 5) de la Loi dur le droit d'auteur*, in *Urheberrecht: Gestern – Heute – Morgen*, 2001, 423; **1998**, *Private International Law Aspects of the Protection of Works and Objects of Related Rights Transmitted through Digital Networks*, 1998, GCPIC/1, 35, *Group of Consultants on the Private International Law Aspects of the Protection of Works and Objects of Related Rights Transmitted through Digital Networks*, Geneva, December 16 to 18, 1998; **1997**, *Le droit d'auteur et protection techniques*, in Dellebeke (ed.), *Copyright in Cyberspace*, 1997, 343; c/ Lucas, Henry, *Traité de la propriété littéraire et artistique*, 2ème éd., Litec, Paris, **2001**

LUHMANN, Niklas, *A improbabilidade da comunicação*, trad. Anabela Carvalho, 2ª ed., Veja, Lisboa, 1999

LUNNEY, G.S., *The Death of Copyright: Digital Technology, Private Copying, and the Digital Millennium Copyright Act*, VLR 2001, 900

LUTTERBECK, Bernd, *Harmonisierung des Europäischen Informationsrechts? – Zum Aufbau der Wissensordnung*, in Heymann (Hrsg.), *Informationsmarkt und Informationsschutz in Europa*, 1995, 127

M

MACEDO VITORINO, António de: *A eficácia dos contratos de direito de autor – Contributo para uma teoria geral da natureza jurídica das transmissões, onerações e autorizações de exploração das obras intelectuais*, Almedina, Coimbra, **1995**; *As licenças: uma análise de direito português e de direito comparado*, in *Num Novo Mundo do Direito de Autor?*, I, **1994**, 407; *Esboço de uma concepção sobre a natureza jurídica do direito de autor*, RFDL **1992**, 463

MACEDO POLI, Leonardo, *Direitos de Autor e Software*, Del Rey, Belo Horizonte, 2003

MACHADO, Jónatas, *Liberdade de Expressão – Dimensões Constitucionais da Esfera Pública no Sistema Social*, SI 65, CE, Coimbra, 2002

MADISON, Michael, *The Narratives of Cyberspace Law (or, Learning from Casablanca)*, CJLA, 2004, 249

MAGALHÃES, David, *As restrições ao direito de propriedade decorrentes do vínculo arrendatício: uma perspectiva jusfundamental*, BFD 2005, 967

MAIA, Pedro / RAMOS, Maria Elisabete / SOVERAL MARTINS, Alexandre / TARSO DOMINGUES, Paulo de, *Estudos de Direito das Sociedades*, coord. J.M Coutinho de Abreu, 9.ª ed., Almedina, Coimbra, 2008

MALLET-POUJOL, Nathalie, *La directive concernant la protection juridique des bases de donées: la gageure de la protection privative*, Dit 1/1996, 6

MANNING, John F., *The Absurdity Doctrine*, HLR 2003, 2390; *Textualism and the Equity of the Statute*, CoLR 2001, 10

MARIANO PEGO, José Paulo Fernandes, *A posição dominante relativa no direito da concorrência*, Almedina, Coimbra, 2001

MARLY, Jochen, *Softwareüberlassungsverträge*, 4. Aufl., Beck, München, 2004

MASSON, Antoine, *Creation of Databases or Creation of Data: Crucial Choices in the Matter of Database Protection*, EIPR 2006, 261

MASTROIANNI, Roberto, *Proprietà intellettuale e costituzioni europee*, AIDA 2005, 9

MAUNZ, Theodor, *Das geistige Eigentum in verfassungsrechtlicher Sicht*, GRUR 1973, 107

MAY, Christopher / SELL, Susan K., *Intellectual Property Rights: A Critical History*, Lynne Rienner Publishers, Boulder, 2005

MAYR, Carlo Emanuele, *I domain names ed i diritti sui segni distintivi: una coesistenza problemática*, AIDA 1996, 223

MCAFEE, Alice G., *Creating Kid-Friendly Webspace: A Playground for Internet Regulation*, TeLR 2003, 201

MCMANIS, Charles, *The Privatization (or 'Shrink-Wrapping') of American Copyright Law*, CaLR 1999, 173

MEDICUS, Dieter, *Schuldrecht II. Besonderer Teil (Ein Studienbuch)*, 8. Aufl., Beck, München, 1997

MELICHAR, Ferdinand: *Die Umsetzung der EU-Urheberrechtsrichtlinie in deutsches Recht*, in Schwarze/Becker (Hrsg.), *Regulierung im Bereich von Medien und Kultur (Gestaltungsmöglichkeiten und rechtliche Grenzen)*, **2002**, 43; *Zur Sozialbindung des Urheberrechts*, in Adrian, Johann / Nordemann, Wilhelm / Wandtke, Artur-Axel (Hrsg.), *Joseph Kohler und der Schutz des geistigen Eigentums in Europa*, Berlin Verlag, Berlin, **1996**, 101

MENCHER, Brian, *Digital Transmissions: to boldly go where no first sale doctrine has gone before*, Ent/Comm 2002, 47

MENEZES CORDEIRO, António: **2006**, *Direito Bancário*, 3.ª ed., Almedina, Coimbra, 2006; **2005a**, *Tratado de Direito Civil*, I. Parte Geral, Tomo I, 3ª ed, Almedina, Coimbra, 2005; **2005b**, *A Posse: Perspectivas Dogmáticas Actuais*, 2ª reimp. ed. 2000, Almedina, Coimbra, 2005; **2005c**, *Da colisão de direitos*, Dir 2005, 37; **2002**, *Tratado de Direito Civil,* I Parte Geral, Tomo II Coisas, 2ª ed., Almedina, Coimbra, 2002; **1993**, *Direitos Reais*, Lex, Lisboa, 1993 (reprint ed. 1979)

MENEZES LEITÃO, Adelaide, *Imitação servil, concorrência parasitária e concorrência desleal*, DI/I 2001, 199; *Estudos de Direito Privado sobre a Cláusula Geral da Concorrência Desleal*, Almedina, Coimbra, 2000

MERGES, Robert, *One Hundred Years of Solicitude: Intellectual Property Law (1900-2000)*, CaLR **2000**, 2187; c/ Menell, Peter / Lemsley, Mark /Jorde, Thomas, *Intellectual Property in the New Technological Age*, Aspen, New York, **1997** (3rd ed. 2003)

MESTMÄCKER, Ernst-Joachim / SCHULZE, Erich, *Urheberrechts Kommentar*, I, II, III, Luchterland, Neuwied, 1997

MIGUEL ASENSIO, Pedro Alberto de, *Derecho Privado de Internet*, 3.ª ed., Civitas, Madrid, 2002

MILL, John Stuart, *Da Liberdade de Pensamento e de Expressão*, 2.ª ed., trad. de Maria Helena Garcia (*On the Liberty of Thought and Discussion*), Dom Quixote, Lisboa 1976

MILLER, Arthur R. / DAVIS, Michael H., *Intellectual Property: Patents, Trademarks, and Copyright in a Nutshell*, 3rd ed., West Group, St. Paul (Minn.), 2000

MILLER, Arthur R., *Copyright Protection for Computer Programs, Databases and Computer-Generated Works: Is Anything New Since CONTU?*, HLR 1993, 977

MIRANDA, Jorge: *Manual de Direito Constitucional*, IV, 3.ª ed., CE, Coimbra, **2000**; c/ Medeiros, Rui, *Constituição Portuguesa Anotada*, I, CE, Coimbra, **2005**; c/ Pedrosa Machado, Miguel, *Constitucionalidade da protecção penal dos direitos de autor e da propriedade industrial*, D. Quixote, Lisboa, **1995**

MYRICK, Richard M., *Peer-to-Peer and Substantial Noninfringing Use: Giving the Term "Substantial" Some Meaning*, JIPL 2005, 539

MOITINHO DE ALMEIDA, J.C., *Direito Comunitário*, Ministério da Justiça, Lisboa, 1985

MOLES, Abraham, *Arte e computador*, col. Elisabeth Rohmer, trad. Pedro Barbosa, Afrontamento, Porto, 1990

MOLINA, Marco, *La propiedad intelectual en la legislación española*, Marcial Pons, Madrid, 1994

MONTELS, Benjamin, *Droit de la propriété littéraire et artistique et droit public de la communication audiovisuelle: du domaine séparé au domaine partagé*, RIDA 2003, 109

MOREIRA, Vital – v. Gomes Canotilho

MORITZ, Hans-Werner, *Microsoft in Not? Der europäische Rechtsrahmen für Koppelungen und Zwangslizenzen an Interface-Informationen im Lichte der Microsoft-Entscheidung der EU-Kommission*, CR **2004**, 321; c/ TYBUSSECK, Barbara, *Computersoftware – Rechtsschutz und Vertragsgestaltung*, 2. Aufl., Beck, München, **1992**

MORSS, John R. / Bagaric, Mirko, *Human Rights as Copyrights: A Third Way in Human Rights Discourse*, UBIP 2005, 103

MOTA CAMPOS, João de, *Direito Comunitário*, II, 4.ª ed., FCB, Coimbra, 1994, 249

MOTA PINTO, Carlos Alberto da, *Teoria Geral do Direito Civil*, 4.ª ed. por António Pinto Monteiro e Paulo Mota Pinto, CE, Coimbra, 2005

MOTA PINTO, Paulo: *Princípios relativos aos deveres de informação no comércio à distância (Notas sobre o direito comunitário em vigor)*, EDC 5, **2003**, 183; *O direito ao livre desenvolvimento da personalidade*, Portugal-Brasil Ano 2000, SI 40, **1999**, 149; *O direito à reserva sobre a intimidade da vida privada*, BFD **1993**, 479; c/ Pinto Monteiro, António, *Teoria Geral do Direito Civil*, 4.ª ed. (Carlos Alberto da Mota Pinto), CE, Coimbra, **2005**

MOURA RAMOS, Rui Manuel: *Direito Internacional Privado e Direito Comunitário. Termos de uma Interacção*, in *Nos 20 Anos do Código das Sociedades Comerciais Homenagem aos Professores Doutores A. Ferrer Correia, Orlando de Carvalho e Vasco Lobo Xavier*, Vol. III, FDUC, CE, Coimbra, **2007**, 1045; *A Carta dos Direitos Fundamentais da União Europeia e a Protecção dos Direitos Fundamentais*, in SI 61, Estudos em Homenagem ao Prof. Doutor Rogério Soares, **2001**, 964; *Previsão Normativa e Modelação Judicial nas Convenções Comunitárias relativas ao Direito Internacional Privado*, in *O Direito Comunitário e a Construção Europeia*, SI 38, **1999**, 93; *Das Comunidades à União Europeia – Estudos de direito comunitário*, CE, Coimbra, **1994**a; *Direito Internacional Privado e Constituição*, 3.ª reimp., CE, Coimbra, **1994**b; *Da lei aplicável ao contrato de trabalho internacional*, Almedina, Coimbra, **1991**

MOURA VICENTE, Dário: **2006a**, *Direito de Autor e medidas tecnológicas de protecção*, in *Direito Comparado, Perspectivas Luso-Americanas / Comparative*

Law, Portuguese-American Perspectives, Vol. I, Fundação Luso-Americana (1985-2005), Almedina, Coimbra, 2006, 161; **2006b**, *Cópia Privada e Sociedade da Informação*, in *Direito e Informação*, I Encontro Nacional de Bibliotecas Jurídicas, Lisboa, 11 e 12 de Novembro de 2004, FDUL, CE, Lisboa, 2006, 15; **2005**, *Direito Internacional Privado: Problemática Internacional da Sociedade da Informação – Relatório*, Almedina, Coimbra, 2005; **2004a**, *Meios extrajudiciais de composição de litígios emergentes do comércio electrónico*, DSI/V 2004, 145; **2004b**, *Comércio electrónico e competência internacional*, in *Estudos em Homenagem ao Prof. Doutor Armando Marques Guedes*, FDUL, CE, 2004, 903; **2002a**, *Lei aplicável à responsabilidade pela utilização ilícita de obras disponíveis em redes digitais*, DSI/III, 2002, 169; **2002b**, *Competência Judiciária e Reconhecimento de Decisões Estrangeiras no Regulamento (CE) n.° 44/2001*, Scientia Iuridica, 2002, 347; **2002c**, *Problemática internacional dos nomes de domínio*, RFDL 2002, 147; **2002d**, *Direito internacional de autor*, in, Estudos em Homenagem à Professora Doutora Isabel Magalhães Colaço, I, Almedina, Coimbra, 2002, 469

MÜLLER-HENGSTENBERG, Claus Dieter, *Vertragstypologie der Computersoftwareverträge (Eine kritishe Auswertung höchstrichterlicher Rechtsprechung zum alten Schuldrecht für die Beurteilung nach neuem Schuldrecht)*, CR 2004, 161

MÜLLER, Norman / GERLACH, Carsten, *Open-Source-Software und Vergaberecht (Rechtliche Rahmenbedingungen für die Beschaffung von Open-Source--Software)*, CR 2005, 87

MURRAY, Andrew D., *Contracting Electronically in the Shadow of the E-Commerce Directive*, in Edwards (ed.), *The New Legal Framework of E-Commerce in Europe*, Hart Publishing, Oxford/Portland, 2005

N-O

NELSON, David, *Free the Music: Rethinking the Role of Copyright in an Age of Digital Distribution*, 78 SCLR 2005, 559

NETANEL, Neil W., *Impose a Noncommercial Use Levy to Allow Free p2p File--swapping and Remixing*, HJLT **2003**, 1; *Cyberspace Self-Governance: A Skeptical View From Liberal Democratic Theory*, CaLR **2000**, 395

NEUNER, Jörg, *O Código Civil da Alemanha (BGB) e a Lei Fundamental*, in Sarlet (org.), *Constituição, Direitos Fundamentais e Direito Privado*, 2003, 245

NEVES CRUZ, José Manuel, *Bem público "cultura": especificidades da política cultural*, RFDUP 2006, 443

NGUYEN, Caroline T., *Expansive Copyright Protection for All Time? Avoiding Article I Horizontal Limitations Through the Treaty Power*, CoLR 2006, 1079

NIMMER, Melville / NIMMER, David, *Nimmer on Copyright*, I, Mathew-Benders, New York, 1997

NIMMER, David, 'How Much Solicitud for Fair use is There in the Anti-Circumvention Provision of the Digital Millennium Copyright Act?', in Elkin-Koren/ /Netanel (eds), The Commodification of Information, 2002, 193
NODA, Yosiyuki, Introduction to Japanese Law, trad. ed. Anthony H. Angelo, University of Tokyo Press, Tokyo, 1976
NOGUEIRA, Isabel, Alternativa Zero (1977): O reafirmar da possibilidade de criação, Cadernos do CEIS20, Coimbra, 2008
NOGUEIRA DE BRITO, Miguel, A Justificação da Propriedade Privada numa Democracia Constitucional, Almedina, Coimbra, 2008
NOGUEIRA SERENS, Manuel Couceiro: **2007a**, A Monopolização da Concorrência e a (Re-)Emergência da Tutela da Marca, Almedina, Coimbra, 2007; **2007b**, Sobre a "teoria da diluição da marca" no direito norte-americano, in Nos 20 Anos do Código das Sociedades Comerciais Homenagem aos Professores Doutores A. Ferrer Correia, Orlando de Carvalho e Vasco Lobo Xavier, Volume I Congresso Empresas e Sociedades, FDUC, CE, Coimbra, 2007, 201; **1995**, A «vulgarização» da marca na Directiva 89/104/CEE, de 21 de Dezembro de 1988 (id est, no nosso direito futuro), Coimbra, 1995 (Separata do Boletim da Faculdade de Direito de Coimbra – «Estudos em Homenagem ao Prof. Doutor António de Arruda Ferrer-Correia)
NORDEMANN, Wilhelm / VINCK, Kai / Hertin, Paul, International Copyright and Neighbouring Rights Law. Commentary with special emphasis on the European Community, trad. G. Meyer, VCH, Weinheim, 1990
NORDEMANN, Wilhelm / SCHIERHOLZ, Anke, Neue Medien und Presse – eine Erwiderung auf Katzenbergers Thesen, AfP 1998, 365
NOTE: Jazz Has Got Copyright Law and That Ain't Good, HLR **2005**, 1940; Developments in the Law – the Law of Cyberspace: IV. Internet Regulation Throug Architectural Modification: The Property Rule Structure of Code Solutions, HLR **1999**, 1634

OLAVO, Carlos: Propriedade Industrial, I, 2.ª ed., Almedina, Coimbra, **2005**; A incorporação dos tratados na ordem jurídica interna e a hierarquia entre os tratados e a lei – situação dos principais acordos atuais, notadamente o acordo TRIPs, in XXIII Seminário Nacional da Propriedade Intelectual: O Redesenho dos Direitos Intelectuais no Contexto do Comércio Mundial, ABPI, Anais **2003**, 145; **2001a**, Contrato de licença de exploração de marca, DI/I, 2001, 349; **2001b**, Importações paralelas: questões e perspectivas na União Europeia, Anais do XXI Seminário Nacional da Propriedade Intelectual – A Propriedade Intelectual como Fator de Desenvolvimento, ABPI, 2001, 115
OLIVEIRA ASCENSÃO, José de: **2007a**, Concorrência Desleal: As Grandes Opções, in Nos 20 Anos do Código das Sociedades Comerciais Homenagem aos Professores Doutores A. Ferrer Correia, Orlando de Carvalho e Vasco Lobo Xavier, Volume I Congresso Empresas e Sociedades, FDUC, CE, Coimbra,

2007, 119; **2007b**, *Sociedade da Informação e Liberdade de Expressão (Homenagem ao Prof Doutor Inocêncio Galvão Telles por ocasião dos seus 90 anos)*, ficheiro Word, 2007; **2006a**, *Propriedade Intelectual e Internet*, DSI/VI, 2006, 145; **2006b**, *Parecer sobre a Proposta de Lei n.º 108/IX – Transposição da Directiva n.º 2001/29, de 22 de Maio (Direitos de Autor e Conexos na Sociedade da Informação)*, DSI/VI, 2006, 167; **2005a**, *O Direito: Introdução e Teorial Geral*, 13.ª ed., Almedina, Coimbra, 2005; **2005b**, *Direito de Autor versus Desenvolvimento Tecnológico?*, in *Estudos em Memória do Professor Doutor António Marques dos Santos*, Volume I, Almedina, 2005, 787; **2004a**, *O comércio electrónico em Portugal – quadro legal e o negócio*, Prefácio, ANACOM, Lisboa, 2004, 106; **2004b**, *O futuro do «Direito Moral»*, DJ 2004, 41; **2004c**, *A reutilização de documentos do sector público*, DSI/V, 2004, 65 (ABPI 68/2004, 34); **2003a**, *Sociedade da informação e mundo globalizado*, SI 73 (*Globalização e Direito*), 2003; **2003b**, *Aspectos jurídicos da distribuição em linha de obras literárias, musicais, audiovisuais, bases de dados e produções multimédia*, RFDL 2003, 65; **2003c**, *Intervenções no genoma humano*, ROA 2003, 25; **2003d**, *As funções da marca e os descritores (meta-tags) na Internet*, DI/III 2003, 15; **2002a**, *Direito Civil – Teoria Geral, III. Relações e Situações Jurídicas*, Coimbra, CE, 2002; **2002b**, *A transposição da directriz n.º 01/29 sobre aspectos do direito de autor e direitos conexos na sociedade da informação*, RFDL 2002, 915; **2002c**, *O fair use no direito autoral*, in *XXII Seminário Nacional da Propriedade Intelectual: A Inserção da Propriedade Intelectual no Mundo Econômico*, in Anais do XXII Seminário Nacional da Propriedade Intelectual: A Inserção da Propriedade Intelectual no Mundo Econômico, ABPI 2002, 94; **2002d**, *Bases de dados electrónicas: o estado da questão em Portugal e na Europa*, DSI/III, 2002, 9; **2002e**, *Hyperlinks, Frames, Metatags – A Segunda Geração de Referências na Internet*, DSI/III, 2002, 27; **2002f**, *Concorrência Desleal*, Almedina, Coimbra, 2002; **2001a**, *Direito intelectual, exclusivo e liberdade*, ROA 2001, 1195 (= ABPI 59/2002, 40-49); **2001b**, *Direito cibernético: a situação em Portugal*, DJ 2/2001, 9; **2001c**, *Hyperlinks, Frames, Metatags*, in *Estudos sobre Direito da Internet e da Sociedade da Informação*; **2001d**, *Estudos sobre Direito da Internet e da Sociedade da Informação*, Almedina, Coimbra, 2001; **2001e**, *Síntese dos trabalhos e perspectiva futuras*, in *Gestão Colectiva do Direito de Autor e Direitos Conexos no Ambiente Digital: Situação e Perspectivas*, Actas do Colóquio organizado pelo Gabinete do Direito de Autor em 23 e 24 de Março de 2000, Ministério da Cultura, Lisboa, 2001, 290; **2001f**, *Direito Penal de Autor*, in *Estudos em Homenagem ao Professor Doutor Manuel Gomes da Silva*, Separata, Faculdade de Direito da Universidade de Lisboa, CE, 2001, 460; **2000a**, *Direito Civil: Reais*, 5ª ed. (reimp.), Coimbra, CE, 2000; **2000b**, *O cinema na Internet, as hiperconexões e os direitos dos autores*, RFDL 2000, 547; **2000c**, *Direitos de autor e conexos inerentes à colocação de mensagens em rede* *informática à disposição do público*, in *Estudos Jurídicos e Económicos em Homenagem ao Professor João Lumbrales*, Lisboa, 2000, 411; **1999a**, *O Direito de Autor no Ciberespaço*, in *Portugal – Brasil Ano 2000*, SI 40, Coimbra, 1999, 83; **1999b**, *E Agora? Pesquisa de um Futuro Próximo*, in *Sociedade da Informação*, APDI, Coimbra, 1999; **1999c**, *Sociedade da Informação*, DSI/I, 1999, 163; **1997**, *Direitos de autor e direitos fundamentais*, in Jorge Miranda (org.), *Perspectivas Constitucionais nos 20 Anos da Constituição de 1976*, II, Coimbra, CE, 1997, 181; **1996a**, *Direitos do utilizador de bens informáticos*, in *Comunicação e Defesa do Consumidor* (Actas do Congresso Internacional organizado pelo Instituto Jurídico da Comunicação da Faculdade de Direito da Universidade de Coimbra, de 25 a 27 de Novembro de 1993), Coimbra 1996, 335; **1996b**, *O princípio da prestação: um novo fundamento para a concorrência desleal*, ROA 1996, 5; **1994**, *Direito de autor como direito da cultura*, in *Num Novo Mundo do Direito de Autor?*, II, Lisboa, 1994; **1993**, *Direito penal de autor*, Lex, Lisboa, 1993; **1992**, *Direito Civil – Direito de Autor e Direitos Conexos*, CE, Coimbra, 1992; **1991**, *Direito de distribuição e esgotamento*, ROA 1991, 625; **1990a**, *A protecção jurídica dos programas de computador*, ROA 1990, 69; **1990b**, *A "compensação" em contrapartida de utilizações reprográficas indiscriminadas de obras protegidas*, RFDL 1990, 211; *Direito Industrial*, Lisboa, **1988**, 401; *Direito Comercial*, I. *Parte Geral*, Lições polic., Lisboa, 1985/**1986**, *A tipicidade dos direitos reais*, Minerva, Lisboa, **1968**; *As relações jurídicas reais*, Lisboa, **1962**

OMPI/WIPO: *Automated Rights Management Systems and Copyright Limitations and Exceptions*, prepared by Nic Garnett, Standing Committee on *copyright* and Related Rights, Geneva **2006**; *Intellectual Property on the Internet: A Survey of Issues*, Geneva, **2002**, *Primer on Electronic Commerce and Intellectual Property Rights*, Geneve, May **2000**

ORLANDO DE CARVALHO: *Para um Novo Paradigma Interpretativo: O Projecto Social Global*, BFD **1997**a, 1; *Empresa e lógica empresarial*, BFD, Coimbra, **1997**b (Separata dos Estudos em Homenagem ao Prof. Doutor António de Arruda Ferrer Correia – III); *Ius – quod iustum?*, BFD **1996**, 1; *Os direitos de personalidade de autor*, in *Num Novo Mundo do Direito de Autor?*, II, Cosmos//Arco-Íris, Lisboa, **1994**, 539; *Introdução à posse*, RLJ **1989**, 65, 104; *Teoria geral do direito civil (sumários desenvolvidos para uso dos alunos do 2.º ano, 1ª turma, do curso jurídico de 1980/81)*, Centelha, Coimbra, **1981**; *Direito das coisas (do direito das coisas em geral)*, Centelha, Coimbra, **1977**; *Les droits de l'homme dans le droit civil portugais*, BFD **1973**, 11; *Critério e estrutura do estabelecimento comercial: I – O problema da empresa como objecto de negócios*, Atlântida, Coimbra, **1967**

O'ROURKE, Maureen, *Fencing Cyberspace: Drawing Borders in a Virtual World*, MinLR 1998, 610

OSÓRIO DE CASTRO, Carlos, *Os efeitos da nulidade da patente sobre o contrato de licença da invenção patenteada*, CE, Coimbra, 1994

Osório de Castro, Zília, *Do Jusnaturalismo ao Krausismo: A Questão da Propriedade*, in *Vicente Ferrer Neto Paiva (no segundo centenário do seu nascimento, a convocação do Krausismo)*, SI 45, Coimbra, 2000

P

Pais de Vasconcelos, Pedro: *Teoria Geral do Direito Civil*, 3.ª ed., Almedina, Coimbra, **2005**; *Contratos Atípicos*, Almedina, Coimbra, **1995**
Palandt, *Bürgerliches Gesetzbuch*, 56. Aufl., Beck, München, 1997, 57
Palao Moreno, Guillermo, *Competencia judicial internacional en supuestos de responsabilidad civil en Internet*, in Javier Plaza Penadés (coord.), *Cuestiones Actuales de Derecho y Tecnologías de la Informacíon y la Comunicacíon (TICs)*, Thomson Aranzadi, Navarra, **2006**, 275; *Comercio electrónico y protección de los consumidores en los supuestos de carácter transfronterizo en Europa: problemas que plantea la determinación de los tribunals competentes*, in *Mercosul, ALCA e Integração Euro-Latina-Americana*, Luiz Otávio Pimentel (Org.), Vol. I, Juruá Editora, Curitiba, **2001**
Patry, William F., *The Fair use Privilege in Copyright Law*, 2nd ed., BNA, Washington, **1995**; c/ Posner, Richard A., *Fair use and Statutory Reform in the Wake of Eldred*, CaLR **2004**, 1639
Patterson, L. Ray / Lindberg, Stanley W., *The Nature of Copyright: A Law of Users' Rights*, pref. Robert W. Kastenmeier, The University of Georgia Press, Athens/London, 1991
Patterson, Mark R., *When is Property Intellectual? The Leveraging Problem*, SCLR 2000, 1133
Pascuzzi, Giovanni, *Il diritto dell'era digitale: tecnologie informatiche e regole privatistiche*, Il Mulino, Bologna, **2006**; *The law between books and bits (Italie)*, in Chatillon (dir.), *Droit européen comparé d'Internet – Internet European Compared Law*, **2000**, 249
Pereira, Ana Leonor: *Darwin em Portugal: Filosofia, História e Engenharia Social (1865-1914)*, Almedina, Coimbra, **2001**; *A institucionalidade contemporânea e a "utopia" de Bentham*, Revista de História, Porto, **1990**, 169
Pereira Coelho, Francisco / Guilherme de Oliveira, *Curso de Direito da Família*, Vol. I., 3.ª ed., c/ col. Rui Moura Ramos, CE, Coimbra, 2003
Pereira dos Santos, Manoel J.: *Princípios constitucionais e propriedade intelectual*, DSI/VI, 2006, 113; *A protecção autoral do website*, ABPI 57/2002, 3
Perritt Jr., Henry H., *Law and the Information Superhighway*, Wiley, New York, 1996
Phillips, Jeremy / Firth, Alison, *Introduction to Intellectual Property Law*, 4th ed., Butterworths, London, 2001
Pichlmaier, Tobias, *Abschied von der Privatkopie? Von der Zukunft einer Institution*, CR 2003, 910
Pickrahn, Günter, *Verwertungsgesellschaften nach deutschem und europäischem Kartellrecht*, Frankfurt, Lang, 1996

PINHEIRO-FERREIRA, Silvestre, *Questões de Direito Público e Administrativo* (1844) Páginas Escolhidas, BFD 2004, 885

PINTO DUARTE, Rui: *O Ensino dos Direitos Reais (Propostas e Elementos de Trabalho)*, Lisboa, **2004**; *Curso de Direitos Reais*, Principia, Cascais, **2002**; *Tipicidade e atipicidade dos contratos*, Almedina, Coimbra, **2000**

PINTO MONTEIRO, António: **2007**, *Contrato de Agência – Anotação ao Decreto-Lei n.º 178/86, de 3 de Julho*, 6ª ed. act. (com as alterações introduzidas pelo DL n.º 118/93, de 13/4, que transpôs a Directiva 86/653/CEE, do Conselho, de 18/12/1986), Almedina, Coimbra, 2007; **2006a**, *A Parte Geral do Código, a Teoria Geral do Direito Civil e o Direito Privado Europeu*, in *Comemorações dos 35 Anos do Código Civil e dos 25 Anos da Reforma de 1977*, Vol. II. *A parte Geral do Código e a Teoria Geral do Direito Civil*, Faculdade de Direito da Universidade de Coimbra, CE, Coimbra, 2006, 57; **2006b**, *Código do Consumidor – Anteprojecto*, Apresentação, Instituto do Consumidor, Lisboa, 2006; **2004**, *Direito Comercial: Contratos de Distribuição Comercial (Relatório)*, Almedina, Coimbra, 2004; **2003**, *A defesa do consumidor no limiar do século XXI*, in *Globalização e Direito*, SI 73, Coimbra, 2003, 35; **1999**, *A responsabilidade civil na negociação informática*, DSI I/1999, 229; **1993**, *Harmonisierung des Portugiesischen Verbraucherschutzrechts*, BFD 1993, 351; **1992**, *La Codification en Europe: le Code Civil Portugais*, BFD 1992, 1-16; **1990a**, *Cláusula penal e indemnização*, Almedina, Coimbra, 1990 (reimp. 1999); **1990b**, *Cláusulas de responsabilidade civil*, Coimbra, 1990; **1985**, *Cláusulas limitativas e de exclusão de responsabilidade civil*, Coimbra 1985; c/ Mota Pinto, Paulo, *Teoria Geral do Direito Civil* (Carlos Alberto da Mota Pinto), 4.ª ed., Coimbra, **2005**; c/ Neuner, Jörg / Sarlet, Ingo (Org.), *Direitos Fundamentais e Direito Privado, uma Perspectiva de Direito Comparado*, Almedina, Coimbra, **2007**

PINTO, Timothy, *The Influence of the European Convention on Human Rights on Intellectual Property Rights*, EIPR 2002, 209

PIRES DE LIMA, Fernando / ANTUNES VARELA, João de Matos: *Noções Fundamentais de Direito Civil*, Vol. I, 6.ª ed., CE, Coimbra, **1965**; *Código Civil Anotado*, III, 2.ª, c/ col. M. Henrique Mesquita, CE, Coimbra, **1987**

PIRIOU, Florence-Marie, *Le droit moral à l'épreuve des relations auteurs/personnes morales*, RIDA 2001, 245

PIZZOFERRATO, Alberto, *Banche dati e diritti di proprietà intellettuale*, in *Contrato e Impresa*, 2000, 287

PLAISANT, Robert, *Le droit des auteurs et des artistes executants*, Delmas, Paris, 1979

PLAZA PENADÉS, Javier, *Propiedad intelectual y sociedad de la información*, Aranzadi, Navarra, 2002

POIARES MADURO, Miguel: *We The Court: The European Court of Justice and the European Economic Constitution*, Hart Publishing, Oxford, **1998**; *A Crise Existencial do Constitucionalismo Europeu*, in Colectânea de Estudos em Memória de Francisco Lucas Pires, UAL, Lisboa, 201 (Separata)

PRENDERGATS, Jay, *Kremen v. Cohen: the "knotty" saga of sex.com*, Jurimetrics 2004, 75
POLL, Günter / BRAUN, Thorsten, *Privatkopien ohne Ende oder Ende der Privatkopie? § 53 Abs. 1 UrhG im Lichte des »Dreistufentests«*, ZUM 2004, 266
PORTELA, Manuel, *O comércio da literatura: mercado & representação: ensaio*, Antígona, Lisboa, 2003
POSNER, Richard A., *Public Intellectuals: A Study of Decline*, HUP, Cambridge/ /London, **2001**; *Law and Literature*, Revised and Enlarged Edition, HUP, Cambridge, **1998**
POST, David, *Against "Against Cyberanarchy"*, BTLJ 2002, 1365
POULLAUD-DULIAN, Frédéric, *Le droit de destination: le sort des exemplaires en droit d'auteur*, LGDJ, Paris, 1989
POULLET, Yves: *Vers la confiance: vues de Bruxelles: un droit européen de l'Internet? Quelques considérations sur la spécificité de l'approche réglementaire européenne du cyberspace*, in Chatillon (dir.), *Le droit international de l'Internet*, **2002**, 133; *Les diverses techniques de réglementation d'Internet: l'autorégulation et le rôle du droit étatique*, Ubiquité 5/**2000**a, 57; *How to regulate the Internet: new paradigms for Internet Governance – Self-regulation: Value and Limits*, Namur, **2000**b
POUPAERT, Nathalie / JANSSEN, Katleen, *La directive du 17 novembre 2003 concernant la réutilisation des informations du secteur public*, RDTI 2004, 29
PUPO CORREIA, Miguel, *Direito Comercial*, 9ª ed., Ediforum, Lisboa, 2005
PUTTEMANS, Andrée, *Droits intellectuels et concurrence déloyale: pour une protection des droit intellectuels par l'action en concurrence déloyale*, préf. Michel Hanotiau, Bruylant, Bruxelles, 2000

Q-R

QUADRO, Fausto, *Direito da União Europeia – Direito Constitucional e Administrativo da União Europeia*, Almedina, Coimbra, 2004
QUEIRÓ, Afonso Rodrigues, *Lições de Direito Administrativo*, II, Coimbra, 1959
QUEIROZ, Cristina: *As relações entre o Direito da União e o Direito Constitucional Interno dos Estados*, Revista da Faculdade de Direito da Universidade do Porto, **2006**, 189; *Interpretação constitucional e poder judicial: sobre a epistemologia da construção constitucional*, CE, Coimbra, **2000**
RAMOS PEREIRA, Joel Timóteo: *Compêndio Jurídico da Sociedade da Informação*, Quid Juris, Lisboa, **2004**; *Direito da Internet e Comércio Electrónico*, Quid Juris, Lisboa, **2001**
RAMSEYER, J. Mark / NAKAZATO, Minoru, *Japanese Law: An Economic Approach*, UCP, Chicago/London, 1999
RAYNARD, Jacques, *Droit d'auteur et conflits de lois. Essai sur la nature juridique du droit d'auteur*, préf. Michel Vivant, Litec, Paris, 1990
REBELLO, Luiz Francisco: *Chronique du Portugal*, RIDA **2007**, 140; *Transposition de la directive no. 2001/29/EC dans le droit portugais*, RIDA **2005**, 148;

Código do Direito de Autor e dos Direitos Conexos – Anotado, 3.ª ed., Âncora, Lisboa, **2002**; *Sistemas de informação sobre direitos*, in *Gestão Colectiva do Direito de Autor e Direitos Conexos no Ambiente Digital: Situação e Perspectivas*, **2001**, 202; *Garrett, Herculano e a Propriedade Literária*, SPA/Dom Quixote, Lisboa, **1999**; *Introdução ao Direito de Autor*, I, SPA/D. Quixote, Lisboa, **1994**; *Protecção Jurídica dos Programas de Computador*, Memórias da Academia de Ciências de Lisboa, XXIII, **1983**

REED, Chris, *Internet Law – Texts and Materials*, 2nd ed., CUP, Cambridge, 2004

REESE, R. Anthony, *Will Merging Access Controls and Rights Controls Undermine the Structure of Anticircumvention Law?*, BTLJ 2003, 619

REHBINDER, Mandred, *Urheberrecht – Ein Studienbuch*, (beg. Heinrich Hubmann), 11. Auf., München, Beck, 2001

REIDENBERG, Joel R.: *States and Internet Enforcement*, OLTJ 2003/**2004**, 213; *Lex Informatica: The Formulation of Information Policy Rules through Technology*, TeLR **1998**, 553

REINBOTHE, Jörg: *Die Umsetzung der EU-Urheberrechtsrichtlinie in deutsches Recht*, ZUM **2002**, 43; *Europäisches Urheberrecht und Electronic Commerce*, in Lehmann (Hrsg.), *Electronic Business in Europa*, **2001**a, 372; *Die EG-Richtlinie zum Urheberrecht in der Informationsgesellschaft*, GRUR Int. **2001**b, 733; c/ Lewinski, Silke von, *The WIPO Treaties 1996 (The WIPO Copyright Treay and the WIPO Performances and Phonograms Treaty), Commentary and Legal Analysis*, Butterworths, London, **2002**, *The EC Directive on Rental and Lending Rights and on Piracy*, Sweet & Maxwell, London, **1993**

REIS, Carlos, *Diálogos com José Saramago*, Caminho, Lisboa, 1998

REIS MARQUES, Mário: *Introdução ao Direito*, Almedina, Coimbra, **2007**; *Considerações sobre a vigência do Código Civil*, in *Comemorações dos 35 Anos do Código Civil e dos 25 Anos da Reforma de 1977, Vol. II. A parte Geral do Código e a Teoria Geral do Direito Civil*, FDUC, CE, Coimbra, **2006**, 89; *Codificação e Paradigmas da Modernidade*, Almedina, Coimbra, **2003**

REIS NOVAIS, *As Restrições aos Direitos Fundamentais não Expressamente Autorizadas pela Constituição*, CE, Coimbra, 2003

REMÉDIO MARQUES, João Paulo, *Biotecnologia(s) e Propriedade Intelectual – Justaposição e Convergência na Protecção das Matérias Biológicas pelo Direito de Autor, "Direito Especial" do Fabricante de Bases de Dados e pelos Direitos da Propriedade Industrial*, 2 volumes, Coimbra, **2005** (v. Almedina, 2007); *Propriedade Intelectual e Interesse Público*, BFD **2003**a, 293; *Patentes de Genes Humanos*, DI/III, **2003**b, 107; c/ Nogueira Serens, M., *Direito de patente: sucessão de leis no tempo e a proibição da outorga de patentes nacionais sobre produtos químicos ou farmacêuticos no domínio do CPI de 1940 – o aditamento de reivindicações de produto químico ou farmacêutico, no quadro do CPI de 1995, nos procedimentos de protecção pendentes na data de adesão à Convensão de Patente Europeia e ao acordo TRIPS*, in Dir **2006**, 1011

RIBAS ALEJANDRO, Javier, *Aspectos Jurídicos del Comercio Electrónico en Internet*, Thomson-Aranzadi, Navarra, 1999

RIBEIRO DE ALMEIDA, Alberto Francisco, *Os princípios estruturantes do acordo TRIPS's: um contributo para a liberalização do comércio mundial*, BCE 2004, 1

RIBEIRO MENDES, Armindo, *Contratos informáticos*, Legis 8, 1993, 83

RIBERA BLANES, Begoña, *El derecho de reproducción en la Propiedad Intelectual*, Dikinson, Madrid, 2002

RICE, David: *Copyright and Contract: Preemption After Bowers v. BayState*, RWU **2004**, 595; *Copyright as a Talisman: Expanding 'Property' in Digital Works*, IRL **2002**, 113

RICKETSON, Sam, *The Berne Convention for the Protection of Literary and Artistic Works: 1886-1986*, Kluwer, London, **1987**; c/ GINSBURG, Jane, *International Copyright and Neighbouring Rights: The Berne Convention and Beyond*, 2 vol., 2nd ed., OUP, Oxford, **2006**

RIFKIN, Jeremy: *O Século Biotech: A Criação de um Novo Mundo*, trad. Fernanda Oliveira, Publicações Europa-América, **2000**a; *The Age of Access*, New York, **2000**b

RINTELEN, Max, *Urheberrecht und Urhebervertragsrecht (nach österreichischem, deutschem um schweizerischem Recht)*, Springer, Wien, 1958

ROCHA, Maria Victória: *A titularidade das criações intelectuais no âmbito da relação de trabalho*, in *Nos 20 Anos do Código das Sociedades Comerciais Homenagem aos Professores Doutores A. Ferrer Correia, Orlando de Carvalho e Vasco Lobo Xavier*, Volume I Congresso Empresas e Sociedades, FDUC, CE, Coimbra, **2007**, 167; *Multimédia e Direito de Autor: Alguns Problemas*, in *Actas de Derecho Industrial y Derecho de Autor*, Tomo XVII 1996, Marcial Pons, Madrid / Universidad de Santiago de Compostela, **1997**, 175

ROCHA DE SOUZA, Allan, *A função social dos direitos autorais: uma interpretação civil-constitucional dos limites da proteção jurídica (Brasil: 1988 – 2005)*, Campo dos Goytacazes, Faculdade de Direito de Campos, 2006

RODRIGUES, Sílvio, *Direito Civil – Direito das Coisas*, Volume 5, 28ª ed. revista e atualizada de acordo com o novo Código Civil (Lei n. 10.406, de 10-1-2002), Saraiva, São Paulo, 2003

RODRÍGUEZ-CANO, Rodrigo Bercovitz, *La comunicación pública en las habitaciones de hotel*, DSI/VI, **2006**, 87; (coord.), *Comentarios a la Ley de Propiedad Intelectual*, 2ª ed., Tecnos, Madrid, 1997

RODRIGUEZ TAPIA, José Miguel: *Comentarios a la Ley de Propiedad Intelectual*, Civitas, Navarra, 2007; *La cesión en exclusiva de los derechos de autor*, Marcial Pons, Madrid, **1992**

ROGEL VIDE, Carlos: *Internet y Propiedad Intelectual – Problemas mal resueltos o sin resolver en el derecho comunitario al respecto*, DSI/III, **2002**a, 47; *Derecho de Autor*, Cálamo, Barcelona, **2002**b; *Estudios completos de propiedad intelectual*, Madrid, Reus, **2003**

ROGÉRIO ERHARDT SOARES, *Direito Público e Sociedade Técnica*, Atlântida, Coimbra, 1969

ROMANO MARTINEZ, Pedro, *Responsabilidade dos prestadores de serviços em rede*, in *Lei do Comércio Electrónico Anotada*, Ministério da Justiça /GPLP, CE, Coimbra, **2005**, 267; *Tutela da actividade criativa do trabalhador*, RDES **2000**, 225; *Contrato de empreitada*, Almedina, Coimbra, **1994**

ROMANO, Rosária: *Die Umsetzung der Richtlinie über des Urheberrecht und die verwandten Schutzrechte in der Informationsgesellschaft in Italien – Die unterschiedlichen Schutzmechanismen und das Wettbewerbsrecht*, GRUR Int. **2006**, 552; *L'opera e l'esemplare nel diritto della proprietà intellettuale*, Cedam, Padova, 2001

ROSEN, Jan, *Urheberrecht und verwandte Schutzrechte in der Informationsgesellschaft – Zur Umsetzung der EG-Richtlinie 2001/29/EG in den nordischen Ländern*, GRUR Int. 2002, 195

ROSENKRANZ, Nicholas Quinn, *Federal Rules of Statutory Interpretation*, HLR 2002, 2085

ROBNAGEL, Alexander / WEDDE, Peter / HAMMER, Volker / PORDESCH, Ulrich, *Digitalisierung der Grundrechte? Zur Verfassungsverträglichkeit der Information– und Kommunikationstechnik*, Westdeutscher Verlag, Oplade, 1990

ROBNAGEL, Alexander, *Modernisierung des Datenschutzrechts für eine Welt allgegenwärtiger Datenverarbeitung*, MMR 2005, 71

ROTT, Peter: *Die Privatkopie aus der Perspektive des Verbraucherrechts*, in Hilty/ /Peukert (Hrsg.), *Interessenausgleich im Urheberrecht*, Nomos, Baden-Baden, **2004**, 267; *TRIPS-Abkommen, Menschenrechte, Sozialpolitik und Entwicklungsländer*, GRUR Int. **2003**, 103

RUBENFELD, Jed, *The Freedom of Imagination: Copyright's Constitutionality*, YLJ 2002, 1

S

SÁ E MELLO, Alberto: *Tutela jurídica das bases de dados (a transposição da Directriz 96/9/CE)*, DSI/I, **1999**, 111; *O direito pessoal de autor no ordenamento jurídico português*, SPA, Lisboa, **1989**; *Contratos de Direito de Autor – A Autonomia Contratual na Formção do Direito de Autor*, Almedina, Coimbra, 2008

SAG, Matthew J., *Beyond Abstraction: The Law and Economics of Copyright Scope and Doctrinal Efficiency*, TuLR 2006, 187

SAITÔ, Hiroshi: *Zum Vergütungssystem für die digitale Werkspeicherung zum privaten Gebrauch*, in Ganea/ Heath/Schricker (Hrsg.), *Urheberrecht: Gestern – Heute – Morgen*, **2001**, 435; *Neue Medien und Geistiges Eigentum – Insbesondere Urheberrechte im nahenden Zaitalter*, in Zentaro Kitagawa / Junichi Murakami / Knut Wolfgang Nörr / Thomas Oppermann / Hiroshi Shiono (Hrsg.), *Das Recht vor der Herausforderung eines neuen*

Jahrhunderts (Deutsch-japanisches Symposion in Tübingen vom 25. bis 27. Juli 1996), Mohr Siebeck, Tübingen, **1998**, 45

SALVO VENOSA, Sílvio de, *Direito Civil – Direitos Reais*, Volume 5, 5ª ed. (Atualizada de acordo com o Código Civil de 2002. Estudo comparado com o Código Civil de 1916), Atlas, São Paulo, 2005

SAMUELSON, Pamela: *Economic and Constitutional Influences on Copyright Law in the United States*, EIPR **2001**, 417; *Should Economics Play a Role in Copyright Law and Policy?*, Ottawa Law & Technology Journal 2003/**2004**, 1; *Intellectual Property and the Digital Economy: Why the Anti-Circumvention Regulations Need to Be Revised*, BTLJ **1999**, 520; *The Future of the Information Society and the Role of Copyright in It*, Institute of Intellectual Property (IIP), Tokyo, **1998**

SANTILLI, Marina, *Il diritto d'autore nella società dell'informazione*, Giuffrè, Milano, 1988

SANTOS JUSTO, António dos: *Direitos Reais*, CE, Coimbra, **2007**; *Introdução ao Estudo do Direito*, 3ª ed., CE, Coimbra, **2006**; *O Direito Luso-Brasileiro: Codificação Civil*, BFD **2003**, 1; *Direito Privado Romano – III (Direitos reais)*, SI 26, Coimbra, **1997**

SARDAIN, F., *Le public, le consommateur et les mesures techniques de protection des œuvres*, Com. Comm. Électr. 2004, 15

SARLET, Ingo Wofgang, *A Eficácia dos Direitos Fundamentais*, 4.ª ed., Livraria do Advogado, Porto Alegre, **2004**; Org., *Constituição, Direitos Fundamentais e Direito Privado*, Livraria do Advogado, Porto Alegre, 2003

SARMENTO E CASTRO, Catarina, *Direito da informática, privacidade e dados pessoais (A propósito da legalização de tratamento de dados pessoais (incluindo televigilância, telecomunicações e Internet por entidades públicas e por entidades privadas, e da sua comunicação e acesso)*, Almedina, Coimbra, 2005

SARNOFF, Joshua D., *Abolishing the Doctrine of Equivalents and Claiming the Future after Festo*, BTLJ 2004, 1157

SCHACK, Haimo: *Urheberrechtliche Schranken, übergesetzlicher Notstand und verfassungskonforme Auslegung*, in *Perspektiven des Geistiges Eigentums und Wettbewerbsrechts*, **2005**a, 511; *Urheber– und Urhebervertragsrecht*, 3. Aufl., Mohr Siebeck, Tübingen, **2005**b; *Schutz digitaler Werke vor privater Vervielfältigung – zu den Auswirkungen der Digitalisierung auf § 53 UrhG*, ZUM **2002**, 497

SCHEUERMANN, Isabel, *Internationales Zivilverfahrensrecht bei Verträgen im Internet. Eine rechtsvergleichende Untersuchung des deutschen, europäischen und US-amerikanischen Zuständigkeitsrechts sowie der Anerkennung und Vollstreckung von Gerichtsentscheidungen im deutsch-amerikanischen Rechtsverkehr*, Mohr Siebeck, München, 2004

SCHMIDT, Karsten, *Handelsrecht*, 5. Aufl., Carl Heymanns Verlag, Köln, 1999

SCHMITT, Hansjörg Friedrich, *Intangible goods als Leistungsgegenstand internationaler Online-Kaufverträge – Im UN-Kaufrecht und Internationalen*

Privatrecht sowie in deutschen Verbraucherschutzgesetzen, Peter Lang, Frankfurt am Main, 2003

SCHOENHARD, Paul M., *Disclosure of Government Information Online: A New Approach from an Existing Framework*, HJLT 2002, 496

SCHRAUWEN, Annette (ed.), *Rule of Reason: Rethinking Another Classic of European Legal Doctrine*, Europa Law Publishing, Amsterdam, 2005

SCHRICKER, Gerard (Hrsg.): **1999**, *Urheberrecht. Kommentar*, 2. Aufl. (*Schricker* Einl., 1, §§ 28-41, 495; *Vogel* Einl. 29, §§ 87a ff., 1312; *Dietz* §§ 12-14, 242, § 39, 632; *Loewenheim* § 2, 46, § 7, 218, § 16/17, 330, § 53/4, 834, §§ 69a ff., 1063; *v. Ungern-Sternberg*, § 15, 301; *Katzenberger* § 64, 1006), Beck, München, 1999 (cit. Schricker/... 1999); **1997**, *Urheberrecht auf dem Weg zur Informationsgesellschaft*, Thomas Dreier, Katzenberger, Silke v. Lewinski, Gerhard Schricker, Nomos, Baden-Baden, 1997

SCHRICKER, Gerhard, *Zum neuen deutschen Urhebervertragsrecht*, GRUR Int. **2002**, 797; *Bemerkungen zur Erschöpfung im Urheberrecht*, in GANEA/HEATH/ /SCHRICKER (Hrsg.), *Urheberrecht: Gestern – Heute – Morgen*, **2001**, 447

SCHROEDER, Jeanne L., *The End of the Market: A Psychoanalysis of Law and Economics*, HLR 1998, 483

SCHULMAN, Jonathan, *Liability of Internet Service Providers for Infringing Activities of Their Customers: Will the Induce Act Solve the Problem?*, UBIP 2005, 121

SCHUPPERT, Stefan / Greissinger, Christian, *Gebrauchthandel mit Softwarelizenzen (Wirksamkeit vertraglicher Weitergabebeschränkungen)*, CR 2005, 81

SCHWARZE, Jürgen / Becker, Jürgen (Hrsg.), *Regulierung im Bereich von Medien und Kultur (Gestaltungsmöglichkeiten und rechtliche Grenzen)*, Nomos, Baden--Baden, 2002

SCHWARZE, Jürgen, *Der Schutz des geistigen Eigentums im europäischen Wettbewerbsrecht – Anmerkungen zur jüngsten Entscheidungspraxis*, in Schwarze/Becker (Hrsg.), *Regulierung im Bereich von Medien und Kultur (Gestaltungsmöglichkeiten und rechtliche Grenzen)*, 2002, 81

SEABRA LOPES, J. de, *A protecção da privacidade e dos dados pessoais na sociedade da informação: tendências e desafios numa sociedade em transição*, in *Estudos dedicados ao Prof. Doutor Mário Júlio de Almeida Costa*, UCE, Lisboa, 2002, 779

SEBASTIÃO CRUZ, *Direito Romano*, I, 4.ª ed., Coimbra 1984

SELL, Susan K., *Private Power, Public Law: The Globalization of Intellectual Property Rights*, CUP, Cambridge/New York, 2003

SENFTLEBEN, Martin: *Copyright, Limitations, and the Three-Step Test (An Analysis of the Three-Step Test in International and EC Copyright Law)*, KLI, The Hague/London/New York, **2004**a; *Die Bedeutung der Schranken des Urheberrechts in der Informationsgesellschaft und ihre Begrenzung dur den Dreistufentest*, in Hilty/Peukert (Hrsg.), *Interessenausgleich im Urheberrecht*, **2004**b, 159; *Privates digitales Kopieren im Spiegel des Dreistufentests. Genügt die deutsche Regelung zur Privatkopie den Vorgaben des internationalen Rechts?*, CR **2003**, 914

SEVILLE, Catherine, *From Pirates to Eagles: America's Changing View of Copyright*, EIPR **2007**, 407; *The United Kingdom's implementation of the copyright directive*, RIDA **2004**, 185

SHERMAN, Brad, *Digital Property and Digital Commons*, in Heath/Sanders (ed.), *Intellectual Property in the Digital Age*, **2001**, 95; c/ Bently, Lionel, *The Making of Modern Intellectual Property Law (The British Experience: 1760--1911)*, CUP, Cambridge, **1999**; c/ Strowel, Alain (eds.), *Of Authors and Origins – Essays on Copyright Law*, Clarendon Press, Oxford, 1994

SILVA CARVALHO, Américo, *Usos Atípicos das Marcas (Função da Marca)*, DI/III 2003, 75

SILVA MARTINS, Yves Gandra da, *Direitos e Deveres no Mundo da Comunicação – Da Comunicação Clássica à Eletrônica*, SI 40, Coimbra, 1999, 105

SILVA PEREIRA, Caio Mário da, *Instituições de Direito Civil, Vol. IV Direitos Reais*, 19ª ed. revista e act. por Carlos Edison do Rêgo Monteiro Filho de acordo com o Código Civil de 2002, Forense, Rio de Janeiro, 2005

SINDE MONTEIRO, Jorge Ferreira: *Culpa in contrahendo (Direito Civil)*, in Cadernos de Justiça Administrativa, n.º 42, **2003**, 5; *Conclusões*, in *Um Código Civil para a Europa / A Civil Code for Europe / Un Code Civil pour l'Europe*, SI 64, Coimbra, **2002**, 291; *Direito Privado Europeu – Assinatura Electrónica e Certificação*, RLJ **2001**, 271; *Responsabilidade por conselhos, recomendações ou informações*, Almedina, Coimbra, **1989**; *Análise económica do direito*, BFD **1981**, 249; et al., *Fundamental Rights and Private Law in the European Union (Portuguese Report)*, CD-Rom (ficheiro.pdf), FDUC, Coimbra, **2004;** c/ Dias Pereira, André Gonçalo, *Surety Protection in Portugal*, BFD **2005**, 727

SINGER, Pete, *Mounting a Fair use Defense to the Anti-Circumvention Provisions of the Digital Millennium Copyright Act*, UDLR 2002, 111

SIRINELLI, Pierre, *Propriété littéraire et artistique*, 2ème éd., Dalloz, Paris, **2003**; *L'adéquation entre le village virtuel et la création normative – remise en cause du rôle de l'État?*, in Boele-Woelki /Kessedjian (ed.), *Internet: Which Court Decides? Which Law Applies?*, **1998**, 1

SMITH, Henry E., *Intellectual Property as Property: Delineating Entitlements in Information*, 116 YLJ 2007, 1742

SNYDER, Francis, *The Gatekeepers: The European Court and the WTO Law*, CMLR 2003, 313

SOMMER, Andrew R., *Trouble on the Commons: A Lockean Justification for Patent Law Harmonization*, JPTO 2005, 141

SOUSA E SILVA, Pedro: *"E Depois do Adeus". O "esgotamento" do direito industrial e os direitos subsistentes após a colocação no mercado*, DI/III **2003**, 201; *O "esgotamento" do direito industrial e as "importações paralelas". Desenvolvimentos recentes da jurisprudência comunitária e nacional*, DI/II **2002**, 201; *O "esgotamento" de direitos industriais*, DI/I **2001**, 453; *O princípio da especialidade das marcas. A regra e a excepção*, ROA **1998**, 377; *Direito* comunitário e propriedade industrial – O princípio do esgotamento dos direitos, CE, Coimbra, **1996**

SOUSA RIBEIRO, Joaquim de: *O princípio da transparência no direito europeu dos contratos*, EDC 4/**2002**a, 137; *Direito dos Contratos e Regulação do Mercado*, Revista Brasileira de Direito Comparado, **2002**b, 203; *Constitucionalização do Direito Civil*, BFD **1998**, 729

SOUSA SANTOS, Boaventura de, *Towards a New Legal Common Sense: Law, Globalisation, and Emancipation*, 2nd ed., Butterworths, London, 2002

SPAR, Debora L., *The Public Face of Cyberspace*, in *Global Public Goods – International Cooperation in the 21st Century*, ed. Inge Kaul, Isabelle Grunberg, Marc A. Stern, OUP, Oxford/N.Y., 1999, 344

SPINDLER, Gerald (Hrsg.), *Open Source*, Otto Schmidt, Köln, 2003

SPINDLER, Gerald, *Europäisches Urheberrecht in der Informationsgesellschaft*, GRUR 2002, 105

SPINDLER, Gerald / WIEBE, Andreas, *Open Source-Vertrieb*, CR 2003, 873

SPOOR, Jaap, *The Economic Rights Involved*, in Dellebeke (ed.), *Copyright in Cyberspace*, 1997, 41

STEFIK, Mark, *Shifting the Possible: How Trusted Systems and Digital Property Rights Challenge Us To Rethink Digital Publishing*, BTLJ 1997, 137

STEWART, Stephen M., *International Copyright Law and Neighbourings Rights*, 2nd ed., Butterworths, London, 1989

STIGLITZ, Joseph, *Knowledge as a Global Public Good*, in *Global Public Goods – International Cooperation in the 21st Century*, ed. Inge Kaul, Isabelle Grunberg, Marc A. Stern, OUP, Oxford/New York, 1999, 308

STRAHILEVITZ, Lior Jacob, *Information Asymmetries and the Rights to Exclude*, MichLR 2006, 1835

STRECK, Lenio Luiz, *Concretização de direitos e interpretação da constituição*, BFD 2005, 291

STROWEL, Alain: *Exhaustion: New interpretation for software distribution? A European notion of consent could determine the exhaustion of a copyright holder's distribution right*, CRi **2002**, 7; *Liaisons dangereuses et bonnes relations sur l'Internet: A propos des hyperliens*, A&M **1998**, 296; *La protection des personnages par le droit d'auteur et le droit des marques*, in *Droit d'auteur et bande dessinée*, Bruylant/LGDJ, Bruxelles/Paris, **1997**, 68; *Droit d'auteur et copyright (divergences et convergences)*, Bruylant, Bruxelles, **1993**; c/ Derclaye, Estelle, *Droit d'auteur et numérique: logiciels, bases de données, multimédia*, Bruylant, Bruxelles, **2001**; c/ Triaille, Jean-Paul, *Le droit d'auteur, du logiciel au multimedia*, Bruylant, Bruxelles, **1997**

STUYCK, Jules, Anot., CMLR 2001, 719

T

TANI, Yoshikazu, *Protection of Computer Software in Japan*, PL 2/1996, 7

TAPPER, Collin, *The European Software Directive: The Perspective from the United Kingdom*, in Lehmann/Tapper (eds.), *A Handbook of European Software Law*, 1993, 143
TASSONE, Bruno, *DRM e rifiuto di licenza nel caso Virgin v. Apple: questione di Fair Play?*, AIDA 2006, 376
TEIXEIRA GARCIA, Augusto, *Parallel Imports and IP Rights with specific regard to Macao*, in Heath/Sanders (ed.), *Industrial Property in the Bio-Medical Age: Challenges for Asia*, KLI, The Hague, 2003, 219
TEIXEIRA DE SOUSA, Miguel / MOURA VICENTE, Dário, *Comentário à Convenção de Bruxelas de 27 de Setembro de 1968 relativa à competência judiciária e à execução de decisões em matéria civil e comercial e textos complementares*, Lex, Lisboa, 1994.
TEUBNER, Gunther, *O direito como sistema autopoiético*, trad. e pref. de José Engrácia Antunes (do orig. *Recht als autopoietisches System*, 1989), Fundação Calouste Gulbenkian, Lisboa
THERIEN, John R., *Exorcising the Specter of a "Pay-Per-Use" Society: Toward Preserving Fair use and the Public Domain in the Digital Age*, BTLJ 2001, 979
TIAN, YiJun: *Problems of Anti-Circumvention Rules in the DMCA & More Heterogeneous Solutions*, FIP **2005**a, 749; *Reform of Existing Database Legislation and Future Database Legislation Strategies: Towards a Better Balance in the Database Law*, RCT **2005**b, 347
TORREMANS, Paul: *Copyright as a Human Right*, in Id. (ed.), *Copyright and Human Rights (Freedom of Expression – Intellectual Property – Privacy)*, KLI, The Hague/London/New York, **2004**, 1; *The law applicable to copyright: which rights are created and who owns them?*, RIDA **2001**, 36; *Private International Law Aspects of IP – Internet Disputes*, in L. Evans and C. Waelde (eds), *Law & the Internet: A Framework for Electronic Commerce*, Hart Publishing, **2000**, 245; *The likelihood of association of trade marks: as assessment in the light of the recent case law of the Court of Justice*, AI **1998**, 185; Holyoak and Torremans: *Intellectual Property Law*, 4th ed., OUP, Oxford, 2005
TOSI, Emilio (a cura di), *Commercio elettronico e servizi della società dell'informazione – Le regole giuridiche del mercato interno e comunitario: commento al D.Lgs. 9 Aprile 2003, n. 70*, Giuffrè, Milano, 2003
TOWSE, Ruth / HOLZHAUER, Rudi (eds.), *The Economics of Intellectual Property*, Vol. I, The International Library of Critical Writings in Economics 145, Cheltenham/Northampton, 2002
TRABUCO, Cláudia, *Direito de autor, intimidade privada e ambiente digital: reflexões sobre a cópia privada de obras intelectuais*, Araucaria. Revista Ibero-Americana de Filosofia, Politica y Humanidades (.pdf), **2007**, 29; *O direito de reprodução de obras literárias e artísticas no ambiente digital*, CE, Coimbra, **2006**; *Dos contratos relativos ao direito à imagem*, O Direito, **2001**, 389

TRITTON, Guy, *Intellectual Property in Europe*, Richard Davis, Michael Edenborough, James Graham, Simon Malynicz, Ashley Roughton, 2nd ed., Sweet & Maxwell, London, 2002

TROLLER, Alois: *Immaterialgüterrecht (Patentrecht, Markenrecht, Muster– und Modellrecht, Urheberrecht, Wettbewerbsrecht)*, I, II, 3. Aufl., Basel, Helbing, 1983/1985; *Das Verlasvertrag*, Schulthess, Zürich, 1976

TRUDEL, Pierre, *L'influence d'Internet sur la production du droit*, in Chatillon (dir.), *Le droit international de l'Internet*, 2002, 89

U-V

UBERTAZZI, Luigi Carlo: *Introduzione al diritto europeo della proprietà intellettuale*, DSI/VI, **2006**, 29; *I diritti d'autore e connessi – scritti*, Giuffrè, Milano, 2000

UERPMANN, Robert, *Internationales Verfassungsrecht*, JZ 2001, 565

ULMER, Eugen, *Urheber– und Verlagsrecht*, 3. Aufl., Springer, Berlin, 1980

US Copyright Office, *DMCA Executive Summary*, 1998

VAIDHYANATHAN, Siva, *Copyrights and Copywrongs: The Rise of Intellectual Property and How It Threatens Creativity*, NYUP, NewYork, 2003

VALBUENA GUTIÉRREZ, José António, *Las obras o creaciones intelectuales como objeto del derecho de autor*, Comares, Granada, 2000

VALDÊS ALONSO, Alberto, *Propiedad intelectual y relación de trabajo – La transmisión de los derechos de propiedad intelectual a través del contrato de trabajo*, Civitas, Madrid, 2001

VALE E REIS, Rafael Luís, *O Direito ao Conhecimento das Origens Genéticas*, FDUC/CDB 12, CE, Coimbra, 2008

VÄLIMÄKI, Mikko / Oksanen, Ville, *DRM Interoperability and Intellectual Property in Europe*, EIPR 2006, 562

VANHEES, Hendrik, *Een juridische analyse van de grondslagen, inhoud en draagwijdtevan auteursrechtlijke exploitatiecontracten*, Bruyllant, Brussel, 1993

VARÌ, P., *La natura giuridica dei nomi di dominio*, Cedam, Padova, 2001

VASCONCELOS CASIMIRO, Sofia de, *A Responsabilidade Civil pelo Conteúdo da Informação Transmitida pela Internet*, Coimbra, Almedina, Coimbra, 2002

VERBO ENCICLOPÉDIA LUSO-BRASILEIRA DE CULTURA, 2, Arte

VEGA VEGA, José António, *Derecho de Autor*, Marcial Pons, Madrid, 1990

VICENTE FERRER NETO PAIVA, *Philosophia de Direito*, Tomo Primeiro: *Direito Natural*, 6.ª ed. augmentada e aprimorada, Imprensa da Universidade, Coimbra, 1883

VIEHWEG, Theodor, *Rechtsphilosophie und Rhetorische Rechtstheorie (Gesammelte kleine Schriften)*, Nomos, Baden-Baden, 1995

VIEIRA ANDRADE, José Carlos: *Os direitos fundamentais na Constituição Portuguesa de 1976*, 3.ª ed., Coimbra, Almedina, **2004**; *Os direitos, liberdades e garantias* *no âmbito das relações entre particulares*, in Sarlet (org.), *Constituição, Direitos Fundamentais e Direito Privado*, **2003**, 271

VIEIRA, José Alberto: *O comodato público de obras protegidas pelo direito de autor*, DSI/VI, **2006**, 187; *A protecção dos programas de computador pelo direito de autor*, Lex, Lisboa, **2005**; *Notas gerais sobre a protecção de programas de computador em Portugal*, DSI I/**1999**, 73; *Pluralidade de autores, pluralidade de obras e criação de obra protegida pelo direito de autor*, Lisboa, **1993**

VINJE, Thomas: *Should we begin digging copyright's grave?*, EIPR **2000**, 551; *Magill': its impact on the information technology industry*, Droit de l'informatique et des telecoms, 2/**1993**, 21

VISSER, D.J., *De beperkingen in de Auteursrechtrichtlijn*, AMI 1/2005, 9; *The Database Right and the Spin-Off Theory*, in Snijders/Weatherill (eds.), *Ecommerce Law. National and Transnational Topics and Perspectives*, KLI, The Hague, 2003, 105

VIVANT, Michel (dir), *Propriété intellectuelle et mondialisation: la propriété intellectuelle est-elle une marchandise?*, Dalloz, Paris, 2004, *Les grands arrêts de la propriété intellectuelle*, Dalloz, Paris, 2004; *Les créations immatérielles et le droit*, Ellipses, Paris, **1997**; *La fantastique explosion de la propriété intellectuelle: Une rationalité sous le big bang?*, in Mélanges Victor Nahban, Yvon Blais, Cowansville, **2004**, 393; *La propriété intellectuelle bousculée par les nouvelles technologies*, in *Problèmes Économiques*, **2001**, 25; *Droit d'auteur et copyright: quelles relations?*, in Chatillon (dir), *Le droit international de l'Internet*, **2002**, 445; *Authors' rights, human rights?*, RIDA **1997**, 60; *Pour une épure de la propriété intellectuelle*, in *Propriétés Intellectuelles*, Mélanges en l'honneur de André Françon, Dalloz, Paris, **1995**, 415

VOGEL, Martin, *Die Reform des Urhebervertragsrechts*, in Schwarze/Becker (Hrsg.), *Regulierung im Bereich von Medien und Kultur (Gestaltungsmöglichkeiten und rechtliche Grenzen)*, 2002, 29

YU, Xiang, *The Regime of Exhaustion and Parallel Imports in China: A Study Based on the Newly Amended Chinese Laws and Related Cases*, EIPR 2004, 105

W-Z

WACHOWICZ, Marcos, *Propriedade Intelectual do Software & Revolução da Tecnologia da Informação*, Juruá, Curitiba, 2005

WÄDLE, Elmar, *Geistiges Eigentum (Bausteine zur rechtsgeschichte)*, VCH, Weinheim, 1996

WAGNER, Axel-Michael, *Quo Vadis, Urheberrecht? Überlegungen zur Bedeutung des Urheberrechts in der Informationsindustriegesellschaft und zum anstehenden »Korb II«*, ZUM 2004, 723

WALTER, Christian, *Constitutionalizing (inter)national Governance – Possibilities for and Limits to the Development of an International Constitutional Law*, GYIL 2001, 170

WAND, Peter, *Technische Schutzmaßnahmen und Urheberrecht – Vergleich des internationalen, europäischen, deutschen und US-amerikanischen Rechts*, Beck, München, **2001**; *Kryptologie: Technische Identifizierungs– und Schutzsysteme – Urheber– und Wettbewerbsrecht*, in Lehmann (Hrsg.), *Internet– und Multimediarecht (Cyberlaw)*, **1997**, 35

WANDTKE, Artur-Axel / BULLINGER, Winfried (Hrsg.): **2006**, *UrhR – Praxiskommentar zum Urheberrecht*, 2. Aufl. (*Wandtke* Einl., 1; *Wandtke/Grunert* Vor §§ 31ff., 373; *Wandtke/Ohst* § 95a/b/c/d, 1225; *Block* § 29, 359; *Bullinger* § 2, §§ 12ff., 36, 188; *Grützmacher* §§ 69a ff., 737; *Heerma* § 15, 231; *Lüft* § 53, 659; *Thum* § 7, §§ 87a ff. UhrG, 121, 1038), Beck, München, 2006 (cit. Wandtke/Bullinger/... 2006); *Fallsammlung zum Urheberrecht – Mit Mustertexten für die Praxis*, Wiley-VCH, Weinheim, 1999

WANDTKE, Artur-Axel, *Bertold Brecht und das «geistige Eigentum»*, UFITA 2004, 47

WEBER, Rolf H.: *Selbsregulierung und Selbstorganisation bei den elektronishen Medien*, Medialex 2004, 211; *Schutz von Datenbanken: Ein neues Immaterialgüterrecht*, UFITA 1996, 5

WEINREB, Lloyd L., *Copyright for Functional Expression*, HLR 1998, 1149

WEISS, Jacob, *Harmonizing Fair use and Self-Help Copyright Protection of Digital Music*, RCT 2004, 203

WESTKAMP, Guido, *Protecting Databases Under US and European Law – Methodical Approaches to the Protection of Investments Between Unfair Competition and Intellectual Property Concepts*, IIC 2003, 772

WHEELER, David A., *Why Open Source Software / Free Software (OSS/FS, FLOSS, or FOSS)? Look at the Numbers!*, 2005 (http://www.dwheeler.com)

WIEBE, Andreas: *Information als Schutzgegenstand im System des geistigen Eigentums*, in Fiedler/Ullrich (Hrsg.), *Information als Wirtschaftsgut*, 1997, 93; *Rechtschutz von Datenbanken und europäische Harmonisierung*, CR 1996, 198

WINN, Jane Kaufmann, *Open Systems, Free Markets, and Regulation of Internet Commerce*, TuLR 1998, 1177

ZENHA MARTINS, João, *Interpretação conforme com a constituição*, in *Estudos em Homenagem ao Professor Doutor Inocêncio Galvão Telles*, V, Almedina, Coimbra, 2003

ZIMMERLICH, *Der Fall Microsoft – Herausforderungen durch die Internetökonomie*, WRP 2004, 1260

ZENO-ZENCOVICH, Vincenzo, *Diritto d'autore e libertà di expressione: una relazione ambigua*, AIDA 2006, 151

ZIPPELIUS, Reinhold, *Rechtsphilosophie – Ein Studienbuch*, 3. Aufl., Beck, München, 1994

ÍNDICE

APRESENTAÇÃO 7

SUMÁRIOS 9

SIGLAS E ABREVIATURAS 29

INTRODUÇÃO 33
1. Colocação do problema (objecto, método e sequência) 33
2. Actualidade e interesse do tema 40

PARTE I
A LIBERDADE DE INFORMAÇÃO
NO ESPÍRITO DOS DIREITOS DE AUTOR

§ 1. DIMENSÕES HISTÓRICAS DOS DIREITOS DE AUTOR 49
1. Vestígios dos direitos de autor na Antiguidade e na Idade Média 49
   1.1. Das origens do plágio à "invenção chinesa da Europa moderna" através da imprensa 49
   1.2. Dos privilégios de edição aos direitos de autor 51
2. Dos privilégios de impressão e venda de livros à propriedade literária e artística 52
   2.1. A história da protecção legal dos direitos de autor em Portugal 52
      a) Os privilégios de impressão e venda de livros 52
      b) As Constituições oitocentistas, Almeida Garrett e a Lei de 18 de Julho de 1851 53
      c) A inclusão dos direitos de autor no Código de Seabra e o Decreto n.º 13725, de 27 de Maio de 1927 (regime da propriedade literária, científica e artística) 54
      d) O Código do Direito de Autor, aprovado pelo Decreto-Lei n.º 46980, de 27 de Abril de 1966 55
      e) A Constituição de 1976 e o novo Código do Direito de Autor e dos Direitos Conexos (1985) 55

f) A legislação extravagante e a transposição das directivas comunitárias	56
g) Alargamento e aprofundamento da protecção dos direitos de autor	56
h) Resenha bibliográfica	57
2.2. A evolução histórica no direito comparado (França, Reino Unido, Alemanha, e EUA)	62
a) A história dos direitos de autor em França	63
b) A origem e evolução dos direitos de autor (copyright) no Reino Unido	65
c) A formação histórica e filosófica do direito de autor na Alemanha (Urheberrecht)	68
d) A história dos direitos de autor (copyright) nos Estados Unidos da América	72
3. Síntese conclusiva do § 1	79
§ 2. DIMENSÕES TEORÉTICAS	83
1. A concepção dos direitos de autor como direitos de propriedade no direito comunitário e no direito comparado	84
1.1. A propriedade como forma jurídica do princípio do elevado nível de protecção dos direitos de autor no direito comunitário	84
1.2. A vexata quaestio dos direitos de autor como propriedade	85
a) O postulado jusnaturalista do direito de autor continental	85
b) A natureza híbrida do direito de autor	87
c) A situação no direito brasileiro	90
2. Os direitos de autor como direitos de propriedade e/ou personalidade na doutrina tradicional, no Código Civil e na jurisprudência	91
2.1. As perspectivas clássicas	92
2.2. A teoria alternativa dos direitos de monopólio	93
2.3. Posição adoptada no plano dogmático	94
a) O argumento da corporalidade do objecto dos *iura in re*	95
b) O argumento do paradoxo de uma *plena in re potestas imperfeita*	96
c) O argumento ontológico da natureza das coisas	108
2.4. O ancoramento dos direitos de autor na liberdade de criação cultural, sem prejuízo do seu valor como direitos exclusivos de exploração económica	112
3. Acolhimento da doutrina alternativa no plano funcional	114
3.1. O argumento do direito natural como pressuposto e limite dos direitos de autor	114
a) O *"trabalho criativo"* como *"bem supremo"* e a Überzeugungskraft *da ideia de propriedade intelectual*	114
b) A denúncia da *"visão romântica da autoria"* na narrativa iluminista	115

3.2. O relevo dos argumentos funcionais na configuração do regime dos direitos de autor 116
    a) Sentido e limites da análise económica dos direitos de autor ... 117
    b) A teoria dos monopólios legais no copyright norte-americano.. 121
    c) A compreensão dos direitos de autor como privilégios comerciais para uma teoria da justiça informativa da propriedade intelectual 130
    d) Uma perspectiva sobre o papel dos direitos de autor no futuro da sociedade da informação 141
3.3. Balanço das propostas "funcionalistas" e refutação da teoria dos direitos de autor como puro privilégio comercial atribuído por lei ... 149
    a) A teoria do copyright como puro privilégio comercial 150
    b) Crítica à ausência de fundamento ético da concepção estritamente mercantilista 154
3.4. Das raízes personalistas dos direitos de autor à propriedade mercantil 156
    a) Obras literárias e artísticas e os limites de objectivação dos direitos de autor 156
    b) Direito exclusivo de utilização e limites funcionais de protecção dos direitos de autor 156
    c) Sentido e limites das medidas técnicas de protecção e de gestão de direitos 158
    d) De direito exclusivo a pretensão remuneratória? 159
    e) A autoria criadora como título legítimo de apropriação jurídica e os limites de atribuição 160
    f) Os limites de teorização e as opções de política legislativa.... 162
4. Síntese conclusiva do § 2 164

§ 3. DIMENSÕES SISTEMÁTICAS 169
1. A localização dos direitos de autor na ordem constitucional 169
  1.1. Liberdade de criação cultural e propriedade privada: os direitos de autor como direitos fundamentais 169
    a) A Constituição e os instrumentos internacionais 169
    b) A propriedade intelectual na jurisprudência constitucional 172
    c) A concorrência de direitos fundamentais na "constituição da informação" 174
  1.2. A interpretação dos direitos de autor em conformidade com a Constituição e os princípios do direito internacional 176
    a) A interpretação da constituição como elemento da interpretação dos direitos de autor 176
    b) A possível eficácia horizontal dos direitos fundamentais 180
  1.3. Constitucionalização do domínio público da informação e do serviço público da Net 192

2. Os direitos de autor no ordenamento privado (civil e comercial) 193
   2.1. Aplicação subsidiária do Código Civil aos direitos de propriedade intelectual 195
      a) Compra e venda e transmissão de direitos de autor; locação e autorização de exploração 196
      b) Tutela possessória do editor 198
      c) Enquadramento das licenças de software nos tipos contratuais 206
   2.2. Autores, artistas e empresas no Código Comercial 216
      a) A comercialidade das empresas do sector 216
      b) A não comercialidade dos actos dos autores 217
      c) Os autores e artistas como possíveis empresas (em sentido subjectivo) 218
3. Os direitos de autor na ordem jurídica comunitária 221
   3.1. A integração jurisprudencial dos direitos de autor no Tratado de Roma enquanto propriedade comercial 221
      a) A integração jurisprudencial dos direitos de autor no Tratado de Roma 221
      b) Princípios da jurisprudência comunitária sobre direitos de autor 223
   3.2. O acervo comunitário dos direitos de autor e o princípio do elevado nível de protecção da propriedade intelectual 226
   3.3. Compressão do princípio da territorialidade 228
      a) O princípio do país de origem no comércio electrónico 230
      b) O "livre trânsito" dos serviços da sociedade da informação no mercado interno 231
   3.4. Um Código da Propriedade Intelectual para a Europa? 233
      a) O problema da base legal 233
      b) Sentido e limites de uma codificação europeia dos direitos de autor 235
   3.5. *Droit d'auteur* e *copyright*: o alegado «fosso» entre o direito de autor continental e o copyright britânico e a harmonização comunitária dos direitos de autor 240
      a) Modelos dogmáticos ou "estereótipos raciais"? 241
      b) Marcas de contraste entre o Urheberrecht e o copyright e as "pontes de harmonização" 243
   3.6. A superação do abismo entre o *Urheberrecht* e o *Copyright*: o *droit d'auteur* latino e a matriz do direito comunitário de autor 252
      a) O direito de autor comunitário como tertium genus entre o Urheberrecht e o copyright 252
      b) A adequação dos direitos de autor às exigências do mercado interno 253
      c) A hibridação dos direitos de autor 255
      d) A filiação do direito de autor português no modelo dualista do droit d'auteur *continental* 257

3.7. Limites do direito comunitário da propriedade intelectual 265
   a) *Sentido e limites da harmonização comunitária através de directivas* 266
   b) *A blindagem interpretativa das directivas: Bruxelas locuta, causa finita?* 271
4. Os direitos de autor no ordenamento internacional do comércio 286
   4.1. Da Convenção de Berna ao Acordo ADPIC 286
      a) *Os direitos de autor como privilégios comerciais?* 287
      b) *Interesses do comércio e interesse público na «balança dos três pratos»* 292
      c) *Direito da OMC e direito comunitário* 297
   4.2. A introdução de uma cláusula de fair use no direito de autor europeu? 298
      a) *A cláusula geral de fair use no direito norte-americano e as exigências de segurança e certeza nos direitos de autor* 298
      b) *Rigidez e flexibilidade na regra dos três passos* 305
5. Síntese conclusiva do § 3 307

§ 4. DIMENSÕES PROSPECTIVAS 315
1. Da omnipotência à irrelevância dos direitos de autor? 315
   1.1. Direitos de autor e interesse público 315
      a) *O «imperialismo» da propriedade intelectual* 315
      b) *A preservação das liberdades fundamentais da comunicação* ... 316
      c) *De Locke aos Creative Commons* 317
   1.2. *Copyleft* e *Free Software*: o software como «discurso livre» 317
      a) *Os movimentos software livre e fonte aberta* 318
      b) *As licenças GPL* 319
      c) *O código-fonte aberto como exigência (constitucional) de transparência* 320
2. Os direitos de autor no contexto da «ciberespacialização jurídica» 321
   2.1. A alegada auto-suficiência do ciberespaço (alternativas tecnocráticas) 322
      a) *A soberania dos tecnólogos no ciberespaço* 322
      b) *A alegada impotência do Estado enquanto centro de normalização das comunicações* 323
      c) *A pós-modernidade do ciberespaço* 324
   2.2. A urgência de descodificação do problema 325
      a) *Do "estado de natureza" do ciberespaço às reacções dos juristas* 326
      b) *Modelos complementares de regulação* 329
   2.3. A «constitucionalização» do ciberespaço 330
      a) *O escrutínio da conformidade dos códigos informáticos com a Constituição* 331
      b) *A índole dúctil do direito privado e o ambiente ciberespacial* .. 332

2.4. A falácia tecnocrática 334
   a) A liberdade da Internet e os outros meios de comunicação (imprensa, rádio e televisão) 334
   b) A sociedade da informação como zona de soberania da União Europeia? 335
2.5. Um direito mundial para a Internet? 336
   a) Interoperabilidade dos sistemas jurídicos e concorrência mercantil das ordens jurídicas nacionais 336
   b) Mercado livre, padrões mínimos e propriedade global 338
2.6. Do «universum» ao «multiversum»? 339
   a) Da pirâmide normativa à produção multi-polar em rede? 340
   b) A defesa da intervenção impositiva do direito estadual na regulação do ciberespaço 341
   c) Um modelo híbrido de regulação do ciberespaço 341
3. A «europeização» do direito ciberespacial 344
   3.1. O acervo comunitário do direito da sociedade da informação 344
      a) Dos trabalhos preparatórios ao amplo leque de directivas e outros instrumentos 345
      b) Definições básicas do direito ciberespacial europeu 347
      c) As soluções multifacetadas da directiva sobre comércio electrónico 348
      d) As soluções da lei portuguesa do comércio electrónico 350
   3.2. A europeização da jurisdição no ciberespaço 354
      a) "Metamorfose" do direito internacional privado? 354
      b) O problema da competência judiciária internacional 357
      c) O Regulamento 44/2001 358
4. Síntese conclusiva do § 4 371

PARTE II
A LIBERDADE DE INFORMAÇÃO
NO CORPO DOS DIREITOS DE AUTOR

§ 5. DA OBRA LITERÁRIA OU ARTÍSTICA COMO OBJECTO DE DIREITOS DE AUTOR 379

1. Noção legal e catálogo aberto de obras 379
   1.1. A obra literária ou artística como conceito normativo indeterminado 380
      a) Determinação de arte e literatura segundo "as ideias correntes" . 380
      b) Catálogo de exemplos de obras literárias e artísticas 382
   1.2. A exteriorização e a originalidade como requisitos de protecção ... 384
      a) Exteriorização (a obra como forma literária ou artística sensorialmente apreensível) 384
      b) Originalidade (sentido positivo e sentido negativo) 386

1.3. Concretização jurisprudencial 392
   a) A criação como facto constitutivo e objecto dos direitos de autor 392
   b) Casos de obras não protegidas 393
   c) Casos de obras protegidas 394
   d) A determinação do objecto de protecção para efeitos de determinação da infracção 395
   e) A aplicação (cumulativa ou subsidiária) do instituto da concorrência desleal 395
2. Os programas de computador e as bases de dados como obras protegidas por direitos de autor 397
   2.1. As directivas sobre programas de computador (91/250) e bases de dados (96/6) 397
      a) O software como possível objecto de direitos de autor 397
      b) As bases de dados como possíveis objectos de direitos de autor ... 402
      c) A originalidade minimalista 405
   2.2. Os programas de computador e as bases de dados como objecto de direitos de autor no direito português 408
      a) A (duvidosa) técnica legislativa 408
      b) Delimitação do objecto e requisitos de protecção 410
3. Prestações artísticas, prestações empresariais e investimentos substanciais 411
   3.1. Origem, objecto e tipologia dos direitos conexos 411
      a) A razão de ser dos direitos conexos 411
      b) A "lista fechada" dos direitos conexos e as situações "atípicas" .. 412
      c) Direitos conexos e concorrência desleal 413
      d) A relação com os direitos de autor 413
      e) A tendencial «homogeneização» entre direitos de autor e direitos conexos 414
   3.2. Os investimentos substanciais na produção de bases de dados 415
      a) O valor económico da informação e a protecção do investimento 415
      b) A repressão da concorrência desleal como escopo principal do direito sui generis 417
      c) A fluidez do objecto do direito sui generis ("investimento substancial") 418
      d) A doutrina das infra-estruturas essenciais 419
      e) Criação e obtenção de dados (Fixtures Marketing v. Veikkaus) ... 420
      f) O direito especial do fabricante no DL 122/2000 422
      g) Motores de pesquisa, hiperligações e direito sui generis 422
   3.3. A protecção das bases de dados do sector público 425
      a) Os direitos de autor sobre informação do sector público 425
      b) A informação do sector público como possível objecto do direito especial do produtor de bases de dados 426

   c) Domínio público e liberdade de informação 428
4. Síntese conclusiva do § 5 430

§ 6. AUTORIA E TITULARIDADE DE DIREITOS DE AUTOR 435
1. A unidade autoria/titularidade de direitos 435
 1.1. A correcção de normas legais contrárias ao princípio da autoria ... 436
   a) Autoria, monismo e dualismo 437
   b) A criação intelectual como título de apropriação jurídica das obras literárias ou artísticas 438
 1.2. Cessão legal e transmissão contratual dos direitos patrimoniais ... 439
2. Autoria singular, autoria plural e obras colectivas 440
 2.1. Obra em colaboração 440
   a) Conexão de obras 440
   b) Obras cinematográficas e audiovisuais 441
 2.2. Obra colectiva 443
   a) A obra colectiva como critério de atribuição legal de direitos (cessio legis) 443
   b) A discussão no direito comparado 444
3. Autoria e titularidade de direitos de autor na jurisprudência portuguesa 446
 3.1. Criadores intelectuais e colaboradores técnicos ou executantes 446
 3.2. As exigências formais de atribuição negocial de direitos 447
   a) Requisitos formais de validade da transmissão de direitos 448
   b) Exigências formais na encomenda de obra intelectual 448
 3.3. Autores de obras cinematográficas e afins 452
 3.4. A cessão legal dos direitos económicos à empresa na obra colectiva 453
4. Autores e titulares de direitos nas directivas comunitárias 456
 4.1. A autoria como ponto de referência da titularidade de direitos ... 456
 4.2. Os regimes especiais dos programas de computador e das bases de dados 457
 4.3. Autores e titulares de direitos de autor sobre programas de computador e bases de dados no direito interno 459
   a) As regras especiais dos diplomas avulsos 459
   b) Concretização jurisprudencial 460
5. Síntese conclusiva do § 6 460

§ 7. DIREITOS MORAIS 463
1. Os direitos morais no Código do Direito de Autor e na jurisprudência ... 463
 1.1. O "laço pessoal" entre a obra e o seu criador 463
   a) Identificação e designação de autoria 465
   b) A protecção da honra e reputação do autor (i.e. da personalidade) como razão de ser do direito moral 466

  c) A natureza sensível dos actos de modificação 466
  d) A renúncia à paternidade de obra modificada sem consentimento do autor 467
 1.2. A unidade do direito moral de autor 468
 1.3. O reconhecimento dos direitos morais na jurisprudência 469
2. Os direitos morais nas directivas comunitárias e nos diplomas internos do software e das bases de dados 471
 2.1. O "silêncio eloquente" do legislador comunitário 471
  a) A caracterização do objecto específico dos direitos de autor no acórdão Phil Collins 472
  b) Os direitos morais dos criadores de software e bases de dados .. 472
 2.2. Os actos de modificação e a conformidade das directivas com a Convenção de Berna 474
  a) O leque de direitos morais na Convenção de Berna 474
  b) A inclusão dos actos de modificação no exclusivo económico .. 475
  c) A aparente diferença entre o direito dos países latinos e o direito alemão 476
 2.3. Os direitos morais dos criadores de programas de computador e de bases de dados na legislação interna 477
  a) Amputação do direito moral dos criadores de software e bases de dados? 477
  b) O papel da jurisprudência e o possível recurso aos meios de tutela do direito de personalidade 478
3. Direitos morais e domínio público 478
 3.1. A imprescritibilidade legal do direito moral 478
 3.2. A ficção da perpetuidade do direito moral 479
4. Síntese conclusiva do § 7 480

§ 8. DIREITOS ECONÓMICOS 483
1. Os direitos económicos no Código do Direito de Autor 483
 1.1. Monismo ou dualismo? 483
  a) A disponibilidade dos direitos económicos ou patrimoniais 485
  b) As pretensões compensatórias equitativas 486
  c) Posição adoptada 487
 1.2. A propriedade no exclusivo de exploração económica 488
  a) O catálogo aberto de formas de utilização exclusiva 488
  b) As obras literárias e artísticas como valores de exploração económica 489
  c) Modelos de ordenação das formas de utilização 492
  d) Exclusividade de destinação e autonomia das utilizações 497
2. O catálogo fechado de direitos económicos nas directivas comunitárias .. 498
 2.1 A técnica da tipificação taxativa dos direitos atribuídos (catálogo fechado) 498
  a) Reprodução 498

   b) Comunicação ao público e controlo de acesso 505
   c) Distribuição de exemplares e esgotamento comunitário do controlo da revenda 511
   d) Direitos de aluguer e comodato público 520
   e) O direito sui generis de extracção e reutilização 526
  2.2. Os direitos exclusivos de exploração económica de programas de computador e de bases de dados na lei portuguesa 531
   a) Programas de computador 531
   b) Bases de dados 532
 3. Excepções e limites aos direitos económicos 533
  3.1. O recorte negativo dos direitos exclusivos 533
   a) A esfera pública do mercado e a liberdade de uso privado 534
   b) Limites de interesse geral 538
   c) Natureza dos limites aos direitos de autor 540
   d) Licenças contratuais, protecções técnicas e imperatividade dos limites 544
  3.2. Excepções e limites aos direitos exclusivos na Directiva 2001/29 545
   a) Orientação geral 546
   b) Direitos de autor "a duas velocidades" 548
   c) Utilização livre, cópia privada e compensação equitativa 550
   d) A cláusula geral de controlo judicial 552
  3.3. Sentido e limites dos direitos económicos na jurisprudência portuguesa 555
   a) O problema da comunicação de obra (incluindo obra radiodifundida) em locais abertos ao público 555
   b) O problema da reprodução para uso privado 558
   c) Autorizações de utilização (edição, produção fonográfica) 559
   d) Utilização em espectáculos públicos de obras musicais por intérprete/autor 561
   e) Utilização livre para fins de informação e ensino 563
  3.4. Os limites aos direitos exclusivos sobre programas de computador e bases de dados nas directivas e na legislação interna 564
   a) Direitos imperativos dos utilizadores de programas de computador 564
   b) Direitos mínimos do utilizador de bases de dados e utilização livre 575
   c) Utilização livre e direitos mínimos do utente de programas de computador e bases de dados nos DLs 252/94 e 122/2000 582
  3.5. Sentido e limites da protecção do software na jurisprudência 586
   a) Protecção dos programas de computador ao abrigo dos direitos de autor 586
   b) Comercialização e utilização económica de software 587
  3.6. Limites temporais, domínio público e acesso à informação do sector público 596

  *a) A harmonização do prazo de protecção pela Directiva 93/98
   (agora 2006/16)* 596
  b) O prazo de protecção na legislação portuguesa 598
  *c) Protecção especial da publicação ou divulgação de obras do
   domínio público: um novo direito conexo?* 601
  *d) Bases de dados e direito de acesso à informação do sector
   público* 602
4. Síntese conclusiva do § 8 612

§ 9. PROTECÇÕES TÉCNICAS E GESTÃO ELECTRÓNICA DE DIREITOS 623

1. As protecções técnicas como prolongamento natural dos direitos exclusivos? 623
 1.1. As protecções técnicas entre os *secondary infringements* e a concorrência desleal 623
 1.2. As protecções jurídico-tecnológicas na DMCA ("tecnological adjuncts") 624
  *a) Protecções técnicas de controlo de reprodução e de controlo
   de acesso* 625
  b) Excepções à proibição de contornar as protecções técnicas 625
  c) Concretização jurisprudencial 627
2. As protecções técnicas nas directivas comunitárias e na legislação interna 628
 2.1. Da "protecção periférica" na Directiva 91/250 à "protecção nuclear" na Directiva 2001/29 628
  a) As regras suaves de protecção jurídico-tecnológica do software. 628
  *b) As regras duras da protecção jurídico-tecnológica dos direitos
   de autor na sociedade da informação* 629
  c) A proibição geral de neutralização das protecções técnicas ... 629
  d) Da protecção tecnológica dos direitos previstos por lei à protecção jurídica da protecção tecnológica qua tale? 631
  *e) A proibição de neutralização das protecções técnicas como
   terceiro círculo de protecção dos direitos de autor* 636
  f) Natureza dos limites aos direitos de autor e protecções técnicas 638
 2.2. A protecção jurídico-tecnológica no Código do Direito de Autor..... 641
  a) Protecção jurídica das medidas tecnológicas 641
  b) Limites à protecção jurídico-tecnológica 646
 2.3. Perspectivas no direito norte-americano 651
3. Gestão electrónica dos direitos de autor 652
 3.1. Gestão individual e gestão colectiva dos direitos de autor 652
  a) Das vantagens da gestão colectiva aos privilégios de gestão.... 652
  b) O impacto da gestão colectiva no direito exclusivo 653
  c) Sistemas técnicos, gestão colectiva e empresas de conteúdos 654

d) Da gestão colectiva à gestão electrónica dos direitos de autor?. 655
e) Gestão colectiva e concorrência 656
3.2. Protecção jurídica das informações para gestão de direitos 657
    a) A gestão de direitos no ambiente em rede 657
    b) A protecção das informações para gestão de direitos nos Tratados da OMPI (1996) e na norte-americana DMCA 658
    c) A protecção das informações para gestão de direitos na Directiva 2001/29 e no Código do Direito de Autor 658
    d) Gestão técnica de direitos e reserva da vida privada 660
4. Síntese conclusiva do § 9 664

§ 10. APLICAÇÃO EFECTIVA DOS DIREITOS E CÓPIA PRIVADA 673

1. O respeito pela propriedade intelectual segundo a Directiva 2004/48 673
    1.1. Aplicação das medidas de protecção dos direitos de propriedade intelectual aos consumidores finais? 673
        a) "Consumidor pirata" e consumidor de boa fé 673
        b) Oponibilidade erga omnes da propriedade intelectual? 675
        c) Alargamento das medidas de aplicação efectiva dos direitos de propriedade intelectual à concorrência desleal 677
    1.2. As características específicas de cada direito de propriedade intelectual 679
        a) A inclusão dos consumidores no círculo de destinatários da propriedade intelectual 680
        b) Ressalva de outras medidas de protecção e das excepções aos direitos 680
    1.3. O direito comunitário da propriedade intelectual e o Acordo ADPIC 681
        a) A Directiva 2004/48 como resposta para a recepção não uniforme pelos Estados-membros das medidas de aplicação efectiva dos direitos previstas no Acordo ADPIC 682
        b) A competência do TJCE para interpretar as disposições do Acordo ADPIC 683
    1.4. Liberdade de cópia privada e aplicação efectiva dos direitos de autor 683
2. O problema da liberdade de reprodução para uso privado 685
    2.1. O conflito de interesses 685
        a) A cópia privada na perspectiva dos titulares de direitos 686
        b) A cópia privada na perspectiva do utilizador final e do sector dos produtos electrónicos 690
        c) Um kafkiano panóptico ciberespacial dos direitos de autor? 690
    2.2. A liberdade de cópia privada na Directiva 2001/29 e no Código do Direito de Autor 693
        a) Condições da liberdade de reprodução para uso privado na Directiva 2001/29 694

	b) A cópia privada no Código do Direito de Autor	695
	c) Direito imperativo à cópia privada?	699
	d) Evolução legislativa no direito comparado	707
	e) A cópia privada como direito imperativo do utilizador na lei portuguesa	712
2.3.	A compensação equitativa pela reprodução	713
	a) Origem e evolução das soluções de compensação pela reprodução no direito comparado	713
	b) A compensação pela reprodução no direito português (do Código à regulamentação)	717
3. Síntese conclusiva do § 10		720

Conclusão Final 725

Principais Directivas e Respectivos Diplomas de Transposição 731

Bibliografia 735

Índice 787